औद्योगिक समाजशास्त्र
(Industrial Sociology)

डॉ॰ राजेन्द्र कुमार शर्मा

एटलांटिक पब्लिशर्स एण्ड डिस्ट्रीब्यूटर्स

प्रकाशक

एटलांटिक पब्लिशर्स एण्ड डिस्ट्रीब्यूटर्स

बी–2, विशाल एन्क्लेव, नई दिल्ली – 110027

दूरभाष : 5413460, 5429987

विक्रय केन्द्र

एटलांटिक पब्लिशर्स एण्ड डिस्ट्रीब्यूटर्स

4215/1, अन्सारी रोड, दरियागंज नई दिल्ली–110002

दूरभाष : 3273880, 3285873, 3280451

फैक्स : 91–11–3285873

e-mail : info@atlanticbooks.com

web: www.atlanticbooks.com

लेजर टाईपसेटिंग : शिवा ग्राफिक्स, दिल्ली

मुद्रक : नाईस प्रिंटिंग प्रेस, दिल्ली

भूमिका

यह पुस्तक जैसा कि इसके नाम से ही स्पष्ट है, भारतीय विश्वविद्यालयों में समाजशास्त्र विषय में औद्योगिक समाजशास्त्र की पाठ्य पुस्तक के रूप में लिखी गई है। पाठ्य पुस्तक की यह विशेषता होती है कि उससे विद्यार्थियों की क्या पढ़ें और कितना पढ़ें की समस्यायें सुलझ जाती हैं। इस दृष्टि से इस पुस्तक में समस्त पाठ्यक्रम के सभी विषयों पर विश्लेषणात्मक पद्धति से पाठ्य सामग्री उपस्थित की गई है। विषय की सामग्री प्रामाणिक पुस्तकों एवं सरकारी रिपोर्टों से एकत्रित की गई है। प्रत्येक स्थान पर हिन्दी अनुवाद के साथ-साथ मूल अंग्रेजी उद्धरण भी दिये गए हैं ताकि प्रामाणिकता बनी रहे। विवेचन की भाषा यथासंभव सरल है। उदाहरण यथासंभव भारतीय परिस्थितियों से लिये गये हैं। विकासमान विषयों में नवीनतम उपलब्ध आंकड़े दिये गए हैं। प्रत्येक अध्याय के अन्त में विश्वविद्यालयों में पूछे गए प्रश्न दिये गए हैं ताकि विद्यार्थी परीक्षा के लिये अभ्यास कर सकें। इस प्रकार लेखक ने अपनी ओर इस पुस्तक को सर्वांगपूर्ण पाठ्य पुस्तक बनाने का प्रयास किया है।

सभी प्रकार की सावधानियों और परिश्रम के रहते हुए भी कोई भी पाठ्य पुस्तक पाठकों की टिप्पणियों का समावेश किये बिना सम्पूर्ण नहीं हो सकती। अस्तु, पाठकों से आग्रह है कि पुस्तक को बेहतर बनाने के लिये अपने सुझाव अवश्य लिखें।

डॉ राजेन्द्र कुमार शर्मा

विषय-सूची

अध्याय — पृष्ठ

1

औद्योगिक समाजशास्त्र का परिचय

(Introduction to Industrial Sociology)

औद्योगिक समाजशास्त्र कोई बहुत प्राचीन शास्त्र नहीं है। व्यवस्थित रूप से इसका अध्ययन प्रारम्भ हुए अभी कुछ शताब्दियाँ ही हुई हैं। औद्योगिक समाजशास्त्र के अर्थ को समझने के लिये तथा इसकी परिभाषा निर्धारित करने के लिये 'उद्योग' और 'समाजशास्त्र' के अर्थों का जानना आवश्यक है।

उद्योग क्या है ?

उद्योग का सम्बन्ध मनुष्य से आदि काल से ही रहा है। वास्तविक रूप से सभ्य होने से पूर्व भी मनुष्य औद्योगिक था, भले ही उस समय मनुष्य के उद्योग नितान्त अविकसित रूप के थे। मनुष्य वास्तव में स्वभाव से ही औद्योगिक है। इसी औद्योगिक स्वभाव के कारणवश ही आदि मानव ने लकड़ी और पत्थर के अस्त्र-शस्त्र बनाये थे और इसी स्वभाव के फलस्वरूप आज वह राकेट और हजारों प्रकार की वस्तुयें बनाने में सफल हुआ है। वास्तव में किसी कार्य को व्यवस्थित रूप से करने अथवा किसी वस्तु के निर्माण की जटिल पद्धति को उद्योग कहते हैं। आधुनिक युग में हम कह सकते हैं कि उद्योग वस्तुओं के उत्पादन की वह पद्धति है जिसके अन्तर्गत हम विभिन्न जटिल मशीनों का प्रयोग करते हैं। उद्योग द्वारा पारस्परिक रूप से निर्मित की जाने वाली वस्तुओं के उत्पादन में परिमाणात्मक एवं गुणात्मक वृद्धि की जाती है। इस प्रकार उद्योग वह प्रविधि है जिसके द्वारा उत्पादन के क्षेत्र में बहुपक्षीय प्रगति की जाती है।

उद्योग का अंग्रेजी समतुल्य शब्द है—'Industry' यह शब्द लैटिन के शब्द Industria से निकला है और Industria का शाब्दिक अर्थ है—दक्षता एवं साधन सम्पन्नता। इससे स्पष्ट होता है कि उद्योग वह व्यवस्था अथवा प्रविधि है जिसके अन्तर्गत कोई भी कार्य दक्षता से किया जाता है तथा कार्य में आवश्यक विभिन्न साधनों का उचित उपयोग किया जाता है। आवश्यक साधनों से यहाँ हमारा आशय विभिन्न प्रकार के यन्त्रों एवं तकनीकी साधनों से है।

समाजशास्त्र क्या है ?

समाजशास्त्र का सम्बन्ध समाज से है और सामाजिक सम्बन्धों की व्यवस्था को समाज की संज्ञा दी जाती है। इस प्रकार समाजशास्त्र का सम्बन्ध सामाजिक-सम्बन्धों से है। समाजशास्त्र के अन्तर्गत विभिन्न सामाजिक सम्बन्धों का अध्ययन किया जाता है। यहाँ यह भी स्पष्ट कर देना आवश्यक है कि समाजशास्त्र एक विज्ञान है और इसके अन्तर्गत वैज्ञानिक पद्धति से सामाजिक सम्बन्धों का अध्ययन किया जाता है। मैकाइवर और पेज ने समाजशास्त्र की परिभाषा इस प्रकार की है, "समाजशास्त्र सामाजिक सम्बन्धों के विषय में है, सम्बन्धों के इस जाल को हम समाज कहते हैं।"[1] इस परिभाषा से भी स्पष्ट है कि समाजशास्त्र का सम्बन्ध सामाजिक सम्बन्धों से है। यदि कुछ व्यक्ति एक स्थान पर उपस्थित हों परन्तु उनमें कोई पारस्परिक सम्बन्ध न हो तो वे समाजशास्त्र के अध्ययन का विषय नहीं होंगे। केवल पारस्परिक सम्बन्ध होने पर ही व्यक्तियों का कोई समूह समाजशास्त्र का विषय बनता है।

औद्योगिक समाजशास्त्र क्या है ?

उपरोक्त विवरण से 'उद्योग' और 'समाजशास्त्र' के प्रत्यय स्पष्ट हो जाते हैं। 'औद्योगिक समाजशास्त्र' का प्रत्यय इन्ही दोनों प्रत्ययों का सम्मिलित रूप है। औद्योगिक समाजशास्त्र के अन्तर्गत उद्योग से सम्बन्धित सामाजिक सम्बन्धों का समाजशास्त्रीय निधियों और प्रविधियों द्वारा अध्ययन किया जाता है। वर्तमान युग में औद्योगिक व्यवस्थायें अत्यधिक विस्तृत एवं जटिल हो गई हैं। इसलिये औद्योगिक सामाजिक अथवा मानवीय सम्बन्ध भी पर्याप्त जटिल हो गये हैं। उद्योग से सम्बन्धित अनेक सामाजिक समस्यायें भी उत्पन्न हो गयी हैं। इन सबके वैज्ञानिक अध्ययन के लिए औद्योगिक समाजशास्त्र की स्थापना हुई है। इस प्रकार शाब्दिक अर्थ में औद्योगिक समाजशास्त्र वर्तमान औद्योगिक व्यवस्था के फलस्वरूप विकसित हुए सामाजिक सम्बन्धों और उनके प्रभावों का अध्ययन करने वाला समाज विज्ञान है।

औद्योगिक समाजशास्त्र की परिभाषा
(Definition of Industrial Sociology)

1. मिलर और फार्म—"औद्योगिक समाजशास्त्र सामान्य समाजशास्त्र का एक प्रमुख क्षेत्र है जिसको कार्य संगठनों का समाजशास्त्र अथवा अर्थ-व्यवस्था का समाजशास्त्र कहना अधिक उपयुक्त हो सकता है।"[2] इस परिभाषा में औद्योगिक समाजशास्त्र को समाजशास्त्र विषय की एक प्रमुख शाखा मानते हुये उसे कार्य संगठनों का समाजशास्त्र अथवा अर्थव्यवस्था का समाजशास्त्र कहा गया है। वास्तव में कार्य संगठन और अर्थव्यवस्था दोनों ही औद्योगिक

---

1. "Sociology is about social relationships, the network of relationships we call Society."
—MacIver R.M. & Page, C.H.
Society : An Introductory Analysis (1952), Preface.
2. "Industrial sociology is a substantive area of general sociology which might more accurately be termed the sociology of work organisations or the sociology of economy."
—Miller, D.C. and Form, W.H.,
Industrial Sociology, New York, Harper & Row, (1964), 2nd Ed. p. 11.

समाजशास्त्र के प्रमुख क्षेत्र हैं किन्तु केवल इन्हीं को औद्योगिक समाजशास्त्र कहना उपयुक्त नहीं है।

2. पारकर, ब्राउन, चाइल्ड और स्मिथ—"औद्योगिक समाजशास्त्र का सम्बन्ध इस बात से है कि आर्थिक उपव्यवस्था अन्य उपव्यवस्थाओं से कैसे सम्बन्धित है, किस प्रकार उपव्यवस्था विशिष्ट कार्य संगठन में स्तरित होती है और कैसे व्यक्ति इन कार्यों में फिट होते हैं।[1] इसको और भी स्पष्ट करते हुये इन लेखकों ने लिखा है, "औद्योगिक विशेषण से तात्पर्य समाजशास्त्रीय सिद्धांतों और विधियों को समाज के एक विशेष वर्ग में लागू करना है, अर्थात् वह जो कि उत्पादन और वस्तुओं तथा सेवाओं जिनकी कि समाज को आवश्यकता पड़ती है उनके वितरण के आर्थिक कार्य से सम्बन्धित है।"[2] स्पष्ट है कि औद्योगिक से तात्पर्य समाज का वह वर्ग है जो कि आर्थिक प्रक्रियाओं से सम्बन्धित होता है। औद्योगिक समाजशास्त्र विशेषतया इसी वर्ग के सामाजिक सम्बन्धों का वैज्ञानिक अध्ययन है। समाज के इस क्षेत्र में आर्थिक व्यवस्था अनेक उपव्यवस्थओं में विभाजित होती है। और प्रत्येक उपव्यवस्था में विशिष्ट कार्य संगठन होते हैं। इनमें से प्रत्येक कार्य संगठन में अनेक प्रकार के कार्य होते हैं, जिनमें से प्रत्येक में कोई न कोई व्यक्ति फिट करना होता है। औद्योगिक समाजशास्त्र इन समस्त व्यवस्था के नियमों, प्रणालियों और कार्य-कारण सम्बन्धों का अध्ययन करता है।

3. डब्लू॰ ई॰ मूर—"इसमें औद्योगिक तंत्र अथवा व्यवस्था का सामाजिक संगठन और जीवन शैली के रूप में विशलेषण करने का प्रयास किया जाता है।"[3] लगभग इसी बात को भिन्न शब्दों में रखते हुये स्मिथ ने लिखा है, "औद्योगिक समाजशास्त्र का सम्बन्ध, उद्योग (अथवा कार्य संगठन के किसी भी रूप) से सामाजिक व्यवस्था के रूप में सम्बन्धित है जिसमें वे कारक (प्रौद्योगिक, आर्थिक राजनैतिक) सम्मिलित हैं जो कि उस व्यवस्था की संरचना, कार्यों और परिवर्तनों को प्रभावित करते हैं।"[4] औद्योगिक समाजशास्त्र की यह परिभाषा अन्य परिभाषाओं से कहीं अधिक व्यापक है क्योंकि इसमें सामाजिक व्यवस्था के रूप में औद्योगिक क्षेत्र, उसको प्रभावित करने वाले कारकों तथा उसकी संरचना, कार्य और परिवर्तन के अध्ययन को औद्योगिक समाजशास्त्र का विषय क्षेत्र माना गया है। संक्षेप में यह कहा जा सकता है कि

---

1. "Industrial sociology is concerned with how the economic sub-system is related to other sub-systems, how the sub-system is structured in terms of particular work organization and roles and how persons fit into these roles."
—Parker, S.R., Brown, R.K., and others, *The Sociology of Industry,* Allen and Unwin, London (1967), p. 14.
2. "The adjective 'industrial' implies the application of sociological theories and methods to one segment of society, that is, the one concerned with the economic function of producing and distributing the goods and services which society requires."
—*Ibid.* p. 13.
3. Moore W. E., *The Industrial Relations and Social Order,* 1951.
4. "Industrial sociology is concerned with industry (or any form of work organization) as a social system, including those factors (technical, economic, political) which affect the structure, the functions and the changes in that system."
—Smith, J.H., *Industrial Sociology,* Unesco Publication, (1961). p. 3.

औद्योगिक समाजशास्त्र, समाजशास्त्र की वह विशिष्ट शाखा है जिसके अन्तर्गत औद्योगिक अथवा आर्थिक उपव्यवस्था के संगठन, संरचना, प्रकार्य तथा इनमें निहित सामाजिक सम्बन्धों का समाजशास्त्रीय अध्ययन किया जाता है।

औद्योगिक समाजशास्त्र का विषय क्षेत्र (Scope of Industrial Sociology)

औद्योगिक समाजशास्त्र की पीछे दी गयी परिभाषाओं से उसका विषय क्षेत्र स्पष्ट होता है किन्तु भिन्न-भिन्न समाजशास्त्रियों ने औद्योगिक समाजशास्त्र के विषय क्षेत्र की व्याख्या करते हुये उसके भिन्न-भिन्न पहलुओं पर जोर दिया है जैसा कि निम्नलिखित विचारकों के विचारों के उल्लेख से पता चलता है—

1. **स्मिथ** के अनुसार औद्योगिक समाजशास्त्र का विषय क्षेत्र, "औद्योगिक और संगठनात्मक परिप्रेक्ष्य में सामाजिक सम्बन्धों का अध्ययन और यह अध्ययन है कि ये सम्बन्ध व्यापक समुदाय के सम्बन्धों से किस प्रकार प्रभावित होते हैं और कैसे उसे प्रभावित करते हैं।"[1] इस प्रकार स्मिथ ने मानव समुदाय में औद्योगिक उपव्यवस्था के सामाज़िक सम्बन्धों को औद्योगिक समाजशास्त्र का क्षेत्र माना है।

2. **लुप्टन** ने औद्योगिक समाजशास्त्र को, "कारखाने की समाज व्यवस्था और उस व्यवस्था को प्रभावित करने वाले कारखाने से बाहर के प्रभावों का अध्ययन माना है।"[2] औद्योगिक समाजशास्त्र के क्षेत्र की यह व्याख्या अत्यधिक संकुचित है।

3. **ऐंटजौनी** (Antzoni) के अनुसार, "औद्योगिक समाजशास्त्र संगठनात्मक समाजशास्त्र की एक महत्त्वपूर्ण शाखा माना जा सकता है।" पिछली परिभाषा के विरुद्ध औद्योगिक समाजशास्त्र की यह परिभाषा नितान्त औपचारिक (formal) है।

4. **नासी और फार्म** के अनुसार, "व्यावसायिक समाजशास्त्र औद्योगिक समाजशास्त्र की एक उपशाखा है जो एक स्वतन्त्र उपक्षेत्र निर्माण करती है।" इन लेखकों ने व्यावसायिक समाजशास्त्र के पाँच विभाग माने हैं जो कि मिलकर औद्योगिक समाजशास्त्र का क्षेत्र बनाते हैं। ये निम्नलिखित हैं—(अ) कार्य की सामाजिक प्रकृति और इससे सम्बन्धित घटनाओं का अध्ययन जैसे आराम, अवकाश और बेरोजगारी इत्यादि। (ब) विशिष्ट व्यवस्थाओं का अध्ययन। (स) व्यावसायिक समाजशास्त्र के तीसरे भाग में यह विश्लेषण किया जाता है कि व्यावसायिक संरचना और व्यक्तिगत व्यवसाय सामाजिक संरचना के अन्य पहलुओं से कैसे

1. "H. J. Smith has defined the field of industrial sociology as the study of social relations in industrial and organizational setting, and the way these relations influence and are influenced by relations in the wider community."
—Quoted by Parker, Brown, Child and Smith in *The Sociology of Industry,* 1967, pp. 15-16.
2. "Lupton has been more specific and advanced the study of the social system of the factory and of the influences external to the factory which effect that system."
—*Ibid,* p. 16.

सम्बन्धित होते हैं। (द) व्यावसायिक संरचना का विश्लेषण। (इ) एक विशेष व्यवसाय का सामाजिक सदस्य के रूप में अध्ययन।

5. **समाजशास्त्री बर्न्स** (Burns) ने औद्योगिक समाजशास्त्र के क्षेत्र को इन पांच भागों में विभाजित किया है—(अ) अधिकारी तन्त्र या नौकरशाही पर आधारित श्रमिकों की प्रवृत्तियों और व्यवहारों का अध्ययन। (ब) कार्यों का अध्ययन। (स) उन समूहों का अध्ययन जो कार्य करते हैं और साथ ही कार्य करने वाले व्यक्तियों के साथ प्रबन्धकों के व्यवहारों का अध्ययन। (द) औद्योगिक सम्बन्धों का विश्लेषण। (इ) उद्योगवाद के व्यक्ति पर प्रभावों का अध्ययन।

6. **मिलर और फार्म**[1] ने औद्योगिक समाजशास्त्र के अध्ययन क्षेत्र को इन तीन वर्गों में विभाजित किया है—(अ) कार्य समूह और कार्य करने के अन्तर्गत बनने वाले परस्पर सम्बन्ध। (ब) कार्य करने वाले जन समूहों के सदस्य श्रमिकों की भूमिका। उद्योगों में पाये जाने वाले श्रम समूह ही कार्य समूह कहलाते हैं। इन कार्य समूहों में श्रमिक की भूमिका श्रमिक-भूमिका कहलाती है। इस भूमिका को अदा करने में प्रत्येक श्रमिक कार्य समूह में कार्य करने वाले अन्य कर्मचारियों से प्रभावित होता है और स्वयं भी उनको प्रभावित करता है। (स) मशीनों और संयंत्रों को प्रमुख स्थान देने वाले समाजों के सामाजिक संगठन का अध्ययन। अधिकतर अमरीकी औद्यागिक समाजशास्त्रियों ने उपरोक्त विषय क्षेत्र के अध्ययन को ही औद्योगिक समाजशास्त्र का क्षेत्र माना है।

7. **स्पाल्डिंग**[2] के अनुसार औद्योगिक समाजशास्त्र के अध्ययन का क्षेत्र उद्योग, औद्योगिक संस्थान, कारखाने, उनके गोदाम, क्रय-विक्रय केन्द्र, प्रशासन कार्य आदि में कार्य करने वाले व्यक्तियों के सामाजिक सम्बन्ध हैं। इस अध्ययन में इन सब की क्रिया प्रतिक्रियाओं, विधियों और अनुक्रमों का अध्ययन किया जाता है जो परस्पर सम्बन्धित होते हैं।

8. **स्नाइडर** (Snider) ने औद्योगिक समाजशास्त्र का क्षेत्र निर्धारित करते हुये उसे औद्योगिक समाज विज्ञान के अपेक्षाकृत तिरस्कृत क्षेत्र का अध्ययन माना है। उसके अनुसार कारखानों में औपचारिक समूह की वही स्थिति होती है जो बाहर के समाजों में छोटे समूहों की होती है। औद्योगिक समाजशास्त्री इन्हीं सम्बन्धों का अध्ययन करता है।

औद्योगिक समाजशास्त्र के क्षेत्र के विषय में उपरोक्त मतों के विवेचन से यह स्पष्ट होता है कि इस सम्बन्ध में समाजशास्त्रियों में यह विवाद रहा है कि औद्योगिक समाजशास्त्र को केवल औद्योगिक सामाजिक उपक्रमों का ही अध्ययन माना जाये अथवा उसमें कृषि जैसे अध्ययन क्षेत्र को भी शामिल किया जाये और इन दोनों का तुलनात्मक अध्ययन किया जाये। अधिकतर समाजशास्त्रियों ने पहला दृष्टिकोण अधिक उपयुक्त माना है। दूसरे, औद्योगिक समाजशास्त्र के विषय क्षेत्र के विषय में यह विवाद रहा है कि उसमें औद्योगिक संगठनों, संरचनाओं और प्रकार्यों का वैज्ञानिक अध्ययन और कार्य-कारण नियमों की खोज मात्र की

1. Miller and Form, *Industrial sociology,* Harper & Row, New York, (1964), p. 16.
2. Spaulding, C.B., *An Introduction to Industrial Sociology,* (1970), p. 3.

जाये अथवा साथ ही साथ इस क्षेत्र में सामाजिक सुधारों और परिवर्तनों की योजनाओं पर भी विचार किया जाये। इस सम्बन्ध में दूसरा दृष्टिकोण अधिक उपयुक्त है। आधुनिक औद्योगिक समाजशास्त्री औद्योगिक समाजशास्त्र का उद्देश्य औद्योगिक समाज के क्षेत्र में केवल कार्य-करण नियमों का पता लगाना ही न मानकर उसमें होने वाले परिवर्तनों और सुधारों की सम्भावनाओं पर भी विचार प्रस्तुत करते हैं। अस्तु, संक्षेप में यह कहा जा सकता है कि औद्योगिक समाजशास्त्र में औद्योगिक समाज अथवा उद्योग से सम्बन्धित सामाजिक सम्बन्धों का अध्ययन किया जाता है। इसकी विषय वस्तु औद्योगिक संगठन के अन्तर्गत आने वाले सामाजिक सम्बन्ध हैं। ये औद्योगिक संगठन दो प्रकार के हो सकते हैं। एक तो उत्पादन की एक इकाई के रूप में जिसमें प्रत्येक सदस्य उत्पादन सम्बन्धी विशिष्ट भूमिका अदा करता है और उसी के अनुसार उसका पद होता है। दूसरे, औद्योगिक संगठन में सभी व्यक्तियों को एक कर्मचारी संस्था के रूप में कार्य करना होता है जिसे नौकरशाही कहा जाता है।

उपरोक्त विवेचन के निष्कर्ष रूप में कहा जा सकता है कि औद्योगिक समाजशास्त्र के अध्ययन का विषय औद्योगीकरण द्वारा उत्पन्न एवं विकसित सामाजिक सम्बन्ध है। समाजशास्त्र भी सामाजिक सम्बन्धों का अध्ययन करता है परन्तु वह सामान्य रूप से समस्त सामाजिक सम्बन्धों का अध्ययन करता है। उसका विषय क्षेत्र अधिक विस्तृत है। इसरो भिन्न औद्योगिक समाजशास्त्र का विषय क्षेत्र अपेक्षाकृत संकुचित एवं सीमित हैं। इस शास्त्र के अन्तर्गत केवल उन्हीं सामाजिक सम्बन्धों का अध्ययन करना होता है जिनका औद्योगिक व्यवस्था से किसी न किसी प्रकार से सम्बन्ध होता है।

उद्योग सम्बन्धी सामाजिक सम्बन्ध

इस प्रकार औद्योगिक समाजशास्त्र का अध्ययन-विषय औद्योगिक सामाजिक सम्बन्ध हैं। इस प्रकार के सम्बन्धों को निम्न प्रकार से वर्गीकृत किया जा सकता है–

उद्योग सम्बन्धी सामाजिक सम्बन्ध

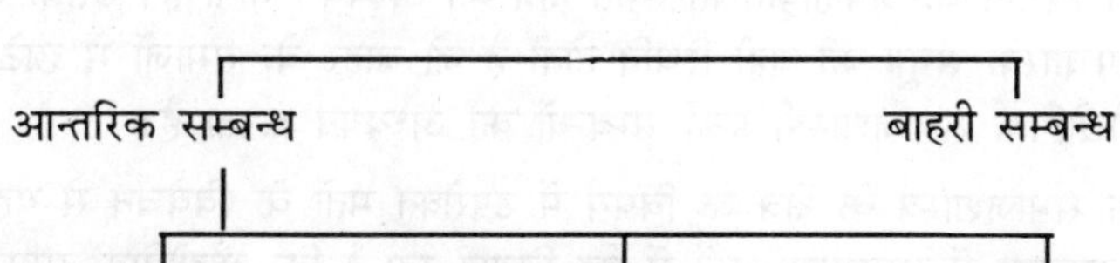

अब इन विभिन्न प्रकार के सम्बन्धों का थोड़ा विस्तृत विवेचन करना भी आवश्यक है।

(1) आन्तरिक सम्बन्ध–औद्योगिक समाजशास्त्र के द्वारा उद्योगों से सम्बन्धित व्यक्तियों के सामाजिक सम्बन्धों का अध्ययन किया जाता है। जब ये सम्बन्ध केवल एक उद्योग अर्थात् फैक्ट्री या मिल तक ही सीमित रहते हैं। तो उन्हें आन्तरिक सम्बन्ध कहा जाता है। एक औद्योगिक व्यवस्था के मालिक, मैनेजर और कर्मचारियों के आपसी सम्बन्धों को आन्तरिक

सम्बन्ध कहा जाता है। यह आन्तरिक सम्बन्ध तीन प्रकार के हुआ करते हैं। आन्तरिक सम्बन्धों के तीन प्रकारों का विवेचन निम्नलिखित है—

(i) **औपचारिक आन्तरिक सम्बन्ध**—उद्योग से सम्बन्धित औपचारिक आन्तरिक सम्बन्ध वे सम्बन्ध होते हैं जो उद्योग के विभिन्न व्यक्तियों के मध्य उनके कार्य के द्वारा निर्धारित होते हैं। इस प्रकार के सम्बन्धों में व्यक्तिगत या निजी सम्बन्ध सम्मिलित नहीं होते। औपचारिक सम्बन्ध कार्यात्मक एवं व्यवस्था से सम्बन्धित होते हैं। उदाहरण के लिए एक फैक्ट्री में कोई दो व्यक्ति ऐसे हों जो एक ही यन्त्र से काम करते हों या एक पुर्जे से सम्बन्धित हों जैसे एक व्यक्ति पुर्जा बनाता है और दूसरा उस पर पालिश करता है, ऐसी स्थिति में इन दोनों व्यक्तियों में जो सम्बन्ध होंगे उन्हें हम औपचारिक सम्बन्ध कहते हैं। इसके अतिरिक्त अधिकारियों और कर्मचारियों के मध्य पाये जाने वाले व्यवस्था सम्बन्धी सामाजिक सम्बन्धों को भी औपचारिक सम्बन्ध ही माना जाता है।

(ii) **अनौपचारिक आन्तरिक सम्बन्ध**—एक उद्योग के विभिन्न कार्यकर्त्ताओं में पाये जाने वाले निजी या वैयक्तिक सम्बन्धों को अनौपचारिक आन्तरिक सम्बन्ध कहा जाता है। ये सम्बन्ध विभिन्न व्यक्तियों में भी पाये जा सकते हैं और विभिन्न समूहों में भी। उदाहरण के लिये यदि एक फैक्ट्री के दो कर्मचारियों में मित्रता या शुत्रता है तो इनके ये सम्बन्ध अनौपचारिक सम्बन्ध ही कहलायेंगे। कभी-कभी दो या दो से अधिक मजदूर मिलकर फोरमैन के विरुद्ध कोई षड्यन्त्र रचते हैं तो इस स्थिति में उनके आपसी सम्बन्ध भी अनौपचारिक होंगे। अनौपचारिक सम्बन्ध सामूहिक भी हो सकते हैं। कई बार किसी-किसी उद्योग में विभिन्न कर्मचारी मिलकर कोई दल या गुट बना लिया करते हैं। इस प्रकार के दल का आधार एक जाति या भाषा हो सकती है। ऐसे दलों के सदस्यों के आपसी सम्बन्ध भी अनौपचारिक होते हैं। ऐसे दलों द्वारा जब कोई प्रस्ताव या माँग अधिकारियों के पास ले जायी जाती है तब उस दल और अधिकारियों के सम्बन्ध अनौपचारिक न रहकर औपचारिक बन जाते हैं।

(iii) **मिश्रित आन्तरिक सम्बन्ध**—कुछ औद्योगिक सम्बन्ध ऐसे होते हैं जो न तो शुद्ध रूप से औपचारिक ही होते हैं और न ही शुद्ध रूप से अनौपचारिक। ऐसे सम्बन्धों को मिश्रित आन्तरिक सम्बन्ध कहा जाता है। कुछ विद्वानों ने ऐसे सम्बन्धों को सामाजिक-प्राविधिक (Socio-technical) सम्बन्ध भी कहा है। इन्हें सामाजिक-कार्यात्मक (Socio- functional) सम्बन्ध भी कह सकते हैं। ऐसे सम्बन्ध उद्योग में सम्बन्धित व्यक्तियों में इनके कार्य के दौरान पाये जाते हैं। इन सम्बन्धों का आंशिक रूप से सम्बन्ध उद्योग के कार्यों से भी होता है। जब कभी कोई भारी कार्य करना होता है तो प्रायः मजदूर मिलकर कोई गीत गाते हैं या मिलकर कहते हैं "जोर लगा दो हई शा" या "जोर लगा दो वाह बाई वाह"। ऐसे में इन मजदूरों में जो आपसी सहयोग का सम्बन्ध होता है वह मिश्रित प्रकार का होता है। उस सम्बन्ध में औपचारिकता या कार्यात्मकता का भी तत्व होता है। और निजी अथवा भावनात्मक तत्त्व भी होता है।

(2) **बाहरी औद्योगिक सम्बन्ध**—एक औद्योगिक फैक्ट्री मिल या फर्म के अन्य फैक्ट्रियों, सरकार, जनता और सामाजिक संस्थाओं से भी सम्बन्ध होते हैं। ऐसे सम्बन्धों को बाहरी सम्बन्ध (External Relations) कहा जाता है। प्रत्येक औद्योगिक संस्था के अनेक

प्रकार के बाहरी सम्बन्ध होते हैं। सरकार से विभिन्न प्रकार की सहायता प्राप्त की जाती है। प्रत्येक फैक्ट्री आदि औद्योगिक संस्था को मनोरंजन कराने वाली कुछ संस्थाओं से सम्बन्ध स्थापित करना होता है। आजकल प्रत्येक बड़ी औद्योगिक संस्था में समय-समय पर सांस्कृतिक कार्यक्रम आयोजित किये जाते हैं। तकनीकी प्रशिक्षण एवं शिक्षा संस्थाओं से भी औद्योगिक संस्थाओं के अनिवार्य सामाजिक सम्बन्ध होते हैं। इसके अतिरिक्त प्रत्येक औद्योगिक संस्था का समाज से विस्तृत सम्बन्ध होता है। जिस स्थान पर कोई औद्योगिक फर्म होती है। उसके आस-पास के लोगों से उस फर्म का विशेष सम्बन्ध होता है। प्रत्येक औद्योगिक नगर में कई प्रकार के सामाजिक अपराध को प्रोत्साहन देने वाली संस्थाओं की भी स्थापना हो जाती है। इन संस्थाओं से भी औद्योगिक संस्थाओं का विशेष सम्बन्ध होता है।

उपरोक्त विवेचन से वे सामाजिक सम्बन्ध स्पष्ट हो जाते हैं जिनका अध्ययन औद्योगिक समाजशास्त्र के अन्तर्गत किया जाता है। औद्योगिक समाजशास्त्र में इन सम्बन्धों का वैज्ञानिक विश्लेषण किया जाता है। और इनसे सम्बन्धित समस्याओं के समाधान प्राप्त किए जाते हैं।

उद्योग में मानवीय सम्बन्ध
(Human Relations in Industry)

मानवीय सम्बन्ध की परिभाषायें

1. प्रो॰ डेविस—"मानवीय सम्बन्धों के प्रश्न का आशय व्यक्तियों को एक कार्य स्थिति में इस प्रकार से एकीकृत कर देना है कि वे सहयोगपूर्वक और आर्थिक, मनोवैज्ञानिक एवं सामाजिक सन्तोष की अनुभूति के साथ उत्पादन करें।"

2. बी॰ के॰ कात्सी—"अधिकतम उत्पादकता और अधिकतम मानवीय सन्तोष, इन दोनों के बीच अनुकूलतम सम्बन्ध को ही उद्योग में मानवीय सम्बन्ध कहते हैं। अच्छे मानवीय सम्बन्धों का विकास करने के लिये मनुष्य के विकास पर, न कि तकनीकी या निपुणता के विकास पर ध्यान देना चाहिये"।

3. जोसेफ एल॰ मौनी—"मानवीय सम्बन्ध स्थिति विशेष में व्यक्ति को अभिप्रेरित करने की प्रक्रिया है जो उद्देश्यों में सन्तुलन स्थापित कर अधिकाधिक मानवीय सन्तोष देगी और संस्था के उद्देश्य की प्रगति में सहायक होगी।"

मानवीय सम्बन्धों की विशेषतायें

1. मानवीय सम्बन्ध एक प्रक्रिया है।

2. मानवीय सम्बन्ध का उद्देश्य कार्यरत व्यक्तियों के सहयोग के आधार पर संस्था के उद्देश्यों को प्राप्त करना तथा कर्मचारियों को कार्य सन्तोष प्रदान करना है।

3. मानवीय सम्बन्धों में आर्थिक और यान्त्रिक क्रियाओं के स्थान पर मनुष्य पर विशेष ध्यान दिया जाता है। इस प्रकार इस प्रक्रिया के माध्यम से कर्मचारियों की मानसिक, शारीरिक और सामाजिक आवश्यकताओं को सन्तुष्ट करके उन्हें कार्य के लिये अभिप्रेरित किया जाता है।

4. मानवीय सम्बन्धों का कार्य कार्यरत व्यक्तियों की क्रियाओं, प्रवृत्तियों, भावनाओं तथा अन्तर्सम्बन्धों का अध्ययन करना है।

5. मानवीय सम्बन्धों के द्वारा कर्मचारियों और संस्था के उद्देश्यों में सन्तुलन स्थापित किया जाता है। अच्छे सम्बन्धों के विकास से कर्मचारी को अधिक लाभ मिलता है तथा संगठन को कम लागत पर अधिक उत्पादन मिलता है। इस प्रकार मानव सम्बन्ध दोहरे रूप में प्रभावशाली सिद्ध होते हैं।

6. मानवीय सम्बन्ध दो प्रकार से स्थापित किये जा सकते हैं—व्यक्तिगत मानवीय सम्बन्ध तथा सामूहिक मानवीय सम्बन्ध।

मानवीय सम्बन्धों का महत्त्व

मानवीय सम्बन्धों का सबसे बड़ा महत्त्व यह है कि वे मानव के सामाजिक अथवा सामूहिक जीवन, कार्य और गतिविधियों को स्वस्थ आधार प्रदान करते हैं। उनमें रहकर मनुष्य सर्वांगीण सन्तोष प्राप्त करता है। उनमें रहकर उसका समुचित विकास होता है। उनमें उसका सुसमायोजन होता है। उनमें उसका शारीरिक, मानसिक एवं मनोवैज्ञानिक स्वास्थ्य बना रहता है। इसमें संघर्ष के अवसर कम आते हैं और जो आते हैं वे शीघ्र सुलझ जाते हैं। इनमें स्वस्थ सामुदायिक भावना एवं अनुशासन का विकास होता है। इनमें मानवता का पोषण और विकास होता है। इनके अभाव में कहीं भी जनतन्त्र की स्थापना नहीं हो सकती।

भारतीय उद्योगों में मानवीय सम्बन्धों के सुधार के लिये सुझाव

मानवीय सम्बन्धों के आशय और महत्त्व के विवेचन से भारतीय उद्योगों में उनका होना अनिवार्य अनुभव होता है। भारतीय उद्योगों में मानवीय सम्बन्धों के सुधार के लिये निम्नलिखित सुझाव दिये जा सकते हैं—

1. वैज्ञानिक भर्ती—भारतीय उद्योगों में अनेक कर्मचारी मनमाने ढंग से भर्ती कर दिये जाते हैं। इससे वैमनस्य और पक्षपात बढ़ते हैं। अस्तु यह आवश्यक है कि कर्मचारियों की भर्ती उनकी योग्यताओं, कुशलताओं एवं अनुभव के आधार पर की जाये।

2. योग्यतानुसार पदोन्नति—भारतीय उद्योगों में अनेक बार पदोन्नति, खुशामद, रिश्तेदारी अथवा जाति के आधार पर होने लगती है जिससे झगड़े बढ़ते हैं। अस्तु, सभी उद्योगों में योग्यतानुसार ही पदोन्नति दी जानी चाहिये।

3. काम करने की परिस्थितियों में सुधार—प्रत्येक उद्योग में काम करने की परिस्थितियों का निरीक्षण करके उनमें सुधार किया जाना चाहिये। काम के घन्टों, प्रकाश, शुद्ध वायु, पानी और सही तापक्रम की व्यवस्था के अतिरिक्त नौकरी की सुरक्षा, पर्याप्त वेतन, भविष्य की सुरक्षा और सहानुभूतिपूर्ण सामाजिक परिवेश उद्योगों में मानवीय सम्बन्ध स्थापित करने के लिये आवश्यक हैं।

4. कार्य प्रणालियों में सुधार—प्रत्येक उद्योग में कार्य प्रणालियों का अध्ययन करके उनका आधुनिकीकरण एवं विवेकीकरण किया जाना चाहिये।

5. वैज्ञानिक प्रबन्ध—किसी भी उद्योग में मानवीय सम्बन्ध वैज्ञानिक प्रबन्ध पर आधारित होते हैं। भारतवर्ष में सभी उद्योगों में प्रबन्धतन्त्र में ऐसे अधिकारी नियुक्त किये जाने चाहियें जो प्रबन्ध को वैज्ञानिक स्तर पर ले जायें और बनाये रखें।

6. श्रमिक संघों और सेवायोजनाओं में समन्वय—भारतीय उद्योगों में सभी स्थानों पर उनके श्रमिक संघ कार्यरत हैं। इन श्रमिक संघों में परस्पर और इनके तथा सेवायोजकों के मध्य परस्पर समन्वय पर ही उद्योगों में मानवीय सम्बन्ध स्थापित हो सकते हैं।

7. प्रबन्ध में श्रमिकों की भागीदारी—भारतीय उद्योगों में अभी प्रबन्ध में श्रमिकों की भागीदारी बहुत कम है। यह सन्तोषजनक एवं प्रभावशाली रूप से सभी उद्योगों में होने पर ही उनमें मानवीय सम्बन्ध कायम होंगे।

औद्योगिक समाजशास्त्र की प्रकृति
(Nature of Industrial Sociology)

(1) औद्योगिक समाजशास्त्र वैज्ञानिक पद्धति का प्रयोग करता है—औद्योगिक समाजशास्त्र की सभी पद्धतियाँ वैज्ञानिक हैं। उनमें समाजमिति के पैमानों (Scales of Sociometry), अनुसूची (Schedule), प्रश्नावली (Questionnaire), साक्षात्कार (Interview) आदि वैज्ञानिक उपकरणों का प्रयोग किया जाता है। उनमें सबसे पहले अवलोकन द्वारा तथ्य एकत्रित किये जाते हैं फिर उनको व्यवस्थित रूप में लिखा जाता है। इसके पश्चात् इस सामग्री का वर्गीकरण होता है और अन्त में स्वीकृत तथ्यों के आधार पर सामान्य सिद्धान्त बनाये जाते हैं। इन सिद्धान्तों की प्रामाणिकता का परीक्षण कर लिया जाता है।

(2) औद्योगिक समाजशास्त्र तथ्यात्मक (Factual) है—औद्योगिक समाजशास्त्र औद्योगिक घटनाओं, सम्बन्धों और प्रक्रियाओं के तथ्यों का अध्ययन करता है। र्‌यूटर और हार्ट के शब्दों में, ''सामाजिक प्रक्रियाओं का वर्णन करना ही समाजशास्त्र ने अपने लिए सामान्य समस्या रखी है।''[1] इस प्रकार समाजशास्त्र तथ्यों का और उनमें छिपे हुए सामान्य सिद्धान्तों का अध्ययन करता है। कॉम्ट ने तो उसे सामाजिक भौतिकशास्त्र (Social Physics) ही कह दिया था।

(3) औद्योगिक समाजशास्त्र कार्य-कारण सम्बन्धों की व्याख्या करता है—औद्योगिक समाजशास्त्र कार्य-कारण सम्बन्धों की व्याख्या करता है। उदाहरण के लिए वह यह बतलाता है कि हड़ताल से तालाबन्दी की संख्या बढ़ती है। हड़ताल और तालाबन्दी के इस उदाहरण में हड़ताल कार्य है और तालाबन्दी कारण है। इस प्रकार औद्योगिक समाजशास्त्र ने हड़ताल और तालाबन्दी में कार्य-कारण सम्बन्ध की खोज की। इसी प्रकार औद्योगिक समाज की दूसरी घटनाओं, प्रक्रियाओं तथा सम्बन्धों आदि में भी औद्योगिक समाजशास्त्र कार्य-कारण सम्बन्ध की खोज करता है और फिर उस विषय में नियम बनाता है। इस तरह औद्योगिक समाजशास्त्र 'क्या' के साथ-साथ 'कैसे' का भी उत्तर देता है।

---

1. "The general problem that sociology gets for itself is a description of the social process."
—Reuter and Hart, *Introduction to Sociology*, p. 6.

(4) औद्योगिक समाजशास्त्र के सिद्धान्त सार्वभौम हैं—औद्योगिक समाजशास्त्र के नियम सभी देश-काल में सही सिद्ध होते हैं। जब तक परिस्थितियाँ वही रहती हैं उनमें किसी अपवाद का अवसर नहीं आता। उदाहरण के लिये यह सिद्धान्त कि व्यक्तिगत विघटन तथा व्यावसायिक विघटन एक-दूसरे पर निर्भर हैं, सभी देश-काल में सही उतरेगा।

(5) औद्योगिक समाजशास्त्र के सिद्धान्त प्रामाणिक हैं—इस तरह परीक्षण और पुन: परीक्षण करने पर भी औद्योगिक समाजशास्त्र के नियम सदैव सही सिद्ध होते हैं। उनकी प्रामाणिकता की कोई भी, कभी भी जाँच कर सकता है। उदाहरण के लिये यह सिद्धान्त लीजिये कि हड़तालों की संख्या बढ़ने से तालेबन्दी में वृद्धि मालूम पड़ती है। जहाँ-जहाँ हड़तालों की संख्या बढ़ेगी वहाँ निश्चय ही तालेबन्दी भी बढ़ रही होगी, यह सिद्धान्त कभी भी जाँच करके देखा जा सकता है एवं हड़तालों के आंकड़े प्राप्त किये जा सकते हैं।

(6) औद्योगिक समाजशास्त्र भविष्यवाणी कर सकता है—कार्य-कारण सम्बन्धों के विज्ञान की उपरोक्त परिभाषाओं और उसकी प्रकृति के प्रकाश में औद्योगिक समाजशास्त्र की वैज्ञानिक प्रकृति के विश्लेषण से यह पता चलता है कि औद्योगिक समाजशास्त्र एक विधायक विज्ञान है। यहाँ यह ध्यान रखना आवश्यक है कि विज्ञान के रूप में औद्योगिक समाजशास्त्र स्वतन्त्र न होकर अपनी विषय सामग्री के लिये औद्योगिक प्रशासन, अर्थशास्त्र, श्रम अर्थशास्त्र, औद्योगिक सम्बन्ध और औद्योगिक मनोविज्ञान पर निर्भर है। इसके दो पहलू—तथ्यात्मक और आदर्शात्मक है। पहले में यह औद्योगिक समाज का तथ्यात्मक अध्ययन करता है और दूसरे में उसके आदर्शों का विवेचन करता है। पहले में वह यथास्थिति का पता लगाता है और दूसरे में वह सुझाव देता है कि स्थिति कैसी होनी चाहिए। उदाहरण के लिये पहले में वह यह पता लगता है कि श्रमिकों की भर्ती की व्यवस्था, कार्य की दशायें, औद्योगिक आवास, वेतन आदि की स्थिति क्या है और दूसरे में यह सुझाव देता है कि आदर्श की दृष्टि से ये सब कैसी होनी चाहियें। कुछ समाजशास्त्रियों ने औद्योगिक समाजशास्त्र के उपरोक्त दूसरे पहलू का विरोध करते हुए यह कहा है कि चूँकि समाजशास्त्र नियामक (Normative) विज्ञान नहीं है इसलिये औद्योगिक समाजशास्त्र आदर्श उपस्थित नहीं करता। किन्तु आधुनिक औद्योगिक समाजशास्त्री यह मत नहीं मानते और उपरोक्त दोनों पहलुओं को ही औद्योगिक समाजशास्त्र के महत्त्वपूर्ण पहलू मानते हैं।

औद्योगिक समाजशास्त्र का महत्त्व
(Importance of Industrial Sociology)

औद्योगिक समाजशास्त्र की परिभाषाओं, क्षेत्र और प्रकृति के अध्ययन से उसका महत्त्व पता चलता है क्योंकि जो कुछ विषयवस्तु औद्योगिक समाजशास्त्र में अध्ययन की जाती है उसी पर इस अध्ययन का विशेष प्रभाव पड़ता है। फिर भी यहाँ पर औद्योगिक समाजशास्त्र के महत्व के मुख्य बिन्दुओं पर विचार किया जायेगा। इस सम्बन्ध में अग्रलिखित बिन्दुओं को महत्त्वपूर्ण कहा जा सकता है।

(1) ज्ञान में वृद्धि—औद्योगिक समाजशास्त्र मानव ज्ञान में एक सर्वथा नये पहलू का निर्माण करता है। इसको जाने बिना आधुनिक औद्योगिक समाज को समझना

असम्भव है और क्योंकि संसार में लगभग सभी प्रगतिशील देशों में औद्योगिक समाज के लक्षण बढ़ते जा रहे हैं इसलिये सामान्य समाजशास्त्रीय अध्ययन भी औद्योगिक समाजशास्त्र के ज्ञान के बिना अधूरा है। अस्तु सब कहीं औद्योगिक समाजशास्त्र का अध्ययन बढ़ रहा है।

(2) वैज्ञानिक ज्ञान में वृद्धि—आधुनिक युग विज्ञान का युग है। विज्ञान जीवन के प्रत्येक क्षेत्र में कार्य-कारण सम्बन्ध खोजने की विधि है। आजकल लगभग सब कहीं औद्योगिक समाज इतना अधिक बढ़ गया है कि उसका वैज्ञानिक अध्ययन करना आवश्यक हो गया है। यह इसलिए भी आवश्यक है क्योंकि लगभग प्रत्येक प्रगतिशील राष्ट्र बहुत कुछ अपने उद्योगों पर निर्भर होता है। बहुधा राष्ट्रीय प्रगति को औद्योगिक प्रगति से आंका जा सकता है। औद्योगिक पगति विशेष प्ररिस्थितियों में ही सम्भव है और इसको बराबर बनाये रखने के लिये उद्योगों में उठने वाली समस्याओं का निराकरण भी आवश्यक है। औद्योगिक समाजशास्त्र औद्योगिक समाज की संस्थाओं, सामाजिक नियन्त्रण, सामाजिक परिवर्तन, गतिशीलता, अन्तर्क्रिया, समस्याओं तथा उनके सुलझाव आदि का वैज्ञानिक अध्ययन करता है। वैज्ञानिक अध्ययन यथार्थ होता है और उसके आधार पर भविष्यवाणी की जा सकती है। स्पष्ट है कि इसके अभाव में औद्योगिक प्रगति सम्भव नहीं है। अस्तु, औद्योगिक समाजशास्त्र औद्योगिक समाज के विषय में वैज्ञानिक और इसलिये विश्वसनीय ज्ञान प्रदान करता है।

(3) औद्योगिक समाज की समस्याओं का सुलझाव—जैसा कि पीछे बतलाया जा चुका है, औद्योगिक समाजशास्त्र औद्योगिक समाज की समस्याओं के सुलझाने में सहायक है। आधुनिक काल में औद्योगिक क्रान्ति से मानव समाज में स्तरीकरण, श्रम विभाजन, सामाजिक संरचना, स्थिति और कार्य की व्यवस्था, सामाजिक संस्थाओं के स्वरूप, सामाजिक नियन्त्रण, परिवर्तन, अन्तर्क्रिया और गतिशीलता आदि में व्यापक परिवर्तन हुआ है जिससे अनेक समस्यायें उत्पन्न हुई हैं जैसे—तालाबन्दी और हड़ताल की समस्या, श्रमिकों की भर्ती की समस्या, उनके वेतन की समस्या, उनकी दुर्घटनाओं की समस्या, उनके आवास की समस्या, उनकी बीमारी, स्वास्थ्य, और स्वच्छता की समस्या, उनके बच्चों की शिक्षा की समस्या और उनके मनोरंजन की समस्या, उनके कार्य करने की दशाओं और सामाजिक सुरक्षा की समस्या इत्यादि। इनमें श्रमिक वर्ग की सभी समस्यायें आ जाती हैं। किन्तु औद्योगिक समाज की समस्यायें श्रमिकों की समस्यायें मात्र नहीं हैं क्योंकि औद्योगिक समाज में श्रमिकों के अतिरिक्त नौकरशाही, व्यापारी तथा अन्य नगरीय नर नारी भी आते हैं। इस प्रकार औद्योगिक समाज नगरीय समाज है और सभी नगरीय समस्यायें उसकी समस्यायें हैं। इन समस्याओं को सुलझाने के लिये औद्योगिक समाजशास्त्र का ज्ञान आवश्यक है।

(4) औद्योगिक समाज की स्थिरता—यद्यपि गतिशीलता समाज का एक अनिवार्य गुण है किन्तु किसी न किसी रूप में कुछ न कुछ स्थिरता लाये बिना कोई भी समाज प्रगति नहीं कर सकता। स्थिरता से तात्पर्य परिवर्तन का अभाव नहीं है किन्तु ये परिवर्तन किसी सुव्यवस्थित प्रतिमान के अनुसार होने चाहिये तभी प्रगति सम्भव है। इस दृष्टि से औद्योगिक समाजशास्त्र के अध्ययन से उन सामाजिक नियमों का पता चलता है जिनसे औद्योगिक समाज को स्थिरता प्रदान की जा सकती है और उसमें परिवर्तन की गति और दिशा को सुव्यवस्थित किया जा सकता है।

(5) व्यक्तित्व संकलन में सहायता—समाज की इकाई व्यक्ति है। व्यक्तित्व के विघटन से सामाजिक विघटन होता है और इसका उल्टा भी सत्य है। औद्योगिक समाजशास्त्र यह पता लगाता है कि कौन सी औद्योगिक अथवा नगरीय परिस्थितियों का मानव व्यक्तित्व पर क्या प्रभाव पड़ता है और उसके व्यक्तित्व को संकलित रखने के लिये कार्य करने की परिस्थितियाँ कैसी होनी चाहिएँ। स्पष्ट है कि इस प्रकार के ज्ञान की सहायता से नगरीय व्यक्ति को अधिक संकलित रखा जा सकता है।

(6) पारिवारिक संगठन में सहायता—व्यक्ति के बाद परिवार समाज की इकाई है। परिवार की समाज में केन्द्रीय स्थिति होती है। अस्तु, पारिवारिक विघटन से सामाजिक विघटन होता है। दूसरी ओर समाज को संगठित रखने के लिये परिवार को संगठित रखना आवश्यक है। आधुनिक काल में नगरीय और औद्योगिक क्षेत्रों में अनेक कारक परिवार को क्रमशः विघटित कर रहे हैं जिनमें जुआ, वेश्यावृत्ति, मद्यपान, इत्यादि अस्वस्थ मनोरंजन, पुरुषों का परिवार से दूर रहना, सामाजिक नियंत्रण का अभाव, सामाजिक गतिशीलता की तीव्रगति, कार्य करने की अस्वास्थ्यजनक परिस्थितियाँ, आवश्यकता से कम वेतन, समुचित आवास का अभाव, अत्यधिक भीड़-भाड़ और गन्दी बस्तियां इत्यादि प्रमुख हैं। इन विघटनकारी परिस्थितियों पर काबू करके नगरीय परिवार को विघटन से बचाये बगैर औद्योगिक समाज को संगठित नहीं रखा जा सकता। औद्योगिक समाजशास्त्र ने इस क्षेत्र में विशेष जानकारी प्रदान की है जिसका लाभ उठाकर परिवारों को संगठित रखा जा सकता है।

(7) व्यवसाय का चुनाव—औद्योगिक समाज की विशेषता श्रम विभाजन और विशिष्टीकरण है। यह इसलिये आवश्यक है क्योंकि प्रत्येक व्यक्ति में प्रत्येक कार्य करने की योग्यता नहीं होती। औद्योगिक मनोविज्ञान में इस दृष्टि से व्यावसायिक निर्देशन की विधि निकाली गयी है जिसका सभी आधुनिक समाजों में प्रयोग किया जाता है। औद्योगिक समाजशास्त्र में एक ओर व्यवसायों का सूक्ष्म अध्ययन किया जाता है तो दूसरी ओर प्रत्येक व्यवसाय के लिये आवश्यक व्यक्तिगत गुणों का भी अध्ययन किया जाता है ताकि प्रत्येक को उसके उपयुक्त व्यवसाय में लगाया जा सके। इससे एक ओर व्यक्तियों को सफलता मिलती है तो दूसरी ओर औद्योगिक प्रगति होती है।

(8) सामाजिक और श्रम कल्याण—व्यक्ति और परिवार के बाद औद्योगिक समाज में सार्वजनिक जनता की अनेक समस्यायें होती हैं जो कि नगरीय समाज के विशेष लक्षणों के कारण उत्पन्न होती हैं जैसे अत्यधिक व्यक्तिवाद और सामाजिक नियंत्रण का अभाव तथा नगरीय समाज की समस्यायें इत्यादि। इसी प्रकार समाज के विभिन्न वर्गों के परस्पर सम्बन्धों की समस्यायें होती हैं। क्योंकि औद्योगिक समाजशास्त्र मालिक और मजदूर, सरकार और जनता, धनिक वर्ग और निर्धन इत्यादि समाज के सभी वर्गों का सूक्ष्म और वैज्ञानिक अध्ययन करता है इसलिये उससे समाज-कल्याण की योजनायें बनाने में सहायता मिलती है। औद्योगिक समाज में श्रमिक वर्ग समाज का एक प्रमुख अंग है। इसलिये श्रम कल्याण समाज कल्याण में महत्त्वपूर्ण स्थान रखता है। चूँकि औद्योगिक समाजशास्त्र श्रमिक वर्ग का सूक्ष्म और तथ्यात्मक तथा सर्वांगीण अध्ययन करता है इसलिये श्रम कल्याण में उससे सहायता मिलती है।

(9) औद्योगिक नियोजन—आधुनिक युग नियोजन का युग है। सब कहीं जीवन के प्रत्येक क्षेत्र में नियोजन की बात की जाती है क्योंकि इसके द्वारा उपलब्ध साधनों को व्यवस्थित रूप से प्रयोग करके अधिक से अधिक लाभ उठाया जा सकता है। औद्योगिक क्षेत्र में नियोजन सबसे अधिक आवश्यक है क्योंकि इसके न होने पर औद्योगिक प्रगति असम्भव है। औद्योगिक नियोजन के लिये औद्योगिक समाजशास्त्र का ज्ञान अत्यन्त आवश्यक है क्योंकि वह ही वे नियम बतलाता है जिनके अनुसार उद्योग में विभिन्न कारकों का अधिक से अधिक लाभ उठाया जा सकता है।

(10) राष्ट्रीय शान्ति और प्रगति—अन्त में किसी भी राष्ट्र में शान्ति और प्रगति बनाये रखने के लिये औद्योगिक समाजशास्त्र का अध्ययन आवश्यक है। राष्ट्रीय अशान्ति का सबसे प्रमुख कारक औद्योगिक कलह है। औद्योगिक समाजशास्त्र इस कलह के कारणों और उपचारों का व्यवस्थित अध्ययन करके उसे दूर करने के विषय में सुझाव देता है। इस प्रकार उससे समाज के विभिन्न वर्गों में शान्ति और प्रगति बनाये रखने में सहायता मिलती है। वास्तव में आधुनिक राष्ट्रों में लगभग सब कहीं किसी भी दशा में प्रगति बहुत कुछ नगरीय समाज पर निर्भर है भले ही ग्रामीण जनसंख्या की कितनी भी अधिकता क्यों न हो। औद्योगिक समाजशास्त्र नगरीय समाजशास्त्र से कहीं अधिक व्यापक है और उसका ज्ञान नगर नियोजन में सहायक है।

भारत में औद्योगिक समाजशास्त्र का महत्त्व
(Importance of Industrial Sociology in India)

औद्योगिक समाजशास्त्र के महत्त्व के विषय में जो कुछ पीछे कहा जा चुका है वह भारतीय समाज पर विशेष रूप से लागू होता है क्योंकि उद्योग की दिशा में हमारा समाज अन्य समाजों से बहुत पिछड़ा हुआ है और इसे आगे बढ़ाने के लिये औद्योगिक समाजशास्त्र से सहायता लेनी आवश्यक है। संक्षेप में इस सम्बन्ध में मुख्य बातें निम्नलिखित हैं—

(1) श्रमिक समाज का ज्ञान—भारतवर्ष में आज तक श्रमिक वर्ग की ओर विशेष ध्यान नहीं दिया गया है। अस्तु उद्योगों में श्रमिकों की दशा किसी भी प्रकार से संतोषजनक नहीं है। श्रम सम्बन्धी अनेक विधान बनने के बावजूद पूंजीपति और मालिक लोग उनके उल्लंघन करने का कोई न कोई मार्ग निकालते रहे हैं और आज भी श्रमिकों की दुर्दशा ज्यों की त्यों देखी जा सकती है। इसका प्रमुख कारण श्रमिक वर्ग के विषय में सामान्य जनता, सरकार, और सेवायोजकों में अज्ञान है। औद्योगिक समाजशास्त्र की सहायता से इस अज्ञान को दूर किया जा सकता है और श्रमिकों की दशा सुधारने के लिये ठोस कदम उठाये जा सकते हैं।

(2) वैज्ञानिक श्रम-कल्याण—श्रम-कल्याण की योजनायें चाहे कितने ही अच्छे इरादे से क्यों न बनायी जायें, वैज्ञानिक आधार के बिना उनसे वास्तविक श्रम कल्याण नहीं हो सकता। भारतीय समाज परम्परावादी समाज है। यहाँ आज भी प्रत्येक बात को रीति-रिवाज के आधार पर करने का प्रयास किया जाता है। चूँकि औद्योगीकरण देश में एक नयी बात है और इसके कारण से जो औद्योगिक समाज बनता है वह पहले नहीं था इसलिए उसकी समस्यायों

को सुलझाने में परम्परागत विधियाँ पर्याप्त नहीं है। इसके लिए औद्योगिक समाज और श्रमिक समाज के विषय में वैज्ञानिक जानकारी की आवश्यकता है। यह जानकारी औद्योगिक समाजर्शास्त्र से ही मिल सकती है।

(3) **नगरीयकरण की समस्याओं का सुलझाव**—भारतवर्ष में नगरीयकरण क्रमशः बढ़ रहा है और आज देश की 20 प्रतिशत जनसंख्या नगरों में रहती है। अधिकतर नगरों के विकास का कारण उद्योग ही है। अस्तु, नगरीयकरण से उत्पन्न होने वाली समस्यायें बहुत कुछ औद्योगिक समाज की समस्यायें हैं। इनको सुलझाने के लिए औद्योगिक समाजर्शास्त्र का ज्ञान आवश्यक है।

(4) **औद्योगीकरण की समस्याओं का सुलझाव**—देश में बढ़ते हुए औद्योगीकरण से भी अनेक समस्यायें उत्पन्न हुई हैं जैसे व्यक्तिगत, व्यावहारिक और पारिवारिक विघटन, भीड़-भाड़ की समस्या, गन्दी बस्तियों की समस्या इत्यादि। औद्योगीकरण में विवेकीकरण और नियोजन अत्यन्त आवश्यक है। वास्तव में इनका अभाव ही औद्योगीकरण की समस्याओं का मूल कारण है। इस दृष्टि से औद्योगिक समाजर्शास्त्र का अध्ययन अत्यन्त महत्त्वपूर्ण है।

(5) **श्रम विभाजन में सहायता**—किसी भी समाज की प्रगति श्रमविभाजन के बिना असम्भव है। भारतवर्ष में श्रम विभाजन का परम्परागत आधार जाति व्यवस्था रही है। आज यह व्यवस्था अनेक प्रकार से सामाजिक पतन का कारण सिद्ध हुई है और इसे उखाड़ फेंकने की बात की जा रही है। ऐसी दशा में श्रम विभाजन अव्यवस्थित हो गया है। कोई भी व्यक्ति चाहे जिस व्यवसाय में लग जाता है चाहे उसमें उसकी योग्यता हो या न हो। श्रम विभाजन के लिए उद्योग और श्रम के विभिन्न क्षेत्रों तथा व्यवसायों के विषय में व्यापक जानकारी आवश्यक है। यह औद्योगिक समाजशास्त्र से मिलती है।

(6) **पारिवारिक संगठन में सहायता**—औद्योगिक समाजशास्त्र नगरीय और औद्योगिक परिवारों का विशेष रूप से अध्ययन करता है और वे कारण पता लगाता है जो इन्हें विघटित कर रहे हैं। कारणों का पता लगाने के साथ ही साथ वह इन्हें संगठित करने के सुझाव भी देता है। इसलिए भारतवर्ष में औद्योगिक समाजशास्त्र में नगरीय और औद्योगिक परिवारों को विघटन से रोकने और उनका पुनर्संगठन करने में सहायता मिलती है।

(7) **आर्थिक प्रगति**—आज देश में सब कहीं गरीबी हटाओ का नारा सुनाई पड़ता है। इसके लिए कृषि में प्रगति से भी अधिक औद्योगिक प्रगति आवश्यक है क्योंकि इसके अभाव में लाखों बेकारों को आजीविका नहीं मिल सकती। आर्थिक विकास बहुत कुछ औद्योगिक विकास है। औद्योगिक विकास का अध्ययन औद्योगिक समाजशास्त्र करता है। इसलिए देश के आर्थिक विकास में औद्योगिक समाजशास्त्र से निर्देशन मिल सकता है।

(8) **समाज-कल्याण**—आधुनिक राज्य कल्याणकारी राज्य माना जाता है। भारत में वर्तमान राज्य कल्याणकारी राज्य है। कल्याणकारी राज्य के लिए यह आवश्यक है कि वह बिगड़े वर्गों जैसे भिखारियों, अपराधियों, किशोरापराधियों इत्यादि तथा पिछड़े वर्गों जैसे—अनुसूचित जातियों और जनजातियों के लोग, निर्धन नर-नारी इत्यादि के कल्याण की योजनायें बनायें क्योंकि ये वर्ग स्वयं अपना कल्याण नहीं कर सकते। इस समाज-कल्याण के लिए औद्योगिक

समाजशास्त्र का निर्देशन आवश्यक है अन्यथा कितना भी ऊँचा इरादा होने पर भी कल्याण-योजनायें सफल नहीं हो सकतीं।

(9) श्रम संगठन का विकास—औद्योगिक विवादों को सुलझाने का एक उपाय श्रम संगठनों का विकास है। यदि यह विकास वैज्ञानिक ढंग से होता है तो सामूहिक सौदेबाजी के द्वारा श्रमिक अपनी माँगों को मनवाते रहते हैं और उनकी समस्यायें सुलझती रहती हैं। दुर्भाग्यवश भारतवर्ष में श्रमिक संघ श्रम कल्याण की अपेक्षा राजनैतिक स्वार्थों की सिद्धि की ओर विशेष ध्यान देते रहे हैं। यह प्रवृत्ति दूर करके श्रम संघों को श्रम कल्याण के साधनों के रूप में संगठित करने के लक्ष्य को प्राप्त करने के लिए औद्योगिक समाजशास्त्र का अध्ययन आवश्यक है क्योंकि इसमें श्रम संगठन का विशेष रूप से अध्ययन किया जाता है।

(10) विवेकीकरण में सहायता—वैज्ञानिक और औद्योगिक दृष्टि से पिछड़ा हुआ होने के कारण भारतवर्ष में उद्योगों में विवेकीकरण का अभाव रहा है। पूंजीपतियों और मालिकों में शिक्षा बढ़ने के साथ-साथ और सरकार के हस्तक्षेप से विवेकीकरण के प्रयास किये जा रहे हैं। इसमें औद्योगिक समाजशास्त्र से सहायता मिलती है।

(11) राष्ट्रीयकरण में सहायता—कुछ उद्योगों में जब झगड़े सुलझ नहीं पाते और स्थिति बिगड़ती ही जाती है तो राष्ट्रीयकरण आवश्यक हो जाता है। कुछ अन्य उद्योगों में राष्ट्रीयकरण इसलिए आवश्यक होता है क्योंकि उत्पादित वस्तुयें इतनी आवश्यक होती हैं कि वे निजी हाथों में नहीं दी जा सकतीं, जैसे हथियार बनाने के कारखाने। इसी प्रकार कच्चे माल से सम्बन्ध रखने वाले उद्योगों में भी राष्ट्रीयकरण आवश्यक हो जाता है ताकि उद्योगों को कच्ची सामग्री उचित मूल्य पर और आवश्यक मात्रा में उपलब्ध होती रहे। इन सब कारणों से भारतवर्ष में राष्ट्रीयकरण बढ़ता जा रहा है। आपात स्थिति की घोषणा के बाद से राष्ट्रीयकृत उद्योगों में विशेष लाभ दिखलाई पड़ा है क्योंकि उनमें भ्रष्टाचार दूर किया गया है और अनुशासन बढ़ा है। राष्ट्रीयकरण के इस प्रयास में औद्योगिक समाजशास्त्र का निर्देशन आवश्यक है क्योंकि उसमें राष्ट्रीयकरण का विशेष रूप से अध्ययन किया जाता है।

(12) औद्योगिक प्रबन्ध में सहायता—उद्योग के क्षेत्र में सफलता का उत्तरदायित्व बहुत कुछ औद्योगिक नौकरशाही पर है। औद्योगिक नौकरशाही की निपुणता औद्योगिक प्रबन्ध के वैज्ञानिक नियमों का अनुगमन करने पर निर्भर है। औद्योगिक समाजशास्त्र औद्योगिक प्रबन्ध के विभिन्न पहलुओं का वैज्ञानिक अध्ययन करता है। अस्तु, इसकी सहायता से नौकरशाही को प्रशिक्षित किया जा सकता है। भारतवर्ष में इसका विशेष रूप से महत्त्व है क्योंकि औद्योगिक पिछड़ेपन के कारण अधिकतर औद्योगिक नौकरशाही निपुण नहीं है।

(13) स्वचालनीकरण की समस्याओं का सुलझाव—भारतवर्ष में उद्योगों के बड़े पैमाने पर बढ़ते जाने के साथ-साथ स्वचालनीकरण भी बढ़ता रहा है। स्वचालित मशीनों के बढ़ने से बेरोजगारी बढ़ी है भले ही दूसरी ओर मालिकों के मुनाफे में वृद्धि क्यों न हुई हो। इसलिए बहुत से उद्योगों में स्वचालनीकरण का विरोध किया गया है। इस समस्या को हल करने के लिए स्वचालनीकरण के वैज्ञानिक अध्ययन की आवश्यकता है जो कि औद्योगिक समाजशास्त्र का विषय है।

(14) मालिक-मजदूर सम्बन्धों में सहायता—औद्योगिक शान्ति और प्रगति मालिकों और मजदूरों में अच्छे सम्बन्धों पर निर्भर है। इन सम्बन्धों को अच्छा रखने के लिए अनेक कारकों पर ध्यान देना आवश्यक है, जैसे—वेतन की दर, कार्य करने की परिस्थितियाँ, नौकरशाही का व्यवहार, नौकरी की सुरक्षा, श्रमिकों के आवास की व्यवस्था, भर्ती की वैज्ञानिक पद्धति, इत्यादि। इन सबका अध्ययन औद्योगिक समाजशास्त्र में किया जाता है। इसलिए उसके ज्ञान से मालिकों और मजदूरों के सम्बन्ध अच्छे बनाने में निश्चय ही सहायता मिलेगी।

(15) श्रम विधान में सहायता—बीसवीं शताब्दी में भारतवर्ष में औद्योगीकरण बढ़ने के साथ-साथ नये-नये श्रम विधान भी पारित होते गये हैं। इनसे श्रमिकों की अनेक समस्याओं को सुलझाने में सहायता मिली है। किन्तु अभी भी इन्हें पर्याप्त और उपयुक्त नहीं कहा जा सकता। औद्योगिक समाजशास्त्र में श्रम विधानों का वैज्ञानिक अध्ययन किया जाता है। अस्तु उसके निर्देशन से भारत में आवश्यक और उपयुक्त श्रम विधान बनाये जा सकते हैं। उदाहरण के लिए आजकल भारत सरकार ने कारखानों के प्रबन्ध में श्रमिकों की सहभागिता के विषय में विधान बनाया है जिससे कारखानों का प्रबन्ध बेहतर होने की सम्भावना है। औद्योगिक समाजशास्त्र में प्रबन्ध में श्रमिकों की सहभागिता का वैज्ञानिक अध्ययन किया जाता है।

(16) राष्ट्रीय शान्ति और प्रगति—भारत में किसी भी दिशा में प्रगति के लिए राष्ट्रीय शान्ति और प्रगति अत्यन्त आवश्यक है। इसके लिए एक ओर नगरों की विभिन्न समस्याओं को सुलझाना आवश्यक है तो दूसरी ओर उद्योग के क्षेत्र में विभिन्न वर्गों में संघर्ष को दूर करना जरूरी है। एक ओर देश में बढ़ता हुआ पूंजीवाद अनेक समस्यायें उत्पन्न कर रहा है तो दूसरी ओर श्रमिक संघों में राजनैतिक दलों का प्रवेश नये-नये मसले पैदा कर रहा है। इन सब समस्याओं को सुलझाने में औद्योगिक समाजशास्त्र से विशेष सहायता मिलती है। देश की प्रगति बहुत कुछ देश में बढ़ते हुए औद्योगिक समाज की शान्ति और प्रगति पर निर्भर है। इस दिशा में औद्योगिक समाजशास्त्र का निर्देशन आवश्यक है।

(17) औद्योगिक नियोजन की समस्याओं का सुलझाव—वर्तमान केन्द्र-सरकार औद्योगिक नियोजन के लिए प्रयत्नशील हैं। पंचवर्षीय योजनाओं में देश में उद्योगों के नियोजित विकास के लिए विशेष रूप से प्रयास किया गया है। इस नियोजन में देश में अनेक समस्यायें दिखलाई पड़ती हैं जैसे अशिक्षा, पूंजी की समस्या, अत्यधिक जनसंख्या, आंकड़ों का अभाव, आय का निम्न स्तर, पिछड़ी हुई खेती, प्रशिक्षकों का अभाव, कानूनी औपचारिकतायें, करों का बोझ, मुद्रा प्रसार का भय, राष्ट्रीयकरण का भय, इत्यादि। औद्योगिक समाजशास्त्र में इन सबका व्यवस्थित अध्ययन किया जाता है। अस्तु, उससे औद्योगिक नियोजन में सहायता मिलती है।

(18) अन्तर्राष्ट्रीय सम्बन्धों में सुधार—आजकल कुछ श्रम संगठन अन्तर्राष्ट्रीय स्तर पर होते हैं। साम्यवादी विचारों के समर्थकों ने अनेक अन्तर्राष्ट्रीय श्रम संघ बनाये हैं। दूसरी ओर संयुक्त राष्ट्र संघ की ओर से भी एक अन्तर्राष्ट्रीय श्रम-संघ है जो कि विभिन्न देशों में श्रम सम्बन्धी समस्याओं को सुलझाने में सहायता करता है। इस श्रम संघ का भारत में विशेष महत्त्व है क्योंकि यह देश औद्योगिक दृष्टि से पिछड़ा हुआ रहा है। श्रम संघ ने भारतवर्ष को समय-समय पर विशेष सहायता दी है और भारतीय आवश्यकताओं को लेकर

समृद्ध देशों में भारत को सहायता दिये जाने के लिए जनमत निर्माण किया है। औद्योगिक समाजशास्त्र में अन्तर्राष्ट्रीय श्रम संघ का भी अध्ययन किया जाता है। इस प्रकार उससे भारत में श्रमिकों की दशा उन्नत बनाने के साथ-साथ अन्तर्राष्ट्रीय सम्बन्धों को बेहतर बनाने में भी सहायता मिलेगी।

अभ्यास के लिए प्रश्न

1. औद्योगिक समाजशास्त्र की परिभाषा कीजिये तथा इसका क्षेत्र बताइये।
2. औद्योगिक समाजशास्त्र की विषय-वस्तु एवं महत्त्व की व्याख्या कीजिये और नगरीय समाजशास्त्र से इसका सम्बन्ध बताइये।
3. औद्योगिक समाजशास्त्र का अर्थ तथा विषय क्षेत्र बताइये।
4. औद्योगिक समाजशास्त्र की अवधारणा के विकास का इतिहास बताइये तथा वर्तमान सामाजिक आर्थिक व्यवस्था में इसकी उपयोगिता का विवेचन कीजिये।
5. "समाजशास्त्र का वह भाग जो आर्थिक उत्पादन-सम्बन्धी तत्त्वों का अध्ययन है, अपने व्यापक अर्थ में औद्योगिक समाजशास्त्र है।" (एफ० एण्डलर) इस कथन को ध्यान में रखते हुए औद्योगिक समाजशास्त्र की परिभाषा दीजिए।
6. मानवीय सम्बन्धों से क्या आशय है? इनका क्या महत्त्व है? भारतीय उद्योगों में मानवीय सम्बन्धों के सुधार के लिये क्या सुझाव दिये जा सकते हैं?

2
अन्य सामाजिक विज्ञानों से सम्बन्ध
(Relationship with Other Social Sciences)

औद्योगिक समाजशास्त्र औद्योगिक क्षेत्र में उपस्थित सामाजिक सम्बन्धों का अध्ययन करता है। औद्योगिक संस्थानों में मनुष्यों के औपचारिक एवं अनौपचारिक संगठन होते हैं। इन्हीं संगठनों के औपचारिक तथा अनौपचारिक सम्बन्धों का अध्ययन औद्योगिक समाजशास्त्र द्वारा किया जाता है। मानवीय सम्बन्ध सदैव ही जटिल एवं बहुपक्षीय होते हैं अत: यह निर्धारण कर पाना कठिन है कि कौन से सम्बन्ध शुद्ध औद्योगिक हैं और कौन से आर्थिक या सामाजिक हैं। इसी कारण से विभिन्न सामाजिक विज्ञानों में परस्पर सम्बन्ध होता है। भिन्न-भिन्न सामाजिक विज्ञानों के क्षेत्र एक-दूसरे की सीमा का उल्लंघन किया करते हैं। इसी कारण कहा जा सकता है कि औद्योगिक समाजशास्त्र का अन्य सामाजिक विज्ञानों से सम्बन्ध है। औद्योगिक समाजशास्त्र मुख्य रूप से वर्तमान औद्योगिक व्याख्या के फलस्वरूपव विकसित हुए सामाजिक सम्बन्धों और इनके प्रभावों का अध्ययन करने वाला विज्ञान है। इसी प्रकार के सम्बन्धों का अध्ययन थोड़े-बहुत भिन्न प्रकार से अर्थशास्त्र, मनोविज्ञान और समाजशास्त्र आदि विज्ञान भी करते हैं। इस आधार पर हम कह सकते हैं कि इन सब विज्ञानों का औद्योगिक समाजशास्त्र से सम्बन्ध है। भिन्न विवेचन से यह सम्बन्ध एवं इनके मध्य का अन्तर स्पष्ट हो जाएगा।

औद्योगिक समाजशास्त्र एवं समाजशास्त्र
(Industrial Sociology and Sociology)

सम्बन्ध

जैसा कि औद्योगिक समाजशास्त्र के नाम से ही स्पष्ट हो जाता है, समाजशास्त्र और औद्योगिक समाजशास्त्र में घनिष्ठ और पर्याप्त समानता है। औद्योगिक समाजशास्त्र एक विज्ञान है और समाजशास्त्र का अध्ययन भी वैज्ञानिक होता है। दोनों ही मानवीय सम्बन्धों का अध्ययन करते हैं। प्राय: दोनों विज्ञानों की अध्ययन विधियां और प्रविधियां भी समान होती हैं। दोनों ही निरीक्षण, प्रश्नावलियों, अनुसूचियों, साक्षात्कार आदि के द्वारा विषय का अध्ययन करते

हैं। इन दोनों की विषय-सामग्री भी समान होती है। दोनों द्वारा प्राप्त किये गए निष्कर्ष एवं परिणाम लगभग सही होते हैं। दोनों ही शास्त्र भविष्यवाणी करने की शक्ति प्राकृतिक विज्ञानों से कम रखते हैं। अध्ययन में वस्तुनिष्ठता के अंश भी दोनों में बराबर ही होते हैं। संक्षेप में औद्योगिक समाजशास्त्र और समाजशास्त्र में घनिष्ठ सम्बन्ध है।

अन्तर

उपरोक्त विवेचन से स्पष्ट होता है कि इन दोनों शास्त्रों में पर्याप्त समानता है। परन्तु इस समानता के होते हुए भी इन दोनों में कुछ अन्तर भी है। मुख्य अन्तर तो यह है कि समाजशास्त्र के अध्ययन का विषय-क्षेत्र अत्यधिक विस्तृत है। समाजशास्त्र के अन्तर्गत समाज के सभी पहलुओं के सामाजिक सम्बन्धों का अध्ययन किया जाता है। ये सम्बन्ध चाहे घर में हों या बाजार में, दफ्तर में हों या सिनेमा में, सभी मानवीय सम्बन्ध समाजशास्त्र के अध्ययन का विषय है। इसके विपरीत औद्योगिक समाजशास्त्र सामाजिक सम्बन्धों के एक सीमित विभाग का अध्ययन करता है। औद्योगिक समाजशास्त्र का सम्बन्ध केवल उन मानवीय सम्बन्धों के अध्ययन से है जो उद्योग के विकास के फलस्वरूप उद्योग से सम्बन्धित मानवों के मध्य स्थापित होते हैं। इन औद्योगिक सम्बन्धों के अतिरिक्त अन्य सामाजिक सम्बन्धों से इसका कोई वास्ता नहीं है। पारिवारिक सम्बन्ध क्या और कैसे होते हैं इससे औद्योगिक समाजशास्त्र का कोई वास्ता नहीं है। हाँ, औद्योगिक व्यवस्था का परिवार पर क्या प्रभाव पड़ता है, इसका अध्ययन करना औद्योगिक समाजशास्त्र का विषय आवश्य है। इस अन्तर के अतिरिक्त एक अन्य अन्तर यह है कि जबकि समाजशास्त्र मानवीय सम्बन्धों का सामान्य अध्ययन करता है, औद्योगिक समाजशास्त्र सामाजिक सम्बन्धों का विशिष्ट अध्ययन करता है। औद्योगिक व्यवस्था, श्रमिकों की दशाएँ, श्रमिक संघ, श्रमिकों और मालिकों के झगड़ों, उद्योग के सामाजिक प्रभावों आदि का अध्ययन करना ही औद्योगिक समाजशास्त्र का विषय है।

औद्योगिक समाजशास्त्र एवं अर्थशास्त्र
(Industrial Sociology and Economics)

सम्बन्ध

अर्थशास्त्र एक सामाजिक विज्ञान है। समाज के आर्थिक पक्ष का अध्ययन करना इसका मुख्य कार्य है। अर्थशास्त्र की परिभाषा करते हुए फेयरचाइल्ड, बक और स्लेसिंगर ने लिखा है, ''अर्थशास्त्र मनुष्य की उन क्रियाओं का अध्ययन करता है जो कि आवश्यकताओं को सन्तुष्ट करने के भौतिक साधनों को प्राप्त करने के लिए की जाती हैं।''[1] इस प्रकार स्पष्ट है कि अर्थशास्त्र आर्थिक सम्बन्धों का अध्ययन करता है। आर्थिक सम्बन्ध समाज में ही होते हैं। मनुष्यों द्वारा ही आर्थिक आदान-प्रदान होता है। इसी प्रकार औद्योगिक समाजशास्त्र भी

---

1. "Economics is the study of man's activities devoted to obtaining the material for the satisfaction of his wants."
—F.R. Fairchild, N.S. Buck and R.E. Slesinger, *Principles of Economics*, The Macmillan Co., New York, (1954), p. 2.

सामाजिक अर्थात् मनुष्यों के सम्बन्धों का अध्ययन करता है। आर्थिक क्रियाओं और सामाजिक क्रियाओं में घनिष्ठ सम्बन्ध होता है। दोनों एक-दूसरे को प्रभावित करते हैं। अत: औद्योगिक समाजशास्त्र और अर्थशास्त्र में पर्याप्त घनिष्ठ सम्बन्ध है। इन दोनों शास्त्रों के अध्ययन की समस्यायें भी काफी हद तक समान ही होती हैं। उदाहरण के लिए बेकारी की समस्या, निर्धनता की समस्या, निम्न आर्थिक स्तर की समस्या, आर्थिक नियोजन की समस्या, उत्पादन की दशायें आदि की समस्याओं का अध्ययन यह दोनों शास्त्र करते हैं। इनमें से किसी भी समस्या के समाधान के लिए दोनों विज्ञानों के विशेषज्ञों की राय ली जाती है। पंचवर्षीय योजनाओं के अन्तर्गत ऐसी सभी समस्याओं का अध्ययन दोनों शास्त्रों के दृष्टिकोण से किया जाता है।

अन्तर

अर्थशास्त्र और औद्योगिक समाजशास्त्र में काफी निकट सम्बन्ध होते हुए भी कुछ मौलिक अन्तर भी हैं। सर्वप्रथम तो औद्योगिक समाजशास्त्र का अध्ययन का दृष्टिकोण सामाजिक होता है और अर्थशास्त्र घटनाओं का अध्ययन आर्थिक दृष्टिकोण से करता है, औद्योगिक समाजशास्त्र का ध्यान समाज पर केन्द्रित रहता है और इसके विपरीत अर्थशास्त्र का ध्यान सदैव समाज में होने वाली आर्थिक घटनाओं पर केन्द्रित रहता है। दोनों के क्षेत्र भी भिन्न-भिन्न हैं। औद्योगिक समाजशास्त्र का क्षेत्र अधिक विस्तृत है, वह उद्योग व्यवस्था के समाज पर पड़ने वाले सभी प्रभावों का विस्तृत अध्ययन करता है। इसके विपरीत अर्थशास्त्र का क्षेत्र अपेक्षाकृत सीमित है। इन दोनों शास्त्रों के अध्ययन की पद्धतियाँ भी भिन्न-भिन्न हैं। औद्योगिक समाजशास्त्र प्राय: साक्षात्कार, निरीक्षण, प्रश्नावलियों आदि से अपने विषय का अध्ययन करता है। इससे भिन्न अर्थशास्त्र के अन्तर्गत आगमन (Deduction) और निगमन (Induction) पद्धतियों से आर्थिक घटनाओं का अध्ययन किया ज़ाता है।

अर्थशास्त्र का सम्बन्ध मुख्य रूप से उत्पादन की मात्रा और प्रकार, उत्पादन के वितरण, उपभोग, माँग, आदि से है। इसके अतिरिक्त उसका ध्यान व्यापार में लाभ, घाटा, पूंजी, कर आदि पर अधिक केन्द्रित रहता है। परन्तु औद्योगिक समाजशास्त्र इन्हीं तथ्यों के आर्थिक पक्ष का अध्ययन न करके सामाजिक पक्ष का अध्ययन करता है। औद्योगिक समाजशास्त्र का कार्य यह नहीं है कि वह ज्ञात करे कि उत्पादन कम होने पर या माँग अधिक होने पर वस्तुओं की कीमत बढ़ जायेगी। औद्योगिक समाजशास्त्र का कार्य कीमत बढ़ने के सामाजिक प्रभावों का अनुमान लगाना तथा उन्हें ज्ञात करना है।

औद्योगिक समाजशास्त्र तथा मनोविज्ञान
(Industrial Sociology and Psychology)

समानतायें

औद्योगिक समाजशास्त्र उद्योग से सम्बन्धित मानवीय सम्बन्धों का अध्ययन करने वाला विज्ञान है। मनोविज्ञान मानव व्यवहार का वैज्ञानिक अध्ययन करने वाला सामाजिक विज्ञान है। थाउलैस के शब्दों में, ''मनोविज्ञान मानवीय अनुभव और व्यवहार का यथार्थ विज्ञान

है।''[1] इस परिभाषा से स्पष्ट होता है कि मनोविज्ञान का सीधा सम्बन्ध मानवों से है। औद्योगिक समाजशास्त्र भी मानवीय सम्बन्धों का अध्ययन करने वाला विज्ञान है। इस कारण से दोनों शास्त्रों में घनिष्ठ सम्बन्ध है। दोनों का विषय-क्षेत्र मिलता-जुलता है। ये दोनों ही विज्ञान यथार्थ तथा तथ्यात्मक हैं। दोनों का दृष्टिकोण वैज्ञानिक है। इसके अतिरिक्त अन्य प्राकृतिक विज्ञानों की अपेक्षा इन दोनों विज्ञानों में ही भविष्यवाणी करने की शक्ति कुछ कम है अर्थात् ये विज्ञान अपने निर्णयों एवं परिणामों के प्रति पूर्ण रूप से निश्चित नहीं है।

अन्तर

(1) **विषय-सामग्री का अन्तर**—मनोविज्ञान की इकाई व्यक्ति है, औद्योगिक समाजशास्त्र के अध्ययन के लिये किसी औद्योगिक समूह को इकाई के रूप में स्वीकार किया जाता है। इस तरह मनोविज्ञान सांस्कृतिक और भौगोलिक पर्यावरण से निकाल कर मनुष्य का वैज्ञानिक अध्ययन करता है। दूसरी ओर औद्योगिक समाजशास्त्र के अन्तर्गत मनुष्य या मनुष्यों के समूह का अध्ययन एक बड़े समूह, औद्योगिक पर्यावरण या पूरे समाज के प्रसंग में किया जाता है।

(2) **दृष्टिकोण का अन्तर**—इन दोनों विज्ञानों के अध्ययन के दृष्टिकोण भी प्राय: भिन्न-भिन्न होते हैं। मैकाइवर ने इस तथ्य को स्पष्ट करते हुए इस प्रकार कहा है, ''यह केवल सामान्य सामग्री की ओर दृष्टिकोण का अन्तर है।''[2] मनोविज्ञान के अनुसार मनुष्य के हर एक व्यवहार का आधार मनुष्य का मन या चेतना है। औद्योगिक समाजशास्त्र के अनुसार सामाजिक व्यवहारों का आधार मनुष्य की समूह में रहने की प्रवृत्ति है। मनोविज्ञान का दृष्टिकोण वैयक्तिक है, औद्योगिक समाजशास्त्र का दृष्टिकोण सामाजिक है।

(3) **प्रणालियों का अन्तर**—मनोविज्ञान और औद्योगिक समाजशास्त्र के अध्ययन की प्रणालियाँ भी भिन्न-भिन्न हैं। औद्योगिक समाजशास्त्र के अध्ययन के लिए प्राय: परिमाणात्मक और गुणात्मक पद्धतियों का प्रयोग किया जाता है। इसके विपरीत मनोविज्ञान के अध्ययन के लिए प्रयोगात्मक और विकासात्मक पद्धतियों का प्रयोग किया जाता है।

औद्योगिक समाजशास्त्र और औद्योगिक मनोविज्ञान
(Industrial Sociology and Industrial Psychology)

औद्योगिक मनोविज्ञान क्या है?

औद्योगिक मनोविज्ञान, जैसा कि उसके नाम से स्पष्ट है, मनोविज्ञान की वह शाखा है जो कि औद्योगिक परिस्थितियों में मानव व्यवहार का अध्ययन करती है। मनोविज्ञान व्यवहार का विधायक विज्ञान है। यह व्यवहार सामाजिक, आर्थिक, शैक्षिक इत्यादि विभिन्न क्षेत्रों में

---

1. "Psychology is the positive science of human experience and behaviour."
—Thouless, R.H., *General and Social Psychology,* (1944), p. 1.
2. "It is a difference of attitude in regard to a common material."
—MacIver, R.M. *Community : A Sociological Study,* Macmillan and Co. London, (1958), p. 65.

दिखलाई पड़ता है। इन भिन्न-भिन्न क्षेत्रों में मानव व्यवहार का अध्ययन करने के लिए आधुनिक काल में मनोविज्ञान की विभिन्न शाखाओं का विकास हुआ है। उदाहरण के लिए शिक्षा के क्षेत्र में मानव व्यवहार का अध्ययन करने के लिये शिक्षा मनोविज्ञान की स्थापना हुई। इस प्रकार सामाजिक परिस्थितियों में मानव व्यवहार का अध्ययन करने के लिये समाज मनोविज्ञान का सूत्रपात हुआ। आधुनिक युग औद्योगिक युग है। प्रत्येक प्रगतिशील देश में उद्योगों का क्षेत्र क्रमशः बढ़ता जा रहा है। उद्योगों में मशीनों के अलावा कर्मचारी, प्रबन्धक और मालिकों के रूप में मनुष्य काम करते हैं। केवल मशीनों की सहायता से उद्योग नहीं चलाये जा सकते, उनमें मनुष्यों का योगदान अनिवार्य है। जहाँ कहीं मनुष्य होंगे वहाँ पर उनके आपसी सम्बन्धों का उनके व्यवहार पर महत्त्वपूर्ण प्रभाव पड़ेगा। उद्योग के क्षेत्र में मानवीय सम्बन्ध ठीक न होने पर हड़ताल और तालेबन्दी के रूप में जो कठिनाइयाँ सामने आती हैं, उनका समस्त देश की आर्थिक स्थिति पर व्यापक प्रभाव पड़ता है। विज्ञान के इस युग में देश का भविष्य औद्योगिक विकास पर निर्भर होने के कारण मानव व्यवहार का यह क्षेत्र और भी अधिक महत्त्वपूर्ण हो जाता है। अस्तु, इस क्षेत्र में व्यवहार के सिद्धान्तों का विशेष अध्ययन करने के लिये और उनके सम्बन्ध में अनुसन्धान के लिये औद्योगिक मनोविज्ञान की एक पृथक् शाखा ही बन गई है।

औद्योगिक मनोविज्ञान की परिभाषा

औद्योगिक मनोविज्ञान की कुछ परिभाषायें निम्नलिखित हैं–

(1) ब्लम द्वारा परिभाषा–मनोवैज्ञानिक ब्लम के अनुसार, "औद्योगिक मनोविज्ञान व्यवसाय और उद्योग में मानव सम्बन्धों से सम्बन्धित समस्याओं के प्रति मनोवैज्ञानिक तथ्यों और सिद्धान्तों का प्रयोग या विस्तार है।"[1] इस परिभाषा में ब्लम ने यह दिखलाया है कि औद्योगिक मनोविज्ञान में व्यवसाय और उद्योग के क्षेत्र में मानव सम्ब्रन्धों में मनोवैज्ञानिक तथ्यों और सिद्धान्तों का प्रयोग किया जाता है। इनका प्रयोग करके औद्योगिक मनोवैज्ञानिक उद्योग के क्षेत्र में उठने वाली अनेक समस्याओं को सुलझाता है। जैसा कि ब्लम ने आगे कहा है, औद्योगिक मनोविज्ञान हमारे औद्योगिक समाज और आर्थिक व्यवस्था के सम्मुख उपस्थित होने वाली समस्याओं के गतिशील हल उपस्थित करता है।

(2) हैरेल का मत–मनोवैज्ञानिक हैरेल ने अपनी पुस्तक Industrial Psychology में औद्योगिक मनोविज्ञान की परिभाषा करते हुये लिखा है, "औद्योगिक मनोविज्ञान उद्योग और व्यवसाय में काम करते हुये लोगों का अध्ययन है।"[2] इस प्रकार हैरेल के अनुसार औद्योगिक मनोवैज्ञानिक वास्तविक औद्योगिक और व्यावसायिक परिस्थितियों में काम करते हुये लोगों के व्यवहार का अध्ययन करता है। अन्य स्थान पर हैरेल ने यह स्पष्ट कर दिया है कि औद्योगिक

1. "Industrial Psychology is simply the application or extension of psychological facts and principles to the problems concerning human relations in business and industry."
—Blum, M.L.
Industrial Psychology and its Social Foundations, Harper & Bros.
New York, (1949). p. 3.
2. "Industrial Psychology is the study of people at work in industry and business."
—Harrell T.W., *Industrial Psychology,* Cal. (1964). p. 1.

परिस्थितियों अथवा व्यवसायों में औद्योगिक मनोविज्ञान की विषय वस्तु सदैव व्यक्ति ही रहता है क्योंकि व्यक्ति ही मनोविज्ञान के अध्ययन का विषय है। जिस प्रकार समाज मनोविज्ञान सामाजिक परिस्थितियों में व्यक्ति का अध्ययन करता है उसी तरह औद्योगिक मनोविज्ञान औद्योगिक परिस्थितियों में व्यक्ति का अध्ययन करता है। हैरेल के अपने शब्दों में, "औद्योगिक मनोविज्ञान अनेक वस्तुओं का एक जटिल अध्ययन है, परन्तु वह सदैव व्यक्तियों अथवा कार्य की स्थिति में समूहों के रूप में लोगों का अध्ययन है।"[1] कहना न होगा कि अपने अध्ययन में औद्योगिक मनोवैज्ञानिक सदैव व्यक्तियों पर ही ध्यान केन्द्रित करता है।

(3) **स्मिथ द्वारा परिभाषा**—औद्योगिक मनोविज्ञान की व्याख्या करते हुये स्मिथ ने लिखा है, "व्यावहारिक प्रयोजनों के लिए औद्योगिक मनोविज्ञान की परिभाषा उन लोगों के आचार के अध्ययन के रूप में की जा सकती है जो जीविकोपार्जन के लिये अपने हाथों अथवा मस्तिष्कों के कार्य का विनिमय करते हैं।"[2] औद्योगिक मनोविज्ञान की इस परिभाषा में यह स्पष्ट कर दिया गया है कि इसमें मानसिक अथवा शारीरिक किसी भी प्रकार से उद्योगों में काम करने वाले लोगों का अध्ययन किया जाता है। यहाँ पर औद्योगिक मनोविज्ञान को आचार (Conduct) का अध्ययन कहा गया है। इस परिभाषा में आचार के स्थान पर व्यवहार शब्द का प्रयोग अधिक उत्तम है क्योंकि वास्तव में मनोविज्ञान व्यवहार का ही अध्ययन है, आचार का अध्ययन नीतिशास्त्र का विषय है।

संक्षेप में, औद्योगिक मनोविज्ञान की परिभाषा करने में यह कहा जा सकता है कि औद्योगिक मनोविज्ञान, मनोविज्ञान की वह शाखा है जिसमें औद्योगिक परिस्थितियों में मानव व्यवहार का अध्ययन किया जाता है और औद्योगिक क्षेत्र में उत्पन्न होने वाली व्यवहार सम्बन्धी समस्याओं को सुलझाने के विषय में अनुसन्धान किया जाता है। यहां पर यह याद रखना आवश्यक है कि व्यवहार के अध्ययन में व्यक्तियों की बाहरी तथा आन्तरिक अनुभूतियाँ दोनों ही शामिल हैं।

औद्योगिक समाजशास्त्र और औद्योगिक मनोविज्ञान में सम्बन्ध

औद्योगिक समाजशास्त्र और मनोविज्ञान का विशेष सम्बन्ध औद्योगिक मनोविज्ञान में दिखलाई पड़ता है। औद्योगिक मनोविज्ञान में उद्योग में काम करने वाले व्यक्तियों के मनोविज्ञान पर काम करने की बाहरी और आन्तरिक परिस्थितियों जैसे उत्प्रेरकों, प्रेरणाओं, नीतिमत्ता इत्यादि के प्रभाव का अध्ययन किया जाता है। इसमें औद्योगिक सम्बन्धों के मनोवैज्ञानिक पहलू का अध्ययन किया जाता है। यह अध्ययन औद्योगिक समाजशास्त्र के लिए विशेष रूप से महत्त्वपूर्ण है। वास्तव में प्रत्येक सामाजिक तत्त्व का एक मनोवैज्ञानिक पहलू होता है। प्रत्येक सामाजिक

---

1. "Industrial Psychology is a complicated study of a number of things, but it is always primarily the study of people—as individuals or in group—in the work situation."
—Ibid.
2. "For the practical purpose Industrial Psychology may be defined as the study of conduct for those who exchange the work of their hands and brains for the means to live."
—Smith, M. *An Introduction to Industrial Psychology,* New York, (1948), pp. 9-10.

घटना से कुछ मनोवैज्ञानिक प्रभाव पड़ते हैं और ये प्रभाव अत्यधिक महत्त्वपूर्ण हैं क्योंकि अन्त में उद्योगों को मनुष्य ही चलाते हैं। अस्तु, औद्योगिक मनोविज्ञान और औद्योगिक समाजशास्त्र परस्पर सहयोग से औद्योगिक समाज में मनुष्यों के कार्य करने की आन्तरिक और बाह्य परिस्थितियों में आवश्यक परिवर्तन करके अधिक से अधिक निपुणता अनूकूलन और सन्तोष प्राप्त कर सकते हैं।

औद्योगिक समाजशास्त्र और औद्योगिक मनोविज्ञान में अन्तर

(1) विषय सामग्री में अन्तर—जबकि औद्योगिक समाजशास्त्र समस्त औद्योगिक सम्बन्धों का अध्ययन करता है, औद्योगिक मनोविज्ञान केवल उन सम्बन्धों का अध्ययन करता है जो मानसिक क्रियाओं से सम्बन्धित हैं।

(2) क्षेत्र का अन्तर—इस प्रकार औद्योगिक समाजशास्त्र का क्षेत्र औद्योगिक मनोविज्ञान से कहीं अधिक व्यापक है। वास्तव में दूसरे को पहले का ही अंग माना जा सकता है। कुछ विद्वानों ने औद्योगिक मनोविज्ञान को औद्योगिक समाजशास्त्र की एक शाखा कहा है।

(3) पहलुओं का अन्तर—औद्योगिक समाजशास्त्र विशेष रूप से औद्योगिक समाज के भौतिक पहलुओं का अध्ययन करता है। इसके विपरीत औद्योगिक मनोविज्ञान में विशेष रूप से औद्योगिक समाज और औद्योगिक जीवन के मानसिक पहलुओं का अध्ययन किया जाता है।

उपरोक्त विवेचन से स्पष्ट है कि औद्योगिक समाजशास्त्र और औद्योगिक मनोविज्ञान में न्यूनाधिक अन्तर होने के बावजूद परस्पर घनिष्ठ सम्बन्ध है।

औद्योगिक समाजशास्त्र और औद्योगिक औषधि
(Industrial Sociology and Industrial Medicine)

सम्बन्ध

आधुनिक काल में सामाजिक औषधि को ज्ञान की एक महत्त्वपूर्ण शाखा माना जाता है। सामाजिक औषधि से तात्पर्य ज्ञान की शाखा से है जिसके द्वारा सामाजिक रोगों से सम्बन्धित उपयुक्त ज्ञान प्राप्त किया जा सकता है। इसमें संक्रामक रोगों और समाज की चिकित्सा सम्बन्धी आवश्यकताओं का अध्ययन किया जा सकता है। औद्योगिक समाजशास्त्र का औद्योगिक औषधि से घनिष्ट सम्बन्ध है जैसे कि सामान्य समाजशास्त्र का सामाजिक औषधि से घनिष्ठ सम्बन्ध है। औद्योगिक औषधि में औद्योगिक संस्थाओं का अध्ययन किया जाता है और श्रमिकों के वातावरण के अनुकूल औषधियों की खोज की जाती है। इसमें औद्योगिक परिस्थितियों में उत्पन्न होने वाले रोगों का विशेष रूप से अध्ययन किया जाता है। यह औद्योगिक श्रमिकों की स्वास्थ्य सेवाओं के विकास, सामान्य श्रमिकों को स्वास्थ्य सेवायें प्रदान करना और विकलांग श्रमिकों के लिये स्वास्थ्य सेवाओं से सम्बन्धित है। स्पष्ट है कि औद्योगिक समाजशास्त्र के लिये इसका अत्यधिक महत्त्व है। इसी की सहायता से वे रोग दूर किये जा सकते हैं जो औद्योगिक परिस्थितियों में उत्पन्न होते हैं और कभी-कभी पीढ़ी-दर पीढ़ी चलते रहते हैं अथवा संक्रामक रूप से अन्य लोगों में फैल जाते हैं।

अन्तर

(1) औद्योगिक समाजशास्त्र का क्षेत्र उद्योग है जबकि औद्योगिक औषधि का सम्बन्ध औद्योगिक परिस्थिति में औषधि है।

(2) इस प्रकार औद्योगिक औषधि औद्योगिक समाजशास्त्र का एक अंग है।

(3) अस्तु औद्योगिक समाजशास्त्र में समस्त औद्योगिक समाज और जीवन का अध्ययन सम्मिलित है जबकि औद्योगिक औषधि में केवल वे ही पहलू अध्ययन किये जाते हैं। जिनका रोग की परिस्थितियों से सम्बन्ध होता है।

औद्योगिक समाजशास्त्र और भूगोल

(Industrial Sociology and Geography)

भूगोल भू-खण्ड की वातावरण और परिस्थितिशास्त्र सम्बन्धी दशाओं का अध्ययन है। इसमें किसी भी देश की जलवायु भूमि की रचना, खनिज पदार्थ तथा मनुष्यों पर भौगोलिक परिस्थितियों जैसे, पर्वत, मैदान, नदी, समुद्र, जंगल इत्यादि के प्रभाव का अध्ययन किया जाता है इसमें ऋतुओं के अध्ययन के साथ-साथ मनुष्यों पर उसके प्रभाव का अध्ययन किया जाता है। चूंकि आजकल भूगोल में मानव-भूगोल विशेष रूप से महत्त्वपूर्ण माना जाता है इसलिये भूगोल का औद्योगिक समाजशास्त्र से घनिष्ठ सम्बन्ध है।

सम्बन्ध

संक्षेप में यह सम्बन्ध निम्नलिखित है :–

(1) भूगोल में भौतिक परिस्थितियों जैसे भूमि, जलवायु, प्राकृतिक साधन इत्यादि का अध्ययन किया जाता है। इनका उद्योगों की संख्या, प्रकार और विकास पर महत्त्वपूर्ण प्रभाव पड़ता है। अस्तु भूगोल और औद्योगिक समाजशास्त्र परस्पर सम्बन्धित हैं।

(2) भूगोल की शाखा व्यावसायिक भूगोल में औद्योगिक जीवन की भौगोलिक परिस्थितियों का अध्ययन किया जाता है। इसका औद्योगिक समाजशास्त्र से विशेष सम्बन्ध प्रतीत होता है क्योंकि औद्योगिक समाजशास्त्र में भी उद्योगों और व्यवसायों की भौतिक परिस्थितियों की जानकारी आवश्यक हो जाती है।

(3) भूगोल की एक महत्त्वपूर्ण शाखा मानव-भूगोल (Human Geography) है जिसमें भौगोलिक परिस्थितियों का मनुष्यों की शारीरिक विशेषताओं और मनोवैज्ञानिक प्रवृत्तियाँ पर प्रभाव का अध्ययन किया जाता है। इसमें आवास के आकार प्रकार, वस्त्रों की बनावट, आवागमन के साधन, गतिशीलता, परिवार और विवाह की संस्थाओं आदि पर भौगोलिक परिस्थितियों के प्रभाव का अध्ययन किया जाता है। इस अध्ययन का औद्योगिक समाजशास्त्र की दृष्टि से विशेष महत्त्व है क्योंकि उसमें भी औद्योगिक समाज पर भौगोलिक परिस्थितियों के प्रभाव का अध्ययन किया जाता है।

(4) औद्योगिक समाजशास्त्र और भूगोल दोनों ही प्राकृतिक परिस्थितियों, साधनों आदि के मनुष्यों, उद्योग और व्यापार पर प्रभाव का अध्ययन करते हैं। अस्तु, दोनों में घनिष्ठ सम्बन्ध है।

अन्तर

उपरोक्त समानताओं के होते हुये भी औद्योगिक समाजशास्त्र और भूगोल में कुछ अन्तर पाये जाते हैं जिनमें मुख्य निम्नलिखित हैं–

(1) जबकि भूगोल में भौगोलिक सम्बन्धों और परिस्थितियों का अध्ययन किया जाता है। औद्योगिक समाजशास्त्र में औद्योगिक सम्बन्धों और परिस्थितियों का अध्ययन किया जाता है।

(2) इस प्रकार भूगोल का क्षेत्र औद्योगिक समाजशास्त्र के क्षेत्र से कहीं अधिक व्यापक है।

(3) भूगोल की विषय वस्तु भौगोलिक परिस्थितियाँ हैं जबकि औद्योगिक समाजशास्त्र की वस्तु औद्योगिक परिस्थितियाँ हैं।

(4) भूगोल की विषय वस्तु अपेक्षाकृत कम परिवर्तित होती है जबकि औद्योगिक समाजशास्त्र की विषय वस्तु तीव्र गति से परिवर्तित होती रहती है।

(5) भूगोल की तुलना में औद्योगिक समाजशास्त्र अधिक अर्वाचीन है।

औद्योगिक समाजशास्त्र और अपराधशास्त्र
(Industrial Sociology and Criminology)

औद्योगिक समाजशास्त्र और अपराधशास्त्र दोनों ही अपेक्षाकृत नये विज्ञान हैं और अपने-अपने सीमित क्षेत्रों में विशेष अध्ययन करते हैं। इस अध्ययन से कार्य-कारण सम्बन्धों का पता चलाकर वे अपने-अपने क्षेत्रों में समस्याओं के सुलझाव उपस्थित करते हैं। क्योंकि अपराध औद्योगिक समाज की एक विशेष समस्या है इसलिये अपराधशास्त्र के अध्ययन औद्योगिक समाजशास्त्र के लिये विशेष रूप से महत्त्वपूर्ण हैं। फिर भी जैसा कि पीछे बतलाया जा चुका है, इन दोनों में विषय वस्तु को लेकर अन्तर है। जबकि औद्योगिक समाजशास्त्र की विषय वस्तु उद्योग है, अपराधशास्त्र की विषय वस्तु अपराध है। विषय वस्तु के कारण इनमें क्षेत्र का भी अन्तर हो जाता है। औद्योगिक समाजशास्त्र का क्षेत्र औद्योगिक सम्बन्ध अथवा औद्योगिक समाज है। दूसरी ओर अपराधशास्त्र का क्षेत्र अपराधी सम्बन्ध अथवा अपराधी समाज है। अपराध औद्योगिक क्षेत्र के बाहर भी पाये जाते हैं। अस्तु यह कहा जा सकता है कि अपराधशास्त्र का क्षेत्र औद्योगिक समाजशास्त्र से कहीं अधिक व्यापक है।

अभ्यास के लिये प्रश्न

1. निम्न में से किन्हीं दो के उत्तर दीजिये–

(क) औद्योगिक समाजशास्त्र तथा श्रम के समाज विज्ञानों में सम्बन्ध,

(ख) औद्योगिक समाजशास्त्र तथा समाजशास्त्र में सम्बन्ध,

(ग) औद्योगिक समाजशास्त्र तथा औद्योगिक समाज में सम्बन्ध।

3

अध्ययन की विधियाँ
(Methods of Study)

औद्योगिक समाजशास्त्र की प्रकृति वैज्ञानिक है, उसमें वैज्ञानिक पद्धतियों का प्रयोग किया जाता है। विज्ञान दो प्रकार के होते हैं प्राकृतिक विज्ञान और समाज विज्ञान। पहले में दूसरे की तुलना में अधिक यथार्थता पायी जाती है। उसके नियम सभी देशकाल में एक से रहते हैं। दूसरी ओर सामाजिक विज्ञानों के नियम न तो इतने अटल होते हैं और न ही सभी देशकाल में उनका रूप समान होता है। अस्तु सामाजिक विज्ञानों की पद्धतियाँ न्यूनाधिक रूप से प्राकृतिक विज्ञानों से भिन्न होती हैं। औद्योगिक समाजशास्त्र सामाजिक विज्ञानों में गिना जाता है। अस्तु उसमें सामाजिक विज्ञानों की विधियों का प्रयोग किया जाता है। इसमें प्रमुख विधियाँ हैं—अवलोकन विधि, सामाजिक सर्वेक्षण, साक्षात्कार विधि और समाजमिति। इन सभी विधियों में वैज्ञानिक पद्धति के वे अनिवार्य सोपान पाये जाते हैं जिनका पीछे औद्योगिक समाजशास्त्र की वैज्ञानिक प्रकृति के प्रसंग में उल्लेख किया जा चुका है। ये सभी विधियाँ किसी उपकल्पना को लेकर आरम्भ होती हैं। इस उपकल्पना की जाँच के लिये अवलोकन, सर्वेक्षण, साक्षात्कार अथवा समाज-मिति का सहारा लिया जाता है। इसमें से प्रत्येक विधि में व्यवस्थित अवलोकन किया जाता है, उसे लिख लिया जाता है, इस लेख में सामग्री का वर्गीकरण किया जाता है और इस वर्गीकरण के आधार पर सामान्यीकरण के द्वारा सामान्य सिद्धान्त निकाले जाते हैं। अस्तु इनमें से प्रत्येक विधि में वैज्ञानिक विधि के महत्त्वपूर्ण सोपान देखे जा सकते हैं। जहाँ तक इस शंका का सवाल है कि औद्योगिक समाजशास्त्र के क्षेत्र में वैज्ञानिक अध्ययन कहां तक सम्भव है, सामान्य समाजशास्त्र के विषय में इस शंका का समाधान औद्योगिक समाज-शास्त्र पर भी लागू होता है। यह ठीक है कि औद्योगिक समाजशास्त्री स्वयं औद्योगिक समाज का अंग होता है और औद्योगिक समाज अत्यधिक परिवर्तनशील बहुमुखी व्यवस्था है तथा इसलिए उसका वैज्ञानिक अध्ययन कठिन हो जाता है किन्तु इन कठिनाइयों को अभ्यास से बहुत कुछ दूर किया जा सकता है और औद्योगिक समाजशास्त्र के क्षेत्र में वैज्ञानिक अध्ययन सम्भव हो सकते हैं। औद्योगिक समाजशास्त्र के पिछले इतिहास से भी इस कथन की पुष्टि होती है। अब औद्योगिक समाजशास्त्र की प्रमुख विधियों का संक्षिप्त परिचय दिया जायेगा।

निरीक्षण
(Observation)

निरीक्षण की परिभाषा

औद्योगिक समाजशास्त्र के क्षेत्र में नए-नए अनुसंधानों की सबसे प्रमुख और सबसे सामान्य विधि निरीक्षण विधि है। पी॰ वी॰ यांग के शब्दों, "निरीक्षण आँख के द्वारा स्वाभाविक घटनाओं का घटित होते समय व्यवस्थित और इच्छापूर्ण अध्ययन है। निरीक्षण का प्रयोग जटिल सामाजिक घटनाओं में, संस्कृति प्रतिमानों में और मानव आचार में महत्त्वपूर्ण परस्पर सम्बन्धित तत्त्वों की प्रकृति और सीमा का प्रत्यक्षीकरण है।"[1] निरीक्षण की इस परिभाषा के अनुसार निरीक्षण आँख के द्वारा किया जाता है। निरीक्षण का प्रयोजन विभिन्न घटनाओं में परस्पर सम्बन्धित महत्त्वपूर्ण तत्त्वों का अवलोकन है। इससे यह स्पष्ट है कि प्रत्यक्षीकरण मात्र निरीक्षण नहीं कहा जा सकता। निरीक्षण का अर्थ चाहे जो कुछ देखना नहीं है। उसमें महत्त्वपूर्ण तत्त्वों का अवलोकन किया जाता है। इसी रूप में वह एक वैज्ञानिक प्रविधि माना जाता है। इसमें वैज्ञानिक घटनाओं का उनके स्वाभाविक रूप में निरीक्षण करता है। यह निरीक्षण उनमें भाग लेकर अथवा उनको दूर से देखकर, सहभागी अथवा असहभागी दोनों ही रूप में किया जा सकता है।

ऑक्सफोर्ड कंसाइज डिक्शनरी में निरीक्षण की परिभाषा करते हुए लिखा है, "घटनाओं को, जैसे कि वे प्रकृति में होती है, कार्य और कारण अथवा परस्पर सम्बन्ध की दृष्टि से यथातथ्य देखना और नोट करना।"[2] निरीक्षण की इस परिभाषा में उसके दो मुख्य लक्षण बताए गये हैं एक तो निरीक्षण में कार्य-कारण अथवा अन्य परस्पर सम्बन्धों की खोज की जाती है और दूसरी उसमें विषय-सामग्री को यथातथ्य अवलोकन करके लिख लिया जाता है।

निरीक्षण के लक्षण

उपर्युक्त विवेचन से स्पष्ट है कि निरीक्षण विधि में निम्नलिखित मुख्य लक्षण पाए जाते हैं–

(1) नेत्रों के द्वारा निरीक्षण–अधिकतर समाज वैज्ञानिक निरीक्षण प्रविधि में नेत्रों के द्वारा निरीक्षण आवश्यक मानते हैं। मोसर के शब्दों में, "कठोर अर्थों में, निरीक्षण से तात्पर्य कानों अथवा शब्द के प्रयोग के स्थान पर आँखों के प्रयोग से है।"[3] निरीक्षक सुनी-सुनाई

1. "Observation is a systematic and deliberate study through the eye, of spontaneous occurrences at the time they occur, the purpose of observation is to perceive the nature and extent of significant inter-related elements within complex social phenomena, culture patterns or human conduct." —P.V. Young. *Scientific Social Surveys and Research,* Prentice Hall Inc. (1956), p. 154.
2. "Accurate watching, noting of phenomena as they occur in nature with regard to cause and effect or mutual relations." —Oxford Concise Dictionary.
3. "In the strict sense, observation implies the use of the eyes rather than of the ears and the voice. —C.A. Moser,. in *Survey Methods in Social Investigation.*

बात पर विश्वास नहीं करता। वह घटनाओं को स्वयं अपनी आंखों से देखता है, तभी उसका अध्ययन प्रामाणिक माना जा सकता है। यह एक सामान्य बात है कि सुनी-सुनाई बातों की तुलना में आंखों देखी बात अधिक विश्वसनीय मानी जाती है और आंखों देखी बात के सत्य होने के लिए किसी अन्य प्रमाण की आवश्यकता नहीं पड़ती जब तक कि आँखों को धोखा न हुआ हो।

(2) **निश्चित उद्देश्य**—वैज्ञानिक प्रविधि में निरीक्षण के पूर्व उसका उद्देश्य निश्चित कर दिया जाता है क्योंकि तथ्य को निश्चित किये बिना किसी भी बात का निरीक्षण वैज्ञानिक नहीं कहा जा सकता। प्रत्येक निरीक्षण का विशेष उद्देश्य होता है। उद्देश्य किसी परिकल्पना की जाँच करना हो सकता है अथवा किसी विशेष घटना या कार्य का पता लगाना या उसमें निहित तत्त्वों के परस्पर सम्बन्ध की जानकारी हो सकती है। इस प्रकार निरीक्षण उद्देश्यपूर्ण होता है। उसका उद्देश्य विषय-सामग्री में निहित कार्य-कारण अथवा अन्य सम्बन्धों का पता लगाना होता है।

(3) **सुआयोजित**—वैज्ञानिक निरीक्षण प्रविधि में निरीक्षण के उद्देश्य के साथ आयोजन की भी आवश्यकता होती है। इस आयोजन में कभी-कभी कुछ यन्त्रों की भी आवश्यकता पड़ती है। भौतिक विज्ञान और समाज विज्ञान दोनों में ही निरीक्षण के आयोजन में विभिन्न प्रकार की सामग्री का प्रयोग किया जाता है। इस आयोजन में कभी-कभी विषय-सामग्री को नियन्त्रित करने की आवश्यकता होती है परन्तु नियन्त्रण निरीक्षण की अनिवार्य शर्त नहीं है क्योंकि निरीक्षण अनियन्त्रित भी होता है।

(4) **नोट करना**—किसी भी वैज्ञानिक प्रविधि में केवल स्मृति के आधार पर अनुसंधान नहीं किया जाता क्योंकि इसमें गलती होने की सम्भावना होती है। अस्तु वैज्ञानिक निरीक्षण में आँखों देखी गयी बातों को विभिन्न प्रकार से नोट कर लिया जाता है। नोट करने की एक सामान्य प्रविधि देखी हुई बातों को लिख डालना है। इसके अतिरिक्त आजकल टेप रिकार्डर की सहायता से घटना में उपस्थित आवाजों को ज्यों-का-त्यों रिकार्ड कर लिया जाता है। इससे एक बड़ा लाभ यह है कि गलती होने की सम्भावना समाप्त हो जाती है। वास्तव में देखते-सुनते समय इन्द्रियों के भ्रम से भी निरीक्षण दोषपूर्ण हो सकता है। टेप रिकार्डर में यह दोष दूर हो जाता है। जहाँ तक देखने के दोष का प्रश्न है इसके लिये आजकल कैमरे की सहायता से महत्त्वपूर्ण दृश्यों के चित्र ले लिये जाते हैं क्योंकि केवल आँखों से देखने मात्र से सभी बातों को नोट नहीं किया जा सकता और कभी-कभी बहुत-सी महत्त्वपूर्ण बातें छूट जाती हैं। फोटोग्राफ से एक बड़ा लाभ यह है कि व्यक्ति अपने निरीक्षण की फिर से जाँच कर सकता है। उदाहरण के लिये किसी व्यक्ति के मुख पर उसने क्या भाव देखा था, यह केवल एक बार देखने से सही तौर से जानना आवश्यक नहीं है। यदि उसके भाव का फोटो ले लिया गया हो तो उसे फुरसत से देखकर यह निश्चित किया जा सकता है कि उसमें क्या भाव था। वास्तव में चेहरे के भाव को पूरी तरह से पढ़ना अत्यन्त कठिन कार्य है। कैमरे की सहायता से उसे ज्यों-का-त्यों पकड़ लिया जाता है। इसलिए आजकल सामाजिक अनुसंधानों में कैमरे का व्यापक रूप से इस्तेमाल किया जाता है।

निरीक्षण के प्रकार

निरीक्षणकर्त्ता के निरीक्षण की घटना में भाग लेने या भाग न लेने के अन्तर से निरीक्षण को दो भागों में बांटा गया है—सहभागी निरीक्षण और असहभागी निरीक्षण। सहभागी निरीक्षण में, जैसा कि उसके नाम से स्पष्ट है, निरीक्षणकर्त्ता स्वयं निरीक्षण की घटना में भाग लेता है। असहभागी निरीक्षण में वह निरीक्षण की घटना में भाग नहीं लेता। बहुधा निरीक्षण के ये दोनों प्रकार साथ-साथ प्रयोग किये जाने के कारण मिश्रित अथवा अर्द्धसहभागी निरीक्षण का प्रयोग किया जाता है। सहभागी और असहभागी दोनों ही प्रकार के निरीक्षणों में विषय-सामग्री अनियन्त्रित होती है, अर्थात् निरीक्षणकर्त्ता उसे किसी भी प्रकार से नियन्त्रित नहीं करता है। इसलिये अनियन्त्रित निरीक्षण दो प्रकार के माने जाते हैं—सहभागी अनियन्त्रित निरीक्षण और असहभागी अनियन्त्रित निरीक्षण। अनियन्त्रित निरीक्षण के अलावा निरीक्षण नियन्त्रित भी होता है। इसमें विभिन्न प्रकार से निरीक्षण की घटना को कृत्रिम रूप से उत्पन्न किया जाता है।

सामाजिक सर्वेक्षण
(Social Survey)

सामाजिक सर्वेक्षण का अर्थ

सर्वेक्षण शब्द Survey का हिन्दी रूपान्तर है। Survey शब्द दो शब्दों से मिलकर बना है—Sur अथवा Sor जिसका अर्थ है Over तथा Veeir अथवा Veoir जिसका अर्थ है To see। इस प्रकार Survey का अर्थ हुआ to over see अथवा to look over। स्पष्ट है कि सर्वेक्षण का अर्थ निरीक्षण करना है। वैब्स्टर्स कॉलिजियेट डिक्शनरी (Websters Collegiate Dictionary) के अनुसार सर्वेक्षण का अर्थ है, "सही सूचना प्रदान करने के लिये, बहुधा सरकारी, आलोचनात्मक निरीक्षण, बहुधा किसी विशेष दशा अथवा विशेषता के बारे में एक क्षेत्र का एक अध्ययन, जैसे एक स्कूल का सर्वेक्षण।"[1]

पी० वी० यंग (P.V. Young) के अनुसार, "सामान्य रूप से इस समय हम यह देख सकते हैं कि सामाजिक सर्वेक्षण का सम्बन्ध (i) सामाजिक सुधार और उन्नति के एक रचनात्मक कार्यक्रम बनाने से है, (ii) जो कि सामाजिक व्याधिकीय प्रकृति की चालू अथवा तात्कालिक अवस्थाओं का सुधार करे, जिनकी निश्चित भौगोलिक सीमा है और निश्चित सामाजिक अर्थ तथा सामाजिक महत्त्व है, (iii) इन अवस्थाओं की ऐसी परिस्थितियों से तुलना तथा माप की जा सकती है जो कि आदर्श मानी जा सकती हों।"[2] सामाजिक सर्वेक्षण की

---

1. "A critical inspection, often official, to provide, exact information, often a study of an area with respect to a certain condition or its prevalance, as a survey of the school."
—Webster Collegiate Dictionary.
2. "In general we may observe at this time that social surveys are concerned with (i) the formulation of a constructive programme of social reform and amelioration of (ii) current or immediate conditions of a social pathological nature, which have definite geographic limits and definite social implications and significance (iii) these conditions can be measured and compared with situations which can be accepted as a model."
—P.V. Young

यह परिभाषा बहुत कुछ उपयुक्त है। इसमें यह स्पष्ट किया गया है कि सामाजिक सर्वेक्षण निश्चित भौगोलिक सीमा में किया जाता है। उसका सम्बन्ध सामाजिक महत्त्व की समस्याओं से होता है और वह रचनात्मक कार्यक्रमों के बनाने में सहायक होता है। मार्क अब्राम्स के अनुसार, "एक सामाजिक सर्वेक्षण एक प्रक्रिया है जिसके द्वारा एक समुदाय की संरचना और क्रियाओं के सामाजिक पक्षों के विषय में गणनात्मक तथ्य एकत्रित किये जाते हैं।"[1] सर्वेक्षण सुनिश्चित, भौगोलिक क्षेत्र में किसी समुदाय की रचना, क्रियाओं आदि का वैज्ञानिक अध्ययन है। ई० डब्ल्यू० बर्गेस ने सामाजिक सर्वेक्षण के रचनात्मक पहलू पर जोर देते हुये लिखा है, "सामाजिक प्रगति का एक रचनात्मक कार्यक्रम प्रस्तुत करने के प्रयोजन से उसकी दशाओं और आवश्यकताओं का वैज्ञानिक अध्ययन....सांख्यिकीय मापों और सामाजिक विशेषज्ञ के तुलनात्मक मानदण्डों से परीक्षित सामाजिक अन्तर्दर्शन की एक विधि है।"[2] इस प्रकार सामाजिक सर्वेक्षण सामाजिक प्रगति के लिये होता है। उसका उद्देश्य रचनात्मक है। इस रचनात्मक उद्देश्य को लेकर उसमें कुछ दशाओं और आवश्यकताओं का वैज्ञानिक अध्ययन किया जाता है। शैली एम० हैरीसन के अनुसार सामाजिक सर्वेक्षण एक सहयोगी प्रयास है जो कि समकालीन सम्बन्धित सामाजिक समस्याओं और दशाओं के अध्ययन और उपचार के लिये वैज्ञानिक विधि को लागू करता है जिनकी कुछ निश्चित भौगोलिक सीमायें और लक्षण हैं, इसके साथ ही वह उसके तथ्यों, निष्कर्षों और सिफारिशों को फैलाता है जो कि उसको जहाँ तक सम्भव है समुदाय के सामान्य ज्ञान और बौद्धिक समन्वित कार्य के लिये एक शक्ति है।"[3]

सामाजिक सर्वेक्षण की उपरोक्त परिभाषाओं से स्पष्ट है कि वह सामाजिक समस्याओं का सर्वेक्षण है जिसका उद्देश्य सामग्री का संग्रह, अध्ययन और समस्या का उपचार है। इस प्रकार सर्वेक्षण सैद्धान्तिक के साथ-साथ व्यावहारिक भी है।

सामाजिक सर्वेक्षण के उद्देश्य

सामाजिक सर्वेक्षण की उपरोक्त व्याख्या से उसके उद्देश्य स्पष्ट होते हैं। संक्षेप में सामाजिक सर्वेक्षण के मुख्य उद्देश्य निम्नलिखित हैं—

(1) समुदाय के सामाजिक पक्ष से सम्बन्धित सामग्री का संग्रह—सामाजिक सर्वेक्षण का प्रमुख उद्देश्य समुदाय के सामाजिक पक्ष से सम्बन्धित वैज्ञानिक सामग्री एकत्रित करना है। इसके लिये सर्वेक्षणकर्त्ता अनेक विधियों से सूचनादाताओं से सूचनायें प्राप्त करता

---

1. "A social survey is a process by which quantitative facts are collected about the social aspects of a community's composition and activities ." —Mark Abrams.
2. "The scientific study of its conditions and needs for the purpose of presenting a constructive programme of social advance. A method of social introspection checked by statistical measurements and the comparative standards of the social expert." —E.W. Burgess
3. "In short the social survey is a cooperative undertaking which applies scientific method to the study and treatment of current related social problems and conditions having definite geographical limits and bearings plus such a spreading of its facts, conclusions and recommendations as will make them as far as possible, the common knowledge of the community and a force for intelligent coordinated action." —Shelly M. Harrison.

है। सर्वेक्षण गुणात्मक और गणनात्मक दोनों ही प्रकार के होते हैं। सर्वेक्षण प्रारम्भ करने से पूर्व उसका उद्देश्य निश्चित कर लिया जाता है। चूँकि सर्वेक्षण अन्य क्षेत्रों में भी होते हैं। इसलिये समाज के क्षेत्र में सर्वेक्षण को सामाजिक सर्वेक्षण कहा जाता है। इसमें विवरणात्मक और गणनात्मक पहलू के साथ-साथ रचनात्मक पहलू भी होता है अर्थात् जहां इसमें एक ओर विवरण प्राप्त किये जाते हैं और गणना की जाती है, वहाँ साथ ही साथ यह भी देखना होता है कि सर्वेक्षण कहां तक कल्याणकारी है।

(2) सामाजिक समस्याओं, श्रमिक वर्गों तथा उनकी दशाओं का अध्ययन— सामाजिक सर्वेक्षण के इतिहास को देखने से यह स्पष्ट होता है कि उसका एक मुख्य उद्देश्य सामाजिक समस्याओं और श्रमिकों तथा निम्न वर्ग की दशाओं का अध्ययन करना है। इस अध्ययन के द्वारा उसमें कुछ निश्चित निष्कर्ष और जानकारी प्राप्त करके समस्याओं और दशाओं के सुधार और समाधान की योजना बनायी जाती है। समाज में श्रमिक और निम्न वर्गों की दशा अन्य वर्गों से गिरी हुई होती है। उनमें बीमारी, बेकारी, अपराध, किशोरापराध, निर्धनता, गन्दगी, जीवन का निम्न स्तर, हत्यायें और यौन व्यभिचार आदि सामाजिक समस्यायें अन्य वर्गों से कहीं अधिक दिखलाई पड़ती हैं। इन समस्याओं के सुलझाव निकालने से पहले इनके व्यवस्थित अध्ययन आवश्यक होते हैं। ये अध्ययन सामाजिक सर्वेक्षण द्वारा किये जाते हैं। अधिकतर समस्यायें एक दूसरे से सम्बन्धित होती हैं जैसे—बेकारी और गरीबी, अशिक्षा और गन्दगी, परस्पर सम्बन्धित दिखलाई पड़ती हैं। सामाजिक सर्वेक्षण से विभिन्न समस्याओं के इस परस्पर सम्बन्ध पर भी प्रभाव पड़ता है। जैसा कि पीछे बतलाया जा चुका है, सामाजिक सर्वेक्षण केवल सामाजिक समस्याओं का अध्ययन करता है।

(3) व्यावहारिक अथवा उपयोगितावादी दृष्टिकोण—सामाजिक सर्वेक्षण का दृष्टिकोण व्यावहारिक और उपयोगितावादी है। उसके इसी लक्षण को लेकर उसे सामाजिक अनुसंधान से भिन्न माना जाता है। सामाजिक अनुसंधान जिज्ञासा पूर्ति अथवा ज्ञान प्राप्त करने के लिये किया जाता है। उसका लक्ष्य विशुद्ध रूप से सैद्धान्तिक है किन्तु सामाजिक सर्वेक्षण किसी सामाजिक समस्या के उपचार के लिये अथवा किसी सामाजिक वर्ग के कल्याण के लिये समस्या का समाधान करने के लिये किया जाता है। उसमें सबसे पहले विशिष्ट समुदाय की दशाओं और समस्याओं के विषय में तथ्य एकत्रित किये जाते हैं। इसके बाद इन तथ्यों के विश्लेषण से सामाजिक समस्याओं के कारणों का पता लगाकर उनको सुलझाने के हेतु रचनात्मक सुझाव दिये जाते हैं।

सामाजिक सर्वेक्षण के उपरोक्त उद्देश्यों को समाजशास्त्री सी० ए० मौजर ने निम्नलिखित शब्दों में व्यक्त किया है—"समाजशास्त्री को सर्वेक्षणों को क्षेत्र के अन्वेषण के चारों ओर के और प्रत्यक्ष रूप से अध्ययन के विषय में तथ्यों को एकत्रित करने के लिये सबसे अधिक उपयोगी तरीकों में से एक समझना चाहिये ताकि समस्या को ध्यान में लाया जा सके और जानने योग्य बातों को सुझाया जा सके।"[1]

---

1. "The sociologist should look upon survey as a way, and a supremely useful one of exploring the fields of collecting data around as well as directly on the subject of study, so that the problem is brought into focus and the points worth pursuing are suggested."

—C.A. Moser

अब सामाजिक सर्वेक्षण विधि के विभिन्न सोपानों का विस्तृत विवेचन किया जा सकता है।

(1) समस्या का चुनाव—जैसा के पीछे सामाजिक सर्वेक्षण की परिभाषा में बतलाया जा चुका है, इसमें सामाजिक समस्याओं का अध्ययन किया जाता है। अस्तु, इसमें सबसे पहला कदम अध्ययन की समस्या का चुनाव करना है। जब तक यह समस्या स्पष्ट नहीं होगी तब तक सर्वेक्षणकर्त्ता का उद्देश्य चाहे जिस समस्या को लेकर केवल जिज्ञासा पूर्ति के लिये अध्ययन करना नहीं है। उसका उद्देश्य व्यावहारिक है। अस्तु, उसे अपने अध्ययन के लिये ऐसी समस्या का चुनाव करना है जो सामाजिक जीवन में महत्त्वपूर्ण स्थान रखती हो और जिसके सुलझाव की आवश्यकता हो। यह बात ध्यान में रखकर के सामाजिक समस्या का चुनाव किया जाना चाहिये।

(2) उद्देश्य या विषय की परिभाषा—अब सर्वेक्षण के उद्देश्य और विषय निश्चित कर दिये जाने चाहियें क्योंकि फिर कार्यकर्त्ता इन्हीं उद्देश्यों को प्राप्त करने के लिये काम करेंगे और उनकी सफलता की जाँच भी इसी बात से होगी कि उन्होंने इन उद्देश्यों को कहाँ तक प्राप्त किया है। ये उद्देश्य सामान्य सर्वेक्षण और विशिष्ट सर्वेक्षण में भिन्न-भिन्न होते हैं। उदाहरण के लिये जनगणना और उत्पादन सम्बन्धी सामग्री सामान्य उद्देश्य के लिये संकलित की जाती है। विशिष्ट उद्देश्यों में श्रमिकों के जीवन-निर्वाह सम्बन्धी सर्वेक्षण अथवा समूह विशेष के ऋण सम्बन्धी आँकड़े जैसे तथ्यों का पता लगाया जाता है। कभी-कभी सर्वेक्षण का उद्देश्य किसी अपरिचित या कम अपरिचित वस्तु का परिचय देना होता है। जो भी हो, सबसे पहले सर्वेक्षण के उद्देश्य या विषय की परिभाषा की जानी चाहिये।

(3) अध्ययन की जाने वाली समस्या की परिभाषा—अब अध्ययन के लिये जो समस्या चुनी गई है, उसकी परिभाषा की जानी चाहिये। इससे यह स्पष्ट होगा कि उसका विषय क्षेत्र क्या है और उसके लक्षण क्या हैं? उदाहरण के लिये यदि श्रमिक वर्ग में मद्यपान की समस्या का सर्वेक्षण किया जाना है तो सबसे पहले मद्यपान का अर्थ निश्चित किया जाना चाहिये जिससे यह स्पष्ट हो जाये कि इसमें क्या-क्या शामिल हैं?

(4) समस्या का अनुसूची में विश्लेषण—अब समस्या के भिन्न-भिन्न पहलुओं को एक दूसरे से अलग करके अनुसूची के रूप में उसका विश्लेषण किया जाना चाहिये। इस अनुसूची के आधार पर समस्या के विषय में तथ्यों को ज्ञात किया जा सकता है।

(5) सर्वेक्षण आयोग विभाग का संगठन—सरकार की ओर से किये जाने वाले सर्वेक्षणों में सबसे पहला व्यावहारिक कदम सर्वेक्षण आयोग विभाग का संगठन होता है। इस आयोग की स्थापना के बाद भी सर्वेक्षण के कार्य क्षेत्र, विधि, कार्यकत्ताओं और उनके कार्य आदि का निश्चय किया जाता है। आयोग विभाग की ओर से कार्यकर्त्ताओं को उनके काम में उठने वाली कठिनाइयों के समाधान दिये जाते हैं और कार्य-प्रणाली के बारे में सूचनायें मिलती रहती हैं। सर्वेक्षण में क्षेत्र कार्य समाप्त हो जाने पर आयोग के दफ्तर में ही समस्त सामग्री एकत्रित की जाती है और उनका सारणीयन, वर्गीकरण तथा विश्लेषण किया जाता है। आयोग में एक संचालक होता है और अनेक सदस्य होते हैं जो कि सर्वेक्षण की नीति और योजना निर्धारित करते हैं। आवश्यकता पड़ने पर योजना को कार्यान्वित करने के लिये अनेक

कमेटियों तथा उपकमेटियों का आयोजन कर लिया जाता है। आयोग में अनेक बातें परस्पर वाद-विवाद के द्वारा निश्चित कर ली जाती हैं।

(6) क्षेत्र निर्धारण—वैज्ञानिक अध्ययन सीमित विषय का व्यवस्थित अध्ययन है। विषय को सीमित किये बिना उसका व्यवस्थित अध्ययन नहीं किया जा सकता। अस्तु, सर्वेक्षण प्रारम्भ करने से पहले उसका क्षेत्र निर्धारण आवश्यक है। इस कार्य में निम्नलिखित पाँच विधियों का सहारा लिया जाता है—

(अ) राजनीतिक अथवा प्रशासनिक विभाजन जैसे देश, राज्य, जिला, नगर, मौहल्ला, गली आदि के रूप में सर्वेक्षण का क्षेत्र निर्धारित करना।

(ब) यातायात, व्यावसायिक वर्ग, धनिक वर्ग, निर्धन वर्ग, श्रमिक वर्ग आदि आर्थिक विभाजन के आधार पर अध्ययन का क्षेत्र निर्धारित करना।

(स) बालक, युवा, वृद्ध, स्त्री-पुरुष, आदि जैवकीय अवस्थाओं के आधार पर सर्वेक्षण के क्षेत्र की सीमायें निर्धारित करना।

(द) शिक्षित, अशिक्षित, विवाहित, अविवाहित, उच्च वर्ग, निम्न वर्ग आदि सामाजिक स्थितियों के आधार पर सर्वेक्षण का क्षेत्र निर्धारित करना।

(इ) पहाड़ी इलाका, मैदान, रेगिस्तान इत्यादि भौगोलिक क्षेत्रों के आधार पर सर्वेक्षण का क्षेत्र निर्धारित करना।

(7) अध्ययन की अवधि निश्चित करना—सामाजिक सर्वेक्षण में प्रशिक्षित कार्यकर्त्ताओं की आवश्यकता होती है और काफी धन व्यय करना होता है। अस्तु, इसमें अवधि निश्चित करना आवश्यक है। कुछ समस्यायें अल्पकालीन होती हैं और अधिकतर समस्याओं का रूप समय के साथ बदलता रहता है। दोनों ही स्थितियों में अवधि निश्चित करना आवश्यक होता है जिससे कि परिवर्तन होने से पहले ही समस्या का अध्ययन कर लिया जाए। उदाहरण के लिये युद्ध के बाद जो सामाजिक समस्यायें उपस्थित होती हैं, उनके अध्ययन की अवधि निर्धारित न करने पर और अधिक देर लगाने पर परिस्थितियाँ बदल जाती हैं। यदि अध्ययन में बहुत अधिक समय लगा दिया गया तो प्रारम्भ में एकत्रित किये गये आंकड़े और बाद में लिये हुए तथ्य परस्पर मेल नहीं खाते क्योंकि कालान्तर में अनेक बातों में परिवर्तन हो जाता है। फिर, कुछ समस्यायें ऐसी होती हैं जिनको शीघ्र सुलझाने की आवश्यकता होती है। और इसलिये उनके अध्ययन की अवधि निश्चित करना आवश्यक होता है। अवधि निश्चित करनें में सम्पूर्ण अध्ययन के भिन्न-भिन्न सोपानों में समय का विभाजन किया जाता है। तभी पूरे अध्ययन को निश्चित काल में निबटाया जा सकता है। अध्ययन की अवधि निश्चित करते समय यह ध्यान रखना पड़ता है कि न तो वह इतनी अधिक हो कि उस पर अत्यधिक धन व्यय करना पड़े और उनके कार्यकाल में समस्या में परिवर्तन हो जाए और न वह इतनी कम हो कि ठीक प्रकार से अध्ययन पूरा न किया जा सकता हो। निश्चित अवधि से तात्पर्य यह है कि यथासंभव कम से कम समय में सर्वेक्षण कार्य पूरा कर लिया जाना चाहिये। सर्वेक्षण की अवधि निश्चित करते समय सर्वेक्षणकर्त्ताओं के सामान्य ज्ञान, प्रशिक्षण और अनुभव तथा सर्वेक्षण के विषय और क्षेत्र आदि का ध्यान रखना आवश्यक होता है। कभी-कभी सूचनादाताओं

की सुविधा को ध्यान में रखकर भी अध्ययन की अवधि निश्चित करनी होती है। उदाहरण के लिये, विद्यार्थियों के सर्वेक्षण में ध्यान रखना होता है कि अवधि ऐसी रक्खी जाये जिसमें उनसे सम्पर्क स्थापित हो सकता है। लम्बी छुट्टियाँ आने पर फिर वे अपने-अपने घर चले जाते हैं और उनसे सूचनायें प्राप्त नहीं की जा सकतीं। सर्वेक्षण की अवधि बहुत कुछ सर्वेक्षण विधि पर भी आधारित होती है। उदाहरण के लिए अनूसूची, प्रश्नावली, अवलोकन, व्यक्ति इतिहास विधि, साक्षात्कार विधि आदि भिन्न-भिन्न विधियों में अवधि की मात्रा अलग-अलग होती है। सुशिक्षित कार्यकर्त्ता कम शिक्षित कार्यकर्त्ताओं की तुलना में अल्प अवधि में ही काम निबटा लेते हैं। अस्तु, अध्ययन की अवधि निश्चित करते समय उपरोक्त सभी बातों का ध्यान रखा जाना चाहिये।

(8) सूचना प्राप्ति के साधनों का परीक्षण—सर्वेक्षण का आयोजन करने के बाद अब यह निश्चित करना होता है कि उसमें किन-किन साधनों से सूचनायें प्राप्त की जायेंगी। यदि सर्वेक्षण पहली बार हो रहा है तो वह प्राथमिक सर्वेक्षण कहलाता है और उसमें प्राप्त सामग्री के आधार पर आगे बढ़ना होता है। ये प्राप्त सूचनायें प्रारम्भिक सूचनायें कहलाती हैं। यदि किसी समस्या के क्षेत्र में पहले भी सर्वेक्षण हो चुका है तो सर्वेक्षण द्वैतीयक कहलाता है और प्राप्त सामग्री के स्रोत और सूचनायें द्वैतीयक कही जाती हैं। विभिन्न प्रकार के सर्वेक्षणों में सूचना प्राप्ति के भिन्न-भिन्न साधन अपनाये जाते हैं। अधिकतर सूचनायें साक्षात्कार, प्रश्नावली या अनुसूची के द्वारा व्यक्तियों अथवा संस्थाओं से प्राप्त की जाती है। द्वैतीयक सूचनायें पहले किए गये सर्वेक्षणों के प्रकाशित और अप्रकाशित परिणामों , पत्र पत्रिकाओं, सरकारी और गैर-सरकारी रिपोर्टों आदि से प्राप्त की जाती हैं।

(9) सर्वेक्षण की इकाई का निश्चय—सर्वेक्षण प्रारम्भ करने के पूर्व से उसकी इकाई (unit) को निश्चित करना आवश्यक है। इससे क्षेत्र कार्यकर्त्ता भ्रम में नहीं पड़ता और आसानी से आवश्यक सामग्री का संकलन कर लेता है। इकाई सरल, स्पष्ट, स्थिर, निश्चित, एकरूप, विशिष्ट, भ्रमरहित, जाँच किये जाने योग्य और शुद्ध की जा सकने वाली होनी चाहिये। प्रतिनिधि इकाइयाँ बनाने के लिये निदर्शन का आकार निश्चित करना होता है। यदि सभी इकाइयों का सर्वेक्षण होना हो तो सामग्री एकत्रित करने में विशेष कठिनाई नहीं होती किन्तु सर्वेक्षण का क्षेत्र बड़ा होने पर केवल प्रतिनिधि इकाइयों को लेना होता है। ये इकाइयाँ समय, विषय, सम्पत्ति, साधन और क्षेत्र के अनुसार निश्चित की जाती हैं। उनका आकार और संख्या सामग्री की प्रकृति पर आधारित होती है। निदर्शन प्रणाली का प्रयोग वहीं किया जा सकता है जहाँ विषय की अनेकरूपता तथा समय की असमानता न हो।

(10) तथ्यों की परिशुद्धता की सीमा का निश्चय—सर्वेक्षण प्रारम्भ करने से पहले यह निश्चित करना आवश्यक है कि तथ्यों में कहाँ तक परिशुद्धता होनी चाहिये। गणनात्मक सर्वेक्षण में शतप्रतिशत शुद्धता आवश्यक मानी जाती है। किन्तु गुणात्मक सर्वेक्षण में यह असम्भव है। अस्तु, गुणात्मक सर्वेक्षण में सर्वेक्षणकर्त्ता के समय, धन, योग्यता, सर्वेक्षण का संगठन आदि के आधार पर परिशुद्धता की सीमा निश्चित की जाती है। स्मरण रहे कि साधारणतया किसी भी सर्वेक्षण में पूर्ण विशुद्धता सम्भव नहीं है और न इसे आवश्यक ही माना जाना चहिये।

(11) अनुसंधानकर्त्ताओं और प्रगणकों का चुनाव तथा प्रशिक्षण—अनुसंधान कार्य करने के लिये प्रशिक्षित क्षेत्र कार्यकर्त्ताओं की आवश्यकता होती है। समस्या की प्रगति और क्षेत्र को ध्यान में रखते हुए क्षेत्र कार्यकर्त्ताओं और प्रगणकों का चुनाव किया जाना चाहिये। चुनाव करने के बाद उन्हें आवश्यक प्रशिक्षण देना होता है। चुनाव करने में बौद्धिक जानकारी के अलावा व्यक्तित्व के गुणों को अत्यधिक महत्त्व दिया जाना चाहिये क्योंकि सामग्री एकत्रित करने में भिन्न-भिन्न स्वभाव के व्यक्तियों के सम्पर्क में आने के कारण क्षेत्र कार्यकर्त्ता का व्यवहार कुशल होना आवश्यक है। प्रगणकों को यथासम्भव सही सूचनायें एकत्रित करने की ओर ध्यान देना चाहिये।

(12) सूचनादाताओं की तैयारी—भिन्न-भिन्न सर्वेक्षणों में भिन्न-भिन्न वर्गों के सूचनादाताओं से सूचनायें एकत्रित की जाती हैं। सर्वेक्षण प्रारम्भ करने से पहले इन सूचनादाताओं को तैयार करना आवश्यक है। उदाहरण के लिये, हमारे देश में 1971 में हो रहे जनगणना सर्वेक्षण के लिये सरकार ने पहले से ही जनता से समाचार-पत्र और अन्य माध्यमों से प्रगणकों के साथ सहयोग देने की अपील की है। शिक्षित सूचनादाताओं को समाचार-पत्रों और डाकपत्रों के द्वारा सर्वेक्षण कार्य के विषय में सूचना दी जा सकती है। यदि वे अशिक्षित हैं तो उन्हें स्थानीय नेताओं, अध्यापकों आदि के द्वारा समझाया जाना चाहिये। कहीं-कहीं पर सूचनादाताओं की तैयारी का कार्य प्रदर्शनियों, चार्टों, पैम्फलेटों और सिनेमा स्लाइडों आदि के माध्यम से किया जाता है। इनसे सूचना देने के प्रति उत्साह उत्पन्न होता है और फिर जब क्षेत्र कार्यकर्त्ता सूचनादाताओं के पास पहुंचते हैं तो उन्हें बड़ी आसानी से उसका सहयोग प्राप्त हो जाता है।

(13) सर्वेक्षण विधियों का निर्धारण—अब कार्य शुरू करने से पहले यह देख लेना चाहिए कि उसमें कौन सी विधि का प्रयोग किया जाएगा। विधि का चुनाव सर्वेक्षण के विषय क्षेत्र, प्रकार आदि पर निर्भर होता है। प्रणाली निश्चित करने के बाद आगे का काम आसान हो जाता है। प्रश्नावली तथा डाक द्वारा प्रेषित अनुसूचित आदि विधियों में क्षेत्र कार्य करने से पहले ही सूचनादाताओं के सामने उपस्थित किए जाने वाले प्रश्नों को निश्चित कर लिया जाता है।

(14) क्षेत्र कार्य—अब प्रशिक्षित क्षेत्र कार्यकर्त्ता सुनिश्चित प्रणाली से सूचनादाताओं से सूचनायें एकत्रित करने का कार्य करते हैं। इसके लिये उन्हें सूचनादाताओं की सुविधा के अनुसार उनके पास पहुँचकर उनसे अपने प्रश्नों के उत्तर प्राप्त करने होते हैं। इस कार्य में बड़ी कार्य कुशलता की आवश्यकता है जिससे कि सूचनादाताओं का सहयोग प्राप्त किया जा सके। क्षेत्र कार्य सर्वेक्षण के निर्देशक कि देख-रेख में होता है। क्षेत्र कार्यकर्त्ता अपने-अपने क्षेत्र में सूचनायें एकत्रित करते हैं और सर्वेक्षण के समस्त क्षेत्र को अलग-अलग भागों में बाँट दिया जाता है।

(15) सामग्री की व्यवस्था, सारणीयन और सांख्यिकीय विश्लेषण— अब क्षेत्र कार्यकर्त्ताओं द्वारा प्राप्त की गयी सामग्री को सर्वेक्षण के दफ्तर में एकत्रित किया जाता है। यहाँ पर योग्य अनुसंधानकर्त्ता उसकी व्यवस्था, सारणीयन और सांख्यिकीय विश्लेषण करते हैं।

(16) परिणामों की व्याख्या—अब सर्वेक्षण से मिले परिणामों की योग्य वैज्ञानिकों द्वारा व्याख्या की जाती है जिससे सामाजिक समस्याओं का यथार्थ रूप और उनमें निहित कारक स्पष्ट होते हैं।

(17) रेखाचित्र द्वारा प्रस्तुत करना—अन्त में सर्वेक्षण के परिणामों को रेखाचित्रों द्वारा और ग्राफ के रूप में प्रस्तुत किया जाता है जिससे एक नजर डालकर उनको आसानी से समझा जा सकता है। रेखाचित्र द्वारा प्रस्तुत सामग्री का तुलनात्मक अध्ययन करने में भी आसानी होती है।

इसके पश्चात् सामाजिक सर्वेक्षण से मिले हुये परिणामों के आधार पर उपस्थित समस्या के कारणों को स्पष्ट करके इसको सुलझाने के लिये सुझाव दिए जाते हैं। इन सुझावों के पीछे वैज्ञानिक सर्वेक्षण का समर्थन होने के कारण ये प्रामाणिक और वैज्ञानिक माने जाते हैं। इन सुझावों के आधार पर सरकारी अथवा गैर-सरकारी संस्थायें समस्या के उपचार के लिये व्यावहारिक कदम उठाती हैं और क्योंकि सुझाव प्रामाणिक अध्ययन पर आधारित होते हैं इसलिये समस्या के उपचार में बहुधा सफलता मिलती है जिससे साभाजिक सर्वेक्षण का महत्त्व और भी अधिक सिद्ध होता है। एक ही क्षेत्र में अनेक बार सर्वेक्षण होने पर नये सर्वेक्षण के परिणाम बहुत पुराने सर्वेक्षण के परिणामों की पुष्टि करते हैं जिनसे निष्कर्ष और भी प्रामाणिक हो जाते हैं तथा पिछले सर्वेक्षण का सत्यापन हो जाता है। जैसा कि पीछे बतलाया जा चुका है, सर्वेक्षण के आधार पर सुझाव देते समय तथ्यों में परिशुद्धता की सीमा को ध्यान में रखना चाहिए। जिस सर्वेक्षण में तथ्यों में परिशुद्धता जितनी ही कम होती है उसके आधार पर दिए गए सुझाव उतने ही नमनीय और उदार होने चाहियें। सर्वेक्षण के विभिन्न प्रकारों में विश्वसनीयता न्यूनाधिक रूप से भिन्न होती है जिससे उनकी व्यावहारिक उपयोगिता में अन्तर आ जाता है।

साक्षात्कार
(Interview)

साक्षात्कार की परिभाषा

औद्योगिक समाजशास्त्र में साक्षात्कार प्रणाली का व्यापक रूप से प्रयोग किया जाता है। इस प्रणाली में, जैसा कि इसके नाम से स्पष्ट है, अनुसंधानकर्त्ता या उसके द्वारा नियुक्त कार्यकर्त्ता सूचनादाता में साक्षात भेंट करता है और प्रत्यक्ष प्रश्नोत्तरों के द्वारा आवश्यक जानकारी प्राप्त करता है। इस साक्षात भेंट का उद्देश्य केवल कुछ औपचारिक बातें करना मात्र न होकर उत्तरदाता के आन्तरिक जीवन में प्रवेश करना है। इस बात को स्पष्ट करते हुए पालिन यंग ने लिखा है, "साक्षात्कार एक ऐसी व्यवस्थित विधि मानी जा सकती है जिसके द्वारा एक व्यक्ति एक अपेक्षाकृत अजनबी के आन्तरिक जीवन में न्यूनाधिक कल्पनात्मक रूप से प्रवेश करता है।"[1] साक्षात्कार में साक्षात्कारकर्त्ता और साक्षात्कार दाता में घनिष्ठ सम्बन्ध स्थापित हो जाते हैं। भौतिक दूरी के साथ-साथ सामाजिक दूरी भी घट जाती है और दोनों ही एक दूसरे को प्रभावित करते हैं। दोनों ही सामान्य सामाजिक परिस्थिति में स्थित होते हैं और इसलिए उनमें भावात्मक सम्बन्ध बन जाता है। साक्षात्कार की यह विशेषता उसे सामाजिक अनुसंधान की अन्य प्राणलियों से भिन्न बना देती है। अनुसंधान की औपचारिक प्रणालियों में अनुसंधानकर्त्ता

और सूचनादाता के मध्य औपचारिकता का एक पर्दा पड़ा रहता है जिससे अनुसंधान प्रामाणिक नहीं हो पाता। साक्षात्कार विधि में यह पर्दा हट जाता है और अनुसंधानकर्त्ता औपचारिकता के बाहरी आवरण को भेदकर सूचनादाता के विचारों, भावनाओं, प्रेरणाओं और अनुभवों का परिचय प्राप्त कर सकता है।

जहाँ पालिन यंग ने साक्षात्कार को अनुसंधानकर्त्ता और सूचनादाता में व्यक्तिगत सम्बन्ध माना है वहाँ, कुछ अन्य समाजशास्त्री साक्षात्कार को औपचारिक प्रक्रिया भी मानते हैं जिसमें केवल आमने-सामने उपस्थित होकर साक्षात्कारकर्त्ता सूचनादाता से कुछ निश्चित प्रश्नों के उत्तर प्राप्त करता है। किन्तु अधिकतर समाजशास्त्री यह मानते हैं कि वास्तविक साक्षात्कार औपचारिक न होकर अनौपचारिक होता है। औपचारिक साक्षात्कार में अनुसंधानकर्त्ता कुछ नेश्चित प्रश्नों से बँधा रहता है और केवल उन्हीं के उत्तर प्राप्त करता है। दूसरी ओर अनौपचारिक साक्षात्कार में साक्षात्कारकर्त्ता को प्रश्नों का क्रम बदल देने, उनका अर्थ समझाने, अतिरिक्त प्रश्न पूछने और कभी-कभी प्रश्नों की शब्दावली को बदल देने की भी स्वतन्त्रता होती है। इस अर्थ में गुडे और हाट ने ठीक ही लिखा है, "मूल रूप से साक्षात्कार, सामाजिक अनुक्रिया की एक प्रक्रिया है।"[2] साक्षात्कार में दो व्यक्ति एक दूसरे के सम्मुख केवल उपस्थित मात्र नहीं होते बल्कि उनमें परस्पर उत्तेजना और सहयोग जैसी अनुक्रियायें भी होती हैं। पामर के शब्दों में, "साक्षात्कार दो व्यक्तियों में एक ऐसी सामाजिक स्थिति का निर्माण करता है जिसमें ऐसी मनोवैज्ञानिक प्रक्रिया निहित होती है जिसमें दोनों व्यक्तियों की परस्पर अनुक्रिया की आवश्यकता होती है यद्यपि साक्षात्कार के सामाजिक अनुसन्धान का प्रयोजन दोनों सम्बन्धित दलों से विभिन्न अनुक्रियाओं का आयोजन करना है।"[3]

साक्षात्कार का उद्देश्य

साक्षात्कार की उपर्युक्त व्याख्या से उनका उद्देश्य स्पष्ट होता है। सामान्य रूप से साक्षात्कार के मुख्य उद्देश्य निम्नलिखित होते हैं—

(1) सम्मुख सम्पर्क—सामाजिक अनुसंधान में साक्षात्कार का प्रयोग ऐसी परिस्थितियों में किया जाता है जिनमें अनुसंधानकर्त्ता और सूचनादाता में सम्मुख अर्थात् आमने-सामने का सम्पर्क स्थपित करने की आवश्यकता होती है। इस सम्मुख सम्पर्क से न केवल प्रश्नों के

---

1. "The interview may be regarded as a systematic method by which a person enters more or less imaginatively into the inner life of a comparative stranger."
—P.V. Young. *Scientific Social Surveys and Research,* p. 205.
2. ".....Interviewing is fundamentally a process of social interaction."
—W.J. Goode and P.K. Hatt, *Methods in Social Research,* p. 186.
3. "The interview constitutes a social situation between two persons, the psychological process involved requiring both individuals mutually respond though the social research purpose of the interview calls for a varied response from the two parties concerned."
—Vivien Palmar. *Field Studies in Sociology,* University of Chicago Press (1928). p. 174.

उत्तर प्राप्त होते हैं परन्तु उन उत्तरों को प्रभावित करने वाली अभिवृत्तियों, प्रेरणाओं, इच्छाओं और तनावों तथा सामाजिक परिस्थितियों का परिचय भी प्राप्त होता है।

(2) व्यक्तिगत सूचनायें प्राप्त करना—इस प्रकार साक्षात्कार का उद्देश्य कुछ ऐसी बातों का पता लगाना है जिनको कोई विशिष्ट व्यक्ति ही जानता है और जो किसी अन्य साधन से पता नहीं लगायी जा सकतीं। साक्षात्कार करते समय ऐसे प्रश्न करना उचित नहीं माना जाता जिनकी जानकारी किसी अन्य साधन से प्राप्त की जा सकती है क्योंकि साक्षात्कार में समय कम होता है और अनुसंधानकर्त्ता को अधिकतर अपना ध्यान ऐसी बातों को जानने में लगाये रखना पड़ता है जिनको साक्षात्कारदाता ही बता सकता है।

(3) परिकल्पनाओं की स्थापना—कभी-कभी साक्षात्कार का उद्देश्य मानव प्रेरणाओं और सामाजिक तथा व्यक्तिगत अनुक्रियाओं के विषय में परिकल्पना बनाने में सहायता करना भी होता है। उन्मुक्त साक्षात्कार में साक्षात्कारदाता बहुधा अपने विशिष्ट व्यवहार के कारणों की व्याख्या करता है और इस व्याख्या से कभी-कभी ऐसी बातें ज्ञात होती हैं जिनकी अनुसंधानकर्त्ता को कल्पना भी नहीं थी। अनेक व्यक्तियों से साक्षात्कार करने के बाद अनुसंधानकर्त्ता को सामाजिक व्यवहार में गहरी अन्तर्दृष्टि प्राप्त होती है और अपने व्यक्तिगत अनुभव से पुष्ट करके वह विशिष्ट सामाजिक व्यवहार के विषय में उपकल्पना बना सकता है।

(4) विशिष्ट जानकारी की जाँच—कभी-कभी साक्षात्कार का प्रयोजन नवीन जानकारी प्राप्त करना न होकर अनुसंधानकर्त्ता के कुछ विशिष्ट विचारों या निष्कर्षों की जांच करना भी होता है। विशिष्ट सामाजिक मनोवैज्ञानिक घटनाओं के बारे में अन्तिम निष्कर्षों पर पहुँचने से पहले यह अच्छा होता है कि उनके विशेषज्ञों और उनमें भाग लेने वाले व्यक्तियों से साक्षात्कार करके जानकारी प्राप्त कर ली जाये। इससे अनुसंधानकर्त्ता यह जान सकता है कि उसके अपने विचार कहाँ तक वस्तुगत और वैज्ञानिक हैं। यदि इन साक्षात्कारों से उसके अपने विचारों की पुष्टि नहीं होती तो उसे यह मान लेना ही उचित होगा कि उसके विचार गलत हैं।

उपरोक्त विवेचन से स्पष्ट है कि जहाँ साक्षात्कार का प्रयोजन विशिष्ट जानकारी प्राप्त करना होता है वहाँ उसमें साक्षात्कारदाता के व्यक्तित्व, विचारों, भावनाओं आदि पर भी ध्यान दिया जाता है। लुण्डबर्ग के शब्दों में, "अनुसंधानकर्त्ता की रुचि न केवल वस्तुगत आँकड़ों जैसे आय, संतान की संख्या, आयु इत्यादि प्राप्त करने में होती है बल्कि उसके व्यक्तित्व, उसकी प्रवृत्तियों, उसके राग द्वेषों का पता लगाने में भी होती है, जो उसके वार्तालाप तथा उससे सम्बन्धित शारीरिक क्रियाओं, भावभंगिमाओं इत्यादि के द्वारा प्रकट होती है।"[1] साक्षात्कार के प्रयोजन को स्पष्ट करते हुये पालिन यंग ने यह जोर दिया है कि साक्षात्कार अनुसंधान की

1. "The researcher is interested in the objective data secured from the interview as income, number of children, their ages, etc., and also in the personality of the informant—his attitude, prejudices, likes and dislikes as revealed by his verbal behaviour, including the subtle gestures that accompany it such as facial expression, tone of voice and so forth."
—Lundberg.

पूर्णतया स्वतन्त्र प्रणाली नहीं है बल्कि यह अन्य प्रणालियों और विधियों की पूरक है। जहाँ उससे व्यक्तियों का अध्ययन किया जा सकता है वहाँ उससे अन्य स्त्रोतों से प्राप्त की हुई जानकारी की जाँच भी की जा सकती है।

साक्षात्कार की प्रक्रिया

साक्षात्कार की तैयारी के बाद साक्षात्कार की प्रक्रिया प्रारम्भ होती है। इसमें मुख्य सोपान निम्नलिखित हैं–

(1) परिचय–साक्षात्कार के लिये पहुँचने पर अनुसंधानकर्त्ता को सबसे पहले सूचनादाता को अपना परिचय देना चाहिए। लिखित परिचय-पत्र मौलिक परिचय से अधिक विश्वसनीय होता है और उसका प्रभाव भी अच्छा पड़ता है। दूसरे जब तक सूचनादाता परिचय-पत्र पढ़ता है तब तक साक्षात्कारकर्त्ता अपने को संयत कर लेता है। लिखित परिचय-पत्र, जैसा कि पहले ही बताया जा चुका है, अनुसधान संख्या के शीर्ष पत्र (Letter head) पर अनुसंधान संस्था के वरिष्ठ अधिकारी की ओर से लिखा होना चाहिए, जिसमें अनुसंधान के लक्ष्यों को स्पष्ट किया गया हो और उनसे सहायता देने की अपील की गई हो। यदि अनुसंधान को सरकारी सहायता प्राप्त है तो परिचय-पत्र में इसका भी उल्लेख होना चाहिए। इससे पत्र की विश्वसनीयता बढ़ जाती है। परिचय-पत्र पढ़ लेने के बाद यदि सूचनादाता साक्षात्कारकर्त्ता के परिचय के विषय में कुछ अन्य बातें जानना चाहता है तो साक्षात्कारकर्त्ता को शिष्टाचारपूर्वक उनके प्रश्नों के उत्तर देने चाहियें। जब सूचनादाता सन्तुष्ट हो जाता है तो वह वक्तव्य देने के लिये तैयार हो जाता है। कभी-कभी वह यह जानना चाहता है कि साक्षात्कार के लिये उसे ही क्यों चुना गया अथवा उसके परिचितों में से अन्य लोगों को भी चुना गया है या नहीं। इस प्रकार के प्रश्नों का लाभ उठाकर साक्षात्कारकर्त्ता सूचनादाता को यह बतलाता है कि उसके द्वारा दी गई सूचनाओं का कितना महत्त्व है और क्योंकि उसकी सूचनायें अत्यधिक मूल्यवान हैं इसलिये उसको साक्षात्कार के लिए चुना गया है। यदि साक्षात्कारदाता को अनुसंधान संस्था में ही साक्षात्कार देने के लिये बुलाया जाता है तो परिचय देने की क्रिया साक्षात्कार का समय निश्चित करने के अवसर पर ही पूरी हो जाती है और साक्षात्कार के समय पर उसकी आवश्यकता नहीं पड़ती।

(2) साक्षात्कार के प्रयोजन की व्याख्या–साक्षात्कार की प्रक्रिया में दूसरा सोपान साक्षात्कार के प्रयोजन की व्याख्या करना है। यह व्याख्या इस प्रकार की जानी चाहिये जिससे कि वह सूचनादाता की समझ में आ जाये। इसलिये सूचनादाता के मानसिक स्तर के अनुसार समस्या की व्याख्या की शब्दावली और शैली में परिवर्तन करना आवश्यक है। समस्या की व्याख्या के साथ-साथ साक्षात्कारकर्त्ता सूचनादाता को समस्या का महत्त्व भी समझा देता है। यदि इस सम्बन्ध में सूचनादाता को कोई शंका होती है तो उसका समाधान करना आवश्यक है। साक्षात्कारकर्त्ता सूचनादाता को यह स्पष्ट कर देता है कि अनुसंधान के लिये उसके सूचना देने का कितना अधिक महत्त्व है।

(3) साक्षात्कार का प्रारम्भ–साक्षात्कार के प्रारम्भ में साक्षात्कारकर्त्ता सतर्कता और गम्भीरता से प्रश्न उपस्थित करता है और एक-दो प्रश्नों के बाद जब सूचनादाता का बोलना

शुरू हो जाता है तो साक्षात्कारकर्त्ता उसको न टोकते हुये उसे बोलने का पूरा अवसर देता है। वह वाद-विवाद का कोई अवसर नहीं आने देता और सूचनादाता को प्रोत्साहित करता जाता है।

(4) उन्मुक्त वार्तालाप की स्थिति प्राप्त करना—अब साक्षात्कारकर्त्ता और उत्तरदाता के मध्य उन्मुक्त वार्तालाप की स्थिति उत्पन्न हो जाती है जिससे सूचनादाता समस्त औपचारिकता भूलकर पूर्ण आत्मीयता और विश्वासपूर्वक अपने अनुभव सुनने लगता है। जब कभी वह हिचकता है तो साक्षात्कारकर्त्ता उसको प्रोत्साहित करता है, उसके सन्देह और परेशानियों को दूर करता है और उसके मन में यह बात बैठा देता है कि उसकी बातों का कितना महत्त्व है। यदि सूचनादाता कुछ निजी बातों को बतलाने में हिचकता है तो साक्षात्कारकर्त्ता उसके संकोच के कारण का पता लगाकर उसे दूर करता है। उदाहरण के लिये यदि सूचनादाता अपनी यौन व्यवहार सम्बन्धी घटनाओं को बतलाने में हिचकता है क्योंकि वह उन्हें अनुचित समझता है और उसे भय होता है कि साक्षात्कारकर्त्ता उसे क्या समझेगा तो ऐसी स्थिति में साक्षात्कारकर्त्ता उसे यह स्पष्ट कर देता है कि विभिन्न प्रकार के यौन व्यवहार एक सामान्य बात है और उसमें लज्जित होने की कोई भी बात नहीं है।

(5) प्रत्यास्मरण में सहायता—कभी-कभी सूचनादाता कुछ विशेष अनुभवों का प्रत्यास्मरण करने में कठिनाई पाता है। ऐसे अवसर पर वह मौन हो जाता है और बातचीत का क्रम टूट जाता है। चतुर साक्षात्कारकर्त्ता उसे यह याद दिलाता है कि कौन सा विषय चल रहा था और प्रत्यास्मरण करने में उसकी सहायता करता है।

(6) अन्वेषक प्रश्न—अनेक अवसरों पर सूचनादाता किसी व्यक्तिगत कारण से कुछ बातों को चुपचाप छोड़ देने का प्रयास करता है। साक्षात्कारकर्त्ता ऐसी परिस्थितियों के प्रति सजग रहते हुये सूचनादाता को तुरन्त की यह याद दिलाता है कि कौन-सी बात छूटी जा रही है और उसमें विशेष दिलचस्पी दिखलाते हुये उस सम्बन्ध में बतलाने का आग्रह करता है। ऐसी परिस्थिति में बड़ी व्यवहार कुशलता की आवश्यकता होती है क्योंकि यदि सूचनादाता को तनिक भी सन्देह हो जाता है तो साक्षात्कारकर्त्ता को यह स्पष्ट कर देना चाहिये कि जिस बात के बारे में वह पूछ रहा है वह कोई रहस्यपूर्ण बात नहीं है और यदि उसके बतलाने में सूचनादाता को अत्यधिक एतराज हो तो वह चाहे तो न बतलावे। ऐसा कहने से सूचनादाता को साक्षात्कारकर्त्ता के वैज्ञानिक उद्देश्य में विश्वास हो जाता है और वह ऐसी-ऐसी बातें बतला देता है कि जिनको वह अपने अत्यन्त घनिष्ठ मित्रों को भी नहीं बतला सकता है।

(7) प्रोत्साहन—साक्षात्कार की प्रक्रिया में साक्षात्कारकर्त्ता को सूचनादाता को बारम्बार प्रोत्साहित करने की आवश्यकता होती है। जब कभी वह देखता है कि बातों का प्रभाव मंद पड़ रहा है तो तुरन्त सूचनादाता की प्रशंसा करके उसे यह बतलाता है कि उसकी बतलाई हुई बातें कितनी मूल्यवान और ज्ञानवर्धक हैं और उनसे किस प्रकार साक्षात्कारकर्त्ता को सर्वथा नवीन दृष्टिकोण प्राप्त हुआ है। यहां पर यह सावधानी रखने की आवश्यकता है कि प्रोत्साहन की ये बातें चापलूसी नहीं मालूम पड़नी चाहियें अन्यथा इनका उलटा प्रभाव पड़ता है। सूचनादाता को प्रोत्साहित करने का एक तरीका महत्त्वपूर्ण बातों के विषय में उसकी राय जानना

है, ऐसा करने से उसे लगता है कि उसे महत्त्व दिया जा रहा है और वह अधिक से अधिक बातें बतलाता है। साक्षात्कार की प्रक्रिया को प्रोत्साहित करने के लिये साक्षात्कारकर्त्ता को मौन होकर नहीं बैठना चाहिये। उसे इस प्रक्रिया को मनोरंजक और रुचिपूर्ण बनाने के लिये सूचनादाता को बराबर प्रोत्साहित करना चाहिये और कुशलतापूर्वक बातचीत के प्रभाव को आगे बढ़ाना चाहिये। स्मरण रहे कि साक्षात्कार के दौरान में विवाद की स्थिति यथासम्भव नहीं आने देनी चाहिये।

(8) साक्षात्कार का निर्देशन—कुछ सूचनादाता अपने व्यक्तिगत जीवन की बातों को बतलाते हुये उनमें इतने खो जाते हैं कि बात कहीं की कहीं पहुँच जाती है। ऐसी स्थिति में साक्षात्कारकर्त्ता को चतुरतापूर्वक उनको फिर से सही राह पर लाना पड़ता है। साक्षात्कार का यह निर्देशन एक महत्त्वपूर्ण कार्य है। उसमें सबसे बड़ी आवश्यकता इस बात की है कि जबकि एक ओर सूचनादाता को विषयान्तर न करने दिया जाये दूसरी ओर उसे इस तरह न टोका जाये कि उसके अहम् भाव को चोट लगे क्योंकि दोनों की स्थितियों में साक्षात्कार के प्रयोजन को हानि पहुँचती है। इसलिये साक्षात्कार के निर्देशन में साक्षात्कारकर्त्ता को बड़े धैर्यपूर्व और सावधानी से वार्तालाप की दिशा मोड़नी चाहिये।

(9) सूचना को नोट करना—साक्षात्कार के दौरान में सूचनादाता के बोलते समय उसको नोट करना जहाँ एक ओर अत्यन्त कठिन होता है वहाँ दूसरी ओर सूचनादाता का उत्साह भी मन्द पड़ता है क्योंकि वह देखता है कि साक्षात्कारकर्त्ता उसकी ओर ध्यान न देकर लिखने का कार्य करने में व्यस्त है। अस्तु, जहाँ तक हो सके, सूचनादाता के बोलते समय सूचनाओं को नोट नहीं करना-चाहिये किन्तु जब वह एक बात पूरी कर ले तो उसे नोट किया जा सकता है। नोट करने में संकेतलिपि की सहायता लेना अधिक अच्छा है क्योंकि इससे समय की बचत होती है। सबसे अच्छा तो टेपरिकार्डर का प्रयोग करना है और यदि वह टेपरिकार्डर गुप्त रखा गया हो तो और भी अच्छा है क्योंकि यदि सूचनादाता को यह पता चल जाता है कि उसकी सभी बातें टेपरिकार्ड की जा रही हैं तो वह सशंकित हो जाता है और उन्मुक्त रूप से बातचीत नहीं करता। जिन साक्षात्कारकर्त्ताओं की स्मरण शक्ति बहुत अच्छी है वे साक्षात्कार के बाद भी उसको नोट कर सकते हैं। कुछ चतुर साक्षात्कारकर्त्ता साक्षात्कार के अन्त में सूचनादाता के सामने ही उसकी दी हुई सूचनाओं को नोट करते हैं और फिर पढ़कर सुनाते हैं। इससे जहाँ उनकी नोट की हुई बातों की जाँच हो जाती है और छूटी हुई बातें पूर्ण कर ली जाती हैं वहाँ सूचनादाता को यह विश्वास हो जाता है कि उसके द्वारा बतलाई हुई बातों को महत्त्व दिया गया है।

(10) साक्षात्कार की समाप्ति—यदि साक्षात्कार एक ही बैठक में पूरा नहीं होता या एक ही बैठक में उसका प्रयोजन सिद्ध नहीं हो सकता तो अधिक अच्छा यह है कि उसको थकने के पूर्व समाप्त कर दिया जाये। किन्तु यदि साक्षात्कार के लिए एक ही बैठक पर्याप्त होती है तो साक्षात्कार समाप्त करते समय सूचनादाता से बराबर पूछ लेना चाहिये कि उसके पास बतलाने के लिये और कुछ तो नहीं या वार्तालाप में कोई विषय छूट तो नहीं गया है। कभी-कभी अत्यन्त गुप्त भावनाओं को बतला देने के बाद सूचनादाता कुछ खिन्नता अनुभव करता है और उसके विषय में तरह-तरह की व्याख्या देने का प्रयास करता है। उसे लगता

है कि उसने अपना रहस्य एक अपरिचित व्यक्ति को बतला दिया है। ऐसी स्थिति में साक्षात्कार समाप्त करते समय सूचनादाता को यह विश्वास दिला दिया जाना चाहिये कि उसने जो कुछ किया है बिल्कुल ठीक किया है, उसकी बातें गुप्त रखी जायेंगी और उसके सहयोग के कारण सामाजिक अनुसंधान में महत्त्वपूर्ण सहायता मिलेगी। इससे सूचनादाता को अपने कार्य पर खेद नहीं होता।

(11) **रिपोर्ट**—साक्षात्कार समाप्त होने के तुरन्त बाद उसकी रिपोर्ट लिख डालनी चाहिये क्योंकि उसको किसी अन्य समय के लिए स्थगित कर देने पर उसमें गलतियाँ होने की सम्भावनायें बढ़ जाती हैं। साक्षात्कार की यह रिपोर्ट स्पष्ट और पूर्ण होनी चाहिये और उसमें सूचनादाता द्वारा बतलाई गई बातों के अतिरिक्त साक्षात्कार की घटना, सूचनादाता की मनोदशा, हाव-भाव, संवेगात्मक स्थिति आदि का भी वर्णन होना चाहिये। स्पष्ट है कि रिपोर्ट लिखने में सफलता साक्षात्कारकर्त्ता की भाषा सम्बन्धी योग्यता, लेखन शक्ति, विचारों की स्पष्टता और प्रत्यक्षीकरण की कुशलता पर निर्भर है।

अभ्यास के लिये प्रश्न

1. औद्योगिक समाजशास्त्र में सर्वेक्षण विधि के प्रयोग पर एक निबन्ध लिखो।
2. औद्योगिक क्षेत्र में साक्षात्कार प्रणाली का वर्णन कीजिये।

4

औद्योगिक समाजशास्त्र के आधार
(Foundations of Industrial Sociology)

आधुनिक औद्योगिक समाजशास्त्र के विकास का अध्ययन करने से यह मालूम होता है कि उसके आधार मूल रूप से समाजशास्त्रीय हैं। ऐसा कहने से यह तात्पर्य नहीं है कि समाजशास्त्रीय आधार ही औद्योगिक समाजशास्त्र का एकमात्र आधार है। वास्तव में समाजशास्त्र के अतिरिक्त औद्योगिक समाजशास्त्र के आधार आर्थिक और मनोवैज्ञानिक भी हैं। किन्तु चूंकि समाजशास्त्र की एक शाखा के रूप में औद्योगिक समाजशास्त्र औद्योगिक परिस्थितियों में मानव सम्बन्धों का अध्ययन है इसलिए उसके आधारों में समाज वैज्ञानिक आधार को अधिक महत्त्व दिया जाना चाहिये। यहाँ पर हम औद्योगिक समाजशास्त्र के विभिन्न आधारों का संक्षिप्त विवेचन करेंगे।

औद्योगिक समाजशास्त्र के मनोवैज्ञानिक आधार
(Psychological Foundations of Industrial Sociology)

बीसवीं शताब्दी के प्रारम्भ में मनोविज्ञान का जीवन के विभिन्न क्षेत्रों में इतना अधिक प्रयोग होने लगा कि उसके व्यावहारिक प्रयोग के आधार पर उसकी अनेक नई महत्त्वपूर्ण शाखाओं का उदय हुआ। प्रगतिशील देशों में उद्योग और व्यवसाय के क्षेत्र में विशेष विकास होने के साथ-साथ मनोविज्ञान का इन क्षेत्रों में प्रयोग भी बढ़ने लगा। इस प्रयोग के आधार पर मनोविज्ञान की नवीन शाखा औद्योगिक मनोविज्ञान की स्थापना हुई। उसमें मूल रूप से उन मनोवैज्ञानिक तथ्यों का अध्ययन प्रारम्भ किया गया जो उद्योग और व्यवसाय की दृष्टि से महत्त्वपूर्ण थे। विभिन्न उद्योगों ने मनोवैज्ञानिकों को उद्योग में सहायता देने के लिए नियुक्त किया। इन मनोवैज्ञानिकों ने उद्योगों के विभिन्न पहलुओं में महत्त्वपूर्ण योगदान दिया। औद्योगिक मनोविज्ञान के मनोवैज्ञानिक आधार का अध्ययन निम्नलिखित तीन पहलुओं में विशेष रूप से किया जा सकता है—

(1) उद्योग में मनोविज्ञान (Psychology in Industry)—व्यवसाय और उद्योग के क्षेत्र में अनेक कार्य ऐसे हैं जिनमें मनोवैज्ञानिक की सहायता विशेष रूप से अपेक्षित होती है। उदाहरण के लिये विभिन्न कार्यों के लिए विशिष्ट कर्मचारियों का चुनाव करने के लिये

मनोवैज्ञानिक परीक्षणों की आवश्यकता हो जाती है। इसी प्रकार कार्य करने की भौतिक और मनोवैज्ञानिक परिस्थितियाँ कैसी हों, इस सम्बन्ध में मनोवैज्ञानिक सुझाव महत्त्वपूर्ण सिद्ध होते हैं। भौतिक परिस्थितियों में प्रकाश, तापमान और वायु का संचार, संगीत, काम और आराम के घण्टे इत्यादि परिस्थितियाँ सम्मिलित हैं। मनोवैज्ञानिक परिस्थितियों में कर्मचारियों की सुरक्षा, उनकी आवश्यकताओं की पूर्ति, कार्य करने में प्रलोभन, उनके आपस के और उच्च अधिकारियों से उनके सम्बन्ध इत्यादि सम्मिलित हैं। पदोन्नति के अवसर किन सिद्धान्तों पर आधारित होने चाहियें इस विषय में भी मनोवैज्ञानिक खोज की आवश्यकता होती है। उद्योग में मानवीय सम्बन्धों को बेहतर बनाने तथा औद्योगिक संघर्षों को सुलझाने में तो मनोवैज्ञानिकों के सुझाव बहुत ही महत्त्वपूर्ण सिद्ध हुये हैं। इस प्रकार व्यवसाय और उद्योग के विभिन्न क्षेत्रों में मनोविज्ञान का प्रयोग लाभदायक सिद्ध हुआ है।

(2) वैयक्तिक भिन्नतायें (Individual Differences)—आधुनिक काल में मनोवैज्ञानिक परीक्षणों से यह सिद्ध हो चुका है कि बुद्धि, रुचि, अभिरुचि, विशेष योग्यताओं, व्यक्तित्व आदि के विषय में व्यक्तियों में वैयक्तिक विभिन्नतायें पायी जाती हैं। इन विभिन्नताओं की अवहेलना करके किसी भी उद्योग में कर्मचारियों का सही चुनाव नहीं किया जा सकता। औद्योगिक मनोविज्ञान वैयक्तिक विभिन्नताओं के मनोविज्ञान पर आधारित है क्योंकि इसमें किसी भी प्रकार के सुझाव देते समय वैयक्तिक भिन्नताओं को ध्यान में रखना पड़ता है। जबकि एक व्यक्ति को एक प्रकार से समझाया जा सकता है, दूसरे व्यक्ति की प्रकृति के अनुसार उसको समझाने की भिन्न विधि अपनायी जाती है। अस्तु, वुण्ट से लेकर आधुनिक काल में कैटेल,[1] बिने और क्रेपलिन तथा मुंस्टरबर्ग आरि मनोवैज्ञानिकों ने वैयक्तिक भिन्नताओं के महत्त्वपूर्ण अध्ययन किये हैं।

(3) वैयक्तिक समायोजन (Personal Adjustment)—कारखाने में कर्मचारी का अपने चारों ओर की परिस्थितियों से समायोजन अत्यन्त आवश्यक है। इसके बिना वह काम में रुचि नहीं ले सकता और उसमें तनाव बना रहता है। समायोजन होने से औद्योगिक संघर्ष और दुर्घटनायें कम होती हैं तथा थकावट और अरोचकता भी नहीं बढ़ती। यह समायोजन किस प्रकार से प्राप्त किया जा सकता और कैसे बनाया जा सकता है, इस विषय में औद्योगिक मनोविज्ञान के क्षेत्र में बराबर अनुसंधान किये जा रहे हैं।

औद्योगिक मनोविज्ञान के सामाजिक आधार
(Social Foundations of Industrial Psychology)

उद्योग की परिस्थितियों में व्यक्ति अकेला नहीं रहता। उसे अपने साथ के अन्य कर्मचारियों, अधिकारियों और मालिकों के बराबर सम्पर्क में आना पड़ता है। व्यापार में प्रत्येक कर्मचारी को तरह-तरह के लोगों से व्यवहार करना पड़ता है। अस्तु, औद्योगिक मनोविज्ञान के सामाजिक आधारों का अध्ययन भी महत्त्वपूर्ण है। इसीलिये आजकल औद्योगिक प्रबन्ध को वैज्ञानिक स्तर पर लाने के लिये प्रयास किये गये हैं। प्रगतिशील देशों में नाना प्रकार के सामाजिक कार्यक्रमों के द्वारा कर्मचारियों के सामाजिक जीवन को बेहतर बनाने का प्रयास

1. Cattel, J. Mack : *Mental Tests and Measurements Mind*, 1 (1980), pp. 373-80

किया गया है। संक्षेप में, औद्योगिक मनोविज्ञान के सामाजिक आधार में निम्नलिखित बातें महत्त्वपूर्ण हैं–

(1) कर्मचारी और सामाजिक प्रगति (Worker and Social Progress)–औद्योगिक कर्मचारियों की प्रगति सामान्य सामाजिक प्रगति का ही एक अंग है। इसलिये समाज सुधार के आन्दोलनों के विकास के साथ-साथ श्रमिक की दशा में सुधार के आन्दोलन भी उत्पन्न हुये। यह सामान्य रूप से मान लिया गया है कि जब तक श्रमिकों की दशा में सुधार नहीं होता तब तक सामाजिक सुधार का कार्य अधूरा ही रहता है। इसलिये सामाजिक कार्यकर्त्ताओं ने श्रमिकों की दशा में सुधार के लिये कदम उठाये। विधान सभाओं में इस सम्बन्ध में विधेयक उपस्थित किये गये और सरकार ने अधिनियम बनाये। सामाजिक कार्यकत्ताओं ने उद्योगपतियों का ध्यान श्रमिकों की दुर्दशा की ओर खींचा और इस बात पर जोर दिया कि उन्हें मानव सुलभ अधिकार दिये जायें और उनकी परिस्थितियाँ ऐसी हों जिनमें उनका सब प्रकार से विकास हो सके। श्रमिकों के शोषण का उग्र विरोध किया गया। उनकी सामाजिक सुरक्षा की ओर ध्यान दिया गया। राजनैतिक दलों ने भी श्रमिकों के सुधार की ओर ध्यान दिया। इस प्रकार से प्रगतिशील देशों में उद्योगों के क्षेत्र में सुधार को सामान्य समाज सुधार के एक अंग के रूप में आगे बढ़ाया गया। आधुनिक प्रगतिशील देशों में उद्योगों के क्षेत्र में यह मानवतावादी भावना बराबर बढ़ती जा रही है।

(2) कर्मचारी विभाग और श्रम कल्याण योजना (Worker's Department and Welfare Scheme)–उपयुक्त विचारधारा को लेकर आधुनिक काल में प्रत्येक प्रगतिशील देश में कर्मचारी विभाग की स्थापना की गई जो कर्मचारियों के हितों की सब प्रकार से देखभाल करता है। श्रम कल्याण (Labour Welfare) को सामाजिक कल्याण का महत्त्वपूर्ण अंग माना जाने लगा है। श्रम कल्याण में श्रमिकों का सामाजिक, आर्थिक, मनोवैज्ञानिक सब प्रकार का कल्याण सम्मिलित है। इसकी ओर ध्यान देने के लिये बड़े-बड़े उद्योगों में श्रम कल्याण अधिकारियों की नियुक्ति की जाती है जो कि इस क्षेत्र की समस्याओं को सुलझाने में उद्योगपतियों की सहायता करते हैं। आधुनिक राज्य कल्याणकारी राज्य है। उसका उद्देश्य नागरिकों का सब प्रकार से कल्याण करना है। श्रमिक देश की जनता का महत्त्वपूर्ण अंग है। इसलिये जो राज्य श्रम कल्याण के लिये उचित व्यवस्था नहीं करता वह सामाजिक कल्याण के उद्देश्य को प्राप्त नहीं कर सकता। देश के स्वतन्त्र होने के बाद से भारतवर्ष में भी श्रम कल्याण की दिशा में विशेष ध्यान दिया गया है और समय-समय पर भिन्न-भिन्न उद्योगों में काम करने वाले कर्मचारियों के हितों को संरक्षण देने के लिए अधिनियम बनाये गये हैं। यद्यपि अभी बहुत से उद्योगपति तरह-तरह के उपायों से कानून की पकड़ से बच निकलते हैं परन्तु श्रम संगठनों के दबाव से क्रमशः यह स्थिति बदलती जा रही है।

(3) औद्योगिक व्यवस्था (Industrial Management)–आधुनिक काल में औद्योगिक व्यवस्था को वैज्ञानिक स्तर पर लाने का प्रयास किया जा रहा है। इस सम्बन्ध में वैज्ञानिक टेलर और थामसन के सुझाव विशेष रूप से महत्त्वपूर्ण सिद्ध हुये हैं। वैज्ञानिक औद्योगिक व्यवस्था से तात्पर्य एक ऐसी औद्योगिक व्यवस्था की स्थापना करना है जिसमें औद्योगिक व्यवस्था के विभिन्न अंग परस्पर समायोजन से अधिक से अधिक कुशलता के साथ कार्य

करें और किसी भी अंग का शोषण न हो। वैज्ञानिक औद्योगिक व्यवस्था में श्रमिकों की ओर मानवीय दृष्टिकोण रखा जाता है और उनकी सुविधायें बराबर बढ़ायी जाती हैं। प्रगतिशील देशों में क्रमशः इस दिशा में बराबर प्रगति हो रही है।

औद्योगिक समाजशास्त्र के आर्थिक आधार
(Economic Foundations of Industrial Sociology)

औद्योगिक समाजशास्त्र के अध्ययन न केवल कर्मचारियों के व्यक्तिगत और सामाजिक लाभ में सहायक सिद्ध हुये हैं बल्कि आर्थिक दृष्टि से भी लाभदायक सिद्ध हुये हैं। इसलिये औद्योगिक समाजशास्त्र के विकास में आर्थिक कारकों ने भी महत्त्वपूर्ण योगदान दिया है। आधुनिक काल में यह भली प्रकार सिद्ध हो चुका है कि यदि उद्योगपति को अपने उद्योग की अधिक से अधिक प्रगति करनी है तो उसे उद्योग में काम करने वाले कर्मचारियों की ओर विशेष रूप से ध्यान देना चाहिये और ऐसी मनोवैज्ञानिक परिस्थितियाँ उत्पन्न करनी चाहियें जिनमें कर्मचारियों में नीतिमत्ता और कुशलता बनी रहे। उद्योगों में मशीनों के प्रादुर्भाव से कुछ समय के लिये मानव तत्त्व का महत्त्व घट गया था किन्तु शीघ्र ही वैज्ञानिकों ने इस ओर ध्यान दिलाया कि इस तत्त्व पर समुचित ध्यान दिये बिना उद्योगों में प्रगति नहीं की जा सकती। अस्तु, औद्योगिक व्यवस्था को वैज्ञानिक स्तर पर लाने का प्रयास किया गया। इस दिशा में अमरीकन इंजीनियर एफ॰ डब्लू॰ टेलर (F.W. Taylor)[1] ने ठोस कदम उठाया। उसने जो योजना प्रस्तुत की, वह टेलरवाद (Taylorism) ने नाम से प्रसिद्ध हुई। उसने अपनी योजना को वैज्ञानिक व्यवस्था का नाम दिया।

टेलर का वैज्ञानिक व्यवस्था का सिद्धान्त

अमरीकन इंजीनियर टेलर ने उद्योगों में वैज्ञानिक व्यवस्था के मूल सिद्धान्त उपस्थित किये। टेलर की प्रणाली में उद्योगों में दो मूलभूत आवश्यकतायें मानी गई हैं, पहली यह कि प्रत्येक कर्मचारी मालिक से अधिक से अधिक वेतन लेना चाहता है और मालिक कम से कम वेतन देकर अधिक से अधिक उत्पादन कराना चाहता है, दूसरे, उद्योग में कोई भी व्यवस्था ऐसी नहीं है जिससे मालिक और मजदूर के सम्बन्ध अच्छे बने रहें और दोनों सन्तुष्ट रहें तथा औद्योगिक विकास को दोनों अपना लक्ष्य बनाकर सहयोग से काम लें। इस उद्देश्य को प्राप्त करने के लिए टेलर ने औद्योगिक प्रबन्ध के लिये एक नई योजना प्रस्तुत की। इस योजना को बैबकाक (G.D. Babcock) ने निम्नलिखित चार सिद्धान्तों में उपस्थित किया–[2]

(1) पुरानी अंगूठा टेक विधियों को हटाने के लिये मानव के कार्य के प्रत्येक तत्त्व के लिये एक विज्ञान का विकास।

(2) प्रत्येक विशिष्ट कार्य के लिये सर्वोत्तम कर्मचारी का चुनाव और उसके बाद कर्मचारी के प्रशिक्षण का कार्यक्रम जो कि कर्मचारी के स्वयं अपना कार्य चुनने और स्वयं अपना अधिक से अधिक प्रशिक्षण करने की प्रथा का स्थान ले लें।

---

1. Taylor, F.W., *Shop Management,* New York, 1911, p. 21.
2. Babcock, G.D., *The Taylor System in Franklin Management : Application & Results,* New York, 1917, p. 17.

(3) विकसित विज्ञान के सिद्धान्तों के अनुसार अपने कार्यों को चलाने के लिये प्रबन्धकों और मनुष्यों में हार्दिक सहयोग की प्रवृत्ति का विकास।

(4) प्रबन्धकों और कर्मचारियों में लगभग बराबर हिस्से के रूप में कार्य का विभाजन जिसमें कि प्रत्येक विभाग उस कार्य को ग्रहण करे जिसके लिये वह सबसे अधिक योग्य है और इस प्रकार उस दशा का स्थानापन्न बन जाये जिसमें लगभग सभी कार्यों और उत्तरदायित्व का अधिकतर भाग कर्मचारियों पर डाल दिया जाता था।

उपरोक्त विवेचन से स्पष्ट है कि टेलर उद्योग के क्षेत्र में पुरानी घिसी-पिटी विधियों के स्थान पर नई वैज्ञानिक विधियों का प्रयोग करना चाहता था। वह कर्मचारी वरण और उनका प्रशिक्षण वैज्ञानिक सिद्धान्त के आधार पर करना चाहता था। उसने उद्योग की प्रगति के लिये कर्मचारियों और प्रबन्धकों दोनों के समान उत्तरदायित्व के साथ परस्पर सहयोग और विश्वास से काम करने पर जोर दिया।

टेलर के प्रयोग[1]

टेलर के उपरोक्त सिद्धान्त उसके कुछ प्रयोगों पर आधारित हैं। सबसे पहले उसने कच्चा लोहा उठाने के उद्योग से सम्बन्धित समस्याओं को सुलझाने के लिये उपरोक्त सिद्धान्त का प्रयोग किया। उसने बैथेलहम इस्पात कम्पनी में कच्चा लोहा ढोने वाले कर्मचारियों पर वैज्ञानिक प्रबन्ध की व्यवस्था लागू की। इस कम्पनी में उस समय लगभग 75 श्रमिक थे जो कि पुरानी अंगूठा टेक विधियों से लोहा ढोने का काम करते थे। वे साधारणतया स्वस्थ और कार्यकुशल थे और फोरमैन के आदेशों का पालन करते थे। लोह ढोने की प्रणाली में पहले मजदूर झुककर लगभग 92 पौण्ड वजन का लोहा उठाता था। अब वह उसे लेकर कुछ गज चलता और फिर निश्चित स्थान पर रख देता। इस तरह वह दिन भर में लगभग साढ़े 12 टन लोहा ढोता था। कम्पनी के प्रबन्धकों को बताया गया कि टेलर की नई योजना से काम लेने से प्रत्येक मजदूर लगभग चौगुना लोहा ढो सकता है जबकि उसकी मजदूरी उतनी अधिक नहीं बढ़ेगी। टेलर ने यह बताया कि उसकी प्रणाली से काम करने से प्रत्येक श्रमिक प्रतिदिन लगभग 47—48 टन लोहा ढो सकता है। प्रबन्धकों ने उसको विशेष प्रोत्साहन नहीं दिया परन्तु इससे टेलर हतोत्साहित नहीं हुआ।

अपने प्रयोग के लिए टेलर ने पैंसिलवानिया के एक डच श्रमिक को चुना जिसकी अच्छी प्रतिष्ठा थी और वह उच्च चरित्र का था। टेलर ने उससे पूछा कि वह एक दिन में 1.85 शिलिंग मजदूरी लेना अच्छी समझेगा या 1.15 शिलिंग। स्वाभाविक था कि वह कम मजदूरी से अधिक मजदूरी लेना अच्छा समझता टेलर ने उसको बताया कि 1.85 शिलिंग मजदूरी लेने के लिए उसे नये तरीके से काम करना पड़ेगा। जिससे वह प्रतिदिन 47½ टन लोहा ढो सकता है। नये तरीके से काम करने के लिए श्रमिक को प्रशिक्षण के अनुसार कार्य करना था और निरीक्षक के प्रत्येक आदेश का पालन करना था। श्रमिक ने अपना कार्य प्रारम्भ किया और वह निरीक्षक के आदेश का अक्षरशः पालन करने लगा। जब निरीक्षक ने उसे उठने

1. Taylor, F.W. *The Principles of Scientific Management,* New York, 1911, p. 42.

को कहा तब वह उठा, जब आराम करने को कहा तब उसने आराम किया। इसका परिणाम यह हुआ कि काम के घण्टे पूरे करने पर उस श्रमिक ने लगभग साढ़े सैंतालिस टन लोहा ढोया और परिणामस्वरूप उसको 1.85 शिलिंग मजदूरी प्राप्त हुई। इस डच श्रमिक के उदाहरण को लेकर टेलर ने प्रत्येक अन्य श्रमिक को इसी प्रकार काम करने के लिए कहा। किन्तु सभी कर्मचारी इस विधि से काम करने के लिए तैयार नहीं थे। प्रत्येक आठ में से केवल एक कर्मचारी ही इस विधि का प्रयोग करने के लिए उपयुक्त पाया गया। परिणाम यह हुआ कि कम्पनी के 75 कर्मचारियों में से केवल 9 श्रमिक रख लिये गये जो कि सुयोग्य थे और बाकी 66 को निकाल दिया गया। इस छंटनी से निकाले गये कर्मचारियों ने टेलर की बड़ी बुराई की। किन्तु टेलर अपने इस सिद्धान्त पर जमा रहा और उसने उन्हें समझाया कि वे अन्य स्थानों पर अपने उपयुक्त कार्य करके अधिक वेतन पा सकते हैं। टेलर के इस प्रयोग से कम्पनी और कर्मचारी दोनों को लाभ हुआ। कम्पनी को केवल थोड़ी सी मजदूरी अधिक देकर लगभग चौगुना परिणाम प्राप्त हुआ क्योंकि 1.15 शिलिंग के स्थान पर 1.85 शिलिंग मजदूरी देने से साढ़े 12 टन लोहा के स्थान पर साढ़े 47 टन लोहा ढोया गया। दूसरी ओर कर्मचारी को लगभग 70 शिलिंग वेतन अधिक मिला। इस प्रकार जबकि कर्मचारी ने चौगुना काम किया उसे उतना लाभ नहीं हुआ। इस बात से कर्मचारियों ने टेलर को मालिकों का एजेण्ट और श्रमिकों का शत्रु ठहराया।

थामसन के प्रयोग

टेलर के सिद्धान्त को स्पष्ट करने के लिए एक अन्य उदाहरण भी दिया गया है। इसमें बालबियेरिंग इन्स्पैक्टरों के उत्पादन की वृद्धि और गुण में सुधार करने के लिए थामसन (Thompson) ने कुछ सुझाव उपस्थित किये। इस योजना में विश्राम काल को कार्य में आवश्यक स्थान दिया गया और कार्य की दशाओं का सुधार किया गया। प्रत्येक कार्य के लिए उचित कर्मचारी का चुनाव किया गया और उसे उचित प्रशिक्षण तथा विश्राम दिया गया। इन सब सुधारों से यह देखा गया कि जो काम पहले 120 लड़कियाँ करती थीं उसे अब केवल 35 लड़कियाँ करने लगीं। इन लड़कियों का वेतन भी बढ़ाया गया। वेतन में वृद्धि 80 से 100 प्रतिशत तक हुई। दूसरी ओर कार्य का समय घटा अर्थात् अब प्रत्येक लड़की को साढ़े 10 घण्टे के बजाय साढ़े 8 घण्टे कार्य करना पड़ता था। शनिवार के दिन आधे दिन की छुट्टी दी जाती थी। प्रत्येक लड़की को यह महसूस हुआ कि वह कम्पनी में बहुत महत्त्व रखती है और इसलिये वह अधिक मेहनत से कार्य करने लगी। इस प्रकार वैज्ञानिक सुधारों से कम्पनी और कर्मचारियों दोनों को ही लाभ हुआ।

गिलब्रेथ के प्रयोग[1]

टेलर के सिद्धान्तों को उनके शिष्य गिलब्रेथ (Gilbreth) ने प्रयोग किया। गिलब्रेथ ने ईंटें जोड़ने के काम में टेलर की वैज्ञानिक प्रबन्ध की प्रणाली अपनाई। इसके पहले ईंटें जोड़ने का काम पुराने ढंग से किया जाता था जिसमें ईंटें, चूना, सीमेंट और अन्य सामान रखने के

1. Gilbreth, F.W. *Bricklaying System,* New York, 1909.

स्थान पर कोई ध्यान नहीं दिया जाता था। कहीं ईंटें रखी होती थीं तो किसी अन्य स्थान पर चूना और सीमेंट होता था। इसका परिणाम यह होता था कि राज और मजदूर सभी को ईंटें जोड़ने के काम में अधिक गतियाँ करनी पड़ती थीं जिसमें श्रम भी अधिक होता था और काम भी कम होता था। गिलब्रेथ ने इन गतियों का अध्ययन किया और सब सामग्री को एक स्थान पर एकत्रित किया तथा ईंटें जोड़ने के काम के लिये योग्य और कुशल कर्मचारियों की नियुक्ति की और उन्हें आवश्यक प्रशिक्षण दिया। इन सब सुधारों से अत्यधिक लाभ हुआ। जबकि पहली प्रणाली में एक श्रमिक एक घण्टे में 120 ईंटें जोड़ता था, गिलब्रेथ के सुधारों के बाद एक मजदूर एक घण्टे में 320 जोड़ने लगा। इस प्रकार जहाँ एक ओर मालिकों को लाभ हुआ वहाँ साथ ही साथ दूसरी ओर श्रमिकों की मजदूरी भी बढ़ा दी गई। इससे अन्त में मालिक और मजदूर दोनों को ही लाभ हुआ।

टेलर की वैज्ञानिक प्रबन्ध की व्यवस्था के विषय में उपरोक्त प्रयोगों के उदाहरण से यह स्पष्ट होता है कि उसका उद्देश्य कार्य करने की दशा में सुधार करना था। कार्य करने की दशा को सुधारने के लिए अनेक बातें अपनानी पड़ती हैं। इस सम्बन्ध में टेलर ने निम्नलिखित विधियों को आवश्यक माना है—

(1) काम के समय का अध्ययन और कम समय में अधिक काम करने की विधियों की खोज।

(2) काम को फोरमैनों में बांट देना।

(3) काम के लिए अधिक उपयुक्त औजारों का प्रयोग।

(4) योजना विभाग की स्थापना।

(5) प्रबन्ध में अतिरिक्त नियम।

(6) आसान नियमों तथा उनके संशोधन और समय बचत की योजना का प्रबन्ध।

(7) कर्मचारियों के लिए निर्देश पत्रों की व्यवस्था।

(8) वेतन के रूप में विभिन्न दर।

(9) निर्माण के अनुसार कार्यों का विभाजन।

(10) मार्ग निर्देशन का प्रबन्ध।

(11) वर्तमान मूल्यों को देखते हुये वेतन दर को निश्चित करना।

(12) अच्छे काम को महत्त्व देना और अच्छे काम के लिए उचित पारितोषिक बाँटना।

टेलर ने बतलाया कि उपरोक्त 12 विधियों से किसी भी उद्योग में वैज्ञानिक प्रबन्ध स्थापित किया जा सकता है। इन विधियों के अतिरिक्त वैज्ञानिक प्रबन्ध को सफल बनाने के लिये टेलर ने नये-नये प्रलोभनों की खोज करने और उनके प्रयोग की सहायता से श्रमिकों में उत्पादन बढ़वाने पर जोर दिया।

टेलरवाद का सामाजिक पक्ष

अपनी वैज्ञानिक प्रबन्ध की व्यवस्था में टेलर ने मजदूरों के सामाजिक पक्ष में प्रगति का समर्थन किया। उसने इस बात पर जोर दिया कि यदि वैज्ञानिक प्रबन्ध को अपनाया जाये

तो जहाँ एक ओर प्रत्येक व्यक्ति की उत्पादन क्षमता दुगुनी, तिगुनी और चौगुनी बढ़ जाती है वहाँ दूसरी ओर उसकी आय भी बढ़ जाती है। इस तरह वैज्ञानिक प्रबन्ध अपनाने से मालिक और मजदूर दोनों को ही लाभ होता है। एक ओर उत्पादन बढ़ता है तो दूसरी ओर मजदूरी बढ़ती है। अस्तु, मालिक मजदूर के संघर्ष कम होते हैं और दोनों सहयोग से काम करते हैं तथा एक दूसरे का सम्मान करते हैं।

टेलरवाद की आलोचना

टेलर के वैज्ञानिक प्रबन्ध का जहाँ कुछ लोगों ने स्वागत किया है वहाँ उसकी आलोचना भी कम नहीं की गई है। जैसा कि पीछे बतलाया जा चुका है, अनेक कर्मचारियों ने ही उसको मालिकों का एजेन्ट कहा क्योंकि उसकी योजना में कर्मचारियों का वेतन उस अनुपात में नहीं बढ़ाया गया था जिस अनुपात में उनके द्वारा उत्पादन बढ़ता था। सच तो यह है कि टेलर की वैज्ञानिक व्यवस्था से लाभ उठाकर ही मालिकों ने अपनी पूंजी दिन दूनी और रात चौगुनी बढ़ानी शुरू की। अमेरिका में टेलर के प्रभाव से सब कहीं उद्योगों में वैज्ञानिक प्रबन्ध की विधि अपनायी गई। इससे श्रमिक को कम और पूँजीपतियों को अधिक लाभ हुआ और यह कहना ठीक है कि पूंजीपतियों ने ही टेलर के सिद्धान्त का इतना अधिक प्रचार किया। किन्तु यदि कर्मचारी के उत्पादन की वृद्धि के अनुपात में ही उसका वेतन भी बढ़ा दिया जाता तो टेलर की योजना श्रमिकों के लिये वरदान सिद्ध होती यद्यपि इसमें संदेह है कि उस परिस्थिति में सभी उद्योगपति उसे अपनाने को तैयार होते। सच तो यह है कि टेलर ने जितना अधिक उत्पादन को बढ़ाने की ओर ध्यान दिया उतना अधिक मजदूरी बढ़ाने की ओर ध्यान नहीं दिया जिसका लाभ उठाकर मालिकों ने उसके सिद्धान्त को अपने लाभ के लिए प्रयोग किया अन्यथा वैज्ञानिक दृष्टि से उसके सिद्धान्त के महत्त्व में किसी को भी सन्देह नहीं होना चाहिए। उसके अनेक शिष्यों और अनुयायियों ने उसे भिन्न-भिन्न क्षेत्रों में अपनाया। उसके वैज्ञानिक प्रबन्ध के सिद्धान्त को लेकर औद्योगिक मनोविज्ञान के क्षेत्र और आर्थिक पक्ष दोनों ही में व्यापक अनुसन्धान किये गये। उसके सिद्धान्त के प्रभाव से विभिन्न उद्योगों में विभिन्न कार्यों के लिए उपयुक्त कर्मचारियों का चुनाव होने लगा और ऐसा करने में मनोवैज्ञानिक परीक्षणों की सहायता ली जाने लगी। विभिन्न उद्योगों में अनावश्यक गतियों को रोकने तथा अरोचकता और दुर्घटना की रोक-थाम के लिए उपाय किये गये। आराम के घण्टों के समुचित उपयोग की ओर ध्यान दिया गया और काम में रुचि बढ़ाने के लिए अनेक तरीके अपनाये गये। कर्मचारियों और फौरमैनों को अपने-अपने विशिष्ट कार्यों में प्रशिक्षण दिया गया। उनके स्वास्थ्य, आराम और विकास के लिये उपयुक्त और आवश्यक भौतिक दशाओं का अध्ययन किया गया और उद्योगों में उनका समुचित प्रबन्ध किया गया। वेतन के नियमों का अध्ययन करके उससे सम्बन्धित समस्याओं को सुलझाने का प्रयास किया गया। इस प्रकार टेलर की वैज्ञानिक प्रबन्ध की व्यवस्था से औद्योगिक मनोविज्ञान के आर्थिक आधार को व्यवस्थित रूप मिला। उत्पादन और मजदूरी दोनों की वृद्धि के उपाय सुझाने के कारण औद्योगिक मनोविज्ञान का महत्त्व बढ़ गया। मालिक और मजदूर के सम्बन्ध अच्छे हुये और प्रत्यक्ष शोषण बहुत कम हो गया। जो कुछ शोषण रहा वह अप्रत्यक्ष शोषण था।

औद्योगिक समाजशास्त्र के सामाजिक आधार
(Social Foundations of Industrial Sociology)

औद्योगिक समाजशास्त्र के अन्य आधारों के विवेचन के पश्चात् अब उसके मूल आधार अर्थात् समाजशास्त्रीय आधार की विस्तृत विवेचना की जा सकती है। संक्षेप में ये आधार निम्नलिखित हैं–

(1) सामाजिक व्यवस्था के रूप में कारखाना (Factory as a Social System)–जैसा कि पीछे औद्योगिक समाजशास्त्र की परिभाषा और प्रकृति के विवेचन में दिखाया जा चुका है, औद्योगिक समाजशास्त्र का मुख्य आधार उद्योग अथवा कारखाना है। कारखाना वह स्थान है जहाँ कोई काम-धन्धा किया जाता है। औद्योगिक समाजशास्त्र में इस स्थान का नहीं बल्कि इस व्यवस्था के संगठन और इसमें अन्तर्निहित सामाजिक सम्बन्धों का अध्ययन किया जाता है। वास्तव में कारखाना कोई स्थान नहीं बल्कि एक समूह है, एक समुदाय है। वह परस्पर सम्बन्धित समूहों का एक समाज है जिसमें सदस्यों में अलग-अलग स्थितियाँ और भूमिकायें तथा उनसे लगे हुये विशिष्ट कार्य और उत्तरादायित्व पाये जाते हैं। इन सब में विशिष्ट प्रतिमान, उतार-चढ़ाव का क्रम, अधिकार और कर्त्तव्य के अनुक्रम दिखलायी पड़ते हैं। इस प्रकार यह एक औपचारिक संगठन बन जाता है। औद्योगिक समाजशास्त्र का आधार यही औपचारिक संगठन है। किसी भी उद्योग में औपचारिक संगठन निम्नलिखित तीन विभागों में बाँटा जा सकता है जो तीनों ही औद्योगिक समाजशास्त्र के क्षेत्र में आते हैं।

(अ) प्रशासन संगठन (Administrative Organization)–इसमें वे लोग सम्मिलित हैं जो किसी उद्योग का प्रशासन चलाते हैं। इनमें अधिकारियों की अनेक श्रेणियां होती हैं जिनको सामूहिक रूप से औद्योगिक नौकरशाही (Industrial Bureaucracy) कहा जाता है।

(ब) कर्मचारी संगठन (Worker's Organization)–आधुनिक अर्थव्यवस्था की प्रारम्भ की स्थिति में श्रमिकों को बाजार का एक अंग अथवा वस्तु मात्र माना जाता था। वे उत्पादन के कारक से अधिक नहीं थे। यह विचारधारा उत्पादक घटक दृष्टिकोण (Factor of production Approach) अथवा यांत्रिक या पण्य वस्तु दृष्टिकोण (Mechanical or Commodity Approach) कहलाती है। चूँकि इसमें श्रमिक को यन्त्र अथवा वस्तु मान लिया गया था इसलिये मानववादी विचारकों ने इसका विरोध किया। ज्यों-ज्यों श्रमिकों में अधिकारों की मांग कार्य की परिस्थितियों में सुधार, नौकरी की सुरक्षा, ऊँचे वेतनमान और जीवन की सुविधाओं आदि के प्रति आग्रह बढ़ने लगा त्यों-त्यों वे अपने अलग संघ अथवा संगठन बनाने लगे। इस प्रकार श्रमिक संघों का उदय हुआ, ये ही कर्मचारी संगठन हैं। इनमें कर्मचारियों को संगठित किया जाता है ताकि उनकी मांगों को सामूहिक रूप से उपस्थित किया जा सके जिससे कि वे अधिक सबल बन सकें और उन्हें पूरा करवाने के लिये राजनैतिक और आर्थिक सौदेबाजी करने में आसानी हो। इस प्रकार कर्मचारी संगठन लोकतंत्रीय विधि से श्रमिकों के कल्याण का प्रयास करते हैं और उद्योग के क्षेत्र में निरंकुशता की रोकथाम करते हैं। आधुनिक काल में जबकि अधिकतर प्रगतिशील देशों में उद्योगों अथवा कारखानों में व्यवस्था चलाने में श्रमिकों का योगदान आवश्यक माना जाता है, कर्मचारी संगठन का महत्त्व और भी बढ़ गया है।

(स) राजनैतिक संगठन (Political Organization)—किसी भी देश में उद्योग के क्षेत्र में राजनैतिक हस्तक्षेप के बिना काम नहीं चल सकता। न्यूनाधिक रूप में लगभग सब कहीं राज्य औद्योगिक क्षेत्रों के विषय में कानून बनाता है और उन कानूनों का पालन करवाता है। ये कानून सेवा योजकों और श्रमिकों के सम्बन्धों को व्यवस्थित करते हैं और उनमें संघर्ष की संभावनाओं का निराकरण करते हैं। किन्तु इन कानूनों के रहते हुये भी श्रम संघों और सेवा योजकों के मध्य सामूहिक सौदेबाजी का महत्त्व किसी प्रकार से भी कम नहीं होता।

(2) कार्य-स्थितियों में अन्तर्वैयक्तिक सम्बन्ध (Inter-personal relation in work situation)—सबसे पहले मोरैनो ने समाजमिति के माध्यम से कारखाने में अन्तर्वैयक्तिक सम्बन्धों का अध्ययन किया। इस सम्बन्ध में चार प्रकार के अध्ययन आते हैं—(अ) कार्य और व्यक्ति के परस्पर सम्बन्ध, (ब) कार्य के मनोवैज्ञानिक और सामाजिक आधार तथा कार्य की श्रेणियां और प्रकार, (स) एक कार्य में दूसरे कार्य की परस्पर निर्भरता और उसकी प्रतिक्रिया, तथा (द) कार्य प्रशिक्षण और कार्य परिवर्तन की व्यवस्था। परिस्थितियों के सम्बन्ध में औद्योगिक समाजशास्त्र में मुख्य अध्ययन क्षेत्र हैं—(अ) आर्थिक परिस्थितियाँ और कार्य, सामाजिक, धार्मिक परम्परायें और मनोवैज्ञानिक क्षमतायें, (ब) मजदूरी से सम्बन्धित परिस्थितियाँ, (स) श्रम संघ और उसके कार्य। मोरैनो ने न केवल कार्य की परिस्थितियों का अध्ययन किया बल्कि उनमें उत्पन्न होने वाले तनाव को कम करने के लिये यह बतलाया कि प्रत्येक व्यक्ति समूह में अपनी मनोभूमिका के आधार पर कार्य करे।

(3) व्यवसाय का समाजशास्त्र और सामाजिक वर्ग (Sociology of Occupation and Social class)—औद्योगिक समाजशास्त्र का तीसरा आधार व्यवसाय का समाजशास्त्र और सामाजिक वर्गों का अध्ययन है। सन् 1940 के बाद से इस सम्बन्ध में बहुत लिखा गया है। इसके अन्तर्गत व्यवसायों में लगे व्यक्तियों का सामाजिक अध्ययन किया जाता है। इसके लिये कुछ व्यक्तियों को नमूने के रूप में चुन लिया जाता है जिनमें प्रत्येक आयु और स्तर के कर्मचारी होते हैं। अब इन चुने हुए कर्मचारियों के जीवन इतिहास तथा वैज्ञानिक अध्ययन के द्वारा सूचनाएँ एकत्रित की जाती हैं। इन सूचनाओं के आधार पर कर्मचारियों की सामाजिक विशेषतायें पता चलती हैं और यह मालूम होता है कि व्यवसाय के चुनाव पर कर्मचारियों की सामाजिक पृष्ठभूमि का कितना प्रभाव रहा है। इससे यह भी पता चलता है कि व्यावसायिक कार्यक्रमों में सामाजिक और तकनीकी घटनाओं का क्या प्रभाव होता है। इसमें व्यक्तित्व पर वर्ग संरचना का प्रभाव दिखलाई पड़ता है। अस्तु, समाजशास्त्रीय वर्गों का भी अध्ययन करना होता है। इससे यह पता चलता है कि आयु, शिक्षा, आर्थिक स्तर और व्यवसाय पर सामाजिक वर्गों का प्रभाव दिखलाई पड़ता है। आधुनिक काल में समाजशास्त्री सामाजिक मनोवैज्ञानिक गुणों का व्यवस्थित अध्ययन करके यह पता लगाते हैं कि सामाजिक समूहों, आदर्शों और प्रतिमानों का अभिवृत्तियों से क्या सम्बन्ध है? आधुनिक काल में व्यावसायिक संरचना में कुछ विशेष परिवर्तन दिखलाई पड़ रहे हैं। जैसे सफेद पोश नौकरियाँ और अर्ध पेशेवर व्यवस्थाओं की संख्या बढ़ रही है। उद्योगों में नौकरशाही का आकार बढ़ता जा रहा है। तीसरे, शारीरिक श्रम करने वाले श्रमिकों में भी परिवर्तन दिखलाई पड़ता है। मशीनीकरण से एक ओर अकुशल और अर्धकुशल श्रमिकों की संख्या बढ़ी है तो दूसरी ओर कुशल कारीगरों की संख्या उतनी

तेजी से नहीं बढ़ी है। चौथे, तृतीयक उद्योगों में कार्यों की ओर प्रगति दिखाई पड़ती है। पाँचवें, तरह-तरह के कार्यों, पेशों और व्यवसायों के विषय में जनता में सामान्य ज्ञान बढ़ता जाता है।

(4) आर्थिक संस्थाओं का समाजशास्त्रीय विश्लेषण (Sociological Analysis of Economic Institutions)—औद्योगिक समाजशास्त्र का एक आधार आर्थिक संस्थाओं का समाजशास्त्रीय विश्लेषण है। इसके अन्तर्गत मनुष्यों के आर्थिक व्यवहारों का अध्ययन किया जाता है। इस अध्ययन में आर्थिक संस्थाओं को सामाजिक सम्बन्धों का नियामक माना जाता है। आर्थिक संगठन के मूल में मुख्य रूप से सम्पत्ति आती है। अस्तु व्यक्तिगत और सार्वजनिक सम्पत्ति की परिभाषा, उसके स्वामित्व का अधिकार और आर्थिक व्यापार, स्वामित्व और अधिकार इत्यादि को समझने से व्यक्तियों के व्यावसायिक व्यवहार को समझने में सहायता मिलती है। आधुनिक काल में यह देखा गया है कि लगभग सब कहीं आर्थिक संगठन सामाजिक संगठन के प्रत्येक पहलू को प्रभावित करते हैं। साम्यवादी विचारधारा के लेखकों ने तो पूरी तरह यह मान लिया है कि सामाजिक व्यवस्था आर्थिक व्यवस्था से निर्धारित होती है। गैर साम्यवादी लेखक भले ही इस विश्लेषण से सहमत न हों किन्तु इससे कोई इन्कार नहीं करता कि आर्थिक संस्थाओं का व्यापक सामाजिक प्रभाव पड़ता है। इस प्रकार के अध्ययनों से मिले ज्ञान से औद्योगिक समाज के अध्ययन में भी सहायता मिलती है।

(5) नगरीय समाजशास्त्र (Urban Sociology)—औद्योगिक समाजशास्त्र का एक महत्त्वपूर्ण आधार नगरीकरण है। औद्योगिक व्यवस्था बढ़ते जाने के साथ-साथ नगरों की संख्या बढ़ती जाती है। इस प्रकार नगरवाद का उद्योगवाद से घनिष्ठ सम्बन्ध है। कारखानों में काम करने वाले अधिकतर कर्मचारी गाँवों को छोड़कर नगरों में ही रहने लगते हैं। इस प्रकार कारखानों के चारों ओर एकत्रित होने वाली जनसंख्या से क्रमशः नगर निर्माण हो जाता है। उत्पादन के अतिरिक्त वितरण की व्यवस्था में भी नगर की आवश्यकता होती है। नगरों में ही वे बड़े-बड़े बाजार होते हैं जहाँ से देश-विदेश का व्यापार सम्भव होता है। इस प्रकार नगर उद्योगों में उत्पादन, वितरण तथा अन्य क्रियाओं का केन्द्र है। ज्यों-ज्यों औद्योगिक व्यवस्थाओं का आकार बढ़ता जाता है त्यों-त्यों नगरों का भी आकार बढ़ता है। बहुत से कारखानों के एक स्थान पर एकत्रित हो जाने से महानगरों का निर्माण होता है जिनमें उद्योगों के साथ-साथ व्यापार और अन्य आर्थिक क्रियायें भी केन्द्रित हो जाती हैं। अस्तु, उद्योगों का स्थानीयकरण नगरों के जन्म का एक प्रमुख कारण है। जिन देशों में उद्योग अधिक विकसित होते हैं वहाँ पर नगरों की संख्या अधिक और आकार बड़े दिखलाई पड़ते हैं।

उपरोक्त विवेचन से स्पष्ट है कि नगरीय समाजशास्त्र का औद्योगिक समाजशास्त्र से घनिष्ठ सम्बन्ध है। ये दोनों ही एक दूसरे को प्रभावित करते हैं। औद्योगिक परिस्थितियों से ही नगरों की समस्यायें उत्पन्न होती हैं। इन्हीं से नगरीय जीवन प्रभावित होता है। नगरीय समाज के विशेष लक्षण इन्हीं के परिणाम हैं। आधुनिक काल में नगरों में गन्दी बस्तियां बड़े-बड़े उद्योगों की ही देन हैं। उद्योगों से नगरों के वायु के गुण पर व्यापक प्रभाव पड़ता है। कारखानों से निकलने वाले धुयें और तरह-तरह के रासायनिक पदार्थों के जल और वायु में मिल जाने से नगरों की जलवायु दूषित हो जाती है। स्पष्ट है कि उद्योगों का नगरों के परिस्थिति-शास्त्र

में अत्यधिक महत्त्व है। आधुनिक औद्योगिक युग के आरम्भ में इस ओर ध्यान न दिया जाने के कारण आज संसार में लगभग सभी देशों में ऐसे नगरों और महानगरों की बहुत बड़ी संख्या है जहाँ पर वातावरण अत्याधिक दूषित हो गया है, जनसंख्या अत्याधिक बढ़ रही है। आवास की समस्या विकट रूप धारण किये हुये है, किन्तु इन सब समस्याओं को सुलझाने का कोई रास्ता दिखलाई नहीं पड़ रहा है क्योंकि न्यूयार्क, टोकियो, शिकागो और सिंगापुर जैसे बड़े-बड़े महानगरों को नियोजित करके फिर से बसाना लगभग असम्भव ही है। अस्तु, प्रगतिशील देशों की सरकारें इस ओर ध्यान दे रही हैं कि आगे से नगरों में उद्योगों को नियोजन पूर्वक बसाया जाये जिससे उनके रहने से नगर का वातावरण दूषित न हो और सामाजिक जीवन पर बुरा प्रभाव न पड़े। यह नगर नियोजन कहलाता है। नगर नियोजन नगरीय समाजशास्त्र का महत्त्वपूर्ण अंग है। आधुनिक काल में औद्योगिक समाजशास्त्र में नगरीय समाजशास्त्र का अध्ययन भी आवश्यक माना जाता है। इसलिये प्रस्तुत पुस्तक में कुछ अध्ययन नगरों के उद्गम, सामाजिक जीवन और नियोजन आदि के विषय में भी दिये गये हैं। इसी प्रकार औद्योगिक समाज नगरीय समाज होता है और उसमें ग्रामीण समाज के मुकाबले में कुछ विशेष लक्षण पाये जाते हैं। इनमें से कुछ लक्षणों को नगर नियोजन की सहायता से नियमित किया जा सकता है किन्तु फिर भी औद्योगिक समाज की संरचना, मानवीय सम्बन्ध, परस्पर अन्त क्रियायें, गतिशीलता, सामाजिक परिवर्तन और नियन्त्रण आदि की क्रियायें नगरीय होती हैं और यह इनके ग्रामीण रूपों से सर्वथा भिन्न होती हैं। भारत में औद्योगिक समाजशास्त्र का अध्ययन करते समय उपरोक्त विवेचन को ध्यान में रखना आवश्यक है।

अभ्यास के लिये प्रश्न

1. औद्योगिक समाजशास्त्र के आधारों की विवेचना कीजिये।
2. औद्योगिक समाजशास्त्र के समाजशास्त्रीय आधार बतलाइये।

5

उद्योग, उद्योगवाद, प्रौद्योगिकी, औद्योगिक क्रान्ति तथा औद्योगीकरण

(Industry, Industrialism, Technology, Industrial Revolution and Industrialization)

शाब्दिक रूप में 'उद्योग' शब्द का अर्थ अनेक रूपों में किया जाता है जैसे कोई भी निर्माण प्रक्रिया, कोई भी काम करना अथवा किसी भी उद्देश्य की पूर्ति करना अथवा किसी पदार्थ का रूपान्तर करके उसको अधिक उपयोगी बनाना इत्यादि। उद्योग के संकुचित अर्थ में यह एक प्रकार की व्यावसायिक क्रिया है जिससे वस्तुओं का उत्पादन होता है। उत्पादक, उपभोक्ताओं अथवा मध्यवर्ती पदार्थों के निर्माण की क्रियाओं को भी उद्योग कहा जाता है।

उद्योग की परिभाषायें

1. एफ० जे० राइट (F.J. Wright)—"उद्योग ऐसे अनुक्रमों की प्रक्रियाओं का समूह या सामूहिक रूप होता है जिनके द्वारा कच्ची अथवा प्राकृतिक रूप से पैदा हुई सामग्रियों से आर्थिक अथवा बिकने खरीदने वाली वस्तुयें बनाई जाती है। इन प्रक्रियाओं अथवा विधियों में तीन प्रकार के कार्य प्रमुख होते हैं—किसी सामग्री को प्राकृतिक अवस्था से निकालना, उसे साफ सुथरा करके किसी प्रयोज्य, व्यवहार अथवा इस्तेमाल की जाने वाली वस्तु के रूप में परिणित करना और फिर जिन लोगों को उसकी आवश्यकता हो, बाजारों द्वारा उन तक पहुँचाने की व्यवस्था करना।"

2. पी० सार्जेन्ट फ्लोरेन्स (P. Sargent Florence)—"सामान्य अर्थ के अनुसार उद्योग से आशय निर्माता से है तथा कृषि, खनिज एवं अधिकांश सेवायें इसके अन्तर्गत आती हैं।"

3. जान रॉबिन्सन (John Robinson)—"जब हम किसी भी उद्योग की बात कहते हैं तो हमारा आशय उन फर्मों या व्यावसायिक संस्थाओं से होता है जो किसी विशेष प्रकार

का उत्पादन कार्य करती हैं। जिनके कार्य उन विशेष उत्पादित वस्तुओं और उसको बनाने में लगी सामग्रियों पर निर्भर होते हैं।''

4. सर डेनिस राबर्टसन (Sir Danis Robertson)—''उद्योग एक लचीला शब्द है जिसके अनेक अर्थ लगाये जा सकते हैं। इसके अन्तर्गत उन समस्त क्रियाओं को लिया जाता है जिनके द्वारा पृथ्वी में से वांछनीय पदार्थ निकाले जाते हैं, मनुष्य जिनको गढ़ता और संवारता है, जिन्हें एक स्थान से दूसरे स्थान पर ले जाया जाता है तथा मूल्य चुकाने वाले व्यक्ति के हाशों में सौंपा जाता है किन्तु कभी-कभी यह सुविधाजनक होगा कि इस शब्द का प्रयोग कुछ और सीमित अर्थ में किया जाये।''

उपरोक्त परिभाषाओं से स्पष्ट है कि कच्ची सामग्री से श्रम के द्वारा किसी वस्तु का रूपान्तर उद्योग कहलाता है।

उद्योगवाद
(Industrialism)

परिभाषा

पाल मीडोज (Paul Meadows) ने अपनी पुस्तक The Culture of Industrial Man (1950) में उद्योगवाद की परिभाषा करते हुए लिखा है, ''उद्योगवाद वास्तव में औद्योगिक संस्थाओं की संरचना, किसी अन्य प्रकार की संरचना की सहायता के बिना स्वयं अपने में ही एक प्रथम एवं स्वतन्त्र साँस्कृतिक व्यवस्था है।'' उद्योगवाद का अर्थ बड़े पैमाने पर उत्पादन करना है जिससे घरेलू उत्पादन प्रणाली के स्थान पर आधुनिक कारखाना प्रणाली की स्थापना होती है। संक्षेप में उद्योगवाद उद्योग पर आधारित व्यवस्था को कहते हैं जिसमें दो तत्त्व काम करते हैं एक तो आधुनिक आविष्कारों से निर्मित उपकरण एवं यंत्र और दूसरे इनके प्रयोग पर आधारित औद्योगिकी। इस प्रकार उद्योगवाद उत्पादन मात्र न होकर वह व्यवस्था है जिसमें उद्योग से सम्बन्धित सभी सम्बन्ध, सम्पूर्ण सामाजिक-सांस्कृतिक व्यवस्था सम्मिलित है।

उद्योगवाद की विशेषतायें

1. उद्योगवाद एक व्यवस्था तथा एक परिवेश का द्योतक है।

2. उद्योगवाद उद्योगों पर आधारित एक अदृश्य अमूर्त अवधारणा है जिसे विभिन्न बाहरी लक्षणों अथवा प्रतीकों द्वारा जाना जाता है।

3. उद्योगवाद का उद्देश्य आर्थिक प्रगति करना है।

4. उद्योगवाद एक निश्चित तथा सीमित अवधारणा है। इसमें केवल कारखाना उद्योग मात्र ही सम्मिलित है। इसमें कृषि, कुटीर अथवा लघु उद्योगों का कोई स्थान नहीं है।

5. उद्योगवाद सभी कालों में कारखानों को आधुनिक स्तर पर स्थापित करने और विकसित करने से सम्बन्धित है। इसके अन्तर्गत नवीन प्रविधियाँ, समय बचाने वाले उपकरण तथा लाभ बढ़ाने वाली मशीनें सम्मिलित हैं।

6. उद्योगवाद आधुनिक औद्योगिक समाज एवं संस्कृति से सम्बन्धित है।

7. उद्योगवाद में विभिन्न प्रकार के आर्थिक-व्यापारिक संगठन, बाजार तथा उद्योग से सम्बन्धित अन्य व्यवस्थायें सम्मिलित हैं।

8. उद्योगवाद की व्यवहार प्रणाली कृषि व्यवस्था की व्यवहार प्रणाली से भिन्न है।

9. उद्योगवाद से समाज में नई तथा विशिष्ट विचारधारा का जन्म होता है।

10. आधुनिक काल में उद्योगवाद को विकास का पैमाना माना जाता है।

उद्योगों का वर्गीकरण

1. सरल परिवर्तन उद्योग (Simple Transformative Industries)—जैसे कृषि क्रियायें, आखेट क्रियायें, चरवाही क्रियायें इत्यादि।

2. जटिल परिवर्तन उद्योग (Complex Transformative Industries)—इनमें अपेक्षाकृत अधिक जटिल औद्योगिकी का प्रयोग किया जाता है। विकास की प्रक्रिया में इनके दो प्रकार माने जाते हैं।

(अ) आरम्भिक उद्योग (Early Industry)—ये प्रारम्भिक उद्योगवाद पर आधारित थे।

(ब) आधुनिक उद्योग (Modern Industry)—इन्हें आधुनिक उद्योगवाद कहा जाता है।

उद्योगवाद के विकास के कारक

1. कारखाना व्यवस्था का उदय (Rise of Factory System)—इसकी विशेषतायें निम्नलिखित हैं—

(i) शक्ति प्रयोग करने वाली मशीनों का चलन,

(ii) श्रम को प्राप्त होने वाली सामूहिक शक्ति का रूप,

(iii) कारखानों में श्रम का विभाजन,

(iv) वृहद स्तर पर औद्योगिक उत्पादन,

(v) श्रमिक-मालिक विभाजन तथा वर्ग भेद,

(vi) औद्योगिक इकाइयों में विशेषीकरण।

2. पूँजीवाद की व्यवस्था का उदय (Rise of Capitalistic System)—इसमें निम्नलिखित विशेषतायें पाई जाती हैं—

(i) पूँजी जमा करने पर अधिक जोर दिया जाना,

(ii) मुनाफाखोरी में वृद्धि,

(iii) व्यापार-बाजारों पर आधिपत्य।

3. अन्य महत्त्वपूर्ण कारक (Other Important Factors)—इनमें अग्रलिखित कारक सम्मिलित हैं—

(i) यातायात और सन्देशवहन के साधनों में वृद्धि,
(ii) उद्योगों का अधिक विस्तार,
(iii) औद्योगिक केन्द्रों की स्थापना तथा नगरीकरण,
(iv) विभिन्न प्रकार की औद्योगिक समस्यायें।

औद्योगिक क्रान्ति का इतिहास
(History of Industrial Revolution)

(1) इंग्लैण्ड में औद्योगिक क्रान्ति—औद्योगिक क्रान्ति सबसे पहले यूरोप में इंगलैंड में हुई। इसका प्रमुख कारण यह था कि अन्य देशों की तुलना में वहाँ अधिक औद्योगिक विकास हो चुका था। वहाँ के सूती और ऊनी वस्त्र उद्योग काफी विकसित थे। उन्हें बड़े पैमाने पर उत्पादन और विदेश व्यापार का अच्छा अनुभव था। ब्रिटिश पूँजीपतियों ने विदेश व्यापार से काफी धन कमाया था। देश में संयुक्त पूँजी कम्पनियाँ और बैंक व्यवस्था उपलब्ध थी। राजनैतिक और वित्त दोनों की दृष्टि से स्थायित्व था। बाहरी आक्रमणों से सुरक्षा थी। आर्थिक क्षेत्र में पूरी तरह व्यक्तिगत स्वतन्त्रता थी। बड़ी मात्रा में कोयले और लोहे के भण्डार थे। अस्तु, ब्रिटिश पूँजीपतियों ने बड़े पैमाने पर उद्योगों का संगठन किया। निम्नलिखित आविष्कारों ने ब्रिटिश कपड़ा उद्योग में व्यापक क्रान्ति की—

1. फ्लाइंग शटल—सन् 1633 में जॉन के नामक जुलाहे ने फ्लाइंग शटल यन्त्र का आविष्कार किया जिससे बुनकरों की क्षमता बढ़ी।

2. रोलर स्पिनिंग मशीन—इसका आविष्कार सन् 1748 में पाल और व्हाइट ने किया। इससे सूत के गुण में सुधार हुआ।

3. स्पिनिंग जेनी—इसका आविष्कार सन् 1767 में जेम्स हारग्रीब्ज ने किया। इस मशीन में एक साथ ग्यारह चरखे जा सकते थे। इससे एक ही समय में ग्यारह चरखों पर सूत कातना सम्भव हो गया ।

4. स्पिनिंग वाटर फ्रेम—सन् 1769 में रिचार्ड आर्कराइट ने इस यंत्र का निर्माण किया जो पानी की शक्ति से चलता था। इससे एक ही समय में ग्यारह चरखों पर सूत कातना सम्भव हो गया।

5. क्रौम्पटन म्यूल—इसका आविष्कार सन् 1779 में क्रौम्पटन ने किया। इस यन्त्र के द्वारा इतने अच्छे सूत काते जाने लगे जैसे कि पहले कभी नहीं काते गये थे।

6. पावर लूम—कपड़ा उद्योग में सबसे बड़ी क्रान्ति सन्, 1785 में एडमंड कार्टराइट के द्वारा पावरलूम के आविष्कार से हुई। इस मशीन के द्वारा तानाबाना अपने आप बुना जाता था और एक बालक भी दस कारीगरों के बराबर उत्पादन कर सकता था।

(2) जापान में औद्योगिक क्रान्ति—पश्चिम के देशों के सम्पर्क में आकर जापान में बीसवीं शताब्दी में तेजी से औद्योगीकरण बढ़ा। आज जापान के खिलौने, घड़ियाँ, कैमरे, ट्रांजिस्टर, रेडियो इत्यादि औद्योगिक सामान संसार में सब कहीं देखे जा सकते हैं। ये उद्योग अधिकतर घरेलू उद्योग हैं। इससे औद्योगीकरण की भीषण समस्या बेरोजगारी नहीं फैल सकी

है। तकनीकी विकास में जापान की प्रगति का पता इस बात से लगाया जा सकता है कि यह शताब्दी पूरी होते-होते वह भारतवर्ष से औद्योगिक प्रगति में दो शताब्दी आगे होगा। आज रोबोट बनाने का सबसे बड़ा उद्योग विश्व में जापान में है और वहाँ के उद्योगों में बहुत बड़ी संख्या में रोबोट से काम लिया जा रहा है जो कि औद्योगिक तकनीक में सबसे नवीन विकास है।

(3) रूस में औद्योगिक क्रान्ति—रूस में सन् 1917 की साम्यवादी क्रान्ति के पश्चात् उद्योग बढ़ा। इसका परिणाम यह हुआ कि श्रम समस्या हल होने लगी। विदेशों से आयात कम हुआ और रूस से भारी मात्रा में निर्यात होने लगा। बड़े पैमाने पर कृषि आरम्भ हुई जिससे पैदावार में अभूतर्पूव वृद्धि हुई। विज्ञान और तकनीकी के क्षेत्र में रूस ने इतनी तेजी से प्रगति की कि वह अमरीका से मुकाबला कर रहा है। भारी मशीनों के निर्माण में रूस बहुत आगे है।

औद्योगिक क्रान्ति के कारण
(Causes of Industrial Revolution)

अठारहवीं और उन्नीसवीं शताब्दियों में उद्योग के क्षेत्र में क्रान्ति परिवर्तनों को औद्योगिक क्रान्ति कहा जा सकता है। क्रान्ति से तात्पर्य शीघ्र और आमूलचूल परिवर्तन है। औद्योगिक क्रान्ति में हुये परिवर्तन इतने अधिक अपनी गति के कारण नहीं जितने कि व्यापकता के कारण महत्त्वपूर्ण हैं। इनसे उत्पादन विधियाँ आमूलचूल बदल गयीं। इनसे व्यापार का स्वरूप परिवर्तित हुआ और नई व्यापारिक संस्थाओं का उदय हुआ। इसे क्रान्ति इसलिये नहीं कहा जाता क्योंकि परिवर्तन शीघ्रता से हुये बल्कि इसलिये कहा जाता है क्योंकि जो परिवर्तन हुये वे क्रान्तिकारी थे। औद्योगिक क्रान्ति की परिभाषा करते हुये डेविस ने लिखा है, "औद्योगिक क्रान्ति का अभिप्राय उन परिवर्तनों से है जिन्होंने यह सम्भव कर दिया है कि मनुष्य उत्पादन के प्राचीन उपायों को त्यागकर बड़े पैमाने पर विशाल कारखानों में वस्तुओं का उत्पादन कर सके।" इस प्रकार औद्योगिक क्रान्ति से आर्थिक, व्यापारिक और कृषि सम्बन्धी क्रान्ति का भी घनिष्ठ सम्बन्ध है। इस प्रक्रिया में विभिन्न प्रकार के खनिज पदार्थों, विशेषतया कोयला और लोहा तथा शक्ति के विभिन्न साधनों जैसे भाप और जल तथा बिजली के अतिरिक्त बड़े पैमाने पर श्रमिकों की उपलब्धि, विशालकाय यन्त्रों का निर्माण, वैज्ञानिक पुस्तकों की उपलब्धि इत्यादि अनेक तत्त्वों का महत्त्व है। सीमित अर्थों में, औद्योगिक क्रान्ति यान्त्रिक क्रान्ति है। नए-नए यन्त्रों के निर्माण से आवागमन और सन्देशवाहन के क्षेत्र में अभूतपूर्व विकास हुआ। उत्पादन के क्षेत्र में बड़े पैमाने पर उत्पादन सम्भव हो सका। संक्षेप में, औद्योगिक क्रान्ति के दो प्रमुख पहलू हैं—एक तो उत्पादन की नवीन प्रणालियाँ और दूसरे बड़े पैमाने पर उत्पादन।

औद्योगिक क्रान्ति के प्रभाव
(Impact of Industrial Revolution)

सामाजिक जीवन पर प्रभाव

सामाजिक जीवन पर औद्योगिक क्रान्ति का प्रभाव अग्रलिखित क्षेत्रों में देखा जा सकता है—

1. पूँजीवाद का प्रारम्भ—औद्योगिक क्रान्ति के कारण बड़े-बड़े कारखानों में बड़े पैमाने पर उत्पादन होने से पूँजीपतियो के हाथ में अतुल सम्पत्ति का एकीकरण सम्भव हो सका। इससे उद्योगपतियों का सामाजिक प्रभाव बढ़ने लगा। शीघ्र ही उन्होंने राजनैतिक क्षेत्रों को प्रभावित करना आरम्भ किया।

2. साम्राज्यवाद और उपनिवेशवाद—इंगलैंड में औद्योगिक क्रान्ति से हुये बड़े पैमाने पर उत्पादन के माल की खपत करने के लिये नये-नये बाजारों की आवश्यकता हुई। अस्तु, अंग्रेजों ने नये-नये देशों में उपनिवेश बनाये और धीरे-धीरे अंग्रेजी साम्राज्य पश्चिम से पूर्व तक इतने लम्बें चौड़े क्षेत्र में फैल गया कि कहा जाता था कि अंग्रेजी राज्य में सूर्य कभी अस्त नहीं होता। उपनिवेशवाद और साम्राज्यवाद की इस दौड़ में शीघ्र ही यूरोप के अन्य देश फ्रांस, हालैंड, पुर्तगाल, स्पेन, इटली और जर्मनी भी शामिल हो गये। अनेक देशों के निवासियों ने एशिया और अफ्रीका तथा अमेरिका में उपनिवेशों की स्थापना की। इन उपनिवेशों से कच्चा माल यूरोप के देशों में पहुँचता था और वहाँ से पक्का माल बनाकर इन्हीं देशों के बाजारों में बेचा जाता था। इस प्रकार उपनिवेशों का धन यूरोप के देशों को जाने लगा और शीघ्र ही यूरोप पूँजीपति सारे संसार पर छा गये।

3. श्रमिक संगठन—मशीनों के आविष्कार से पूँजीपति कम श्रमिकों से अधिक उत्पादन कर सकते थे। एक-एक मशीन बहुत से आदमियों को बेकार कर देती थी। उद्योगपति की मजदूरों पर निर्भरता कम होने लगी थी। अस्तु, सौदेबाजी में उसकी स्थिति बेहतर हुई। श्रमिकों को रोजगार के अधिक अवसर प्राप्त हुये तथा वस्तुयें सस्ती होने से उनका रहन-राहन भी ऊँचा उठा किन्तु वे पूँजीपतियों पर पूर्णतया निर्भर हो गये। क्रमशः कारखानों के कृत्रिम वातावरण में उनका स्वास्थ्य गिरने लगा और उनका शोषण बढ़ने लगा। नये-नये यन्त्रों के प्रयोग से औद्योगिक दुर्घटनायें बढ़ीं। इन सब कारणों से श्रमिकों को अपनी दयनीय दशा के बारे में सोचना पड़ा। क्रमशः भिन्न-भिन्न कारखानों में श्रमिकों के हितों की रक्षा करने के लिये श्रम संगठन बनने लगे। इस प्रकार श्रमिकों का बड़े पैमाने पर संगठन हुआ। बाद में कार्ल मार्क्स ने विश्व के श्रमिकों को संगठित होने का आह्वान किया जिससे अन्तर्राष्ट्रीय स्तर पर श्रम संगठन सम्भव हुआ।

4. नगरीकरण—औद्योगिक क्रान्ति से बड़े-बड़े कारखाने बनने सम्भव हुये जिनमें हजारों मजदूर काम करते थे। इनके रहने के लिये आवास, बच्चों के लिये विद्यालय, मनोरंजन के लिये सिनेमाघर और आवश्यकता की वस्तुयें जुटाने के लिये दुकानों और बाजारों का विकास हुआ। अस्तु, बड़े-बड़े उद्योगों के कारण बड़े-बड़े नगरों का विकास हुआ। नगरीकरण से प्रत्येक समाज में नगरीय समाज का प्रतिशत बढ़ने लगा। इससे नगरीय समाज की विशेषतायें जैसे वैयक्तिकता, बुद्धिवाद, द्वैतीयक सामाजिक संस्थाओं का विकास, अत्यधिक भीड़-भाड़ और गन्दी बस्तियाँ, अत्यधिक आर्थिक विषमता, बिगड़े वर्गों जैसे भिखारी, शराबी और अपराधी इत्यादि में वृद्धि हुई। नगरीकरण से राजनैतिक व्यवस्था में महत्त्वपूर्ण परिवर्तन हुआ।

5. जीवन स्तर में सुधार—औद्योगिक क्रान्ति से जीवन-स्तर ऊँचा उठा क्योंकि बड़े पैमाने पर बनी सस्ती वस्तुयें अधिक लोगों को उपलब्ध होने लगीं।

6. मध्यम वर्ग का उदय—औद्योगिक क्रान्ति का एक महत्त्वपूर्ण सामाजिक परिणाम मध्यम वर्ग का उदय है। उद्योगों में दलाल और ठेकेदार श्रमिकों और पूँजीपतियों में मध्यस्थता करते थे। नगरों में दफ्तरों, विद्यालयों और दुकानों पर काम करने वाले लोगों का मध्यम वर्ग तेजी से बढ़ा। मध्यम वर्ग के लोग अधिक पढ़े लिखे होते हैं। उनकी संख्या बढ़ने से जनतन्त्र के लिये अधिक ठोस आधार बनता है। यद्यपि राजनैतिक क्रान्ति में श्रमिकों का अधिक महत्त्वपूर्ण योगदान होता है किन्तु अधिकतर नेता मध्यम वर्ग से आते हैं। वास्तव में यह मध्यम वर्ग का विकास ही सामाजिक विकास का आधार है।

7. सामाजिक विघटन—औद्योगिक क्रान्ति के परिणामस्वरूप बड़े औद्योगीकरण और नगरीकरण से सामाजिक विघटन बढ़ा। नगरों में गाँवों की तुलना में पारिवारिक और वैवाहिक विघटन अधिक मात्रा में देखा जा सकता है। नगरों में वेश्यायें तथा अपराधी और सफेद पोश जालसाज तरह-तरह के भ्रष्टाचार फैलाते हैं। अनेक प्रकार के अवैध व्यवसाय बढ़ते हैं। काला धन और काले धन्धे सामाजिक विघटन बढ़ाते हैं। इस प्रकार समाज के प्रत्येक क्षेत्र में भ्रष्टाचार बढ़ने से वैयक्तिक विघटन बढ़ता है जो कि औद्योगिक समाजों में मानसिक रोगियों की संख्या में देखा जा सकता है।

आर्थिक जीवन पर प्रभाव

आर्थिक जीवन के क्षेत्र में औद्योगिक क्रान्ति की प्रमुख देन प्रौद्योगिकी है। प्रौद्योगिकी यन्त्र अथवा उपकरण को नहीं कहते बल्कि उसके इस्तेमाल की प्रणाली को कहते हैं। औद्योगिक क्रान्ति से उद्योगों, सन्देशवाहन और कृषि के क्षेत्र में नवीन प्रौद्योगिकी का विकास हुआ। इस विकास के आर्थिक जीवन पर व्यापक प्रभाव पड़े। औद्योगीकरण और नगरीकरण के आर्थिक प्रभाव भी वास्तव में औद्योगिक क्रान्ति के आर्थिक प्रभाव माने जाने चाहियें। संक्षेप में, औद्योगिक क्रान्ति के आर्थिक प्रभावों में मुख्य निम्नलिखित हैं—

1. उद्योगों में मशीनों का प्रयोग—उद्योगों में मशीनों के प्रयोग से कारखाना पद्धति का उदय हुआ। इससे औद्योगीकरण बढ़ा। औद्योगीकरण ने नगरीकरण को प्रोत्साहन दिया। कारखानों में बड़े पैमाने पर उत्पादन सम्भव होने से पूँजीपतियों का धन बढ़ने लगा। इससे पूँजीवाद का जन्म हुआ।

2. संदेशवाहन के साधनों का विकास—औद्योगिक क्रान्ति से डाक तार, टेलीफोन तथा सन्देशवाहन के अन्य साधनों का अभूतपूर्व विकास हुआ। व्यापार और उद्योग सार्वदेशिक और अन्तर्राष्ट्रीय स्तर पर लिये जाने लगे। अस्तु, व्यक्तिगत और राष्ट्रीय आय में अभूतपूर्व प्रगति हुई।

3. आवागमन के साधनों का विकास—औद्योगिक क्रान्ति से सड़कों और रेलों के अभूतपूर्व विकास के साथ-साथ इन पर चलने वाले वाहनों की संख्या और किस्म में भी अभूतपूर्व विकास हुआ। अस्तु, सड़क मार्ग, रेलमार्ग, वायु मार्ग और जल मार्ग से आवागमन के साधन अधिक लोगों को उपलब्ध होने लगे। इससे उद्योग और व्यापार में अभूतपूर्व उन्नति हुई और आर्थिक समृद्धि बढ़ी।

4. कृषि सम्बन्धी विकास—कृषि प्रधान देशों में औद्योगिक क्रान्ति का सबसे बड़ा आर्थिक प्रभाव कृषि सम्बन्धी विकास में देखा जा सकता है। ट्रैक्टरों के उपलब्ध होने से मीलों

लम्बे फार्मों में खेती सम्भव हुई। इससे बड़े पैमाने पर खेती की जाने लगी। रासायनिक खादों से उपज बढ़ी। उत्तम बीजों से उपज की किस्म में सुधार हुआ। जमीन जोतने, बोने और फसल काटने तथा अनाज को भूसे से अलग करने इत्यादि की नई मशीनों और नई-नई प्रविधियों के आविष्कार से किसानों की काया ही पलट गई। औद्योगिक क्रान्ति के द्वारा कृषि क्रान्ति हुई जिसका उदाहरण कृषि प्रधान देशों में देखा जा सकता है।

5. राष्ट्रीय आय में वृद्धि—उपरोक्त सभी कारणों उद्योग और व्यापार में अभूतपूर्व प्रगति होने से राष्ट्रीय आय दूनी और चौगुनी बढ़ी। यूरोप के देशों की राष्ट्रीय आयों में आश्चर्यजनक प्रगति हुई है। अफ्रीका और एशिया के जिन देशों में औद्योगिक क्रान्ति का जितना ही अधिक प्रभाव हुआ है वहाँ की राष्ट्रीय आय में उतनी ही प्रगति देखी जा सकती है। भारतवर्ष में औद्योगिक क्रान्ति के प्रवेश के बाद से राष्ट्रीय आय निरन्तर बढ़ती गई है।

6. व्यक्तिगत आय में उन्नति—एक मजदूर की मजदूरी इस बात से तय होती है कि वह कितनी कीमत का उत्पादन करता है। पहले जब मशीनें नहीं थीं तब श्रमिक का उत्पादन बहुत कम था और इसलिये उसे मजदूरी भी बहुत कम मिलती थी। यही बात किसानों के बारे में भी देखी जाती थी। कारीगरों और दुकानदारों की स्थिति भी अधिक अच्छी नहीं थी। औद्योगिक क्रान्ति के परिणामस्वरूप न केवल श्रमिकों बल्कि किसानों और कारीगरों तथा दुकानदारों और व्यापारियों की कार्यकुशलता और उत्पादन क्षमता में आश्चर्यजनक विकास हुआ है। अस्तु, व्यक्तिगत आय आश्चर्यजनक रूप में बढ़ी है। आज विश्व में ऐसे उदाहरण देखे जा सकते हैं जिन व्यक्तियों ने कुछ हजार रुपये की पूँजी से काम शुरू किये और आज उनकी वार्षिक आय करोड़ों रुपयों में दिखलाई पड़ती है। यह सब औद्योगिक क्रान्ति की ही देन है।

7. उत्पादन में वृद्धि—औद्योगिक क्रान्ति का सबसे अधिक प्रत्यक्ष परिणाम कृषि और उद्योग के क्षेत्र में बढ़ता हुआ उत्पादन है। कहीं-कहीं तो उत्पादन इतना अधिक बढ़ा है कि पूर्ति के माँग से अधिक हो जाने के कारण तेजी से गिरती हुई कीमतों को रोकने के लिये अनाज और वस्तुयें नष्ट करनी पड़ी है।

8. उपभोग में वृद्धि—उत्पादन की मात्रा और किस्म बढ़ने से उपभोग की मात्रा और किस्म बढ़ती है। आधुनिक नगरों में उपभोग की वस्तुयें इतनी अधिक मात्रा और किस्मों में दिखलायी पड़ती हैं कि आधुनिक नर-नारी उपभोग की दौड़ में लगे रहते हैं। इसका एक उदाहरण फैशन के तेजी से बदलते हुए रूपों और फैशनेबिल बने रहते ही दौड़ में देखा जा सकता है।

9. जीवन स्तर की उन्नति—उत्पादन और उपभोग की मात्रा और किस्में बढ़ने से जीवन स्तर ऊँचा उठा है। अनेक वस्तुयें, जिनकी गिनती पहले विलासिता की सामग्रियों में की जाती थी, आज नगर निवासियों की आवश्यकता बन गई हैं। आराम की अधिक से अधिक सामग्री और साधन सस्ते और आसानी से उपलब्ध होने के कारण उनके उपभोग का क्षेत्र बढ़ता जाता है। पहले जो जीवन स्तर केवल उच्च वर्ग के लोगों में दिखलाई पड़ता था आज वह मध्यम ही नहीं बल्कि कहीं-कहीं निम्न वर्ग में भी देखा जा सकता है। निम्न वर्ग सब कहीं

ऊँचे वर्गों के अनुकरण में उन जैसी किन्तु सस्ती चीजों का इस्तेमाल करता देखा जा सकता है। बिजली की शक्ति के उपलब्ध होने से ही जीवन स्तर में अभूतपूर्व उन्नति हुई है।

संक्षेप में, औद्योगिक क्रान्ति के आर्थिक प्रभाव व्यक्ति और समाज के आर्थिक पहलू में प्रत्येक क्षेत्र में देखे जा सकते हैं। वर्तमान आर्थिक समृद्धि औद्योगिक क्रान्ति की ही देन है। दूसरी ओर आर्थिक विषमता भी औद्योगिक क्रान्ति का ही परिणाम है। अस्तु, यह नहीं समझना चाहिये कि औद्योगिक क्रान्ति के आर्थिक दृष्टि से बुरे प्रभाव नहीं पड़े हैं। आधुनिक नगरों ही बढ़ती हुई गन्दी बस्तियाँ, विभिन्न वर्गों के जीवन स्तर में जमीन आसमान का अन्तर, विभिन्न वर्गों के बढ़ते हुए संघर्ष, पूँजीपतियों के द्वारा अनाजों और चीजों की पूर्ति कम करने के लिये उनकी बर्बादी, कारखानों के विषाक्त वातावरण और अन्तर्राष्ट्रीय क्षेत्र में तथा राष्ट्रीय और व्यक्तिगत क्षेत्र में निर्धनों के और भी अधिक निर्धन तथा धनिकों के और भी अधिक धनी होने की प्रवृत्ति तथा पूँजीपतियों के बढ़ते हुये शिकंजे भी औद्योगिक क्रान्ति की ही देन हैं किन्तु इन बुरे प्रभावों की तुलना में पीछे बतलाये गये अच्छे प्रभाव निश्चय ही अधिक महत्त्वपूर्ण हैं। इन बुरे प्रभावों को रोकने के लिये आधुनिक प्रगतिशील देशों में नये कानून बनाये जा रहे हैं। अस्तु, यह कहना गलत नहीं होगा कि औद्योगिक क्रान्ति से अर्थव्यवस्था पर और आर्थिक जीवन पर वैसा ही अनुकूल प्रभाव पड़ा है जैसा कि सामाजिक जीवन पर देखा जा सकता है।

विश्व को लाभ

औद्योगिक क्रान्ति से विश्व के विभिन्न देशों में आर्थिक और औद्योगिक क्षेत्रों में परस्पर निर्भरता बढ़ी। इससे राजनैतिक तनाव कम हुआ और विश्व में सहयोग बढ़ने लगा। संसार में सब कहीं श्रमिकों की समस्यायें एक सी होने के कारण उन्हें अन्तर्राष्ट्रीय स्तर पर सुलझाया जाने लगा। संसार में सब कहीं मजदूर संगठनों के परस्पर विचारों के आदान-प्रदान से महत्त्वपूर्ण सुधार हुए। औद्योगिक देशों को यह समझ में आ गया कि अधिकतर देशों का पिछड़ापन उनके लिये भी हानिकारक है। इसलिये वे विश्व में पिछड़े देशों की दशा सुधारने के लिए उन्हें सब प्रकार से सहायता देने लगे। आज विश्व के सभी देशों में औद्योगिक क्रान्ति के प्रभाव से जीवन का स्तर ऊँचा उठा है, प्रजातान्त्रिक विचार फैले हैं, मानवीय दर्शन प्रसारित हुए हैं और विश्व शान्ति के प्रयास बढ़े हैं क्योंकि औद्योगिक प्रगति के लिए इन सबकी आवश्यकता है।

राजनैतिक प्रभाव

कार्ल मार्क्स की राजनैतिक विचारधारा समाजवाद कहलाती है। यह विचारधारा औद्योगिक क्रान्ति के परिणामों की देन है। औद्योगिक क्रान्ति से पूँजीवाद का विकास हुआ। पूँजीवादी देशों में बड़े-बड़े उद्योगों में श्रमिकों का शोषण होने लगा। पूँजी में एकत्रीकरण का विश्लेषण करते हुए कार्ल मार्क्स ने यह दिखलाया कि वास्तव मं श्रमिक कच्चे माल से पक्का माल तैयार करके अतिरिक्त मूल्य उत्पन्न करते हैं जिसको हड़पकर पूँजीपति पूँजी बढ़ाता रहता है। इससे राष्ट्र की सम्पत्ति तो बढ़ती है किन्तु श्रमिकों को लाभ नहीं मिलता। पिछड़े हुए देशों में तो श्रमिकों की स्थिति गुलामों से बेहतर नहीं थी। पूँजीपति लोग शिक्षित मध्यम वर्ग अथवा

बुद्धिजीवी वर्ग की नौकरियाँ पैसे देकर खरीद लेते हैं। और वे भी पूँजीवाद के पक्ष मे बोलते हैं। सरकार को सब प्रकार से आर्थिक प्रलोभन देकर पूँजीपति अपने अधिकार में रखते हैं। कार्ल मार्क्स के अनुसार पूँजीपति बिना दबाव के शोषण छोड़ने को तैयार नहीं होगा। अस्तु कार्ल मार्क्स ने विश्व के श्रमिकों को एक होने का आह्वान दिया और सब प्रकार के साधनों से समाजवादी क्रान्ति लाने की सलाह दी। क्रमशः यह समाजवादी विचारधारा श्रमिक नेताओं में फैलने लगी। रूस में लेनिन के नेतृत्व के जार के राज्य को समाप्त किया गया और समाजवाद की स्थापना हुई। रूस की देखादेखी विश्व के अनेक देशों में थोड़े बहुत अन्तर से भिन्न समाजवाद की स्थापना हुई। वर्तमान भारत गणतन्त्र भी समाजवादी राज्य है किन्तु समाजवाद साम्यवाद नहीं। विश्व के सभी देशों में लोग पूँजीवाद के विरुद्ध हैं और सामाजिक न्याय का समर्थन करते हैं जबकि साम्यवादी समाजवादी क्रान्ति के लिये हिंसा अपनाते हैं, अन्य विचारकों ने शान्तिपूर्ण उपायों से साम्यवाद लाने की सलाह दी है।

प्रौद्योगिकी
(Technology)

आधुनिक औद्योगिक समाजों की संरचना प्रौद्योगिकी पर आधारित है। प्रौद्योगिकी औद्योगीकरण का आधार है। दूसरे शब्दों में, प्रौद्योगिकी का परिणाम औद्योगीकरण है। अतः औद्योगीकरण की समस्याओं के अध्ययन में सबसे पहले यह जान लेना चाहिए कि यह प्रौद्योगिकी क्या है जिसने नगरीय समुदायों की शक्ल बदल दी है।

प्रौद्योगिकी क्या है?

कार्ल मार्क्स के शब्दों में "प्रौद्योगिकी प्रकृति के साथ मनुष्य के व्यवहार करने का प्रकार और उत्पादन की उस प्रक्रिया को प्रकट करती है जिससे वह अपना जीवन पालन करता है और इस प्रकार सामाजिक सम्बन्धों के बनाने का प्रकार तथा उनसे उत्पन्न होने वाले मानसिक प्रयत्नों के प्रकार को व्यक्त करती है।"[1] इस प्रकार प्रौद्योगिकी यन्त्र (Machine) अथवा उपकरण (Tool) से भिन्न है। वह ऐसा व्यवस्थित ज्ञान है जिससे यन्त्रों या उपकरणों का प्रयोग किया जाता है। उदाहरण के लिये रेल का इन्जन एक यन्त्र है और उसको प्रयोग करने की प्रक्रिया प्रौद्योगिकी है। इस प्रकार मनुष्य प्रकृति से अपना व्यवहार एक पशु के समान सीधे साधे अथवा निश्चेष्ट रूप में न करके अपने ज्ञान और बुद्धिबल के सहारे उसके गुप्त भेदों का उपयोग करते हुए एक विशेष पद्धति से करता है। यही प्रौद्योगिकी है। इसके सहारे वह जमीन से अपने खाने-पीने तथा जीवन के अन्य उपयोग की वस्तुयें उत्पन्न करता है। कार्ल मार्क्स के अनुसार सामाजिक सम्बन्ध और मानसिक धारणायों का बनना तक इसी पर निर्भर रहता है। प्रौद्योगिकी वैज्ञानिक प्रक्रियाओं से भिन्न है। वैज्ञानिक प्रक्रियायें सत्य की खोज करती हैं, प्रौद्योगिकी में उसका उपयोग किया जाता है। इस प्रकार प्रौद्योगिकी व्यावहारिक है। उसमें

1. "Technology discloses man's mode of dealing with nature and process of production by which he sustains his life and thereby lays bare the mode of formation of social relations and of mental conceptions that flow from them."
—Karl Marx, *Capital,* Vol. I. (1964). p. 372.

मानव आदर्शों और आवश्यकताओं का ध्यान रखकर साधनों को विकसित किया जाता है। इस प्रकार प्रौद्योगिकी मनुष्य का प्रकृति से व्यवहार करने का 'साधन' है। इस साधन पर पूंजीवादी देशों में पूँजीपतियों का और साम्यवादी देशों में राज्य का अधिकार रहता है। प्रौद्योगिकी पर अधिकार रहने से ही आर्थिक हित सुरक्षित रह सकते हैं। इस प्रकार प्रौद्योगिकी आर्थिक उत्पादन के साध्य का 'साधन' है।

प्रौद्योगिकी का विकास

इस प्रकार प्रौद्योगिकी का बराबर विकास हो रहा है और इसके विकास से साथ-साथ समाज का ढाँचा भी बदलता जाता है। उदाहरण के लिये प्रौद्योगिकी के सतत् विकास से श्रम-विभाजन तथा विशेषीकरण बढ़ता जाता है जिससे समाज में प्रत्येक विषय के विशेषज्ञ दिखाई पड़ते हैं। मानव सभ्यता के विकास में प्रौद्योगिकी के विकास का बड़ा हाथ रहा है। आज यातायात और सन्देशवहन के साधन डाक, तार, टेलीफोन, रेल, हवाई जहाज, जलपोत, मोटरें और बाइसिकिल, खेती के यन्त्र तथा जीवन की अन्य उपयोगी वस्तुओं को निर्माण करने की जो हजारों मशीनें दिखाई पड़ती हैं वे प्रौद्योगिकी के विकास का ही फल हैं।

प्रौद्योगिकी कारक

प्रौद्योगिक कारकों में मुख्य निम्नलिखित हैं–

(1) उद्योगों में मशीनों का प्रयोग (Introduction of machines in Industries)–प्रौद्योगिकी का विकास उद्योगों में मशीनों के प्रयोग से ही प्रारम्भ हुआ। यह प्रौद्योगिकी का सबसे महत्त्वपूर्ण कारक है।

(2) संदेशवहन के साधनों का विकास (Development of the means of communication)–सन्देशवहन के साधनों के विकास से औद्योगीकरण और परिणामस्वरूप प्रौद्योगिकी का विकास हुआ।

(3) आवागमन के साधनों का विकास (Development of the means of transport)–आवागमन के साधनों के विकास से व्यापार में अभूतपूर्व उन्नति हुई।

(4) नवीन कृषि सम्बन्धी प्रविधियों का विकास (Development of new agricultural techniques)–कृषि के क्षेत्र में तो प्रौद्योगिक कारकों ने क्रान्ति ही कर दी।

प्रौद्योगिक कारकों के प्रभाव

इन चारों प्रौद्योगिक कारकों ने सामाजिक जीवन में भारी परिवर्तन उत्पन्न कर दिया है। उद्योगों में मशीनों के प्रयोग ने सामूहिक ढाँचे में मौलिक परिवर्तन उत्पन्न किये हैं। इस विषय में मुख्य परिवर्तन अग्रलिखित हैं–

उद्योगों में मशीन का प्रयोग

(1) कारखाना पद्धति का उदय–उद्योगों में मशीनों के प्रयोग का सबसे मुख्य प्रभाव व्यक्तिगत उत्पादन के स्थान पर कारखाना पद्धति का उदय है। मशीनों के आविष्कार से ही आज इतने बड़े-बड़े विशाल कारखाने बन गये हैं जिनमें हजारों लोग काम करते हैं और

प्रत्येक काम यन्त्रवत् होता है। भारतवर्ष में पहले जुलाहे लोग अपने-अपने घरों में हाथ करघों पर कपड़ा तैयार करते थे और किसानों के घरों में गन्ने के रस से राब और गुड बनाया जाता था। आज देश में कपड़े और चीनी की सैकड़ों मिलें हैं जिनमें लाखों मजदूर काम करते हैं।

(2) नगरीकरण—औद्योगीकरण तथा बड़े-बड़े कारखानों के उदय से नगरीकरण हुआ और बड़े-बड़े नगर बन गये। प्रारम्भ में गाँव से आने वाले हजारों श्रमिक कारखाने के आस-पास रहने लगे, फिर उनके लिये दुकानें खुलीं, बाजार बने, स्कूल खुले, फिर होटल, कालेज, दफ्तर और व्यापारिक कम्पनियाँ बनीं और इस प्रकार जहाँ-जहाँ बड़े-बड़े कारखानें थे वहाँ बड़े-बड़े नगर बस गये। भारतवर्ष में जमशेदपुर, कानपुर, मोदीनगर, अहमदाबाद आदि सैकड़ों छोटे-बड़े नगरों का उद्‌गम उनके कारखानों से ही हुआ है।

(3) नये वर्गों की उत्पत्ति—औद्योगीकरण और नगरीकरण से समाज का ढाँचा बदल गया। सामाजिक संगठन वर्गों में बँट गया जिनमें परस्पर घोर प्रतिद्वन्द्विता दिखलाई पड़ने लगी। पूंजीपति और श्रमिक वर्ग के नित्य नये झगड़े बढ़ने लगे। बाबू लोगों का एक मध्यम वर्ग भी विकसित हो गया।

(4) नई विचारधारायें और नये आन्दोलन—इन सब कारकों से नवीन विचारधाराओं का उदय हुआ। भारत में साम्यवादी आन्दोलन अधिकतर औद्योगिक नगरों में ही दिखाई पड़ता है। साम्यवाद और समाजवाद की विचारधाराओं के प्रचार के साथ-साथ व्यापारिक संघ आन्दोलनों की भी धूम हुई। आये दिन वर्गगत हितों को लेकर तालेबन्दी, हड़तालों और जुलूसों तथा सभाओं का बाजार गर्म रहने लगा।

(5) स्त्रियों की स्थिति में सुधार—मशीनों के प्रचार से परिवारों में स्त्रियों के काम का बोझ हल्का हो गया। कपड़ा धोने, लोहा करने, बर्तन साफ करने आदि की सुविधाओं से उनको मानसिक तथा व्यावसायिक कार्यों के लिए पर्याप्त समय मिलने लगा और वे भी आर्थिक क्षेत्र में पुरुषों का मुकाबला करने लगीं। भारतवर्ष में अभी पारिवारिक कार्यों में मशीनों का प्रचार नहीं हो पाया है। अतः इस विषय में भारतीय नारी की स्थिति पाश्चात्य नारी के समान नहीं हो पाई है।

वास्तव में मशीनों के प्रयोग के सामाजिक प्रभावों को गिनाने के लिये तो एक पूरा ग्रन्थ होना चाहिये। इस विषय में स्वतन्त्र रूप से अनेक ग्रन्थ लिखे भी गये हैं।

सन्देशवहन के साधनों का विकास

उद्योगों में मशीनों के प्रयोग से बड़े पैमाने पर व्यापार का विकास हुआ जिससे दूर-दूर के व्यापारियों से बातचीत करने की आवश्यकता हुई। इस दिशा में डाक, तार, बेतार का तार, टेलीफोन आदि से बड़ा लाभ हुआ। समाचार पत्रों, रेडियो, टेलीविजन आदि की सहायता से दूर-दूर के समाचार घर बैठे ज्ञात होने लगे। इन साधनों से विभिन्न सँस्कृतियों का परस्पर आदान-प्रदान भी प्रारम्भ हुआ। इससे नये सिद्धान्तों के प्रचार तथा राजनीतिक दलों के प्रोपेगैन्डा का भी सुभीता हुआ। विभिन्न समाज एक दूसरे के निकट आने लगे और मानव में एकता की भावना बढ़ने लगी।

आवागमन के साधनों का विकास

सन्देशवहन के साधनों के साथ-साथ आवगमन के साधनों का भी आश्चर्यजनक विकास हुआ और 500 मील की घण्टे की रफ्तार से उड़ने वाले जेट वायुयानों से लोग कुछ घण्टों में एक देश से दूसरे देश में पहुँचने लगे। साइकिल, मोटर, रेल, जहाज और वायुयानों के आविष्कार से माल के एक स्थान से दूसरे स्थान पर पहुंचने में सुविधा हो गई। इससे राष्ट्रीय तथा अन्तर्राष्ट्रीय व्यापार का अभूतपूर्व विकास हुआ। विभिन्न देशों के लोगों के परस्पर मिलने-जुलने से उनमें आपस में भेदभव दूर होने लगे और घृणा तथा द्वेष का स्थान सहानुभूति और सहयोग ने ले लिया। विभिन्न जातियों और प्रजातियों में सहिष्णुता बढ़ने लगी। इससे एक विश्व राष्ट्र की भावना के विकास में सहायता मिली।

खेती की नवीन प्रविधियों का विकास

प्रौद्योगिक विकास का एक अन्यन्त महत्त्वपूर्ण कारक खेती की नवीन प्रविधियों का विकास है। इससे खेती करने के नये-नये यन्त्रों का आविष्कार हुआ। बड़े-बड़े विशाल खेतों में ट्रैक्टरों की सहायता से खेती की जाने लगी। नई-नई रासायनिक खादों के प्रयोग से विभिन्न प्रकार की वस्तुओं का उत्पादन बढ़ाया गया। उत्तम बीजों के प्रयोग से उपज की किस्म में भी उन्नति हुई। इन सब बातों से खेती में कम परिश्रम से अधिक उत्पादन होने लगा। खेती के काम के लिये कम लोगों की आवश्यकता पड़ने लगी। इससे बहुत से लोग कल-कारखानों में काम करने लगे और व्यापार आदि में लगे। भारत में तो इस दिशा में प्रौद्योगिकी का प्रभाव सबसे अधिक महत्त्वपूर्ण है, क्योंकि भारत एक कृषि-प्रधान देश है और कृषि की उन्नति पर ही देश का भविष्य निर्भर है।

प्रौद्योगिकी के सामाजिक प्रभाव
(Social Influences of Technology)

मुख्य प्रौद्योगिक कारकों के प्रभावों के उपरोक्त विवेचन से यह स्पष्ट हो गया होगा कि इन कारकों का समाज पर कितना भारी प्रभाव पड़ता है। मैकाइवर ने प्रौद्योगिक कारकों के सामाजिक प्रभावों को दो भागों में बाँटा है–

(1) प्रत्यक्ष (Direct) **प्रभाव**–इनमें नवीन श्रम संगठन, कार्यों का विशेषीकरण, समय पालन तथा शीघ्रतापूर्वक कार्य सम्पादन आदि आते हैं।

(2) अप्रत्यक्ष (Indirect) **प्रभाव**–इनमें शहरों की संख्या में वृद्धि, बेकारी, प्रतिद्वन्द्विता, अपराध, जीवन-स्तर की धारणा, समाज में नये वर्गों के निर्माण आदि का समावेश है।

इस विषय में अन्य सामाजिक प्रभाव निम्नलिखित हैं–

(1) मूल्यों में परिवर्तन (Change in Values)–आर्थिक सीमाओं के विस्तार, राज्यों के क्षेत्र के विस्तार, नये वर्गों के निर्माण, लोकतन्त्र के विकास, फैशन के प्रचार, नगरीकरण, नवीन विचारधाराओं के प्रसार तथा नई समितियों के निर्माण से मनुष्यों के विश्वासों, प्रवृत्तियों तथा विचारों पर बड़ा प्रभाव पड़ा है। इससे जीवन के मूल्यों में जबर्दस्त

परिवर्तन हुआ है। पुराने मूल्य बिल्कुल बदल गये हैं। धन को लगभग सर्वोच्च स्थान दिया जाने लगा है। उसी से सब पद प्रतिष्ठा आदि होती है। भारतीय समाज में पहले जो आदर ब्राह्मणों तथा बाद में जो क्षत्रियों को प्राप्त था वह अब वैश्यों या पूँजीपतियों को मिलने लगा है। नैतिक मूल्यों का अब उतना अधिक सम्मान नहीं रह गया है। धर्म को निजी मामला समझा जाने लगा है और सामाजिक सम्बन्धों में धर्मनिरपेक्षता पर जोर दिया जाने लगा है। गुणों के स्थान पर संख्या अथवा मात्रा को महत्त्व दिया जाने लगा है। जीवन बहिर्मुखी होता जा रहा है। विचार के स्थान पर बाहरी तड़क-भड़क को अधिक महत्त्व दिया जाने लगा है। दिखावट और बनावट के सामने संस्कृति के मौलिक तत्त्वों की अवहेलना होने लगी है। मानवीय सम्बन्ध निर्वैयक्तिक और द्वैतीयक होते जा रहे हैं। सब ओर 'मानव यन्त्र' दिखाई पड़ते हैं जिनमें गति है परन्तु मौलिकता नहीं, स्पन्दन है परन्तु भावना नहीं, हृदय है परन्तु अनुभूतियाँ नहीं सभी दौड़ रहे हैं। किसी को किसी की ओर देखने की फुरसत नहीं है, ''मगर किधर और कहाँ? कौन जाने?'' कौन सोचे? किसी से पूछो तो यही जवाब मिलेगा ''तुम्हें क्या? मुझे क्या?'' सामाजिक मूल्यों के इन परिवर्तनों को एरिक फ्राम ने अपनी पुस्तक "The Sane Society" में बड़ा अच्छा वर्णन किया है। इस प्रकार ग्रीन ने ठीक ही लिखा है कि ''प्रौद्योगिक परिवर्तन सामाजिक मूल्यों तथा नैतिक नियमों को प्रभावित करते हैं।''[1]

(2) सामाजिक संस्थाओं पर प्रभाव (Influence on Social Institutions)—प्रौद्योगिकी ने सामाजिक संस्थाओं पर भी प्रभाव डाला है। परिवार के अनेक काम दूसरी समितियाँ करने लगी हैं। परिवार के बहुत से काम मशीनों से होने लगे हैं। इससे स्त्रियों को अधिक अवकाश मिलने लगा है और उनकी अवस्था पहले से बहुत सुधर गई है। अब वे घर से बाहर प्रत्येक क्षेत्र में पुरुषों के साथ कन्धे से कंधा मिलाकर काम करने लगी हैं। पारिवारिक नियन्त्रण कम होता जा रहा है। विघटन के चिन्ह भी स्पष्ट दिखाई पड़ने लगे हैं। बच्चों की संख्या घटती जा रही है। परिवार के साथ-साथ विवाह के बन्धन भी ढीले पड़ गये हैं क्योंकि विवाह एक धार्मिक संस्कार न रहकर सामाजिक समझौता बन गया है। जिनको किसी भी समय तोड़ा जा सकता है। चुनाव का क्षेत्र बढ़ गया है। प्रेम को अधिक महत्त्व दिया जाने लगा है। तलाकों की संख्या बढ़ रही है। धार्मिक संस्थाओं का महत्त्व कम होता जा रहा है। राज्य धर्मनिरपेक्ष तथा कल्याणकारी बनते जा रहे हैं। प्रौद्योगिकी के विकास से उनका क्षेत्र बराबर बढ़ता जा रहा है और वे अधिक स्थिर होने लगे हैं; विश्वराज्य की कल्पना का प्रचार होता जा रहा है।

(3) नगरीय जीवन पर प्रभाव (Influence on urban life)—प्रौद्योगिकी का सामाजिक जीवन पर प्रभाव सबसे अधिक नगरीय जीवन में दिखाई पड़ता है क्योंकि नगरों के विकास में प्रौद्योगिक कारकों का भारी महत्त्व है। नगरों के सामाजिक जीवन में प्रौद्योगिकी के विकास के निम्नलिखित प्रभाव स्पष्ट देखे जा सकते हैं—सामुदायिक भावना की कमी, सम्बन्धों में निर्वैयक्तिकता, समय का मूल्य बढ़ जाना, बीमारियों की संख्या और प्रकारों में वृद्धि, पारिवारिक नियन्त्रण का अभाव, नैतिकता का निम्न स्तर, स्त्री-पुरुषों की जनसंख्या में

---

1. "Technological changes effect social values and moral norms."
—Green, *Sociology*, pp. 522-23.

विषमता, अपराधों की संख्या में वृद्धि, सामाजिक विघटन आदि। दूसरी ओर जीवन की सुविधाओं में तथा अवकाश में वृद्धि, आत्मविश्वास में वृद्धि तथा ज्ञान और सांस्कृतिक तत्त्वों के प्रसार के रूप में प्रौद्योगिकी के अच्छे प्रभाव भी दिखाई पड़ते हैं।

इस प्रकार उपरोक्त वर्णन से यह स्पष्ट होता है कि प्रौद्योगिक विकास से समाज में भारी परिवर्तन होता है। प्रौद्योगिक विकास के साथ सामाजिक संगठन में भी बराबर परिवर्तन होता जा रहा है। परन्तु क्या इस प्रकार के प्रत्येक परिवर्तन को प्रगति कहा जा सकता है? क्या आधुनिक प्रौद्योगिक समाज प्रगति की ओर जा रहा है? यह एक विवादस्पद विषय है। औद्योगिक विकास से समाज में अनेक लाभदायक परिवर्तन हुए हैं और जीवन के आराम तथा भोग के साधन बढ़ गये हैं। जहां तक मानव सम्बन्धों का प्रश्न है, यह प्रभाव अधिक स्वस्थ नहीं हुआ है। ऑल्डस हक्सले, सोरोकिन, टायनबी, श्वाइटजर, बर्दयेव, टाल्सटाय, महात्मा गांधी, रस्किन, श्री अरविन्द आदि विश्व के कितने ही मनीषियों और विचारकों ने प्रौद्योगिकी के विकास के दुष्परिणामों का चित्र खींचा है और मानव के पतन की चेतावनी दी है, अत: यह तो निश्चित रूप से कहा जा सकता है कि औद्योगिक समाज सब प्रकार से प्रगति की ओर नहीं बढ़ रहा है। प्रौद्योगिक विकास में अन्धाधुन्ध दौड़ से मौलिक गलतियाँ होने की सम्भावना है। विचारवान मनुष्यों को रुक कर सोचना है कि वे कहाँ जा रहे हैं और उन्हें कहाँ जाना है? प्रौद्योगिकी एक साधन है। उसको साध्य समझ बैठना भारी भूल है। साध्य क्या है? इसका पता नीति, दर्शन, धर्म अथवा अनुभव से चलेगा। उसको जान कर उसको प्राप्त करने के लिए प्रौद्योगिकी को साधन रूप में प्रयोग करने से ही प्रौद्योगिक से लाभ उठाया जा सकेगा।

औद्योगीकरण
(Industrialization)

परिभाषा

1. **एम॰ एस॰ गोरे** (M.S. Gore)–"औद्योगीकरण शब्द उस प्रक्रिया का संकेत करता है जिसमें वस्तुओं का हाथ से उत्पादन अन्य शक्तिचालित यन्त्रों द्वारा उत्पादन में बदल दिया जाता है। इस परिवर्तन के परिणामस्वरूप कृषि की तकनीकी, आवागमन तथा संचार और व्यापार एवं वित्त के संगठन में भी परिवर्तन आ जाता है।"

2. **विल्बर्ट ई॰ मूर** (Welbert E. Moore)–"शब्द के नियत अर्थ में औद्योगीकरण से अभिप्राय आर्थिक वस्तुओं तथा सेवाओं के उत्पादन की अन्य शक्ति, अमानवीय शक्ति के अधिकाधिक प्रयोग से है।" मूर ने औद्योगीकरण तथा आधुनिकीकरण को एक ही माना है। औद्योगीकरण प्राचीन समाज को आधुनिक राष्ट्र बना देता है।

3. **जे॰ आर॰ टी॰ ह्यूग** (J.R.T. Hughes)–"औद्योगीकरण उत्पादन की वह व्यवस्था है जिसका उद्भव वैज्ञानिक ज्ञान के नियमित विकास, अध्ययन तथा प्रयोग के परिणामस्वरूप हुआ है। उत्पादन श्रम विभाजन तथा विशेषीकरण पर आधारित है तथा इसमें यान्त्रिक, रासायनिक, शक्तिचालित तथा संगठनात्मक एवं बौद्धिक सहायता का प्रयोग किया जाता है।"

उपरोक्त परिभाषाओं से स्पष्ट है कि औद्योगीकरण में उत्पादन, विनिमय तथा उद्योग की सभी क्रियायें तथा सभी व्यवस्थायें सम्मिलित हैं। इससे समाज के सभी पहलू, सभी क्षेत्र व्यापक रूप से प्रभावित होते हैं। इससे कोई समाज उद्योगवाद पर पहुँचते हैं।

औद्योगीकरण के स्वरूप

औद्योगीकरण के मुख्य स्वरूप निम्नलिखित हैं–

1. **क्रान्तिकारी अथवा विकासात्मक औद्योगीकरण** (Revolutionary or Evolutionary Industrialization)–क्रान्तिकारी औद्योगीकरण आकस्मिक होता है जबकि विकासात्मक औद्योगीकरण क्रमशः होता है।

2. **अग्रगामी अथवा पृष्ठगामी औद्योगीकरण** (Pro-active or Retro-active Industrialization)–अग्रगामी औद्योगीकरण आगे की ओर और पृष्ठगामी औद्योगीकरण पीछे की ओर उन्मुख होता है। राष्ट्रव्यापी औद्योगीकरण में दोनों ही देखे जा सकते।

3. **प्रबन्ध और नियन्त्रण की प्रकृति के अनुसार वर्गीकरण** (Classification According to Management and Control)–आधुनिककाल में औद्योगीकरण के स्वरूपों का यह वर्गीकरण सबसे अधिक प्रचलित है। इसके अनुसार औद्योगीकरण को निजी (Private), सार्वजनिक (Public) तथा मिश्रिम (Mixed) वर्गों में बाँटा जाता है। निजी औद्योगीकरण के उदाहरण संयुक्त राष्ट्र अमरीका में, सार्वजनिक औद्योगीकरण के उदाहरण रूस, चीन तथा अन्य साम्यवादी देशों में तथा मिश्रित औद्योगीकरण भारत, जापान तथा अन्य देशों में देखा जा सकता है।

औद्योगीकरण और समाज
(Industrialization and Society)

किसी भी समाज का ढाँचा उस समाज के व्यवसाय एवं व्यवसाय के प्रति दृष्टिकोण से निर्धारित होता है। आधुनिक उद्योगप्रधान समाजों में पाये जाने वाले सामाजिक सम्बन्ध प्राचीन समाजों के सामाजिक सम्बन्धों से भिन्न हैं। औद्योगीकरण ने समाज के हर पहलू पर प्रभाव डाला है। पारम्परिक रीति-रिवाज, रहन-सहन के तरीके, फैशन और सभी सामाजिक संस्थाएँ औद्योगीकरण से प्रभावित हुई हैं। औद्योगीकरण का विज्ञान एवं वैज्ञानिक पद्धति से निकट सम्बन्ध है। इस कारण औद्योगिक समाज के सदस्यों का दृष्टिकोण भी वैज्ञानिक हो जाता है। इन समाजों में अन्धविश्वासों, आधार रहित आस्थाओं और मिथ्या सामाजिक बन्धनों के लिए कोई स्थान नहीं है, तर्क एवं बुद्धि को ही सब बातों की कसौटी बनाया जाता है। विचारों में स्वतन्त्रता एवं व्यक्तिवादिता का महत्त्व अधिक माना जाता है। सामाजिक नियन्त्रण के साधन एवं ढंग परिवर्तित हो गये हैं। विवाह एवं परिवार जैसी प्राचीन सामाजिक संस्थाओं में भी परिवर्तन हो रहा है। धर्म एवं नैतिकता के पुराने नियम क्रमशः भंग हो रहे हैं। सामाजिक स्तरीकरण (Social Stratificatioin) के नये नियम भी स्थापित हो रहे हैं। जाति व्यवस्था का स्थान वर्ग व्यवस्था ले रही है। औद्योगीकरण से नगरों में मनोरंजन के साधन भी बदलते जा रहे हैं। अब मनोरंजन भी व्यवसायात्मक होता जा रहा है। इस प्रकार स्पष्ट है कि औद्योगीकरण

का समाज के प्रत्येक पहलू पर गहरा प्रभाव पड़ा है। यह प्रभाव अच्छा है या बुरा यह तो सरलता से नहीं कहा जा सकता परन्तु इस प्रभाव के परिणामों का अध्ययन किया जा सकता है। आगे दिए गए विवेचन से समाज पर पड़े औद्योगीकरण के प्रभाव स्पष्ट हो जायेंगे।

विवाह पर प्रभाव

विवाह एवं परिवार की संस्थाएँ प्रत्येक समाज में अवश्य होती हैं। समाज के ढाँचे के बदलने के साथ-साथ इन संस्थाओं का रूप भी बदलता रहता है। पारम्परिक भारतीय समाज में विवाह को एक धार्मिक एवं आध्यात्मिक संस्था माना जाता था परन्तु औद्योगीकरण के प्रभाव से आज विवाह एक सामाजिक समझौता मात्र रह गया है। पहले विवाह को जन्म-जन्म का बन्धन माना जाता था, अब विवाह किसी भी समय समाप्त होने वाली एक ऐच्छिक संस्था है। निम्नलिखित विवेचन से विवाह एवं परिवार पर पड़े औद्योगीकरण के प्रभाव स्पष्ट हो जायेंगे।

(1) **विवाह एक सामाजिक समझौता** (Marriage a social contract)—औद्योगीकरण के पर्याप्त प्रभाव से पहले भारतीय समाज में विवाह को धार्मिक एवं आध्यात्मिक कार्य माना जाता था। हिन्दुओं में यह धारणा प्रचलित थी कि बिना विवाह के मोक्ष नहीं मिलता। इसके अतिरिक्त विवाह को स्थायी संस्था माना जाता था। औद्योगीकरण के प्रभाव से वह धारणा समाप्त हो गयी है। आजकल विवाह स्त्री एवं पुरुष के मध्य होने वाला एक सामाजिक समझौता है। विवाह के उद्देश्य भी अब धार्मिक एवं आध्यात्मिक न रहकर सामाजिक, जैवकीय तथा आर्थिक हो गये हैं।

(2) **अधिक आयु में विवाह** (Late Marriage)—भारतीय समाज में कुछ समय पहले तक प्राय: कम आयु में ही माँ-बाप बच्चों का विवाह कर देते थे। बाल-विवाह की प्रथा भी प्रचलित थी। औद्योगीकरण के प्रभाव से अब विवाह की आयु बढ़ गयी है। बड़े-बड़े औद्योगिक नगरों में लड़के-लड़कियाँ आमतौर पर 25 से 30 या 35 वर्ष की आयु में विवाह करते हुये देखे जा सकते हैं।

(3) **विवाह न करने का चलन** (Custom of no marriage)—जैसा कि ऊपर बतलाया गया है, अब विवाह का उद्देश्य धार्मिक या आध्यात्मिक नहीं रहा है। इन धारणाओं के रद्द हो जाने के परिणामस्वरूप बड़े-बड़े नगरों में अब अनेक युवक-युवतियाँ बिना विवाह के ही रह जाते हैं। इन लोगों के अनुसार यह आवश्यक नहीं है कि विवाह के तथा-कथित कार्य विवाह की संस्था में बंध कर ही पूरे किये जायें। बिना विवाह के भी उन कार्यों को किया जा सकता है।

(4) **प्रेम विवाहों का चलन** (Prevalence of love marriages)—औद्योगिक समाज में आजकल प्राय: प्रत्येक क्षेत्र में युवक-युवतियाँ एक साथ कार्य करते हैं। कारखानों में, कार्यालयों में तथा अन्य सामाजिक स्थलों पर युवक-युवतियाँ मिलकर कार्य करते हैं। ऐसी स्थिति में दोनों को आपस में मिलने-जुलने के अधिक अवसर मिलते हैं। इस सम्पर्क के फलस्वरूप प्राय: अधिकांश युवक-युवतियाँ प्रेम सूत्र में बंध जाते हैं और बाद में विवाह कर लेते हैं।

(5) विवाह विच्छेदों की वृद्धि—(Increase in divorces)—औद्योगिक समाज दिन पर दिन जटिल होते जा रहे हैं। लोगों के संस्कारों में व्यक्तिवादिता का बोल-बाला अधिक हो गया है। पति-पत्नी भी पृथक-पृथक् दृष्टिकोण वाले होते हैं। दोनों के अलग-अलग सामाजिक क्षेत्र एवं कार्य होते हैं। इन कारणों से समय-समय पर वैवाहिक सम्बन्धों में कटुता आ जाती है। मानसिक तनाव भी बढ़ जाते हैं, और विवाह विच्छेद के अवसर आ जाते हैं। आजकल कानून में भी विवाह-विच्छेद तथा तलाक की व्यवस्था है।

परिवार पर प्रभाव

उपरोक्त विवरण से विवाह की संस्था पर पड़ने वाले औद्योगीकरण के प्रभाव स्पष्ट होते हैं। इन प्रभावों के अतिरिक्त परिवार की संस्था पर भी औद्योगीकरण के विभिन्न प्रभाव पड़ते हैं। मुख्य प्रभावों को हम निम्नलिखित ढंग से प्रगट कर सकते हैं—

(1) पारिवारिक कार्यों में परिवर्तन (Change in Family Functions)—औद्योगीकरण के प्रभाव से परिवार के कार्यों में बहुत अन्तर आ गया है। पहले परिवार के कार्य बहुत अधिक थे। परन्तु अब परिवार के अनेक कार्य अन्य विभिन्न संस्थाओं ने ग्रहण कर लिए हैं। परम्परागत रूप में भारतीय परिवार बच्चों के जन्म पालन-पोषण, शिक्षा आदि का केन्द्र हुआ करता था। परिवार में ही प्रायः बच्चों को उनके पुश्तैनी व्यवसाय का प्रशिक्षण भी दिया जाता था। बच्चों के समाजीकरण का दायित्व भी परिवार पर ही था। परन्तु आज के औद्योगिक समाजों में परिवार के इन कार्यों को परिवार में ही पूरा करना आवश्यक नहीं है। आजकल बच्चों का जन्म भी घर पर न होकर मातृत्व अस्पतालों में हुआ करता है। पालन-पोषण के लिए भी कुछ सरकारी और गैर सरकारी संस्थाओं की स्थापना हो चुकी है। स्थान-स्थान पर शिशु घर या बालघर खुल गये हैं। बच्चों की शिक्षा का कार्य भी अब मुख्य रूप से शैक्षिक संस्थाओं द्वारा ही होता है। परिवार के सदस्यों के व्यावसायिक प्रशिक्षण का दायित्व भी अब परिवार पर नहीं है। इन कार्यों के अतिरिक्त कुछ परिवारों में तो भोजन आदि के कार्य भी घर पर नहीं किये जाते। परिवार के कार्यों की इस कसौटी का कारण औद्योगिक वातावरण है। आजकल जीवन जटिल एवं व्यस्त हो गया है। प्रायः अनेक परिवारों में पति-पत्नी दोनों ही नौकरी आदि का कार्य करते हैं। इन दशाओं में सभी पारम्परिक कार्य घर पर करने सम्भव नहीं है।

(2) संयुक्त परिवारों का अपघटन (Disorganisation of Joint Families)—भारत में पारम्परिक रूप से अधिकांश परिवार संयुक्त परिवार थे। औद्योगीकरण के प्रभाव से अब अधिकांश संयुक्त परिवार विघटित हो रहे हैं। इसके अनेक कारण हैं। सर्वप्रथम तो औद्योगिक नगरों में मकानों की बहुत समस्या है। प्रायः बहुत छोटे-छोटे मकानों में पूरे परिवार को रहना पड़ता है। ऐसी स्थिति में नगर में रहने वाले परिवार प्रायः संयुक्त रूप में नहीं रह पाते। इसके अतिरिक्त औद्योगीकरण के फलस्वरूप पारिवारिक धन्धे एवं व्यवसाय समाप्त हो गये हैं। एक ही पिता के विभिन्न पुत्रों के पेशे एवं आर्थिक-सामाजिक स्तर में पर्याप्त अन्तर होता है। इसके साथ ही साथ लोगों में व्यक्तिवादिता भी बढ़ गयी है जिसके फलस्वरूप कोई भी व्यक्ति अन्य व्यक्तियों के परिवारों को न तो अपने ऊपर निर्भर करके रखना चाहता है और न ही संयुक्त परिवार से उसे कोई लगाव ही है।

(3) सीमित परिवार (Limited Family)—औद्योगीकरण के फलस्वरूप नगरीय परिवार क्रमशः छोटे एवं सीमित होते जा रहे हैं। आजकल लोगों में कम बच्चे पैदा करने की मनोवृत्ति अधिक पायी जाती है। कुछ दम्पत्तियों का विचार है कि अधिक बच्चे उनकी प्रगति, मनोरंजन एवं सुख भोग में बाधक होते हैं। इसके अतिरिक्त बच्चों के अच्छे एवं उत्तम लालन-पालन के लिये अतिरिक्त धन की भी आवश्यकता होती है। इन सब कारणों से प्रभावित होकर आजकल सभी बड़े औद्योगिक नगरों में परिवार को सीमित रखने के लिये गर्भ-निरोधक उपायों का अधिक से अधिक प्रयोग किया जाता है।

(4) स्त्रियों की दशा में परिवर्तन (Change in the condition of women)—पारम्परिक भारतीय परिवारों में स्त्रियों की दशा कोई अच्छी नहीं थी। स्त्रियों को प्रायः सदा ही घर के अन्दर रहना पड़ता था। आर्थिक एवं सामाजिक दृष्टि से वे सदैव पुरुषों पर आश्रित रहा करती थीं। स्वतन्त्र रूप से स्त्रियों का कोई सम्मान नहीं था। औद्योगीकरण के फलस्वरूप स्त्रियों की दशा में सुधार हुआ है। अब पुरुषों के समान स्त्रियाँ भी मिलों, कारखानों तथा अन्य सभी कार्यालयों में कार्य करती हैं। उनकी अपनी सामाजिक स्थिति है। उनका अपना निजी सम्मान है। बहुत सी स्त्रियां पूर्ण स्वतन्त्र रूप से जीवन व्यतीत कर रही हैं। इनमें से कुछ तो विवाह भी नहीं करतीं। इस प्रकार रसोईघर में बैठने वाली स्त्रियां औद्योगीकरण के प्रभाव से आज शासन-कार्यों को भी सम्भाले बैठी हैं।

(5) पारिवारिक विघटन (Family Disorganisation)—औद्योगीकरण के प्रभाव से परिवार के सभी सदस्यों में स्वतन्त्रता एवं व्यक्तिवादिता की भावना अधिक हो गयी है। परिवार का अनुशासन क्रमशः शिथिल होता जा रहा है। पति-पत्नी और बच्चों के स्वभावों में तथा आवश्यकताओं एवं आदतों में कोई समन्वय नहीं रह पाता। इन कारणों से विभिन्न सदस्यों में तनाव बढ़ने लगता है और इस तनाव के फलस्वरूप परिवार के विघटन की नौबत भी आ जाती है। इन कारणों के अतिरिक्त कुछ अन्य कारण भी परिवार को विघटित करने में अपना हाथ रखते हैं। औद्योगिक व्यवस्था के अन्तर्गत एक ही परिवार के विभिन्न सदस्य भिन्न-भिन्न उद्योगों से सम्बन्धित हुआ करते हैं। ऐसी स्थिति में कभी-कभी औद्योगिक संघर्षों का परिवार पर भी प्रभाव पड़ता है और इसके फलस्वरूप परिवार विघटित हो जाया करते हैं।

(6) पारिवारिक आदर्शों में परिवर्तन (Change in Family Ideals)— पारम्परिक भारतीय परिवार के आदर्श धार्मिक एवं नैतिक थे। घरेलू पत्नियाँ अपने पति को देवता, ईश्वर आदि माना करती थीं। इसके अतिरिक्त बच्चे भी पिता का अत्यधिक सम्मान करते थे। प्रायः भारतीय परिवारों में राम की पितृभक्ति और सीता-सावित्री की पतिनिष्ठा के आदर्शों की चर्चा हुआ करती थी। औद्योगिक समाजों में परिवार के इन आदर्शों के लिये कोई स्थान नहीं है। आज की पत्नियों के लिए पति एक मित्र एवं सहयोगी हो सकता है ईश्वर कभी नहीं। परिवार में पिता की सत्ता भी कम होती जा रही है। माता-पिता के लिये बच्चों की राय का परिवार में अधिक महत्त्व होने लगा है। पहले परिवार में जो कार्य आदेश या आज्ञा से हुआ करते थे, वही कार्य अब केवल सहयोग से ही हो सकते हैं। आदेश का अधिकार प्रायः समाप्त होता जा रहा है।

वर्ग व्यवस्था पर प्रभाव

आदि काल से ही मानव समाज में विभिन्न प्रकार की असमानतायें रही हैं। सभ्यता के आरम्भ से ही समाज में स्तरीकरण की धारणा रही है। पूरा समाज सदैव ही भिन्न-भिन्न अधिकारों एवं सत्ता वाले वर्गों में बँटा रहा है। समाज के इस विभाजन का निश्चित उद्देश्य रहता है। समाज में न तो सभी व्यक्ति समान होते हैं और न ही समाज में होने वाले सभी कार्य ही समान महत्त्व वाले होते हैं। इसलिये समाज के कार्यों में व्यवस्था बनाये रखने के लिये पूरे समाज का स्तरीकरण करना पड़ता है। विभिन्न समाजों में स्तरीकरण के सिद्धान्त भिन्न-भिन्न हो सकते हैं और विभिन्न स्तरों के अनुसार विभाजित सामाजिक वर्गों के नाम भी भिन्न-भिन्न हो सकते हैं। कहीं यह विभाजन स्वामी और सेवक का होता है और कहीं उच्च जाति, मध्यम जाति और निम्न जाति के रूप में स्पष्ट होता है। आधुनिक औद्योगिक समाज में समाज का स्तरीकरण वर्गों के रूप में अभिव्यक्त होता है। आज उच्च वर्ग, मध्यम वर्ग और श्रमिक वर्ग आदि वर्गों के रूप में पूरा औद्योगिक समाज बँटा हुआ है।

सामाजिक विभाजन अथवा स्तरीकरण के आधार भी भिन्न-भिन्न देश-काल में भिन्न होते हैं। सामाजिक स्तरीकरण का आधार कभी जैविक हुआ करता है और कभी ऐतिहासिक तथा कभी धार्मिक। वास्तव में सामाजिक स्तरीकरण का आधार तत्कालीन समाज में प्रचलित मूल्यों को ही बनाया जाता है। धार्मिक-समाज में प्रायः धर्म-प्रचारकों का स्तर महत्त्वपूर्ण माना जाता है। सैन्य-समाज में वीरों एवं युद्ध विजेताओं का स्तर ऊँचा माना जाता है। इसके विपरीत पूँजीवादी समाजों में प्रायः पूँजी के मालिकों का स्तर ऊँचा माना जाता है। इस प्रकार स्पष्ट है कि विभिन्न समाजों में सामाजिक स्तरीकरण का पैमाना भिन्न होता है।

सामाजिक स्तरीकरण पर प्रभाव

औद्योगिक समाजों में सामाजिक स्तरीकरण भिन्न प्रकार से हुआ करता है। औद्योगिक समाज के अन्तर्गत विभिन्न स्तर 'सामाजिक वर्ग' (Social Class) कहलाते हैं। औद्योगिक समाजों में स्तरीकरण के आधार भी अन्य समाजों के स्तरीकरण के आधारों से भिन्न होते हैं। सामान्यतया निम्न चार आधारों पर औद्योगिक समाज में सामाजिक स्तरीकरण किया जाता है—

(1) पेशा (Occupation)। (2) आय (Income)।

(3) शिक्षा (Education)। (3) जन्म (Birth)।

अब सामाजिक स्तरीकरण के इन आधारों का थोड़ा विस्तृत विवेचन भी आवश्यक है।

(1) **पेशा** (Occupation)—औद्योगिक समाजों में सामाजिक स्तरीकरण का मुख्य आधार पेशा हुआ करता है। औद्योगिक समाजों में व्यक्ति-विशेष का मान-सम्मान एवं सामाजिक स्थिति उस पद द्वारा निर्धारित होती है जिस पद पर वह कार्य करता है। कहने का आशय यह है कि इन समाजों में पद एवं व्यवसाय का महत्त्व बहुत अधिक है। वास्तव में औद्योगिक समाजों में पद एवं व्यवसाय प्रायः विभिन्न प्रकार की योग्यताओं के प्रतीक होते हैं। औद्योगिक समाज में जन्म के आधार पर न तो पद ही प्राप्त होते है और न ही व्यवसाय विशेष। जाति व्यवस्था, व्यवसाय एवं सामाजिक स्थिति जन्म से निर्धारित होती है। ब्राह्मण का

बेटा अपने आप ही ब्राह्मण का सम्मान प्राप्त करने का हकदार बन जाता है। परन्तु औद्योगिक समाज में एक मैनेजर का बेटा बिना अनिवार्य योग्यता के मैनेजर का पद प्राप्त नहीं कर सकता। औद्योगिक समाजों में पद एवं स्थिति प्राप्त करने के लिये अनिवार्य शिक्षा एवं प्रशिक्षण की आवश्यकता होती है। सामाजिक मान-सम्मान प्राप्त करने के लिये विशेष प्रयास की आवश्यकता होती है। किसी उद्योग के मैनेजर पद को प्राप्त करने के लिये विभिन्न योग्यतायें होनी आवश्यक हैं। औद्योगिक समाजों में प्रत्येक व्यक्ति को उसकी योग्यता के अनुकूल पद एवं व्यवसाय मिलता है और पद एवं व्यवसाय के अनुकूल उसकी सामाजिक स्थिति निर्धारित होती है तथा उसी के अनुकूल उसे सामाजिक सम्मान मिलता है।

(2) शिक्षा (Education)—औद्योगिक समाजों में सामाजिक स्थिति के निर्धारण के लिये शिक्षा को एक मुख्य आधार माना जाता है। उच्च शिक्षा प्राप्त व्यक्तियों को समाज में अधिक सम्मान दिया जाता है। सामाजिक स्तरीकरण वैसे तो सदा से ही इस कारक पर आधारित होता रहा है। प्रत्येक समाज में पंडितों, मौलवियों, कवियों और लेखकों को अन्य लोगों से अधिक सम्मान मिलता रहा है परन्तु औद्योगिक समाजों में थोड़ा अन्तर है। उद्योग का सम्बन्ध विज्ञान एवं तकनीकी ज्ञान से अधिक है। इसी कारण से औद्योगिक समाजों में विज्ञान अथवा तकनीकी के क्षेत्र में उच्च शिक्षा प्राप्त व्यक्ति को अधिक सम्मान दिया जाता है। औद्योगीकरण के प्रभाव से आज दर्शन, काव्य-शास्त्र और अन्य साहित्य शास्त्रों का महत्त्व कम हो गया है। इन शास्त्रों की अपेक्षा विभिन्न तकनीकी-शास्त्रों को अधिक महत्त्व दिया जाता है। आज शिक्षा के क्षेत्र में भी उपयोगितावादी दृष्टिकोण का बोल-बाला है। तकनीकी एवं वैज्ञानिक शिक्षा औद्योगिक समाज के लिये अधिक उपयोगी है। इसी उपयोगिता के आधार पर इन शिक्षाओं के ज्ञाताओं को समाज में अधिक महत्त्वपूर्ण स्थान दिया जाता है।

(3) आय (Income)—आधुनिक औद्योगिक समाजों में सामाजिक स्थिति को आय के पैमाने द्वारा भी मापा जाता है। भौतिकवाद के समर्थक समाजों में इस आधार को और भी अधिक महत्त्व दिया जाता है। भौतिकवाद के अनुसार औद्योगिक एवं भौतिक सम्पदाओं का महत्त्व अधिकतम होता है और इन भौतिक सम्पदाओं को प्राप्त करने के लिये धन आवश्यक है। अतः जिस व्यक्ति के पास धन अधिक हो अर्थात् जिसकी आय अधिक हो उसे अधिक सम्मान एवं समाज में ऊँचा स्थान मिलना स्वाभाविक ही है।

आय अथवा धन को सामाजिक स्तरीकरण का आधार मानने का एक और भी कारण है। औद्योगिक समाजों में प्रायः धन के उर्पाजन के लिये विभिन्न योग्यताओं की आवश्यकता होती है। बिना योग्यताओं के धन का उपार्जन सम्भव नहीं होता। औद्योगिक समाजों में धन-उपार्जन के लिये मनुष्य को पुरुषार्थी एवं मेहनती होना आवश्यक है। इसलिये सामान्यतया यह समझा जाता है कि जिस व्यक्ति के पास धन अधिक है वह अवश्य ही मेहनती एवं योग्य व्यक्ति होगा। योग्य व्यक्ति को उच्च सामाजिक सम्मान देना स्वाभाविक ही है। इस प्रकार दोनों दृष्टिकोणों से औद्योगिक समाजों में आय एवं धन का अपना विशिष्ट महत्त्व है।

(4) जन्म (Birth)—सामाजिक स्थिति निर्धारित करने के लिये व्यक्ति के जन्म एवं सम्बन्धित परिवार की स्थिति को सदैव ही ध्यान में रखा जाता रहा है। विभिन्न प्रकार की

सामाजिक व्यवस्थाओं में परिवार एवं जन्म को भिन्न-भिन्न प्रकार से महत्त्व दिया जाता रहा है। जाति व्यवस्था के अन्तर्गत आँख मींच कर ब्राह्मण के बेटे को भी ब्राह्मण मान कर उच्च सामाजिक स्थिति प्रदान की दी जाती है। इसके अतिरिक्त सामन्तवादी एवं कुलीन-तान्त्रिक व्यवस्थाओं के अन्तर्गत भी व्यक्ति की सामाजिक स्थिति उसके जन्म से प्रभावित होती थी। आधुनिक औद्योगिक समाज में भी स्तरीकरण का यह पैमाना अपना विशिष्ट महत्त्व रखता है। औद्योगिक समाज में इस पैमाने को महत्त्वपूर्ण मानने के आधार कुछ भिन्न हैं। इस व्यवस्था के अन्तर्गत यह माना जाता है कि मनुष्य को योग्य बनाने में इन सुविधाओं एवं साधनों का भी विशेष हाथ होता है जो कि किसी मनुष्य को उसके परिवार द्वारा प्रदान की जाती हैं। उच्च सामाजिक स्थिति वाले परिवार में जन्म लेने वाले बालक को निश्चित रूप से अच्छी शिक्षा एवं अच्छा वातावरण मिलता है। शिक्षा एवं वातावरण द्वारा ही कोई व्यक्ति योग्य बन पाता है। औद्योगिक समाजों में सभ्यता एवं रहन-सहन के ढंग द्वारा भी सामाजिक स्थिति निर्धारित की जाती है। ये दोनों बातें कोई भी व्यक्ति अपने परिवार से ही सीखता है, अतः इस प्रकार व्यक्ति के सामाजीकरण में परिवार का विशेष हाथ रहता है। इस प्रकार स्पष्ट है कि किसी भी व्यक्ति की सामाजिक स्थिति को निर्धारित करने के लिये उसके परिवार की सामाजिक स्थिति को ध्यान में रखना आवश्यक है।

जाति व्यवस्था पर प्रभाव

भारतीय समाज में जाति व्यवस्था का विशेष महत्त्वपूर्ण स्थान था। व्यक्ति की सामाजिक स्थिति उसकी जाति द्वारा ही निर्धारित होती थी। औद्योगीकरण ने जाति व्यवस्था के महत्त्व को कम कर दिया है। भारतीय जाति-व्यवस्था पर औद्योगीकरण के निम्नलिखित प्रभाव मुख्य रूप से दृष्टिगोचर होते हैं—

(1) जाति व्यवस्था का विघटन (Disintegration of Caste System)—औद्योगीकरण के प्रभाव के द्वारा भारतीय समाज में जाति व्यवस्था का विघटन हुआ है। पारस्परिक रूप से भारतीय समाज में मनुष्य की स्थिति उस जाति द्वारा निर्धारित होती थी जिस जाति में उस मनुष्य का जन्म होता था। औद्योगीकरण के प्रभाव से सामाजिक स्तरीकरण का यह पैमाना अब बदल गया है। आधुनिक औद्योगिक समाज में सामाजिक स्तरीकरण जातिगत न होकर वर्ग-गत हो गया है। समाज अब विभिन्न वर्गों में विभाजित है। वर्ग के अनुसार व्यक्तियों को सामाजिक स्थिति प्रदान की जाती है। इस प्रकार जाति-व्यवस्था अब विघटित हो रही है।

(2) ब्राह्मणों की शक्ति का ह्रास (Decrease in Brahmins power)—पारस्परिक जाति व्यवस्था में ब्राह्मणों की सामाजिक स्थिति सबसे ऊँची थी। परन्तु औद्योगीकरण के प्रभाव से अब ब्राह्मणों का पुराना महत्त्व समाप्त होता जा रहा है। अब सामाजिक स्तरीकरण के अन्य आधार विकसित हो गये हैं और इन्हीं आधारों पर ही किसी व्यक्ति की सामाजिक स्थिति निर्धारित की जाती है। उच्च सामाजिक स्थिति अर्जित करने के लिये ब्राह्मण होना आवश्यक नहीं है। अब प्रायः अधिक विकसित औद्योगिक समाजों में ब्राह्मणों को हीन दृष्टि से देखा जाता है और उन्हें कभी-कभी निकम्मा भी कहा जाता है।

(3) शूद्र जाति का उदय (Rise of Shudras)—पारम्परिक भारतीय समाज में शूद्र जाति के सदस्यों की सामाजिक-स्थिति बहुत ही गिरी हुई थी। शूद्रों को हर प्रकार के अपमान सहने पड़ते थे। समाज में उनका कुछ भी सम्मान नहीं था। औद्योगिक विकास के प्रभाव से शूद्रों की सामाजिक स्थिति में परिवर्तन हुआ है। औद्योगिक समाज में जन्म के आधार पर नहीं बल्कि कर्म के आधार पर सामाजिक स्थिति निर्धारित की जाती है। जो भी व्यक्ति औद्योगिक कार्य में निपुण एवं कार्य-कुशल हो उसे ही अच्छा पद प्राप्त हो जाता है। इसी कारण आज अनेक शूद्र परिवारों में जन्म लेने वाले व्यक्ति भी विभिन्न औद्योगिक-संस्थानों में उच्च पद पर कार्य कर रहे हैं। औद्योगिक समाजों में सामाजिक स्थिति व्यक्ति के पद एवं कार्य द्वारा निर्धारित होती है। अत: यह उच्च पद प्राप्त व्यक्ति उच्च सामाजिक स्थिति प्राप्त कर लेते हैं।

(4) जातिगत कार्यों की समाप्ति (End of Caste Functions)—जाति व्यवस्था के अन्तर्गत प्रत्येक जाति के कुछ सामाजिक कार्य हुआ करते थे। प्राय: जाति द्वारा ही सामाजिक मनोरंजन के साधन उपलब्ध कराये जाते थे। जातिगत तीज-त्यौहार, मेले आदि का आयोजन होता था। इसके अतिरिक्त प्रत्येक जाति अपने सदस्यों के व्यावसायिक प्रशिक्षण की भी व्यवस्था करती थी। जातियों द्वारा ही विभिन्न पत्र-पत्रिकाओं का प्रकाशन किया जाता था, जिनके माध्यम से जाति के नियमों और कार्यों आदि का प्रचार किया जाता था। आधुनिक औद्योगिक विकास के फलस्वरूप जातिगत कार्य प्राय: छिन्न-भिन्न हो गये हैं। मनोरंजन आदि का कार्य व्यावसायिक संस्थाओं ने सम्भाल लिया है।

(5) कार्य कुशलता पर आधारित श्रम-विभाजन (Division of labour by ability)—जाति व्यवस्था के अन्तर्गत श्रम का विभाजन जन्म पर आधारित होता था। औद्योगीकरण के प्रभाव से श्रम के विभाजन का यह पैमाना अब बदल गया है। औद्योगीकरण ने कार्य एवं श्रम के क्षेत्र में विशेषीकरण को प्रोत्साहन दिया है। अब जो व्यक्ति जिस भी कार्य का विशेषज्ञ हो उसे वही कार्य सौंपा जाता है। शूद्र परिवार में जन्म लेने वाले व्यक्ति भी स्कूलों और कालिजों में अध्यापन का कार्य कर रहे हैं। इसके विपरीत ब्राह्मण परिवार में जन्म लेने वाले व्यक्ति विभिन्न निम्न श्रेणी के कार्य कर रहे हैं। कार्य में निपुण होने पर शूद्र किसी भी उद्योग में सुपरवाइजर या मैनेजर का पद ग्रहण कर सकता है और अकुशल ब्राह्मण उसी के अधीन साधारण श्रमिक के रूप में भी कार्य कर सकता है।

(6) जातिगत नियन्त्रण की समाप्ति (End of Caste Control)—परम्परागत रूप से जातिगत नियन्त्रण सामाजिक नियन्त्रण का मुख्य साधन था। प्रत्येक जाति के अपने-अपने नियम होते थे। इन नियमों का पालन जाति के प्रत्येक सदस्य के लिये अनिवार्य होता था। नियम का सही-सही पालन न करने पर जाति द्वारा दण्ड की व्यवस्था भी होती थी। प्राय: जाति से निकाल दिये जाने का भय लोगों को नियन्त्रित रखता था। आधुनिक औद्योगिक व्यवस्था के प्रभाव से जातिगत नियन्त्रण शिथिल हो गया है। औद्योगिक समाज अत्यधिक जटिल होते हैं। इसके अतिरिक्त एक ही स्थान पर विभिन्न जातियों के सदस्य एक साथ कार्य किया करते हैं। ऐसी परिस्थितियों में जाति के नियमों का पालन करना सम्भव नहीं होता है। आधुनिक औद्योगिक समाजों में सामाजिक नियन्त्रण पुलिस एवं कानून द्वारा होता है।

(7) छूआ-छूत के बन्धनों की शिथिलता (Relaxation of Untouchability)– जाति व्यवस्था के अन्तर्गत प्राय: एक जाति के सदस्य दूसरी जाति के सदस्यों के साथ बैठ कर खाना-पीना नहीं किया करते। शूद्रों की तो छाया से भी बचने का यत्न किया जाता था। इसके विपरीत कहीं-कहीं शूद्र लोग ब्राह्मणों से बचते थे और अपनी बस्ती में उन्हें आने नहीं देते थे। औद्योगीकरण के प्रभाव से यह छुआ-छूत की प्रथा अब समाप्त हो रही है। प्राय: कारखानों और मिलों में शूद्र और ब्राह्मण मिल कर कार्य करते हैं। होटलों तथा रेस्तरांओं में बैरे आदि का कार्य प्राय: शूद्र भी करते हैं और बहुत से ब्राह्मण इनके द्वारा बनाया एवं परोसा गया भोजन बहुत रुचि से खाते हैं। इसके अतिरिक्त विभिन्न सामाजिक स्थानों पर सभी जातियों के लोग एक साथ उठते-बैठते हैं।

(8) अन्तर्जातीय विवाहों का प्रचार (Prevalence of Intercaste Marriages)–जाति व्यवस्था के अन्तर्गत अन्तजातीय-विवाहों पर सख्त प्रतिबन्ध होता है। एक जाति का सदस्य दूसरी जाति के सदस्यों के साथ विवाह का सम्बन्ध स्थापित नहीं कर सकता था। आधुनिक औद्योगिक व्यवस्था के प्रभाव से यह बन्धन अब समाप्त हो रहे हैं। आजकल मिलों और कारखानों में विभिन्न जातियों के सदस्य एक दूसरे के निकट सम्पर्क में आते हैं। इस सम्पर्क से उनमें आपसी घृणा का भाव क्रमश: समाप्त होने लगता है और घनिष्ठता बढ़ने लगती है। इस घनिष्ठता के फलस्वरूप विभिन्न जातियों के सदस्यों में विवाह के सम्बन्ध स्थापित होने लगते हैं। अन्तर्जातीय विवाह के प्रचलन का एक अन्य कारण भी है। आजकल औद्योगिक संस्थानों में प्राय: युवक-युवतियाँ साथ-साथ कार्य करते हैं। साथ-साथ कार्य करने के फलस्वरूप उन्हें आपस में मिलने के अवसर अधिक मिलते हैं। इस प्रकार मिलते रहने के फलस्वरूप इन युवक-युवतियों में प्रेम के सम्बन्ध स्थापित हो जाते हैं। इस प्रेम की परिणति विवाह में होती है। प्रेम विवाहों में जाति एवं कुल का विशेष ध्यान नहीं रखा जाता। इस प्रकार औद्योगीकरण द्वारा अन्तर्जातीय विवाहों को प्रोत्साहन मिलता है।

धर्म पर प्रभाव

कुछ लोगों का विचार है कि धर्म केवल अज्ञान के क्षेत्र में पलता है। यह तथ्य भले ही पूर्ण रूप से सत्य न हो तब भी इसमें सत्य का काफी अंश है। यह सत्य है कि धर्म को अपनाने में अज्ञान सहायक होता है। इसके विपरीत ज्यों-ज्यों ज्ञान का साम्राज्य बढ़ता है त्यों-त्यों धर्म का सिंहासन हिलने लगता है। प्राय: वैज्ञानिक ज्ञान और धर्म आपस में विरोधी माने जाते हैं। वैज्ञानिक ज्ञान के अभाव में छोटी-छोटी प्राकृतिक घटनाओं की व्याख्या धर्म के माध्यम से की जाने लगती है। कुछ समय पहले तक वर्षा के होने और न होने का सम्बन्ध भी धर्म के साथ जोड़ा जाता था और वर्षा के देवता या भगवान की कल्पना की जाती थी। इस प्रकार स्पष्ट है कि ज्ञान के प्रसार से धर्म की हानि होती है। औद्योगीकरण का सम्बन्ध वैज्ञानिक एवं तकनीकी ज्ञान से है। औद्योगीकरण से वैज्ञानिक ज्ञान का प्रसार होता है और सामान्य जनता का सामान्य दृष्टिकोण भी वैज्ञानिक हो जाता है। इसीलिये औद्योगीकरण के विकास के साथ-साथ धर्म का ह्रास होता है। निम्नलिखित विवेचन से धर्म पर औद्योगीकरण का प्रभाव स्पष्ट हो जायेगा–

(1) रूढ़िवाद एवं अन्धविश्वास को आघात (Shock to Superstition and Blind faith)–धर्म के क्षेत्र में रूढ़ियों एवं अन्धविश्वासों का बड़ा बोलबाला होता है। कदम-कदम पर विभिन्न अन्धविश्वासों को मानना पड़ता है। ये अन्धविश्वास अज्ञान के प्रतीक होते हैं। लौकिक जगत में अन्धविश्वासों और रूढ़ियों को मानने से बहुत-सी हानियाँ होती हैं। भौतिक एवं औद्योगिक प्रगति के लिये मनुष्य को अन्धविश्वास से मुक्त होना आवश्यक है। औद्योगीकरण द्वारा ज्ञान का प्रसार होता है और सामान्य जनता तक वास्तविक सत्य पहुँच जाता है। इस ज्ञान एवं सत्य के प्रसार से धार्मिक रूढ़ियों और अन्धविश्वासों का पर्दापाश हो जाता है।

(2) धर्म सहिष्णुता (Religious Tolerance)–औद्योगीकरण के प्रभाव से सामान्य लोगों का धर्म के प्रति दृष्टिकोण व्यापक होता है। साधारणतया रूढ़िवादी धर्म के अनुयायी लोग प्रायः संकुचित विचारों वाले हो जाते हैं। इसका परिणाम यह होता है कि उन्हें अपना धर्म सबसे अच्छा एवं महान प्रतीत होता है और अन्य धर्म रूढ़िवादी एवं बुराइयों से पूर्ण दिखाई देते हैं। औद्योगीकरण के द्वारा विभिन्न धर्मों के अनुयायी परस्पर निकट सम्पर्क में आते हैं और इस सम्पर्क से उन्हें वास्तविकता का परिचय मिलता है। उन्हें ज्ञात होता है कि उनके अपने धर्म में भी बुराइयां हैं और अन्य धर्मों में भी अच्छाइयाँ हैं। इस ज्ञान के फलस्वरूप विभिन्न धर्मों के अनुयायियों के मध्य धार्मिक दूरी कम हो जाती है और सहिष्णुता का विकास होता है।

(3) राज्य की धर्म-निरपेक्षता (Secularisation of state)–पहले विभिन्न राज्य धर्म प्रधान हुआ करते थे। प्रत्येक राष्ट्र का कोई धर्म हुआ करता था। धर्म-प्रधान राज्य व्यवस्था के अन्तर्गत राष्ट्र धर्म के अनुयायियों के साथ अपेक्षाकृत अच्छा व्यवहार किया जाता था, उन्हें कुछ विशेष सुविधायें प्रदान की जाती थीं और अन्य धर्मों के अनुयायियों को कुछ सुविधाओं से वंचित रखा जाता था। औद्योगीकरण के फलस्वरूप धार्मिक विभेदीकरण की व्यवस्था समाप्त हो गयी है। अब प्रायः राज्य का कोई धर्म नहीं होता। राज्य धर्म-निरपेक्ष होते हैं। राज्य की ओर से सभी धर्मों के प्रति एक-सा दृष्टिकोण अपनाया जाता है।

(4) धर्म के आध्यात्मिक महत्त्व में ह्रास (Decrease in spiritual importance of Religion)–धर्म और धार्मिक कार्यों के दो पक्ष होते हैं, एक आध्यात्मिक और दूसरा सामाजिक। औद्योगिकी समाजों में धर्म का आध्यात्मिक महत्त्व कम हो रहा है। आजकल धर्म और धार्मिक तीज-त्यौहारों को सामाजिक पर्व के रूप में मनाया जाता है। बड़े-बड़े धार्मिक मेले तथा आयोजन अब केवल सामाजिक दृष्टिकोण से महत्त्वपूर्ण माने जाते हैं। धार्मिक स्थलों पर भी अधिकांश लोग सामाजिक उद्देश्य लेकर जाया करते हैं। प्रायः मन्दिरों और गुरुद्वारों में लोग आपस में मिलने और बातचीत करने के उद्देश्य से भी जाया करते हैं। इस प्रकार स्पष्ट है कि औद्योगीकरण के प्रभाव से धर्म के आध्यात्मिक पक्ष को ठेस पहुंची है।

नैतिकता पर प्रभाव

नैतिकता पर औद्योगिक विकास के निम्नलिखित मुख्य प्रभाव पड़े हैं :–

(1) विवेक का उदय (Rise of Reason)–भारतीय समाज में परम्परागत रूप नैतिकता, आस्था एवं धर्म पर आधारित थी। नैतिक नियमों के विषय में तार्किक विवेचन की परम्परा नहीं थी। प्रायः नैतिकता के नियमों को विवाद का विषय नहीं माना जाता था।

औद्योगीकरण के विकास के फलस्वरूप सामान्य जनता का दृष्टिकोण बदल गया है। अब प्रत्येक बात के उचित अथवा अनुचित होने के लिये तर्क की आवश्यकता होती है। औद्योगिक समाजों में नैतिक नियमों को मनुष्य द्वारा बनाया माना जाता है और यह समझा जाता है कि नैतिक नियम मनुष्य और समाज के लिये हैं न कि मनुष्य नैतिक नियमों के लिये। प्रत्येक नैतिक नियम का पालन करने से पहले उनकी जाँच करने की भी प्रवृत्ति अब बढ़ने लगी है।

(2) भौतिकवाद (Materialism)—औद्योगीकरण के विकास के प्रभाव से भौतिक प्रगति एवं भौतिक विकास का महत्त्व बढ़ गया है। आज सामान्य व्यक्ति सन्तुष्ट नहीं दिखाई देता। अधिक से अधिक भौतिक उपलब्धियाँ प्राप्त करना प्रत्येक मनुष्य के जीवन का उद्देश्य एवं लक्ष्य है। इसी कारण सामान्य व्यक्ति अध्यात्मवाद से मुँह मोड़ रहा है। भौतिकवादी प्रगति की एक होड़ सी लगी हुई है।

(3) व्यक्तिवाद (Individualism)—आज के औद्योगिक समाज निरन्तर भाव से जटिल होते जा रहे हैं। उद्योग के क्षेत्र में विशेषीकरण का बोलबाला है। औद्योगीकरण के फलस्वरूप ही बड़े-बड़े नगरों की स्थापना हो रही है। बड़े-बड़े नगरों में सामुदायिक भावना की कमी होती है। इसीलिये औद्योगिक समाजों में हम भावना की कमी होती है। जीवन की गति बहुत बढ़ती जा रही है, लोगों को फुरसत बहुत कम है। जीवन दिन पर दिन व्यस्त होता जा रहा है। इन सब बातों के फलस्वरूप औद्योगिक समाजों में व्यक्तिवादिता का बोलबाला हो रहा है।

(4) यौन स्वेच्छाचार (Sexual Permissiveness)—औद्योगीकरण के फलस्वरूप यौन-नैतिकता के नियम भी शिथिल हुए हैं। इस शिथिलता के विभिन्न कारण हैं। सर्वप्रथम तो अब स्त्रियों और पुरुषों को आपस में मिलने के अवसर बढ़ गये हैं। मिलों, कारखानों और विभिन्न कार्यालयों में पुरुष और स्त्रियां एक साथ मिलकर कार्य करते हैं। इस सम्पर्क के फलस्वरूप यौन-नैतिकता में कुछ निरंकुशता आती है। इसके अतिरिक्त औद्योगीकरण के फलस्वरूप भौतिकवादी दृष्टिकोण का भी विकास हुआ है। भौतिकवादी सभ्यता भी यौन सम्बन्धों पर लगे प्रतिबन्ध के विरुद्ध है। इन सब कारणों से आज के औद्योगिक समाजों में यौन-सम्बन्धों पर कोई अधिक प्रतिबन्ध नहीं रहे। आजकल काफी संख्या में युवक-युवतियाँ विवाह के पूर्व भी यौन-सम्बन्ध स्थापित किये रहते हैं। इसके अतिरिक्त विवाह की संस्था के बाहर भी यौन-सम्बन्ध काफी संख्या में पाये जाते हैं।

(5) अपराधों में वृद्धि (Increase in Crimes)—औद्योगीकरण के फलस्वरूप सब कहीं अपराधों में वृद्धि हुई है। ऐसा देखने में आया है कि औद्योगिक नगरों में सबसे अधिक अपराध होते हैं। औद्योगिक नगरों में पारिवारिक जीवन सामान्य नहीं रह पाता। पारिवारिक नियन्त्रण भी शिथिल हो जाता है। इसलिये अनियन्त्रित व्यक्ति अपराध करने से डरता नहीं। प्रत्येक औद्योगिक नगर में वेश्यावृत्ति का अधिक प्रचलन होता है। शराब एवं अन्य नशों का भी प्रचलन प्रचुर मात्रा में होता है। इन सब अपराधों के अतिरिक्त औद्योगिक समाजों में चोरी और डकैती की भी घटनाएँ अधिक होती हैं। हिंसा और कत्ल आदि की संख्या भी औद्योगिक नगरों में अधिक होती है।

(6) सामाजिक नियन्त्रण में ह्रास (Decrease in social control)—औद्योगीकरण के फलस्वरूप बड़े-बड़े नगरों में दूर-दूर के क्षेत्रों से श्रमिक एवं कारीगर आकर बस जाते हैं। दिल्ली, कानपुर, बम्बई आदि औद्योगिक नगरों में देश भर के श्रमिक रहते हैं। ऐसी स्थिति में इन श्रमिकों पर सामाजिक नियन्त्रण शिथिल हो जाता है क्योंकि औद्योगिक नगरों में इन श्रमिकों की जाति या बिरादरी का अंकुश नहीं होता। इन सब कारणों से औद्योगिक समाजों में सामाजिक नियन्त्रण शिथिल हो जाता है। औद्योगिक समाजों में कानून एवं पुलिस द्वारा सामाजिक नियन्त्रण की व्यवस्था की जाती है।

मनोरंजन पर प्रभाव

मनोरंजन भी जीवन का एक अनिवार्य पहलू है। प्रत्येक मनुष्य के लिये मनोरंजन आवश्यक है। मनोरंजन के साधन एवं प्रकार समय एवं परिस्थितियों के साथ-साथ बदलते रहते हैं। प्राचीन काल में मनोरंजन के साधन कुछ और थे, आज के औद्योगिक समाजों में मनोरंजन के साधन कुछ और हैं। भारत में औद्योगीकरण के प्रभाव से मनोरंजन के साधनों एवं प्रकारों में भी विशेष अन्तर आया है। मनोरंजन पर औद्योगीकरण के निम्न मुख्य प्रभाव पड़े हैं—

(1) परिवार से बाहर मनोरंजन (Extra-familial Recreation)—पारम्परिक रूप से भारतीय समाज में परिवार ही मनोरंजन का मुख्य केन्द्र था। प्राय: परिवार संयुक्त हुआ करते थे। एक-एक परिवार में अनेक व्यक्ति हुआ करते थे। बच्चों की भी काफी संख्या हुआ करती थी। ऐसे में परिवार के सभी सदस्य परिवार के अन्दर ही अपना-अपना मनोरंजन कर लिया करते थे। बड़े व्यक्ति अलग आपस में ताश, शतरंज आदि के खेल खेला करते थे। औरतें भी घर पर ही बैठकर गप-शप किया करती थीं या झूला आदि झूलकर या गीत गाकर मनोरंजन कर लिया करती थीं। बच्चों का तो कहना ही क्या? एक-एक परिवार में दर्जनों बच्चे हुआ करते थे। ऐसे में बच्चों को मनोरंजन की कठिनाई का कभी अनुभव नहीं होता था। आधुनिक औद्योगिक समाजों में स्थिति इसके विपरीत है। आज परिवार संयुक्त नहीं रहे। परिवारों का आकार बहुत छोटा रह गया है। एक परिवार में सामान्यता एक पुरुष, एक स्त्री और हद से हद दो या तीन बच्चे होते हैं। इसके अतिरिक्त अधिकांश परिवारों में पति और पत्नी दोनों ही नौकरी किया करते हैं। ऐसी स्थिति में परिवार में मनोरंजन का कोई स्थान नहीं रहता। आजकल सभी लोग मनोरंजन के लिये घर से बाहर जाते हैं। मनोरंजन के लिये आज विभिन्न संस्थायें खुल गयी हैं।

(2) व्यावसायिक मनोरंजन (Commercial Recreation)—औद्योगिक समाजों में मनोरंजन भी व्यावसायिक हो गया है। अब मनोरंजन कराने वाली विभिन्न संस्थाओं की स्थापना हो गयी है। सिनेमा, क्लब और नाचघर आदि मनोरंजन के केन्द्र हैं। इन सब संस्थाओं में मनोरंजन व्यावसायिक स्तर पर होता है। इन संस्थाओं में पैसा फैंको और तमाशा देखो। मनोरंजन की विभिन्न संस्थायें बहुत ही महँगी एवं लोगों की जेब खाली करने वाली है।

(3) कृत्रिम एवं निम्न मनोरंजन (Artificial and low level of Recreation)—औद्योगीकरण के फलस्वरूप मनोरंजन व्यावसायिक हो गया है। व्यावसायिक मनोरंजन में वास्तविकता एवं भावनात्मकता की कमी है। आज का व्यावसायिक मनोरंजन कृत्रिम मनोरंजन हैं।

कृत्रिम मनोरंजन के अतिरिक्त औद्योगिक समाजों में मनोरंजन का स्तर भी निम्न हो गया है। आज शास्त्रीय संगीत, शास्त्रीय नृत्य को कोई महत्त्व नहीं दिया जाता। प्रायः सुगम एवं उत्तेजक संगीत को पसन्द किया जाता है। इसके अतिरिक्त बहुत से लोग शराब पीकर तथा अन्य नशों का सेवन करके भी अपना मनोरंजन करते हैं। बहुत से औद्योगिक नगरों में रहने वाले श्रमिक एवं कारीगर वेश्यावृत्ति के द्वारा ही अपना मनोरंजन करते हैं। इन सब से स्पष्ट होता है कि औद्योगीकरण के फलस्वरूप मनोरंजन का स्तर निम्न हुआ है।

अभ्यास के लिये प्रश्न

1. उद्योग की अवधारणा की व्याख्या कीजिये।
2. उद्योगवाद की परिभाषा दीजिये। उसके विकास की क्या परिस्थितियाँ थीं?
3. औद्योगीकरण किसे कहते हैं? इसके स्वरूप बतलाइये।
4. औद्योगिक क्रान्ति का इतिहास दिखलाइये और उसके कारणों की विवेचना कीजिये।
5. औद्योगिक क्रान्ति के सामाजिक, आर्थिक एवं राजनैतिक प्रभावों का विवेचन कीजिये।
6. भारत में औद्योगीकरण के प्रभावों का विवेचन कीजिये।
7. ''उद्योग'' तथा ''औद्योगीकरण'' की परिभाषायें दीजिये। औद्योगीकरण के विभिन्न स्वरूपों तथा प्रभावों का उल्लेख कीजिये।
8. सामाजिक संरचना पर औद्योगीकरण के क्या प्रभाव पड़ते हैं? भारतीय समाज के उदाहरण देते हुये स्पष्ट कीजिये।

6

औद्योगिक नगरीय समाज
(Industrial Urban Society)

यद्यपि नगरीय समाज औद्योगिक समाज का पर्याय नहीं है किन्तु वह औद्योगिक समाज का अंग है। उद्योग और समाज के सम्बन्ध को नगरीय समाज में देखा जा सकता है। सांस्कृतिक, सामाजिक और राजनीतिक पहलुओं में नगरीय समुदाय में कुछ अपनी विशेषतायें दिखलाई पड़ती हैं। ये विशेषतायें नगरीय सामाजिक संगठन की विशेषतायें हैं।

नगरीय समाज का सांस्कृतिक पहलू
(Cultural Aspect of Urban Society)

यूं तो आगे जो नगरीय जीवन के सामाजिक और राजनीतिक पहलू का विवेचन किया जायेगा उसी से नगरीय जीवन के सांस्कृतिक पहलू पर काफी प्रकाश पड़ेगा परन्तु इस सम्बन्ध में संक्षेप में सांस्कृतिक संस्थाओं का अध्ययन भी प्रासंगिक होगा। नगर की मुख्य सांस्कृतिक संस्थायें हैं पुस्तकालय, वाचनालय, नाट्य क्लब, अजायबघर, कला केन्द्र, संगीत समितियाँ इत्यादि। बड़े-बड़े नगरों में इनमें से प्रत्येक को देखा जा सकता है। भारत में कलकत्ता, बम्बई, दिल्ली, लखनऊ, मद्रास, जयपुर आदि बीसों बड़े-बड़े नगरों में अजायबघर से लेकर नाटक क्लब तक सभी प्रकार की सांस्कृतिक समितियाँ देखी जा सकती हैं। छोटे नगरों में अजायबघर नहीं होते। परन्तु पुस्तकालय और वाचनालय सभी नगरों में देखे जा सकते हैं। अधिकतर नगरों में कई-कई पुस्तकालय और वाचनालय होते हैं। बहुधा नगरों में एक बड़ी म्युनिसिपल लाइब्रेरी होती है और भिन्न-भिन्न वार्डों में अलग-अलग पुस्तकालय होते हैं। कोई भी व्यक्ति थोड़ा सा चन्दा देकर इन पुस्तकालयों का सदस्य बन सकता है और उनसे लाभ उठा सकता है। कहीं-कहीं नगरों में चलते-फिरते पुस्तकालय भी होते हैं। भिन्न-भिन्न नगरों में जनता की पढ़ने की रुचि और पढ़ने की गति में अन्तर होता है। साधारणतया इन पुस्तकालयों में उपन्यास, जीवन चरित्र तथा अन्य साहित्यिक पुस्तकों के अलावा राजनीति, इतिहास, अर्थशास्त्र, मनोविज्ञान, समाजशास्त्र आदि से सम्बन्धित पुस्तकें होती हैं। बहुधा इन पुस्तकालयों में विज्ञान, गणित, वाणिज्य आदि विषयों की पुस्तकें नहीं रखी जातीं क्योंकि साधारण जनता को इनमें विशेष रुचि नहीं होती। पुस्तकालयों में अंग्रेजी और हिन्दी के अतिरिक्त स्थानीय भाषाओं की पुस्तकें होती हैं।

भारत के बड़े-बड़े नगरों में संगीत और कला की समितियाँ और संस्थायें हैं। देश में कला और संस्कृति को प्रोत्साहन देने के लिये तीन बड़ी अकादमी हैं—साहित्य अकादमी, ललितकला अकादमी और संगीत नाटक अकादमी। इनके अलावा भारतीय विद्या भवन, प्रयाग संगीत सम्मेलन जैसी गैर सरकारी संस्थायें भी भारत के नगरों में कला और संस्कृति का विकास कर रही हैं। भारत के छोटे-बड़े सभी नगरों में कई-कई नाट्य क्लब और समितियाँ हैं जो कि त्यौहार, स्वतन्त्रता दिवस अथवा विशेष अवसरों पर जनता के सम्मुख अभिनय करते हैं। नाट्य समितियों के अलावा चित्रशालायें और कला केन्द्र भी अधिकतर बड़े नगरों में मिल जायेंगे। दिल्ली, बम्बई जैसे बड़े नगरों में बड़े-बड़े कलाकार अपनी कृतियों को समय-समय पर प्रदर्शित करते रहते हैं। इनके अलावा नगर के सांस्कृतिक जीवन में रेडियो, टेलीविजन, सिनेमा आदि का भी बड़ा महत्त्व है क्योंकि इनका नगर निवासियों के विचारों, भावनाओं, अनुभूतियों आदि पर व्यापक प्रभाव पड़ता है। आजकल नगरों की कलात्मक, साहित्यिक और सांस्कृतिक समितियों तथा संस्थाओं को भारत सरकार एवं राज्य सरकार की ओर से भी सहायता मिलती है। नगरों में सांस्कृतिक जीवन की गति को बनाये रखने में कुछ साहित्यिक और कला प्रेमी व्यक्तियों का महत्त्वपूर्ण हाथ होता है। सिनेमा के आविर्भाव के बाद से भारत के नगरों में लोग नाटक में बहुत कम रुचि लेते हैं परन्तु सरकारी प्रोत्साहन से इस दिशा में कुछ प्रगति की सम्भावना है।

नगरीय समाज का सामाजिक पहलू
(Social Aspect of Urban Society)

नगरीय परिस्थितियों की भिन्नता के कारण नगर का सामाजिक जीवन ग्रामीण सामाजिक जीवन से भिन्न होता है। अब नगरीय जीवन के सामाजिक पहलू की मुख्य-मुख्य विशेषताओं का वर्णन किया जायेगा।

(1) सामाजिक सम्बन्धों की निर्वैयक्तिकता—नगरीय जीवन के सामाजिक पहलू की सबसे बड़ी विशेषता सामाजिक सम्बन्धों की निर्वैयक्तिकता है। इसका मुख्य कारण यह है कि नगर में लोग एक दूसरे के प्रति व्यक्तियों के समान नहीं, बल्कि वस्तुओं के समान व्यवहार करते हैं। नगर के आर्थिक व्यवहार वस्तुओं के लेन-देन पर आधारित न होकर मुद्रा के माध्यम से होते हैं। नगर में प्रत्येक वस्तु का मूल्य मुद्रा में आंका जाता है यहां तक कि मानव सम्बन्धों का मूल्य भी रुपये-पैसे में आंका जाता है। भौतिकवाद के जोर के कारण नगर में अनेक वस्तुयें और अनेक प्रकार के मानव सम्बन्ध पैसे से खरीदे जा सकते हैं। वेश्यावृत्ति की संस्था में स्त्री-पुरुष का यौन सम्बन्ध जैसा गूढ़ मानव सम्बन्ध भी पैसे से खरीदा जा सकता है। अत: रुपये के आधार पर सब व्यवहार होता है जिसमें व्यक्तियों का महत्त्व गौण होता है। नगर के दुकानदार को किसी से कोई दिलचस्पी नहीं। उसको तो जो अधिक दाम देगा वही ग्राहक पसन्द आयेगा और उसी के हाथ वह वस्तु बेचेगा। नगर के बाजारों में, दफ्तरों में, पार्कों में, सिनेमाघरों में, क्लबों में और दुकानों में अधिकतर मनुष्य व्यक्ति न होकर एक भीड़ का सदस्य होता है। इससे निर्वैयक्तिकता को प्रोत्सहान मिलता है। नगरों में परिवार, जाति, बिरादरी और समाज का नियन्त्रण बहुत कम होता है। अधिकतर नियन्त्रण प्राथमिक न होकर माध्यमिक होता है। कानून, पुलिस, जेल आदि व्यक्तियों के व्यवहार पर नियन्त्रण रखते हैं। इनकी गिरफ्त

में न आने तक व्यक्ति कितने भी अपराध करके नगर के जन-समुदाय में विलीन हो सकता है। नगर में मनुष्य की आवश्यकतायें बढ़ती ही जाती हैं जिनको सन्तुष्ट करने के लिये उसको धन की जरूरत पड़ती है। धन होने पर व्यक्ति को सम्मान भी मिलता है और सुख भी चाहे, वह धन कैसे भी साधनों से क्यों न कमाया गया हो। अतः नगर में व्यक्ति येन-केन प्रकारेण धन कमाने के लिये प्रत्यनशील रहते हैं। इसमें वे किसी का भी शोषण करने में नहीं हिचकते। दूसरे, व्यक्ति उनके लिये साध्य न होकर साधन मात्र बन जाते हैं। इससे सम्बन्धों की निर्वैयक्तिकता बढ़ती है।

(2) यन्त्रवत् सामाजिक जीवन—सामाजिक सम्बन्धों की निर्वैयक्तिकता, औद्योगीकरण तथा यन्त्रीकरण के कारण नगरों में सामाजिक जीवन यन्त्रवत् हो जाता है। मनुष्य को कब क्या काम करना है यह घड़ी नामक यन्त्र निश्चित करता है। यन्त्र मनुष्यों पर शासन करते हैं। वे मनुष्यों की दिनचर्या निर्धारित करते हैं। यदि सुबह कारखाने को जाने वाली बस या दफ्तर को जाने वाली बस दस बजे छूटती हो तो मजदूर अथवा बाबू को सब काम करके दस बजे से पहले ही बस स्टॉप पर आ ही जाना होगा चाहे उसने खाना न खाया हो, चाहे उसकी अभी और रुकने की इच्छा हो। बस तो किसी का भी इन्तजार नहीं कर सकती। वह तो समय पर आयेगी और जायेगी। नगर के जीवन में कोई भी मनुष्य व्यक्ति नहीं होते। प्रत्येक पर एक न एक लेबिल लगा रहता है। कोई डॉक्टर है, कोई प्रोफेसर है, कोई मरीज, कोई सौदागर, अथवा कोई अमीर है, कोई गरीब है, कोई मिल मालिक है, कोई मजदूर है। मनुष्य कोई नहीं। बात यह है कि नगर में जीवन की गति इतनी तीव्र होती है कि किसी को किसी की ओर देखने तक की फुरसत नहीं, किसी को अच्छी तरह जानने का अवकाश नहीं। अतः परस्पर सम्पर्क क्षणिक और अस्थायी होता है जिससे मनुष्यों की नजर केवल उस मतलब पर रहती है जो कि उन्हें एक दूसरे से साधना होता है। उस मतलब के सध जाने के बाद वे एक दूसरे को भूल जाते हैं, कहीं मिलने पर पहचानते भी नहीं। लोगों पर लगे लेबिल घनिष्ठ सम्बन्ध में बाधक होते हैं और घनिष्ठ सम्बन्ध बढ़ाना भी नहीं चाहता क्योंकि उससे मतलब साधने में बाधा पड़ती है। इसीलिये नगर में सहृदयता का अभाव दिखलाई पड़ता है। व्यवहार शिष्ट होते हुए भी खोखला और यन्त्रवत् होता है। हजारों-लाखों के बीच रहते हुए और सैंकड़ों व्यक्तियों से रोज व्यवहार करते हुए भी नगर निवासी सम्बन्धों की अप्रत्यक्षता बनाए रखता है। रेडियो, समाचार-पत्र, सिनेमा, टेलीविजन आदि भी सम्बन्धों की इस अप्रत्यक्षता को बढ़ावा देते हैं, क्योंकि इनकी सहायता से प्रत्यक्ष सम्पर्क के बिना ही अनेक बातों की जानकारी होती रहती है। सम्पर्क की सापेक्षता, अस्थायित्व तथा क्षणभंगुरता के कारण नगर में प्रगाढ़ सम्बन्ध बहुत कम विकसित हो पाते हैं जहाँ कहीं सम्पर्क प्रत्यक्ष, स्थायी और काफी समय तक भी होता है वहां भी उपयोगितावादी (Utilitarian) दृष्टिकोण के कारण सम्बन्ध घनिष्ठ नहीं हो पाते। जहाँ कहीं बाह्य रूप में घनिष्ठता दिखाई भी पड़ती है वहाँ भी आन्तरिक सौहाद का नितान्त अभाव होता है। अपनी महत्त्वाकांक्षायें, आशायें, आकांक्षायें, इच्छायें और योजनायें व्यक्ति को इतना अवकाश नहीं देतीं कि वह दूसरे में भी रुचि ले, उसकी आशाओं, इच्छाओं, दुख दर्द को समझे बूझे। जहाँ कहीं कभी-कभी कुछ लोगों में बड़ा संगठन और ऐक्य दिखलायी पड़ता है वहाँ भी सामान्य स्वार्थ का प्रश्न आने पर अधिकांश व्यक्तियों को दूसरों को हानि पहुँचाने में भी देर नहीं लगती।

(3) माध्यमिक नियन्त्रण—सामाजिक सम्बन्धों की निर्वैक्तिकता और यंत्रवत् सामाजिक जीवन के कारण नगर में प्राथमिक नियन्त्रण काम नहीं करते। व्यक्ति पर परिवार, जाति बिरादरी और समूह का नियन्त्रण बहुत कम रहता है। उस पर दण्ड व्यवस्था और शासन का नियन्त्रण रहता है। इसलिए नगर में कानून और पुलिस का महत्त्व भी बहुत अधिक होता है। इसलिये वहाँ समितियों और संस्थाओं में बहुधा व्यवहार के स्पष्ट नियम बना दिये जाते हैं जिनका पालन करना प्रत्येक सदस्य के लिये आवश्यक होता है। सदस्य रहते तक तो व्यक्ति को इन नियमों का पालन करना पड़ता है और उस समय तक उस पर नियन्त्रण भी रहता है। बहुधा इन समितियों और संस्थाओं के सदस्यों में क्रमशः इतनी घनिष्ठता बढ़ जाती है कि उनमें प्राथमिक सम्बन्ध दिखलाई देने लगते हैं। कभी-कभी तो क्लब तथा सभा समितियाँ और गोष्ठियां परिवार, पड़ौस और चर्च के समान प्राथमिक सम्बन्धों को विकसित करती हैं क्योंकि लम्बे साहचर्य से क्रमशः सम्बन्धों की घनष्ठिता बढ़ती जाती है।

(4) दिखावा—नगरीय सामाजिक जीवन में दिखावे पर बड़ा जोर होता है। एरिक फ्रॉम ने अपनी प्रसिद्ध पुस्तक The Sane Society में इसका चित्र खींचा है। नगरीय लोगों में उपभोग में दिखावे का महत्त्व इतना अधिक रहता है कि कभी-कभी तो उपयोग का लक्ष्य उपभोग न होकर दिखावा मात्र रह जाता है। रहन-सहन, वेश-भूषा, बाहरी तड़क-भड़क, सजावट आदि पर इतना अधिक जोर दिया जाता है कि बहुधा ये आन्तरिक विकास में भारी बाधा उत्पन्न करते हैं। धनिक लोग अपनी हैसियत का विज्ञापन करने के लिये आलीशान बंगले, नई से नई कारें तथा हर तरह की फिजूलखर्ची का आयोजन करते हैं। मध्यम वर्गीय लोग अल्प आय होने पर भी उसकी नकल करने से बाज नहीं आते। मध्यम वर्गीय स्त्रियों में कृत्रिम सिल्क, कृत्रिम जेवर और सस्ते प्रसाधनों की धूम है। निम्न वर्ग भी अवसर मिलने पर पीछे नहीं रहता, नौकरी पेशा लोगों के वेतन बहुधा महीना पूरा होने से पहले ही खत्म हो लेते हैं। नित्य-प्रति के जीवन के अलावा शादी ब्याह तथा अन्य अवसरों पर भी दिखावे पर हजारों रुपया व्यर्थ फूंक दिया जाता है। दिखावे का यह जोर इसलिये है क्योंकि नगरों में बहुधा उसी से इज्जत भी मिलती है। कोठी, कार, नौकर-चाकर, सूट, साढ़ियाँ, जेवर, सैर-सपाटे ये सब आराम से अधिक दिखावे के लिये जुटाये जाते हैं और इनसे नगरीय समाज में व्यक्ति का आदर और नाम बढ़ता है। फलतः उसमें आत्म-विश्वास उत्पन्न होता है। यूं तो दिखावे की प्रवृत्ति मानव मनोविज्ञान में ही निहित है और गाँवों में भी दिखावा कम नहीं होता, परन्तु आमतौर से गाँव में फिजूलखर्ची करके दिखावे को लोग बुरा समझते हैं जबकि नगर में इसका रिवाज बढ़ता जा रहा है। गाँव में बहुत सजावट करने वाले और फिल्म स्टारों की नकल करने वाले लड़के-लड़कियों को लोग निन्दा की दृष्टि से देखते हैं और नगर में प्रशंसा की दृष्टि से। अतः नगर में यह प्रवृत्ति बढ़ती जाती है।

परन्तु यहाँ यह ध्यान रखना चाहिये कि नगर में दिखावे पर इतना जोर इसलिये भी है क्योंकि नगर में दिखावे की अधिक जरूरत पड़ती है। जैसा कि पहले बतलाया जा चुका है, नगर में सम्पर्क क्षणिक और अस्थायी होते हैं अतः दूसरों को प्रभावित करने के लिये इस थोड़े से समय का अधिक से अधिक लाभ उठाने के लिये अधिक से अधिक दिखावे की जरूरत पड़ती है। दुकानदारों, होटल वालों, दफ्तर वालों को हर एक आगन्तुक से शिष्टाचार बर्तना

पड़ता है चाहे वे उसे पसन्द करते हों या नापसन्द। इस शिष्टाचार में बनावट और दिखावा तो होता है, परन्तु इससे उनका व्यापार चलता है, सामाजिक सम्बन्ध बने रहते हैं।

(5) **फैशन**—दिखावे की प्रवृत्ति के कारण नगर में फैशन का बोलबाला होता है। फैशन के अधिकतर प्रतिमान नेतागण या फिल्म के अभिनेता, अभिनेत्रियाँ निश्चित करती हैं। स्त्रियों के केश विन्यास में कपड़ों के चुनाव में, जेवर में, बोलचाल और रंग-ढंग में बहुधा फिल्म अभिनेत्रियों की नकल दिखलाई पड़ती है। इसी प्रकार नवयुवकों की वेश-भूषा, बालों के कट, सिगरेट पीने का ढंग, बोलचाल आदि में फिल्म अभिनेताओं की नकल बहुत दिखलाई पड़ती है। नगर में जो चीज फैशन में आ जाती है उसी की बिक्री अधिक होती है। फैशन से निकल जाने पर अच्छी चीजों की भी बिक्री खत्म हो जाती है। अत: नगर में आप दुकानदारों को नई चीजें पेश करते समय बराबर यह कहते पायेंगे कि यही लेटेस्ट फैशन (Latest Fashion) है। फैशन के प्रतिमान अधिकतर बड़े-बड़े नगरों में शुरू होते हैं। छोटे नगर वाले उन्हीं को अपनाते हैं। भारत में बम्बई और दिल्ली आदि बड़े नगरों के स्त्री-पुरुष फैशन में अग्रणी समझे जाते हैं और अन्य लोग उनकी नकल करते हैं। यूरोप में पैरिस और अमेरिका में न्यूयार्क फैशन निश्चित करते हैं। आधुनिक संसार में संदेशवहन और यातायात के साधनों की अत्यधिक प्रगति होने के कारण पैरिस और न्यूयार्क के फैशन सारी दुनिया के बड़े-बड़े नगरों में फैशन को प्रभावित करते हैं। फैशन के प्रभाव का तात्पर्य यह नहीं है कि वेशभूषा आदि में स्थानीय प्रभाव न रह गया हो। आज भी दुनिया के सभी नगरों में ऐसे लोग हैं जो फैशन की अवहेलना करते हैं और अपनी परम्परागत वेशभूषा आदि को छोड़ना नहीं चाहते। विशेषतया धार्मिक लोग, राष्ट्रीय प्रवृत्ति के लोग और वृद्ध जन अब भी प्राचीन परम्परा को निभाते देखे जा सकते हैं। दुनिया में लगभग सब कहीं राष्ट्रीय नेतागण अपनी राष्ट्रीय पोशाक में देखे जा सकते हैं परन्तु नई उम्र के युवक-युवतियों में सभी जगह फैशन का प्रभाव है। यह फैशन पश्चिमी नगरों में, पैरिस और न्यूयार्क में निर्धारित होता है। फैशन तेजी से बदलता रहता है, परन्त अधिकतर फैशन में शरीर के अधिक से अधिक प्रदर्शन और यौन प्रवृत्तियों को अधिक से अधिक उभारने तथा सम्पत्ति के अधिक से अधिक विज्ञापन पर जोर देखा जा सकता है। फैशन में एक प्रयोजन एक से जीवन में परिवर्तन करना भी होता है। संगीत और कला के क्षेत्र में नये-नये फैशनों की यह प्रवृत्ति विशेष तौर से देखी जा सकती है।

(6) **गतिशीलता**—नगरीय जीवन के सामाजिक पहलू की एक अन्य विशेषता ग्रामीण जीवन की अधिक गतिशीलता है। यह गतिशीलता कई प्रकार की है। उदाहरण के लिये नगर में देशिक गतिशीलता सब कहीं दिखलाई पडती है। अधिकतर लोग किराये के मकानों में रहते हैं। अत: अच्छा मकान मिलने पर वर्तमान मकान में किसी प्रकार की असुविधा होने पर या अन्य किसी कारण से उन्हें एक मौहल्ले में मकान छोड़कर दूसरे मौहल्ले में किसी अन्य मकान में जा बसने में कोई कठिनाई नहीं होती। सरकारी नौकरी वालों के बराबर तबादले होते रहते हैं जिससे उनको हर तीसरे-चौथे साल आवास बदलना पड़ता है। इसके अलावा नगर में रोज लोग घर से दूर काम पर जाते हैं और शाम को वापस आते हैं। कहीं-कहीं तो दफ्तर तक पहुँचने में बाबू लोगों को दस मील साइकिल पर तय करना पड़ता है। काम से घूमने के अलावा नगर में सदैव कुछ लोग व्यर्थ, कुछ लोग कुछ काम न होने के कारण, कुछ लोग

काम की तलाश में, कुछ लोग सामान बेचते हुये और कुछ लोग मनोरंजन के लिये घूमते रहते हैं। यह घूमना रात को कुछ ही घण्टों के लिये कम होता है। बड़े-बड़े नगरों में यह दिन-रात कभी भी बन्द नहीं होता। इसके अलावा व्यापार तथा पारिवारिक अथवा अन्य कामों से लोग बराबर नगर से बाहर आया-जाया करते हैं। इस प्रकार नगर में बराबर गतिशीलता बनी रहती है। इसकी गति समय के अनुसार बदलती रहती है। उदाहरण के लिये सुबह नौ-दस बजे और शाम को पाँच-छः बजे नगर में गतिशीलता बढ़ जाती है क्योंकि सुबह लोग काम पर जाते हैं और शाम को वापस आते हैं। फिर संध्या समय कुछ घण्टों के लिये गतिशीलता बढ़ जाती है क्योंकि इस समय लोग घर से बाहर निकल कर बाजार आदि जाते हैं, सैर सपाटे को जाते हैं या क्लब इत्यादि में मनोरंजनार्थ जाते हैं। नगर के क्लबों और होटलों में इसी समय सबसे अधिक भीड़ रहती है। फिर जैसे जैसे रात बढ़ती जाती है भीड़ कम होती जाती है। नगर में गतिशीलता में समय का बड़ा ध्यान रखा जाता है। सब काम घड़ी को देखकर शुरू किये जाते हैं। बहुधा नगर निवासियों का सोना-जागना, खाना-पीना, उठना-बैठना और मनोरंजन आदि सभी काम घड़ी देखकर निश्चित किये जाते हैं। इसमें दिनचर्या यन्त्रवत् हो जाती है। अतः जीवन में परिवर्तन लाने के लिए अनेक उपाय किये जाते हैं। बहुत से लोग गर्मियों में पहाड़ों पर जाते हैं जिससे गर्मी से बचने के साथ-साथ जीवन में परिवर्तन भी आता है। रविवार को सभी नौकरी वालों की दिनचर्या में कुछ परिवर्तन हो जाता है। भिन्न-भिन्न व्यवसाय वाले और दुकानदार लोग भी आजकल सप्ताह में एक दिन छुट्टी रखते हैं। इससे उनके जीवन में कुछ परिवर्तन हो जाता है और आवश्यक कामों के लिए अवकाश भी मिल जाता है। नगर के आकार प्रकार और परिस्थिति शास्त्रीय प्रतिमानों से उनमें गतिशीलता पर प्रभाव पड़ता है। दिल्ली जैसे बड़े नगरों में गतिशीलता अधिक होती है और मोटरें, साइकिलें, रिक्शे आदि वाहन भी अधिक दिखलाई पड़ते हैं क्योंकि नगर बड़ा होने के कारण लोगों को अपने काम पर पहुंचने के लिए मीलों का रास्ता तय करना पड़ता है। छोटे नगरों में गतिशीलता अपेक्षाकृत कम होती है और वाहनों की भी कम आवश्यकता पड़ती है, क्योंकि नगर छोटा होने के कारण लोगों के काम करने के स्थान उनके घरों से अधिक दूर नहीं होते। कलकत्ता, बम्बई, दिल्ली आदि बड़े-बड़े नगरों में काफी लोग बसों और ट्रामों की सहायता के बिना अपने काम पर नहीं पहुंच सकते। गतिशीलता बढ़ने के साथ-साथ नगरों में दुर्घटना की संख्या भी बढ़ती है। बड़े-बड़े नगरों में रोज दो-चार दुर्घटनायें हो जाना मामूली बात है यद्यपि दुर्घटनाओं को रोकने के लिए शासन की ओर से सब प्रकार का प्रयास किया जाता है।

नगरों की इस गतिशीलता से सामाजिक सम्बन्धों पर भी प्रभाव पड़ता है। आमतौर से गतिशीलता बढ़ने के साथ सम्बन्धों की निर्वैयक्तिकता बढ़ती है और सामाजिक एवं व्यक्तिगत विघटन भी बढ़ता है। इससे सामाजिक नियन्त्रण कम होता है और सामूहिक चेतना के विकास में बाधा पड़ती है। इससे सामाजिक सम्बन्ध विश्रृंखलित होते हैं। इससे व्यक्तिवाद बढ़ता है। इससे दुराचार बढ़ता है। परन्तु गतिशीलता बढ़ने से व्यक्ति अधिक सावधान, अधिक व्यवहार कुशल, अधिक चतुर और अधिक अनुभवी बनता है। नगर के बालकों और युवाओं का गांव या कस्बे के बालकों और युवाओं से मुकाबला करने पर यह अन्तर स्पष्ट देखा जा सकता है। नगर में पहुंचकर ग्रामीण युवक को सड़क पार करना एक समस्या बन जाती है जबकि नगर के बालक-बालिका मजे में रास्ता चलते रहते हैं और साइकिलें लिये फिरते हैं। इसी प्रकार

नगर निवासी गाँव वाले को बड़ी आसानी से ठग लेता है और गाँव वाला मूर्ख बन जाता है। नगर में कुछ दिन रहने या रोज आने-जाने पर गाँव वाले भी काइयां और चतुर बन जाते हैं तथा पढ़े-लिखों के भी कान काटते हैं। नगर में आवास परिवर्तन अधिक होने से पड़ौस की भावना प्रबल नहीं हो पाती।

(7) पड़ौसीपन की कमी—अतः नगरीय सामाजिक जीवन में पड़ौसीपन की भावना की भारी कमी दिखलाई पड़ती है। स्थूल रूप से, जो नगर जितना ही बड़ा और घना बसा होगा उसमें पड़ौसीपन की भावना उतनी कम दिखलाई पड़ेगी। अधिकतर लोग सुबह को अपने काम पर निकल जाते हैं और शाम को थके-मादे घर लौटते हैं। छुट्टी का दिन अन्य काम-काजों में बीत जाता है। अतः काफी लोगों को इतनी फुरसत ही नहीं मिलती कि वे पड़ौसी का हाल-चाल पूछें। दूसरे, कभी-कभी एक ही मकान में अनेक परिवार रहते हैं या घर बहुत पास-पास होते हैं। इससे निजत्व बनाये रखना कठिन हो जाता है। ऐसी दशा में पड़ौसियों से घनिष्ठता न बढ़ाना ही अच्छा रहता है क्योंकि फिर चाहे जैसे रहने में कोई कठिनाई नहीं रहती। मनुष्य को अपने घनिष्ठ व्यक्ति से लाज शर्म अधिक लगती है। उसके सामने शिष्टाचार का अधिक ध्यान रखना पड़ता है। साधारण परिचित अनजान या आते-जाते लोगों से उसे उतनी शर्म या झिझक नहीं लगती और वह बेतकल्लुफी से मन चाहे ढंग से रहता है। इसके अलावा नगर में यातायात और सन्देशवहन के साधन अधिक सुलभ होने के कारण अधिकतर लोग कहीं भी अपने मित्र बना लेते हैं और उनको पड़ौसियों से घनिष्ठता बढ़ाने की जरूरत नहीं पड़ती। नौकरी या व्यवसाय वाले लोग अपने-अपने साथ काम करने वालों के साथ मैत्री बढ़ा लेते हैं। फिर नगर में प्रत्येक व्यक्ति की अपनी-अपनी रुचियाँ बन जाती हैं। यदि पड़ौसी से रुचि मिल गई तो फिर मेल-जोल बढ़ जाता है वरना वर्षों पास-पास मकानों में रहकर भी लोग एक दूसरे से कोई सरोकार नहीं रखते। फिर नगर में पड़ौस के बाहर के संगठन और समितियाँ मनुष्य की उन सभी मनोवैज्ञानिक आवश्यकताओं को पूरा करती हैं जिनको पड़ौसियों से पूरा किया जा सकता है। अतः पड़ौसियों से मेल-जोल बढ़ाने की नौबत नहीं आती। The City and Primary Group में वेसले (Roper M. Wesley) ने नगर में पड़ौस के गिरने के अनेक महत्त्वपूर्ण कारकों का सूक्ष्म विश्लेषण किया है।

परन्तु उपरोक्त विश्लेषण से यह निष्कर्ष नहीं निकाले जाने चाहियें कि नगरों में पड़ौस का महत्त्व बिल्कुल नहीं होता। यह ठीक है कि अनेक नगरों में अनेक क्षेत्रों में पड़ौसीपन की भावना बिल्कुल नहीं दिखलाई पड़ती परन्तु अन्य नगरों में या उसी नगर के अन्य क्षेत्रों में पड़ौसियों में काफी सहयोग दिखलाई पड़ेगा। भारत में केवल मध्यम आकार के नगरों में ही नहीं बल्कि दिल्ली जैसे बड़े नगरों में भी मौहल्ला समितियां और पड़ौसियों के संगठन देखे जा सकते हैं जो कि सामान्य हितों ही रक्षा करते हैं और परस्पर सम्बन्धों में घनिष्ठता बढ़ाते हैं। जहाँ कुछ मौहल्लों में किसी विशेष धर्म, सम्प्रदाय अथवा जाति या प्रजाति के लोग अधिक पाये जाते हैं वहाँ उनमें पड़ौसीपन का काफी विकास दिखलाई पड़ेगा। वास्तव में नगरों में पड़ौसीपन का ह्रास एक सापेक्ष तथ्य है। इधर कुछ सामुदायिक योजनाओं की सहायता से नगरों में पड़ौसीपन बढ़ाने का भी प्रयास किया जा रहा है। फिर, पुरुषों को चाहे पड़ौसियों से बात करने का अवकाश न भी मिले, बच्चे तो पास-पड़ौस के बच्चों के साथ खेलते ही हैं। स्त्रियों

में भी बात-चीत, लेन-देन होता ही रहता है। बच्चों के माध्यम से बहुधा पड़ौसियों से सम्बन्ध घनिष्ठ हो जाते हैं यद्यपि इसमें कोई संदेह नहीं कि कभी-कभी बच्चों के कारण कहा सुनी और झगड़े भी हो जाते हैं। एक ही स्थान पर काम करने वाले पड़ौसियों में, अपने निजी मकानों में रहने वाले पड़ौसियों में, समान रुचि वाले पड़ौसियों में साधारणतया घनिष्ठ सम्बन्ध हो जाते हैं। वास्तव में वर्षों पास-पास मकानों में रहकर पड़ौसियों में घनिष्ठता बढ़ना इतना अधिक अस्वाभाविक नहीं जितना कि घनिष्ठता न बढ़ना अस्वाभाविक है।

(8) संघर्ष और प्रतिद्वन्द्विता की अधिकता—नगरीय सामाजिक जीवन में संघर्ष अधिक दिखलाई पड़ते हैं। जीवन की गतिशीलता, यान्त्रिकता और कृत्रिमता बढ़ने के साथ-साथ नगरों में मानसिक अव्यवस्था भी बढ़ती है। नगर के जटिल और भड़कीले जीवन में इतनी अधिक और परस्पर विरोधी इच्छायें और प्रवृत्तियाँ उद्वेलित होती हैं कि उनको सन्तुष्ट करना लगभग असम्भव सा ही होता है। फलस्वरूप असंतोष और मानसिक संघर्ष बढ़ता है। इसका लाभ उठाकर अनेक प्रकार के तथाकथित मानसिक रोग विशेषज्ञ, पारिवारिक सलाहकार, हस्तरेखा विशारद, ज्योतिषी, आध्यात्मिक साधू, सन्त आदि नगर निवासियों को खूब लूटते हैं।

मानसिक संघर्ष के साथ-साथ नगर में आर्थिक क्षेत्र में तीव्र संघर्ष और प्रतिद्वन्द्विता दिखलाई पड़ती है। गलाकाट प्रतियोगिता नगर के आर्थिक संगठन में हर क्षेत्र में दुकानदारों में, व्यवसायियों में, कारखानेदारों में और कभी-कभी तो शिक्षा संस्थाओं तक में देखी जा सकती है। सामाजिक क्षेत्र में भी नगर में काफी गर्मागर्मी रहती है। अधिकतर धार्मिक, सामाजिक और राजनीतिक सुधार तथा विद्रोह नगर में ही शुरू होते हैं और नगर में ही पलते हैं। क्रमश: ये आन्दोलन नगर की सीमा के बाहर भी फैल जाते हैं।

(9) समिति निर्माण की तीव्र गति—नगरों के सामाजिक जीवन की अन्य विशेषता समिति निर्माण की तीव्र गति है। नगरों में स्वार्थों, रुचियों, लक्ष्यों और प्रयोजनों की विविधता दिखलाई पड़ती है। इनको लेकर इनकी तुष्टि हेतु विभिन्न समितियाँ बनाई जाती हैं। अत: नगरों में समिति निर्माण की धूम रहती है। इनमें से अनेक समितियों ने परिवार और पड़ौस के अनेक कार्य अपने ऊपर ले लिये हैं। यूं तो सभी समितियों का वर्गीकरण लगभग असम्भव है परन्तु स्थूल रूप से नगरों की समितियों को अग्रलिखित वर्गों में बाँटा जा सकता है—

(1) **व्यावसायिक समूह**—जैसे वकीलों, डाक्टरों, अध्यापकों आदि के समूह।

(2) **धार्मिक समूह**—जैसे आर्य समाज, वहाबी समाज, सनातन धर्म सभा आदि।

(3) **राजनीतिक समूह**—जैसे जनसंघ, समाजवादी दल, साम्यवादी युवक संघ इत्यादि।

(4) **मनोरंजन के समूह**—जैसे अशोक होटल, कोरल क्लब, क्रिकेट क्लब, जीमखाना क्लब आदि।

(5) **शैक्षिक समूह**—जैसे हिन्दी प्रचारिणी सभा, साहित्यकार संसद, स्टडी सर्किल, रामायण सभा इत्यादि।

(6) **आध्यात्मिक समूह**—जैसे रामकृष्ण आश्रम, सत्संग आश्रम इत्यादि।

(7) **कलात्मक समूह**—जैसे नाटक मण्डली, संगीत सभा, कला केन्द्र इत्यादि।

(8) **भ्रातृत्व समूह**—जैसे कायस्थ सभा, ब्राह्मण मण्डली इत्यादि।

(9) **कल्याण समूह**—जैसे सेवा समिति, स्वयं सेवक दल, महिला सभा इत्यादि।

(10) **असामाजिक या समाज विरोधी समूह**—जैसे गिरहकटों, चोरों, जालसाजों तथा गुण्डों और अपराधियों के संगठन।

नगर निवासी एक समय में इनमें से अनेक समूहों में भाग लेते हैं। इससे उनके व्यक्तित्व का बहुविध विकास होता है। कभी-कभी तो वे परस्पर विरोधी समूहों में भी भाग लेते देखे जा सकते हैं जिससे उनके व्यक्तित्व में परस्पर विरोधी पहलू देखे जा सकते हैं। परन्तु समाज विरोधी समूहों को छोड़कर अधिकतर समूह परस्पर विरोधी न होकर परस्पर पूरक होते हैं। अतः इन सबसे नगर का जीवन समृद्ध और संगठित बनता है।

नगरीय समाज का राजनीतिक पहलू
(Political Aspect of Urban Society)

नगरीय जीवन के सामाजिक पहलू की अनेक विशेषतायें उसके राजनीतिक पहलू में भी दिखाई पड़ती है। सामाजिक जीवन के समान नगर का राजनीतिक जीवन भी गतिशील, संघर्षमय और जटिल होता है। स्थूल रूप से नगर के राजनीतिक जीवन के दो मुख्य अंग होते हैं—एक तो सरकार द्वारा नियुक्त प्रशासक तथा उनके कर्मचारी और दूसरे नगरपालिका में जनता के चुने हुए प्रतिनिधि। भारतवर्ष में प्रत्येक जिले में एक जिलाधीश होता है जो जिले के मुख्य केन्द्र में रहता है, यह केन्द्र आमतौर से जिले का सबसे बड़ा नगर होता है। जिलाधीश जिले की शान्ति और व्यवस्था के लिये उत्तरदायी होता है। जिलाधीश के अलावा हर एक जिले में अनेक थानेदार होते हैं जो कि अपने-अपने इलाकों की देख-भाल करते हैं। नगर में विभिन्न सर्किलों में अलग-अलग थाने होते हैं जिनमें एक सब-इन्स्पैक्टर तथा उसके आधीन अनेक कर्मचारी, हेड कान्स्टेबिल और कान्स्टेबिल होते हैं। ये अपने-अपने सर्किल में शान्ति स्थापित रखते हैं और अपराधियों को पकड़ते हैं। प्रत्येक नगर में एक कोतवाली होती है जिसका प्रमुख अधिकारी शहर कोतवाल होता है। शहर कोतवाल के अलावा बड़े-बड़े नगरों में अथवा जिला केन्द्रों में डिप्टी सुपरिन्टेन्डेन्ट पुलिस तथा सुपरिन्टेन्डेन्ट पुलिस आदि भी रहते हैं। अधिकतर नगरों में एक प्रवीक्षण अधिकारी भी होता है जो कि किशोर अपराधियों की देखभाल करता है। बड़े-बड़े नगरों में एक गुप्तचर विभाग होता है। इन सब सरकारी कर्मचारियों के अलावा नगर में एक म्यूनिसिपल बोर्ड होता है। बड़े-बड़े नगरों में कारपोरेशन होती है। बोर्ड अथवा कारपोरेशन के सदस्य जनता द्वारा चुने जाते हैं। इन चुनावों में राजनीतिक दल अपने प्रतिनिधि खड़े करते हैं। स्वतन्त्र उम्मीदवार भी खड़े होते हैं। चुने जाने पर ये सब मिलकर नगर में सफाई, शिक्षा, पानी, बिजली, सार्वजनिक मनोरंजन, चिकित्सा तथा सांस्कृतिक व सामाजिक विकास और जन-कल्याण के कितने ही काम करते हैं। अलग-अलग कामों के लिये अलग-अलग विभाग बना दिये जाते हैं जो किसी एक सदस्य की आधीनता में काम करते हैं। आजकल बोर्ड एक नगर नियोजन अधिकारी की सेवायें भी प्राप्त करता है। इससे नक्शा पास कराने के बाद ही नगर में कोई व्यक्ति नया मकान बना सकता है।

उपरोक्त विवरण से स्पष्ट है कि नगर की राजनीति दो समूहों द्वारा संचालित होती है—एक तो सरकारी कर्मचारी दूसरे बोर्ड के सदस्य। कभी-कभी इनमें संघर्ष की नौबत भी आ जाती है। बोर्ड के सदस्य बहुधा राजनीतिक दलों की सहायता से चुनाव जीतते हैं, अत: वे बोर्ड में भी अपने दल को सफल बनाने की चेष्टा किया करते हैं। इस प्रकार विभिन्न दलों में आये दिन संघर्ष होता रहता है। यह संघर्ष केवल अप्रत्यक्ष ही नहीं; बल्कि प्रत्यक्ष होता है। यहाँ तक कि कभी-कभी तो विभिन्न दलों के सदस्यों में मुक्के, लात, कुर्सियाँ और जूते तक चलने की नौबत आ जाती है। इसी प्रकार चुनावों में जीतने के लिये हर प्रकार के साधन इस्तेमाल किये जाते हैं। हर एक दल चुनावों में लाखों रुपये खर्च करता है। प्रत्येक सदस्य को हजारों रुपये खर्च करने पड़ते हैं। इस प्रकार रुपया, चुनाव में जीतने का एक बहुत बड़ा कारक है। इसलिये बहुधा धनी व्यक्ति ही चुनाव में खड़े होते हैं। राजनीतिक दल भी ऐसे व्यक्ति चुनते हैं जो चुनाव में काफी रुपया लगा सकें। इसके अलावा नगर के रईस, व्यापारी तथा कारखानेदार आदि अपना-अपना उल्लू सीधा करने के लिये राजनीतिक दलों को आर्थिक सहायता देते हैं। कुछ व्यापारी और धनिक लोग तो विरोधी दलों को बराबर सहायता देते हैं जिससे चाहे जिस दल का व्यक्ति चुना जाने पर भी उनके हित सुरक्षित रहें। चुनाव में लगाया गया यह रुपया एक प्रकार का विनियोग (Investment) होता है। चुने जाने के बाद सदस्य और उसके सहायक प्राप्त अधिकारों का पूरा-पूरा फायदा उठाते हैं और खर्च किये हुये धन का कई गुना वसूल कर लेते हैं। बोर्ड के सदस्य हर तरह के ठेके अपने आदमियों को दिलाते हैं। जनता का हजारों लाखों रुपया खर्च होने पर भी बहुधा काम ठीक नहीं होता, क्योंकि ठेका मिलने पर ठेकेदार और ठेका दिलाने वाला तथा अन्य अनेक लोगों का हिस्सा बाँट होता है। इस हिस्सा बाँट में सभी हजारों रुपया उड़ा लेते हैं। कभी-कभी तो ऐसा देखने में आया है कि लाखों रुपये के खर्च से बनी इमारत बिना इस्तेमाल किये ही गिराऊ घोषित कर दी जाती है। ठेकों के अलावा परमिटों के मामलों में भी खूब धांधलेबाजी चलती है और अपने-अपने मतलब साधे जाते हैं।

नगरपालिका के चुनाव में धन के अलावा जाति का भी बड़ा महत्त्व होता है। भारतवर्ष में नगर में जाति-पाँति के भेदों को अधिक नहीं माना जाता और न ही व्यक्ति पर जाति का कोई नियन्त्रण ही होता है परन्तु राजनीतिक स्वार्थों के कारण नगरों में जातिवाद खूब पल रहा है। चुनावों में अधिकतर बहुसंख्यक जाति के सदस्य ही विजयी होते हैं। जाति के नाम पर वोट मांगे जाते हैं और मिलते भी हैं। अत: राजनीतिक दल भी बहुधा बहुसंख्यक जाति के धनी सदस्य को ही टिकट देते हैं।

इस प्रकार नगर में राजनीति एक प्रकार का व्यवसाय ही बन गया है। अपना-अपना मतलब सिद्ध करने के लिये वकील, डाक्टर, व्यवसायी, व्यापारी, कारखानेदार आदि नगरपालिका में जगह पाने के लिये चुनाव लड़ते हैं। इसमें वे किसी भी साधन का प्रयोग करने में नहीं हिचकते। विरोधी उम्मीदवार की बदनामी कराई जाती है, गड़े मुर्दे उखाड़े जाते हैं, अपनी झूंठी प्रशंसा कराई जाती है। रुपये देकर लम्बे-चौड़े वायदे करके गरीबों के वोट खरीदे जाते हैं और कभी-कभी तो गुण्डों की सेवायें प्राप्त करके जबर्दस्ती वोट डलवाए जाते हैं या जनता के लीडरों और अगुओं को धमकाया जाता है। चुनाव के दिन सभी मतदाताओं को पोलिंग बूथ

पर पहुँचाने के लिये मोटरों, रिक्शों, तांगों आदि सवारियों का प्रबन्ध करते हैं। अनेक लोग गरीबों को मुफ्त हलुवा पूरी खिलाते हैं। वे नमक खाने के बाद दाता को वोट देना लोग अपना कर्त्तव्य समझते हैं। ऐसे समय पर कुछ लोग वोट दिलाने का व्यापार भी करते हैं। ये अपने मुहल्ले में प्रभावशाली लोग होते हैं। जितने वोट इनके प्रभाव में होते हैं उसी के अनुसार सौदा हो जाता है और मतदाताओं को पता भी नहीं चलता। जाली वोटों का भी शोर रहता है। चुनाव के दिनों में अनेक लोग यह भी काम करते हैं। वे कुछ लोगों से दूसरों के नाम से वोट डलवा देते हैं या स्वयं डाल आते हैं। मतदाताओं की सूची बनाने पर भी इसी प्रकार की कार्यवाही होती है। कभी-कभी तो ऐसा देखा गया है कि पचास-पचास मतदाताओं ने एक ऐसी इमारत का पता लिखवाया जो वर्षों से खाली पड़ी हैं। अवयस्क को वयस्क लिख देना, मतदाताओं की सूची में मृत व्यक्तियों का नाम लिख देना आदि तो मामूली बातें हैं। इसका तात्पर्य यह नहीं कि नगर में चुनावों में इन सब बातों को रोकने का कोई प्रयास न किया जाता हो परन्तु फिर भी निहित स्वार्थों के कारण अनेक बातों को जान बूझकर भुला दिया जाता है।

परन्तु फिर भी अनेक नगरपालिकाओं ने अपने नगरों की काया ही पलट दी है। उनको आदर्श नगरपालिकायें कहा जा सकता है। परन्तु भारत में अभी इस प्रकार की नगरपालिकाओं की संख्या बहुत थोड़ी है। अधिकतर नगरपालिकाओं में अब भी भ्रष्टाचार और घूंसखोरी का बाजार गर्म है। जातिवाद ने दशा और भी खराब कर रखी है। नगरपालिका के अनेक सदस्य बेपढ़े-लिखे होते हैं और बहुत सी समस्याओं को नहीं समझ पाते। परन्तु दूसरी ओर कुछ सदस्य पढ़े-लिखे, त्यागी, कर्मठ और सेवावृत्ति वाले भी होते हैं। जिस प्रकार के सदस्यों की संख्या अधिक होती है वैसा ही नगरपालिका का काम हो जाता है।

अभ्यास के लिये प्रश्न

1. निम्नलिखित बातों पर औद्योगीकरण के प्रभाव बतलाइये।

    (1) विवाह एवं परिवार, (2) धर्म एवं नैतिकता, (3) जाति और वर्ग, (4) मनोरंजन।

7

आधुनिक उद्योगवाद का उदय
(Rise of Modern Industrialism)

आज 'उद्योग' और 'औद्योगिक संस्था' का नाम सुनते ही हमारे मस्तिष्क में बहुत बड़े कारखाने या फैक्ट्री का नक्शा उभर आता है, जिसमें बिजली से चलने वाली बड़ी-बड़ी मशीने होती हैं और तरह-तरह के यन्त्रों द्वारा अनेक व्यक्ति विभिन्न प्रकार के कार्य करते हुए दिखाई देते हैं। परन्तु उद्योग के इस विकास से पूर्व भी मनुष्य औद्योगिक था। वास्तव में मनुष्य स्वभाव से ही औद्योगिक है। जिस प्रकार मनुष्य को हम 'एक बौद्धिक प्राणी' कहकर परिभाषित करते हैं, उसी प्रकार हम मनुष्य को 'औद्योगिक प्राणी' के रूप में भी परिभाषित कर सकते हैं। सभ्यता के विकास के साथ-साथ मनुष्य ने औद्योगिक विकास किया है। उसके औद्योगिक विकास का इतिहास भी उतना ही लम्बा है जितना उसका इतिहास। उद्योगवाद के इहितास को अध्ययन की सुविधा के लिये हम तीन भागों में विभाजित कर सकते हैं। प्राचीनतम उद्योगवाद, मध्यकालीन उद्योगवाद और आधुनिक उद्योगवाद यह विभाजन काल एवं विकास की दृष्टि से किया गया है।

प्राचीन उद्योगवाद
(Ancient Industrialism)

प्राचीन उद्योगवाद के अन्तर्गत हम उस काल के उद्योगों की गणना करते हैं, जिस काल में मनुष्य न तो साक्षर था और न ही वह पर्याप्त सभ्य ही था। इस काल में कोई व्यवस्थित उद्योग विकसित नहीं हो पाये थे। मानव के मुख्य उद्देश्य केवल भोजन प्राप्त करना और शारीरिक सुरक्षा जुटाना थे। इन उद्देश्यों की पूर्ति के लिये वह जिन साधनों का इस्तेमाल करता था वे ही उसके औद्योगिक विकास के प्रतीक थे। भोजन के लिये आदि मानव या तो पशुओं का शिकार करता था या फल-फूल और कंद-मूल ढूंढा करता था। इस कार्य के लिये मनुष्य ने साधन के रूप में तीर-कमान और फरसे आदि से मिलते-जुलते कुछ हथियार जुटाये थे। ये हथियार पत्थर और लकड़ी के हुआ करते थे। ये ही हथियार उस काल के औद्योगिक विकास के प्रतीक हैं। इसके अतिरिक्त बाँस रगड़ कर या पत्थरों की आपसी चोट द्वारा आग पैदा कर लेना भी इस युग का औद्योगिक चमत्कार था। एक लम्बे काल तक इसी प्रकार की औद्योगिक दशा बनी रही। हथियारों में क्रमशः सुधार होता रहा।

मध्यकालीन उद्योगवाद
(Medieval Industrialism)

मध्यकाल में पर्याप्त औद्योगिक विकास हुआ है। इस काल के मनुष्य के कार्यों में औद्योगिकता के स्पष्ट लक्षण दृष्टिगोचर होने लगे थे। मनुष्य ने हाथ से चलने वाले विभिन्न यन्त्रों का निर्माण कर लिया था। अपने उद्देश्यों की पूर्ति के लिये अब उसने पशु-शक्ति को भी साधन के रूप में इस्तेमाल करना प्रारम्भ कर दिया था। औद्योगिकता के अन्य लक्षण जैसे आवश्यकता से अधिक उत्पादन और वस्तुओं को सुरक्षित रखना भी प्रारम्भ हो गया था। मनुष्यों में वस्तुओं का आदान-प्रदान और श्रम का विभाजन होना भी प्रारम्भ हो गया था, जिसके फलस्वरूप विभिन्न प्रकार के कारीगर अलग-अलग कार्य करने लगे थे, जैसे लोहार, बढ़ई और जुलाहे आदि अपना-अपना कार्य करते थे। इस प्रकार कार्य में विशेषीकरण की परम्परा भी प्रचलित हो गई थी। कारीगरों में कलात्मकता की भावना भी जागृत हो गई थी।

पाश्चात्य समाज के इस मध्यकालीन औद्योगिक युग को हम तीन विभिन्न प्रकार की औद्योगिक व्यवस्थाओं के अन्तर्गत विभाजित कर सकते हैं। यह विभाजन उद्योग के प्रकार की भिन्नता पर आधारित है। ये तीन प्रकार की औद्योगिक व्यवस्थाएँ निम्नलिखित हैं—

(1) सामन्तवादी व्यवस्था (Feudal System)

(2) शिल्पसंघ व्यवस्था (Guild System)

(3) घरेलू व्यवस्था (Domestic System)

(1) सामन्तवादी व्यवस्था (Feudal System)—इस व्यवस्था में मुख्य उद्योग कृषि था। भूमि के बहुत बड़े-बड़े भागों पर कुछ व्यक्तियों का अधिकार हुआ करता था और अन्य लोग उनकी भूमि पर काम किया करते थे। इस व्यवस्था का चलन यूरोप में तथा मुख्यतया इंगलैंड में नवीं शताब्दी से लेकर बारहवीं शताब्दी तक रहा। इस व्यवस्था के अन्तर्गत भूमि के स्वामियों को सामन्त या जमींदार कहा जाता था और काम करने वाले मजदूर प्रायः दास हुआ करते थे। खेती के उद्योग के अतिरिक्त कुछ आवश्यक धन्धे भी हुआ करते थे जैसे—बढ़ई, लोहार और जुलाहे आदि का कार्य। परन्तु वे सब कारीगर भी सामन्तों पर ही आश्रित रहा करते थे।

इस व्यवस्था के अन्तर्गत कार्य करने वाले मजदूरों को सम्बन्धित सामन्त के सब प्रकार के कार्य करने पड़ते थे। आवश्यकता पड़ने पर इन्हें सामन्त की ओर से उसके शत्रुओं के विरुद्ध युद्ध भी करना पड़ता था।

ग्यारहवीं शताब्दी से यूरोप में नगरों का निर्माण आरम्भ हो गया था। नगरों के निर्माण से सामन्तवादी व्यवस्था को ठेस पहुँची। मजदूरों के लिये अन्य विकल्प उपस्थित होने लगे और क्रमशः सामन्तवादी व्यवस्था कमजोर होने लगी। इन्हीं नगरों के निर्माण के फलस्वरूप यूरोप में शिल्पसंघ व्यवस्था का प्रारम्भ हुआ।

(2) शिल्पसंघ व्यवस्था (Guild System)—नगरों के निर्माण ने यूरोप के मजदूरों के लिये स्वतन्त्रता उपलब्ध करा दी। मजदूरों ने सामन्ती परतन्त्रता से मुक्त होकर विभिन्न

कलाओं और शिल्पकलाओं में दक्षता प्राप्त करनी प्रारम्भ कर दी। शिल्पकलाओं में मजदूरों की दक्षता के फलस्वरूप विभिन्न शिल्प-केन्द्रों की स्थापना होने लगी। इसी प्रकार के शिल्प-केन्द्रों में धीरे-धीरे शिल्पसंघ व्यवस्था का विकास हुआ।

शिल्पसंघ व्यवस्था के अन्तर्गत विभिन्न शिल्पों से सम्बन्धित विभिन्न औद्योगिक संघों की स्थापना हुई। ये औद्योगिक संघ अपने-अपने शिल्प अथवा धन्धे की प्रगति के लिये हर प्रकार से यत्न करते थे। ये संघ विभिन्न प्रकार की वस्तुओं के निर्माण में गुणात्मक एवं परिमाणात्मक सुधार का ध्यान रखते थे, साथ ही साथ ये वस्तुओं की कीमतों को भी निर्धारित किया करते थे। विभिन्न संघों के सदस्यों में विभिन्न प्रकार के सामाजिक सम्बन्ध हुआ करते थे। आर्थिक सम्बन्धों के अतिरिक्त वे सामाजिक, धार्मिक एवं राजनीतिक सम्बन्धों द्वारा भी आपस में सम्बन्धित रहते थे।

शिल्पसंघ व्यवस्था के अन्तर्गत दो प्रकार के संघ हुआ करते थे। प्रथम थे—व्यापारिक संघ (Merchant guilds) और दूसरे थे शिल्प संघ (Craft guilds), व्यापारिक संघों का मुख्य कार्य व्यापारियों के हितों की रक्षा करना था। ये शासकों से व्यापारिक न्याय की माँग भी किया करते थे, जिस प्रकार आजकल चैम्बर ऑफ कामर्स करते हैं। शिल्प संघों द्वारा एक ही शिल्प से सम्बन्धित विभिन्न शिल्पियों में एकता स्थापित होती थी। ये संघ अपने शिल्प के हित को सदैव ध्यान में रखते थे। इन्हीं संघों द्वारा समय-समय पर पैंठनुमा बाजारों तथा शिल्प से सम्बन्धित मेलों का भी आयोजन किया जाता था। शिल्प संघ व्यवस्था में शिल्प में निपुण (Masters) व्यक्तियों का अधिक महत्त्व था, परन्तु इस व्यवस्था में अन्य अल्प निपुण शिल्पियों के लिये भी स्थान था और समय एवं प्रशिक्षण के साथ-साथ वे भी निपुण बन जाया करते थे। प्राय: निपुण कारीगरों के वंशज भी निपुण कारीगर माने जाते थे। इन दिनों नगरों में लोहारों, बढ़इयों, जुलाहों आदि के संघ विशेष रूप से हुआ करते थे। ये संघ धर्म में विशेष आस्था रखते थे।

शिल्प संघ व्यवस्था औद्योगिक विकास के इतिहास में विशेष महत्त्वपूर्ण स्थान रखती है। सामाजिक एकता एवं सामंजस्य बनाये रखने में यह व्यवस्था विशेष सहायक थी। इस व्यवस्था की प्रशंसा श्री कोहली ने इन शब्दों में की है।, ''यूरोप के (उस समय पर) महान् मन्दिर बनाने वालों ने भावना एवं विचार की वह एकता प्राप्त की थी जो वर्तमान विश्व स्पष्ट रूप से खो चुका था।''[1]

शिल्प संघ व्यवस्था काफी समय तक प्रचलित रही, परन्तु समय के साथ-साथ उसका भी पतन हो गया। सोलहवीं शताब्दी से इस व्यवस्था की शक्ति क्रमश: क्षीण होती चली गयी। शिल्प संघ व्यवस्था के पतन के दो मुख्य कारण थे। प्रथम कारण आन्तरिक कारण और दूसरा कारण बाहरी कारण था।

---

1. "The builders of the great cathedrals of Europe (At that period) had achieved a unity of feeling and thought which the modern world has apparently lost."

—Raj K. Kohli

The Education of Henry Adams. An American Odyssey. The American. Review, New Delhi July (1968), p. 73.

शिल्प संघों के पतन का आन्तरिक कारण इस तथ्य पर आधारित था कि विभिन्न संघों के कार्यों एवं अधिकारों की कोई स्पष्ट सीमा निर्धारित नहीं थी। इसी कारण से विभिन्न संघों में विभिन्न प्रकार के संघर्षों की वृद्धि हो गयी थी। उदाहरण के लिये सुनारों के संघ का संघर्ष एवं झगड़ा प्राय: चाँदी का कार्य करने वालों के संघ से हुआ करता था। इसी प्रकार कुछ उद्योगों के शिल्प संघों में से पुन: कुछ उपसंघ भी स्थापित हो गये थे, जैसे प्रारम्भ में कपड़े के उद्योग से सम्बन्धित केवल एक संघ की स्थापना हुई थी परन्तु समय के साथ-साथ क्रमश: इसी उद्योग से सम्बन्धित अन्य विभिन्न संघों जैसे बुनाई संघ, कढ़ाई संघ और दर्जियों का संघ आदि की स्थापना हो गई। इस प्रकार से विभिन्न संघों की स्थापना से संघों की व्यवस्था एवं व्यापार पर आवश्यक नियन्त्रण क्षीण हो गया और संघों का महत्त्व प्राय: समाप्त होने लगा।

शिल्प संघ व्यवस्था के पतन का दूसरा कारण बाहरी था। इस व्यवस्था के अन्तर्गत एक व्यापारिक वर्ग अथवा मध्यस्थ वर्ग की स्थापना हो गई थी। यह मध्यस्थ वर्ग ही आगे चल कर शोषक वर्ग बन गया। इसने वे ही कार्य किये जो आज के पूँजीपति किया करते हैं। इन्होंने उत्पादन की प्रक्रिया को अपनी मन मर्जी एवं अपने हित के अनुसार चलाना शुरू कर दिया था। प्राय: कच्ची सामग्री पर इनका नियन्त्रण हुआ करता था। इस व्यापारिक वर्ग के अनुचित व्यवहार से भी शिल्प संघ व्यवस्था को ठेस पहुँची।

इन दो कारणों के अतिरिक्त कुछ अन्य तत्कालीन परिस्थितियों से सम्बन्धित कारण भी थे जिन्होंने संघ व्यवस्था को कमजोर किया। इन्हीं दिनों अमेरिका की खोज हुई और पूर्वी देशों के लिये व्यावसायिक मार्ग खुल गये। इन सब कारणों से उस समय का व्यापार बहुत प्रभावित हुआ। कच्ची सामग्री और तैयार माल दोनों की माँग एवं उत्पादन में पर्याप्त अन्तर आ गया था। इसके अतिरिक्त इन्हीं दिनों यूरोप में ईसाई धर्म की प्रोटेस्टेन्ट शाखा ने जोर पकड़ लिया था। इसके फलस्वरूप व्यक्तिवादिता का चलन हुआ और इसका प्रभाव शिल्प संघवाद पर बुरा ही पड़ा। इन्हीं दिनों उद्योग के क्षेत्र में विभिन्न प्रकार की मशीनों एवं नयी प्रविधियों का चलन होने लगा। इन सब कारणों ने मिलकर शिल्प-संघ व्यवस्था को और पारस्परिक अपेक्षाकृत गतिहीन समाज को बदल दिया।

(3) घरेलू व्यवस्था (Domestic System)—उद्योग के क्षेत्र में शिल्प-संघ व्यवस्था के पतन के बाद घरेलू व्यवस्था का चलन हुआ। यह व्यवस्था एक प्रकार से पूर्व-पूँजीवाद थी। इस व्यवस्था में उत्पादन की प्रविधियों में शिल्प संघ व्यवस्था से अधिक अन्तर नहीं था। परन्तु अन्तर यह था कि इस व्यवस्था के अन्तर्गत किसी प्रकार के शिल्प-संघों के लिये कोई स्थान नहीं था। इस व्यवस्था में एक व्यक्ति जो कि या तो परिवार का मुखिया हुआ करता था या शिल्प में निपुण हुआ करता था, पूरे उद्योग की व्यवस्था करता था। वह मुख्य व्यक्ति स्वयं कच्चा माल जुटाता था और स्वयं ही तैयार माल का विक्रय करने की व्यवस्था करता था। इस व्यवस्था में कारीगरों को पर्याप्त स्वतन्त्रता थी। उद्योग की इस व्यवस्था के कुछ अंश आज भी कहीं-कहीं कुटीर उद्योग-धन्धों के रूप में उपस्थित हैं।

इस व्यवस्था को क्षीण करने में भी मुख्य हाथ मध्यस्थों या साहूकार का था। कच्चा माल खरीदने के लिये कई बार अतिरिक्त धन की आवश्यकता पड़ती थी। यह धन साहूकारों से उधार लिया जाता था और साहूकार इस अवसर पर पर्याप्त शोषण कर लिया करते थे। साथ

ही उद्योग के मशीनीकृत हो जाने के कारण भी इस व्यवस्था का चलना कठिन हो गया था। पूँजीपतियों ने महँगी और अधिक उत्पादन देने वाली मशीनें खरीद लीं और घरेलू उद्योग को ठप्प कर दिया। इस प्रकार घरेलू उद्योग व्यवस्था का अन्त हो गया और इसके साथ ही साथ आधुनिक उद्योगवाद अथवा फैक्ट्री व्यवस्था की स्थापना हुई।

आधुनिक उद्योगवाद
(Modern Industrialism)

क्रमशः जनसंख्या के बढ़ने के साथ-साथ औद्योगिक वस्तुओं की माँग भी बढ़ने लगी। वस्तुओं की बढ़ती हुई माँग को पूरा करने के लिये उद्योग के क्षेत्र में यान्त्रिक मशीनों का अत्यधिक चलन प्रारम्भ हुआ और इसी के साथ-साथ फैक्ट्री व्यवस्था की भी स्थापना हुई। फैक्ट्री व्यवस्था की स्थापना से औद्योगिक क्षेत्र में क्रान्ति के लक्षण दिखाई देने लगे। इस व्यवस्था से उत्पादन की मात्रा में विशेष वृद्धि हुई तथा तैयार वस्तुओं का विक्रय दूर-दूर तक के बाजारों में होने लगा।

फैक्ट्री व्यवस्था के अन्तर्गत किसी उद्योग की स्थापना के लिये कुछ मुख्य बातों को ध्यान में रखना आवश्यक था, इनमें से कुछ बातें निम्नलिखित हैं—

(अ) औद्योगिक फैक्ट्री की स्थापना उस क्षेत्र में की जाती थी जहाँ पर उत्पादन से सम्बन्धित कच्चा माल सुगमता से मिल सकता था। इसके अतिरिक्त उद्योग में आवश्यक मजदूरों की बस्तियां भी निकट होनी चाहिएँ।

(ब) फैक्ट्री व्यवस्था में मनुष्य-शक्ति या पशु-शक्ति के स्थान पर यान्त्रिक शक्ति को अधिक महत्त्व दिया जाता है। इस दिशा में जल-शक्ति से चलने वाले विभिन्न इन्जनों के आविष्कार ने विशेष सहयोग दिया है। यान्त्रिक शक्ति के सफल उपयोग से उत्पादन की मात्रा एवं प्रकार में विशेष वृद्धि हो गयी और उत्पादन पर लागत भी कम आने लगी।

(स) फैक्ट्री व्यवस्था के अन्तर्गत धन का पूँजी के रूप में एकत्रित होना आवश्यक है। धन की शक्ति द्वारा फैक्ट्री व्यवस्था में पूंजीपति मजदूर, कच्चा माल तथा मशीन जुटा लेता है और इनके सहारे वस्तुओं की उत्पादकता बढ़ाता है। उत्पादन के अतिरिक्त फैक्ट्री व्यवस्था में उपभोक्ताओं की मांग तथा विक्रय की व्यवस्था का ध्यान रखना भी आवश्यक होता है।

आधुनिक उद्योगवाद के चलन के फलस्वरूप जीवन दर्शन में व्यक्तिवादिता का अधिक बोलबाला हो गया। उद्योग के क्षेत्र में भी पूँजीवाद जोर पकड़ने लगा। लोगों के आदर्श व्यक्ति केन्द्रित हो गये। इससे पूर्व सामन्तवादी व्यवस्था तथा शिल्पसंघ व्यवस्था में सामुदायिक एवं सामाजिक हितों को महत्त्व दिया जाता था। व्यक्तिवादिता के फलस्वरूप औद्योगिक क्षेत्र में लोग व्यापार सम्बन्धी ठेके स्वतन्त्र रूप से व्यक्तिगत स्तर पर करने लगे। अब प्रत्येक व्यक्ति को अपनी सम्पत्ति के क्रय-विक्रय का अधिकार था। व्यापार में उधार एवं साख का भी चलन हो गया। इस स्थिति में पूँजी कुछ लोगों के हाथों में एकत्रित हो गयी।

उद्योगवाद का समाज पर गहरा प्रभाव पड़ा। औद्योगिक क्रान्ति ने पूरे समाज को दो वर्गों में विभाजित कर दिया—पूँजीपति वर्ग और मजदूर वर्ग। औद्योगिक प्रगति के फलस्वरूप

नगरीकरण की गति तेज हुई और संचार तथा यातायात के साधन विकसित हुए। इस प्रकार की सामाजिक एवं आर्थिक प्रगति के कारण सामान्य जीवन-स्तर में भी प्रगति हुई। शिक्षा, कलाओं तथा विज्ञानों में अधिक रुचि ली जाने लगी। राजनीतिक जागरुकता तथा प्रजातन्त्र की स्थापना की ओर सामान्य जनता का ध्यान आकृष्ट हुआ। इस प्रकार आधुनिक औद्योगिक क्रान्ति का जीवन के सभी पहलुओं पर विशेष प्रभाव पड़ा।

भारत में औद्योगिक विकास
(Industrial Development in India)

भारत में औद्योगिक विकास का इतिहास बहुत प्राचीन है। प्राचीन काल में भारत का उद्योग तत्कालीन पाश्चात्य उद्योग की अपेक्षा कहीं अधिक विकसित था। आधुनिक काल में भारतीय उद्योग पाश्चात्य उद्योग से पिछड़ गया है। इसके विभिन्न कारण हैं। भारतीय उद्योग के पूरे इतिहास को जानने के लिए तथा उसमें समय-समय पर आने वाले उतार-चढ़ावों को समझने के लिये इसका व्यवस्थित अध्ययन करना आवश्यक है।

प्राचीन भारतीय उद्योग

अति प्राचीन काल में भारतीय उद्योग के क्षेत्र में शिल्प संघों का संगठन हो चुका था। वैदिक काल में ही भारतीय उद्योग धन्धों के पृथक्-पृथक् संघ स्थापित थे। भारतीय शिल्प संघ व्यवस्था पाश्चात्य व्यवस्था से अधिक विकसित एवं उन्नत प्रकार की थी। भारतीय समाज का विभाजन वर्ण व्यवस्था पर आधारित था और किसी हद तक यह विभाजन औद्योगिक व्यवस्था से भी सम्बन्धित था। भारतीय समाज में व्याप्त जाति प्रथा का मूल आधार भी मनुष्यों का व्यावसायिक अन्तर ही था।

वैदिक काल में भारतीय उद्योग के क्षेत्र में विभिन्न उद्योगों से सम्बन्धित विभिन्न संघों या श्रेणियों की व्यवस्था थी। व्यापारियों के पृथक् संघ थे। इस प्रकार के औद्योगिक संघ अपने-अपने उद्योग के सब प्रकार के हितों की रक्षा करते थे। कारीगरों के कार्य करने की दशाओं, कार्य के घण्टों और वेतन आदि का पूरा-पूरा ध्यान रखा जाता था। इन संघों के निश्चित नियम हुआ करते थे और नियम भंग करने वालों के लिए दण्ड की भी व्यवस्था होती थी। ये संघ अपने सदस्यों की आवश्यकताओं और सामाजिक एवं आर्थिक सुरक्षा के लिए भी कार्य करते थे। किसी भी संघ का सदस्य व्यक्तिगत परेशानियों जैसे दीर्घकालीन बीमारी आदि की स्थिति में संघ से पर्याप्त सहायता लेने का हकदार हुआ करता था। इस प्रकार ये संघ सामाजिक कल्याण की संस्था के रूप में भी कार्य करते थे। स्पष्ट है कि प्राचीन भारतीय औद्योगिक व्यवस्था पर्याप्त विकसित थी।

मुगलकालीन भारतीय उद्योग

मुगल काल में भारतीय उद्योग विशेष रूप से विकसित था। मुगल बादशाह अकबर और जहाँगीर आदि के शासन काल में भारतीय उद्योग विकसित स्थिति में था। इस काल में भारत अपने औद्योगिक विकास के लिए संसार भर में विख्यात था। इस काल में भारत कपड़े, मसाले और नील आदि अनेक वस्तुओं का यूरोप को निर्यात करता था। इन दिनों यूरोप के

बाजारों में भारतीय वस्तुओं की विशेष माँग होती थी। ढाके की मलमल विश्व विख्यात थी। भारत में अनेक औद्योगिक केन्द्रों की स्थापना हुई थी जिससे विश्व भर के लिए विभिन्न प्रकार का माल निर्यात किया जाता था।

मुगलकालीन भारतीय उद्योग अति व्यापक था। गाँवों और नगरों दोनों स्थानों पर औद्योगिक केन्द्र थे। गाँवों में स्थापित उद्योग प्राय: उद्योगों के ही विभिन्न रूप थे। इनका उद्देश्य प्राय: स्थानीय आवश्यकताओं की पूर्ति करना हुआ करता था। दैनिक जीवन के लिए आवश्यक वस्तुओं का निर्माण गाँवों में ही हो जाता था। नगरीय उद्योग धन्धे अत्यधिक विकसित एवं बड़े पैमाने पर उत्पादन करने वाले थे। इन नगरीय औद्योगिक संस्थाओं का मुख्य उद्देश्य निर्यात के लिए उच्च कोटि का माल तैयार करना था। इस काल की औद्योगिक संस्थाएँ संघों द्वारा व्यवस्थित थीं। कहीं-कहीं मध्यस्थों के माध्यम से भी व्यापार होता था। ये मध्यस्थ लोग उत्पादन के लिए प्राय: अग्रिम धन दे दिया करते थे और स्वयं तैयार माल बेचकर लाभ कमाते थे।

भारत का औद्योगिक पतन

मुगल काल में भारतीय औद्योगिक विकास अपनी चरम सीमा पर था। इसके बाद क्रमश: उसका पतन होने लगा। इसका मुख्य कारण पाश्चात्य देशों की औद्योगिक क्रान्ति थी। पाश्चात्य देशों में मुख्य रूप से इंगलैंड में औद्योगिक क्षेत्र में एकाएक विशेष परिवर्तन हुआ, जिसके फलस्वरूप इंगलैंड के बाजारों में भारतीय औद्योगिक वस्तुओं की माँग प्राय: समाप्त ही हो गई। इसके कई कारण थे, इंग्लैंड में उद्योग का मशीनीकरण हो गया था। मशीनों द्वारा वस्तुओं का उत्पादन अधिक मात्रा में होने लगा था और साथ ही मशीनों द्वारा तैयार माल अपेक्षाकृत अच्छा एवं सस्ता था। इस प्रकार पाश्चात्य देशों में मशीनों द्वारा बने माल और भारतीय माल में होड़ होने लगी। भारत इस होड़ में न जीत सका। भारतीय माल की विदेशी बाजारों में माँग समाप्त हो गई। इसलिए भारतीय उद्योग का पतन होने लगा। इसके अतिरिक्त भारत में भी इंगलैंड में बनी वस्तुएँ अधिक प्रचलित हो गयीं। यहाँ भी उन्होंने तैयार वस्तुओं को घटे दामों पर बेचना शुरू कर दिया। इन सब कारणों से भारतीय औद्योगिक विकास न केवल रुक ही गया बल्कि ह्रास की दिशा में मुड़ गया। भारतीय कारीगरों को विदेशी उद्योगों में नौकर के रूप में कार्य करना पड़ा।

आधुनिक भारतीय उद्योग
(Modern Indian Industries)

भारत में औद्योगिक विकास निरन्तर नहीं रहा। प्राचीन काल में यहाँ उद्योग पर्याप्त विकसित था, परन्तु फिर इंगलैंड की औद्योगिक क्रान्ति के फलस्वरूप यहाँ की औद्योगिक प्रगति रुक गयी। आधुनिक भारतीय उद्योग का विकास भारत में स्थापित अंग्रेजी सरकार द्वारा हुआ। 1850-60 में भारत में सूत एवं जूट की मिलों की स्थापना हुई। इन्हीं दिनों भारत में रेल व्यवस्था भी प्रारम्भ हुई तथा बिहार और बंगाल की कोयले की खानों से कलकत्ते के कारखानों तक रेल की पटरियाँ बिछायी गयीं। यातायात के साधनों के विकास के साथ-साथ

भारतीय उद्योग ने भी विकास किया। इन्हीं दिनों विदेशी व्यापारियों ने बम्बई और अहमदाबाद में सूत की मिलें तथा हुगली तट पर जूट के कारखाने स्थापित किये। कानपुर में ऊन एवं चमड़े के कारखाने लगाये गये। इन कारखानों के मालिक विदेशी हुआ करते थे परन्तु कच्चा माल तथा काम करने वाले मजदूर भारतीय होते थे। लाभ विदेशियों को मिलता था और भारतीयों का शोषण होता था।

अंग्रेज सरकार भारत से कच्चा माल इंगलैंड भेज देती थी और वहाँ की बड़ी-बड़ी मिलों द्वारा तैयार किए गए माल को पुनः भारत में बढ़े-चढ़े दामों में बेचती थी। यहाँ की स्थानीय औद्योगिक उन्नति के विषय में ब्रिटिश सरकार का रवैया कोई अच्छा नहीं था। 1911 ई० में वर्तमान जमशेदपुर में जमशेद जी टाटा ने फौलाद का कारखाना स्थापित किया था। परन्तु इसका उत्पादन भी देश की माँग के लिए पर्याप्त नहीं था। इस समय तक कोयले का उत्पादन और रेल सेवाएँ भी पर्याप्त नहीं थीं। कुल मिलाकर भारतीय उद्योग पिछड़ा हुआ था।

महायुद्ध-कालीन भारतीय उद्योग

प्रथम महायुद्ध के दौरान ब्रिटिश सरकार को भारतीय उद्योग के अविकसित होने के कारण नुकसान उठाना पड़ा और कुछ परेशानियों का सामना करना पड़ा। इसका कारण यह था कि युद्ध के कारण समुद्र का मार्ग रुक गया था और भारत से कच्चा माल इंगलैण्ड भेजना सम्भव न था और न ही वहाँ से तैयार माल भारत आ सकता था। इसलिए अंग्रेजों की भारत स्थित सेना को काफी परेशानियाँ हुईं। इसी से प्रभावित होकर प्रथम महायुद्ध के बाद भारत में भी औद्योगिक संस्थानों की स्थापना की गयी। परन्तु मुख्य रूप से औद्योगिक प्रगति दूसरे महायुद्ध के बाद प्रारम्भ हुई।

स्वतन्त्र भारत में औद्योगिक विकास

15 अगस्त 1947 को भारत स्वतन्त्र हुआ। स्वतन्त्र भारत की सरकार ने विभिन्न प्रकार के आर्थिक सामाजिक विकास के साथ-साथ औद्योगिक विकास की ओर भी विशेष ध्यान दिया।

भारत सरकार ने पंचवर्षीय योजनाओं के द्वारा बहुपक्षीय औद्योगिक विकास किया है। भारत की वर्तमान औद्योगिक नीति मिश्रित अर्थ-व्यवस्था की नीति है। कुछ उद्योग सरकारी क्षेत्र में हैं और कुछ निजी क्षेत्र में हैं। भारत सरकार ने सभी उद्योगों को तीन वर्गों में विभाजित कर दिया है। प्रथम 'अ' वर्ग में वे उद्योग सम्मिलित हैं जिनका आयोजन पूर्ण रूप से सरकारी क्षेत्र में होता है। इस प्रकार के मुख्य उद्योग हैं—विद्युत शक्ति, वायुयान उद्योग, जलयान उद्योग तथा वस्त्र आदि के उद्योग। दूसरे 'ब' वर्ग में वे उद्योग माने जाते हैं जो अभी तो निजी क्षेत्र में हैं परन्तु कभी भी सरकार द्वारा अपने अधिकार में लिये जा सकते हैं। ऐसे मुख्य उद्योग हैं—जल यातायात, मशीनों के हिस्से-पुर्जों के उद्योग, रासायनिक उद्योग आदि। इन दो वर्गों के अतिरिक्त तीसरे वर्ग 'स' में शेष सब उद्योग आते हैं। ये उद्योग निजी क्षेत्र में माने जाते हैं।

पिछले 47 वर्षों में भारत में आर्थिक विकास की प्रक्रिया की सबसे महत्त्वपूर्ण विशेषता यह रही है कि हमने देश के औद्योगीकरण में अच्छी सफलता प्राप्त की है। औद्योगीकरण की

शुरूआत 1950 के दशक के शुरू के वर्षों में सुविचारित नीति के तहत की गई थी। इस नीति पर चलते हुए अनेक प्रकार के उद्योग स्थापित करने के लिए बड़े पैमाने पर पूंजी निवेश किया गया। औद्योगिक उत्पादन में विविधता लाने, गुणवत्ता में सुधार और उत्पादन बढ़ाने में भी शानदार प्रगति हुई है। इस दौरान औद्योगिक आधार में व्यापक विविधता आई है और अब भारत विविध प्रकार की औद्योगिक वस्तुएं बना सकता है। बुनियादी सामग्री और पूंजीगत साज-सामान के उत्पादन में आत्मनिर्भरता प्राप्त कर ली गई है। भारत की स्वदेशी उत्पादन-क्षमता आज आत्मनिर्भता के स्तर पर पहुँच गई है। खनन, सिंचाई, बिजली, रसायन, परिवहन और संचार जैसे विभिन्न क्षेत्रों में और विस्तार अब पूरी तरह स्वदेशी उपकरणों के बलबूते पर किया जा सकता है। औद्योगीकरण की प्रक्रिया ने उद्यमिता को बढ़ावा दिया है और तरह-तरह के तकनीकी, प्रबंधकीय और क्रियात्मक कौशलों का विकास किया है। आज भारत विदेशों में औद्योगिक परियोजनाएं लगाने के लिए सलाहकार सेवाओं के साथ-साथ तकनीशियन, प्रबंधक और कुशलकर्मी उपलब्ध कराने की स्थिति में पहुँच गया है।

इस दौरान औद्योगिक विकास की एक महत्त्वपूर्ण बात यह भी रही कि बुनियादी उद्योगों की स्थापना में सार्वजनिक क्षेत्र को महत्त्वपूर्ण भूमिका सौंपी गई। सार्वजनिक क्षेत्र ने कई किस्म के उद्योगों जैसे इस्पात, अलौह धातुओं, पेट्रोलियम, कोयला, उर्वरक और भारी इंजीनियरी के विकास की दिशा में पहल की है। इस क्षेत्र ने कपड़ा, दवा, सीमेंट और चीनी जैसी आम आदमी की जरूरत की वस्तुओं के उत्पादन से सम्बन्धित उद्योगों में भी पूंजी निवेश किया है। मार्च 1951 में भारत में सार्वजनिक क्षेत्र के उपक्रमों की संख्या सिर्फ पांच थी जो मार्च 1991 में बढ़कर 244 हो गई। 1985-86 में सरकार ने औद्योगिक विकास की बाधाओं को दूर करने तथा विकास का बेहतर माहौल बनाने के लिए कई उपाय किए हैं। इनमें उद्योगों को लाइसेंस मुक्त करना, उत्पादन क्षमता का पुनर्निधारण और उद्योगों का विस्तार आदि शामिल हैं। इन सब उपायों से सातवीं योजना के दौरान औद्योगिक उत्पादन की औसत वृद्धि दर 8.5 प्रतिशत तक पहुँचने में मदद मिली है। 1991 की औद्योगिक नीतियों में जो नई नीतिगत पहल की घोषणा की गई है वह सरकार की समग्र औद्योगिक नीति का आधार है।

उद्योगों को लाइसेंस जारी करने की नीति

उद्योगों को लाइसेंस जारी करने की प्रक्रिया 1951 में बने औद्योगिक विकास और नियमन अधिनियम के अनुसार संचालित होती है। पिछले कुछ वर्षों में देश के बदलते औद्योगिक परिवेश को ध्यान में रखते हुए, औद्योगिक लाइसेंस नीति में कई संशोधन किए गए हैं। तदनुसार 24 जुलाई 1991 को नई औद्योगिक नीति की घोषणा की गई। सरकार ने इस नीति में निम्नलिखित 15 उद्योगों को छोड़, शेष सभी उद्योगों को चाहे जिसमें कितना ही निवेश क्यों न हो, औद्योगिक लाइसेंसों से मुक्त करने का फैसला किया है।

उन उद्योगों की सूची जिनके लिए लाइसेंस लेना अनिवार्य है–

1. कोयला और लिग्नाइट।
2. पेट्रोलियम (कच्चे तेल को छोड़कर) और इससे बने आसवित उत्पाद।
3. अल्कोहल युक्त पेयों का आसवन और उनसे शराब बनाना।

4. चीनी।
5. पशुचर्बी और तेल।
6. तम्बाकू के सिगार और सिगरेट तथा तैयार तम्बाकू के अन्य विकल्प।
7. एसबेस्टस और एसबेस्टस आधारित उत्पाद।
8. प्लाईवुड, हर तरह के रंग रोगन, सजावटी और अन्य काष्ठ आधारित उत्पाद जैसे पार्टिकल बोर्ड, मध्यम घनत्व वाले फाइबर बोर्ड और ब्लॉक बोर्ड।
9. शोधित या तैयार हुआ रोयेंदार चमड़ा, सांभर चमड़ा।
10. खोई आधारित इकाइयों के अलावा कागज और अखबारी कागज इकाइयां।
11. इलैक्ट्रानिक एयरोस्पेस और रक्षा उपकरण सभी प्रकार के।
12. डिटेनोटिंग फ्यूज, सेफ्टी फ्यूज, गन पाउडर नाइट्रोसेल्यूलोस और दियासलाइयों सहित औद्योगिक विस्फोटक।
13. खतरनाक रसायन।
14. औषधियां और फर्मास्यूटिकल (औषधि नीति के अनुसार) और
15. मनोरंजन का इलेक्ट्रानिक सामान (वी सी आर, रंगीन टी वी, सी डी प्लेयर, टेप रिकार्डर)।

अनिवार्य लाइसेंस की व्यवस्था प्रतिरक्षा और सामरिक तथा सामाजिक कारणों, रसायन, औद्योगिक दुर्घटनाओं को रोकने तथा पर्यावरण सम्बन्धी कारणों और उपभोग या विलासिता की विशिष्ट वस्तुओं के उत्पादन को नियंत्रित करने के लिए जरूरी समझी गई है। इनके अलावा उद्यमियों को अपने उद्योगों के विकास के लिए पूरी छूट होगी तथा वे अपने उद्योगों को राष्ट्रीय और अन्तर्राष्ट्रीय स्तर पर अधिक प्रतियोगी, अधिक कुशल और आधुनिक बना सकेंगे।

परिवर्तन के साथ-साथ निरन्तरता इस नीति का सार है। हालांकि प्रमुख उद्योगों को विकास की पूरी छूट दी गई है लेकिन कुछ वस्तुओं को लघु उद्योग क्षेत्र के लिए आरक्षित रखा गया है। ताकि उद्योग तथा कृषि पर आधारित उद्योग धंधों में रोजगार के अवसर बढ़ सकें। सार्वजनिक क्षेत्र के लिए आरक्षित उद्योग इस प्रकार हैं—

हथियार और गोलाबारूद और रक्षा उपकरणों से सम्बन्धित वस्तुएं, प्रतिरक्षा विमान और युद्धपोत, परमाणु ऊर्जा, कोयला और लिग्नाइट, खनिज तेल, परमाणु ऊर्जा की सूची में निर्दिष्ट खनिज (उत्पादन और उपभोग पर नियंत्रण) आदेश 1953 और रेल परिवहन।

लाइसेंसों की छूट और अनारक्षण से विशेष रूप से लघु, मध्यम दर्जे के उन उत्साही उद्यमियों को विशेष लाभ होगा जिन्हें लाइसेंस प्रणाली के कारण परेशानियां उठानी पड़ती है। कुल मिलाकर इससे भारतीय अर्थव्यवस्था अधिक प्रतिस्पर्धी, कुशल और आधुनिक बनेगी।

नई औद्योगिक नीति के अन्तर्गत वर्तमान औद्योगिक इकाइयों को बिना किसी अतिरिक्त निवेश के नई वस्तुओं के उत्पादन की छूट दी जाएगी बशर्ते नई वस्तु अनिवार्य लाइसेंस प्रणाली के अधीन न आती हो। यह सुविधा निर्धारित शर्तों के बावजूद उपलब्ध होगी। वर्तमान इकाइयों

के लिए अतिरिक्त सुविधा है। व्यापक विस्तार के लिए लाइसेंस से छूट के प्रावधान के अन्तर्गत, वर्तमान औद्योगिक इकाइयां, अनिवार्य लाइसेंस प्रणाली या स्थान निर्धारण सम्बन्धी शर्तों के अधीन नहीं आने वाली किसी भी नई वस्तु का निर्माण कर सकती हैं।

अनिवार्य लाइसेंस प्रणाली या इनके व्यापक विस्तार के अधीन न आने वाली वस्तुओं के निर्माण के लिए परियोजना के वास्ते औद्योगिक उपक्रम को उद्योग मंत्रालय में औद्योगिक स्वीकृति सचिवालय (एस आई ए) को निर्धारित फार्म में केवल ज्ञापन प्रस्तुत करने की आवश्यकता होगी।

नई औद्योगिक नीति विदेशी पूंजी निवेश का स्वागत करती है जिसमें प्रोद्योगिकी हस्तांतरण, विपणन विशेषज्ञता, आधुनिक प्रबन्ध तकनीक और निर्यात संवर्धन जैसे लाभ जुड़े हैं।

उच्च प्राथमिकता वाले उद्योगों में 51 प्रतिशत की इक्विटी पूंजी के प्रत्यक्ष निवेश की अनुमति भारतीय रिजर्व बैंक द्वारा दी जाएगी। इन उद्योगों में धातु, विद्युत उपकरण, परिवहन, खाद्य प्रसंस्करण से सम्बन्धित उद्योग, साफ्टवेयर और होटल तथा पर्यटन उद्योग शामिल हैं। विदेशी इक्विटी भागीदारी के इन प्रस्तावों की अनुमति में किसी प्रकार की भी बाधाएं नहीं आएंगी। यदि विदेशी इक्विटी से आयातित पूंजीगत साज-सामान के लिए विदेशी मुद्रा की आवश्यकता पूरी की जाती है तो इसके लिए भी अनुमति दे दी जाएगी। 51 प्रतिशत से अधिक प्रत्यक्ष पूंजीनिवेश या चुने हुए 34 उद्योगों को छोड़कर अन्य क्षेत्रों में भी पूंजीनिवेश किया जा सकता है। लेकिन इसके लिए भी अनुमति लेनी होगी।

विदेशी पूंजीनिवेश वाली उपभोक्ता-वस्तु क्षेत्र की विदेशी कम्पनियों द्वारा लाभांश देश से बाहर भेजा जाएगा उसकी व्यवस्था एक निश्चित अवधि में कम्पनी की निर्यात आय से करनी होगी। विदेशी टैक्नालौजी प्राप्त करने के समझौतों को मंजूरी मिलने के बाद जो भी भुगतान किए जाएंगे उनके लिए विदेशी मुद्रा बाजार-दर पर खरीदनी होगी। इसी प्रकार 51 प्रतिशत तक विदेशी हिस्सा पूंजीवाली कम्पनियों को मुख्य रूप से निर्यात गतिविधियों में लगे व्यापारिक घराने के रूप में भारतीय रिजर्व बैंक की मान्यता स्वतः मिल जाएगी। इससे निर्यात के लिए विदेशी बाजारों में भेजे जाने वाले भारतीय माल में वृद्धि होगी।

आज ऐसे औद्योगिक वातावरण की बड़ी आवश्यकता है जिसमें प्रौद्योगिक क्षमता प्राप्त करने को प्राथमिकता दी जाए। भारतीय उद्योगों में वांछित स्तर की प्रौद्योगिक गतिशीलता लाने के लिए सरकार निर्धारित सीमाओं के भीतर उच्च प्राथमिकता वाले उद्योगों से सम्बन्धित प्रौद्योगिक समझौतों को स्वतः ही स्वीकृति प्रदान करेगी। ये अनुमोदन (क) एक करोड़ रुपए तक के एकमुश्त भुगतान (ख) घरेलू बिक्री के लिए 5 प्रतिशत रायल्टी, तथा (ग) निर्यातों के लिए 8 प्रतिशत के लिए दिए जाएंगे बशर्ते समझौतों की तिथि से 10 वर्ष की अवधि में या उत्पादन शुरू होने के सात वर्षों तक विक्रय के आठ प्रतिशत का भुगतान किया जाए। ये सुविधाएं अन्य उद्योगों को भी प्रदान की जा सकती हैं, अगर इस प्रकार के समझौतों में मुक्त विदेशी मुद्रा की आवश्यकता न पड़े। इन उपायों से भारतीय उद्योगों को काम काज की

स्वतन्त्रता मिलेगी। इससे विश्वसनीयता तथा विदेशी प्रौद्योगिकी को कुशल रूप से आत्मसात करके स्वदेशी क्षमता को विकसित करने का अवसर मिलेगा।

औद्योगिक नीति संबंधी वक्तव्य में निहित निर्णय के अनुसार विशेषाधिकार प्राप्त एक विदेशी निवेश संवर्धन बोर्ड का गठन किया गया है। इस बोर्ड का उद्देश्य अन्तर्राष्ट्रीय कम्पनियों को भारतीय अर्थव्यवस्था के लिये हितकारी ऐसी परियोजनाओं में निवेश करने के लिए आमंत्रित करना तथा निवेश की सुविधाएं प्रदान करना है जो विदेशी निवेश के प्रस्तावों की मंजूरी की वर्तमान परिधि में नहीं आते हैं। इस प्रकार के कार्यक्रमों में पूंजीनिवेश को पूर्णत: पूर्व-निर्धारित परिधियों या प्रक्रियाओं से मुक्त निश्चित रूप से स्वीकृत माना जाएगा। एक ही स्थान पर परियोजना प्रस्तावों के सभी पहलुओं पर विचार और स्वीकृति की सुविधा उपलब्ध कराई जाती है।

सार्वजनिक क्षेत्र

नियोजन और राष्ट्रीय लेखा की दृष्टि से, भारत के सार्वजनिक क्षेत्र में वे सभी कार्यकलाप शामिल हैं जो सरकारी बजट से चलते हैं। इस दृष्टि से सार्वजनिक क्षेत्र का दायरा वास्तव में बहुत बड़ा है। इसमें सरकारी विभाग, सरकारी कंपनियां (चाहे वे केन्द्रीय क्षेत्र में हों या राज्य क्षेत्र में), सिंचाई और विद्युत परियोजनाएं, रेलवे, डाक और तार, आयुध कारखाने और अन्य विभाग उपक्रम बैंकिग और बीमा कंपनियां, वित्तीय तथा अन्य सेवाएं भी शामिल हैं। लेकिन यहाँ सार्वजनिक क्षेत्र का अभिप्राय मुख्य रूप से बैंकिंग इकाइयों को छोड़कर इस क्षेत्र में उन उपक्रमों से है जिनकी स्थापना सरकारी कम्पनियों और वैधानिक नियमों के रूप में की गई है।

सार्वजनिक क्षेत्र सम्बन्धी नीति 1956 के औद्योगिक नीति प्रस्ताव पर आधारित है जिससे सार्वजनिक क्षेत्र, अर्थव्यवस्था के क्षेत्र में महत्त्वपूर्ण भूमिका अदा करता है। सार्वजनिक क्षेत्र के निर्माण में पिछले चार दशकों में बड़े पैमाने पर पूंजीनिवेश किया गया ताकि यह अर्थव्यवस्था में अपनी प्रभावशाली भूमिका निभा सके। लेकिन शुरू में सार्वजनिक क्षेत्र में जो पूंजीनिवेश किया गया वह आधारभूत ढांचे में सम्बन्धित प्रमुख क्षेत्रों तक सीमित था लेकिन बाद में अर्थव्यवस्था के सभी क्षेत्रों में यहाँ तक कि आधारभूत ढांचे के भिन्न क्षेत्रों में भी सार्वजनिक उपक्रम लगाए गए। इससे सार्वजनिक क्षेत्र का निष्पादन कुल मिलाकर बहुत खराब रहा है और यह सार्वजनिक पूंजीनिवेश वाले उपक्रमों के घाटे या बहुत कम मुनाफे के रूप में दिखाई दे रहा है। सार्वजनिक क्षेत्र के उपक्रमों की वित्तीय स्थिति तथा निष्पादन में सुधार के लिए भारत सरकार ने इस क्षेत्र के बारे में 24 जुलाई 1991 को औद्योगिक नीति के प्रस्ताव में इन निर्णयों की घोषणा की।

(1) सार्वजनिक क्षेत्र को सामरिक महत्त्व के उच्च प्रौद्योगिकी वाले और आधारभूत ढांचे से सम्बन्धित उपक्रमों तक केन्द्रित करने के उद्देश्यों से इस क्षेत्र के निवेश की समीक्षा की जाएगी। हालांकि सार्वजनिक क्षेत्र के लिए कुछ आरक्षण व्यवस्था जारी रखी जा रही है, लेकिन कुछ क्षेत्रों को सिर्फ निजी क्षेत्र के लिए खोलने पर कोई प्रतिबंध नहीं होगा। इसी प्रकार सार्वजनिक क्षेत्र भी उन क्षेत्रों में प्रवेश कर सकेंगे जो उनके लिए आरक्षित नहीं हैं।

(2) लम्बे समय से घाटे में चल रहे सार्वजनिक क्षेत्र के ऐसे उपक्रमों को जिनकी हालत सुधारना संभव नहीं है, औद्योगिक तथा वित्तीय पुनर्निर्माण बोर्ड या इसी तरह की उच्चस्तरीय संस्था को सौंप दिया जाएगा। ऐसी पुनर्वास गतिविधियों से संभावित रूप से प्रभावित होने वाले श्रमिकों के हितों की रक्षा के लिए एक सामाजिक सुरक्षा तंत्र बनाया जाएगा।

(3) संसाधन जुटाने तथा अधिकाधिक संख्या में लोगों की भागीदारी को प्रोत्साहित करने के लिए सार्वजनिक क्षेत्र में लगी सरकारी हिस्सा पूंजी का एक हिस्सा म्यूचुअल फंडो, वित्तीय संस्थानों, आम जनता और श्रमिकों को बेचा जाएगा।

(4) सार्वजनिक क्षेत्र की कंपनियों के बोर्डों को अधिक व्यावसायिक बनाया जाएगा तथा उन्हें अधिक अधिकार प्रदान किये जाएंगे।

(5) ज्ञापन प्रणाली एम॰ ओ॰ यू॰ के माध्यम से कामकाज में सुधार पर बल दिया जाएगा। प्रबंधकों को अधिक स्वायत्तता दी जाएगी और इस तरह उन्हें उत्तरदायी ठहराया जाएगा। समझौता साधनों तथा उनके क्रियान्वयन को और कारगर बनाने के लिए सरकार की ओर से तकनीकी विशेषता के स्तर में सुधार किया जाएगा और

(6) सार्वजनिक क्षेत्र के उपक्रमों के कार्य निष्पादन पर पूर्ण बहस के लिए सरकार और सार्वजनिक उपक्रम के बीच समझौता ज्ञापन को संसद में रखा जाएगा। प्रबन्ध से सम्बन्धित प्रमुख मुद्दों पर ध्यान केन्द्रित करने के साथ-साथ इससे सार्वजनिक उपक्रम के रोजमर्रा के मामलों को सही परिप्रेक्ष्य में रखने में मदद मिलेगी।

31 मार्च 1993 को देश में केन्द्रीय सार्वजनिक क्षेत्र के 245 उद्यम थे (इसमें केन्द्रीय सरकार के विनियोग वाली वे नौ कंपनियाँ, जिनके प्रबंध की सीधी जिम्मेदारी केन्द्र की नहीं है, छह बीमा कम्पनियाँ तथा तीन वित्तीय संस्थाएँ शामिल नहीं हैं।) लेकिन इनमें 165 उपक्रम इस्पात, उर्वरक, भारी इंजनीनियरी, परिवहन उपकरण, दवाएं तथा औषधियां, पैट्रो-रसायन, सीमेंट, कपड़ा, कोयला और खनिज के खनन, कच्चे तेल के उत्पादन और शोधन आदि से संबंधित थे। 73 उपक्रम व्यापार और विपणन, परिवहन सेवा, ठेका और निर्माण सेवा, वित्तीय सेवा, दूर-संचार सेवाएं, पर्यटन सेवा और सलाहकार सेवा आदि के क्षेत्र में हैं। आठ उपक्रमों ने अभी व्यावसायिक उत्पादन शुरू नहीं किया है। पिछले वर्षों में केन्द्र के सार्वजनिक पूंजीनिवेश में उल्लेखनीय वृद्धि हुई है। 1951 में जहां पांच उपक्रमों में 29 करोड़ रुपए का निवेश था वहीं 31 मार्च 1992 को 11,35,445 करोड़ रुपए था और 31 मार्च 1993 को देश के 245 उद्योगों में पूंजीनिवेश 1,46,971 करोड़ रुपए पहुंच गया। 1992-93 में सार्वजनिक उद्योगों में पूंजीनिवेश में 11,526 करोड़ रुपये यानी 8.51 प्रतिशत की वृद्धि हुई है।

अभ्यास के लिये प्रश्न

1. औद्योगिक विकास के इतिहास का चित्रण करो।
2. भारत में स्वतन्त्रता के बाद के औद्योगिक विकास का वर्णन करो।

8

कार्य का समाजशास्त्र
(Sociology of Work)

कार्य का प्रत्यय

कार्य या श्रम का प्रत्यय जितना प्रचलित एवं साधारण है उतना ही जटिल है तथा इसे परिभाषित करना भी पर्याप्त कठिन है। इसलिए कुछ विद्वानों ने इस प्रत्यय को विभिन्न रूपों में परिभाषित किया है। आक्सफोर्ड डिक्शनरी के अनुसार श्रम, ''शक्ति का व्यय, मेहनत करना, किसी प्रयोजन के लिए किया गया प्रयास है।'' इससे भिन्न कुछ अर्थशास्त्री श्रम के प्रत्यय को इस प्रकार परिभाषित करते हैं, ''शारीरिक अथवा मानसिक प्रयास लिए हुए उत्पादन के मुख्य कारकों में से एक है, जिसके लिए मेहनताना, वेतन या व्यावसायिक पारिश्रमिक प्राप्त होता है।''

मानवशास्त्री श्रम के प्रत्यय को कुछ भिन्न प्रकार से स्पष्ट करते हैं, इनके अनुसार, श्रम ''आय उत्पन्न करने वाली क्रिया'' या ''सुख या आराम का त्याग करके शक्ति के खर्च वाली प्रयोजनात्मक क्रिया'' है। हैनरी अरवोन (Henri Arvon) के अनुसार श्रम, ''थकान एवं परिश्रम उत्पन्न करने वाला एक मांसपेशीय प्रयास'' या ''स्वतः, चेतन तथा जानबूझ कर किया गया प्रयास'' है। इसके अतिरिक्त कुछ लोग श्रम का एक लक्षण रचनात्मकता भी मानते हैं।

कार्य या श्रम के उपरोक्त विवेचन से स्पष्ट होता है कि मनुष्य को कार्य करने के लिए सुख एवं आराम का त्याग करना पड़ता है और कार्य के बदले में उसे धन प्राप्त होता है तथा कार्य थकाने वाला होता है। ये सब तथ्य कार्य की विशिष्ट परिभाषा को निर्धारित नहीं कर सकते। वास्तव में मनुष्य अनेक बार बिना प्रयास एवं थकान के भी कार्य करते हैं और बहुधा कार्य करने में सुख को त्यागना भी आवश्यक नहीं होता। कभी-कभी मनुष्य प्रयास एवं प्रयोजन से खेल भी खेलता है और खेल से थकान भी होती है। इन कारणों से उपरोक्त परिभाषायें कार्य के प्रत्यय का पूर्ण स्पष्टीकरण नहीं कर पार्ती। कार्य या श्रम के प्रत्यय को समझने के लिए इसका मनोरंजन या क्रीड़ा और कला से अन्तर एवं सम्बन्ध जानना आवश्यक है।

कार्य एवं मनोरंजन

बाहरी तौर से देखने पर कार्य और क्रीड़ा या मनोरंजन में पर्याप्त समानता दिखायी देती है। दोनों में परिश्रम, प्रयास एवं थकान के लक्षण दिखाई देते हैं, परन्तु वास्तव में इन दोनों में अन्तर है। कार्य करने में कार्य के विषय (object) पर ध्यान रखा जाता है और पूरी क्रिया में उसी का महत्त्व अधिक होता है, परन्तु इससे भिन्न मनोरंजन में कर्त्ता की इच्छा एवं भावना का महत्त्व अधिक होता है। कार्य का परिचालन कार्य के विषय द्वारा होता है और मनोरंजन में मनोरंजनकर्त्ता की आत्मगत इच्छा ही मनोरंजन की क्रिया को चलाती है।

कार्य एवं कला

कलात्मक क्रियाओं में कार्य या श्रम के लक्षण दिखायी देते हैं। परन्तु कला और कार्य में भी पर्याप्त अन्तर है। कलात्मक क्रियायें स्वयं अपने आप में अभीष्ट होती हैं। ये क्रियायें किसी अन्य फल या परिणाम के लिए नहीं होतीं। कार्य सदैव किसी विषयगत उद्देश्य के लिए किया जाता है। कलाओं में प्रायः बाहरी विषय नहीं होते, कुछ कलाओं में जैसे कलात्मक तस्वीर का निर्माण या मूर्ति के निर्माण में बाहरी विषय होते हैं परन्तु इनमें भी निर्माण की प्रक्रिया अधिक महत्त्व रखती है। इससे भिन्न संगीत अथवा नृत्य जैसी कलाओं में बाहरी विषयों का प्रायः अभाव होता है। इस प्रकार हम कह सकते हैं कि 'कला केवल कला के लिये' होती है और कार्य एक निश्चित विषय या उद्देश्य के लिये होता है। एक और मुख्य बात यह है कि श्रम या कार्य कोई भी किसी के लिये कर सकता है परन्तु कला या मनोरंजन केवल अभीष्ट व्यक्ति स्वयं ही अपने लिये कर सकता है। मनोरंजन एक सांस्कृतिक क्रिया है और वह अपने आप में ही साध्य है, इसके विपरीत कार्य का सम्बन्ध सभ्यता से है और वह अपने आप में साध्य न होकर किसी अन्य लक्ष्य का साधन होता है। कलात्मक क्रियायें स्वतन्त्र होती हैं। इनमें किसी प्रकार की बाहरी या सामाजिक बाध्यता नहीं होती। इसके विपरीत कार्य या श्रम में बाध्यता होती है। प्रत्येक कार्य किसी समाज के लिए होता है।

कार्य, मनोरंजन और कला के अन्तर के उपरोक्त विवेचन के आधार पर हम कार्य को इस प्रकार से परिभाषित कर सकते हैं। ''एक मानवीय सकर्मक क्रिया जो अपने विषय के लिये होती है और जिस पर समाज उसके मानदण्ड और उद्देश्य के रूप में क्रिया करता है।''

कार्य या श्रम की विशेषतायें

श्रम की विशेषताओं को निम्न प्रकार से स्पष्ट किया जा सकता है—

(1) श्रम उत्पादन का अनिवार्य साधन है—प्रत्येक वस्तु के उत्पादन के लिये श्रम आवश्यक है। श्रम बिना किसी भी वस्तु का उत्पादन सम्भव नहीं है। कच्चा माल, मशीनें, योजना सब कुछ उपस्थित होने पर भी बिना श्रम के किसी वस्तु का उत्पादन नहीं हो सकता।

(2) श्रम उत्पादन का क्रियाशील साधन है—वस्तुओं के उत्पादन में श्रम के अतिरिक्त अन्य साधन भी हैं, परन्तु अन्य साधन सक्रिय नहीं है। उदाहरण के लिए मिल या कारखाना तथा पूँजी उत्पादन के निष्क्रिय साधन हैं। जब श्रमिक अपने श्रम को इन कारखानों और मिलों में इस्तेमाल करता है तभी वस्तु का उत्पादन होता है।

(3) श्रम नाशवान है—यूं तो इस विश्व की प्रत्येक वस्तु को नाशवान माना जाता है परन्तु श्रम अन्य वस्तुओं से अधिक नाशवान है। अन्य वस्तुओं को उनकी प्रकृति के अनुसार कुछ समय तक सुरक्षित रखा जा सकता है परन्तु श्रम को सुरक्षित या बिना इस्तेमाल हुआ नहीं रखा जा सकता। यदि कोई श्रमिक अपने श्रम को एक दिन इस्तेमाल न करे तो उसका उस दिन का श्रम सदा के लिए नाश हो जाता है। इस प्रकार श्रम को संचित करके भविष्य के लिये नहीं रखा जा सकता। श्रम की प्रकृति अति नाशवान होने के कारण यदि इसके उपयोग में जरा भी देर हो जाये तो नुकसान हो जाता है। इसी कारण श्रमिकों को अपने श्रम को प्रायः कम पैसों में भी बेचना पड़ जाता है।

(4) श्रम का श्रमिक से घनिष्ठ सम्बन्ध है—यह सत्य है कि श्रमिक अपने श्रम को बेचते हैं। परन्तु अन्य वस्तु और उनके विक्रेताओं से इनमें अन्तर है। सामान्य वस्तुओं के विक्रेता के लिए यह आवश्यक नहीं है कि वे स्थान-स्थान पर वस्तुओं को बेचने के लिये उन्हें अपने साथ-साथ उठाये फिरें। परन्तु श्रमिक को अपने श्रम के विक्रय के लिये स्वयं उसी स्थान पर उपस्थित होना आवश्यक है जहाँ श्रम को बेचना हो। यदि दिल्ली के किसी औद्योगिक संस्थान में श्रम की आवश्यकता हो तो स्वयं श्रमिक को दिल्ली के अमुक औद्योगिक संस्थान में उपस्थित होना आवश्यक है। इस प्रकार स्पष्ट है कि श्रम और श्रमिक में घनिष्ठ सम्बन्ध है।

(5) श्रमिक का श्रम बिकता है, व्यक्तिगत गुण नहीं—श्रमिक श्रम बेचा करते हैं। श्रम श्रमिक के शरीर अथवा मन की क्रिया होती है। जब हम कहते हैं कि श्रमिक अपना श्रम बेचते हैं तब श्रम से तात्पर्य श्रमिक के शरीर अथवा कला या व्यक्तिगत गुणों से नहीं होता है। श्रमिक के गुण, उसकी कला, सदैव उसी की रहते हैं।

(6) श्रम की मात्रा सीमित है—वस्तुओं की मात्रा एवं उत्पादन आवश्यकता पड़ने पर बढ़ाया जा सकता है परन्तु श्रम की मात्रा सीमित है। एक श्रमिक की एक निश्चित श्रम-शक्ति या श्रम की मात्रा होती है। जनसंख्या या श्रमिकों की संख्या निश्चित रहने पर श्रम की मात्रा बढ़ायी नहीं जा सकती। यह सम्भव है कि निश्चित श्रम के द्वारा अधिक मात्रा में उत्पादन प्राप्त कर लिया जाये परन्तु श्रम की मात्रा तो उतनी ही रहेगी।

(7) श्रम को पूँजी के रूप में इस्तेमाल किया जा सकता है—जिस प्रकार पूँजी लगाकर उद्योग में लाभ उठाया जाता है उसी प्रकार उद्योग में श्रम लगाकर भी लाभ प्राप्त किया जाता है। श्रम के प्रकार में अन्तर होने पर अधिक लाभ प्राप्त किया जा सकता है। प्रशिक्षित श्रमिक अप्रशिक्षित श्रमिक से अधिक धन कमा सकता है।

मनुष्य के जीवन में कार्य या श्रम का स्थान

श्रम या कार्य थकाने वाला माना जाता है, उसमें मेहनत या परिश्रम सम्मिलित रहता है। लोग काम से बचना भी चाहते हैं परन्तु तो भी कार्य का मनुष्य के जीवन में विशेष महत्त्व का स्थान है। वास्तव में कार्य करना मानव मात्र के लिए आवश्यक है। मनुष्य मूल रूप से कार्य करना चाहता भी है। यह हो सकता है कि कुछ मनुष्यों को उनका वर्तमान कार्य पसन्द न हो, कार्य की दशायें पसन्द न हों परन्तु उन्हें 'कार्य' स्वयं में नापसन्द नहीं हो सकता।

समय-समय पर किये गये विभिन्न सर्वेक्षणों के द्वारा यह ज्ञात हुआ है कि मनुष्य केवल कार्य के प्रकार के प्रति घृणा का भाव रखते हैं। 'कार्य' के प्रति नहीं। कुछ विद्यार्थी अध्ययन के कार्य से भागते हैं परन्तु वे औद्योगिक कार्य में विशेष रुचि दिखाते हैं। 'कार्य' का मनुष्य के जीवन में सापेक्षिक महत्त्व भी दिखायी देता है। एक बेरोजगार व्यक्ति कभी-कभी किसी भी कार्य को पसन्द कर लेता है। इसके विपरीत कोई सम्पन्न व्यक्ति किसी अच्छे से अच्छे कार्य को भी नापसन्द कर सकता है। वास्तव में हमारा सामाजिक ढांचा ऐसा है कि कार्य द्वारा विभिन्न प्रकार के लाभ होते हैं, अतः कार्य को पसन्द करना ही होता है। सामाजिक कारकों के कारण ही मनुष्य अपने कार्य से वंचित होना भी पसन्द नहीं करते। प्रायः सेवाओं से स्थायी अवकाश प्राप्त करते समय लोगों को विशेष परेशानी होती है, कभी-कभी तो उनका मानसिक सन्तुलन भी बिगड़ जाता है।

मनुष्य कार्य क्यों करता है?

उपरोक्त विवरण से स्पष्ट है कि मनुष्य के जीवन में कार्य का विशेष स्थान है। अब प्रश्न यह उठता है कि मनुष्य कार्य क्यों करता है। कार्य करने के पीछे प्रेरणादायक कारक क्या-क्या हैं। किन-किन कारणों से प्रभावित होकर मनुष्य कार्य करता है? ये प्रश्न बहुत ही जटिल हैं और इनका कोई निरपेक्ष एवं अन्तिम उत्तर नहीं दिया जा सकता। विभिन्न मनुष्य विभिन्न कारकों से प्रेरित होकर कार्य करते हैं। कार्य करने के लिए किसी व्यक्ति को उसकी शिक्षा, संस्कृति तथा परम्परा से विशेष प्रेरणा मिल सकती है—

(1) धन की प्राप्ति—कार्य करने की इच्छा के पीछे सबसे प्रबल प्रयोजन प्रायः धन की प्राप्ति माना जाता है। वास्तव में जीवन को सुचारु रूप से चलाने के लिए धन की विशेष आवश्यकता होती है। भारतीय दर्शन में चार पुरुषार्थों में अर्थ को मुख्य स्थान दिया गया है। कार्य की प्रक्रिया के साथ धन की प्राप्ति का अनिवार्य सम्बन्ध है। धन प्राप्त करने के लिए कार्य करना पड़ता है या यूँ कहा जाये कि कार्य करने से धन प्राप्त होता है। धन कार्य करने के लिए कारण की भूमिका निभाता है। परन्तु यदि धन पर्याप्त हो तब धन के अतिरिक्त कारक भी कार्य के लिए प्रेरक हो सकते हैं। कुछ सम्पन्न वर्गों में सर्वेक्षण करने पर ज्ञात हुआ कि कई लोग पद की उन्नति या कार्य की दशाओं को सुधारने के लिए या पद की सुरक्षा के लिए भी कार्य करते हैं।

कार्य या 'श्रम' की अवधारणा को स्पष्ट करने के लिए कह सकते हैं कि 'श्रम' का कारण तो प्रायः सदैव ही धन है क्योंकि वह जीवन के लिए आवश्यक है। इसके अतिरिक्त कार्य या श्रम की प्रक्रिया के लिए उत्प्रेरक के रूप में सदैव धन का महत्त्व नहीं होता। यदि सामान्य जीवन के लिए आवश्यक धन प्राप्त को तब पुनः अधिक कार्य करने के लिए धन के अतिरिक्त अन्य अनेक तत्त्व प्रेरित किया करते हैं। प्रायः कुछ लोग केवल कार्य में दक्षता प्राप्त करने के लिए भी अधिक कार्य करते हैं। समाज की सेवा के भाव से भी अनेक लोग अपनी धन सम्बन्धी आवश्यकताओं से अतिरिक्त कार्य करते हैं। ऐसे लोग भी देखने को मिलते हैं जो कार्य को रुचि के लिए करते हैं। वे कार्य में कलात्मक भाव पैदा कर लेते हैं। सामाजिक सम्मान प्राप्त करने के लिए भी अतिरिक्त कार्य किया जाता है।

(2) मानसिक भूख—मनुष्य स्वभाव से भी कार्य करने की इच्छा रखता है। वास्तव में कार्य करने के लिए मनुष्य में एक प्रकार की मानसिक भूख होती है। बिना कार्य किए मनुष्य का मानसिक सन्तुलन भी नहीं बना रह सकता। प्रायः कहा भी जाता है कि "खाली दिमाग शैतान का घर होता है।" यह सत्य है। मानसिक स्वास्थ्य बनाये रखने के लिए श्रम या कार्य अति आवश्यक है।

(3) आत्माभिव्यक्ति का साधन—मानसिक स्वास्थ्य को बनाये रखने के लिए आवश्यक है कि मनुष्य की पर्याप्त आत्म-अभिव्यक्ति होती रहे। आत्म-अभिव्यक्ति के अभाव में मनुष्य मानसिक सन्तुलन खो बैठता है। कार्य या श्रम आत्म-अभिव्यक्ति का मुख्य एवं श्रेष्ठ साधन है। वास्तव में प्रत्येक कार्य सामाजिक होता है और कार्य के माध्यम से मनुष्य समाज के सम्पर्क में आता है। इसी सम्पर्क द्वारा उसे आत्म-अभिव्यक्ति का अवसर मिलता है। समुचित आत्म-अभिव्यक्ति होते रहने की अवस्था में मनुष्य कुण्ठाओं का शिकार नहीं होता और संचित कुण्ठाओं का निवारण होता रहता है।

(4) आत्म गौरव—कार्य करने का मानसिक स्वास्थ्य से एक और प्रकार से भी सम्बन्ध है। कार्य करने में उत्तरदायित्व का अंश सम्मिलित रहता है। उत्तरदायित्व की भावना से मनुष्य में आत्म-विश्वास एवं आत्म-गौरव की भावना पैदा होती है जिससे मन में उपस्थित हीन-भावनाओं का नाश होता है। इस प्रकार स्पष्ट है कि व्यक्तित्व के विकास की इच्छा भी कार्य या श्रम करने के लिए प्रेरित करती है।

मनुष्य कार्य से बचना क्यों चाहते हैं ?

मनुष्य के जीवन के लिए कार्य या श्रम करना अति अनिवार्य है। श्रम करना उसके जीवन का अंग है। परन्तु आदि काल से सदा ही समाज में ऐसे विभिन्न मनुष्य उपस्थित रहते आये हैं जो कार्य करना नहीं चाहते, जिन्हें कार्य भार महसूस होता है और वे सदा ही टालने की कोशिश करते हैं। कार्य को टालने की समस्या आज के औद्योगिक समाज में पहले से अधिक विकसित हो गई है। अब प्रश्न उठता है कि जबकि मनुष्य स्वभाव से कार्य करने वाला है तब ऐसा क्यों होता है ? इसके कई कारण हो सकते हैं। निम्न विवेचन से कार्य से बचने की इच्छा के कारण स्पष्ट हो जायेंगे—

(1) कार्य में कठिनाइयाँ—सर्वप्रथम तो हम कह सकते हैं कि कार्य से बचने का मुख्य कारण कार्य से संलग्न कठिनाइयाँ हैं। प्रत्येक कार्य किसी न किसी विषय के प्रति किया गया प्रयत्न होता है और इस प्रयत्न में कभी-कभी काफी कठिनाइयाँ या परेशानियाँ भी होती हैं। इन्हीं परेशानियों से बचने के लिये मनुष्य कार्य को टालता है और उससे बचना चाहता है।

(2) वर्तमान औद्योगिक व्यवस्था—आधुनिक औद्योगिक व्यवस्था के अन्तर्गत कार्य टालने का दूसरा कारण स्वयं औद्योगिक व्यवस्था का वर्तमान रूप है। आधुनिक उद्योग अति जटिल है। आज विशेषीकरण एवं श्रम के विभाजन का युग है। पूरी औद्योगिक व्यवस्था में एक श्रमिक का कोई स्थान ही नहीं है। उसकी वैयक्तिकता का कोई महत्त्व नहीं है। मनुष्य से मशीन का महत्त्व अधिक है।

आधुनिक औद्योगिक क्रान्ति के पूर्व किसी उद्योग का मालिक उस उद्योग के उत्पादन को स्वयं निश्चित करता था, स्वयं कच्चा माल खरीदता था और स्वयं ही तैयार माल बैचने की व्यवस्था करता था। इस सबसे वह गर्व का अनुभव करता था। परन्तु आधुनिक औद्योगिक व्यवस्था में व्यक्तियों को अर्थात् कार्य करने वाले श्रमिकों को न तो उद्योग की व्यवस्था करने का अवसर दिया जाता है और न ही वह उत्पादन के साधनों का मालिक होता है। इसके अतिरिक्त उसके द्वारा तैयार माल बाजार में उसके द्वारा बेचा भी नहीं जाता। तैयार माल को बेचने का कार्य कोई और करता है जिसने उसे तैयार नहीं किया है। इस कारण से भी मनुष्यों की कार्य के प्रति रुचि कम हो जाती है। वे अपने आपको मशीन का पुर्जा मात्र समझने लगते हैं।

कार्योत्पादन को प्रभावित करने वाले कारक

भिन्न-भिन्न कारखानों में, दफ्तरों में तथा अन्य व्यवसायों में कर्मचारी के कार्य करने की कुछ दशाएं होती हैं। उदाहरण के लिये उसको एक विशेष मात्रा में प्रकाश में, एक विशेष स्थान पर कोई विशेष काम करना पड़ता है। कार्य के स्थान की हवा कैसी है अर्थात् वहाँ स्वच्छ हवा का उचित प्रबन्ध है या नहीं, इसमें कर्मचारी के स्वास्थ्य पर बड़ा प्रभाव पड़ता है। कार्य करने के स्थान पर प्रकाश का कैसा प्रबन्ध है इससे कर्मचारी के नेत्रों की ज्योति के साथ-साथ उसकी थकान और उसकी कार्यक्षमता तथा उसके कार्य के गुण पर प्रभाव पड़ता है। यह सभी जानते हैं कि कभी-कभी शोर काम में बाधक होता है। इसलिये कार्य की दशाओं में यह भी देखा जाता है कि कार्य के स्थान पर कितना शोर रहता है। कुछ विशेष तापमान में वह अधिक अच्छा काम कर सकता है। इसलिये कार्य की दशाओं में तापमान का भी अध्ययन किया जाता है। इन भौतिक दशाओं के अलावा बहुत-सी मनोवैज्ञानिक दशायें भी कर्मचारी और उसके कार्य को प्रभावित करती हैं जैसे अधिकारियों का व्यवहार, कर्मचारियों से परस्पर सम्बन्ध, कर्मचारियों का पारिवारिक जीवन, कार्य में प्रलोभन इत्यादि।

इस प्रकार कार्य करने के परिवेश को दो भागों में बांटा जा सकता है–

(1) भौतिक दशायें (Physical Conditions),

(2) मनोवैज्ञानिक दशायें (Psychological Conditions)।

कार्य के भौतिक परिवेश में मुख्य दशायें निम्नलिखित हैं–

(1) प्रकाश की तीव्रता, स्थिति, वितरण और रंग (Intensity, Location, Distribution, and Colour of Light)

(2) तापमान (Temperature)

(3) वायु संचार (Ventilation)

(4) कोलाहल (Noise)

(5) कार्य के घण्टे (Working Hours)

(6) कार्य के बीच में आराम (Rest Pauses)

(7) संगीत (Music)

(8) अन्य भौतिक दशायें (Other Physical Conditions)

कार्य के मनोवैज्ञानिक परिवेश में मुख्य दशायें निम्नलिखित हैं–

(1) अधिकारियों का व्यवहार (Behaviour of the Authorities)

(2) कर्मचारियों के परस्पर सम्बन्ध (Mutual Relations of the Employees)

(3) सुरक्षा (Security)

(4) आवश्यकताओं की पूर्ति (Satisfaction of Needs)

(5) प्रलोभन (Incentives)

कार्य की भौतिक दशायें
(Physical Conditions of Work)

अब कार्य के भौतिक परिवेश की विभिन्न दशाओं का संक्षेप में वर्णन किया जायेगा–

(1) प्रकाश–प्रकाश की व्यवस्था में निम्नलिखित कारक महत्त्वपूर्ण हैं–

(i) **प्रकाश की तीव्रता**–भिन्न-भिन्न कामों में और भिन्न-भिन्न आयु के लोगों के लिए प्रकाश की तीव्रता भिन्न-भिन्न तरह की होनी चाहिये। साधारण रूप में 35 वर्ष से अधिक आयु के लोगों को अपेक्षाकृत अधिक तीव्र प्रकाश की आवश्यकता पड़ती है। इसी प्रकार यदि कार्य बारीक है तो उसमें भी प्रकाश तीव्र होना चाहिये। कम आयु के लोगों को मोटे काम में तीव्र प्रकाश की जरूरत नहीं है। प्रकाश कभी भी इतना तीव्र नहीं होना चाहिये कि उससे चकाचौंध उत्पन्न हो और न कभी इतना मन्द होना चाहिये कि उसमें काम करने से आँखों पर जोर पड़े। जिन कामों में तीव्र प्रकाश की जरूरत पड़ती है उनमें नेत्रों की रक्षा करने के लिये विशेष तरह के चश्मे इस्तेमाल किये जा सकते हैं।

(ii) **प्रकाश की स्थिति**–प्रकाश की स्थिति ऐसी होनी चाहिये की प्रकाश सीधे आँखों पर न पड़े बल्कि उस यन्त्र पर पड़े जिससे काम लेना है परन्तु यन्त्र पर भी ऐसा प्रकाश नहीं पड़ना चाहिये जिससे कि चकाचौंध पैदा हो। इसलिये प्रकाश का समान रूप से वितरण होना चाहिये। समान वितरण के लिये बल्ब के प्रकाश की अपेक्षा ट्यूब (Tube) का प्रकाश अधिक अच्छा रहता है।

(iii) **प्रकाश का वितरण**–दिन में प्रकाश स्वयं ही समान रूप से वितरित होता है। जहाँ रात्रि में काम किये जाते हैं वहाँ प्रकाश के वितरण पर विशेष रूप से ध्यान रखने की जरूरत है।

(iv) **प्रकाश का रंग**–प्रकाश की तीव्रता, स्थिति और वितरण के साथ-साथ उसके रंग के सम्बन्ध में भी ध्यान रखना जरूरी है। इस बारे में एक सामान्य सिद्धान्त यह है कि जो प्रकाश दिन के प्रकाश से जितना ही अधिक मिलता-जुलता होगा वह उतना ही अच्छा रहेगा। इसलिये सफेद प्रकाश सर्वोत्तम माना गया है। रंगीन प्रकाश में केवल हल्का पीला प्रकाश उत्तम है। अन्य सभी प्रकार के प्रकाश आँखों को कुछ न कुछ हानि पहुँचाते हैं।

(2) तापमान—काम करने के स्थान पर तापमान का कर्मचारी के शारीरिक स्वास्थ्य पर प्रभाव पड़ता है। आवश्यकता से अधिक और आवश्यकता से कम तापमान होने पर बीमारियाँ और दुर्घटनायें बढ़ जाती हैं। उचित तापमान होने पर श्रमिकों का स्वास्थ्य अच्छा रहता है और दुर्घटनायें कम होती हैं। एच॰ एम॰ वर्नन (H. M. Vernon) ने ब्रिटेन के खान मजदूरों के विषय में यह पता लगाया कि 75 डिग्री (75°F) से अधिक तापमान होने पर अधिक दुर्घटनायें होती हैं। तापमान का दूसरा प्रभाव कर्मचारियों की अनुभूति पर भी पड़ता है। अधिक या कम तापमान होने पर कर्मचारियों को तकलीफ महसूस होती है जिससे कि उनके कार्य के गुण और मात्रा में कमी आ जाना स्वाभाविक है। तापमान का कमरे में वायु के संचार पर भी प्रभाव पड़ता है। कमरे में वायु का संचार ठीक होने के लिए भी यह आवश्यक है कि कमरे में उपयुक्त तापमान हो।

(3) वायु संचार—काम करने के स्थान पर शुद्ध हवा का आना बहुत जरूरी है। ऐसा न होने पर कर्मचारियों में सुस्ती और थकान बढ़ने लगती है। खानों में, कल-कारखानों में और उन दफ्तरों में जहाँ बहुत से लोग बहुत समय तक काम करते हैं वायु काफी दूषित हो जाती है। इसके लिये वायु को बाहर फेंकने वाले पंखों का प्रयोग किया जाना चाहिये। काम करने के स्थान पर वातायन का पर्याप्त इन्तजाम होना चाहिये। वायु में आक्सीजन की मात्रा कम होने पर उसका स्वास्थ्य पर बुरा प्रभाव पड़ता है। पौफेनबर्जर (Poffenberger) के अनुसार, जब वायु में ऑक्सीजन की मात्रा 14 प्रतिशत से कम होने लगती है तभी उसमें काम करने वालों पर बुरा प्रभाव पड़ने लगता है। वायु संचार का शरीर के तापमान पर प्रभाव पड़ता है। वायु संचार ठीक न होने पर त्वचा का तापमान भी ठीक नहीं रह पाता जिससे सुस्ती और थकावट बढ़ती है। इस सम्बन्ध में वायु की नमी की मात्रा का भी ध्यान रखना जरूरी है। आवश्यकता से अधिक नमी होने पर उसका बुरा प्रभाव पड़ सकता है।

(4) कोलाहल—अत्यधिक शोर या जरूरत से ज्यादा कोलाहल आमतौर से ध्यान बंटाता है और काम में बाधा डालता है। इसलिये आजकल सभी उद्योगों में कोलाहल की मात्रा का अध्ययन किया जाता है। और आवश्यकता से अधिक कोलाहल को नियन्त्रित करने का उपाय किया जाता है। परन्तु कभी-कभी बराबर होने वाला कोलाहल कार्य में बाधा नहीं डालता, बल्कि उल्टे कोलाहल के भंग होने से ध्यान भंग होता है। वास्तव में यह बात है कि केवल बहुत जोर का कोलाहल ही काम में बाधक होता है और उसका कानों पर भी बुरा प्रभाव पड़ता है। इन सब बातों को ध्यान में रखकर कोलाहल पर नियन्त्रण किया जाना चाहिये।

(5) कार्य के घण्टे—जिन व्यवसायों में कार्य के घण्टे इतने अधिक होते हैं कि कर्मचारी अत्यधिक थक जाते हैं और उनकी क्षमता दिन पर दिन घटने लगती है उनमें मानवीय सम्बन्धों में तरह-तरह की समस्यायें दिखाई पड़ती हैं। मजदूर की शक्ति से अधिक काम के घन्टे होने से उसका स्वास्थ्य और सामर्थ्य घट जाते हैं और वह चिड़चिड़ा भी हो जाता है। इसलिये आजकल हर एक प्रगतिशील देश में सरकार नियम बनाकर भिन्न-भिन्न व्यवसायों में और भिन्न-भिन्न आयु के कर्मचारियों के लिये तथा विभिन्न लिंग के कर्मचारियों के लिये कार्य के अधिकतम घण्टे निश्चित कर देती है। इनसे अधिक काम लेना या तो गैर-कानूनी

माना जाता है या उसके लिये श्रमिक को अतिरिक्त पारिश्रमिक देने की व्यवस्था की जाती है। इन नियमों का उल्लंघन करने पर व्यवसायों के मालिकों को दण्ड दिया जाता है।

(6) **कार्य के बीच में आराम**–कोई भी आदमी, चाहे उसकी सामर्थ्य कितनी भी अधिक क्यों न हो लगातार घण्टों तक काम नहीं कर सकता। कुछ घण्टे कार्य करने के बाद हर एक को आराम की जरूरत पड़ती है। प्रयोगों से यह मालूम हुआ है कि लगातार काम करने की अपेक्षा काम के बीच-बीच में आराम लेकर काम करने से काम अधिक अच्छा और अधिक मात्रा में होता है। काम के बीच में आराम देने से उत्पादन में दस से बीस प्रतिशत की वृद्धि पायी गई है। किस काम में कितने समय बाद, किस व्यक्ति को कितने आराम की जरूरत है, यह व्यक्ति की सामर्थ्य और काम की प्रकृति पर निर्भर है। कठिन कामों में आसान कामों की अपेक्षा शीघ्र और अधिक समय तक आराम की जरूरत है। इसी प्रकार स्त्रियों, बालकों और बूढ़ों को अपेक्षाकृत शीघ्र आराम की आवश्यकता होती है। आजकल साधारणतया हर एक व्यवसाय में काम के बीच में एक या दो बार 15 मिनट से लेकर एक घण्टे तक का अवकाश दिया जाता है जिससे कि कर्मचारी जलपान, भोजन आदि ले सके और आराम कर सके। काम के बीच में अवकाश देने से थकान तो दूर होती ही है, साथ ही साथ ऊब भी कम हो जाती है और काम में रुचि तथा उत्साह बढ़ते हैं।

(7) **संगीत**–आजकल काम की दशाओं में संगीत की भी गिनती की जाती है। केर (W. A. Keir) तथा स्मिथ (H. C. Smith) ने अपने प्रयोगों ये यह निष्कर्ष निकाला कि संगीत से कर्मचारी की मानसिक स्थिति पर अच्छा प्रभाव पड़ता है और उत्पादन में भी कुछ न कुछ वृद्धि होती है। यूँ भी काम करने वालों को, विशेष रूप से मजदूरों को काम करते हुए गाते देखा जा सकता है। भारतवर्ष में स्त्रियाँ चक्की पीसते समय, खेतों में काम करते समय तथा अन्य अवसरों पर, गाती हुई देखी जा सकती हैं। संगीत में लय का काम की गति पर अच्छा प्रभाव पड़ता है। भारतवर्ष में टाटा स्टील कारखाने में संगीत की व्यवस्था है। पश्चिम के देशों में विशेषकर अमेरिका में कारखानों में संगीत का प्रयोग बराबर बढ़ता जा रहा है। स्मिथ (H. C. Smith) ने अपनी प्रश्नावली के द्वारा एक हजार श्रमिकों से संगीत के सम्बन्ध में मत संग्रह किया। इससे मालूम हुआ कि 98 प्रतिशत कर्मचारी काम के घण्टों में संगीत से आनन्द प्राप्त करते हैं। काम पर संगीत के प्रभाव के सम्बन्ध में अभी बराबर अनुसन्धान किये जा रहे हैं।

(8) **अन्य भौतिक दशायें**–उपरोक्त भौतिक दशाओं के अलावा अन्य भौतिक दशाओं का भी कर्मचारियों पर प्रभाव पड़ता है। उदाहरण के लिये यदि शौचालय, मूत्रालय, स्नानागार, जल-पानगृह, कैन्टीन आदि की व्यवस्था हो तो कर्मचारियों के कार्य का समय अधिक रोचक हो जाता है और उनकी बहुत सी परेशानियाँ भी दूर हो जाती हैं। कार्य करने के स्थान पर बदबू नहीं होनी चाहिये। गन्दगी और धूल का कर्मचारियों की मन: स्थिति पर बुरा प्रभाव पड़ता है।

मनोवैज्ञानिक परिवेश
(Psychological Environment)

कार्य के मनोवैज्ञानिक परिवेश की दशाओं का प्रभाव निम्नलिखित है–

(1) अधिकारियों का व्यवहार–अधिकारियों के व्यवहार का कर्मचारियों की मन: स्थिति पर महत्त्वपूर्ण प्रभाव पड़ता है। यदि व्यवहार अच्छा रहा तो कर्मचारियों में उत्साह और आनन्द बना रहता है। यदि व्यवहार बुरा हुआ तो बहुधा अधिकारियों और कर्मचारियों में झगड़ा होने की नौबत आ जाती है और कुछ न कुछ तनातनी बराबर बनी रहती है। यह आवश्यक नहीं है कि अच्छे व्यवहार के लिए कर्मचारियों से ढिलाई के साथ काम लिया जाए, क्योंकि ऐसी हालत में सुस्त और मक्कार कर्मचारी निश्चित ही कम कार्य करेंगे। इसलिए अधिकारियों को कर्मचारियों के काम पर बराबर नजर रखनी चाहिए। परन्तु उनकी गलतियाँ बताने में बड़ी चतुरता से काम लेना चाहिए। जो लोग कर्मचारियों को बराबर डाँटते फटकारते हैं उनका कर्मचारियों से बहुधा संघर्ष होता रहता है। अधिकारी के चापलूसी पसन्द, क्रोधी अथवा चिड़चिड़े होने पर कर्मचारी मन लगाकर काम नहीं करते। अधिकारियों का व्यवहार अच्छा होने पर कर्मचारी तो प्रसन्न रहते ही हैं, साथ ही साथ उत्पादन का गुण और मात्रा भी बढ़ती है।

(2) कर्मचारियों के परस्पर सम्बन्ध–कार्य करने की मनौवैज्ञानिक दशाओं से कर्मचारियों के परस्पर सम्बन्ध पर भी प्रभाव पड़ता है। जहाँ एक से अधिक कर्मचारी काम करते है वहाँ पर उनके सम्बन्ध अच्छे होने पर काम में उत्साह और आनन्द बना रहता है। सम्बन्ध खराब होने पर काम की हानि होती है और सामूहिक उत्तरदायित्व वाले काम तो बहुत पिछड़ जाते हैं।

(3) व्यवसाय में सुरक्षा–व्यवसाय में सुरक्षा का कर्मचारी की मन:स्थिति का बड़ा प्रभाव पड़ता है। जिस व्यवसाय में कोई सुरक्षा न हो, जिसमें यह पता न हो कि मालिक कब नौकरी से निकाल देगा उसमें कर्मचारी कैसे दिल लगाकर काम कर सकता है और काम में उसका उत्साह कैसे बना रह सकता है ? अत: व्यवसाय में सुरक्षा बड़ी जरूरी है। एक निश्चित समय के बाद सभी कर्मचारियों को उनके व्यवसाय पर स्थायी रूप से नियुक्त कर देना चाहिये। आजकल अधिकतर देशों में सरकार ने इस सम्बन्ध में कानून भी बना रखे हैं। व्यवसाय की सुरक्षा के अलावा बेकारी में सुरक्षा, बुढ़ापे में सुरक्षा और अपाहिज हो जाने की दशा में सुरक्षा भी महत्त्वपूर्ण है। आजकल सभी प्रगतिशील देशों में सरकार और सेवायोजकों की ओर से इस प्रकार की सुरक्षा का समुचित प्रबन्ध होता है। ऐसा न होने पर कर्मचारी को भविष्य की चिन्ता लगी रहती है। और वह अपने को असहाय समझता है।

(4) आवश्यकताओं की पूर्ति–हर एक व्यक्ति की निजी और अपने परिवार सम्बन्धी कुछ आवश्यकतायें होती हैं। उसको और उसके बच्चों को रोटी कपड़ा चाहिये, मकान चाहिये तथा अन्य आवश्यकताओं की पूर्ति के लिये पर्याप्त धन चाहिये। इसके अलावा आत्म-सम्मान आदि की आवश्यकताओं की पूर्ति भी जरूरी है। आजकल प्रगतिशील देशों

में सेवायोजकों की इस दिशा में भी कर्मचारियों का ध्यान रखना पड़ता है। इसके लिये उनको कर्मचारियों के कल्याण की अनेक योजनायें चलानी पड़ती हैं। इन योजनाओं में कुछ रुपया तो अवश्य खर्च होता है परन्तु इनसे कर्मचारियों को बड़ा लाभ होता है। उनकी आवश्यकताओं की पूर्ति होने से वे मालिकों का सम्मान करते हैं। उनका सुख और आनन्द बना रहता है और वे जी लगाकर काम करते हैं। उनको मालिकों में विश्वास रहता है और इसीलिये वे ऐसे काम नहीं करते जिनसे मालिकों को नुकसान हो।

(5) उद्योग और प्रलोभन—मनुष्य के जीवन में प्रेरणाओं का बड़ा महत्त्व है। प्रेरणा के बगैर न तो कोई अधिक परिश्रम कर सकता है और न अपने काम को बेहतर बनाने की कोशिश कर सकता है। उद्योग और व्यवसाय में इस तरह की प्रेरणा नाना प्रकार के प्रलोभनों से मिलती है, जैसे वेतन वृद्धि, अधिकारियों द्वारा प्रशंसा, पदोन्नति अथवा लाभांश (Bonus) दिलाना। आजकल उद्योग में प्रलोभनों का भी विशेष ध्यान रखा जाता है। प्रगतिशील देशों में अधिकतर उद्योगों में उत्पादन बढ़ाने पर श्रमिकों को लाभांश दिया जाता है। अधिकतर व्यवसायों में अच्छा काम दिखाने पर कर्मचारी की पदोन्नति की जाती है। समझदार अधिकारी लोग कर्मचारियों के अच्छे काम की सदैव प्रशंसा करते हैं। विशेष अच्छा काम दिखाने पर कर्मचारी का वेतन भी बढ़ाया जाता है।

उद्योग और व्यवसाय में ऊपर बतलाई गई भौतिक और मनोवैज्ञानिक सभी दशाओं का बड़ा महत्त्व है। आजकल मनोवैज्ञानिकों ने इस ओर उद्योगपतियों का ध्यान विशेष रूप से आकर्षित किया है। केवल आर्थिक दृष्टि के ही नहीं बल्कि मानवता की दृष्टि से भी यह जरूरी है कि कर्मचारियों को अच्छी भौतिक और मनोवैज्ञानिक दशाओं में काम करने का अवसर मिले। देश के नागरिक होने के नाते कर्मचारियों के लिये इस प्रकार की व्यवस्था सरकार द्वारा भी कराई जानी चाहिए। इस प्रकार की व्यवस्था होने पर उद्योग के क्षेत्र में संघर्ष घटते हैं और उत्पादन बढ़ता है जिससे कर्मचारी, सेवा योजक (Employer) और सरकार सभी को लाभ होता है।

अभ्यास के लिए प्रश्न

1. कार्य के समाजशास्त्र को परिभाषित कीजिये। इसके आर्थिक, सामाजिक एवं सांस्कृतिक निर्धारकों को समझाइये।
2. ''काम मानवों का एक अत्यन्त महत्त्वपूर्ण कार्य है।'' इस विचार को ध्यान में रखते हुए 'कार्य के समाजशास्त्र' पर एक निबन्ध लिखिये।
3. श्रम अथवा कार्य (Work) पर समाजशास्त्रियों, मनोवैज्ञानिकों तथा अर्थशास्त्रियों के दृष्टिकोणों का वर्णन कीजिये एवं प्रोटेस्टेण्ट सुधारवाद में श्रम के मूल्य का वर्णन कीजिये।
4. कार्य की अवधारणा को स्पष्ट कीजिए। कार्य की प्रकृति एवं कार्योत्पादन पर प्रभाव डालने वाले तत्त्वों की चर्चा कीजिये।

5. कार्य के वातावरण को प्रभावित करने वाले शारीरिक तथा मानसिक तत्त्वों में विभेद स्पष्ट कीजिये तथा उनके पारस्परिक सम्बन्ध का विवेचन कीजिये।
6. कर्म के सम्बन्ध में आधुनिक दृष्टिकोण क्या है ?
7. समाज में कार्य की परिवर्तित अवधारणा को समझाइये।
8. कार्य करने की दशाओं से आपका क्या तात्पर्य है ? कार्य करने की प्रमुख समस्यायें लिखिए।
9. कार्य करने की दशाओं का गन्दा एवं अस्वास्थ्यप्रद होने के फलस्वरूप श्रमिकों के नैतिक स्तर तथा कार्यक्षमता पर जो प्रभाव पड़ता है उसका विश्लेषण कीजिये।
10. कार्योत्पादन को प्रभावित करने वाले कारकों की विवेचना कीजिये।

9

उद्योग में निपुणता
(Efficiency in Industry)

निपुणता क्या है ?

निपुणता क्या है ? यह कैसे मालूम होती है ? निपुणता व्यक्ति की विशेष कार्यक्षमता है जिसके कारण वह किसी कार्य को भली प्रकार कर सकता है। निपुणता कोई सामान्य गुण नहीं है क्योंकि कोई भी व्यक्ति सब कामों में निपुण नहीं हो सकता। हर एक व्यक्ति कुछ विशेष कामों में निपुण हो सकता है। भिन्न-भिन्न व्यक्ति भिन्न-भिन्न कामों में निपुण होते हैं और एक ही काम में भिन्न-भिन्न व्यक्तियों में भिन्न-भिन्न कामों में निपुणता पाई जाती है। अत: किसी व्यक्ति के विषय में यह कहना पर्याप्त नहीं है कि वह निपुण है। उसको निपुण कहने के साथ-साथ यह भी बतलाना आवश्यक है कि वह किस-किस काम में कितना निपुण है। निपुण व्यक्ति किसी विशेष काम को अन्य व्यक्तियों की अपेक्षा अधिक अच्छा और कम समय में कर लेता है। अत: निपुणता का अनुमान काम करने में लगे हुए समय तथा काम की मात्रा गुण से लगाया जाता है। केवल कम समय में काम करने मात्र से किसी को उस काम में निपुण नहीं कहा जा सकता जब तक कि वह समय में कमी करने के साथ-साथ उत्पादन मात्रा और गुण न बनाये रखे। इसी प्रकार केवल बहुत-सा काम करने से ही कोई व्यक्ति निपुण नहीं कहा जा सकता। स्पष्ट है कि निपुणता के लिये कम समय और अधिक परिणाम तथा उच्च गुण आवश्यक हैं। जिस व्यक्ति में विशेष कार्य के सम्बन्ध में ये तीनों बातें अन्य व्यक्ति से अधिक दिखलाई पड़ती हैं उसको उस काम में अन्य व्यक्तियों की अपेक्षा निपुण कहा जायेगा। यहाँ यह भी ध्यान रखना जरूरी है कि निपुणता एक सापेक्ष (Relative) शब्द है। व्यक्ति एक दूसरे की तुलना में निपुण होते हैं। परन्तु यह तुलना सभी समय और सभी से नहीं की जाती। जब किसी कारखाने के किसी कर्मचारी को निपुण कहा जाता है तो उसका तात्पर्य यह होता है कि वह कर्मचारी अन्य व्यक्तियों द्वारा किये जाने वाले काम की औसत मात्रा और गुण से कहीं अधिक मात्रा और गुण सहित उसी काम को कम समय में कर सकता है।

निपुणता की बाह्य दशायें
(External Conditions of Efficiency)

मनोवैज्ञानिकों ने निपुणता बनाये रखने अथवा बढ़ाने के उपाय निकालने के लिये निपुणता की दशाओं अथवा निर्णायक कारकों का अध्ययन किया है। निपुणता एक मनोशारीरिक (Psycho-physical) दशा है अर्थात् उसमें मानसिक और शारीरिक दो पहलू होते हैं। इसीलिए उसकी दशायें या निर्णायक कारक भी स्थूल रूप से दो प्रकार के कहे जा सकते हैं—बाह्य, आन्तरिक। बाह्य दशायें अथवा कारक निम्नलिखित हैं :—

(1) विश्राम (Rest),

(2) कार्य करने का समय (Work period),

(3) स्वास्थ्य (Health),

(4) जलवायु (Climate)।

अब यहाँ इन विभिन्न बाह्य दशाओं का क्रमशः वर्णन किया जायेगा।

(1) विश्राम—थकान सम्बन्धी अध्याय में यह बतलाया गया है कि कार्य में पर्याप्त विश्राम न मिलने से व्यक्ति थक जाता है और उसकी कार्यक्षमता कम हो जाती है। स्पष्ट है कि निपुणता के लिए एक आवश्यक दशा विश्राम है। एक प्रयोग में शैपर्ड ने कालिज के बारह विद्यार्थियों को चैस्ट-वैस्ट मशीन पर लगातार आठ घण्टे कार्य करने को दिया और दुबारा विश्राम देकर कार्य कराया। इस प्रयोग से यह मालूम हुआ कि लगातार काम करने पर निपुणता कम हो गई। ह्वाट के प्रयोगों से यह मालूम हुआ कि विश्राम मिलने पर श्रमिक की निपुणता 9.3 प्रतिशत तक बढ़ जाती है। वर्नन बैडफोर्ड ने बिजलीघर में काम करने वाले श्रमिकों को बिना विश्राम और विश्राम सहित कार्य देकर यह परिणाम निकाला कि दूसरी दशा में कार्य अधिक होता है। अन्य प्रयोगों से यह ज्ञात हुआ है कि मानसिक कार्य में प्रत्येक घण्टे के पश्चात् पांच मिनट विश्राम करना आवश्यक है और दस मिनट विश्राम अधिक अच्छा है। श्रमिकों को उनके कार्य के घण्टों का 16.6 प्रतिशत विश्राम दिया जाना चाहिये।

यहाँ पर यह ध्यान रखना आवश्यक है कि आवश्यकता से अधिक विश्राम मिलने से कोई लाभ नहीं होता बल्कि उल्टे नुकसान ही हो सकता है, क्योंकि अधिक देर आराम मिलने से चित्त काम से हट जाता है। साधारणतया दस मिनट का विश्राम पर्याप्त है। परन्तु यह समझना भूल है कि भोजन का समय विश्राम का समय है। विश्राम के समय में व्यक्ति को शारीरिक अथवा मानसिक कोई भी काम नहीं दिया जाना चाहिए। विश्राम के विषय में एक अन्य महत्त्वपूर्ण बात यह है कि उसका समय निश्चित होना चाहिये क्योंकि अनिश्चित होने से मानसिक तनाव बना रहता है और पूरा आराम नहीं मिलता। किस काम में कितना आराम मिलना चाहिए उसके विषय में सभी कामों के लिए कोई एक सा नियम नहीं हो सकता। यूं तो प्रत्येक कार्य में कुछ न कुछ विश्राम मिलना आवश्यक है परन्तु जो काम जितना अधिक कठिन होगा उसमें उतना ही विश्राम भी मिलना चाहिये।

विश्राम से मुख्य रूप में निम्नलिखित लाभ होते हैं—

(अ) उत्पादन की मात्रा और गुण दोनों बढ़ते हैं।

(ब) उद्योग में दुर्घटनायें कम होती हैं।

(स) अरुचि और ऊब नहीं होती।

(द) आराम मिलता है और तनाव कम होता है।

(2) कार्य करने का समय—निपुणता में एक अन्य महत्त्वपूर्ण कारक कार्य करने का समय है। यदि कार्य करने का समय आवश्यकता से अधिक है तो स्वाभाविक है कि कर्मचारी थका हुआ रहेगा और उसकी निपुणता कम होती जायेगी। अनेक प्रयोगों से यह मालूम हुआ है कि श्रमिक से अधिक से अधिक आठ घण्टे काम लेना चाहिए। साधारणतया सप्ताह में 40 घण्टे काम उपयुक्त है। काम के घण्टे इससे बढ़ने के साथ-साथ श्रमिक की तत्परता, निपुणता, स्वास्थ्य, शक्ति और सामर्थ्य आदि गिरती जाती हैं जिससे अन्त में सेवायोजक को भी हानि होती है। अत: श्रमिक और सेवायोजक दोनों का ही लाभ इसी में है कि काम के घण्टे आवश्यकता से अधिक न बढ़ाये जायें।

(3) स्वास्थ्य—निपुणता के लिए श्रमिक का स्वास्थ्य भी अच्छा होना चाहिए। स्वास्थ्य अच्छा न होने पर वह शीघ्र थक जायेगा और कार्य को अच्छी तरह नहीं कर सकेगा।

स्वास्थ्य के महत्त्व को समझने के कारण आजकल औद्योगिक स्वास्थ्य विज्ञान का विकास हुआ है। इसमें उन सब परिस्थितियों का अध्ययन किया जाता है जिनका श्रमिक के स्वास्थ्य पर प्रभाव पड़ता है और ऐसी दशायें बनाये रखने की चेष्टा की जाती है जिनमें श्रमिक का स्वास्थ्य अच्छा रह सके। औद्योगिक स्वास्थ्य विज्ञान से श्रमिकों का स्वास्थ्य सुधरने लगा और इससे कार्य की मात्रा और गुण में भी वृद्धि हुई। औद्योगिक स्वास्थ्य विज्ञान के अनुसार उद्योग केन्द्रों में श्रमिक के स्वास्थ्य को बनाये रखने के लिये साधारणतया निम्नलिखित बातों का ध्यान रखा जाना चाहिये—

(1) उद्योग केन्द्र में एक अच्छा डाक्टर रहना चाहिये जिससे किसी भी श्रमिक के बीमार पड़ते ही तुरन्त चिकित्सा की जा सके।

(2) श्रमिकों में संक्रामक रोगों के रोकने की ओर विशेष ध्यान दिया जाना चाहिये। किसी भी श्रमिक को ऐसा कोई रोग लगने पर उसको अलग रखा जाना चाहिये और तुरन्त उपचार किया जाना चाहिये।

(3) श्रमिकों को यथासम्भव नशीली वस्तुएं उपलब्ध नहीं होनी चाहियें, जिनको नशा करने की आदत हो उसे भी छुड़ाने की चेष्टा की जानी चाहिये।

(4) श्रमिकों को स्वास्थ्य के विषय में और रोगों से बचने के विषय में आवश्यक जानकारी दी जानी चाहिये।

(5) शारीरिक, मानसिक अथवा आर्थिक दृष्टि से पिछड़े हुये श्रमिकों की ओर विशेष ध्यान दिया जाना चाहिये और उनको विशेष सुविधायें भी दी जानी चाहियें।

(4) जलवायु—निपुणता पर कार्य करने के स्थान की जलवायु का भी विशेष प्रभाव पड़ता है। इस सम्बन्ध में अनेक बातों को पीछे कार्य का समाजशास्त्र सम्बन्धी अध्याय में बतलाया जा चुका है। आधुनिक कारखानों में रोशनी, हवा, पानी, सफाई, तापक्रम, शोर आदि पर आवश्यक नियन्त्रण रखा जाता है। ऐसा न होने पर श्रमिकों के स्वास्थ्य पर और परिणामस्वरूप निपुणता पर बुरा प्रभाव पड़ता है।

निपुणता के आन्तरिक निर्णायक
(Internal Determinants of Efficiency)

बाह्य दशाओं के अलावा निपुणता की कुछ आंतरिक दशायें भी हैं। इनमें मुख्य दशायें निम्नलिखित हैं—

(1) प्रेरणा (Motivation),

(2) ऊब (Monotony),

(3) एकाग्रता (Concentration),

(4) संवेगात्मक अनुकूलन (Emotional Adjustment),

(5) अभिरुचि और व्यक्तित्व सम्बन्धी विशेषतायें (Apptitude and Personality Differences)।

(1) प्रेरणा—प्रेरणा का निपुणता से बड़ा घनिष्ठ सम्बन्ध है। उसके अभाव में अन्य परिस्थितियाँ रहते हुए भी निपुणता नहीं रह सकती। प्रेरणा होने पर अन्य आवश्यक दशाओं में कमी होने पर भी निपुणता बनी रहती है। उद्योग में प्रेरणा देने के उपायों का आगे वर्णन किया गया है। उद्योग में आवश्यक प्रेरणा के लिये यह जरूरी है कि कर्मचारी की आवश्यकतायें पूरी होती हों, उसका स्वास्थ्य अच्छा हो भविष्य सुरक्षित हो तथा अधिक और अच्छा काम करने पर उसे पदोन्नति और पुरस्कार मिलते हों। यदि पदोन्नति, खुशामद या अन्य बातों से मिलती है तो मेहनती लोगों की प्रेरणा कम हो जाती है। यदि अधिकारियों का व्यवहार खराब है तो भी प्रेरणा नहीं रहती। इन सब बातों का आगे विस्तार से वर्णन किया गया है।

(2) ऊब—ऊब से निपुणता कम होती है क्योंकि उससे व्यक्ति का मन और शरीर शिथिल हो जाता है। अतः मनोवैज्ञानिकों ने ऊबने के सम्बन्ध में अनेक प्रयोग किये हैं और उसके कारणों का पता लगाने की चेष्टा की है। काम में ऊब दूर रखने के लिये निम्नलिखित उपाय प्रयोग किये जा सकते हैं—

(अ) कार्य में विविधता—पौफेनबर्जर (Poffenberger) के अनुसार ऊबने का एक कारण एक से काम को बार-बार करना है। यह एक सामान्य बात है कि कितना भी अच्छा काम होने पर मनुष्य एक से काम से ऊब जाता है। अतः काम में रुचि बनाये रखने के लिये यह आवश्यक है कि काम में कुछ न कुछ परिवर्तन अवश्य किया जाये। इसलिये कार्य में विविधता होने पर ऊब को दूर रखा जा सकता है।

(ब) कार्य के साथ विश्राम—कार्य के साथ विश्राम की पर्याप्त व्यवस्था न होने पर व्यक्ति थक जाता है और ऊबने लगता है। इसलिए ऊबने को रोकने के लिए कार्य के साथ-साथ पर्याप्त विश्राम की भी व्यवस्था होनी चाहिये।

(स) कार्य का समय अधिक न होना—कार्य का समय अधिक होने से भी कर्मचारी उससे ऊब जाता है और थका सा रहता है। अत: यह आवश्यक है कि काम करने के घण्टे अधिक न हों।

(द) मनोरंजन का प्रबन्ध—मनोरंजन से व्यक्ति फिर से ताजा हो जाता है। अत: ऊब को दूर रखने के लिये मनोरंजन सबसे अधिक आवश्यक है। इसलिये आजकल श्रमिकों को तरह-तरह के दिल बहलाव के साधन देने का प्रयास किया जाता है। इससे नवीनता भी मिलती है और रुचि भी बनी रहती है।

(इ) प्रेरणा—ऊब को दूर रखने के लिये तरह-तरह के उपायों से काम में प्रेरणा बनाये रखी जानी चाहिये। कर्मचारी पर दबाव कम से कम होना चाहिये। उसे अधिकतर स्वयं अपनी प्रेरणा से काम करना चाहिये।

(उ) बुद्धि, व्यक्तित्व और योग्यताओं के अनुसार काम का चुनाव—यदि कोई काम व्यक्ति की बुद्धि, व्यक्ति की विशेषताओं, सामर्थ्य तथा विशेष योग्यताओं के अनुरूप नहीं है तो समय बीतने के साथ व्यक्ति उससे ऊबने लगेगा। अत: यह आवश्यक है कि इनको ध्यान में रखकर ही व्यक्ति को उसके उपयुक्त कार्य दिया जाये।

(3) एकाग्रता—निपुणता के लिये एक अन्य आवश्यक आन्तरिक दशा श्रमिक अथवा कर्मचारी का एकाग्रचित होना है। इसके लिये यह जरूरी है कि शोर तथा अन्य बाधाओं को दूर किया जाये। कभी-कभी प्रेरणा का अभाव भी चित्त न लगने का कारण हो सकता है। निपुणता के लिये यह आवश्यक है कि ध्यान बांटने के आन्तरिक और बाहरी सभी कारणों को दूर करके कर्मचारी को एकाग्रचित बनने में सहायता दी जाये।

(4) संवेगात्मक अनुकूलन—दुर्घटनाओं के अध्ययन में बहुधा यह देखा गया है कि उनका कारण ध्यान का एकाग्र न होना, अरुचि, शिथिलता अथवा मानसिक संघर्ष होता है। इन सबके मूल में बहुधा संवेगात्मक अनुकूलन का अभाव रहता है। अत: निपुणता बनाये रखने के लिये एक आवश्यक दशा संवेगात्मक अनुकूलन भी है। इसको बनाये रखने के लिये सामान्य रूप से श्रमिकों की काम करने की दशायें अच्छी होनी चाहियें। साथ ही साथ उनकी व्यक्तिगत समस्याओं को सुलझाने में उन्हें वैयक्तिक निर्देशन भी दिया जाना चाहिये।

(5) अभिरुचियाँ और व्यक्तित्व सम्बन्धी विशेषतायें—अन्त में निपुणता बहुत कुछ व्यक्तियों की अपनी अभिरुचियों और व्यक्तित्व सम्बन्धी विशेषताओं पर भी निर्भर रहती है। यदि उन्हें इनके अनुरूप काम मिलता है तब तो निपुणता बनी रहती है अन्यथा नहीं। फिर, कुछ ऐसे भी काम होते हैं जिनमें निपुणता बनाये रखना बड़ा कठिन होता है यद्यपि प्रयास करने से कुछ सफलता मिल भी सकती है।

निपुणता की विभिन्न दशाओं तथा निर्णायक कारकों के उपरोक्त विवरण से स्पष्ट है कि औद्योगिक मनोविज्ञान में इस दिशा में बराबर प्रयोग किये जा रहे हैं और व्यवस्थित नियम निकालने का प्रयत्न किया जा रहा है। इस प्रयास से कर्मचारी और सेवायोजक दोनों को ही लाभ है।

अभ्यास के लिये प्रश्न

1. श्रम कल्याण योजना औद्योगिक कुशलता को किस प्रकार प्रभावित करती है, समझाइये।
2. भारतीय औद्योगिक श्रमिक के कार्यकुशल बनने के लिये आप क्या सुझाव दे सकते हैं?

10

मनोबल और कार्य सन्तोष
(Morale and Job Satisfaction)

मनोबल एक मानसिक अवस्था है, जो व्यक्ति को स्वेच्छा से किसी समूह या संगठन के उद्देश्यों की प्राप्ति के लिये प्रयत्न करने की तत्परता व प्रेरणा देती है। यह कर्मचारी को अपनी सहयोगी क्रियाओं में अधिकतम संतुष्टि दिलाता है, उसे उत्साहपूर्वक कार्य में जुटे रहने की प्रेरणा देता है और उसमें सामाजिक भावना का विकास करता है जिससे कि वह अपने निजी हितों को सामूहिक हितवर्धन के लिये न्यौछावर करने को स्वेच्छा से तैयार रहता है।

मनोबल की परिभाषायें

1. एडविन बी॰ फिलप्पो—"मनोबल एक मानसिक अवस्था अथवा व्यक्तियों एवं समूहों की अभिवृत्ति है, जो उनकी सहयोग करने की स्वेच्छा का निर्धारण करती है।"[1]

2. राबर्ट एम॰ गुड्मन—"मनोबल एक व्यक्ति की आवश्यकताओं की सन्तुष्टि की सीमा है तथा वह उस सन्तुष्टि को सम्पूर्ण कार्य-स्थिति में किस सीमा तक प्राप्त हुआ समझता है, का प्रतिबोध कराता है।"

3. ब्रेज—"एक विशेष संगठन या समूह के कार्यों और उद्देश्यों की पूर्ति में हार्दिक सहयोग प्रदान करने की तत्परता ही मनोबल है।"

4. क्राउन तथा मोर्स—"एक संगठन में सम्मिलित तथा सदस्यता के कारण अनुभव की हुई सन्तुष्टियों का योग ही मनोबल है।"

---

1. "Morale is a mental condition or attitude of individuals and groups which determines their willingness to co-operate."

—Edwin B. Fillippo

5. डेल योडर—"यह कर्मचारी का रोजगार के प्रति, उनके वैयक्तिक कार्यों के साथ, कार्य करने वालों, उनके पर्यवेक्षकों, उनके संघ, कार्य की दशाओं और सम्पूर्ण रोजगार के प्रति उनकी अभिवृत्तियों के एक संश्लेषण की तरह माना जाता है।"[1]

6. ज्यूशियस एवं स्लैण्डर—"मनोबल एक मानसिक एवं भावनात्मक स्थिति है, जिससे कार्य रुचि प्रभावित होती है, जो कि प्रत्युत्तर में व्यक्तिगत तथा संगठन के उद्देश्यों को प्रभावित करती है।"[2]

मनोबल के पहलू

मनोबल का सामाजिक व्यवहार पर बड़ा प्रभाव पड़ता है। इस प्रकार उसके दो पहलू हैं—मानसिक और सामाजिक। मानसिक पहलू में मनोबल उद्योग की व्यवस्था, उत्पादन और अधिकारियों के प्रति कर्मचारियों की मनोवृत्ति है। सामाजिक पहलू में मनोबल कर्मचारियों के सामाजिक व्यवहार से मालूम पड़ता है। इस प्रकार यदि मनोबल का स्तर ऊंचा है तो कर्मचारियों में अनुशासन, आज्ञाकारिता और सामूहिक एकता का भाव दिखलाई पड़ता है। यह भाव जितना ही कम होगा मनोबल का स्तर उतना ही नीचा माना जायेगा।

मनोबल और अधिकारियों के प्रति दृष्टिकोण

अतः मनोबल का अधिकारियों के प्रति दृष्टिकोण पर स्पष्ट प्रभाव पड़ता है। इस सम्बन्ध में जेनकेन्स (Jenkens) ने एक बड़ा मनोरंजक प्रयोग किया। उसने दो ऐसे समूह लिये जिनमें एक का मनोबल ऊँचा और दूसरे का निम्न स्तर का था। हर एक समूह में एक सेनापति और एक कार्यकारी अधिकारी के अलावा 17 कर्मचारी थे। अधिकारियों के प्रति दृष्टिकोण की परीक्षा लेने के लिये गुप्त रूप से हर एक कर्मचारी से उस व्यक्ति का नाम बतलाने को कहा गया जिसके साथ वह वायुयान से यात्रा करना चाहता है और साथ ही अपने समूह के उस व्यक्ति का भी नाम बतलाने को कहा गया जिसके साथ वह यात्रा नहीं करना चाहता था। इस परीक्षा से जो परिणाम आये उनसे यह मालूम हुआ कि उच्च मनोबल में अधिकारियों के प्रति अनुकूल और निम्न मनोबल में उनके प्रति प्रतिकूल अभिवृत्ति रहती है। जिस समूह का मनोबल उच्च कोटि का था उसके आठ सैनिकों ने सेनापति के साथ और 6 ने कार्यकारी अधिकारी के साथ यात्रा करने की इच्छा प्रकट की। दूसरी ओर जिस समूह में निम्न कोटि का मनोबल था उसमें किसी भी सैनिक ने सेनापति के साथ उड़ने की इच्छा नहीं प्रकट की। इसके विरुद्ध नौ सैनिकों ने तो कार्यकारी अधिकारी के साथ उड़ने में अपनी अनिच्छा ही दिखाई।

---

1. "Morale is regarded as synthesis of employee attitudes toward employment, toward their individual jobs, those with whom they work, their supervisors, their union, working conditions and their employment as a whole."

—Dale Yoder

2. "Morale is a stage of mind and emotions, affecting willingness to work which in turn affects individual or organisational objectives."

—Jucious and Selender

मनोबल और मन:स्थिति

अधिकारियों के प्रति अनुकूल भाव के साथ-साथ मनोबल की एक विशेषता यह है कि उसमें निराशा का प्रतिरोध किया गया है। दूसरे शब्दों में, मनोबल उच्च होने पर निराशा पास नहीं फटकती और उत्साह बना रहता है। कोई समस्या उपस्थित होने पर उसको सुलझाने की कोशिश की जाती है। दूसरी ओर मनोबल का स्तर नीचा होने पर निराशायें और हताशायें बढ़ती हैं। लोग भविष्य के प्रति उदास हो जाते हैं। उन्हें चारों ओर अन्धकार ही अन्धकार दिखाई पड़ता है। समस्याओं को सुलझाना तो दूर रहा वे उनकी ओर से आँख ही मूंद लेते हैं। उनमें पलायन, अवगति, निवेषण इत्यादि लक्षण दिखलाई पड़ते हैं।

मनोबल और अभियोजन

इस प्रकार उच्च स्तर के मनोबल में कर्मचारियों का संगठन सुदृढ़ रहता है और वे बदलती हुई परिस्थितियों के साथ भली प्रकार अभिगोजन कर लेते हैं। उनमें किसी प्रकार का कोई भेदभाव नहीं रहता। दूसरी ओर मनोबल निम्न होने पर अभियोजनशीलता कम हो जाती है।

यहाँ यह बात ध्यान रखने की है कि यह आवश्यक नहीं है कि यदि किसी कारखाने की कुछ परिस्थितियाँ खराब हैं तो सभी कर्मचारियों के मनोबल का स्तर निम्न हो जायेगा। दूसरी ओर किसी कारखाने में अधिकतर लोगों का मनोबल का स्तर ऊँचा होते हुए भी अन्य लोगों का स्तर नीचा हो सकता है। इसका कारण यह है कि व्यक्तिगत विभिन्नताओं के कारण सभी लोगों पर परिस्थितियों का एक-सा प्रभाव नहीं पड़ता। दूसरी ओर एक ही कारखाने में काम करने वाले कर्मचारियों की परिस्थितियाँ भिन्न-भिन्न होती हैं। उदाहरण के लिए कुछ व्यक्तिगत कारणों से किसी कर्मचारी को अधिकारी की कृपा दृष्टि मिल जाती है और इसलिए उसमें मनोबल का स्तर ऊंचा रहता है। अन्य लोगों का मनोबल का स्तर निम्न होता है क्योंकि वे अधिकारियों के कृपापात्र नहीं होते। इसी प्रकार एक ही परिस्थिति में कुछ कर्मचारियों का मनोबल का स्तर उठ सकता है जबकि दूसरों का स्तर गिर सकता है। उदाहरण के लिए यदि किसी कारखाने में किसी विशेष जाति, धर्म या क्षेत्र के लोगों को विशेष सुविधायें दी जाती हैं तो इससे अन्य लोगों को बड़ी निराशा होती है और वे अधिकारियों के विरुद्ध हो जाते हैं तथा उनके मनोबल का स्तर गिर जाता है।

उच्च मनोबल की विशेषतायें

उपरोक्त विवेचन से यह स्पष्ट है कि मनोबल के उच्च स्तर में निम्नलिखित विशेषतायें देखी जा सकती हैं—

(1) अधिकारियों के प्रति अनुकूल अभिवृत्ति।

(2) आत्म प्रेरित आज्ञाकारिता।

(3) अधिकारियों के प्रति सम्मान और विश्वास का धनात्मक (Positive) भाव।

(4) सामूहिक अनुशासन, एकता और अभियोजनशीलता।

(5) हताशाओं का विरोध और उत्साहशीलता।

(6) मानसिक शान्ति और सन्तोष।

(7) कार्य में सुव्यवस्था और उत्पादकता।

उत्कृष्ट मनोबल के उपादान

नार्मन मेयर ने मनोबल में टीम स्प्रिट पर बड़ा जोर दिया है। टीम स्प्रिट रहने से मनोबल बना रहता है। टीम स्प्रिट बनी रहने के लिए निम्नलिखित बातों का बना रहना बड़ा जरूरी है।

(1) कार्य के प्रति लगन—इसमें तत्परता और शक्तिशाली प्रेरकों का अस्तित्व सम्मिलित है जिससे कि व्यक्ति निश्चित उद्देश्यों की ओर बराबर बढ़ता रहता है।

(2) कार्य से विमुख न होना—यह नीतिमत्ता बने रहने का गुण है। ऐसी दशा में असफलता मिलने पर भी लोग कार्य से विमुख नहीं होते।

(3) सहयोग की भावना—सहयोग की भावना के कारण लोग व्यक्तिगत रूप में न सोचकर सामूहिक रूप में सोचते हैं और समूह की सफलता को अपनी सफलता समझकर अन्य लोगों के साथ सहयोग करते हैं।

निकृष्ट मनोबल के लक्षण

उत्कृष्ट मनोबल के विरुद्ध निकृष्ट मनोबल की दशा में निम्नलिखित बातें दिखलाई पड़ती हैं—

(1) अधिकारियों के प्रति प्रतिकूल अभिवृत्ति।

(2) आज्ञाकारिकता का अभाव या लादी हुई आज्ञाकारिता।

(3) अधिकारियों के प्रति घृणा, द्वेष, सन्देह और अन्धविश्वास।

(4) निराशा, निरुत्साह, नीरसता।

(5) सामूहिक अनुशासन और एकता का अभाव, एकाकी प्रयास।

(6) मानसिक अशांति और असन्तोष।

(7) कार्य में अव्यवस्था और अनुत्पादकता।

(8) तरह-तरह के जन-प्रवाद फैलाना।

(9) पीठ पीछे अधिकारियों और अन्य कर्मचारियों की निन्दा करना।

(10) कार्य के प्रति लगन का अभाव।

(11) परस्पर झगड़े और असहयोग।

मनोबल मापने की विधियाँ

किसी भी उद्योग में कर्मचारी के मनोबल के स्तर को जानने के लिये उसमें पीछे बतलाये गए लक्षणों का दिग्दर्शन करना होता है। आजकल मनोबल को मापने के लिये अनेक वैज्ञानिक विधियों का प्रयोग किया जाता है। इन विधियों से मनोबल का स्तर ज्ञात होता है और साथ

ही निम्न स्तर के कारण भी मालूम पड़ते हैं जिनको दूर कर के मनोबल का स्तर ऊंचा किया जा सकता है। मुख्य विधियाँ निम्नलिखित हैं—

(1) सामान्य कर्मचारी मत सर्वेक्षण।

(2) निर्गमन साक्षात्कार विधि।

(3) अभिवृत्ति मान विधि।

(4) मौरैनो विधि या समाजमिति विधि।

(1) सामान्य कर्मचारी मत सर्वेक्षण—मनोबल के स्तर को मापने की एक अत्यन्त प्रचलित विधि सामान्य कर्मचारी मत सर्वेक्षण विधि है। जैसा कि इसके नाम से स्पष्ट है, इस विधि में सामान्य कर्मचारियों के मतों का सर्वेक्षण किया जाता है। इसके लिये कुछ वैज्ञानिक प्रश्नावलियाँ बनाई जाती हैं जिनसे उद्योग के विभिन्न पहलुओं और अधिकारियों के प्रति कर्मचारियों का मत मालूम हो सके। प्रश्नावलियों का उत्तर देने में कर्मचारी को अपना नाम नहीं लिखना पड़ता। इससे यह लाभ होता है कि वे निडर होकर अपना मत प्रकट कर सकते हैं। प्रश्नावलियों के उत्तर मिल जाने पर उनसे यह जाना जा सकता है कि कर्मचारियों में किस बात के बारे में किस तरह की शिकायतें हैं। यदि किसी बात के विषय में अधिकतर कर्मचारियों को शिकायत है तो उसमें सुधार करने की कोशिश की जाती है। इस विधि की सफलता इस बात पर निर्भर है कि प्रश्नावलियाँ कहाँ तक वैज्ञानिक हैं और कर्मचारीगण उनमें दिये गये प्रश्नों का कहाँ तक सही उत्तर देते हैं।

(2) निर्गमन साक्षात्कार विधि—निर्गमन साक्षात्कार विधि में, जैसा कि उसके नाम से स्पष्ट है, उन कर्मचारियों का साक्षात्कार किया जाता है जिनका कम्पनी या कारखाने से निर्गमन हो चुका है अर्थात् जो नौकरी छोड़ चुके हैं। इसमें एक विशेष लाभ यह है कि नौकरी छोड़कर जाने वाले कर्मचारियों से बहुत से ऐसे कारण मालूम हो सकते हैं जिनको दूर करने से अन्य कर्मचारियों का नौकरी छोड़ना रोका जा सकता है। इस विधि के इस पहलू पर ड्रैक औनरहेम ने विशेष जोर दिया। इस विधि में एक दूसरी विशेषता यह है कि नौकरी छोड़ देने के बाद कर्मचारी पूरी तरह से निडर होकर कारखाने या कम्पनी के विभिन्न पहलुओं के विषय में अपनी राय बतला सकता है। इससे तीसरा लाभ यह है कि नौकरी में न रहने वाले कर्मचारी के मतों से कम्पनी के सम्मान या अनुशासन को हानि नहीं होती। इसमें कोई सन्देह नहीं कि अनेक कर्मचारियों को ऐसी व्यक्तिगत शिकायतें हो सकती हैं जिनका यथार्थ परिस्थितियों से विशेष सम्बन्ध न हो, परन्तु यदि बहुत से कर्मचारी किसी एक बात को लेकर नौकरी छोडते हैं तो निस्सन्देह मनोबल के उत्कृष्ट स्तर को बनाये रखने के लिये उस शिकायत को दूर करना जरूरी है। इस प्रकार यह विधि मनोबल मापने में और उसका स्तर गिरने के कारणों का पता लगाने में बड़ी उपयोगी सिद्ध हुई है। यदि नौकरी छोड़कर जाने वाले अधिकांश कर्मचारी कम्पनी या कारखाने के अधिकारियों और काम की प्रशंसा करते हैं तो निस्सन्देह इससे मनोबल का स्तर ऊँचा समझा जा सकता है।

(3) अभिवृत्ति मान विधि—जैसा कि पहले बतलाया जा चुका है, मनोबल अधिकारियों और काम तथा व्यवस्था के प्रति कर्मचारी की अभिवृत्ति दिखलाता है। अतः

मनोबल को जानने के लिये कर्मचारियों की अभिवृत्तियों का पता लगाया जाता है। उदाहरण के लिये नीचे दिये हुये कुछ कथनों के प्रति कर्मचारियों के मत को जानकर उनकी अभिवृत्ति ज्ञात हो सकती है।

1—मैं कम्पनी में मजबूरी से काम करता हूं।

2—कम्पनी के अधिकारी यथासम्भव कम से कम वेतन देने की नीति में विश्वास करते हैं।

3—यदि मुझे इसी वेतन पर किसी दूसरी कम्पनी में काम मिले तो मैं इस कम्पनी का काम छोड़ सकता हूँ।

4—मुझे अपने अधिकारियों में कोई श्रद्धा या विश्वास नहीं है।

5—मेरी काम करने की परिस्थितियाँ किसी भी तरह से अच्छी नहीं कहीं जा सकतीं।

6—मुझे अपने काम में कोई स्वतन्त्रता, आनन्द या सन्तोष नहीं मालूम पड़ता।

उपरोक्त कथनों पर सही या गलत का चिन्ह लगवाकर कर्मचारियों से उनकी अभिवृत्ति मालूम हो सकती है।

यदि अधिकतर कर्मचारी इन पर सही का निशान लगाते हैं तो स्पष्ट है कि मनोबल का स्तर नीचा है। मनोबल के उच्च स्तर की जांच के लिये अथवा अनुकूल अभिवृत्ति का पता लगाने के लिये इसी प्रकार कुछ अन्य कथन छपे रूप में कर्मचारियों को दिये जा सकते हैं और उन पर सही या गलत का निशान लगवाकर उनकी अभिवृत्ति ज्ञात की जा सकती है। इस विधि में कथनों के चुनाव का विशेष महत्त्व है। यदि कथन वैज्ञानिक रीति से चुने जायें तो काम बड़ा आसान हो जाता है। कथन स्पष्ट होने चाहियें ताकि कर्मचारी उनके विषय में अपनी ठीक राय दे सकें। कर्मचारियों के लिये यह विधि बड़ी आसान है। अशिक्षित कर्मचारी भी कथनों पर बड़ी आसानी से निशान लगा सकते हैं। अन्य विधियों के समान इसमें भी कर्मचारी को अपना नाम नहीं लिखना पड़ता इसलिये वह निडर होकर अपना मत प्रकट कर सकता है। विभिन्न कथनों का मूल्य पहले से निश्चित कर लिया जाता है और इस प्रकार प्रमाणीकृत रहता है। कर्मचारियों के उत्तर मिल जाने पर विभिन्न कथनों के मूल्य का मध्यमान निकालकर कर्मचारी की अभिवृत्ति जान ली जाती है। यदि अधिकतर कर्मचारियों की अभिवृत्तियाँ विरुद्ध दिखलाई पड़ती हैं तो नीतिमत्ता का स्तर नीचा माना जाता है और उसके नीचे होने के कारणों का पता लगाकर उन्हें दूर करने की कोशिश की जाती है जिससे नीतिमत्ता का स्तर ऊँचा हो सके। यूं तो प्रत्येक कम्पनी या उद्योग अपने ढंग से कथनों की सूची बना सकता है परन्तु इस सम्बन्ध में अरबाक तथा बर्गन की सूची महत्त्वपूर्ण है। थर्स्टन और चेव ने इन कथनों की विशद व्याख्या की है।

(4) मौरैनो विधि या समाजमिति विधि—आजकल सामूहिक अध्ययनों में समाजमिति विधि का विशेष प्रयोग किया जाता है। मनोबल के मापने के लिये मौरैनो (Moreno) विधि से कर्मचारियों के सामूहिक संगठन की विशेषताओं के ज्ञात होने से मनोबल का स्तर जाना जा सकता है। पीछे जो जैनकेन्स के प्रयोग का उदाहरण दिया गया है उसमें साभूहिक संगठन के एक पहलू को ही लिया गया है। इस तरह इसमें कर्मचारी को कुछ ऐसे

प्रश्न दिये जाते हैं जिनके उत्तरों से सामूहिक संगठन की विशेषताओं पर प्रकाश पड़ता है। उदाहरण के लिये कर्मचारियों से यह पूछा जा सकता है कि वे किस के साथ काम करना चाहते हैं अथवा किसकी अधीनता में काम करना उन्हें पसन्द होगा, किसके साथ उठना-बैठना, खाना-पीना आदि उन्हें अच्छा लगता है इत्यादि। इन प्रश्नों से यदि अधिकतर कर्मचारियों का किसी विशेष व्यक्ति के प्रति सम्मान, विश्वास और प्रेम का भाव दिखलाई पड़ता है तो यह समझा जा सकता है कि वह व्यक्ति अधिकारी होने योग्य है। अब यदि वह अधिकारी ही है तो इससे मनोबल के उच्च स्तर का पता लगता है क्योंकि जैसा कि पहले बतलाया जा चुका है अधिकारियों के प्रति श्रद्धा और विश्वास उत्कृष्ट मनोबल का परिचायक है परन्तु यदि वह व्यक्ति अधिकारी नहीं है तो इससे वर्तमान अधिकारियों में अविश्वास दिखलाई पड़ता है जो कि उस विशेष व्यक्ति को अधिकारी बनाकर दूर किया जा सकता है और इस प्रकार मनोबल का स्तर ऊँचा किया जा सकता है अथवा वर्तमान अधिकारियों को अपने में ऐसे सुधार करने को कहा जा सकता है जिनसे वे कर्मचारियों की श्रद्धा और विश्वास प्राप्त कर सकें। इस प्रकार स्पष्ट है कि मौरैनो विधि से मनोबल का पता लगाने और नीतिमत्ता का स्तर ऊंचा करने के उपायों का पता लगाने में बड़ी सहायता मिलती है।

मनोबल के उपादान

मनोबल के माप की विधियों के दिग्दर्शन के बाद यह जानना प्रासंगिक होगा कि मनोबल किन तत्त्वों से निर्धारित होता है। इन तत्त्वों को स्थूल रूप से निम्नलिखित तीन वर्गों में बाँटा जा सकता है–

(अ) भौतिक उपादान–इसमें वे भौतिक परिस्थितियां आती हैं, जिनका मनोबल पर प्रभाव पड़ता है जैसे काम करने की परिस्थितियाँ, पद, वेतन वृद्धि देने की विधियाँ, निरीक्षक या अधिकारी का व्यवहार इत्यादि।

(ब) मानसिक उपादान–इनमें प्रशंसा, सफलता ज्ञान, सहकारी आवश्यकताओं की पूर्ति, सहनशीलता, स्वतन्त्रता, एकता और समरूपता का भाव, प्रेरणा, अध्यवसाय, आत्मविश्वास आदि मनोवैज्ञानिक तत्त्व आते हैं।

(अ) मनोबल के भौतिक उपादान

(1) काम करने की परिस्थितियाँ–जैसा कि मनोबल के विषय में अब तक किये गये विवेचन से स्पष्ट है, मनोबल पर काम करने की परिस्थितियों का बड़ा प्रभाव है। यदि काम करने की परिस्थितियाँ अनुकूल और रुचिकर हैं तो मनोबल का स्तर ऊंचा रहता है। दूसरी ओर यदि काम करने की परिस्थितियाँ प्रतिकूल और अरुचिकर हैं तो मनोबल का स्तर गिरने की सम्भावना है। काम करने की दशाओं में भौतिक और मनोवैज्ञानिक दोनों प्रकार की दशायें आती हैं। ये क्रमशः भौतिक उपादानों में और मनोवैज्ञानिक उपादानों में गिनी जायेंगी। इनका विस्तृत वर्णन पीछे दिया जा चुका है। विभिन्न अनुसंधानों से ज्ञात हुआ है कि कार्य करने की भौतिक दशाओं का मनोबल पर बड़ा प्रभाव पड़ता है। जैसा कि टिण्डेल और केयर ने अपने अन्वेषणों से सिद्ध किया है, काम करने की परिस्थितियाँ अच्छी होने पर मनोबल का स्तर ऊंचा होता है। इस सम्बन्ध में केयर ने कर्मचारियों की मनोवृत्ति पर संगीत के प्रभाव की ओर ध्यान दिलाया है। कुलियर के प्रयोगों से यह मालूम पड़ता है कि काम करने की

परिस्थितियाँ अरुचिकर होने पर कर्मचारियों की नीतिमत्ता का स्तर गिरता है क्योंकि उनमें चिन्ता, अवसाद, रूखापन, व्याकुलता, अनिद्रा, सुस्ती आदि दिखाई पड़ते हैं।

(2) पद और पदोन्नति—अरब्रॉक ने कुछ कम्पनियों के भिन्न-भिन्न पदों पर काम करने वाले कर्मचारियों के मनोबल का अध्ययन करके यह निष्कर्ष निकाला कि फोरमैनों की अभिवृत्ति क्लर्कों से और क्लर्कों की अभिवृत्ति अन्य कर्मचारियों से अधिक अनुकूल थी। इस अध्ययन से यह ज्ञात होता है कि कर्मचारियों के पद का भी उनके मनोबल पर प्रभाव पड़ता है। इसका मुख्य मनोवैज्ञानिक कारण यह है कि यदि मनुष्य को अपनी योग्यता और परिश्रम के अनुरूप पद नहीं मिलते तो उसका उत्साह घटने लगता है और वह अधिकारियों पर से विश्वास खो बैठता है। अत: किसी भी उद्योग में मनोबल के स्तर को ऊँचा रखने के लिये यह जरूरी है कि कर्मचारियों की योग्यता और परिश्रम के अनुसार उन्हें पद दिये जायें और उनके पदों में उन्नति की जाए। पीछे पदोन्नति के प्रसंगों में इस बात को दिखलाया गया है।

(3) वेतन वृद्धि—यह एक सामान्य मनोवैज्ञानिक बात है कि कर्मचारियों के लिये वेतन का बड़ा महत्त्व है। शैफर्ड ने अपने अध्ययनों से इस बात पर जोर दिया है कि कर्मचारियों के वेतन की समय-समय पर जाँच पड़ताल और उसमें आवश्यक वृद्धि होते रहने से उसके मनोबल का स्तर ऊँचा रहता है। इसके विरुद्ध काफी समय तक वेतन न बढ़ने पर उनका उत्साह समाप्त हो जाता है और वे अधिकारियों को दोष देने लगते हैं। वेतन वृद्धि परिश्रम तथा अन्य गुणों पर निर्भर होनी चाहिये। यदि अधिकारियों की खुशामद से वेतन बढ़ता है तो इससे उन लोगों में निरुत्साह फैलता है जो खुशामद नहीं कर सकते। दूसरी ओर जो खुशामद करके वेतन वृद्धि कर भी लेते हैं वे भी मनोबल के स्तर को ऊँचा नहीं रख पाते। अत: वेतन वृद्धि का मनोबल पर अच्छा प्रभाव पड़ने के लिये यह आवश्यक है कि वेतन वृद्धि का आधार उचित और सबके लिये समान हो।

(4) वेतन देने की प्रणाली—वेतन वृद्धि के साथ-साथ वेतन देने की प्रणाली का भी मनोबल पर प्रभाव पड़ता है। अभी तक हुये अध्ययनों से यह निश्चित नहीं हो सका है कि वेतन देने की कौन-सी विधि सर्वोत्तम है। फिर भी कुछ विधियाँ अन्य विधियों से अधिक अच्छी मालूम पड़ी हैं। उदाहरण के लिये यहाँ पर लाभांश विधि, कार्यानुसार विधि आदि के गुण-दोषों पर विचार किया जायेगा।

(अ) लाभांश विधि—इस विधि में कम्पनियों और कारखानों में समय-समय पर सभी कर्मचारियों को बोनस अथवा लाभांश दिया जाता है। इस विधि के सम्बन्ध में निम्नलिखित बातें उल्लेखनीय हैं—

(1) इससे अधिक और अच्छा काम करने वाले कर्मचारियों को असंतोष होता है क्योंकि वे देखते हैं कि काम खराब और कम करने वाले लोगों को भी उनके ही बराबर बोनस मिल रहा है।

(2) इस विधि से कर्मचारी अपनी आय के सम्बन्ध में निश्चित नहीं रहता क्योंकि न तो लाभांश की मात्रा निश्चित होती है और न उसका समय निश्चित होता है।

उपरोक्त दोषों के होते हुए भी यह ज्ञात हुआ है कि इस प्रणाली से कम से कम एक-तिहाई व्यक्ति अवश्य सन्तुष्ट रहते हैं। इसके अलावा यह विधि आसान भी है इसलिये आज भी इस विधि का व्यापक रूप से प्रयोग होता है।

(ब) कार्यानुसार पारिश्रमिक देने की विधि—इस विधि में, जैसा कि इसके नाम से स्पष्ट है, कर्मचारियों को उनके उत्पादन, आय की मात्रा और गुण के अनुसार पारिश्रमिक दिया जाता है; इस सम्बन्ध में मैथिलयुसन ने जो अध्ययन किये हैं उनसे यह ज्ञात हुआ है कि इस विधि से तभी लाभ हो सकता है जबकि मजदूरी की दर घटने का कोई भय न हो अन्यथा कभी-कभी इस विधि से कर्मचारी अपने काम की गति जान बूझकर धीमी कर देते हैं क्योंकि वे समझते हैं कि यदि वे अधिक काम करेंगे तो उससे उनकी मजदूरी तो अधिक मिलेगी परन्तु बाद में कम्पनी मजदूरी की दर घटा देगी।

स्पष्ट है कि यदि मजदूरी घटने का भय दूर कर दिया जाये तो कार्यानुसार पारिश्रमिक देने की विधि बोनस की विधि से श्रेष्ठ है। परन्तु इसमें निम्नलिखित बातों पर ध्यान रखना आवश्यक है—

(1) उत्पादन की मात्रा के साथ-साथ उसके गुण पर भी ध्यान दिया जाना चाहिये।

(2) पारिश्रमिक देने में कर्मचारी को यह भली-भांति समझा दिया जाय कि उसको किस काम का किस दर से पारिश्रमिक मिला है जिससे उसके मन में कोई सन्देह न रह जाए।

(3) पारिश्रमिक के सम्बन्ध में दरें एक सी रहनी चाहियें और मजदूरी में किसी प्रकार की कमी होने का भय नहीं होना चाहिये।

उपरोक्त बातों की व्यवस्था होने पर कार्यानुसार पारिश्रमिक देने की विधि से कर्मचारियों में नीतिमत्ता का ऊँचा स्तर बनाये रखा जा सकता है क्योंकि वास्तव में इस व्यवस्था से कर्मचारी को अपने कामों में निरन्तर प्रेरणा मिलती है और प्रलोभन बना रहता है।

(स) लाभ में हिस्सा—भौतिक उपादानों में एक महत्त्वपूर्ण उपादान लाभ में हिस्सा भी हैं यदि कम्पनी के लाभ में कर्मचारियों को हिस्सा मिलता है तो इस विषय में उनसे समानता का व्यवहार होना चाहिये। दूसरे शब्दों में, सभी कर्मचारियों को बिना किसी भेदभाव के उन्नति करने का और ऊँचा वेतन पाने का अवसर मिलना चाहिये। यदि ऐसा नहीं होता तो वे कम्पनी के अधिकारियों के प्रतिकूल हो जाते हैं जो लोग उन्नति करते हैं उनके प्रति अन्य कर्मचारियों में ईर्ष्या के भाव जागृत होते हैं। इस प्रकार न तो सामूहिक संगठन और अनुशासन और न अधिकारियों में विश्वास रह पाता है। अतः कर्मचारियों की वेतन वृद्धि और उन्नति में सभी के लिये एक से नियम होने चाहियें और ये नियम सभी को समझा दिये जाने चाहियें जिससे किसी को शिकायत न रहे।

(ब) मनोबल के मनोवैज्ञानिक उपादान

मनोबल के भौतिक उपादानों के वर्णन के बाद अब उसके मनोवैज्ञानिक या मानसिक उपादानों का विवेचन किया जायेगा।

(1) प्रशंसा—यह एक सामान्य मनोवैज्ञानिक तथ्य है कि काम की प्रशंसा होने पर कर्मचारी का उत्साह बढ़ता है।

थौर्नडाइक, हरलॉक इत्यादि अनेक मनोवैज्ञानिकों के अध्ययनों से यह स्पष्ट हुआ है कि कर्मचारियो के काम की प्रशंसा होने पर उनकी प्रेरणा बढ़ती है। वास्तव में पुरस्कार और दण्ड की व्यवस्था का काम पर प्रभाव सर्वविदित है। जिस काम के लिये किसी व्यक्ति को दण्ड दिया जाता है उसको वह फिर नहीं करना चाहता, उसी तरह यदि किसी काम के करने पर पुरस्कार मिलता है तो लोग उसे बार-बार करना चाहते हैं। प्रशंसा एक मनोवैज्ञानिक पुरस्कार है। जिन लोगों का हम सम्मान करते हैं उनकी प्रशंसा का हमारे लिये बड़ा महत्त्व होता है। यदि कारखाने या कम्पनी के अधिकारी कर्मचारियों के अच्छे काम की तारीफ करते हैं तो इससे उनमें मनोबल का उच्च स्तर बना रहता है। दूसरी ओर यदि अच्छा और अधिक काम करने पर भी कर्मचारियों की कोई प्रशंसा नहीं की जाती तो उनका उत्साह घटने लगता है और वे समझते हैं कि उनके काम की कोई कद्र नहीं है।

(2) सफलता ज्ञान—अनेक प्रयोगों से मालूम हुआ है कि यदि कर्मचारी को यह मालूम होता रहे कि उसे अपने काम में कहाँ तक सफलता मिल रही है तो काम में उनकी रुचि और उत्साह बढ़ता है और मनोबल का ऊँचा स्तर बना रहता है। जिन बड़े-बड़े कारखानों में मजदूर को बनने वाली चीज में केवल एक पुर्जा फिट करना पड़ता है और वह यह नहीं जानता कि चीज कब बनी और कैसी बनी, वहां पर उसका काम ऊब पैदा करने वाला हो जाता है। यहां पर तात्पर्य केवल परिणाम के ज्ञान मात्र से नहीं है। काम का परिणाम अच्छा भी हो सकता है और खराब भी। असफलता के ज्ञान से मनोबल कम ही हो सकता है। परन्तु यदि फिर सफलता का विश्वास दिलाया जाए तो मनोबल बनाए भी रखा जा सकता है। सामान्य रूप से काम में सफलता मिलने से मनोबल बढ़ता है। सफलता काम का पुरस्कार है और जैसा कि पीछे बतलाया जा चुका है पुरस्कार मनोबल में सहायक होता है। कोलस्टाड के अध्ययन से यह मालूम हुआ कि अधिक बिक्री वाली दुकानों में कर्मचारियों के मनोबल का स्तर कम बिक्री वाली दुकानों के कर्मचारियों से कहीं अधिक होता है। इसके मूल में यह मनोवैज्ञानिक तथ्य है कि सफलता से कर्मचारी में आत्मविश्वास बढ़ता है, वह अपना महत्त्व समझता है, उसकी सामाजिक प्रतिष्ठा बढ़ती है और इन सबको बनाये रखने के लिये वह और दुगुने उत्साह से काम करता है।

(3) सहकारी आवश्यकताओं की पूर्ति—मनुष्य केवल खाना, कपड़ा आदि भौतिक आवश्यकताओं की पूर्ति के लिये ही काम नहीं करता, वह अपने काम से अनेक सहकारी मनोवैज्ञानिक आवश्यकताओं की पूर्ति चाहता है। वह लोगों से मिलना-जुलना, विचारों का आदान-प्रदान, आत्मप्रदर्शन, आत्माभिव्यक्ति तथा सामाजिक सम्मान भी चाहता है। जिस काम में कर्मचारी को यह सब सुलभ होता है उसमें उसके मनोबल का स्तर ऊँचा रहता है। दूसरी ओर जहां इन बातों की सुविधा नहीं रहती वहाँ मनोबल का स्तर ऊँचा नहीं रह सकता। अतः कर्मचारियों में मनोबल बनाये रखने के लिये अधिकारियों और व्यवस्थापकों को यह ध्यान रखना चाहिये कि उनकी ये सहकारी आवश्यकतायें भी पूरी होती चलें।

(4) अधिकारियों की सहनशीलता और सद्व्यवहार—कर्मचारियों के लिये उनके प्रति निरीक्षकों, मैनेजर तथा अन्य अधिकारियों के व्यवहार का बड़ा महत्त्व होता है। अधिकारियों के दुर्व्यवहार करने पर मनोबल का स्तर ऊँचा नहीं रह सकता है। यदि वे बात-बात पर

कर्मचारियों को डांटते फटकारते हैं तो कर्मचारियों के हृदय में से उनके लिये सम्मान उठ जाता है। वास्तव में अधिकारी लोग केवल अपने सद्व्यवहार से ही कर्मचारियों को सन्तुष्ट रख सकते हैं। ऐसी दशा में अन्य परिस्थितियों के खराब होने पर भी कर्मचाारी कम्पनी या कारखाने के लिये सब कुछ करने को तैयार रहता है क्योंकि वह उसे अपना काम समझता है। दूसरी ओर अधिकारियों के दुर्व्यवहार से कर्मचारियों के आत्म सम्मान को चोट पहुँचती है। वास्तव में अधिकारी बनने के लिये कर्मचारी के काम में निपुणता की इतनी अधिक आवश्यकता नहीं है जितनी कि नेतृत्व के गुणों की आवश्यकता है। समूह मनोबल बनाये रखने में नेता का भारी हाथ होता है। कम्पनी या कारखाने में निरीक्षक, मैनेजर आदि अधिकारी ही समूह के नेता होते हैं। इनको मानव मनोविज्ञान का व्यापक ज्ञान होना चाहिये। कर्मचारियों के प्रति उनका व्यवहार ऐसा होना चाहिए कि सामूहिक संगठन में भली प्रकार समायोजन हो सके। अधिकारियों में सहनशीलता की बड़ी आवश्यकता है। सहनशीलता होने पर उनका सम्मान बढ़ता ही है कम नहीं होता परन्तु सहनशीलता का अर्थ यह कदापि नहीं है कि वे कर्मचारियों की गलतियों पर भी उनको कुछ न कहें। महत्त्व की बात यह है कि छोटी बात को छोटी और बड़ी बात को बड़ी समझा जाए। छोटी-छोटी बातों को लेकर कहना सुनना ठीक नहीं है परन्तु बड़ी बात को भी कुछ न समझना भी अनुचित है। अधिकारियों में जनतन्त्रीय नेता के गुणों की आवश्यकता है। अमेरिका के आयोवा विश्वविद्यालय में किये गये अध्ययनों तथा लिपिट की खोजों से ज्ञात हुआ है कि जनतन्त्रीय नेता के आधीन काम करने वाला समूह पूरी तरह से संगठित रहता है। इस समूह में लोग नेता की अनुपस्थिति में भी अपने-अपने कामों में लगे रहते हैं। नेता और अन्य कर्मचारियों की ओर उनकी मनोवृत्ति अच्छी रहती है। इसके विपरीत जो समूह निरंकुश नेता के आधीन रहता है उनमें नीतिमत्ता का स्तर नीचा रहता है। इस समूह में नेता के उपस्थित होने पर उसके भय के कारण लोग काम करते हैं परन्तु उसके हटते ही वे अपना काम बन्द कर देते हैं। उनमें नेता के प्रति घृणा, द्वेष और ईर्ष्या आदि के भाव रहते हैं। इस प्रकार स्पष्ट है कि कर्मचारियों में मनोबल का उच्च स्तर बनाये रखने के लिये अधिकारियों के सद्व्यवहार का कितना अधिक महत्त्व है।

(5) कर्मचारियों को स्वतन्त्रता—जिस कम्पनी या कारखाने में कर्मचारी मशीन का एक पुर्जा बन कर रह जाता है वहाँ उसको अपना काम नीरस और भार मालूम पड़ता है। अत: कर्मचारियों में मनोबल का उच्च स्तर बनाये रखने के लिए यह जरूरी है कि उसको अपने काम में यथासम्भव अधिक से अधिक स्वतन्त्रता दी जाए। अधिकारियों से मिलने-जुलने में भी उन पर रोक-टोक नहीं होनी चाहिए। इससे उनका अधिकारियों से मेल-जोल बढ़ेगा और वे उन्हें अपनी कठिनाइयाँ बतला सकेंगे। स्वतन्त्रता देने का यह अर्थ कदापि नहीं है कि कर्मचारियों में अनुशासन न रहे। अनुशासन बनाये रखते हुए जितनी भी स्वतन्त्रता दी जाये उतना ही अच्छा है।

(6) संगठन और सरूपता का भाव—पहले बतलाया जा चुका है कि सामूहिक संगठन मनोबल के उच्च स्तर का लक्षण है। अत: कर्मचारियों में संगठन और एकता की भावना रहना बड़ा जरूरी है। मे और राइट इत्यादि मनोवैज्ञानिकों ने अपने अध्ययन से यह निष्कर्ष निकाला कि उद्योगों में कर्मचारियों में नीतिमत्ता का उच्च स्तर बनाये रखने के लिये यह जरूरी

है कि उनमें एकता की भावना और सरूपता की भावना हो। सरूपता का यह अर्थ है कि कर्मचारी कम्पनी या कारखाने से अपना तादात्म्य कर लें अर्थात उसकी सफलता को अपनी सफलता और उसकी उन्नति को अपनी उन्नति समझें। ऐसा होने पर वे कठिन से कठिन परिस्थितियों में भी संगठित रहकर काम करते रहते हैं। सरूपता और एकता की भावना बढ़ाने में कुछ बातों से बड़ा लाभ होता है। कारखाने या कम्पनी का नाम, उसमें कर्मचारियों की एक सी निश्चित वेशभूषा और बैज आदि से बड़ा लाभ होता है। इसके अलावा कुछ ऐसे सामूहिक लक्ष्य देखे जा सकते हैं जिनको प्राप्त करने के लिए कर्मचारीगण सामूहिक रूप से कार्य करें। सामान्य लक्ष्यों को प्राप्त करने के लिए प्रयास करने से परस्पर तनाव कम होते हैं। और मेल-जोल तथा संगठन बढ़ता है। कर्मचारियों को यह अनुभव होना चाहिये कि वे उद्योग के एक आवश्यक और जिम्मेदार अंग हैं। उनको उद्योग के विभिन्न अंगों की जानकारी भी दी जानी चाहिए जिससे कि वे उसे अपना उद्योग समझें। कुछ मिल मालिक यह समझते हैं कि मजदूरों को आपस में लड़ाते रहने में ही उनका लाभ है। इससे कुछ छोटे-मोटे फायेद भले ही हों परन्तु अन्त में यह नीति स्वयं मिल के लिए ही हानिकारक है क्योंकि श्रमिकों में सागूहिक संगठन न होने पर मनोबल का स्तर गिरता है और इससे अन्त में काम की मात्रा और गुण कम होते हैं।

(7) अन्य उपादान—मनोबल के निर्णायक उपरोक्त भौतिक और मनोवैज्ञानिक कारकों के अलावा कुछ अन्य कारक भी मनोबल पर प्रभाव डालते हैं। उदाहरण के लिए सुपर ने अपनी खोजों से आयु और नीतिमत्ता में सम्बन्ध दिखलाया है। इसी तरह अरब्राक के अध्ययनों से यह ज्ञात हुआ है कि पुरुष कर्मचारियों की अपेक्षा स्त्री कर्मचारियों में मनोबल का स्तर अधिक ऊंचा रहता है। वास्तव में मनोबल को बनाए रखने के लिये कर्मचारी के व्यक्तित्व और काम के सभी पहलुओं पर ध्यान देना जरूरी है। इस सम्बन्ध में अभी बराबर अनुसंधान किये जा रहे हैं जिनसे भविष्य में इस विषय में बहुत सी नई बातें ज्ञात हो सकती हैं।

कार्य सन्तोष
(Job Satisfaction)

पीछे मनोबल के विवरण से यह स्पष्ट होता है कि किसी भी उद्योग में मनोबल बनाए रखने के लिए कार्य सन्तोष कितना अधिक आवश्यक है। यदि कोई कर्मचारी अपने काम से सन्तुष्ट नहीं है तो उसके कार्य के गुण और मात्रा दोनों में ही हानि होती है। दूसरी ओर कार्य सन्तोष बढ़ने से कार्य के गुण और मात्रा बढ़ते हैं। जिन कारखानों में कार्य सन्तोष पाया जाता है उनमें मनोबल ऊंचा दिखलाई पड़ता है। कार्य सन्तोष के लिए मुख्य रूप से निम्नलिखित बातें आवश्यक हैं—

(1) शिकायतों का सुना जाना और दूर किया जाना—कर्मचारियों की शिकायतों को ध्यान से सुना जाना चाहिए और उनको दूर करने के उपाय किये जाने चाहियें। जिन कारखानों में कर्मचारियों की शिकायतों पर कोई ध्यान नहीं दिया जाता उनमें कर्मचारियों का अधिकारियों पर से विश्वास उठ जाता है और असन्तोष उत्पन्न होता है।

(2) **सन्तोषजनक भविष्य**—प्रत्येक कर्मचारी को अपने भविष्य की चिन्ता होती है। यदि कारखाने या दफ्तर में उन्नति करने के नियम स्पष्ट और निश्चित होते हैं तथा अच्छा काम दिखलाने पर और समय आने पर कर्मचारी को वेतन और पद में वृद्धि मिलती है तो भविष्य के आशामय होने से कर्मचारी में सन्तोष बना रहता है। दूसरी ओर यदि कर्मचारी यह जानते हैं कि कितना भी परिश्रम करने पर भी उसका भविष्य अनिश्चित है तो उनमें असन्तोष रहता है।

(3) **कर्मचारियों की योग्यताओं और प्रगति की जाँच**—दफ्तरों अथवा उद्योगों में काम करने वाला प्रत्येक कर्मचारी यह चाहता है कि उसकी योग्यताओं के अनुरूप उसके पद और वेतन में वृद्धि होनी चाहिये। यदि उसने कोई नया प्रशिक्षण प्राप्त किया है या नई डिग्री प्राप्त की है तो उनकी योग्यताओं में इस वृद्धि से उसकी प्रगति होनी चाहिये। जिन संस्थाओं में अधिकारी वर्ग कर्मचारियों की योग्यताओं का ध्यान रखते हैं और उनमें वृद्धि के साथ-साथ उसको उन्नति करने के अवसर देते हैं उनमें कर्मचारियों में सन्तोष बना रहता है। दूसरी ओर जहाँ पर ऐसा नहीं होता वहाँ पर एक ओर तो कर्मचारी असन्तुष्ट रहते हैं और दूसरी ओर वे अपनी योग्यताओं को बढ़ाने की ओर ध्यान नहीं देते क्योंकि वे समझते हैं कि योग्यताओं की वृद्धि और प्रगति में कोई सम्बन्ध नहीं है।

(4) **रचनात्मक सुझावों का सम्मान**—विभिन्न स्थितियों में काम करने वाले कर्मचारी ही यह बतला सकते हैं कि काम करने की परिस्थितियों में कौन से सुधार किये जा सकते हैं। यदि कर्मचारियों को सुधार के सुझाव देने के लिये प्रोत्साहित किया जाये तो वे अत्यन्त महत्त्वपूर्ण सुझाव उत्पन्न करते हैं। कारखानों, दफ्तरों और अन्य संस्थानों में कार्य सन्तोष बनाए रखने के लिये यह आवश्यक है कि कर्मचारियों के सुझावों पर ध्यान दिया जाये और उनकी प्रशंसा की जाये। रचनात्मक सुझावों की अवहेलना होने पर कर्मचारी असन्तुष्ट रहते हैं क्योंकि उन्हें यह अनुभव होता है कि उनकी परिस्थितियों में कोई भी सुधार नहीं हो सकता।

(5) **कार्य की मैत्रीपूर्ण समीक्षा**—प्रत्येक संस्थान में अधिकारियों को कर्मचारियों के कार्य की आलोचना करनी पड़ती है और उन्हें उनकी गलतियाँ बतलानी होती हैं। यदि यह कार्य मैत्रीपूर्ण ढंग से और सहायता के तौर पर किया जाये तो काम बन जाता है और कर्मचारियों पर भी अच्छा प्रभाव पड़ता है। उनमें कार्य सन्तोष बना रहता है। दूसरी ओर यदि उनकी गलतियों के लिये उन्हें झिड़का जाता है या उनकी कटु आलोचना की जाती है तो ऐसी स्थिति मे उनमें असन्तोष बढ़ता है।

(6) **वेतन वृद्धि**—प्रत्येक दफ्तर और कारखाने में वेतन वृद्धि की शर्तें और नियम निश्चित होने चाहियें तथा इन पर निष्पक्ष और नियमित रूप से अमल किया जाना चाहियें। यदि कर्मचारियों को निश्चित समय पर और नियमानुसार वेतन वृद्धि मिलती रहती है तो उनमें कार्य सन्तोष बना रहता है। ऐसा न होने पर भारी असन्तोष उत्पन्न होता है। वास्तव में कार्य सन्तोष में वेतन वृद्धि सबसे अधिक मुख्य कारण हैं।

(7) **अच्छे कार्य की प्रशंसा**—जिन स्थानों में औसत से अधिक अच्छा काम दिखलाने पर कोई मान्यता या प्रशंसा नहीं मिलती वहाँ कर्मचारी इस दिशा में कोई प्रयास नहीं

करते और यदि करते भी हैं तो उनमें असन्तोष बना रहता है। वास्तव में बहुत से कर्मचारी केवल समय काटने की अपेक्षा पूर्ण मनोयोग से काम करना अधिक अच्छा समझते हैं और यदि उनके अच्छे कार्य को मान्यता दी जाये और उसके लिये उनकी प्रशंसा की जाये तो वे मात्रा और गुण में कार्य का ऊंचा स्तर बराबर बनाए रहते हैं तथा उनमें कार्य सन्तोष बना रहता है। दूसरी ओर जब अच्छा काम दिखाने पर भी कोई तारीफ नहीं करता तो कर्मचारी का उत्साह मर जाता है।

(8) योग्यतानुसार पदोन्नति—प्रत्येक संस्थान में कुछ न कुछ लोग बराबर रिटायर होते रहते हैं और उनके स्थान की पूर्ति करने के लिए निम्न-पदस्थ कर्मचारियों को अवसर दिया जाता है। यदि पदोन्नति के लिए चुनाव कर्मचारियों की योग्यता के आधार पर होता है तो उनमें सन्तोष बना रहता है। दूसरी ओर यदि पदोन्नति में चाटुकारिता, जातिवाद, क्षेत्रवाद अथवा अन्य प्रकार के भेदभाव काम करते हैं तो कर्मचारियों में असन्तोष उत्पन्न होता है।

(9) कार्य की उचित मात्रा—कार्य सन्तोष बनाये रखने के लिये यह आवश्यक है कि काम इतना अधिक न हो कि उसे पूरा करने में कठिनाई हो जाये क्योंकि बहुत दिनों तक शक्ति से अधिक काम करके कोई भी कर्मचारी सन्तुष्ट नहीं रह सकता।

(10) समान कार्य के लिये समान वेतन—आजकल लगभग सभी उद्योगों में मजदूर संघों और कर्मचारियों की यूनियनों का यह नारा है कि समान कार्य के लिये समान वेतन दिया जाये। किसी भी दफ्तर या कारखाने में कर्मचारी को वह वेतन अवश्य दिया जाना चाहिये जो उस प्रकार के कार्य के लिये अन्य दफ्तरों या कारखानों में दिया जाता है। इस सम्बन्ध में समानता होने से कर्मचारी सन्तुष्ट रहते हैं भले ही वेतन अपर्याप्त हो किन्तु यदि इस सम्बन्ध में समानता नहीं है तो जहाँ पर वेतन कम होता है वहाँ भारी असन्तोष फैल जाता है।

(11) कार्य की समस्याओं में सहायता लेने की स्वतन्त्रता—अनेक बार काम के दौरान में कुछ समस्यायें ऐसी आ जाती हैं जिनको कर्मचारी स्वयं नहीं सुलझा सकता। ऐसी स्थिति में उसे यह स्वतन्त्रता होनी चाहिये कि वह अधिकारियों अथवा अन्य योग्य व्यक्तियों की सहायता प्राप्त कर सके।

(12) अनुचित डाट-डपट से मुक्ति—प्रत्येक व्यक्ति आत्मसम्मान से जीना चाहता है। कोई भी कर्मचारी अनुचित डाट-डपट होते हुए सन्तुष्ट नहीं रह सकता। इसलिये कर्मचारियों में कार्य सन्तोष बनाए रखने के लिये यह आवश्यक है कि उन्हें डाट-डपट से मुक्त रखा जाये।

(13) दैनिक कार्य घण्टों का सन्तोषजनक होना—दफ्तरों या कारखानों में काम के घण्टों की संख्या और काम के आरम्भ होने तथा समाप्त होने का समय ऐसा होना चाहिये जिससे अधिक से अधिक कर्मचारियों को कम से कम असुविधा हो। ऐसा न होने पर असन्तोष बढ़ता है।

(14) अवकाश की सुविधा—प्रत्येक औद्योगिक संस्थान में विभिन्न त्यौहारों और सार्वजनिक उत्सवों के अवसरों पर कर्मचारियों को उचित अवकाश दिया जाना चाहिये।

आजकल सप्ताह में एक दिन की पूरी छुट्टी के अलावा 15 दिन में एक दिन की आधी छुट्टी भी आवश्यक मानी जाती है। विभिन्न त्यौहारों पर दी जाने वाली छुट्टियाँ इनके अलावा होती हैं। इसके अतिरिक्त कर्मचारी आकस्मिक अवकाश और चिकित्सा के लिये अवकाश ले सकता है। स्त्री श्रमिकों को गर्भावस्था में तीन महीने तक अवकाश दिया जाता है। इस प्रकार विभिन्न दफ्तरों और उद्योगों में साधारणतया अवकाश के विषय में उदार नीति होने से कर्मचारी सन्तुष्ट रहते हैं।

कार्य सन्तोष को प्रभावित करने वाले विभिन्न कारकों के उपरोक्त विवेचन से यह स्पष्ट है कि कार्य सन्तोष बनाये रखने के लिये कुछ विशेष परिस्थितियाँ उत्पन्न करनी होती हैं। विभिन्न परिस्थितियों में भिन्न-भिन्न कारक महत्त्वपूर्ण हो सकते हैं। वेतन वृद्धि सभी जगह महत्त्वपूर्ण है। इसी प्रकार पदोन्नति का भारी प्रभाव पड़ता है। इसके अतिरिक्त अन्य कारकों का प्रभाव न्यूनाधिक मात्रा में भिन्न होता रहता है। उदाहरण के लिये जिन संस्थानों में डिग्रियों का विशेष महत्त्व है वहाँ पर डिग्री बढ़ने से पदोन्नति मिलना आवश्यक माना जाता है। दूसरी ओर जहाँ किसी प्रकार के प्रशिक्षण या डिग्री की आवश्यकता नहीं होती वहाँ कार्य सन्तोष के लिये इस परिस्थिति का प्रश्न ही नहीं उठता। अन्त में यह कहा जा सकता है कि कार्य सन्तोष उन सभी परिस्थितियों पर निर्भर है जिनका नीतिमत्ता पर प्रभाव पड़ता है।

संयुक्त परामर्श एवं मनोबल

संयुक्त प्रबन्ध परिषदों की योजना स्वैच्छिक किन्तु औपचारिक रूप से परिभाषित आधार पर श्रमिकों का प्रबन्ध करने में अधिक घनिष्ठ तथा पूर्ण साहचर्य सुनिश्चित करने के उद्देश्य से बनाई गई है। इस प्रकार संयुक्त परामर्श परिषद् के साहचर्य को उत्पादन और उत्पादिता में वृद्धि करने, उत्पादन की प्रक्रिया तथा उद्योग के कार्य में श्रमिकों द्वारा अपने कर्त्तव्य को भली प्रकार समझने और उन्हें अपने विचार प्रकट करने की उत्सुकता की पूर्ति करने में सहायता देनी चाहिये। अनुभव से पता चला है कि योजना के सफल कार्यों से सम्बन्धों में सुधार हुआ है, श्रमिकों में अधिक स्थिरता आई है, उत्पादिता में वृद्धि हुई है और सबसे बड़ी बात यह हुई है कि प्रबन्धकों के बीच अधिक समझ पैदा हुई है।

मनोबल का माप
(Measurement of Morale)

मनोबल न तो तराजू पर तौला जा सकता है और न पैमाने पर मापा जा सकता है और न ताप की तरह थर्मामीटर से देखा जा सकता है, फिर भी यह मापा जा सकता है। थौर्नडाइक ने बहुत पहले यह बतलाया कि जिसका अस्तित्व है, वह अस्तित्व कुछ मात्रा में है और यदि मात्रा है तो वह मापी भी जा सकती है। मनोबल का अस्तित्व है, उसे हम माप सकते हैं और उसके मापने की पद्धतियाँ निम्नलिखित हैं—

1. विभिन्न घटकों के विश्लेषण द्वारा (Analysis of Various Factors)—इस पद्धति में उपक्रम के उपलब्ध साँख्यिकीय आँकड़ों के विश्लेषण द्वारा कर्मचारियों के ऊँचे या नीचे मनोबल का अनुमान लगाया जाता है। ये आँकड़े निम्न घटकों से सम्बन्धित होते हैं—(i) काम छोड़ने वाले श्रमिकों की संख्या, (ii) अनुपस्थिति की मात्रा, (iii) समय का

धीमापन, (iv) कार्य की माप व किस्म, (v) दुर्घटनाओं की संख्या एवं प्रकृति, (vi) काम की मात्रा, (vii) अन्य सम्बन्धित घटक। मनोबल का माप इन आँकड़ों के आधार पर अधिक विश्वसनीय नहीं हो सकता है, परन्तु यदि इनका उपयोग विभिन्न अवधियों, विभागों तथा यदि सम्भव हो तो एक ही प्रकार की क्रिया में संलग्न विभिन्न संस्थाओं के तुलनात्मक अध्ययनों के लिये किया जाये तो निश्चित ही कर्मचारियों के मनोबल की स्थिति का पता लगाने में इससे बहुत सहायता मिलती है।

2. साक्षात्कार (Interview) **द्वारा**—इस पद्धति में साक्षात्कार करने वाला अधिकारी कर्मचारियों में साक्षात्कार के समय पूर्व निश्चित प्रश्नों के उत्तर प्राप्त करता है और उन प्राप्त उत्तरों के विश्लेषण से मनोबल का अनुमान लगाता है। इस पद्धति का लाभ यह है कि इसके माध्यम से प्रबन्धक श्रमिक के निकट सम्पर्क में आ जाते हैं तथा मनोबल की जानकारी के साथ कर्मचारियों के विद्यमान मनोबल में वृद्धि भी की जा सकती है, परन्तु इस पद्धति की निम्न कमियाँ हैं—(i) मनोबल की सही जानकारी प्राप्त करने के लिये पर्याप्त कर्मचारियों के साक्षात्कार में बहुत समय की आवश्यकता होती है। (ii) साक्षात्कार करने वाले अधिकारी को अपने प्रश्न पूछने और अपने उत्तरों की व्याख्या में बहुत सावधानी का प्रयोग करना पड़ता है। (iii) कभी-कभी साक्षात्कारों के क्रम की अवधि इतनी लम्बी होती है कि इस अवधि में कर्मचारियों के मनोबल की स्थिति ही बदल जाती है। (iv) उपक्रम में काम करते हुए कर्मचारी अपनी वास्तविक भावनाओं को बताने में संकोच करते हैं, फिर बहुत से प्रबन्धक भी यह अच्छा नहीं समझते कि कर्मचारियों को अपनी भावनाओं को व्यक्त करने के लिये प्रोत्साहन दिया जाये।

3. निर्गमन साक्षात्कार (Exit Interview) **द्वारा**—साक्षात्कार विधि की कमियों को दूर करने के लिये यह विधि अपनाई जाती है। इस पद्धति में उन कर्मचारियों से साक्षात्कार किया जाता है जो उपक्रम को छोड़ देते हैं। वह कर्मचारी जो उपक्रम को छोड़ रहा है वह उपक्रम के प्रति अपनी भावनाओं को व्यक्त करने में संकोच नहीं करेगा और अपना मत विभागों, फोरमैनों तथा उपक्रम की अन्य प्रथाओं के विषय में स्वस्थ रूप से बता सकेगा। प्रबन्ध को भी इन बातों के जानने में हानि तो होगी नहीं, कुछ लाभ की ही सम्भावना रहेगी। अतः आजकल इस विधि का उपयोग अधिकाधिक होने लगा है।

इस विधि में सामान्य कर्मचारी की उपक्रम के प्रति अपनी भावना तथा उपक्रम की आवश्यकताओं, विभागों या पर्यवेक्षकों के प्रति कर्मचारियों की भावना दोनों का ही पता लग सकता है। इस विधि में सम्भव है कि कुछ कर्मचारी अनर्गल बातें बतावें या ऐसी बातें बतावें जो उस उपक्रम में नहीं हैं, परन्तु यदि पर्याप्त संख्या में कर्मचारी किसी एक ही प्रथा के विषय में दोष बतावें, तो निश्चित समझा जा सकता है कि उसमें दोष अवश्य है तथा वर्तमान कर्मचारी भी उससे असन्तुष्ट होंगे। इसलिये उनमें सुधार की परम आवश्यकता है। इस प्रकार का साक्षात्कार भविष्य की योजनाओं तथा प्रबन्ध के भावी निर्णय के लिये उपयोगी सिद्ध होगा तथा कर्मचारियों का मनोबल बढ़ाने में भी सहायक होगा।

4. प्रश्नोत्तर विधि (Questionnaire Method)—इस विधि में कुछ निश्चित प्रश्नों की सूची बना ली जाती है और फिर उनके उत्तर कर्मचारियों से लिये जाते हैं। इसमें विभिन्न

तरीके सम्मिलित हैं, जैसे—(i) उत्तर के लिये स्थान सहित प्रत्यक्ष प्रश्न, (ii) एक प्रश्न का बहुविधि-इच्छा उत्तर (Multiple Choice Answer), (iii) 'हाँ' या 'नहीं' द्वारा उत्तर दिये जा सकने वाले प्रश्न, (iv) ऐसे प्रश्न जिनका उत्तर 'सत्य' या 'झूठ' शब्दों में हो, (v) उपरोक्त का कोई संयोजन आदि इन उत्तरों का अध्ययन करके मनोबल के सम्बन्ध में निष्कर्ष निकाले जाते हैं।

इस विधि का ठीक प्रकार से उपयोग करने पर (i) इससे निष्पक्ष सूचना प्राप्त होती है, (ii) अधिक व्यक्तियों से राय प्राप्त करने की सम्भावना बनती है, (iii) इसे सरलता से कार्यान्वित किया जा सकता है, तथा (iv) इससे प्राप्त आँकड़ों को सांख्यिकी रीति से प्रयोग किया जा सकता है। स्प्रीगल (Spriegel) के मतानुसार, "कुशल व्यक्तियों के हाथ में प्रश्नोत्तर पद्धति मनोबल का माप करने की एक सन्तोषजनक पद्धति है।"

5. पर्यवेक्षक अथवा कार्यकारी अधिकारी के विचार (Supervisors' or Executive's Outlook)—प्रत्येक पर्यवेक्षक अथवा कार्यकारी अधिकारी कर्मचारियों के प्रत्यक्ष सम्पर्क में रहने के कारण वह कर्मचारियों की विचारधारा से भली-भाँति परिचित होता है। अतः पर्यवेक्षक तथा कार्यकारी अधिकारी कर्मचारियों के मनोबल का मूल्याँकन आसानी से कर सकता है। यदि अधिकांश कर्मचारी उपक्रम की नीतियों तथा कार्य करने की दशाओं से सन्तुष्ट हैं तो यह अच्छे मनोबल का लक्षण माना जाता है।

6. बिना नाम दिये हुए कर्मचारी अभिवृत्ति सर्वेक्षण (Anonymous Employee Aptitude Survey)—आजकल इस प्रकार के सर्वेक्षण का महत्त्व बहुत बढ़ता जा रहा है, क्योंकि इस प्रकार के सर्वेक्षण में जो प्रश्नावली कर्मचारी को दी जाती है इसमें उन्हें नाम लिखने की आवश्यकता नहीं होती है। उन्हें केवल इसे भरकर एक डिब्बे में डाल देना पड़ता है। इसका कारण यह है कि जिस कर्मचारी का मन दुर्बल रहता है, वह अपनी अभिवृत्ति (Aptitude) को अपने तक सीमित रखता है, क्योंकि यदि वह अपने असन्तोष को प्रकट करे तो अशान्ति होने पर उसे पहचान लिया जायेगा, अतः नाम न लिखने पर भी उनसे प्रश्नावली के उत्तर प्राप्त हो जाते हैं जिनके अध्ययन से कर्मचारियों की प्रतिक्रियाओं का एक चित्र उपस्थित हो जाता है।

अभ्यास के लिए प्रश्न

1. कर्मचारियों के अच्छे मनोबल के लिये क्या प्रमुख मनोवैज्ञानिक तत्त्व हैं?
2. कर्मचारियों का मनोबल क्या है? उसको कैसे मापा जा सकता है? उद्योग में नीतिमत्ता को निर्धारित करने वाले कारक बतलाइये।
3. संक्षिप्त टिप्पणी लिखिए—कार्य सन्तोष।

11

उद्योग में अभिप्रेरण, उत्प्रेरक और अनुषंगी लाभ
(Motivation, Incentives and Fringe Benefits in Industry)

अभिप्रेरण शब्द 'प्रेरणा' (Motive) से निकला है। प्रेरणायें मानवीय आवश्यकताओं की अभिव्यक्ति को कहते हैं, जिसका आशय है–"साभिप्रायिक आवश्कतायें" (Drivery-needs)। जब कोई मनुष्य कोई भी कार्य करता है तो उसके पीछे उसकी कोई आवश्यकता अवश्य होती है जो उसे कार्य करने के लिये प्रेरित करती है। काम करने वाली इन आवश्यकताओं को प्रेरणा कहते हैं। व्यक्तियों को काम करने के लिये प्रेरित करने के उद्देश्य से इन आवश्यकताओं का अनुभव कराने की प्रक्रिया को अभिप्रेरण कहा जाता है। इस प्रकार अभिप्रेरण वह क्रिया है जिसके द्वारा कर्मचारियों को कोई आवश्यकता अनुभव कराके काम करने के लिये प्रेरित किया जाता है।

अभिप्रेरण की परिभाषा

1. माइकेल जे॰ जूसियस–"अभिप्रेरण स्वयं को अथवा किसी अन्य व्यक्ति को एक विशेष प्रकार के कार्य करने के हेतु प्रोत्साहित करने की प्रक्रिया है अथवा वांछित प्रक्रिया प्राप्त करने के लिये सही बटन दबाना है।"[1]

2. डेल बीच–"अभिप्रेरण को, एक लक्ष्य या पुरस्कार की प्राप्ति करने के लिये अपनी शक्ति के प्रयोग करने की तत्परता के रूप में परिभाषित किया जा सकता है।"[2]

---

1. "Motivation is the act of stimulating some one or oneself to get a desired course of action to push the right button to get desired reaction."

—Michal J. Jucius.

2. "Motivation is defined as a willingness to expand energy to achieve a goal or reward."

—Dale S. Beach

3. मैकफरलैंड—"अभिप्रेरण का विचार मुख्यत: मनोवैज्ञानिक है। यह उन कार्यकारी शक्तियों से सम्बन्धित है, जो व्यक्तिगत रूप से कर्मचारी को अथवा उनके अधीनस्थ को निर्धारित दिशा में कार्य करने अथवा न करने के लिये प्रेरित करती है।"

4. केरोल शार्टल—"किसी निश्चित दिशा में गतिमान होने अथवा निर्धारित लक्ष्य को प्राप्त करने के लिये निश्चित प्रेरणा या तनाव ही अभिप्रेरणा है।"[1]

सरल शब्दों में, "अभिप्रेरण से आशय उन समस्त क्रियाओं से है जो व्यक्तियों को अधिकतर एवं श्रेष्ठ कार्य करने के लिये प्रेरित करती हैं।"

अभिप्रेरण की विशेषतायें
(Characteristics of Motivation)

1. अभिप्रेरण एक मनोवैज्ञानिक धारणा है (Motivation is a psychological concept)—अभिप्रेरण वास्तव में एक व्यक्ति की मनोवैज्ञानिक धारणा है। अभिप्रेरण व्यक्ति के अन्दर से आनी चाहिये, तभी वास्तव में कहा जा सकता है कि मनुष्य मानसिक रूप से काम करने के लिये प्रेरित हुआ है।

2. सम्पूर्ण व्यक्ति प्रेरित होता है, उसका एक भाग नहीं (The whole man is motivated and not only his any part)—किसी कार्य को करने के लिये एक समय में पूरा व्यक्ति प्रेरित होता है। यह नहीं कहा जा सकता है कि उसका एक भाग काम के लिये अभिप्रेरित हो चुका है, किन्तु दूसरा भाग अभी अभिप्रेरित नहीं हुआ है। यह इसलिये होता है, क्योंकि व्यक्ति अपने आप में एक पूर्ण एवं अविभाज्य इकाई है।

3. लक्ष्य द्वारा अभिप्रेरणा मिलती है (Motivation is goal oriented)—अभिप्रेरणा के लिये केवल आवश्यकता होना ही काफी नहीं है। प्रेरणा और लक्ष्य में निकट का सम्बन्ध होता है, क्योंकि मनुष्य लक्ष्य को प्राप्त करने के लिये ही कार्य करता है। इस प्रकार हम कह सकते हैं कि आवश्यकता के साथ ही लक्ष्य का भी होना अभिप्रेरणा के लिये आवश्यक है।

4. अभिप्रेरणा एक अनन्त प्रक्रिया है (Motivation is an unending process)—अभिप्रेरणा एक गतिशील क्रिया है। प्रबन्ध को कर्मचारी में अभिप्रेरण का संचार करने के लिये सदैव प्रयत्न करते रहने पड़ते हैं। इसका कारण आवश्यकताओं का अनन्त होना है, अत: अभिप्रेरणा कभी न खत्म होने वाली प्रक्रिया है।

5. अभिप्रेरणा वित्तीय व गैर-वित्तीय हो सकती है (Motivation may be economical and uneconomical)—अभिप्रेरणा एक मानवीय भावनात्मक प्रक्रिया है। एक व्यक्ति जिस प्रकार की अभिप्रेरणा से जल्दी प्रेरित होता है, उसे उसी ढंग से अभिप्रेरित किया जा सकता है। अत: अभिप्रेरणा वित्तीय एवं अवित्तीय दोनों प्रकार की हो सकती है।

---

1. "Motivation is a reported urge or tension to move in a given direction or to achieve a certain goal."

—Cerole Shartle

6. अभिप्रेरणा कार्य का आधार है (Motivation is a base of work)—अभिप्रेरणा किसी काम के करने का एक आधार है। अभिप्रेरणा मिलने पर एक किस्म का व्यक्ति भी अधिक और अच्छा काम करने में सक्षम होता है।

7. अभिप्रेरणा मनोबल से भिन्न है (Motivation is different from moral)—अभिप्रेरणा और मनोबल दो अलग-अलग क्रियायें हैं। अभिप्रेरणा कार्य करने को प्रेरित करती हैं, जबकि मनोबल कार्य करने की इच्छा है। इस तरह कहा जा सकता है कि अभिप्रेरणा और मनोबल दो अलग-अलग क्रियायें हैं।

8. अभिप्रेरणा से कार्य सन्तुष्टि मिलती है (Motivatin gives Job-Satisfaction)—अभिप्रेरणा किसी व्यक्ति को कार्य सन्तुष्टि प्रदान करने की एक महत्त्वपूर्ण प्रक्रिया है। अभिप्रेरित व्यक्ति ही कार्य को रुचि से करता है, जिससे उसे कार्य सन्तुष्टि प्राप्त होती है।

9. अभिप्रेरणा से कार्यक्षमता में वृद्धि होती है (Motivation increases efficiency)—अभिप्रेरणा से व्यक्ति को कार्य के प्रति सन्तुष्टि प्राप्त होती है। कार्य-सन्तुष्टि प्राप्त होने पर व्यक्ति की कार्यक्षमता भी बढ़ जाती है। अतः यह कहा जा सकता है कि अभिप्रेरणा व्यक्ति की कार्यक्षमता में भी वृद्धि करती है।

अभिप्रेरणा का महत्त्व
(Importance of Motivation)

1. साधनों का समुचित उपयोग—एक व्यक्ति उत्पत्ति के साधनों का समुचित विदोहन तभी कर सकता है जब अपनी तरफ से पूर्णरूप से कार्य के प्रति समर्पित हो। काम के प्रति समर्पण की भावना उसमें अभिप्रेरण द्वारा ही पैदा की जा सकती है। इस तरह कहा जा सकता है कि अभिप्रेरण के माध्यम से उत्पत्ति के साधनों का समुचित उपयोग किया जा सकता है।

2. काम करने की इच्छा जागृत करना—एक व्यक्ति में किसी कार्य के लिये इच्छा पैदा करना एक महत्त्वपूर्ण कार्य है। अभिप्रेरण द्वारा किसी व्यक्ति में काम के प्रति इच्छा जागृत करने का महत्त्वपूर्ण कार्य आसानी से किया जा सकता है। कार्य के प्रति इच्छुक होने पर व्यक्ति पूर्ण कुशलता से कार्य कर सकता है।

3. श्रम आवर्तन में कमी तथा नये व्यक्तियों के लिये आकर्षण— अभिप्रेरणा द्वारा व्यक्ति की कुल मजदूरी में वृद्धि हो सकती है, इस कारण वह अन्य किसी जगह स्थानान्तरित होने की कल्पना भी नहीं करता, इससे श्रम आवर्तन (Labour Turnover) में कमी आती है। श्रम आर्वतन के साथ ही अभिप्रेरणा की योजनायें कुशल व्यक्तियों की उपलब्धि भी कराती हैं, क्योंकि कुशल व्यक्ति भी अभिप्रेरणा के कारण वहाँ काम करना पसन्द करता है।

4. उत्पादन व उत्पादकता में वृद्धि—अभिप्रेरणा व्यक्तियों में कार्य करने की भावना का विकास करती है। जब व्यक्ति की कार्य की भावना विकसित होती है, तो उत्पादन में वृद्धि

होती है। उत्पादन वृद्धि के साथ ही उत्पादकता वृद्धि अर्थात् प्रति व्यक्ति, प्रति मशीन, प्रति घण्टा उत्पादकता में वृद्धि होती है।

5. सहयोग का आधार—अभिप्रेरणा एक ऐसी प्रक्रिया है, जो कार्य के प्रति सन्तुष्टि बढ़ाती है। जब किसी व्यक्ति को कार्य के प्रति सन्तुष्टि मिलती रहती है, तब वह अन्य लोगों के साथ मिल-जुलकर सहयोग से कार्य करता रहता है। इस प्रकार अभिप्रेरणा एक ऐसा आधार है, जो सहयोग भावना का विकास करता है।

अभिप्रेरणा के मूल तत्त्व
(Fundamental Elements of Motivation)

प्रो॰ नाइल्स के अनुसार, अभिप्रेरणा के चार मूल तत्त्व निम्न हैं—

1. सुरक्षा (Security)—यह तीन प्रकार की हो सकती है—रोजगार की निश्चितता, आर्थिक सुरक्षा तथा मनोवैज्ञानिक सुरक्षा। मनोवैज्ञानिक सुरक्षा का अर्थ है—संस्था में ऐसा विश्वास कि प्रत्येक कर्मचारी के साथ न्यायोचित व्यवहार किया जायेगा।

2. मान्यता (Recognition)—प्रत्येक कर्मचारी अपने प्रोत्साहन के लिये अपनी और अपने काम की मान्यता तथा प्रतिष्ठा चाहता है। अतः अभिप्रेरणा योजना में इसकी व्यवस्था होनी चाहिये।

3. प्रगति और विकास के अवसर (Opportunities for progress and growth)—कर्मचारी को यह ज्ञान हो कि अच्छा काम दिखाने पर उन्हें तरक्की दी जायेगी और नये-नये अवसर प्रदान किये जायेंगे, तो यह उसे ज्यादा अच्छे काम के लिये सबसे अधिक प्रभावित करता है।

4. अपनत्व या आत्मीयता की भावना (Sense of Belonging)—आधुनिक व्यावसायिक संस्थाओं में कर्मचारियों के बीच इस भावना का होना कि वे सब एक संस्था के अभिन्न अंग हैं और ये अपने-अपने स्थान पर महत्त्वपूर्ण काम करते हैं, अभिप्रेरणा का एक बहुत बड़ा तत्त्व है।

धनात्मक और नकारात्मक अभिप्रेरण
(Positive and Negative Motivation)

अभिप्रेरण कार्य दो प्रकार से किया जा सकता है—

1 धनात्मक अभिप्रेरण, 2. ऋणात्मक अभिप्रेरण

1. धनात्मक अभिप्रेरण—धनात्मक अभिप्रेरण से आशय कर्मचारियों को कुछ सुविधायें अथवा पुरस्कार देकर कार्य के लिये प्रेरित करने से है। ये सुविधायें अथवा पुरस्कार मौद्रिक अथवा अमौद्रिक हो सकते हैं।

2. नकारात्मक अभिप्रेरण—नकारात्मक अभिप्रेरण दण्ड की विचारधारा पर आधारित है, इसे ऋणात्मक अभिप्रेरणा भी कहा जा सकता है। इसके अन्तर्गत यदि श्रमिक कार्य करने के लिये प्रेरित नहीं होता है, तो उसे प्रमाप से कम कार्य करने के लिये दण्ड दिया जाता है। यह भी मौद्रिक तथा अमौद्रिक दोनों रूप में हो सकता है।

धनात्मक एवं ऋणात्मक अभिप्रेरण में अन्तर

1. सकारात्मक (धनात्मक) अभिप्रेरण में श्रमिक को कुछ देकर कार्य करने के लिये प्रेरित किया जाता है, जबकि नकारात्मक अभिप्रेरण में सुविधाओं पर अंकुश लगाकर कार्य के प्रति प्रेरित किया जाता है।

2. धनात्मक अभिप्रेरण पुरस्कार धारणा पर आधारित है, जबकि ऋणात्मक अभिप्रेरण दण्डात्मक धारणा पर आधारित है।

3. सकारात्मक अभिप्रेरण में दण्ड का कोई प्रावधान नहीं है, जबकि नकारात्मक अभिप्रेरण में पुरस्कार की कोई व्यवस्था नहीं है।

धनात्मक एवं ऋणात्मक अभिप्रेरण में सम्बन्ध

सकारात्मक एवं नकारात्मक दोनों ही अभिप्रेरण के स्रोत हैं। इन दोनों को एक रस्सी के दो सिरों की संज्ञा दी गई है। इन दोनों में से किसी एक पद्धति को अपनाना गलत साबित हो सकता है। इसलिये एक सफल नेता का कर्त्तव्य यह है कि वह किसी एक अभिप्रेरक का सहारा न लेते हुये दोनों अभिप्रेरकों के माध्यम से अभिप्रेरण में वृद्धि करे। उसे आवश्यकता के अनुसार दोनों पद्धतियों का प्रयोग करना चाहिये। यह सही है कि उचित कार्य पर पुरस्कार एवं गलत कार्य पर दण्ड की व्यवस्था हो। अतः एक सफल नेता को दोनों में समन्वय स्थापित करना चाहिये। यदि कोई नेता प्रथम पद्धति अर्थात् सकारात्मक अभिप्रेरण को अपनाता है, तो किसी प्रकार के दण्ड की व्यवस्था न होने पर कर्मचारी निरंकुश हो सकते हैं, क्योंकि उन्हें किसी प्रकार का भय नहीं रहेगा। इसी प्रकार केवल नकारात्मक अभिप्रेरण को भी नहां अपनाया जा सकता। अतः एक सफल नेता का यह कार्य है कि वह इन दोनों प्रकार के अभिप्रेरण में समन्वय स्थापित करे।

मैक ग्रेगौर का `X' सिद्धान्त
(Mc Gregor's 'X' Theory)

X सिद्धान्त परम्परावादी दृष्टिकोण के आधार पर निर्मित हुआ है। इसके अन्तर्गत यह माना जाता है कि श्रमिक सुस्त, कामचोर तथा अनुत्तरदायी होते हैं। इस सिद्धान्त के अनुसार सत्ताहीन व्यक्ति ही पूर्णरूप से नियन्त्रण करने में सफल हो सकता है। प्रबन्धक इस मत को मानते हैं कि श्रमिक डर, कड़े अनुशासन, दण्ड तथा प्रताड़ना द्वारा ही ठीक तरह से कार्य कर सकते हैं। इसके अन्तर्गत प्रबन्धक जब चाहे तब उसे कार्य से पृथक् कर सकता है।

`X' सिद्धान्त की मान्यतायें

1. अधिकांश व्यक्ति कार्य को रुचिकर मानते हैं।

2. व्यक्ति पर प्रत्यक्ष रूप से डर, धमकी, प्रताड़ना द्वारा दबाव बनाये रखना आवश्यक है।

3. व्यक्ति अनुत्तरदायी होने से कार्य टालने की प्रवृत्ति रखता है।

4. अधिकांश व्यक्तियों में महत्त्वकांक्षा की कमी होती है।

5. अनेक व्यक्तियों में प्रबन्धकीय समस्याओं को सुलझाने हेतु सृजनात्मक क्षमता का अभाव होता है।

6. कुछ व्यक्ति शारीरिक एवं सुरक्षात्मक स्तर द्वारा ही अभिप्रेरणा पा लेते हैं।

7. अधिकांश व्यक्ति कड़े नियन्त्रण की उपस्थिति में कार्य करते हैं।

8. कर्मचारी वित्तीय प्रलोभन के आधार पर ही कार्य करते हैं।

9. प्रबन्ध के सामने श्रमिक मात्र मशीन का एक पुर्जा होता है तथा उसे महत्त्व नहीं दिया जाता है।

10. सत्ता सर्वोपरि है।

11. व्यक्ति के कार्य करने का ढंग परम्परागत होता है।

`X' सिद्धान्त की उपयुक्तता

'X' सिद्धान्त अवास्तविक मान्यताओं पर आधारित है। यह सिद्धान्त उत्पादन के मुख्य साधन श्रमिक को मशीन के एक पुर्जे की भाँति महत्त्व देता है। यह श्रमिकों को निर्देशों पर चलने वाला बना देता है, उन्हें अपनी बुद्धि का प्रयोग करने का तनिक भी अवसर प्रदान नहीं करता है। यह कहना अतिशयोक्तिपूर्ण नहीं होगा कि यह सिद्धान्त केवल निराशावादी सिद्धान्त ही है। इस सिद्धान्त में मानवीय मूल्यों को कोई स्थान नहीं दिया गया है। अत: निष्कर्ष रूप में हम कह सकते हैं कि वर्तमान में जबकि उद्योगों में श्रमिकों की योगदान क्षमता के कारण उनकी माँग बढ़ती जा रही है और उद्योगों में मानवीय मूल्यों को विकसित करने के लिये अभिप्रेरणा की नवीनतम योजनायें लागू की जा रही हैं, X सिद्धान्त महत्त्वहीन एवं परिस्थितियों के प्रतिकूल है।

'Y' सिद्धान्त
(Y Theory)

प्रबन्ध के विचारों को श्री मैक ग्रिगौर ने X तथा Y सिद्धान्तों में विभाजित किया। Y सिद्धान्तों को आधुनिक सिद्धान्त भी कहा जाता है। इस सिद्धान्त के अनुसार श्रमिकों में सहयोग से कार्य करना ही सर्वोपरि है। इसके अन्तर्गत श्रमिकों को प्रबन्ध में भागीदार माना जाता है। यह सिद्धान्त यह बतलाता है कि श्रमिकों से कार्य कराने के लिये भय और डन्डे के स्थान पर सहयोग और विश्वास के तत्त्वों की आवश्यकता होती है। इस सिद्धान्त में सृजनात्मक पद्धति पर अधिक महत्त्व दिया गया है। Y सिद्धान्त को प्रजातान्त्रिक सिद्धान्त माना जाता है। इसके अन्तर्गत प्रबन्धक कर्मचारियों को समान स्तर पर विचार-विमर्श करने योग्य समझता है। इसमें श्रमिक को सन्तोष मिलता है और उसे उन्नति के अधिक अवसर प्राप्त होते हैं।

'Y' सिद्धान्त की मान्यतायें

1. कार्य से सन्तोष—खेल या आराम की तरह बार-बार कार्य करने पर भी सन्तोष मिलता है। दूसरे शब्दों में, शारीरिक एवं मानसिक शक्ति का व्यय उतना ही आवश्यक है, जितना आराम करना या खेलना।

2. मनुष्य स्वयं निर्देशित होता है—मनुष्य केवल भय, बाह्य नियन्त्रण अथवा कठोर अनुशासन से ही कार्य करने हेतु प्रेरित नहीं होता, वह स्वयं निर्देशित एवं नियन्त्रित होता है। जिस कार्य के निष्पादन हेतु उसको नियुक्त किया गया है, उसको निष्पादित करना वह अपना उत्तरदायित्व समझता है। इसलिये यह आवश्यक है कि उसे कार्य करने के लिये उचित वातावरण की उपलब्धि हो।

3. कार्य उपलब्धि की मान्यता—कार्य पूरा करने के लिये उसे पुरस्कार देने के साथ-साथ उसकी कार्य-उपलब्धियों को मान्यता भी देनी चाहिये। कार्य को मान्यता देना भी श्रमिक के लिये एक पुरस्कार है।

4. उत्तरदायित्व की प्रवृत्ति—व्यक्ति केवल उत्तरदायित्व स्वीकार करने हेतु कार्य नहीं सीखता, बल्कि उत्तरदायित्व का निर्वाह करने की दृष्टि से कार्य सीखता है। उत्तरदायित्व से बचने की प्रवृत्ति, महत्वाकांक्षा की कमी तथा सुरक्षा के अत्यधिक बल से निर्मित होती है, यह स्वाभाविक प्रवृत्ति नहीं है।

5. अवित्तीय प्रलोभनों का महत्त्व—सामान्यत: व्यक्ति केवल वित्तीय प्रलोभनों से ही कार्य करने हेतु प्रेरित नहीं होता बल्कि अवित्तीग प्रलोभन, जैसे—सामाजिक स्वाभिमान, आत्म-सम्मान भी उसे कार्य करने की प्रेरणा देते हैं।

6. प्रजातान्त्रिक मूल्यों का महत्त्व—यह सिद्धान्त प्रजातान्त्रिक मूल्यों पर आधारित है जिसके अन्तर्गत सभी व्यक्तियों को एक समान अवसर मिलते हैं।

7. श्रमिकों का महत्त्व—श्रमिकों द्वारा भी संगठन की समस्याओं का समाधान किया जा सकता है, क्योंकि कल्पना शक्ति, चातुर्य एवं सृजनात्मक गुण सभी में पाया जाता है, यह अलग-अलग व्यक्तियों में अलग-अलग (कम या ज्यादा) हो सकता है।

8. मानव क्षमता का महत्त्व—आधुनिक औद्योगिक प्रणाली में, मानव की योग्यता एवं क्षमता का पूर्ण विकास नहीं किया जा रहा है।

भारत में 'Y' सिद्धान्त का प्रयोग

भारत में नियोक्ता तथा कर्मचारी के दृष्टिकोणों में परिवर्तन न होने के कारण प्रबन्ध का विकास बहुत धीमी गति से हुआ है। उनके बीच आज भी स्वामी दास की विचारधारा उपस्थित है। इसके कारण श्रमिक यह सोचता है कि उसे अपने मालिक की आज्ञा का ही पालन करना है फिर चाहे वह कैसी भी हो। नियोक्ता यह सोचता है कि श्रमिक से अधिक से अधिक कार्य लेना तथा उसकी कोई बात न मानना ही उसका अधिकार है। इसी कारण भारत में Y सिद्धान्त के आधार पर अधिकतर प्रबन्ध में कार्य नहीं किया जाता है। वैधानिक प्रावधानों, श्रम-संघों में जागरूकता के आने से इस सिद्धान्त के उपयोग में कुछ विकास दिखाई दिया

है। अब श्रमिक अपने अधिकारों की माँग करने लगा है। कुछ प्रबन्धक भी लाभ विभाजन एवं प्रबन्ध में सहभगिता आदि के विचार को अमल में ला रहे हैं। ये Y सिद्धान्त के अन्तर्गत ही आते हैं। Y सिद्धांत की मान्यताओं को भारत में अभी पूर्ण रूप से स्वीकार नहीं किया गया है, परन्तु इसके सम्बन्ध में श्रम-संघों तथा सरकार द्वारा प्रयास किये जा रहे हैं। श्रमिकों के अकुशल व अशिक्षित होने के कारण भी इस सिद्धान्त को लागू करने में कठिनाई उपस्थित हुई है। प्रशिक्षण एवं औद्योगिक शिक्षा के माध्यम से श्रमिकों को धीरे-धीरे उद्योग में उनके महत्त्व एवं प्रबन्धकों को सहयोग देने के तत्त्वों को सिखाया जा सकता है।

उपरोक्त विवेचन से स्पष्ट है कि भारत में Y सिद्धान्त की मान्यताओं का अभी विकास नहीं हुआ है, परन्तु यह अवश्य ही आशा की जा सकती है कि शीघ्र ही इन मान्यताओं को सहारा मिलेगा तथा भारत में भी सेविवर्गीय प्रशासन का तेजी से विकास होगा।

उद्योग में प्रेरणा

उपरोक्त विवेचना से स्पष्ट है कि उद्योग में प्रेरणा के महत्त्व को समझने के लिए एक ओर मानव आवश्यकताओं और दूसरी ओर औद्योगिक उत्प्रेरकों का ज्ञान आवश्यक है। मानव आवश्यकतायें स्थूल रूप से दो प्रकार की होती हैं—प्राकृतिक अथवा आन्तरिक और अर्जित। आन्तरिक आवश्यकताओं में भूख, प्यास, मातृत्व ईहा, यौन आवश्यकतायें, निद्रा इत्यादि सम्मिलित हैं। अर्जित आवश्कताओं में प्रेम, सहानुभूति, सामाजिक सम्मान के अतिरिक्त वे कितनी ही आवश्यकतायें सम्मिलित हैं जो आधुनिक संस्कृति में उत्पन्न होती हैं। अर्जित आवश्यकतायें पिछले अनुभव और व्यक्तिगत विभिन्नताओं के अनुसार बदलती रहती हैं। इनमें सबसे अधिक महत्त्वपूर्ण आवश्यकतायें सामाजिक आवश्यकतायें हैं। सामाजिक आवश्यकताओं में एक विशेष आवश्यकता आत्म-सम्मान बनाये रखने और दूसरों में सुर्खरु बने रहने की आवश्यकता है। इनके अतिरिक्त मनुष्यों में कुछ प्राप्त करने की आवश्यकता भी होती है जिससे तादात्म्य करके वे संतोष प्राप्त कर सकते हैं।

प्रेरणा और आकांक्षा स्तर

भिन्न-भिन्न व्यक्तियों में आकांक्षाओं के विभिन्न स्तर होते हैं जिनके सन्तुष्ट न होने से हताशायें बढ़ती हैं। जिनका आकांक्षा स्तर जितना अधिक ऊँचा होता है वे सफलता प्राप्त करने के लिए उतना ही अधिक प्रयास करते हैं। कोच और फ्रेंच (Coch and French) के अध्ययन में एक कार्य में उत्पादन के लिए 60 यूनिट को औसत स्तर माना गया है। इसका परिणाम यह हुआ कि जो व्यक्ति उससे कम अर्थात् 55 से 59 यूनिट उत्पादन कर रहे थे वे 60 यूनिट उत्पादन करने लगे किन्तु जो कर्मचारी इस औसत को प्राप्त करने में असफल रहे वे काम छोड़कर भाग गये। आकांक्षा स्तर नीचा होने पर व्यक्ति अपनी योग्यताओं को पूरी तरह से प्रयोग करने का प्रयास नहीं करता। दूसरी ओर आकांक्षा स्तर ऊँचा होने पर व्यक्ति अपनी योग्यताओं से अधिक काम लेने का प्रयास करता है।

प्रेरणा और बाहरी परिस्थितियाँ

बाहरी परिस्थितियों का किसी व्यक्ति की प्रेरणाओं पर तभी प्रभाव हो सकता है जबकि वे उसकी आन्तरिक प्रेरणा पर प्रभाव डालें। यह आन्तरिक प्रेरणा व्यक्ति की अपनी अहं की

आवश्यकताओं से प्रारम्भ होती है। यदि कोई कर्मचारी अपनी नौकरी में सम्मान समझता है तो वह उस पर भली प्रकार काम करेगा और यदि ऐसा नहीं है तो उसमें काम करने की प्रेरणा नहीं होगी। इस कारण सामूहिक प्रेरणा का बहुत महत्त्व होता है।

उद्योग में आन्तरिक प्रेरणायें

उद्योग में विभिन्न प्रेरणाओं के महत्त्व पर विचार करते हुए टी॰ डब्लू॰ हैरेल (T. W. Harrell)[1] ने तीन प्रमुख प्रेरक माने हैं—काम भावना (Sex) आत्म सम्मान (Self respect) तथा सामाजिक प्रतिष्ठा (Social Prestige)। इनके अतिरिक्त क्रियाशीलता (Activity) अथवा कार्य की प्रेरणा और भूख (Hunger) भी महत्त्वपूर्ण प्रेरणायें हैं। यह एक सामान्य बात है कि अधिकतर लोग रोजी कमाने के लिए काम करते हैं। काम से उन्हें जो वेतन मिलता है उससे उनकी और उनके परिवार की भौतिक आवश्यकतायें पूरी होती हैं तथा वे विवाहित जीवन व्यतीत कर सकते हैं किन्तु कुछ लोग इन आवश्यकताओं के सन्तुष्ट हो जाने के बाद भी काम करते रहते हैं क्योंकि काम से उन्हें सामाजिक प्रतिष्ठा मिलती है और उनकी आत्म सम्मान की प्रेरणा संतुष्ट होती है किन्तु फिर कुछ लोग पर्याप्त सामाजिक प्रतिष्ठा और आत्म-सम्मान प्राप्त करने के बाद भी काम करते रहते हैं क्योंकि सक्रियता जीवन का स्वभाव है। जीवन निष्क्रिय व्यतीत नहीं किया जा सकता । अस्तु, अनेक काम वित्तीय अथवा अवित्तीय उत्प्रेरकों के कारण नहीं बल्कि स्वयं काम के लिए किए जाते हैं।

आन्तरिक ईहा

आन्तरिक प्रेरकों में आवश्यकता और ईहा अथवा चालक दोनों का उल्लेख किया जाता है। ईहा आवश्यकता से अधिक तीव्र प्रेरणा है। आवश्यकताओं में दैहिक आवश्यकताओं जैसे भूख, प्यास, काम वासना, मल-मूत्र त्याग, श्वास प्रश्वास और होमियोस्टेटिस इत्यादि सम्मिलित हैं। इनके संतुष्ट न होने से शारीरिक संतुलन बिगड़ जाता है और परिणामस्वरूप मानसिक समायोजन बिगड़ जाता है। चालक अधिक तीव्र आवश्यकतायें हैं। इनमें बैचेनी की स्थिति उत्पन्न हो जाती है। इस प्रकार की स्थिति विशेष रूप से यौन प्रवृत्ति के असन्तोष में दिखलाई पड़ती है। भूख, प्यास की तृप्ति न होने पर भी इसी प्रकार की ईहा देखी जाती है। इन ईहायों के संतुष्ट न होने से व्यक्ति का सन्तुलन बिगड़ जाता है।

प्रेरणाओं में संघर्ष

कभी-कभी व्यक्ति में अनेक प्रेरणायें परस्पर संघर्ष करने लगती हैं। ऐसी स्थिति में काम को हानि पहुँचती है और उत्पादन कम होता है। उद्योग के क्षेत्र में प्रेरणाओं को उत्पन्न करने में सदैव यह ध्यान रखना चाहिये कि प्रेरणाओं में संघर्ष न हो क्योंकि संघर्ष होने से अन्तर्द्वन्द उत्पन्न होता है और कर्मचारी की समझ में यह नहीं आता कि वह क्या करे। अस्तु, ऐसे प्रेरक उत्पन्न किये जाने चाहियें जिनमें कर्मचारी को स्पष्ट मार्ग निर्देशन मिल सकता हो। इससे उसे अधिक सोच विचार नहीं करना पड़ता और वह अपना काम भली प्रकार कर सकता है। आधुनिक काल में उद्योगों में कर्मचारियों में प्रेरणायें उत्पन्न करने की नयी-नयी विधियों

1. T.W. Harrell, *Industrial Psychology,* Cal. (1964). p. 235.

का प्रयोग किया जाता रहा है। जहाँ तक आन्तरिक प्रेरणा का प्रश्न है वह तो कर्मचारी की अपनी मानसिक स्थिति की बात है। उद्योग में तो बाह्य प्रेरणायें ही दी जा सकती हैं जिन्हें उत्प्रेरक कहते हैं।

प्रेरणा की अवित्तीय विधियां
(Non-financial Methods of Motivation)

(1) कार्य को सुखदायक बनाना (Making Work Pleasant)—खेल में मनुष्य क्यों लगे रहते हैं और काम से क्यों ऊब जाते हैं, इसका कारण खेल का सुखदायक होना है। सुखदायक का अर्थ आरामदायक नहीं है। इससे तात्पर्य स्वाभाविक प्रवृत्तियों को निकालने का अवसर मिलना है। यह काम में भी सम्भव है। अस्तु, यदि उद्योग में काम को इस प्रकार का बनाया जाए कि उससे कर्मचारियों की स्वाभाविक प्रवृत्तियों को अधिक से अधिक अभिव्यक्ति मिले तो वह काम भी उनके लिए सुखदायक हो जायेगा।

(2) प्रशंसा का प्रयोग (Use of Praise)—बालकों से काम कराने के लिए प्रशंसा से काम लिया जाता है किन्तु यह प्रवृत्ति केवल बालकों में नहीं होती। मनुष्य स्वभावतया प्रशंसा पाने वाले कामों को करना चाहता है और प्रशंसा से उसको और भी अधिक मनोयोग से काम करने की प्रेरणा मिलती है। कुछ मालिक लोग कर्मचारी के अच्छे काम की कोई प्रशंसा नहीं करते और बुरे काम की आलोचना अवश्य करते हैं, यह मनोवैज्ञानिक दृष्टि से उपयुक्त नहीं है। अनेक अध्ययनों से यह मालूम हुआ है कि आलोचना की तुलना में प्रशंसा अधिक अच्छा उत्प्रेरक है। निजी तौर पर या सार्वजनिक रूप से आलोचना करना, बुरा भला कहना, खरी खोटी सुनाना आदि कुछ न कुछ परिणाम जरूर दिखलाते हैं। किन्तु सार्वजनिक रूप से प्रशंसा करने का सबसे अच्छा असर पड़ता है। इसके बाद केवल निजी रूप से आलोचना करने का ही कुछ परिणाम दिखलाई पड़ता है। आलोचना का बुरा प्रभाव इसलिए होता है क्योंकि उससे कर्मचारी के अहंकार को चोट लगती है। खरी खोटी सुनाने से या बुरा भला कहने से भी हानि होती है। इसमें भी निजी तौर पर कहे जाने के मुकाबले में सार्वजनिक रूप से कहने से कर्मचारी को अधिक अपमान अनुभव होता है। अस्तु, सार्वजनिक रूप से खरी खोटी सुनाना सबसे गलत तरीका है। संक्षेप में, यदि कर्मचारी के अच्छे काम की प्रशंसा की जाएगी तो उसे अधिक काम करने का उत्साह मिलेगा और सार्वजनिक रूप से प्रशंसा करने से अन्य कर्मचारियों को भी उसका अनुकरण करने की प्रेरणा मिलेगी।

(3) परिणामों का ज्ञान (Knowledge of Results)—परिणामों के ज्ञान से तात्पर्य कर्मचारियों को बराबर यह पता चलते रहता है कि उन्होंने कहाँ तक काम कर लिया है और कितना करना बाकी है अथवा उनके क्या करने से क्या परिणाम हो रहा है। रुचि और प्रेरणा दोनों ही परिणाम के ज्ञान से प्रभावित होते हैं। कोई भी व्यक्ति अंधेरे में खेलना पसन्द नहीं करता क्योंकि उसे खेल के परिणाम पता नहीं चलते। परिणामों के प्रभाव का महत्त्व प्रयोगों से भी सिद्ध हो चुका है। एस॰ जे॰ मैकफर्सन (S.J. Macpherson), बी॰ डीस (V. Dees) और जी॰ सी॰ ग्रिण्डले (G.C. Grindley) के प्रयोगों से यह मालूम हुआ है कि परिणामों के

ज्ञान से लगभग 25 प्रतिशत प्रगति दिखलाई पड़ती है और कर्मचारी की रुचि बढ़ जाती है। डी० बी० लिंन्सले (D.B. Lindsley) ने अपने अध्ययनों से यह दिखलाया है कि जब गल्तियों और प्रगति के बारे में कोई रिपोर्ट नहीं मिलती तो पहले से प्राप्त कौशल में कमी हो जाती है। डब्लू० एफ० बुक (W. F. Book) और एल० नोर्वले (L. Norvelle) के प्रयोगों में विद्यार्थियों के दो समूहों को यथार्थता और गति के प्रयोग वाले मानसिक कार्य दिये गये। एक समूह को अधिक से अधिक प्रयास करने के लिए कहा गया और दूसरे समूह को कार्य के परिणाम बतलाते हुए परिणामों को बेहतर बनाने के लिए कहा गया है। इन दोनों समूहों पर कुल मिला कर 120 परीक्षण किये गये। अन्त में यह ज्ञात हुआ कि परिणामों के ज्ञान वाला समूह दूसरे समूह की तुलना में 16.5 प्रतिशत अधिक अच्छा काम कर सका। जी० एफ० आर्प्स (G.F. Arps) के एक प्रयोग में विद्यार्थियों को उंगलियों से एक वजन उठाना था और वे तब तक ऐसा करते रहे जब तक कि उंगली थक नहीं गयी। 48 घण्टों के मध्यान्तर से इस प्रकार के 11 परीक्षण किये गये। जब इन लोगों को अपने प्रयत्नों के परिणाम पता चलते रहे तो वे उस स्थिति से अधिक अच्छा काम कर सके जिसमें उन्हें परिणामों का कुछ भी पता नहीं था। इस प्रयोग में आत्म प्रतियोगिता दिखलाई पड़ती है क्योंकि प्रत्येक विद्यार्थी अपने पिछले प्राप्तांक से अधिक प्राप्तांक प्राप्त करना चाहता था। कार्य के परिणाम पता लगने से जहां एक ओर कार्य विधि को बेहतर बनाने में सहायता मिलती है वहाँ अधिक परिश्रम करने की भी प्रेरणा मिलती है। सीखने में कार्य के परिणामों के ज्ञान का महत्त्व सिद्ध हो चुका है।

एक टेलीफोन उद्योग में टेलीफोन ठीक करने वाले मिस्त्रियों ने यह आग्रह किया कि उद्योग में जो काम वे कर चुके हैं उस काम पर शिकायत आने पर फिर से उन्हीं को भेजा जाना चाहिए क्योंकि इससे उन्हें यह पता चलेगा कि उनका पिछला काम कहाँ तक ठीक हुआ है और वे अपने काम में सुधार कर सकेंगे। उन्होंने यह तर्क किया कि प्रत्येक डाक्टर यह जानना चाहता है कि उसकी दवा से मरीज अच्छा हुआ है या नहीं, इसी तरह जो आदमी पिछली बार टेलीफोन ठीक करके आया है उसी को दोबारा भेजा जाना चाहिए। इसके पहले कम्पनी कभी भी ऐसा नहीं करती थी। मिस्त्रियों का यह कहना मान लिया गया और इसका प्रमुख परिणाम यह हुआ कि शिकायतों के दोहरायें जाने के मामले सत्तहर प्रतिशत से गिरकर केवल चार प्रतिशत रह गये।

(4) प्रतियोगिता—(Competition)—प्रेरणा देने का एक अन्य अवित्तीय उपाय प्रतियोगिता है। यह प्रतियोगिता विभिन्न व्यक्तियों और विभिन्न समूहों में हो सकती है। कभी-कभी कोई व्यक्ति स्वयं अपने पिछले प्राप्तांक से आगे बढ़ने का भी प्रयास कर सकता है। यह आत्म-प्रतियोगिता का उदाहरण है। प्रतियोगिता में जीतने से यदि कोई आर्थिक लाभ नहीं होता तो उससे केवल आत्म संतोष प्राप्त होता है। अस्तु, प्रतियोगिता बढ़ाने के लिए उससे कोई न कोई लाभ अवश्य होना चाहिये जैसे सामाजिक सम्मान बढ़ना, दूसरों की प्रशंसा प्राप्त करना, अन्य लोगों से आगे दिखलाई पड़ना इत्यादि। किन्तु कर्मचारियों में प्रतियोगिता उत्पन्न करने में प्रतियोगिता में हारने वालों का भी ध्यान रखा जाना चाहिए क्योंकि हारने वाले लोगों को हताशा होती है और कभी-कभी उन्हें अपमान भी झेलना पड़ता है। अस्तु, प्रतियोगिता ऐसी नहीं होनी चाहिये कि उससे सहयोग समाप्त हो जाय और नीतिमत्ता को हानि पहुँचे। खेलों में

प्रतियोगिता साधारणतया स्वस्थ प्रतियोगिता होती है क्योंकि उनमें हार जीत में मानापमान का प्रश्न ले आना अनुचित समझा जाता है। यदि यही बात उद्योगों में लाई जा सके तो प्रतियोगिता का लाभ उठाया जा सकता है। कभी-कभी प्रतियोगिता के अवसर बढ़ाने के लिए प्रतियोगिता के क्षेत्र बाँट दिये जाते हैं। प्रतियोगिता में पुरस्कार का बड़ा महत्त्व है और यह पुरस्कार स्पष्ट होना चाहिए। विक्रय बढ़ाने में बहुत अच्छे विक्रेताओं को इनाम दिये जाते हैं।

प्रतियोगिता बढ़ाने में यह ध्यान रखना चाहिए कि कर्मचारी उसके लिए सहमत हो और उसके सही उद्देश्य को समझ लें। प्रतियोगिता सदैव कृत्रिम रूप से उत्पन्न नहीं की जाती। कर्मचारियों में स्वभावतया प्रतियोगिता होने लगती है। भले ही यह प्रतियोगिता अधिक और अच्छा काम करने की हो या काम न करने की हो। इसमें समूह के निर्णय का भी महत्त्वपूर्ण प्रभाव पड़ता है। हाजिरी, ठीक समय पर आना, कार्य का गुण और मात्रा, सुरक्षा तथा बर्बादी कम करना इत्यादि ऐसी बातें हैं जिनमें प्रतियोगिता उत्पन्न करके परिणाम मापे जा सकते हैं। किन्तु प्रतियोगिता कभी भी इतनी नहीं बढ़ानी चाहिए कि वह बोझ बन जाये क्योंकि तब वह सुखदायक न होकर हताशा बढ़ाने वाली होगी।

अनेक अध्ययनों से यह ज्ञात हुआ है कि समूहों में प्रतियोगिता की तुलना में व्यक्तियों में प्रतियोगिता अधिक प्रभावशाली होती है क्योंकि सामूहिक उत्तरदायित्व होने पर व्यक्ति के अहं को अधिक सन्तोष नहीं मिलता। वी॰ एम॰ सिम्स (V. M. Sims)[1] के प्रयोगों से यह बात सिद्ध हुई है। इनके एक प्रयोग में कालिज के विद्यार्थियों को पढ़ने का परीक्षण दिया गया। परीक्षण लेने के बाद 45 विद्यार्थियों को ऐसे तीन समूहों में बांट दिया गया जिनकी योग्यता बराबर थी। अब इनका फिर से परीक्षण लिया गया। एक समूह में प्रतियोगिता नहीं दी गई और इसने पहले परीक्षण की तुलना में दूसरे परीक्षण में 8.7 प्रतिशत प्रगति दिखलाई। यह अभ्यास का प्रभाव था। दूसरे समूह को दो बराबर भागों में बाँटकर उनमें प्रतियोगिता कराई गयी जिसका परिणाम यह हुआ कि 14.5 प्रतिशत प्रगति हुई। कहना न होगा कि इसमें 8.7 प्रतिशत प्रगति तो केवल अभ्यास का परिणाम थी और बाकी 5.8 प्रतिशत प्रगति प्रतियोगिता के कारण थी। तीसरे समूह में सदस्यों को व्यक्तिगत रूप से समूह के अन्य व्यक्तियों से अच्छा रिकार्ड बतलाने के लिए प्रेरित किया गया। इस समूह में 34.7 प्रतिशत प्रगति दिखलाई पड़ी जिसमें 28 प्रतिशत केवल प्रतियोगिता के कारण थी। इस प्रकार यह स्पष्ट हुआ कि सामूहिक प्रतियोगिता की तुलना में व्यक्तिगत प्रतियोगिता से अधिक लाभ होता है किन्तु फिर यदि समूहों में टीम स्प्रिट काफी बढ़ाई जा सके तो शायद सामूहिक प्रतियोगिता के परिणाम भी व्यक्तिगत प्रतियोगिता से किसी प्रकार पीछे न रहें क्योंकि टीम स्प्रिट से सामाजिक दबाव बढ़ता है और प्रत्येक सदस्य अपने को अधिक जिम्मेदार महसूस करता है।

(5) प्रगति का अनुभव (Experience of Progress)—तरह-तरह के खेलों में बराबर प्रगति का पता लगाया जाता रहता है। उदाहरण के लिए फुटबाल के खेल मे कौन-कौन सी टीम कितने गोल करती है इससे उसकी प्रगति मालूम पड़ती है। दूसरी ओर ताश के खेल

---

1. V.M. Sims, The Relative Influence of two Types of Motivation on Improvement *Jour Educ. Psychol.* 19. pp. 480-484.

में प्रत्येक खिलाड़ी के प्राप्तांक उसकी प्रगति दिखलाते हैं। किसी-किसी खेल में अनेक बातों में प्रगति मापी जाती है। उद्योग की परिस्थितियों में भी यदि कर्मचारियों को प्रगति का अनुभव होता रहे तो इससे उनकी प्रेरणा बढ़ती है और वे अधिक अच्छा काम करते हैं किन्तु सबसे बड़ी कठिनाई यह है कि प्रगति को कैसे मापा जाय। अलग-अलग उद्योगों में यह काम अलग-अलग तरीके से किया जाता है, कहीं पर उत्पादन की मात्रा, कहीं पर गुण, कहीं पर ग्राहकों का सन्तोष इत्यादि से कर्मचारी के काम का मूल्यांकन किया जाता है। जैसा कि पीछे बतलाया जा चुका है, प्रत्येक व्यक्ति और समूह यह पता लगाना चाहता है कि उसने कहाँ तक प्रगति की है। वास्तव में प्रगति स्वयं काम का पुरस्कार है। उससे यह मालूम पड़ता है कि कर्मचारी की कुशलता बढ़ रही है। इसलिये प्रत्येक व्यक्ति प्रगति का अनुभव करना चाहता है। किन्तु ज्यों ज्यों काम में कुशलता बढ़ती जाती है त्यों-त्यों प्रगति स्पष्ट नहीं दिखलाई पड़ती। उदाहरण के लिए सावधानी अत्यधिक बढ़ा देने पर भी दुर्घटनाओं की संख्या में एक सीमा तक ही कमी की जा सकती है। इसी तरह उत्पादन की मात्रा और किस्म एक सीमा से अधिक नहीं बढ़ाई जा सकती। वाइटल्स (Viteles) ने प्रगति के अनुभव के सम्बन्ध में प्रयोगों का वर्णन करते हुए कहा है कि परिणामों के ज्ञान और प्रगति के अनुभवों से प्रेरणा बढ़ती है और इसलिए समय-समय पर कर्मचारियों को उनकी प्रगति के विषय में बतलाते रहना चाहिए इसका एक अच्छा उपाय साक्षात्कार है जिसमें कर्मचारियों की साप्ताहिक या पाक्षिक रिपोर्ट का विवेचन किया जा सकता है। कभी-कभी रोजाना के काम की सीमा निश्चित करने से भी कर्मचारी को अपनी प्रगति का पता चलता है क्योंकि यदि उसने आज का काम आज ही पूरा कर लिया है तो उसे यह संतोष होता है कि वह लक्ष्य की ओर बराबर आगे बढ़ रहा है।

(6) सामाजिक प्रेरणायें (Social Motives)—अवित्तीय उत्प्रेरकों के उपरोक्त प्रकारों के अतिरिक्त कुछ सामाजिक कारक ऐसे हैं जो प्रेरणा उत्पन्न करते हैं। इनमें सामाजिक सुगमता (Social Facilitation) बढ़ाने वाले कारक मुख्य हैं। सामाजिक सुगमता से तात्पर्य परस्पर सहयोग और समूह की भावना बढ़ना है। इसमें टीम स्प्रिट का विशेष महत्त्व है। उद्योग में कर्मचारी को यह अनुभव होना चाहिए कि वह समूह के एक सदस्य के रूप में सामूहिक लक्ष्य को प्राप्त करने के लिए एक महत्त्वपूर्ण कार्य कर रहा है। इस सामूहिक निर्णय का भी विशेष महत्त्व होता है। जिन प्रेरणाओं से प्रगति में बाधा पड़ती है उनको बराबर दूर किया जाना चाहिए जैसे परस्पर बैर भाव, संघर्ष, अस्वस्थ प्रतियोगिता इत्यादि। प्रेरणा प्राप्त करने के लिये विशिष्ट और वाँछनीय लक्ष्य स्पष्ट कर दिया जाना चाहिए। एक बार मत लक्ष्य के पक्ष में बन जाने पर फिर काम आसान हो जाता है क्योंकि कोई भी व्यक्ति पीछे रहकर समूह में अपनी हंसी नहीं कराना चाहता और कुछ लोग दूसरों से अधिक काम करके समूह में ऊँचा और नेतृत्व का स्थान प्राप्त करना चाहते हैं। कर्मचारियों को कार्य से सम्बन्धित बातों के विवेचन में स्वतन्त्रता दी जानी चाहिए। ऐसा करने से उनमें उत्तरदायित्व की भावना बढ़ती है और उन्हें आत्म सन्तोष प्राप्त होता है। इसके लिए ऐसी समितियां बनाई जा सकती हैं जिनकी बैठकों में कार्य बढ़ाने की विधियों के विषय में वादविवाद हो सके और उसके नये-नये तरीके निकाले जा सकें।

(7) कार्य में रुचि बढ़ाना (Increasing Interest in work)—रुचि बढ़ने से प्रेरणा बढ़ती है। अस्तु, प्रेरणा बढ़ाने के लिए कार्य में रुचि बढ़ाने का प्रयास किया जाना चाहिये। खेल में मनुष्य स्वभावतया रुचि लेते हैं क्योंकि वे उसे स्वयं चुनते हैं और वह उनकी स्वाभाविक प्रवृत्तियों को अभिव्यक्त करता है। यदि कार्य भी ऐसा ही हो कि वह कर्मचारी ने स्वयं चुना हो और उसमें उसकी स्वाभाविक प्रवृत्तियों और योग्यताओं की अभिव्यक्ति का अवसर हो तो वह उसमें रुचि लेगा। कभी-कभी कार्य का चुनाव करने में कार्य की स्थिति, विभिन्न कार्यों में वेतन दर, कर्मचारी की शैक्षिक योग्यता इत्यादि के कारण उसे मनचाहा कार्य नहीं मिल पाता। इसलिये उसमें कार्य में प्रेरणा उत्पन्न नहीं हो पाती।

कार्य में रुचि उत्पन्न करने के लिये कर्मचारी को कार्य का महत्त्व समझाया जाना चाहिये। यदि कर्मचारी यह अनुभव करेगा कि वह कम्पनी में या कारखाने में एक महत्त्वपूर्ण कार्य कर रहा है तो वह अपने काम की ओर अधिक ध्यान देगा। जैसा कि एफ० आर० विकर्ट (F. R. Wickert)[1] ने दिखलाया है, यदि कर्मचारी यह नहीं जानता कि वह क्यों कोई काम कर रहा है अथवा पूर्ण काम में उसके काम का क्या महत्त्व है तो उसकी प्रेरणा बहुत कम हो जाती है। अस्तु, कर्मचारी को कम्पनी में विभिन्न कामों के विषय में बतलाकर यह बतलाना चाहिये कि कम्पनी की सफलता में उसका कहाँ तक हाथ है। इसके लिए फिल्मों और सभाओं की सहायता ली जा सकती है। इससे कर्मचारी में आत्म सम्मान की भावना बढ़ती है। आपद्काल में प्रेरणा और भी बढ़ जाती है क्योंकि उसमें कर्मचारी संकट से निकलने में अपना महत्त्व अनुभव करने लगता है। देखा गया है कि देश पर आपत्ति आने के समय कर्मचारियो में काम करने की प्रेरणा बढ़ जाती है।

काम में रुचि बढ़ाने का एक तरीका उकताहट (Monotony) कम करना है। इसके लिये वे सब मनोवैज्ञानिक उपाय अपनाये जाने चाहियें जिनसे काम में ऊब और उकताहट दूर होती है। उकताहट स्वयं निम्न प्रेरणा का लक्षण है, इसलिये उसे दूर करने से प्रेरणा बढ़ती है। कार्य पूर्ति से अनुभव और काम में विविधता प्रदान करने से उकताहट दूर होती है।

(8) औद्योगिक संघों की मांगों पर विचार (Consideration of the Demands of Industrial Unions)—आजकल किसी भी उद्योग में औद्योगिक संघों की अवहेलना करके काम नहीं किया जा सकता। औद्योगिक संघ कर्मचारियों की मांगों को उपस्थित करते हैं। इन मांगों को ध्यान में रखते हुए प्रेरणा बढ़ाने का प्रयास किया जाना चाहिये। यह ठीक है कि अनेक बार औद्योगिक संघों की माँगें ऐसी होती हैं जो कम्पनी के हित के विरुद्ध होती हैं क्योंकि राजनैतिक दलों के हस्तक्षेप के कारण वे वर्गवाद फैलाते हैं। फिर भी औद्योगिक संघ मजदूरों के असन्तोष के प्रतिनिधि हैं और उनकी माँगों पर विचार किया जाना चाहिये। यदि उन्हें सन्तुष्ट किया जा सके तो कर्मचारियों में प्रेरणा स्वभावतया बढ़ जाती है।

(9) कर्मचारियों की माँगों का अध्ययन (Study of Worker's Needs)—अन्त में प्रेरणा बढ़ाने के लिये यह आवश्यक है कि कर्मचारी की माँगों का विस्तारपूर्वक अध्ययन

---

1. F.R. Wickert, Turnover and Employee's Feelings of Ego Involvement in the Day to Day operation of a Company, *Person, Psychol.*, (1951), 4, pp. 1-14.

किया जाये। इसके साथ ही यह पता लगाया जाना चाहिये कि यदि उसे अनेक चीजों में चुनाव का अवसर दिया जाये तो वह उन्हें किस क्रम में चुनेगा। इस प्रकार के अध्ययनों से यह पता चलता है कि कौन-सी बात उत्पन्न करने से प्रेरणा अधिक बढ़ेगी। उदाहरण के लिये यदि कर्मचारी सुरक्षा को सबसे अधिक महत्त्व देता है तो नौकरी की सुरक्षा बढ़ने से उसकी प्रेरणा बढ़ती है। इस प्रकार यदि कर्मचारी सामाजिक सम्मान को सबसे अधिक महत्त्व देता है तो उद्योग में सामाजिक सम्मान बढ़ने से उसकी प्रेरणा बढ़ेगी।

उत्प्रेरक
(Incentives)

उत्प्रेरक क्या है?

उत्प्रेरक वे लक्ष्य हैं जो कि किसी न किसी आवश्यकता को सन्तुष्ट करते हैं। उदाहरण के लिए भोजन भूख का उत्प्रेरक है। पानी प्यास बुझाता है। इसी प्रकार यौन व्यवहार आन्तरिक ग्रन्थियों की क्रिया में परिवर्तन करता है। घूमने फिरने से जिज्ञासा संतुष्ट होती है। इस प्रकार उत्प्रेरक जन्मजात अथवा अर्जित आवश्यकताओं को सन्तुष्ट करने के साधन हैं।

उत्प्रेरकों के प्रकार

साधारणतया उत्प्रेरकों को निम्नलिखित दो वर्गों में बाँटा जाता है—

(1) **विधायक उत्प्रेरक** (Positive Incentives)—ये व्यक्तियों को आकर्षित करते हैं और इन्हें प्राप्त करके सुख होता है। उदाहरण के लिये वेतन वृद्धि या बोनस में वृद्धि अथवा पदोन्नति इत्यादि विधायक उत्प्रेरक हैं। इनसे विशेष काम को करने की प्रेरणा मिलती है जैसे यह कहा जाये कि जो कर्मचारी एक घण्टा अतिरिक्त कार्य करेगा उसको पचास रुपये मासिक अधिक मिलेंगे तो यह कार्य करने का उत्प्रेरक है।

(2) **निषेधात्मक उत्प्रेरक** (Negative Incentives)—निषेधात्मक उत्प्रेरक वह है जिससे किसी कार्य को न करने की प्रेरणा मिलती है। उदाहरण के लिए यदि टूट-फूट होने पर आर्थिक दण्ड का विधान हो तो टूट-फूट न करने की प्रेरणा मिलेगी। कभी-कभी किसी उद्योग में कुछ ऐसे सुधार उपस्थित किये जाते हैं जो निषेधात्मक उत्प्रेरक होते हैं और परिणाम यह होता है कि उनके लाभदायक होने के बावजूद भी कर्मचारी उनका विरोध करते हैं।

(3) **स्थानापन्न उत्प्रेरक** (Substitute Incentives)—कभी-कभी उत्प्रेरक का एक अन्य प्रकार स्थानापन्न उत्प्रेरक को माना जाता है। इसमें, जैसा कि इसके नाम से स्पष्ट है, स्वाभाविक उत्प्रेरक के स्थान पर किसी अन्य कृत्रिक उत्प्रेरक को रख दिया जाता है। उदाहरण के लिए किसी कर्मचारी को पदोन्नति न देकर वेतन वृद्धि दी जा सकती है जिससे वह पदोन्नति की हताशा से बच जाता है। स्पष्ट है कि स्थानापन्न उत्प्रेरक ऐसा होना चाहिए जिससे वही आवश्यकता संतुष्ट हो जो वास्तविक उत्प्रेरक से सन्तुष्ट होती है। उपरोक्त उदाहरण में कर्मचारी यह सोच कर सन्तुष्ट हो जाता है कि पदोन्नति होने पर भी उसको केवल कुछ आर्थिक लाभ ही होता और यह आर्थिक लाभ वेतन वृद्धि से भी हो ही रहा है। यहां यह ध्यान रखना आवश्यक है कि स्थानापन्न उत्प्रेरक कितना भी अच्छा होने पर भी पूरी तरह वास्तविक उत्प्रेरक का स्थान

नहीं ले सकता। उपरोक्त उदाहरण में पदोन्नति से अर्थ लाभ के अतिरिक्त ऊँचा दर्जा भी प्राप्त होता और अधिकार भी मिलते। अस्तु, जो कर्मचारी पदोन्नति न मिलने पर वेतन वृद्धि से ही सन्तुष्ट हो जाता है वह केवल अपने को समझा लेता है अन्यथा पूर्ण सन्तोष तो उसे पदोन्नति से ही होता है। जो कर्मचारी अर्थ लाभ के लिए नहीं बल्कि अधिकार और ऊँचा पद प्राप्त करने के लिये पदोन्नति चाहता है उसे वेतन वृद्धि से कोई सन्तोष नहीं होगा। स्पष्ट है कि कोई स्थानापन्न उत्प्रेरक सभी कर्मचारियों को एक ही तरह से सन्तुष्ट नहीं कर सकता। कौन-सा कर्मचारी किस उत्प्रेरक से सन्तुष्ट हो जायेगा यह उसकी व्यक्तिगत विशेषताओं और स्थितियों पर निर्भर होता है। उदाहरण के लिए जिसके पास अच्छा मकान नहीं है वह अच्छा मकान मिलने से सन्तुष्ट हो सकता है और उसके बदले में ऊँचे पद को भी छोड़ सकता है किन्तु जिसके पास पहले ही अच्छा मकान है वह उसके लिए पद को नहीं छोड़ सकता। अस्तु, भिन्न-भिन्न कर्मचारियों को स्थानापन्न उत्प्रेरक देते समय उनकी व्यक्तिगत विशेषताओं और आवश्यकताओं का ध्यान रखना चाहिए।

उत्प्रेरकों में संघर्ष

कभी-कभी विभिन्न उत्प्रेरकों में संघर्ष भी हो जाता है। उदाहरण के लिए यदि किसी कारखाने के कर्मचारियों से यह कहा जाए कि जो कर्मचारी कारखाने के क्वार्टरों में रहेगा उसके वेतन में से दस रुपये कम कर दिये जायेंगे और जो नहीं रहेगा उसके वेतन मे दस रुपये बढ़ा दिये जायेंगे तो एक ओर क्वार्टर और दूसरी ओर दस रुपये वृद्धि के उत्प्रेरकों में संघर्ष उपस्थित होगा और कर्मचारी को इनमें चुनाव करने में कुछ समय लगेगा। कभी-कभी विधायक और निषेधात्मक उत्प्रेरकों में भी संघर्ष होता है। उदाहरण के लिए कुछ काम ऐसे होते हैं जहाँ वेतन तो अधिक मिलता है किन्तु सामाजिक सम्मान उतना अधिक नहीं मिलता। ऐसी स्थिति में कर्मचारी को यह चुनना कठिन हो जाता है कि वह अधिक वेतन वाला कार्य चुने या अधिक सम्मान वाला कार्य ले। जिन उद्योगों में काम करने से स्वास्थ्य पर बुरा प्रभाव पड़ता है उनमें वेतन अधिक दिया जाता है। स्वास्थ्य पर बुरा प्रभाव निषेधात्मक उत्प्रेरक है अर्थात् उसके होने से उस काम को न करने की प्रेरणा उत्पन्न होती है। दूसरी ओर अधिक वेतन विधायक उत्प्रेरक है, क्योंकि उसके होने से उस काम को करने को प्रेरणा होती है। इन दोनों में कर्मचारी किसे चुनता है यह उसकी आर्थिक स्थिति तथा व्यक्तिगत आवश्यकताओं पर निर्भर है। कुछ लोग स्वास्थ्य खराब करके पैसा नहीं कमाना चाहेंगे जब कि दूसरे लोगों को भौतिक या सामाजिक आवश्यकताओं की पूर्ति के लिए धन की इतनी अधिक आवश्यकता होती है कि वे अस्वास्थ्यकर परिस्थितियों में भी काम करना स्वीकार कर लेते हैं।

निषेधात्मक उत्प्रेरकों से हानियां

बहुधा उद्योगों में कर्मचारियों को वांछित कामों की ओर प्रेरित करने के लिये विधायक उत्प्रेरक और अवांछित कार्यों से रोकने के लिए निषेधात्मक उत्प्रेरकों की व्यवस्था की जाती है। उदाहरण के लिये अच्छा काम करने पर पुरस्कार और औसत से कम उत्पादन करने पर दण्ड की व्यवस्था होती है। कहीं-कहीं दुर्घटना करने, टूट-फूट करने या कच्ची सामग्री खराब करने से रोकने के लिये दण्ड की व्यवस्था की जाती है। यह ठीक है कि दण्ड की व्यवस्था

से बहुत से लोग इन कार्यों से बाज आते हैं किन्तु फिर इस निषेधात्मक उत्प्रेरक से कुछ हानियाँ भी होती हैं जिनमें मुख्य निम्नलिखित हैं—

(1) हताशा और विरोधी प्रवृत्ति (Frustration and Hostile Tendency)—यदि कर्मचारी किसी दण्ड को अनुचित मानता है तो उससे हताशा और विरोधी प्रवृत्ति उत्पन्न होती है। यह बात इसलिये और भी महत्त्वपूर्ण है कि दण्ड अक्सर उन्हीं कर्मचारियों को मिलता है जो पहले से ही असहयोगी और उद्दण्ड प्रकृति के होते हैं। दण्ड से यह बात और भी बढ़ जाती है।

(2) धोखाधड़ी बढ़ना (Increase of Deceit)—किसी काम के लिये दण्ड की व्यवस्था होने पर कुछ लोग उससे बचने के स्थान पर उसे इस तरह करना चाहते हैं कि वे पकड़े न जायें। इस तरह दण्ड की व्यवस्था में धोखाधड़ी बढ़ती है।

(3) निषेधात्मक सुझाव (Negative Suggestion)—मनोविज्ञान में यह माना जाता है कि जहां विधायक सुझाव दिये जा सकते हैं वहां निषेधात्मक सुझाव नहीं दिये जाने चाहियें। उदाहरण के लिये यदि कहीं यह लिखा हो "यहाँ से सड़क मत पार कीजिए" तो इससे अधिक अच्छा सुझाव यह है कि जहां से सड़क पार करनी हो वहां लिखा जाये "यहाँ से सड़क पार कीजिए।" पहले उदाहरण में चलने वाले को निषेधात्मक सुझाव मिलता है जिससे उसे यह पता नहीं चलता कि उसे क्या करना है जबकि दूसरे उदाहरण में उसे विधायक सुझाव मिलता है।

(4) विध्वसंक प्रशिक्षण(Destructive Training)—सुझाव के साथ-साथ प्रशिक्षण भी विध्वसंक न होकर रचनात्मक (Constructive) होना चाहिये। दण्ड कर्मचारी को किसी काम से रोकना चाहता है, यह विध्वसंक प्रशिक्षण है क्योंकि इससे उसकी किसी प्रवृत्ति में गतिरोध उत्पन्न होता है। दूसरी ओर रचनात्मक प्रशिक्षण में यह प्रयास किया जाता है कि जिस अवांछनीय प्रवृत्ति के कारण वह कार्य होता है उस प्रवृत्ति को किसी अन्य वांछनीय कार्य में अभिव्यक्त होने दिया जाये।

(5) प्रतिकूल अभिवृत्ति—(Negative Attitude)—दण्ड से कार्य और दण्ड देने वाले के प्रति प्रतिकूल अभिवृत्ति उत्पन्न होती है। जो लोग किसी कारखाने में किसी अनुचित कार्य के लिये दण्ड प्राप्त करते हैं वे न केवल उस कार्य के बल्कि उस कारखाने के मालिकों के और वहां की प्रत्येक बात के विरुद्ध हो जाते हैं।

(6) भय की उत्पत्ति (Creation of Fear)—दण्ड की व्यवस्था भय उत्पन्न करती है और भय की परिस्थिति कार्य की अच्छी परिस्थिति नहीं है। अस्तु कर्मचारियों में भय उत्पन्न करने के स्थान पर विधायक प्रवृत्ति उत्पन्न की जानी चाहिए। आजकल उद्योगों में विधायक उत्प्रेरकों के द्वारा परिवर्तन करने की दिशा में अनेक प्रयोग किये जा रहे हैं।

दण्ड की उपरोक्त हानियों के बावजूद सदियों से उद्योग में दण्ड दिया जाता रहा है क्योंकि दण्ड के परिणामों की ओर कभी ध्यान नहीं दिया गया। वास्तव में दण्ड क्रोध की दशा में दिया जाता है भले ही उससे कुछ हानि क्यों न हो। दूसरे, साधारणतया अधिकारियों में इतना धैर्य नहीं होता कि वे दण्ड की विधि न अपनाकर कोई रचनात्मक विधि अपनायें। तीसरे,

निषेधात्मक विधि विधायक विधि से अधिक सरल होती है और इसलिए भी वह आसानी से अपना ली जाती है। दूसरी ओर विधायक उत्प्रेरक अपनाने में न केवल उत्प्रेरकों बल्कि उनकी विधियों के विषय में भी सोच विचार करना पड़ता है।

आजकल उद्योगों में दो प्रकार के विधायक उत्प्रेरक अपनाए जाते हैं—वित्तीय उत्प्रेरक और अवित्तीय उत्प्रेरक। पहले प्रकार के उत्प्रेरकों में वे कार्य शामिल हैं जिनमें आर्थिक लाभ होता है। दूसरे प्रकार के उत्प्रेरकों में ऐसे सुधार और लाभ सम्मिलित हैं जिनसे अर्थ लाभ तो नहीं होता किन्तु प्रेरणा मिलती है। उदाहरण के लिए कार्य के लिए प्रशंसा, कार्य के परिणामों का ज्ञान, स्वस्थ प्रतियोगिता द्वारा प्रोत्साहन, प्रगति का अनुभव, सामूहिक प्रेरणा से अधिक और अच्छा काम करना, विशेष कार्य में रुचि बढ़ाना, उकताहट कम करना, कार्य को महत्त्वपूर्ण बनाना इत्यादि।

वित्तीय उत्प्रेरक
(Financial Incentives)

यूं तो पैसे की आदमी के लिये कोई कीमत नहीं है किन्तु हमारे वर्तमान आर्थिक संगठन में पैसे के बदले में न केवल जीवन की आवश्यकताओं की वस्तुयें, स्वास्थ्य तथा शिक्षा और आराम के साधन ही बल्कि सामाजिक पद और शक्ति भी प्राप्त की जा सकती है। इसलिए वित्तीय उत्प्रेरकों का अत्यधिक महत्त्व हो गया है। पैसा मिलने पर सबसे पहले आदमी अपनी जरूरत की चीजों जैसे—भोजन, वस्त्र, आवास आदि की व्यवस्था करता है। उसके बाद स्वास्थ्य और शिक्षा की आवश्यकताओं की पूर्ति की जाती है। इसके बाद धन बढ़ने पर तरह-तरह के आराम के साधन जुटाए जाते हैं। किन्तु फिर कुछ लोग इसके बाद भी काम करते रहते हैं क्योंकि उनके बैंक बैलैन्स से उनकी सामाजिक स्थिति और शक्ति बढ़ती है। ऐसे लोग जीवन भर पैसे की खोज में लगे रहते हैं और यह खोज कभी नहीं रुकती। जिन लोगों को शक्ति की विशेष आवश्यकता महसूस नहीं होती वे आवश्यकताओं और आरामों के साधन जुटाने के बाद पैसे की कोई परवाह नहीं करते। इसी तरह आर्थिक हानि का भी भिन्न-भिन्न व्यक्तियों पर भिन्न-भिन्न प्रभाव पड़ता है। पैसा न होने पर गरीब की रोटी जाती है तो अमीर का सम्मान नहीं रहता यद्यपि उसे रोटी की कमी नही। आर्थिक उत्प्रेरक भी दो प्रकार के होते हैं—

(i) **प्रत्यक्ष आर्थिक उत्प्रेरक** (Direct Financial Incentives)—प्रत्यक्ष आर्थिक उत्प्रेरक वे हैं जो श्रमिकों की व्यक्तिगत उत्पादकता से सम्बन्धित होते हैं। इन उत्प्रेरकों का मुख्य उद्देश्य यह होता है कि स्वयं श्रमिक अधिक उत्पादन करने को प्रेरित हों। इनका आधार 'अधिक कार्य करने के लिये अधिक पारिश्रमिक' होता है तथा प्रत्येक श्रमिक को सीधे धन के रूप में उपलब्ध होता है। इसके अन्तर्गत मजदूरी भुगतान की विभिन्न प्रीमियम (Premium) या बोनस (Bonus) पद्धतियाँ सम्मिलित की जाती हैं जैसे—हाल्से, टेलर, रोवन, एमरसन्स, मैरिक, बेडाक्स, आदि की प्रीमियम पद्धतियाँ।

(ii) **अप्रत्यक्ष आर्थिक उत्प्रेरक** (Indirect Financial Incentives)—इसके अन्तर्गत वे आर्थिक उत्प्रेरक आते हैं जो श्रमिकों को सामूहिक रूप से प्रदान किये जाते हैं, जैसे—समान

मजदूरी दरें, योग्यता के आधार पर वार्षिक वृद्धि, पेन्शन, उत्पादन अधिलाभाँश (Productions Bonus), अनिवार्य अधिलाभांश (Compulsory Bonus), लाभ भागिता (Profit Sharing), सहभागिता (Co-partnership) आदि।

अधिलाभांश (Bonus)

अधिलाभांश (Bonus) शब्द की उत्पत्ति लैटिन भाषा से हुई है जिसका शाब्दिक अर्थ है। ऐच्छिक रूप से सद्भावपूर्वक कुछ देना। भारत सरकार द्वारा घोषित अधिलाभांश अधिनियम (Bonus Act) 1965 के अनुसार, अधिलाभाँश औद्योगिक संस्था की समृद्धि में उन श्रमिकों का भाग है जो उसमें कार्य करते हैं।'' वास्तव में आज अधिलाभाँश को वास्तविक मजदूरी तथा प्राप्त मजदूरी के पूरक रूप में मानते हैं। जिस प्रकार भूमि, श्रम, साहस तथा संगठन को उनका पारिश्रमिक संयुक्त उत्पादन में से सामान्य रूप से वितरित किया जाता है, उसी भाँति पूँजी को भी अपना एक निश्चित पारिश्रमिक लेना चाहिये। तत्पश्चात् लाभों के अतिरेक (Surplus) को श्रमिक एवं नियोक्ताओं में पुनः विभाजित किया जाना चाहिये, क्योंकि यह आधिक्य दोनों की ही सम्मिलित उत्पादकता का ही परिणाम होता है। वास्तव में अधिलाभाँश का यही उचित अर्थ है।

2. अनार्थिक उत्प्रेरक (Non-Financial Incentives)

अनार्थिक उत्प्रेरक से आशय है, समस्त श्रमिकों के लिये समान रूप से, भावनात्मक आधार पर कोई उत्प्रेरणा देना। इन उत्प्रेरकों से श्रमिकों को व्यक्तिगत रूप से कोई लाभ नहीं होता, परन्तु ये सेवायें उसे सामूहिक रूप से उपलब्ध होती हैं, परन्तु उसे निश्चित रूप से इनके स्थान पर पैसा नहीं मिल सकता। कुछ प्रलोभन बिल्कुल मनोवैज्ञानिक होते हैं, जैसे–श्रमिकों के प्रति मानवोचित व्यवहार, उद्योग के प्रबन्ध में श्रमिकों को भाग देना, आदि।

एक श्रमिक में अधिक व अच्छे कार्य के प्रति उत्साह भरने के लिये अनार्थिक प्रलोभनों की एक महत्त्वपूर्ण एवं विशिष्ट भूमिका है। मनोवैज्ञानिकों का मत है कि अनार्थिक उत्प्रेरक भी उतने की महत्त्वपूर्ण हैं जितने की आर्थिक उत्प्रेरक। केवल नकद मजदूरी ही औद्योगिक उत्पादकता की समस्या को पूर्णतः हल नहीं कर सकती। शिक्षा तथा सामाजिक चेतना के अभाव में श्रमिक अक्सर अपने मौद्रिक वेतन के एक बड़े भाग को दुर्व्यसनों में उड़ा देते हैं तथा वेतन वृद्धि से उन्हें कोई विशेष लाभ नहीं होता है। अतः अनार्थिक उत्प्रेरक देकर उद्योगपति श्रमिकों एवं उनके परिवार के कल्याण के लिये बहुत महत्त्वपूर्ण कार्य कर सकते हैं। अनार्थिक उत्प्रेरकों से श्रमिकों के मानसिक दृष्टिकोण में परिवर्तन होता है। वे यह अनुभव करने लगते हैं कि प्रबन्ध उनके कल्याण के प्रति सजग है तथा उनकी दशा सुधारने के लिये भरसक प्रयत्न कर रहा है। अतः वे भी अपना कार्य पूर्ण ईमानदारी से करते हैं और उसके परिणामस्वरूप उद्योग में एक स्वस्थ मनोवैज्ञानिक वातावरण पैदा होता है तथा सुखद औद्योगिक सम्बन्ध विकसित होते हैं।

अनार्थिक उत्प्रेरकों के प्रकार
(Kinds of Non-Financial Incentives)

1. उद्योगों के प्रबन्ध में श्रमिक का भाग (Workers' Participation in Management)—आधुनिक अर्थशास्त्री यह मानता है कि श्रम और पूंजी दोनों एक दूसरे को रोजगार देते हैं। पूँजी की श्रेष्ठता पूँजीवादी देशों में कम हो रही है। अमेरिका जैसे स्वतन्त्र अर्थव्यवस्था वाले देशों में भी प्रबन्ध का महत्त्व पूँजी से अधिक हो रहा है। व्यवहार में प्रबन्ध केवल पूँजी के हाथ में ही नहीं होना चाहिये, परन्तु श्रम को भी उसमें हाथ बटाना चाहिये। ऐसा होने से श्रमिकों को अपना महत्त्व मालूम होता है और उनमें उत्तरदायित्व की भावना उत्पन्न होती है। इसका प्रभाव उद्योग तथा उत्पादन पर पड़ता है। औद्योगिक सम्बन्धों में सुधार करने के विभिन्न उपायों के अन्तर्गत उद्योगों के प्रबन्ध में श्रमिकों के भाग का महत्त्वपूर्ण स्थान है।

2. प्रशंसा (Praise)—उद्योग के क्षेत्र में प्रशंसा एक महत्त्वपूर्ण उत्प्रेरक का कार्य करती है। प्रशंसा ऐसा प्रलोभन है, जिसके द्वारा कर्मचारी कार्य में रुचि बनाये रखता है और उत्पादन बढ़ता जाता है। सामान्य व्यक्ति की यह कमजोरी होती है कि अपनी प्रशंसा मात्र से मुग्ध हो प्रसन्न हो जाता है, क्योंकि प्रशंसा से आत्मा तथा अहं की सन्तुष्टि होती है।

3. नौकरी की सुरक्षा (Job Security)—प्रत्येक कर्मचारी यह चाहता है कि उसकी नौकरी सुरक्षित या स्थायी रहे अर्थात् उसे छंटनी का शिकार होकर बेकारी की समस्या का सामना न करना पड़े। अधिक वेतन वाले परन्तु असुरक्षित नौकरी की अपेक्षा कर्मचारी कम वेतन वाले किन्तु सुरक्षित नौकरी अधिक पसन्द करते हैं। बेकारी के निरन्तर डर से कार्य करने की प्रेरणा समाप्त हो जाती है।

4. प्रतियोगिता (Competition)—उद्योग में यदि कर्मचारी में प्रतियोगिता की भावना पैदा कर दी जायेगी तो वह निश्चित ही उत्पादन में वृद्धि कर देगा। यद्यपि प्रतियोगिता स्वयं एक अनार्थिक प्रलोभन है, परन्तु इस उत्प्रेरक को क्रियाशील बनाने के लिये किसी अन्य उत्प्रेरक की मदद लेनी पड़ेगी। चाहे वह प्रलोभन अधिलाभाँश (Bonus) का हो या चाहे वह किसी अन्य प्रकार का पारितोषिक हो। प्रतियोगिता के द्वारा कर्मचारी उत्पादन के लिये प्रेरित हो जाता है। प्रतियोगिता के समय इस बात को ध्यान में रखना चाहिये कि, यदि समान योग्यता वाले कर्मचारियों में प्रतियोगिता कराई जायेगी तो वह उद्योग के लिये लाभप्रद होगा। यदि व्यक्तिगत रूप में प्रतियोगिता कराई जायेगी तो उत्पादन में अधिक वृद्धि होगी अपेक्षाकृत समूह प्रतियोगिता के।

5. उन्नति के अवसर (Opportunity for Progress)—प्रत्येक कर्मचारी अपनी उन्नति करने के अवसर चाहता है। यदि किसी संगठन में कर्मचारियों को तरक्की पाने के समुचित अवसर न हों या तरक्की सिफारिश या पक्षपात के आधार पर दी जाती है, तो कर्मचारियों का कार्य के प्रति उत्साह कम हो जाता है।

6. न्याय (Justice)—एक आधुनिक कर्मचारी न्याय एवं उचित व्यवहार की आशा रखता है। कर्मचारियों की तरक्की, स्थानान्तरण आदि के मामलों में प्रबन्धकों को न्यायपूर्वक

कार्य करना चाहिये। उनका व्यवहार न केवल न्यायपूर्ण होना चाहिये वरन् उनकी न्यायशीलता में कर्मचारियों का पूर्ण विश्वास भी होना चाहिये। ऐसा न होने से कर्मचारियों का प्रबन्धकों के प्रति विश्वास समाप्त हो जाता है और कार्य के प्रति उनका उत्साह भी कम हो जाता है।

7. परिणामों का ज्ञान (Knowledge of Results)—कर्मचारी जिन कार्यों को करते हैं, यदि उनको अपने कार्य के परिणामों का ज्ञान हो जाये, तो वह उत्पादन बढ़ाने के लिये और अधिक प्रेरित होते हैं अर्थात् यदि कर्मचारी को अपने परिणाम देखने को मिलते हैं, तो वे अच्छा कार्य करने के लिये आतुर हो जाते हैं। प्रत्येक कर्मचारी अपने कार्य में 25% की वृद्धि करता है और उसकी रुचि बहुत बढ़ जाती है। लिंडस्ले (Lindsley) ने अपनी खोज के उपरान्त यह निष्कर्ष निकाला कि अर्जित कुशलता (Aquired Skill) गलतियों तथा अच्छाइयों को न बतलाये जाने पर नष्ट हो जाती है।

8. नेतृत्व (Leadership)—प्रबन्धक औद्योगिक संस्था रूपी जहाज का कप्तान होता है। उसके दृष्टिकोण, कार्य करने के ढंग आदि की नकल की जाती है। उसकी कर्मचारियों के प्रति आदर की भावना, कर्मचारियों की व्यक्तिगत समस्याओं में उसकी दिलचस्पी, सामाजिक उत्सवों में उसकी उपस्थिति या कारखाने में चलते-फिरते कर्मचारियों से कहे संवेदना के दो शब्द समस्त संगठन के औद्योगिक सम्बन्ध में सुधार करते हैं, जिससे कर्मचारियों का उत्साह बढ़ता है तथा सहभागिता की भावना उदय होती है।

9. उन्नति का अनुभव (Experience of Progress)—कर्मचारियों को कार्य में प्रेरित करने का सबसे अच्छा उपाय यह है कि उन्हें औद्योगिक उन्नति की सूचना दी जाये। इसके लिये उद्योगों को चाहिये कि फैक्टरी में कार्य करने वाले समस्त कर्मचारियों की प्रतिवर्ष एक सभा बुलाये। इस सभा में उद्योगपति आदि को यह बतलाना चाहिये कि हमने पिछले वर्ष की अपेक्षा इस वर्ष कितनी उन्नति की है। कर्मचारियों से यह कहना चाहिये कि, इस वर्ष की सारी उन्नति आपके परिश्रम और लगन का ही फल है। आपके उत्साह बिना आज हम इस स्थिति में न होते। यह तो रही सामूहिक रूप में प्रेरित करने की विधि। यदि व्यक्तिगत रूप में कर्मचारी को प्रेरित करना है, तो निरीक्षक (Supervisor) को कर्मचारियों के कार्यों का निरीक्षण करना चाहिये। फिर दिन के अन्त में उनकी उन्नति का उन्हें ज्ञान कराये। ऐसा करने से कर्मचारी कार्य के लिये अधिक प्रेरित होता है।

10. भय का अभाव—सामान्यत: कर्मचारी उतना ही कार्य करता है, जिससे कि उसकी नौकरी चलती रहे, क्योंकि वह यह सोचता है कि उसके द्वारा किये गये अतिरिक्त परिश्रम का फल केवल नियोक्ता को ही मिलेगा—उसे कुछ नहीं मिलेगा, चाहे उनको कार्यानुसार मजूदरी क्यों न दी जाये। श्रमिक वर्ग की इस भावना पर दो प्रकार से नियन्त्रण पाया जा सकता है—भय दिखाकर या प्रलोभन देकर। किसी प्रकार का भय दिखाकर उससे अधिक उत्पादन कराने का प्रयत्न किया जाये, तो कभी-कभी स्थिति उल्टी भी हो सकती है। भय विरोध की भावना उत्पन्न करता है। जिससे औद्योगिक अशान्ति उत्पन्न होती है, जो स्वयं कर्मचारी, नियोक्ता एवं राष्ट्र के लिये हानिकारक है। अत: कर्मचारियों में भय का अभाव रहना आवश्यक है।

11. दायित्व का सौंपा जाना (Delegation of Responsibility)—किसी भी कर्मचारी को कार्य पूर्ण करने का उत्तरदायित्व तथा उससे सम्बन्धित आवश्यक अधिकार सौंपने से उसे बहुत प्रेरणा मिलती है। यह विचार कि उसे उच्च अधिकारियों का विश्वास प्राप्त है, कर्मचारियों को अधिक और अच्छा काम करने के लिये प्रेरणा प्रदान करता है।

12. कार्य की श्रेष्ठता का अभिमान (Pride of Jobs)—प्रत्येक कर्मचारी यह अनुभव करना चाहता है कि जिस संस्था में वह कार्य कर रहा है या जिस वस्तु का वह निर्माण कर रहा है वह श्रेष्ठ है। वह अपने साथियों व मित्रों को गर्व सहित बताना चाहता है कि वह अमुक संस्था में कार्य कर रहा है या वह ऐसी वस्तु बना रहा है, जो कि अत्यन्त श्रेष्ठ है। जिस कर्मचारी में अपनी संस्था एवं कार्य के प्रति ऐसी भावना होती है, वह अपना कार्य बहुत ही परिश्रम एवं ईमानदारी से करता है।

13. संयुक्त परामर्श (Joint Consultation)—संयुक्त परामर्श का अर्थ है—विचारों एवं सूचनाओं का आदान-प्रदान। इसके द्वारा कर्मचारियों को अपने उत्तरादायित्व का बोध होता है, उपक्रम में सह-भागिता (Co-partnership) की भावना जागृत होती है तथा कर्मचारी अनुभव करने लगते हैं कि उनके विचारों एवं राय का महत्त्व है। इससे वे उपक्रम की सफलता के लिये पूरी लगन से प्रयास करते हैं।

14. रचनात्मक प्रवृत्ति (Constructive Tendency)—प्रत्येक मनुष्य में रचनात्मक प्रवृत्ति बहुत महत्त्वपूर्ण होती है और यदि वह इस प्रवृत्ति का प्रयोग अपने कार्य में करे तो अधिक लाभ हो सकता है। अत: नियोक्ता को ऐसी परिस्थितियाँ उत्पन्न करनी चाहियें, जिसमें कर्मचारियों को अपनी चतुराई एवं योग्यता दिखाने का अवसर मिले।

15. कर्मचारियों से मानवोचित व्यवहार—प्रत्येक कर्मचारी अपने प्रति आदर तथा गौरवपूर्ण व्यवहार की कामना करता है। प्रत्येक कर्मचारी के प्रति मानवीय व्यवहार और उसे एक सम्मानीय कर्मचारी का गौरव प्रदान करना अच्छे मानवीय सम्बन्धों का एक नैतिक आधार है। एडवर्ड बेन्स (Edward Benes) के अनुसार, "इस विश्व में तब तक कोई शान्ति तथा स्थिरता नहीं हो सकती जब तक कि एक व्यक्ति दूसरे व्यक्ति के प्रति पूर्ण सम्मान तथा आदरभाव न रखे।" एक दूरदर्शी तथा सुसंस्कृत प्रबन्धक का भी यह कर्त्तव्य है कि उद्योग में अनुकूल भावना को तैयार करे।

16. सामाजिक सुरक्षा एवं श्रम कल्याण (Social Security & Labour Welfare)—सामाजिक कल्याण वर्तमान युग की नवीन विचारधारा है। यह वह सुरक्षा है जिसको समाज ने अपने सदस्यों के ऊपर आने वाली आपत्तियों से बचने के लिये किसी सुयोग्य संगठन द्वारा अपनाया है। सामाजिक सुरक्षा सरल रूप में इस प्रकार परिभाषित कर सकते हैं कि यह वह सुरक्षा है जो समाज अपनी प्रतिनिधि संस्था राज्य के द्वारा अपने सदस्यों को उनके जीवन में आने वाली बेकारी, बीमारी, दुर्घटनायें, औद्योगिक रोग, मातृत्व, बुढ़ापा परिवार में जीविका कमाने वाले की मृत्यु आदि आकस्मिक विपत्तियों से उनकी रक्षा करने तथा एक वांछनीय आर्थिक, शारीरिक तथा नैतिक स्तर को बनाये रखने के लिये प्रयत्न करती है।

विभिन्न उत्प्रेरकों को निम्न तालिका में प्रदर्शित किया गया है—

उत्प्रेरक (Incentives)

- आर्थिक उत्प्रेरक (Financial Incentives)
  - प्रत्यक्ष आर्थिक उत्प्रेरक (Direct Financial Incentives)
    - (सभी प्रीमियम पद्धतियाँ)
  - अप्रत्यक्ष आर्थिक उत्प्रेरक (Indirect Financial Incentives)
    1. समान मजदूरी दरें
    2. योग्यता के आधार पर वार्षिक वृद्धि
    3. पेन्शन
    4. उत्पादन अधिलाभाँश
    5. अनिवार्य अधिलाभाँश
    6. लाभ–भागिता
    7. सह–भागिता
- अनार्थिक उत्प्रेरक (Non-Financial Incentives)
  1. उद्योगों के प्रबन्ध में श्रमिकों का भाग
  2. प्रशंसा
  3. नौकरी की सुरक्षा
  4. प्रतियोगिता
  5. उन्नति के अवसर
  6. न्याय
  7. परिणामों का ज्ञान
  8. नेतृत्व
  9. उन्नति का अनुभव
  10. भय का अभाव
  11. दायित्व का सौंपा जाना
  12. कार्य की श्रेष्ठता का अभिमान
  13. संयुक्त परामर्श
  14. रचनात्मक प्रवृत्ति
  15. कर्मचारियों से मानवोचित व्यवहार
  16. सामाजिक सुरक्षा एवं श्रम कल्याण
  17. अन्य उत्प्रेरक
      - (i) कर्मचारियों के कार्य का सम्मान
      - (ii) देशभक्ति एवं स्वामी भक्ति की भावना का प्रसार
      - (iii) अल्प उत्पादन क्षमता के प्रति लज्जा–भाव
      - (iv) श्रमिकों के हितों के प्रति सजगता दिखाना, आदि

श्रम कल्याण कार्य से आशय ऐसे सब कार्यों से होता है जो कि कानून द्वारा दी गई वेतन आदि अनेक सुविधाओं के अतिरिक्त श्रमिक की सुविधाओं तथा उनके शारीरिक, मानसिक तथा सामाजिक हित के विकास की दृष्टि से किये जाते हैं। वर्तमान सभ्य जगत में इन दोनों की अत्यन्त आवश्यकता है। इनका विस्तृत अध्ययन अलग से किया गया है।

17. अन्य उत्प्रेरक (Other Incentives)—ऊपर वर्णित प्रलोभनों के अतिरिक्त, अन्य उत्प्रेरक, जैसे—कर्मचारियों के कार्यों का सामाजिक सम्मान, देश-भक्ति एवं स्वामी-भक्ति की भावना का प्रसार, अल्प-उत्पादन क्षमता के प्रति लज्जा भाव, उनके हितों के प्रति सजगता दिखाना, आदि भी हैं जिनसे उपक्रम की प्रगति में बहुत सहायता मिल सकती है।

उत्प्रेरकों से लाभ
(Advantages of Incentives)

उत्प्रेरक औद्योगिक विकास की रीढ़ हैं। उद्योगों में उत्प्रेरक का बहुत अधिक महत्त्व होता है। इससे प्रमुख लाभ निम्नलिखित हैं—

1. उत्प्रेरकों से औद्योगिक अशान्ति (Industrial Peace) स्थापित होती है।

2. कर्मचारियों के नैतिक तथा भौतिक स्तर में वृद्धि होती है।

3. श्रम लागत (Cost of Labour) में कमी आती है।

4. उद्योगपतियों को श्रमिकों का विश्वास प्राप्त होता है। इससे नियन्त्रण एवं निरीक्षण कार्यों पर होने वाले व्यय में बचत होती है।

5. औद्योगिक उत्पादकता में वृद्धि होती है।

6. देश में स्थायी श्रम-शक्ति उपलब्ध होती है।

7. औद्योगिक प्रजातन्त्र (Industrial Democracy) एवं कल्याणकारी राज्य (Welfare State) की व्याख्या करना सरल होता है।

उत्प्रेरकों के प्रयोग में सावधानी
(Precautions in the Use of Incentives)

औद्योगिक विकास के लिये प्रलोभन आवश्यक है, परन्तु इनके प्रयोग में कुछ सावधानियाँ बरती जानी चाहियें, अन्यथा कभी-कभी उत्प्रेरक का परिणाम विपरीत भी हो सकता है। उत्प्रेरक को व्यवहार में लाते समय निम्नलिखित सावधानियाँ बरतनी आवश्यक हैं—

1. पर्याप्त उत्प्रेरक (Adequate Incentives)—कर्मचारियों को उत्प्रेरक देते समय इस बात पर विशेष ध्यान दिया जाना चाहिये कि जो प्रलोभन दिया जा रहा है, वह पर्याप्त मात्रा में हो। साथ ही उत्प्रेरक का प्रभाव तात्कालिक होना चाहिये। कर्मचारी हमेशा यही चाहते हैं कि जो उत्प्रेरक इन्हें दिये जाये वे तुरन्त ही दिये जायें। इसका एक कारण तो उनकी कमजोर आर्थिक स्थिति है और दूसरा कारण नियोक्ताओं के प्रति विश्वास में कमी—उनकी कथनी और करनी में अन्तर।

2. प्रभावात्मक उत्प्रेरक (Effective Incentives)—उत्प्रेरक इस प्रकार का हो कि वह कर्मचारी को अधिक एंव अच्छा कार्य करने के लिये प्रेरित कर सके। प्रलोभन का प्रभाव तुरन्त ही होना चाहिये पर वह साथ में स्थायी भी होना चाहिये जिनसे उसका प्रभाव बना रहे।

3. उत्प्रेरक-प्रणाली की सरलता (Simplicity of Incentive System)—उत्प्रेरक ऐसे हों जिन्हें कर्मचारी आसानी से समझ सकें अन्यथा वे उन्हें छल-फरेब एवं धोखा मात्र ही समझेंगे। उत्प्रेरक देने से पूर्व उसकी वास्तविकता, महत्त्व, अच्छाइयाँ आदि उन्हें समझा देनी चाहिये।

4. उत्प्रेरक की सीमायें (Limitation of Incentives)—उत्प्रेरक देते समय उसकी सीमाओं एवं कर्मचारियों की कार्यक्षमता, आदि को ध्यान में रखना चाहिये। उत्प्रेरक कर्मचारियों की पहुँच के अन्दर हो। उदाहरण के लिये यदि एक नियोक्ता अपने कर्मचारियों से यह कहे कि जो भी कर्मचारी 6 माह तक 20 घण्टे प्रतिदिन के हिसाब से कार्य करेगा उसे रहने के लिये मुफ्त मकान दिया जायेगा। परन्तु प्रत्येक कर्मचारी प्रतिदिन 20 घण्टे के हिसाब से कार्य कर सकेगा, यह सम्भव नहीं है।

5. मनोवृत्ति एवं रुचि के अनुकूल उत्प्रेरक (Incentives according to Attitudes and Interests)—उत्प्रेरक ऐसे दिये जाने चाहियें जो कर्मचारियों की मनोवृत्ति एवं रुचि के अनुसार हों। यदि कर्मचारी को बीमारी के कारण दवाइयों की आवश्यकता हो और उसे पहनने की वर्दी दी जाये तो यह उत्प्रेरक उपयुक्त नहीं होगा। इसका प्रभाव अधिक अच्छा नहीं होगा।

उपरोक्त सावधानियों के अतिरिक्त उत्प्रेरक देते समय इस बात का भी ध्यान रखना चाहिये कि जो उत्प्रेरक दिया जा रहा है उससे सभी कर्मचारियों को सन्तोष है या नहीं। सन्तोष के अभाव में उत्प्रेरक का कोई महत्त्व नहीं रहेगा।

अनुषंगी लाभ
(Fringe Benefits)

अनुषंगी लाभ से तात्पर्य मजदूरी के अतिरिक्त किये जाने वाले भुगतान से है। यह कर्मचारियों को दी गई वह सुविधा है, जो उनके वेतन के अतिरिक्त नकद अथवा अन्य रूप में दी जाती है। उन लाभों के अन्तर्गत बीमा, पेन्शन, छुट्टी, बीमारी अवकाश, चिकित्सा-सुविधा आदि आते हैं। ये लाभ चूंकि अप्रत्यक्ष होते हैं, अतः अनुषंगी लाभ कहलाते हैं। इस प्रकार के लाभ वैयक्तिक या सामूहिक, तत्कालीन या दीर्घकालीन लघु अथवा बड़े, वित्तीय या अवित्तीय हो सकते हैं। इस प्रकार वह सब राशि जो एक नियोक्ता अपने कर्मचारी को उसके वेतन के अतिरिक्त देता है, अनुषंगी लाभ है।

परिभाषा

अन्तर्राष्ट्रीय श्रम संगठन के अनुसार—"आनुषंगिक लाभों से आशय ऐसी सेवाओं, सुविधाओं तथा आरामों की व्यवस्था करने से है जो कारखाने के अन्दर या निकटवर्ती स्थानों में उपलब्ध हों ताकि उन कारखानों के अन्दर कार्य करने वाले श्रमिक स्वस्थ और शान्तिपूर्ण

परिस्थितियों में अपना कार्य कर सकें तथा अपने स्वास्थ्य और नैतिक स्तर को ऊँचा उठाने वाली सुविधाओं का लाभ उठा सकें।''

अनुषंगी लाभों का प्रशासन

अनुषंगी लाभों का प्रशासन करना एक महत्त्वपूर्ण कार्य है। इसके महत्त्व को देखते हुये इसके प्रशासन पर समुचित ध्यान दिया जाना आवश्यक है। इसके प्रशासन के लिये प्रबन्ध की सभी आवश्यक बातों को ध्यान में रखना चाहिये। अनुषंगी लाभों का सर्वप्रथम नियोजन किया जाना चाहिये। इसके अन्तर्गत यह निर्धारित किया जाता है कि अनुषंगी लाभ कितने प्रकार के होंगे तथा उन्हें किन-किन श्रमिकों को किस प्रकार से दिया जायेगा। इससे इस बात की व्यवस्था की जानी चाहिये कि, इनका लाभ किसी वर्ग विशेष को न होते हुये सामान्य रूप से सभी को होना चाहिये। अनुषंगी लाभों का नियोजन करने के पश्चात् इनका संगठन किया जाता है। इन्हें लागू करना आसान कार्य नहीं होता। इसके लिये विभिन्न लाभों की लागत तथा उनकी उपयोगिता का मूल्यांकन करना आवश्यक है। इस प्रकार की व्यवस्था की जानी चाहिये कि इन लाभों की लागत कम रहे तथा सुविधायें भी अच्छी तरह से उपलब्ध होती रहें ताकि श्रमिकों में सन्तुष्टि रह सके।

अनुषंगी लाभों के उत्तरदायित्व के लिये कर्मचारी व नियोक्त समान रूप से उत्तरदायी होते हैं। अतः श्रमिकों में कुछ काम बाँटकर संगठन की समस्या का समाधान किया जा सकता है। अनुषंगी लाभों की योजना निम्नलिखित सुझावों को ध्यान में रखकर बनायी जानी चाहिये–

1. बहुषंगी लाभों के व्यय का सम्बन्ध उत्पादकता अथवा विनियोग से प्राप्त प्रत्याय (Return) से करना चाहिये।

2. इन लाभों का प्रबन्ध प्रशासन-प्रबन्धकों को बहुत कम करते हुये अन्य उपयुक्त संस्थाओं को सौंप देना चाहिये।

3. इन लाभों को सम्भवतया नगद भत्तों के रूप में ही दिया जाना चाहिये।

अनुषंगी लाभों के प्रकार

अनुषंगी लाभों में सम्मिलित किये जाने वाले मुख्य लाभ इस प्रकार हैं–

1. वार्षिकोत्सव पुरस्कार, 2. किस्म एवं उपस्थिति आदि के लिये बोनस, 3. समूह बीमा योजनाओं में अंशदान, 4. कर्मचारी परामर्श, वित्तीय सलाह एवं कानूनी राय आदि, 5. क्रय पर कर्मचारी छूट, 6. मुफ्त धुलाई, 7. जबरी छुट्टी एवं सेवा समाप्ति वेतन, 8. पुस्तकालय, 9. चिकित्सा एवं भोजन समय, 10. क्लब की सदस्यता एवं पत्र-पत्रिकाओं का चन्दा, 11. वेतन सहित बीमारी अवकाश, 12. अतिरिक्त कार्य सेवा, सार्वजनिक अवकाश आदि के लिये अतिरिक्त लाभ या पारितोषिक, 13. सुरक्षा पुरस्कार एवं सुरक्षा वस्त्र, 14. सुझाव पुरस्कार, 15. श्रमिक संघ अनुबन्धों, वार्ताओं आदि पर खर्च किया गया समय, 16. यात्रा एवं भ्रमण व्यय, 17. अवकाश वेतन, 18. मतदान समय, 19. विश्वविद्यालय एवं व्यापारिक पाठ्यक्रम, 20. पेन्शन लाभ, 21. बेकारी क्षति-पूर्ति योजनायें, 22. आवास व्यवस्था, 23. भोजन की निःशुल्क या रियायती दर पर सुविधा, 24. रात्रि की पारी पर बुलाने पर किया जाने वाला

अतिरिक्त भुगतान, 25. मनोरंजन एवं खेल-कूद की सुविधायें, 26. बचत तथा भविष्य-निधि में योगदान, 27. विवाह, जन्म तथा मृत्यु आदि के समय कर्मचारी के परिवार को दी जाने वाली आर्थिक सहायता, 28. कर्मचारी को मकान बनाने के लिये दी गई आर्थिक सहायता, 29. त्यौहार विशेष पर दिये जाने वाले बोनस की राशि, 30. कार्य सम्बन्धी प्रशिक्षण की निःशुल्क सुविधा, 31. सहभागिता की योजनायें, आदि।

अभ्यास के लिये प्रश्न

1. अभिप्रेरण से आपका क्या अभिप्राय है? अभिप्रेरण पर प्रभाव डालने वाले तत्त्वों का विवेचन कीजिये।
2. अभिप्रेरण की क्या विशेषतायें हैं? उद्योगों में इसका क्या महत्त्व है?
3. अभिप्रेरण से क्या आशय है? सेविवर्गीय अभिप्रेरण का महत्त्व बताइये।
4. अभिप्रेरण का अर्थ और महत्त्व समझाओ। एक सुदृढ़ अभिप्रेरण व्यवस्था में क्या-क्या गुण होने चाहियें?
5. सकारात्मक एवं नकारात्मक अभिप्रेरण में अन्तर बताइये। एक सफल नेता इन दोनों प्रकार के प्रेरणों के बीच सन्तुलन कैसे स्थापित करता है?
6. मैक गेगौर द्वारा प्रतिपादित X सिद्धान्त को समझाइयें। X सिद्धान्त की प्रमुख मान्यतायें क्या हैं? वर्तमान में X सिद्धान्त की उपयुक्तता समझाइये।
7. 'Y' सिद्धान्त क्या है तथा इसकी क्या मुख्य मान्यतायें हैं? इस सिद्धान्त के भारत में व्यवहार में लाने के विषय पर अपने विचार व्यक्त कीजिये।
8. उत्प्रेरक से आप क्या समझते हैं? उत्प्रेरक के विभिन्न प्रकार बताइये।
9. श्रमिकों की कुशलता बढ़ाने में वित्तीय तथा गैर-वित्तीय उत्प्रेरकों की चर्चा कीजिये।
10. अनुषंगी लाभ को परिभाषित कीजिये एवं इन लाभों में सम्मिलित की जाने वाली योजनाओं की सूची दीजिये।
11. अनुषंगी लाभों से आप क्या समझते हैं? इनका प्रशासन कैसे किया जाता है? ये कितने प्रकार के होते हैं?

12

भृत्ति भुगतान की विधियां
(Methods of Wage Payment)

वेतन वृद्धि सबसे अधिक व्यापक वित्तीय उत्प्रेरक है। यहाँ पर हम भृत्ति भुगतान की विभिन्न विधियों के लाभ-हानि का विश्लेषण करके यह पता लगायेंगे कि पारिश्रमिक देने की सबसे अच्छी विधि कौन सी है जिससे कर्मचारी को अधिक और अच्छा काम करने की अधिक से अधिक प्रेरणा मिलती हो। संक्षेप में, भृत्ति भुगतान की विभिन्न विधियां और उनके गुण दोषों का विवेचन निम्नलिखित है–

(1) उत्पादन के अनुसार वेतन
(Pay according to production)

उद्योग के क्षेत्र में भृत्ति भुगतान की एक प्रचलित विधि कर्मचारी द्वारा किये गये उत्पादन की मात्रा के अनुसार वेतन देना है। साधारणतया अनेक कारखानों में काम के ठेके दे दिये जाते हैं और उसकी दर निश्चित कर दी जाती है जिसमें काम की विशिष्ट मात्रा के लिये वेतन की मात्रा निश्चित होती है। भृत्ति भुगतान की इस विधि से निम्नलिखित लाभ हैं–

(अ) व्यक्तिगत विभिन्नताओं पर जोर–परिश्रमिक देने की इस विधि में कर्मचारी की व्यक्तिगत विभिन्नताओं को महत्त्व दिया जाता है। यदि कोई कर्मचारी दूसरों से अधिक तेजी से और अच्छा काम कर सकता है तो उसे अधिक अर्थ लाभ होता है जबकि सुस्त और कम योग्य कर्मचारी कम वेतन प्राप्त करते हैं।

(ब) कुशलता और उत्पादन को महत्त्व–इससे व्यक्ति की कुशलता और उत्पादन क्षमता को अधिक महत्त्व दिया जाता है। इसीलिए कर्मचारी इनको बढ़ाने का प्रयास करते हैं। चूंकि अयोग्यता और सुस्ती से कम वेतन मिलता है इसलिए यथासम्भव उन्हें दूर करने का प्रयास किया जाता है।

(स) अरोचक कामों में महत्त्व–इस विधि से कर्मचारी अरोचक कामों को भी पूरी शक्ति से करते हैं क्योंकि वे जानते हैं कि काम में रुचि लेने से और अधिक काम करने से उन्हें अर्थ लाभ होगा।

उपरोक्त लाभों के बावजूद उत्पादन के अनुसार वेतन देने की विधि में निम्नलिखित दोष दिखलाई पड़ते हैं—

(अ) जीवन के स्तरों में अन्तर—उत्पादन के अनुसार वेतन मिलने से एक ही कारखाने में एक तरह का काम करने वाले कर्मचारियों की आय में अन्तर हो जाता है जिससे उनके रहन-सहन के स्तर में अन्तर देखा जाता है। इसका परिणाम यह होता है कि कम आय वालों का स्तर गिर जाता है और वे अधिक कुशल कर्मचारियों से घृणा करने लगते हैं। यही कारण है कि अनेक स्थानों पर सामाजिक कारणों से कुछ कुशल कर्मचारी दूसरों से अधिक अच्छा काम नहीं दिखलाना चाहते। औद्योगिक संघ भी पारिश्रमिक की इस विधि का विरोध करते हैं क्योंकि इससे कर्मचारियों में फूट पड़ती है और उनका संगठन बिगड़ता है।

(ब) आयु के सम्मान का अभाव—यह एक सामान्य बात है कि आयु बढ़ने के साथ-साथ उत्पादक शक्ति घटती है। यह बात विशेषतया औद्योगिक उत्पादन के विषय में लागू होती है। यदि उत्पादन के आधार पर वेतन दिया जाएगा तो बूढ़े लोगों को सम्मान घट जाएगा क्योंकि उन्हें वेतन कम मिलेगा। इससे उनके अनुभव का भी पूरा लाभ नहीं मिल पाता।

(स) व्यावहारिक कठिनाई—वेतन की इस वृद्धि में सबसे बड़ी व्यावहारिक कठिनाई यह है कि भिन्न-भिन्न प्रकार के उत्पादन का मूल्य किस तरह निश्चित किया जाएगा? उदाहरण के लिए इन्जीनियर के उत्पादन को श्रमिक के उत्पादन की तुलना में कैसे जांचा जाएगा? यह समस्या अधिक से अधिक प्रयत्न और भूल की विधि से ही सुलझाई जा सकती है।

(द) कर्मचारियों की गतिशीलता पर प्रतिकूल प्रभाव—वेतन की उपरोक्त विधि से कर्मचारियों की गतिशीलता पर अच्छा प्रभाव नहीं पड़ता। अधिक कुशल और योग्य व्यक्ति ऐसे कारखानों में चले जाते हैं जहाँ उत्पादन के अनुसार वेतन मिलता है। दूसरी-ओर कम कुशल और अयोग्य व्यक्ति ऐसे कारखानों में रह जाते हैं जहाँ समय के अनुसार वेतन दिया जाता है।

(इ) कर्मचारियों में झगड़े—वेतन की इस विधि से अधिक कुशल और कम कुशल कर्मचारियों में वैमनस्य बढ़ता है और झगड़े बढ़ते हैं। इससे प्रेरणा देने का प्रयोजन ही नहीं समाप्त हो जाता बल्कि चूंकि किसी उद्योग में औसत और औसत से कम योग्यता के व्यक्तियों की संख्या योग्य व्यक्तियों से बहुत अधिक होती है। इसलिए उनके भय से योग्य व्यक्ति अधिक अच्छा काम नहीं दिखलाना चाहते। यह बात अनेक अध्ययनों से सिद्ध हुई है।

उत्पादन के अनुसार वेतन देने की विधि के उपरोक्त दोषों के बावजूद कुछ कामों में यह विधि अन्य विधियों से अधिक उपयुक्त सिद्ध होती है किन्तु अधिकतर अधिक उत्पादन के लिए वेतन न बढ़ाकर बोनस बढ़ाया जाता है जिससे अधिक लाभ होता है। अस्तु, इस वेतन विधि के गुण दोषों का विवेचन करते समय कर्मचारी की आर्थिक स्थिति और आवश्यकतायें, कार्य का प्रकार और कर्मचारियों के सामाजिक वातावरण आदि पर ध्यान दिया जाना चाहिए। यह ध्यान रखना जरूरी है कि कारखाने का सामाजिक वातावरण न बिगड़ने पाये और फिर भी अधिक कुशल कर्मचारियों को और भी कुशलता बढ़ाने की प्रेरणा मिले।

(2) समय व्यय के अनुसार वेतन
(Pay in terms of time spent)

भृत्ति भुगतान की एक अन्य विधि उद्योग में दिए गए समय के अनुसार वेतन देना है। इसमें जो कर्मचारी जितने घण्टे काम करता है उसे उसके अनुसार वेतन दिया जाता है। कहीं पर वेतन काम के घण्टों, कहीं पर दिनों और कहीं सप्ताहों से निश्चित किया जाता है। प्रत्येक स्थिति में वेतन की मात्रा उत्पादन की मात्रा से नहीं किन्तु कर्मचारी द्वारा व्यय किये गये समय की मात्रा से निश्चित की जाती है।

भृत्ति भुगतान की इस विधि में निम्नलिखित दोष हैं—

(अ) उत्पादन की प्रेरणा का अभाव—चूंकि इसमें वेतन की मात्रा पर उत्पादन की मात्रा का कोई असर नहीं होता इसलिए कर्मचारी केवल उतना ही उत्पादन करना चाहते हैं जो नौकरी पर बने रहने के लिये जरूरी हो। इतना उत्पादन होने के बाद कुशल कर्मचारी इधर-उधर वक्त गंवाते फिरते हैं। अस्तु, इससे कुशल कर्मचारियों को अधिक उत्पादन करने की कोई प्रेरणा नहीं मिलती। जहाँ कहीं अलग-अलग कर्मचारी के न्यूनतम उत्पादन को मापने की कोई विधि नहीं है अथवा काम की विशेष देखभाल नहीं होती वहां कुछ लोग तो बिल्कुल ही काम नहीं करते, केवल काम पर हाजिरी लगवाते हैं। अनेक दफ्तरों में इस तरह के कामचोर कर्मचारियों के काम का बोझ अधिक कुशल कर्मचारियों को वहन करना पड़ता है।

(ब) व्यक्तिगत विभिन्नताओं के महत्त्व का अभाव—भृत्ति भुगतान की इस विधि में कर्मचारियों की व्यक्तिगत विभिन्नताओं, कुशलता और योग्यता को कोई विशेष महत्त्व नहीं दिया जाता। बूढ़े और युवा व्यक्ति एक सा वेतन पाते हैं, इसी लिये अधिक कुशल कर्मचारी इस तरह के उद्योगों में काम नहीं करना चाहते।

उपरोक्त दोषों के बावजूद भृत्ति भुगतान की यह विधि सबसे अधिक प्रचलित विधि है क्योंकि इससे अनेक लाभ हैं जिनमें मुख्य निम्नलिखित हैं—

(अ) वृद्धावस्था का सम्मान—इससे आयु बढ़ने के साथ-साथ उत्पादन क्षमता कम होने पर भी वेतन कम नहीं होता बल्कि कहीं-कहीं तो आयु के साथ-साथ पदोन्नति से वेतन बढ़ता ही जाता है। इससे वृद्ध व्यक्तियों का सम्मान बढ़ता है और चूंकि सभी लोग कभी न कभी वृद्ध होते ही हैं इसलिए वेतन की यह प्रणाली पसन्द की जाती है।

(ब) पक्षपात का अभाव—इससे मालिक लोग कर्मचारियों के प्रति व्यवहार में पक्षपात नहीं दिखला सकते। वे न किसी कर्मचारी का वेतन काट सकते हैं और न किसी का बढ़ा सकते हैं। इससे कर्मचारी में आपस के सम्बन्ध भी अच्छे रहते हैं और अधिकारी उनमें फूट नहीं डलवा सकते। इसी कारण पारिश्रमिक की यह विधि औद्योगिक संघों द्वारा सबसे अधिक पसन्द की जाती है।

समय व्यय के अनुसार वेतन देने की प्रणाली के उपरोक्त गुण दोषों के विवेचन से यह स्पष्ट होता है कि इसे उत्पादन के अनुसार अर्थ लाभ की विधि के साथ चलाया जाना चाहिये। वेतन समय के व्यय अनुसार दिया जाये किन्तु अधिक और अच्छे काम के लिए बोनस

दिया जाना चाहिये। अच्छा काम दिखाने पर पदोन्नति होने पर भी काम में प्रेरणा बनी रहेगी। इस विधि में सबसे बड़ा लाभ यह होता है कि कर्मचारी का वेतन निश्चित करने में कठिनाई नहीं होती क्योंकि समय को घड़ी से नापा जा सकता है। इससे कर्मचारियों को सुरक्षा अनुभव होती है क्योंकि वे जानते हैं कि वृद्धावस्था अथवा कमजोरी की दशा में उनके वेतन पर असर नहीं आयेगा। इससे उन्हें आय की मात्रा का भी पता रहता है और वे उसी के अनुसार अपना बजट बनाते हैं। इससे भविष्य स्पष्ट रहता है और प्रगति के मार्ग भी खुले रहते हैं।

(3) वरिष्ठता वेतन विधि
(The Seniority Method of Pay)

अनेक उद्योगों में, जिनमें अनुभव का विशेष महत्त्व होता है, कर्मचारी की वरिष्ठता के साथ-साथ उसका वेतन बढ़ता जाता है। भृत्ति भुगतान की इस विधि के मुख्य लाभ निम्नलिखित हैं–

(1) अनुभव को महत्त्व–इससे कर्मचारी में अनुभव को विशेष महत्त्व दिया जाता है। इसका परिणाम यह होता है कि अनुभवी व्यक्ति अपने काम पर जमे रहते हैं और अनुभव बढ़ जाने पर नौकरी नहीं छोड़ते।

(2) सुरक्षा–इससे कर्मचारियों को नौकरी में सुरक्षा का अनुभव होता है क्योंकि आयु बढ़ने के साथ-साथ शक्ति घटने और जिम्मेदारियाँ बढ़ने पर भी उन्हें परेशानी नहीं होती क्योंकि वरिष्ठता से वेतन भी बढ़ता जाता है।

उपरोक्त लाभों के कारण पारिश्रमिक देने की यह विधि अधिकतर उद्योगों में प्रचलित है। फिर भी इसमें कुछ दोष भी हैं जिनमें मुख्य निम्नलिखित हैं–

व्यक्तिगत विभिन्नताओं के महत्त्व का अभाव–इसमें वेतन वृद्धि करने में व्यक्तिगत विभिन्नताओं, योग्यताओं और कुशलताओं को कोई महत्त्व नहीं दिया जाता और केवल वरिष्ठता को ही वेतन वृद्धि का एक मात्र आधार माना जाता है। इसका परिणाम यह होता है कि एक ओर तो अधिक कुशल नौजवान अयोग्य वृद्धों के अधीन रहने से असन्तुष्ट रहते हैं और दूसरी ओर वे पूरी मेहनत नहीं करते क्योंकि वे जानते हैं कि वेतन तो आयु बढ़ने से ही बढ़ेगा। दूसरे, वैज्ञानिक दृष्टि से यह सही नहीं है कि आयु बढ़ने के साथ-साथ अनुभव और कुशलता बढ़ती हो, एक विशेष आयु के पश्चात् आयु बढ़ने से अनुभव नहीं बढ़ता और कुशलता कम होती है। अस्तु, वेतन निर्धारित करने की यह विधि एकांगी है। इसमें कर्मचारियों की कुशलता और योग्यता के अनुसार पदोन्नति या प्रोत्साहन देने की किसी अन्य विधि से भी सहायता ली जानी चाहिये।

(4) आवश्यकताओं के अनुसार वेतन
(Pay according to needs)

कुछ उद्योगों में कर्मचारियों की आवश्यकता के अनुसार वेतन देने की विधि अपनायी गयी है। यह विधि न्यूनतम वेतन निर्धारित करने में सबसे अधिक महत्त्वपूर्ण है। कर्मचारी को इतना वेतन अवश्य दिया जाना चाहिए जिससे उसके और उसके परिवार की आवश्यकताओं

की पूर्ति हो सके। अब चूंकि कुछ कर्मचारियों का परिवार अन्य से बड़ा होता है इसलिये उन्हें न्यूनतम जीवन मांगें रखने के लिये भी अधिक धन की आवश्यकता होती है। यदि कर्मचारी की मांगे पूरी नहीं होती तो वह असंतुष्ट रहेगा और चिन्तित रहेगा। दूसरी ओर यदि उसके परिवार की आवश्यकतायें पूरी नहीं होतीं तो उस हद तक समाज में ऐसे लोग बढ़ते हैं जिनका समुचित विकास नहीं हो रहा है। यही कारण है कि अनेक आधुनिक राज्यों में कर्मचारियों की वृद्धावस्था की सुरक्षा का उत्तरदायित्व राज्य पर माना जाता है और राज्य उसके बच्चों के लिये मुफ्त अनिवार्य शिक्षा तथा मुफ्त चिकित्सा की व्यवस्था करता है। अनेक स्थानों पर परिवार बड़ा होने पर अतिरिक्त वेतन दिया जाता है।

किन्तु यदि उद्योग में वेतन परिवार के आकार, बच्चों की संख्या, विवाहित स्थिति आदि से निश्चित किया जायेगा तो इससे अन्याय होने की सम्भावना है क्योंकि अविवाहित किन्तु अधिक कुशल कर्मचारियों को कम वेतन मिलेगा। अस्तु, आवश्यकताओं के अनुसार वेतन घटाया-बढ़ाया नहीं जाना चाहिए बल्कि जिन कर्मचारियों की आवश्यकतायें वेतन से पूरी नहीं होतीं उनकी आवश्यकताओं को पूरा करने के लिए कोई अन्य प्रबन्ध किया जाना चाहिए। उदाहरण के लिये बच्चों की शिक्षा के लिए अतिरिक्त वेतन न देकर मुफ्त शिक्षा का प्रबन्ध किया जा सकता है। इसी तरह चिकित्सा व्यवस्था मुफ्त की जा सकती है। परिवार बड़ा होने पर राज्य की ओर से आय कर में कटौती की जा सकती है। इन सब उपायों से कर्मचारी की आवश्यकतायें भी पूर्ण होंगी और अन्य कर्मचारियों को कोई आक्षेप भी नहीं होगा।

भृत्ति भुगतान की विभिन्न विधियों के उपरोक्त विवेचन से स्पष्ट है कि सभी परिस्थितियों में कोई एक विधि काम नहीं दे सकती। प्रत्येक विधि के अपने गुण दोष हैं और समुचित विधि निकालने के लिए इन सभी विधियों के लाभों को लेकर चलना पड़ेगा। जहाँ वृद्धावस्था के लिए सुरक्षा होनी जरूरी है और कर्मचारी के बढ़ते हुए परिवार की आवश्यकतायें भी पूरी होनी चाहियें वहाँ व्यक्तिगत कुशलता और योग्यताओं को भी महत्त्व दिया जाना चाहिए। प्रत्येक स्थिति में पारिश्रमिक विधि ऐसी हो कि कर्मचारियों को अधिक से अधिक परिश्रम करने की प्रेरणा मिले, उनमें आपस में वैमनस्य न बढ़े और किसी को यह अनुभव न हो कि उसके साथ अन्याय हुआ है। प्रेरणा के लिये वृद्धावस्था की सुरक्षा और आर्थिक सुरक्षा आवश्यक है। चीजों के दाम बढ़ने के साथ-साथ वेतन की मात्रा भी बढ़नी चाहिए।

भृत्ति भुगतान की भिन्न-भिन्न विधियों में उत्पादन के अनुसार वेतन विधि व्यक्तिगत विभिन्नताओं पर विशेष रूप से ध्यान देती है। इससे कर्मचारी अधिक से अधिक उत्पादन करता है। अस्तु, यदि उत्पादन बढ़ाने की बात है तो वेतन देने की यह विधि सबसे उत्तम है किन्तु यदि दूसरी ओर उत्पादन बढ़ाने की बात नहीं है तो साधारणतया व्यय किये समय के अनुसार वेतन दिया जाता है। यदि कर्मचारियों में उत्पादन के अनुसार वेतन देने से बचैनी उत्पन्न होती है तो कम वेतन प्राप्त करने वाले लोगों को किसी अन्य रूप से सहायता दी जा सकती हैं। कहीं-कहीं पर अच्छा उत्पादन करने वालों को अतिरिक्त वेतन न देकर जल्दी छुट्टी दे दी जाती है। आधुनिक राज्यों में जीवन बीमा तथा पेंशन आदि की व्यवस्था के द्वारा वृद्धावस्था में कर्मचारियों की सुरक्षा का प्रबन्ध किया जाता है। इसी प्रकार आय कर में कटौती के द्वारा

कर्मचारी की आवश्यकताओं का ध्यान रखा जाता है। भृत्ति भुगतान की विधि निश्चित करने में कुछ तकनीकी बातों को ध्यान में रखना आवश्यक है। उदाहरण के लिये किस कार्य में कितने उत्पादन के लिये कितना वेतन दिया जाना चाहिये यह एक तुलनात्मक विषय है और इसके लिये कार्य के विश्लेषण करने की आवश्यकता पड़ती है। अनुत्पादक कार्यों में जैसे—इन्जीनियर के कार्य में यह कठिनाई और भी बढ़ जाती है। अन्त में, कर्मचारी का सन्तोष भी सही वेतन विधि की एक कसौटी है। इसलिये मालिकों और कर्मचारियों दोनों को परस्पर वाद-विवाद करके वेतन विधि निश्चित करनी चाहिए। इस विषय में औद्योगिक संघों की राय लेना भी जरूरी है। देशकाल के अनुसार वेतन देने की विधि में परिवर्तन किया जाना चाहिये। संक्षेप में, किसी भी विधि को सर्वोत्तम नहीं कहा जा सकता, भिन्न-भिन्न परिस्थितियों में भिन्न-भिन्न विधियाँ उपयोगी सिद्ध होती हैं।

प्रेरणात्मक प्रगतिशील भृत्ति पद्धति
(Incentive Progressive Wage Payment System)

प्रेरणात्मक प्रगतिशील मजदूरी भुगतान पद्धतियों का उद्‌गम समयानुसार एवं कार्यानुसार मजदूरी भुगतान दोषों के कारण हुआ है। अतः उन्हें समयानुसार एवं कार्यानुसार मजदूरी भुगतान पद्धतियों का सम्मिश्रण कहा जा सकता है। इन पद्धतियों के अन्तर्गत श्रमिकों को उनके निर्धारित न्यूनतम पारिश्रमिक के अतिरिक्त कुछ अधिलाभांश या प्रब्याजि भी मिलता है। ये योजनायें कर्मचारियों को अधिक कार्य करने की प्रेरणा देती हैं।

प्रत्येक नियोक्ता चाहता है कि श्रमिक यथाशक्ति अधिक से अधिक कार्य करे, किन्तु उसे इसमें सदैव सफलता नहीं मिलती है, क्योंकि श्रमिक वर्ग यह सोचता है कि उसके द्वारा किये गये अतिरिक्त परिश्रम का फल केवल नियोक्ता को ही मिलेगा—उसे कुछ नहीं मिलेगा, चाहे उनको कार्यानुसार मजदूरी ही क्यों न दी जाये। इसका यह परिणाम होता है कि श्रमिक केवल उतना ही कार्य करता है, जिससे कि उसकी नौकरी चलती रहे। श्रमिक वर्ग की इस भावना पर दो प्रकार से नियन्त्रण पाया जा सकता है—भय दिखाकर अथवा प्रलोभन देकर। किसी प्रकार का भय दिखाकर उससे अधिक उत्पादन कराने का प्रयत्न किया जाये तो कभी-कभी स्थिति उल्टी हो सकती है, परन्तु प्रलोभन से उसे अधिक कार्य करके अधिक उत्पादन करने की प्रेरणा मिलेगी। यदि नियोक्ता चाहता है कि श्रमिक अधिक उत्पादन करे तो वह उनके अधिक परिश्रम से होने वाले फल को स्वयं रखने का प्रयत्न न करे। अतः श्रमिक के हृदय में ही अधिक उत्पादन की प्रेरणा देने के उद्देश्य से मजदूरी की कुछ प्रणालियाँ अपनायी जाती हैं। जिनका आधार वैज्ञानिक होता है। अतः इन्हें कभी-कभी मजदूरी की वैज्ञानिक पद्धतियाँ भी कहते हैं। इन पद्धतियों में श्रमिकों को उनकी सामान्य मजदूरी के अलावा भी कुछ और प्राप्त हो जाता है जो प्रीमियम (Premium) या बोनस (Bonus) के रूप में होता है। अतः इन्हें प्रीमियम पद्धति या बोनस पद्धति भी कहते हैं। इन प्रणालियों को अपनाने का मुख्य उद्देश्य यह होता है कि स्वयं श्रमिक अधिक उत्पादन करने को प्रेरित हों। अतः इन्हें प्रेरणात्मक विधियाँ (Incentive Methods) भी कहते हैं।

सभी प्रेरणात्मक प्रणालियों में दो बातें मुख्य रूप से पाई जाती हैं–

(i) **प्रमापित निश्चित समय**–सभी प्रणलियों में एक प्रमापित समय निश्चित कर दिया जाता है और उस समय में दिया हुआ कार्य पूरा करना पड़ता है। उसके लिये एक निश्चित मजदूरी होती है।

(ii) **अधि-लाभांश** (Bonus) **समय**–यदि कोई श्रमिक उस कार्य को या उतनी इकाइयों को समय के पूर्व ही पूरा कर ले तो उसे प्रमापित समय से कम समय में काम करने या प्रमापित कार्य से अधिक कार्य करने के प्रतिफल के रूप में जो कुछ अतिरिक्त मिले उसकी दर निश्चित कर दी जाती है।

प्रेरणात्मक प्रगतिशील पद्धतियों के रूप

1. टेलर भिन्नक कार्यानुसार प्रणाली

(Taylor Differential Piece Rate System)

इस प्रणाली का प्रतिपादन टेलर ने 1880 में किया। इस प्रणाली में कार्यानुसार मजदूरी दी जाती है। परन्तु मजदूरी की दरें होती हैं–प्रथम के अनुसार, श्रमिक को प्रमापित कार्य के करने पर ऊँची दर से मजदूरी दी जाती है तथा द्वितीय के अनुसार, प्रमापित कार्य के निश्चित समय के अन्दर पूरा न करने पर नीची दर से मजदूरी दी जाती है। इस प्रणाली में न्यूनतम मजदूरी निश्चित नहीं होती है। अत: स्पष्ट है कि मजदूरी की दरें प्रमापित कार्य के अनुसार निश्चित होती हैं। इन दरों में काफी अन्तर होता है। ऊँची दर नीची दर से ड्योढ़ी तक होती है। इसमें कुशल मजदूरों को पर्याप्त प्रेरणा मिलती है। टेलर के अनुसार, "यह प्रणाली विशेषकर वहाँ पर उपयोगी होती है जहाँ पर एक ही प्रकार के कार्य दिन-प्रतिदिन दोहराये जायें तथा जहाँ पर अधिकतम उत्पादन वांछनीय हो। ऐसा वहाँ पर होता है जहाँ पर मूल्यवान मशीनों का उपयोग होता है अथवा यन्त्र मूल्यवान भूमिका या बड़ी बिल्डिंग में स्थित हों। यह प्रणाली कार्यानुसार बोनस से अधिक प्रभावशाली है, क्योंकि यह श्रमिक को ऊँचे से ऊँचे की ओर ही न ले जाकर नीचे से ऊपर की ओर भी ले जाती है।"

उदाहरण द्वारा स्पष्टीकरण

निश्चित प्रमापित दर=10 इकाइयाँ प्रतिदिन।

मजदूरी की ऊँची दर=1.00 रु० प्रति इकाई।

मजदूरी की नीची दर=0.80 पै० प्रति इकाई।

यदि श्रमिक निश्चित प्रमापित कार्य करता है तो उसे 10 × 1 रु० = 10.00 रु० मजदूरी मिलेगी और यदि वह केवल 8 इकाइयाँ उत्पादन करता है तो उसे 8 × .80 पैसे = 6.40 रु० मिलेंगे।

वर्तमान युग में इस प्रणाली का कोई व्यावहारिक महत्त्व नहीं है, क्योंकि समय की माँग आय में समानता लाना है न कि विषमता।

इस पद्धति के लाभ-हानि निम्न हैं—

लाभ (Advantages)

(i) यह प्रणाली कुशल कार्यकर्त्ता को प्रेरणा देती है, क्योंकि इसमें कुशल श्रमिक को अधिक मजदूरी और अकुशल को कम मजदूरी मिलती है।

(ii) प्रति इकाई लागत में भी कमी होती है, क्योंकि निश्चित समय में ही अधिक इकाइयों का निर्माण होने लगता है।

(iii) यह पद्धति कुशल और अकुशल श्रमिकों में भेद करती है। धीरे कार्य करने वाले श्रमिक बहुत कम मजदूरी प्राप्त करते हैं और अधिक तेज काम करने वाले श्रमिक बहुत अधिक मजदूरी प्राप्त करते हैं। इनसे स्वत: ही श्रमिकों में अधिकाधिक उत्पादन करने की प्रेरणा मिलती है और अकुशल श्रमिक कुशलता से कार्य करने का प्रयास करता है।

हानियाँ (Disadvantages)

(i) इसमें न्यूनतम मजदूरी देने का आश्वासन श्रमिकों को नहीं दिया जाता है, अत: श्रमिक या श्रमिक संघ इसे पसन्द नहीं करते।

(ii) इसका दोष यह भी है कि यदि प्रमापित कार्य इतना अधिक निर्धारित कर दिया जाता है कि उसे अत्यन्त ही क्षमतावान श्रमिक, जिनकी संख्या बहुत ही कम होगी, कर सकें तो साधारण श्रमिकों को बहुत हानि होगी। इससे इन श्रमिकों के हृदय में असन्तोष रहता है।

(iii) यह प्रणाली वर्ग-भेद को प्रोत्साहित करती है। इस प्रणाली में दो वर्ग, कुशल और अकुशल, उत्पन्न हो जाते हैं। इसे श्रमिक संघ अच्छा नहीं समझते हैं और वे इसका विरोध करते हैं।

2. हाल्से प्रीमियम पद्धति (Halsey Premium Method)

श्रमिकों को प्रीमियम देने की यह सबसे प्राचीन तथा सर्वप्रचलित प्रणाली है। इस पद्धति का आविष्कार हाल्से ने किया था, इसी कारण यह पद्धति उन्हीं के नाम से जानी जाती है। इसमें श्रमिकों की औसत कार्यक्षमता (Average efficiency) के अनुसार प्रत्येक क्रिया का औसत समय (Average Time) निकाला जाता है जो प्रमापित समय (Standard Time) होता है। जो श्रमिक प्रमापित समय में काम पूरा करता है उसे निश्चित दर से समयानुसार मजदूरी दी जाती है, परन्तु जो श्रमिक इस प्रमापित समय से कम समय में काम करते हैं, इन्हें समयानुसार मजदूरी तो मिलेगी ही और साथ में बचाये हुये समय की मजदूरी के कुछ निश्चित प्रतिशत से अतिरिक्त मजदूरी दी जायेगी। इस अतिरिक्त मजदूरी को ही अधिलाभांश या बोनस कहते हैं।

उदाहरण के लिये, किसी कार्य को करने का प्रमापित समय (Standard Time) 10 घण्टे है, जिसके लिये 2 रुपया प्रति घण्टा के हिसाब से 20 रुपया मजदूरी दी जाती है जो श्रमिक उसे 6 घण्टे में समाप्त कर लेता है, उसे 6 घण्टे के 12 रुपये तो मिलेंगे ही इसके अतिरिक्त 4 घण्टे जो उसने बचाये हैं, उसके लिये (अधिलाभांश की दर समयानुसार मजदूरी

का 10% के हिसाब से, 50% उदाहरण के लिये माना गया है) उसे 4 घण्टे की मजदूरी का 50% अर्थात् (4 × 2 × 50/100) 4 रुपये और मिलेंगे। इस प्रकार उसको कुल 16 रुपये मिलेंगे।

इस प्रकार, इस प्रणाली से प्रत्येक श्रमिक को अपनी कुशलता बढ़ाकर अधिक बोनस प्राप्त करने का उत्साह मिलता है तथा कुशल श्रमिकों को उनकी योग्यता के अनुसार मजदूरी पाने का अवसर मिलता है, परन्तु इसमें प्रमापित समय एवं बोनस की दर सावधानी से निश्चित करनी चाहिये, जिससे उसे कम करने का अवसर न आये।

लाभ (Advantages)

(i) इस प्रणाली में प्रत्येक श्रमिक को निश्चित न्यूनतम मजदूरी मिलने का आश्वासन रहता है, चाहे वह निश्चित प्रमापित कार्य करे या उससे कम। इससे श्रमिकों में आपस में सहयोग रहता है।

(ii) इस प्रणाली को प्रारम्भ करना अत्यन्त सरल है।

(iii) इसमें निश्चित न्यूनतम मजदूरी मिलने का आश्वासन रहता है, अतः यह जरूरी नहीं रहता है कि श्रमिक अधिक तेजी से कार्य करके अपने ऊपर अधिक भार डाले। जो श्रमिक अधिक कुशल होते हैं उन्हें उनकी कुशलता का प्रतिफल मिल जाता है, क्योंकि वह उतने ही घण्टे कार्य करके अधिक कमा लेते हैं।

(iv) इस प्रणाली में समय की बचत से होने वाले लाभ को श्रमिक तथा नियोक्ता दोनों ही निश्चित अनुपात में प्राप्त करते हैं। अतः नियोक्ता द्वारा मजदूरी की दर कम करने की कोई सम्भावना नहीं रहती है।

(v) प्रचलित दुकान पद्धति (Shop method) तथा इस पद्धति में विशेष अन्तर नहीं है। यह अप्रमाणित दशाओं में भी अपनाई जा सकती है।

हानि (Disadvantages)

(i) इस प्रणाली में प्रमाणित कार्य तथा प्रमापित समय का निर्धारण वैज्ञानिक आधार पर नहीं होता है, बल्कि पूर्व अनुभव के आधार पर होता है। अतः अधिकांशतः यह स्वेच्छा से ही निर्धारित होता है।

(ii) यदि श्रमिक प्रमापित कार्य को समय से पूर्व ही समाप्त कर लेता है, तो बचे हुये समय में कार्य न करना श्रमिक की इच्छा पर निर्भर करता है न कि नियोक्ता की।

(iii) इस प्रणाली में निश्चित न्यूनतम मजदूरी मिलने का आश्वासन रहता है, अतः श्रमिक चाहे तो उस कार्य को समय से पूर्व समाप्त कर दे अथवा प्रमापित समय में ही पूर्ण करे।

(iv) प्रशासन की दृष्टि से यह नीति उपयुक्त नहीं है, क्योंकि इस योजना में एक निश्चित प्रमाप पर पहुँच जाने के पश्चात् अधिक उत्पादन करने या न करने का निर्णय केवल श्रमिक पर छोड़ दिया जाता है।

(v) इस प्रणाली का एक प्रमुख दोष यह भी है कि अति कुशल श्रमिक को मिलने वाली प्रीमियम मजदूरी के बराबर भी हो सकती है।

3. रोवन मजदूरी प्रणाली (Rowan Premium Plan)

इस पद्धति की खोज श्री जेन्स रोवन ने की है। इसके अनुसार, श्रमिक की न्यूनतम मजदूरी (Minimum Wages) निर्धारित की जाती है तथा कार्य का प्रमापित समय (Standard Time) भी निर्धारित किया जाता है। जो श्रमिक इस समय से पहले काम पूर्ण करता है, उसे जिस समय में उसने काम पूरा लिया है, उस समय की मजदूरी समयानुसार मजदूरी के हिसाब से दी जाती है, तथा बचाये हुए समय के हेतु लिये गये समय के साथ जो अनुपात बचाये हुये समय एवं प्रमापित समय के साथ होगा, उस अनुपात में दी जाती है।

$$\text{या } \frac{\text{बचाया हुआ समय}}{\text{प्रमापित समय}} \times \text{काम पूरा करने के लिये लिया हुआ समय} \times \text{निश्चित दर}$$

पिछले उदाहरण के आधार पर अतिरिक्त मजदूरी निम्न होगी–

$$\frac{4 \text{ घण्टे}}{10 \text{ घण्टे}} \times 6 \text{ घण्टे} \times 2 \text{ रु॰} = \frac{24}{5} = 4 \text{ रु॰ } 80 \text{ पैसे।}$$

इस प्रकार उसे कुल 16 रुपये 80 पैसे मिलेंगे।

हाल्से पद्धति में उत्पादकों के दृष्टिकोण से सबसे बड़ा दोष यह है कि मजदूरों को अधिक समय बचाने पर पारिश्रमिक अधिक मिलता है, परन्तु रोवन पद्धति में जितना अधिक समय बचेगा, उस हिसाब से उसे मिलने वाला परितोषण कम होता जायेगा। इसलिये श्रमिकों में यह पद्धति विशेष प्रिय नहीं है। इन दोनों प्रणालियों का सबसे बड़ा दोष यह है कि ये जटिल हैं तथा साधारण मजदूरों के लिये अबोधगम्य हैं। वे न तो इसे समझ सकते हैं और न आसानी से अपनी मजदूरी आंक सकते हैं।

जे॰ बी॰ प्रोसर (J. B. Prosser) के अनुसार, इस प्रणाली का लाभ यह है कि समय की बचत की प्रारम्भिक व्यवस्था में, श्रमिकों को ब्याज देकर काफी प्रेरणा मिलती है। इस प्रणाली में हाल्से प्रणाली की तुलना में अधिक बोनस मिलता है। यह प्रणाली भी दोषपूर्ण है। इसमें एक निश्चित सीमा के पश्चात् श्रमिकों को कार्य करने की प्रेरणा नहीं मिलती है, क्योंकि जैसे-तैसे बचाया समय बढ़ता जाता है, श्रमिक को बढ़ते हुये धन का केवल एक निश्चित भाग ही मिलता है। इस प्रणाली का एक दोष यह भी है कि साधारण श्रमिक अपनी मजदूरी की गणना नहीं कर सकता, इससे उसके हृदय में शंका उत्पन्न हो सकती है।

हाल्से और रोवन मजदूरी भुगतान पद्धतियों की तुलना

1. आरम्भ में रोवन मजदूरी भुगतान पद्धति में अधिलाभांश की दर अधिक रहती है और हाल्से मजदूरी भुगतान पद्धति में यह दर कम रहती है।

2. जब हाल्से मजदूरी भुगतान पद्धति में श्रमिक आधे से अधिक समय बचाने लगते हैं, अधिलाभाँश की दर एकदम बढ़ जाती है, किन्तु रोवन मजदूरी भुगतान पद्धति में यह दर एक-सी रहती है।

3. हाल्से पद्धति में अधिक काम करने का वेतन दुगुना हो सकता है, किन्तु रोवन पद्धति में वेतन कभी दुगुना नहीं हो सकता। जी॰ डी॰ एच॰ कौल के अनुसार, "एक मनुष्य कितना भी उत्पादन करे, इस पद्धति में (रोवन पद्धति) मजदूरी की दुगुनी दर से पारिश्रमिक पाना सम्भव नहीं है, क्योंकि वह निश्चित समय का शत-प्रतिशत नहीं बचा सकता।"

4. यदि समय की बचत कुल समय के 1/2 के बराबर होगी, तो दोनों पद्धतियों में बराबर-बराबर अधिलाभांश मिलेगा, परन्तु समय की बचत कुल समय के 1/3 से अधिक होने पर हाल्स पद्धति में अधिक अधिलाभांश मिलेगा।

4. गैन्ट बोनस प्रणाली (Gantt Bonus System)

एच॰ एल॰ गैन्ट ने टेलर की भिन्न-भिन्न कार्यानुसार मजदूरी प्रणाली के दोषों को दूर करने का प्रयत्न किया है। इस प्रणाली में श्रमिक को निश्चित दैनिक मजदूरी मिलने का आश्वासन रहता है, चाहे निश्चित प्रमापित कार्य पूरा या न हो। जो श्रमिक निर्धारित प्रमापित कार्य नहीं कर पाते हैं, समयानुसार मजदूरी पाते हैं तथा जो श्रमिक निश्चित प्रमापित कार्य के बराबर या अधिक कार्य करते हैं, वे कार्यानुसार मजदूरी प्राप्त करते हैं। इस प्रणाली मे जो श्रमिक प्रमापित समय या इससे कम में प्रमापित उत्पादन कर लेता है, उसे प्रमापित समय की मजदूरी तो मिलेगी ही साथ ही उसे अतिरिक्त पारिश्रमिक बोनस के रूप में मिलता है। यह बोनस बचाये हुये समय के अनुसार न दिया जाकर लगाये गये समय के आधार पर उस समय का 20 से 50 प्रतिशत तक होता है।

उदाहरण द्वारा स्पष्टीकरण

निर्धारित प्रमापित कार्य	=	20 इकाइयाँ
निर्धारित प्रमापित समय	=	10 घण्टे
बोनस की दर	=	$3\frac{1}{3}$ प्रतिशत
समयानुसार मजदूरी	=	30 पैसे प्रति घण्टा अर्थात् 3.00 रु॰ प्रतिदिन।

यदि कोई श्रमिक 10 घण्टे में 20 इकाइयों का उत्पादन करता है, तो उसकी मजदूरी 3.00 रु॰ तथा बोनस 3.00 का 1/3 अर्थात 1.00 रु॰। कुल मजदरूी रु॰ 3.00+1.00=4.00 रु॰ होगी।

यदि कोई श्रमिक 10 घण्टे में 20 इकाइयों से कम उत्पादन करता है, तो उसकी निर्धारित मजदूरी 3.00 होगी।

यदि एक कुशल श्रमिक उन 10 घण्टों में 24 इकाइयों का उत्पादन कर लेता है, तो उसकी मजदूरी इस प्रकार होगी—

24 इकाइयों के उत्पादन पर लगने वाला समय 12 घण्टे।

अत: 12 घण्टे की मजदूरी 12 × 30 पैसे=रु॰ 3.60 पैसे।

बोनस रु॰ 3.60 पैसे का 1/3=रु॰ 1.20 पैसे।

अर्थात् कुल मजदूरी 3.60+1.20=रु॰ 4.80 पैसे।

लाभ (Advantages)

(i) यह प्रणाली अपनाने में सरल है। यह टेलर द्वारा प्रतिपादित कार्यानुसार भिन्नक प्रणाली के दोषों को दूर करती है।

(ii) श्रमिकों को न्यूनतम मजदूरी मिलने का आश्वासन रहता है।

(iii) इस प्रणाली में श्रमिक को बोनस (Bonus) प्राप्त करने के योग्य बनने के लिये आवश्यक प्रशिक्षण भी दिया जाता है।

(iv) इस प्रणाली में नियोक्ताओं को भी बचत होती है, अतः उनकी कटौती करने की प्रवृत्ति समाप्त हो जाती है।

(v) यह प्रणाली कुशल श्रमिकों के लिये उपयोगी है।

हानि (Disadvantages)

(i) यदि किसी दिन श्रमिक यह देखता है कि वह प्रमापित समय में काम को समाप्त नही कर सकता है, तो वह कार्य गति को धीमी कर देता है, क्योंकि उसे यह मालूम रहता है कि उसे न्यूनतम मजदूरी तो मिलेगी ही।

(ii) कभी-कभी इस प्रणाली में इस बात का भय रहता है कि प्रमाप ही इतना ऊँचा निर्धारित किया जाये कि उस तक कोई श्रमिक पहुँच ही न सके।

(iii) कभी-कभी श्रमिक का समस्त दिनों का उत्पादन निश्चित प्रमापित उत्पादन से कम होता है, परन्तु दैनिक उत्पादन पर दिये गये बोनस प्रणाली से श्रमिक न्यूनतम मजदूरी से अधिक प्राप्त कर लेते हैं।

(iv) इस प्रणाली में प्रति इकाई मजदूरी की लागत बढ़ जाती है, क्योंकि यदि कोई श्रमिक निश्चित प्रमापित कार्य से कम कार्य करता है, तो भी उसे निश्चित प्रमापित न्यूनतम मजदूरी तो मिलती ही है। यदि कोई मजदूर निश्चित प्रमापित कार्य के बराबर या अधिक कार्य करता है, तो भी उसकी मजदूरी में अपार वृद्धि हो जाती है, फलतः प्रति इकाई मजदूरी की लागत में वृद्धि हो जाती है।

(v) यह प्रणाली श्रमिकों में कुशल व अकुशल के बीच भेद उत्पन्न कर देती है।

5. एमरसन्स कार्यकुशलता प्रणाली (Emerson's Efficiency Plan)

इस प्रणाली का श्रीगणेश हैरिंगटन एमरसन ने किया था। इस प्रणाली से बोनस श्रमिक की कार्यकुशलता पर निर्भर करता है। इस प्रणाली में भी वैज्ञानिक उपकरणों का अध्ययन करके एक कार्य को पूरा करने की ऐसी अवधि निश्चित की जाती है, जिसमें औसत कुशलता के श्रमिक भी उस कार्य को पूरा कर सकें। इसमें दैनिक मजदूरी भी निश्चित रहती है। कार्यकुशलता का निर्धारण कार्य के वास्तविक समय एवं प्रमापित समय के अनुपात में होता है। एमरसन का विचार था कि साधारणतया श्रमिक निश्चित प्रमापित उत्पादन का 2/3 अर्थात्

67% ही उत्पादन कर पाते हैं, अत: उन्होंने अपनी योजना में उन श्रमिकों को भी बोनस देना तय किया, जो निर्धारित प्रमापित कार्य के 2/3 से अधिक कार्य कर लेता है। बोनस की दर कुशलता की वृद्धि के साथ-साथ बढ़ती है। उनका कहना था कि 66-2/3 प्रतिशत क्षमता से कम दर पर कोई बोनस नहीं होना चाहिये। 66-2/3 प्रतिशत कुशलता पर 1 प्रतिशत बोनस हो, 90 प्रतिशत कुशलता पर यह बोनस बढ़ते हुए 10 प्रतिशत हो जाये, 100 प्रतिशत पर 20 प्रतिशत तथा इससे अधिक दर पर 30 प्रतिशत तक हो जाये। इस प्रणाली में बोनस विभिन्न कार्यों पर न दिया जाकर निर्धारित अवधि के आधार पर दिया जाता है, जिसका परिणाम यह होता है कि श्रमिक की कार्य करने की गति एक-सी बनी रहती है। इसमें श्रमिक को कार्य पर व्यतीत किये गये समय के अनुसार पारिश्रमिक बोनस मिलता है। यदि वह प्रमापित कार्य करता है, तो बचे हुए समय की अधिक मजदूरी उसको मिलती है।

लाभ (Advantage)

(i) यह प्रणाली सरल है।

(ii) इसमें क्षमता (Efficiency) का प्रतिफल मिलने के साथ-साथ नये श्रमिकों को भी प्रोत्साहन मिलता है।

(iii) यह प्रणाली प्रत्येक श्रमिक पर व श्रमिक समूह पर लागू की जा सकती है।

हानि (Disadvantages)

(i) इसमें श्रमिक वर्ग में सामूहिक भावना नहीं रहती है।

(ii) श्रमिकों को कार्य सम्पादन में विशेष शक्ति लगानी पड़ती है और उनको फिर भी पर्याप्त रूप से पारिश्रमिक नहीं मिलता।

6. मैरिक मजदूरी पद्धति

(Merric Differential or Multiple Piece Rate Plan)

यह टेलर की प्रणाली का एक संशोधित रूप है। उसने कार्यानुसार मजदूरी की दर निश्चित की थी। इसमें तीन दरें निश्चित की जाती हैं—(i) प्रारम्भिक मजदूरी दर (Beginnets Piece Rate), (ii) विकास मजदूरी दर (Developing Workers Piece Rate), तथा (iii) अत्यधिक कुशल और दक्ष श्रमिक की मजदूरी पर (Highly Skilled Efficient Worker's Piece Rate)। इसमें टेलर प्रणाली के समान ही समय अध्ययन् के आधार पर प्रमापित उत्पादन निश्चित किया जाता है और यह आशा की जाती है कि श्रमिक उसे पूरा करेंगे। मजदूरी की दर कार्यानुसार ही दी जाती है। जो श्रमिक 83 प्रतिशत प्रमापित उत्पादन कर लेते हैं, उन्हें कम से कम निश्चित मजदूरी मिल जाती है, उन्हें बोनस नहीं दिया जाता है। जो श्रमिक 83 प्रतिशत से अधिक उत्पादन करते हैं, उन्हें मजदूरी के अलावा 10 प्रतिशत बोनस दिया जाता है। वे श्रमिक जो 100 प्रतिशत उत्पादन करते हैं, उन्हें 10 प्रतिशत अतिरिक्त बोनस दिया जाता है।

7. बेडाक्स प्रणाली (Bedeaux Point Premium Plan)

इस प्रणाली का प्रतिपादन सन् 1911 में चार्ल्स बेडाक्स ने किया था। इस प्रणाली को मिल-मालिकों ने बहुत पसन्द किया है।

इस प्रणाली में प्रत्येक कार्य के लिये प्रमापित समय निश्चित कर लिया जाता है और समय को मिनटों में व्यक्त किया जाता है। इसमें प्रमापित कार्य की प्रमापित क्रिया को 'बिन्दुओं' में प्रकट किया जाता है। एक कार्य के लिये निश्चित समय का एक मिनट "एक बिन्दु" माना जाता है और प्रत्येक 'बिन्दु' की मजदूरी एक मिनट की मजदूरी के बराबर होती है। इस प्रणाली में श्रमिक को न्यूनतम मजदूरी प्राप्त होती है। एक घण्टे में 60 बिन्दुओं से अधिक कार्य करने पर बोनस दिया जाता है। यह बोनस 60 बिन्दुओं से अधिक बिन्दुओं के उत्पादन पर दिया जाता है। उदाहरणार्थ—यदि किसी श्रमिक ने एक घण्टे में 100 बिन्दुओं (Points) के बराबर कार्य किया है तो उसे अतिरिक्त 40 बिन्दुओं पर 40 मिनट की मजदूरी मिलेगी, जो श्रमिक प्रमापित कार्य नहीं कर पाते है उन्हें अन्य कार्यों पर लगा दिया जाता है। यह प्रणाली अत्यन्त सरल है। इसमें श्रमिक वर्ग तथा नियोक्ता दोनों ही सन्तुष्ट रहते हैं।

इस प्रणाली में प्रत्येक उत्पादन क्रिया का विभिन्न अवस्थाओं में कार्य का प्रमाप (Standard) निश्चित कर दिया जाता है। उतना कार्य श्रमिक साधारण गति से तथा पूर्ण विश्राम करते हुए पूरा कर सकता है। इस प्रणाली में उत्पादन क्रिया का अध्ययन करके यह निश्चित किया जाता है कि कितने समय कार्य करने के पश्चात् कितने विश्राम की आवश्यकता होती है। इस प्रणाली में एक दोष यह है कि यह अन्य बोनस पद्धतियों से जटिल है, श्रमिक इसको सरलता से नहीं समझते हैं।

प्रेरणात्मक भृत्ति पद्धतियों से लाभ (Advantages of Incentive Wage Plans)

(अ) प्रेरणात्मक भृत्ति पद्धतियों से श्रमिकों को लाभ

प्रेरणात्मक भृत्ति प्रणाली अपनाने से श्रमिकों को निम्नांकित लाभ प्राप्त होते हैं—

1. मजदूरी में वृद्धि—प्रेरणात्मक मजदूरी पद्धति के अन्तर्गत श्रमिकों को एक निश्चित मजदूरी के अतिरिक्त प्रब्याजि (Premium) भी मिलती है, जो अलग-अलग योजनाओं में अलग-अलग प्रकार से दी जाती है। इससे श्रमिकों के कुल वेतन में वृद्धि होती है और वे सन्तुष्ट रहते हैं।

2. कार्यक्षमता में सुधार—एक अच्छी प्रेरणात्मक मजदूरी योजना के अन्तर्गत उत्पादन वृद्धि के साथ ही श्रमिकों को मजदूरी की अतिरिक्त राशि मिलती है, इससे उनकी कार्यक्षमता बढ़ती है। इसके अन्तर्गत उत्पादन वृद्धि होने पर ही प्रब्याजि (अतिरिक्त मजदूरी) दी जाती है। इसी वजह से श्रमिकों में कार्य की प्रेरणा उत्पन्न होती है और उनकी कार्यक्षमता बढ़ जाती है।

3. जीवन-स्तर में सुधार—इस पद्धति में श्रमिकों को मजदूरी अधिक तो मिलती ही है, इसके साथ ही उत्पादकों को अधिक उत्पादन के लिये कम मजदूरी देनी होती है, जिससे उनकी वस्तुओं की लागत में कमी आती है, जो वस्तुओं के बाजार मूल्यों में भी कमी लाती है। वस्तुयें कम कीमत पर मिलने से श्रमिकों की क्रय-शक्ति में वृद्धि होती है, जिससे उनका जीवन-स्तर सुधरता है और वे अपने कार्य के प्रति भी सन्तुष्ट रहते हैं।

4. श्रमिकों के आत्म सम्मान में वृद्धि—इस योजना के अन्तर्गत अधिक काम करने पर श्रमिकों को अधिक मजदूरी का भुगतान किया जाता है। यह अधिक मजदूरी उनमें यह भावना जगाती है कि उनके कार्यों की सराहना की गई है। इससे उनका आत्म-सम्मान भी बढ़ता है।

(ब) उत्पादकों व स्वामियों को लाभ

प्रेरणात्मक मजदूरी पद्धतियों से जिस प्रकार श्रमिक लाभान्वित होते हैं, उसी तरह इनसे उत्पादकों को भी लाभ प्राप्त होते हैं। प्रेरणात्मक मजदूरी प्रणालियों से उपक्रम के स्वामियों को होने वाले मुख्य लाभ निम्नांकित हैं—

1. उत्पादन में वृद्धि—प्रेरणात्मक मजदूरी प्रणाली से प्रेरणा पाकर श्रमिक अधिक से अधिक ध्यान से काम करने पर जोर देते हैं। श्रमिक के कार्य के प्रति इस लगाव से उपक्रम का कुल उत्पादन बढ़ता जाता है।

2. उत्पादन लागत में कमी—इन पद्धतियों से उत्पादन वृद्धि के साथ उत्पादन लागत में भी कमी आती है। इसके अन्तर्गत श्रमिकों को अधिक उत्पादन के लिये अधिक मजदूरी का एक निश्चित भाग ही दिया जाता है, सम्पूर्ण भाग नहीं। इससे मजदूरी की दर प्रति इकाई कम हो जाती है। साथ ही उपरिव्यय भी कम होते हैं, ये भी उत्पादन लागत प्रति इकाई कम करने में सहायता देते हैं।

3. पर्यवेक्षण में कमी—इन योजनाओं के अन्तर्गत श्रमिक स्वयं ही चाहता है कि वह अधिक से अधिक कार्य करे। अतः पर्यवेक्षण सम्बन्धी कार्य भी कम हो जाता है और पर्यवेक्षण की अधिक आवश्यकता नहीं रहती।

4. श्रम सम्बन्धों में सुधार—इसके अन्तर्गत श्रमिकों को अधिक वेतन मिलता है तथा उत्पादकों को अधिक उत्पादन की प्राप्ति होती है, इससे उनके मध्य टकराव की स्थिति नहीं होती है, जिससे श्रम सम्बन्धों में सुधार आता है।

5. संगठन में सुधार—प्रेरणात्मक मजदूरी पद्धतियों में कार्य के अनुसार मजदूरी तथा अतिरिक्त प्रब्याजि मिलने से समय का अपव्यय नहीं किया जाता है, इसी प्रकार अन्य अपव्ययों में भी कमी होती है, इससे संगठन में सुधार होता है।

6. प्रमापीकरण—प्रेरणात्मक मजदूरी प्रणालियों का आधार प्रमापीकरण है। इससे समय व गति के अध्ययन द्वारा समय व कार्य के प्रमापों को निर्धारित कर लिया जाता है। इससे एक निश्चित आधार की प्राप्ति सम्भव होती है तथा श्रमिकों के कार्य का मूल्यांकन करने में भी सुविधा होती है।

अभ्यास के लिये प्रश्न

1. भृत्ति भुगतान की प्रमुख विधियों का विवेचन कीजिये।
2. प्रेरणात्मक प्रगतिशील भृत्ति पद्धति से आपका क्या आशय है? इसके विभिन्न रूपों का वर्णन उनके गुण दोष सहित कीजिये।
3. प्रेरणात्मक प्रगतिशील मजदूरी पद्धति से आपका क्या आशय है? इसके प्रमुख लक्षण बताइये तथा विभिन्न रूपों के नाम लिखिये।
4. प्रेरणात्मक भृत्ति पद्धतियों से श्रमिकों और स्वामियों को किस प्रकार लाभ होता है? समझाइये।

तत्त्व उत्पन्न होता है जिसके अत्यधिक बढ़ जाने से सम्पूर्ण शरीर में शिथिलता फैल जाती है। जब यह शरीर के किसी विशेष भाग में होता है तो उसी भाग में थकान मालूम पड़ती है किन्तु यह थकान कहने के साथ रक्त के दौरान के द्वारा यह सम्पूर्ण शरीर में फैल जाती है। दुग्धाम्ल के अलावा थकान की दशा में शरीर में अमोनिया और कार्बन-डाइ-आक्साइड भी उत्पन्न होती है। इनके जहरीले प्रभाव से शरीर में रासायनिक परिवर्तन उत्पन्न होते हैं। जिससे शक्तिदायक पदार्थ कम हो जाते हैं और जहरीले पदार्थ बढ़ जाते हैं। शारीरिक थकान की दशा की अनेक मनोवैज्ञानिकों ने जांच की है। इस सम्बन्ध में मिलर, हेल्महोल्ट्ज और वुण्ट के अध्ययन महत्त्वपूर्ण है। मिलर ने थकान की दशा में तन्तुओं की दशा के विषय में खोज की। उसके बाद हेल्महोल्ट्ज ने संवेदन तन्तु और क्रिया तन्तु की गति का अध्ययन करके यह पता लगया कि थकान की दशा में किसी वस्तु के अनुभव के ज्ञानेन्द्रिय से मस्तिष्क पर पहुँचने और स्नायुओं की प्रतिक्रिया होने में सामान्य दशा से अधिक समय लगता है। हेल्महोल्ट्ज ने मांस पेशियों की सिकुड़न को मापने के लिये म्योग्राफ नामक यन्त्र बनाया जिसको 1858 में वुण्ट ने अपने अध्ययन में प्रयोग किया। आजकल आर्ग्रोग्राफ की सहायता से शारीरिक थकान मापी जाती है। इसके माप का एक अन्य यन्त्र ह्यूगो क्रोनेकर है।

(2) मानसिक थकान—थकान शारीरिक ही नहीं होती। कभी-कभी शारीरिक काम के न करने पर भी थकान दिखलाई पड़ती है। यह मानसिक थकान है। अत्यधिक शारीरिक थकान से ही मानसिक थकान बढ़ती है और उसके लक्षण दिखलाई पड़ते है। मानसिक थकान के लक्षण परिश्रांति, कार्य करने की अनिच्छा, संवेगात्मक मनस्थिति, ध्यानाभाव और कार्य में अरुचि तथा मन्द गति तथा विश्राम की इच्छा इत्यादि हैं। कभी-कभी मानसिक थकान होते हुए भी कार्योत्पादन में विशेष कमी नहीं आती। परन्तु ऐसा बहुत कम होता है। मानसिक थकान का एक उदाहरण ऊब या बोरियत है। इसमें कभी-कभी शक्ति के भली प्रकार न निकल पाने से भी थकान महसूस होती है। मानसिक थकान में एक महत्त्वपूर्ण कारण प्रेरणा का अभाव और अनुकूल अभिवृत्ति न होना है। इससे शारीरिक थकान न होते हुए भी व्यक्ति काम से ऊब जाता है। प्रतिकूल अभिवृत्ति होने पर प्रेरणा के अभाव में काम की परिस्थितियाँ अच्छी होने पर भी लोग थकान की शिकायतें करते हैं।

शारीरिक और मानसिक थकान की उपरोक्त व्याख्या से उनमें भेद भी स्पष्ट होता है। जब कि शारीरिक थकान माँस पेशियों की दशा, रासायनिक परिवर्तन, स्नायु सम्बन्धी थकान, रक्त रसायन में परिवर्तन और मानसिक दशा में परिवर्तन आदि से जानी जाती है, मानसिक थकान प्रेरणा के अभाव, प्रतिकूल अभिवृत्ति और सबसे अधिक थकान की अनुभूति से पता लगायी जाती है। जबकि शारीरिक थकान दूर करने का उपाय शारीरिक विश्राम है अथवा पोषक भोजन लेना है, मानसिक थकान विश्राम या खाने से दूर नहीं होती, उसके लिये प्रेरणा उत्पन्न करने वाले और अनुकूल अभिवृत्ति उत्पन्न करने वाले तत्त्वों की आवश्यकता है। शारीरिक और मानसिक थकान में उपरोक्त अन्तर से यह नहीं समझना चाहिये कि ये अलग हैं। वास्तव में ये घनिष्ठ रूप से सम्बन्धित हैं। जब कोई व्यक्ति यह कहता है कि वह थका हुआ है तो उसमें न केवल शारीरिक थकान बल्कि मानसिक थकान भी होती है कभी-कभी तो तीव्र प्रेरणा के कारण मानसिक थकान न होने से शारीरिक थकान भी काफी समय तक नहीं होती। थकान

13
उद्योग में थकान
(Fatigue in Industry)

थकान से तात्पर्य शरीर की काम करने की शक्ति का घट जाना है। थकान की दशा में व्यक्ति काम नहीं करता या उससे कम काम होता है। थके हुए आदमी की चेष्टायें मन्द पड़ जाती हैं। इसलिए थकान की परिभाषा करते हुए औफनर ने लिखा है, "थकान हमारे जीवन की ठीक तरह काम करने की घटी हुई सामर्थ्य के साथ में एक अनुभूति भी होती है जो कि थकान की अनुभूति कहलाती है।"[1] इस प्रकार थकान की पहचान केवल काम करने की शक्ति का घटना मात्र ही नहीं है बल्कि उसके साथ-साथ थकान की अनुभूति भी है। इसी को स्पष्ट करते हुए नौर्मन मायर ने थकान की परिभाषा करने में दो तत्त्वों की ओर ध्यान दिलाया है, एक तो थकान के परिणामस्वरूप कार्योत्पादन में कमी और दूसरे थकान की अनुभूति। यह आवश्यक नही है कि थकान की अनुभूति काम करने के बाद ही हो। कुछ लोग बिना काम किये भी थकान की अनुभूति करते हैं किन्तु अनुभूति के उपस्थित रहते थकान की उपस्थिति आवश्यक मानी जाती है। उत्पादन की मात्रा में कमी तो थकान परिणाम है, उसकी कसौटी नहीं है। वास्तव में यह थकान की शारीरिक दशा है जबकि दूसरी ओर थकान की अनुभूति थकान का मानसिक पहलू है।

थकान के प्रकार
(Kinds of Fatigue)

थकान के मुख्य प्रकार निम्नलिखित हैं—

(1) शारीरिक थकान—शारीरिक थकान में, जैसा कि उसके नाम से स्पष्ट है, थकान के शारीरिक प्रभाव दिखलाई पड़ते हैं। इसमें शारीरिक सामर्थ्य कम हो जाती है और शारीरिक सामंजस्य नहीं रहता। मांस पेशियों और स्नायु तन्त्र में दुग्धाम्ल (Lactic Acid) नामक विषैला

1. "Fatigue is the reduced capacity of our organism to work properly, that capacity is accompanied with some feeling also which is known as feeling of fatigue."

—Offner

में शारीरिक और मानसिक दोनों ही प्रकार के लक्षण उपस्थित रहते हैं। वाटसन के अनुसार वाक पेशी के संकोचन से मानसिक थकान होती है। इसी प्रकार मस्तिष्क के उच्च क्षेत्रों में उपस्थित नाड़ी कोषों के क्षतिग्रस्त हो जाने से भी मानसिक थकान हो जाती है। शारीरिक थकान की स्थिति में मानसिक कार्य और अत्यधिक मानसिक थकान की स्थिति में शारीरिक कार्य अच्छी तरह नहीं किये जा सकते। इसलिये थकान की परिभाषा करने में उसे केवल शारीरिक या केवल मानसिक स्थिति न कहकर एक ऐसी मनोशारीरिक दशा कहा जाना चाहिए जिससे मनुष्य की मानसिक और शारीरिक दोनों प्रकार की कार्य क्षमता घटती है। सच तो यह है कि थकान के शारीरिक और मानसिक पहलुओं को केवल मौखिक दृष्टि से ही अलग किया जा सकता है जबकि वास्तव में वे एक दूसरे से स्वतन्त्र नहीं हैं।

(3) स्नायु सम्बन्धी थकान—मनुष्य का अचेतन मन बड़ा क्रियाशील है। परन्तु उसके काम से भी शक्ति का व्यय होता ही है। इससे गिरावट भी महसूस होती है। मानसिक संघर्ष की अवस्था में अचेतन के अत्यधिक थक जाने से भी स्नायु सम्बन्धी थकान होती है।

(4) ऊब या बोरियत—ऊब या बोरियत और थकान में अन्तर है। थकान में शक्ति व्यय हो जाने से थकावट लगती है। ऊब में शक्ति के भली प्रकार न निकल सकने से हमें थकान महसूस होती है। थकान के कारणों के विषय में भी अनेक मनोवैज्ञानिकों ने अनुसंधान किये हैं। यूं तो थकान के कारण अनेक हैं और बहुत से लोगों को काम न होने के कारण भी थकान रहती है। परन्तु जहाँ तक कर्मचारी या श्रमिक की थकान का प्रश्न है उसका मुख्य कारण गलत तरीके से अथवा बहुत अधिक देर तक बिना विश्राम किए काम करना है। हौलिंगवर्थ (Hollingworth) ने बिना विश्राम किये काम करने को थकान का मुख्य कारण ठहराया हैं लगातार काम करने से मनुष्य का शरीर और मन दोनों थक जाते हैं। परन्तु लगातार काम और अधिक देर तक काम को ही थकान का एकमात्र कारण नहीं माना जा सकता। थकान का एक कारण ऊब या बोरियत हो सकती है। जैसा कि पीछे बतलाया जा चुका है, इस प्रकार की थकान का कारण अरुचि, प्रेरणा का अभाव, मनोरंजन का अभाव, मानसिक अस्वस्थता अथवा शारीरिक रोग आदि भी हो सकते हैं। उद्योग में थकान के कारणों में महत्त्वपूर्ण कारण हैं—अधिक कार्य, लगातार कार्य, बिना विश्राम किये कार्य और गलत तरीके से कार्य और आवश्यक प्रेरणाओं का अभाव।

थकान की कसौटियाँ

थकान होना किन-किन लक्षणों में पहचाना जाता है अर्थात् थकान की कसौटी क्या है, यह समझने के लिये थकान के विभिन्न पहलुओं पर दृष्टि रखना आवश्यक है। चूँकि थकान एक मनो-शारीरिक घटना है इसलिए उसकी कसौटियाँ मानसिक और शारीरिक दोनों ही प्रकार की होती हैं, संक्षेप में थकान की मुख्य कसौटियाँ अग्रलिखित हैं—

(1) थकान की अनुभूति—थकान की सबसे बड़ी पहचान यह है कि व्यक्ति उसे अनुभव करता है भले ही वह शारीरिक रूप से थका हुआ न हो। थकान की अनुभूति में काम करने की प्रेरणा कम हो जाती है और आराम करने की इच्छा बढ़ जाती है। इसमें साधारणतया काम की मात्रा में भी कमी आती है यद्यपि ऐसा होना आवश्यक नहीं है। थकान की अनुभूति

में कार्य के प्रति अनुभूति भी बदल जाती है और साधारणतया व्यक्ति कोई काम नहीं करना चाहता।

(2) **पेशीगत दशा**—थकान की दशा में माँस पेशियों में फैलने और सिकुड़ने की शक्ति नहीं रह जाती। अस्तु, शारीरिक रूप से थकान एक पेशीगत दशा है। पेशी के सिकुड़ने और फैलने में कठिनाई थकान की कसौटी है।

(3) **रासायनिक परिवर्तन**—काम करने से क्रमशः शरीर में दुग्धाम्ल तथा अन्य विषैले पदार्थ बढ़ने लगते हैं। स्वस्थ शरीर में रक्त में आक्सीजन का संचार ठीक प्रकार से होता रहता है जिनसे विषैले पदार्थ शरीर से बाहर निकलते रहते हैं। पेशियों के थक जाने से यह कार्य भली प्रकार नहीं हो पाता। शरीर में ग्लाईकोजन नाम के पदार्थ की कमी हो जाती है और जहरीले पदार्थ एकत्रित हो जाते हैं। इस प्रकार शरीर में रासायनिक परिवर्तन होते हैं। इन रासायनिक परिवर्तनों से भी थकान को पहचाना जा सकता है।

(4) **स्नायविक शिथिलता**—मानसिक थकान की एक कसौटी स्नायविक शिथिलता है। कभी-कभी यह पेशीगत थकान का परिणाम होती है किन्तु इसके अन्य कारण भी हो सकते हैं। स्नायविक शिथिलता में स्नायुओं की प्रतिक्रिया करने की शक्ति बहुत कम हो जाती है जिससे व्यक्ति ठीक प्रकार से काम नहीं कर सकता। अनेक प्रकार के प्रयोगों से यह पता चला है कि थकान की स्थिति में स्नायु और पेशी ठीक प्रकार से प्रतिक्रिया नहीं करते और उनमें उत्तेजित होने की शक्ति नहीं रहती। इस शिथिलता में ज्ञानेन्द्रियों की प्रतिक्रिया में भी कमी आ जाती है। ऐसा विशेषतया गन्ध के प्रति प्रतिक्रिया में दिखलाई पड़ता है। थकान से देखने, सुनने, छूने तथा अन्य संवेदनाओं की शक्ति में भी कमी आ जाती है।

(5) **रक्त रसायन में परिवर्तन**—थकान के लक्षण थके हुए जीव के रक्त में पाये जाते हैं। यदि थके हुये व्यक्ति के शरीर का कुछ रक्त दूसरे जीव के शरीर में पहुँचा दिया जाए तो उसमें भी थकान के लक्षण दिखलाई पड़ते हैं। यही बात पेशियों के बारे में देखी जाती है। जहाँ रक्त प्रवाह से शरीर में विषैले पदार्थ शरीर से बाहर निकलते हैं वहाँ रक्त प्रवाह थकान को सम्पूर्ण शरीर में बाँट देता है। इसीलिए शरीर के किसी अंग पर विशेष जोर पड़ने पर भी क्रमशः सम्पूर्ण शरीर में थकान मालूम पड़ती है। किसी एक भाग के अत्यधिक कार्य करने से सबसे पहले उस क्षेत्र में थकान के लक्षण बढ़ते हैं और क्रमशः रक्त प्रवाह के माध्यम से ये लक्षण समस्त शरीर में फैल जाते हैं।

(6) **मस्तिष्क की दशा में परिवर्तन**—थकान की एक कसौटी मस्तिष्क की दशा में परिवर्तन है। थकान होने से मानसिक शक्तियों का ह्रास होता है और व्यक्ति की रुचि कम हो जाती है। वह किसी वस्तु पर अधिक समय तक ध्यान नहीं लगा पाता और काम से ऊबने लगता है। थकान के मानसिक दशा पर इस प्रभाव के कारण ही उसे शारीरिक दशा के साथ-साथ मनोवैज्ञानिक स्थिति भी माना जाता है।

(7) **दुर्घटनाओं की संख्या में वृद्धि**—औद्योगिक क्षेत्र में दुर्घटनाओं का अध्ययन करने से यह ज्ञात हुआ है कि वे प्रातःकाल और तीसरे पहर अधिक संख्या में घटित होती है। यूरोप में जर्मनी और इंग्लैंड तथा अमेरिका में औद्योगिक दुर्घटना के अध्ययन करने से इस

तथ्य की समान रूप से पुष्टि हुई है। दूसरी ओर थकान के अध्ययन में यह देखा गया है कि थकान भी प्रात:काल और तीसरे पहर सबसे अधिक होती है। अस्तु, दुर्घटनाओं की संख्या से औद्योगिक थकान का अनुमान लगाया जा सकता है। इसलिये आजकल प्रात:काल और तीसरे पहर विश्राम कालों का आयोजन किया जाता है। दुर्घटनाओं का यह प्रतिमान विविध प्रकार के उद्योगों में दिखलाई पड़ता है। जहाँ तक प्रात:काल दुर्घटनाओं का प्रश्न है यह सब कहीं देखी जाती है। तीसरे पहर के प्रतिमान में विभिन्न उद्योगों में अन्तर पाया जाता है। प्रात:काल की तुलना में तीसरे पहर दुर्घटनाओं की गति अधिक होने पर भी कुल मिलाकर संख्या में अन्तर नहीं पड़ता। रात्रि की पाली और दिन की पाली में भी दुर्घटनाओं की संख्या में अन्तर देखा जाता है। इस प्रकार की दुर्घटनाओं का थकान से स्पष्ट सम्बन्ध है।

यहाँ पर यह ध्यान रखना चाहिये कि दुर्घटनाओं के थकान से घनिष्ट सम्बन्ध होने के बावजूद थकान दुर्घटना का एकमात्र कारण नहीं है। और इसलिये दुर्घटनायें बढ़ने को थकान की कसौटी नहीं माना जा सकता। थकान के अतिरिक्त अन्य अनेक कारक दुर्घटनाओं में अधिक महत्त्वपूर्ण सिद्ध होते हैं। उदाहरण के लिए पुरुषों की तुलना में स्त्रियों में दुर्घटनायें होने का एक बड़ा कारण उनका शीघ्र थक जाना है, यह ठीक है कि थकान की स्थिति में व्यक्ति बैचेन हो जाता है, हाथ पैरों को ठीक से नहीं चला पाता, उसका ध्यान बंट जाता है, और कभी-कभी तो वह काम पर सो जाता है तथा इन सभी कारकों से दुर्घटनायें होती हैं फिर भी केवल थकान को दुर्घटना का कारण नहीं माना जा सकता।

(8) **उत्पादन में कमी**—साधारणतया थकान की परिभाषा करने में उसे उत्पादन में कमी से परिभाषित किया जाता है। जैसा कि पीछे दुर्घटनाओं के विषय में बतलाया गया है, प्रात:काल और तीसरे पहर दोनों ही समय गुजरने के साथ उत्पादन का वक्र गिरता जाता है। इसका कारण यह माना जाता है कि थकान बढ़ती जाती है और इसलिए कार्य का वक्र गिरता जाता है। प्रात: काल में पहले घण्टे में काम तेजी से आगे बढ़ता है क्योंकि यह गर्मी आने (Warming up) का काल है। गर्मी आना अनेक कारणों से हो सकता है ये कारण शारीरिक और मानसिक दोनों प्रकार के होते हैं। किस काम में कितनी देर में गर्मी आ जायेगी यह जहाँ काम पर निर्भर है वहाँ व्यक्तिगत विभिन्नता पर भी निर्भर है। काम करने के स्थान पर व्यावसायिक परिवेश और कर्मचारी का अच्छा स्वास्थ्य, ये दोनों ही कारक काम की गति के लिए उत्तरदायी हैं। दूसरे और तीसरे घण्टे में साधारणतया उत्पादन सर्वोच्च सीमा पर होता है। तीसरे घण्टे के बाद उत्पादन गिरने लगता है जिसका मुख्य कारण औद्योगिक थकान मानी जाती है। इसीलिए इसके बाद विश्राम काल की व्यवस्था की जाती है। तीसरे पहर काम शुरू होने पर गर्मी आने की घटना लगभग नहीं देखी जाती। काम तेजी से शुरू होता है किन्तु क्रमश: उसकी रफ्तार घटती जाती है और काम के अन्तिम घण्टे में उत्पादन की मात्रा सबसे कम होती है। इसके अलावा थकान के अन्य अनेक कारण भी हो सकते हैं। उदाहरण के लिए अनेक कर्मचारी छुट्टी होने के काफी समय पहले से औजार सम्भालने लगते हैं और काम बन्द करने लगते हैं। इसलिए भी अन्त के घण्टे में उत्पादन बहुत कम होता है। उपरोक्त विवेचन से स्पष्ट है कि प्रात: काल दो घण्टे के बाद और तीसरे पहर उत्पादन घटने को थकान की कसौटी माना जा सकता है।

उपरोक्त लक्षणों के अतिरिक्त शारीरिक और मानसिक थकान के सभी लक्षणों को थकान की कसौटी माना जा सकता है। उदाहरण के लिए श्वास, प्रश्वास, रक्त संचार और रक्त चाप में परिवर्तन, अनिच्छा, ध्यानाभाव, मन्दता इत्यादि शारीरिक और मानसिक लक्षणों से थकान की पहचान की जा सकती है। आजकल थकान को मापने के लिए अनेक वैज्ञानिक यन्त्रों का प्रयोग किया जाता है।

थकान के विभिन्न पहलू

थकान क्या है, इस प्रश्न का उत्तर पाने के लिए थकान के स्वरूप पर वस्तुगत, दैहिक और मानसिक पहलू में विचार करना होगा।

(1) वस्तुगत पहलू—वस्तुगत पहलू में थकान की व्याख्या कार्य करने की क्षमता में कमी के रूप में की जा सकती है। किसी भी कार्य को बहुत समय तक लगातार करते जाने से ऐसा होता है। यदि थोड़ा-थोड़ा काम करके पर्याप्त विश्राम ले लिया जाय तो थकान की नौबत नहीं आती। प्रयोगशालाओं में शारीरिक कार्यक्षमता में कमी का मापन अर्गोग्राफ या हस्तशक्तिमापक से और मानसिक क्षमता में कमी का मापन अक्षर निराकरण-पत्र अथवा गुणन-पत्र की सहायता से किया जाता है। कार्य-क्षमता में कमी से केवल कार्योत्पादन के परिणाम में ही कमी नहीं होती बल्कि उसका गुणात्मक स्तर भी बढ़ता है क्योंकि गलतियों की संख्या बढ़ती जाती है।

(2) दैहिक पहलू—थकान का दैहिक पहलू उसके शारीरिक प्रभावों से सम्बन्धित है। इस सम्बन्ध में अनेक प्रयोगों से ज्ञात हुआ है कि थकान की स्थिति में शरीर में शक्तिदायी पदार्थ कम हो जाते हैं और विषाक्त पदार्थ बढ़ जाते हैं। शारीरिक दृष्टि से थकान में श्वास, रक्त संचार और रक्त चाप बढ़ते देखे जाते हैं। इनके अलावा भी शरीर में अन्य रासायनिक परिवर्तन होते हैं।

(3) मानसिक पहलू—मानसिक पहलू में थकान के लक्षण परिश्रान्ति (Exhaustion), कार्य करने की अनिच्छा, संवेगात्मक झुकाव, ध्यानाभाव तथा मन्दता आदि हैं। जिनसे कार्य में अरुचि और विश्राम करने की इच्छा दिखलाई पड़ती है।

थकान के उपरोक्त किसी भी एक पहलू के आधार पर उसकी सर्वांग परिभाषा नहीं बनाई जा सकती। वास्तव में वस्तुगत पहलू थकान की सही पहचान नहीं है। बहुधा मानसिक थकान रहने पर भी कुछ लोगों के कार्योत्पादन में मात्रा अथवा गुण की दृष्टि से कोई कमी नहीं आती। अस्तु, थकान होने पर भी न तो गलतियाँ बढ़ती हैं न काम की मात्रा घटती है। पोफेनबजर ने कालिज के 12 विद्यार्थियों पर वाक्य रचना सम्बन्धी प्रयोगों से यह दिखलाया कि थकावट की अनुभूति बढ़ती जाने पर भी वे साढ़े पाँच घण्टे तक निरन्तर एक सी गति से काम करते रहे। दूसरी ओर रौबर्स के प्रयोज्यों में थकान की अनुभूति न होने पर भी कार्योत्पादन में ह्रास दिखाई पड़ा। अस्तु, थकान की वस्तुगत व्याख्या अनुपयुक्त है।

थकान के मानसिक और शारीरिक पहलुओं के अलग-अलग वर्णन से यह नहीं समझना चाहिए कि वे एक दूसरे से सर्वथा पृथक् हैं। दूसरे शब्दों में, यह धारणा गलत है कि थकान केवल शारीरिक या केवल मानसिक हो सकती है। वास्तव में सभी प्रकार की थकान में

शारीरिक और मानसिक दोनों प्रकार के लक्षण उपस्थित रहते हैं। यह तथ्य प्रयोगों से भी सिद्ध हुआ है। वाटसन के अनुसार वाक पेशी (Vocal Muscle) के संकोचन से मानसिक थकान होती है। इसी प्रकार मस्तिष्क के उच्च क्षेत्रों में उपस्थित नाड़ी कोषों के क्षतिग्रस्त हो जाने से मानसिक थकान होती है। यह एक सामान्य अनुभव की बात है कि शारीरिक थकान की स्थिति में मानसिक कार्य और अत्यधिक मानसिक थकान की दशा में शारीरिक कार्य कुशलतापूर्वक नहीं किये जा सकते।

अस्तु, संक्षेप में, थकान की परिभाषा इस प्रकार की जा सकती है कि थकान एक मनोशारीरिक दशा है जिससे मनुष्य की मानसिक और शारीरिक कार्यक्षमता में ह्रास होता है। इस परिभाषा से स्पष्ट है कि थकान के शारीरिक और मानसिक पहलुओं को केवल मौखिक दृष्टि से अलग किया जा सकता है जबकि यथार्थ में ये एक दूसरे से स्वतन्त्र नहीं हैं। थकान दूर करने के उपायों के विषय में यह याद रखना आवश्यक है कि विश्रामकाल तथा कार्य करने की उपयुक्त दशाओं की व्यवस्था आदि से केवल आवश्यक थकान दूर की जा सकती है। दूसरी ओर प्रत्येक प्रकार के कार्य में कुछ न कुछ थकान आवश्यक और अनिवार्य रूप से आती है। इसको पूरी तरह से दूर नहीं किया जा सकता। दूसरे शब्दों में, यह सम्भव नहीं है कि ऐसी परिस्थितियाँ उत्पन्न कर दी जायें कि थकान आये ही नहीं। हाँ, उसमें कमी अवश्य की जा सकती है।

थकान उत्पन्न करने वाली व्यावसायिक परिस्थितियाँ

विभिन्न व्यवसायों में कुछ परिस्थितियाँ ऐसी होती हैं जिनमें थकान बढ़ती है और इस प्रकार शारीरिक तथा मानसिक स्वास्थ्य गिरता है जिससे अन्त में उत्पादन पर बुरा प्रभाव पड़ता है। संक्षेप में, इस प्रकार की व्यावसायिक परिस्थितियाँ निम्नलिखित हैं—

(1) लम्बी कार्यावधि—कुछ उद्योगों में काम करने के घण्टे इतने अधिक होते हैं कि उनसे कर्मचारी थक जाता है जबकि घण्टों से उत्पादन पर अनुकूल प्रभाव नहीं दिखलाई पड़ता। इस तथ्य पर अनेक अध्ययनों से प्रभाव पड़ा है। म्यूसिओ ने एक कारखाने में एक ऐसी महिला कर्मचारी का उल्लेख किया है जिसने कारखाने के नियमों के अनुसार बारह घण्टे काम करने से इन्कार करके केवल छः घण्टे कार्य किया किन्तु फिर भी उसका उत्पादन कारखाने के कर्मचारियों में सबसे अधिक था। इ्स कारखाने में प्रातः काल 6 से 8, साढ़े आठ से साढ़े बाहर तीसरे पहर डेढ़ से साढ़े पाँच और सायंकाल छः से आठ बजे तक काम करने के समय थे। इस महिला ने नाश्ते के समय के पहले और सायंकाल को काम करने से इन्कार कर दिया। उससे पूछे जाने पर उसने बतलाया कि इतने अधिक घण्टे काम करके वह अपनी कुशलता नहीं बनाये रख सकती। एक महीने के कार्यकाल में यह देखा गया कि जबकि उसने केवल 150 घण्टे काम किया था और अन्य कर्मचारियों ने 237 घण्टे काम किया था, उसका उत्पादन सबसे अधिक था। विभिन्न देशों में कार्यावधियों के विषय में जो अध्ययन किये गये हैं उनसे यह स्पष्ट हुआ है कि छोटे कार्य सप्ताहों में लम्बे कार्य सप्ताहों की तुलना में अधिक उत्पादन होता है। द्वितीय विश्व युद्ध के काल में इंग्लैंड में कार्य सप्ताह की अवधि बढ़ा दी गई। डनकर्क के युद्ध से पहले सप्ताह में 56 घण्टे काम किया जाता था, डनकर्क के युद्ध

के बाद युद्ध से सम्बन्धित उद्योगों में 69.5 घण्टे काम किया जाने लगा। इससे पहले तो उत्पादन 10 प्रतिशत बढ़ा किन्तु बाद में उत्पादन गिरा और कारखानों में अनुपस्थिति और दुर्घटनाओं की संख्या बढ़ने लगी। कुछ महीनों के बाद साप्ताहिक कार्यावधि 68.2 घण्टे थी जबकि वास्तव में केवल 51 घण्टे काम होता था जबकि पहले 56 घण्टों के कार्य सप्ताह में 53 घण्टे काम होता था। अस्तु, काम के घण्टे बढ़ने से उत्पादन बढ़ने की जगह 12 प्रतिशत घट गया। जब 6 महीनों के बाद काम के घण्टे फिर से कम कर दिये गये तो उत्पादन फिर से बढ़ गया। काम के घण्टे बढ़ने से उत्पादन के कम होने का कारण थकान का बढ़ना है। स्पष्ट है कि लम्बी कार्यावधि थकान बढ़ाती है। मायर्स ने लन्दन के एक कारखाने में महिलाओं के कार्य का अध्ययन किया जो कि फ्यूज पलटने का काम करती थीं। जब इनसे 66 घण्टे कार्य न लेकर 48.6 घण्टे काम लिया गया तो कार्यावधि घटाने से कुल उत्पादन में 15 प्रतिशत वृद्धि हुई।

(2) विश्रामकाल की अनुपस्थिति—यदि कोई व्यक्ति लगातार बहुत देर तक काम करता है तो उससे थकान उत्पन्न होती है। अब यदि वह विश्राम न लेकर काम करता रहे तो थकान की दशा में काम करने से उसकी थकान और भी तेजी से बढ़ती है। यदि पहली बार थकान आने पर उसे तुरन्त विश्राम काल दिया गया होता तो वह फिर से ताजा होकर काम करता और उसकी थकान न बढ़ती। इस तरह जहाँ कहीं कार्यावधि के मध्य में समय-समय पर विश्राम काल दिये जाते हैं, जिनसे कर्मचारी खोई हुई शक्ति को फिर से प्राप्त करता रहे, वहाँ थकान नहीं आती। विश्राम काल की अनुपस्थिति थकान बढ़ाने वाली व्यावसायिक परिस्थिति है। जहाँ कहीं कर्मचारी कुछ अनाधिकार विश्रामकाल ले भी लेते हैं वहाँ भी उनकी अभिवृत्ति अधिकारियों के अनुकूल न रहने के कारण विश्रामकाल की अनुपस्थिति से थकान बढ़ती ही है। गिलब्रेथ के प्रयोगों से यह पता लगा, कि लगातार काम करने की तुलना में बीच-बीच में विश्राम लेते हुए काम करने से उत्पादन बढ़ता है।[1]

(3) अनुपयुक्त तापमान—अनुपयुक्त तापमान थकान बढ़ाने की व्यावसायिक परिस्थिति है। अनुपयुक्त तापमान से तात्पर्य कारखाने या काम करने के स्थान का अत्यधिक गर्म या अत्यधिक ठण्डा होना है। दोनों ही हालातों में कर्मचारियों की शारीरिक और मानसिक स्थिति पर बुरा प्रभाव पड़ता है और वे शीघ्र ही थक जाते हैं।

(4) स्वच्छ हवा का अभाव—काम करते समय यदि व्यक्ति को स्वच्छ हवा न मिले तो वह शीघ्र ही थक जाता है। जिन व्यावसायिक परिस्थितियों में स्वच्छ हवा का अभाव होता है। अर्थात् दफ्तर या कारखाने में वायु दूषित रहती है वहाँ पर थोड़ा ही काम करने से थकान बढ़ जाती है।

(5) प्रकाश की अपर्याप्त व्यवस्था—यदि काम करने के स्थान पर प्रकाश समुचित और पर्याप्त नहीं होता तो थकान बढ़ती है क्योंकि अपर्याप्त और अनुपयुक्त प्रकाश में काम करने से आँखों पर जोर पड़ता है। अस्तु, कारखानों और दफ्तरों में प्रकाश की समुचित और पर्याप्त व्यवस्था होनी चाहिये। समुचित प्रकाश से तात्पर्य यह है कि प्रकाश सही प्रकार का

1. Gilbreth, L.M., *Fatigue Study,* New York. (1965), p. 240.

हो और सही दिशा से आ रहा हो। उदाहरण के लिये लिखने-पढ़ने का काम करते समय प्रकाश बाईं ओर से और पीछे की ओर से आना चाहिये। ऐसा न होने पर आँखों पर जोर पड़ता है। मशीनों पर काम करते समय प्रकाश मशीन के उन पुर्जों पर पड़ना चाहिये जिन्हें बार-बार देखने की आवश्यकता पड़ती है। इसी तरह प्रकाश न आवश्यकता से अधिक हो न कम, दोनों ही स्थितियों में आँखों पर जोर पड़ेगा और थकान बढ़ेगी।

(6) मशीन की बनावट—कुछ मशीनें इस प्रकार की बनी हुई होती हैं कि उन पर काम करने से थकान शीघ्र उत्पन्न होती है। अस्तु, आजकल औद्योगिक मनोवैज्ञानिक थकान कम करने के लिये और उत्पादन बढ़ाने के लिये मशीनों की बनावट के विषय में सुझाव देते हैं ताकि कम परिश्रम से अधिक काम हो सके। औद्योगिक मनोविज्ञान की यह शाखा इन्जीनियरिंग मनोविज्ञान कहलाती है। आजकल ऐसी मशीनें बनायी जाती हैं जिन पर काम करने में कम से कम गति से अधिक से अधिक उत्पादन किया जा सकता हो। जब कर्मचारी इन मशीनों पर काम करने के आदी हो जाते हैं तो उनकी थकान कम होती है और उत्पादन बढ़ता है।

(7) उचित आसन का अभाव—व्यावसायिक परिस्थितियों में थकान बढ़ाने वाली एक महत्त्वपूर्ण परिस्थिति उचित आसन का अभाव है। यह एक सामान्य बात है कि जिन मशीनों पर खड़े होकर काम करना पड़ता है उन पर थकान अधिक होती है। बैठने के आसन में भी यह बात महत्त्वपूर्ण है कि आसन तो न इतना अधिक आरामदेह हो कि उस पर बैठे-बैठे व्यक्ति सोने लगे और न इतना कठोर हो कि उस पर बैठा व्यक्ति आराम अनुभव न करे। उचित आसन की व्यवस्था होने से थकान दूर रहती है।

(8) अत्यधिक शोर—थकान उत्पन्न करने वाली एक व्यावसायिक परिस्थिति काम करने के स्थान पर उचित से अधिक शोर होना है। शांतिपूर्ण वातावरण में व्यक्ति बिना थके हुए देर तक काम कर सकता है। थोड़े बहुत शोर का भी थकान पर विशेष प्रभाव नहीं पड़ता किन्तु जब शोर की मात्रा एक निश्चित अनुपात से अधिक बढ़ने लगती है तो वह थकान बढ़ाता है। आजकल कारखानों में मशीनों के चलने से होने वाले कोलाहल का अध्ययन करके यह देखने का प्रयास किया जाता है कि कहीं उनसे इतना अधिक शोर तो नहीं हो रहा है कि वह थकान बढ़ा रहा हो ऐसा होने पर कोलाहल कम करने का प्रयास किया जाता है। कार्नहाऊजर ने 4 टाइपिस्टों पर 4 दिन तक शोर के प्रभाव का निरीक्षण करके यह निष्कर्ष निकाला कि शोर के कारण उत्पादन 3.2 प्रतिशत घटा और गलतियाँ 23 प्रतिशत बढ़ गयीं।[1] वैस्टन के एक अध्ययन में कपड़ा सीने वाले कर्मचारियों ने कोलाहलपूर्ण वातावरण की तुलना में शान्तिपूर्ण वातावरण में 7.5 प्रतिशत अधिक उत्पादन दिखलाया।

(9) अस्वास्थ्यकर परिस्थितियाँ—स्वास्थ्य का थकान से घनिष्ठ सम्बन्ध है। यदि व्यावसायिक परिस्थितियाँ ऐसी हैं जो अच्छे स्वास्थ्य के अनुकूल नहीं हैं तो उनमें काम करने से थकान उत्पन्न होती है। इस प्रकार की व्यावसायिक परिस्थितियों में पीछे बतलाये गये कारक,

---

1. Kornhauser, A.W., The Effect of Noise on office output, *Ind. Psych.* 2 (1927), pp. 62-72.

जैसे—अनुचित तापमान, अपर्याप्त वातायन, अत्यधिक शोर, अशुद्ध वायु इत्यादि हैं। इनके अतिरिक्त नमी की मात्रा का आवश्यकता से अधिक होना, हानिकारक गंध तथा आराम की अपर्याप्त व्यवस्था और औषधियों तथा चिकित्सा का समुचित प्रबन्ध न होना ऐसी व्यावसायिक परिस्थितियाँ है जिनमें कर्मचारियों के स्वास्थ्य पर बुरा प्रभाव पड़ता है और वे थोड़े से काम में शीघ्र थक जाते हैं।

(10) आवश्यक प्रशिक्षण का अभाव—विभिन्न व्यवसायों में कुछ काम ऐसे होते हैं जिन्हें करने के लिये प्रशिक्षण की आवश्यकता होती है और जब ये ही काम अप्रशिक्षित व्यक्तियों को दे दिये जाते हैं तो उनमें अत्यधिक थकान उत्पन्न करते हैं। अस्तु, विभिन्न प्रकार के यन्त्रों पर काम करने के लिये कर्मचारियों को सर्वोत्तम विधियों के विषय में आवश्यक प्रशिक्षण दिया जाना चाहिए। उन्हें यह भी बतलाया जाना चाहिए कि वे अपने कार्य और व्यक्तिगत विभिन्नताओं के अनुसार कार्यकाल और विश्राम काल को किस प्रकार व्यवस्थित करें। इस तरह आवश्यक प्रशिक्षण का अभाव थकान उत्पन्न करने वाली व्यावसायिक परिस्थिति है।

(11) नींद की कमी—जिन कारखानों में रात में काम होता है और इसलिये कर्मचारियों को पूरी नींद नहीं मिल पाती वहाँ पर नींद की कमी थकान का एक महत्त्वपूर्ण कारण होती है। इसे दूर करने के लिए कर्मचारियों को विश्राम काल में सोने के लिये आरामदेह चारपाइयों की व्यवस्था की जानी चाहिए। नींद की कमी, चाहे वह किसी भी कारण से क्यों न हो, सदैव थकान उत्पन्न करती है।

(12) निम्न नीतिमत्ता—जिन व्यावसायिक परिस्थितियों में नीतिमत्ता निम्न रहती है वहाँ थकान अधिक उत्पन्न होती है। निम्न नीतिमत्ता की परिस्थितियाँ अधिकारियों के प्रति प्रतिकूल अभिवृत्ति, घृणा, द्वेष और सन्देह, काम में निराशा और नीरसता, मानसिक अशान्ति और सन्तोष, पदोन्नति के ठीक नियम न होना, समुचित वेतन वृद्धि का अभाव, वेतन देने की अनुचित प्रणाली तथा अधिकारियों और कर्मचारियों के परस्पर अनुकूलन का अभाव इत्यादि हैं। इन परिस्थितियों में मानसिक थकान शीघ्र उत्पन्न होती है जिससे शारीरिक थकान भी बढ़ती है। उच्च नीतिमत्ता की परिस्थितियों में थकान कम होती है।

(13) सामाजिक वातावरण के दोष—जिन व्यवसायों में एक से अधिक लोग काम करते हैं वहाँ पर व्यावसायिक परिस्थितियों के सामाजिक वातावरण के अनेक दोष भी थकान बढ़ाते हैं। उदाहरण के लिये जहाँ पर अधिकारियों और कर्मचारियों के सम्बन्ध अच्छे नहीं होते अथवा जहाँ विभिन्न कर्मचारियों में परस्पर सहयोग नहीं होता और सामाजिक वातावरण शंकापूर्ण तथा द्वेषपूर्ण बना रहता है वहाँ पर कर्मचारी में उच्च नीतिमत्ता नहीं बनी रह सकती और इसलिए वह थोड़ा ही काम करके थका हुआ अनुभव करता है। आजकल सामाजिक परिवेश के इस महत्त्व को समझकर व्यावसायिक परिस्थितियों में सामाजिक परिवेश को स्फूर्तिदायक और महत्त्वपूर्ण बनाने का प्रयास किया जाता है जिससे कर्मचारी कम थकते हुए लम्बे समय तक काम कर सकते हैं।

वास्तव में व्यावसायिक परिस्थितियों में वे सभी परिस्थितियाँ थकान उत्पन्न करती हैं जिनका कर्मचारियों की शारीरिक या मानसिक स्थिति पर बुरा प्रभाव पड़ता है क्योंकि इससे

शारीरिक अथवा मानसिक थकान बढ़ती है। अस्तु, थकान कम करने के लिए इस तरह की सभी परिस्थितियों में सुधार किये जाने चाहियें। इसके लिये अधिकारियों और कर्मचारियों तथा सरकार को मिल-जुलकर प्रयास करना चाहिये।

थकान कम करने के उपाय

स्थूल रूप से, थकान कम करने का उपाय उन सब व्यावसायिक परिस्थितियों को दूर करना है जिनसे थकान बढ़ती है। अस्तु, यहाँ पर उन उपायों की चर्चा की जायेगी जिनको अपनाने से थकान कम हो जाती है। यहाँ पर यह ध्यान रखना आवश्यक है कि काम करने से कुछ न कुछ थकान तो आती ही है और कोई भी ऐसा उपाय नहीं निकाला जा सकता जिससे काम करते हुए भी बिल्कुल ही थकान न आए। हाँ, ऐसे उपाय अवश्य निकाले जा सकते हैं जिनसे थकान कम हो अथवा जिनके द्वारा काम से उत्पन्न होने वाली थकान को अत्यधिक बढ़ने से पहले ही दूर कर दिया जाये। संक्षेप में ये उपाय निम्नलिखित हैं–

(1) कार्यावधि को कम करना–थकान कम करने का एक उपाय काम के घण्टे घटाना है। अनेक प्रयोगों से यह देखा गया है कि काम के घण्टे घटाने से थकान घटती है जबकि उत्पादन नहीं घटता और कभी-कभी तो बढ़ जाता है। सन् 1928 में शैपर्ड ने यह बतलाया कि तीस वर्ष पहले अमेरिका के उद्योगों में कर्मचारियों से प्रतिदिन दस घण्टे काम लिया जाता था तथा छः दिन काम करने के बाद एक दिन का विश्राम दिया जाता था। किन्तु अब प्रतिदिन आठ घण्टे काम लिया जाता है और शनिवार के दिन केवल चार घण्टे काम लेने के बाद छुट्टी हो जाती है तथा इसके अतिरिक्त इतवार की पूरी छुट्टी होती है। इस प्रकार काम के घण्टे घटाने से उत्पादन कम नहीं हुआ है बल्कि बढ़ा ही है। अन्य अनेक प्रयोगों से शैपर्ड के इस मत का समर्थन हुआ है। अस्तु, थकान कम करने का एक उपाय काम के घण्टे घटाना है। किन्तु स्मरण रहे कि ये घण्टे इतने कम भी नहीं होने चाहियें कि कर्मचारी की शक्ति का पूरा उपयोग न हो सके। वास्तव में काम के घण्टे इतने रहने चाहियें जिनसे कर्मचारी अत्यधिक थकान अनुभव न करते हुए काम करता रहे। यह बात भिन्न-भिन्न उद्योगों में अलग-अलग तय की जायेगी।

(2) विश्राम काल की व्यवस्था–थकान कम करने का एक अन्य उपाय उद्योगों में विश्राम काल की पर्याप्त और उचित व्यवस्था करना है। पर्याप्त विश्राम काल से तात्पर्य यह है कि काम के कुल घण्टों के अनुपात में कितना विश्राम काल दिया जाना चाहिये। उचित विश्राम काल से तात्पर्य यह है कि कितने घण्टे काम करने के बाद कितना विश्राम काल दिया जाये। इस सम्बन्ध में अनेक अध्ययन किये गये हैं जिनसे महत्त्वपूर्ण तथ्य प्रकाश में आये हैं। वर्नन के अनुसार प्रत्येक घण्टे के बाद कर्मचारी को विश्राम काल दिया जाना चाहिये। शैपर्ड के अनुसार आठ घण्टे प्रतिदिन काम करने वाले कर्मचारी को कार्य काल का 16·6 प्रतिशत विश्राम काल दिया जाना चाहिये। स्पष्ट है कि विश्राम काल देने में पूर्ण कार्यकाल में उसका अनुपात और कितने घण्टे के बाद विश्राम काल देना है ये दोनों बातें ध्यान में रखी जानी चाहियें।

एम॰ एस॰ वाइटल्स (M. S. Viteles)[1] ने अपने अध्ययनों से यह प्रमाण उपस्थित किया कि विश्राम काल की व्यवस्था से उत्पादन में दस से बीस प्रतिशत तक वृद्धि देखी जाती है। उदाहरण के लिये एक कारखाने में लड़कियों के लिये प्रातः काल की कार्यावधि में 10 मिनट के विश्राम काल की व्यवस्था की जाने से उत्पादन बीस प्रतिशत बढ़ गया। वे लड़कियाँ लेबिल लगाने का कार्य करती थीं। इस उदाहरण को एच॰ एम॰ वर्नन (H. M. Vernon) और टी॰ बैडफोर्ड (T. Bedford)[2] ने विश्राम काल पर अपने लेख में उपस्थित किया है। विश्राम काल के विषय में एक प्रयोग के निष्कर्ष बतलाते हुये ई॰ फार्मर (E. Farmer) और एस॰ एम॰ बैविंगटन (S. M. Bevington)[3] ने अपने लेख में लिखा है कि प्रातःकाल और तीसरे पहर की कार्यावधियों में सात मिनट विश्राम काल देने से प्रत्येक घण्टे के उत्पादन वक्र में अमूल परिवर्तन दिखलाई पड़ा। उपरोक्त अध्ययनों के अतिरिक्त अनेक अन्य अध्ययनों और प्रयोगों से भी उत्पादन पर विश्राम काल का लाभदायक प्रभाव दिखलाई पड़ा है। यह देखा गया है कि प्रत्येक घण्टे के काम के बाद पांच मिनट का विश्राम काल देने से अच्छे परिणाम प्राप्त होते हैं।

किस उद्योग में कितने समय काम करने के बाद कितना विश्राम काल दिया जाना चाहिये यह बात भिन्न-भिन्न उद्योगों में प्रयोग करने से निर्धारित की जा सकती है क्योंकि यह कार्य के प्रकार, कार्यावधि की लम्बाई, काम के सप्ताह की लम्बाई, कर्मचारी के लिंग और पोषण के स्तर तथा व्यक्तिगत विभिन्नताओं पर निर्भर करती है। उदाहरण के लिए पुरुषों की तुलना में स्त्रियों को अधिक शीघ्र विश्राम काल की आवश्यकता होती है। इसी प्रकार जिन लोगों का स्वास्थ्य अच्छा नहीं है, उनके लिये भी शीघ्र विश्राम काल दिया जाना जरूरी होता है। प्रेरणा अधिक होने पर बिना थके लम्बे समय तक कार्य किया जा सकता है और तब कहीं विश्राम काल की आवश्यकता होती है। जहाँ कुछ लोगों को अनेक व्यक्तिगत कारणों से शीघ्र और लम्बे विश्राम काल की आवश्यकता होती है वहाँ अन्य लोग बिना थके हुए लम्बे समय तक काम कर सकते हैं और खोई हुई शक्ति को थोड़े ही समय के विश्राम से फिर से प्राप्त कर लेते हैं। इस सम्बन्ध में प्रयोगशाला में किये गये अध्ययनों से कुछ महत्त्वपूर्ण बातें मालूम हुई हैं। जी॰ सौफर्ड ने हल्के-भारी काम में पेशी की क्रियाओं के थकान पर प्रभाव का परीक्षण करने के लिए छः अच्छे स्वास्थ्य वाले कालिज के विद्यार्थियों पर प्रयोग किये।[4] ये विद्यार्थी परड्यू विश्वविद्यालय में पढ़ रहे थे और प्रयोग में भाग लेने के लिये इन्हें पैसा मिलता था। इन्हें सप्ताह में आठ घण्टे प्रयोग की परिस्थितियों में बिताने पड़ते थे और उन्हें बोनस भी मिलता था ताकि उनकी परिस्थितियाँ उद्योग की परिस्थितियों के समान बन जाएं। काम इस प्रकार का था जिससे सारे शरीर पर जोर पड़ता। इसमें प्रत्येक व्यक्ति को मशीन की ओर ले जाकर और उससे दूर हटकर वजन उठाना और गिराना पड़ता था। थकान जमा न हो जाए इसके लिए

---

1. Viteles, M.S., *Industrial Psychology,* pp. 470-482.
2. H.M. Vernon and T. Bedford, *The Influence of Rest Pauses on light industrial work.* (1924).
3. E. Farmer and S.M. Bevingon, An Experiment in the Introduction of Rest Pauses, *Nat. Indus. Psychol.* (1922), 1, pp. 89-92.
4. G. Shepherd, Effects of Rest Pauses on Production, *Person, Jour.* (1928), pp. 186-202.

काम के दिन के पहले 19 घण्टे विश्राम दिया जाता था और काम के दौरान में विश्राम काल में विश्राम करने के लिये चारपाइयों का प्रबन्ध था। कार्यावधियाँ 25 मिनट से 90 मिनट तक होती थीं और विश्राम काल की अवधि 7 से 16 मिनट थी। कुछ परीक्षणों में कार्य काल एक साथ अर्थात् 40 मिनट रखा गया और विश्राम काल में सात से सोलह मिनट परिवर्तन किया गया। अन्य प्रयोगों में विश्राम काल को एक सा रखते हुये कार्यावधि में परिवर्तन किया गया। प्रयोग के परिणामों से यह मालूम हुआ कि सर्वोत्तम परिणाम प्राप्त करने के लिये कार्यावधि का 16·7 से 20 प्रतिशत तक समय विश्राम काल में दिया जाना चाहिए। यह देखा गया कि थोड़े कार्य काल के पश्चात् छोटे-छोटे विश्राम काल देना लम्बे कार्य काल के पश्चात् विश्राम देने से कहीं अधिक अच्छा है। दो विद्यार्थियों पर विश्राम काल के अधिकतम वितरण का परीक्षण किया गया। 18·2 प्रतिशत विश्राम काल का प्रयोग करते हुए यह देखा गया कि विश्राम काल का सबसे अधिक लाभ तब प्राप्त हुआ जबकि सम्पूर्ण कार्याविधि में एक मिनट अवकाश के विश्राम काल दिये गये। इस प्रकार की परिस्थितियों में कार्य काल के अन्त की स्थिति में भी काम में किसी प्रकार की कमी नहीं देखी गई जबकि यह एक सामान्य बात है कि अधिकतर कार्य काल के अन्त में काम करने की गति कम हो जाती है और उत्पादन घट जाता है। यहाँ पर यह ध्यान देना आवश्यक है कि बार-बार विश्राम काल ऐसे काम में दिये जा सकते हैं जिनमें कोई संगठन या आयोजन नहीं होता। इस प्रयोग में एक अन्य महत्त्वपूर्ण बात यह देखी गई कि जब कभी स्वयं विद्यार्थियों पर उनके विश्राम काल के वितरण को छोड़ दिया गया तो वे कभी भी उसे अच्छी तरह नहीं कर सके किन्तु जब उन्हें कार्य और विश्राम काल के वितरण की विधियों का अभ्यास कराया गया तो वे आसानी से वितरण करने लगे।

जैसा कि पहले बतलाया जा चुका है, विश्राम काल का अस्तित्व मालिकों की मर्जी पर निर्भर नहीं करता। कम्पनी की ओर से विश्राम काल की व्यवस्था न होने पर भी अधिकतर कर्मचारी किसी न किसी प्रकार से विश्राम का समय निकाल ही लेते हैं। अनेक कर्मचारी अपने काम को इतनी मन्द गति से करते हैं कि वे उसमें थोड़े-थोड़े समय के बाद बराबर विश्राम लेते रहते हैं। उदाहरण के लिये भारत में भवन निर्माण में काम करने वाले मजदूर थोड़ा-थोड़ा काम करने के बाद बीड़ी पीने के लिये बैठ जाते हैं और इस तरह विश्राम काल निकाल लेते हैं जो कि मध्यान्तर के अतिरिक्त होता है। यही बात लगभग सभी प्रकार के श्रमिकों के बारे में देखी जाती है। कुछ श्रमिक और दफ्तर के कुछ बाबू कुछ देर काम करने के बाद अपनी जगह पर नहीं देखे जाते। इनमें से कुछ पानी पीने के बहाने, कुछ पेशाब के करने के बहाने काम पर से उठ जाते हैं और कभी-कभी तो वे ऐसा करने में मशीन बन्द करने की भी कोई परवाह नहीं करते। इस तरह के अनाधिकार विश्राम कालों को रोकने या कम करने का एकमात्र उपाय प्रबन्धकों की ओर से विश्राम काल दिया जाना है क्योंकि कर्मचारियों के अनाधिकार विश्राम काल का अर्थ यह नहीं है कि वे काम करना नहीं चाहते बल्कि वे उसके द्वारा थकान से बचे रहते हैं और अपनी खोई शक्ति को फिर से प्राप्त करते रहते हैं। जिन लोगों को थोड़े समय तक ही काम करना होता है उनकी तुलना में वे लोग काम की गति अधिक मन्द रखते हैं जिन्हें लम्बे समय तक काम करना है। इस सम्बन्ध में कुछ महत्त्वपूर्ण प्रयोग किये गये हैं। एच॰ एम॰ वर्नन ने अपनी एक रिपोर्ट में 6 घण्टे और 8 घण्टे

की कार्यावधि में कर्मचारियों के विश्राम काल का अध्ययन किया।[1] उसने दिखलाया कि छः घण्टे कार्यावधि होने पर प्रत्येक घण्टे में औसत विश्राम काल 10.2 मिनट था जबकि कार्यावधि आठ घण्टे होने पर प्रत्येक घण्टे में औसत विश्राम काल का 12.50 मिनट था। इस प्रकार जबकि छः घन्टे कार्यावधि में विश्राम काल कार्य काल का 17 प्रतिशत था आठ घण्टे की कार्यावधि में विश्राम काल कार्य काल का 20.8 प्रतिशत था। यहाँ पर ध्यान रखना चाहिए कि यह औसत विश्राम काल वास्तव में प्रत्येक घण्टे के बाद नहीं लिया जाता था। यह तो कुल कार्य काल को विश्राम काल से भाग देकर निकाला गया है। उद्योगों के प्रबन्धकों को अधिकतम उत्पादन के लिये यह पता लगाना चाहिए कि कितने कार्य काल के बाद कितना विश्राम काल दिया जाये जिससे अधिकतम उत्पादन हो और कर्मचारियों में प्रेरणा बनी रहे। इस प्रकार विश्राम कालों की व्यवस्था करने से उद्योगों में अनाधिकार विश्राम काल की घटनायें कम होंगी।

अस्तु, उद्योगों में इस समस्या को सुलझाने के लिए अनेक अध्ययन किये गये हैं जिनसे महत्त्वपूर्ण तथ्य प्रकाश में आए हैं। उदाहरण के लिये यह देखा गया है कि उत्पादन गिरने से पहले विश्राम काल दिया जाना चाहिए। यह बात आर्गोग्राफीय अध्ययनों से ही सिद्ध होती है। उत्पादन की गति मन्द होने से पहले ही विश्राम देने पर उत्पादन की गति पहले जैसी बनी रहती है। कभी-कभी विश्रामकालों से काम में बाधा भी पड़ सकती है। इसलिए विश्राम काल निश्चित करते समय कर्मचारियों की राय लेना आवश्यक है और इसे कठोरता से लागू भी नहीं किया जाना चाहियें। उदाहरण के लिए जब कोई व्यक्ति तेजी से अपना काम पूरा करने में जुटा है तो उसे जबरदस्ती काम से अलग करके विश्राम काल देना नितान्त अनुचित है क्योंकि न तो उसे विश्राम मिलेगा और न इससे उत्पादन पर अच्छा प्रभाव पड़ेगा। अस्तु, कर्मचारियों के कार्य प्रतिमानों का सावधानी से अध्ययन किया जाना चाहिए और विश्राम कालों को उसी के अनुसार बाँटा जाना चाहिए। सबसे अच्छा उपाय यह है कि स्वयं कर्मचारियों को अपने कार्य काल और विश्राम काल के सर्वोत्तम वितरण का प्रशिक्षण दिया जाये ताकि वे अपने-अपने काम और व्यक्तिगत विभिन्नताओं के अनुरूप कार्यकाल और विश्राम काल का वितरण कर सकें।

कम्पनी की ओर से विश्राम काल की व्यवस्था होने का एक अन्य अनुकूल प्रभाव यह पड़ता है। कि कर्मचारियों को कम्पनी के मालिकों में विश्वास उत्पन्न होता है और वे समझते हैं कि कम्पनी के मालिकों को उनकी थकान दूर करने का ध्यान है। इससे उनकी अभिवृत्ति कार्य के अनुकूल बनती है जो उत्पादन बढ़ाने में महत्त्वपूर्ण कारक है। जहाँ कुछ लाभ विश्राम काल से होता है वहाँ अनुकूल अभिवृत्ति से भी बहुत सा लाभ होता है। यह लाभ अनाधिकार विश्राम काल में नहीं होता क्योंकि उसमें विश्राम लेते हुए भी कर्मचारी की अभिवृत्ति अनुकूल नहीं बनती क्योंकि वह जानता है कि यह विश्राम काल उसे अधिकारियों से नहीं मिला है बल्कि उसने जबरदस्ती या चोरी छिपे ले रखा है। फिर, सभी कर्मचारी इस प्रकार का अनाधिकार विश्राम काल नहीं ले पाते जिनसे उन पर सबसे अधिक जोर पड़ जाता है। हाथार्न के प्रयोग के अध्ययनों से भी विश्राम काल के विषय में महत्त्वपूर्ण तथ्य मिले हैं। यह देखा गया है कि

1. H.M. Vernon, *Industrial Fatigue and Efficiency,* pp. 107-110.

लन्च के लिए 15 मिनट, प्रातःकाल और तीसरे पहर आराम के लिए दस मिनट के विश्राम काल से महत्त्वपूर्ण लाभ होता है।

एक दिन में अधिकतम उत्पादन के लिए किसी कर्मचारी से कितना काम लिया जा सकता है, यह भी एक महत्त्वपूर्ण बात है और इस सम्बन्ध में अनेक प्रयोग किये गये हैं। एक उद्योग में कर्मचारी 10 घण्टे सेव बाँधने का काम करते थे जबकि दूसरे स्थान पर कार्यावधि केवल 8 घण्टे थी। इन दो भिन्न कार्यावधियों में कार्य के परिणामों का अध्ययन करने से यह पता चला कि आठ घण्टे प्रतिदिन काम करने वाले कर्मचारी दस घण्टे काम करने वाले कर्मचारियों की तुलना में प्रतिदिन औसत रूप से पाँच पेटियाँ अधिक बाँधते थे। स्पष्ट है कि कार्यावधि निश्चित करते समय यह देख लिया जाता है कि कहीं वह इतनी तो नहीं बढ़ रही है कि उससे लाभ के स्थान पर हानि ही होने लगे।

(3) उपयुक्त तापमान की व्यवस्था—थकान कम करने का एक उपाय व्यवसाय के भौतिक परिवेश में उपयुक्त तापमान की व्यवस्था करना है। इसके लिए सर्दियों में तापमान बढ़ाने और गर्मियों में घटाने की व्यवस्था की जानी चाहिए। समुचित तापमान में कर्मचारी कम थकते हुए लम्बे काल तक काम कर सकते हैं। इसीलिए आधुनिक कारखानों और दफ्तरों में कहीं-कहीं पर वातानुकूलित कमरों की व्यवस्था है, कहीं खस की टट्टियाँ लगाई जाती हैं और कहीं पंखों के द्वारा परिवेश को शीतल किया जाता है। जाड़ों में अनेक स्थानों पर हीटरों से हवा को गर्म रखा जाता है।

(4) स्वच्छ वायु का प्रबन्ध—थकान कम करने के लिए एक उपयुक्त व्यावसायिक परिस्थिति वातायन का ऐसा प्रबन्ध करना है कि कर्मचारियों को स्वच्छ हवा मिलती रहे और दूषित वायु बाहर निकलती रहे। इसके लिए कारखानों में ऐसे पंखे लगाए जाते हैं जो दूषित वायु को कारखाने से बाहर फेंकते हैं और इस प्रकार वायु को स्वच्छ रखते हैं।

(5) समुचित और पर्याप्त प्रकाश की व्यवस्था—थकान को कम करने का एक उपाय कारखानों और दफ्तरों में प्रकाश की ऐसी व्यवस्था करना है कि सही दिशा में सही प्रकार का और पर्याप्त प्रकाश मिलता रहे। इससे आँखों पर जोर नहीं पड़ेगा और काम करने में कठिनाई कम होगी तथा थकान नहीं आएगी।

(6) मशीनों की बनावट में सुधार—थकान कम करने का एक उपाय मशीनों की बनावट में इस प्रकार सुधार करना है जिससे कम से कम गति करते हुए मशीनों को चलाया जा सके। इससे कम थकान में अधिक उत्पादन होगा।

उपकरण डिजाइन

उद्योगों में थकान, उकताहट, दुर्घटना आदि का अध्ययन करके यह पता लगाया गया है कि जहाँ औद्योगिक निष्पत्ति अनेक परिवेशगत और व्यक्तिगत कारकों पर आधारित होती है वहाँ उस पर उपकरण डिजाइन का भी कम प्रभाव नहीं पड़ता। यह कहना अतिश्योक्ति नहीं होगी कि औद्योगिक निष्पत्ति के कारकों में परिवेशगत और व्यक्तिगत कारकों की तुलना में उपकरण डिजाइन अधिक महत्त्वपूर्ण कारक है। यदि किसी उद्योग में काम करने के उपकरणों का डिजाइन ऐसा है जिनमें व्यक्ति कम समय में अधिक थकान का अनुभव करता है, वह

बिना किसी बाधा के काम नहीं कर सकता और बहुत कम उत्पादन कर सकता है तो ऐसी स्थिति में औद्योगिक निष्पत्ति पर प्रभाव पड़ना स्वाभाविक है। जहाँ तक स्वत:चालित मशीनों का प्रश्न है उनमें अधिकतर दुर्घटना के दृष्टिकोण से डिजाइन करने की आवश्यकता होती है। यह देखना होता है कि इन यन्त्रों पर काम करते समय श्रमिक किस प्रकार बैठेगा, प्रकाश किधर रहेगा और उसे यन्त्र पर काम करने में क्या-क्या गतियाँ करनी पड़ेंगी। यह आवश्यक है कि यन्त्र की व्यवस्था इस प्रकार की जाये कि प्रकाश यन्त्र पर पड़े, कर्मचारी की आँखों पर नहीं क्योंकि यदि यन्त्र पर प्रकाश नहीं पड़ता है तो कर्मचारी यन्त्र को भली प्रकार नहीं देख पाता जिससे दुर्घटना होने की सम्भावना बढ़ जाती है। दूसरे, यदि प्रकाश यन्त्र पर न पड़कर कर्मचारी की आँख पर पड़ता है तो उसकी चकाचौंध से यह स्वत: चालित यन्त्र से दुर्घटना कर बैठेगा।

अनेक यन्त्रों में कर्मचारी को काम करने के लिए विभिन्न प्रकार की गतियों की आवश्यकता होती है। यन्त्र में हाथ-पैरों को किस प्रकार से गति करनी पड़ती है, इससे थकान का बड़ा धनिष्ट सम्बन्ध है। यदि किसी यन्त्र पर काम करने में विशिष्ट मांसपेशियों पर अत्यधिक जोर पड़ता है। तो स्वाभाविक है कि उसमें थकान अधिक होगी। इसलिये आजकल औद्योगिक मनोवैज्ञानिकों ने ऐसे यन्त्र और उपकरणों के डिजाइन बनाने में सहायता दी है जिसमें कम से कम गति करके अधिक से अधिक उत्पादन किया जा सकता हो। इस प्रकार के यन्त्रों के डिजाइन बनाने में समय गति अध्ययन से विशेष सहायता मिलती है। आधुनिक काल में मनोवैज्ञानिकों के द्वारा उपकरण डिजाइन से इतना लाभ हुआ है कि औद्योगिक मनोविज्ञान की एक शाखा इन्जीनियरिंग मनोविज्ञान के नाम से विकसित हो गई है।

उपकरण डिजाइन में केवल उपकरण के आकार प्रकार का ही महत्त्व नहीं है बल्कि उद्योग या कारखाने में मशीनों या उपकरणों को रखने की सुव्यवस्था का भी महत्त्व है। यह एक सामान्य बात है कि जिस कर्मचारी को अपने काम में जिन-जिन उपकरणों, मशीनों और औजारों की आवश्यकता होती है, वे उसके इतने निकट उपस्थित होने चाहियें कि वह हाथ बढ़ाकर तुरन्त उन्हें उठा सके। इतना ही नहीं, बल्कि औजार उसी क्रम में रखे जाने चाहियें जिस क्रम से उनकी आवश्यकता पड़ती है। इस व्यवस्था का डिजाइन भी मनोवैज्ञानिक ही उपस्थित करता है।

जिन मशीनों पर कर्मचारी को खड़े रहकर काम करना पड़ता है उनमें उसे थकान अधिक होगी और इसलिये औद्योगिक निष्पत्ति पर भी प्रभाव पड़ेगा। इसलिये आजकल मनोवैज्ञानिकों ने ऐसे उपकरण डिजाइन सुझाए हैं जिनमें व्यक्ति आराम से बैठकर काम कर सकता हो। शारीरिक थकान के अध्ययन से यह पता लगाया गया है कि शरीर की किस स्थिति में कर्मचारी को थकान अधिक होती है। इस अध्ययन के द्वारा मनोवैज्ञानिकों ने औद्योगिक यन्त्रों और उपकरणों के ऐसे डिजाइन सुझाए हैं जिन पर काम करने में कर्मचारी की शारीरिक स्थिति ऐसी रहे जिससे वह कम से कम थकान में अधिक से अधिक उत्पादन कर सके।

उपरोक्त विवेचन से स्पष्ट है कि औद्योगिक निष्पत्ति में उपकरण डिजाइन का कितना अधिक महत्त्व है। मनोवैज्ञानिक दृष्टि से उपयुक्त डिजाइन होने पर दुर्घटनायें कम होती हैं, थकान कम आती है, उत्साह बना रहता है और औद्योगिक निष्पत्ति में वृद्धि होती है।

(7) उचित आसन की व्यवस्था—थकान कम करने का एक अन्य उपाय उचित आसन की व्यवस्था करना है। दफ्तरों और कारखानों में जहाँ तक हो सके बैठकर काम होना चाहिये और बैठने की सीट ऐसी होनी चाहिये कि उससे आराम मिले। एक ओर वे इतनी आरामदेह न हों कि नींद आ जाये और दूसरी ओर वे कठोर भी न हों।

(8) शोर पर नियन्त्रण—थकान कम करने का एक उपाय व्यावसायिक परिस्थितियों में कोलाहल पर नियन्त्रण करना है। दफ्तरों और कारखानों में बाहर से आने वाले शोर को रोकने के लिये अनेक उपाय किये जा सकते हैं। दूसरी ओर अन्दर मशीनों के कारण उत्पन्न होने वाले शोर को कम करने के लिये भी उपाय किये जाने चाहियें। इस प्रकार व्यावसायिक परिस्थितियों में कोलाहल जितना भी कम होगा, कर्मचारियों की थकान भी उतनी ही कम होगी।

(9) काम करने की स्वास्थ्यदायक परिस्थितियों की व्यवस्था—यदि व्यावसायिक परिस्थितियाँ स्वास्थ्यदायक हैं तो उनमें काम करने से थकान कम होती है क्योंकि थकान का कर्मचारी के स्वास्थ्य से घनिष्ठ सम्बन्ध है। स्वास्थ्यदायक परिस्थितियों में स्वच्छ वायु, आवश्यक प्रकाश, कोलाहल का अभाव, समुचित तापमान, नमी की मात्रा पर नियन्त्रण, चिकित्सा की सुविधायें और आराम तथा भोजन की समुचित व्यवस्था इत्यादि हैं। ये सब कर्मचारी की थकान को दूर रखती हैं।

(10) औद्योगिक प्रशिक्षण का प्रबन्ध—थकान कम करने का एक उपाय मशीनों के प्रयोग में औद्योगिक प्रशिक्षण प्रदान करना है ताकि कर्मचारी उनको चलाने में कम थकान अनुभव करें।

(11) पर्याप्त नींद की सुविधा—अनेक व्यवसायों में कर्मचारियों के लिये सोने की व्यवस्था करना जरूरी होता है। यदि सम्पूर्ण कार्य काल में आधे घण्टे के लिये भी उन्हें आरामदेह चारपाई पर सोने का अवसर मिल जाता है तो इससे थकान दूर रहती है। यह प्रबन्ध विशेषतया रात्रि की पाली में काम करने वाले कर्मचारियों के लिये अवश्य होना चाहिये।

(12) उच्च नीतिमत्ता बनाये रखना—थकान कम करने का एक उपाय कर्मचारियों में उच्च नीतिमत्ता बनाये रखना है। इसमें अधिकारियों के अनुकूल अभिवृत्ति, आत्म प्रेरित आज्ञाकारिता, सामूहिक अनुशासन, उत्साह, मानसिक सन्तोष और शान्ति तथा अधिकारियों के प्रति सम्मान और विश्वास के भाव सम्मिलित हैं। इनके होने पर थकान कम होती है।

(13) सामाजिक वातावरण का अच्छा होना—थकान कम करने में कर्मचारी के सामाजिक परिवेश का भी महत्त्व है। यदि अधिकारियों और कर्मचारियों के सम्बन्ध अच्छे हैं तथा सामाजिक परिस्थितियाँ सहयोगपूर्ण और विश्वास को बढ़ाने वाली हैं तो कर्मचारियों का उत्साह बना रहता है और थकान कम होती है।

(14) थकान कम करने के विशेष उपाय—उपरोक्त उपायों के अतिरिक्त आजकल थकान कम करने के लिये कुछ विशेष उपाय अपनाये जाते हैं। उदाहरण के लिए अनेक कारखानों में संगीत की व्यवस्था के द्वारा थकान कम करने का आयोजन किया गया है। काम करते समय गाने से भी कर्मचारियों की थकान दूर रहती है। आजकल इस दिशा में बराबर

नये-नये प्रयोग किये जा रहे हैं। कार्य परिवर्तन से कार्य में रुचि बनी रहती है। तरह-तरह से कार्य को रोचक बनाने का प्रयास किया जाना चाहिये। औद्योगिक मनोविज्ञान के विकास के साथ-साथ भविष्य में औद्योगिक थकान दूर करने की ओर भी अधिक महत्त्वपूर्ण विधियाँ प्रकाश में आने की सम्भावना है।

उद्योग में संगीत का प्रभाव

संगीत का उत्पादन पर प्रभाव—आजकल उद्योग के क्षेत्र में ऊब और उकताहट दूर करने के लिये एक सामान्य उपाय कार्य करते समय किसी न किसी प्रकार के संगीत की व्यवस्था करना है। बी॰ ई॰ बैन्सन (B. E.. Benson) ने उद्योग में संगीत को अत्यन्त महत्त्वपूर्ण माना है। इस विषय में इंग्लैंड में सबसे पहले अध्ययन किये गये। यहाँ पर उकताहट दूर करने के लिये संगीत का प्रयोग किया गया। सामान्य यान्त्रिक कार्यों को करते समय संगीत बजाने से छः प्रतिशत उत्पादन अधिक हुआ। इस प्रकार संगीत के अभाव के दिनों में संगीत दिये जाने वाले दिनों के उत्पादन करने की तुलना में स्पष्ट अन्तर दिखलाई पड़ा। यह देखा गया कि संगीत की अवधि का अधिक महत्त्व नहीं है। तीसरे पहर की तुलना में प्रातःकाल संगीत की व्यवस्था से अधिक लाभ होता है। जे॰ एफ॰ ह्यूम्स (J. S. Humes)[1] ने उद्योग में संगीत के महत्त्व के एक अध्ययन का उल्लेख किया है। एक रेडियो ट्यूब जोड़ने के कारखाने में तीव्र, मन्द और मिले-जुले संगीत के प्रोग्रामों का अध्ययन किया गया। इस अध्ययन में यह देखा गया कि तीव्र अथवा मन्द संगीत दिये जाने पर समय की हानि कम दिखलाई पड़ी। इसकी तुलना में संगीत के नितान्त अभाव में अथवा कभी तीव्र और कभी मन्द संगीत देने पर उत्पादन कम दिखलाई पड़ा।

उत्पादन के अतिरिक्त संगीत के कार्यक्रमों का कर्मचारियों की मानसिक स्थिति पर भी प्रभाव पड़ता है। डब्लू॰ ए॰ कैर (W. A. Keer) ने औद्योगिक उत्पादन में संगीत के प्रभाव के अध्ययन में यह बतलाया कि संगीत से कर्मचारियों की मानसिक स्थिति पर अनुकूल प्रभाव पड़ता है। एच॰ सी॰ स्मिथ (H. C. Smith) ने अपने अध्ययन में यह दिखलाया कि कर्मचारियों की अभिवृत्तियों पर और औद्योगिक उत्पादन तथा दुर्घटनाओं की रोकथाम पर संगीत का अच्छा प्रभाव पड़ता है। भिन्न-भिन्न पालियों और कार्यों में यह प्रभाव अलग-अलग देखा जाता है। इस सम्बन्ध में एच॰ सी॰ स्मिथ ने विस्तारपूर्वक अध्ययन किया। इस अध्ययन के अनुसार संगीत की व्यवस्था से दिन की पाली में 7 प्रतिशत और रात की पाली में 17 प्रतिशत वृद्धि दिखलाई पड़ी। यह देखा गया कि संगीत से सबसे अधिक लाभ उन कार्यों में होता है जिनमें पुनरावृत्ति के काम करने पड़ते थे ये ऐसे काम थे जिन्हें करते समय बात की जा सकती थी। मैकघी (W. Mcghee) और जे॰ ई॰ गार्डनर (J. E. Gardner)[2] ने अपने अध्ययनों में यह बतलाया कि संगीत की व्यवस्था से उत्पादन में कोई वृद्धि नहीं हुई। इन अध्ययनों में जटिल

1. J.F. Humes, The Effect of Occupational Music on Scrappage in the manufacturing of Radio Tubes, *Jour, Appl. Psychol.* (1941), 25, pp. 573-587.
2. W. Mcghee and J.E. Gardner, Music in a Complex Industrial job, *Person. Psychol.* (1949), 2, pp. 405-417.

कार्य करते समय संगीत की व्यवस्था की गई थी। इस जटिल कार्य में निर्णय, विचार और संकल्प आदि की आवश्यकता पड़ती थी किन्तु उत्पादन में वृद्धि न होते हुए भी यह देखा गया कि कर्मचारी का यह अनुमान था कि संगीत की व्यवस्था होने से उनका उत्पादन बढ़ा है।

संगीत का उकताहट पर सबसे अनुकूल प्रभाव पड़ता है। जहाँ उससे कुछ देर के लिये काम पर से ध्यान हट जाता है, वहाँ ऐसा करने में मस्तिष्क नहीं प्रयोग करना पड़ता। संगीत की व्यवस्था होने पर पुनरावृत्ति वाले कार्यों में भी रुचि बनी रहती है।

दुर्घटनाओं पर संगीत का क्या प्रभाव पड़ता है, इस सम्बन्ध में भी महत्त्वपूर्ण अध्ययन किये गए। सामान्य रूप से यह समझा जाता था कि चूँकि संगीत से कर्मचारी का ध्यान बंटता है इसलिये इससे दुर्घटनायें बढ़नी चाहियें। यह बात उन कार्यों के विषय में ठीक भी है जहाँ पर बराबर ध्यान रखना पड़ता है, किन्तु फिर कुछ अन्य काम ऐसे हैं जिनमें लगातार ध्यान् देने की इतनी आवश्यकता नहीं होती। इन कामों में संगीत की व्यवस्था से अच्छा ही प्रभाव पड़ता है। संगीत से मन को इधर-उधर जाने का अवसर मिलता है जिससे उकताहट और थकान कम होती है। मन के इधर-उधर जाने से तात्पर्य ऊंघना नहीं है। थकान के द्वारा उत्पन्न हुआ अनवधान संगीत के कारण उत्पन्न हुए अनवधान से भिन्न है। पहले प्रकार के अनवधान से दुर्घटनायें होने का खतरा होता है किन्तु दूसरे प्रकार के अनवधान के विषय में ऐसा नहीं है। उदाहरण के लिये कार चलाते समय बहुधा चालक का ध्यान इधर-उधर जाता रहता है किन्तु जैसे ही उसके सामने कोई बाधा आ जाती है या दूर से कोई वाहन आने लगता है, वैसे ही तुरन्त उसका ध्यान वापस कार चलाने पर लौट आता है और ध्यान बंटने के बावजूद दुर्घटना नहीं होती। दूसरी ओर मन के इधर-उधर जाने से कार चलाने के काम में उकताहट पैदा नहीं होती। अस्तु, उद्योग की ऐसी परिस्थितियो में जिनमें आवश्यकता पड़ने पर ध्यान शीघ्र वापस आ सकता है और इतने से ही काम चल जाता है, संगीत की व्यवस्था करने से कर्मचारियों में प्रफुल्लता बनी रहती है और काम अधिक होता है।

संक्षेप में, यह कहा जा सकता है कि औद्योगिक परिस्थितियों में संगीत से अनुकूल प्रभाव पड़ता है। कर्मचारियों से पूछे जाने पर भी यह मालूम पड़ता है कि वे संगीत पसन्द करते हैं। जो एक-दो प्रतिशत कर्मचारी संगीत के विरुद्ध भी होते हैं वे भी कुछ व्यक्तिगत कठिनाइयों के कारण ही ऐसी अभिवृति रखते हैं अन्यथा 75 प्रतिशत कर्मचारी संगीत का भारी समर्थन करते हैं। किस प्रकार के कार्य करते समय किस प्रकार का संगीत दिया जा सकता है और उसका स्वर कितना ऊँचा होना चाहिए यह अनुसंधान का विषय है। इस सम्बन्ध में निम्नलिखित बातें विशेष रूप से महत्त्वपूर्ण हैं—

(1) तीव्र स्वर की अपेक्षा मन्द स्वर का संगीत अधिक लाभदायक सिद्ध होता है।

(2) संगीत में समय-समय पर परिवर्तन भी किया जाना चाहिये।

(3) स्वर संगीत की तुलना में वाद्य संगीत कम ध्यान बँटाता है और अधिक सन्तोषजनक होता है।

(4) संगीत की व्यवस्था लगातार न होकर विशेष अवसरों पर की जानी चाहिये। ये अवसर वे हैं जबकि थकान अत्यधिक होती है।

(5) दिन की पाली की तुलना में रात की पाली में संगीत की व्यवस्था अधिक लाभदायक होती है।

अभ्यास के लिए प्रश्न

1. टिप्पणी लिखिये—औद्योगिक थकान।
2. औद्योगिक थकान को परिभाषित कीजिये। भारतीय उद्योगों में औद्योगिक थकान दूर करने के प्रयासों की विवेचना कीजिये।

14

औद्योगिक दुर्घटनायें
(Industrial Accidents)

जब उद्योग के क्षेत्र में वैज्ञानिक दृष्टिकोण नहीं अपनाया गया था तो दुर्घटनाओं को आकस्मिक माना जाता था। उद्योग के क्षेत्र में वैज्ञानिक अध्ययन किये जाने के साथ-साथ यह पता चला कि सुरक्षा की व्यवस्था करने से दुर्घटनायें कम होती हैं। जिन कारखानों में सुरक्षा की व्यवस्थायें की गयीं उनमें अन्य कारखानों की तुलना में दुर्घटनाओं की संख्या निश्चित रूप से कम दिखलाई पड़ी। दुर्घटना बचाने का प्रशिक्षण देने से यह स्पष्ट हुआ कि दुर्घटनायें रोकी जा सकती हैं। अस्तु, आजकल दुर्घटनायें आकस्मिक नहीं मानी जातीं। इस परिवर्तन में उद्योग के क्षेत्र में कर्मचारी क्षतिपूर्ति कानूनों (Workmen's Compensation laws) का अत्यधिक महत्त्व है। इंग्लैंड और अमेरिका में इस तरह के कानून बनाये जाने के बाद कर्मचारी के दुर्घटनाग्रस्त हो जाने पर मालिकों को हर्जाना देना पड़ता था। इसका परिणाम यह हुआ कि दुर्घटनायें मालिकों के लिये अवांछनीय हो गयीं और वे उनको यथासम्भव रोकने का प्रयास करने लगे। कालान्तर में यह देखा गया कि सुरक्षा की व्यवस्थाओं पर जो खर्चा आता था वह दुर्घटनाओं के होने पर क्षतिपूर्ति के रूप में होने वाले खर्चे की तुलना में बहुत कम था। इस प्रकार सुरक्षा व्यवस्थायें बढ़ाने से मालिकों को सीधा लाभ था। अस्तु, सब कहीं उद्योगों में सुरक्षा की व्यवस्थायें बढ़ायी जाने लगीं और कर्मचारियों को सुरक्षा रखने के विषय में प्रशिक्षण दिया जाने लगा। दुर्घटनायें कम होने के साथ-साथ कार्य के घण्टों की हानि कम हुई और उत्पादन बढ़ा, इससे भी मालिकों को सीधा लाभ हुआ। दुर्घटनायें रोकने की व्यवस्था करने से कर्मचारियों की अभिवृत्तियाँ मालिकों के अनुकूल हुईं जिससे उत्पादन में प्रेरणा बढ़ी और मालिकों को लाभ हुआ। इंग्लैंड और अमेरिका में अनेक अध्ययनों से यह बात स्पष्ट हो गयी है कि दुर्घटनाओं की रोकथाम की व्यवस्थाओं से अरबों डालरों की बचत हुई है। ज्यों-ज्यों सुरक्षा व्यवस्थायें बढ़ती गयी हैं त्यों-त्यों उत्पादन बढ़ा है और मालिक मजदूर के सम्बन्ध अच्छे हुए हैं। अस्तु, आजकल सभी उद्योगों में सुरक्षा व्यवस्थाओं की ओर ध्यान दिया जाता है। स्पष्ट है कि ''दुर्घटनायें आकस्मिक नहीं होतीं।''

दुर्घटनाओं के कारण

यदि दुर्घटनायें आकस्मिक नहीं होतीं तो उनके कारण क्या हैं? इस सम्बन्ध में मनोवैज्ञानिकों ने कार्य की परिस्थितियों, कार्य की विधियों और कर्मचारियों की मानसिक स्थिति के विषय में महत्त्वपूर्ण अनुसंधान करके दुर्घटनाओं के कारणों का पता लगाया है। संक्षेप में दुर्घटना के मुख्य कारण निम्नलिखित हैं–

(अ) कार्य की अनुपयुक्त परिस्थितियाँ (improper Working Conditions)–कारखानों में तापमान की मात्रा, प्रकाश की मात्रा और किस्म, कार्य का समय, कारखाने में नमी की मात्रा, मशीनों की व्यवस्था, कार्य की पाली इत्यादि अनेक ऐसे कारक हैं जो दुर्घटनाओं के लिये उत्तरदायी होते हैं। दुर्घटनायें बढ़ाने वाले कार्य की परिस्थितियों से सम्बन्धित कारक निम्नलिखित हैं–

(1) उपयुक्त तापमान का अभाव (Absence of proper Temperature)–अनेक अध्ययनों से यह मालूम हुआ है कि तापमान के आवश्यकता से अधिक या आवश्यकता से कम होने पर दुर्घटनायें बढ़ जाती हैं। यह तथ्य विशेष रूप से खानों में काम करने वाले कर्मचारियों में दुर्घटनाओं के विषय में देखा जाता है। यह देखा गया है कि न्यूनतम तापमान वाले गढ़ों की तुलना में उच्चतम तापमान वाले गढ़ों में दुर्घटना की बारम्बारता लगभग तीन गुनी थी। तापमान औसत से गिरने पर दुर्घटना की दर बढ़ती जाती है। पुरुषों की तुलना में स्त्रियों पर ऊँचें तापमान का कम प्रभाव पड़ता है। इसका एक कारण यह हो सकता है कि अलग-अलग प्रकार के वस्त्र पहनने के कारण स्त्री और पुरूष कर्मचारी तापमान की मात्रा को अलग-अलग तरह से अनुभव करते हैं। भिन्न-भिन्न देशों में न्यूनतम और उच्चतम तापमान अलग-अलग निश्चित किया जा सकता है। ठण्डे देशों में जो तापमान औसत होगा। उसी तापमान में गर्म देशों में अधिक दुर्घटनायें हो सकती हैं क्योंकि गर्म देशों के कर्मचारी के लिये वह तापमान अत्यधिक है और वह उसका आदी नहीं है। अस्तु, किस स्थान पर कौन से कारखाने से कितना तापमान सामान्य है और कितना तापमान अत्यधिक या न्यूनतम है, यह बात प्रयोगों से निश्चित की जा सकती है और ऐसा तापमान बनाये रखने की कोशिश की जा सकती है जिससे अधिकतम उत्पादन हो और न्यूनतम दुर्घटनायें हों। औसबोर्न और वर्नन (Osborne and Vernon) ने जूता बनाने वाले कारखाने में अध्ययन करके देखा कि 55° से 59° फारेनहाईट के तापमान में दुर्घटनाओं की संख्या न्यूनतम थी।[1] बेडफोर्ड और वर्नन (Bedford and Vernon) के अध्ययनों से भी इस निष्कर्ष का समर्थन हुआ।

(2) नमी की अधिक मात्रा (Amount of humidity)–औद्योगिक परिस्थितियों में आवश्यकता से अधिक नमी होने पर कर्मचारी की शारीरिक स्थिति पर प्रभाव पड़ता है और इसलिये दुर्घटना की सम्भावना बढ़ जाती है। यह तथ्य खानों में होने वाली दुर्घटनाओं से

1. E.E. Osborne and H.M. Vernon, The Influence of Temperature and other Conditions on the frequency of Industrial Accidents, *Ind. Fat. Res. Brd. Rep.* No. 19 (1922). p. 17.

पुष्ट हुआ है। अस्तु, आजकल कार्य करने के वातावरण में नमी की मात्रा का नियन्त्रण किया जाता है।

(3) समुचित प्रकाश का अभाव (Absence of Proper l;ight)—चूँकि प्रकाश की मात्रा आवश्यकता से बहुत कम या अधिक होने पर थकान बढ़ती है और आँखों पर जोर पड़ता है इसलिये समुचित प्रकाश के अभाव को दुर्घटना का कारण माना जा सकता है। कृत्रिम प्रकाश की तुलना में प्राकृतिक प्रकाश अधिक अच्छा है। यह देखा गया है कि प्राकृतिक प्रकाश की तुलना में कृत्रिम प्रकाश में दुर्घटनाओं की संख्या लगभग 25 प्रतिशत बढ़ जाती है। प्रकाश से दुर्घटनाओं का सम्बन्ध रात और दिन की पालियों की दुर्घटनाओं की तुलना करने से भी सिद्ध होता है। वर्नन ने रात और दिन की पाली में होने वाली दुर्घटनाओं की तुलना करके यह सिद्ध किया कि दिन की पाली की तुलना में रात की पाली में दुर्घटनायें कम होती हैं।[1] रेल दुर्घटनायें जितनी अधिक रात में होती हैं उतनी दिन में नहीं होती हैं क्योंकि रात में प्रकाश की कमी रहती है। यहाँ यह याद रखना आवश्यक है कि प्रकाश की कमी दुर्घटना का एकमात्र कारण नहीं है। चूँकि रात में सड़कें दिन की तुलना में अधिक खाली रहती हैं इसलिये मोटर दुर्घटनायें दिन की तुलना में रात में कम होती हैं भले ही उस समय प्रकाश कम होता हो।

(4) काम की पाली (Work Shift)—वर्नन ने अपने अध्ययनों के आधार पर यह दिखलाया कि दिन की पाली की अपेक्षा रात की पाली में दुर्घटनायें कम होती हैं। इसका कारण यह है कि दिन की पाली में कर्मचारी प्रातः काल कुछ खा पीकर और रात में अच्छी तरह आराम करने के बाद काम पर पहुँचते हैं परन्तु काम शुरू करने के बाद थोड़ी ही देर में असावधान हो जाते हैं जिससे दुर्घटनायें होती हैं। दूसरी ओर रात की पाली में काम करने वाले कर्मचारी कई घण्टे पहले से जगे रहते हैं और अधिक सावधान रहते हैं, इससे दुर्घटनाओं की सम्भावना कम हो जाती है। वर्नन के इस मत के विरुद्ध भी कुछ अनुसंधान हुए हैं जिनमें दिन की पाली की तुलना में रात की पाली में अधिक दुर्घटनायें दिखलाई पड़ी हैं। कभी-कभी कुछ कर्मचारी दिन में पर्याप्त रूप से सोने का अवसर न पाने के कारण और रात में कारखाने में नशा करके आने के कारण या नींद से ऊँघने के कारण दुर्घटना का शिकार हो जाते हैं। रेलों में काम करने वाले कर्मचारी रात के समय नींद के कारण असावधान हो जाते हैं जिससे दुर्घटनायें होती हैं। अस्तु, दिन या रात की पाली में से किसमें अधिक दुर्घटनायें होती हैं, इस विषय में सभी वैज्ञानिक सहमत नहीं हैं। जहाँ दिन में प्रकाश अधिक होता है और लोग कम थके हुये होते हैं, वहाँ इसी कारण वे असावधान हो जाते हैं जबकि रात की पाली में कर्मचारी में सावधानी बढ़ जाती है।

(ब) कार्य विधियाँ (Work Methods)—कार्य करने की परिस्थितियों के अतिरिक्त कार्य की विधियाँ भी दुर्घटनाओं का कारण होती हैं। यह देखा गया है कि कार्य काल की लम्बाई, कार्य की कठोरता, उत्पादन की गति तथा थकान बढ़ाने वाली विधियों का दुर्घटनायें बढ़ाने में महत्त्वपूर्ण हाथ होता है। संक्षेप में, कार्य की विधियों में दुर्घटनाओं के लिए महत्त्वपूर्ण कारक अग्रलिखित हैं—

---

1. H.M. Vernon, *Industrial Fatigue and Efficiency,* London, (1921), p. 264.

(1) कार्य काल की लम्बाई (Lenght of Work Period)—कर्मचारियों का कार्य काल बढ़ने के साथ-साथ थकान भी बढ़ती जाती है जिससे लम्बे कार्य काल में दुर्घटनायें अधिक होती हैं। औसबार्न और वर्नन के अध्ययनों में[1] जब दिन की पाली में काम करने वाले कर्मचारियों का कार्य काल 59 घण्टे से घटाकर 53 घण्टे प्रति सप्ताह कर दिया गया तो दुर्घटनाओं की संख्या 10 प्रतिशत कम हो गयी। रात की पाली में काम करने वाले कर्मचारियों का कार्यकाल 63 घण्टे से घटाकर 48 घण्टे प्रति सप्ताह कर दिये जाने से दुर्घटनाओं में 25 प्रतिशत की कमी दिखलाई पड़ी। बहुधा देखा जाता है कि जब कर्मचारी काम के घण्टों के अतिरिक्त ओवर टाइम में काम करते हैं तो दुर्घटनायें अधिक होती हैं। अस्तु, यह कहा जा सकता है कि कार्यकाल की लम्बाई एक निश्चित सीमा से अधिक बढ़ने पर दुर्घटनायें भी बढ़ती हैं।

(2) कार्य की कठोरता (Severity of Work)—जिन कार्यों को करने में अधिक शारीरिक परिश्रम करना पड़ता है वे कठोर कार्य कहे जाते हैं। इस तरह के कठोर कार्यों में अन्य कार्यों की तुलना में दुर्घटनायें अधिक होती हैं। सन् 1912 में अमेरिका में गोल्डमार्क (Goldmark) ने प्रातःकाल और सायंकाल की दुर्घटनाओं का तथा कठोर और कम परिश्रम वाली दुर्घटनाओं का तुलनात्मक अध्ययन करके यह दिखलाया कि कार्य की कठोरता दुर्घटना का कारण है और थकान बढ़ने के साथ-साथ दुर्घटनाओं की सम्भावना भी बढ़ती है।[2]

(3) कार्य की गति (Speed of Work)—वर्नन के अध्ययनों से यह ज्ञात हुआ कि कार्य की गति तीव्र होने के साथ-साथ दुर्घटनाओं की सम्भावना भी बढ़ती जाती है। इसका मुख्य कारण यह है कि कार्य की गति बढ़ने से थकान बढ़ती है। माइल्स (Miles)[3] ने पैण्डुलम परीक्षण के प्रयोग द्वारा उपरोक्त मत का समर्थन किया और यह दिखलाया कि गति की तीव्रता से दुर्घटनाओं की बारम्बारता बढ़ती है किन्तु दूसरी ओर सभी प्रकार के अध्ययनों से ऐसे ही परिणाम प्राप्त हुये हैं। उदाहरण के लिये अमेरिकन इन्जीनियरिंग कौंसिल की ओर से न्यूयार्क में लगभग दस लाख कर्मचारियों पर सुरक्षा तथा उत्पादन के अध्ययन से यह पता चला कि उत्पादन की गति बढ़ने के साथ-साथ दुर्घटनाओं की संख्या कम हुई है। वास्तव में सबसे अधिक महत्त्वपूर्ण बात यह है कि विशेष उद्योग में आप किसे कार्य की उपयुक्त गति कहते हैं। भिन्न-भिन्न व्यक्तियों के लिये उपयुक्त गति की मात्रा भी अलग-अलग हो सकती है। कुछ लोग अन्य लोगों की तुलना में सदैव अधिक तीव्र गति से काम कर सकते हैं और उनकी गति को इससे कम करने पर दुर्घटना की सम्भावना बढ़ सकती है। इसी तरह कार्य की गति भिन्न-भिन्न यन्त्रों पर भिन्न-भिन्न होगी। फिर, थका हुआ व्यक्ति तीव्र गति से काम नहीं कर सकता जबकि अपेक्षाकृत ताजा और स्वस्थ कर्मचारी अधिक तीव्र गति से काम करते हुए भी दुर्घटना में नहीं फँसता। इस प्रकार यह स्पष्ट है कि उपयुक्त गति से अधिक कार्य गति होने

1. E.E. Osborne and H.M. Vernon, *Op. Cit.*, p. 12.
2. J. Goldmark, *Fatigue and Efficiency*, New York, 1912, p. 72.
3. W.R. Miles, *Psychological Review*, 27 (1920), pp. 361-367.

पर दुर्घटनायें अवश्य बढ़ती हैं किन्तु उपयुक्त गति क्या है। यह कार्य के प्रकार, यन्त्रों की रचना, कर्मचारी के स्वास्थ्य तथा प्रेरणा इत्यादि अनेक कारकों पर निर्भर होता है।

(4) थकान बढ़ाने वाली विधियाँ (Methods Increasing fatigue)—चूँकि थकान बढ़ने से दुर्घटनाओं की सम्भावना बढ़ती है इसलिये जो कार्य विधियाँ थकान बढ़ाती हैं वे भी दुर्घटनाओं की सम्भावनायें बढ़ाती हैं। मोटर दुर्घटनाओं के विषय में यह देखा गया है कि चालकों के अत्यधिक थके होने पर दुर्घटनायें अधिक होती हैं। यही बात रेल दुर्घटनाओं के विषय में भी देखी गयी है।

(5) सुरक्षा व्यवस्थाओं का अभाव (Absence of Safety Devices)—दुर्घटनायें बढ़ाने वाली कार्य विधियों में सुरक्षा व्यवस्थाओं के अभाव में कार्य करने की विधि भी सम्मिलित हैं। कहीं-कहीं तो कारखानों में मशीनों पर सुरक्षा व्यवस्थाओं का कोई प्रबन्ध नहीं होता और इससे दुर्घटनायें अधिक होती हैं किन्तु कहीं-कहीं पर यह प्रबन्ध होने के बावजूद भी कुछ कर्मचारी इन साधनों का प्रयोग करना नहीं चाहते और यह दिखाना चाहते हैं कि वे उनके बिना ही काम चला सकते हैं। ऐसी परिस्थिति में इस प्रकार की सुरक्षा व्यवस्थाओं का होना जरूरी है जिन्हें प्रयोग किये बिना कर्मचारी काम ही न कर सकें। सुरक्षा व्यवस्थायें बढ़ने के साथ-साथ दुर्घटनाओं की संख्या कम होती गई है। दूसरी ओर सुरक्षा व्यवस्थायें कम होने के साथ-साथ दुर्घटनायें बढ़ती गयी हैं।

(स) कर्मचारी से सम्बन्धित कारक (Factors Concerning the Worker)—कार्य की परिस्थितियों और कार्य की विधियों के अतिरिक्त कर्मचारी से सम्बन्धित अनेक कारक भी दुर्घटनाओं के लिए उत्तरदायी सिद्ध होते हैं। इस प्रकार के कारकों में मुख्य निम्नलिखित हैं—

(1) अपरिपक्व आयु (Immature Age)—अनेक अध्ययनों से यह पता चला है कि परिपक्व आयु के कर्मचारियों की तुलना में अपरिपक्व आयु के कर्मचारी शीघ्र और अधिक दुर्घटना के शिकार होते हैं। इस सम्बन्ध में लिपमैन, गेट्स और श्मिट (Lippman, Gattes and Schmitt) के अध्ययन महत्त्वपूर्ण हैं। अस्तु, आधुनिक उद्योगों में अपरिपक्व आयु के व्यक्तियों को नौकरी नहीं दी जाती।

(2) अनुभवहीनता (Inexperience)—मशीनों पर काम करने में अनुभवी कर्मचारियों की तुलना में अनुभवहीन कर्मचारी दुर्घटना के शिकार अधिक होते हैं। इस प्रकार अनुभवहीनता दुर्घटना का महत्त्वपूर्ण कारण है। अमेरिका की कार्नेगी स्टील कम्पनी और यंगस्टाउन स्टील कम्पनी तथा अन्य कम्पनियों के कर्मचारियों के अध्ययन से फिशर (B. Fisher)[1] ने यह निष्कर्ष निकाला कि एक महीने का अनुभव रखने वाले कर्मचारियों में अधिक अनुभवी कर्मचारियों की तुलना में दुर्घटनाओं की संख्या 6 गुना अधिक होती है। इससे स्पष्ट होता है कि कर्मचारियों की अनुभवहीनता दुर्घटना का महत्त्वपूर्ण कारण है।

---

1. B. Fisher, *Mental Causes of Accidents,* New York (1922), p. 34.

(3) बुरी स्वास्थ्य दशा (Bad State of Health)—यदि कर्मचारी का स्वास्थ्य दोषपूर्ण है, उसे तरह-तरह की बीमारियाँ हैं, वह बराबर सिर दर्द, पेट में दर्द, कमर में दर्द इत्यादि का शिकार बना रहता है तो उसके दुर्घटनाग्रस्त होने की सम्भावना बढ़ जाती है। फारमर और चैम्बर्स (Farmer and Chambers) ने अपने अध्ययनों में देखा कि अस्पताल में कर्मचारियों की उपस्थिति और दुर्घटनाओं की संख्या में प्रत्यक्ष सह-सम्बन्ध था।[1] न्यूबोल्ड (E.M. Newbold) ने अपने अध्ययनों से छोटी-छोटी बीमारियों का दुर्घटनाओं से सम्बन्ध स्थापित किया। अमेरिका में फिलाडेलफिया इलैक्ट्रिक कम्पनी के 135 कर्मचारियों पर अध्ययन करके वाइटल्स (Viteles)[2] ने यह निष्कर्ष निकाला कि स्वस्थ्य कर्मचारियों की तुलना में रोगी कर्मचारियों का दुर्घटना रिकार्ड लगभग 3 गुना अधिक था। बिंघम (Bingham)[3] ने रक्त चाप के शिकार कर्मचारियों का अध्ययन करके यह पता लगाया कि यह बीमारी दुर्घटना का एक कारण थी। इस प्रकार स्वास्थ्य सम्बन्धी दोष दुर्घटनाओं के कारण सिद्ध होते हैं।

(4) शारीरिक दोष (Physical Defects)—भिन्न-भिन्न प्रकार के काम करने के लिए शरीर के अंगों में समुचित योग्यता की आवश्यकता पड़ती है। उदाहरण के लिए अनेक मशीनों पर काम करने में कर्मचारी की नेत्र शक्ति सामान्य होनी चाहिए। ऐसा न होने पर वह दुर्घटना का शिकार हो जाता है। इसलिए रेलों में कर्मचारियों की नियुक्ति करते समय उनकी नेत्र शक्ति का विशेष रूप से परीक्षण किया जाता है। किसी कारखाने में कोई कर्मचारी कौन-सा काम करता है इससे यह निर्धारित हो सकता है कि उसके कौन-कौन से शारीरिक अंग विशेष रूप से पुष्ट होने चाहिए। उदाहरण के लिए हाथ के हथौड़े से काम करने वाले कर्मचारी की भुजायें पुष्ट न होने पर दुर्घटनायें बढ़ सकती हैं। किन्तु यदि विशिष्ट कार्य के कर्मचारी को किसी विशेष अंग की लगभग बिल्कुल आवश्यकता नहीं पड़ती तो उसके दोषपूर्ण होने से दुर्घटनाओं का कोई सम्बन्ध नहीं है। उदाहरण के लिए लिपिक कार्य करने वाला कर्मचारी पैर से दोषपूर्ण होने पर भी अपनी नौकरी पर ठीक काम कर सकता है।

(5) लिंग के भेद का प्रभाव (Influence of Sex Differences)—यह देखा जाता है कि लिंग भेद के कारण स्त्री और पुरुष कुछ विशेष प्रकार के काम करने के लिये अधिक उपयुक्त सिद्ध होते हैं। साधारणतया स्त्रियाँ कठोर परिश्रम के और खतरनाक परिस्थिति के कामों को उतनी अच्छी तरह नहीं कर सकतीं जितनी अच्छी तरह पुरुष कर सकते हैं और इसलिए इस तरह के कार्यों में उनके दुर्घटनाग्रस्त होने की सम्भावना बढ़ जाती हैं। कार दुर्घटनाओं में पुरुष चालकों की अपेक्षा स्त्री चालक ही अधिक फंसती हैं। कठोर कार्यों में पुरुष कर्मचारियों की तुलना में स्त्री कर्मचारियों में लगभग तिगुनी दुर्घटनायें अधिक होती हैं।

---

1. E. Farmer and E.G. Chambers, A study of Personal qualities in Accident proneness and Proficiency, *Ind Fat. Res. Bd. Rep.*, No. 55 (1929), p. 84.
2. M.S. Viteles, *Industrial Psychology,* p. 352.
3. W.V. Bingham, Prone to Accident Driver, *Proceedings 17th Annual Conference on Highway Engineering.* Ann. Arbor, Mach. (1931), p. 4.

(6) प्रतिकूल मानसिक और संवेगात्मक दशा (Unfavourable mental and emotional condition)—यदि कार्य करते समय कर्मचारी की मानसिक दशा और संवेगावस्था कार्य के अनुकूल नहीं है तो दुर्घटना की सम्भावना बढ़ जाती हैं। इसीलिए मानसिक रूप से अस्वस्थ और संवेगात्मक रूप से असन्तुलित कर्मचारी दुर्घटनाओं के शिकार अधिक होते हैं। इसीलिए अधिकतर कारखानों में कर्मचारियों को शराब पीकर आने की अनुमति नहीं है क्योंकि शराब पीने से उनका मानसिक सन्तुलन बिगड़ जाता है और वे काम नहीं कर सकते। हेरसी (Heresy) के अध्ययनों से यह ज्ञात हुआ कि लगभग पचास प्रतिशत दुर्घटनायें कर्मचारी के संवेगात्मक असन्तुलन के कारण होती हैं।

(द) तात्कालिक कारक—दुर्घटनाओं के उपरोक्त कारणों के अतिरिक्त कुछ तात्कालिक कारक भी दुर्घटनाओं के लिए उत्तरदायी होते हैं। उदाहरण के लिए सुरक्षा व्यवस्थाओं का फेल हो जाना, मशीन में किसी प्रकार का दोष आ जाना, कर्मचारी की असावधानी, अज्ञान, नशे में होना या काम पर ऊधना, मालिक और कर्मचारी की झड़प इत्यादि अनेक दुर्घटना का कारण हो सकती हैं। इसीलिए कोई भी दुर्घटना होने पर बाकायदा उसके कारणों की जाँच आवश्यक मानी जाती है जिससे दुर्घटना का उत्तरदायित्व निश्चित किया जा सके। इस सम्बन्ध में किसी निष्कर्ष पर पहुँचने से पहले कार्य की परिस्थितियों, कार्य की विधियों, दुर्घटनाग्रस्त कर्मचारियों की व्यक्तिगत विशेषताओं के अतिरिक्त कारखाने की सामाजिक परिस्थितियों, मालिक मजदूर के सम्बन्ध और दुर्घटना के समय की परिस्थितियों पर भी ध्यान दिया जाना चाहिए।

दुर्घटनायें रोकने के उपाय

पीछे दुर्घटनाओं के जो कारण बतलाये गए हैं उन कारणों को दूर करना ही दुर्घटनाओं को रोकने का उपााय है। संक्षेप में, दुर्घटना रोकने के मुख्य उपाय निम्नलिखित हैं—

(1) कार्य की परिस्थितियों में सुधार (Reform of working conditions)—दुर्घटनायें रोकने के लिए कार्य की परिस्थितियों में सुधार किया जाना चाहिये। कारखाने में तापमान की मात्रा ऐसी हो जो न आवश्यकता से अधिक हो और न कम हो। इससे कर्मचारियों के स्वास्थ्य पर अच्छा प्रभाव पड़ता है और दुर्घटनायें कम होती हैं। काम करने के स्थान पर प्रकाश पर्याप्त, उचित प्रकार का और ठीक दिशा से आने वाला होना चाहिए। मशीनों के जिन भागों पर विशेष रूप से ध्यान देना आवश्यक होता है उन्हीं पर अधिक रोशनी पड़नी चाहिए। कर्मचारियों की आँखों पर सीधी तेज रोशनी पड़ना उचित नहीं है। प्रकाश की दिशा ठीक न होने से अनेक दुर्घटनायें होती हैं। कारखाने में मशीनों की व्यवस्था इस प्रकार से की जानी चाहिए कि कम से कम गति करते हुए अधिक उत्पादन किया जा सकता हो। जिन मशीनों से दुर्घटना होने की अशंका है उनसे कर्मचारी को दूर रखने के लिए सुरक्षा विधियों की व्यवस्था की जानी चाहिए।

(2) सुरक्षा विधियों की व्यवस्था (Provision of safety methods)—आजकल इन्जीनियरों और मनोवैज्ञानिकों दोनों ने मिलकर कारखानों में ऐसी व्यवस्था की है जिससे

खतरनाक मशीनों से कम से कम दुर्घटनायें हों। इसके लिए इन्जीनियरों ने सुरक्षात्मक यन्त्रों, विशेष प्रकार के दस्तानों, आँखों की रक्षा करने के लिए विशेष प्रकार के चश्मों और मशीनों को हाथ न लगाते हुए काम लेने वाले विशेष प्रकार के यन्त्रों का आयोजन किया है। काम करते समय कर्मचारी को खतरनाक मशीन से दूर रखने के लिए भी कुछ विधियाँ अपनायी गयी हैं किन्तु कभी-कभी कुछ कर्मचारी यह दिखलाना चाहते हैं कि वे खतरे से नहीं डरते और इसलिए वे सुरक्षा की इन विधियों को काम में नहीं लाते। ऐसे कर्मचारियों के लिए इस प्रकार के सुरक्षा यन्त्रों का आयोजन किया जाता है जिनको अलग करने से उत्पादन में बाधा पड़ती है और जिनको इस्तेमाल करना उत्पादन के लिए आवश्यक होता है। जिन मशीनों में इस प्रकार का प्रबन्ध नहीं किया जा सकता, उनमें सुरक्षा साधनों को अपनाने के लिए कर्मचारियों को प्रेरित किया जाना चाहिए। इसके लिऐ कर्मचारी को सुरक्षा यन्त्रों के साथ काम करने का प्रशिक्षण दिया जा सकता है। यदि इस प्रकार के प्रशिक्षण की व्यवस्था नहीं हो सकती तो इन व्यवस्थाओं को अपनाने के हेतु अतिरिक्त वेतन दिया जा सकता है। संक्षेप में कर्मचारियों को सुरक्षा के यन्त्रों का प्रयोग करने के लिये हर तरह से प्रेरित किया जाना चाहिए।

सुरक्षा विधियों में एक अन्य गुण यह होना चाहिए कि वे शत-प्रतिशत सुरक्षित हों। ऐसा न होने पर उनसे दुर्घटनायें कम होने के स्थान पर और भी बढ़ जायेंगी क्योंकि सुरक्षा यन्त्रों की व्यवस्था हो जाने से कर्मचारी दुर्घटना की ओर से असावधान हो जाता है और यदि सुरक्षा यन्त्र केवल 50 प्रतिशत स्थितियों में ही सुरक्षा प्रदान करता है तो उससे दुर्घटना की संख्या बढ़ जाती है। दूसरी ओर सुरक्षा यन्त्रों के अभाव में कर्मचारी स्वयं अधिक सावधान रहता है जिससे दुर्घटनायें कम होती हैं। वास्तव में कर्मचारी प्रत्येक प्रकार की स्थिति से समायोजन कर लेता है। यदि वह खतरनाक मशीन पर काम कर रहा है और सुरक्षा का कोई प्रबन्ध नहीं है तो वह अत्यधिक सावधान रहता है। रात की पाली में काम करने वाले कर्मचारी दिन की पाली में काम करने वाले कर्मचारियों की तुलना में अधिक सावधान रहते हैं क्योंकि वे जानते हैं कि सावधान न रहने पर दुर्घटना हो जाएगी। दूसरी ओर दिन की पाली में काम करने वाले कर्मचारी इतने सावधान नहीं रहते। इसका परिणाम यह होता है कि दिन की अपेक्षा रात में कृत्रिम प्रकाश में दुर्घटना की सम्भावनायें अधिक होने के बावजूद दुर्घटनायें दिन में ही अधिक होती हैं। यदि मशीनों पर सुरक्षा यन्त्रों का प्रबन्ध होता है तो कर्मचारी असावधान हो जाता है और सुरक्षा यन्त्र के फेल होते ही दुर्घटना हो जाती है। यह तथ्य कारों की गति द्वारा दुर्घटना के विषय में भी देखा जाता है। गति मन्द हो जाने पर दुर्घटनायें कम हो जाती हैं क्योंकि इतना स्थान नहीं होता कि कोई भी अपनी कार को तेज करे और एक दूसरे से लड़ जाने का खतरा उपस्थित होने के कारण प्रत्येक सम्भल कर चलाता है। दूसरी ओर सड़क को खाली देखकर और सीधा रास्ता पाकर चालक गाड़ी को तेजी से छोड़ देते हैं जिसका परिणाम यह होता है कि दुर्घटनाओं की संख्या बढ़ जाती है। इसीलिये अमेरिका में ग्रामीण रास्तों पर दस प्रतिशत और नगरीय रास्तों पर केवल 5 प्रतिशत ही दुर्घटनायें होती हैं जबकि गाँव की सड़कें खाली पड़ी रहती हैं और शहर की सड़कों पर आवागमन अधिक होता है। इसी प्रकार के उदाहरण कारखानों की अन्य परिस्थितियों में भी पाये जाते हैं।

उपरोक्त उपायों के अतिरिक्त कारखाने में आने वाले हर एक नये श्रमिक को खतरनाक मशीनों से सावधान कर दिया जाना चाहिये। आधुनिक कारखाने में ऐसी मशीनों पर खतरे के चिन्ह बने रहते हैं तथा खतरा लिखा रहता है जिससे मजदूर सावधान रहते हैं। कभी-कभी जो यन्त्र किसी एक ओर सुरक्षा का प्रबन्ध करता है वहीं दूसरी ओर दुर्घटना का कारण बन जाता है क्योंकि श्रमिक उस ओर से असावधान हो जाते हैं। मनोवैज्ञानिकों और इन्जीनियरों को सुरक्षा यन्त्रों की रचना इस प्रकार करनी चाहिये कि उनसे काम के प्रतिमान में बाधा न पड़े बल्कि सहायता ही मिले। इस प्रकार के यन्त्रों की व्यवस्था होने से उत्पादन बढ़ता है, थकान कम होती है और सुरक्षा भी बढ़ती है। वास्तव में खतरे के आभास से श्रमिक तनाव की स्थिति में रहता है और इसीलिए शीघ्र ही थक जाता है। दूसरी ओर सुरक्षा विधियों की व्यवस्था होने से यह स्नायविक तनाव नहीं रहता और इसलिये थकान कम होती है।

(3) कर्मचारी की व्यक्तिगत विभिन्नताओं का ध्यान रखना (Attending Individual differences)—अनेक दुर्घटनायें इसलिए होती हैं कि कर्मचारी को उसकी शक्ति से अधिक भारी और जटिल काम दे दिया जाता है। उदाहरण के लिए स्त्रियां अधिक भारी काम नहीं कर सकतीं और यदि उन्हें इस तरह के काम पर लगाया जायेगा तो निश्चय ही दुर्घटनाओं की सम्भावना बढ़ जायेगी। अस्तु, किसी कारखाने में भिन्न-भिन्न कामों पर कर्मचारियों की नियुक्ति करते समय उनकी आयु, लिंग, अनुभव, मानसिक स्वास्थ्य, संवेगात्मक दशा, स्वभाव, बुद्धि, शारीरिक दोष और गुण आदि की भली-भाँति छानबीन की जानी चाहिये। यदि इस सब छानबीन में वह कार्य के उपयुक्त पाया जाता है तो ही उसको वह कार्य दिया जाना चाहिये। इसके अतिरिक्त यदि कोई कर्मचारी किसी मशीन पर काम करने में बार-बार दुर्घटना में फंस जाता है तो उसे वहाँ से हटाकर दूसरा काम दिया जाना चाहिये। भिन्न-भिन्न कर्मचारियों की दुर्घटना प्रवणता की परीक्षा करके तब उन्हें खतरनाक मशीनों पर नियुक्त किया जाना चाहिये।

(4) सही कार्य विधियों में प्रशिक्षण (Training in right work methods)—अनेक दुर्घटनायें इसलिये होती हैं कि कर्मचारी जिन यन्त्रों से काम ले रहे होते हैं उन्हें ठीक से चलाने का प्रशिक्षण नहीं दिया जाता। अस्तु, किसी भी मशीन पर कर्मचारी की नियुक्ति करने से पहले उसे मशीन को ठीक से चलाने तथा मशीन की संरचना, खतरनाक पुर्जे इत्यादि का प्रशिक्षण दिया जाना चाहिये। कार्य विधि गलत होने से दुर्घटनायें इसलिये भी अधिक होती हैं क्योंकि गलत कार्य विधि से काम करने वाला कर्मचारी शीघ्र थक जाता है और थकान की स्थिति में काम करने से उसकी दुर्घटना प्रवणता बढ़ जाती है।

(5) थकान दूर करने वाले उपाय—पीछे बतलाया गया है कि दुर्घटना का एक बड़ा कारण थकान है। अस्तु, अपरोक्ष रूप में थकान दूर करने के उपाय दुर्घटना रोकने के उपाय हैं। थकान दूर करने के उपायों में सबसे अधिक मुख्य सही मध्यान्तर से विश्राम काल की व्यवस्था करना है जिससे श्रमिक खोयी हुई शक्ति फिर से प्राप्त करता रहे और कभी भी उसे अत्यधिक थकान का अवसर न आये। इसके अतिरिक्त काम के घण्टे केवल इतने ही होने चाहियें जिनमें अत्यधिक थकान का अवसर न हो। कर्मचारियों को उनकी शारीरिक और

मानसिक शक्ति के अनुसार काम देने से ही थकान कम होती है। कार्य के परिणामों को जानते रहने से, कार्यालय का वातावरण प्रफुल्लतामय होने से, मालिक-मजदूर के सम्बन्ध अच्छे होने से और वेतन आदि की व्यवस्था इत्यादि से थकान कम होती है। इसके अतिरिक्त कर्मचारियों के लिये मध्यान्तर में पीने के पानी और खाने के लिये पौष्टिक तथा सस्ते भोजन तथा आराम करने के लिये आरामदेह कुर्सियों और चारपाइयों की व्यवस्था की जानी चाहिये।

(6) कार्य की सही गति (Proper speed of work)—अनेक दुर्घटनायें आवश्यकता से अधिक तीव्र गति से काम करने के कारण होती है। तेज गति से कार चलाने वाले चालक अकसर दुर्घटना कर बैठते हैं। अस्तु, कार्यालयों में तथा कारखानों में कर्मचारियों की कार्य की गति पर नियन्त्रण किया जाना चाहिये। कार्य काल के अतिरिक्त काम करने से भी दुर्घटनायें अधिक होती हैं। यदि कर्मचारी कार्य पर आने के तुरन्त बाद अत्यधिक तीव्र गति से काम करता है तो वह शीघ्र थक जाता है और फिर थकान की दशा में काम करते रहने से दुर्घटना की सम्भावनाएँ बढ़ जाती हैं। इसलिये कर्मचारी को ऐसी गति से काम करना चाहिये जिससे वह अत्यधिक थकान आये बिना दिन भर काम कर सकता हो।

(7) सुरक्षा समितियों का संगठन (Organisation of Safety Committees)—आजकल दुर्घटनाओं की रोकथाम में, और यदि कारखाना बहुत बड़ा है तो कारखाने के प्रत्येक विभाग में, एक सुरक्षा समिति होनी चाहिये। इसमें कर्मचारियों के अतिरिक्त सुरक्षा अधिकारी और मनोवैज्ञानिक भी शामिल हो सकते हैं। इस समिति की बैठकों में कर्मचारियों की शिकायतों और सुझावों पर गौर किया जा सकता है जिससे एक ओर दुर्घटना की सम्भावनाओं का पता चलता है वहाँ दूसरी ओर दुर्घटनायें रोकने में सबकी रुचि बनी रहती है। इस प्रकार की सुरक्षा समितियाँ राष्ट्रीय पैमाने पर भी बनाई जा सकती हैं और इन समितियों में विभिन्न उद्योगों के प्रतिनिधि भाग ले सकते हैं इस प्रकार की समितियों से श्रमिकों की सुरक्षा होती है, उनकी सुरक्षा चेतना बढ़ती है और नयी सुरक्षा विधियों का आविष्कार होता है। इससे एक अन्य महत्त्वपूर्ण लाभ यह होता है कि जो कर्मचारी सुरक्षा व्यवस्था को अपनाना नहीं चाहता या दुर्घटना की ओर से असावधान रहता है उसकी आलोचना की जाती है और उसका सामाजिक बहिष्कार किया जा सकता है।

(8) सुरक्षा आन्दोलन और पोस्टर (Safety Campaigns and Posters)—सुरक्षा बनाये रखने का अन्य महत्त्वपूर्ण उपाय कारखानों में तथा कार्यालयों में सुरक्षा आन्दोलन करना है। इसके लिये पोस्टरों और नारों का प्रयोग किया जा सकता है। साधारणतया ये नारे निषेधात्मक नहीं होने चाहियें। उदाहरण के लिये "असावधान कर्मचारी मूर्ख है" यह नारा उचित नहीं है, इसके स्थान पर यदि वह कहा जाये कि "खतरों से सावधान रहिये", "सिर पर टोप पहने रहिये", "इस क्षेत्र में विषैली गैसों से खतरा है", "यहाँ से सड़क पार करें", "यदि धूम्रपान करना है तो पास के कक्ष में जाइये" तो इस प्रकार के आदेश वाले पोस्टरों से कर्मचारियों को अपनी गतिविधि नियन्त्रित करने का निर्देशन मिलेगा। कारखानों में स्थान-स्थान पर इस प्रकार के नारे लिखकर टाँगे जा सकते हैं जिनसे कर्मचारियों का भय दूर हो, सुरक्षा की प्रवृत्ति जागृत हो और सही काम करने का निर्देशन मिले। दुर्घटना से सम्बन्धित

पोस्टर में केवल दुर्घटना दिखाना मात्र पर्याप्त नहीं है क्योंकि उससे कर्मचारी केवल भयभीत हो जायेगा। पोस्टर से जहाँ उसे यह पता लगना चाहिये कि दुर्घटना के क्या दुष्परिणाम होते है वहाँ यह भी पता लगना चाहिये कि दुर्घटनायें कैसे रोकी जायें।

(9) सुरक्षा की आदतें (Habits of Safety)—किन्तु दुर्घटना रोकने के लिये सबसे अधिक महत्त्वपूर्ण उपाय कर्मचारियों में काम के विषय में ऐसी आदतों का निर्माण करना है जिससे वे अधिक से अधिक सुरक्षित रहें। यदि कर्मचारी को गलत तरीके से काम करने की और सुरक्षा यन्त्रों का प्रयोग न करने की आदत पड़ चुकी है तो कभी-कभी कोशिश करने पर भी वह दुर्घटना से बच नहीं पाता। भिन्न-भिन्न मशीनों पर काम करने के लिये भिन्न-भिन्न प्रकार के सुरक्षा यन्त्रों का प्रयोग करना होता है। कर्मचारी को इनका प्रयोग करने की आदत होनी चाहिये। कभी-कभी जब किसी नये सुरक्षा यन्त्र की व्यवस्था की जाती है तो कर्मचारी उसे अपनाना नहीं चाहते। ऐसी परिस्थिति में उन पर जोर न डालकर उन्हें मनोवैज्ञानिक विधियों से यह आभास कराया जाना चाहिए कि इन यन्त्रों को प्रयोग करना उनके अपने ही लाभ की बात है। एक बार यह पता लग जाने पर फिर वे स्वयं उसका प्रयोग करने लगते हैं। इस प्रकार की आदतें पड़ जाने पर खतरों से सावधान रहने के लिये कहना नहीं पड़ता क्योंकि वह कर्मचारी की आदत बन चुका होता है। इसी कारण उद्योगों में प्रशिक्षण को इतना अधिक महत्त्व दिया जाता है। अनुभव का भी यह महत्त्व है।

(10) सुरक्षा की प्रेरणा (Motivating Safety)—सुरक्षा विधियों को अपनाने और खतरों से सावधान रहने के लिए कर्मचारी में प्रेरणा न होने पर दुर्घटनाएं नहीं रोकी जा सकतीं। अस्तु, आजकल कर्मचारियों को सुरक्षा से रहने के हेतु प्रेरित किया जाता है। इसका एक उपाय सुरक्षा विधियों का प्रयोग करने वाले कर्मचारियों की वेतन वृद्धि या भत्ते में वृद्धि करना है। सुरक्षा की प्रेरणा बढ़ाने का एक अन्य उपाय विरोधी प्रेरणाओं को दूर करना है। उदाहरण के लिये यदि एक ओर कर्मचारी को सुरक्षा के लिए प्रेरित किया जाए और दूसरी ओर उस पर उत्पादन की गति बढ़ने के लिये जोर दिया जाए तो सुरक्षा विधियाँ अपनाने में कठिनाई होगी। कभी-कभी सुरक्षा विधियों को इसलिए नहीं अपनाया जाता क्योंकि वे आरामदेह नहीं होतीं। अस्तु, उन्हें यथासम्भव आरामदेह और सुखदायक बनाने का प्रयास किया जाना चाहिए। सुरक्षा विधियों को अपनाने के लिए कहीं-कहीं पर उनका प्रयोग न करने पर कर्मचारी पर जुर्माना किया जाता है। इससे सुरक्षा की प्रेरणा नहीं बढ़ती बल्कि गलती को छिपाने की प्रेरणा बढ़ती है। संक्षेप में, सुरक्षा के लिए प्रेरित करने के लिये प्रेरणा के मनोविज्ञान का पूरी तरह उपयोग किया जाना चाहिए। सबसे पहले विरोधी प्रेरणाओं को दूर किया जाना चाहिए। इसके बाद सुरक्षा विधियों की खोज की जानी चाहिए। कर्मचारियों को सुरक्षित व्यवहार दिखाने के लिए पुरस्कार दिया जाना चाहिए। सुरक्षा समितियों से भी सुरक्षा की प्रेरणा मिलती है।

दुर्घटनाएँ रोकने के विभिन्न उपायों के उपरोक्त विवेचन से स्पष्ट है कि इस लक्ष्य को प्राप्त करने के लिए मालिकों, मनोवैज्ञानिकों और कर्मचारियों सभी को मिल-जुल कर प्रयास करना पड़ेगा। सरकार की ओर से भी इस दिशा में महत्त्वपूर्ण काम किये जा सकते हैं। आजकल सभी प्रगतिशील देशों में सुरक्षा के अधिक से अधिक उपाय किये जा रहे हैं।

दुर्घटना उन्मुखता
(Accident Proneness)

दुर्घटना उन्मुखता क्या है?

साधारणतया कुछ औद्योगिक परिस्थितियों में अन्य परिस्थितियों की तुलना में दुर्घटनाऐं अधिक होती हैं। अधिकतर मनोवैज्ञानिक यह मानते हैं कि दुर्घटनाओं में प्रतिमान देखे जा सकते हैं। उदाहरण के लिए, एक बार दुर्घटना का शिकार व्यक्ति आसानी से दोबारा भी दुर्घटना का शिकार हो जाता है क्योंकि पिछले अनुभव के कारण वह आत्मविश्वास खो बैठता है। दूसरे शब्दों में, वह उपपात प्रवणता अथवा दुर्घटना उन्मुखता खो बैठता है जिसके कारण कुछ व्यक्ति अन्य व्यक्तियों की तुलना में दुर्घटना के शिकार अधिक होते हैं। दुर्घटना उन्मुखता केवल व्यक्तियों में ही नहीं होती बल्कि परिस्थितियों में भी होती हैं। कुछ औद्योगिक परिस्थितियों में दुर्घटनायें अधिक होती हैं। कुछ व्यक्ति जैवकीय और मनोवैज्ञानिक रूप से इस प्रकार के बने होते हैं कि उनके साथ दुर्घटनायें अधिक होती हैं।

दुर्घटना उन्मुखता के नियम

दुर्घटनाओं का अध्ययन करके मनोवैज्ञानिकों ने दुर्घटना उन्मुखता के विषय में नियम निकालने का प्रयास किया है। इस सम्बन्ध में निम्नलिखित बातें कही जा सकती हैं–

(1) यदि दुर्घटनायें अकस्मात् होती हैं तो कुछ लोग उसके बहुत कम शिकार होते हैं, कुछ बहुत अधिक और अधिकांश इन दोनों स्थितियों के मध्य की स्थिति में रहते हैं।

(2) यदि दुर्घटनायें परिस्थितियों के कारण होती हैं अथवा वे न्यायोचित हैं तो यह देखा जायेगा कि जिन लोगों में किसी विशेष काल में दुर्घटनायें अधिक होती हैं उन्हें अगले काल में दुर्घटनायें कम होती हैं।

(3) यदि दुर्घटनाओं का शिकार होने से दुर्घटना उन्मुखता बढ़ जाती है तो जो लोग किसी विशेष निरीक्षण में दुर्घटना के शिकार पाये गये हैं बाद के निरीक्षण में भी वे ही दुर्घटना के शिकार पाये जायेंगे।

(4) यदि दुर्घटनायें व्यक्तियों की कुछ विशेषताओं के कारण होती हैं तो कुछ विशेष दुर्घटना प्राप्तांक प्राप्त करने वाले लोग अगले अवसर पर वही प्राप्तांक प्राप्त करेंगे।

मनोवैज्ञानिकों ने औद्योगिक क्षेत्रों में दुर्घटनाओं के बहुत से अध्ययन करके उनके कारणों के विषय में कुछ परिणाम निकाले हैं। अधिकतर अध्ययनों से यह निश्चित रूप से पता चला है कि कुछ व्यक्ति इस प्रकार के बने होते हैं कि अन्य लोगों की तुलना में वे अपने को और दूसरों को दुर्घटनाग्रस्त करने के अधिक कारण होते हैं। इस प्रकार के व्यक्ति दुर्घटना उन्मुख व्यक्ति कहे जाते हैं। साधारणतया लगभग सभी प्रकार के काम में, जहाँ कि मनुष्य काम करते हैं न्यूनाधिक रूप से दुर्घटना उन्मुखता की गुंजायश होती है। संक्षेप में, आजकल यह माना जाता है कि दुर्घटना में फंसने वाले कर्मचारियों को नौकरी से निकालने की अपेक्षा उनकी दुर्घटना उन्मुखता का अध्ययन करना अधिक जरूरी है। इसके अनेक कारण हो सकते

हैं जिनमें से कुछ कारण दूर किये जा सकते हैं। उदाहरण के लिए विशिष्ट काम में प्रशिक्षण देने से दुर्घटना उन्मुखता निश्चय ही कम हो जाती है। फिर, कुछ काम ही ऐसे होते हैं जिनमें अन्य कामों की तुलना में दुर्घटनायें अधिक होती हैं। तीसरे अनुभव बढ़ने के साथ-साथ दुर्घटना उन्मुखता कम होती जाती है। चौथे, दुर्घटना उन्मुंखता के मूल में काम करने की परिस्थितियों की अनुपयुक्त होना है जैसे प्रकाश की कमी या आवश्यकता से अधिक प्रकाश या अनुचित प्रकार का प्रकाश या मशीनों का ठीक प्रकार से व्यवस्थित न होना इत्यादि।

दुर्घटना उन्मुखता के परीक्षण

दुर्घटना उन्मुखता की समस्या का अध्ययन करने के लिए मनोवैज्ञानिकों ने कुछ ऐसे परीक्षण निकाले हैं जिनसे दुर्घटना उन्मुखता का पता लगाया जा सकता है। कभी-कभी यह देखा जाता है कि कम कुशल व्यक्तियों की तुलना में कुछ अधिक कुशल व्यक्ति दुर्घटना के शिकार अधिक होते हैं। इसका कारण यह है कि वे इतनी तेजी से काम करते हैं कि उससे दुर्घटना की सम्भावना बढ़ जाती है। अस्तु, दुर्घटना उन्मुखता को अकुशलता का प्रमाण नहीं माना जा सकता। दूसरे, सभी दुर्घटना उन्मुख व्यक्तियों में समान विशेषतायें नहीं पायी जातीं। फिर भी कुछ ऐसी विशेषताओं का पता लगाया गया है जिनसे दुर्घटना उन्मुखता बढ़ जाती है। इन विशेषताओं का पता लगाने वाले परीक्षण निम्नलिखित हैं—

(1) सांवेदनिक गामक परीक्षण (Sensory Motor Tests)—स्नायविक समायोजन का दुर्घटना उन्मुखता से घनिष्ठ सम्बन्ध है। जिन लोगों का स्नायविक समायोजन अच्छा नहीं होता वे दुर्घटना के अधिक शिकार होते हैं। यह देखा गया है कि सांवेनिक गामक परीक्षणों में प्राप्त अंकों और दुर्घटनाओं में सम्बन्ध अनुभव के साथ-साथ बढ़ता जाता है। दूसरे, कार्य कुशलता और दुर्घटना उन्मुखता में निश्चित सम्बन्ध पाया गया है। दुर्घटना उन्मुखता के परीक्षणों में निम्न प्राप्तांक प्राप्त करने वाले कर्मचारियों को छाँटने से दुर्घटनायें कम होती हैं और कर्मचारियों का स्तर बढ़ता है। यह एक सामान्य बात है कि कुशलता की कमी, अनुक्रिया की मन्दता और आँख, नाक, कान, आदि इन्द्रियों के दोष दुर्घटनायें बढ़ाते हैं। मन्द गामक योग्यता वाले व्यक्ति बिना चोट खाये दुर्घटना की परिस्थिति से नहीं निकल सकते और कुछ परिस्थितियों में दुर्घटना से नहीं बच सकते। हो सकता है कि ये लोग लापरवाह और अनुत्तरदायी न हों किन्तु तो भी वे दुर्घटना उन्मुख होते हैं, अस्तु, स्पष्ट है कि स्नायविक समायोजन समुचित न होने पर दुर्घटनायें अधिक होती हैं।

(2) भावात्मक स्थायित्व परीक्षण (Emotional Stability Tests)—भावात्मकता का दुर्घटना उन्मुखता से घनिष्ठ सम्बन्ध है। जिन टैक्सी चालकों में भावात्मकता अधिक स्थायी होती है उनमें दुर्घटना उन्मुखता कम होती है। ऐसा विशेषतया उन व्यक्तियों के बारे में होता है जो विक्षुब्ध करने वाली अथवा ध्यान बँटाने वाली दशाओं में भी अपनी अनुक्रियाओं को साधे रह सकते हैं। संक्षेप में, संवेगात्मक स्थायित्व परीक्षणों में ऊँचे प्राप्तांक प्राप्त करने वाले व्यक्तियों में निम्न प्राप्तांक प्राप्त करने वाले व्यक्तियों की तुलना में दुर्घटना से बचने की सम्भावना लगभग चार गुणा अधिक होती है। दुर्घटना उन्मुखता में भावावस्था (Mood) का भी महत्त्व है। ये देखा गया है कि उदास भावावस्था चार सौ छोटी दुर्घटनाओं में से लगभग

आधी का कारण थी।[1] दूसरी ओर आनन्द की भावावस्था के समय में उत्पादन 8 प्रतिशत बढ़ गया जिससे यह स्पष्ट हुआ कि इस प्रकार की भावावस्था दुर्घटना रोकने के साथ-साथ उत्पादन भी बढ़ाती है। हिमलर ने 28 व्यक्तित्व लक्षणों की एक सूची बनाई जो कि दुर्घटनाओं का कारण थे और इनमें से आधे से अधिक संवेगात्मक विषमायोजन से सम्बन्धित थे।[2]

(3) बुद्धि परीक्षण (Intelligence Tests)—जिन परीक्षणों में दुर्घटनाओं का सांवेदनिक गामक समायोजन और भावात्मकता से सम्बन्ध पता चला उनसे बुद्धि और दुर्घटनाओं में कोई सम्बन्ध नहीं ज्ञात हुआ। अन्य अनुसन्धानों से कुछ मानसिक लक्षणों का दुर्घटना उन्मुखता से सम्बन्ध पता चला। इस अध्ययन में केवल भावात्मक स्थायित्व की तुलना में बुद्धि और भावात्मक स्थायित्व दोनों के प्राप्तांक दुर्घटना के विषय में कुछ कहने के लिए अधिक उपयुक्त प्रतीत हुये। एक अन्य अध्ययन में एक व्यावसायिक विद्यालय में बुद्धि और दुर्घटनाओं में सम्बन्ध ज्ञात हुआ। किन्तु इसमें यह स्पष्ट नहीं था कि बुद्धिमान व्यक्ति कहाँ तक अधिक कुशलता के कारण दुर्घटनायें बचा लेते थे और कहाँ तक वे बुद्धि के कारण ही ऐसा करते थे। मोटर कारों की दुर्घटनाओं के विषय में अनुसन्धान करने से यह ज्ञात हुआ है कि इनमें साधारणतया निम्न मानसिक योग्यता वाले चालक अधिक दुर्घटनाओं के शिकार होते हैं। सामान्यता जनसाधारण में भी दुर्घटनाओं को बचाने में बुद्धि को महत्त्वपूर्ण कारक माना जाता है।

(4) स्नायविक और प्रत्यक्षात्मक गति के परीक्षण (Sensory and Perceptual Speed Tests)—कुछ परीक्षणों में यह देखा गया है कि व्यक्तियों में प्रत्यक्षात्मक गति अधिक थी अर्थात् जो दृष्टिजन्य प्रतिमानों में सूक्ष्म अन्तर को भी शीघ्र देख लेते थे उनमें दुर्घटनायें कम होती थीं। दूसरी ओर जिन व्यक्तियों में स्नायविक प्रतिक्रिया की तुलना में प्रत्यक्षात्मक गति मन्द थी, उनमें दुर्घटना उन्मुखता अधिक दिखाई पड़ी। इस प्रकार प्रत्यक्षात्मक गति का स्नायविक प्रतिक्रिया से कम होना दुर्घटना उन्मुखता बढ़ाता है क्योंकि ये लोग देखने से अधिक शीघ्र क्रिया करते हैं।

(5) दृष्टिजन्य कुशलता के परीक्षण—चूंकि अधिकतर उद्योगों में आँखों के प्रयोग की आवश्यकता पड़ती है इसलिए यह स्वाभविक है कि उनके दोषपूर्ण होने से दुर्घटनायें बढ़ती हैं। इस प्रकार के एक अध्ययन में यह देखा गया कि दुर्घटना न करने वाले 63 प्रतिशत व्यक्तियों ने दृष्टि परीक्षाओं को पास किया जबकि दुर्घटना करने वाले व्यक्तियों में केवल 33 प्रतिशत ही उसे पास कर सके।[3] आजकल अनेक उद्योगों में यह निश्चित करने का प्रयास किया गया है कि सफल कर्मचारी में विशिष्ट कार्य को करने के लिये कितनी दृष्टिजन्य कुशलता की आवश्यकता है। उदाहरण के लिए भारतीय रेलवे में सिंगनल देने वाले कर्मचारियों का चुनाव करने में उनकी दृष्टिजन्य कुशलता की विशेष रूप से परीक्षा की जाती है क्योंकि

---

1. R.B. Hersey, Emotional Factors in Accidents, *Person. Jour.* (1936), No. 15, pp. 59-65.
2. L. E. Himler, Psychological Factors in Industrial Accidents.
3. N.C. Kephart and J. Tiffin, Vision and Accident Experience, *Nat Safety News* (1950), 62. pp. 90-91.

उनके नेत्रों के दोषपूर्ण होने से हजारों आदमियों की जानें जाने की सम्भावना है। सच तो यह है कि केवल आँख ही नहीं बल्कि नाक, कान, त्वचा इत्यादि अन्य इन्द्रियों की कुशलता बढ़ने के साथ-साथ दुर्घटना उन्मुखता कम होती है और कम होने के साथ-साथ बढ़ती है।

आधुनिक काल में मनोवैज्ञानिकों ने इस बात पर जोर दिया है कि दुर्घटना उन्मुख व्यक्ति की कठिनाइयों का सावधानी से अध्ययन किया जाए और उनको दूर करने के उपाय बतलाये जायें। इस प्रकार का दृष्टिकोण अपनाने से 44 दुर्घटना उन्मुख मोटर चालकों की दुर्घटना की गति एक हजार मील में 1.3 दुर्घटना से एक वर्ष के अन्दर ही .75 दुर्घटना तक गिर गयी।[1] इस प्रकार के अध्ययन करने के लिये यह जरूरी है कि यह पता लगाया जाये कि कौन-कौन से व्यक्तिगत कारक दुर्घटनाओं के लिये उत्तरदायी होते हैं। उदाहरण के लिए मोटर चालकों के विषय में यह देखा गया है कि लगभग 64 प्रतिशत दुर्घटनायें दोषपूर्ण अभिवृत्ति, दुर्घटनाओं का अनुमान लगाने में असफलता, गति अथवा दूरी के विषय में दोषपूर्ण निर्णय, अत्यधिक प्रवृत्ति शीलता, उत्तरदायित्वहीनता और लगातार ध्यान लगाये रहने में असफलता में से किसी न किसी कारण से हुई थी। इस प्रकार के अध्ययनों से अनेक कार्यों में दुर्घटनाओं को बहुत कम किया जा सका है। किन्तु यहाँ पर यह ध्यान रखना आवश्यक है कि अनेक बार दुर्घटनाओं का विश्लेषण आत्मगत हो जाता है। फिर मानव निर्णय गलत हो जाने से भी इसमें गलतियाँ होने की सम्भावना है। इसके अतिरिक्त इस प्रकार के विश्लेषण व्यक्तिगत विशेषताओं और दुर्घटना उन्मुखता का सम्बन्ध निश्चित् करने वाली पीछे बतलायी गयी विधियों का स्थान नहीं ले सकते। जहाँ तक दुर्घटनाओं के संवेगात्मक विषमायोजन से प्रभावित होने की बात है उपरोक्त दृष्टिकोण अधिक मूल्यवान हो सकता है।

दुर्घटना उन्मुखता के कारण

दुर्घटना उन्मुखता के उपरोक्त विभिन्न परीक्षणों के विवेचन से दुर्घटना उन्मुखता के कारण स्पष्ट होते हैं। संक्षेप में, इनमें मुख्य कारण निम्नलिखित हैं—

(1) सांवेदनिक गामक गति की कमी—जैसा कि दुर्घटना उन्मुखता के पहले परीक्षण में बतलाया जा चुका है, जिन लोगों में सांवेदनिक गामक गति मन्द होती है उनमें साधारणतया दुर्घटनाएँ अधिक होती हैं।

(2) संवेगात्मक स्थायित्व का अभाव—दुर्घटना उन्मुखता का एक मुख्य कारण संवेगात्मक स्थायित्व की कमी है जैसा कि पीछे बताये गये दूसरे परीक्षण से स्पष्ट होता है।

(3) अनुकूल भावावस्था का अभाव—साधारणतया अप्रसन्न और उदास भावावस्था में अनुकूल और प्रसन्न भावावस्था की तुलना में अधिक दुर्घटनाएँ होती हैं और उत्पादन भी कम होता है।

(4) बौद्धिक दुर्बलता—अमेरिका में डैट्राय के ट्रेफिक कोर्ट द्वारा मानसिक आरोग्य सम्बन्धी अध्ययनों के लिए निर्धारित मामलों में लगभग एक तिहाई बौद्धिक दुर्बलता के शिकार थे। इस प्रकार बौद्धिक दुर्बलता दुर्घटना उन्मुखता बढ़ाती है।

---

1. Viteles M.S., *Industrial Psychology,* pp. 376-389.

(5) स्नायविक और प्रत्यक्षात्मक गति में समायोजन का अभाव—अंग्रेजी में कहावत है कि कूदने से पहले देखो। स्पष्ट है कि जिनकी कूदने की गति देखने की गति से तीव्र होगी वे अधिक दुर्घटना के शिकार होंगे। दूसरे शब्दों में, देखने की गति स्नायविक गति से कम होने पर दुर्घटना उन्मुखता बढ़ जाती है।

(6) दृष्टि सम्बन्धी दोष—जिन कामों में दृष्टि से काम लेने की आवश्यकता पड़ती है उनमें दृष्टि सम्बन्धी दोष भी दुर्घटना उन्मुखता का एक बड़ा कारण होते हैं।

(7) हताशा—भग्नाशा अथवा हताशा (Frustration) बढ़ने के साथ-साथ स्थायी रूप से दुर्घटना की उन्मुखता बढ़ जाती है। उदाहरण के लिए भग्नाशा बढ़ने के साथ-साथ आक्रामकता बढ़ती है जो कि दुर्घटनाओं में बहुत बड़ी संख्या का कारण है।

(8) अनुभव का अभाव—आधुनिक काल में अधिकतर जटिल कार्यों में प्रशिक्षित कर्मचारी ही रखे जाते हैं क्योंकि अनुभव की कमी अनेक दुर्घटनाओं का कारण होती है। अनुभव बढ़ने के साथ-साथ व्यक्ति की कुशलता भी बढ़ती है जिससे दुर्घटनाएं कम होती हैं।

(9) अल्पायु—साधारणतया आयु बढ़ने के साथ-साथ दुर्घटना उन्मुखता कम हो जाती है क्योंकि आयु बढ़ने के साथ अनुभव, कुशलता, स्नायविक समायोजन प्रत्यक्षात्मक गति, भावात्मक स्थायित्व, बुद्धि, सांवेदनिक-गामक समायोजन आदि में भी प्रगति होती है। इसीलिए कुछ उद्योगों में तो एक निश्चित आयु से कम के व्यक्तियों को काम दिये जाने का सर्वथा निषेध है। कोयले की खानों में काम करने वाले कर्मचारियों की आयु 30 और 39 वर्ष के मध्य होनी चाहिए और जमीन के नीचे अन्य प्रकार के काम करने वालों की आयु 20 और 29 के मध्य होनी चाहिए। स्मरण रहे कि निश्चित आयु से कम होने के साथ-साथ अधिकतम आयु से अधिक होने पर भी दुर्घटना उन्मुखता बढ़ती है क्योंकि वृद्ध व्यक्ति शीघ्र थक जाते हैं और उनकी शक्तियाँ कम हो जाती हैं किन्तु बहुत से नौजवान बूढ़ों की तुलना में अधिक दुर्घटना का शिकार होते हैं जिनका कारण केवल अनुभव की कमी मात्र न होकर तेजी से काम करने की प्रवृत्ति और खतरों से खेलने की इच्छा भी है।

(10) लिंग भेद—साधारणतया अधिकतर कामों में पुरुषों की तुलना में स्त्रियों में दुर्घटना उन्मुखता अधिक होती है। मोटर कार चलाने जैसे कामों में भी, जिनमें कि शारीरिक शक्ति का कोई महत्त्व नहीं है, यह देखा गया है कि प्रत्येक मील में स्त्रियों ने पुरुषों से तीन गुनी अधिक दुर्घटनाये कीं। फिर भी वर्तमान स्थिति में यह निश्चित रूप से नहीं कहा जा सकता कि स्त्री पुरुष में यह अन्तर स्त्रियों के थक जाने के कारण है या इसे लिंग भेद पर आधारित माना जा सकता है।

(11) स्वास्थ्य सम्बन्धी दोष—साधारणतया यह माना जाता है कि शारीरिक स्वास्थ्य अच्छा न होने पर दुर्घटना उन्मुखता बढ़ जाती है। ऊँचा रक्तचाप, कार दुर्घटनाओं में चालक द्वारा दुर्घटना ग्रस्त होने का एक विशेष कारण पाया गया। शारीरिक स्वास्थ्य के साथ-साथ मानसिक स्वास्थ्य कम होने पर भी दुर्घटनायें उन्मुखता बढ़ती है। मनो-स्नायविक रोग के शिकार, स्थिर मति अथवा तीव्र भावावेश ग्रस्त व्यक्ति की दुर्घटना उन्मुखता बढ़ जाती है। मानसिक स्वास्थ्य ठीक न होने पर असामाजिक प्रवृत्ति बढ़ जाने से भी दुर्घटना उन्मुखता बढ़ जाती है।

दुर्घटना उन्मुखता के उपरोक्त कारणों के विवेचन से स्पष्ट है कि इस सम्बन्ध में मनोवैज्ञानिक उपायों की सहायता से दुर्घटनाओं को बड़ी सीमा तक दूर रखा जा सकता है। उपरोक्त कारणों को दूर करने से दुर्घटनायें निश्चय ही कम होंगी। कुछ कारण तो ऐसे हैं जो सभी व्यक्तियों के विषय में दूर किये जा सकते हैं। उदाहरण के लिये अनुभव और प्रशिक्षण की कमी प्रशिक्षण देकर दूर की जा सकती है। दुर्घटना उन्मुखता के उपरोक्त कारणों के अतिरिक्त उद्योगों में मानव सम्बन्ध भी दुर्घटना के बहुत बड़ा कारण होते हैं। कुछ लोग अत्यन्त अनुत्तरदायी होने के कारण और कुछ जान बूझकर कारखाने को हानि पहुँचाने के लिए दुर्घटनाएं करते हैं। इस प्रकार के व्यक्तियों पर नजर रखने की आवश्यकता है ताकि उन्हें कार्य से हटाया जा सके। इस सम्बन्ध में फोरमैन का बड़ा उत्तरदायित्व है। जहाँ वह असामाजिक तत्त्वों पर नजर रखकर खतरों को दूर रख सकता है वहाँ दूसरी ओर प्रत्येक श्रमिक के कार्य पर नजर रखकर उसे दुर्घटना से बचा सकता है। फोरमैन का दुर्व्यवहार कर्मचारियों में भग्नाशा और आक्रामकता उत्पन्न करता है जिससे दुर्घटनायें बढ़ती हैं। दूसरी ओर अधिकारियों के अच्छे व्यवहार से कारखाने में ऐसा वातावरण निर्माण होता है जिसमें दुर्घटनाएं बहुत कम होती हैं। अस्तु, साधारणतया उद्योगों में अधिकारियों को नेता अथवा न्यायाधीश न होकर मित्र, सहायक और सलाहकार के रूप में काम करना चाहिए। इससे कारखाने में एक ऐसा सामुदायिक वातावरण निर्माण होगा जिसमें असामाजिक तत्त्व दुर्घटना करने से बाज आयेंगे और अन्य लोग परस्पर सहयोग से और मानसिक स्वास्थ्य बनाये रखते हुए अधिक कुशलता से कार्य करेंगे जिससे दुर्घटनायें कम होंगी।

अभ्याय के लिए प्रश्न

1. औद्योगिक दुर्घटनाओं पर एक निबन्ध लिखिए।

15

औद्योगिक नेतृत्व
(Industiral Leadership)

किसी भी कार्य की सफलता के लिये आवश्यक होता है कि उस कार्य का संचालन करने वाला गुणों से सम्पन्न हो। यदि संगठन में नेतृत्व कुशल होता है तो संगठन कार्य भी अच्छी प्रकार से होता है। बहुधा देखने में आया है कि यदि संगठन कार्य अकुशल हाथों में पहुँच जाता है तो कार्य उचित प्रकार से नहीं हो पाता, परन्तु यदि नेतृत्व कुशल हाथों में सौंप दिया जाता है तो वही कार्य कुशलतापूर्वक सम्पन्न हो जाता है।

किसी उद्देश्य की प्राप्ति हेतु, संवादवाहन के माध्यम द्वारा, व्यक्तियों को प्रभावित कर सकने की योग्यता नेतृत्व कहलाती है। नेतृत्व एक ऐसा गुण जिसके द्वारा एक व्यक्ति अन्य व्यक्तियों को किसी से पूर्व निर्धारित सामूहिक उद्देश्य के प्रति निष्ठावान बनाये रखता है तथा उन्हें एक निश्चित ढंग से कार्य करने को प्रेरित करके अधिक से अधिक कुशलतापूर्वक सामूहिक उद्देश्य को प्राप्त करने का प्रयत्न करता है।

बर्नार्ड (Bernard) के अनुसार, ''नेतृत्व का आशय व्यक्ति के व्यवहार के उस गुण से है, जिसके द्वारा वह अन्य लोगों के संगठित प्रयास से सम्बन्धित कार्य करने में मार्गदर्शन करता है।'' **लिविंगस्टन** (Livingston) के मतानुसार, ''नेतृत्व वह क्षमता है, जिसके द्वारा अन्य लोगों में एक सामान्य उद्देश्य की पूर्ति के लिये कार्य करने की इच्छा जागृत की जा सकती है।'' **सामाजिक विज्ञान के शब्दकोष** (Encyclopaedia of Social Sciences) के अनुसार, ''नेतृत्व का आशय किसी व्यक्ति एवं वर्ग के मध्य ऐसे सम्बन्ध से है जबकि सामान्य हित के लिये दोनों पक्ष परस्पर मिल जाते हैं तथा अनुसरणकर्त्ताओं का समूह उस एक व्यक्ति (अर्थात् नेता) के निर्देशानुसार ही कार्य करता है।'' सरल शब्दों में, नेतृत्व वह गुण है जिसके द्वारा अनुयायियों के एक समूह से वांछित कार्य स्वेच्छापूर्वक एवं बिना दबाव के कराये जा सकते हैं।

नेतृत्व के प्रकार
(Kinds of Leadership)

(1) अधिकारात्मक निरीक्षण (Authoritative Supervision)—उद्योग के क्षेत्र में मनोविज्ञान के प्रवेश से पूर्व और आज भी निरीक्षण का एक मुख्य रूप अधिकारात्मक निरीक्षण है। इसमें नेता सत्ताधिकारी होता है और अपनी सत्ता के अधिकार से कर्मचारियों को निर्देशन देता है। सत्ताधिकारी नेता भी दो प्रकार का हो सकता है—निरंकुश सत्ताधिकारी और उदार सत्ताधिकारी।

(अ) निरंकुश सत्ताधिकारी नेता (The Hard Boiled Autocrat)—निरंकुश सत्ताधिकारी नेता, जैसा कि इसके नाम से स्पष्ट है, कठोर अनुशासन में विश्वास रखता है और कभी भी कर्मचारियों की प्रशंसा नहीं करता। वह कर्मचारियों से अलग रहता है और उन्हें अपने निकट आने पर अवसर नहीं देता। वह चाहता है कि उसके आदेशों पर तुरन्त अमल किया जाए और उसमें किसी प्रकार का तर्क-वितर्क सुनने के लिए तैयार नहीं होता। इस प्रकार के नेता की बात कर्मचारी मान तो लेते हैं किन्तु वे अन्दर से उसके विरुद्ध होते हैं। जहाँ कहीं भी मौका लगता है वहाँ वे काम बिगाड़ देते हैं और उसका उत्तरदायित्त्व दूसरे के सर डालते हैं। इस तरह के नेता दूसरों की शिकायतें सुनने के आदी होते हैं जिससे कर्मचारियों में तनाव बढ़ते हैं और उन्हें असुरक्षा अनुभव होती है। चूंकि निरंकुश नेता कर्मचारियों की भावना की कोई परवाह नहीं करता इसलिए उन लोगों में उसके विरुद्ध प्रतियोगिता की भावना भरी रहती है जो कि कभी-कभी भड़क कर भंयकर रूप ग्रहण कर लेती है। सच तो यह है कि निरंकुश सत्ताधिकारी को नेता नहीं कहा जाना चाहिए क्योंकि उसमें नेतृत्व का कोई गुण नहीं होता, वह तो अपनी सत्ता के बल पर शासन करता है, सत्ता छीन लिये जाने के बाद उसका कोई आधार नहीं बचता।

(ब) उदार सत्ताधारी नेता (The Benevolent Autocrat)—यह नेता या निरीक्षक सब प्रकार के मामलों में निर्देश और आदेश देता है। वह अनुशासन बनाए रखना चाहता है और आज्ञा का उल्लंघन होने पर क्रुद्ध होता है। वह उतनी मनचाही नहीं करता जितना निरंकुश निरीक्षक करता है। इस प्रकार के नेता के आदेशों को कर्मचारी मान तो लेते हैं किन्तु अपनी ओर से कोई उत्प्रेरणा नहीं रहती। वे अपना उत्तरदायित्व नहीं समझते और प्रत्येक बात में निरीक्षक का मुंह देखते हैं।

आजकल सत्ताधारी नेतृत्व के गुण-दोषों के विषय में व्यापक अनुसंधान किया गया है जिससे अनेक महत्त्वपूर्ण बातें ज्ञात हुई हैं। यह ठीक है कि जो नेता स्पष्ट निर्देश दे सकता है उस पर कर्मचारियों को अमल करने में आसानी होती है। इस प्रकार के सत्ताधिकारी नेता अनेक बार कर्मचारियों के लिये पिता स्वरूप हो जाते हैं जिससे काम और भी अधिक अच्छा होता है। सत्ताधिकारी नेता निर्णय के गुण पर जोर देता है किन्तु समूह द्वारा उस निर्णय पर अमल करना भी उतना ही जरूरी है और वह निर्णय तब तक सफल नहीं हो सकता जब तक कि वह समूह का निर्णय न हो जाये। समूह का निर्णय बन जाने पर फिर कर्मचारियों को उसे ग्रहण करने में देर नहीं लगती।

(2) यद्‌भाव्यम् नेतृत्व (Laissez Faire Leadership)—यद्‌भाव्यम् नेतृत्व में कर्मचारियों की व्यक्तिगत स्वतन्त्रता पर जोर दिया जाता है। यह निरंकुश नेतृत्व का बिल्कुल उल्टा है क्योंकि उसमें कर्मचारियों की स्वतन्त्रता को कोई महत्त्व नहीं दिया जाता। जबकि निरंकुश नेतृत्व में उत्तरदायित्व नेता का होता है यद्‌भाव्यम् नेतृत्व में उत्तरदायित्व परिस्थितियों का होता है और अलग-अलग व्यक्तियों का अलग-अलग उत्तरदायित्व माना जाता है। यद्‌भाव्यम् नेतृत्व एक ओर सत्ताधिकारी नेतृत्व और दूसरी ओर प्रजातन्त्रीय नेतृत्व दोनों का परिणाम हो सकता है। यह अत्यधिक छूट का परिणाम है। इसमें सामाजिक दबाव से काम होते हैं और व्यक्तियों को बहुत स्वतन्त्रता मिली हुई होती है। इस प्रकार के नेता कोई लक्ष्य उपस्थित नहीं करते, कोई निर्णय नहीं देते और अन्य लोगों से भाई-चारा बनाये रखते हैं। स्पष्ट है कि इसके अनेक दुष्परिणाम हो सकते हैं, इससे उत्पादन घटता है, अनुशासनहीनता बढ़ती है और अन्त में असन्तोष, असुरक्षा और असफलता ही हाथ लगती है। अस्तु, बहुत ही कम औद्योगिक संस्थानों में इस प्रकार का नेतृत्व दिखलाई पड़ेगा। जहाँ तक निरीक्षण वर्गों का प्रश्न है यद्‌भाव्यम् नेतृत्व स्वतन्त्र निरीक्षण है। इसमें व्यक्तिगत वाद-विवाद के लिये गूर्ण स्वतन्त्रता होती है। निरीक्षक इस वाद-विवाद को सुनता है और उसके अनुसार कार्य के सिद्धान्त निकालता है।

(3) जनतन्त्रीय निरीक्षण (Democratic Supervision)—आधुनिक काल के नेतृत्व और निरीक्षण का सबसे अधिक प्रचलित रूप जनतन्त्रीय निरीक्षण है। ब्रेडफोर्ड और लिपिट के अनुसार जनतन्त्रीय नेता निम्नलिखित बातों को मान्यता देते हैं—

(1) समस्यायें होने की छूट होनी चाहिए।

(2) सामूहिक चिन्तन और कार्य के लिए सभायें आवश्यक हैं।

(3) सामूहिक लक्ष्य निश्चित होने चाहिए।

(4) कार्य करने के मानदण्ड माने हुए और निश्चित होने चाहिए।

(5) निर्णयों के कारण पता होने चाहिए।

(6) प्रगति के साथ-साथ स्वतन्त्रता और उत्तरदायित्व बढ़ता है।

जैसा कि पीछे बतलाया जा चुका है, नेतृत्व के उपरोक्त लक्षण आधुनिक जनतन्त्रीय आदर्शों के अनुरूप हैं और जनतन्त्रीय राज्यों में ये ही निरीक्षण के सबसे अधिक उपयुक्त प्रतिमान उपस्थित करते हैं किन्तु यहाँ पर यह ध्यान रखना आवश्यक है कि सभी लोग जनतन्त्रीय नेतृत्व से परिचालित नहीं हो सकते। कुछ लोग नेता में या निरीक्षक में जनतन्त्रीय गुणों को उसकी कमजोरी मान बैठते हैं और आवश्यकता से अधिक स्वतन्त्रता लेने का प्रयास करते हैं। वे वही काम करते हैं जिनका आदेश मिलता है और इसलिए उत्प्रेरणा कम हो जाती है तथा उत्पादन पर बुरा प्रभाव पड़ता है।

नेतृत्व अथवा निरीक्षण के उपरोक्त प्रकारों में सम्बन्ध

किसी भी समूह में व्यक्तियों को पूरी तरह छूट दे देने से भारी अव्यवस्था फैलने का भय रहता है। यह छूट केवल यद्‌भाव्यम् निरीक्षण में ही होती है। निरंकुशता और जनतन्त्र दोनों

में ही इस स्वतन्त्रता को सीमित करने का प्रयास किया जाता है। निरंकुशता में यह प्रक्रिया द्वारा समूह पर लादी जाती है जबकि जनतन्त्र में सामूहिक निर्णय से व्यक्तियों की स्वतन्त्रता को सीमित किया जाता है। अब नेतृत्व के इन तीनों प्रकारों के अन्तरों की विवेचना की जा सकती है। साधारणतया जनतन्त्रीय नेतृत्व निरंकुशता और यद्‌भाव्यम् निरीक्षण के मध्य की स्थिति मानी जाती है। न तो इसमें एक ओर कर्मचारियों को कठोर अनुशासन से बांधा जाता है और न दूसरी ओर उन्हें खुली छूट ही दी जाती है क्योंकि ये दोनों ही स्थितियाँ अवांछनीय हैं। जहाँ निरंकुशता में उत्तरदायित्व नेता का होता है और यद्‌भाव्यम् निरीक्षण में व्यक्तियों का होता है वहाँ जनतन्त्रीय निरीक्षण में उत्तरदायित्व समूह का होता है। इस प्रकार जनतन्त्र में नेतृत्व व्यक्तिगत उत्तरदायित्व और सामूहिक उत्तरदायित्व के मध्य की स्थिति है।

उपरोक्त तीनों प्रकार के निरीक्षणों में कौन-सा औद्योगिक नेतृत्व के लिए अधिक उपयुक्त है, इस सम्बन्ध में निश्चय करने के लिए मनोवैज्ञानिकों ने अनेक प्रयोग किए। लेवीन, लिपिट और व्हाइट ने बालकों पर जो प्रयोग किये उनसे यह मालूम हुआ कि इन तीन प्रकार के नेतृत्व में अलग-अलग गुण पाये जाते हैं। यद्‌भाव्यम् नेतृत्व का परिणाम सबसे अधिक असन्तोषजनक होता है।

सन्देशवहन की प्रक्रिया से नेता अपने अनुयायियों से सम्पर्क बनाए रखता है। भिन्न-भिन्न मनोवैज्ञानिकों ने निरीक्षक के लिए भिन्न-भिन्न गुणों की आवश्यकता पर जोर दिया है। उदाहरण के लिए टनेनबाम निरीक्षक में दो गुण आवश्यक मानता है– सामाजिक-संवदेनशीलता और व्यावहारिक नमनीयता।[1] हाऊजर ने अमेरिका में स्थित अनेक निरीक्षकों के सम्मुख 11 प्रश्नों की एक सूची उपस्थित करके उनके उत्तरों के आधार पर निरीक्षण के निम्नलिखित निर्धारित तत्त्व बतलाये–

(1) अधिकतर निरीक्षक कर्मचारियों के प्रति सन्देह और भय रखते हैं।

(2) अधिकतर निरीक्षकों को कर्मचारियों के सन्तोष की अपेक्षा आत्मसन्तोष की अधिक चिन्ता रहती है।

(3) अधिकतर निरीक्षक दूसरों की अभिव्यक्ति की तुलना में आत्मभिव्यक्ति का विशेष ध्यान रखते हैं।

(4) अधिकतर निरीक्षक नीतियों की घोषणा और कार्य प्रणालियों का चुनाव तथा नियमों की स्थापना करते हैं। इनके प्रति कर्मचारियों की अभिवृत्ति और दृष्टिकोण अनुकूल नहीं होता।

(5) अधिकतर निरीक्षक सामाजिक उत्तरदायित्व की अवहेलना करते देखे जाते हैं।

(6) अधिकतर निरीक्षक कर्त्तव्यों और अधिकारों के विषय में संकुचित दृष्टिकोण रखते हैं।

---

1. Robert Tannenbaums, Helping Managers become more affective leaders, J.D.Houser, *What the Employer Thinks,* Cambridge, (1972). p. 226.

बार्टलेट ने गुणों की चर्चा करते हुए निरीक्षकों को तीन श्रेणियों में बांटा है। कुछ लोग प्रदत्त अधिकारों के द्वारा, अन्य आत्मशक्ति के द्वारा अपना नेतृत्व बनाए रखते हैं। क्रेग और चार्टर्स[1] ने अच्छे निरीक्षक में शक्ति सम्पन्नता, सम्मान प्राप्त करने की योग्यता, निष्पक्षता, क्रोध पर नियन्त्रण, कर्मचारियों में व्यक्तिगत रुचि लेना, उन्हें प्रशिक्षित करने की योग्यता, उन्हें स्पष्ट और विस्तृत आदेश देने की योग्यता, इन आदेशों के पालन की जाँच करने की योग्यता, अधीनस्थ कर्मचारियों के सुझावों को प्राप्त करने और ब्यवहार में लाने की योग्यता, सामूहिक कार्य की योग्यता, बुद्धिमत्ता से प्रशंसा करने तथा प्रभावशाली रूप से डाँटने की योग्यता, प्राप्ति की भावना उत्पन्न करने की योग्यता, उत्साह बढ़ाने की योग्यता, आत्मविश्वास तथा नये कर्मचारियों में आत्मविश्वास की भावना जागृत करने की योग्यता आदि गुण माने हैं।

नेतृत्व के व्यवहार के सिद्धान्त

मनोवैज्ञानिक ब्लम ने उद्योग के क्षेत्र में नेता के लिये क्या करने और क्या न करने के विषय में निर्देशक सिद्धान्त उपस्थित किये हैं।[2] सफल नेता को निम्नलिखित सिद्धान्तों पर अमल करना चाहिये–

(1) कार्य का सही मूल्यांकन (Fair Evaluation of work)–नेता को अपने आधीन कर्मचारी के कार्य का समय-समय पर सही मूल्यांकन करना चाहिये। उसे समयानुसार उसकी प्रशंसा अथवा आलोचना करने में कोई संकोच नहीं करना चाहिये। उसे सार्वजनिक रूप से आलोचना नहीं करनी चाहिये किन्तु सार्वजनिक रूप से प्रशंसा करनी चाहिए।

(2) सत्ता का विकेन्द्रीकरण (Sufficient delegation of Authority)–नेता को यथासम्भव कार्य को अपने आधीन कर्मचारियों में बांट देना चाहिये और अपने लिए केवल निरीक्षण कार्य रखना चाहिये। सत्ता के इस विकेन्द्रीकरण से कर्मचारियों में उत्तरदायित्व की भावना बढ़ती है किन्तु यदि कोई प्राप्त सत्ता का अनुचित उपयोग करता है तो उससे भत्ता वापिस ले लेना भी उतना की जरूरी है। इस प्रकार के परिवर्तनों की कर्मचारियों को पहले से सूचना दी जानी चाहिए।

(3) न्यायोचित व्यवहार (Fair treatment for All)–नेता को सब कर्मचारियों से समानता के आधार पर न्यायोचित व्यवहार करना चाहिये। कम्पनी में प्रत्येक कर्मचारी का महत्त्व है भले ही उसका ओहदा कुछ भी क्यों न हो। सब कर्मचारियों को इस तरह महत्त्व देने से वे प्रसन्न रहते हैं।

(4) कर्मचारियों से सम्पर्क बनाये रखना (Availability to all employees)–नेता को सदैव कर्मचारियों से सम्बन्ध बनाए रखना चाहिए जिससे वे जब चाहे उससे आसानी से सम्पर्क स्थापित करके अपनी बात उसे बता सकें। कहीं-कहीं पर प्रत्येक कर्मचारी को सीधे सर्वोच्च अधिकारी से टेलीफोन द्वारा सम्बन्ध स्थापित करने की सुविधा दी जाती है। इससे

1. O. Craig and R. Charters, *Personal Leadership in Industry,* New York (1925), pp. 235-36.
2. Blum, M.L., *Op. Cit.*, pp. 210-211.

कर्मचारियों को सुरक्षा का अनुभव होता है और वे नेता के सामने अपने विचार उपस्थित कर सकते हैं।

(5) कर्मचारियों की समस्याओं पर विचार विमर्श (Discussion of Employee problems with Employers)—नेता को समय-समय पर कर्मचारियों के साथ मिल बैठकर उनकी समस्याओं पर विचार-विमर्श करना चाहिये। इससे वह उनका विश्वास प्राप्त करेगा और उनकी समस्याओं को भी आसानी से सुलझा सकेगा।

नेतृत्व के व्यवहार सम्बन्धी निषेध

उपरोक्त सिद्धान्तों का पालन करने के साथ-साथ नेता को यथासम्भव अपने व्यवहार में निम्नलिखित बातों से बचना चाहिए—

(1) सत्ता पर आधारित होना (Dependence upon Superiority)—नेता को किसी भी व्यवहार में अपने ऊँचे पद या सत्ता पर आधारित नहीं होना चाहिए। उसके नेतृत्व का आधार ये नहीं है बल्कि सामूहिक स्वीकृति है।

(2) ज्ञान का झूठा ढोंग (Simulation of knowledge)—नेता को ज्ञान का झूठा ढोंग नहीं करना चाहिए क्योंकि वह सब कर्मचारियों को सदैव मूर्ख नहीं बना सकता। जल्दी या देर से उसका ज्ञान और योग्यता सभी को पता चल जाते हैं। यह आवश्यक नहीं है कि वह प्रत्येक कार्य को विस्तारपूर्वक जानता हो, कभी-कभी कर्मचारी अधिकारी से अधिक जानते हैं किन्तु यदि वह झूठे ज्ञान का ढोंग करता है तो उसका सम्मान उठ जाता है। दूसरी ओर काम का विशेषज्ञ होने पर नेतृत्व में सहायता मिलती है।

(3) काम में बाधा (Interference with work)—नेता को काम में बाधा देने से बचना चाहिए क्योंकि कर्मचारियों को यह बहुत बुरा लगता है। कर्मचारियों को यथासम्भव बिना रोक-टोक के अपना काम करने दिया जाना चाहिये।

(4) पक्षपात और भेदभाव (Favoritism and Discrimination)—नेता को अपने आधीन कर्मचारियों से व्यवहार करने में पक्षपात और भेदभाव से यथासम्भव दूर रहना चाहिये। इससे अनुशासन में बाधा पड़ती है और कर्मचारियों के परस्पर सम्बन्ध खराब होते हैं।

(5) सार्वजनिक आलोचना (Public Reprimands)—नेता को कर्मचारियों की सार्वजनिक आलोचना से बचना चाहिये क्योंकि इससे अच्छा प्रभाव नहीं पड़ता।

(6) क्षुद्रता (Pettiness)—नेता उदार होना चाहिए। छोटी-छोटी बातों को लेकर कर्मचारियों को कहना-सुनना अच्छी बात नहीं है। क्षुद्रता से उसका सम्मान उठ जाता है।

(7) परस्पर विरोधी आदेश (Conflicting Orders)—नेता को परस्पर विरोधी आदेशों से बचना चाहिए क्योंकि इससे कर्मचारी असमंजस में पड़ जाते हैं अथवा उनका नेता पर से विश्वास उठ जाता है। दोनों स्थितियों में काम की हानि होती है।

(8) अनावश्यक आदेश (Superfluous Orders)—नेता को यथासम्भव कम से कम आदेश देने चाहिएँ और अनावश्यक आदेशों से बचना चाहिए। जो आदेश उसके क्षेत्र में नहीं

आते वे नहीं दिए जाने चाहिए। अत्यधिक आदेशों से असुरक्षा की भावना बढ़ती है। बहुत-सी बातें कर्मचारियों के विवेक पर छोड़ी जा सकती हैं।

निरीक्षक के उत्तरदायित्व

किसी भी उद्योग के निरीक्षक पर महत्त्वपूर्ण उत्तरदायित्व होते हैं। इन उत्तरदायित्वों के पालन में ही कर्मचारियों और मालिकों दोनों का कल्याण होता है। संक्षेप में ये उत्तरदायित्व अग्रलिखित हैं–

(1) अनुशासन और नीतिमत्ता बनाये रखना–अनुशासन उद्योग के नियमों का पालन करना है। नीतिमत्ता से उद्योग में प्रेरणा बनी रहती है। अनुशासन दण्ड और पुरस्कार की व्यवस्था से लागू किया जाता है। पुरस्कार वेतन वृद्धि, प्रशंसा, अतिरिक्त अवकाश आदि के रूप में दिया जा सकता है। दण्ड यथासम्भव कम कठोर होने चाहिएं किन्तु जिनका विधान किया जाए वे दण्ड अवश्य दिए जाने चाहिए। निरीक्षक उद्योग में नीतिमत्ता का उच्च स्तर बनाये रखता है जिससे उत्पादन पर अनुकूल प्रभाव पड़ता है और कर्मचारियों और अधिकारियों के सम्बन्ध अच्छे बने रहते हैं।

(2) समूह की समस्याओं को सुलझाना–निरीक्षक को समूह की समस्याओं का पता रहना चाहिए और उसे कर्मचारियों से विचार-विमर्श करके इन समस्याओं को सुलझाना चाहिए। निरीक्षक के माध्यम से ही कर्मचारियों की समस्याएँ अधिकारियों तक पहुंच सकती हैं। अस्तु, उसे कर्मचारिगों से निकट सम्पर्क स्थापित करके उनकी समस्याएँ पता लगाते रहना चाहिए।

(3) समायोजन बढ़ाना–उद्योग में प्रगति कर्मचारियों के अच्छे समायोजन पर निर्भर है। नये भर्ती होने वाले कर्मचारियों का पुराने कर्मचारियों से समायोजन अत्यन्त आवश्यक है। यह कार्य निरीक्षक की देख-रेख में होता है। जहाँ कहीं भी समायोजन में कोई कठिनाई हो वहाँ उसे दूर करना निरीक्षक का उत्तरदायित्व है।

(4) उत्पादन की मात्रा और गुण बनाए रखना–निरीक्षक कर्मचारियों से काम लेकर उत्पादन की मात्रा और गुण के विषय में निर्धारित लक्ष्यों को प्राप्त करता है। उसकी देख-रेख में उत्पादन कार्य सम्पन्न होता है। यह कार्य इतना अधिक महत्त्वपूर्ण है कि कहीं-कहीं तो फोरमैन अथवा सुपरवाइजर का यही एकमात्र कार्य माना जाता है।

(5) शान्ति और सामंजस्य बनाये रखना–उद्योगों में शान्ति और सामंजस्य बनाए रखना निरीक्षक का उत्तरदायित्व है। यह बहुत कुछ कर्मचारियों से उसके व्यवहार पर निर्भर है क्योंकि यह उसके व्यवहार का भी निर्देशन करता है। उसके कर्मचारियों से व्यवहार पर उद्योग में सामाजिक परिवेश की शान्ति और सामंजस्य निर्भर होता है। अस्तु, जहाँ कहीं शान्ति भंग होने की सम्भावना दिखलाई पड़े वहाँ उसे हस्तक्षेप करना चाहिये और उन कारकों को दूर करना चाहिए जिनसे शान्ति भंग होती है।

निरीक्षकों का चुनाव और प्रशिक्षण

औद्योगिक मनोविज्ञान केवल निरीक्षकों के गुण-दोषों की विवेचना और निरीक्षण कार्य के विभिन्न पहलुओं के मनोवैज्ञानिक तत्त्वों का स्पष्टीकरण ही नहीं करता बल्कि उद्योग के

विभिन्न क्षेत्रों में नेतृत्व करने वाले निरीक्षकों के चुनाव और प्रशिक्षण में भी सहायता देता है। यह चुनाव विभिन्न उद्योगों की नीतियों और दर्शनों पर आधारित होता है। अस्तु अलग-अलग उद्योगों में अलग-अलग कसौटियों के आधार पर नेताओं का चुनाव किया जाएगा क्योंकि निरीक्षकों का उद्योग में विशिष्ट योगदान भिन्न-भिन्न उद्योगों में अलग-अलग होता है। किस उद्योग में निरीक्षक में नेतृत्व के किन गुणों की अधिक आवश्यकता है, यह मनोवैज्ञानिक विषय है। अस्तु, उद्योगों में फोरमैनों और सुपरवाइजरों के चुनावों में प्रश्नावलियों और साक्षात्कार के द्वारा प्रार्थियों में नेतृत्व के गुणों का पता लगाने का प्रयास किया जाता है। कभी-कभी इसके लिए विभिन्न प्रकार के परीक्षण भी प्रयोग किये जाते हैं।

प्रबन्ध में नेतृत्व का महत्त्व
(Importance of Leadership in Management)

प्रबन्ध में नेतृत्व के महत्त्व के बारे में जो कुछ भी कहा जाये, कम ही है। प्रबन्ध में नेतृत्व का महत्त्व निम्न बातों से स्पष्ट होता है—

(1) समूह कार्य के लिये प्रेरक शक्ति—प्रबन्ध का उद्देश्य अन्य लोगों से कार्य कराना है और इसके लिये उसे संगठन में नेतृत्व प्रदान करना पड़ता है। प्रबन्धक अपने उत्तरदायित्वों को तब ही अच्छी तरह से निभा सकते हैं, जबकि उनमें एक नेता के गुण हों। संस्था के लक्ष्यों को प्राप्त करने के लिये सामूहिक प्रयास एवं दल कार्य आवश्यक हैं, इसलिये कार्य को कराने के लिये नेतृत्व अनिवार्य हो जाता है। नेतृत्व के द्वारा प्रबन्धक मनुष्यों के समूह को, कार्य के सफल निष्पादन के लिये, एक सहकारी दृष्टिकोण अपनाने को प्रेरित कर सकते हैं। मानवीय सम्बन्धों को प्रभावित करके नेतृत्व समूह को क्रिया निष्पादन के एक ऊँचे स्तर पर पहुँचा देता है। इस प्रकार उच्चस्तरीय कार्य की प्राप्ति के लिये कुशल नेतृत्व की आवश्यकता सर्वमान्य सत्य है।

नेतृत्व एक ऐसा गुण है जो समूह के उद्देश्यों एवं प्रयत्नों को एकता प्रदान करता है, सदस्यों को प्रेरणा देता है तथा उनका मार्गदर्शन करता है। कुशल नेतृत्व द्वारा कर्मचारियों के व्यक्तिगत गुण उभरते हैं, उन्हें अपनी योग्यता दिखाने का अवसर मिलता है, उनमें आत्मविश्वास जाग्रत होता है तथा उपक्रम के प्रति वफादारी की भावना पैदा होती है।

(2) अधिकारी की सहायता—जब किसी उपक्रम में प्रबन्ध सामूहिक कार्य को कराने के लिये विभिन्न स्तरों पर कार्य करते हैं या विभिन्न स्तरों पर नेतृत्व प्रदान करते हैं तो कार्य ठीक रूप से होता है, न केवल कार्य ठीक प्रकार से होता है वरन् प्रबन्धकों का भार भी हल्का हो जाता है। व्यवसाय चाहे कोई भी हो उसका स्वामी स्वयं की क्षमता पर कार्यों को नहीं कर सकता। कार्य को उचित प्रकार से करने के लिये उसे कार्य से सम्बन्धित विशेषज्ञों की सहायता नेतृत्व प्रदान करने के लिये लेनी ही पड़ती है। नेतृत्व में वे सब गुण होते हैं जिनसे वह लोगों में कार्य के प्रति प्रेरणा को जाग्रत करता है और सफलतापूर्वक कार्य को सम्पन्न कराता है। बिना कुशल सेनाध्यक्ष की सहायता के अच्छे हथियार और वीरतम सैनिकों के होते हुये भी जिस प्रकार युद्ध को नहीं जीता जा सकता, उसी प्रकार बिना कुशल नेतृत्व के किसी भी उपक्रम को सफलता के शिखर पर नहीं पहुँचाया जा सकता।

(3) सभी प्रबन्ध-स्तरों पर नेतृत्व की आवश्यकता—एक उपक्रम में शिखर पर तो उच्च कोटि का नेतृत्व होना ही चाहिये, किन्तु नेतृत्व की आवश्यकता संगठन के प्रत्येक स्तर पर होती है। उपक्रम के जनरल मैनेजर को मनुष्यों का स्वाभाविक नेता होना आवश्यक है, परन्तु साथ ही यह गुण विभागीय प्रबंधकों और निरीक्षकों में भी होना ही चाहिये। एक अच्छा फोरमैन अपने आधीन श्रमिकों को उत्तम काम करने की सबसे अधिक प्रेरणा दे सकता है। अच्छी से अच्छी योग्यतायें लड़खड़ा सकती हैं, आदर्शतम संगठन संरचना खण्डित हो सकती है या शीर्ष प्रबन्ध के सभी प्रयास भी व्यर्थ हो सकते हैं यदि संनचालक-स्तर पर मानवीय प्रयत्नों को जान बूझकर प्रतिबन्धित किया गया।

(4) नेतृत्व सहयोग का आधार है—सहयोग प्राप्त करने की आधारशिला नेतृत्व ही है। एक कुशल नेता विविध साधनों से अपने सहयोगियों व अनुसरणकत्ताओं का सहयोग प्राप्त कर सकता है। नेतृत्व सहयोग के लिये आधार अनेक प्रकार से प्रदान करता है। कुशल नेतृत्व होने से कर्मचारी लगनपूर्वक और सहयोग से कार्य करते हैं। सहयोग से कार्य करने से न केवल कार्य ही अधिक होता है वरन् कार्य की किस्म भी अच्छी होती है। यदि नेता अपने अनुसरणकर्त्ताओं के सहयोग से कार्य न करें तो अच्छे कार्य भी विनष्ट हो जाते हैं।

नेतृत्व के कार्य
(Functions of Leadership)

नेतृत्व के दो प्रमुख कार्य हैं—(i) अधीनों का मार्गदर्शन और अभिप्रेरणा एवं (ii) अधीनों की समस्याओं एवं भावनाओं को समझना।

अधीन के मार्गदर्शन और अभिप्रेरणा का कार्य कई प्रकार से किया जा सकता है, **जैसे**—उन्हें विभागीय योजनाएँ ठीक समझाना, कार्य के उद्देश्यों और कारणों की समुचित व्याख्या करना, उनके आपसी मतभेदों को दूर करना, व्यक्तिगत एवं घरेलू समस्याओं के प्रति सहानुभूति दिखलाना, नये कर्मचारियों के लिये प्रशिक्षण की व्यवस्था करना आदि।

अधीनों की भावनाओं एवं समस्याओं को समझने की आवश्यकता कई कारणों से उदय होती है, जैसे—अपने निर्णयों से उत्पन्न असन्तोष को न्यूनतम रखने, कुशल एवं प्रभावी निर्णय लेने और कर्मचारियों को मानसिक सन्तोष प्रदान करने के लिये वरिष्ठ अधिकारी की समय प्रवाह के साथ बदलने वाली अधीनों की आकांक्षाओं, रुचियों और शाखाओं को समझना आवश्यक है चाहे वह उनसे सहमत न हो।

नेतृत्व के सिद्धान्त
(Theories of Leadership)

नेतृत्व के गुण विशिष्टता लिये हुये होते हैं। नेतृत्व के विभिन्न प्रकार के गुणों को नेतृत्व के निम्नलिखित सिद्धान्त में दर्शाया गया है—

(1) लक्षणमूलक सिद्धान्त (Traitist Theory)—नेतृत्व के लक्षणमूलक सिद्धान्तों को प्रतिपादित करने वाले विद्वानों ने आगमन (inductive) प्रणाली अपनाते हुये कुछ जाने माने नेताओं के जीवन का अध्ययन करके उनके अति स्पष्ट गुणों का पता लगाया और फिर एक

व्यक्ति में उन गुणों का होना उसकी नेतृत्व क्षमता का मापदण्ड माना। जिस व्यक्ति में ये गुण जितने अधिक होंगे वह उतने ही ऊँचे स्तर का नेता होगा। इस सिद्धांत को टीड (Tead), बर्नाडे (Bernard) और शेल (Schell) ने प्रतिपादित किया है। टीड ने एक नेता के निम्नलिखित आवश्यक गुण बतलाये हैं—(i) शारीरिक व स्नायविक शक्ति, (ii) उद्देश्य एवं लक्ष्य भावना, (iii) उत्साह, (iv) मैत्रीभाव व प्रेम, (v) चारित्रिक दृढ़ता, (vi) तकनीकी कुशलता, (vii) निर्णय क्षमता, (viii) कुशाग्र बुद्धि, (ix) शिक्षण चातुर्य एवं (x) दृढ़ विश्वास, टीड के अनुसार, ''प्रत्येक नेता में उपरोक्त सभी गुण पाये जायें, यह आवश्यक नहीं है, परन्तु जिस व्यक्ति में भी ये गुण मौजूद होते हैं, वह अवश्य ही एक सफल नेता सिद्ध होता है।''

वर्नाडे के मतानुसार, सफल नेता होने के लिये दो बातें आवश्यक होती हैं—(i) श्रेष्ठ व्यक्तित्व अर्थात् जो व्यक्ति शारीरिक बनावट, चतुराई, तकनीकी कुशलता, सामान्य ज्ञान, विवेक, स्मरण शक्ति, कल्पना शक्ति आदि में दूसरों से बढ़-चढ़ कर होता है वह उनकी प्रशंसा का पात्र होने के कारण उनका नेतृत्व करने में सफल होता है। (ii) अन्य गुण अर्थात् उसमें कृतसंकल्पता, धैर्य, लगन व साहस आदि की मात्रा भी अन्य व्यक्तियों की अपेक्षा अधिक होनी चाहिए।

शेल (Schell) के अनुसार नेता वही व्यक्ति हो सकता है, जिसमें निम्न गुण हों—(i) मनुष्यों में रुचि एवं प्रेम, (ii) शक्तिशाली व्यक्तित्व, (iii) विज्ञान के प्रति झुकाव आदि।

दोष—इस सिद्धान्त के दोष निम्नलिखित हैं—

(i) नेतृत्व के सामान्य या सर्वमान्य लक्षणों (Traits) को बताना सम्भव नहीं है।

(ii) विभिन्न लक्षणों के तुलनात्मक महत्त्व को प्रदर्शित नहीं किया जा सकता।

(iii) विभिन्न नेतृत्व गुणों की जो सूची बनाई गई है उनमें पर्याप्त विभिन्नता है। दूसरा कारण यह है कि किस व्यक्ति में कौन सा गुण किस मात्रा में है, इसे मालूम करने का कोई उचित पैमाना उपलब्ध नही है।

(iv) नेतृत्व की सफलता के लिये कौन-सा गुण किस मात्रा में होना चाहिये इसे निश्चित करना सरल नहीं है। यदि किसी व्यक्ति में नेतृत्व सम्बन्धी 10 गुणों में से 8 गुण नहीं है तो क्या वह एक अच्छा नेता बन सकता है, इस बारे में कोई निश्चित बात नहीं कही जा सकती।

(2) परिस्थितिकारक सिद्धान्त (Situational Theory)—इस सिद्धान्त के अनुसार एक नेता में लक्षणमूलक सिद्धान्त के गुणों, जैसे—व्यक्तित्व, धैर्य, कुशलता आदि को माना है, परन्तु इससे अधिक महत्त्वपूर्ण तथ्य यह है कि एक नेता विशेष स्थिति में इन गुणों का प्रयोग किस प्रकार से करता है। परिस्थितिकारक सिद्धान्त के प्रतिपादकों का कहना है कि नेतृत्व के गुणों का ज्ञान प्राप्त करने के लिये एक व्यक्ति को किसी समूह के साथ रखकर उसे विभिन्न स्थितियों में कार्य को सौंपना चाहिये और उसके कार्य के स्तर का माप करना चाहिये जिससे उसके नेतृत्व के स्तर का ज्ञान प्राप्त हो सके।

परिस्थितिकारक सिद्धान्त के माध्यम से सबसे पहले नेतृत्व गुणों की पहचान करने का प्रयास 1920 में जर्मनी की सेना में किया गया था। इसका उद्देश्य उच्चस्तरीय सैनिक

अधिकारियों को प्राप्त करना था। इसके बाद इस पद्धति का प्रयोग अनेक बार द्वितीय विश्व युद्ध में किया गया।

दोष—इस सिद्धान्त के दोष निम्नलिखित हैं—

(i) इस विधि के द्वारा व्यक्ति के आचरण के सम्बन्ध में अनेक व्यक्तियों द्वारा उसकी वर्तमान नेतृत्व क्षमता का ही ज्ञान प्राप्त हो पाता है। वास्तव में जिस व्यक्ति का चुनाव किया जाता है वह भविष्य में भी कुशलतापूर्वक कार्य कर सकेगा, यह संदिग्ध ही रहता है। इस कारण इस विधि पर पूर्ण रूप से निर्भर नहीं रहा जा सकता।

(ii) संस्था की संगठन व्यवस्था भी नेतृत्व गुणों के प्रकटीकरण में कुछ सीमा तक सहायक या बाधक हुआ करती है, जैसे—कोई व्यक्ति संस्था की संवादवाहन व्यवस्था के केन्द्र से जितने निकट नियुक्त होगा उसे नेता के रूप में आगे बढ़ने की सुविधा भी उतनी ही अधिक होगी। अत: प्रबन्धक के चुनाव के लिये परिस्थिति-कारक परीक्षण ही सब कुछ नहीं है वरन् वरिष्ठ अधिकारियों के वे कार्य भी महत्त्वपूर्ण हैं जिनसे एक व्यक्ति को अन्य व्यवितयों की तुलना में अधिक सहयोग मिल जाते हैं।

(3) अनुयायी सिद्धान्त (The Followers Theory)—यह सिद्धान्त इस मान्यता पर आधारित है कि अनुयायियों की कुछ मूलभूत आवश्यकतायें होती हैं। जो व्यक्ति उन्हें पूरा करने में सबसे अधिक सहायक हो सकता है उसी को वे अपना नेता मान लेते हैं। ये अनुयायी ही होते हैं जो प्रभावशाली नेतृत्व को सम्भव बनाते हैं। इस सिद्धान्त के प्रतिपादक एफ० एच० सेनफोर्ड (F. H. Sanford) हैं। इस सिद्धान्त के अनुसार किसी व्यक्ति की नेतृत्व क्षमता मालूम करने के लिये उसके अनुयायियों सम्बन्धी आचरण का अध्ययन करना चाहिये।

दोष—अनुयायियों की आवश्यकताओं को पूरा करने में नेता किस सीमा तक समर्थ होगा यह केवल उसके व्यक्तिगत गुणों पर निर्भर नहीं होता बल्कि नेतृत्व की उन परिस्थितियों पर भी, जिनके अन्तर्गत उसे कार्य करना पड़ता है, निर्भर है।

(4) सर्वोत्कृष्टता का सिद्धान्त (The Eclectic Theory)—इस सिद्धान्त के अनुसार नेतृत्व की पहचान के लिये नेता, अनुयायी, परिस्थियितों—तीनों का संयुक्त अध्ययन करना चाहिये। नेता के गुण एवं मनोवैज्ञानिक प्रवृतियाँ, अनुयायियों की समस्याओं, प्रवृत्तियों व आवश्यकताओं तथा उन परिस्थितियों, जिनमें कि नेता व उसके अनुयायी परस्पर सम्बन्धित होते हैं, का एक साथ अध्ययन करने के पश्चात् ही किसी व्यक्ति की नेतृत्व क्षमता का ज्ञान प्राप्त किया जा सकता है।

अब हम संक्षेप में एक नेता में कौन-कौन से गुण होने चाहियें इसका अध्ययन करेंगे। वे गुण हैं—(1) जीवनी शक्ति अर्थात् शक्ति, चैतन्यता व सजगता तथा सहिष्णुता, (2) बुद्धि एवं तकनीकी क्षमता, (3) उत्तरदायित्व की भावना, (4) लोगों के साथ कार्य करने की योग्यता, (5) निर्णय लेने की क्षमता, (6) प्रेरणा प्रदान करने की शक्ति एवं (7) एकीकृत करने की योग्यता।

चार्ल्स श्वाब (Charles Schwab) ने नेतृत्व सम्बन्धी गुणों का वर्णन निम्न शब्दों में किया है—''उस व्यक्ति का व्यक्तित्व प्रभावशाली होना चाहिये। यह गुण महत्त्वपूर्ण है। उसमें बुद्धि, अव्यवसाय एवं चातुर्य होना चाहिये। यदि किसी व्यक्ति में ये गुण नहीं हैं, तो वह अधिक सफलता नहीं पा सकता। वह निष्पक्ष, सत्यवादी अच्छा सहयोगी हो, एक अच्छा व्यक्ति होने की ख्याति रखे, तभी अन्य लोग उसे पसन्द करेंगे और उस पर विश्वास रखेंगे। आशावादिता, प्रसन्नता तथा अन्य लोगों को प्रोत्साहित करने एवं सहायता देने की तत्परता भी उसमें होनी चाहिये।''

अलग-अलग विद्वानों ने नेतृत्व के विभिन्न कर्त्तव्यों और दायित्वों को देखते हुये विभिन्न गुणों पर जोर दिया है। उन सभी का पृथक एवं विस्तृत वर्णन यहाँ सम्भव नहीं है। हम नेतृत्व गुणों का संक्षिप्त वर्गीकरण आगे दे रहे हैं, जिसमें सभी प्रमुख गुणों का समावेश हो गया है—

(a) **शारीरिक गुण** (Physical Qualities)—(i) उत्तम स्वास्थ्य एवं (ii) स्फूर्ति तथा सहनशीलता।

(b) **बौद्धिक गुण** (Intellectual Qualities)—(i) मानसिक, क्षमता, (ii) उपयुक्त निर्णय कुशलता, (iii) विश्लेषण शक्ति तथा (iv) गुण ग्राह्यता (Receptiveness)।

(c) **मनोवैज्ञानिक गुण** (Psychological Qualities)—(i) आकर्षक व्यक्तित्व, (ii) उत्साह, साहस एवं लगन, (iii) चातुर्य, (iv) सहकारिता की भावना, (v) निर्देशन क्षमता, (vi) मैत्रीभाव एवं स्नेह, (vii) चरित्र बल, (viii) उत्तरदायित्व को समझना, (ix) दृढ़ता, (x) सम्प्रेषण चातुर्य, (xi) निष्ठा एवं विश्वास, (xii) पहल शक्ति, (xiii) अभिप्रेरण क्षमता, (xiv) ईमानदारी, न्याय एवं निष्कपटता, (xv) सामाजिक चेतना, (xvi) सन्तुलन शक्ति, (xvii) सहिष्णुता, (xviii) संगठन क्षमता, (xix) औचित्य की पहचान एवं (xx) दूरदर्शिता।

इन सभी गुणों का एक साथ ही एक ही व्यक्ति में होना असम्भव सा है। परन्तु जितने अधिक गुण एक व्यक्ति में होंगे वह उतना ही श्रेष्ठ नेता होगा।

इन गुणों की सूची से यह भी स्पष्ट हो जाता है कि नेतृत्व का कार्य कितना कठिन है। नेतृत्व गुणों की दुर्लभता देखते हुये ही यह कहा गया है कि, ''नेता पैदा होते हैं, बनाये नहीं जाते।'' परन्तु निरन्तर अभ्यास एवं प्रशिक्षण से नेतृत्व गुणों का विकास किया जा सकता है, यह एक सत्य है।

अभ्यास के लिये प्रश्न

1. प्रबन्ध में नेतृत्व की महत्ता बताइये। एक अच्छे प्रबन्धक (Manager) के मुख्य गुणों का उल्लेख कीजिये।

   या

   ''सम्पूर्ण प्रबन्ध पदतन्त्र में आधुनिक निगम का नेतृत्व सर्वाधिक कठिन एवं परिश्रमपूर्ण कार्य है।'' इस कथन की विवेचना कीजिये।

2. औद्योगिक नेतृत्व से आप क्या समझते हैं? एक कुशल औद्योगिक नेता बनने के लिये आवश्यक व्यक्तिगत गुणों की व्याख्या कीजिये।

   या

   ''व्यापक दृष्टिकोण से, किसी संस्था की नेताओं को उत्पन्न करने की क्षमता उसकी कुशल एवं सस्ता उत्पादन करने की क्षमता की अपेक्षा अधिक महत्त्वपूर्ण है।'' टीका कीजिये।

3. व्यावसायिक प्रबन्ध में नेतृत्व के विभिन्न प्रकारों की विशेषतायें बताइये। आपकी राय में, वर्तमान स्थिति में भारतीय उद्योगों के लिये किस प्रकार का नेतृत्व सबसे अधिक उपयोगी एवं प्रभावशाली है और क्यों?

16

उद्योग में प्रबन्ध

(Management in Industry)

औद्योगिक समाजशास्त्र में कारखाने की सामाजिक व्यवस्था का विशेष रूप से अध्ययन किया जाता है। कारखाने की सामाजिक व्यवस्था औद्योगिक प्रबन्ध पर निर्भर है। औद्योगिक प्रबन्ध का अर्थ समझने से पहले प्रबन्ध मात्र का अर्थ समझना उपयोगी होगा। इस सम्बन्ध में कुछ विद्वानों ने निम्नलिखित परिभाषायें उपस्थित की हैं–

1. **प्रक्रिया**–सामाजिक विज्ञानों के विश्व कोष के अनुसार, "प्रबन्ध उस प्रक्रिया को कहा जा सकता है जिसके द्वारा किसी प्रयोजन को कार्य-रूप में परिणित करना और निरीक्षण करना सम्भव होता है। विभिन्न प्रकार के और विभिन्न स्तरों के मानव प्रयासों के द्वारा जिनसे कि वह प्रक्रिया होती है कुल परिणाम मानव अर्थ में प्रबन्ध कहा जाता है।"[1] इस परिभाषा के अनुसार प्रबन्ध से तात्पर्य प्रयोजनों को कार्यरूप में परिणित करने की प्रक्रिया से है।

2. **प्रेरक शक्ति**–किन्तु प्रबन्ध केवल प्रक्रिया मात्र नहीं है बल्कि प्रयोजन को पूर्ण करने की प्रेरक शक्ति भी है। हूपर के शब्दों में, "प्रबन्ध वह प्रेरक शक्ति है जो किसी उद्योग को प्रेरित करती है, उसे एक इकाई में बाँधती है और ऐसी दशायें और सम्बन्ध उत्पन्न करती है जिनसे उसकी समस्त शक्तियों और साधनों का पूर्ण इस्तेमाल सम्भव होता है।"[2]

---

1. "Management may be defined as the process by which the execution of given purpose is put into operation and supervised. The combined out put of various types and grades of human effort by which the process is effected is known as management in the human sense." —*Encyclopaedia of Social Sciences,* Vol X, pp. 76-77.
2. "Management is the driving force that inspires an undertaking, knits into an entity and creates the conditions and relationships which bring about a full use of all its powers and resources." —Hooper, F.C.

3. नियोजन, समायोजन और नियन्त्रण—प्रबन्ध का कार्य नियोजन, समायोजन और नियन्त्रण का कार्य है। इस बात को बड़े सुन्दर शब्दों में रखते हुए लुंडी ने लिखा है, 'प्रबन्ध मुख्य रूप से नियोजन, समायोजन, प्रेरणा देने और विशेष लक्ष्य को प्राप्त करने के लिये दूसरों के प्रयासों का नियन्त्रण करने का कार्य है।''[1]

(4) उत्तरदायित्व—प्रबन्ध में नियोजन के विभिन्न पहलुओं को और भी स्पष्ट करते हुये ब्रेच ने लिखा है, ''प्रबन्ध किसी उद्योग की प्रतिक्रियाओं के प्रभावशाली नियोजन और नियन्त्रण का उत्तरदायित्व है, इस उत्तरदायित्व में सम्मिलित हैं—(1) योजना से लगे रहने को निश्चित करने की उपयुक्त प्रणाली बनाये रखना और लगाना तथा (2) प्रक्रियाओं को बनाने वाले और चलाने वाले कर्मचारियों का निर्देशन, संकलन और देखभाल।''[2] इन शब्दों से प्रबन्ध की प्रक्रिया पूरी तरह से स्पष्ट होती है।

(5) कला—इस प्रकार प्रबन्ध वास्तव में एक कला है। किम्बाल के शब्दों में ''व्यापक रूप से प्रबन्ध को उपस्थित उद्योग में मनुष्यों और सामग्रियों के नियंत्रण के अन्तर्गत आने वाले आर्थिक सिद्धान्तों को लागू करने की कला कहा जा सकता है।''[3] इसी कारण अन्त में प्रबन्ध के सभी नियम स्थापित नहीं किये जा सकते वह बहुत कुछ प्रबन्धकर्त्ता पर निर्भर होता है। कुछ लोग इस कार्य में अन्य लोगों से अधिक निपुण होते हैं क्योंकि उन्हें प्रबन्ध की कला आती है। इस प्रकार के प्रबन्धकों को उपयोग में लगाने से औद्योगिक प्रबन्ध अत्यन्त सरल हो जाता है। वास्तव में प्रबन्ध वस्तुओं से नहीं बल्कि मनुष्यों से सम्बन्धित होता है। विलसन के शब्दों में, ''प्रबन्ध वस्तुओं का निर्देशन नहीं बल्कि मनुष्यों का विकास है।''[4]

प्रबन्ध की उपरोक्त परिभाषाओं को संक्षेप में पीटरसन द्वारा दी हुई इस परिभाषा में बांधा जा सकता है कि ''प्रबन्ध कार्यों और एक विशिष्ट प्रयोजन को प्राप्त करने के लिये इन कार्यों को करने वाले मनुष्यों को व्यवस्थित करने और समायोजन करने को कहते हैं।''[5]

---

1. Management is principally a task of planning, coordinating, motivating and controlling the efforts of others towards a specific objective."
—Lundy J.L., *Effective Industrial Management,* p. 1.
2. "Management is the responsibility for the effective planning and regulation of the operation of an enterprise, such responsibility involving (i) the installation and maintenance of proper procedure to ensure adherence to plans, and (ii) the guidance, integration and supervision of the personnel comprising and carrying out operation."
—Brech, E.F.L., *Management Principles and Practices,* p. 21.
3. "Management may be broadly defined as the art of applying the economic principles that underly the control of man and materials in the enterprise under consideration."
—Kimbal and Kimbal, *Principles of Industrial organisation,* p. 157.
4. "Management is the development of people and not the direction of things."
—Wilson.
5. "Management is the ordering and co-ordinating of functions and of the men fulfilling their function in order to achieve a given purpose."
—Peterson, E.P., *Business Organisation and Management,* p. 3.

प्रबन्ध की मुख्य विशेषतायें
(Chief Characteristics of Management)

प्रबन्ध की उपरोक्त परिभाषाओं से उसकी निम्नलिखित विशेषतायें स्पष्ट होती हैं–

1. **प्रक्रिया** (Procedure)–उद्योग में अथवा कारखानों में प्रबन्ध का अर्थ प्रक्रिया है। विककिंसन और फोस्टर के शब्दों में, "प्रबन्ध एक शब्द है जो कि सामान्य रूप से उस प्रक्रिया का वर्णन करने के लिये प्रयोग किया जाता है जिसके द्वारा कोई व्यक्ति अपने ऊपर आरोपित सीमाओं के बावजूद एक वांछित लक्ष्य को प्राप्त करने का प्रयास करता है।"

2. **विज्ञान** (Science)–कुछ वैज्ञानिक सिद्धान्तों पर आधारित होने के कारण प्रबन्ध को एक विज्ञान कहा जा सकता है।

3. **कला** (Art)– जैसा कि पीछे कहा जा चुका है, प्रबन्ध में बहुत कुछ ऐसा होता है जिसके कोई वैज्ञानिक नियम नहीं बनाये जा सकते और इसलिये प्रबन्ध को कला कहना अधिक उपयुक्त होगा।

4. **प्रयत्नों का निर्देशन** (Direction of Efforts)–प्रत्येक कर्मचारी को मनचाहे ढंग से कार्य करने देने से अव्यवस्था उत्पन्न होती है। अस्तु, प्रबन्ध में संगठन से प्रत्येक व्यक्ति को कार्य के करने के विषय में निर्देशन दिया जाता है।

5. **निश्चित उद्देश्य** (Definite Aim)–इस प्रकार प्रबन्ध की एक विशेषता किसी वांछित लक्ष्य या निश्चित उद्देश्य को प्राप्त करने का प्रयास करना है।

6. **उत्तरदायित्वों का संगठन** (Organisation of Responsibilities)–प्रबन्ध के लिये यह आवश्यक है कि उपक्रम में काम करने वाले विभिन्न व्यक्तियों के उत्तरदायित्वों को निश्चित कर दिया जाए और उनको परस्पर संगठित किया जाये।

7. **समायोजन** (Co-ordination)–विभिन्न व्यक्तियों को उनके कार्यों के विषय में निर्देशन देना मात्र ही पर्याप्त नहीं है, किसी भी लक्ष्य को प्राप्त करने के लिये समूह के विभिन्न व्यक्तियों के कार्यों का समन्वय या समायोजन होना चाहिये।

8. **नियन्त्रण** (Control)–केवल निर्देशन मात्र से न तो सभी व्यक्ति ठीक से काम करते हैं और न समस्याओं की सम्भावना समाप्त हो जाती है। इसके लिये एक ओर कर्मचारियों को निर्देशन दिया जाता है तो दूसरी ओर अवांछित या सीमा से बाहर के कार्यों पर नियन्त्रण भी रखना होता है।

9. **माप दण्ड** (Standard)–यह नियन्त्रण किसी प्रबन्धक की इच्छा मात्र पर आधारित नहीं होना चाहिये। किसी भी व्यक्ति के कार्य के उचित या अनुचित का मूल्यांकन करने के लिये कुछ निश्चित प्रमाप होने आवश्यक है ताकि हस्तक्षेप और नियन्त्रण न्यायपूर्ण हो सके।

10. **सहयोग** (Co-operation)–औद्योगिक उपक्रम यन्त्रों को नहीं बल्कि उन पर काम करने वाले मनुष्यों को कहते हैं। इन मनुष्यों को चाहे प्रबन्धकों के द्वारा कितना भी

नियन्त्रित, निर्देशित और समायोजित किया जाये उनमें संगठन तब तक नहीं आयेगा जब तक उनमें स्वयं सहयोग की प्रेरणा न हो। अस्तु, प्रबन्ध के उद्देश्यों को प्राप्त करने के लिये सहयोग उत्पन्न किया जाना चाहिये।

औद्योगिक प्रबन्ध की धारणा
(The Concept of Industrial Management)

प्रबन्ध की उपरोक्त परिभाषाओं से औद्योगिक प्रबन्ध का अर्थ स्पष्ट होता है। सामाजिक विज्ञानों के विश्व कोष के अनुसार, ''फिर उन व्यक्तियों का संयोग जो कि किसी विशेष उपक्रम में मिलकर कार्य करते हैं उस उद्योग का प्रबन्ध कहलाता है।'' इस प्रकार औद्योगिक प्रबन्ध औद्योगिक उपक्रम में निर्देशन, नियोजन, समायोजन, नियन्त्रण, सहयोग तथा औद्योगिक लक्ष्यों को प्राप्त करने के लिये उत्तरदायित्वों का संगठन है। औद्योगिक उपक्रम में अनेक साधन काम करते हैं जैसे उत्पादन के साधन और उत्पादन करने वाले कर्मचारी तथा प्रबन्धक, पूँजीपति इत्यादि। उत्पादन के साधनों में भी भूमि, कच्चा माल, मशीनें आदि कई प्रकार के साधन होते हैं। इन सब साधनों का एक ऐसा संगठन औद्योगिक प्रबन्ध कहा जाता है जिससे उद्योग के लक्ष्यों को सर्वोत्तम रूप में प्राप्त किया जा सकता हो। जे० आर० टेरी के शब्दों में, ''औद्योगिक प्रबन्ध उपलब्ध साधनों का उपयोग करके उद्देश्यों को प्राप्त करने से सम्बन्धित है।'' औद्योगिक प्रबन्ध में भूमि, श्रम, पूँजी, साहस और संगठन ये पांच तत्त्व होते हैं। उसमें इन पाँचों तत्त्वों को इस प्रकार व्यवस्थित किया जाता है उद्योग में लगे मनुष्यों, पूँजीपति, प्रबन्धक और कर्मचारियों इत्यादि को अधिक से अधिक लाभ हो।

औद्योगिक प्रबन्ध के प्रकार
(Types of Industrial Management)

किन्तु औद्योगिक प्रबन्ध भी कोई एक प्रकार का नहीं होता। विभिन्न क्षेत्रों में विभिन्न प्रकार के औद्योगिक प्रबन्ध की आवश्यकता होती है। संक्षेप में औद्योगिक प्रबन्ध के विभिन्न प्रकार निम्नलिखित हैं। यह वर्गीकरण इंग्लैंड के शिक्षा मंत्रालय ने अपने प्रतिवेदन प्रबन्ध के लिये शिक्षा में उपस्थित किया है।

1. उत्पादन प्रबन्ध (Production Management)–इसमें कार्य का विश्लेषण, उत्पादन प्रणाली का निर्धारण और नियोजन, गुण आदि पर नियन्त्रण और समय गति तथा थकान का अध्ययन करना सम्मिलित है।

2. विकास प्रबन्ध (Development Management)–इसमें कच्चे पदार्थों, मशीनों और विधियों में अनुसंधान, प्रयोगात्मक, संयन्त्र और औद्योगिक विधियों का प्रयोग तथा उत्पादन की डिजाइन और उपभोक्ता की मांग के अनुसार उत्पादित वस्तुओं में संशोधन सम्मिलित हैं।

3. वित्तीय प्रबन्ध (Financial Management)–प्रबन्ध के इस प्रकार में व्यावसायिक पूर्वानुमान, आलेख, सांख्यिकी नियन्त्रण, बजट का नियन्त्रण और बीमा सम्मिलित हैं।

4. वितरण प्रबन्ध (Distribution Management)–इसमें विपणन, विज्ञापन, निर्यात, उपभोक्ता, अनुसंधान तथा विक्रय प्रबन्ध इत्यादि सम्मिलित होते हैं।

5. विक्रय प्रबन्ध (Sale Management)—इसके अन्तर्गत टेण्डर आमंत्रित करना, विक्रय अनुबन्ध करना, स्टोर और स्टाक रखने की व्यवस्था और विक्रय पर नियन्त्रण रखने की प्रक्रिया इत्यादि सम्मिलित हैं।

6. रखरखाव प्रबन्ध (Maintenance Management)—इसमें उद्योग के भवन की व्यवस्था और उसकी सुरक्षा तथा उपकरण की मरम्मत और देखभाल सम्मिलित हैं।

7. यातायात प्रबन्ध (Transport Management)—इसमें पैकिंग की व्यवस्था, वयेर हाउस की व्यवस्था तथा जल, थल और वायु यातायात की व्यवस्था के समायोजन आते हैं।

8. कार्यालय प्रबन्ध (Office Management)—इसके अन्तर्गत वस्तुओं के उत्पादन और वितरण से सम्बन्धित आँकड़े एकत्रित करना तथा कार्यालय के प्रबन्ध से सम्बन्धित पत्र-व्यवहार करना और रिकार्ड रखना सम्मिलित हैं।

9. सेविवर्गीय प्रबन्ध (Personnel Management)—इसे कर्मचारी प्रबन्ध भी कहते हैं। इसमें कर्मचारियों का चुनाव, नियुक्ति, प्रशिक्षण, सेवाओं का वितरण, स्थानान्तरण, पदोन्नति, अवकाश, सुरक्षा और संरक्षण तथा औद्योगिक सम्बन्धों की स्थापना और स्वास्थ्य कल्याण योजनाओं का संचालन सम्मिलित हैं।

औद्योगिक प्रबन्ध के कार्य
(Functions of Industrial Management)

औद्योगिक प्रबन्ध एक जटिल प्रक्रिया है जिसमें अनेक प्रकार के कार्य सम्मिलित हैं। इन कार्यों और उत्तरदायित्वों को जहाँ तक स्पष्ट रूप से परिभाषित और समायोजित रखा जायेगा वहां तक प्रबन्ध के उद्देश्यों को प्राप्त करने में सफलता प्राप्त होगी। संक्षेप में औद्योगिक प्रबन्ध के मुख्य कार्य निम्नलिखित हैं—

(1) पूर्वानुमान (Forecasting)—औद्योगिक प्रबन्ध में सबसे पहला कार्य औद्योगिक सम्भावनाओं का पूर्वानुमान है। पूर्वानुमान का शाब्दिक अर्थ किसी घटना के होने से पहले ही उसका अनुमान लगा लेना है। यह व्यक्तिगत अनुभव पर निर्भर होता है। इसीलिये उद्योगों में सफलता के लिये अनुभव को अत्यन्त महत्त्वपूर्ण माना जाता है। अनुभवी व्यक्ति किसी भी कार्य को आरम्भ करने से पहले उसमें पूँजी, श्रम, आय-व्यय, इत्यादि का एक अनुमानित लेखा जोखा तैयार कर लेता है। इस अनुमान के आधार पर यह पता लगाया जाता है कि उस उद्योग में कितनी लागत लगेगी, क्या कठिनाइयाँ आयेंगी और उससे क्या लाभ होने की सम्भावना है। यह पूर्वानुमान जितना सही होगा उतनी ही सफलता मिलेगी।

(2) नियोजन (Planning)—अब व्यवसाय या उद्योग के समस्त उपक्रम को विभिन्न उपक्रियाओं में बांटकर नियोजन करने की आवश्यकता है जिससे उसे वैज्ञानिक रूप से कार्य रूप में परिणित किया जा सके। एल० उरविक के शब्दों में, ''नियोजन मुख्य रूप से एक बौद्धिक विधि है। एक काम को उचित तरीके से करने का मानसिक पूर्व निर्णय है, कार्य करने से पूर्व सोचना तथा तथ्यों के आधार पर न कि अनुमान के आधार पर कार्य करना है।'' नियोजन में मुख्य सोपान-पूर्वानुमान लगाना, उद्देश्यों का निर्धारण, नीतियों का निर्धारण,

कार्यक्रमों का निर्धारण, कार्य विधियों का निर्धारण, नीतियों का निर्धारण, कार्यक्रमों का निर्धारण, कार्य विधियों का निर्धारण, बजट बनाना तथा सभी चीजों का तालमेल बिठाना है। इन सातों कार्यों को भली प्रकार करने से उपयुक्त नियोजन सम्भव होता है।

(3) संगठन (Organisation)—संगठन की परिभाषा करते हुए उरविक ने लिखा है, "किसी योजना अथवा उद्देश्य के लिये आवश्यक कार्यों को निश्चित करना तथा उनको व्यक्तियों को सौंपने के लिये समूहों में क्रमबद्ध करना संगठन कहलाता है।" ब्रेच के शब्दों में, "संगठन प्रबन्ध की संरचना है क्योंकि यह सम्पूर्ण उत्तरदायित्व का विभाजन करके उसे सूक्ष्म रूप में कार्यान्वित होने के लिए सम्बन्धित विभागों अथवा समूहों में बाँट देता है।" इस प्रकार संगठन में पाँच सोपान होते हैं—उपक्रमों के निश्चित उद्देश्यों को प्राप्त करने के लिये क्रियाओं का निर्धारण, दूसरे, उपक्रम की निर्धारित क्रियाओं का वर्गीकरण, तीसरे, उन क्रियाओं का उत्तरदायित्व भिन्न-भिन्न व्यक्तियों को सौंपना, चौथे, क्रियाओं को भली प्रकार सम्पादित करने के लिए विभागाध्यक्ष को आवश्यक अधिकार प्रदान करना और पाँचवें, विभिन्न विभागों के कार्यों के बीच समन्वय और सहयोग की स्थापना।

(4) संचालन (Direction)—संचालन से तात्पर्य किसी काम को चलाने से है। जी॰ आर॰ टैरी के अनुसार इसमें तीन बातें आती हैं—कार्य को गति प्रदान करना, समूहों को प्रेरणा देना और व्यक्ति में कार्य करने की इच्छा जगाकर उसमें क्षमता उत्पन्न करना। इस प्रकार औद्योगिक प्रबन्ध में सही संचालन के लिये कर्मचारियों में संस्था की नीतियों के प्रति विश्वास उत्पन्न किया जाना चाहिये, अधिकारों और कर्त्तव्यों के प्रति जागरूकता उत्पन्न करनी चाहिये, उपक्रम के संगठन से परिचित कराया जाना चाहिये, सहकारिता और सहयोग बढ़ाना चाहिये और अन्त में प्रबन्धकों के द्वारा कुशल निर्देशन दिया जाना चाहिये।

(5) नेतृत्व (Leadership)—जैसा कि पीछे बतलाया जा चुका है, औद्योगिक प्रबन्ध में प्रबन्धकों के नेतृत्व का विशेष महत्त्व होता है। नेतृत्व में आदेशों का पालन करवाना, मार्ग दर्शन, स्पष्ट व्यवहार और अन्त में समस्त औद्योगिक उपक्रम को अधिकाधिक प्रगति की ओर ले जाना सम्मिलित है। कुछ लोगों में नेतृत्व की स्वाभाविक प्रतिभा होती है। इस प्रकार के गुण सम्पन्न व्यक्तियों को उत्तरदायित्व के स्थान पर नियुक्त किये जाने से औद्योगिक प्रबन्ध में नेतृत्व प्राप्त होता है।

(6) कर्मचारियों की नियुक्ति (Staffing)—औद्योगिक प्रक्रम में सबसे अधिक महत्त्वपूर्ण अंग कर्मचारी हैं। इनके गुण दोष पर ही उसकी सफलता निर्भर है। अस्तु, औद्योगिक प्रबन्ध में कर्मचारियों की नियुक्ति अत्यन्त महत्त्वपूर्ण कार्य है। इसके लिये उसका चुनाव, प्रशिक्षण, पदोन्नति और पदच्युत करना, वेतन, महंगाई भत्ता और अन्य प्रकार की सुविधाएँ प्रदान करना, उनमें परस्पर संचार बनाये रखना, उनकी प्रबन्ध में भागीदारी और उन्हें अपना कार्य कुशलतापूर्वक करने के लिए मार्ग दर्शन सम्मिलित हैं।

(7) अभिप्रेरणा (Motivation)—औद्योगिक प्रक्रम में मशीनें शक्ति से चलती हैं किन्तु मनुष्य अभिप्रेरणा से चलते हैं। अस्तु, कर्मचारियों को उपयुक्त और पर्याप्त अभिप्रेरणा

देना औद्योगिक प्रबन्ध का एक प्रमुख कार्य है। इसके लिए अनेक उपाय अपनाये जा सकते हैं। विभिन्न प्रकार के आर्थिक और अनार्थिक उत्प्रेरकों का प्रयोग किया जा सकता है और अन्त में सबसे अधिक आवश्यक बात कर्मचारियों में ईमानदारी, स्वामिभक्ति, लगन, उत्साह, सहयोग इत्यादि के श्रेष्ठ चरित्र गुणों का निर्माण करना है। यह तभी हो सकता है जबकि चरित्र के इन गुणों के आधार पर कर्मचारियों की भर्ती की जाए, उनको पदोन्नति दी जाए और जिनमें ये गुण न हों उनको चेतावनी दी जाए तथा नौकरी से निकाल दिया जाए। सबसे अधिक प्रेरणा प्रबन्धक और उच्च अधिकारी अपने व्यक्तिगत व्यवहार से उपस्थित कर सकते हैं क्योंकि अधिकतर कर्मचारी उन्हीं का अनुकरण करते हैं।

(8) **समायोजन** (Coordination)—समायोजन की परिभाषा करते हुए ब्रेच ने लिखा है, ''व्यावसायिक संस्था के विभिन्न सदस्यों में कार्य का इस प्रकार वितरण समायोजन कहलाता है कि उनमें परस्पर सहयोग और सद्भावना बनी रहे।'' समायोजन के इस कार्य में तीन बातें आती हैं—व्यावसायिक तत्त्वों के मध्य सन्तुलन स्थापित करना, योजना के अनुसार निर्धारित समय में कार्यों को पूरा करना और तीसरे अलग-अलग हितों को समाप्त करके सामूहिक व्यावसायिक हित उत्पन्न करना। समायोजन के इस उद्देश्य को प्राप्त करने के लिये मेरी पारकर फालेट (Mary Parker Follet) ने चार सिद्धान्त बतलाये हैं—

(अ) आरम्भ से ही क्रियाओं में समायोजन स्थापित करना।

(ब) नौकरशाही के दोषों का उन्मूलन करने के लिये विभिन्न व्यक्तियों से प्रत्यक्ष सम्पर्क स्थापित करके समायोजन करना।

(स) उत्पादन, बिक्री, वित्त-व्यवस्था, श्रम प्रबन्ध आदि में समायोजन।

(द) समायोजन का कार्य निरन्तर बनाए रखना।

इस प्रकार औद्योगिक उपक्रम में एकरूपता उत्पन्न करना ही समायोजन है।

(9) **नियन्त्रण** (Control)—नियन्त्रण की परिभाषा करते हुए ब्रेच ने लिखा है, ''निर्धारित प्रभाव से वास्तविक निष्पादन की तुलना करने की क्रिया नियन्त्रण कहलाती है। यह नियन्त्रण चार प्रकार का होता है यथा बजट नियन्त्रण, लागत नियन्त्रण, प्रबन्धकीय नियन्त्रण और चौथे वित्तीय नियन्त्रण।'' समाज वैज्ञानिक ऐलन के अनुसार इस नियन्त्रण में चार प्रक्रियाएं आती हैं—कार्य की प्रगति का मूल्यांकन, वास्तविक प्रगति का नियन्त्रण, नियोजित और वास्तविक कार्य-प्रगति का तुलनात्मक अध्ययन और विश्लेषण तथा चौथे, इस सम्बन्ध में सुधारक कार्यवाही करना।

(10) **संचार** (Communication)—अन्त में औद्योगिक प्रबन्ध का सबसे अधिक महत्त्वपूर्ण कार्य औद्योगिक उपक्रम के विभिन्न अंगों जैसे कर्मचारी, ग्राहक, अंशधारी, पूर्तिकर्त्ता, सामान्य जनता और सरकार के मध्य संचार का प्रबन्ध करना है। इसके लिए समस्त बातों की जानकारी प्राप्त की जानी चाहिए और आदेशों तथा विचारों के सम्वाहन की प्रभावपूर्ण व्यवस्था की जानी चाहिए।

औद्योगिक प्रबन्ध के मूल सिद्धान्त
(Fundamental Principles of Industrial Management)

औद्योगिक प्रबन्ध के उपरोक्त कार्य तभी सफल हो सकते हैं जबकि इनको औद्योगिक प्रबन्ध के सिद्धान्तों के आधार पर किया जाए। इस सम्बन्ध में एल० उरविक ने निम्नलिखित छः सिद्धान्तों का उल्लेख किया है–

(1) जाँच पड़ताल का सिद्धान्त (Principle of Investigation)–इसके अन्तर्गत यह सिद्धान्त आता है कि उद्योग के विभिन्न अंगों में सतत् जाँच पड़ताल होनी चाहिए।

(2) उद्देश्य का सिद्धान्त (Principle of Objective)–औद्योगिक उपक्रम के उद्देश्य निश्चित और स्पष्ट होने चाहिएँ तथा उनका प्रचार किया जाना चाहिए।

(3) संगठन का सिद्धान्त (Principle of Organisation)–अधिकतम लाभ उठाने के लिए औद्योगिक उपक्रम के विभिन्न अंगों का व्यवस्थित संगठन किया जाना चाहिए।

(4) निर्देशन का सिद्धान्त (Principle of Direction)–उपक्रम के उद्देश्यों को सिद्ध करने के लिए क्रियाओं को सही ढंग से करना आवश्यक है जिसके लिए अधिकारियों द्वारा कर्मचारियों को सही निर्देशन दिया जाना चाहिए।

(5) प्रयोग का सिद्धान्त (Principle of Experiment)–संगठन में सुधार करने के उद्देश्य से और गतिशीलता लाने के लिए प्रयोग के सिद्धान्त का पालन करना होता है।

(6) नियन्त्रक का सिद्धान्त (Principle of Control)–अन्त में उपक्रम के अन्तर्गत होने वाली क्रियाओं पर उसके उद्देश्यों की दृष्टि से आवश्यक नियन्त्रण किया जाना चाहिए।

हेनरी फेयोल ने औद्योगिक प्रबन्ध के निम्नलिखित चौदह सिद्धान्त माने हैं–

(1) अधिकार और उत्तरदायित्व (Rights and Responsibility)–औद्योगिक प्रबन्ध में प्रत्येक व्यक्ति को उसके उत्तरदायित्व के अनुरूप अधिकार दिए जाने चाहिए ताकि वह अपने उत्तरदायित्व को भली प्रकार निभा सके।

(2) कार्य का विभाजन (Division of Labour)–औद्योगिक उपक्रम में जितने भी कार्य आते हैं उनको यथा सम्भव अधिक से अधिक कार्यों और उप कार्यों में विभाजित करके विशेषीकरण के आधार पर कर्मचारियों में बांटा जाना चाहिए।

(3) अनुशासन (Discipline)–कर्मचारियों के साथ उचित समझौते, उचित निरीक्षण प्रणाली और दण्ड की समुचित व्यवस्था से औद्योगिक उपक्रम में समुचित अनुशासन की व्यवस्था की जानी चाहिए।

(4) आदेश की एकता (Unity of Command)–अनेक आदेश होने पर कर्मचारी असमंजस में पड़ जाता है और किसी भी आदेश का पूरी तरह पालन नहीं कर पाता। अस्तु, एक कर्मचारी को एक ही अधिकारी से आदेश प्राप्त होना चाहिए जिससे आदेश की एकता बनी रहे।

(5) निर्देश की एकता (Unity of Direction)–किसी भी उद्देश्य को पूरा करने के लिए आवश्यक क्रियाओं को करने वाला समूह एक व्यक्ति के निर्देशन में चलना चाहिए।

(6) सामान्य हित का महत्त्व (Importance of General Interest)—निजी हितों को एक ओर रखकर सभी कर्मचारियों को औद्योगिक उपक्रम के सामान्य हित को सबसे ऊपर रखना चाहिए।

(7) कर्मचारियों को पारिश्रमिक (Remuneration to Personnel)—कार्य कुशलता बढ़ाने के लिए कर्मचारियों को पारिश्रमिक देने की पद्धति न्यायपूर्ण और सन्तोषजनक होनी चाहिए।

(8) केन्द्रीयकरण (Centralisation)—कर्मचारियों के गुणों का अधिकतम लाभ उठाने के लिए कार्यों का केन्द्रीयकरण होना चाहिए और अनुक्रम में उच्च अधिकारी का सर्वोच्च महत्त्व माना जाना चाहिए।

(9) पदाधिकारी सम्पर्क शृंखला (Scaler Chain)—पदाधिकारियों को ऊपर से नीचे की ओर एक सीधी रेखा में संगठित किया जाना चाहिए। कोई भी अधिकारी अपनी सीमा का उल्लंघन न करे और पूर्वापर क्रम में पदाधिकारी के अधिकार बढ़ते जाएँ। इस प्रकार की सम्पर्क शृंखला बनाये रखने से उपक्रम में अनुशासन बना रहता है।

(10) व्यवस्था (Order)—फेयोल के अनुसार उपक्रम में प्रत्येक वस्तु, मशीन और मनुष्य के लिये स्थान निर्धारित होना चाहिये और प्रत्येक को अपने निर्धारित स्थान पर ही रहना चाहिये। यह व्यवस्था है।

(11) समानता (Equality)—औद्योगिक प्रबन्ध का एक महत्त्वपूर्ण सिद्धान्त कर्मचारियों के साथ समानता का व्यवहार करना है। इससे उनमें न्याय की भावना और सहयोग बना रहता है।

(12) सहकारिता और संघ शक्ति की भावना (Coorperation and Team Spirit)—औद्योगिक प्रबन्ध इस प्रकार का होना चाहिये कि कर्मचारियों में सहकारिता और संघ शक्ति की भावना बढ़े। इसके लिये एक ओर आदेश के सिद्धान्त का कठोरता से पालन करना चाहिए तो दूसरी ओर सन्देशवहन की प्रणाली अत्यन्त प्रभावशाली होनी चाहिए।

(13) कर्मचारियों के कार्यकाल में स्थायित्व (Stability in Tenure)—एक सिद्धान्त यह है कि जहाँ तक हो सके कर्मचारियों का कार्यकाल स्थायी रखा जाये जिससे कि वे भविष्य की चिन्ता से मुक्त होकर कार्य करें।

(14) पहल (Initiative)—सभी कर्मचारियों को स्वतन्त्रतापूर्वक सोचने और किसी भी नई योजना में पहल करने का अधिकार होना चाहिए।

फेयोल द्वारा प्रतिपादित उपरोक्त 14 सिद्धान्तों के अतिरिक्त कुछ अन्य औद्योगिक समाज वैज्ञानिकों ने औद्योगिक प्रबन्ध के सिद्धान्त उपस्थित किये हैं। इनमें से उल्लेखनीय सिद्धान्त अग्रलिखित हैं—

(1) प्रमापीकरण का सिद्धान्त (Principle of Standardisation)— कर्मचारीगण के कार्य का पूरा लाभ उठाने के लिये उन्हें प्रमाणित औजारों और प्रमाणित विधियों का प्रयोग करने का अवसर दिया जाना चाहिए। इस प्रकार औद्योगिक प्रबन्ध का एक सिद्धान्त उद्योग का प्रमापीकरण है।

(2) स्वाथ्यप्रद परिवेश (Healthy Environment)—औद्योगिक प्रबन्ध ऐसा होना चाहिये कि कर्मचारियों के कार्य करने का परिवेश और परिस्थितियाँ शारीरिक और मानसिक स्वास्थ्य के अनुकूल हों। इसके लिये काम करने के लिये पर्याप्त स्थान, मनोरंजन के साधन, पीने के पानी की व्यवस्था, जलपान गृह, शिशु गृह वाचनालय इत्यादि का प्रबन्ध किया जा सकता है।

(3) निष्पादन मूल्यांकन (Output of Evaluation)—औद्योगिक उपक्रम में यदि कर्मचारी के कार्य का मूल्यांकन नहीं किया जाता और उसे उसका लाभ नहीं मिलता तो वह निरूत्साहित हो जाता है। अस्तु, औद्योगिक प्रबन्ध का एक सिद्धान्त निष्पादन मूल्यांकन है। इसके आधार पर कर्मचारी को पदोन्नति और अतिरिक्त वेतन या वेतन वृद्धि दी जानी चाहिये।

(4) प्रयोग और नियोजन (Experiment and Planning)—औद्योगिक प्रबन्ध का एक महत्त्वपूर्ण सिद्धान्त यह है कि समस्त उद्योग नियोजित हो अर्थात् उसमें प्राप्त साधनों का अधिक से अधिक योजनाबद्ध उपयोग किया जाये। नियोजन के साथ-साथ उपक्रमों में नये प्रयोग करने की सुविधा और स्वतन्त्रता भी होनी चाहिये क्योंकि इसी से प्रगति सम्भव होती है।

(5) नवीनतम उन्नत यन्त्रों और उपकरणों का प्रयोग (Use of Latest Improved Machines and Instruments)—कर्मचारी की कार्यक्षमता उन यन्त्रों और उपकरणों पर निर्भर है जिनको वह प्रयोग करता है। अस्तु, कार्यक्षमता का अधिकतम लाभ उठाने के लिये औद्योगिक प्रबन्ध का एक सिद्धान्त यह है कि उद्योगों में नवीनतम और उन्नति यन्त्रों तथा उपकरणों का प्रयोग किया जाये।

(6) सामाजिक परिवर्तनों से समन्वय (Coordination with Social Changes)—उद्योग में सामाजिक तत्त्व, सामाजिक परिवर्तनों से निरन्तर प्रभावित होता रहता है। बदली हुई परिस्थितियों की अवहेलना करके केवल पुराने सिद्धान्तों के आधार पर मनुष्यों से व्यवहार करना उचित नहीं है। अस्तु, औद्योगिक प्रबन्ध का एक सिद्धान्त यह है कि उद्योगों में प्रबन्ध को बराबर सामाजिक परिवर्तनों के अनुकूल परिवर्तित किया जाना चाहिये।

औद्योगिक प्रबन्ध का महत्त्व
(Value of Industrial Management)

औद्योगिक प्रबन्ध का महत्त्व बतलाते हुए उरविक ने लिखा है, ''कोई भी आदर्श, कोई राजनैतिक सिद्धान्त, मानवीय और पदार्थ सम्बन्धी मिश्रित प्रकृति के साधनों से अधिकतम उत्पादन नहीं कर सकता—ऐसा केवल कुशल प्रबन्ध से ही सम्भव है।'' स्पष्ट है कि औद्योगिक प्रबन्ध का औद्योगिक समाज में किसी भी आदर्श राजनैतिक सिद्धान्त अथवा साधन से अधिक महत्त्व है। अन्य विद्वानों ने भी विभिन्न प्रकार से औद्योगिक प्रबन्ध की प्रशंसा की है। संक्षेप में, औद्योगिक प्रबन्ध के महत्त्व के मुख्य आधार निम्नलिखित कहे जा सकते हैं—

(1) व्यवसायों का बड़ा आकार (Large Scale Business)—आधुनिक काल में औद्योगिक देशों में व्यवसाय कुछ बड़े पैमाने पर किये जाते हैं। उनमें पूँजी, भूमि और श्रम इत्यादि सभी साधन बहुत बड़ी मात्रा में उपयोग किये जाते हैं और उनके उत्पादन को सारी

दुनिया में बेचा जाता है। इस प्रकार के व्यवसाय को चलाने के लिये औद्योगिक प्रबन्ध पर ध्यान देना आवश्यक है।

(2) जटिल व्यवसाय (Complex Business)—आकार बढ़ते जाने के साथ-साथ व्यवसायों की जटिलता भी बढ़ती गयी है क्योंकि उनमें इतने अधिक कारकों का हस्तक्षेप होता है कि उन सभी को किसी एक साधन से नहीं भुगता जा सकता। विशेषीकरण से भी अधिक आजकल उद्योगों में जटिलता बढ़ाने में मुख्य कारक हैं—उद्योग के निर्माण और विकास में कानून का महत्त्व, राजनैतिक हस्तक्षेप का बढ़ना, श्रम संघों का विकास, विशेषीकरण, आधुनिकीकरण इत्यादि। इन सब जटिलताओं में उद्योग को चलाने के लिये अधिक औद्योगिक प्रबन्ध की आवश्यकता है।

(3) समन्वय की आवश्यकता (Need of Coordination)—आकार और जटिलता बढ़ते जाने के साथ-साथ उद्योगों में इतने अधिक भिन्न-भिन्न योग्यता, प्रशिक्षण और शिक्षा के कर्मचारी काम करते हैं कि उनमें एक दूसरे से बहुत अन्तर हो जाता है। दूसरी ओर पूँजी, श्रम, प्रबन्ध तथा वित्त आदि के काम भी इतने अधिक लोगों में बँटे हुये होते हैं कि उन सबका परस्पर मिलना सम्भव नहीं हो पाता। अस्तु, बड़े पैमाने के उद्योगों में सबसे बड़ी आवश्यकता इन विभिन्न कारकों में समन्वय स्थापित करना है। यह समन्वय का कार्य औद्योगिक प्रबन्ध के माध्यम से ही किया जा सकता है।

(4) नियोजन की सफलता (Success of Planning)—आधुनिक काल में सब कहीं नियोजन का बोलबाला है क्योंकि जनसंख्या बढ़ते जाने से नियोजन के अभाव में पर्याप्त उत्पादन नहीं किया जा सकता किन्तु यह नियोजन औद्योगिक प्रबन्ध के अभाव में सफल होना सम्भव नहीं है।

(5) सीमित साधनों का अधिकतम उपयोग (Maximum Use of Limited Means)—किसी भी देश या क्षेत्र में उद्योग के साधन असीम नहीं होते, सब कहीं सीमित साधनों का अधिकतम उपयोग करने की आवश्यकता होती है। यह कार्य औद्योगिक प्रबन्ध के माध्यम से ही किया जा सकता है।

(6) प्रतिस्पर्धा का नियन्त्रण (Control on Competition)—स्वस्थ प्रतियोगिता मनुष्यों और उद्योगों की सामर्थ्य को बढ़ाती है किन्तु यदि यही अस्वस्थ प्रतिस्पर्धा बन जाये तो उससे हानि की सम्भावना है। इसलिये उद्योगों में ऐसे प्रबन्ध की आवश्यकता होती है कि प्रतियोगिता के स्थान पर सामुदायिक भावना बढ़े।

भारत में औद्योगिक प्रबन्ध का महत्त्व
(Value of Industrial Management in India)

भारत औद्योगिक दृष्टि से विकासमान देश है। बड़े-बड़े देशों की तो बात ही क्या अभी यह जापान जैसे छोटे देशों से भी बहुत पिछड़ा हुआ है। अस्तु, यहाँ पर औद्योगिक प्रबन्ध की विशेष रूप से आवश्यकता है। देशों को स्वतनत्रता मिलने के बाद से भारत सरकार ने पंचवर्षीय योजनाओं के द्वारा विकास के नियोजन का प्रयास किया है। जैसा कि पीछे बतलाया जा चुका है, नियोजित विकास के लिये औद्योगिक प्रबन्ध अत्यन्त आवश्यक है। देश में चारों

ओर फैली हुई गरीबी को दूर करने के लिये प्राकृतिक साधनों का अधिकतम उपयोग करना आवश्यक है। उद्योग के क्षेत्र में इसके लिये औद्योगिक प्रबन्ध पर जोर दिया जाना चाहिये। तभी राष्ट्रीय और प्रति व्यक्ति आय में वृद्धि होगी। इसी से आर्थिक स्तर ऊँचा उठेगा, उपभोग की वस्तुयें बेहतर मात्रा और गुण में उपलब्ध होंगी और देश के लोग एक अधिक बेहतर जीवन व्यतीत कर सकेंगे। औद्योगिक प्रबन्ध के इस महत्त्व के कारण देश में सब कहीं बड़े-बड़े उद्योगों में इसे अपनाया जा रहा है। इन उद्योगों में प्रबन्ध अभिकर्त्ता, सचिव और कोषाध्यक्ष, प्रबन्धक, संचालक मण्डल और प्रबन्ध संचालक आदि अधिकारी देखे जा सकते हैं जो सब औद्योगिक प्रबन्ध के वैज्ञानिक सिद्धान्तों के आधार पर बड़े उद्योगों की व्यवस्था करते हैं। सरकारी क्षेत्र में भी उद्योगों में औद्योगिक प्रबन्ध के सिद्धान्तों का यथासम्भव पालन किया जाता है। सरकार ने इस दिशा में अनेक विधान बनाये हैं। छोटे उद्योगों में भी सरकार की ओर से संचालकों का ध्यान औद्योगिक प्रबन्ध की दिशा में बढ़ाने का प्रयास किया जा रहा है। श्रम संघों ने भी इसमें योगदान दिया है। इस प्रकार औद्योगिक प्रबन्ध की दिशा में सरकार, पूँजीपति, श्रम संघ आदि उद्योग के सभी मानवीय कारकों के सहयोग से भविष्य में अधिक उन्नति की सम्भावना है।

औद्योगिक प्रबन्ध की सीमायें
(Limitations of Industrial Management)

औद्योगिक प्रबन्ध के उपरोक्त महत्त्व से यह नहीं समझा जाना चाहिये कि केवल इसी से उद्योगों में सब प्रकार की प्रगति और सन्तोष सम्भव हो जाता है। वास्तव में कोई भी एक कारक इतना महत्त्वपूर्ण नहीं कहा जा सकता कि केवल उसी से प्रगति होती हो। फिर औद्योगिक प्रबन्ध तो एक अन्यन्त नवीन विज्ञान है। उसमें नये-नये प्रयोग बराबर हो रहे हैं और इसलिये उसे नये ज्ञान और परिस्थितियों के अनुसार बराबर बदलते रहना पड़ता है। उसकी सीमायें बराबर बढ़ रही है। उसमें सामाजिक समस्या का विशेष महत्त्व है, क्योंकि आधुनिक काल में श्रमिकों में जागृति बढ़ती जा रही है। सरकार भी यह देखती है कि औद्योगिक प्रबन्ध कहां तक जनतन्त्रीय सिद्धान्तों पर आधारित है। विवेकीकरण, स्वचालन और राष्ट्रीयकरण से उद्योग के क्षेत्रों में जो नवीन परिस्थितियाँ उत्पन्न होती हैं उनसे भी औद्योगिक प्रबन्ध का स्वरूप बदलता है।

अभ्यास के लिए प्रश्न

1. प्रबन्ध संरचना पर टिप्पणी लिखो तथा इसमें विभिन्न पदों के विशेष कार्यों का वर्णन करो।
2. औद्योगिक प्रबन्ध के मूल सिद्धान्तों की संक्षिप्त विवेचना कीजिए।
3. प्रबन्ध किसे कहते हैं? इसकी विशेषतायें बताइये।
4. औद्योगिक प्रबन्ध की अवधारण की व्याख्या कीजिये और उसके प्रकारों की विवेचना कीजिये।
5. औद्योगिक प्रबन्ध के मुख्य कार्य बतलाइये।
6. औद्योगिक प्रबन्ध के मूल सिद्धान्तों की व्याख्या करो और उसका महत्त्व बतलाओ।

17

औद्योगिक नियोजन
(Industrial Planning)

औद्योगिक नियोजन, जैसा कि उसके नाम से स्पष्ट है उद्योग के क्षेत्र में नियोजन है। नियोजन का अर्थ साधनों को व्यविस्थत रूप में प्रयोग करना है। इस प्रकार औद्योगिक नियोजन में उद्योग के विभिन्न कारकों और साधनों को पूर्व आयोजन के अनुसार व्यवस्थित, समन्वित और निर्देशित किया जाता है। आधुनिक काल में संसार के प्रत्येक देश में बढ़ती हुई जनसंख्या की आवश्यकताओं की पूर्ति करने के लिये उपलब्ध साधनों का अधिकतम उपयोग करने का प्रयास किया जाता है। दूसरी ओर जनसंख्या को भी सीमित करने के साधन अपनाये जाते हैं। इस प्रकार लगभग सब कहीं जनसंख्या के साधनों को नियोजित करने का प्रयास किया जाता है। उदाहरण के लिये भारतवर्ष में स्वतन्त्रता मिलने के पश्चात् से पंचवर्षीय योजनाओं के माध्यम से नियोजन का प्रयास किया जा रहा है। उद्योग के क्षेत्र में यह नियोजन और भी अधिक महत्त्वपूर्ण हो जाता है क्योंकि उद्योग कोई प्राकृतिक व्यवस्था नहीं है, उसे मनुष्य आयोजित करते हैं और वे ही चलाते हैं। प्राकृतिक प्रक्रियायें तो प्राकृतिक नियमों के अनुसार चलती रहती हैं। किन्तु मनुष्य निर्मित होने के कारण उद्योग के क्षेत्र में नियोजन और भी अधिक आवश्यक हो जाता है। इसलिये आजकल सब कहीं औद्योगिक नियोजन की प्रणाली अपनायी जाती है।

औद्योगिक नियोजन की परिभाषा
(Definition of Industrial Planning)

निम्नलिखित कुछ परिभाषाओं से नियोजन का अर्थ स्पष्ट होता है–

(1) राष्ट्रीय नियोजन समिति (National Planning Commission)–इसके अनुसार, औद्योगिक नियोजन, उपभोग, उत्पादन, विनियोग, व्यापार तथा राष्ट्रीय लाभांश के वितरण से सम्बन्धित स्वार्थ रहित विशेषज्ञों का तकनीकी समन्वय है जो राष्ट्र की प्रतिनिधि संस्थाओं द्वारा निर्धारित उद्देश्यों की पूर्ति के लिये प्राप्त किया जा सकता है। इस परिभाषा से स्पष्ट है कि नियोजन का अर्थ विशिष्ट उद्देश्यों को प्राप्त करने के लिये साधनों का अधिकतम उपयोग है।

(2) एच० डी० डिकिंसन ने आर्थिक नियोजन की परिभाषा करते हुये लिखा है, ''नियोजन एक ऐसी व्यवस्था है जिसमें पूर्व सर्वेक्षण के बाद निश्चित और जागृत अधिकारियों द्वारा ये महत्त्वपूर्ण निर्णय लिये जाते हैं कि उत्पादन क्या, कब, कहां और कैसे किया जाये तथा इसका वितरण किन में किया जाये?''[1]

(3) बी० वूटन के अनुसार, ''नियोजन का आशय ऐसी प्रणाली से है जिसमें बाजार को स्वेच्छापूर्वक कार्य करने के लिये छोड़कर इस तरह संगठित किया जाये कि वह एक ऐसा आदर्श उत्पन्न करे जो स्वेच्छापूर्वक छोड़ देने से नहीं किया जा सकता था।''[2]

नियोजन की उपरोक्त परिभाषाओं को औद्योगिक नियोजन पर लागू करने से यह पता चलता है कि औद्योगिक नियोजन में औद्योगिक क्षेत्र में कुछ पूर्व निर्धारित उद्देश्यों को निर्धारित समय में प्राप्त करने के लिये संगठन की एक ऐसी पद्धति अपनायी जाती है जिसमें समस्त साधनों का तकनीकी समन्वय होता है और विवेकपूर्ण संगठन होता है तथा उनका संचालन इस प्रकार से किया जाता है कि सबका सहयोग प्राप्त हो और उद्योग के लक्ष्यों को प्राप्त किया जा सके। बम्बई प्लान की रूपरेखा के अनुसार, ''औद्योगिक नियोजन का अन्तिम लक्ष्य यह है कि भारत में औद्योगिक उत्पादन को उस सीमा तक बढ़ाया जाना चाहिये जहाँ तक उसके प्राकृतिक साधन अनुमति देते हैं। इस उद्देश्य को प्राप्त करने के लिये ऐसी प्रविधि को अपनाना जाना चाहिये कि अधिकाधिक और अच्छे परिणाम प्राप्त किये जा सकें।'' औद्योगिक नियोजन का अर्थ समझाते हुये डा० एन० दास ने लिखा है, ''जहाँ एक ओर औद्योगिक नियोजन का तात्पर्य सार्वजनिक स्वामित्व अथवा सभी उद्योगों पर राजकीय नियन्त्रण से नहीं होता वहाँ दूसरी ओर इसमें महत्त्वपूर्ण, आर्थिक और अन्य समायोजन करने होते हैं। औद्योगिक नियोजन की रूपरेखा बनाते समय उत्पत्ति के विभिन्न साधनों जैसे कच्चा माल, पूँजी, साहस, कुशल श्रम शक्ति का विस्तृत अध्ययन करना होता है और विपणन तथा यातायात की स्थिति का विस्तृत ज्ञान प्राप्त करना होता है।'''[3]

औद्योगिक नियोजन की विशेषतायें
(Characteristics of Industrial Planning)

उपरोक्त परिभाषाओं से औद्योगिक नियोजन की निम्नलिखित विशेषतायें स्पष्ट होती हैं—

(1) अनवरत प्रक्रिया (Incessant Process)—औद्योगिक नियोजन औद्योगिक जीवन के समान एक अनवरत प्रक्रिया है जो कि कभी भी नहीं रुकती।

(2) आर्थिक साधनों का सर्वोत्तम उपयोग (Maximum use of economic means)—औद्योगिक नियोजन में देश में उपलब्ध सभी आर्थिक साधनों का सर्वोत्तम, विवेकयुक्त और वैज्ञानिक उपयोग किया जाता है।

(3) मानवीय पहलू का समन्वय (Coordination of Human Aspect)—उद्योग में काम करने वाले कर्मचारियों में सबसे बड़ी आवश्यकता उनके कार्यों का समन्वय करने

1. Dickenson, H.D., *Economic Socialism,* p. 14.
2. Wootton, B. *Plan or No Plan,* pp. 47-48.
3. Das, N. *Industrial Planning—Why and How,* pp. 48-52.

की है जिससे वे सहयोग से एक टीम के समान काम कर सकें। इसके लिये उद्योग में मानव तत्त्वों में औद्योगिक नियोजन से समन्वय किया जाता है।

(4) मौलिक सोपान (Basic steps)–औद्योगिक नियोजन के कुछ मूल सोपान हैं जो सब कहीं अनिवार्य रूप से पालन करने होते हैं। ये हैं–क्षेत्रीय प्राथमिकताओं का चुनाव, औद्योगिक स्थानीयकरण का चुनाव, औद्योगिक क्षेत्र के अन्तर्गत उद्योग का चुनाव, निजी एवं सार्वजनिक क्षेत्रों के मध्य औद्योगिक उत्पादन और विनियोग के अनुपात का चुनाव तथा उद्योग में उत्पादन तकनीक का चुनाव। इन सब चुनावों की सफलता पर ही औद्योगिक नियोजन की सफलता निर्भर है।

(5) औद्योगिक प्रबन्ध से सम्बन्ध (Relation with Industrial Management)–औद्योगिक नियोजन की उपरोक्त विशेषताओं से यह स्पष्ट होता है कि इसका औद्योगिक प्रबन्ध से घनिष्ठ सम्बन्ध है और उसके अभाव में इसमें सफलता नहीं होती। वास्तव में औद्योगिक नियोजन सिद्धान्त और औद्योगिक प्रबन्ध व्यवहार है।

(6) सर्वांगीण प्रगति (Allround Progress)–औद्योगिक नियोजन से विशिष्ट उद्योग और देश की सर्वांगीण प्रगति होती है। इससे राष्ट्रीय आय और प्रति व्यक्ति आय बढ़ती है तथा देश के साधनों का अधिक से अधिक उपयोग सम्भव होता है।

(7) प्रतियोगिता नियन्त्रण (Control on Competition)–अनियन्त्रित प्रतियोगिता से राष्ट्र की बहुत सी शक्ति बरबाद हो जाती है। औद्योगिक नियोजन विभिन्न उद्योगों में और एक ही प्रकार के औद्योगिक उपक्रमों में तथा एक उद्योग के विभिन्न कारकों में और कर्मचारियों में प्रतियोगिता को नियंत्रित करता है।

(8) सिद्धान्त और व्यवहार का समन्वय (Coordination of Theory and Practice)–औद्योगिक नियोजन में कुछ सिद्धान्तों का पालन किया जाता है। किन्तु इनका पालन करते समय व्यवहार पर बराबर दृष्टि रखनी पड़ती है क्योंकि वास्तविक परिस्थितियों के अनुसार ही सिद्धान्तों को अपनाया जा सकता है।

(9) राज्य का योगदान (Contribution of state)–कोई भी औद्योगिक नियोजन राज्य के कानून की अवहेलना करके नहीं किया जा सकता। इसलिये औद्योगिक नियोजन में राज्य तथा उद्योगपतियों का सहयोग आवश्यक है।

(10) विशेषज्ञों द्वारा (By specialists)–औद्योगिक नियोजन के लिये प्रत्येक विषय का वैज्ञानिक ज्ञान आवश्यक है। अस्तु, यह चाहे जो व्यक्ति नहीं कर सकता। इसीलिये उद्योग के विभिन्न क्षेत्रों में विशेषज्ञों की आवश्यकता होती है।

औद्योगिक नियोजन की प्रकृति
(Nature of Industrial Planning)

औद्योगिक नियोजन की उपरोक्त विशेषताओं से उसकी निम्नलिखित प्रकृति स्पष्ट होती है–

(1) प्रक्रिया (Process)–औद्योगिक नियोजन अनवरत प्रक्रिया है।

(2) दो पहलू (Two Aspects)—औद्योगिक नियोजन के दो पहलू होते हैं—आन्तरिक अथवा सैद्धान्तिक और बाह्य तथा व्यावहारिक पहलू।

(3) उद्देश्यपूर्ण (Purposeful)—औद्योगिक नियोजन के प्रत्यक्ष और अप्रत्यक्ष उद्देश्य होते हैं।

(4) औद्योगिक प्रबन्ध से सम्बन्धित (Related with Industrial Management)—औद्योगिक नियोजन का औद्योगिक प्रबन्ध से घनिष्ठ सम्बन्ध है।

(5) वैज्ञानिक विधियाँ (Scientific methods)—इनमें वैज्ञानिक विधियाँ अपनायी जाती हैं।

(6) सामाजिक कल्याण (Social Welfare)—यह सामाजिक कल्याण बढ़ाता है।

औद्योगिक नियोजन के उद्देश्य
(Aims of Industrial Planning)

औद्योगिक नियोजन की प्रकृति के उपरोक्त विवेचन से उसके उद्देश्य स्पष्ट होते हैं। इनमें मुख्य निम्नलिखित हैं—

(1) तीव्र औद्योगिक विकास (Rapid Industrial development)—देश के आर्थिक विकास के द्वारा औद्योगिक नियोजन, औद्योगिक विकास का लक्ष्य बनाता है।

(2) आर्थिक विकास (Economic development)—औद्योगिक नियोजन का सबसे पहला उद्देश्य देश का आर्थिक विकास है और यह विकास उद्योगों के माध्यम से करना है। इसके लिये देश में प्राप्त औद्योगिक साधनों का अधिकतम उपयोग किया जाता है।

(3) उत्पादन में वृद्धि (Increase in Production)—औद्योगिक विकास के द्वारा औद्योगिक नियोजन का लक्ष्य उत्पादन की मात्रा और गुण को बढ़ाना है जिससे जनता को अधिक वस्तुयें कम मूल्य पर उपलब्ध हो सकें।

(4) अधिक रोजगार (More Employment)—अप्रत्यक्ष रूप से औद्योगिक नियोजन का उद्देश्य उद्योगों का विकास करके देश में रोजगार के अधिक से अधिक अवसर उत्पन्न करना है।

(5) उद्योगों में सन्तुलन (Balance in Industries)—औद्योगिक नियोजन के अभाव में सब कहीं अव्यवस्था दिखलायी देती है। औद्योगिक नियोजन का उद्देश्य इस अव्यवस्था को दूर करके सन्तुलन स्थापित करना है। यह सन्तुलन विभिन्न देशों, एक ही देश में विभिन्न उद्योगों, सार्वजनिक और निजी क्षेत्रों, छोटे और बड़े उद्योगों तथा एक ही उद्योग के विभिन्न पहलुओं में प्राप्त किया जाता है।

(6) प्रतियोगिता का नियन्त्रण (Control on competition)—औद्योगिक विकास के सन्तुलन से औद्योगिक नियोजन अस्वस्थ प्रतियोगिता को नियंत्रण करता है।

(7) औद्योगिक प्रगति (Industrial Progress)—औद्योगिक नियोजन का उद्देश्य औद्योगिक प्रगति है। उससे औद्यागिक प्रगति को मापा जा सकता है।

(8) प्राकृतिक साधनों का अधिकतम उपयोग (Maximum use of Natural resources)—किसी भी देश के विकास के लिये यह आवश्यक है कि उसके प्राकृतिक साधनों का अधिकतम उपयोग किया जाये। यही औद्योगिक नियोजन का उद्देश्य है।

(9) निर्यात को प्रोत्साहन (Encouragement to Export)—आधुनिक काल में किसी भी देश का औद्योगिक विकास वहाँ बने माल के निर्यात पर निर्भर है। औद्योगिक नियोजन का एक प्रमुख उद्देश्य देश में बनी वस्तुओं के निर्यात को प्रोत्साहित करना है।

(10) राष्ट्रीय आय में वृद्धि (Increase in National Income)—उपरोक्त समस्त सोपानों में औद्योगिक नियोजन का अन्तिम उद्देश्य राष्ट्रीय आय में वृद्धि करना है।

(11) विदेशी मुद्रा कमाना (Earning Foreign Exchange)—इस प्रकार अप्रत्यक्ष रूप से औद्योगिक नियोजन का उद्देश्य निर्यात के द्वारा विदेशी मुद्रा का अर्जन करना है।

(12) श्रम नियोजन (Labour Planning)—उद्योग में श्रम मानव शक्ति है। इसको नियोजित करना सबसे अधिक महत्त्वपूर्ण है क्योंकि राष्ट्र की प्रगति इसी पर निर्भर है। अस्तु, औद्योगिक नियोजन का एक उद्देश्य श्रम नियोजन है।

औद्योगिक नियोजन के आधार
(Bases of Industrial Planning)

औद्योगिक नियोजन के मूल तत्त्व, घटक अथवा आधार निम्नलिखित कहे जा सकते हैं—

(1) प्राकृतिक साधन (Natural Resources)—औद्योगिक नियोजन में सबसे प्रमुख आधार प्राकृतिक साधन ही हैं। इसमें खनिज पदार्थ, जल, वन इत्यादि सम्मिलित हैं। देश में इन प्राकृतिक साधनों की मात्रा और गुण के अनुसार ही औद्योगिक नियोजन किया जाता है।

(2) पूंजी (Capital)—औद्योगिक नियोजन का दूसरा महत्त्वपूर्ण तत्त्व, घटक अथवा आधार पूंजी है। जितनी पूंजी होती है उतना ही नियोजन किया जाता है। इस पूंजी से ही कारखाने, मशीनें, सड़कें, सन्देशवहन और यातायात के साधन इत्यादि उपलब्ध होते हैं।

(3) श्रम (Labour)—औद्योगिक नियोजन का सबसे महत्त्वपूर्ण घटक श्रम है। इसके अभाव में अन्य साधनों का कोई महत्त्व नहीं है। श्रम की संख्या और गुण के आधार पर नियोजन करना चाहिये।

(4) प्रबन्ध (Management)—औद्योगिक नियोजन के उत्पादक घटकों में उपरोक्त तीन के अतिरिक्त चौथा साधन प्रबन्ध है। यह जितना अधिक उपलब्ध होगा, औद्योगिक नियोजन उतना ही अधिक सम्भव होगा।

(5) विपणन (Exchange)—इसके अन्तर्गत अतिरिक्त और बाह्य बाजारों और आयात तथा निर्यात के तत्त्व सम्मिलित हैं । इसको ध्यान में रखकर ही औद्योगिक नियोजन की प्रस्तावना बनायी जाती है।

(6) औद्योगिक सेवायें (Industrial Services)—इनमें तकनीकी और व्यावसायिक शिक्षा, यातायात, बैंक, बीमा, विनिमय, भण्डारगृह इत्यादि की सेवायें सम्मिलित हैं। औद्योगिक नियोजन करते समय इनको भी ध्यान में रखा जाता है।

(7) प्रशासनिक कारक (Administrative Factors)—देश में प्रचलित प्रशासन व्यवस्था, आर्थिक नीति, कर प्रशुल्क तथा सम्पत्ति सम्बन्धी नीति, भूमि सम्बन्धी अधिनियम, व्यापारिक कम्पनियों से सम्बन्धित अधिनियम, विदेश नीति, विदेशों से सम्बन्ध इत्यादि तत्त्वों का भी औद्योगिक नियोजन में महत्त्व है।

भारत में औद्योगिक नियोजन की समस्यायें
(Problems of Industrial Planning in India)

भारत में विदेशी शासन से स्वतन्त्रता मिलने के पश्चात् से स्वदेशी सरकार ने औद्योगिक नियोजन अपनाया है। पिछले 25 वर्षों से देश में पंचवर्षीय योजनायें चल रही हैं जिनमें औद्योगिक नियोजन आर्थिक नियोजन का एक प्रमुख अंग है। इन योजनाओं से औद्योगिक प्रगति हुई है किन्तु पश्चिम और पूर्व के अनेक देशों की तुलना में इसकी गति अत्यन्त मन्द है और आज भी देश औद्योगिक दृष्टि से अर्धविकसित कहा जा सकता है। इसका कारण भारत में औद्योगिक नियोजन में उपस्थित कुछ समस्यायें हैं जिनमें प्रगति पिछड़ी रहती है। संक्षेप में समस्यायें निम्नलिखित हैं—

(1) पूंजी की कमी (Paucity of Capital)—आधुनिक काल में अन्तर्राष्ट्रीय क्षेत्र में प्रतियोगिता में सफलता प्राप्त करने के लिये बड़े पैमाने पर उद्योग चलाने के हेतु बड़ी मात्रा में पूंजी की आवश्यकता होती है। भारत में पूँजी की कमी होने के कारण यह सम्भव नहीं हो पाता।

(2) अशिक्षा (Illiteracy)—भारत में अभी अशिक्षितों की संख्या बहुत अधिक है। ये अशिक्षित न तो श्रम के रूप में और न लघु उद्योग चलाने वाले के रूप में सफल हो पाते हैं। अस्तु, अशिक्षा को दूर किये बिना भारत में श्रम की जागरूकता सम्भव नहीं है।

(3) जनसंख्या की अधिकता (To much Population)—भारतवर्ष में जनसंख्या की वृद्धि की गति अभी भी नियन्त्रित नहीं हो सकी है। इसके रहते हुए देश के साधनों का तेजी से क्षीण होना चलता रहता है। अस्तु, आर्थिक नियोजन और औद्योगिक नियोजन में घनिष्ठ सम्बन्ध है।

(4) प्रशिक्षण सुविधाओं की कमी (Lack of Training Facilities)— औद्योगिक नियोजन के लिए प्रशिक्षित प्रबन्धकों और कर्मचारियों की आवश्यकता होती है। भारतवर्ष में प्रशिक्षण के साधनों की भारी कमी है जिससे या तो अनेक स्थानों पर विदेशियों को रखना पड़ता है या प्रशिक्षण के लिए अधिकारियों को विदेश भेजना पड़ता है। दोनों ही स्थितियों में कठिनाई होती है।

(5) कृषि का पिछड़ापन (Backwardness of Agriculture)—अनेक उद्योगों में कच्चा माल कृषि से उपलब्ध होता है। इसलिये भारत में कृषि का पिछड़ापन औद्योगिक नियोजन में बाधक सिद्ध होता है।

(6) निर्धनता (Poverty)—भारत अत्यन्त निर्धन देश है। यहाँ की प्रति व्यक्ति आय आज भी संसार में अधिकतर देशों से बहुत पीछे है। इसलिये जनता की क्रय शक्ति बहुत कम है। जीवन की अनिवार्य आवश्यकताओं के अतिरिक्त अन्य वस्तुओं की पर्याप्त बिक्री नहीं हो पाती। इन सब कारणों से अनेक क्षेत्रों में औद्योगिक नियोजन से पूरा लाभ नहीं होता है।

(7) उत्पादन का निम्न स्तर (Low level of Production)—अनेक कारणों से देश में औद्योगिक उपक्रमों में उत्पादन का स्तर अत्यन्त निम्न है। मांग कम होने से इसे बढ़ाने का प्रोत्साहन भी नहीं मिलता। यह एक बड़ी समस्या है।

(8) खनिज पदार्थों की कमी (Paucity of Minerals)—भारत में कुछ खनिज पदार्थ काफी मात्रा में पाये जाते हैं। किन्तु अन्य इतने पर्याप्त नहीं होते। जो खनिज पदार्थ पाये भी जाते हैं, उनको अच्छी मात्रा और गुण में उपलब्ध कराने के लिये यहाँ पर यन्त्रों और मशीनों का भारी अभाव है तथा वैज्ञानिक विधियाँ भी नहीं अपनाई जा रही हैं। इन सब से औद्योगिक नियोजन में कठिनाई उत्पन्न होती है।

(9) परिवहन के साधनों की भारी कमी (Insufficiency of means of Transport)—देश के विशाल आकार को देखते हुए यहाँ पर परिवहन के साधनों की भारी कमी है जिससे श्रमिकों के यातायात और उद्योग के साधनों को जुटाने में कठिनाई होती है।

(10) शक्ति के साधनों की कमी (Lack of Power Resources)—उद्योगों को चलाने के लिये कोयला, तेल तथा शक्ति के अन्य साधनों की आवश्यकता होती है। देश में शक्ति के पर्याप्त साधन न होने के कारण औद्योगिक नियोजन कठिन होता है।

(11) कानूनी औपचारिकतायें (Legal Formalities)—भारतवर्ष में अनेक उद्योगों में लाइसेंस प्राप्त करने तथा अन्य साधन जुटाने के लिये कानूनी औपचारिकतायें इतनी अधिक हैं कि व्यक्ति का उत्साह नहीं रह पाता। इससे भी औद्योगिक नियोजन में कठिनाई उत्पन्न होती है।

(12) अस्पष्ट सरकारी नीति (Confused Government Policy)—अनेक उद्योगों के विषय में सरकार की नीति स्पष्ट नहीं है और यह भय बना रहता है कि न जाने कब सरकार उन पर अधिकार कर ले। इस अस्पष्ट सरकारी नीति के कारण अनेक पूंजीपति कुछ उद्योगों को आरम्भ करने में हिचकिचाते हैं।

(13) करों का भारी बोझ (Load of Taxes)—देश में कर की व्यवस्था विवेकयुक्त न होने से अनेक वस्तुओं का निर्माण आर्थिक दृष्टि से लाभदायक नहीं होता और अन्य अनेक वस्तुओं के लिये बाहर से कच्चा माल या मशीनें मँगाना बहुत महँगा पड़ता है। आय और सम्पत्ति कर की दर अत्यधिक होने से उद्योग में उत्साह नहीं रहता। इन सब कारणों से औद्योगिक नियोजन में समस्या उत्पन्न होती हैं।

(14) विवेकीकरण का अभाव (Lack of Rationalisation)–औद्योगिक नियोजन का एक महत्त्वपूर्ण तत्त्व विवेकीकरण है। भारत में बहुत कम उद्योगों में विवेकीकरण दिखलाई पड़ता है। यह औद्योगिक नियोजन में बाधक है।

(15) विशेषीकरण की कमी (Lack of Specialisation)–आधुनिक काल में उद्योगों के विभिन्न क्षेत्रों में कार्य और योग्यता के विशेषीकरण की आवश्यकता पड़ती है। भारत में शिक्षा और प्रशिक्षण के साधन सीमित होने के कारण विशेषीकरण बहुत कम दिखलाई पड़ता है। इससे समस्या उत्पन्न होती है।

(16) समंकों का अभाव (Absense of data)–औद्योगिक नियोजन तभी हो सकता है जबकि उद्योग के क्षेत्र में पूर्ण, विस्तृत और विश्वसनीय समंक उपलब्ध हों। भारतवर्ष में इन समंकों के उपलब्ध होने का समुचित प्रबन्ध न होने के कारण अनेक औद्योगिक आयोजन असफल हो जाते हैं।

(17) समन्वय की कमी (Lack of Coordination)–औद्योगिक नियोजन में सरकारी और निजी क्षेत्र, पूँजीपति और श्रमिक, उत्पादक और उपभोक्ता में समन्वय आवश्यक होता है। इस दृष्टि से देश में भारी अभाव दिखलाई पड़ता है जिसे दूर किये बिना औद्योगिक नियोजन में सफलता सम्भव नहीं है।

(18) औद्योगिक जोखिम उठाने की कमी (Lack of Industrial enterprise)–पश्चिम के देशों की तुलना में भारत में बहुत कम व्यक्ति औद्योगिक जोखिम उठाना चाहते हैं जिससे औद्योगिक नियोजन नहीं हो पाता।

(19) नियोजन तकनीक का अभाव (Lack of Planning Technique)–समंक उपलब्ध होने पर भी नियोजन तकनीक के अभाव में औद्योगिक नियोजन सम्भव नहीं हो पाता।

(20) मुद्रा प्रसार का भय (Fear of Inflation)–मुद्रा प्रसार का निरन्तर भय भी भारत में औद्योगिक नियोजन में एक बड़ी बाधा है।

भारत में आयोजन
(Planning in India)

भारत में आयोजना के लक्ष्यों और सामाजिक उद्देश्यों का आधार हमारे संविधान में वर्णित राज्य के नीति-निर्देशक सिद्धांत हैं। हमारी अर्थव्यवस्था में सार्वजनिक और निजी क्षेत्र को एक-दूसरे का पूरक समझा जाता है। निजी क्षेत्र में संगठित उद्योगों के अलावा लघु उद्योग, कृषि, व्यापार तथा आवास, निर्माण और अन्य क्षेत्रों की अनेक गतिविधियां आ जाती हैं। राष्ट्रीय विकास के प्रयास में व्यक्तिगत प्रयास और निजी पहलू के साथ-साथ स्वैच्छिक सहयोग भी आवश्यक है। पहले हमारी आर्थिक आयोजना में आधारभूत तथा भारी उद्योगों में व्यापक पूंजीनिवेश के जरिए सार्वजनिक क्षेत्र के विकास की व्यवस्था की गई, किन्तु अब यह सोचा जा रहा है कि आयोजन अधिकाधिक संकेतात्मक हो।

1. पहली योजना–पहली योजना (1951-56) के दो उद्देश्य थे द्वितीय विश्वयुद्ध और देश के विभाजन से अर्थव्यवस्था में आए असंतुलन को दूर करना, तथा इसके साथ-साथ अर्थव्यवस्था के चहुंमुखी संतुलित विकास की प्रक्रिया शुरू करना। यह लक्ष्य इस कारण रखा

गया था ताकि राष्ट्रीय आय में वृद्धि हो तथा देशवासियों के जीवन स्तर में उत्तरोत्तर सुधार सुनिश्चित किया जा सके। 1951 में बड़ी मात्रा में खाद्यान्न के आयात तथा अर्थव्यवस्था पर मुद्रास्फीति के दबाव को ध्यान में रखते हुए योजना में कृषि, सिंचाई तथा बिजली परियोजनाओं को सर्वोच्च प्राथमिकता दी गयी। सार्वजनिक क्षेत्र में व्यय के लिए निर्धारित 2,069 करोड़ रुपये (बाद में इसे बढ़ाकर 2,378 करोड़ रुपये कर दिया गया था) का करीब 44.6 प्रतिशत इन कार्यों के लिए रखा गया था। इस योजना में पूंजीनिवेश की दर राष्ट्रीय आय को 5 प्रतिशत से बढ़ाकर लगभग 7 प्रतिशत करने का लक्ष्य भी रखा गया था।

2. दूसरी योजना—1954 में संसद ने फैसला किया कि आर्थिक नीति का मुख्य आधार समाजवादी ढांचे वाले समाज के लक्ष्य को प्राप्त करना होना चाहिए। ऐसा महसूस किया गया कि इस उद्देश्य को पूरा करने के लिए बुनियादी कसौटी निजी लाभ की बजाय सामाजिक लाभ और आय की समानता को बनाया जाना चाहिए। इसलिए दूसरी पंचवर्षीय योजना (1956-61) में विकास के एक ऐसे ढांचे को बढ़ावा देने का प्रयास किया गया जिससे देश में समाजवादी स्वरूप के समाज का निर्माण हो सके। योजना में इस बात पर जोर दिया गया कि आर्थिक विकास का फायदा समाज के उपेक्षित वर्ग को अधिक मिले और आय, संपत्ति तथा आर्थिक शक्ति के केन्द्रीयकरण की प्रवृत्ति में धीरे-धीरे कमी हो।

दूसरी योजना के मुख्य उद्देश्य ये थे : (1) राष्ट्रीय आय में 25 प्रतिशत की वृद्धि, (2) बुनियादी तथा भारी उद्योगों के विकास में विशेष जोर देते हुए तीव्र उद्योगीकरण, (3) रोजगार सुविधाओं का तेजी से विस्तार और (4) आय और संपत्ति में असमानताओं को कम करना तथा आर्थिक शक्ति का समान वितरण। दूसरी योजना का एक और उद्देश्य पूंजी निवेश की दर को सात प्रतिशत से बढ़ाकर 1960-61 तक 11 प्रतिशत करना था। इसमें उद्योगीकरण पर विशेष जोर दिया गया जिसके अंतर्गत लोहा और इस्पात, भारी रसायन, नाइट्रोजन युक्त उर्वरकों का उत्पादन बढ़ाने तथा मशीन-निर्माण उद्योग के विकास को प्रोत्साहन मिला।

3. तीसरी योजना—तीसरी योजना (1961-66) का उद्देश्य आत्मनिर्भर विकास की दिशा में महत्त्वपूर्ण प्रगति करना था। इसके तात्कालिक उद्देश्य ये थे : (1) राष्ट्रीय आय में पांच प्रतिशत वार्षिक से अधिक की वृद्धि करना और पूंजी निवेश की ऐसी व्यवस्था करना जिससे यह वृद्धि दर बनी रहे; (2) खाद्यान्न उत्पादन में आत्मनिर्भरता प्राप्त करना और उद्योग और निर्यात की आवश्यकता पूरी करने के लिए कृषि उत्पादन बढ़ाना; (3) इस्पात, रसायन, ईंधन और बिजली जैसे आधारभूत उद्योगों का विस्तार तथा लगभग दस वर्ष की अवधि में देश के अपने संसाधनों से उद्योगीकरण की आवश्यकताओं को पूरा करने के लिए मशीन-निर्माण क्षमता विकसित करना; (4) मानव संसाधनों का पूरा-पूरा उपयोग करना तथा रोजगार के अवसरों में पर्याप्त वृद्धि सुनिश्चित करना और (5) अवसर की समानता का क्रमशः विकास, आय और संपत्ति की असमानता को कम करना तथा आर्थिक शक्ति का समान वितरण। तीसरी योजना का लक्ष्य राष्ट्रीय आय में 30 प्रतिशत की वृद्धि करना और इसे 1960-61 में 14,500 करोड़ रुपये के स्तर से बढ़ाकर 1965-66 में 19,000 करोड़ रुपये करना था। इसी तरह प्रति व्यक्ति आय में इसी अवधि में 17 प्रतिशत की वृद्धि करके इसे 330 रुपये से बढ़ाकर 385 रुपये करने का लक्ष्य था।

वार्षिक योजनाएं

1965 का भारत-पाकिस्तान युद्ध, लगातार दो वर्ष तक भीषण सूखे, मुद्रा का अवमूल्यन, मूल्यों में सामान्य वृद्धि तथा संसाधनों के ह्रास जैसे कारणों से चौथी योजना को अंतिम रूप देने में विलंब हुआ। अतः इसके स्थान पर 1966 से 1969 की अवधि में चौथी योजना के प्रारूप के अंतर्गत तीन वार्षिक योजनाएं बनाई गईं। इन बाधाओं के कारण इस अवधि में विकास खर्च की मात्रा काफी कम रही।

4. चौथी योजना—चौथी योजना (1969-74) का लक्ष्य विकास गति को तेज करना, कृषि उत्पादन में उतार-चढ़ाव को कम करना और विदेशी सहायता की अनिश्चितता के प्रभाव को समाप्त करना था। इसमें समानता और सामाजिक न्याय को बढ़ावा देने के कार्यक्रमों के माध्यम से जीवन स्तर को ऊंचा उठाने की कोशिश की गई। चौथी योजना में दुर्बल और साधनहीन वर्ग के लोगों की दशा सुधारने, विशेष रूप से उनकी शिक्षा और रोजगार की व्यवस्था करने पर विशेष जोर दिया गया था। संपत्ति, आय तथा आर्थिक शक्ति का केन्द्रीकरण रोकने और इनके समान वितरण की दिशा में भी प्रयास किये गए।

योजना में शुद्ध घरेलू उत्पाद की (1968-69 की उत्पादन लागत के आधार पर) वृद्धि करने और इसे 1969-70 में 29,071 करोड़ रुपये के स्तर से बढ़ाकर 1973-74 में 38,306 करोड़ रुपये करने का लक्ष्य था। 17,351 करोड़ रुपये के मुकाबले 1973-74 में शुद्ध घरेलू उत्पाद 22,862 करोड़ रुपये हो गया। योजना में विकास की औसत वार्षिक चक्रवृद्धि दर 5.7 प्रतिशत रखी गई थी।

5. पांचवीं योजना—पांचवी योजना (1974-79) बनाते समय मुद्रास्फीति का भारी दबाव था। इस योजना का प्रमुख उद्देश्य आत्मनिर्भरता प्राप्त करना तथा गरीबी रेखा से नीचे रहने वालों के उपभोग के स्तर में सुधार करना था। पांचवीं योजना में मुद्रास्फीति पर नियंत्रण करने और आर्थिक स्थिति में स्थायित्व लाने को प्राथमिकता दी गई। इसमें राष्ट्रीय आय में 5.5 प्रतिशत वार्षिक की दर से वृद्धि का लक्ष्य रखा गया था। पांचवीं योजनावधि की चार वार्षिक योजनाओं को इस दौरान पूरा किया गया। बाद में फैसला किया गया कि पांचवीं योजना को 1978-79 की वार्षिक योजना के साथ-साथ समाप्त कर दिया जाए तथा नई प्राथमिकताओं और नये कार्यक्रमों को लेकर नई योजना का कार्य शुरू किया जाए।

6. छठी योजना—आयोजना की तीन दशकों की उपलब्धियों और कमियों को ध्यान में रखते हुए छठी योजना (1980-85) की परिकल्पा की गई थी। गरीबी हटाना छठी योजना का प्रमुख लक्ष्य था, हालांकि इस बात को भी स्वीकार किया गया कि इतना बड़ा कार्य पांच वर्ष की छोटी-सी अवधि में पूरा नहीं किया जा सकता।

छठी योजना की कार्यनीति बुनियादी तौर पर यह थी कि कृषि और उद्योग दोनों के आधारभूत ढांचे को एक साथ मजबूत किया जाए ताकि पूंजी निवेश, उत्पादन और निर्यात के क्षेत्र में विकास तेज करने की स्थितियां पैदा हो सकें। इसके अतिरिक्त कार्यनीति का उद्देश्य विशेष रूप से बनाये गए कार्यक्रमों के माध्यम से रोजगार के अवसर (विशेष रूप से ग्रामीण तथा असंगठित क्षेत्रों में) बढ़ाना तथा लोगों की न्यूनतम बुनियादी जरूरतें पूरी करना था। छठी

योजना में एक-दूसरे से संबद्ध समस्याओं को सुलझाने के लिए अलग-अलग विचार करने की बजाय संपूर्ण प्रणाली पर समग्र रूप से विचार की नीति अपनाई गई। इस तरह प्रबंध कुशलता बढ़ाने, सभी क्षेत्रों की गतिविधियों पर कड़ी नजर रखने, स्थानीय स्तर पर विकास की विशेष योजनाएं बनाने की प्रक्रिया में लोगों को सक्रिय रूप से शामिल करने तथा इन योजनाओं को शीघ्रता तथा कुशलता से लागू करने पर अधिक जोर दिया गया।

छठी योजना का वास्तविक खर्च 1,09,291.7 करोड़ रुपये (चालू कीमतों पर) रहा, जबकि सार्वजनिक क्षेत्र के लिए कुल 97,500 करोड़ रुपये (1979-80 की कीमतों पर) की व्यवस्था की गई थी। इस तरह इसमें 12 प्रतिशत की वृद्धि हुई। छठी योजना में औसत वार्षिक विकास दर 5.2 प्रतिशत रही जो इस अवधि की निर्धारित विकास दर भी थी। छठी योजना के लिए निर्धारित राशि/खर्च का विवरण सारणी 14.1 में दर्शाया गया है।

7. **सातवीं योजना**—सातवीं योजना (1985-90) में विकास आधुनिकीकरण, आत्मनिर्भरता और सामाजिक न्याय जैसे आयोजना के मूलभूत सिद्धांतों का पालन करते हुए खाद्यान्न उत्पादन, रोजगार और उत्पादकता बढ़ाने की नीतियों और कार्यक्रमों पर अधिक जोर दिया गया। अनुकूल मौसम, विभिन्न कार्यक्रमों पर अमल और सरकार तथा किसानों के अथक प्रयासों की वजह से सातवीं योजना के दौरान खाद्यान्न का उत्पादन, 1967-68 से 1988-89 की लंबी अवधि की उत्पादन दर 2.68 प्रतिशत तथा हाल ही में नौवें दशक की उत्पादन दर 2.55 प्रतिशत की तुलना में 3.23 प्रतिशत बढ़ी। बेरोजगारी तथा गरीबी को कम करने के लिए अन्य चालू कार्यक्रमों के अलावा 'जवाहर रोजगार योजना' जैसे विशेष कार्यक्रम आरंभ किए गये। इस दिशा में लघु उद्योगों और खाद्य प्रसंस्करण उद्योगों के महत्त्व को भी स्वीकार किया गया। उत्पादकता को बढ़ाने और भारतीय अर्थव्यवस्था की अंतर्राष्ट्रीय स्थिति को सुदृढ़ करने के लिए अनेक योजनाएं चलाई गईं। नई सुविधाएं जुटाने की बजाय मौजूदा सुविधाओं को सुधारने तथा उनके भरपूर उपयोग पर बल दिया गया।

सातवीं योजना में सार्वजनिक क्षेत्र में कुल 1,80,000 करोड़ रुपये के परिव्यय की व्यवस्था की और कुल खर्च 2,18,729.62 करोड़ रुपये हुआ। इस तरह 21.52 प्रतिशत की बढ़त रही। इस योजनावधि में सकल घरेलू उत्पाद की वार्षिक औसत विकास दर 5.6 प्रतिशत रही, जो लक्ष्य से 0.6 प्रतिशत अधिक थी। सातवीं योजना के परिव्यय/व्यय का विवरण सारणी-14.2 में दिया गया है।

वार्षिक योजनाएं

केन्द्र में तेजी से बदलते हुए राजनीतिक घटनाक्रमों के चलते आठवीं पंचवर्षीय योजना (1990-95) को कार्यान्वित नहीं किया जा सका। इस बीच जून 1991 में केन्द्र में सत्तारूढ़ सरकार ने फैसला किया कि आठवीं योजना को 2 अप्रैल, 1992 से लागू किया जाए और 1990-92 को अलग से वार्षिक योजना माना जाना चाहिए। आठवीं योजना के दृष्टिकोण के तहत इन वार्षिक योजनाओं में मुख्य जोर रोजगार के अधिक अवसर और सामाजिक परिवर्तन पर दिया गया था। 1990-91 और 1991-92 के लिए योजना खर्च क्रमशः 64,716.80 करोड़ और 72,316.75 करोड़ रुपये रखे गये थे।

8. आठवीं योजना दृष्टिकोण—विश्व के अनेक भागों में हाल में हुए महत्त्वपूर्ण परिवर्तनों और हमारे अपने अप्रत्याशित आयाम के आर्थिक संकट, जिससे कि हमारी अर्थव्यवस्था के समूचे ढांचे के तहस-नहस हो जाने का खतरा पैदा हो गया था, की पृष्ठभूमि को देखते हुए तैयार की गयी इस आठवीं पंचवर्षीय योजना (1992-97) का शीर्षक—''आठवीं योजना के उद्देश्य, विशेष बल और वृहद आयाम'' दिया गया। इसे राष्ट्रीय विकास परिषद द्वारा 23-24 दिसंबर, 1991 को मंजूर और अनुमोदित किया गया। इसका उद्देश्य देश की योजना को एक नया मोड़ देना है।

बढ़ते वित्तीय घाटे, गैर योजना खर्च में वृद्धि, सार्वजनिक क्षेत्र के प्रतिष्ठानों में लगातार घाटा होने और चालू खाते के निरंतर घाटे में रहने की समस्याओं से निपटने के लिए सरकार ने अनेक नीतिगत उपाय किए। यह फैसला किया गया कि अब योजना मात्र दिशा-निर्देशक होगी और उद्योग तथा व्यापार को सरकार तथा नौकरशाही के नियंत्रणों से ज्यादा से ज्यादा मुक्त रखा जाएगा। विकास की प्रक्रिया में लोगों की भागीदारी और पहल बढ़ाने पर विशेष जोर दिया गया।

विकासशील देशों में आ रहे आर्थिक सुधारों और केन्द्रीकृत योजना वाली अर्थव्यवस्थाओं का दृष्टिकोण पत्र में उल्लेख किया गया और कहा गया कि नब्बे के दशक में भारत के लिए इन बातों का बड़ा महत्त्व और दूरगामी परिणाम होंगे। इसलिए दीर्घकालीन नीति बनाना आवश्यक है। जिसमें भावी रुख का ध्यान रखा जाए और प्रतिस्पर्धात्मक अंतर्राष्ट्रीय मानकों के अनुरूप विकास का उच्चतम संभव स्तर प्राप्त करने के लिए समन्वित तरीके अपनाए जाएं। दृष्टिकोण पत्र में ऐसे क्षेत्रों से सार्वजनिक प्रतिष्ठानों को हटाने की आवश्यकता भी व्यक्त ही गई है जहां इन प्रतिष्ठानों के होने से कोई सार्वजनिक उद्देश्य की प्राप्ति नहीं होती।

आठवीं पंचवर्षीय योजना में रोजगार जुटाने, जनसंख्या पर नियंत्रण, निरक्षरता दूर करने, शुद्ध पेयजल और प्राथमिक स्वास्थ्य सुविधाएं जुटाने, अनाज के मामले में आत्मनिर्भरता और निर्यात के लिए बकाया अनाज उत्पन्न करने तथा मूलभूत सुविधाओं को और बेहतर बनाने के उद्देश्यों को प्राथमिकता दी गई है।

आठवीं पंचवर्षीय योजना का दस्तावेज दृष्टिकोण पत्र के आधार पर रिकार्ड समय में पूरा कर लिया गया। इससे पहले लोगों के विभिन्न वर्गों (सांसदों सहित) की व्यापक तौर से राय ली गई।

आठवीं योजना

आठवीं योजना का प्रारूप-पत्र निर्देशिका के अनुसार तैयार किया गया था।

प्रारूप-पत्र तैयार करते समय योजना आयोग के उपाध्यक्ष ने राज्यों के मुख्यमंत्रियों और अनेक केन्द्रीय मंत्रियों से विचार-विमर्श किया था। आठवीं पंचवर्षीय योजना के प्रारूप-पत्र का समर्थन 22-23 मई, 1992 को अपनी बैठक में राष्ट्रीय विकास परिषद ने भी किया था। योजना की कुछ प्रमुख विशेषताएं इस प्रकार हैं—

(i) यह योजना दिशा-निर्देशक स्वरूप की है। योजना में भविष्य को देखते हुए दीर्घकालीन नीति बनाने और राष्ट्र के लिए प्राथमिकताएं तय करने पर विशेष बल दिया गया

है। सार्वजनिक क्षेत्र के लिए योजना में परियोजनाओं के विकल्प को पहचानने पर जोर दिया जाएगा। अर्थव्यवस्था के अन्य क्षेत्रों में अलग-अलग लक्ष्य निर्धारित किए जाएंगे और वांछित दिशा में अर्थव्यवस्था को बढ़ाने के प्रयास किए जाएंगे।

(ii) योजना में 'मानव विकास' को सभी विकासशील प्रयासों का केन्द्र माना गया। योजना का प्राथमिक क्षेत्र जो कि इस लक्ष्य को प्राप्त करने में योगदान देते हैं, वे हैं—स्वास्थ्य, साक्षरता और आधारभूत आवश्यकताएं जिसमें पेयजल, आवास और कमजोर वर्गों के लिए कल्याण कार्यक्रम भी शामिल हैं। आठवीं योजना में केन्द्र और राज्यें सरकारें इस क्षेत्र में अपनी भूमिका का विस्तार करेंगी।

(iii) तेज आर्थिक विकास के लिए विद्युत, परिवहन और संचार जैसे क्षेत्रों की संरचनात्मक विकास के लिए पहचान की गई है।

(iv) योजना में वित्तीय असंतुलन को सुधारने का प्रयास किया गया है जिससे छठी और सातवीं योजना प्रभावित हुई थीं। आंतरिक और बाह्य कर्ज के बोझ से बचने के लिए गैर-मुद्रास्फीति वाला उपाय अपनाया जाना चाहिए। इसके तहत सरकार की गैर-बचत कार्यक्रमों में कमी, केन्द्र व राज्य सरकारों द्वारा उच्चतर संसाधनों का उपयोग और सार्वजनिक क्षेत्रों की इकाइयों की उपलब्धियों में प्रगति का प्रयास जैसे उपाय किए जाएंगे।

(v) योजना की प्रकृति एकीकृत है। ग्रामीण विकास, ऊर्जा और परिवहन के क्षेत्रों में कार्यरत विभिन्न विभागों, एजेंसियों को परस्पर नजदीक लाने के लिए विकासात्मक गतिविधियों को एकीकृत करने का प्रयास किया जा रहा है। संयोजित नीतियों के गठन और कार्यान्वयन के लिए इसे एकीकृत किया जाएगा।

(vi) आठवीं योजना में विकास प्रक्रिया में लोगों को शामिल करने को अनिवार्य समझा गया है।

(vii) योजना लागू करने की प्रक्रिया में सरकार की नई भूमिका के तहत जिला, प्रखंड और ग्राम स्तरों पर जन-संगठनों को अधिकार देने को प्रमुखता दी गई है। अपने इलाकों में विकास परियोजनाओं को लागू करने में नगर पालिकाओं और पंचायतों की अपेक्षाकृत अधिक भूमिका होगी। उन्हें पर्याप्त वित्तीय संसाधन, तकनीकी प्रबन्धन सुविधाएं और निर्णय के अधिकार दिये जाएंगे। निचले स्तर की भागीदारी निभाने वाली योजनाओं को प्रभावकारी बनाने के लिये योजना में स्वयंसेवी एजेंसियों और अन्य जन-संगठनों की भागीदारी की जरूरतों को भी रेखांकित किया गया है।

(viii) यह योजना कार्य-प्रधान है। यह कार्य में प्रगति, गुणवत्ता के प्रति जागरूकता, प्रतियोगिता, कार्य-योजना की क्षमता और परियोजनाओं के समय पर पूरा होने पर केन्द्रित हैं।

(ix) आठवीं योजना में ग्रामीण इलाकों में रोजगार का विशेष ध्यान रखा गया है। लोगों का गांवों से शहरों की ओर पलायन रोकने के लिए गांवों में रोजगार के अवसर बढ़ाने की जरूरत पर जोर दिया गया है। योजना में ग्राम विकास कार्यक्रमों के तौर-तरीकों में बदलाव पर जोर दिया गया है। इसके अंतर्गत गांवों में राहत के तौर पर रोजगार देने की बजाय वहां

स्थायी उत्पादक संपत्तियों की व्यवस्था करना शामिल है। इन संपत्तियों से उत्पादकता बढ़ेगी और ज्यादा लोगों को रोजगार मिलेगा। इससे विकास को स्थायित्व मिल सकेगा।

(x) आठवीं योजना लचीली है। इसमें परिवर्तन नवीनीकरण और तालमेल की ज्यादा संभावनाएं हैं। इसमें केन्द्र और राज्य दोनों के क्षेत्रों के बढ़े हुए संसाधनों पर जोर दिया गया है। इस योजना में संसाधन रिक्तता की पूर्ति के उद्देश्य से कुछ क्षेत्रों जैसे विद्युत, परिवहन और संचार में निजी क्षेत्रों के निवेश का भी प्रावधान किया गया है।

आठवीं योजना का परिव्यय

आठवीं योजना अवधि के दौरान औसतन 5.6 प्रतिशत वार्षिक वृद्धि दर प्रस्तावित है। 7,98,000 करोड़ रुपये का राष्ट्रीय निवेश का स्तर प्रस्ताविक है और सार्वजनिक क्षेत्र के लिए 4,39,100 करोड़ रुपये के व्यय का प्रस्ताव लाया गया है। इसमें संभावित संसाधनों की स्थिति 186,235 करोड़ रुपये की परियोजित राज्य और केन्द्र शासित प्रदेशों की योजनाओं का आकार और 2,47,865 करोड़ रुपये की केन्द्रीय योजना भी शामिल है। वार्षिक योजना के लिए 80,711.96 करोड़ रुपये का व्यय आंका गया है। इसमें केन्द्र के लिए 48,407,08 करोड़ और राज्यों तथा केन्द्र शासित प्रदेशों के लिए 32,364.88 करोड़ रुपये है।

राष्ट्रीय विकास परिषद समिति (एन. डी. सी.)

इस अवधि के दौरान राष्ट्रीय विकास परिषद की पांच समितियों का गठन किया गया—

1. मिव्ययता समिति; 2. जनसंख्या समिति; 3. रोजगार समिति; 4. लघु स्तर योजना समिति; 5. साक्षरता समिति।

राष्ट्रीय विकास परिषद की 5 अप्रैल 1993 को हुई बैठक में मितव्ययता समिति की रिपोर्ट पर विचार किया गया। परिषद ने रिपोर्ट की सिफारिशें आम तौर पर स्वीकार कर लीं। ऊर्जा के बारे में भी एक समिति गठित करने का फैसला किया गया और महाराष्ट्र के मुख्यमंत्री की अध्यक्षता में यह समिति गठित की गई। इसका काम राज्य बिजली बोर्डों की आर्थिक स्थिति सुधारने के उपायों की समीक्षा करना था। इन उपायों में शुल्क दरों को नया स्वरूप देना, कार्यकुशलता बढ़ाना और विद्युत वितरण तथा उत्पादन के कामों को अलग-अलग करना शामिल है।

18 सितम्बर 1993 को राष्ट्रीय विकास परिषद की बैठक में रोजगार, साक्षरता, जनसंख्या और लघुस्तर योजना समितियों की रिपोर्टों पर विचार किया गया। आम लोगों को योजना प्रक्रिया में शामिल करने के उपायों पर भी चर्चा हुई और "सबके लिए शिक्षा" के बारे में एक आलेख पर भी विचार किया गया। परिषद ने सभी समितियों की सिफारिशों को मंजूर कर लिया और मानव संसाधन विकास मंत्रालय, स्वास्थ्य और परिवार कल्याण मंत्रालय तथा योजना आयोग को उपयुक्त निर्देश दिए।

गैर विशेष श्रेणी के राज्यों को केन्द्रीय सहायता के वितरण के लिए उचित नीति तैयार करने के उद्देश्य से योजना आयोग के उपाध्यक्ष की अध्यक्षता में एक समिति का गठन किया

गया। राष्ट्रीय विकास परिषद की बैठक में समिति की सिफारिशों पर विचार किया गया। बैठक में फिर से एक सूत्र तैयार किया गया, जो कि आठवीं योजना में राज्यों के लिए केन्द्रीय योजना सहायता के आबंटन का आधार बना। स्वीकृत सूत्रों में पांच उद्देश्यों को उजागर किया गया है–

(1) जनसंख्या नियंत्रण तथा मां और बच्चे का स्वास्थ्य; (2) प्राथमिक शिक्षा को व्यापक बनाना; (3) अत्यधिक सहायता प्राप्त परियोजनाओं को समय पर पूरा करना और (4) भूमि सुधार।

बहु-स्तरीय आयोजन

राज्य स्तर पर सर्वोच्च आयोजना संस्था सामान्यतः राज्य योजना बोर्ड होता है, जिसका अध्यक्ष मुख्यमंत्री होता है और वित्त मंत्री, योजना मंत्री और कुछ तकनीकी विशेषज्ञ इसके सदस्य होते हैं। राज्य सरकार का योजना विभाग बोर्ड के लिए सचिवालय का प्रबंध करता है। बहुत से राज्यों में आयोजन का काम विकेन्द्रित करके जिला स्तर पर और कुछ राज्यों में सब-डिवीजन अथवा ब्लॉक स्तरों को दिया गया है। अधिकांश राज्यों में जिला आयोजन संस्थाएं हैं जिन्हें जिला योजना बोर्ड या जिला योजना समिति अथवा जिला योजना परिषद कहा जाता है और इनमें सरकारी और गैर-सरकारी सदस्य होते हैं। कुछ राज्यों में कार्य-प्रणाली के अलग संगठन भी होते हैं, जिनमें जिला योजना अधिकारी, अर्थशास्त्री, ऋण आयोजन, परियोजना संचालक, विशेषज्ञ प्रशिक्षण समन्वयकर्ता और कुछ जिलों में जिला स्तर की योजनाएं (जो राज्य की योजना में समाहित कर ली जाती हैं) तैयार करने वाला क्षेत्रीय अधिकारी शामिल होता है।

कार्यक्रम कार्यान्वयन

कार्यक्रम कार्यान्वयन मंत्रालय (अब योजना और कार्यक्रम कार्यान्वयन मंत्रालय के कार्यक्रम कार्यान्वयन विभाग) का गठन सितम्बर 1985 में किया गया था। यह सरकार का प्रबंध सेवाओं से सम्बधित विभाग है। इस मंत्रालय की स्थापना का उद्देश्य लक्ष्य पर आधारित नई प्रबंध प्रणाली लागू करना था। कार्यक्रम कार्यान्वयन मंत्रालय गरीबी हटाओ के कार्यक्रमों, विकास, उत्पादन, वितरण, परिवहन तथा अर्थव्यवस्था के आधारभूत औद्योगिक ढांचे के अन्तर्गत आने वाले सभी क्षेत्रों की गतिविधियों पर कड़ी नजर रखता है। मंत्रालय 20 करोड़ रुपये से अधिक लागत की केन्द्रीय क्षेत्र की सभी औद्योगिक परियोजनाओं को लागू करने की भी देख-रेख करता है। विभाग अपनी दक्ष प्रणाली, तुरंत कार्यावाही और नेशनल इन्फार्मेटिक्स सेंटर के कम्प्यूटरीकृत तंत्र के जरिए प्रभावपूर्ण तरीके से योजना और कार्यक्रम कार्यान्वयन के लिए आश्वस्त करता है।

भौतिक लक्ष्यों (एक क्षेत्रीय ढांचे के लिए एक क्षेत्र) का वर्ष के आरंभ में परीक्षण किया जा चुका है। ढांचे के कार्यों की कुल 1985-86 से 1991-92 विकास और क्षमता उपयोग की स्थिति क्रमशः सारणी 14.3 और 14.4 में दर्शायी गयी है।

बीस सूत्री कार्यक्रम

योजना की शुरुआत से हमारी विकास योजनाओं में गरीबी उन्मूलन और पर्यावरण में सुधार पर विशेष जोर दिया गया है। गरीबी उन्मूलन और निचले स्तर की आबादी के लोगों के जीवन स्तर को ऊंचा उठाने के लिए अनेक कार्यक्रम तैयार किये गये और उन्हें लागू किया गया। स्वर्गीय प्रधानमंत्री श्रीमती इन्दिरा गांधी के समय 1 जुलाई, 1975 को पहली बार 20 सूत्री कार्यक्रम के तहत 'गरीबी हटाओ' कार्यक्रम को पूर्ण अभिव्यक्ति मिली। 1975-76 और 1976-77 वार्षिक योजना को एक साथ लागू किया गया। छठी पंचवर्षीय योजना (1980-85) की प्रक्रिया में इन कार्यक्रमों को दिशा-निर्देश तथ्यों के रूप में शामिल किया गया। पूर्व अनुभवों के आधार पर बीस सूत्री कार्यक्रम को फिर से परिभाषित, पुनर्गठित किया गया और 14 जनवरी, 1992 को इसे घोषित किया गया।

उद्देश्य

1. सिंचाई की संभावनाओं में वृद्धि, प्रौद्योगिकी का विकास और विस्तार और बंजर भूमि पर कृषि के लिए निवेश।

2. दाल, तिलहनों और वनस्पति तेल के बीजों के उत्पादन को बढ़ाने के लिए विशेष प्रयास करना।

3. एकीकृत ग्रामीण विकास और राष्ट्रीय ग्रामीण विकास कार्यक्रमों को मजबूत बनाने और विकसित करने पर अधिक ध्यान देना।

4. कृषि भूमि की उच्चतर सीमा निर्धारित करना, अधिशेष भूमि बांटना और सभी प्रशासनिक तथा न्यायिक अड़चनों को दूर कर सम्पूर्ण भूमि रिकार्ड तैयार करना।

5. समीक्षा करना और कृषि मजदूरों के लिए न्यूनतम मजदूरी प्रभावपूर्ण तरीके से लागू करना।

6. बंधुओं मजदूरों को पुनर्वास करना।

7. अनुसूचित जाति और जनजाति के विकास कार्यक्रमों में तेजी लाना।

8. जरूरतमंद गांवों को पीने का पानी देना।

9. उन ग्रामीण परिवारों को मकान के लिए जगह देना जिनके पास नहीं है और उनको भवन निर्माण में सहायता कार्यक्रमों को बढ़ाना।

10. झोपड़ी में पर्यावरण सुधार, आर्थिक रूप से पिछड़े लोगों के लिए भवन निर्माण कार्यक्रम लागू करना और भूमि की कीमतों में अनाधिकृत बढ़ोत्तरी को रोकने के प्रयास करना।

11. विद्युत उत्पादन को अधिकतम करना, विद्युत प्राधिकरणों के काम के तरीकों में सुधार और सभी गांवों का विद्युतीकरण।

12. वन-रोपण कार्यक्रम को सामाजिक बनाने के लिए जोरदार प्रयास और फार्म तथा गोबर गैस और ऊर्जा के अन्य वैकल्पिक साधनों का विकास।

13. परिवार नियोजन का स्वैच्छिक आधार अपनाकर जन-आंदोलन बनाना।

14. व्यापक प्राथमिक स्वास्थ्य देखभाल सुविधाओं को निरंतर बढ़ाना और कुष्ठ, क्षय रोग तथा अंधता पर नियंत्रण।

15. महिला व बाल कल्याण कार्यक्रमों में तेजी और मुख्यत: जनजाति क्षेत्रों और पिछड़े क्षेत्रों में गर्भधारक महिलाओं और जच्चा-बच्चा के खान-पान कार्यक्रमों में तेजी।

16. 6 से 14 वर्ष तक की उम्र के बच्चों की प्रारंभिक शिक्षा को व्यापक बनाना, जिसमें लड़कियों पर अधिक ध्यान के साथ-साथ विद्यार्थियों तथा स्वैच्छिक संस्थाओं को अशिक्षा दूर करने वाले कार्यक्रमों में शामिल करना।

17. सार्वजनिक वितरण प्रणाली को जिनमें दूर-दराज के इलाकों में चलती-फिरती दुकानें शामिल हैं, औद्योगिक मजदूरों, विद्यार्थियों के होस्टलों का भोजन प्रबंध कराने वाली दुकानों के माध्यम से बढ़ाना तथा विद्यार्थियों को प्राथमिकता के आधार पर पाठ्य-पुस्तकें, प्रायोगिक पुस्तकें उपलब्ध करना तथा एक मजबूत उपभोक्ता संरक्षण आंदोलन को बढ़ाना।

18. निवेश प्रक्रिया को उदार करना और परियोजनाओं को समय पर पूरा करने को सुनिश्चित करने के लिए औद्योगिक नीतियों को सुप्रवाही बनाना। हस्तशिल्प, हथकरघा, लघु और ग्रामीण उद्योगों को बढ़ावा देने के लिए सभी सुविधाएं मुहैया कराना तथा उनकी तकनीक को आधुनिक बनाना।

19. तस्करों, जमाकर्त्ताओं और कर चोरी करने वालों के खिलाफ निरंतर कड़ी कार्रवाही और काले धन की जांच।

20. पूरी क्षमता के उपभोग और आंतरिक संसाधनों को बढ़ा कर सार्वजनिक उद्यमों के कार्यों में सुधार करना।

उपरोक्त उद्देश्यों की प्राप्ति के लिए विविध कार्यक्रम बनाए गए। इनमें विकास के मार्ग में आने वाली सामाजिक आर्थिक कठिनाइयों को उजागर किया गया है। लोगों की गरीबी पर भी विचार-विमर्श किया गया। गरीबी विकास के मार्ग में सबसे प्रतिकूल प्रभाव डालती है। छठी पंचवर्षीय योजना की रूपरेखा 20 सूत्री कार्यक्रमों में उन प्रमुख गंभीर क्षेत्रों को ध्यान में रखकर बनाई गयी थी, जिनको योजना प्रक्रिया में प्राथमिकता दी गयी है। कृषि उत्पादन, ग्रामीण रोजगार, स्वच्छ पीने के पानी का प्रावधान, ग्रामीण परिवारों के मकान के लिए जमीन का निर्धारण, झोपड़पट्टियों में सुधार, स्वैच्छिक परिवार नियोजन, प्राथमिक स्वास्थ्य देखभाल, गिरते पर्यावरण, प्रारंभिक शिक्षा के विकास, महिला व बाल कल्याण कार्यक्रमों को तेज करने पर जोर दिया गया। ये सभी संशोधित बीस सूत्री कार्यक्रम सबसे गुणात्मक पहलू हैं जो कि विकास योजना के अहम पहलू माने गये हैं अर्थात् अगर कोई भी विकास योजना बनाई जाती है तो इस योजना के परिणाम का उद्देश्य मानव की जरूरतों को पूरा करना होता है। जबकि विभिन्न मूल्यांकन रिपोर्ट सकारात्मक प्रभाव दर्शाती हैं, 20 सूत्री कार्यक्रम का सबसे अधिक प्रभाव देश में गैर-सुविधा प्राप्त लोग जो कि अर्थव्यवस्था की रीढ़ हैं, के पक्ष में उत्पादन संपत्तियों के पुनः वितरण की है। इन कार्यक्रमों से ग्रामीण क्षेत्रों में उत्पादकता बढ़ाने के साथ-साथ लोगों का जीवन-स्तर सुधारने में भी मदद मिली है।

बीस सूत्री कार्यक्रम 1986

दोबारा तैयार किए गए 20 सूत्री कार्यक्रम 1980 के अनुभव और उपलब्धियों को देखते हुए तथा सातवीं योजना (1985-90) के दौरान उभरती नयी सामाजिक व आर्थिक समस्याओं के मद्देनजर तत्कालीन प्रधानमंत्री श्री राजीव गांधी के निर्देश पर 1986 में कार्यक्रमों को पुनर्गठित किया गया, जो कि 20 सूत्री कार्यक्रम 1986 के नाम से लोकप्रिय हुआ। यह कार्यक्रम 1977-88 की वार्षिक योजना के साथ-साथ 1 अप्रैल, 1987 को प्रभाव में आया। इन कार्यक्रमों में मुख्यत: इन मुद्दों पर जोर दिया गया—

उद्देश्य

1. ग्रामीण निर्धनता के उन्मूलन का प्रयास—(i) यह सुनिश्चित करना कि गरीबी उन्मूलन कार्यक्रम प्रत्येक गांव के सभी गरीबों तक पहुंचे। (ii) क्षेत्र विकास और मानव संसाधन विकास कार्यक्रमों के साथ-साथ मजदूरी, रोजगार कार्यक्रमों में सामंजस्य स्थापित करना और विद्यालय भवन, सड़कें, तालाब, जलावन व चारागाह जैसी जरूरी सुविधाएं उपलब्ध करना। (iii) उत्पादन में सुधार तथा उत्पादन और ग्रामीण रोजगार के विस्तार के लिए विभिन्न ग्रामीण विकास कार्यक्रमों को आपस में जोड़ना। (iv) हथकरघा, हस्तशिल्प, ग्राम और लघु उद्योगों को बढ़ावा देना और स्वरोजगार के लिए कार्यकुशलता में सुधार करना। (v) पंचायतों, सहकारिता और स्थानीय निकायों को मजबूत बनाना।

2. कम वर्षा वाले क्षेत्रों में कृषि के लिए नीति—(i) वाष्प संरक्षण के लिए प्रौद्योगिकी में सुधार और भूमि के बेहतर प्रबंध तथा जल संसाधनों को सुनिश्चित करना। (ii) सूखे से प्रभावित इलाकों और सूखा राहत कार्यक्रमों में यथोचित परिवर्तन के जरिए सूखे के प्रभाव को कम करना।

3. सिंचाई के पानी का बेहतर उपयोग—(i) जल ग्रहण क्षेत्रों का विकास करना और तटवर्ती तथा नदी-मुख भूमि क्षेत्रों में जल निकासी में सुधार लाना। (ii) प्रमुख क्षेत्रों के सिंचाई प्रबंध में सुधार लाना। (iii) पानी के जमाव, खारेपन और इसकी बर्बादी को रोकना। (iv) जमीनी और भूमिगत जल का संयोजन करना।

4. बड़े पैमाने पर फसलों की कटाई—(i) पूर्वी इलाकों और कम उत्पादकता वाले इलाकों में चावल के उत्पादन को प्रोत्साहन देना। (ii) खाद्य तेल में स्वावलंबी बनाना। (iii) बड़े पैमाने पर दलहन के उत्पादन को प्राप्त करना। (iv) फल व सब्जियों की खेती को बढ़ाना। (v) कृषि उत्पादनों के आधुनिक भंडारण, प्रसंस्करण और विपणन के लिए सुविधाएं मुहैया कराना। (vi) किसानों व डेयरी किसानों को उनके उत्पादन बढ़ाने में मदद करना। (vii) मत्सय पालन का विकास करना।

5. भूमि सुधार को लागू करना—(i) भूमि के रिकार्डों को पूरा करना। (ii) कृषि भूमि हदबन्दी लागू करना। (iii) भूमिहीनों को अतिरिक्त भूमि का वितरण करना।

6. ग्रामीण मजदूरों के लिए विशेष कार्यक्रम—(i) कृषि और उद्योग में असंगठित मजदूरों के लिए न्यूनतम मजदूरी लागू करना। (ii) बंधुआ मजदूरी को खत्म करने के कानूनों

को पूरी तरह लागू करना। (iii) बंधुआ मजदूरों के पुनर्वास कार्यक्रमों में स्वयंसेवी संगठनों को शामिल करना।

7. पेयजल को स्वच्छ बनाना—(i) सभी गांवों को स्वच्छ जल मुहैया कराना, (ii) जल आपूर्ति को अच्छी स्थिति में रखने के लिए स्थानीय लोगों की सहायता करना, (iii) अनुसूचित जाति, अनुसूचित जनजाति को जलापूर्ति कराने पर विशेष ध्यान देना।

8. सभी के लिए स्वास्थ्य—(i) प्राथमिक स्वास्थ्य रक्षा की गुणवत्ता में सुधार करना। (ii) कुष्ठ, क्षय, मलेरिया, घेघा, अंधता और अन्य बड़ी बीमारियों का मुकाबला करना। (iii) सभी शिशुओं और बच्चों को प्रतिरक्षक टीके मुहैया कराना। (iv) ग्रामीण इलाकों में विशेषकर महिलाओं के लिए सफाई सुविधाओं में सुधार लाना। (v) विकलांगों के पुनर्वास कार्यक्रमों पर विशेष ध्यान देना।

9. दो बच्चों का आदर्श—(i) परिवार को दो बच्चों तक सीमित रखने के लिए व्यापक स्वीकृति दिलाना। (ii) माता-पिता में जिम्मेदारी की भावना। (iii) शिशु मृत्यु-दर को कम करना। (iv) जच्चा और बच्चा की रक्षा सुविधाओं का विस्तार करना।

10. शिक्षा का विस्तार—(i) लड़कियों की शिक्षा पर विशेष जोर देने सहित आरम्भिक शिक्षा को व्यापक बनाना। (ii) सभी स्तर पर शिक्षा की विषयवस्तु में सुधार लाना। (iii) कार्यकुशलता को बढ़ावा देने के साथ-साथ औपचारिक शिक्षा और चालू साक्षरता कार्यक्रमों को बढ़ावा देना। (iv) विद्यार्थियों और स्वयंसेवी एजेंसियों की भागीदारी से प्रौढ़ साक्षरता कार्यक्रमों में तेजी लाना। (v) राष्ट्रीय अखंडता, सामाजिक और नैतिक मूल्यों तथा हमारी विरासत के प्रति गर्व पर जोर देना।

11. अनुसूचित जाति, अनुसूचित जनजाति को न्याय—(i) अनुसूचित जाति, जनजाति के लिये बनाये गये कानूनों और संवैधानिक प्रावधानों के पालन को सुनिश्चित करना। (ii) अनुसूचित जाति, अनुसूचित जनजाति के लिए आबंटित जमीन पर उसके अधिग्रहण को सुनिश्चित करना। (iii) भूमि आबंटन कार्यक्रमों को सुदृढ़ बनाना। (iv) शैक्षिक स्तरों में सुधार के लिए विशेष प्रशिक्षण कार्यक्रमों का आयोजन करना और सहायता प्रदान करना। (v) मैला ढोने की प्रथा समाप्त करना और सफाई कर्मचारियों के पुनर्वास के लिए विशेष कार्यक्रम तैयार करना। (vi) विशेष अंगभूत कार्यक्रमों के लिए बेहतर दिशा और पर्याप्त राशि मुहैया कराना। (vii) समाज में अनुसूचित जाति, जनजातियों के पूर्ण सामंजस्य के लिए कार्यक्रमों का संचालन करना। (viii) विस्थापित आदिवासियों के लिए पुनर्वास सुनिश्चित करना।

12. महिलाओं को बराबरी का दर्जा—(i) महिलाओं के स्तर को उठाना। (ii) महिलाओं की समस्याओं के प्रति जागरूकता बढ़ाना। (iii) महिलाओं के अधिकारों के प्रति जन चेतना जागना। (iv) महिलाओं को प्रशिक्षण और रोजगार के लिए राष्ट्रीय कार्यक्रम लागू करना। (v) महिलाओं को सामाजिक-आर्थिक विकास और राष्ट्र निर्माण में समान तरीके से भागीदारी लेने के लिए सक्षम बनाना। (vi) दहेज के खिलाफ लोगों में जागरूकता बढ़ाना और दहेज-विरोधी कानूनों को प्रभावशाली बनाने का प्रयास करना।

13. युवाओं के लिए नये अवसर—(i) खेल-कूद, साहसिक और सांस्कृतिक गतिविधियों में युवाओं के लिए अवसर बढ़ाना। (ii) शारीरिक क्षमता को बढ़ावा देना। (iii) राष्ट्रीय विकास कार्यक्रमों में बड़े पैमाने पर युवाओं को शामिल करना। ये कार्यक्रम हैं: (अ) गंगा की सफाई। (ब) पर्यावरण और संवर्द्धन। (स) जन शिक्षा (iv) युवा प्रतिभाओं को प्रोत्साहन और उनकी प्रतिभा के विकास के लिए सभी क्षेत्रों में उनके महत्त्वपूर्ण योगदान की पहचान करना। (v) राष्ट्रीय अखंडता, सांस्कृतिक मूल्यों, धर्मनिरपेक्षता और वैज्ञानिक प्रवृत्तियों को बढ़ावा देने में युवाओं को शामिल करना। (vi) नेहरू युवक केन्द्रों के नेटवर्क का विस्तार करना। (vii) ग्रामीण युवाओं के कल्याण के लिए स्वयंसेवी एजेंसियों के कार्यों को प्रोत्साहन।

14. लोगों के लिए आवास—(i) ग्रामीण गरीबों को घर के लिए जमीन उपलब्ध कराना। (ii) गृह निर्माण कार्यों का विस्तार करना। (iii) अनुसूचित जाति, अनुसूचित जनजातियों के लिए गृह निर्माण पर विशेष जोर देना। (iv) कम कीमत की भवन निर्माण सामग्री विकसित करना।

15. झुग्गी बस्तियों का सुधार—(i) झुग्गी बस्तियों के विस्तार पर रोक लगाना। (ii) वर्तमान झुग्गी इलाकों में आधारभूत सुविधाएं मुहैया कराना। (iii) शहरी क्षेत्रों में नियोजित आवास निर्गाण को प्रोत्साहन देना।,

16. वन-रोपण के लिए नई रणनीति—(i) लोगों की पूर्ण भागीदारी से अधिक वृक्ष उगाना और वनों का विस्तार करना। (ii) आदिवासियों के पारम्परिक अधिकारों की रक्षा करना और स्थानीय समुदायों द्वारा जलावन के लिए अधिक लकड़ी और वन उत्पादनों के अत्यधिक उपयोग पर रोक लगाना। (iii) उत्पादन उपयोग के लिए बेकार भूमि का इस्तेमाल। (iv) पहाड़ी रेगिस्तान और समुद्री किनारों पर उपयुक्त वृक्ष व पौधे लगाना।

17. पर्यावरण की रक्षा—(i) बिगड़ते पर्यावरण के खतरों के प्रति लोगों की जागरूकता बढ़ाना। (ii) पर्यावरण रक्षा के लिए लोगों के सहयोग को बढ़ावा देना। (iii) पर्यावरण के संरक्षण से सम्बन्धित विकास की मान्यताओं को सुनिश्चित करना।

18. उपभोक्ताओं के कल्याण के लिए—(i) गरीबों तक पहुंच वाली आवश्यक खपत की चीजें लाना। (ii) उपभोक्ता संरक्षण अभियान चलाना। (iii) अधिक जरूरतमन्दों तक सब्सिडी पहुंचाने के लिए वितरण प्रणाली का पुनर्गठन। (iv) सार्वजनिक वितरण प्रणाली को मजबूत करना।

19. गांवों के लिए बिजली—(i) गांवों में उत्पादात्मक इस्तेमाल के लिए विद्युत आपूर्ति का विस्तार करना। (ii) ऊर्जा के वैकल्पिक साधनों विशेषकर बायोगैस का विकास करना। (iii) ग्रामीण ऊर्जा के लिए एकीकृत क्षेत्र के महत्त्वपूर्ण कार्यक्रमों को बढ़ावा देना।

20. जिम्मेदार प्रशासन—(i) प्रक्रिया का सरलीकरण। (ii) प्राधिकरण का प्रतिनिधित्व। (iii) विश्वसनीयता को मजबूत बनाना। (iv) ब्लॉक से राष्ट्रीय स्तर तक निगरानी की प्रक्रिया को बढ़ाना। (v) लोक शिकायतों को बिना देर किए और सहानुभूतिपूर्वक सुनना।

पुनर्गठित बीस सूत्री कार्यक्रम ने एक ओर जहां गरीबी उन्मूलन के राष्ट्र की निष्ठा का नवीनीकरण किया, वहीं कैसे संपूर्ण उत्पादकता को बढ़ाया जाए, आय की असमानता को कम किया जाए और सामाजिक आर्थिक असमानताएं हटाई जाने जैसे मुद्दे पर भी संतुलित तरीके से जोर दिया। तत्काल नतीजे के रूप में मानव के जीवन स्तर और माहौल में सुधार दृष्टिगत हुए। इस कार्यक्रम का विस्तार केवल आधारभूत जरूरतों यथा पर्याप्त भोजन, स्वच्छ पेयजल, आवास और स्वास्थ्य सुविधायों तक ही सीमित नहीं रहा, वरन् इसने जिम्मेदार माता-पिता, महिलाओं को बराबरी का दर्जा, युवाओं के लिए अवसर, उपभोक्ताओं के अधिकारों, अनुसूचित जाति, अनुसूचित जनजातियों को न्याय जैसे मुद्दों को प्रोत्साहन देकर मानव का स्वाभिमान और वैयक्तिक अधिकारों पर भी जोर दिया।

निगरानी तथा मूल्यांकन

निगरानी और आकलन कार्यक्रमों को लागू करने के लिए त्रिस्तरीय व्यवस्था तैयार की गयी है, जो निम्नलिखित है—

1. एजेंसी स्तर पर कार्यक्रमों को क्षेत्र में निष्पादन का जिम्मा है।

2. कार्यक्रमों का खाका प्रस्तुत करने और कार्यक्रम क्रियान्वयन को दिशा देने का जिम्मा राज्य स्तर पर निश्चित किया गया।

3. केन्द्रीय स्तर पर केवल सेक्टर के मंत्रालय और विभाग ही नहीं, बल्कि योजना और कार्यक्रम परिपालन मंत्रालय के अंतर्गत कार्यक्रम कार्यान्वयन विभाग जो कि स्थायी तौर पर अनुवीक्षण और आकलन व्यवस्था देखता है और केबिनेट सचिवालय तथा प्रधानमंत्री कार्यालय को रिपोर्ट भेजता है।

बीस सूत्री कार्यक्रमों के प्रभाव का मूल्यांकन

अखिल भारतीय आधार पर वर्ष 1991-92 और 1992-93 और 1993-94 (अप्रैल-दिसंबर 1993) तक बीस सूत्री कार्यक्रम के प्रमुख लक्ष्यों और उपलब्धियों की दृष्टि से इसमें पर्याप्त सफलता मिली है। सारणी 14.5 में इस कार्यक्रम की सफलता और भविष्य की जानकारी दी गई है।

अभ्यास के लिये प्रश्न

1. संक्षिप्त टिप्पणी लिखिए—औद्योगिक नियोजन।
2. औद्योगिक नियोजन की परिभाषा दीजिये। इसके प्रमुख उद्देश्यों को बताइये।
3. भारत में औद्योगिक नियोजन की समस्यायें क्या हैं?
4. भारत में औद्योगिक नियोजन की विवेचना करते हुए पंचवर्षीय योजनाओं में इस क्षेत्र की प्रगति एवं उपलब्धियों का वर्णन कीजिये।

18

औद्योगिक नौकरशाही
(Industrial Bureaucracy)

औद्योगिक नौकरशाही का शाब्दिक अर्थ उद्योग के क्षेत्र में नौकरशाही है। अस्तु, इसमें नौकरशाही के अर्थ की व्याख्या अधिक महत्त्वपूर्ण है। नौकरशाही का अंग्रेजी पर्याय ब्यूरोक्रेसी शब्द, फ्रेंच शब्द Bureau से बना, जिसका अर्थ लिखने वाली मेज या डेस्क है। इसीलिए फाइनर ने ब्यूरोक्रेसी को डेस्क गवर्नमेंट (Desk Government) कहा है। ब्यूरों का दूसरा अर्थ पद होता है। इस दृष्टि से ब्यूरोक्रेसी से तात्पर्य अधिकारियों के शासन से है। हिन्दी में ब्यूरोक्रेसी के लिये अनेक शब्द प्रयोग किये गये हैं जैसे नौकरशाही, अधिकारी तन्त्र, सेवक तन्त्र इत्यादि। इन सबसे तात्पर्य पदाधिकारियों द्वारा प्रशासन से है। आधुनिक काल में राज्य इतने बड़े होते हैं कि प्रत्यक्ष शासन सम्भव नहीं है। इसलिये राज्यों में नौकरशाही के माध्यम से शासन चलाना होता है। यह बात उद्योगों के विषय में भी कही जा सकती है। आधुनिक उद्योग इतने बड़े पैमाने पर होते हैं कि कोई एक व्यक्ति कर्मचारियों से काम नहीं ले सकता है। उद्योग को चलाने के लिये निम्न और उच्च पद क्रम की एक पूरी अधिकारी व्यवस्था की आवश्यकता पड़ती है। यही औद्योगिक नौकरशाही है।

औद्योगिक व्यवस्था में सबसे अधिक महत्त्वपूर्ण तत्त्व औद्योगिक नौकरशाही है। इसे औद्योगिक कर्मचारी तन्त्र, अधिकारी तन्त्र तथा अंग्रेजी में इण्डस्ट्रियल ब्यूरोक्रेसी कहते हैं। ब्यूरोक्रेसी का सबसे पहला व्यवस्थित अध्ययन मैक्सवेबर ने किया था। मैक्सवेबर के काल में औद्योगीकरण बढ़ने के कारण उद्योग के क्षेत्र में नौकरशाही विकसित हो रही थी। मैक्सवेबर ने नौकरशाही को एक ऐसी प्रशासनिक व्यवस्था माना है जिसमें कर्मचारियों के उच्च और निम्न स्तर के कार्यों का इस प्रकार समन्वय किया जाता है कि औद्योगिक संगठन के उद्देश्यों को प्राप्त किया जा सके।

औद्योगिक नौकरशाही की परिभाषा
(Definition of Industrial Bureaucracy)

नौकरशाही की निम्नलिखित परिभाषाओं से भी इसका अर्थ स्पष्ट होता है—

(1) **मैक्स वेबर द्वारा परिभाषा**—मैक्स वेबर के अनुसार, ''नौकरशाही विशेष योग्यता, निष्पक्षता और मानवता के अभाव के लक्षण युक्त प्रशासकीय व्यवस्था

है।''[1] नौकरशाही की इस परिभाषा में उसे प्रशासनिक अवस्था का एक प्रकार माना गया है जिसमें एक ओर दक्षता, निष्पक्षता और दूसरी ओर मानवता का अभाव विशेष लक्षण है। मानवता का अभाव इसलिये होता है क्योंकि नौकरशाही नियमों के आधार पर प्रशासन चलाती है, भले ही उससे मानव मूल्यों की क्षति होती हो। यह एक प्रकार का औपचारिक संगठन होता है और इसलिये इसमें लालफीता शाही का बोल-बाला पाया जाता है। नौकरशाही की इसी विशेषता के कारण कुछ लोगों ने उसकी बड़ी आलोचना की है। उपरोक्त लक्षणों के अतिरिक्त मैक्स वेबर ने नौकरशाही की कुछ अन्य विशेषतायें भी मानी हैं जैसे पद सोपान का सिद्धान्त, अभिलेखों, फाईलों और लिखित दस्तावेजों पर आधारित, आधुनिक दफ्तरी प्रबन्ध के निर्णयों पर आधारित, कार्यालय प्रबन्ध के लिये सामान्य नियमों और व्यवहारों की व्यवस्था तथा इसके लिये अधिकारियों को नियमों और तकनीकियों का प्रशिक्षण देना।

(2) लास्की का मत—प्रो॰ लास्की के अनुसार, ''यह एक व्यवस्था, नियंत्रण है जो कि अधिकारियों के इस प्रकार पूरे हाथों में है कि उनकी शक्ति सामान्य नागरिक की स्वतंत्रताओं को समाप्त कर देती है।''[2] लास्की द्वारा इस परिभाषा में नौकरशाही की व्याख्या से अधिक आलोचना की गयी है। लास्की के राज्य में नागरिकों की स्वतंत्रता को सबसे अधिक महत्त्वपूर्ण माना है। निःसन्देह बहुधा नौकरशाही सामान्य व्यक्तियों की स्वतन्त्रता का अपहरण कर लेती है किन्तु यह उसकी अनिवार्य विशेषता नहीं है, इसकी सम्भावना अवश्य बनी रहती है।

(3) मर्टन का विचार—मर्टन ने नौकरशाही की परिभाषा करते हुए लिखा है, ''नौकरशाही कुछ क्रियाओं को करने के लिये बनायी गयी द्वैतीयक समूह संरचना है जो कि प्राथमिक समूह कसौटी के आधार पर सन्तोषजनक रूप से नहीं किये जा सकते।''[3] नौकरशाही की इस परिभाषा में यह कहा गया है कि वह द्वैतीयक समूह रचना पर आधारित होती है। द्वैतीयक समूह की विशेषतायें जैसे औपचारिकता, सामाजिक अन्तर, परोक्ष सम्बन्ध इत्यादि नौकरशाही में देखे जा सकते हैं। मर्टन ने अपनी परिभाषा में यह भी स्पष्ट किया है कि नौकरशाही की रचना उन कामों के लिये की जाती है जो प्राथमिक समूह के आधार पर नहीं किये जा सकते। जैसा कि पीछे बतलाया जा चुका है, जब तक उद्योग छोटे पैमाने पर थे, उनमें नौकरशाही की आवश्यकता नहीं थी। कुटीर उद्योगों और ग्रामोद्योगों में नौकरशाही नहीं होती। नौकरशाही की आवश्यकता तो केवल उन्हीं उद्योगों में होती है जिनमें इतने अधिक लोग काम करते हैं कि उनमें प्राथमिक समूह के सम्बन्ध नहीं रह पाते और इसलिये द्वैतीयक समूह रचना को व्यवस्थित रूप से चलाने के लिये नौकरशाही की आवश्यकता हो जाती है।

---

1. "Bureaucracy is a system of administration characterised by expertness, impartiality and absence of humanity."
—Max Weber, *Essays in Sociology,* (Eng. Trans) O.U.P. pp. 197-198.
2. "A system, the control of which is so completely in the hands of officials that their power geoperdises the liberties of ordinary citizen."
—J.H. Laski in *Encyclopaedia of Social Sciences.*
3. "Bureaucracy is a secondary group structure designed to carry on certain activities which can not be satisfactorily performed on the basis of primary group criteria."
—Merton, R.K.
—Quoted by Coser and Rosenberg in *Sociological Theory,* Macmillan, 1957, p. 496.

(4) लुइसकौसर और राजेनबर्ग द्वारा परिभाषा—नौकरशाही की परिभाषा करते हुए इन्होंने लिखा है, ''नौकरशाही को उतार-चढ़ाव के क्रम के संगठन के उस प्रकार के रूप में परिभाषित किया जा सकता है जो कि बड़े पैमाने पर प्रशासनिक कार्यों को करने में लगे बहुत से व्यक्तियों के कार्य के समायोजन को विवेकपूर्ण रूप से करने के लिये आयोजित किया जाता है।''[1] नौकरशाही की इस परिभाषा में उसे पद सोपान का एक संगठन कहा गया है जिसका लक्ष्य बड़े पैमाने के काम में लगे बहुत से लोगों के कार्य को व्यवस्थित करना है। यह व्यवस्था विवकेपूर्ण होती है। स्पष्ट है कि नौकरशाही कोई अवांछित तत्त्व नहीं है जब तक कि उसमें भ्रष्टाचार आरम्भ न हो जाये। सच तो यह है कि आधुनिक बड़े उद्योगों को चलाने के लिये नौकरशाही का होना अनिवार्य है।

औद्योगिक नौकरशाही के लक्षण
(Characteristics of Industrial Bureaucracy)

नौकरशाही की उपरोक्त परिभाषाओं से उसके निम्नलिखित लक्षण स्पष्ट होते हैं—

(1) विशिष्ट व्यवस्था (Particular System)—नौकरशाही एक विशेष प्रकार की व्यवस्था है जिसका उद्देश्य बड़े उद्योगों को व्यवस्थित रूप से चलाना है।

(2) पद सोपान (Hierarchy)—नौकरशाही की पद्धति में उतार-चढ़ाव के क्रम में बहुत से अधिकारी होते हैं और फाईल नीचे से ऊपर की ओर चलती है। प्रत्येक पद पर बैठा व्यक्ति नीचे से फाईल प्राप्त करता और उस पर अपना काम करके उसे अपने से ऊपर सरकाता है। इसमें किसी भी सोपान का उल्लंघन नहीं किया जा सकता और इसलिये कार्यालय के कामों में उचित मार्ग के द्वारा कार्य होने पर जोर दिया जाता है।

(3) अधिकारियों के कर्त्तव्यों की व्याख्या (Definition of duties of officers)—इस पद सोपान में जितने भी अधिकारी होते हैं, उन सबके कर्त्तव्यों और अधिकारों की व्याख्या लिखित और स्पष्ट होती है। कोई भी अधिकारी अपने अधिकार क्षेत्र से बाहर का काम करने पर उसके लिये जबाव देह माना जाता है और ऐसा करना अनुचित समझा जाता है। प्रत्येक अधिकारी अपने अधिकारों की सीमा में ही रहकर अपने कर्त्तव्यों का पालन करता है।

(4) विशेषीकरण (Specialisation)—नौकरशाही में विभिन्न पदों पर नियुक्त व्यक्तियों को विशेष प्रकार के कार्य करने पड़ते हैं जिनमें भिन्न-भिन्न प्रकार की विशेष योग्यताओं की आवश्यकता पड़ती है। प्रत्येक पद के लिये आवश्यक इन विशेष योग्यताओं को पद की माँग के साथ विज्ञापित कर दिया जाता है और पद पर आने वाले प्रार्थी इन योग्यताओं के होने पर ही प्राप्त पत्र भेजते हैं तथा इन सब प्रार्थियों में से ऐसे व्यक्ति का चुनाव

---

1. "Bureaucracy may be defined as that type of hierarchical organisation which is designed rationally to coordinate the work of many individuals in the persuit of large scale administrative tasks."

—*Ibid.*, p. 963.

किया जाता है जिसमें वे विशेष योग्यतायें सबसे अधिक हों। उद्योग के क्षेत्र में जहाँ तक यह चुनाव सही हो पाता है वहाँ तक सफलता मिलने की सम्भावना बढ़ जाती है।

(5) **कर्त्तव्य पालन व्यवस्था** (System of fulfilment of duties)—इस प्रकार नौकरशाही में प्रत्येक व्यक्ति के विशिष्ट कर्त्तव्य होते हैं और उसे अपने कर्त्तव्य करने होते हैं। जब तक नौकरशाही के सभी सदस्य अपने-अपने कर्त्तव्य करते रहते हैं तब तक उसके माध्यम से बहुत अच्छा प्रशासन सम्भव हो पाता है।

(6) **वरिष्ठता और योग्यता के आधार पर पदोन्नति** (Promotion on Seniority and ability)—औद्योगिक नौकरशाही में पदोन्नति के दो आधार होते हैं—वरिष्ठता और योग्यता तथा बहुधा इन दोनों ही आधारों को ध्यान में रखकर पदोन्नति की जाती है क्योंकि यदि केवल वरिष्ठता के आधार पर पदोन्नति हो और उसमें योग्यता का ध्यान न रखा जाये तो योग्य व्यक्तियों को पर्याप्त प्रेरणा नहीं मिल पाती और उनके नौकरी छोड़कर अन्य उद्योगों में चले जाने का खतरा बना रहता है। अस्तु, नौकरशाही की सफलता पदोन्नति के उचित नियम पर बहुत कुछ निर्भर होती है।

(7) **अभिलेखों और फाइलों पर आधारित** (Based on Documents and Files)—नौकरशाही की कार्यवाही बहुधा अभिलेखों और फाइलों के माध्यम से चलायी जाती है। औद्योगिक संगठन के कर्मचारियों की नियुक्ति, वेतन, पदोन्नति, बोनस, पेंशन तथा कारखाने के आय व्यय और अन्य सभी तत्त्वों के विषय में अभिलेख रखे जाते हैं। मूल फाइलों में पुराने रिकार्ड भी रखे जाते हैं। ये फाइलें क्रमवार लगायी जाती हैं और नौकरशाही का काम इन फाइलों को तेजी से निबटाना होता है। इन फाइलों के लाल फीते में बन्द रहने और इस प्रकार उनके निबटारे में देर को ही लाल फीताशाही (Red Tapism) कहा जाता है।

(8) **कार्यों की गोपनीयता** (Secrecy of Functions)—औद्योगिक नौकरशाही में प्रत्येक पद पर नियुक्ति अधिकारी अपने कार्यों की गोपनीयता बनाये रखता है।

(9) **कैरियर के लिये नौकरी** (Service for Career)—नौकरशाही में प्रत्येक व्यक्ति ऊँचा पद प्राप्त करने के लिये ईमानदारी से काम करता है। दूसरी ओर जो लोग कठोर परिश्रम, कर्तव्यपरायणता और योग्यता से काम करते हैं उनको इसका फल अच्छे कैरियर के रूप में प्राप्त होता है। इसीलिये बहुधा औद्योगिक नौकरशाही में किसी व्यक्ति की योग्यता का अनुमान उसके कैरियर से लगा लिया जाता है किन्तु जब लोग कैरियर बनाने में भ्रष्ट साधन अपनाने लगते हैं तब इससे बड़ी हानि होती है।

(10) **सिद्धान्त और व्यवहार में अन्तर** (Difference in Theory and Practice)—नौकरशाही में बहुधा सिद्धान्त और व्यवहार में अन्तर दिखलायी पडता है। इसी कारण से कुछ लोगों ने इसको मानवता के विरुद्ध माना है। किन्तु यह नौकरशाही की अनिवार्य विशेषता नहीं कही जा सकती, इसे दूर किया जा सकता है।

(11) **प्रशिक्षण** (Training)—यूं तो नौकरशाही में प्रत्येक पद पर पहले से ही प्रशिक्षित व्यक्ति लिये जाते हैं किन्तु दक्षता बढ़ाने के लिये समय-समय पर उन्हें नये प्रशिक्षण प्राप्त करने का भी अवसर दिया जाता है।

(12) नौकरशाही व्यक्तित्व (Buraucrat Personality)—नौकरशाही की एक विशेषता यह बतलायी जाती है कि इसमें व्यक्ति का निजी व्यक्तित्व उसके कार्यालय के व्यक्तित्व से बहुत भिन्न हो जाता है और बहुधा उनमें संघर्ष भी होते हैं। यद्यपि ऐसा अधिकतर दिखलायी पड़ता है किन्तु इसे नौकरशाही की अनिवार्य विशेषता नहीं कहा जा सकता। वास्तव में सफल अधिकारी होने के लिये यह आवश्यक नहीं है कि व्यक्ति अपने निजी व्यक्तित्व और पदाधिकारी व्यक्तित्व को अलग रखे। यदि वह उद्योग से पूर्णतया तादात्म्य कर लेता है तो इनमें कोई अन्तर नहीं होता। चूंकि बहुधा ऐसा नहीं हो पाता और ऐसा करने में बहुत सी कठिनाइयाँ होती हैं इसीलिये यह कहा जाता है कि पदाधिकारी का अधिकारी व्यक्तित्व निजी व्यक्तित्व पर हावी होता है।

नौकरशाही के प्रकार
(Types of Bureaucracy)

नौकरशाही ही उपरोक्त विशेषता स्थूल रूप से उसके सभी प्रकारों में पायी जाती है। नौकरशाही के प्रकारों को वास्तव में पद पर भरती की कसौटियों के अनुसार विभाजित किया जाता है। उदाहरण के लिये यदि भरती योग्यता के आधार पर होती है तो इसे योग्यता नौकरशाही (Merit Bureaucracy), यदि जाति के आधार पर होती है तो जातिगत नौकरशाही (Caste Bureaucracy) कहा जाता है। इसी प्रकार नौकरशाही का वर्गीकरण अधिकारियों के आचरण के आधार पर भी किया जाता है। यदि वह आचरण एक अभिभावक के व्यवहार के समान न्यायपूर्ण होता है और सामान्य जनता के हित को ध्यान में रखकर किया जाता है तो यह अभिभावक नौकरशाही (Guardian Bureaucracy) कहलाती है। दूसरी ओर यदि अधिकारी का व्यवहार अनुग्रह दिखलाता है और उसमें संरक्षक जैसा आचरण पाया जाता है तो इसे संरक्षक नौकरशाही (Patronage Bureaucracy) कहा जाता है। नौकरशाही के इन विभिन्न प्रकारों में जातिगत नौकरशाही की तुलना में योग्यता नौकरशाही और संरक्षक नौकरशाही की तुलना में अभिभावक नौकरशाही बेहतर है।

नौकरशाही के लाभ
(Merits of Bureaucracy)

नौकरशाही की विशेषताओं और प्रकार के उपरोक्त विवेचन से उसके निम्नलिखित लाभ स्पष्ट होते हैं—

(1) व्यवस्थित प्रशासन (Systematic Administration)—जैसा कि नौकरशाही की विभिन्न परिभाषाओं से स्पष्ट होता है, इसमें प्रशासन को व्यवस्थित रूप से चलाया जाता है और इस व्यवस्था में दफ्तर पद्धति का प्रयोग किया जाता है।

(2) बड़े पैमाने पर उद्योग की सम्भावना (Possibility of large scale Industry)—अन्त में नौकरशाही का सबसे बड़ा लाभ यह है कि उसके माध्यम से उद्योग अत्यधिक बड़े पैमाने पर अन्तर्राष्ट्रीय स्तर पर चलाये जाते हैं। नौकरशाही में चाहे कितने ही दोष क्यों न हों किन्तु यह निश्चय है कि उसके अभाव में बहुत बड़े पैमाने पर उद्योग चलाना

सम्भव नहीं हो पाता। अस्तु, आधुनिक काल में बड़े पैमाने के उद्योगों में नौकरशाही अनिवार्य रूप से पायी जाती है।

(3) प्रभावशाली नियन्त्रण (Effective Control)—नौकरशाही व्यवस्था नियमों के आधार पर प्रशासन चलाती है और इसमें व्यक्तिगत भावनाओं को कोई महत्त्व नहीं दिया जाता है। इस प्रकार भले ही यह किसी समय अमानवीय मालूम पड़े किन्तु इससे उद्योग के प्रत्येक क्षेत्र में कार्यों का प्रभावशाली नियन्त्रण सम्भव हो पाता है तथा स्वेच्छाचारिता कम होती है।

(4) योग्य व्यक्तियों द्वारा प्रशासन (Administration by able persons)—नौकरशाही में औद्योगिक प्रशासन के समस्त कार्य को कार्यों और उपकार्यों में बाँटकर विभिन्न पदों की व्यवस्था की जाती है और प्रत्येक पद के कार्यों की व्यवस्था करके उस पर काम करने के लिये उपयुक्त व्यक्ति की योग्यतायें निश्चित की जाती हैं। इन योग्यताओं का विज्ञापन करके प्रार्थनापत्र प्राप्त किये जाते हैं और इनमें चुनाव करके साक्षात्कार पद्धति से पद पर नियुक्ति की जाती है।

नौकरशाही के दोष
(Demerits of Bureaucracy)

उपरोक्त लाभों के बावजूद विचारकों ने सब कहीं नौकरशाही की तीव्र आलोचना की है। लास्की के अनुसार यह सामान्य व्यक्तियों की स्वतन्त्रता का हनन करती है। बरनार्ड शा ने इसे सत्ता के उपासक उच्च अधिकारियों की सामन्तशाही कहा है। रैमजे म्योर ने तो यहाँ तक कह दिया है कि नौकरशाही अथवा सेवक तन्त्र अग्नि के समान है जो कि एक सेवक के रूप में बहुमूल्य सिद्ध होता है किन्तु जब वह मालिक या स्वामी बन जाता है तो घातक सिद्ध होता है।[1] प्रो० रोबसन ने नौकरशाही में नागरिकों के प्रति उदासीनता, विभागीय निर्णय में कठोरता, औपचारिकताओं का पालन और शासक तथा शासित में भारी अन्तर इत्यादि दोष दिखलाये हैं। संक्षेप में नौकरशाही में दिखलाये गये मुख्य दोष निम्नलिखित हैं—

(1) लालफीता शाही (Red Tapism)—नौकरशाही का सबसे बड़ा दोष लाल फीताशाही बतलाया जाता है। इसमें फाइलें लम्बे कालों तक लाल फीते में बन्धी पड़ी रहती हैं और कभी-कभी उन पर इतनी देर में निर्णय लिया जाता है जिससे भारी हानि होती है। बहुधा सरकारी उद्योगों में ऐसा देखा गया है। किन्तु अधिकतर निजी उद्योगों में लाल फीताशाही को कम से कम करने का प्रयास किया जाता है।

(2) सत्तावादी मनोवृत्ति (Authoritative Tendency)—नौकरशाही में बहुधा पदासीन अधिकारी अपनी सत्ता का अधिक से अधिक कठोर रूप में प्रयोग करने का प्रयास करता है जिससे अमानवीयता बढ़ती है।

(3) दैनिकता पर जोर (Emphasis on Routine)—नौकरशाही में उद्योग की सर्वांगीण प्रगति को भूल कर बहुधा दैनिकता चलाने की औपचारिकता को ही कर्त्तव्य मान लिया जाता है। सार्वजनिक क्षेत्र के उद्योगों में बहुधा ऐसा देखा जाता है।

---

1. Ramsay Muir, *How Britain is Governed,* p. 53.

(4) श्रेष्ठता भावना ग्रन्थि (Superiority Complex)—नौकरशाही में पदाधिकारियों में अहंकार की भावना पायी जाती है। सत्ता के घमण्ड में वे अपने को सामान्य कर्मचारियों से बहुत ऊँचा समझने लगते हैं। इसका परिणाम कर्मचारियों पर कभी भी अच्छा नहीं पड़ता और वे अपमान अनुभव करते हैं।

(5) निर्वैयक्तिक सम्बन्धों पर जोर (Emphasis on Impersonal Relations)—बहुधा यह देखा जाता है कि अनेक अधिकारी जो निजी जीवन में बहुत सद्व्यवहार करने वाले हैं, कुर्सी पर बैठकर कठोरतापूर्वक पेश आते हैं। साधारणतया निर्वैयक्तिकता को नौकरशाही का एक अनिवार्य लक्षण माना जाता है और सीमा के अन्दर रहने पर यह बुरा नहीं है किन्तु जब यह इतना अधिक बढ़ जाता है कि अधिकारी कर्मचारियों को पहचानते भी नहीं और उनके निजी जीवन से कोई सरोकार नहीं रखते तो यही दोष बन जाता है।

(6) रूढ़िवादी (Conservative)—नौकरशाही रूढ़िवादी है और बराबरी का विरोध करती है। अधिकारी अपनी सत्ता जमाना चाहते हैं और अनुशासन के नाम पर किसी भी प्रकार के परिवर्तन और सुधार का विरोध करते हैं तथा सुझावों की ओर से कान बन्द रखते हैं। सत्ता के इस दुरुपयोग से उद्योग की हानि होती है और कर्मचारियों में बेचैनी फैलती है। औपचारिकता और तानाशाही से उद्योग में मानवीय सम्बन्ध नहीं रह पाते।

(7) वर्ग चेतना (Class Consciousness)—नौकरशाही में पदासीन व्यक्ति बहुधा अपने को सामान्य कर्मचारी से भिन्न वर्ग का मानने लगते हैं। इससे वर्गवाद बढ़ता है जो उद्योग के लिये नितान्त हानिकारक है।

(8) लकीर के फकीर (Circumlocution)—नौकरशाही में अधिकारी बहुधा लकीर के फकीर होते हैं और यह नहीं देखते कि इसमें मनुष्यों का कितना नुकसान हो जाता है। वे बहुधा फाइल में दिये हुये आंकड़ों और नोट के अनुसार चलना चाहते हैं चाहे इससे कम्पनी का नुकसान ही क्यों न होने लगे।

सुधार के लिये सुझाव
(Suggestions for Reform)

जैसा कि पीछे स्थान-स्थान पर कहा गया है, औद्योगिक नौकरशाही के अधिकांश तथा कथित दोष या तो बहुत बड़े उद्योगों के दोष हैं या फिर सरकारी उद्योगों में पाये जाते हैं क्योंकि इनमें नौकरशाही के कार्यों पर नियन्त्रण ही रह पाता। वास्तव में यदि नौकरशाही के कार्यों पर कठोर नियन्त्रण रखा जाये, जैसा कि कुछ निजी उद्योगों में दिखलायी पड़ता है तो उसके अधिकांश दोषों को दूर किया जा सकता है। इसके लिये निम्नलिखित सुझाव दिये जा सकते हैं—

(1) सरकार का नियन्त्रण—नौकरशाही के अधिकारियों पर उद्योगपति या सरकार का निरन्तर नियन्त्रण रहना चाहिये और जहाँ कहीं उनका कार्य उद्योग के लिये हानिकारक सिद्ध हो वहीं उन्हें दण्डित किया जाना चाहिये।

(2) अभिभावक की अभिवृत्ति—नौकरशाही में यथासम्भव संरक्षक की नहीं बल्कि अभिभावक की अभिवृत्ति विकसित करने का प्रयास किया जाना चाहिये जिससे वे अपने को

उद्योग के कर्मचारियों का संरक्षक नहीं बल्कि अभिभावक मानें, उनकी कठिनाइयों को समझें और यथासम्भव उनको दूर करने का प्रयास करें।

(3) भरती की सही पद्धति—नौकरशाही में अधिकांश दोष भरती की गलत पद्धति के कारण होते हैं। पदों पर नियुक्ति कभी भी योग्यता के अतिरिक्त किसी अन्य कसौटी से नहीं की जानी चाहिये ताकि उद्योग में काम करने वाले सभी कर्मचारियो को यह पता चले कि यहाँ योग्यता की कद्र की जाती है और वे योग्यता बढ़ाने का प्रयास करें।

(4) शिकायत की स्वतन्त्रता—कर्मचारियों को नौकरशाही के किसी भी सदस्य के विरुद्ध शिकायत करने की पूरी स्वतन्त्रता दी जानी चाहिये और उनकी शिकायत को सुनने के लिये निष्पक्ष न्यायालयों की स्थापना की जानी चाहिये। इससे नौकरशाही में स्वेच्छाचारिता कम होगी।

(5) अनुसंधान—नौकरशाही व्यवस्था को अधिक से अधिक सुधारने के लिये अनुसंधान किये जाने चाहियें।

अभ्यास के लिए प्रश्न

1. औद्योगिक अधिकारी तन्त्र की संरचनात्मक विशेषताओं का वर्णन कीजिये।
2. औद्योगिक संगठन में नौकरशाही की भूमिका की विवेचना कीजिये।
3. उद्योग समाज में नौकरशाही की भूमिका बताइये। नौकरशाही के गुण तथा अवगुण क्या-क्या हैं?
4. औद्योगिक नौकरशाही का अर्थ स्पष्ट कीजिये। नौकरशाही की विशेषताओं को दृष्टिगत करते हुए इसके गुण तथा दोषों पर प्रकाश डालिये।

19

सेविवर्गीय प्रबन्ध
(Personnel Management)

सेविवर्गीय प्रबन्ध का अर्थ
(Meaning of Personnel Management)

उद्योग के क्षेत्र में औद्योगिक प्रबन्ध में बहुधा सेविवर्गीय प्रबन्ध शब्द का प्रयोग किया जाता है। सेविवर्गीय प्रबन्ध, जैसा कि इसके नाम से स्पष्ट होता है, वह प्रबन्ध है जो सेविवर्ग (Personnel) से सम्बन्धित होता है। सेविवर्ग कर्मचारी अथवा श्रमिक वर्ग है। इस प्रकार सेविवर्गीय प्रबन्ध में कर्मचारियों अथवा श्रमिकों का ऐसा प्रबन्ध किया जाता है जिससे उनकी कार्य-कुशलता अधिक से अधिक बढ़े, उत्पादन की वृद्धि हो और इस वर्ग का सब प्रकार से कल्याण हो। इससे इस वर्ग की शक्ति का उद्योग के क्षेत्र में अधिक से अधिक प्रयोग सम्भव हो पाता है। इस पुस्तक में पीछे औद्योगिक समाजशास्त्र के इतिहास के विवरण में हौथौर्न प्रयोग का विवरण दिया गया है वह सेविवर्गीय प्रबन्ध का एक उत्तम उदाहरण है। इसी प्रकार के अन्य अनेक प्रयोग औद्योगिक मनोविज्ञान और औद्योगिक समाजशास्त्र में किये गये हैं।

निम्नलिखित कुछ परिभाषाओं से सेविवर्गीय प्रबन्ध के उपरोक्त अर्थ को समझने में सहायता मिलती है–

(1) ई॰ एफ॰ एल॰ ब्रैच द्वारा परिभाषा–"सेविवर्गीय प्रबन्ध को सरलता से प्रबन्ध की प्रक्रिया के एक अंग के रूप में वर्णन किया जा सकता है जो कि किसी संगठन के मानव घटकों से सम्बन्धित है। इसका लक्ष्य मानव सम्बन्धों को एक ऐसे आधार पर बनाये रखना है जिसमें व्यक्ति के कल्याण का ध्यान रखते हुये उद्योग में लगे हुये सभी व्यक्तियों को उस उद्योग को प्रभावशाली रूप से कार्य करने योग्य बनाने के लिये अधिकतम व्यक्तिगत योगदान

का अवसर मिलता है।''[1] सेविवर्गीय प्रबन्ध की इस परिभाषा में उसे औद्योगिक प्रबन्ध का एक अंग बतलाया गया है जिसमें सेविवर्गीय व्यक्तियों के कल्याण का साधन किया जाता है ताकि उनकी कार्यक्षमता अधिकतम हो सके।

(2) मारिस डब्लू० कामेंग का विचार—कामेंग ने सेविवर्गीय प्रबन्ध की परिभाषा करते हुये लिखा है, ''सेविवर्गीय प्रबन्ध किसी संगठन के लिये सर्वोत्तम कर्मचारी प्राप्त करने से सम्बन्धित है और उनको पाकर के उनकी इस प्रकार देख-रेख करना है ताकि वे उद्योग में बने रहना चाहें और अपने पदों पर सर्वोत्तम योगदान दे सकें।''[2] इस प्रकार सेविवर्गीय प्रबन्ध में सबसे पहले सर्वश्रेष्ठ कर्मचारी प्राप्त किये जाते हैं और फिर ऐसा प्रबन्ध किया जाता है कि उन्हें कार्य सन्तोष प्राप्त हो और वे अपने-अपने पदों पर अधिकतम कुशलता से काम करें।

(3) टी० जी० स्पेट्स का मत—स्पेट्स के अनुसार ''सेविवर्गीय प्रबन्ध व्यक्तियों को संगठित करने और उनसे व्यवहार करने की एक नियमावली है जिससे उन्हें अपनी आन्तरिक योग्यताओं का अधिकतम सम्भव साक्षात्कार करने का अवसर मिलेगा, इस प्रकार अपने लिये और अपने समूह के लिये अधिकतम कुशलता प्राप्त होगी और इससे वे उस उद्योग को जिससे कि वे अंग हैं तुलनात्मक लाभ और अधिकतम परिणाम दे सकेंगे।''[3] सेविवर्गीय प्रबन्ध की इस परिभाषा से स्पष्ट है कि इसका लक्ष्य कर्मचारियों की उत्पादन क्षमता को अधिकतम बढ़ाना है ताकि वे उद्योग में महत्त्वपूर्ण योगदान दे सकें। यह प्रबन्ध इस प्रकार से किया जाता है जिससे कर्मचारियों की कुशलता अधिकतम बढ़े।

सेविवर्गीय प्रबन्ध के लक्षण
(Characteristics of Personnel Management)

सेविवर्गीय प्रबन्ध की उपरोक्त परिभाषाओं से उसके अग्रलिखित लक्षण ज्ञात होते हैं--

(1) औद्योगिक प्रबन्ध की शाखा (Branch of Industrial Management)—पी० जी० हैस्टिंग्स ने ठीक ही कहा है कि ''सेविवर्गीय प्रबन्ध, प्रबन्ध का वह पहलू है जिसका लक्ष्य

---

1. "Personnel management may be conveniently described as part of the management process which is primarily concerned with the human constituents of an organization. Its object is the maintenance of human relationship on a basis which by consideration of the individual, enables all those engaged in the undertaking to make their maximum personal contribution to the effective working of that undertaking."
—Brech, E.F.L., *The Principles and Practice of Management.*

2. "Personnel management is concerned with obtaining the best possible staff for an organization, and having got them, looking after them so that they will want to stay and give of their best to their jobs."
—Comeng, M.W., *The Theory and Practice of Personnel Management.* 1968, p. 1.

3. "Personnel administration is a code of the ways of organising and treating individuals at work so that they will get the greatest possible realization of their intrinsic abilities, thus attaining a maximum efficiency for themselves and their group and to the enterprise of which they are a part, its determining thereby giving competitive advantage and its optimum results."
—Spates T.G., *Principles of Industrial Management.*

किसी संगठन में श्रम साधनों का प्रभावशाली उपयोग है।"[1] इस प्रकार सेविवर्गीय प्रबन्ध सामान्य औद्योगिक प्रबन्ध की एक शाखा है।

(2) श्रम कल्याण का लक्ष्य (Aim of Labour Welfare)—सेविवर्गीय प्रबन्ध में इस प्रकार प्रबन्ध किया जाता है कि अधिक से अधिक श्रम कल्याण हो सके जिससे श्रमिक सन्तुष्ट होकर अपना कार्य करें। इस प्रकार इसे विज्ञान के साथ-साथ कला भी कहा जाना चाहिये। अमेरिकन सोसाइटी फोर एडमिनिस्ट्रेशन ने ठीक ही कहा है कि "सेविवर्गीय प्रबन्ध एक क्षमताशील कर्मचारी शक्ति को इस प्रकार से प्राप्त करने, विकसित करने और बनाये रखने की कला है जिससे संगठन के कार्यों और लक्ष्यों को प्राप्त करने के लिये अधिकतम कुशलता और मितव्ययिता प्राप्त हो सके।"[2]

(3) कर्मचारियों के गुणों का विकास (Development of Worker's Qualities)—पीछे दी गई परिभाषाओं से यह स्पष्ट होता है कि सेविवर्गीय प्रबन्ध में कर्मचारियों में उत्साह, लगन, उत्तरदायित्व, टीमस्प्रिट इत्यादि गुणों का विकास किया जाता है।

(4) कर्मचारियों और प्रबन्धकों में मधुर सम्बन्ध (Good relations between Workers and Managers)—सेविवर्गीय प्रबन्ध में यह बराबर प्रयास किया जाता है कि कर्मचारियों और प्रबन्धकों में मधुर सम्बन्ध रहें। इससे औद्योगिक नीतिमत्ता और नेतृत्व बने रहते हैं तथा कार्य सन्तोष बढ़ता है और व्यक्ति अपने काम को पसन्द करते हैं।

(5) प्रबन्ध में सुधार ((Reform in Management)—सेविवर्गीय प्रबन्ध में कर्मचारियों की भर्ती, कार्य करने की दशायें, वेतन पद्धति, प्रशिक्षण, आराम और अवकाश इत्यादि विभिन्न पहलुओं में व्यापक सुधार किये जाते हैं।

(6) कार्य सन्तोष (Job Satisfaction)—सेविवर्गीय प्रबन्ध में इस प्रकार प्रबन्ध किया जाता है कि कर्मचारियों को अधिकतम कार्य सन्तोष प्राप्त हो और वे अपने पदों पर बने रहना चाहें। एडविन बी. फिलिप्पो के शब्दों में, "इस प्रकार सेविवर्गीय प्रबन्ध इन क्रियात्मक कार्यों का नियोजन, संगठन, निर्देशन और नियंत्रण है।"[3]

(7) अधिकतम कर्मचारी क्षमता (Maximum Worker Capacity)—अन्त में सेविवर्गीय प्रबन्ध की सबसे प्रमुख विशेषता कर्मचारियों की क्षमता को अधिकतम बढ़ाने का प्रयास करना है। इसके लिये कर्मचारियों, प्रबन्धकों और मालिकों के उद्देश्यों का एकीकरण किया जाता है और इन तीनों से अधिकतम सहयोग प्राप्त करने का प्रयास किया जाता है। इसके

---

1. "Personnel management is that aspect of management having as its goal the effective utilization of the labour resources of an organisation."

—P.G. Hastings.

2. "Personnel administration is the art of acquiring, developing and maintaining a competent work force in such a manner as to accomplish with maximum efficiency and economy, the functions and objectives of the organization."

—American Society for Personnel Administration.

3. "Therefore, personnel management is the planning, organizing, directing and controlling of the performance of those operative functions."

—E.B. Fillippo.

अतिरिक्त कर्मचारियों की कार्यक्षमता बढ़ाने के लिये आवश्यक स्वचालिनीकरण, विवेकीकरण आदि भी किये जाते हैं।

सेविवर्गीय प्रबन्ध के उद्देश्य
(Aims of Personnel Management)

सेविवर्गीय प्रबन्ध के उद्देश्यों को दो वर्गों में बाँटा गया है—सामान्य (General) उद्देश्य और विशिष्ट (Specific) उद्देश्य।

(अ) सामान्य उद्देश्य (General Aims)—एल॰ पी॰ अलफोर्ड और एच॰ आर॰ बीटी के अनुसार सेविवर्गीय प्रबन्ध के दो सामान्य उद्देश्य हैं—श्रेष्ठ कर्मचारी नीतिमत्ता प्राप्त करके सेवाओं में सुधार करना और दूसरे सबके मस्तिष्क में यह विचार भर देना कि औद्योगिक उपक्रम उनकी सर्वोत्तम सेवा कर रहा है। संक्षेप में सेविवर्गीय प्रबन्ध के सामान्य उद्देश्य निम्नलिखित हैं—

(1) मानव साधनों का विकास और उपलब्ध साधनों का उपयोग।

(2) संगठन के सभी सदस्यों में क्रियाशील सम्बन्धों का विकास।

(3) प्रत्येक कर्मचारी की सेवाओं का अधिकतम उपयोग।

(ब) विशिष्ट उद्देश्य (Specific Aims)—उपरोक्त सामान्य उद्देश्यों के अतिरिक्त सेविवर्गीय प्रबन्ध के कुछ विशिष्ट उद्देश्य भी हैं जिनमें मुख्य निम्नलिखित हैं—

(1) औद्योगिक संस्थाओं को चलाने के लिये कर्मचारियों का चुनाव।

(2) चुने हुए कर्मचारियों का उचित प्रशिक्षण और निर्देशन।

(3) कर्मचारियों को उचित पारिश्रमिक दिलाने के लिए सुदृढ़ प्रशासन।

(4) कर्मचारियों में लगन और प्रेरणा बढ़ाना।

(5) कर्मचारियों को विभिन्न प्रकार की सवैतनिक आर्थिक सुविधायें प्रदान करना जिससे उनमें प्रेरणा और नीतिमत्ता बनी रहे। इन सुविधाओं में चिकित्सा और स्वास्थ्य सम्बन्धी सुविधायें, प्रोवीडेन्ट फण्ड, ग्रेच्युटी, सवैतनिक अवकाश, शिक्षा, प्रशिक्षण और मनोरंजन आदि की सुविधायें तथा समाज कल्याण और श्रम कल्याण की सुविधायें, रिटायर होने पर प्रतिफल दिलाने की व्यवस्था इत्यादि सम्मिलित हैं।

(6) सेविवर्गीय प्रबन्ध का एक विशिष्ट उद्देश्य उपक्रम के विभिन्न पदाधिकारियों और कर्मचारियों से सम्बन्धित समस्याओं को सुलझाना है, जैसे पदोन्नति, पदच्युत, स्थानान्तरण, मुआवजा, बोनस इत्यादि की समस्यायें।

(7) सेविवर्गीय प्रबन्ध द्वारा श्रम संघों और कर्मचारियों तथा प्रबन्धकों में परस्पर सहयोग और विश्वास उत्पन्न करने का प्रयास किया जाता है।

(8) सेविवर्गीय प्रबन्ध को और भी अधिक प्रभावशाली बनाने के लिये इनमें सदैव नये-नये अनुसन्धान को प्रोत्साहित किया जाता है।

सेविवर्गीय प्रबन्ध के सामान्य और विशिष्ट उद्देश्यों के उपरोक्त विवेचन से स्पष्ट है कि इसमें कर्मचारियों, प्रबन्धकों और सेवायोजकों, संक्षेप में औद्योगिक उपक्रम के सभी अंगों में अधिकतम सहयोग और विश्वास उत्पन्न करके उनकी योग्यता और कुशलता से अधिकतम लाभ उठाने का प्रयास किया जाता है जिससे अन्त में उद्योग के सभी अंगों का कल्याण साधन होता है।

सेविवर्गीय प्रबन्ध के सिद्धान्त
(Principles of Personnel Management)

अब सेविवर्गीय प्रबन्ध को विस्तार से बतलाने से पहले उन सिद्धान्तों की चर्चा उपयुक्त होगी जिन्हें विभिन्न विद्वानों ने सेविवर्गीय प्रबन्धों के सिद्धान्तो के रूप में प्रस्तुत किया है।

(अ) सी. एच. नार्थ-काट (C.H. North-Cott) **के विचार**—नार्थ काट ने सेविवर्गीय प्रबन्ध के निम्नलिखित चार आधारभूत सिद्धान्त माने हैं—

(1) न्याय (Justice)—औद्योगिक प्रबन्ध में सबसे अधिक महत्त्वपूर्ण सिद्धान्त न्याय का सिद्धान्त है। न्याय प्राप्त करने के लिये 6 बातों का प्रबन्ध आवश्यक है। पहला, श्रमिकों को उनके परिश्रम का उचित प्रतिफल मिलना चाहिये। इसके लिये मजदूरी की न्यूनतम दर निर्धारित हो, गारन्टी मजदूरी की व्यवस्था हो, मजदूरी के भुगतान का आधार उचित हो, विशिष्ट प्रशिक्षण प्राप्त और योग्य व्यक्तियों को उचित पारिश्रमिक मिले तथा पूँजी के उचित लाभ में श्रमिकों को भाग प्रदान किया जाना चाहिये। इसके लिये सभी कर्मचारियों को पदोन्नति के अवसरों की जानकारी दी जानी चाहिये और योग्य व्यक्तियों को पदोन्नति का पूरा अवसर दिया जाना चाहिये तथा इस सम्बन्ध में सभी तरह के पक्षपातों को दूर रखा जाना चाहिये। तीसरे, कर्मचारियों को आगे बढ़ाने के लिये प्रेरणायें मिलती रहनी चाहिएँ जिसका सबसे बड़ा आधार गुणों का सही, पक्षपात रहित मूल्यांकन और उनके आधार पर पदोन्नति देना है। चौथे, कर्मचारियों को स्वयं कार्य की दशाओं का निर्धारण करने का अवसर दिया जाना चाहिये। पाँचवें, बेरोजगारी को समाप्त करके औद्योगिक प्रबन्ध की अक्षमता को दूर करके और श्रम संघों की ओर उचित दृष्टिकोण अपना कर औद्योगिक प्रबन्ध और विकास किया जाना चाहिये। छठे, गलतियाँ होने पर दण्ड दिये जाने की व्यवस्था न्यायपूर्ण होनी चाहिये और उसमें अपील का अवसर होना चाहिये।

(2) व्यक्तित्व (Personality)—सेविवर्गीय प्रबन्ध का एक सिद्धान्त यह है कि इसके द्वारा कर्मचारियों के व्यक्तित्व को अधिक से अधिक सन्तुष्ट, संकलित और विकासमान बनाने का प्रयास किया जाना चाहिये।

(3) सहयोग (Co-operation)—सेविवर्गीय प्रबन्ध का तीसरा सिद्धान्त यह है कि उद्योग में कर्मचारियों और प्रबन्धकों के मध्य अधिक से अधिक सहयोग होना चाहिये। इसके लिये परस्पर विचार-विमर्श, मानवीय दृष्टिकोण, सामान्य उद्देश्य, उद्योग के सम्बन्ध में ज्ञान का प्रसार इत्यादि को अपनाने से विशेष सफलता प्राप्त की जा सकती है।

(4) लोकतन्त्रीय आधार (Democratic Basis)—सेविवर्गीय प्रबन्ध का आधार लोकतन्त्रीय होना चाहिये जिसमें प्रत्येक को अपनी बात कहने का अवसर हो और उसकी बात

को सुना जाये तथा स्वतन्त्रता, समानता और भ्रातृत्व के मूल्यों का विकास हो सके। इससे उत्तरदायित्वों की भावना और सन्तोष बढ़ते हैं।

(ब) जार्ज डी. हेल्से के विचार—हेल्से ने सेविवर्गीय प्रबन्ध के लिये निम्नलिखित सिद्धान्त माने हैं—

(1) कर्मचारियों के चुनाव में सतर्कता और कुशलता।

(2) कर्मचारियों को उनके उपयुक्त कार्य पर लगाना।

(3) कर्मचारियों को चिन्ता और असुरक्षा की भावना से मुक्त रखना।

(4) उनमें अपने काम और कम्पनी के प्रति गौरव की भावना उत्पन्न करना।

(5) कार्य की उपयुक्त दशाओं का प्रबन्ध करना।

(6) ऐसा संगठन बनाना जिसमें कर्त्तव्यों और दायित्वों में कोई भ्रम न हो।

(7) कर्मचारियों के प्रयासों को वास्तविक रूप प्रदान करना।

(8) उद्योग के नियोजन में कर्मचारियों की भागीदारी।

(9) उद्योग में सब कहीं उचित नीति और व्यवहार का प्रयोग करना।

(स) ग्रेट ब्रिटेन की श्रम प्रबन्ध संस्था इन्स्टीट्यूट **ऑफ लेबर मैनेजमैंट** (Institute of Labour Management) ने सेविवर्गीय प्रबन्ध के निम्नलिखित सिद्धान्त बतलाये हैं—

(1) सेविवर्गीय प्रबन्ध को सेविवर्ग से सम्बन्धित सभी बातों पर विचार करके महत्त्वपूर्ण नीतियों का निर्धारण करना चाहिये।

(2) सभी कर्मचारियों को सेविवर्गीय अधिकारियों तक व्यक्तिगत और गोपनीय तौर पर पहुँच सकने की व्यवस्था होनी चाहिये।

(3) रोजगार में स्थिरता हो, उसके अवसर मिलें, उसमें योग्यता को प्राथमिकता दी जाये, उसके व्यक्तियों के चुनाव की वैज्ञानिक विधियाँ हों, कार्य की जाँच की न्यायपूर्ण विधियाँ हों, प्रशिक्षण की उचित व्यवस्था की जाये तथा कर्मचारियों को अनुचित रूप से बर्खास्त न किया जाये और ऐसी उत्पादन और वितरण नीतियाँ अपनायी जायें जिनका कर्मचारियों के वेतन पर प्रतिकूल प्रभाव न पड़े।

(4) उचित पारिश्रमिक के नियमों का पालन करना।

(5) अनुशासन की व्यवस्था करना और ऐसा वातावरण निर्माण करना जिसमें कर्मचारी अनुशासनपूर्ण व्यवहार के लिये प्रोत्साहित हो।

(6) काम करने की दशाओं का स्तर ऊँचा करना।

(7) कर्मचारियों और प्रबन्धकों के मध्य उचित सम्बन्धों का विकास।

(8) कर्मचारियों को श्रम-संघों की सदस्यता ग्रहण करने की स्वतन्त्रता।

(9) श्रम-संघों के सदस्य और अन्य कर्मचारियों में भेदभाव न करना।

(10) कर्मचारियों में सामाजिक, शैक्षिक और मनोरंजन की सुविधाओं का विकास करना और ऐसी व्यवस्था करना कि वे अधिक से अधिक सहयोग दें।

(11) बिना किसी भेद-भाव के सेविवर्गीय नीतियों का पालन।

सेविवर्गीय प्रबन्ध कार्य (Personnel Management Functions)—सेविवर्गीय प्रबन्ध को साधारणतया चार वर्गों में बांटा जाता है—परामर्श सम्बन्धी, प्रबन्ध सम्बन्धी, प्रशासन सम्बन्धी और कर्मचारी कल्याण सम्बन्धी कार्य। इनका विवरण निम्नलिखित है—

(अ) परामर्श सम्बन्धी कार्य (Advisory Functions)—सेविवर्गीय प्रबन्ध के इस कार्य में सेविवर्गीय नीति को निश्चित करने के लिए कर्मचारियों और प्रबन्धकों में सम्बन्ध स्थापित किया जाता है जिससे उद्योग में परस्पर सहयोग का वातावरण निर्माण हो।

(ब) प्रबन्ध सम्बन्धी कार्य (Managerial Functions)—वास्तव में ये ही सेविवर्गीय प्रबन्ध के मुख्य कार्य हैं—

(1) श्रमिकों की भर्ती और रोजगार (Recruitment and Employment)—औद्योगिक श्रमिकों की भर्ती और रोजगार व्यवस्था के अन्तर्गत श्रम पूर्ति के साधनों का विकास, श्रमिकों को रोजगार पर लगाने के लिए आवश्यक जाँच-पड़ताल, नये श्रमिकों को संस्था की नीतियों से परिचित कराना तथा मजदूरी की प्रचलित दरों के सम्बन्ध में सूचनायें एकत्रित करना और कर्मचारियों के विषय में जानकारी प्राप्त करना इत्यादि श्रमिकों के रोजगार से सम्बन्धित बातें सम्मिलित हैं।

(2) प्रशिक्षण (Training)—प्रबन्ध सम्बन्धी कार्यों में एक मुख्य कार्य प्रशिक्षण है। इसमें नये कर्मचारियों को प्रशिक्षण देने के नियम, प्रशिक्षण की व्यवस्था और देखभाल, सुरक्षा और उपक्रम की नीतियों का प्रशिक्षण तथा सेविवर्गीय प्रशिक्षण के सम्बन्ध में कर्मचारियों के सुझावों पर अमल करना सम्मिलित है।

(3) पदोन्नति, तबादला और सेवा-निवृत्ति (Promotion, Transfer and Retirement)—प्रबन्ध सम्बन्धी कार्यों के इस वर्ग में उपरोक्त के विषय में नियम बनाना, परामर्श देना, नीति निधारित करना तथा प्रभावशाली अमल करना सम्मिलित हैं। इसमें नौकरी से अलग किये जाने के विषय में कारण और नीति निर्धारित किये जाते हैं और इनके विषय में कर्मचारियों और प्रबन्धकों को बतलाया जाता है।

(4) सेवा सम्बन्धी क्रियायें (Functions Concerning Service)—प्रबन्ध सम्बन्धी कार्यों के इस वर्ग में मनोरंजन की सुविधाओं का निरीक्षण, कल्याण कार्य की व्यवस्था, सामाजिक सुरक्षा का प्रबन्ध, उद्योग की पत्रिका का प्रकाशन, कर्मचारियों को निजी निर्देशन और उनमें नीतिमत्ता बनाये रखना सम्मिलित है।

(5) पारिश्रमिक एवं उत्प्रेरक (Remuneration and Incentive)—प्रबन्ध सम्बन्धी कार्यों के इस वर्ग में पारिश्रमिक सम्बन्धी नियम निर्धारित किये जाते हैं—पेंशन, बोनस, बीमा, ऋण आदि के विषय में जानकारी दी जाती है और जाँच सम्बन्धी मूल्यांकन किया जाता है।

(6) सामूहिक सौदेबाजी और कर्मचारियों का प्रतिनिधित्व (Collective Bargaining and Worker's Representation)—प्रबन्ध सम्बन्धी कार्यों के इस वर्ग में श्रम संघ के प्रतिनिधियों के साथ सहयोग करना, कर्मचारियों को उनमें भाग लेने के लिये प्रोत्साहित करना तथा उनकी शिकायतों को दूर करना सम्मिलित है।

(7) पारिश्रमिक योजना (Remuneration Scheme)—इसमें उद्योग कार्य के मूल्यांकन, पारिश्रमिक और मजदूरी के सम्बन्ध में निर्णय लिये जाते हैं और नीति-निर्धारित की जाती है।

(8) संगठन और कर्मचारी हितों का एकीकरण (Unification of Organization and Worker's Interests)—इसमें श्रमिकों के नीतिमत्ता के स्तर को ऊँचा रखने के लिये उनके उद्योग के हितों को संगठित करने का प्रयास किया जाता है।

(स) प्रशासन सम्बन्धी कार्य (Administrative Functions)—सेविवर्गीय प्रबन्ध में प्रशासन का अत्यधिक महत्त्व है। प्रशासन सम्बन्धी कार्यों में वे कार्य आते हैं, जो प्रशासन चलाने के लिये किये जाते हैं, जैसे विभिन्न प्रकार की सूचनायें और आंकड़े एकत्रित करना, श्रम सम्बन्धी अधिनियमों का पालन तथा उद्योग में अनुशासन बनाये रखना और दुर्घटनाओं इत्यादि के विषय में नियमों का पालन करना इत्यादि।

(द) कर्मचारी कल्याण सम्बन्धी कार्य (Worker's Welfare Functions)—अन्त में सेविवर्गीय प्रबन्ध का सबसे प्रमुख कार्य कर्मचारी कल्याण सम्बन्धी कार्य है। इसमें कर्मचारियों का शारीरिक, मानसिक, सामाजिक, आर्थिक सभी प्रकार का कल्याण सम्मिलित है। इस दिशा में आजकल बराबर चिन्तन किया जा रहा है और नये-नये उपाय निकाले जा रहे हैं। श्रम विधानों से भी इसमें सहायता मिली है।

सेविवर्गीय प्रबन्ध के विभाग
(Departments of Personnel Management)

आधुनिक काल में बहुत बडे-बडे उद्योगों में सेविवर्गीय प्रबन्ध इतना बड़ा और जटिल कार्य होता है कि उसे विभिन्न विभागों में बांटकर करना आवश्यक हो जाता है। ये विभाग निम्नलिखित हैं—

(1) रोजगार विभाग (Employment Department)—इस विभाग का कार्य उद्योग के लिये आवश्यक कर्मचारी जुटाना है। इसके लिये यह कार्य विवरण तैयार करता है, श्रम पूर्ति के स्रोतों से सम्बन्ध स्थापित करता है और पदोन्नति तथा स्थानान्तरण सम्बन्धी नियम बनाता है तथा नौकरी छोड़कर जाने वाले कर्मचारियों से साक्षात्कार करता है।

(2) प्रशिक्षण और शिक्षा विभाग (Training and Education Department)—उद्योगों में कर्मचारियों की कुशलता बढ़ाने के लिये विभिन्न प्रकार की शिक्षा और प्रशिक्षण की आवश्यकता होती है। यह विभाग इसी की देखभाल करता है और इस सम्बन्ध में कर्मचारियों और मालिकों को परामर्श देता है और प्रशिक्षण संस्थाओं के विषय में आवश्यक जानकारी प्रदान करता है।

(3) कल्याण विभाग (Welfare Department)—वह विभाग कर्मचारियों के मनोरंजन, आवश्यकताओं की पूर्ति, सुविधाओं की व्यवस्था इत्यादि कल्याण कार्यों की देख-रेख करता है।

(4) सुरक्षा विभाग (Security Department)—कारखानों में विभिन्न प्रकार की मशीनों तथा अन्य साधनों और कार्यों में सुरक्षा की व्यवस्था करना, इस सम्बन्ध में अधिनियम बनाना और देखभाल करना इस विभाग का कार्य है।

(5) चिकित्सा और स्वास्थ्य विभाग (Medical and Health Department)—यह विभाग उद्योग के कर्मचारियों के स्वास्थ्य की देखभाल करता है और आवश्यकता पड़ने पर चिकित्सा का समुचित प्रबन्ध करता है।

(6) औद्योगिक सम्बन्ध विभाग (Industrial Relation Department)—यह विभाग कर्मचारियों और प्रबन्धकों के मध्य सम्बन्धों की प्रणाली और नीति-निर्धारित करता है।

(7) मजदूरी और वेतन विभाग (Wages and Salary Department)—इस विभाग में कर्मचारियों के कार्य के मूल्यांकन के तरीके और मजदूरी तथा वेतन की दरों के नियम निश्चित किये जाते हैं।

(8) अनुसन्धान और समंक विभाग (Research and Data Department)—इसमें उद्योग के विभिन्न पहलुओं में समंक एकत्रित किये जाते हैं और अनुसंधानों को प्रोत्साहित किया जाता है।

(9) स्त्री श्रमिक विभाग (Women Labourer's Department)—जिस उद्योग में स्त्री कर्मचारियों की काफी संख्या होती है उसमें इनके हितों की देखभाल के लिये अलग-अलग विभाग होता है।

(10) बाल श्रमिक विभाग (Child Labourer's Department)—जिस उद्योग में बड़ी संख्या में बाल श्रमिकों से काम लिया जाता है उसमें उनके हितों की देखभाल के लिये एक विभाग होता है।

सेविवर्गीय नीति
(Personnel Policy)

सेविवर्गीय प्रबन्ध के विभिन्न कार्यों और उससे सम्बन्धित सिद्धान्तों के विवेचन से यह पता चलता है इस सम्बन्ध में उद्योग में स्पष्ट नीति निर्धारित करना अत्यन्त आवश्यक है और इस नीति का कर्मचारियों और प्रबन्धकों में पर्याप्त प्रचार किया जाना चाहिये। पीछे सेविवर्गीय प्रबन्ध की परिभाषाओं में भी इस सम्बन्ध में नीति के महत्त्व पर जोर दिया गया है। यूँ भी सेविवर्गीय नीति में कुछ सिद्धान्तों का पालन आवश्यक होता है। उदाहरण के लिए हावेल टर्नर ने ऐसे पाँच सिद्धान्त बतलाये हैं जो सेविवर्गीय नीति निर्माण करने में पालन किये जाने चाहियें जैसे प्रबन्ध दर्शन नीति द्वारा स्पष्ट हो, सभी कर्मचारियों को नीति की मार्मिकता का पता चले, नीति संकट के समय में शक्ति देने वाली हो, उसमें सभी पक्षों के प्रति निष्पक्ष भावना हो और

अन्त में वह आत्म प्रगति पर आधारित हो। इस प्रकार सेविवर्गीय नीति में बड़े सोच-विचार की आवश्यकता है। यह सोच-विचार सेविवर्गीय उद्देश्यों को ध्यान में रखकर किया जाना चाहिये। दूसरे शब्दों में, सेविवर्गीय नीति ऐसी हो जिससे सेविवर्गीय प्रबन्ध के उद्देश्य सिद्ध हों। संक्षेप में ऊँचे स्तर की सेविवर्गीय नीति में निम्नलिखित गुण होने चाहिएँ—

(1) **स्पष्टता**—नीति स्पष्ट और सूक्ष्म होनी चाहिए।

(2) **न्यायपूर्णता**—नीति सभी कर्मचारियों के प्रति न्यायपूर्ण होनी चाहिए।

(3) **अपनत्व**—नीति ऐसी हो जिससे कर्मचारी अपनत्व अनुभव करें।

(4) **सुरक्षित**—नीति से सुरक्षा की भावना बढ़नी चाहिए।

(5) **मधुर सम्बन्ध**—नीति से कर्मचारी और मालिकों में सम्बन्ध मधुर बनने चाहियें।

(6) **कार्य को मान्यता**—नीति में कार्य को सर्वोच्च मान्यता मिलनी चाहिए।

(7) **नमनीयता**—नीति में नमनीयता होनी चाहिए ताकि बदलती हुई परिस्थितियों और नये अधिनियमों के अनुसार उसमें आवश्यक परिवर्तन किये जा सकें।

उपरोक्त लक्षणों से स्पष्ट है कि श्रेष्ठ सेविवर्गीय नीति पर ही सेविवर्गीय प्रबन्ध की सफलता निर्भर है। वास्तव में नीति निर्धारण करने में मालिकों और प्रबन्धकों के अतिरिक्त कर्मचारियों को भी भाग लेने का अवसर दिया जाना चाहिये। आधुनिक काल में इसीलिए भारत सरकार ने औद्योगिक प्रबन्ध में श्रमिकों की भागीदारी को आवश्यक माना है। इस प्रकार उद्योग में सभी व्यक्तियों के मिलकर नीति निर्माण करने से ही सफलता की आशा की जा सकती है।

अभ्यास के लिये प्रश्न

1. सेविवर्ग व्यवस्था के महत्त्व पर एक लेख लिखिए।
2. संक्षिप्त टिप्पणी लिखिए—सेविवर्ग प्रबन्ध।
3. सेविवर्ग प्रबन्ध पर एक लेख लिखिए।
4. सेविवर्ग प्रबन्ध के सिद्धांतों का विश्लेषण कीजिए।
5. सेविवर्गीय प्रबन्ध की परिभाषा दीजिये। इसके उद्देश्यों और विभिन्न विभागों की विवेचना कीजिये।
6. सेविवर्गीय प्रबन्ध के सिद्धान्तों का विश्लेषण कीजिये।
7. एक कर्मचारी विभाग के संगठन तथा कार्यों का वर्णन कीजिये।

20

विवेकीकरण अथवा अभिनवीकरण

(Rationalization)

औद्योगिक समाजशास्त्र में विवेकीकरण का विशेष रूप से अध्ययन किया जाता है क्योंकि विवेकीकरण आधुनिक उद्योगों का एक विशेष लक्षण है और इसका उद्योग में काम करने वाले मनुष्यों पर व्यापक प्रभाव दिखलाई पड़ता है।

शाब्दिक रूप में विवेकीकरण का अर्थ किसी कार्य को विवेकपूर्वक करना है। विवेक का अर्थ उचित और अनुचित में अन्तर करना होता है। इसलिए विवेकीकरण से तात्पर्य किसी कार्य की उचित-अनुचित की कसौटी पर भली प्रकार परख करना है। क्योंकि उद्योग में लाभ को बढ़ाने वाला कार्य उचित और हानि बढ़ाने वाला अनुचित होता है इसलिए औद्योगिक विवेकीकरण से तात्पर्य उद्योग को इस प्रकार से व्यवस्थित करना है कि उसमें हानि की सम्भावनाएं कम से कम और लाभ की सम्भावनाएँ अधिक से अधिक हो जाएँ। इसके लिए उद्योग की समस्त प्रक्रिया को अधिक से अधिक उप-क्रियाओं में बांटकर उनमें से प्रत्येक का सूक्ष्म वैज्ञानिक विश्लेषण करके यह प्रयास किया जाता है कि उसे कैसे अधिक से अधिक कुशलता से और कम अपव्यय के द्वारा किया जा सकता है।

विवेकीकरण की परिभाषा
(Definition of Rationalization)

विवेकीकरण की निम्नलिखित परिभाषाओं से भी उसके अर्थ को समझने में सहायता मिलती है–

(1) जर्मनी के राष्ट्रीय मितव्ययिता और कार्यक्षमता परिषद द्वारा परिभाषा–"विवेकीकरण सम्पूर्ण उद्योग को उन्नत करने के लिए व्यवस्थित योजनाओं और तकनीकी साधनों का उपयोग है जिससे कम लागत पर अधिक उत्पादन हो और उत्पादन के गुणों में सुधार हो। इसका उद्देश्य कम कीमत पर अधिक मात्रा में श्रेष्ठ वस्तुओं का उत्पादन करके जनता की सम्पन्नता बढ़ाना है।" विवेकीकरण की यह परिभाषा अत्यधिक व्यापक अर्थों में ली गई है और इसमें राष्ट्र के दृष्टिकोण से विवेकीकरण की व्याख्या की गयी है।

(2) आई॰ एल॰ ओ॰ द्वारा परिभाषा—उपरोक्त व्यापक परिभाषा से मिलती-जुलती परिभाषा **अन्तर्राष्ट्रीय श्रम संगठन** की एक विशेषज्ञ समिति ने उपस्थित की है। इसके अनुसार अत्यन्त व्यापक अर्थों में, "विवेकीकरण से तात्पर्य एक ऐसे सुधार से हैं जो कि विशाल आर्थिक और सामाजिक समूहों की सामूहिक क्रियाओं के प्रति व्यवस्थित तर्क पर आधारित साधनों और प्रणालियों का प्रयोग है।" इसी सीमित के अनुसार इससे कम विस्तृत अर्थ में विवेकीकरण की परिभाषा इस प्रकार की जा सकती है, "अधिक विस्तृत अर्थ में विवेकीकरण एक सुधार है जो कि एक व्यावसायिक समूह को एक इकाई के रूप में लेता है और व्यवस्थित तर्क पर आधारित समूहगत प्रयत्न के द्वारा अनियन्त्रित प्रतियोगिता से होने वाली बर्बादी और हानि को कम करने का प्रयास करता है।" विवेकीकरण को अत्यन्त संकुचित अर्थ में समझाते हुए इस समिति ने लिखा है, "सीमिततम अर्थों में विवेकीकरण किसी भी उद्योग, प्रशासन अथवा सार्वजनिक या निजी सेवा का एक सुधार है जिसमें आदतन पुराने अभ्यासों को व्यवस्थित तर्क के आधार पर साधनों और प्रणालियों के द्वारा स्थानान्तरित किया जाता है।" अन्त में सामान्य रूप से विवेकीकरण की परिभाषा करते हुए इस समिति ने लिखा है, "साधारणतया विवेकीकरण से तात्पर्य किसी भी सुधार से है जो कि आदतन और पुरानी क्रियाओं के स्थान पर व्यवस्थित तर्क पर आधारित साधनों और प्रणालियों को रखता है।"[1] अन्तर्राष्ट्रीय श्रम संगठन के द्वारा दी गयी इन सब परिभाषाओं से यह स्पष्ट होता है कि विवेकीकरण की सबसे बड़ी पहचान व्यवस्थित तर्क है। इसमें जो कुछ किया जाता है वह व्यवस्थित तर्क के आधार पर किया जाता है और केवल परम्परा या आदत और अभ्यास को कोई महत्त्व नहीं दिया जाता।

(3) एच॰ जी॰ वैल्स का विचार—एच॰ जी॰ वैल्स के अनुसार, औद्योगिक और आर्थिक समस्याओं से सम्बन्धित नया बना हुआ शायद ही कोई ऐसा शब्द हो जिसके बारे में इतने सन्देहास्पद विचार हों और जिसकी इतनी भिन्न-भिन्न तथा विपरीत व्याख्यायें की गयी हों जितनी कि विवेकीकरण के बारे में दिखलाई पडती है।"[2] किन्तु जैसा कि उपरोक्त परिभाषाओं से स्पष्ट है, विवेकीकरण की मुख्य पहचान व्यवस्थित तर्क है। इसको स्पष्ट करते हुए सी॰ एल॰ उर्विक ने लिखा है, "विवेकीकरण एक दृष्टिकोण और विधि दोनों ही हैं। दृष्टिकोण के अर्थ में वैज्ञानिक पद्धतियों का प्रयोग करके संसार के आर्थिक जीवन का अधिक विवेकपूर्ण नियन्त्रण सम्भव और वांछनीय है। विधि के रूप में इसका अर्थ उत्पादन, वितरण

---

1. (a) "Rationalization, in general, is any reform tending to replace habitual, antiquated practices by means or methods based on systematic reasoning.
   (b) Rationalization in the narrowest sense, is any reform of an undertaking, administration or other service, public or private, tending to replace habitual antiquated practices by means or methods based on systematic reasoning.
   (c) Rationalization, in the wider sense is a reform which takes a group of business undertakings as a unit and tends to reduce waste and losses due to unbridled competition by concerted action based on systematic reasoning.
   (d) Rationalization, in the widest sense, is a reform tending to use means and methods based on systematic reasoning to the collective activities of the large economc and social group." —*International Labour Organization.*
2. Well, H.C., *The Work, Wealth and Happiness of Mankind,* p. 279.

तथा उपभोग के संगठन की समस्त समस्याओं में वैज्ञानिक पद्धतियों को अपनाने से है।''[1] वैज्ञानिक ज्ञान तर्क पूर्ण ज्ञान होता है। दूसरे शब्दों में वह विवेकपूर्ण ज्ञान होता है। अस्तु, विवेकीकरण विज्ञानीकरण है, उसमें औद्योगिक क्षेत्र में प्रत्येक विधि और प्रणाली को वैज्ञानिक आधार दिया जाता है। इसी बात को स्पष्ट करते हुए वी॰ वी॰ गिरि ने लिखा है, ''विवेकीकरण का सार विधियों में ऐसा क्रान्तिकारी परिवर्तन उत्पन्न करना है जो पुरानी घिसी-पिटी परम्पराओं को और अव्यवस्थित चालू तरीकों को लुप्त कर दे और उनके स्थान पर वैज्ञानिक स्वभाव के सिद्धांतों और प्रणालियों को स्थापित कर दे।''[2]

विवेकीकरण के लक्षण
(Characteristics of Rationalization)

विवेकीकरण की उपरोक्त परिभाषाओं से उसके लक्षण स्पष्ट होते हैं। इनमें मुख्य लक्षण निम्नलिखित हैं—

(1) वैज्ञानिक प्रकृति (Scientific Nature)—विवेकीकरण की प्रकृति व्यापक विधि है जो कि किसी भी उद्योग या सेवा की समस्त क्रिया की प्रत्येक उपक्रिया पर लागू होती है। दूसरे शब्दों में विवेकीकरण सम्पूर्ण उद्योग का किया जाता है।

(2) व्यापक विधि (Comprehensive Method)—विवेकीकरण एक वैज्ञानिक प्रक्रिया है। जैसा कि पीछे बतलाया जा चुका है, इसमें प्रत्येक कदम पर वैज्ञानिक दृष्टिकोण अपनाया जाता है। विवेकीकरण की अन्य विशेषतायें वास्तव में इसी वैज्ञानिक दृष्टिकोण का ही परिणाम है।

(3) एक प्रक्रिया (A Process)—विवेकीकरण एक प्रक्रिया है जो कि केवल आर्थिक क्षेत्र तक ही सीमित न होकर समाज के अन्य क्षेत्रों में भी फैल जाती है। उदाहरण के लिए यदि उद्योग के क्षेत्र में वैज्ञानिक दृष्टिकोण अपनाया जाता है तो स्वभावतया समाज के अन्य क्षेत्रों में भी उसको अपनाने में कोई कठिनाई नहीं होगी।

(4) प्रमापीकरण (Standardization)—विवेकीकरण की एक विशेषता प्रमापीकरण भी है क्योंकि प्रमापीकरण से उत्पादित वस्तु के गुण और विशेषतायें निश्चित हो जाती हैं और उसके अनुरूप यन्त्रों और मशीनों का निर्माण किया जा सकता है।

(5) यंत्रीकरण (Mechanization)—उद्योग के क्षेत्र में वैज्ञानिक दृष्टिकोण का परिणाम नई-नई मशीनों और यन्त्रों के आविष्कार के रूप में हुआ है। अस्तु, यंत्रीकरण

1. "Rationalization is both an attitude and a process. As an attitude it records the belief that a more rational control of world economic life through the application of scientific methods is possible and desirable. As a process it implies the application of the methods of science to all problems arising in the organization and conduct of production, distribution and consumption."

—C.L. Urwick, *The Meaning of Rationalization.*

2. "The essence of rationalization is a revolutionary change of methods which scrap obsolete traditions and unsystematic routine methods, replacing them by principles and methods of a scientific nature." —Giri, V.V. *Industrial Relations,* p. 33.

विवेकीकरण का एक विशेष लक्ष्य है। विवेकीकरण बढ़ते जाने से यंत्रीकरण बढ़ता गया है।

(6) सामूहिक प्रयत्न पर आधारित (Based on Collective Effort)—विवेकीकरण न केवल विशेष उद्योग बल्कि समाज के सामूहिक प्रयत्न पर आधारित है क्योंकि सामूहिक और परस्पर सहयोग-पूर्ण प्रयत्न ही प्रगति का सबसे अधिक तर्कयुक्त मार्ग है।

(7) तर्क पर आधारित (Based on Logic)—जैसा कि पीछे दी गयी परिभाषाओं से पता चलता है, विवेकीकरण तर्क पर आधारित है। इसमें उद्योग के प्रत्येक पहलू और कार्य-विधि पर तर्क की दृष्टि से विचार किया जाता है। तार्किक विचार की विशेष पहचान यह होती है कि इसमें पूर्वापर क्रम पर कोई न कोई कारण अवश्य होता है। कोई काम दूसरे काम के पहले या बाद में किया जाने की कोई न कोई निश्चित वजह होनी चाहिये। इस बात को लेकर समस्त उद्योग को व्यवस्थित किया जा सकता है और उस व्यवस्था का पूरा लाभ उठाया जा सकता है।

(8) गतिशील व्यवस्था (Dynamic System)—इस प्रकार विवेकीकरण व्यवस्थित करने को कहते हैं। इसमें प्रत्येक क्रिया और उपक्रिया को एक संगठन में बांधा जाता है किन्तु यह संगठन स्थिर नहीं होता बल्कि गतिशील होता है क्योंकि गतिशीलता ही प्रगति की पहचान है और इसलिए स्थिरता तर्क विरुद्ध है।

(9) विशेषीकरण (Specialization)—अस्तु, विवेकीकरण में प्रत्येक कार्य और उपकार्य का विशेषीकरण कर दिया जाता है ताकि धन और श्रम के अपव्यय को रोका जा सके।

(10) सरलता (Simplicity)—यह एक वैज्ञानिक सिद्धान्त है कि अन्य बातें समान रहते हुए सरल विधि जटिल से अधिक अच्छी होती है। विज्ञान में सरलतम व्याख्या को श्रेष्ठतम माना जाता है। अस्तु, विवेकीकरण में विधियों और कार्यों की जटिलता को यथासम्भव समाप्त करके सरलतम बनाने का प्रयास किया जाता है जिससे उत्पादन बढ़ता है, अपव्यय कम होता है और श्रमिकों में कार्य क्षमता भी बढ़ती है।

(11) बचत और मितव्ययिता (Saving and Economy)—विवेकीकरण की विभिन्न परिभाषाओं में यह स्पष्ट किया गया है कि उसमें बर्बादी, अक्षमता और अपव्यय को दूर करने का प्रयास किया जाता है। इस प्रकार यह धन, श्रम और समय की बचत और मितव्ययिता की विधि है। इसमें राष्ट्र के साधनों को इस प्रकार से प्रयोग किया जाता है कि उसका अधिक से अधिक लाभ उठाया जा सके और हानि कम से कम हो।

विवेकीकरण की उपरोक्त परिभाषाओं से यह ज्ञात होता है कि यह एक व्यापक विधि है जो कि सम्पूर्ण समाज और विशेषतया औद्योगिक क्षेत्र में प्रयोग की जाती है और जिसमें वैज्ञानिक तथा तार्किक दृष्टि से विचार करके प्रत्येक कार्य और उपकार्य को इस प्रकार व्यवस्थित किया जाता है कि राष्ट्र के समय, धन और साधनों का अधिक से अधिक लाभ उठाया जा सके और इस प्रक्रिया में कम से कम बर्बादी हो।

विवेकीकरण के उद्देश्य
(Aims of Rationalization)

विवेकीकरण की उपरोक्त विशेषताओं से उसके निम्नलिखित उद्देश्य स्पष्ट होते हैं–

(1) अपव्यय को रोकना (Check on Waste)–विवेकीकरण का मुख्य उद्देश्य अपव्यय को रोकना है। उसकी अनेक परिभाषाओं में बार-बार यही बात दोहराई गयी है। सार्जेन्ट फ्लोरेन्स के शब्दों में, ''किसी उद्योग के अन्तर्गत सभी इकाइयों के सामूहिक प्रयास से वैज्ञानिक और तर्कपूर्ण नीति से बर्बादी और अक्षमता दूर करने के प्रयत्नों को विवेकीकरण कहा जाता है।''[1]

(2) सामाजिक उद्देश्य (Social Aim)–अन्त में विवेकीकरण का उद्देश्य केवल आर्थिक नहीं बल्कि सामाजिक भी है। सामाजिक दृष्टि से इसका लक्ष्य कम से कम प्रयत्नों द्वारा मजदूरों को अधिक से अधिक कार्यक्षमता प्रदान करना और समाज के सभी व्यक्तियों के लिए अधिक स्थायी और उच्च जीवन स्तर प्रदान करना है। उपरोक्त समस्त आर्थिक उद्देश्यों को पूरा होने से यह सामाजिक उद्देश्य भी सिद्ध होता है।

(3) जीवन स्तर उठाना (Raising Standard of Living)–विवेकीकरण का लक्ष्य किसी भी राष्ट्र में सम्पूर्ण समाज के जीवन स्तर को उन्नत करना है, यह तभी हो सकता है जबकि उत्पादित वस्तुओं की मात्रा और गुण दोनों में प्रगति हो।

(4) उपलब्ध साधनों के उपयोग (Uses of Available Mcans)–किसी भी देश में उपलब्ध प्राकृतिक और मानवीय साधनों का अधिकतम उपयोग करने के लिए विवेकीकरण आवश्यक होता है। वास्तव में विवेकीरण का यही उद्देश्य है। उससे देश के साधनों का अधिक से अधिक उपयोग होता है।

(5) उद्योग धन्धों में स्थिरता (Stability in industry)–औद्योगिक अस्थिरता से भारी आर्थिक हानि होती है। इस अस्थिरता का मुख्य कारण समन्वय और संतुलन का अभाव है। विवेकीकरण का उद्देश्य वैज्ञानिक और तर्कयुक्त व्यवस्था स्थापित करके उद्योग-धन्धों में स्थिरता लाना है।

विवेकीकरण के पहलू
(Aspects of Rationalization)

विवेकीकरण एक व्यापक प्रक्रिया है इसलिए इसके स्वरूप को समझने के लिए इसके तत्त्वों अथवा विभिन्न पहलुओं को अलग-अलग समझना आवश्यक है। इनमें से मुख्य पहलू हैं–तकनीकी तत्त्व अथवा पहलू, संगठन तत्त्व, वित्तीय तत्त्व तथा सामाजिक अथवा मानवीय तत्त्व, अब इन तत्त्वों अथवा पहलुओं का कुछ विस्तृत विवेचन प्रासंगित होगा।

---

1. "Rationalization is a movement to eliminate waste and insufficiency scientifically and logically, some sort of just action between all the firms within one industry."
—Sargent Florence.

(1) तकनीकी तत्त्व (Technical Aspects)—विवेकीकरण का तकनीकी पहलू सबसे अधिक महत्त्वपूर्ण है क्योंकि वास्तव में विवेकीकरण से मुख्य तात्पर्य उद्योग में तकनीकी सुधार से है। इसे कभी-कभी औद्योगिक इंजीनियरिंग (Industrial Engineering) भी कहते हैं। इसमें प्रमापीकरण, औद्योगिक विधियों को सरल से सरल बनाना, यंत्रीकरण, उत्पादकता और मशीनों की उत्पादन क्षमता बढ़ाना अथवा गहनीकरण, विशेषीकरण, वर्गीकरण अर्थात् श्रम-विभाजन, आधुनिकीकरण, स्वसंचालन अर्थात् अधिक से अधिक स्वचालित मशीनों का प्रयोग तथा औद्योगिक अनुसंधान और व्यापारिक भविष्यवाणी सम्मिलित हैं।

(2) संगठनात्मक तत्त्व (Organizational Aspects)—विवेकीकरण का अर्थ व्यवस्था से लिया जाता है इसलिये इसका संगठनात्मक पहलू विशेष रूप से महत्त्वपूर्ण है। यह वैज्ञानिक पुर्नसंगठन और विभिन्न सेवाओं अथवा तत्त्वों के संयोजन पर निर्भर होता है।

(3) वित्तीय पहलू (Financial Aspect)—विवेकीकरण के लिये वित्त व्यवस्था को भी व्यवस्थित करने की आवश्यकता होती है। इसके लिये अनावश्यक व्यय समाप्त करना, प्रशासकीय व्ययों में कटौती, पूँजी की उचित व्यवस्था, इत्यादि विवेकयुक्त वित्तीय पुनर्संगठन करना होता है।

(4) सामाजिक अथवा मानवीय पहलू (Social or Human Aspect)—जैसा कि पीछे बतलाया जा चुका है, विकेन्द्रीकरण केवल यांत्रिक विज्ञान न होकर मानवीय कला भी है। विवेक की दृष्टि से भी यह आवश्यक है कि उद्योगों के मानवीय पहलुओं की उपेक्षा न की जाये। अस्तु, विवेकीकरण में श्रम-कल्याण के समस्त तत्त्व सम्मिलित हो जाते हैं। सी॰ एस॰ मायर्स के शब्दों में, ''विवेकीकरण की यह माँग है कि व्यापारिक विचार केवल स्वार्थमय तकनीकी और व्यापारिक पहलुओं तक ही सीमित न होकर आर्थिक, सामाजिक और मानवीय पहलुओं पर भी व्यापक दृष्टिकोण से विचार किया जाय।'' इस प्रकार विवेकीकरण में काम करने की दशाओं में उन्नति पदोन्नति की व्यवस्था, भरती की सही व्यवस्था, श्रमिकों का उचित सम्मान तथा प्रबन्धकों का समुचित व्यवहार इत्यादि सम्मिलित हैं।

विवेकीकरण के लाभ
(Merits of Rationalization)

मानव जीवन में विवेक के आधार पर व्यवस्था सब कहीं लाभदायक सिद्ध होती है। विवेक के द्वारा ही मनुष्य ने सभ्यता का इतना विशाल भवन खड़ा किया है। उद्योग के साथ-साथ मानव समाज की जटिलता बढ़ते जाने से विवेकीकरण की आवश्यकता भी बढ़ती गयी है। विवेकीकरण अपनाने से उद्योगों में स्थिरता हुई है, अपव्यय और बर्बादी कम हुई है, जीवन स्तर उठा है और उपभोक्ताओं तथा उत्पादकों को लाभ पहुंचा है। संक्षेप में विवेकीकरण राष्ट्र की बहुमुखी प्रगति में सहायक सिद्ध होता है। इसके मुख्य लाभ निम्नलिखित हैं—

(अ) उत्पादकों को लाभ (Advantages to Producers)

उद्योग में उत्पादक सबसे पहले अपना लाभ सोचता है और उसी के लिये नयी योजनायें लागू करता है। अस्तु, विवेकीकरण से सबसे अधिक उत्पादक को लाभ होता है। इसमें मुख्य लाभ अग्रलिखित हैं—

(1) उत्पादन में मितव्ययिता (Economy in Production)—विवेकीकरण के कारण मशीनों का समुचित प्रयोग होने से और बर्बादी कम होने से उत्पादन में मितव्ययिता हुई है।

(2) उत्पादन क्षमता में वृद्धि (Increase in Productiviity)—विवेकीकरण से वैज्ञानिक मशीनों का वैज्ञानिक प्रणाली से प्रयोग किया जाता है जिससे बर्बादी कम होती है और उत्पादन क्षमता बढ़ती है।

(3) उत्पादन विधि में सुधार (Reform in Production Method)—जैसा कि पीछे विवेकीकरण की परिभाषाओं में बतलाया जा चुका है इसमें उत्पादन विधियों में वैज्ञानिक दृष्टि से सुधार किया जाता है। इससे एक ओर श्रमिकों की कुशलता बढ़ती है तो दूसरी ओर उत्पादन क्षमता में भी वृद्धि होती है। अस्तु, कम व्यय से अधिक उत्पादन सम्भव हो पाता है।

(4) पूँजी का समुचित उपयोग (Proper use of Capital)—विवेकीकरण से पूंजी का अधिक से अधिक वैज्ञानिक उपयोग हो पाता है और उद्योग अति-पूंजीकरण और अल्प-पूंजीकरण से उठने वाली समस्याओं से बचा रहता है।

(5) श्रमिक और पूंजीपति में सहयोग (Cooperation between Labourer and Capitalist)—चूंकि विवेकीकरण में मशीनों और प्रणालियों तथा औद्योगिक प्रबन्ध में लगातार सुधार किया जाता है इसलिए इससे श्रमिक प्रसन्न होते हैं और वे पूंजीपति से अधिक निकटता का अनुभव करते हैं। अत: सहयोग की भावना बढ़ती है और हड़ताल तथा तालाबन्दी की नौबत कम होती है। इससे सम्पूर्ण राष्ट्र को आर्थिक लाभ होता है।

(6) औद्योगिक स्थिरता (Industrial Stability)—विवेकीकरण के उपरोक्त लाभों से औद्योगिक स्थिरता बढ़ती है तथा माँग और पूर्ति में सामंजस्य बना रहता है, औद्योगिक विवाद कम होते हैं और उत्पादन एक-सा बना रहता है। इससे उत्पादन की लागत में कमी आती है, सस्ती कीमत में अच्छे किस्म का माल उपलब्ध होता है, श्रमिकों को अधिक मजदूरी मिलती है और औद्योगिक सहयोग सब प्रकार से बढ़ता है।

(7) प्रमापीकरण के लाभ (Advantages of Standardization)—विवेकीकरण का एक परिणाम प्रमापीकरण है। इससे निश्चित प्रमाप में वस्तुएँ उपलब्ध होती हैं। प्रमापीकरण के परिणामस्वरूप बड़े पैमाने पर उत्पादन व्यय में कमी, वस्तुओं को जाँचने और छाँटने की समस्या न रहना, उपभोक्ताओं को आवश्यक माल आसानी से मिल जाना, विशिष्टीकरण को प्रोत्साहन तथा सबको संतोष मिलने के लाभ होते हैं।

(8) प्रतियोगिता में कमी (Decrease in Competition)—विवेकीकरण से उत्पादकों में प्रतियोगिता कम होती है और सहयोग की भावना बढ़ती है क्योंकि बहुधा बहुत से उत्पादकों को एक दूसरे की आवश्यश्कता पड़ती है, कोई मशीनें बनाता है तो दूसरा उसका उपयोग करता है, कोई कच्चा माल तैयार करता है तो दूसरा उससे पक्का माल बनाता है। इस तरह श्रम-विभाजन और विशेषीकरण से उत्पादकों में परस्पर प्रतियोगिता के स्थान पर सहयोग बढ़ता है।

(9) वैज्ञानिक प्रबन्ध के लाभ (Advantages of Scientific Management)—विवेकीकरण से उद्योग में वैज्ञानिक प्रबन्ध अपनाया जाता है। इससे जहाँ श्रमिकों की कुशलता बढ़ती है वहाँ उत्पादक को सीधा लाभ होता है क्योंकि कारखानों में औद्योगिक नीतिमत्ता बनी रहती है। वैज्ञानिक प्रबन्ध श्रमिकों के चुनाव, कार्य के घन्टे, प्रशिक्षण, मशीन और माल के वैज्ञानिक उपयोग पर निर्भर होता है। अस्तु, उत्पादन की मात्रा बढ़ती है और उत्पादकों को लाभ होता है।

(10) यंत्रीकरण के लाभ (Advantages of Mechanization)—विवेकीकरण से यंत्रीकरण बढ़ता है और कम खर्च करके अधिक उत्पादन सम्भव हो पाता है। यंत्रीकरण ने विशेषीकरण में भी सहायता दी है।

(11) विशेषीकरण के लाभ (Advantages of Specialization)—विवेकीकरण से विशेषीकरण को प्रोत्साहन मिलता है। वास्तव मे विशेषीकरण विवेकीकरण का ही परिणाम है। अस्तु, विवेकीकरण से वे सब लाभ होते हैं जो विशेषीकरण में ही गिने जाते हैं। जैसे—मितव्ययिता, उत्पादन क्षमता में वृद्धि, उचित श्रम विभाजन, श्रमिकों की साख में वृद्धि तथा अधिक उत्पादन का सम्भव होना इत्यादि।

(12) औद्योगिक अनुसंधान (Industrial Research)—विवेकीकरण से यह स्पष्ट हुआ है कि औद्योगिक अनुसंधान पर जो धन खर्च होता है वह वास्तव में विनियोग है क्योंकि अन्त में उससे उत्पादकों को भारी लाभ होता है। अस्तु, विवेकीकरण ने औद्योगिक अनुसंधान को प्रोत्साहित किया है। इससे नये-नये यंत्रों और विधियों का आविष्कार हुआ है और औद्योगिक उत्पादन बढ़ा है।

(13) उचित समायोजन (Proper Coordination)—किसी भी उद्योग की सफलता इस बात पर निर्भर है कि उद्योग के विभिन्न अंगों में उचित समायोजन दिखलाई पड़े। ऐसा न होने पर बर्बादी अधिक होती है और कोई भी उत्तरदायित्व अनुभव नहीं करता। विवेकीकरण से श्रमिक और प्रबन्धक, उत्पादक और उपभोक्ता तथा उद्योग के विभिन्न अंग जैसे पूंजी, श्रम, बाजार आदि में परस्पर समायोजन होता है। इससे अन्त में उत्पादकों को लाभ होता है। उत्पादन की मात्रा पर केन्द्रीय नियंत्रण, अधिक उत्पादन के भय का समाप्त होना, सामूहिक विज्ञापन और प्रचार, सामूहिक वितरण, सामूहिक क्रय-विक्रय, उद्योगों की साख में वृद्धि, सामूहिक यातायात इत्यादि विवेकीकरण के आधार पर हुए समायोजन का परिणाम है।

(ब) श्रमिकों को लाभ (Advantages to Labourers)

विवेकीकरण से न केवल उत्पादकों को बल्कि श्रमिकों को भी लाभ होता है। मुख्य लाभ निम्नलिखित हैं—

(1) कार्य की उन्नत दशायें (Improved Working Conditions)—विवेकीकरण का सबसे पहला परिणाम श्रमिकों के कार्य की दशाओं में सुधार है। उनके काम करने के स्थान पर उपयुक्त वायु और प्रकाश की व्यवस्था तथा स्वास्थ्य की दृष्टि से अधिक से अधिक सुधार विवेकीकरण से सम्भव हुए हैं।

(2) श्रम-कल्याण में वृद्धि (Increase in Labour Welfare)—वैज्ञानिक दृष्टि से यह सिद्ध हुआ है कि श्रम-कल्याण कार्यों से अन्त में सेवायोजकों को ही लाभ होता है। इस बात को समझकर आज संसार के सभी देशों में प्रगतिशील सेवायोजक हर प्रकार से श्रमिकों के कल्याण का प्रयास करते हैं। श्रम-कल्याण में आवास की व्यवस्था, अल्पाहार की व्यवस्था, स्त्रियों को मातृत्व लाभ, बालकों को अनावश्यक बोझ से बचाना, श्रमिकों के परिवारों की आवश्यकताओं की पूर्ति, उनके लिए स्वस्थ मनोरंजन की व्यवस्था, कारखानों में शुद्ध वायु, शुद्ध जल, शुद्ध आहार और शांतिपूर्ण वातावरण की व्यवस्था, दुर्घटनायें होने पर श्रमिकों के परिवारों को उचित सहायता प्रदान करना, श्रमिकों के लिए बीमा और पेंशन की व्यवस्था, औद्योगिक प्रबन्ध में श्रमिकों की भागीदारी इत्यादि सम्मिलित हैं। इन सबसे श्रमिकों को तो लाभ हुआ ही है मालिकों को भी कम लाभ नहीं हुआ।

(3) भर्ती की वैज्ञानिक प्रणाली (Scientific Method of Recruitment)—विवेकीकरण के पूर्व श्रमिकों को मध्यस्थों के द्वारा भर्ती किया जाता था जिससे उनका भारी शोषण होता था। विवेकीकरण से बड़े-बड़े उद्योगों में भर्ती की वैज्ञानिक प्रणाली अपनाई गयी है जिससे जहाँ मालिक को सही कर्मचारी मिल जाता है वहाँ कर्मचारी को भी योग्यता के अनुरूप रोजगार प्राप्त करने में कठिनाई नहीं होती।

(4) रोजगार में स्थिरता (Stability in Employment)—विवेकीकरण से रोजगार के अवसर बढ़े हैं और प्रशिक्षित कर्मचारियों को अपनी योग्यता के अनुरूप पद प्राप्त होने लगे है। इससे रोजगार में स्थिरता आई है।

(5) वेतन में वृद्धि (Increase in Wages)—वेतन में भी वैज्ञानिक दृष्टिकोण अपनाया गया है और वेतन केवल समय के आधार पर नहीं बल्कि कार्य क्षमता के आधार पर भी दिया जाने लगा है।

(6) कार्यक्षमता में वृद्धि (Increase in Working Capacity)—उपरोक्त समस्त कारणों से श्रमिकों की कार्यक्षमता बढ़ी है क्योंकि उनमें कार्य के प्रति अधिक उत्साह बढ़ा है। कारखाने में वैज्ञानिक प्रबन्ध और काम की परिस्थितियाँ उन्नत होने से श्रमिकों को पूरी शक्ति से कार्य करने का अवसर मिलता है और परिस्थितियाँ सही होने पर अधिकतर श्रमिक ऐसा करते भी हैं। कार्यक्षमता में वृद्धि उद्योगों में नये-नये यन्त्रों और मशीनों तथा वैज्ञानिक प्रणालियों के अपनाने से भी हुई है।

(7) गतिशीलता में वृद्धि (Increase in Mobility)—विवेकीकरण से विभिन्न स्थानों पर उद्योगों में बहुत कुछ एक से यंत्रों और मशीनों का प्रयोग किया जाने लगा है जिससे इन पर काम करने वाले कर्मचारियों को कहीं भी रोज़गार मिल जाता है। अस्तु, उन्हें एक स्थान छोड़कर दूसरे स्थान पर जाने में कोई विशेष कठिनाई नहीं होती। इससे श्रमिकों में गतिशीलता बढ़ी है।

(8) श्रम-संघों के लाभ (Advantages of Labour Unions)—विवेकीकरण से स्पष्ट हुआ है कि श्रमिकों की समस्याओं को उपस्थित करने और उनकी स्थिति बेहतर बनाने से अन्त में मालिकों को ही लाभ होता है। अस्तु, मालिक श्रमिक संगठनों को अपना शत्रु नहीं

मानते बल्कि उनसे सहयोग करते हैं। इससे श्रमिकों को संगठित होकर अपनी स्थिति सुधारने का अवसर मिला है। विभिन्न देशों में लगभग सभी व्यवसायों में व्यावसायिक संगठन दिखलाई पड़ते हैं जो कि इन व्यवसायों में लगे श्रमिकों और कर्मचारियों के हितों का साधन करते हैं।

(स) उपभोक्ताओं को लाभ (Advantages to Consumers)

उत्पादक और श्रमिकों के बाद उपभोक्ता भी उपयोग का महत्त्वपूर्ण अंग है क्योंकि उन्हीं के कारण उत्पादक का उत्पादन और श्रमिक का श्रम ठिकाने लगता है। अस्तु, उद्योग के क्षेत्र में कोई भी प्रणाली तभी अपनाई जा सकती है जबकि उससे अन्त में उपभोक्ताओं को भी लाभ हो। विवेकीकरण से उपभोक्ताओं को निम्नलिखित लाभ हुए हैं–

(1) प्रमापीकृत वस्तुयें (Standardised Goods)–विवेकीकरण का सबसे बड़ा लाभ यह हुआ है कि उपभोग की अधिकतर वस्तुओं का प्रमापीकरण कर दिया जाता है जिससे उपभोक्ताओं को यह पता रहता है कि किस माँग के लिए कौन सी वस्तु उपयुक्त रहेगी और वे निश्चित होकर उन वस्तुओं का सतत् उपभोग करते रहते हैं क्योंकि उनके गुण एक से बने रहते हैं।

(2) चुनाव की समस्या से मुक्ति (Freedom from the Problem of Choice)–अस्तु, उपभोक्ताओं को चुनाव के झमेलों से मुक्ति मिल गयी है। उन्हें खरीदने में कम समय लगता है और वे प्रमापीकृत वस्तु को माँग कर बड़ी आसानी से अपनी आवश्यकता पूरी कर लेते हैं।

(3) सस्ते मूल्य पर वस्तुयें (Cheap Price Goods)–विवेकीकरण के कारण उत्पादन बढ़ने से उपभोक्ताओं को सस्ते मूल्य पर वस्तुयें उपलब्ध होने लगी है। अधिकतर उपभोक्ता वस्तुओं का बाजार अन्तर्राष्ट्रीय स्तर पर होने के कारण आज संसार के अधिकतर सभ्य देशों में उपभोक्ताओं को उपभोग की वस्तुयें पहले से बहुत कम मूल्य पर उपलब्ध हो रही हैं।

(4) जीवन स्तर में वृद्धि (Rise in the Standard of Living)–उपरोक्त कारणों से उपभोक्ताओं के रहन-सहन का स्तर ऊँचा उठा है। चूँकि विवेकीकरण से वेतन बढ़े हैं और अधिक अच्छी वस्तुयें कम मूल्य पर उपलब्ध हो रही हैं इसलिए भी रहन-सहन का स्तर ऊंचा उठा है।

(द) समाज को लाभ (Advantages to Society)

विवेकीकरण से सम्पूर्ण समाज को लाभ होता है। वास्तव में उत्पादकों, श्रमिकों और उपभोक्ताओं को होने वाले लाभ ही सम्पूर्ण समाज को होने वाले लाभ हैं किन्तु फिर भी इनके लाभों को निजी लाभ मानते हुए यह देखा जा सकता है कि राष्ट्र अथवा समाज को विवेकीकरण से क्या लाभ होता है। संक्षेप में ये लाभ अग्रलिखित हैं–

(1) आर्थिक प्रगति (Economic Progress)–विवेकीकरण से प्रत्येक आर्थिक क्षेत्र में वैज्ञानिक दृष्टिकोण अपनाया जाता है जिससे सब कहीं प्रगति होती है। यह प्रगति उत्पादन, विनिमय, विनियोग, यातायात और संदेशवहन, साख इत्यादि आर्थिक क्षेत्र के सभी पहलुओं में देखी जा सकती है।

(2) औद्योगिक प्रगति (Industrial Progress)—विवेकीकरण मुख्य रूप से उद्योगों के क्षेत्र में लागू किया जाता है। अस्तु, उससे सबसे बड़ा लाभ राष्ट्र की औद्योगिक प्रगति है। इसे सभी प्रगतिशील राष्ट्रों में देखा जा सकता है।

(3) राष्ट्रीय बचत में वृद्धि (Increase in National Savings)—चूंकि विवेकीकरण से उद्योग के प्रत्येक पहलू में अपव्यय और बर्बादी को रोका जाता है इसलिए उससे राष्ट्रीय धन और सम्पत्ति की बचत होती है।

(4) राष्ट्रीय आय में वृद्धि (Increase in National Income)—उपरोक्त समस्त कारणों से विवेकीकरण का परिणाम राष्ट्रीय आय में वृद्धि के रूप में दिखलाई पड़ता है।

(5) व्यापार चक्र की समाप्ति (End of Trade Cycle)—विवेकीकरण से उद्योग के विभिन्न क्षेत्रों में समायोजन किये जाने के कारण व्यापार के क्षेत्र में उत्कर्ष और अपकर्ष समाप्त हो जाते हैं और इस प्रकार देश मंदी और तेजी के चक्र से बचा रहता है। अस्तु, व्यापार में स्थायित्व रहता है।

(6) विदेशी प्रतिस्पर्धा की समार्थ्य (Capacity of Foreign Competition) अन्तर्राष्ट्रीय क्षेत्र में सभी प्रगतिशील देशों को व्यापार और उद्योग में अन्य देशों से प्रतियोगिता करनी पड़ती है। इसमें वे ही राष्ट्र ठहर पाते हैं जहाँ पर सतत् विवेकीकरण के द्वारा विदेशी प्रतिस्पर्धा की सामर्थ्य बनी रहती है।

(7) आर्थिक साधनों का अधिकतम उपयोग (Maximum Use of Economic Means)—किसी भी राष्ट्र की प्रगति इस बात पर निर्भर है कि उसके आर्थिक साधनों जैसे—प्राकृतिक संपत्ति, खनिज पदार्थ, वन सम्पत्ति, शक्ति के स्रोत और मानव शक्ति इत्यादि का अधिकतम उपयोग हो सके और इसमें अपव्यय को न्यूनतम किया जा सके। यह विवेकीकरण के माध्यम से सम्भव हो पाता है।

(8) राष्ट्रीय प्रगति (National Progress)—अस्तु, विवेकीकरण राष्ट्रीय प्रगति का महत्त्वपूर्ण साधन है। संसार के सभी प्रगतिशील देशों में राष्ट्रीय नियोजन में विवेकीकरण से काम लिया जाता है।

विवेकीकरण के दोष
(Demerits of Rationalization)

विवेकीकरण से होने वाले उपरोक्त लाभों के बावजूद उससे कुछ हानियाँ भी हैं क्योंकि वास्तव में कोई भी मानव प्रक्रिया ऐसी नहीं है जिससे केवल लाभ ही लाभ हों। यहाँ पर यह ध्यान रखना आवश्यक है कि विवेकीकरण के अधिकतर तथा कथित दोष वास्तव में उसको लागू करने की कठिनाइयाँ हैं। इन कठिनाइयों को दूर करके विवेकीकरण के अनेक तथाकथित दोषों को दूर किया जा सकता है। फिर भी इसमें संदेह नहीं कि विवेकीकरण में बहुत सी कठिनाइयाँ हैं। प्रो॰ वले के शब्दों में, ''विवेकीकरण की कठिनाइयाँ उनको सुलझाने वालों की योग्यता के अनुपात में कहीं अधिक हैं।'' इसीलिए संसार के अनेक देशों में विवेकीकरण का विरोध किया गया है। संक्षेप में विवेकीकरण के मुख्य दोष अग्रलिखित हैं—

(1) कुटीर उद्योगों का पतन (Degeneration of Cottage Industries)—विवेकीकरण का सबसे बड़ा दोष बड़े पैमाने पर उद्योग सम्भव होने के कारण कुटीर उद्योगों का पतन है क्योंकि कुटीर उद्योग बड़े पैमाने पर उद्योगों से मुकाबला नहीं कर सकते।

(2) एकाधिकार को प्रोत्साहन (Encouragement of Monopoly)—नई-नई मशीनों की सहायता से बहुत बड़े पैमाने पर उद्योग सम्भव होने के कारण विवेकीकरण से उद्योग और व्यापार के क्षेत्र में एकाधिकार को प्रोत्साहन मिला है और एकाधिकार से श्रमिकों तथा उपभोक्ताओं और अन्त में राष्ट्र को हानि हुई है।

(3) पूंजी का केन्द्रीयकरण (Centralization of Capital)—एकाधिकार का एक दुष्परिणाम पूंजी के थोड़े से हाथों में केन्द्रित हो जाने के रूप में दिखलाई पड़ता है। वास्तव में पूँजीवादी देशों में पूँजीवाद विवेकीकरण का ही परिणाम है। इसी से सामाजिक विषमता बढ़ी है।

4. पूँजीवाद के दोष (Disadvantages of Capitalism)—अस्तु, विवेकीकरण से पूँजीवाद के समस्त दोष सम्बन्धित हैं जैसे गलाकाट प्रतियोगिता, एकाधिकार बनाये रखने के लिए अनुचित साधनों का प्रयोग, मानव मूल्यों का पतन, धन की पूजा, मनुष्यों से वस्तु के समान व्यवहार और अत्यधिक नगरीकरण इत्यादि।

5. महानगरों का जन्म (Birth of Cosmopolitan Cities)—बड़े पैमाने पर उद्योगों के कारण संसार के औद्योगिक देशों में महानगरों का जन्म हुआ है जिनमें अत्यधिक भीड़-भाड़, दूषित वातावरण, निम्न स्तर का मनोरंजन तथा नैतिक पतन और सब प्रकार का पारिवारिक, व्यावहारिक और सामाजिक विघटन दिखलाई पड़ता है। इसका कुछ न कुछ दोष विवेकीकरण पर है।

6. व्यक्तित्व का पतन (Degeneration of Personality)—विवेकीकरण में वैज्ञानिक दृष्टिकोण के कारण कलात्मक प्रतिभा का महत्त्व नहीं रहता। प्रत्येक बात को लाभ की दृष्टि से देखने से व्यक्तित्व का पतन होता है। बड़े पैमाने पर उद्योग में श्रमिक का मनुष्य के रूप में कोई महत्त्व नहीं होता। यंत्रीकरण बढ़ने से जीवन यंत्रवत् बन जाता है। इन सब कारणों से व्यक्तित्व का विघटन होता है।

7. यंत्रों की बर्बादी (Waste of Machines)—विवेकीकरण के कारण नये-नये आविष्कारों के बढ़ने से प्रत्येक उद्योग में निरन्तर नये-नये यंत्रों का निर्माण किया जाता है। इससे पुराने यंत्र बेकार हो जाते हैं। अस्तु यंत्रों की बड़े पैमाने पर बर्बादी होती है और बहुत-सा श्रम व्यर्थ चला जाता है।

8. बेरोजगारी में वृद्धि (Increase in Unemployment)—चूँकि विवेकीकरण में यंत्रीकरण बढ़ता जाता है और नये-नये यंत्र मनुष्यों का स्थान लेते रहते हैं इसलिए विवेकीकरण बढ़ते जाने के साथ-साथ बेरोजगारी बढ़ती जाती है।

9. बड़े पैमाने पर उत्पादन के दोष (Disadvantages of Large Scale Production)—विवेकीकरण का एक मुख्य लक्षण बड़े पैमाने पर उत्पादन है। अस्तु, इसमें

वे समस्त दोष उत्पन्न होते हैं जो बड़े पैमाने पर उत्पादन के साथ लगे हुए हैं, जैसे—औद्योगिक संघर्ष को प्रोत्साहन, उपभोक्ताओं की रुचियों की उपेक्षा, धन का असमान वितरण तथा समय-समय पर आने वाले आर्थिक संकट।

10. विशेषीकरण के दोष (Disadvantages of Specialization)—विवेकीकरण बढ़ने से विशेषीकरण बढ़ता है। यह मानव व्यक्तित्व के लिए बड़ा हानिकारक है क्योंकि कोई भी व्यक्ति अपने द्वारा किये जाने वाले पूरे काम को नहीं जानता। उसे केवल उतना ही काम पता है जो उसे करना है। इससे ज्ञान और श्रम का प्रयोग अत्यन्त एकांगी हो जाता है।

11. सहयोग का अभाव (Absence of Co-operation)—विवेकीकरण से प्रत्येक उद्योग अत्यधिक भागों में बंट गया है और इसी प्रकार प्रत्येक क्षेत्र में नये-नये उद्योग उत्पन्न होते जा रहे हैं। इनमें से प्रत्येक यथासम्भव आत्मनिर्भर होने का प्रयास करता है जिससे परस्पर निर्भरता कम होती जाती है और सहयोग घटता है। स्वाभाविक है कि इससे समाज की हानि हुई है।

12. कला की उपेक्षा (Neglect of Art)—विवेकीकरण के परिणामस्वरूप प्रमापीकरण और वैज्ञानिक दृष्टिकोण से उत्पादन में कलात्मक रुचि को कोई महत्त्व नहीं दिया जाता है। इससे उपभोक्ता वस्तुओं के निर्माण में कारीगरी दिखाने का कोई अवसर नहीं आता। यही कारण है कि जहाँ-जहाँ उद्योगों में विवेकीकरण बढ़ रहा है वहाँ उत्पादन के क्षेत्र में कारीगरी और कलात्मकता समाप्त होती जा रही है। यह स्थिति समाज के सर्वांगीण विकास के लिए हानिकारक है।

13. कुशल प्रबन्धकों का अभाव (Absence of Efficient Managers)—विवेकीकरण के कारण नई-नई मशीनों का प्रयोग बढ़ने और उद्योग की क्रियाओं को अत्यधिक उपक्रियाओं में विभाजित किये जाने से प्रत्येक उद्योग में कुशल प्रबन्धकों की आवश्यकता बढ़ती जाती है। चूँकि इससे इनकी माँग पूर्ति से अत्यधिक बढ़ जाती है इसलिए कुशल प्रबन्धकों का अभाव हो जाता है।

14. श्रमिकों को होने वाली हानियाँ (Disadvantages to Labourers)—विवेकीकरण से व्यक्तित्व विघटन का खतरा अन्य व्यक्तियों के साथ-साथ श्रमिकों को भी होता है। इसके अतिरिक्त उन पर काम का बोझ बढ़ जाता है। अनेक मशीनों पर काम करने से उनके शारीरिक और मानसिक स्वास्थ्य को हानि पहुंचती है। अनेक मशीनें दूषित वातावरण उत्पन्न करती हैं, यंत्रों के बीच में लम्बे समय तक काम करते रहने से जीवन यन्त्रवत बनने लगता है और उससे उकताहट उत्पन्न होने लगती है। चूँकि कुशलता और निपुणता की माँग बढ़ती जाती है इसलिए श्रमिकों को कभी चैन से बैठने का अवसर नहीं आता। वेतन वृद्धि उत्पादन की मात्रा पर निर्भर होने के कारण अधिकतर श्रमिक शक्ति से अधिक काम करने का प्रयास करते हैं। पूँजी का श्रम पर अत्यधिक अधिकार हो जाता है और बेरोजगारी तेजी से बढ़ने लगती है। श्रमिकों की गतिशीलता कम हो जाती है क्योंकि सब कहीं प्रशिक्षित श्रमिकों की मांग अधिक होती है। निरंतर नई-नई मशीनों और यंत्रों के आविष्कार से श्रमिकों

को उन पर काम करना सीखना पड़ता है जिससे उनकी पिछली योग्यता व्यर्थ हो जाती है और उन्हें फिर से परिश्रम करके योग्यता बनानी पड़ती है। इस प्रकार कुल मिलाकर सतत् प्रतियोगिता, तनाव और दबाव की ऐसी स्थिति निर्माण हो जाती है जिसमें श्रमिक को चैन से स्वाभाविक जीवन बिताना असम्भव हो जाता है।

15. राष्ट्र के औद्योगिक भविष्य की अनिश्चितता (Uncertainty of Nation's Industrial Future)—अन्त में विवेकीकरण से राष्ट्र का औद्योगिक भविष्य सदैव अनिश्चित बना रहता है। प्रत्येक उद्योग में तीव्र प्रतियोगिता और निरन्तर परिवर्तन होते रहने से यह अनुमान नहीं लगाया जा सकता कि कब कौन-सा उद्योग आगे बढ़ जायेगा और कौन सा पिछड़ जायेगा। इससे उद्योग और व्यापार के क्षेत्र में अनिश्चितता बनी रहती है। किसी भी नये आविष्कार से समस्त संतुलन बिगड़ जाता है और तेजी मन्दी के उतार-चढ़ाव रोके नहीं जा पाते। इन सब कारणों से प्रत्येक राष्ट्र का औद्योगिक भविष्य अनिश्चित रहता है और भावी योजनाओं के परिणामों का पूरा अनुमान नहीं लगाया जा सकता।

16. राष्ट्रीयकरण में कठिनाई (Difficulty in Nationalization)—विवेकीकरण का तार्किक परिणाम राष्ट्रीयकरण है क्योंकि इसमें समस्त राष्ट्रीय सम्पत्ति और श्रम को अपने हाथों में लेकर बर्बादी को न्यूनतम और उत्पादन को अधिकतम किया जाता है। इससे उद्योग के क्षेत्र में राष्ट्रीयकरण की आशंका से नये-नये जोखिम उठाने के काम करने वाले लोग सामने नहीं आते। इससे जोखिम उठाने की प्रवृत्ति कम होती है।

विवेकीकरण में उपरोक्त दोष वास्तव में उसके प्रयोग की कठिनाइयाँ हैं। दूसरे शब्दों में यह कहा जा सकता है कि उपरोक्त दोषों के कारण उसके प्रयोग में कठिनाइयाँ उत्पन्न हुई हैं। क्योंकि इनसे पूँजीपति, श्रमिक और उपभोक्ता सभी ने समय-समय पर विवेकीकरण का विरोध किया है। उदाहरण के लिए श्रमिक विवेकीकरण का इसलिए विरोध करते हैं क्योंकि उससे बेरोजगारी बढ़ती है, काम का बोझ बढ़ जाता है, श्रम पर पूँजी का आधिपत्य स्थापित होता है, श्रमिकों का शोषण होता है और उनका जीवन कठिन हो जाता है। दूसरी ओर उद्योगपति विवेकीकरण का इसलिए विरोध करते हैं क्योंकि उसमें पूँजी की अत्यधिक आवश्यकता होती है, कुशल प्रबन्धकों का निरन्तर अभाव बना रहता है, पुरानी मशीनें बेकार हो जाती हैं, और निरंतर प्रतियोगिता बढ़ती जाती है। इसी प्रकार उपभोक्ताओं में से भी कुछ लोग विवेकीकरण का इसलिए विरोध करते हैं क्योंकि उससे कलात्मक वस्तुएँ बाजार से उठ जाती हैं। सब कहीं प्रमापीकरण होने के कारण मौलिकता का कोई अवसर नहीं रहता तथा प्रतियोगिता को प्रोत्साहन मिलने से समायोजन कम हो जाता है। राष्ट्र का नियोजन करने वालों ने भी विवेकीकरण का विरोध किया है क्योंकि उससे पूँजी के कुछ हाथों में केन्द्रित हो जाने का भय होता है एकाधिकार की बुराइयाँ बढ़ती हैं, समाज के विभिन्न वर्गों में आर्थिक विषमता बढ़ती है, परम्परागत और कुटीर उद्योग समाप्त होते जाते हैं, श्रम और रोजगार में माँग और पूर्ति में समन्वय नहीं रहता, अत्यधिक प्रतियोगिता से राष्ट्र का संतुलन बिगड़ जाता है, इत्यादि।

विवेकीकरण के लिए सुझाव
(Suggestions for Rationalization)

किन्तु उपरोक्त विवेचन से यह नहीं कहा जा सकता कि विवेकीकरण करना किसी तरह से अनुचित है। वास्तव में औद्योगिक इतिहास यह दिखलाता है कि संसार के प्रत्येक प्रगतिशील देश में विवेकीकरण बढ़ता ही गया है। उसके उपरोक्त दोषों और कठिनाइयों को दूर करने के लिए सब कहीं विचार किया गया है और सुझाव उपस्थित किये गये हैं। उदाहरण के लिए जनेवा में सन् 1927 में विश्व आर्थिक सम्मेलन में विवेकीकरण के लिए सुझाव दिये गये थे। इसमें यह बतलाया गया था कि विवेकीकरण के कारण उद्योगों में लगे मजदूरों की छंटनी और बेरोजगारों की संख्या में वृद्धि की समस्या से निपटने के लिए श्रमिकों का वैज्ञानिक चयन, उचित प्रशिक्षण, उचित मार्ग दर्शन, काम और आराम की उचित व्यवस्था और उनके हितों की सुरक्षा की योजनायें बनायी जानी चाहियें। सन् 1941 में भारत में बम्बई सूती वस्त्र श्रम जाँच समिति ने विवेकीकरण की सफलता के लिए श्रमिक, उद्योगपति और राज्य तीनों के समायोजन पर जोर दिया था। इन तीनों ही पक्षों के सहयोग से विवेकीकरण को सफल बनाया जा सकता है। अस्तु, संक्षेप में विवेकीकरण की सफलता के लिए निम्नलिखित सुझाव दिये जा सकते हैं—

(1) सर्व पक्ष सहयोग (All Round Cooperation)—जैसा कि पीछे बतलाया जा चुका है विवेकीकरण की सफलता इस बात पर निर्भर है कि इसमें उद्योग के तीन पक्ष उद्योगपति, राज्य और श्रमिक कहाँ तक परस्पर सहयोग से काम करते हैं।

(2) लाभ का समान वितरण (Equal Distribution of Profit)—यह सहयोग तभी स्थायी रह पायेगा जबकि विवेकीकरण से होने वाले लाभ का समान वितरण किया जाये अर्थात् केवल पूँजीपति ही उसका सारा लाभ न हड़पकर उपभोक्ताओं, श्रमिकों और सरकार को भी उनका उचित हिस्सा दें।

(3) यांत्रिक प्रशिक्षण की सुविधायें (Facilities of mechanical Training)—विवेकीकरण का लाभ उठाने के लिए सब कहीं यांत्रिक प्रशिक्षण की सुविधायें बढ़ाने की आवश्यकता है जिससे नई-नई मशीनों पर काम करने वालों की कमी न हो।

(4) सभी दिशाओं में विवेकीकरण (Rationalization in all Directions)—विवेकीकरण किसी एक क्षेत्र में करने से लाभ नहीं होता। उसे सभी दिशाओं में लागू किया जाना चाहिये जैसे—श्रम का वैज्ञानिक प्रबन्ध, औद्योगिक संगठन, वैज्ञानिक यंत्रीकरण और मशीनीकरण, उद्योग में काम करने वालों की दशाओं में उन्नति, इत्यादि।

(5) अनुसंधान और प्रयोग (Research and Experiment)—उद्योग की समस्त दिशाओं में विवेकीकरण की सफलता इस बात पर निर्भर है कि इसके लिए सतत अनुसंधान और प्रयोग किये जायें।

(6) विकास निधि का निर्माण (Creation of Development Fund)—उद्योगों में विवेकीकरण करने के लिए पूँजी की निरंतर आवश्यकता बनी रहती है। यह तभी सम्भव

है जबकि एक विकास निधि बनाई जाये जो कि कारखानों में नये-नये विकासों के लिए आवश्यक पूंजी प्रदान करे। उद्योग के लाभ का कुछ अंश निरंतर विकास निधि में डाला जाना चाहिये।

(7) बेरोजगारी दूर करना (Removal of Unemployment)—विवेकीकरण का एक दोष बेरोजगारी में वृद्धि है। अस्तु, यदि यह ध्यान रखा जाय कि विवेकीकरण से होने वाले बेरोजगारों को साथ ही साथ रोजगार मिलता रहे तो विवेकीकरण बिना हानि के अपनाया जा सकता है।

(8) प्रबन्ध में श्रमिकों की भागीदारी (Labour Participation in Management)—विवेकीकरण की सफलता उत्पादक और श्रमिक के सहयोग पर निर्भर है। यह सहयोग तभी हो सकता है जबकि प्रबन्ध में श्रमिकों की भागीदारी हो। इससे वे उत्तरदायित्त्व अनुभव करते हैं और उद्योग के विकास में योगदान देते हैं।

(9) उद्योगपतियों का सामूहिक प्रयास (Collective Effort of Capitalists)—किसी भी विशेष उद्योग में विवेकीकरण अपनाने के लिए यह आवश्यक है कि उसमें लगे हुए सभी उद्योगपति सामूहिक रूप से नये साधन अपनाने का प्रयास करें। इसके लिए उन्हें एक केन्द्रिय संस्था बनाकर नीति निर्धारित करनी चाहिए और उसे अनिवार्य रूप से सब कहीं लागू करना चाहिए। इसी प्रकार राष्ट्र के विभिन्न उद्योगों में लगे हुए उद्योगपति मिलकर सम्पूर्ण राष्ट्र में विवेकीकरण को सफल बनाने के लिए केन्द्रीय नीति निर्धारित कर सकते हैं।

(10) सरकारी प्रयास (Government Efforts)—किन्तु उद्योगपति स्वयं अपनी प्रेरणा से ऐसा करने के लिए शायद ही कहीं आगे आते हों। अस्तु, इस दिशा में सरकार को प्रयास करना चाहिए। उसे उद्योगपतियों की आशंकाओं को निर्मूल करके उन्हें परस्पर और सरकार से सहयोग करने के लिए प्रोत्साहित करना चाहिए। आदर्श स्थिति यह अवश्य है कि उत्पादक और श्रमिकों में स्वयं सहयोग हो। किन्तु चूंकि ऐसा स्वभावतया नहीं हो पाता इसलिए सरकार को श्रम-कल्याण सम्बन्धी विधान बनाने चाहिएँ। इस प्रकार के विधानों को कठोरतापूर्वक लागू करने से उद्योग के क्षेत्र में सहयोग को बढ़ाया जा सकता है।

(11) योजना को क्रमशः लागू करना (Gradual Application of the Scheme)—अन्त में यह ध्यान रखना आवश्यक है कि विवेकीकरण को सफल बनाने के लिए उसकी योजना को धीरे-धीरे लागू किया जाय। उसमें उठने वाली कठिनाइयों का समाधान करते हुए आगे बढ़ा जाय। बेरोजगारी की समस्या को सुलझाने के लिए भी कुछ उपाय किये जा सकते हैं जैसे—यथासम्भव लोगों को काम पर से न निकाला जाय बल्कि यदि कुछ लोग बुढ़ापे, रोग या दुर्घटना के कारण काम छोड़ गये हैं तो उनके स्थान पर नई नियुक्तियाँ न की जायें। उद्योगपति परस्पर सहयोग करके भी छंटनी किये हुए कर्मचारियों को दूसरे स्थान पर काम पर लगा सकते हैं। कोई भी श्रमिक अकस्मात नहीं निकाला जाना चाहिए। छंटनी की सूची पहले से प्रकाशित होनी चाहिए और इसमें अविवाहितों की तुलना में विवाहितों, छोटे परिवार वालों की तुलना में बड़े परिवार वालों और नये लोगों की तुलना में पुराने लोगों तथा अप्रशिक्षित श्रमिकों की तुलना में प्रशिक्षितों और विस्थापितों को प्राथमिकता दी जानी चाहिए। ऐसा करने

से बेरोजगारी से उत्पन्न होने वाली मानव कठिनाइयों को बड़ी सीमा तक कम किया जा सकेगा। भारतवर्ष में प्रथम योजना आयोग ने भी कुछ ऐसे सुझाव दिये थे जो विवेकीकरण की कठिनाइयों को दूर करने में सहायक हैं। इस आयोग के अनुसार यदि छंटनी आवश्यक हो तो नई नियुक्तियों में से की जानी चाहिये। विवेकीकरण की योजना बनाने पर नई भर्तियाँ नहीं की जानी चाहियें। जिन लोगों को नौकरी से हटाया जाये उन्हें अन्य काम सीखने का अवसर दिया जाये। छंटनी किये हुए श्रमिकों को अन्य रोजगारों में प्राथमिकता दी जाये। स्वेच्छा से अवकाश ग्रहण करने वाले श्रमिकों के लिए ग्रेच्यूटी की व्यवस्था की जाये।

भारत में विवेकीकरण
(Rationalization in India)

भारत में विवेकीकरण सबसे पहले सूती वस्त्र उद्योग में आरम्भ किया गया। सन् 1926 में ई० डी० ससून एण्ड कं० ने विवेकीकरण की योजना बनायी। सन् 1927 में टैरिफ बोर्ड ने बम्बई के सूती वस्त्र उद्योग के लिए विवेकीकरण की योजना बनाई। सीमेन्ट उद्योग में सन् 1927 में भारतीय सीमेन्ट उत्पादक संघ की स्थापना से विवेकीकरण का आरम्भ हुआ। सन् 1927 में कांक्रीट एसोसियेशन आफ इण्डिया की स्थापना की गयी जिससे जनता में सीमेन्ट के प्रयोग के प्रति जागरूकता बढ़े। सन् 1930 में सीमेन्ट की बिक्री और वितरण को व्यवस्थित करने के लिए सीमेन्ट मार्केटिंग लि० की स्थापना की गयी। सन् 1936 में सीमेन्ट के वितरण के लिए सीमेन्ट एजेन्सीज लि० की स्थापना हुई। सन् 1935 में सूती वस्त्र उद्योग में अहमदाबाद में मिल मालिक संघ और सूती वस्त्र श्रम-संघ के झगड़े को निपटाने के लिए समझौता प्रणाली अपनायी गयी जिसमें यह समझौता हुआ कि विवेकीकरण से ऐसी विधियाँ अपनायी जायेंगी जिससे श्रमिकों के स्वास्थ्य पर बुरा प्रभाव न पड़े और विस्थापित श्रमिकों को रोजगार देने में प्राथमिकता दी जायेगी। विवेकीकरण योजना को श्रमिक-संघ और मिल मालिकों के संघ के परस्पर सहयोग से चलाया जायेगा। इनमें झगड़ा होने पर विवाद ग्रस्त विषयों को पंचायत को सौंपा जायेगा। बम्बई के बाद कानपुर की मिलों में विवेकीकरण होने पर सन् 1937 में श्रमिकों ने इसके विरुद्ध 50 दिन की हड़ताल की। मालिक और मजदूर में समझौता होने पर 9 अगस्त सन् 1937 को यह हड़ताल समाप्त हुई किन्तु विवेकीकरण को लागू नहीं किया गया। इस प्रकार सन् 1937 के बाद से 1945 तक भारत में विवेकीकरण की प्रगति नहीं के बराबर हुई क्योंकि श्रमिक विवेकीकरण के विरुद्ध थे। 1944 में द्वितीय विश्व युद्ध समाप्त हो जाने के पश्चात् विवेकीकरण की ओर फिर से ध्यान दिया गया जिससे छंटनी हुई और श्रमिकों तथा मिल मालिकों में संघर्ष हुआ। इसको सुलझाने के लिए इन्डस्ट्रियल ट्रिब्यूनल की स्थापना की गयी।

योजना आयोग के सुझाव

सन् 1947 में देश के स्वतन्त्र हो जाने के पश्चात् भारत सरकार ने समस्त देश के योजनाबद्ध विकास के लिए एक योजना आयोग की स्थापना की जिसने विवेकीकरण के सम्बन्ध में अग्रलिखित सुझाव दिये–

(1) मिल मालिक और श्रमिक मिलकर तकनीकी विशेषज्ञों का चुनाव करें।

(2) ये विशेषज्ञ जाँच करके श्रमिकों का कार्यभार निश्चित करें।

(3) मिलों में कार्य की दशाओं का प्रमापीकरण हो।

(4) नई मशीनों को लगाने से पहले उनका परीक्षण किया जाये।

(5) विवेकीकरण की योजना लागू करने पर नई भर्ती न की जाये।

(6) मृत्यु, अवकाश या बीमारी से पद रिक्त होने पर भर्ती न की जाये।

(7) नई मशीनें लगाने से पहले कच्चे माल की दशा, पूँजी बाजार की स्थिति, पूँजीगत वस्तुओं की उपलब्धि और उत्पादित वस्तु की माँग का अध्ययन किया जाये।

(8) जो श्रमिक अपनी इच्छा से अवकाश ग्रहण करना चाहें उन्हें ग्रेच्यूटी मिले।

(9) यथासम्भव नई भर्ती हुये श्रमिकों की छंटनी हो।

(10) छंटनी किये श्रमिकों को अन्य कार्य सम्बन्धी प्रशिक्षण मिले।

(11) विवेकीकरण से श्रमिकों का वेतन बढ़ाया जाये।

(12) अतिरिक्त श्रमिकों को सरकारी नौकरियाँ मिलें।

विवेकीकरण की मन्द गति के कारण

सन् 1951 में औद्योगिक विकास समिति ने विवेकीकरण के विषय में यह सुझाव दिया कि यथा सम्भव छँटनी कम की जाये। विवेकीकरण की गति मन्द हो योजना आयोग द्वारा दिये सुझावों पर शीघ्र अमल किया जाये। भारतवर्ष में पंचवर्षीय योजनाओं में उद्योगों में विवेकीकरण पर जोर दिया गया है और इसकी दिशा को यथासम्भव नियोजित रखने का प्रयास किया गया है। क्रमशः बड़े-बड़े उद्योगों के विवेकीकरण किये जा रहे हैं। फिर भी विवेकीकरण की गति किसी भी प्रकार से संतोषजनक नहीं कही जा सकती। इस धीमी प्रगति के मुख्य कारण निम्नलिखित हैं—

(1) पूंजी की कमी (Paucity of Capital)—जैसा कि पीछे बतलाया जा चुका है, विवेकीकरण के लिए अत्यधिक पूँजी की आवश्यकता होती है क्योंकि पुरानी मशीनों के स्थान पर नई मशीनें लगाने में काफी खर्च आता है। पाश्चात्य देशों की तुलना में भारत एक निर्धन देश है और यहाँ पूँजी की भारी कमी है। इसलिए कुछ थोड़े से उद्योगों को छोड़कर अधिकतर उद्योगों में पूंजी के अभाव के कारण विवेकीकरण नहीं हो पा रहा है।

(2) तकनीकी ज्ञान और अनुभव की कमी (Dearth of Technical Knowledge and Experience)—भारत में औद्योगिक प्रशिक्षण के साधन पर्याप्त रूप से सुलभ नहीं हैं इसलिए तकनीकी ज्ञान और अनुभव की कमी लगभग प्रत्येक उद्योग में बनी हुई है। अभी तक नये उद्योग स्थापित करने में और विवेकीकरण के समय विदेशों से इंजीनियरों को बुलाना पड़ता है जिससे काफी खर्चा होता है। अस्तु, अधिकतर उद्योगों में विवेकीकरण नहीं किया जा रहा है।

(3) मशीनों की कमी (Dearth of Machines)—भारतवर्ष में आज भी अधिकतर मशीनें बाहर से मंगायी जाती हैं क्योंकि देश में मशीनों का उत्पादन बहुत कम और पिछड़ा हुआ है। आज भी भारत में बनी मशीनें उस स्तर की नहीं होती जैसी कि विदेशों से आती हैं और बड़े-बड़े उद्योगों की बनी मशीनें तो यहाँ बनती ही नहीं, इन मशीनों को मंगाने के लिये भारी धन व्यय करना पड़ता है।

(4) विदेशी मुद्रा की कमी (Paucity of Foreign Exchange)—विदेशों से व्यापार बहुत उन्नन्त न होने के कारण भारतवर्ष में विदेशी मुद्रा की सदा से कमी रही है। अस्तु, नई-नई मशीनें खरीदने के लिए पर्याप्त विदेशी मुद्रा नहीं मिल पाती जबकि इसके बिना विवेकीकरण सम्भव नहीं है।

(5) बेरोजगारी का भय (Fear of Unemployment)—किसी भी उद्योग में नई मशीन आ जाने से कुछ मानव हाथ बेकार हो जाते हैं। जहाँ कहीं बड़े पैमाने पर विवेकीकरण किया गया है वहाँ उसी पैमाने पर छंटनी भी हुई है। देश में पहले ही बेरोजगारी की संख्या बहुत है और विवेकीकरण होने से उसके और भी बढ़ जाने की आशंका है। अस्तु, विवेकीकरण का विरोध किया जाता है।

(6) श्रम संघों द्वारा विरोध (Opposition by Labour Unions)—अस्तु, देश के विभिन्न श्रम-संघों ने समय-समय पर विवेकीकरण का विरोध किया है। सन् 1954 में अखिल भारतीय ट्रेड यूनियन कांग्रेस (A.I.T.U.C.) ने विवेकीकरण के विरोध में प्रस्ताव पास करते हुए कहा था, "अखिल भारतीय ट्रेड यूनियन काँग्रेस सरकार की सहायता और सहयोग से भारत में मिल मालिकों द्वारा विवेकीकरण के आयोजित तथा लागू किए गये विभिन्न प्रयासों की जोरदार निन्दा करती है और श्रमिक वर्ग का आह्वान करती है कि वह अपने ऊपर इस नवीन आघात का सामना करने के लिये तैयार हो जाये।" इसी प्रकार हिन्दू मजदूर सभा ने भी विवेकीकरण का विरोध किया था। सन् 1954 में भारतीय राष्ट्रीय ट्रेड यूनियन काँग्रेस (I.N.T.U.C.) ने स्वचालित मशीनों के प्रयोग पर रोकथाम करने की मांग की थी। सन् 1955 में कानपुर सूती मिलों के श्रमिकों ने विवेकीकरण का विरोध किया था। इसी प्रकार सन् 1956 में नागपुर सूती मिलों के मजदूरों ने विवेकीकरण का विरोध किया गया था। इस विरोध में शोषण, छंटनी, बेरोजगारी, दुर्घटनाएँ आदि का भय काम करता है।

(7) श्रमिकों की अज्ञानता (Ignorance of Labourers)—उपरोक्त कारणों से भी अधिक विवेकीकरण का विरोध अज्ञान के कारण किया गया है। भारत में श्रमिक अधिकतर अशिक्षित और परम्परावादी हैं। उनमें से अधिकतर गाँव से आते हैं और उनमें पर्याप्त गतिशीलता नहीं होती है। वे अपने जीवन के ढर्रे को बदलना नहीं चाहते। कर्म के सिद्धान्त में विश्वास होने के कारण वे भाग्यवादी हैं और वेतन वृद्धि के लिए विशेष प्रयास नहीं करते। इस प्रकार श्रमिकों की अज्ञानता भी उनके द्वारा किये जाने वाले विवेकीकरण के विरोध का प्रमुख कारण है।

(8) उद्योगपतियों से सम्बन्धित दोष (Defects Concerning Capitalists)—किन्तु भारत में केवल श्रमिकों और श्रम-संघों में ही विवेकीकरण का विरोध नहीं किया है। अनेक कारणों से उद्योगपतियों ने भी विवेकीकरण का विरोध किया है। इनमें सबसे पहला

कारण उनका रूढ़िवादी होना है जिसके कारण वे किसी भी परिवर्तन को संदेह की दृष्टि से देखते हैं। दूसरे, उनमें स्वार्थी प्रवृत्ति तीव्र होने के कारण वे विवेकीकरण से हुए लाभ को सम्पूर्ण समेट लेना चाहते हैं और उसमें श्रमिकों को हिस्सा नहीं देना चाहते। तब क्या आश्चर्य है कि श्रमिक विवेकीकरण की योजनाओं का विरोध करें? वास्तव में जब उद्योगपति को विवेकीकरण का सम्पूर्ण लाभ स्वयं नहीं मिलता तो वह उसके प्रति कोई उत्साह नहीं रखता जबकि अमेरिका जैसे देशों में बड़े-बड़े उद्योगों में निरन्तर विवेकीकरण के कारण उत्पादन के गुण और मात्रा में आश्चर्यजनक प्रगति हुई है जिससे पूंजीपति और श्रमिक दोनों का आर्थिक स्तर तेजी से ऊँचा उठा है। विवेकीकरण अकेले नहीं किया जा सकता। इसके लिए कम से कम एक उद्योग में सभी उद्योगपतियों को सहयोग से काम करना पड़ेगा। यह सहयोग अमेरिका के उद्योगपतियों में देखा जा सकता है। भारतवर्ष में न केवल भिन्न-भिन्न प्रकार की वस्तुएँ बनाने वाले बल्कि एक ही प्रकार की वस्तुएँ बनाने वाले उद्योगपतियों में भी सहयोग का नितांत अभाव है बल्कि दूसरी ओर अस्वस्थ प्रतियोगिता दिखलाई पड़ती है। ऐसी स्थिति में विवेकीकरण सम्भव नहीं हो सकता। चौथे, विवेकीकरण के लिए साहस और जोखिम उठाने की प्रवृत्ति चाहिए जिसका भारतीय उद्योगपतियों में अधिकतर अभाव ही है। भाग्यवादी और कर्म के सिद्धान्त पर विश्वास करने के कारण श्रमिकों की तरह वे भी यह सोचते हैं कि भाग्य में जितना आर्थिक लाभ लिखा होगा वह तो होगा ही तब फिर नई मशीनें लगाकर नए खतरे उठाने की आवश्यकता है। अस्तु, उद्योगपति भी अनेक कारणों से विवेकीकरण के प्रति विशेष उत्साह नहीं रखते।

(9) सरकार की उदासीनता (Indifference of Government)—भारतवर्ष में विवेकीकरण के इतिहास को देखने से यह पता चलता है कि इस दिशा में कुछ न कुछ प्रयत्न अवश्य हो रहा है। सन् 1951 के औद्योगिक विकास एवं नियमन अधिनियम के अनुसार अनुसूचित उद्योगों में विवेकीकरण लागू करने के लिए विचार करने के हेतु विकास परिषदें बनाई गयीं। इस हेतु विभिन्न उद्योगों को सरकार से वित्तीय सहायता दी गयी। औद्योगिक विकास बैंकों ने भी वित्तीय सहायता दी। श्रम और पूंजी में सहयोग बढ़ाने के लिए औद्योगिक प्रबन्ध में श्रमिकों की भागीदारी का नियम बनाया गया। सन् 1957 में अखिल भारतीय श्रम सम्मेलन में यह प्रस्ताव पास किया गया कि किसी भी संस्था में विवेकीकरण योजना लागू करने से पहले श्रम प्रतिनिधियों से भी विचार विमर्श किया जाएगा। विकास के लिए करों में विशेष छूट दी गयी। औद्योगिक शोध और अनुसंधान को प्रोत्साहन देने के लिए अनेक अनुसंधान संस्थायें खोली गयीं जैसे—सन् 1940 में वैज्ञानिक और औद्योगिक अनुसंधान परिषद, सन् 1948 में वैज्ञानिक अनुसन्धान विभाग, सन् 1954 में प्राकृतिक और वैज्ञानिक शोध मंत्रालय, सन् 1953 में राष्ट्रीय शोध विकास निगम और सन् 1960 में आविष्कार प्रोत्साहन मण्डल की स्थापना की गयी। सन् 1958 में राष्ट्रीय उत्पादकता परिषद तथा उनके आधीन क्षेत्रीय उत्पादक परिषदों की स्थापना की गयी। प्रमापीकरण के लिए सन् 1957 में भारतीय मानक संस्थान (I.S.I.) बना जिसके द्वारा जून सन् 1972 तक 6864 भारतीय प्रमाप निर्धारित हो चुके थे।

इन सब प्रयत्नों के बावजूद यह नहीं कहा जा सकता है कि सरकार ने विवेकीकरण की दशा में पूरी तरह प्रयास किये हैं। वर्तमान काल में पहले से इस दिशा में कुछ प्रगति बढ़ी

है किन्तु इससे पहले प्रगति संतोषजनक नहीं थी और अंग्रेज सरकार के जमाने में तो इस ओर कोई भी ध्यान नहीं दिया गया।

(10) वैज्ञानिक पिछड़ापन (Scientific Backwardness)—अन्त में भारत का सामान्य वैज्ञानिक पिछड़ापन भी विवेकीकरण की मन्द गति के लिए उत्तरदायी है। वैज्ञानिक पिछड़ेपन के कारण देश में नवीन यन्त्र और मशीनें बनाने के प्रयास बहुत कम हुए हैं। नए आविष्कारों की भारी कमी है और शायद ही कोई आविष्कार यहाँ ऐसा हुआ हो जिसे अन्तर्राष्ट्रीय महत्त्व का कहा जा सके। अस्तु, किसी भी भारतीय यन्त्र अथवा मशीन की बिक्री सारी दुनिया में नहीं होती जबकि विदेशों से बराबर नए-नए यंत्र और मशीनें सारी दुनिया में फैलती रहती हैं। वैज्ञानिक पिछड़ेपन के कारण तकनीकी ज्ञान का भारी अभाव है। अनुसन्धान और आविष्कार की गति अत्यन्त मन्द है। इन सब कारणों से विवेकीकरण का खर्चा बढ़ जाता है और उद्योगपति उराकी ओर से उदासीन रहते हैं।

भारत में विवेकीकरण की आवश्यकता
(Need of Rationalization in India)

किन्तु विवेकीकरण की दिशा में मन्द गति होने से भारत में विवेकीकरण की आवश्यकता किसी भी प्रकार से कम नहीं है बल्कि पिछड़ा हुआ देश होने के कारण अन्य समकालीन देशों से भारत में कहीं अधिक तेजी से विवेकीकरण की आवश्यकता है। इस आवश्यकता के मुख्य आधार निम्नलिखित हैं—

(1) रोजगार दिलाने के लिए (To give Employment)—आज देश में लाखों शिक्षित और अशिक्षित बेकार हैं और बेकारों की यह संख्या तीव्र गति से बढ़ती ही जा रही है। नये-नये रोजगार खुलने से नौकरियों की संख्या बढ़ती है और अधिक लोगों को काम मिलता है। यह तभी सम्भव है जबकि उद्योगों में विवेकीकरण करने से तुरन्त कुछ छँटनी होती है किन्तु दीर्घकाल में उससे रोजगार के अवसर बढ़ते हैं क्योंकि नयी-नयी चीजों को बनाने और बेचने के लिए भारी संख्या में लोगों की आवश्यकता पड़ती है।

(2) गरीबी हटाने के लिए (To remove Poverty)—आज भारत में गरीबी हटाओ का नारा लगाया गया है किन्तु यह केवल नारे लगाने से नहीं हो सकता। इसके लिए उद्योग के क्षेत्र में तीव्र गति से प्रगति की आवश्यकता है। इसके लिये उत्पादन बढ़ाया जाना चाहिए ताकि अधिक वस्तुएँ कम कीमत में उपलब्ध हो सकें। यह तभी हो सकता है जबकि विवेकीकरण को प्रोत्साहित किया जाये।

(3) जीवन स्तर को उठाने के लिए (To Raise the Standard of Living) —भारतवर्ष में जीवन का स्तर संसार के प्रगतिशील कहलाने वाले देशों के समान नहीं है। यहाँ का व्यक्ति उद्योग की विभिन्न वस्तुओं को सामान्य की तुलना में बहुत कम भोग पाता है। इसीलिए स्वास्थ्य का स्तर अत्यन्त निम्न है और सभी दिशाओं में पिछड़ापन बना हुआ है। अस्तु, जीवन का स्तर उठाने के लिए उत्पादन को बड़े पैमाने पर प्रमापीकरण करके बढ़ाने की आवश्यकता है ताकि उपभोक्ताओं को कम मूल्य में अच्छे गुण वाली उपभोग की वस्तुएँ सरलता से उपलब्ध हो सकें। ऐसा होने पर ही जीवन का स्तर ऊँचा उठेगा।

(4) उत्पादन स्तर उठाने के लिए (To Raise the Level of Production)—भारत में मात्रा और गुण दोनों ही दृष्टि से उत्पादन का स्तर बहुत नीचा है न तो यहाँ अच्छी किस्म का माल और मशीनें बनती हैं और न यहाँ उत्पादन पर्याप्त मात्रा में ही होता है। पूर्ति से मांग के अधिक होने से चीजों के दाम बढ़ते जाते हैं। इसलिए उत्पादन का स्तर उठाने की आवश्यकता है। यह विवेकीकरण के माध्यम से ही हो सकता है।

(5) आधुनिकीकरण के लाभों के लिए (For the Advantages of Modernization)—विभिन्न प्रकार के उद्योगों में पुराने ढंग की मशीनों, प्रणालियों, औद्योगिक प्रबन्ध, वेतन दर, प्रेरकों इत्यादि के कारण भारतीय श्रमिक और उद्योगपति आधुनिकीकरण का लाभ नहीं उठा पाते। अस्तु, विवेकीकरण की अत्यधिक आवश्यकता है।

(6) विदेशों से प्रतियोगिता के लिए (For Competition with Foreign Countries)—अन्तर्राष्ट्रीय क्षेत्र में कोई भी देश व्यापार में तभी टिक सकता है जबकि वहाँ की बनी हुई वस्तुएँ विदेशों से सफलतापूर्वक प्रतियोगिता कर सकें। ऐसा न होने पर या तो विदेशी माल देश में धड़ाधड़ आता रहता है या फिर उस पर रोकथाम करने से देशी वस्तुओं का स्तर नीचा रह जाता है और मूल्य बढ़ जाते हैं। इन दोनों स्थितियों से बचाव के लिये विवेकीकरण के द्वारा उद्योगों को ऐसे स्तर पर लाया जाना चाहिए कि वे विदेशों से सफलतापूर्वक प्रतियोगिता कर सकें। भारतवर्ष में इस दृष्टि से बहुत कमी है। इसलिए यहाँ विवेकीकरण की विशेष आवश्यकता है।

(7) विदेशी मुद्रा कमाने के लिए (To Earn Foreign Exchange)—आज प्रत्येक देश में दूसरे देशों से कच्चा या पक्का माल खरीदने के लिए विदेशी मुद्रा की आवश्यकता होती है। भारत में विदेशी मुद्रा की भारी कमी है क्योंकि यहाँ का माल पर्याप्त मात्रा में बाहर नहीं बिकता। यह तभी हो सकता है जबकि विवेकीकरण के द्वारा उद्योग में निर्माण के गुण और मात्रा का स्तर ऊँचा उठाया जाये।

(8) माँग की पूर्ति के लिए (To Supply the Demand)—भारत एक विशाल देश है। यहाँ 56 करोड़ नर-नारी रहते हैं और यह जनसंख्या तेजी से बढ़ रही है। इतनी बड़ी जनसंख्या के लिए आवश्यक वस्तुओं की माँग की पूर्ति पिछड़े हुए उद्योगों से नहीं हो सकती। इसके लिए तो विवेकीकरण के द्वारा उद्योगों को आधुनिक बनाना पड़ेगा।

(9) कार्यक्षमता बढ़ाने के लिए (To Raise Working Capacity)—श्रमिकों की निर्धनता तभी दूर हो सकती है जबकि उनकी कार्यक्षमता बढ़े अर्थात् उतने ही समय में वे पहले से अधिक उत्पादन कर सकें। यह तभी सम्भव है जबकि सभी उद्योगों में नये प्रकार के यन्त्रों का प्रबन्ध किया जाये, स्वास्थ्य का स्तर उठे और प्रबन्ध वैज्ञानिक हो। उद्योग में प्रत्येक सोपान पर कार्यक्षमता बढ़ाने के लिए विवेकीकरण होना चाहिए।

(10) अनार्थिक इकाइयों का सुधार (Reform of Uneconomic Units)—भारतवर्ष में अनेक उद्योग अनार्थिक इकाइयाँ बनते जा रहे हैं क्योंकि उनमें विवेकीकरण नहीं किया जा रहा है। उदाहरण के लिए सन् 1960 में देश में 39 सूती मिलें अनार्थिक इकाइयाँ थीं। अनार्थिक इकाई होने से मालिकों को तो हानि होती ही है श्रमिकों को उससे भी बड़ी हानि होती है क्योंकि

एक मिल बन्द हो जाने से हजारों लोग बेकार हो जाते हैं। अस्तु, सरकार को हस्तक्षेप करना पड़ता है और अन्त में विवेकीकरण ही सुधार की एकमात्र दवा माना जाता है।

(11) परस्पर सहयोग बढ़ाने के लिए (To Increase Mutual Cooperation) —विवेकीकरण से विशेषीकरण भी बढ़ता है क्योंकि विशेषीकरण में बर्बादी कम होती है और उत्पादन क्षमता अधिक होती है। इसलिए विवेकीकरण बढ़ते जाने से अनेक उद्योग मिल-जुल कर और परस्पर सहायता करके आगे बढ़ते हैं। इससे व्यापार और उद्योग में सहयोग बढ़ता है जो सम्पूर्ण राष्ट्र के लिए लाभदायक सिद्ध होता है।

(12) विभिन्न आयोगों और समितियाँ द्वारा सुझाव (Suggestion by Various Commissions and Committees)—अन्त में भारतवर्ष में विवेकीकरण की आवश्यकता के विषय में समय-समय पर आयोजित विभिन्न आयोगों और समितियों ने सुझाव दिये हैं। इनमें सन् 1951 की उद्योग विकास समिति (Industrial Development Committee), सन् 1952 की सूती वस्त्र उद्योग की वर्किंग पार्टी (Working Party of the Cotton Textile Industry), सन् 1953 का जूट जाँच आयोग (Jute Enquiry Commission), सन् 1954 का फोर्ड फाउन्डेशन का अन्तर्राष्ट्रीय दल (International Team of Ford Foundation), इसी वर्ष की कानूनगो समिति, सन् 1956 की कानपुर सूती वस्त्र उद्योग विवेकीकरण समिति (Kanpur Textile Mills Rationalization Committee), सन् 1957 की निर्यात प्रोत्साहक समिति तथां सन् 1962 की चीनी उद्योग विकास परिषद (Development Council of Sugar Industry) ने इन सब उद्योगों में विवेकीकरण की जोरदार सिफारिश की है। इन सब आयोगों और समितियों की सिफारिशों से भारत में विवेकीकरण की आवश्यकता सिद्ध हो चुकी है। अस्तु, इसमें आज कोई दो मत नहीं पाये जाते हैं। आधुनिक काल में भारत सरकार ने इस ओर विशेष ध्यान दिया है और बड़े-बड़े उद्योगों में विवेकीकरण बढ़ाने की योजना बनाई गई है। उद्योगपतियों के सहयोग से यह सम्भव हो सकेगा। श्रम विवादों के समाप्त हो जाने से इसकी सफलता की भारी आशा है।

अभ्यास के लिए प्रश्न

1. अभिनवीकरण से आप क्या समझते हैं? भारत में औद्योगिक परिवेश में अभिनवीकरण की क्या समस्यायें हैं?
2. यौक्तीकरण को परिभाषित कीजिए। भारत जैसे देश में उसके परिणामों की विवेचना कीजिए।
3. विवेकीकरण के गुण-दोषों की विवेचना कीजिये।
4. भारत में विवेकीकरण की परम आवश्यकता क्यों है तथा इसकी धीमी प्रगति के क्या कारण हैं?

21

विशेषीकरण

(Specialization)

विशेषीकरण का अर्थ

(Meaning of Specialization)

उद्योग के क्षेत्र में श्रम विभाजन ने तेजी से बढ़ते हुए विशेषीकरण का रूप ले किया है। विशेषीकरण, जैसा कि उसके नाम से पता चलता है, किसी विशेष क्षेत्र में विशेष योग्यता प्राप्त करना है। इसकी निम्नलिखित परिभाषाओं से इसका स्वरूप स्पष्ट होता है—

(1) सामाजिक विज्ञानों के विश्वकोष का मत—"विशेषीकरण एक तकनीकी शब्द है जिसमें औद्योगिक, सामाजिक और जैवकीय तथा आर्थिक ये सब तत्त्व आते हैं—जो कि साधारणतया श्रम विभाजन के पद के अन्तर्गत माने जाते हैं। इस प्रकार विशेषीकरण तकनीकी दृष्टि से श्रम विभाजन का ही अधिक वैज्ञानिक रूप है।"[1]

(2) किम्बाल (Kimbal) **द्वारा परिभाषा**—विशेषीकरण की परिभाषा करते हुए किम्बाल ने लिखा है कि "विशेषीकरण प्रयास के सीमित क्षेत्र में केन्द्रीकरण को कहते हैं।" इस परिभाषा में विशेषीकरण की दो विशेषतायें बतलायी गयी हैं। एक तो यह कि उसमें प्रयास का क्षेत्र अत्यन्त सीमित होता है और दूसरे उसमें शक्ति को केन्द्रित किया जाता है।

(3) जरोसलाव तूमा (Jaroslav Tuma) **का विचार**—उपरोक्त परिभाषा से मिलती-जुलती परिभाषा तूमा ने उपस्थित की है। उनके अनुसार, "विशेषीकरण मानसिक कार्य या शारीरिक प्रयत्नों के विशेष समस्याओं अथवा कार्यों पर केन्द्रित करने को कहा जाता है।" इसमें समस्याओं अथवा कार्यों के विशेषीकरण को ही विशेषीकरण कहा गया है। संक्षेप में विशेषीकरण आधुनिक औद्योगिक और वैज्ञानिक क्षेत्र में यह प्रक्रिया है जिसके कारण योग्यता और अनुभव तथा कार्य के क्षेत्र को अत्यन्त सीमित करके केन्द्रित कर लिया जाता है।

---

1. "Specialization is a technical term for all those phenomenon as well as technology, social and biological as well as economic which are usually subserved under the phrase division of labour."

—*Encyclopaedia of Social Sciences,* Vol. XIII, XIV, p. 279.

विशेषीकरण के लक्षण
(Characteristics of Specialization)

विशेषीकरण की उपरोक्त परिभाषाओं से उसके निम्नलिखित लक्षण स्पष्ट होते हैं—

(1) इसका आधार श्रम विभाजन है।

(2) विशेषीकरण आधुनिक औद्योगिक प्रणाली पर आधारित है।

(3) इसे वैज्ञानिक और औद्योगिक प्रगति से प्रोत्साहन मिला है।

(4) इसका आधार उपलब्ध प्राकृतिक साधनों का अधिकतम शोषण और उत्पादन में अधिकतम वृद्धि करना है।

(5) इसका आधार विशिष्ट प्रशिक्षण है।

(6) इसमें विशिष्ट ज्ञान के साथ अनुभव को भी महत्त्व दिया जाता है।

(7) इससे औद्योगिक इकाइयों में आत्म-निर्भरता के स्थान पर अन्तर्निर्भरता का विकास होता है।

विशेषीकरण के प्रकार
(Types of Specialization)

आधुनिक काल में औद्योगिक समाज में अनेक प्रकार का विशेषीकरण देखा जा सकता है जिसमें से मुख्य निम्नलिखित हैं—

(1) श्रम का विशेषीकरण (Labour Specialization)—इसमें, जैसा कि इसके नाम से स्पष्ट है, श्रम की विशेषताओं के आधार पर विशेषीकरण किया जाता है जिससे शारीरिक और मानसिक विशेषताओं के अनुरूप कार्य विभाजन हो।

(2) औद्योगिक विशेषीकरण (Industrial Specialization)—औद्योगिक विकास के साथ-साथ अनेक उद्योग पूरी वस्तु न बनाकर वस्तु के किसी विशेष पुर्जे को बनाने में ही विशेषीकरण करते दिखलाई पड़ते हैं। इस तरह कहीं ट्यूब बनते हैं तो कहीं साइकिल का लोहे का साँचा और साइकिल के कारखानों में उसके विभिन्न पुर्जों को एकत्रित करके जोड़ने का काम किया जाता है। यही बात मोटर कार, ट्रैक्टर आदि अन्य बड़ी-बड़ी चीजों के बारे में भी देखी जा सकती है।

(3) व्यवसायों का विशिष्टीकरण (Specialization of Occupations)— आजकल लगभग सभी विकसित समाजों में विभिन्न व्यवसायों में विशिष्टीकरण बढ़ गया है। उदाहरण के लिए पहले चिकित्सक सब प्रकार के रोगों की चिकित्सा करता था किन्तु अब शरीर के विभिन्न अंगों जैसे—आँख, नाक, कान, गला, दाँत आदि के विशेषीकरण वाले चिकित्सक दिखलाई पड़ते हैं। इसी तरह कपड़ा सिलने के काम इत्यादि अन्य कामों में भी व्यवसायों का विशेषीकरण देखा जा सकता है। यह विशेषीकरण बढ़ता ही जाता है।

(4) तकनीकी विशेषीकरण (Technical Specialization)—आधुनिक काल में प्रत्येक उद्योग में वस्तु बनाने की विभिन्न क्रियाओं को अधिक से अधिक उपक्रियाओं में विभाजित कर दिया जाता है और इनमें से प्रत्येक उपक्रिया के लिए पृथक् तकनीक विकसित की जाती है जिस पर विशेषज्ञ काम करते हैं। यह तकनीकी विशेषीकरण है। उदाहरण के लिए जूता उद्योग में जूता बनाने की क्रिया लगभग 200 उपक्रियाओं में विभाजित की गयी है।

(5) भौगोलिक विशेषीकरण (Geographical Specialization)—भौगोलिक आधार पर भी आजकल विभिन्न क्षेत्रों में ऐसे उद्योगों का विशेषीकरण करने का प्रयास किया जाता है जिनके लिए स्थानीय क्षेत्र में उपयुक्त जलवायु, प्राकृतिक साधन, कच्ची सामग्री और श्रम शक्ति आसानी से उपलब्ध हो सके। उदाहरण के लिए भारतवर्ष में कलकत्ता में जूट और बम्बई में सूती वस्त्र उद्योग तथा टाटा नगर में लोहे का कारखाना भौगोलिक विशेषीकरण के कारण विकसित हुए हैं। केवल एक ही देश में नहीं बल्कि भिन्न-भिन्न देशों में भी भौगोलिक विशेषीकरण पाया जाता है। उदाहरण के लिए योरोप के भिन्न-भिन्न देशों में भौगोलिक कारणों से अलग-अलग उद्योग विकसित हो गए हैं।

(6) अन्य विशेषीकरण (Other Specialization)—आर्थिक क्षेत्र में उत्पादन के अतिरिक्त अन्य पहलुओं में भी आजकल विशेषीकरण बढ़ता जा रहा है। उदाहरण के लिए पहले एक ही व्यक्ति रुपया जुटाने, उत्पादन और विनिमय के कार्य किया करता था किन्तु अब अर्थ सम्बन्धी कार्य बैंक करते हैं। आरम्भ में एक ही बैंक बैंकिग के सब प्रकार के काम करता था किन्तु अब बैंकों में भी विशेषीकरण दिखलाई पड़ता है जैसे औद्योगिक बैंक, भूमि बन्धक बैंक, व्यापारिक बैंक इत्यादि।

विशेषीकरण के गुण
(Merits of Specialization)

विशेषीकरण के उपरोक्त रूपों के विवेचन से यह स्पष्ट होता है कि वैज्ञानिक प्रगति के साथ-साथ आज मानव जीवन के प्रत्येक क्षेत्र में विशेषीकरण बढ़ता जा रहा है। इस विशेषीकरण से अनेक लाभ हुए हैं। संक्षेप में मुख्य लाभ निम्नलिखित हैं—

(1) प्रमापीकरण (Standardization)—विशेषीकरण बढ़ने से प्रमापीकरण की सम्भावना बढ़ गयी है क्योंकि विशेषीकरण से अधिक प्रामाणिक वस्तुएँ और सेवाएँ उपलब्ध हो पाती हैं। वास्तव में प्रमापीकरण स्वयं एक प्रकार का विशेषीकरण है। किंबाल के शब्दों में, "प्रमापीकरण से तात्पर्य किसी भी शाखा को थोड़े से निश्चित प्रकारों, आकारों और विशेषताओं में सीमित करना है।"[1] विशेषीकरण से हुए प्रमापीकरण से अपव्यय कम होता है। इससे श्रमिकों के स्वास्थ्य की सुरक्षा होती है और दुर्घटनाओं से बचाव होता है क्योंकि प्रत्येक श्रमिक अपने कार्य का विशेषज्ञ होता है। इससे उपभोक्ताओं को सही और विश्वसनीय वस्तुएँ मिल पाती हैं क्योंकि प्रमापीकरण वस्तुओं के गुणों को बनाये रखता है। इससे धन और

1. "By standardization is meant the reduction of any one line to fixed types, sizes and characteristics." —Kimbal and Kimbal.

समय का अपव्यय कम होता है और औद्योगिक क्षमता का विकास होता है क्योंकि इसमें अधिक यन्त्रीकरण की सहायता ली जाती है। इससे उच्च कोटि की वस्तुओं का निर्माण होता है और बड़े पैमाने पर उत्पादन सम्भव होता है।

(2) उत्पादन की दृष्टि से लाभ (Advantages in Production)—उत्पादन की दृष्टि से विशेषीकरण से अनेक लाभ हैं। इससे उत्पादन बढ़ता है, क्योंकि हर एक व्यक्ति निरन्तर एक ही कर्य करते रहने से उसमें और भी निपुणता प्राप्त करता है। एडम स्मिथ के अनुसार विशेषीकरण के कारण जो व्यक्ति अकेले केवल 10 आलपिन से अधिक नहीं बना सकता था वही 4800 आलपिनें बना सकता है। विशेषीकरण से उत्पादन के व्यय में भी कमी होती है। तीसरे, इससे उत्पादित वस्तुओं की श्रेष्ठता बढ़ती है। चौथे, इससे उत्पादन क्रिया का अनेक उपक्रियाओं में विभाजन करने से मशीनों का अधिक से अधिक प्रयोग सम्भव हो पाता है। पाँचवें, इससे श्रम और साधनों, राम्पत्ति और समय के अपव्यय में कमी होती है और सब प्रकार से बचत होती है क्योंकि अधिक निपुण श्रमिक थोड़े समय में बिना किसी भाग दौड़ के और मशीन की सहायता से कम हानि करते हुए बहुत अधिक उत्पादन कर सकता है।

(3) निपुणता में वृद्धि (Increase in Efficiency)—विशेषीकरण से निपुणता बढ़ती है क्योंकि एक तो इसमें विशेष योग्यता प्राप्त व्यक्ति ही विशेष कार्य कर पाता है और दूसरे चूँकि वह निरन्तर उसी कार्य को करता रहता है इसलिए उसकी निपुणता और भी बढ़ जाती है। निपुणता बढ़ने से समय और शक्ति की बचत होती है और उत्पादन बढ़ता है।

(4) यन्त्रीकरण (Mechanization)—विशेषीकरण से यन्त्रीकरण बढ़ा है और यन्त्रीकरण बढ़ने से कम श्रम की सहायता से बहुत बड़े पैमाने पर उत्पादन सम्भव हुआ है जिससे वस्तुओं के दाम घटे हैं।

(5) परस्पर निर्भरता (Interdependence)—विशेषीकरण से कोई भी व्यक्ति अकेला दूसरों से अलग रहकर काम नहीं कर सकता है। चूँकि वह बहुत छोटे क्षेत्र में काम करता है इसलिए उसकी अनेक समस्यायें ऐसी होती हैं जिनमें उसे दूसरे की सहायता की आवश्यकता पड़ती है। उदाहरण के लिए आधुनिक काल में उद्योगपति, बैंक तथा अन्य वित्तीय संस्थायें परस्पर सहयोग से कार्य करती हैं क्योंकि एक के बिना दूसरे का काम नहीं चल सकता। सहयोग का एक उदाहरण फिल्म उद्योग में देखा जा सकता है जिसमें कोई भी फिल्म बनाने में फाइनेंसर, कथा लेखक, संगीतकार, डायरेक्टर, अभिनेता के अलावा कैमरामैन तथा तकनीकी दृष्टि से आवश्यक सैंकड़ों व्यक्तियों की आवश्यकता होती है जो सब अपने-अपने विशेष क्षेत्र के विशेषज्ञ होते हैं। फिल्म बनकर बाजार में आ जाने पर भी उसे डिस्ट्रीब्यूटर तथा सिनेमा चलाने वाले लोगों के अलावा कितने ही अन्य विशेषज्ञों की आवश्यकता पड़ती है। यही बात अन्य उद्योगों के विषय में भी कही जा सकती है।

(6) प्रशिक्षण की सुविधा (Facility in Training)—विशेषीकरण से प्रशिक्षण की सुविधा प्रदान करना आसान हो जाता है क्योंकि किसी व्यक्ति को सब कुछ नहीं सिखाना होता बल्कि केवल उसी विशेष कार्य का प्रशिक्षण देना होता है जो उसे करना है।

(7) अनुसंधान में प्रोत्साहन (Encouragement to Research)—चूंकि विशेषीकरण में एक व्यक्ति अथवा एक उद्योग या संस्था बहुत ही छोटे सीमित क्षेत्र में काम करती है इसलिए वे अपने क्षेत्र में अनुसंधान पर अधिक ध्यान देते हैं। वास्तव में अनुसंधान भी विशेषीकरण को बढ़ाता है और विशेषीकरण में बराबर अनुसंधान की आवश्यकता पड़ती है। इसलिये आज लगभग प्रत्येक बड़े उद्योग में उससे सम्बन्धित अनुसंधानशालायें स्थापित की गई हैं।

(8) श्रम संघों का विकास (Development of Trade Unions)—बड़ी संख्या में एक ही प्रकार के श्रमिकों और कार्यकर्त्ताओं के पाये जाने से उनमें भाईचारा बढ़ता है और वे अधिक आसानी से श्रम संगठन बना लेते हैं क्योंकि उनकी समस्यायें और माँगें एक सी होती हैं। इसलिये आधुनिक औद्योगिक समाजों में लगभग प्रत्येक व्यवसाय में संघ अथवा यूनियन देखी जाती है जो कि व्यवसाय में लगे लोगों के हितों की रक्षा के लिये सामूहिक सौदेबाजी करती है और इस प्रकार विभिन्न व्यवसायों के संघों में परस्पर निर्भरता बढ़ाती है।

(9) रोजगार में वृद्धि (Increase in Employment)—विशेषीकरण के कारण प्रत्येक उद्योग सैंकड़ों और कभी-कभी हजारों उपक्रियाओं में बंट जाता है जिससे विभिन्न योग्यताओं वाले हजारों व्यक्तियों को रोजगार मिल जाता है।

(10) व्यापार में वृद्धि (Increase in Trade)—विशेषीकरण से व्यापार बढ़ा है क्योंकि प्रमापीकरण से साख बढ़ी है। इसके अतिरिक्त व्यापार में आवश्यक धन का प्रबन्ध करने के लिये बैंक और यातायात तथा परिवहन के साधन बढ़ते जा रहे हैं। व्यापार में प्रत्येक उपक्रिया में सहायता देने के लिये आज विशेष संस्थायें पाई जाती हैं जैसे—बैंक की संस्था, बीमा कम्पनियाँ, आडिट कम्पनियाँ, यातायात और माल ढोने वाली कम्पनियाँ इत्यादि।

(11) व्यक्तिगत उत्तरदायित्व में वृद्धि (Increase in Individual Responsibility)—विशेषीकरण व्यक्ति को जिम्मेदार बनाता है क्योंकि यह अपने कार्य का विशेषज्ञ है और उससे यह आशा की जाती है कि वह पूरी जिम्मेदारी से कार्य को ठीक प्रकार से करके देगा। वास्तव में लोग विशेषज्ञ के पास इसी आशा से जाते हैं और विशेषज्ञ अपनी साख बनाये रखते हैं।

विशेषीकरण के उपरोक्त लाभों के अतिरिक्त उसके और भी बहुत से लाभ गिनाये जा सकते हैं जैसे कम मूल्य पर अच्छी वस्तुओं की उपलब्धि, प्रसाधनों का उचित प्रयोग, आविष्कारों की संख्या में वृद्धि, कुशल संगठनकर्त्ताओं की संख्या में वृद्धि, पारिश्रमिक में वृद्धि तथा आर्थिक क्षेत्र में विभिन्न पहलुओं के परस्पर अधिक घनिष्ठ सहयोग इत्यादि प्रो० पेन्सन के शब्दों में, ''विशिष्टीकरण का परिणाम श्रम की अपेक्षाकृत अधिक उत्पादनशीलता, पूँजी के विनियोग के लिये अधिक अवसर, व्यवसाय की अपेक्षाकृत अधिक विविधता, संगठनकर्त्ता की अपेक्षाकृत अधिक कुशलता आदि रूपों में प्रकट होता है।''

विशेषीकरण के दोष
(Demerits of Specialization)

मानव समाज में कोई भी परिवर्तन शुद्ध रूप में लाभदायक नहीं होता। लाभ के साथ-साथ उससे हानियाँ भी अवश्य होती हैं यह बात दूसरी है कि हानि की तुलना में लाभ अधिक होने पर उसे अपनाया जाता है। आज विभिन्न क्षेत्रों में विशेषीकरण इतना अधिक बढ़ गया है कि उसके लाभ के साथ-साथ उसके दोष भी समाने आने लगे हैं। इनमें मुख्य दोष निम्नलिखित हैं–

(1) उत्पादन सम्बन्धी दोष (Disadvantages in Production)–विशेषीकरण का सबसे बड़ा लाभ उत्पादन के क्षेत्र में है और इसमें ही इसका दोष भी दिखलाई पड़ता है। उदाहरण के लिए विशेषीकरण से श्रमिक संघ बनते है। जो माँग और पूर्ति के नियम का अनुचित लाभ उठाकर कभी-कभी उत्पादकों पर अनुचित दबाव डालते हैं। इसी प्रकार बड़े-बड़े उद्योगों के अत्यधिक उपक्रियाओं में बंट जाने से जब कभी उनमें समायोजन का कुछ भी अभाव होता है, तभी कठिनाई उत्पन्न हो जाती है।

(2) कुटीर उद्योगों का पतन (Fall of Cottage Industries)–विशेषीकरण से उत्पादन बड़े पैमाने पर होने के कारण कुटीर उद्योगों का पतन हुआ है क्योंकि कुटीर उद्योग में एक ही व्यक्ति या समूह उद्योग से सम्बन्धित सभी कार्यों को करता है। कुटीर उद्योग में इस प्रकार बनी वस्तुएँ विशेषीकरण पर आधारित बड़े उद्योगों से प्रतियोगिता नहीं कर सकतीं। अस्तु, जहाँ-जहाँ विशेषीकरण बढ़ता है वहाँ कुटीर उद्योग का पतन होता है जिससे बहुत बड़ी संख्या में बेरोजगारी फैलती है।

(3) सामाजिक हानियाँ (Social Disadvantages)–विशेषीकरण से औद्योगिक समाज में अनेक ऐसे दोष उत्पन्न हुए हैं जिनसे सामाजिक विघटन बढ़ता जा रहा है। उदाहरण के लिए विशेषीकरण से उत्पन्न बड़े उद्योगों में स्त्रियों और बालकों का शोषण होता है, औद्योगिक संघर्ष प्रोत्साहित होता है, मजदूरों की गन्दी बस्तियाँ बढ़ती हैं, औद्योगिक नगरों में मंहगाई बढ़ती है, लोग गाँव छोड़कर नगर मे आने लगते हैं, अत्यधिक उत्पादन होने से सन्तुलन बिगड़ जाता है और कारखानों की भीड़भाड़ से आवास की समस्या, गन्दगी की समस्या, गुंडागर्दी, स्वार्थ, निर्वैयक्तिकता, दूषित मनोरंजन, वेश्यावृत्ति, बेरोजगारी, जुआ, मद्यपान, भिक्षावृत्ति इत्यादि दर्जनों दोषपूर्ण व्यवस्थाओं का जन्म होता है। इस प्रकार विशेषीकरण से उत्पन्न जटिल औद्योगिक व्यवस्था विवाह, परिवार, पड़ौस तथा समाज, सभी के विघटन का कारण हुई है। इससे पर-निर्भरता की प्रवृत्ति बढ़ी है और आत्म-निर्भरता कम हुई है। इससे मनुष्य अपने निजी कामों के लिये भी आत्म निर्भर न होकर दूसरों पर निर्भर हो जाता है। इससे वर्ग भावना बढ़ी है और विभिन्न वर्गों में संघर्ष उत्पन्न हुआ है।

(4) मनोवैज्ञानिक हानियाँ (Psychological Disadvantage)–विशेषीकरण से सबसे बड़े दोष मनोवैज्ञानिक हैं जैसा कि पीछे बतलाया जा चुका है, विशेषीकरण बढ़ने से आत्म निर्भरता कम होती जाती है क्योंकि हम प्रत्येक कार्य में विशेषज्ञ पर निर्भर करने लगते हैं यहाँ तक कि आज के औद्योगिक समाज में वैवाहिक अनुकूलन जैसे निजी मामले में भी

विशेषज्ञ की सलाह लेने की प्रवृत्ति बढ़ती जा रही है। विशेषीकरण से व्यक्ति का ज्ञान अत्यधिक सीमित क्षेत्र में सिमट जाता है जिससे उसका मानसिक विकास अत्यधिक एकांगी हो जाता है। स्वाभाविक है कि यह व्यक्तित्व के विकास के लिए अत्यन्त हानिकारक है। विशेषीकरण से लगातार लम्बे समय तक एक व्यक्ति के एक ही कार्य को करने से वह अपने काम से ऊब जाता है क्योंकि उसे कभी भी नवीनता नहीं मिलती। कार्य के नीरस बन जाने से कार्यक्षमता कम होती है और क्रमश: उत्तरदायित्व की भावना भी घटने लगती है, जीवन यन्त्रवत बन जाता है और मनुष्य का व्यक्तित्व भी यन्त्रवत अविकसित रह जाता है। बालकों और स्त्रियों के लिए तो विशेषीकरण विशेष रूप से हानिकार सिद्ध हुआ है। यह उनके मस्तिष्क और व्यक्तित्व दोनों के विकास पर बुरा प्रभाव डालता है। विशेषीकरण का शारीरिक विकास पर भी बुरा प्रभाव पड़ता है क्योंकि प्रत्येक व्यक्ति अपने विशेष काम में शरीर के कुछ विशेष अंगों को ही इस्तेमाल करता रहता है जिनसे उन पर अधिक जोर पड़ता है जबकि अन्य अंगों का कोई इस्तेमाल नहीं होता। विशेषीकरण के मनोवैज्ञानिक बुरे प्रभाव पर दर्जनों पुस्तकें लिखी जा चुकी हैं।

(5) शोषण में वृद्धि (Increase in Exploitation)—औद्योगिक समाज की सबसे बड़ी हानि श्रमिकों की दयनीय स्थिति है। पूँजीपति सब कहीं उद्योगों के विकास में श्रमिकों का शोषण करते हैं। यह यन्त्रीकरण के कारण और अधिक सम्भव हो सका है। किसी भी काम के लिए मशीन बन जाने पर हजारों हाथ बेकार हो जाते हैं और इस ओर कोई ध्यान नहीं दिया जाता। अनेक मशीनें बहुत खतरनाक होती हैं और उन पर काम करने वाले श्रमिकों में भारी संख्या में दुर्घटनायें होती रहती हैं। इसी प्रकार अनेक मशीनों पर काम करने से ऐसी क्रियायें करनी पड़ती हैं जिनका शरीर पर बुरा प्रभाव पड़ता है। विशेषतया वे स्त्रियों और बालकों के कोमल शरीरों के लिए हानिकारक होती है किन्तु विशेषीकरण के कारण नई-नई मशीनों का आविष्कार होता जा रहा है और इससे श्रमिकों की अमानवीय स्थिति की ओर कोई ध्यान नहीं दिया जा रहा है।

(6) धन का अपव्यय (Waste of Money)—विशेषीकरण से नई-नई मशीनों के आविष्कार से और छोटे से छोटे काम में प्रशिक्षण देने की आवश्यकता के कारण धन की भारी मात्रा में आवश्यकता पड़ती है इसलिए धन का बहुत बड़ा भाग प्रशिक्षण में व्यय हो जाता है और उत्पादन में उसका कोई लाभ नहीं होता।

(7) मानव मूल्यों की हानि (Degeneration of Human Values)—अन्त में विशेषीकरण में सबसे बड़ी हानि मानव मूल्यों की हानि है। इससे व्यक्तियों के मस्तिष्कों में मनुष्य का जो चित्र बनता है यह नितान्त एकांगी होता है। इसमें मनुष्यों को वस्तु समझकर उनसे व्यवहार किया जाता है। इसमें ज्ञान बहुमुखी न होकर अत्यन्त सीमित हो जाने के कारण जीवन मूल्य भ्रष्ट हो जाते हैं और स्वाभाविक विकास कहीं भी दिखलाई नहीं पड़ता। प्रत्येक व्यक्ति केवल अपने सीमित कार्य के बारे में जानता है और उसी के बारे में सोचता है, उसका उत्तरदायित्व उसी तक सीमित माना जाता है। किन्तु इस सबसे पूर्ण वस्तु, पूर्ण मनुष्य और सम्पूर्ण जीवन की भारी हानि होती है। यदि कहीं एक ही क्षेत्र में काम करने वाले अनेक विशेषज्ञों में समायोजन का अभाव हो जाये तो भयंकर हानि होती है। उदारहरण के लिए

आजकल बड़े-बड़े भवनों के निर्माण में नक्शा कोई बनाता है तो उसे कार्य रूप में परिणित कोई और करता है, कोई ढांचा खड़ा करता है तो कोई बिजली की चीजें फिट करता है तथा सफाई की व्यवस्था अन्य के हाथ में होती है। यदि किसी इमारत के बनाने में इन सब में समायोजन न हो तो वह इमारत कभी भी नहीं बन सकती। सरकारी इमारतों के विषय में अधिकतर यही होता है।

विशेषीकरण की सीमायें
(Limitations of Specialization)

विशेषीकरण के गुण दोष की उपरोक्त विवेचना से यह स्पष्ट होता है कि विशेषीकरण का लाभ उठाने के लिए उसे सीमित पैमाने पर प्रयोग किया जाना चाहिए। अति सर्वत्र वर्जयेत का सिद्धान्त विशेषीकरण के क्षेत्र में विशेष रूप से लागू होता है। संक्षेप में विशेषीकरण की सीमायें निम्नलिखित हैं—

(1) व्यापार और उद्योग की प्रगति (Progress of Trade and Industry) —विशेषीकरण की सीमा व्यापार और उद्योग की प्रगति पर निर्भर होती है। जितना ये बढ़ते हैं उतनी ही यह बढ़ती जाती है। अस्तु, जिस वस्तु की बड़े पैमाने पर आवश्यकता नहीं है उसके विषय में विशेषीकरण सम्भव नहीं होता। उदाहरण के लिये कलात्मक वस्तुओं का उत्पादन विशेषीकरण की सहायता से नहीं किया जाता।

(2) बाजार का विस्तार (Extenstion of Market)—वस्तुओं के विनियम से बाजार बढ़ते जाने के साथ-साथ विशेषीकरण सीमित करना होता है क्योंकि विशेषीकरण द्वारा उद्योग सम्भव होता है।

(3) वस्तु की माँग (Demand of Commodity)—विशेषीकरण तभी हो सकता है जबकि वस्तु की स्थाई रूप से बड़े पैमाने पर माँग हो। जिन वस्तुओं के विषय में ऐसा नहीं है उनके उत्पादन पर विशेषीकरण से कोई प्रभाव नहीं पड़ता।

(5) वैज्ञानिक और तकनीकी प्रगति (Scientific and Technical Progress)—वैज्ञानिक और तकनीकी प्रगति से भी विशेषीकरण की सीमा निर्धारित होती है। यह प्रगति बढ़ जाने के साथ विशेषीकरण बढ़ता जाता है और कम होने से कम होता जाता है। आज के युग में अनेक विचारकों ने वैज्ञानिक और तकनीकी प्रगति के दोषों की ओर ध्यान दिलाया है जिससे विशेषीकरण के दोष भी स्पष्ट होते हैं।

(5) पूँजी की मात्रा (Amount of Capital)—पूँजी की मात्रा भी विशेषीकरण की सीमा निश्चित करती है। जहाँ यह मात्रा अत्यधिक है वहाँ विशेषीकरण सफल होता है किन्तु जहाँ यह बहुत कम है वहाँ विशेषीकरण करना व्यर्थ है।

(6) श्रम की उपलब्धि और सहयोग (Availability and Co-operation of Labour)—विशेषीकरण तभी हो सकता है जबकि पर्याप्त मात्रा में श्रम उपलब्ध हो और विभिन्न श्रमिकों में सहकारिता की भावना हो। जैसा कि पीछे बतलाया जा चुका है यदि किसी इमारत को बनाने वाले राज, मजदूरों, ओवरसियर, बिजली और पानी का प्रबन्ध करने वाले कर्मचारियों

में सहयोग न हो तो कितना भी अच्छा नक्शा बनाने और कितना भी धन लगाने पर भी केवल विशेषीकरण के कारण इमारत खराब हो जायेगी।

(7) व्यापार सम्बन्धी सुविधायें (Trade Facilities)—व्यापार सम्बन्धी सुविधायें विशेषीकरण की सीमा निर्धारित करती हैं। ये सुविधायें बढ़ते जाने के साथ विशेषीकरण बढ़ता है और कम होने के साथ कम होता है। इन सुविधाओं में उल्लेखनीय हैं—यातायात और सन्देशवाहन के साधन, बैंक, बीमा कम्पनियाँ इत्यादि। इनके उपलब्ध न होने पर विशेषीकरण लाभदायक नहीं होता है।

(8) कुशल संगठन (Efficient Organization)—विशेषीकरण उसी उद्योग में लाभदायक हो पाता है जहाँ उद्योगपति कुशल संगठनकर्त्ता होता है क्योंकि वह उद्योग में बहुत से विशेषज्ञों के कार्यों का संगठन करके उससे लाभ उठा सकता है।

उपरोक्त विवेचन से स्पष्ट है कि विशेषीकरण प्रत्येक दशा में लाभदायक नहीं होता। उसके लाभदायक होने की कुछ सीमायें हैं जो व्यवसाय, पूँजी, माँग, सहकारिता, संगठन, विज्ञान और तकनीकी की प्रगति, व्यापार सम्बन्धी सुविधाओं आदि पर निर्भर होती हैं। फिर भी विशेषीकरण का लाभ उठाने के लिए कुछ बातों को ध्यान में रखना आवश्यक है। जिनको भूल जाने पर उपरोक्त साधन होते हुए भी विशेषीकरण से लाभ होने के बजाय हानि होने की सम्भावना बढ़ जाती है।

विशेषीकरण का लाभ उठाने की विधियाँ
(Methods of Profit by Specialization)

अस्तु, विशेषीकरण का लाभ उठाने के लिए कुछ बातों को ध्यान में रखना आवश्यक है। ये निम्नलिखित हैं—

1. उद्योग में काम करने वाले प्रत्येक व्यक्ति का कार्य क्षेत्र और उत्तरदायित्व पूरी तरह से निश्चित होना चाहिए।

2. उद्योग के सम्पूर्ण कार्य को यथासम्भव अधिक से अधिक पूर्ण उपकार्यों में विभाजित करके प्रत्येक उपकार्य एक व्यक्ति या समूह को सौंपा जाना चाहिये।

3. व्यक्तियों या समूहों में कार्य का विभाजन उनकी रुचि के आधार पर किया जाना चाहिए।

4. इस विभाजन के पश्चात् संगठनकर्त्ता को उनमें आवश्यक समन्वय उत्पन्न करने का प्रयास करना चाहिये।

5. यह श्रम विभाजन करने के पूर्व इस पर आने वाली लागत का अध्ययन किया जाना चाहिये ताकि ऐसा न हो कि लाभ से अधिक विशेषीकरण की लागत बढ़ जाये।

6. विशेषीकरण वहीं लाभदायक सिद्ध होता है जहाँ उद्योग बहुत बड़े पैमाने पर किया जा रहा हो।

7. विशेषीकरण का लाभ उठाने के लिये प्रत्येक कार्य को प्रशिक्षित व्यक्ति को सौंपा जाना चाहिये।

8. विशेषीकरण में अत्यधिक मशीनों का प्रयोग होने के कारण इन मशीनों पर काम करने के लिए प्रशिक्षित और उत्तरदायी श्रमिक लगाये जाने चाहियें।

9. विशेषीकरण का लाभ उठाने के लिये यह आवश्यक है कि उससे होने वाली हानियों को यथासम्भव दूर करने का प्रयास किया जाये। उदाहरण के लिए, श्रमिकों में एक सा काम करने से उत्पन्न होने वाली नीरसता को दूर करने के लिए संगीत का प्रयोग लाभदायक सिद्ध होता है। इसी प्रकार अकेलेपन की भावना को दूर करने के लिये नाना प्रकार के मनोवैज्ञानिक उपायों से टीम स्प्रिट और सहयोग की भावना उत्पन्न की जानी चाहिये।

10. प्रत्येक व्यक्ति को सम्पूर्ण वस्तु बनाने में भाग लेने के आनन्द का अनुभव होना चाहिये।

अभ्यास के लिये प्रश्न

1. विशिष्टीकरण किसे कहते हैं? इसके विभिन्न रूप क्या हैं? विशिष्टीकरण के गुण-दोषों की विवेचना कीजिये।
2. संक्षिप्त टिप्पणी लिखिये—विशेषीकरण।
3. कार्य विशिष्टीकरण के अर्थ को औद्योगिकरण के सन्दर्भ में स्पष्ट कीजिये।

22

स्वचलन

(Automation)

आजकल उद्योग के क्षेत्रों में स्वचालित मशीनों का बढ़ता हुआ प्रयोग स्वचलन कहलाता है। स्वचलन से तात्पर्य उद्योग में ऐसी मशीनों का अधिक से अधिक प्रयोग करना है जो कि स्वयं अपनी शक्ति से चलती हैं।

विज्ञान के विकास के साथ-साथ मानव समाज में जीवन के विभिन्न क्षेत्रों में यन्त्रों और मशीनों का प्रयोग बढ़ता जा रहा है। आरम्भ में अधिकतर मशीनें मानव शक्ति द्वारा चलाई जाती हैं, किन्तु पहले भाप और बाद में बिजली तथा अब परमाणु शक्ति के आविष्कार से क्रमशः जीवन के प्रत्येक क्षेत्र में स्वाचालित यन्त्रों का प्रयोग बढ़ता जा रहा है। स्वचालित यन्त्र, जैसा कि इसके नाम से स्पष्ट है, स्वयं चलता है। स्वयं चलने का तात्पर्य केवल इतना ही है कि उसका चलना मनुष्यों को आरम्भ करना मात्र होता है। इसके बाद वह अपनी शक्ति से चलता रहता है जब तक कि मनुष्य उसे बन्द न कर दे। इसमें यन्त्र अपनी इच्छा से नहीं चलता। उसको चलाने वाला तो सदैव मनुष्य ही रहता है।

स्वचलन का अर्थ

(Meaning of Automation)

निम्नलिखित परिभाषाओं से भी स्वचलन का अर्थ समझने में सहायता मिलती है।

1. एनसाइक्लोपीडिया अमेरिकाना के अनुसार, ''स्वचलन औद्योगिक उत्पादन और वैज्ञानिक अनुसंधान की एक प्रगतिशील तकनीक हैं जो कि मशीनों और बड़े पैमाने पर उत्पादन के मौलिक प्रत्ययों से विकसित की गयी है।''[1] इस परिभाषा से यह पता चलता है कि स्वचलन का प्रमुख लक्षण बड़े पैमाने पर उत्पादन है।

---

1. "Automation is an advanced technique of industrial manufacturing and scientific investigation which has evolved from the basic conceptions of the machine and mass production."

—Encyclopaedia American

2. उपरोक्त परिभाषा को और भी अधिक स्पष्ट करते हुए गुडमैन ने लिखा है, 'स्वचलन स्वतः कार्य करने की तकनीक है जिसमें कार्य प्रणालियाँ, प्रक्रियायें, सामग्री का रूप, परस्पर संकलित करके आर्थिक औचित्य की दृष्टि से उपयोग किये जाते हैं। विचार और प्रयास का यन्त्रीकरण कुछ मामलों में प्रक्रियाओं के स्वतः नियमित क्रम को प्राप्त करने के लिये किया जाता है।''[1] इस परिभाषा में भी स्वचलन का मुख्य लक्ष्य आर्थिक दृष्टि से लाभ है।

3. जोन डिबाल्ड ने लिखा है, ''स्वचलन एक नवीन शब्द है जिसका तात्पर्य स्वतः चालित क्रियाओं और वस्तुओं को स्वतः चालित क्रिया से बनाना है।''[2] स्वचालनीकरण की यह परिभाषा उपरोक्त दोनों परिभाषाओं से अधिक स्पष्ट और सरल है। इसी प्रकार की अन्य परिभाषा करते हुए ए॰ बो॰ फिलिप्पो ने लिखा है, ''सरलतम अर्थ में स्वचलन को उन यान्त्रिक प्रक्रियाओं के लिये प्रयोग किया जाता है जो कि स्वचालित आत्म-नियन्त्रण की सीमा तक यन्त्रीकृत की गई हैं।''[3] इसी बात को अन्य समाज वैज्ञानिकों ने भी भिन्न शब्दों में उपस्थित किया है। अस्तु संक्षेप में यह कहा जा सकता है कि स्वचलन आर्थिक कुशलता बढ़ाने के लिये उद्योगों को प्रक्रियाओं, पद्धतियों और वस्तुओं के आकार-प्रकार को स्वचालित यन्त्रों के माध्यम से चलाने को कहते हैं।

स्वचलन की प्रक्रिया
(Automation Process)

उद्योग के क्षेत्र में स्वचलन को अपनाने के लिये कुछ सोपानों का अनुसरण करना पड़ता है। ये सोपान निम्नलिखित हैं–

(1) स्वचालित मशीनों का चुनाव (Selection of Automatic machines)–स्वचलन के लिये सबसे पहले ऐसी मशीनें चुनी जानी चाहियें जो अपने आप चलती हों और जिनमें तैयार किया हुआ माल हाथ लगाये बिना अगली अवस्था में पहुँच जाता हो। अगली अवस्था में मशीन माल को उठाती है और इस तरह आगे कुछ काम करती है तथा इसी तरह आगे भेज देती है। इस प्रकार एक से दूसरी स्वचालित मशीनों से निकलते हुए आरम्भ का कच्चा माल बिना हाथ लगाये अन्त में तैयार माल के रूप में बाहर आता है। इस सम्पूर्ण व्यवस्था में मनुष्यों को केवल मशीनों पर नजर रखनी पड़ती है और उनको चलाना या बन्द करना पड़ता है अन्यथा निर्माण का सारा कार्य मशीनों के द्वारा ही सम्पन्न होता है। आजकल अनेक उद्योगों में इस प्रकार की स्वचालित प्रक्रिया देखी जा सकती है।

---

1. Automation is the technology of automatic working in which the handling methods, the processes and the design of the processed material are integrated to utilise as is economically justifiable, the mechanization of thought and effort in order to achieve an automatic and in some cases a self-regulating chain processes."
—Goodman Quoted in *Competition Master,* Monthly, Sept., 1908, p. 115.
2. "Automation is a new word denoting both automatic operations and process of making things automatic."
3. "In its simplest term automation is applied to machine work processes that are mechanized to the point of automatic self regulation."

(2) उत्पादन गुण का नियन्त्रण (Control of Production Quality)—स्वचलन मशीनों का चुनाव कर लेने के बाद यह निश्चित करना पड़ता है कि उद्योगों को किस प्रकार की वस्तु निर्माण करनी है। एक बार वस्तु का प्रकार और गुण निश्चित हो जाने पर फिर मशीनों को उसी के अनुसार फिट किया जा सकता है। इसमें यह देखना आवश्यक है कि उत्पादन किस्म में किसी प्रकार का अन्तर नहीं आना चाहिये।

(3) कम्प्यूटर का प्रयोग (Use of Computor)—पहले स्वचालित मशीनों पर नियन्त्रण और उत्पादन गुण की देखभाल मनुष्यों द्वारा की जाती थी। आजकल उत्पादन नियोजन और नियन्त्रण के लिये कम्प्यूटरों की सहायता ली जाती है। इस प्रकार कम्प्यूटरों के प्रयोग से स्वचलन की प्रक्रिया और भी अधिक स्वचालित हो गयी है।

स्वचलन के लक्षण
(Characteristic of Automation)

उपरोक्त विवेचन से स्पष्ट है कि स्वचलन में निम्नलिखित लक्षण पाये जाते हैं—

(1) मशीनों, पदार्थों और विधियों का समन्वय (Co-ordination of Machines, Materials and Methods)—स्वचालित कारखाने में मशीनों के अलावा कच्ची सामग्री और उत्पादन विधि होती है। कारखाने की सफलता इन तीनों के समन्वय पर निर्भर है। यह समन्वय मनुष्य करता है आजकल इसके लिये कम्प्यूटर की सहायता ली जाती है।

(2) मशीनीकरण (Mechanization)—स्वचलन मशीनीकरण है, क्योंकि इसमें यथासम्भव जो काम पहले मनुष्यों द्वारा किये जाते हैं उनको मशीनों के द्वारा करने का प्रयास किया जाता है और अन्त में सभी काम मशीनों के द्वारा किया जाता है। इसके लिये विशेष प्रकार की मशीनों और उनकी देखभाल के लिये उच्चकोटि का तकनीकी ज्ञान आवश्यक होता है।

(3) स्वचालित नियन्त्रण (Automatic Control)—आरम्भ में मशीनों की गति को कम ज्यादा करने, रोकने और फिर से चालू करने के लिये मनुष्यों की आवश्यकता होती थी। अब यह नियन्त्रण भी स्वचालित होता है।

(4) कम्प्यूटरीकरण (Computorization)—उपरोक्त नियन्त्रण आजकल कम्प्यूटर के माध्यम से किया जाता है जिससे सूक्षम से सूक्ष्म नियन्त्रण सम्भव हो पाता है।

(5) विवेकीकरण (Rationalization)—उपरोक्त विवेचन से स्पष्ट है कि स्वचलन विवेकीकरण का अंग है किन्तु विवेकीकरण एक व्यापक अवधारणा है जिसमें स्वचलन के अतिरिक्त अन्य कार्य भी आते हैं। फिर भी यह कहा जा सकता है कि स्वचलन से विवेकीकरण बढ़ता है।

स्वचलन के लाभ
(Merits of Automation)

उद्योगों में स्वचलन बढ़ता ही जा रहा है क्योंकि उससे उत्पादकों, श्रमिकों और उपभोक्ताओं आदि सभी को लाभ हुए हैं। संक्षेप में स्वचलन से होने वाले ये लाभ निम्नलिखित हैं–

(1) **प्रमापीकरण** (Standardization)–स्वचालित यन्त्रों की सहायता से बनने वाली वस्तुएँ प्रमापित होती हैं। इनमें एक बार जो किस्म तय हो जाती है लगातार उसी किस्म की वस्तुएँ बनती रहती हैं।

(2) **उत्पादन में वृद्धि** (Increase in Production)–स्वचलन का एक लाभ यह है कि इससे बहुत बड़े गैमाने पर उत्पादन सम्भव हुआ है। इसमें थकान का प्रभाव नहीं रह पाता और थोड़े से श्रमिक स्वचालित यन्त्रों के माध्यम से बहुत बड़ी मात्रा में उत्पादन कर लेते हैं।

(3) **उत्पादित वस्तु में विविधता** (Variety in Produced Goods)–स्वचालित यन्त्रों के निर्माण से नयी-नयी उपभोक्ता वस्तुओं को बनाना सम्भव हो सका है, इससे अल्प समय में ही किसी एक वस्तु के स्थान पर दूसरी वस्तु को बनाया जा सकता है और इस प्रकार की उत्पादित वस्तु में विविधता उत्पन्न की जा सकती है।

(4) **जीवन स्तर का ऊंचा उठना** (Rise of Living Standard)–उपरोक्त विशेषताओं से जनता के रहन-सहन का स्तर ऊंचा उठा है क्योंकि कम मूल्य पर अधिक वस्तुएँ उपलब्ध हो सकी हैं।

(5) **श्रमिकों की जीवन वृद्धि** (Longevity of Labourers)–स्वचालनीकरण में श्रमिक अत्यधिक परिश्रम और काम करने की दूषित परिस्थितियों के प्रभाव से बच जाता है। उसे लगातार लम्बे समय तक एक-सा काम करने की नीरसता नहीं सहन करनी पड़ती क्योंकि यह सब काम स्वचालित मशीनों द्वारा होता है। अस्तु, स्वचालनीकरण से श्रमिकों की जीवन की वृद्धि हुई है।

(6) **कार्यक्षमता में वृद्धि** (Increase in Capacity)–स्वचलन से थोड़े से कर्मचारी बहुत अधिक उत्पादन कर पाते हैं। इससे प्रति मजदूर उत्पादन अधिक होता है। इस प्रकार स्वचलन कर्मचारियों की कार्यक्षमता बढ़ाता है।

(7) **वेतन में वृद्धि** (Increase in Wages)–श्रमिकों की कार्यक्षमता बढ़ने से उत्पादन बढ़ता है और उत्पादन बढ़ने से उन्हें अधिक वेतन मिलने की सम्भावना बढ़ जाती है।

(8) **औद्योगिक खतरों से बचाव** (Security from Industrial Accidents)–क्योंकि स्वाचालित मशीनें मनुष्य के हस्तक्षेप के बिना स्वयं चलती रहती हैं इसलिये औद्योगिक खतरों से सुरक्षा की दृष्टि से उनका बड़ा उपयोग है। उनसे श्रमिक औद्योगिक खतरों से बचा रह सकता है क्योंकि यह खतरनाक काम मशीनें करती हैं।

(9) उत्पादकों को होने वाले लाभ (Advantages to Producers)—किन्तु स्वचलन से सबसे अधिक लाभ उत्पादक को होता है क्योंकि न तो श्रमिक का वेतन ही बहुत अधिक बढ़ता है और न उपभोक्ता को वस्तु बहुत कम मूल्य पर उपलब्ध होती हैं। स्वचलन से होने वाले लाभ का अधिकतर अंश पूँजीपति हड़प जाता है। दूसरे, स्वचालित मशीनों से उद्योग में पूंजी का एकाधिकार बढ़ता है। पूँजी की सहायता से पूँजीपति उद्योग में बड़ी-बड़ी मशीनें लगा लेता है और श्रमिक का महत्त्व घट जाता है। अस्तु श्रमिकों की सौदा करने की शक्ति भी कम हो जाती है और पूँजीपति उन्हें मनमाना वेतन देने लगता है। इन सब कारणों से अनेक स्थानों पर स्वचलन का विरोध किया गया है।

(10) अनुसंधान को प्रोत्साहन (Encouragement to Research)—स्वचलन वैज्ञानिक खोज और अनुसंधान का परिणाम है और इसे नये-नये उद्योगों में लागू करने के लिये सतत् खोज और अनुसंधान की आवश्यकता होती है। चूंकि स्वचलन से सबसे अधिक लाभ उत्पादक को होता है इसलिये बड़े-बड़े उद्योगों में उत्पादक वैज्ञानिक खोज और अनुसंधान में आर्थिक सहायता देने को सहमत हो जाते हैं और इस प्रकार इस क्षेत्र में अभूतपूर्व प्रगति होती है।

स्वचलन के दोष
(Demerits of Automation)

स्वचलन के लाभों के सर्वेक्षण से यह स्पष्ट होता है कि न तो यह सबके लिए लाभदायक है और न इससे उद्योग के प्रत्येक अंग को लाभ पहुँचता है बल्कि उल्टे कभी-कभी कुछ अंगों को हानि होती है। संक्षेप में स्वचलन के मुख्य दोष निम्नलिखित हैं—

(1) उत्पादक का एकाधिकार (Monopoly of Producer)—जैसा कि पीछे बतलाया जा चुका है, स्वचलन का सबसे बड़ा दोष उद्योगों पर उत्पादक का एकाधिकार स्थापित होना है जिसके कारण वह उद्योग को अपने लाभ के लिये प्रयोग करने लगता है और मनचाही सौदेबाजी करने लगता है। चूँकि स्वचालित वस्तुओं से छोटे उद्योग प्रतियोगिता नहीं कर सकते इसलिये व्यापार के क्षेत्र में भी स्वचलन से एकाधिकार बढ़ता है और छोटे उद्योगों और व्यापारों को भारी हानि पहुंचती है।

(2) कारीगरी और कलात्मकता का ह्रास (Degeneration of Artisanship and Art)—स्वचलन से हर प्रकार की वस्तुएं स्वचालित मशीनों से कम मूल्य और अच्छी किस्म की बनाने लगती है जिससे कारीगरों और कलाकारों की मांग कम हो जाती है क्योंकि उनकी बनाई वस्तुएं कभी भी उतनी सस्ती नहीं हो सकतीं जितनी स्वचालित मशीनों से बनाकर बिकती हैं।

(3) असंतुलित औद्योगिक विकास (Unbalanced Industrial Development) अस्तु, स्वचलन से औद्योगिक क्षेत्र का सन्तुलन समाप्त हो जाता है। जिन क्षेत्रों में स्वचलन होता है वहाँ तेजी से प्रगति होती है जबकि अन्य क्षेत्र बहुत पीछे छूट जाते हैं क्योंकि उनमें स्वचलन इतनी आसानी से सम्भव नहीं होता और न उद्योग के हर क्षेत्र में स्वचलन सम्भव

ही है। अस्तु, इसके कारण उद्योग के विभिन्न पहलुओं के विकास की गति में विलम्बना (Lag) देखी जा सकती है।

(4) बेरोजगारी में वृद्धि (Increase in Unemployment)—स्वचलन साधारणतया सब कहीं बेरोजगारी बढ़ाने वाला माना गया है। कोई भी नई स्वचालित मशीन लग जाने पर उसका काम करने वाले सैकड़ों लोग बेकार हो जाते हैं। इस प्रकार स्वचलन से बेरोजगारी बढ़ती है क्योंकि बहुत थोड़े से श्रमिक बड़ी-बड़ी मशीनों को चला लेते हैं। दूसरे, स्वचालित मशीनों को चलाने के लिए ऊँचे स्तर का तकनीकी प्रशिक्षण आवश्यक है। अस्तु, कम प्रशिक्षित या अप्रशिक्षित लोगों को नौकरियां नहीं मिल पातीं। स्वचलन से सफेद पोश पदों की संख्या बढ़ती जाती है और लोग शारीरिक श्रम से दूर भागने लगते हैं किन्तु चूँकि इतनी बड़ी संख्या में सफेद कालर नौकरियाँ उपलब्ध नहीं होती इसलिए पढ़े-लिखे लोगों में बेरोजगारी फैलती है। यह बेरोजगारी तात्कालिक या दीर्घकालिक दोनों प्रकार की हो सकती है। बेरोजगारी के इस भयंकर संकट के कारण ही यह कहा जाता है कि जबकि औद्योगिक क्रान्ति ने लाखों लोगों को रोजगार दिया। स्वचलन के रूप में दूसरी औद्योगिक क्रान्ति उन्हें बेरोजगारी के मुंह में धकेल देती है। इस प्रकार बेरोजगारी बढ़ने के कारण श्रमिक-संघों ने सब कहीं स्वचलन का तीव्र विरोध किया है। इसमें सन्देह नहीं कि यदि स्वचलन को अत्यधिक सावधानी से न किया जाये तो निश्चय ही उससे बेरोजगारी बढ़ती है।

स्वचलन से लाभ और हानियों के उपरोक्त विवेचन से स्पष्ट है कि इस सम्बन्ध में बहुत सावधानी से काम लेने की आवश्यकता है। यह ठीक है कि इससे उत्पादक को सीधा लाभ होता है और इसीलिए इस दिशा में प्रगति बढ़ती जा रही है किन्तु श्रमिकों के हितों की अवहेलना करके उद्योग के क्षेत्र में कोई भी सुधार वास्तविक सुधार नहीं है। अस्तु, स्वचलन से बेरोजगार होने वाले लोगों को नये रोजगार देने का विशेष प्रबन्ध किये बिना स्वचलन करना उपयुक्त नहीं है।

भारत में स्वचलन
(Automation in India)

संसार में सभी प्रगतिशील देशों में विभिन्न उद्योगों में क्रमशः स्वचलन बढ़ता गया है। पिछड़ा हुआ देश होने के बावजूद भारत भी इसका अपवाद नहीं है। अंग्रेजों के जमाने में स्वचलन लगभग नहीं था क्योंकि श्रम शक्ति बहुत सस्ती थी और आसानी से उपलब्ध हो जाती थी किन्तु स्वतन्त्रता के बाद से देश में स्वचालित, अर्ध स्वचालित मशीनों का प्रयोग बढ़ता जा रहा है। सबसे पहले सूती वस्त्र उद्योग में स्वचालित मशीनों का प्रयोग किया गया। इसके अलावा आजकल रासायनिक उद्योग, लोहा उद्योग, पैट्रोलियम उद्योग इत्यादि दर्जनों उद्योगों में स्वचालित यन्त्रों का प्रयोग किया जा रहा है। इस सम्बन्ध में समय-समय पर विभिन्न समितियाँ स्थापित हुई हैं जिन्होंने महत्त्वपूर्ण सिफारिशें की हैं। सन् 1957 के भारतीय श्रम सम्मेलन ने यह सुझाव दिया था कि स्वचलन से छंटनी नहीं होनी चाहिये बल्कि श्रमिक को उसी संस्थान में कोई दूसरा काम मिल जाना चाहिये और उसका वेतन नहीं घटना चाहिये। स्वचलन का

लाभ उद्योग के सभी अंगों को होना चाहिये। श्रमिकों की कार्य की दशाओं में सुधार किया जाना चाहिये। सन् 1968 में भारतीय श्रम सम्मेलन में पुनः स्वचलन पर विचार किया गया। सन् 1966 में तेल कम्पनियाँ और जीवन बीमा निगम ने कम्प्यूटरों की स्थापना पर विचार किया। सन् 1967 में स्थायी श्रम समिति (Standing Labour Committee) ने कम्प्यूटरों के विषय में विचार किया। सन् 1968 में इस पर फिर से विचार किया गया। सन् 1969 में राष्ट्रीय श्रम आयोग (National Labour Commission) ने स्वचलन के विषय में कुछ महत्त्वपूर्ण सुझाव दिये। इनके अनुसार स्वचलन की योजना में समस्त श्रमिकों को कार्य देने की व्यवस्था होनी चाहिये। स्वचलन के परिणामस्वरूप उत्पादकता और कुशलता बढ़नी चाहिये। स्वचलन से होने वाले लाभ को श्रमिकों में भी विभाजित किया जाना चाहिये। स्वचलन से लागत में कमी करके समाज को लाभ पहुंचाया जाना चाहिये। इस आयोग ने उद्योग के विभिन्न क्षेत्रों में कम्प्यूटरों के प्रयोग की सिफारिश की। सन् 1972 में श्रम मन्त्रालय की स्वचलन समिति ने अपनी रिपोर्ट में कुछ महत्त्वपूर्ण सिफारिशें कीं। इसके अनुसार स्वचलन की योजनाओं को लागू करने के पहले श्रमिकों और मालिकों की सहमति प्राप्त कर लेनी चाहिये। कम्प्यूटरों का प्रयोग करने की स्थिति में पहले उसका मूल्यांकन कर लिया जाना चाहिये। शिक्षा, विज्ञान, अनुसंधान, सांख्यिकी, सुरक्षा इत्यादि के कार्यों में कम्प्यूटरों का प्रयोग किया जा सकता है। स्वचलन से होने वाली बेरोजगारी को दूर करने के उपाय किये जाने चाहियें। सन् 1973 में संयुक्त राष्ट्र संघ के औद्योगिक विकास संगठन (Industrial Labour Organization) ने विकासशील देशों में कम्प्यूटरों के प्रयोगों की संख्या का अध्ययन करने के लिए भारत में एक सर्वेक्षण कराया जिसने जटिल कामों में कम्प्यूटरों के प्रयोग का समर्थन किया किन्तु यह चेतावनी दी कि श्रमिकों की संख्या कम करने के लिए उनका उपयोग नहीं किया जाना चाहिये। उनका कहना था कि कम्प्यूटरों के प्रयोग से कर्मचारियों की छंटनी और बेरोजगारी जरूरी नहीं है। यह खतरा पूर्ण स्वचलन पर ही होता है जिसकी भारत में कोई सम्भावना नहीं है। अस्तु, स्वचलन से उत्पन्न होने वाली अस्थाई बेकारी को श्रमिकों को नये कामों में लगाकर दूर किया जा सकता है। बेकारी की बीमा योजना (Unemployment Insurance Scheme) लागू करने की भी सिफारिश की गयी। अन्त में यह कहा गया कि स्वचलन का लाभ पूँजी, श्रम, उपभोक्ता और सरकार सभी को होना चाहिये और सभी के सहयोग से इसे लागू किया जाना चाहिये।

भारतवर्ष में स्वचलन बहुत कम अपनाया गया है। तीसरी पंचवर्षीय योजना में यह स्वीकार किया गया है कि योजनाओं की सफलता के लिए उद्योगों में स्वचलन होना चाहिये। कम्प्यूटर का सबसे पहला प्रयोग कलकत्ता के भारतीय सांख्यिकी संस्थान में किया गया। व्यावसायिक उद्देश्य से इसका सबसे पहला प्रयोग सन् 1963 में एक अमेरिकी तेल कम्पनी ने किया। इसके बाद से भारत में कम्प्यूटरों का प्रयोग बढ़ता गया है।

भारत में स्वचलन की प्रगति के उपरोक्त विवेचन से स्पष्ट है कि इस दिशा में गति अत्यन्त मन्द है। इस मन्द गति के मुख्य कारण निम्नलिखित हैं–

(1) पूँजी की कमी (Paucity of Capital)–स्वचलन के लिए अत्यधिक मात्रा में पूँजी की आवश्यकता होती है। भारत में पूँजी की भारी कमी है, इसलिए यहाँ पर स्वचलन

की योजनायें नहीं अपनाई जा सकीं हैं। बड़ी-बड़ी फर्मों को भी कम्प्यूटर खरीदने में कठिनाई होती है।

(2) सरकारी नीति (Government Policy)—भारत मे बेरोजगारी की समस्या का भयंकर रूप से उपस्थित होना, औद्योगिक विकास में असंतुलन का भय, विदेशी मुद्रा पर नियन्त्रण इत्यादि कारणों से भारत सरकार स्वचलन को विशेष प्रोत्साहन देने की स्थिति में नहीं है। कुटीर उद्योगों पर भी इसका बुरा प्रभाव पड़ता है और भारत जैसे निधन देश में कुटीर उद्योगों को प्रोत्साहन देना बहुत आवश्यक है। समाजवादी लक्ष्य से भी यह जरूरी है कि अधिक से अधिक लोगों को काम दिलाने की दिशा में अधिक प्रयास किया जाये। ऐसी स्थिति में स्वचलन उपयुक्त नहीं प्रतीत होता। फिर भी कुछ उद्योगों में स्वचलन हुआ है और अन्य अनेक उद्योगों में उसे धीरे-धीरे लागू किया जा रहा है। कर्मचारियों के विरोध के बावजूद जीवन बीमा में कम्प्यूटर का प्रयोग किया गया है। राष्ट्रीय श्रमिक आयोग ने भी चुने हुए सीमित आधार पर कम्प्यूटीकरण की सिफारिश की है। अस्तु, यह नहीं कहा जा सकता कि देश गें स्वचलन की दिशा में कुछ भी प्रगति नहीं है भले ही वह कितनी भी मन्द क्यों न हो।

(3) उच्च तकनीकी योग्यता की कमी (Lack of High Technical Ability) स्वचालित मशीनों को चलाने के लिए उच्च स्तर की तकनीकी योग्यता की आवश्यकता होती है। भारतवर्ष में इस प्रकार के तकनीकी प्रशिक्षण का भारी अभाव है और विदेशों से विशेषज्ञों को प्राप्त करने में आर्थिक कठिनाई है। यदि विदेशी विशेषज्ञ कोई मशीन लगा भी देते हैं तो उसके खराब हो जाने पर ठीक करने के लिए फिर से उन्हें बुलाना पड़ता है। अस्तु, स्वचलन नहीं हो पा रहा है।

(4) विदेशी मुद्रा की कमी (Lack of Foreign Exchange)—अधिकतर स्वचालित मशीनें भारत में नहीं बनतीं और उन्हें विदेशों से मंगाने के लिये बड़ी मात्रा में विदेशी-मुद्रा की आवश्यकता पड़ती है। अन्तर्राष्ट्रीय व्यापार में पिछड़ा हुआ होने के कारण भारत में विदेशी मुद्रा की बडी कमी है। अस्तु, विदेशों से स्वचालित मशीनें मंगाने के लिए आवश्यक विदेशी मुद्रा न जुटा सकने के कारण स्वचलन नहीं होता है।

(5) बेरोजगारी (Unemployment)—भारतवर्ष में बड़ी संख्या में पढ़े-लिखे और बेपढ़े-लिखे व्यक्ति बेकार हैं और जनसंख्या के बढ़ते जाने से बेकारों की संख्या बढ़ती ही गयी है। अस्तु, स्वचलन अपनाने से बेरोजगारों की संख्या और भी अधिक बढ़ने की आशंका हो जाती है।

(6) रूढ़िवादिता (Traditionalism)—भारतीय समाज में गतिशीलता बहुत कम है क्योंकि यहाँ लोग रूढ़िवादी हैं। वे नवीन परिवर्तनों से डरते हैं और यथासम्भव पुरानी परम्पराओं के अनुसार चलना चाहते हैं। उनमें साहस और जोखिम उठाने की प्रवृत्ति का अभाव है। अस्तु, भारतीय उद्योगपति स्वचलन की दिशा में विशेष उत्साही नहीं है।

अभ्यास के लिये प्रश्न

1. स्वचलन को परिभाषित कीजिए। भारत जैसे देश में स्वचलन के परिणामों की विवेचना कीजिये।
2. स्वचलन से आप क्या समझते हैं? भारत में श्रमिकों और मिल मालिकों के सम्बन्धों को इसने किस प्रकार प्रभावित किया है?
3. स्वचलन की अवधारणा को स्पष्ट रूप से समझाइये और इसके प्रमुख गुण-दोष भी बताइये।
4. भारत में स्वचलन लागू करने के पक्ष और विपक्ष में तर्क दीजिये, इस सम्बन्ध में भारत सरकार की नीति भी स्पष्ट कीजिये।

23

राष्ट्रीयकरण
(Nationalisation)

आधुनिक देशों में उद्योगों पर अधिकार या तो निजी हाथों में होते हैं या फिर सरकार के हाथों में होते हैं। किस देश में कितने अधिकार निजी हाथों में और कितने सरकार के हाथों में रहेंगे यह राष्ट्रीय नीति पर निर्भर है। संयुक्त राज्य अमेरिका जैसे कुछ देशों में अधिकतर उद्योगों पर उद्योगपतियों का निजी अधिकार होता है और मुक्त प्रतियोगिता से उनमें समन्वय होता रहता है। दूसरी ओर सोवियत रूस में सभी उद्योगों पर सरकार का अधिकार है और सभी व्यक्ति सरकार के नौकर हैं। इन दोनों ही अति की स्थितियों के मध्य में अनेक विकल्प आते हैं जो विभिन्न देशों में पाये जाते हैं। यह मिली-जुली अर्थव्यवस्था (Mixed Economy) कहलाती है। भारत में इसी प्रकार की अर्थव्यवस्था है। किन्तु एक ओर निजी स्वामित्व और दूसरी ओर राष्ट्रीय अधिकार इन दोनों सीमाओं में किसी देश की मिली-जुली अर्थव्यवस्था किसी स्थायी बिन्दु पर नहीं रह सकती क्योंकि समय-समय पर कुछ उद्योगों को अनेक कारणों से निजी क्षेत्र से हटाकर उनका राष्ट्रीयकरण करना पड़ता है। अस्तु, भारत में राजनैतिक क्षेत्रों में राष्ट्रीयकरण पर वाद-विवाद होता ही रहता है।

राष्ट्रीयकरण की परिभाषा
(Definition of Nationalisation)

शाब्दिक अर्थों में राष्ट्रीयकरण का अर्थ उद्योगों पर राष्ट्र अथवा राज्य का अधिकार है। वास्तव में राष्ट्रीयकरण को बहुधा सरकारीकरण के अर्थ में ही लिया जाता है और इस प्रकार इसके शाब्दिक अर्थ से भ्रम होने की सम्भावना है। इसकी परिभाषा देते हुए इसे राजकीय या सार्वजनिक उपक्रम (Public Enterprise) कहा गया है। राजकीय उपक्रम (Government Enterprise) से तात्पर्य उद्योग पर राज्य के अधिकार से है। इसी प्रकार सार्वजनिक उपक्रम का अर्थ भी सरकार के अधिकार से ही होता है अन्यथा राष्ट्रीयकरण की अत्यन्त उपयुक्त परिभाषा आक्सफोर्ड शब्दकोष में दी हुई है जिसके अनुसार, राष्ट्रीयकरण का अर्थ भूमि, सम्पत्ति और उद्योगों को राष्ट्र के नियन्त्रण में ले लेने से है। चूँकि आधुनिक काल में अधिकतर

देशों में सरकार ही राष्ट्र की प्रतिनिधि मानी जाती है इसलिये राष्ट्रीयकरण से भूमि, सम्पत्ति अथवा उद्योगों पर राज्य के अधिकार का अर्थ लिया जाता है।

राष्ट्रीयकरण का महत्त्व
(Importance of Nationalisation)

भारत सरकार की सलाहकार नियोजन परिषद के प्रतिवेदन में राष्ट्रीयकरण के पक्ष में तर्क देते हुए कहा गया है कि वही एक ऐसी प्रणाली है जिसके द्वारा समस्त युवक श्रमिकों को उनकी योग्यता, शिक्षा, रूचि और प्रकृति के अनुसार काम दिया जा सकता है। राष्ट्रीयकरण से होने वाला लाभ सरकारी खजाने में जमा होने से शासकीय धन बढ़ता है और वस्तुओं पर अतिरिक्त कर नहीं लगाना पड़ता। इससे उद्योग का प्रबन्ध अधिक व्यवस्थित हो जाता है और राष्ट्रीय अर्थ व्यवस्था में प्रगति होती है। इससे उद्योगों का लाभ राष्ट्र के हित में होता है। इसी प्रकार संसार के सभी देशों में अनेक विचारकों ने राष्ट्रीयकरण के पक्ष में अनेक तर्क उपस्थित किये हैं जिनमें से मुख्य तर्क निम्नलिखित हैं–

(1) समाजवादी तर्क (Socialist Argument)–भारत एक समाजवादी देश है। अस्तु, यहाँ पर समाजवादी विचारकों ने राष्ट्रीयकरण के पक्ष में तर्क उपस्थित किये हैं। समाजवाद का लक्ष्य शोषण विहीन समाज की स्थापना है। इसलिये ऐसे उद्योगों को व्यक्तियों के हाथ में नहीं छोड़ा जा सकता जिनमें शोषण की गुंजायश बहुत अधिक हो और जनता के लाभ के लिये इन पर राज्य का अधिकार स्थापित किया जाता है। अस्तु, देश में राष्ट्रीयकरण का क्षेत्र क्रमशः बढ़ता ही जा रहा है।

(2) प्रजातन्त्रीय तर्क (Democratic Argument)–प्रजातन्त्र के समर्थकों ने सब कहीं सीमित क्षेत्र में राष्ट्रीयकरण को प्रजातन्त्र के लिये उपयोगी माना है। प्रजातन्त्र में समानता और न्याय अनिवार्य मूल्य हैं। ये तभी प्राप्त हो सकते हैं जबकि धन शक्ति को थोड़े से लोगों के हाथों में केन्द्रित न होने दिया जाये। अस्तु, बड़े-बड़े उद्योगों का राष्ट्रीयकरण आवश्यक हो जाता है। जीवन की आवश्यक वस्तुओं को सबके लिये उचित मूल्य पर सुलभ कराने के लिये भी राष्ट्रीयकरण आवश्यक है।

(3) आर्थिक शक्ति का सन्तुलन (Balance of Economic Power)–यदि देश में उद्योगों का अधिकार व्यक्तियों के हाथों में छोड़ दिया जाये तो क्रमशः आर्थिक शक्ति कुछ थोड़े से लोगों के अधिकार में केन्द्रित हो जाती है। इस असंतुलन को दूर करने के लिये और आर्थिक शक्ति का विकेन्द्रीकरण करने के लिये राष्ट्रीयकरण करना आवश्यक होता है ताकि अधिक से अधिक जनता आर्थिक लाभ से लाभान्वित हो सके।

(4) पूँजी का अधिकतम उपयोग (Maximum use of Capital)–पूँजीपति पूँजी का अधिकतर उपयोग स्वार्थ के लिये करता है और यदि समस्त उद्योग निजी क्षेत्र में छोड़ दिये जायें तो पूँजीपति केवल लाभ की दृष्टि से उद्योगों में उत्पादित वस्तुओं के प्रकार और गुण निश्चित करता है। यह पूँजी का सही उपयोग नहीं है क्योंकि इससे आम जनता को पूँजी का लाभ नहीं मिलता। अस्तु देश की पूँजी का अधिकतम उपयोग करने के लिये उद्योगों का राष्ट्रीयकरण आवश्यक हो जाता है। तभी उससे देश के सभी लोगों को लाभ पहुँचता है।

(5) औद्योगिक क्षमता में वृद्धि (Increase in Industrial Capacity)—राष्ट्रीयकरण करने से स्वभावतया श्रमिकों और मालिकों में सहयोग स्थापित हो जाता है क्योंकि सरकार उद्योगों को इस तरह चलाती है कि श्रमिकों को काम करने की आदर्श परिस्थितियां उपलब्ध हों। स्वाभाविक है कि इससे औद्योगिक क्षमता में तेजी से वृद्धि होती है।

(6) धन का समान वितरण (Equal Distribution of wealth)—उपरोक्त विवेचन से स्पष्ट है कि पूँजीवादी अर्थव्यवस्था आर्थिक विषमता बढ़ाती है। पूँजीवादी देशों में अधिकतम और न्यूनतम आय में भारी अन्तर देखा जा सकता है जो जनतन्त्रीय और समाजवादी आदर्श के विरुद्ध है। अस्तु, धन के समान वितरण के लिये उद्योगों का राष्ट्रीयकरण आवश्यक है।

(7) संतुलित क्षेत्रीय विकास (Balanced Regional Development)—समस्त देश के लाभ की दृष्टि से देश के विभिन्न क्षेत्रों में उद्योगों का ऐसा विकास किया जाना चाहिये जिससे सभी में बहुत कुछ समान गति से विकास हो अन्यथा होता यह है कि जब कि कुछ क्षेत्र औद्योगिक दृष्टि से बहुत आगे बढ़ जाते हैं अन्य क्षेत्र बहुत पीछे छूट जाते हैं। पूँजीपति सम्पूर्ण देश की दृष्टि से कभी भी नहीं सोचता। अधिक से अधिक वह स्थानीय क्षेत्र का विचार करता है। इसलिये देश में संतुलित क्षेत्रीय विकास के लिये उद्योगों का राष्ट्रीयकरण आवश्यक हो जाता है।

(8) प्रशिक्षित व्यक्तियों को रोजगार (Employment to Trained Personnel)—निजी उद्योगों में कभी-कभी भाई-भतीजावाद के आधार पर भर्ती की जाती है। उद्योगों के राष्ट्रीयकरण से योग्य, अनुभवी और प्रशिक्षित व्यक्तियों को देश की सेवा करने का अवसर मिलता है जिससे सम्पूर्ण देश को लाभ होता है।

(9) आर्थिक स्थायित्व और विकास (Economic Stability and Development)— पूँजीवादी व्यवस्था में पूँजीपति अपने स्वार्थ साधन के लिए कृत्रिम उपायों से व्यापारिक जगत में तेजी और मन्दी उत्पन्न करते रहते हैं जिससे आर्थिक अस्थायित्व बना रहता है और विकास की गति मन्द हो जाती है। उद्योगों के राष्ट्रीयकरण से उद्योग और व्यापार में स्थायित्व बढ़ेगा जिससे आर्थिक विकास की गति भी तीव्र होगी। इसका एक उदाहरण रूस में देखा जा सकता है जिसने कुछ दशकों में ही संसार के देशों में लगभग चोटी का स्थान प्राप्त कर लिया है।

(10) उत्पादन लागत में कमी (Decrease in Cost of Production)— राष्ट्रीयकरण होने से उद्योगों में उत्पादन लागत भी कम होती है क्योंकि व्यर्थ प्रतियोगिता और विज्ञापन पर फिजूल पैसा खर्च नहीं होता।

(11) वित्तीय साधनों का समुचित उपयोग (Proper use of Economic Means)—देश के वित्तीय साधन जैसे बैंकों, बीमा कम्पनियों इत्यादि का पूर्ण उपयोग तभी हो सकता है जबकि उद्योगों में विकास बेरोकटोक हो। इसके लिये राष्ट्रीयकरण की आवश्यकता होती है।

(12) राष्ट्रीय आय में वृद्धि (Increase in National Income)—पूँजीवादी अर्थव्यवस्था में उद्योग में आय बढ़ने से राष्ट्रीय आय नहीं बढ़ती क्योंकि अतिरिक्त धन पूँजीपति

के पास जमा होता है। देश की निर्धनता दूर करने के लिये राष्ट्रीय आय में वृद्धि आवश्यक है और यह केवल उद्योगों के राष्ट्रीयकरण से ही सम्भव है।

(13) सार्वजनिक कल्याण (Public Welfare)—उद्योगों के राष्ट्रीयकरण से जो अतिरिक्त लाभ होगा वह सार्वजनिक कल्याण के लिये खर्च किया जायेगा क्योंकि उद्योगों के विकास करने में सरकार का लक्ष्य सार्वजनिक कल्याण ही होता है।

(14) शोषण का अन्त (End of Exploitation)—मानववादी दृष्टिकोण से आज संसार के सभी देशों में शोषण का अन्त आवश्यक माना जाता है। अमेरिका जैसा पूँजीपति देश भी हर समय मानव अधिकारों की ही बात करता है भले ही ये मानव अधिकार पूँजीवादी व्यवस्था में सम्भव न होते हों। श्रमिकों के शोषण को रोकने का सबसे अधिक प्रभावशाली उपाय उद्योगों का राष्ट्रीयकरण है। राष्ट्रीयकरण वाले उद्योग श्रमिकों के सहयोग से चलाये जाते हैं और उनमें प्रगति से श्रमिकों को सीधा लाभ होता है।

(15) एकाधिकार की समाप्ति (End of Monopoly)—पूँजीवादी अर्थव्यवस्था का सबसे बड़ा दोष उद्योगों के क्षेत्र में एकाधिकार है जिसके कारण कृत्रिम माँग उत्पन्न की जाती है, वस्तुओं के मूल्य बढ़ाये जाते हैं, उत्पादन के गुण और मात्रा में निजी लाभ की दृष्टि से परिवर्तन किये जाते हैं और इस प्रकार राष्ट्र की भारी हानि होती है। इस एकाधिकार को समाप्त करने का एक मात्र उपाय उद्योगों का राष्ट्रीयकरण है।

(16) दीर्घकालीन योजनाओं का निर्माण (Planning long term Schemes)—देश के सार्वभौम विकास के लिये लम्बे काल में विकास पर दृष्टि रखते हुये दीर्घकालीन योजनायें बनाई जाती हैं जो अनेक वर्षों में पूरी होती हैं और जिन्हें एक-एक सोपान करके पूरा किया जाता है। इस प्रकार की दीर्घकालीन योजनाओं के उद्योगों पर सरकार का पूरा अधिकार होने से उनकी प्रगति को नियोजन के अनुसार चलाया जा सकता है।

(17) बड़े स्तर के उद्योगों के लाभ (Advantages of Large Scale Industries)—बहुत बड़े स्तर के उद्योग निजी स्तर पर चलाने में कुछ कठिनाइयाँ होती हैं जैसे—वित्तीय सहायता, सरकारी सहायता, यातायात और निर्यात, विदेशी मुद्रा तथा श्रमिकों के सहयोग, वस्तुओं के विक्रय तथा विज्ञापन सम्बन्धी कठिनाइयाँ इत्यादि। इसलिये बहुत बड़े पैमाने पर उद्योग सार्वजनिक क्षेत्र में स्थापित करना लाभदायक होता है। इससे सरकार के सभी साधनों का इन उद्योगों में उपयोग किया जा सकता है और बहुधा विदेशों की सरकारों और अन्तर्राष्ट्रीय संस्थाओं का भी सहयोग प्राप्त हो जाता है। इसका एक उदाहरण भारत में विदेशी सहायता से सार्वजनिक क्षेत्र में स्थापित इस्पात के कारखाने हैं।

उद्योगों के राष्ट्रीयकरण के पक्ष में उपरोक्त तर्कों के अतिरिक्त राजनैतिक दृष्टि से भी बहुत से तर्क दिये जाते हैं। जो लोग राज्य को व्यक्ति की स्वतन्त्रता में बाधक मानते हैं वे राष्ट्रीयकरण के विरुद्ध हैं। दूसरी ओर जो लोग राज्य के कल्याणकारी रूप को मानते हैं वे राष्ट्रीयकरण के पक्ष में हैं। फिर भी अधिकतर देशों में राष्ट्रीयकरण बढ़ता ही जा रहा है।

राष्ट्रीयकरण की आलोचना
(Criticism of Nationalisation)

किन्तु राष्ट्रीयकरण के बढ़ते जाने से ही यह नहीं कहा जा सकता कि वह सर्वथा उचित है। वास्तव में आर्थिक क्षेत्र में किसी प्रकार के सिद्धान्त में गुण और दोष दोनों ही पाये जाते हैं। अस्तु, राष्ट्रीयकरण के विरुद्ध भी उतने ही तर्क उपस्थित किये गये हैं जितने की उसके पक्ष में दिखलाई पड़ते हैं। इनमें मुख्य तर्क निम्नलिखित हैं–

(1) राजनैतिक प्रभाव (Political Influence)–राष्ट्रीयकरण करने से उद्योगों में स्वभावतया राजनैतिक व्यक्तियों और दलों का प्रभाव बढ़ता है जो कि उद्योग के लाभ को एक ओर छोड़कर राजनैतिक स्वार्थों को सिद्ध करने के लिए मनमाना व्यवहार करते हैं। अस्तु, राष्ट्रीयकरण से लाभ नहीं होता, उल्टे हानि ही होती है।

(2) जनतन्त्रीय तर्क (Democratic Argument)–संयुक्त राज्य अमेरिका में जनतन्त्रीय संविधान है और अमेरिकी विचारकों ने राष्ट्रीयकरण को जनतन्त्र के विरुद्ध माना है। जनतन्त्र में जनता द्वारा चुने हुए प्रतिनिधि सरकार बनाते हैं जो कि राजनैतिक नेता होते हैं किन्तु जिनमें उद्योग के विषय में कोई विशेष योग्यता नहीं होती। ऐसी स्थिति में उनसे उद्योगों को चलाने की आशा कैसे की जा सकती है? दूसरे, जनतन्त्र में सरकार और उसकी नीति समय-समय पर बदलती रहती है। अब यदि उद्योगों पर सरकार का अधिकार हो तो सरकारों के बदलने के साथ-साथ उनमें भी परिवर्तन के प्रयास किये जायेंगे जिससे उद्योगों को भारी हानि होने की सम्भावना है। वास्तव में राजनैतिक मतभेद के बावजूद यदि विभिन्न राजनैतिक दल कोई सामान्य आर्थिक और व्यापारिक नीति बना सकें तभी राष्ट्रीयकरण से लाभ हो सकता है किन्तु यथार्थ में ऐसा कभी नहीं हो पाता। अस्तु, जनतन्त्रीय प्रणाली में उद्योगों का राष्ट्रीयकरण नहीं होना चाहिये।

(3) दोषपूर्ण कार्यप्रणाली (Defective Procedure)–सरकारी दफ्तरों में नीचे से ऊपर अधिकारियों का जो क्रम होता है उसमें वरिष्ठता को महत्त्व दिया जाता है और योग्यता की कोई कदर नहीं होती। अस्तु, अधिकतर व्यक्ति पूर्ण शक्ति से काम नहीं करते। उनका ध्यान काम की अपेक्षा पदोन्नति और वेतन वृद्धि पर लगा रहता है। यदि यही प्रणाली उद्योगों में अपनाई गयी तो उद्योगों का विकास नहीं हो सकता, इसलिये राष्ट्रीयकरण अनुचित है।

(4) लाल फीताशाही (Red Tapism)–निजी कामों की तुलना में सरकारी कामों में लाल फीताशाही सदैव अधिक पाई जाती है। उद्योगों पर सरकार का अधिकार होने से उनमें भी यह लाल फीताशाही फैल जायेगी जिसका उनके विकास पर बुरा प्रभाव पड़ेगा। अस्तु उद्योगों का राष्ट्रीयकरण उपयुक्त नहीं है।

(5) प्रबन्धकों द्वारा भ्रष्टाचार (Corruption by Managers)–बहुधा सरकारी दफ्तरों में अधिकारी निजी स्वार्थों को सिद्ध करने के लिये सरकार को हानि पहुँचाने में नहीं सकुचाते। तरह-तरह के भ्रष्टाचार से सार्वजनिक हित का साधन नहीं हो पाता। उद्योगों के राष्ट्रीयकरण से औद्योगिक प्रबन्ध सरकारी कर्मचारियों के हाथों में आ जाने से यह भ्रष्टाचार

बढ़ने की सम्भावना है क्योंकि भ्रष्टाचार से उनको निजी लाभ होता है जबकि उद्योगों पर निजी अधिकार होने से भ्रष्टाचार से उद्योग के प्रबन्धकों को हानि होती है। अस्तु निजी क्षेत्र की तुलना में सार्वजनिक क्षेत्र के उद्योगों में अधिक भ्रष्टाचार पाया जाता है।

(6) उपभोक्ताओं को हानि (Loss to Consumers)—अस्तु, राष्ट्रीयकरण से उद्योगों में उत्पादन की मात्रा और गुण दोनों ही घटेंगे जिससे चीजों के दाम बढ़ेंगे और अच्छी किस्म की वस्तुयें कम उपलब्ध होंगी। इससे उपभोक्ताओं के हितों को हानि पहुँचती है। दूसरे, उत्पादन के क्षेत्र में सरकार के आ जाने से वह कभी-कभी उपभोक्ताओं को सरकारी वस्तुयें खरीदने के लिये बाध्य भी करती है जिससे उनकी चुनाव की स्वतन्त्रता समाप्त हो जाती है और उन्हें सन्तोष नहीं मिलता।

(7) कार्यक्षमता का ह्रास (Decrease in Working Capacity)—उपरोक्त कारणों से राष्ट्रीयकरण होने पर औद्योगिक कार्यक्षमता बढ़ने के स्थान पर घटने की अधिक सम्भावना है क्योंकि सरकारी उद्योगों में कर्मचारी उत्तरदायित्व अनुभव नहीं करता है और केवल उतना ही काम करता है जितना नौकरी बनाये रखने के लिये आवश्यक है।

(8) राजनैतिक एकाधिकार (Political Monopoly)—उद्योगों के क्षेत्र में एकाधिकार सदैव हानिकारक है चाहे वह कुछ व्यक्तियों का हो या किसी राजनैतिक दल का हो। राष्ट्रीयकरण होने पर उद्योगों पर विशेष राजनैतिक दल का अधिकार हो जाता है जिससे एकाधिकार के समस्त दोष दिखलाई पड़ने लगते हैं। प्रतियोगिता के अभाव में प्रगति की प्रेरणा नहीं मिलती। वस्तुओं के मूल्यों को और वेतनों की दर को कानून के द्वारा लागू किया जाता है यहाँ तक कि उपभोक्ताओं को सरकारी आदेशों से वस्तुयें खरीदने के लिए बाध्य किया जाता है। इससे आर्थिक प्रक्रियाओं को स्वाभाविक ढंग से बढ़ने का अवसर नहीं मिलता जो देश के आर्थिक विकास में बाधक सिद्ध होता है।

(9) विनियोग में कमी (Decrease in Investment)—यदि देश में राष्ट्रीयकरण का प्रचलन हो जाये तो लोग यह सोचने लगते हैं कि उद्योग में पैसा फंसाने से कोई लाभ नहीं है क्योंकि न जाने कब सरकार उसका राष्ट्रीयकरण कर दे। ऐसी स्थिति में व्यक्तिगत पूँजी को अनार्थिक कार्यों में लगाया जाता है या दाब कर रखा जाता है और उसका उद्योगों में विनियोग नहीं होता। अनेक लोग तो अपनी पूँजी को ऐसे विदेशों में लगाने लगते हैं जहाँ उद्योगों के राष्ट्रीयकरण का भय न हो।

(10) स्वस्थ प्रतियोगिता का अभाव (Absense of Healthy Competition)—उद्योग और व्यापार के क्षेत्र में आगे बढ़ने की प्रेरणा में स्वस्थ प्रतियोगिता का बड़ा महत्त्व है। राष्ट्रीयकरण होने पर यह प्रतियोगिता समाप्त हो जायेगी और कोई भी अपने उत्पादन की मात्रा और गुण को बढ़ाने का प्रयास नहीं करेगा जिससे अन्त में समस्त देश को हानि पहुँचती है।

(11) विवेकीकरण में कठिनाई (Difficulty in Rationalization)—किसी भी उद्योग में विवेकीकरण करने पर श्रमिकों की छँटनी करनी पड़ती है। यह श्रमिक मतदाता होते हैं और इसलिए इनको नाराज करने से सरकार को मत मिलने में कठिनाई होने की सम्भावना

होती है। ऐसी स्थिति में सरकार विवेकीकरण अपनाकर भावी मतदाताओं को नाराज क्यों करेगी? अस्तु, राष्ट्रीयकरण से उद्योगों के विवेकीकरण में कठिनाई उत्पन्न होती है और उसकी गति धीमी हो जाती है।

राष्ट्रीयकरण के विपक्ष में उपरोक्त तर्कों से स्पष्ट होता है कि यह कोई ऐसी प्रक्रिया नहीं है जिसे केवल लाभ ही लाभ हों। अस्तु, राष्ट्रीयकरण तभी अपनाया जाना चाहिये जबकि वह राष्ट्र के हित में आवश्यक हो और उससे हानि की तुलना में लाभ अधिक हो। हानि-लाभ को इस प्रकार तौलकर कल्याणकारी राज्य राष्ट्रीयकरण के कदम उठाते हैं। फिर भी सामान्य रूप से आजकल केवल उन्हीं उद्योगों में राष्ट्रीयकरण आवश्यक माना जाता है जो सुरक्षा से सम्बन्धित हों और जिनमें बड़े पैमाने पर पूंजी की आवश्यकता हो।

भारत में राष्ट्रीयकरण
(Nationalisation in India)

भारत एक जनतन्त्रीय राज्य है। भारतीय संविधान में सभी नागरिकों के लिए स्वतन्त्रता, समानता और न्याय स्वीकार किये गए हैं। फिर भी समाजवादी राज्य होने के कारण भारत में उद्योगों के राष्ट्रीयकरण की दिशा में काम किया गया है। आपात स्थिति की घोषणा के बाद से तो इस प्रवृत्ति के बढ़ने की और भी अधिक सम्भावना हो गयी है। संविधान में नये संशोधन से प्रस्तावना में समाजवादी शब्द जोड़ दिया गया है जिसका सीधा प्रभाव उद्योगों के राष्ट्रीयकरण की प्रगति के रूप में पड़ेगा। फिर भी मिली-जुली अर्थव्यवस्था होने के कारण भारत सरकार कभी भी सभी या अधिकतर उद्योगों को अपने हाथ में लेना नहीं चाहती, केवल उन्हीं उद्योगों का राष्ट्रीयकरण किये जाने की सम्भावना है जो समस्त देश के कल्याण के लिए आवश्यक हैं।

सन् 1948 में सरकारी औद्योगिक नीति में यह कहा गया था कि राज्य के पास इतने साधन नहीं हैं कि वह औद्योगिक क्षेत्र में पर्याप्त भाग ले सके। इसलिए सबसे पहले राष्ट्रीय आय को बढ़ाने की आवश्यकता है। इस प्रकार निजी क्षेत्र पर समुचित नियन्त्रण तक ही सीमित रखकर उद्योगों के राष्ट्रीयकरण को स्थगित कर दिया गया था। प्रथम पंचवर्षीय योजना में यह कहा गया था कि, ''विकास की गुंजाइश और आवश्यकता इतनी अधिक है कि सरकारी क्षेत्र को ऐसे उद्योगों का विकास अपने हाथ में ले लेना चाहिये जिनमें निजी उद्यम आगे जाने के लिये और आवश्यक साधन या जोखिम उठाने के लिए तैयार नहीं हैं।''

सन् 1956 में औद्योगिक नीति के प्रस्ताव में राज्य को औद्योगिक विकास में सक्रिय भाग लेने की सिफारिश की गयी। इसके अनुसार समाजवादी राष्ट्र के लक्ष्य को प्राप्त करने के लिए और योजनाबद्ध विकास के लिए यह आवश्यक है कि सभी मूल और विशेष महत्त्व के उद्योगों को सार्वजनिक क्षेत्र में लाया जाये। यह भारत में उद्योगों के राष्ट्रीयकरण की शुरूआत थी। इसके बाद में राष्ट्रीयकरण बढ़ता गया है। तृतीय पंचवर्षीय योजना में सार्वजनिक क्षेत्र में नये-नये उद्योग स्थापित करने पर जोर देते हुए कहा गया था कि आर्थिक शक्ति के केन्द्रीयकरण और एकाधिकार की प्रवृत्तियों की रोकथाम के लिए सरकारी क्षेत्र का तेजी से विस्तार होना चाहिये। इससे एक ओर आर्थिक संरचना की मौलिक कमियाँ दूर होंगी और दूसरी

ओर आर्थिक धन को निजी हाथों में जाने से रोका जा सकेगा। चतुर्थ पंचवर्षीय योजना के प्रारूप में कहा गया था कि, "सबसे महत्त्वपूर्ण बात यह है कि अर्थव्यवस्था में सार्वजनिक क्षेत्र अति प्रभावशाली और कार्यसाधक रूप में उदय होगा। इसके द्वारा आधारभूत और उपभोक्ता वस्तुओं के उत्पादन और वितरण के महत्त्वपूर्ण क्षेत्रों को अधिक से अधिक नियन्त्रण में लेना सम्भव होगा।" पाँचवीं पंचवर्षीय योजना में सार्वजनिक क्षेत्र को और भी अधिक व्यापक और सम्पन्न बनाने का प्रस्ताव किया गया है और जैसा कि पीछे बतलाया जा चुका है, नवम्बर सन् 1976 में संविधान के संशोधन के प्रस्ताव में समाजवादी शब्द जोड़ दिये जाने से देश में उद्योगों के राष्ट्रीयकरण की दिशा में तेजी से प्रगति होगी।

अंग्रेजों के काल में भारतवर्ष में डाक और तार विभाग सरकारी देख-रेख में आरम्भ किये गये। इस प्रकार इस उद्योग को पहला राष्ट्रीयकृत उद्योग कहा जा सकता है। देश को स्वतन्त्रता प्राप्त होने के पश्चात् सबसे पहले रेल उद्योग का राष्ट्रीयकरण किया गया। इसके बाद वायु परिवहन और सड़क यातायात का राष्ट्रीयकरण किया गया। सन् 1956 में समस्त बीमा कम्पनियों का राष्ट्रीयकरण करके जीवन बीमा निगम की स्थापना की गयी। सन् 1956 में ही आयात-निर्यात के क्रमशः राष्ट्रीयकरण के लिए राज्य व्यापार निगम की स्थापना की गयी। 19 जुलाई सन् 1969 को 14 प्रमुख भारतीय बैंकों का राष्ट्रीयकरण किया गया जिनकी जमा पूँजी 50 करोड़ से अधिक थी। सन् 1969-70 में सूती वस्त्र निगम और कागज निगम की स्थापना करके इन उद्योगों की कमजोर इकाइयों का राष्ट्रीयकरण करने की योजना बनाई गयी। सन् 1966 में ही केन्द्रीय सरकार ने सामान्य बीमे का भी राष्ट्रीयकरण कर दिया।

भारत में राष्ट्रीयकरण के उपरोक्त इतिहास से यह पता चलता है कि अभी सरकार ने निजी क्षेत्र में विशेष हस्तक्षेप नहीं किया है। सरकारी क्षेत्र में नये-नये उद्योग अवश्य खोले गये हैं। इन उद्योगों से निजी क्षेत्र के उद्योगों की कोई प्रतियोगिता नहीं है। इस प्रकार सरकार का लक्ष्य सामान्य रूप से निजी क्षेत्र के उद्योगों से प्रतियोगिता करना नहीं है। सार्वजनिक क्षेत्र में अधिकतर वे ही उद्योग खोले जा रहे हैं जो निजी क्षेत्र में नहीं खोले जा सकते। अब तक जिन उद्योगों का राष्ट्रीयकरण किया जा चुका है वे ऐसे उद्योग हैं जिनका सार्वजनिक हित के लिए राष्ट्रीयकरण करना आवश्यक है। राष्ट्रीयकरण के इतिहास से यह पता चलता है कि प्रारम्भ में सार्वजनिक क्षेत्र में एकमात्र उद्देश्य सामाजिक उत्तरदायित्व निभाना था किन्तु अब क्रमशः सार्वजनिक क्षेत्र के उद्योगों को लाभदायक बनाने पर ध्यान दिया जा रहा है और ये लाभदायक सिद्ध भी हुए हैं। इनमें से अधिकतर ऐसे हैं जिनमें पूँजी, यन्त्र, श्रम और कच्ची सामग्री तथा प्रौद्योगिक ज्ञान की बहुत बड़े स्तर पर आवश्यकता होती है और इनको निजी क्षेत्र में चलाना सम्भव नहीं है। उदाहरण के लिए देश में चार बड़े इस्पात के कारखाने सार्वजनिक क्षेत्र में चलाये जा रहे हैं। पिछले दो वर्षों में इन कारखानों में लाभ स्पष्ट रूप से बढ़ा है। इसी प्रकार भारत में इन्जीनियरिंग के कारखाने भी क्रमशः लाभ दिखला रहे हैं। उर्वरकों के उत्पादन के लिए स्थापित भारतीय उर्वरक निगम भी लाभ में चल रहा है किन्तु सबसे अधिक सफलता भारत हैवी इलैक्ट्रिकल लिमिटेड को मिली है। सन् 1975-76 में ही इसकी कार्यक्षमता दुगुनी से भी अधिक हो गयी है। इसी प्रकार व्यापार के क्षेत्र में भी सरकार का योगदान बढ़ा है। राज्य व्यापार निगम (State Trading Corporation) क्रमशः नये-नये क्षेत्रों में प्रवेश कर

रहा है किन्तु इस सब राष्ट्रीयकरण से निकट भविष्य में उद्योग के निजी क्षेत्र में हस्तक्षेप की कोई आशंका नही है। वास्तव में भारत जैसे पिछडे हुए देश में उद्योग के निजी क्षेत्र को प्रोत्साहित करना आवश्यक है क्योंकि राष्ट्रीय आय इतनी अधिक नहीं है कि सार्वजनिक क्षेत्र में सब उद्योग चलाये जा सके। अस्तु, केवल उन्हीं उद्योगों का राष्ट्रीयकरण करना उचित है जो कच्ची सामग्री, सुरक्षा, संदेशवहन और यातायात इत्यादि सार्वजनिक लाभ के साधनों से सम्बन्धित हैं। किसी-किसी क्षेत्र में राष्ट्रीयकरण बढ़ने से निजी विनियोगकर्त्ताओं को हस्तक्षेप की आशंका हुई है जिससे अन्त में उद्योग को हानि ही हुई है। अस्तु, यह आवश्यक है कि सरकार विभिन्न क्षेत्रों में राष्ट्रीयकरण की नीति को स्पष्ट रूप से घोषित करे और यह नीति निर्धारित करने में राजनैतिक नेताओं के साथ-साथ उद्योगपतियों को भी भाग लेना चाहिए। वर्तमान स्थिति में देश के लिए राष्ट्रीयकरण के प्रश्न पर निजी क्षेत्र के उद्योगपतियों से सरकार का वाद-विवाद किसी प्रकार भी लाभदायक साबित नहीं हो सकता। हर्ष है कि भारत सरकार ने इस दिशा में सन्तुलित और यथार्थवादी दृष्टिकोण अपनाया है जिससे देश में सार्वजनिक और निजी दोनों क्षेत्रों में उद्योगों की तेजी से प्रगति हो रही है।

अभ्यास के लिये प्रश्न

1. राष्ट्रीयकरण पर एक निबन्ध लिखिए।
2. राष्ट्रीयकरण के लाभ व हानियों की विवेचना कीजिए।
3. राष्ट्रीयकरण से क्या आशय है? राष्ट्रीयकरण के क्या गुण-दोष हैं? राष्ट्रीयकरण के सम्बन्ध में भारत सरकार की क्या नीति है?

24

श्रमिक तनाव और समस्यायें

(Labour Tensions and Problems)

श्रमिकों में तनाव का अर्थ श्रमिकों में अशान्तिपूर्ण स्थिति है जो कि अनेक समस्याओं के कारण उत्पन्न होती है। साधारणतया ये तनाव मालिक मजदूर के सम्बन्धों के बिगड़ने से उत्पन्न होते हैं। तनाव एक मनोवैज्ञानिक स्थिति है जिसका परिणाम हड़तालों और कभी-कभी तोड़फोड़ की घटनाओं में दिखलाई पड़ता है। तनाव से श्रमिक अपने कार्य से असन्तुष्ट रहता है और इसलिए पर्याप्त और अच्छे किस्म का उत्पादन नहीं कर पाता। अस्तु, श्रमिक तनाव से अन्त में मालिकों को भी हानि ही होती है। भारतवर्ष एक कल्याणकारी राज्य है, इसलिए यहाँ पर अन्य वर्गों के समान श्रमिकों में भी तनाव दूर करने का प्रयास किया गया है।

भारतवर्ष में श्रमिक तनाव का इतिहास औद्योगिकरण के साथ प्रारम्भ होता है। औद्योगिकरण से बड़े-बड़े विशाल कारखाने बने जिनमें लाखों रुपये की मशीनें लगीं और हजारों मजदूरों की आवश्यकता हुई। इन कारखानों के मालिक अपनी शर्तों पर मजदूरों से काम लेने लगे क्योंकि माँग कम और श्रम की पूर्ति अधिक थी। मालिक कम वेतन देकर अधिक काम लेते और जब चाहे श्रमिक को काम से हटा देते। जब देश में श्रमिकों की संख्या बढ़ने लगी तो क्रमशः उनके संगठन बने। देश के स्वतन्त्र होने के बाद से नियमित रूप से श्रम संगठन बने। सन् 1955-56 में 7921 राज्य संघ थे। सन् 1964-65 में इनकी संख्या बढ़कर 9085 हो गई। सन् 1955-56 में 173 केन्द्रीय मजदूर संघ थे। इनके सदस्यों की संख्या 213,000 थीं। सन् 1964-65 में ट्रेड यूनियनों की संख्या 234 हो गई जिनमें 3,97,3000 सदस्य सम्मिलित थे। राज्य में ट्रेड यूनियनों में सन् 1955-56 में 20,62,000 सदस्य संख्या थी जो कि सन् 1964-65 में 23,24,000 हो गई। देश में ट्रेड यूनियन आन्दोलन के इस विकास से श्रमिक तनावों पर प्रकाश पड़ा। विभिन्न उद्योगों में ट्रेड यूनियनों ने मजदूरों की समस्याओं को मालिकों और सरकार के सामने रखा। अस्तु, सरकार ने मजदूरों की दशा सुधारने के लिए अधिनियम बनाये। सन् 1860 में श्रमिकों के झगड़े और कर्मचारियों के वेतन सम्बन्धी झगड़ों को निबटाने के लिए एक अधिनियम बनाया गया किन्तु अब भी देश में श्रमिकों की दशा शोचनीय थी। प्रथम महायुद्ध के बाद श्रमिकों में वर्ग चेतना का विकास हुआ। अपनी दशा को सुधारने के लिए

उन्होंने हड़तालों और प्रदर्शनों का सहारा लिया। इससे सरकार ने उनकी स्थिति को सुधारने के लिए कुछ नये अधिनियम बनाये। सन् 1929 में एक ऐसे अधिनियम से एक बोर्ड की स्थापना की गई जिसका कार्य मिल मालिकों और श्रमिकों में होने वाले झगड़ों को निबटाना था। सन् 1934 में श्रमिकों की समस्याओं को सुधारने के लिये श्रमिक कल्याण अधिकारियों की नियुक्ति की गई। सन् 1946 में बम्बई की सरकार ने श्रमिकों के झगड़ों को निबटाने के लिए और ट्रेड यूनियनों को प्रोत्साहित करने के लिए अधिनियम बनाया। देश को स्वतन्त्रता मिलने के बाद स्वतन्त्र भारत सरकार ने श्रमिकों की दशा सुधारने की ओर विशेष ध्यान दिया। सन् 1947 में एक अधिनियम से श्रमिकों और मिल मालिकों के झगड़ों को निबटाने के लिए एक स्थाई कंसीलियेशन (Conciliation Board) बनाया गया जिसका फैसला मानना दोनों के लिए अनिवार्य था। सन् 1950 में श्रमिकों के झगड़ों की अपील के लिए अपेलेट ट्रिब्यूनल एक्ट (Appellate Tribunal Act) पारित किया गया। बम्बई सरकार द्वारा बनाये गये अधिनियम के समान उत्तर प्रदेश और मध्य प्रदेश में भी श्रमिकों के झगड़े सुलझाने के अधिनियम बनाये गये।

श्रमिक तनाव का स्वरूप

श्रमिकों में तनाव मनोवैज्ञानिक अशान्ति की स्थिति है जो उनकी अनेक प्रकार की गतिविधियों में स्पष्ट होती है। तनाव को अभिव्यक्त करने का सबसे अधिक प्रसिद्ध रूप हड़ताल है। हड़ताल से कारखाने बन्द हो जाते हैं और मालिक तथा मजदूर दोनों को हानि होती है। इस भारी हानि से सरकार हड़तालों को बन्द कराने का प्रयास करती है। मजदूरों की हड़ताल से मिल मालिक मिलों में ताले लगा देते हैं जो कि तालाबन्दी (Lock out) कहलाता है। हड़ताल और तालाबन्दी दोनों ही श्रमिक तनाव दिखलाते हैं। हड़तालों के अलावा तनावों को अभिव्यक्त करने का उपाय बड़ी-बड़ी सभायें करना और जुलूस निकालना तथा राजनैतिक नेताओं के सामने अपनी माँगें उपस्थित करना है। आजकल देश के विभिन्न राजनैतिक दल ट्रेड यूनियनों की सहायता करते हैं क्योंकि इससे उनकी राजनैतिक नींव पुष्ट होती है।

श्रमिक तनाव के परिणाम

भारत में श्रमिक तनाव के उपरोक्त विवरण से उसके परिणाम स्पष्ट होते हैं। श्रमिक तनावों के मुख्य परिणाम निम्नलिखित हैं—

(1) **अशांति**—जैसा कि पीछे बतलाया जा चुका है, श्रमिक तनावों से देश के आर्थिक, सामाजिक और राजनैतिक जीवन में व्यापक अशान्ति उत्पन्न होती है।

(2) **आर्थिक हानि**—श्रमिक तनावों से श्रमिकों और मिल मालिकों तथा अन्त में देश की जनता को भारी आर्थिक हानि होती है। हड़तालों और तालेबन्दियों से राष्ट्रीय आय को भारी क्षति पहुंचती है।

(3) **व्यापार में मन्दी**—श्रमिक तनावों से केवल विशिष्ट उद्योग में ही नहीं बल्कि सभी उद्योगों और व्यापारों में मन्दी आ जाती है क्योंकि कुछ उद्योगों के बन्द हो जाने से अन्य उद्योगों द्वारा बनाई गयी वस्तुओं की माँग कम हो जाती है।

(4) श्रमिकों की दुर्दशा—भारतवर्ष में अधिकांश श्रमिक इतना नहीं कमाते कि वे आड़े दिनों के लिए कुछ बचाकर रख सकें। उन्हें रोज कुआँ खोदना और रोज पानी पीना होता है। इसलिए हड़तालों और तालेबन्दियाँ के दिनों में उनकी बड़ी दुर्दशा हो जाती है। उन्हें कर्ज लेकर गुजारा करना पड़ता है और कभी-कभी भूखों मरने की नौबत आ जाती है। उनके परिवार के सदस्यों की आवश्यकतायें पूरी नहीं होतीं।

(5) सार्वजनिक सुरक्षा को खतरा—श्रमिकों में तनाव बढ़ने से सार्वजनिक सुरक्षा को खतरा उत्पन्न होता है। अत्यधिक तनाव बढ़ जाने से श्रमिक हिंसा पर उतर आते हैं जिससे मिल मालिक भी पुलिस बुलाने को मजबूर हो जाते हैं। पुलिस की गोली से कुछ लोगों के मारे जाने से हिंसा की आग और भी भड़क जाती है। इस प्रकार औद्योगिक क्षेत्रों में सार्वजनिक सुरक्षा को भारी खतरा हो जाता है। लम्बी हड़ताल चलने पर भूख और कष्ट से पीड़ित होकर कुछ श्रमिक अपराध करने के लिये मजबूर हो जाते हैं। इस प्रकार श्रमिक तनावों से अपराधों की वृद्धि होती है।

श्रमिक तनाव के कारण

मूल रूप से श्रमिक तनाव श्रमिकों में मानसिक अशान्ति की स्थिति है। यह अशान्ति एक मनोवैज्ञानिक तत्त्व है किन्तु इसके आर्थिक, सामाजिक और राजनैतिक कारण होते हैं। संक्षेप में, भारत में श्रमिक तनाव के निम्नलिखित मुख्य कारण बतलाये जा सकते हैं—

(1) न्यून दर—भारतवर्ष में श्रमिकों की औसत दैनिक आय इतनी पर्याप्त नहीं है कि वे अपनी आवश्यकताओं को पूरा कर सकें। वे न अपने बच्चों को पढ़ा पाते हैं और न सभी के लिए भोजन, वस्त्र और आवास की व्यवस्था कर पाते हैं। उनके भविष्य का कोई प्रबन्ध नहीं होता। कमाने वाले की मृत्यु हो जाने पर घर के सदस्य दर-दर भटकने को मजबूर हो जाते हैं। इस अत्यधिक न्यून वेतन पर श्रमिकों में भारी असन्तोष है। यही श्रमिक तनाव का मुख्य कारण है।

(2) कीमतों की वृद्धि—भारत में श्रमिकों के वेतन के आँकड़े देखने से ज्ञात होता है कि अनेक राज्यों में पिछले दस वर्षों का औसत वेतन लगभग दुगुना हो गया है। उदाहरण के लिए आन्ध्र प्रदेश में सन् 1956 में श्रमिक की औसत वार्षिक आय 595 रुपये थी जबकि सन् 1964 में यह बढ़कर 1,097 रु० हो गयी। इस वेतन वृद्धि से यह समझना अनुचित है कि श्रमिकों में तनाव किसी प्रकार से कम हुए क्योंकि जब कि वेतन दुगुने हुए तो जीवन की आवश्यक वस्तुओं की कीमतें चौगुनी बढ़ गयीं। पिछले महायुद्ध के बाद से तो भारतवर्ष में चीजों के मूल्य तेजी से बढ़ते रहे हैं जिससे औसत जीवन स्तर बराबर गिरता जा रहा है। पहले आधे वेतन में श्रमिक जितने आराम से रहता था अब दूने वेतन में भी उसकी आवश्यकतायें पूरी नहीं होतीं।

(3) मंहगाई भत्ते की न्यूनता—कीमतों के बढ़ने से ट्रेड यूनियनों ने महंगाई भत्ता बढ़ाने की माँग उठायी और यह माँग बराबर बनी हुई है क्योंकि कीमतें बढ़ती जाती हैं। वास्तव में श्रमिक यह जानते हैं कि उनका महंगाई भत्ता बढ़ती हुई कीमतों के साथ बढ़ना चाहिए, इसलिए मंहगाई भत्ते के बराबर बढ़ाये जाने की आवश्यकता है। चूँकि सभी उद्योगों में यह

सम्भव नहीं हो पाता इसलिए मालिक मजदूरों के सम्बन्धों में तनाव दिखलाई पड़ता है। सच तो यह है कि कीमतें इतनी तेजी से बढ़ी है कि मंहगाई भत्ता मंहगाई को किसी प्रकार से दूर नहीं करता। इसलिए मंहगाई भत्ते की माँग से श्रमिकों में तनाव बना रहता है।

(4) कार्य की असन्तोषजनक दशायें—श्रमिकों में तनाव का एक अन्य महत्त्वपूर्ण कारण उनके काम करने की दशाओं का सन्तोषजनक न होना है यद्यपि भारतवर्ष में काम करने की दशाओं के सम्बन्ध में व्यापक कानून बनाये गए हैं। श्रमिकों को लम्बे काल तक अस्वास्थ्यकर स्थानों पर काम करना पड़ता है जिससे उनके स्वास्थ्य को धक्का पहुँचता है। अनेक कारखानों में मशीनें फिट करते समय ऐक्सीडेन्ट को बचाने का ध्यान नहीं दिया जाता। अनेक कारखानों में वेतन और छुट्टी सम्बन्धी नियम नहीं होता। मालिक जब चाहे श्रमिक को निकाल सकता है। इन सब कारणों से श्रमिकों में असन्तोष रहता है।

(5) सवेतन छुट्टियों की माँग—अन्य कर्मचारियों के समान श्रमिक को भी समय-समय पर कार्य से अवकाश की आवश्यकता होती है। इसलिये ट्रेड यूनियनों ने सवेतन छुट्टियों की माँग उपस्थित की है। इस माँग को लेकर भी श्रमिकों में तनाव बढ़ता रहता है क्योंकि यह माँग बढ़ती ही जाती है।

(6) अधिकारियों के दुर्व्यवहार से विरोध—आजकल श्रमिकों में पर्याप्त रूप में जागृति उत्पन्न हो गयी है। ट्रेड यूनियनें बन जाने के बाद से उनमें स्वाभिमान बढ़ गया है। अस्तु, यदि किसी औद्योगिक संस्थान में किसी श्रमिक से तनिक भी दुर्व्यवहार होता है तो श्रमिकों में तनाव उत्पन्न हो जाता है और वे इसका हर प्रकार से विरोध करते हैं।

(7) बोनस व लाभ की माँग—राजनैतिक नेतागण तथा अन्य व्यक्ति श्रमिकों को यह सुझाते हैं कि उनके परिश्रम से हुए उत्पादन में होने वाले लाभ में भी उनका हिस्सा है इसलिये वे वेतन के अतिरिक्त बोनस व लाभ की माँग उठाते हैं। भारतवर्ष में बड़े-बड़े उद्योगों में समय-समय पर श्रमिकों को बोनस दिया जाता है। किन्तु बोनस व लाभ की माँग बढ़ती ही जाती है और इस माँग को लेकर आए दिन प्रदर्शन और हड़तालें होती रहती हैं।

(8) पुनः स्थापना की माँग—कभी-कभी जब किसी उद्योग में कुछ श्रमिकों को अकारण ही नौकरी से अलग कर दिया जाता है तो ट्रेड यूनियनों की तरफ से उनको फिर से नौकरी पर पुनः स्थापित करने की माँग की जाती है और इसके लिये प्रदर्शन और हड़तालें की जाती हैं।

(9) ट्रेड यूनियनों को मान्यता न मिलना—श्रमिकों में तनाव का एक कारण यह है कि कभी-कभी मिल मालिक उनकी ट्रेड. यूनियनों को मान्यता नहीं देते, उनके नेताओं से मिलने को इन्कार कर देते हैं और उनकी माँगों को नहीं सुनते, ऐसी स्थिति में श्रमिकों में तनाव बढ़ता है और प्रदर्शनों तथा हड़तालों से ट्रेड यूनियन को मान्यता प्रदान कराने का प्रयास किया जाता है।

(10) नई मशीनें लगाने से छंटनी—आजकल बडे-बडे उद्योगों में जब लाखों रुपये की बड़ी-बड़ी मशीनें लगाई जाती हैं तो बहुत से कर्मचारियों की छंटनी होने की नौबत आ जाती है। इस बात को लेकर कर्मचारी और मजदूर संघ हड़तालें करते हैं क्योंकि छंटनी

हुए कर्मचारियों की आजीविका का कोई उपाय नहीं रह जाता। कुछ समय पूर्व भारत में लाइफ इन्शोरेन्स कारपोरेशन के कर्मचारियों ने कारपोरेशन में कम्प्यूटरों को लगाने के विरुद्ध हड़ताल की क्योंकि कम्प्यूटरों के लगने से बड़ी संख्या में कर्मचारी निकाल दिये जायेंगे।

(11) राजनैतिक कारण—श्रमिकों में तनाव का एक बड़ा कारण राजनैतिक है। आजकल भारतवर्ष में विभिन्न राजनैतिक दल अपने स्वार्थों को सिद्ध करने के लिये और श्रमिक वर्ग की सहानुभूति और सहयोग प्राप्त करने के लिये उन्हें तरह-तरह से भड़काते रहते हैं और उनमें तनाव उत्पन्न करते रहते हैं। कभी-कभी मजदूर संघ किसी राजनैतिक प्रश्न को लेकर भी प्रदर्शन और हड़ताल करते हैं।

(12) मध्यवर्तियों के दुर्व्यवहार—भारतवर्ष के बड़े-बड़े उद्योगों में मालिकों और श्रमिकों का प्रत्यक्ष सम्बन्ध नहीं होता। अधिकतर श्रमिकों की भर्ती मध्यवर्तियों अथवा दलालों के माध्यम से होती है। ये दलाल श्रमिकों से नाना प्रकार के लाभ उठाने की चेष्टा करते हैं। इनके दुर्व्यवहार से तंग आकर भी हड़तालें की जाती हैं और प्रदर्शन किये जाते हैं।

भारतवर्ष में श्रमिक तनावों के उपरोक्त कारणों के विवेचन से यह स्पष्ट होता है कि यह एक जटिल समस्या है क्योंकि श्रमिक भी एक मनुष्य है और मनुष्य के समान उसकी आवश्यकतायें पूरी न होने पर उसमें तनाव होना स्वाभाविक है। यदि श्रमिकों को मानव सुलभ परिस्थितियाँ प्रदान की जायें, मालिक मजदूर में प्रत्यक्ष सम्बन्ध हो और राजनैतिक दल व्यर्थ हस्तक्षेप न करें तो श्रमिकों में तनाव दूर किये जा सकते हैं।

श्रमिक तनाव कम करने की विधियां

संसार में सब कहीं श्रमिकों में तनाव होते हैं और इन तनावों को दूर करने के लिये उपाय किये जाते हैं। बड़े-बड़े प्रगतिशील देशों में इस विषय के विशेषज्ञ नये-नये उपायों से श्रमिकों में तनाव कम करते हैं। सामान्य रूप से श्रमिक तनाव कम करने के लिये निम्नलिखित मुख्य विधियाँ अपनायी जाती हैं—

(1) ट्रेड यूनियनों का विकास—बहुधा श्रमिकों में बहुत सी ऐसी समस्यायें होती हैं जो मालिकों को किसी भी प्रकार से मालूम नहीं होतीं। कभी-कभी दलाल लोग उन पर तरह-तरह के अत्याचार करते हैं और वे इसका विरोध नहीं कर पाते। ट्रेड यूनियन बन जाने से ये सब समस्यायें हल हो जाती हैं। ट्रेड यूनियन कर्मचारियों की समस्याओं का ज्ञान रखता है और उसके नेता लोग मालिकों को इन समस्याओं से परिचित कराते हैं तथा उन्हें सुलझाने के उपाय भी सुझाते हैं। ट्रेड यूनियनों के पीछे श्रमिक संगठन की शक्ति होने के कारण मिल मालिक ही नहीं बल्कि सरकार भी उनकी बात सुनती है और इस प्रकार श्रमिकों की समस्यायें सुलझाने में सहायता मिलती है।

(2) मिल मालिक और श्रमिकों का प्रत्यक्ष सम्पर्क—जैसा कि पीछे बतलाया जा चुका है, अनेक श्रमिक तनाव इस कारण उत्पन्न होते हैं कि मालिकों का श्रमिकों से कोई प्रत्यक्ष सम्बन्ध नहीं होता और उन्हें श्रमिकों की समस्याओं के बारे में पता नहीं होता। मालिक और मजदूर में अप्रत्यक्ष सम्बन्ध का लाभ उठाकर अनेक राजनैतिक नेता श्रमिकों को भड़काते हैं और बहुत से दलाल अनुचित लाभ उठाते हैं। कभी-कभी गलतफहमी से श्रमिक हड़ताल

कर बैठते हैं और मालिक हिंसा पर उतर आते हैं। इन समस्याओं को हल करने का सबसे अच्छा उपाय यह है कि श्रमिकों और मालिकों में प्रत्यक्ष सम्बन्ध की स्थापना की जाये और समय-समय पर मिलकर प्रत्यक्ष रूप से वे एक-दूसरे को समझने और समस्याओं का हल निकालने की चेष्टा करें।

(3) सुलह समिति की स्थापना—श्रमिकों में तनाव कम करने का एक आधुनिक उपाय कंसीलियेशसन बोर्ड अर्थात् सुलह समिति की स्थापना है जिसके सदस्यों का चुनाव मिल मालिकों और श्रमिकों दोनों की सलाह से होता है अथवा जिसमें सरकार की ओर से ऐसे व्यक्तियों को निर्वाचित किया जाता है जो श्रमिकों के हितों की देख-भाल कर सकें यह सुलह समिति श्रमिकों और मालिकों में झगडे होने पर दोनों पक्षों से बात करती और झगड़े निबटाती है। भारतवर्ष में इस प्रकार के कंसीलियेशन बोर्ड की स्थापना की जा चुकी है। केन्द्र में मुख्य लेबर कमिश्नर और राज्यों में राज्य का लेबर कमिश्नर सुलह समिति का प्रधान होता है।

(4) संयुक्त समिति की स्थापना—श्रमिकों में तनाव को कम करने के लिए अपनाया जाने वाला एक अन्य उपाय मिल मालिकों, जनता और श्रमिकों के प्रतिनिधियों की एक सुयंक्त समिति है जो कि समय-समय पर विचार विमर्श करके मिल मालिकों और श्रमिकों में गलतफहमियाँ दूर करती है और समस्याओं पर विचार-विमर्श करती है। भारतवर्ष में सन् 1957 से आज तक विभिन्न उद्योगों में 145 संयुक्त समितियों की स्थापना हो चुकी है।

(5) त्रिपक्षीय समिति की स्थापना—त्रिपक्षीय समिति में, जैसा कि इसके नाम से स्पष्ट है, मिल मालिक, श्रमिकों के प्रतिनिधियों के अतिरिक्त श्रम विशेषज्ञ भी होते हैं। ये तीनों पक्षों के लोग समय-समय पर मिलकर समस्याओं पर विचार विमर्श करते हैं और उनके सुलझाव निकालने का प्रयास करते हैं।

(6) न्यायिक समिति—अनेक बार श्रमिकों में तनाव इतना बढ़ जाता है कि वे अपने झगड़ों को न्यायालयों में ले जाने के लिये मजबूर हो जाते हैं। आधुनिक राज्यों में श्रमिकों के झगड़ों को सुलझाने के लिये विशेष प्रकार के न्यायालय होते हैं। भारतवर्ष में धनवाद में एक केन्द्रीय श्रम न्यायालय है। दिल्ली, बम्बई और धनबाद में एक-एक औद्योगिक ट्रिब्यूनल भी है। दिल्ली व कलकत्ता में संयुक्त उद्योग ट्रिब्यूनल और श्रम न्यायालय हैं। इनके अतिरिक्त विभिन्न राज्यों में श्रमिकों के झगड़ों को निबटाने के लिए श्रम न्यायालय कार्य कर रहे हैं। इस सब न्यायिक मशीनरी से वैधानिक उपायों से श्रमिकों के झगड़े निबटाने का कार्य किया जाता है।

(7) औद्योगिक युद्ध विराम—संकटकालीन समय में सरकार की ओर से औद्योगिक युद्ध विराम (Industrial Truce) की घोषणा कर दी जाती है जिससे कुछ निश्चित काल तक के लिये हड़ताल अथवा तालेबन्दी को अवैध घोषित कर दिया जाता है जिससे कि उत्पादन में किसी प्रकार की कमी या रुकावट न आये। सन् 1962 में भारतवर्ष में कर्मचारियों व मिल मालिकों की संयुक्त बैठक में अल्पकालीन औद्योगिक युद्ध विराम के सम्बन्ध में प्रस्ताव पास किया गया। औद्योगिक युद्ध विराम के काल में श्रमिकों के झगड़ें निबटाने के लिये

उनके द्वारा निष्पक्ष व्यक्ति चुन लिये जाते हैं और वे परस्पर विचार-विमर्श करके झगड़े सुलझाते हैं।

उपरोक्त उपायों से भारतवर्ष में श्रम तनावों को दूर करने का प्रयास किया जाता है किन्तु अभी भी स्थिति सन्तोषजनक नहीं है। भारत सरकार ने श्रमिकों की दशा में सुधार करने के लिये बहुत से श्रम कानून बनाये हैं। सन् 1881, 1891, तथा 1911, 1922, 1934 व 1943 में भारत सरकार ने कारखाना अधिनियम 1923 और 1952 में खान अधिनियम बनाये। 1951 में बागीचा श्रमिक अधिनियम बना। इसके अतिरिक्त रेलवे कर्मचारियों की दशा सुधारने के लिये 1890 में भारतीय रेलवे अधिनियम बनाया गया। 1923 में भारतीय व्यापारिक जहाज अधिनियम पास हुआ जिसमें 1942 और 1951 में संशोधन किये गये। डाक कर्मचारियों की दशा में सुधार करने के लिए सन् 1948 में डाक कर्मचारी रोजगार नियमन अधिनियम पारित किया गया। उपरोक्त अधिनियम के अलावा भारत सरकार ने और विभिन्न राज्यों ने दुकानों और व्यापारिक संस्थानों में काम करने वाले कर्मचारियों की भर्ती, काम के घण्टे, मजदूरी की दर, न्यूनतम मजदूरी, अवकाश, सवेतन छुट्टी, बाल श्रमिकों की न्यूनतम आयु तथा उनके रात में काम करने का निषेध, काम के अधिकतम घण्टे तथा नौकरी से हटाने के नियम आदि के विषय में व्यापक कानून बनाये हैं। इन कानूनों के पालन करने का निरीक्षण करने के लिये अनेक राज्यों में सरकारी निरीक्षक भी हैं।

उपरोक्त वैधानिक उपायों के बावजूद भी श्रमिकों की दशा सन्तोषजनक नहीं है क्योंकि मिल मालिक कानूनों की पकड़ में न आते हुए भी अनुचित उपायों से श्रमिकों पर अत्याचार करते रहते हैं। सन् 1923 के कर्मचारी मुआवजा अधिनियम के बावजूद भी श्रमिकों को नियमित रूप से मुआवजा नहीं मिल पाता। सरकार को दिखाने के लिये मिल मालिक श्रम संस्थानों में सब प्रकार के सुधार होने का दावा करते हैं किन्तु यथार्थ में सुधार बहुत कम होते हैं। भारत में श्रमिकों की दुर्दशा का एक अन्य बड़ा कारण ट्रेड यूनियनों की दुर्बलता और सरकारी नियन्त्रण की कमी है। अशिक्षा के कारण श्रमिक सरकारी कानूनों का लाभ नहीं उठा पाते और निर्धनता के कारण लम्बे समय तक मालिकों से संघर्ष नहीं कर सकते। फिर भी सरकार की ओर से बराबर इस दिशा में प्रयास किये जा रहे हैं। कोयला खानों, अभ्रक खानों, चाय बगीचों तथा बड़े-बड़े औद्योगिक संस्थानों में श्रमिकों के लिये आवास बनाये जा रहे हैं और उनकी स्थिति को बेहतर बनाने के लिये हर प्रकार से उपाय किये जा रहे हैं।

श्रम समस्यायें
(Labour Problems)

(1) भर्ती की समस्या : अप्रत्यक्ष भर्ती पद्धति—कभी-कभी मिल मालिक अपने कारखानों में काम करने वाले श्रमिक स्त्री-पुरुषों की प्रत्यक्ष भर्ती नहीं करते बल्कि अनेक प्रकार के मध्यस्थों (Intermediaries) के द्वारा भर्ती करते हैं। भर्ती करने की यह पद्धति अप्रत्यक्ष भर्ती पद्धति (System of Indirect Recruitment) कहलाती है। भारतवर्ष में अनेक स्थानों पर यही पद्धति है। देश के विभिन्न भागों में इन मध्यस्थों के भिन्न-भिन्न नाम हैं जैसे जॉबर (Jobber), सरदार, चौधरी, मुकद्दम, मिस्त्री, फोरमैन, ठेकेदार इत्यादि। बड़े-बड़े उद्योगों

में स्त्री श्रमिकों की भर्ती भी अप्रत्यक्ष रूप से स्त्री मध्यस्थों के माध्यम से की जाती है। देश के भिन्न-भिन्न भागों में ये स्त्री मध्यस्थ नानकीन, मुकद्दमीन, चौधरानी इत्यादि कहलाती है। पहले इन मध्यस्थों की बड़ी उपयोगिता थी क्योंकि कारखानों में श्रमिकों की बड़ी कमी रहा करती थी। ये मध्यस्थ गाँवों में जाकर श्रमिकों को लाते थे। परन्तु अब यह स्थिति नहीं रह गई है। शहरों में श्रमिक काफी संख्या में मिल जाते हैं और वास्तव में उनकी भर्ती करने के लिये किसी मध्यस्थ की आवश्यकता नहीं है। परन्तु फिर भी अप्रत्यक्ष भर्ती की प्रथा ज्यों की त्यों बनी है। 1946 में श्रमिक जाँच समिति (The Labour Investigation Committee) ने लिखा था, ''वह (मध्यस्थ) भारत में श्रमिक प्रशासन और मजदूरों की भर्ती का सर्वव्यापक तत्त्व है और वह अनेक महत्त्वपूर्ण कार्य करता है। वह केवल भर्ती करने वाला एजेन्ट ही नहीं है बल्कि प्रायः मजदूरों का सुपरवाइजर या फोरमैन है, वह उपमालिक (subemployer) और ऐसा श्रमिक है जो दूसरे श्रमिकों के वेतन में भी हिस्सा लेता है।'' मध्यस्थ को मालिक और मजदूर की वास्तविक स्थिति का ज्ञान होता है अतः वह दोनों ओर से लाभ उठाता है। मजदूर उसी के द्वारा मालिक तक अपनी माँगें पहुँचाते हैं और मालिक उसी के द्वारा अपना मत प्रकट करते हैं। इस प्रकार उसका मालिकों पर बड़ा प्रभाव रहता है और मजदूर तो उसकी कृपा पर ही निर्भर रहते हैं।

अप्रत्यक्ष भर्ती के दोष

जैसा कि मध्यस्थों की विशेष स्थिति के उपरोक्त वर्णन से स्पष्ट है, अप्रत्यक्ष भर्ती बड़ी दोषपूर्ण प्रथा है। इस पद्धति के प्रमुख दोष निम्नलिखित हैं—

(i) **श्रमिकों का शोषण**—मध्यस्थ श्रमिकों का शोषण करते हैं क्योंकि अप्रत्यक्ष भर्ती पद्धति से उन्हें ऐसा करने का अवसर मिलता है। इस विषय में शाही श्रम आयोग (The Royal Commission on Labour) ने लिखा था, ''जॉबर्स की स्थिति में अनेक प्रलोभन हैं और यदि ये व्यक्ति इसका लाभ न उठायें तो यह वास्तव में बड़े ही आश्चर्य की बात होगी। ऐसे कारखाने बहुत कम हैं, जहाँ श्रमिक की नौकरी की सुरक्षा जॉबर्स के हाथ में न हो। बहुत से कारखानों में उसे किसी श्रमिक को नौकरी पर लगाने या बर्खास्त करने का अधिकार होता है। हमें यकीन है कि जॉबर इस अधिकार का प्रयोग करके लाभ उठाता है। साधारणतया किसी को नौकरी पर लगाने के लिए या कुछ समय की अनुपस्थिति के बाद फिर से काम पर लगाने के लिए जॉबर फीस वसूल करता है।''

(ii) **घूसखोरी और रिश्वत**—इस प्रकार अप्रत्यक्ष भर्ती की पद्धति से कारखानों में घूसखोरी और रिश्वत का बाजार गर्म होता है। चौधरी को घूस दिये बिना किसी को नौकरी नहीं मिल सकती। इतना ही नहीं, उसको प्रति मास रुपये पैसे, शराब, उपहार या अन्य कोई भेंट दिये बिना मजदूर की नौकरी कायम नहीं रह सकती। छंटनी होने पर तो चौधरी की बन आती है और केवल वही नौकरी पर बचते हैं जो उसे रिश्वत देते हैं।

(iii) **स्त्री श्रमिकों का नैतिक पतन**—जहाँ चौधरी स्त्री श्रमिकों को भी काम दिलाते हैं वहाँ कभी-कभी काम दिलाने की रिश्वत के रूप में स्त्री श्रमिकों को अपनी इज्जत भी चौधरी के हवाले कर देनी पड़ती है। जहाँ चौधरानियाँ होती हैं वहाँ स्थिति और भी बुरी होती

है। ये चौधरानियाँ बहुधा स्वयं बड़ी भ्रष्ट और पतित होती हैं। अतः उनके चंगुल में फँसकर कितनी ही स्त्रियाँ अपना सतीत्व खो बैठती हैं।

(iv) **श्रमिकों की अनुपस्थिति में वृद्धि**—अप्रत्यक्ष भर्ती पद्धति से एक बड़ी हानि यह होती है कि श्रमिकों की अनुपस्थिति बढ़ जाती है क्योंकि जो श्रमिक चौधरी को रिश्वत दे देते हैं उनको अनुपस्थित रहने में कोई असुविधा नहीं रहती। बहुत से श्रमिक जिनको चौधरी गाँव से बहला फुसलाकर लाते हैं, नगर में परिस्थितियाँ अपनी कल्पना के अनुकूल न पाकर काम छोड़कर गाँव लौट जाते हैं। बहुत से चौधरी की आये दिन की माँगों से तंग आकर कारखाना छोड़ देते हैं।

(v) **बेकारों की संख्या में वृद्धि**—अप्रत्यक्ष भर्ती पद्धति से शहर में बेकारों की संख्या बढ़ती है क्योंकि बहुत बड़ी संख्या में लोग चौधरियों के पास काम की तलाश में आते हैं। काम न मिलने पर वे शहर में बेकार घूमा करते हैं। इनमें चौधरियों की जान-पहचान वाले, उनके गाँव वाले, दूर के नाते रिश्तेदार आदि कितने ही लोग होते हैं।

(vi) **मालिक और मजदूर के संघर्ष में वृद्धि**—चौधरियों की चाँदी तभी तक रह सकती है जब तक कि मालिक और मजदूर का प्रत्यक्ष सम्पर्क न हो। अतः वे "बाँटो और शासन करो" की नीति अपनाते हैं। इससे मालिक और मजदूरों में संघर्ष बढ़ता है।

रोजगार दफ्तर अप्रत्यक्ष भर्ती पद्धति की इन समस्याओं को दूर करने में बड़ी हद तक सफल हुए हैं। रोजगार दफ्तर ने मिल मालिक और मजदूर के बीच का संघर्ष कम किया है। रोजगार दफ्तर के कर्मचारियों का मिल मालिकों से सीधा सम्बन्ध नहीं होता और फिर उनके ऊपर के अफसर भी उनके काम की देख-रेख रखते हैं। अतः रोजगार दफ्तरों द्वारा भर्ती होने से मध्यस्थ पद्धति का भ्रष्टाचार बन्द हो जाता है। रिश्वत और शोषण की नौबत नहीं आती। न अनुपस्थिति बढ़ती है न स्त्री श्रमिकों का नैतिक पतन होता है। परन्तु देश में रोजगार दफ्तरों की अभी भारी कमी है। कानपुर, बम्बई, जमशेदपुर इत्यादि कुछ थोड़े से औद्योगिक नगरों को छोड़कर अन्य स्थानों पर श्रमिकों की भर्ती अब भी मध्यस्थों द्वारा होती है।

(2) प्रवासी प्रवृत्ति की समस्या—भारतीय श्रमिकों की एक मुख्य समस्या उनकी प्रवासी प्रवृत्ति (Migratory Character) है। भूमि पर जनसंख्या का दबाव, भूमिहीन कृषकों की संख्या में वृद्धि, हरिजनों की सामाजिक निर्योग्यतायें, ऋणग्रस्तता की अधिकता, संयुक्त परिवार प्रणाली, यातायात के साधनों का विकास, ग्रामोद्योग का विनाश और नगरों का आकर्षण आदि भारतीय श्रमिक की प्रवासी प्रवृत्ति के मुख्य कारण हैं। जहाँ इससे श्रमिकों की आर्थिक दशा सुधरती है और गाँव में भूमि पर जनसंख्या का दबाव घटता है वहाँ उनका जीवन अस्थिर हो जाता है, सामाजिक अनुकूलन की कठिनाइयाँ उत्पन्न होती हैं, कुशलता घटती है, मालिकों से घनिष्ठ सम्बन्ध नहीं बन पाता और श्रम संगठन दृढ़ नहीं हो पाते।

(3) अनुपस्थिति की समस्या—भारतीय श्रमिकों की तीसरी प्रमुख समस्या अनुपस्थिति की समस्या है।

भारतीय श्रमिकों में अनुपस्थिति के कारण बीमारी, रात्रिपालियाँ (Night Shifts), प्रवासी प्रवृत्ति, औद्योगिक दुर्घटनायें, घरों का अभाव, धार्मिक और सामाजिक उत्सव, नशाखोरी,

मुकदमेबाजी आदि हैं। अनुपस्थिति से श्रमिकों की और मालिकों की आर्थिक हानि होती है और दोनों में संघर्ष बढ़ता है। विभिन्न उद्योगों में अनुपस्थिति रोकने के जो उपाय किये गए हैं, वे पर्याप्त नहीं हैं। बम्बई सूती श्रम जाँच कमेटी ने सिफारिश की है कि "फैक्टरी में काम करने की उचित दशायें, पर्याप्त मजदूरी, दुर्घटनाओं और बीमारियों से संरक्षण और आराम तथा पुनः शक्ति प्राप्त करने के लिये अवकाश प्राप्त करने की सुविधायें अनुपस्थित रहने की प्रवृत्ति को रोकने के सबसे प्रभावशाली साधन हैं।"[1]

(4) श्रमिक संघ की समस्या—भारतवर्ष में श्रमिक आन्दोलन अभी पर्याप्त रूप से संगठित नहीं हो पाया है। श्रमिकों की अशिक्षा, उनकी प्रवासी प्रवृत्ति, उनमें एकता का अभाव, उनकी गरीबी और ऋणग्रस्तता, उनकी बेरोजगारी, मालिकों और मध्यस्थों का विरोध, नेताओं का अभाव, श्रमिक संघों में एकता का अभाव तथा उचित कानूनों का अभाव भारतीय श्रम संगठन में भारी बाधायें हैं।

(5) औद्योगिक झगड़ों की समस्या—पूँजीवादी आर्थिक व्यवस्था, मध्यस्थों की फूट डालने की नीति, श्रमिकों की छंटनी तथा मजदूरों की अनेक समस्यायें भारतीय श्रमिकों में औद्योगिक झगड़ों (Industrial Disputes) की समस्या उत्पन्न किये हुए हैं। साम्यवादी दल तथा अन्य राजनैतिक दल और श्रम संघ इन झगड़ों को प्रोत्साहित करते हैं। औद्योगिक झगड़ों से तनातनी, हड़ताल, तालेबन्दी, छंटनी और कभी-कभी हिंसात्मक कार्य होते हैं। इससे मालिक और मजदूर दोनों को हानि होती है, बेकारी बढ़ती है और श्रमिकों की गरीबी बढ़ती है। परन्तु फिर इनसे मजदूरों की बहुत-सी माँगें पूरी होती हैं।

(6) मजदूरी की समस्या—भारत में श्रमिकों की एक मुख्य समस्या मजदूरी की समस्या है। अधिकतर मजदूरों की मजदूरी आज भी अन्य देशों की तुलना में बहुत कम है। कुछ मुख्य उद्योगों में मजदूरी की दर के औसत आंकड़ों से स्पष्ट मालूम पड़ता है कि भारत में श्रमिक की समस्या कितनी गम्भीर है। कम मजदूरी से मजदूरों का स्वास्थ्य बिगड़ता है, कुशलता कम होती है, अनुपस्थिति बढ़ती है, जीवन-स्तर गिरता है, बालकों की शिक्षा नहीं हो पाती।

(7) ऋणग्रस्तता की समस्या—वेतन कम मिलने के कारण, मध्यस्थों की रिश्वतों के कारण तथा नशाखोरी और फजूलखर्ची आदि के कारण भारतीय श्रमिकों में ऋणग्रस्तता की समस्या बड़ी विकट है। अनुमान लगाया गया है कि अधिकांश औद्योगिक नगरों में दो तिहाई श्रमिक कर्ज के भार से लदे हैं और कर्ज की औसत राशि उनकी तीन माह की तनख्वाह से भी अधिक है। इस ऋणग्रस्तता के कारण पैतृक ऋण, अशिक्षा, अज्ञान, गरीबी, नशाखोरी, जुआ, फजूलखर्ची, बेरोजगारी, ब्याज की अत्यधिक दर तथा ऋण प्राप्त करने की सुविधायें आदि हैं। ऋणग्रस्तता से श्रमिकों में गरीबी बढ़ती है, जीवन स्तर नीचे गिरता है, बाल-बच्चों का पालन-पोषण, शिक्षा आदि ढंग से नहीं हो पाते, आत्म सम्मान को ठेस लगती है और फलतः नैतिक पतन होता है।

---

1. "Proper condition for work in the factory, adequate wages, protection from accidents and sickness and facilities for obtaining leave for rest and recuperation constitute the most effective means or reducing absenteeism."

(8) जीवन स्तर की समस्या—मजदूरी कम होने और ऋणग्रस्तता तथा चीजों के बढ़ते दामों के कारण भारतीय श्रमिकों का जीवन-स्तर बराबर नीचे गिरता गया है।

भारतीय श्रमिकों में आधे भूखे पेट सोते हैं और 39 प्रतिशत पोषणहीन भोजन करते हैं। अमेरिका में प्रति व्यक्ति औसत रूप से 75 गज कपड़ा उपभोग होता है। भारत में यह केवल 16 गज प्रति व्यक्ति है। जीवन-स्तर की निम्नता का मुख्य कारण कम आय है। इसके अलावा शिक्षा, अकुशलता, फजूलखर्ची, जनसंख्या की वृद्धि की अत्यधिक दर, नशा, ऋणग्रस्तता आदि अन्य कारण भी हैं।

(9) स्वास्थ्य की समस्या—जीवन का स्तर नीचा होने से स्वास्थ्य का स्तर गिरना स्वाभाविक है। स्वास्थ्य के निम्न स्तर के अन्य कारण कारखाने की अस्वास्थ्यकर दशायें, पौष्टिक भोजन का अभाव तथा उपचार और पर्याप्त आराम की सुविधाओं का अभाव है। प्रो॰ बी॰ पी॰ आदरकर (B.P. Adarkar) के अनुसार भारतवर्ष में श्रमिक के साल में 146 दिन बीमारी में बीतते हैं।

(10) कार्यकुशलता की समस्या—स्वास्थ्य का स्तर गिरने से कार्य-कुशलता का कम होना स्वााभाविक है। 1927 के टैरिफ बोर्ड के अनुसार कपड़े की मिलों में काम करने वाला भारतीय श्रमिक केवल 181 तकुओं को सम्भाल सकता है जबकि जापानी, अंग्रेज और अमरीकन श्रमिक क्रमश: 240, 540 से 600 और 1120 तकुओं को सम्भाल सकते हैं। इस अन्तर में यान्त्रिक उपकरण का अन्तर भी शामिल है। परन्तु सामान्य रूप से भारतीय श्रमिक की कार्य-कुशलता प्रगतिशील देशों के श्रमिकों से आधी अथवा तिहाई होती हैं कार्य-कुशलता की इस कमी के कारण स्वास्थ्य का निम्न स्तर, प्रवासी प्रवृत्ति, अत्यधिक रोग, गरीबी, अशिक्षा, काम करने की असन्तोषजनक दशायें, कारखानों का दोषपूर्ण प्रबन्ध तथा काम के अधिक घण्टे आदि हैं।

(11) काम करने की दशाओं की समस्यायें—जैसा कि पीछे बार-बार संकेत किया गया है भारतीय श्रमिकों की काम करने की दशायें बड़ी खराब हैं। अधिकतर कारखानों में साफ हवा, पर्याप्त रोशनी और पीने के शुद्ध जल का प्रबन्ध नहीं होता है। कारखानों में दुर्घटनाओं से रक्षा का भी समुचित प्रबन्ध नहीं है। काम करने की दशाओं की इस दुरावस्था से मजदूरों का स्वास्थ्य गिरता है, कार्य-कुशलता घटती है, कारखाने में दुर्घटनायें बढ़ती हैं। मजदूरों में रोग बढ़ते हैं और राष्ट्रीय उत्पादन की क्षति होती है।

(12) बाल श्रमिकों की समस्यायें—भारतवर्ष में बाल श्रमिकों की अपनी समस्यायें हैं। मुख्य समस्यायें निम्नलिखित हैं—

(1) कम मजदूरी में अधिक काम।

(2) बालकों की शिक्षा की हानि।

(3) काम करने के अधिक घण्टों के कारण पर्याप्त अवकाश का अभाव।

(4) काम करने की अस्वास्थ्यकर और कठोर दशायें।

(5) कारखानों में उत्पादन कम और निम्न स्तर का होना।

(13) स्त्री श्रमिकों की समस्या—भारतवर्ष में स्त्री श्रमिकों की मुख्य समस्यायें निम्नलिखित हैं—

(1) काम करने की असन्तोषजनक अवस्थायें।

(2) अवकाश, प्रसूति, लाभ और मातृत्व लाभ तथा शिशु कल्याण की सुविधाओं का अभाव।

(3) अधिक और कठोर काम।

(4) दुर्व्यवहार तथा अनैतिक जीवन को बाध्य किया जाना।

हर्ष का विषय है कि भारत सरकार, श्रमिक संघ, प्रगतिशील मिल मालिक राज्य की सरकारें और अनेक गैर सरकारी संस्थायें भारतीय श्रमिकों की उपरोक्त समस्याओं को सुलझाने के लिए प्रयत्नशील हैं। इसका विस्तृत वर्णन आगे श्रम कल्याण के प्रसंग में दिया जायेगा।

अभ्यास के लिए प्रश्न

1. अप्रत्यक्ष भर्ती पद्धति की बुराइयों का उल्लेख कीजिए। रोजगार दफ्तर इस समस्या को हल करने में कहाँ तक सफल हुए हैं?
2. भारतीय श्रमिक की समस्याओं की विवेचना कीजिए। श्रम विधान उन को सुलझाने में कहाँ तक सफल हुए हैं?
3. संक्षिप्त टिप्पणी लिखो—भारतीय श्रमिक।
4. भारत में औद्योगिक श्रमिकों के प्रमुख सामाजिक लक्षण समझाइये।
5. भारतीय औद्योगिक श्रमिकों पर नगरीय वातावरण का क्या प्रभाव पड़ता है? विवेचना कीजिये।

भारतीय उद्योगों में श्रमिकों की भर्ती की प्रणालियों का आलोचनात्मक वर्णन करिए।

7. श्रमिक तनाव के स्वरूप, कारण तथा परिणाम बताते हुए, उन्हें कम करने की विधियाँ बताइये।

25

श्रम समस्यायें : निर्धनता और बेकारी
(Labour Problems : Poverty & Unemployment)

भारत में श्रम समस्याओं में मुख्य समस्यायें निर्धनता और बेकारी हैं। प्रस्तुत अध्याय में इन्हीं का विवेचन किया जायेगा।

निर्धनता भारतवर्ष के श्रमिकों की सबसे बड़ी सामाजिक आर्थिक समस्या है। दरिद्रता की परिभाषा करते हुये गिलिन ने लिखा है, ''दरिद्रता वह दशा है जिसमें व्यक्ति या तो अपर्याप्त आय या बुद्धिहीन खर्च के कारण अपने स्तर को इतना ऊँचा नहीं रख सकता कि उसकी शारीरिक और मानसिक क्षमता बनी रह सके और उसको तथा उसके प्राकृतिक आश्रितों को समाज के स्तर के अनुसार, जिसका कि सदस्य है, उपयोगी ढंग से काम करने योग्य बना सके।''[1] इस प्रकार दरिद्रता जीवन के स्तर का अत्यधिक नीचा गिर जाना है। उसमें जीवन की आवश्यक वस्तुओं तक का अभाव हो जाता है। गोडर्ड ने लिखा है कि ''दरिद्रता उन चीजों का अभाव है जो कि एक व्यक्ति और उसके आश्रितों को स्वच्छ और पुष्ट रखने के लिये जरूरी है।''[2] इस प्रकार जब मनुष्य स्वयं अपने परिवार को स्वस्थ रखने के साधन भी न जुटा पाये तब वह दरिद्र कहलायेगा। परन्तु दरिद्रता एक सापेक्ष शब्द है। वह कम या अधिक हो सकती है। उसका कम या अधिक होना इसी बात से जाना जाता है कि व्यक्ति तथा उसके परिवार को जीवन की आवश्यकताओं की चीजें कितने कम या अधिक अनुपात में प्राप्त हैं। प्रसिद्ध अर्थशास्त्री एडम स्मिथ के शब्दों में, ''एक आदमी उन्हीं अंशों में धनी या निर्धन होता है, जिन अंशों में उसे जीवन की आवश्यकतायें, सुविधायें एवं मनोरंजन के साधन उपभोग के

---

1. "Poverty is that condition in which a person, either because of inadequate income or unwise expenditures, does not maintain a scale of living high enough to provide for his physical and mental efficiency and to enable him and his natural dependants to funcions usually according to the standards of society of which he is a member."
—Gillin & Gillin

2. "Poverty is insufficient supply of those things which are requisite for an individual to himself and those dependant upon him in health and vigour."
—Goddard J.G.

लिये प्राप्त हो सकते हैं।''[1] इस प्रकार प्रत्येक देश में दरिद्रता की कसौटी अलग-अलग होगी। अमेरिका में 400 रुपये की आय वाला भी निर्धन कहलाता है। भारत में 50 रुपये की आय वाला ही निर्धन कहलायेगा। परन्तु वास्तव में जीवन की न्यूनतम आवश्यकताओं की पूर्ति के अभाव की अवस्था को सभी जगह निर्धनता की कहना चाहिए। इन न्यूनतम आवश्यकताओं का स्वरूप देशकाल के अनुसार अवश्य बदलता है।

निर्धनता और अपर्याप्त पोषण

निर्धनता और अपर्याप्त पोषण में बड़ा घनिष्ठ सम्बन्ध है। अपर्याप्त पोषण निर्धनता का अवश्यम्भावी परिणाम है। निर्धन देशों में लोगों का पर्याप्त पोषण कभी नहीं हो पाता। भारतवर्ष का ही उदाहरण लीजिए। भारतवर्ष एक निर्धन देश है। यहाँ प्रति व्यक्ति आय अन्य देशों से बहुत कम है। इसका नतीजा यह होता है कि भारतवर्ष में आमतौर से पर्याप्त पोषण का अभाव है। Indian Council of Medical Research द्वारा कराये गए साधारण भारतीय के भोजन के अनेक सर्वेक्षणों से यह ज्ञात हुआ है कि औसत भारतीय का भोजन मात्रा और गुण दोनों में ही पोषण के लिए अपर्याप्त है। भारतीयों के भोजन में प्रोटीन, विटामिनों और खनिजीय लवणों (Mineral Salts) की कमी पाई गई है। उनके भोजन में हरी तरकारियों की बड़ी कमी होती है। गेंहू की अपेक्षा चावल अधिक खाया जाने से प्रोटीन की कमी रहती है। फलों का प्रयोग तो बहुत ही कम होता है। दूध लगभग 1 छटांक प्रति व्यक्ति पड़ता है, यद्यपि पोषण के लिए कम से कम आधा सेर दूध प्रति व्यक्ति जरूरी है। योजना कमीशन के अनुसार भारत में केवल 20 प्रतिशत परिवारों में ही दालें और सब्जियाँ उचित मात्रा में ली जाती है। संयुक्त राष्ट्र संघ के एक सांख्यिकीय सर्वेक्षण से यह ज्ञात हुआ कि भारत दुनिया में सबसे अधिक भूखा रहने वाला देश है। साधारण स्वस्थ्य व्यक्ति को पोषण के लिए 3000 कैलोरी (Calories) के भोजन की आवश्यकता पड़ती है, परन्तु भारत में मुश्किल से 2000 कैलारी का ही भोजन प्राप्त होता है। एक स्वस्थ व्यक्ति के भोजन के लिए सामान्य रूप से 40 ग्राम प्रोटीन होनी चाहिए परन्तु भारतीय के भोजन में केवल पाँच ग्राम प्रोटीन होती है।

उपरोक्त विवरण से यह स्पष्ट है कि भारतीयों को पोषण के लिये पर्याप्त भोजन नहीं मिल पाता। इस अपर्याप्त पोषण का कारण भारत की गरीबी है। 5 जनवरी सन् 1957 में कलकत्ते में भाषण देते हुए योजना आयोग के सदस्य श्री जे॰ सी॰ घोष ने इसी का समर्थन करते हुए कहा था, ''इसी प्रकार भारतीय भोजन में रोगों से रक्षा करने वाले विटामिन आदि तत्त्वों की भारी कमी है। इसकी खास वजह दरिद्र होने के कारण भारतीयों की दूध आदि पोषक तत्त्वों को खरीद सकने की असमर्थता है।[2] इस प्रकार गरीबी और अपर्याप्त पोषण में बहुत कुछ सम्बन्ध (Co-relation) है। गरीबी बढ़ने के साथ-साथ अपर्याप्त पोषण भी बढ़ता है और

---

1. "Man is rich or poor according to the degree in which he can afford to enjoy the necessaries, the convenience and the amusements of life."

—Adam Smith

2. "Poverty and sickness form a viscious partnership each helping the other to add to the miseries of the most unfortunate mankind."

—R. Hunter

गरीबी कम होने के साथ-साथ कम होता है। भारत में अपर्याप्त पोषण दूर करने का आवश्यक उपाय जनता की भयंकर गरीबी दूर करना है।

भारतीय श्रमिकों में निर्धनता के मुख्य कारण

अब भारतीय श्रमिकों में निर्धनता के मुख्य कारणों का विस्तृत विवेचन किया जा सकता है।

(अ) व्यक्तिगत कारण

यद्यपि आजकल शायद सब लोग यह बात न मानें कि निर्धनता में तकदीर का भी कोई हाथ है परन्तु इस बात से कोई इन्कार नहीं कर सकता कि व्यक्ति की आर्थिक स्थिति पर उसके अपने गुणों और सामर्थ्य का बड़ा प्रभाव पड़ता है। कुछ लोगों की सामर्थ्य इतनी कम होती है कि भरसक कोशिश करने पर भी वे जीवन भर गरीब बने रहते हैं–

(1) **बीमारी**—हन्टर ने लिखा है, ''गरीबी और बीमारी एक जटिल समझौता बना लेती हैं जिससे कि मनुष्यों में सबसे अधिक अभागों के दु:खों को बढ़ाने में प्रत्येक दूसरे की सहायता करता है।'' बीमारी से जबकि एक ओर व्यक्ति काम नहीं कर सकता और उसकी आय कम हो जाती है, वहाँ दूसरी ओर उसकी आय का बहुत सा अंश बीमारी के इलाज और पथ्य के प्रबन्ध में खर्च हो जाता है। इस प्रकार बीमारी गरीबी बढ़ाती है। दूसरी ओर गरीबी भी बीमारी बढ़ाती है। पौष्टिक भोजन के अभाव में भी कड़ी मेहनत करने वाले गरीब मजदूरों में क्षय आदि बीमारियाँ अधिक दिखलाई पड़ती हैं। इस प्रकार गरीबी और बीमारी दोनों एक दूसरे को बढ़ाती हैं।

(2) **मानसिक रोग**—मानसिक रोगों के कारण भी व्यक्ति किसी काम के करने लायक नहीं रहता। उसकी आय कम हो जाती है और निर्धनता बढ़ती जाती है। दूसरी ओर निर्धनता भी मानसिक रोग बढ़ाती है। निरन्तर अभाव से मन का सन्तुलन बढ़ाये रखना बड़ा कठिन होता है। पाश्ले लिखता है, ''अकेले गरीबी ही प्रत्यक्ष रूप से जीविकाहीन गरीबों में पाये जाने वाले पागलपन के मामलों की सब संख्या का एक बड़ा भाग उत्पन्न करती है।''[1]

(3) **दुर्घटनायें**—दुर्घटनाओं से अंग भंग हो जाते हैं या सख्त चोट आती है और या तो व्यक्ति बिल्कुल बेकार हो जाता है या उसकी काम करने की सामर्थ्य बहुत कम हो जाती है। दूसरे, उसकी रोटियों के भी लाले पड़ जाते हैं। यदि दुर्घटना से घर का कमाने वाला बेकार हो जाता है तो पूरा घर गरीब हो जाता है।

(4) **अशिक्षा**—गरीबी और अशिक्षा का भी परस्पर सम्बन्ध है। अशिक्षा से गरीबी बढ़ती है क्योंकि अशिक्षित व्यक्ति की धन कमाने का सामर्थ्य बहुत कम रहती है। दूसरी ओर बहुत से लोग गरीबी के कारण पढ़-लिख नहीं पाते और अशिक्षित रह जाते हैं। इस प्रकार गरीबी और अशिक्षा एक दूसरे की मदद करके गरीबों के दु:ख बढ़ाती हैं।

---

1. "Poverty alone directly produces a very large proportion of the whole number of cases of insanity among the indigent poor."

—Pashley, R.

(5) आलस्य—आलस्य भी गरीबी का एक कारण है। गाँव में बहुत से लोग ऐसे हैं जो कि काम मिलने पर भी अधिक काम करके अपनी गरीबी दूर करना नहीं चाहते और केवल उतना ही काम करते हैं जिससे जैसे-तैसे उनका पेट भरता रहे तथा बाकी समय सोने या इधर-उधर बैठने में ही गंवा देते हैं। गर्म देशों में आलस्य गरीबी का एक बड़ा कारण है।

(6) अपव्यय—कहावत है कि अन्धाधुन्ध खर्च करने से तो कारू का खजाना भी खत्म हो जाता है। वास्तव में गरीबी का कारण आय का कम होना ही नहीं बल्कि खर्च का आय से अधिक होना भी है। बहुत से लोग ऐसे भी हैं जिनकी फिजूलखर्ची इतनी बढ़ी होती है कि कितना भी पैसा आने पर भी वे गरीब के गरीब बने रहते हैं। भारतवर्ष में गाँव वालों की गरीबी का एक बड़ा कारण उनका असन्तुलित खर्च भी है। होली, दीवाली आदि त्यौहारों पर उनका जितना खर्च होता है उससे बहुत ही कम शिक्षा, सफाई, औषधि, रोशनी आदि पर खर्च होता है।

(7) नैतिक पतन—नैतिक पतन से मनुष्य शराब, वेश्या, ज़ुआ आदि दुर्व्यसनों में फंस जाता है। इससे अच्छी भली स्थिति वाले व्यक्ति भी गरीब बन जाते हैं। इस प्रकार का व्यक्ति कमजोर हो जाता है और उसकी कार्यक्षमता भी कम हो जाती है। इस प्रकार नैतिक पतन भी गरीबी का एक कारण है।

(8) अन्य कारण—गरीबों के उपरोक्त कारणों के अलावा और भी बहुत से व्यक्तिगत कारण ऐसे हैं जिनसे गरीबी बढ़ती है। अधिक सन्तान होने पर उसका भरण पोषण करना कठिन हो जाता है और रहन-सहन का स्तर गिर जाता है। इस प्रकार अधिक सन्तानोत्पत्ति गरीबी का एक बड़ा कारण है। भारतीय गाँवों में यह कारण विशेष रूप से महत्त्वपूर्ण है। इसी कारण बुढ़ापा, अपराध, कमाने वाले की मृत्यु आदि से परिवार और भी गरीब हो जाते हैं। इसी प्रकार कई बार आग लग जाने या बाढ़ आदि से बहुत से परिवारों की सारी सम्पत्ति नष्ट हो जाती है और वे दाने-दाने को मोहताज हो जाते हैं। भारतवर्ष में देश विभाजन के समय हुए साम्प्रदायिक दंगों में सम्पत्ति की भारी हानि हुई और हजारों लोग बेघरबार तथा गरीब हो गये। असामान्य व्यक्तित्व भी गरीबी का एक बड़ा कारण है। चिड़चिड़ा या झगडालू व्यक्ति कहीं भी जम नहीं सकता और बहुधा बेकार रहता है। वास्तव में व्यक्ति के सभी दोष किसी न किसी रूप में गरीबी बढ़ाते हैं।

(ब) भौगोलिक कारण

उपरोक्त व्यक्तिगत कारणों के अलावा निम्नलिखित भौगोलिक कारण भी गरीबी को बढ़ाते हैं—

(1) प्रतिकूल मौसम—आर्थिक समृद्धि के लिए प्राकृतिक साधनों के साथ-साथ अनुकूल मौसम भी बड़ा जरूरी है। ओले, अनावृष्टि, अतिवृष्टि आदि से अच्छी खासी खेती भी बर्बाद हो जाती है। इसी प्रकार भयंकर गर्मी या अत्यधिक शीत आर्थिक क्रियाओं में बाधायें डालते हैं।

(2) प्राकृतिक साधनों की कमी—अच्छी जमीन, पानी, खनिज पदार्थ आदि प्राकृतिक साधनों के अभाव में कोई भी देश समृद्ध नहीं बन सकता और गरीब ही बना रहता है। इस प्रकार रेगिस्तानों और ऊँचें पहाड़ों पर रहने वाले लोग अधिकतर सदैव दरिद्र रहते हैं।

(3) प्राकृतिक आपत्तियाँ—प्रतिकूल मौसम के अलावा प्राकृतिक आपत्तियाँ जैसे ज्वालामुखी के विस्फोट, भूकम्प, तूफान, बाढ़, बिजली आदि से भी खेती और सम्पत्ति को बड़ा नुकसान पहुंचता है। भूकम्प से हजारों मकान चन्द मिनटों में धराशायी हो जाते हैं। भयंकर बाढ़ से बहुत सी खेती नष्ट हो जाती है। इन आपत्तियों से सम्पत्ति के साथ-साथ मानव शक्ति की भी हानि होती है और हजारों लोग दर-दर के भिखारी हो जाते हैं। इस प्रकार प्राकृतिक विपदाओं से गरीबी बढ़ती जाती है।

(4) नाशक कीड़े—इन आपत्तियों के अलावा नाशक कीड़े भी सम्पत्ति को बड़ी हानि पहुंचाते हैं। टिड्डी आदि खड़ी खेती को चट कर जाते हैं। दीमक, किताबें, फर्नीचर आदि बहुत सी चीजों को चाट जाती हैं।

(स) आर्थिक कारण

भौगिलिक कारणों के अलावा आर्थिक कारण भी श्रमिकों की गरीबी को बढ़ाते हैं। मुख्य आर्थिक कारण निम्नलिखित हैं—

(1) असमान वितरण—यदि उत्पादन काफी भी हो तब भी असमान वितरण के कारण लाखों किसान और मजदूर गरीबी का जीवन बिताते हैं।

(2) आर्थिक अपकर्ष (Economic depression)—आर्थिक अपकर्ष से व्यापार में मन्दी आ जाती है और हजारों लाखों मजदूर तथा छोटा-मोटा धन्धा करने वाले बेकार हो जाते हैं।

(3) बेकारी—बेकारी दरिद्रता का सबसे बड़ा आर्थिक कारण है। अधिकतर दरिद्रता बेकारी के कारण है। भारतवर्ष के गाँवों में बेकारी दरिद्रता का बहुत बड़ा कारण है।

(4) हानिकारक आर्थिक नीति—कभी-कभी देश में साधन और श्रम सभी होने पर भी गरीबी बनी रहती है क्योंकि सरकार की आर्थिक नीति हानिकारक होती है। उदाहरण के लिए भारत में अंग्रेजों के समय में सरकार की आर्थिक नीति ऐसी थी जिससे देशी उद्योगों को हानि पहुँचती थी, देश का बहुत सा धन बाहर चला जाता था और विदेशी माल देश में धड़ाधड़ खपता जाता था। अत: गाँव गरीब हो गये।

(द) सामाजिक कारण

उपरोक्त आर्थिक कारणों के अलावा अग्रलिखित सामाजिक कारण भी गरीबी बढ़ाते हैं—

(1) दोषपूर्ण शिक्षा प्रणाली—शिक्षा प्रणाली का दोषपूर्ण होना गरीबी का कारण है। उदाहरण के लिए भारत में प्रौद्योगिक प्रशिक्षण कम होने और डिग्री वाली शिक्षा अधिक

होने के कारण यहाँ लाखों शिक्षित व्यक्ति बेकार हैं और गरीबी का जीवन बिताते हैं। शिक्षा प्रणाली का दूसरा दोष उसका कीमती होना है। इससे निर्धन लोग उसका लाभ नहीं उठा पाते।

(2) मकानों की दुर्व्यवस्था—गन्दे और तंग मकानों में रहने वाले लोगों का स्वास्थ्य खराब हो जाता है जिससे उनकी कार्य करने की क्षमता घट जाती है और आर्थिक स्थिति खराब हो जाती है।

(3) गृह शिक्षा का अभाव—गरीबी के लिए स्त्रियाँ भी उतनी ही जिम्मेदार हैं जितने पुरुष। धन की व्यवस्था स्त्रियों के ही हाथ में होती हैं। यदि वे घर का प्रबन्ध भली प्रकार नहीं कर पातीं तो पुरुष के पर्याप्त धन कमाने पर भी घर में गरीबी बनी रहती है। इसका मुख्य कारण स्त्रियों की शिक्षा में गृह शिक्षा का अभाव है। भारतीय ग्रामीण स्त्रियों में शिक्षा नहीं के बराबर है।

(4) विवाह सम्बन्धी कुरीतियाँ—भारतवर्ष में दहेज की प्रथा के कारण बहुत से परिवार जीवन भर गरीब बने रहते हैं। लोग मर-मर कर कमाते हैं और पेट काट कर लड़कियों की शादी के लिए दहेज जोड़ने में सारा जीवन बिता देते हैं। शक्ति से अधिक दहेज देने वालों के परिवार बहुत गरीब हो जाते हैं। गाँवों में काफी दहेज चलता है।

(5) स्वास्थ्य रक्षा की अपर्याप्त व्यवस्था—बीमारी गरीबी का प्रमुख कारण है। अस्वास्थ्यकर पर्यावरण में रहने से व्यक्ति की कार्यक्षमता भी घटती है। बीमारी के कारण कमाने वाले की मृत्यु हो जाने या नौकरी छूट जाने से घर का घर दरिद्र हो जाता है। बीमारी से व्यक्ति की आय का एक बड़ा भाग उसके उपचार में लग जाता है अत: स्वास्थ्य रक्षा की पर्याप्त व्यवस्था के अभाव में गरीबी जड़ जमाकर बैठ जाती है। भारतीय गाँवों में स्वास्थ्य रक्षा का प्रबन्ध बहुत कम है। गाँवों में स्वास्थ्य की दशा बड़ी खराब है।

उपरोक्त सामाजिक, आर्थिक, व्यक्तिगत तथा भौगोलिक कारणों के अलावा भी कुछ और कारण गरीबी बढ़ाते हैं। इस प्रकार अनेक राजनैतिक कारणों जैसे अत्यधिक टैक्स लगाना आदि से गाँवों की आर्थिक अवस्था खराब हो जाती है। जनसंख्या के अत्यधिक बढ़ जाने से सबकी आवश्यकताओं की भली प्रकार पूर्ति नहीं हो पाती और श्रमिकों में गरीबी फैलती है। यातायात के साधनों का अभाव आदि उद्योग और व्यापार की उन्नति में बाधक जितने भी कारक हैं उन सभी से निर्धनता बढ़ती है। अन्त में गरीबी एवं गरीबी बढ़ने का सबसे बड़ा कारण है।

भारत में औद्योगिक बेकारी
(Industrial Unemployment in India)

भारत में नगरों में पंचवर्षीय योजनाओं के बावजूद बेकारों की संख्या बढ़ती जा रही है। योजना आयोग के अनुसार बेकारों की संख्या वृद्धि का मुख्य कारण देश में जनसंख्या की तीव्र वृद्धि है जिसके कारण सब लोगों को काम देना कठिन हो जाता है। औद्योगीकरण के प्रभाव से कुटीर उद्योग और गृह उद्योगों को आघात पहुँचा जिससे बेकारों की संख्या और

भी बढ़ गयी है। आर्थिक क्षेत्र में रोजगार की सुविधायें बहुत कम हैं इनके अतिरिक्त देश के विभाजन में बड़ी संख्या में पश्चिमी पंजाब और पूर्वी बंगाल से विस्थापितों के भारत में आने से भी बेकारों की संख्या बढ़ी है।

भारत में पाई जाने वाली बेकारी का एक मुख्य प्रकार औद्योगिक बेकारी है। भारत में औद्योगिक बेकारी के कारण निम्नलिखित हैं–

(1) अपूर्ण औद्योगिक विकास–औद्योगिक क्षेत्र में बेकारी का मुख्य कारण उद्योगों का विकास बहुत कम होना है।

(2) उद्योगों की स्थान-विषयक स्थिति दोषपूर्ण है–कहीं-कहीं अत्यधिक केन्द्रीयकरण हो जाने से बेकारी बढ़ी है।

(3) अन्तर्राष्ट्रीय बाजार का अभाव–अन्तर्राष्ट्रीय बाजार के अभाव के कारण उद्योगों का समुचित विकास नहीं हो पाता और बेकारी बनी रहती है।

मूल आर्थिक आंकड़े

हमारा देश व्यापक प्राकृतिक संसाधनों से भरपूर है। लेकिन इन संसाधनों का पूरा उपयोग नहीं किया गया है, जबकि इनके बेहतर इस्तेमाल की अच्छी संभावना है। भारतीय अर्थव्यवस्था अब भी कृषि प्रधान है। पिछले दशक में कृषि अर्थव्यवस्था में महत्त्वपूर्ण लचीलापन देखने में आया है। हमारी राष्ट्रीय आय का करीब एक तिहाई कृषि तथा इससे संबंधित उद्योगों से प्राप्त होता है और देश में उपलब्ध श्रम शक्ति का दो-तिहाई कृषि कार्यों में संलग्न है। वर्ष 1947 से देश की अर्थव्यवस्था में परिवर्तन लाने के प्रयत्न किए जा रहे हैं।

1. राष्ट्रीय तथा प्रति व्यक्ति आय–राष्ट्रीय आय की परिभाषा के अनुसार राष्ट्रीय आय सामान्य रूप में निवास करने वाले नागरिकों द्वारा उत्पादन के साधनों से अर्जित वह आय है, जिसमें से प्रत्यक्ष कर नहीं घटाए गए हैं। यह शुद्ध राष्ट्रीय उत्पाद की उत्पादन लागत के बराबर होती है। सारणी 12.1 में चालू मूल्यों तथा 1980-81 के मूल्यों के आधार पर राष्ट्रीय आय और प्रति व्यक्ति आय प्रदर्शित की गई है। सारणी 12.2 में चालू मूल्यों पर राष्ट्रीय उत्पाद तथा संबंधित आंकड़े दिए गए हैं। सारणी 12.3 में सार्वजनिक क्षेत्र की उपलब्धियां दर्शाई गई हैं तथा सारणी 12.4 में 1980-81 के बाद अन्तिम निजी उपयोग खर्च, शुद्ध घरेलू बचत और पूंजी निर्माण के आंकड़े दिए गए हैं।

2. कार्मिकों की श्रेणियां–1991 की जनगणना के लिए जनसंख्या को मुख्य कार्मिकों (नौ मुख्य औद्योगिक श्रेणियों में वर्गीकृत), सीमांत कार्मिकों और गैर-कार्मिकों में विभाजित किया गया था। अभी तक जारी किए गए आंकड़ों में कुल कार्मिकों को मुख्य कार्मिकों और सीमांत कार्मिकों में उपविभाजित किया गया है तथा मुख्य कार्मिकों को शहरी व ग्रामीण क्षेत्रों के कार्मिकों की पहली मार्च, 1991 को मौजूद चार मुख्य श्रेणियों में विभाजित किया गया है, उन्हें सारणी 25.1 में दर्शाया हैं। संगठित क्षेत्र में रोजगार को सारणी 25.2 में दिखाया गया है।

सारणी 25.1—कार्मिकों की वर्गवार जनसंख्या

(करोड़ में)

	ग्रामीण	शहरी	योग
1991 की जनसंख्या	63.3	21.58	83.66
कुल जनसंख्या कुल कार्मिक	24.90	6.51	31.41
सीमांत कार्मिक	2.66	0.15	2.82
मुख्य कार्मिक	22.23	6.36	28.59
(एक) काश्तकार	10.76	0.31	11.07
(दो) कृषि श्रमिक	7.03	0.43	7.46
(तीन) पशुधन, वन आदि	0.49	0.11	0.60
(चार) खान और खदान	0.11	0.07	0.18
(पांच) निर्माण विश्लेषण, सेवा और मरम्मत			
(क) घरेलू उद्योग	0.48	0.20	0.68
(ख) घरेलू उद्योगों के अलावा	0.79	1.40	2.19
(छ:) भवन निर्माण	0.23	0.32	0.55
(सात) व्यापार और वाणिज्य	0.73	1.40	2.13
(आठ) परिवहन, भंडारण और संचार	0.53	0.27	0.80
(नौ) अन्य सेवाएं	1.60	1.33	2.93

टिप्पणी : 1. जम्मू कश्मीर के आंकड़े शामिल नहीं क्योंकि वहां जनगणना नहीं हुई।

2. संख्याएं पूर्णांक में दिए जाने के कारण योग में अन्तर हो सकता है।

सारणी 25.2—संगठित क्षेत्र में रोजगार

(लाख में)

	मार्च 1976	मार्च 1977	मार्च 1978	मार्च 1979	मार्च 1980	मार्च 1981	मार्च 1982	मार्च 1983	मार्च 1984	मार्च 1985	मार्च 1986	मार्च 1987	मार्च 1988	मार्च 1989(अ)	मार्च 1990
सार्वजनिक क्षेत्र															
केन्द्र सरकार	30.47	30.82	30.96	31.34	31.78	31.95	32.49	32.66	33.11	33.29	33.46	33.50	33.8	33.89	33.97
राज्य सरकार	48.97	50.20	51.60	53.09	54.78	56.76	58.53	60.38	61.54	62.80	64.73	66.66	67.8	68.90	69.79
अर्द्ध सरकारी	33.92	36.75	39.29	41.70	43.43	45.76	48.12	50.40	52.74	54.97	56.79	57.95	59.48	59.98	61.73
स्थानीय निकाय	19.85	19.89	20.15	20.63	20.80	20.37	20.33	21.11	21.30	21.64	21.90	22.14	22.11	22.38	22.23
कुल	133.22	137.66	142.00	146.76	150.78	154.84	159.46	164.56	168.69	172.69	176.83	180.25	183.20	185.16	187.72
निजी क्षेत्र															
(गैर कृषि) बड़े प्रतिष्ठान (25 या अधिक कर्मचारी वाले)	61.13	61.37	63.22	64.65	64.84	66.00	67.33	67.29	65.29	64.79	65.47	65.32	65.44	66.06	67.11
छोटे प्रतिष्ठान (10 से 24 कर्मचारियों वाले)	7.31	7.30	7.21	7.42	7.43	7.95	8.14	8.24	8.19	8.31	8.25	8.31	8.47	8.63	8.71
कुल	68.44	68.67	70.43	72.08	72.27	73.95	75.47	75.52	73.45	73.09	73.73	73.63	73.91	74.70	75.82
कुल योग	201.65	206.34	212.43	218.84	223.05	228.79	234.93	210.08	242.14	245.78	250.56	253.88	257.12	259.86	263.54

(अ) अंतिम

नोट : संख्याओं को पूर्ण अंक में बदलने के कारण योग में अंतर हो सकता है।

सारणी 25.3—रोजगार कार्यालयों के चालू रजिस्टरों में पंजीकरण, रिक्तियों, सेवा स्थापन नियोजित लोगों और बेरोजगारों की स्थिति

(लाख में)

वर्ष	रोजगार कार्यालयों की संख्या	पंजीकरण	अधिसूचित रिक्तियां	नियुक्तियां	चालू रजिस्टार	पिछले वर्ष की तुलना में चालू प्रतिशत वृद्धि
1981	663	62.77	8.97	5.04	178.38	10.1
1982	692	58.63	8.20	4.73	197.53	10.7
1983	726	67.56	8.26	4.86	219.53	11.1
1984	745	62.20	7.08	4.07	235.47	7.3
1985	800	58.21	6.75	3.88	262.70	11.6
1986	821	55.35	6.23	3.51	301.31	14.7
1987	835	60.12	6.01	3.34	302.47	0.4
1988	840	59.63	5.43	3.28	300.50	–0.7
1989	849	65.76	6.00	2.89	327.76	9.1
1990	851	65.41	4.91	2.64	346.32	5.7
1991	854	62.36	4.59	2.53	363.00	4.8
1992	860	53.01	4.20	2.39	368.00	1.3

टिप्पणी : संख्याओं को पूर्ण अंक में बदलने के कारण योग में अंतर हो सकता है।

1. विश्वविद्यालय रोज़गार सूचना और मार्गदर्शन कार्यालय सहित।

3. बेरोजगारी—रोजगार कार्यालयों के चालू रजिस्टरों में दर्ज व्यक्तियों की संख्या कुछ सीमा तक बेरोजगारी की प्रवृत्ति की जानकारी देती है। रोजगार कार्यालय मुख्यत: शहरी क्षेत्रों में होते हैं। इन कार्यालयों में सभी बेरोजगार अपने नाम पंजीकृत नहीं करवाते। इसके अलावा, पहले से रोजगार में लगे कुछ व्यक्ति भी बेहतर नौकरी पाने के उद्देश्य से अपने नाम इन कार्यालयों में पंजीकृत करवाते हैं। रोजगार कार्यालयों में रोजगार के इच्छुक व्यक्तियों के दर्ज नामों की संख्या 31 दिसम्बर, 1981 तक 178.36 लाख थी, जो 31 दिसम्बर, 1992 तक बढ़कर 368 लाख हो गई 1981–92 की अवधि के लिए पंजीकरण, रिक्तियों, स्थापन और रोजगार के इच्छुक व्यक्तियों से संबंधित विवरण को सारणी 12.7 में दर्शाया गया है।

सारणी 25.4—औद्योगिक मजदूरों के लिए उपभोक्ता मूल्य सूचकांक

वर्ष	बम्बई	अहमदाबाद	कलकत्ता	मद्रास	कानपुर	दिल्ली	अखिल भारतीय	
							सभी वस्तुएं	खाद्य पदार्थ
संयोजन गुणांक	5.12	4.78	4.74	5.05	4.69	4.97	4.93	4.98
1970–71	182	176	182	170	190	199	186	201
1971–72	190	181	187	182	196	211	192	205
1972–73	203	198	197	203	212	222	207	223
1973–74	233	245	228	229	251	265	250	279
1974–75	289	305	288	301	323	337	317	358
1975–76	300	293	287	314	299	333	313	342
1976–77	298	281	297	288	294	332	301	317
1977–78	318	310	320	311	330	358	324	345
1978–79	325	323	331	318	337	368	331	347
1979–80	359	348	351	350	357	389	360	373
1980–81	400	376	382	388	396	426	401	419
1981–82	460	441	414	446	439	472	451	476
1982–83	502	487	447	475	473	508	486	508
1983–84	564	544	511	550	528	551	547	581
1984–85	609	570	576	576	554	597	582	607

1985-86	654	599	610	630	614	648	620	630
1986-87	717	657	671	681	672	707	674	700
1987-88	791	724	714	756	725	788	736	767
1988-89	856[1]	763[1]	783[1]	802[1]	763[1]	852[1]	786[1]	820[1]
	171[2]	163[2]	172[2]	167[2]	172[2]	177[2]	166[2]	172[2]
1989-90	179	171	178	172	178	182	173	177
1990-91	201	196	203	189	202	201	193	199
1991-92	234	225	223	216	228	225	219	230
1992-93	260	242	241	243	245	254	240	254

1. अप्रैल-सितम्बर 1988 के छह महीनों के औसत के आधार पर सूचकांक (आधार वर्ष 1960)

2. अक्तूबर 1988 से मार्च 1989 के छह महीनों के औसत के आधार पर सूचकांक (आधार वर्ष 1982)

नोट: अक्तूबर 1988 से पुरानी श्रृंखला (आधार 1960-100) के स्थान पर नई श्रृंखला (आधार 1982-100) लागू की गई है।

1960 और 1982 की श्रृंखलाओं के बीच योजक गुणक अक्तूबर 1988 से लागू हो गया है।

स्रोत: लेबर ब्यूरो, शिमला।

अखिल भारतीय सूचकांक प्रत्येक केंद्र के कुल अनुमानित व्यय के अनुसार केंद्रीय सूचकांक के औसत गणित के रूप में तैयार किया जाता है।

भारत में रोजगार दफ्तरों के दोष
(Defects of Employment Exchanges in India)

यह सत्य है कि रोजगार दफ्तरों का विकासशील देशों के लिए विशेष महत्त्व है, और इनसे समाज तथा देश को लाभ भी होता है। परन्तु प्रत्येक प्रणाली पूर्ण रूप से लाभदायक तभी सिद्ध होती है जबकि वह दोषरहित हो। भारत में रोजगार दफ्तर वैसे तो काफी कार्य कर रहे हैं परन्तु तब भी ये दोष-मुक्त नहीं हैं। इसी कारण से इन दफ्तरों से अपेक्षाकृत कम लाभ हो रहा है। इन दफ्तरों के वर्तमान मुख्य दोष निम्नलिखित हैं—

(1) रोजगार दफ्तरों की संख्या कम—भारत एक अति विशाल देश है। देश की जनसंख्या एवं रोजगार की तलाश करने वाले व्यक्तियों की संख्या को दृष्टि में रखते हुए भारत में रोजगार दफ्तर बहुत ही कम संख्या में हैं। भारत में अभी भी ऐसे पिछड़े हुए क्षेत्र हैं जहाँ के लोगों को रोजगार दफ्तरों के विषय में कुछ भी ज्ञान नहीं हैं। इन कारणों से रोजगार दफ्तरों

का कार्य न तो सुचारु रूप से चल ही पाता है और न ही पूरा-पूरा लाभ श्रमिकों को मिल पाता है।

(2) दिखावटी काम—भारतीय रोजगार दफ्तरों में ठोस काम कम होता है और दिखावटी एवं बेकार के कार्य अधिक होते हैं। इन दफ्तरों के कर्मचारी प्रायः वास्तविक कार्य से बचते हैं, और दिखावे के लिये अपने रजिस्टरों में झूठ-मूठ नाम लिख लेते हैं। कई बार तो ये कर्मचारी विभिन्न औद्योगिक संस्थानों में जाकर वहाँ उपस्थित श्रमिकों के नाम लिख लेते हैं और अपने रिकार्ड में दिखा देते हैं कि उन संघ श्रमिकों की भर्ती रोजगार दफ्तर के माध्यम से हुयी है जबकि वास्तव में वे श्रमिक मध्यस्थों द्वारा या प्रत्यक्ष भर्ती द्वारा अपने स्थान पर नियुक्त हुए होते हैं।

(3) सेवाभाव का अभाव—रोजगार-दफ्तरों के कर्मचारियों को समाज-कल्याण या श्रमिकों के लाभ का कोई ध्यान नहीं होता। इन कर्मचारियों का प्रार्थियों के प्रति व्यवहार भी बहुत अच्छा नहीं होता। वे प्रार्थियों को हीन एवं गिरी हुई दृष्टि से देखते हैं। बेरोजगार गरीब श्रमिकों के प्रति किसी भी प्रकार की सहानुभूति नहीं दिखाई जाती। प्रायः सारा-सारा दिन प्रार्थियों को अपना नाम पंजीकृत कराने के लिये खिड़की पर खड़ा रहना पड़ता है।

(4) भ्रष्टाचार का बोलबाला—वर्तमान भारतीय रोजगार-दफ्तरों में बहुत ही अधिक भ्रष्टाचार भी फैल गया है। इन दफ्तरों में स्थान-स्थान पर रिश्वत देनी पड़ती है। नाम पंजीकृत कराने से लेकर इण्टरव्यू कार्ड (Interview Card) प्राप्त करने तक कदम-कदम पर घूस देनी पड़ती है। इस प्रकार इन दफ्तरों में वह हाल है जो मध्यस्थों द्वारा या दलालों द्वारा भर्ती होने पर हुआ करता है।

(5) अव्यवस्थित—भारत के रोजगार-दफ्तर अपना कार्य पूर्ण व्यवस्थित रूप से नहीं कर रहे हैं। श्रमिकों को बेरोजगारी से लगाने के लिये उन्हें गतिशील बनाना आवश्यक है, परन्तु इन श्रमिकों की गतिशलता के लिये रोजगार-दफ्तर कोई ठोस कार्य नहीं कर रहे हैं। एक स्थान से दूसरे स्थान तक जाने के लिये श्रमिकों को सरकार द्वारा रेल का किराया भी नहीं दिया जाता। इस कारण से गरीब श्रमिकों को रोजगार-दफ्तरों का कोई विशेष लाभ नहीं होता है।

(6) प्रशिक्षण की समुचित व्यवस्था का अभाव—भारत में अभी भी अधिकांश श्रमिक अच्छी तरह से प्रशिक्षित नहीं है। परन्तु आज के उद्योग में प्रशिक्षित एवं कुशल श्रमिकों की माँग अधिक होती है। अप्रशिक्षित श्रमिकों को प्रारम्भिक प्रशिक्षण देने का दायित्व भी रोजगार-दफ्तरों का ही है। परन्तु अभी तक इन दफ्तरों ने श्रमिकों के प्रारम्भिक प्रशिक्षण की कोई समुचित व्यवस्था नहीं की है।

(7) उद्योगों के मालिकों के सहयोग की कमी—एक ओर तो रोजगार-दफ्तर स्वयं ही पूर्ण व्यवस्थित रूप से कार्य नहीं करते दूसरी ओर इन्हें उद्योगों के मालिकों का भी पूरा सहयोग नहीं मिल पाता। उद्योगों के मालिक प्रायः रोजगार-दफ्तरों को अपनी माँग की सूचना ही नहीं देते। वे स्वयं ही मध्यस्थों द्वारा या प्रत्यक्ष भर्ती के द्वारा आवश्यकश्रमिकों की भर्ती कर लेते हैं। इस दशा में रोजगार-दफ्तरों पर निर्भर रहने वाले श्रमिक इन्तजार ही करते रह जाते हैं और अन्य सिफारिशी एवं रिश्वत देने वाले लोग उद्योगों में नौकरी प्राप्त कर लेते हैं।

उपरोक्त विवरण से स्पष्ट है कि भारतीय रोजगार-दफ्तर अभी पूर्ण रूप से लाभदायक नहीं है। परन्तु हम आशा करते हैं कि औद्योगिक विकास एवं सरकारी नीतियों से श्रमिक विकास के साथ-साथ इन दफ्तरों के कार्यों में सुधार होगा और देश तथा समाज का कल्याण सम्भव होगा।

अभ्यास के लिये प्रश्न

1. भारत में दरिद्रता के कारणों तथा परिणामों का विश्लेषण कीजिये।
2. भारत में बेरोजगारी के कारणों तथा परिणामों का विश्लेषण कीजिये।
3. निम्नलिखित का विवरण लिखिये—रोजगार दफ्तर।

26

औद्योगिक विवाद की समस्या
(Problem of Industrial Dispute)

आधुनिक औद्योगिक व्यवस्था के अन्तर्गत दो मुख्य वर्ग होते हैं, प्रथम वर्ग है मालिक वर्ग और दूसरा वर्ग है श्रमिक अथवा कर्मचारी वर्ग। मालिक वर्ग उद्योग को प्रारम्भ करता है। वह उद्योग प्रारम्भ करने के लिये आवश्यक साधन एकत्रित करता है। वह मशीनें, कच्चा माल और अन्य साधन उपलब्ध कराता है। इस सबके लिये आवश्यक धन का खर्च उद्योग का मालिक करता हैं वह पूँजी का मालिक है। दूसरा वर्ग होता है श्रमिक वर्ग। श्रमिक वर्ग के पास धन के रूप में पूँजी नहीं होती है। श्रमिकों की पूँजी उनका श्रम ही होता है। श्रमिक अपनी श्रम रूपी पूँजी से स्वतन्त्र रूप से जीविका-उपार्जन नहीं कर सकता है। श्रम रूपी पूँजी का उपयोग धन रूपी पूँजी के सहयोग से ही हो सकता है। इसलिए श्रमिकों को धन के लिये मालिकों अथवा उद्योग के मालिकों पर आश्रित रहना पड़ता है। इस बात का मालिक वर्ग पर्याप्त फायदा उठाता है। पूँजीपति मालिक वर्ग जिस प्रकार कच्चा माल एवं मशीनें खरीदता है उसी प्रकार श्रमिकों का श्रम भी खरीदता है। श्रमिकों को अपने श्रम के बदले में वेतन मिलता है। इस प्रकार स्पष्ट है कि श्रमिकों एवं उद्योग के मालिकों में घनिष्ठ सम्बन्ध होता है। श्रमिकों के श्रम के द्वारा ही मालिक वर्ग उत्पादन करता है और मालिकों द्वारा ही श्रमिकों को जीविका मिलती है। यह तथ्य सामान्य परिस्थितियों में लागू होता है।

उपरोक्त विवरण से स्पष्ट है कि उद्योग का मालिक वर्ग श्रमिकों को वेतन के रूप में धन देता है। ऐसी स्थिति में मालिक वर्ग चाहता है कि कम से कम धन देकर अधिक से अधिक कार्य करवाया जाये। वह अपनी पूँजी के घमण्ड में रहता है। वह श्रमिकों को अपना आश्रित समझाता है। इसलिये वह कदम-कदम पर श्रमिकों का शोषण करना चाहता है। श्रमिकों को कम से कम वेतन दिया जाता है और कार्य की दशायें भी सुधारी नहीं जातीं। श्रमिक वर्ग जब जागरूक होता है तब उसे औद्योगिक व्यवस्था के अन्तर्गत अपना महत्त्व ज्ञात होता है। श्रमिक वर्ग अपने श्रम को श्रम-पूँजी कहता है और उसकी तुलना धन-पूँजी से करता है। वह वेतन की वृद्धि, बोनस, छुट्टियों, अन्य सुविधायें और उद्योग के प्रबन्ध में भागीदारी की

मांग करता है। श्रमिक-वर्ग की इन मांगों को पूरा करने के लिये उद्योग के मालिकों को अतिरिक्त धन का व्यय करना पड़ता है। अत: वे इन मांगों को स्वीकार नहीं करते। ऐसी स्थिति में श्रमिकों एवं उद्योग के मालिकों में झगड़ा उठ खड़ा होता है।

औद्योगिक विवाद का अर्थ
(Meaning of Industrial Dispute)

उपरोक्त विवरण से स्पष्ट है कि यदि किसी उद्योग के दोनों वर्गों के आपसी सम्बन्ध सहयोगपूर्ण एवं मित्रतापूर्ण न हों, तो उस स्थिति को औद्योगिक संघर्ष या औद्योगिक झगड़े (Industrial Disputes) की स्थिति कहा जाता है। औद्योगिक झगड़ों की स्थिति में प्राय: दोनों वर्ग सोचते हैं कि अन्य वर्ग उनके हितों को नुकसान पहुँचा रहा है या नुकसान पहुँचाना चाहता है। इस स्थिति में उद्योग की व्यवस्था एवं अनुशासन समाप्त हो जाता है। इसके फलस्वरूप श्रमिकों द्वारा हड़ताल, हिंसा एवं प्रदर्शन आदि की क्रियायें की जाती हैं। इन क्रियाओं की प्रतिक्रिया के रूप में मालिकों द्वारा तालाबन्दी एवं सामूहिक छँटनी की क्रियायें होती हैं। इस प्रकार औद्योगिक झगड़ों की स्थिति औद्योगिक शान्ति की विपरीत स्थिति है। औद्योगिक शान्ति की स्थिति में मालिकों एवं श्रमिकों के आपसी सम्बन्ध सहयोगपूर्ण एवं पारस्परिक पूरक हुआ करते हैं। सभी लोग अपने पद के अनुसार भूमिका निभाते हैं।

भारतीय औद्योगिक विवाद का इतिहास
(History of Labour Disputes in India)

भारत में संगठित उद्योगों की स्थापना हुए काफी समय बीत गया है। परन्तु भारतीय उद्योगों में औद्योगिक झगड़ों का इतिहास कोई अधिक लम्बा नहीं है। इसके विभिन्न कारण है। भारतीय औद्योगिक झगड़ों के व्यवस्थित अध्ययन के लिये औद्योगिक झगड़ों के इतिहास के विभिन्न कालों का पृथक-पृथक् अध्ययन आवश्यक है। सुविधा के लिये औद्योगिक झगड़ों के पूरे इतिहास को पाँच विभिन्न कालों में विभाजित किया जा सकता है। कालक्रमानुसार औद्योगिक झगड़ों का विवरण निम्नलिखित है–

(1) औद्योगिक झगड़ों का प्रारम्भिक काल—भारतीय उद्योग के विकास के प्रारम्भिक काल में प्राय: औद्योगिक शान्ति का ही वातावरण था। इस काल में कोई विशेष औद्योगिक झगड़े नहीं थे। इसके विभिन्न कारण थे। इस काल के औद्योगिक श्रमिक पर्याप्त संगठित नहीं थे। इसके अतिरिक्त जनता एवं समाज-सुधारक भी इस ओर जागरूक नही थे और तत्कालीन सरकार भी इस ओर से प्राय: उदासीन ही थी। इन सब बातों के होते हुए भी इस काल में यदा-कदा औद्योगिक झगड़े हो ही जाया करते थे। इस काल में छोटे पैमाने पर स्थानीय रूप से हड़ताल हुआ करती थीं। सन् 1859-60 में एक अपेक्षाकृत बड़ी हड़ताल हुई थी। इस हड़ताल का आयोजन रेलवे के ब्रिटिश ठेकेदारों के विरुद्ध उनके भारतीय श्रमिकों द्वारा हुआ था। इसके बाद सन् 1877 में नागपुर में एक मिल के श्रमिकों द्वारा हड़ताल की गई थी। इस हड़ताल का उद्देश्य वेतन में वृद्धि करवाना था। सन् 1882 में बम्बई की कपड़ा मिलों में भी श्रमिकों ने हड़ताल की थी। इसके बाद सन् 1890 तक बम्बई और मद्रास में 25 हड़तालों का आयोजन हुआ। परन्तु बड़े पैमाने पर पहली हड़ताल सन् 1895 में अहमदाबाद

के श्रमिकों द्वारा की गई। यह हड़ताल सफल न हो पायी। इसके बाद बम्बई में सन् 1897 में एक बड़ी श्रमिक-हड़ताल हुयी। सन् 1905 में बम्बई की मिलों में बिजली का प्रबन्ध हुआ और श्रमिकों के कार्य के घण्टों में वृद्धि की गयी। इसके फलस्वरूप बम्बई के श्रमिकों ने अनेक हड़तालें की। रेलवे के कर्मचारियों ने भी विभिन्न हड़तालों का आयोजन किया। इसके बाद सरकार द्वारा सन् 1908 में लोकमान्य तिलक को 6 वर्ष का कारावास घोषित किया गया। इसके फलस्वरूप एक बहुत बड़ी हड़ताल हुई। इस हड़ताल में भी बम्बई के सभी श्रमिकों ने भाग लिया। इस प्रकार स्पष्ट है कि भारतीय औद्योगिक विकास के प्रारम्भिक-काल में कोई अधिक संगठित औद्योगिक संघर्ष आयोजित नहीं हुये। इसके मुख्य कारण श्रमिकों की एकता का अभाव, योग्य नेतृत्व का अभाव, श्रमिकों की प्रवासी प्रवृत्ति एवं श्रमिकों का जीवन के प्रति भाग्यवादी दृष्टिकोण थे।

(2) प्रथम महायुद्ध के बाद का काल—महायुद्ध के फलस्वरूप सब प्रकार की परिस्थितियाँ बदल गयी थीं। सामान्य जनता एवं श्रमिकों में जागरूकता की एक लहर सी आ गयी थी। इसके विभिन्न कारण थे। युद्ध के बाद भारत में साधारण वस्तुओं के दाम अत्यधिक बढ़ गये थे। परन्तु श्रमिकों के वेतन में कोई वृद्धि नहीं हुयी थी। युद्ध के दौरान पूँजीपतियों ने अत्यधिक लाभ प्राप्त किया था। श्रमिकों ने इस लाभ में से अपने हिस्से की माँग की थी। इसके अतिरिक्त इन्हीं दिनों भारतीय राजनीति में भी जागरूकता की नयी लहर आयी थी। राजनीति के मंच पर महात्मा गांधी का बोलबाला था। इन्हीं दिनों भारत में अन्तर्राष्ट्रीय श्रम संगठन (I .L. O.) की एक शाखा स्थापित हुई थी। इससे श्रमिक-संघों का महत्त्व बढ़ गया। इन सब कारणों के परिणामस्वरूप भारतीय श्रमिक व्यवस्थित रूप से संगठित हो गये थे। सन् 1918 में एक ऐसी श्रमिक-हड़ताल का आयोजन हुआ जिसने पूरी औद्योगिक व्यवस्था को प्रभावित किया। इसके बाद जनवरी सन् 1919 में 12,500 श्रमिक एक साथ हड़ताल पर थे। इन्हीं दिनों रौलेट एक्ट (Rowlatt Act) के विरोध में भी हड़ताल हुई। जनवरी से लेकर जून सन् 1920 तक 200 हड़तालों का आयोजन किया गया। इनमें से अधिकांश श्रमिक हड़तालें सफल हुयीं। सन् 1921 में असम के चाय के बागानों में कार्य करने वाले श्रमिकों ने एक बड़ी हड़ताल की थी। सन् 1922 में 278 हड़तालों का आयोजन किया गया। इसके बाद सन् 1924 में बम्बई नगर में एक बहुत ही बड़ी हड़ताल का आयोजन किया गया। इस हड़ताल में 1,60,000 श्रमिकों ने सक्रिय भाग लिया। इसके बाद सन् 1928 में पुनः एक बड़ी हड़ताल हुई।

(3) सन् 1929 के बाद का काल—महायुद्ध के बाद क्रमशः औद्योगिक झगड़े बढ़ते ही गये। सन् 1919 के आस-पास उद्योगों के मालिकों ने उत्पादन कम करने के लिये बहुत से श्रमिकों की छंटनी कर दी और उनके वेतन में भी कटौती कर दी। इससे श्रमिकों में असंतोष की लहर सी आ गयी। इस समय तक श्रमिक-संघ भी पर्याप्त प्रबल हो गये थे। श्रमिक-संघों में साम्यवादी तत्त्वों के लक्षण भी स्पष्ट दिखायी देने लगे थे। इन कारणों से फलस्वरूप सन् 1929 में बम्बई के कपड़ा मिलों के सारे श्रमिकों ने जबरदस्त हड़ताल की। यह हड़ताल 6 महीने तक चलती रही। इस हड़ताल के फलस्वरूप भारत में श्रमिक-संघर्ष अधिनियम (Trade Disputes Act) पास हुआ। इसके साथ ही साथ बंगाल की जूट मिलों

में तथा जमशेदपुर के उद्योगों में भी अनेक हड़तालें हुयीं। इसके बाद सन् 1930 और 1937 के मध्य का काल अपेक्षाकृत औद्योगिक शान्ति का काल था। इस काल में कोई बड़ी हड़ताल नहीं हुई। इसके विभिन्न कारण थे। इन्हीं दिनों विभिन्न श्रमिक-संघों में आपसी फूट भी बढ़ गयी थी। इसके बाद सन् 1937 में 379 और सन् 1938 में 399 हड़तालें हुयीं। इस काल में उत्तर-प्रदेश की चीनी मिलों में भी हड़तालें प्रारम्भ हो गयी थीं।

(4) सन् 1939 के बाद का काल—दूसरे महायुद्ध के फलस्वरूप सामान्य जीवन के लिए आवश्यक वस्तुओं के दाम और भी बढ़ गये थे। परन्तु श्रमिकों के वेतन में कोई वृद्धि नहीं हुई। इस कारण से औद्योगिक झगड़ों की संख्या बहुत बढ़ गयी थी। सन् 1940 में 322 औद्योगिक झगड़े हुये और इसके बाद सन् 1942 में ऐसे झगड़ों की संख्या 694 हो गयी थी। इसके बाद औद्योगिक झगड़े क्रमशः बढ़ते ही गये। इन औद्योगिक झगड़ों का मुख्य कारण महँगाई-भत्ते (dearness allowance) की माँग थी। सन् 1940 में बम्बई की कपड़ा मिलों के 1,75,000 श्रमिकों ने जबरदस्त हड़ताल की थी। सरकार तथा पुलिस के कड़े प्रतिबन्ध के होते हुए भी हड़ताल 40 दिनों तक चलती रही। इन्हीं दिनों महँगाई-भत्ते की माँग को लेकर कानपुर की कपड़ा मिलों के श्रमिकों ने, धनबाद और झरिया की कोयले की खानों में काम करने वाले श्रमिकों ने तथा जमशेदपुर के इस्पात कारखानों के श्रमिकों ने भी अनेक हड़तालों का आयोजन किया। इस प्रकार इस काल में लगभग पूरे भारत में औद्योगिक शान्ति समाप्त हो गयी थी। औद्योगिक शान्ति को बनाये रखने के लिये तत्कालीन सरकार ने विशेष अधिनियम जारी किये। सरकार द्वारा जारी किये गये अधिनियम के अन्तर्गत बिना पूर्व सूचना के की गई हड़ताल या तालाबन्दी की क्रिया को अवैध ठहराया गया। प्रत्येक हड़ताल के लिये 24 दिन का नोटिस देना अनिवार्य था। इस अधिनियम के प्रभाव से सन् 1942 और सन् 1946 के मध्य अपेक्षाकृत औद्योगिक शान्ति का वातावरण बना रहा। इस बीच किसी बड़ी हड़ताल का आयोजन नहीं हुआ। परन्तु युद्ध के समाप्त होने के बाद अस्थायी अधिनियम रद्द कर दिया गया। इसके बाद भारत के हर कोने में हड़तालों और अन्य औद्योगिक झगड़ों का बाजार गरम हो गया। सन् 1946 में डाक एवं तार विभाग ने बहुत ही बड़े पैमाने पर हड़ताल की थी।

(5) स्वतन्त्रता के बाद का काल—भारत की स्वतन्त्रता के बाद पुनः औद्योगिक झगड़ों की एक लहर सी आ गयी। इन औद्योगिक झगड़ों के विभिन्न कारण थे जिनमें से कुछ कारण औद्योगिक थे और कुछ राजनीतिक। स्वतन्त्रता के बाद भारत की शासन-सत्ता कांग्रेस के हाथों में आ गयी थी। इन दिनों भारत की आर्थिक एवं राजनीतिक दशा अच्छी नहीं थी। युद्ध के प्रभावों से अनेक आवश्यक वस्तुओं की कमी हो गयी थी। इसके अतिरिक्त देश के विभाजन तथा हैदराबाद एवं काश्मीर के विवादों के कारण भी श्रमिकों की समस्याओं की ओर पर्याप्त ध्यान देना सम्भव नहीं था। इस स्थिति का साम्यवादियों ने लाभ उठाया। उन्होंने श्रमिकों को भड़का कर स्थान-स्थान पर हड़तालें करवा दीं। इन्हीं दिनों बम्बई, मद्रास और उत्तर प्रदेश के विभिन्न उद्योगों में अनेक औद्योगिक झगड़े हुए। सन् 1947 में बम्बई की कपड़ा मिलों के एक लाख कर्मचारियों ने हड़ताल की थी। इसके बाद सन् 1948 में पुनः नागपुर, कानपुर, बंगाल तथा बम्बई के सूत के कारखानों में अनेक झगड़े हुये। इन्हीं दिनों आसनसोल की एल्यूमिनियम मिलों में तथा बंगाल की जूट मिलों में भी हड़ताल हुई। इसके अतिरिक्त

बम्बई की बीड़ी बनाने वाली कम्पनियों में तथा कलकत्ते के ट्राम विभाग में भी अनेक झगड़े हुये। इसके बाद भी लगातार अनेक औद्योगिक झगड़े होते ही रहे। सन् 1950 में पुनः बोनस की समस्या को लेकर बम्बई की कपड़ा मिलों के दो लाख कर्मचारियों ने हड़तालें कर दीं। यह औद्योगिक झगड़ा 63 दिन तक चलता रहा। सन् 1951 में पुनः रेलवे कर्मचारियों ने एक बड़ी हड़ताल की धमकी दी परन्तु भारत के राष्ट्रपति ने संकटकालीन परिस्थितियों के कारण उस हड़ताल को अवैध घोषित कर दिया। सन् 1952 में भी भारत के विभिन्न भागों में अनेक औद्योगिक झगड़े हुये। सन् 1953 में बर्नपुर (Burnpur) के लौह एवं इस्पात कारखानों में, असम के चाय के बागानों तथा ट्रावनकोर एवं कोचीन में भी गम्भीर औद्योगिक झगड़े हुये। इसके बाद सन् 1954-55 में भी देश के अलग-अलग भागों में अनेक छोटे-बड़े औद्योगिक झगड़ों ने औद्योगिक शान्ति को भंग किया। सन् 1956 में बम्बई, अहमदाबाद तथा कलकत्ते में एक आम हड़ताल हुई। सन् 1957 में भी देश के विभिन्न औद्योगिक नगरों में अलग-अलग औद्योगिक झगड़े हुये। सन् 1958 में देश के सब भागों में हड़तालों एवं तालेबन्दी की क्रियायें हुयीं। इन झगड़ों में मुख्य रूप से मैसूर की कपड़े की मिलों के श्रमिकों ने, बन्दरगाहों पर कार्य करने वाले श्रमिकों ने, बिहार और दिल्ली के ट्रैक्टर कारखानों के श्रमिकों ने तथा जमशेदपुर के लोहे एवं इस्पात के कारखानों में काम करने वाले श्रमिकों ने भाग लिया था। सन् 1959 में 41 हड़तालें बन्दरगाहों में, 6 रेलवे विभागों में, 74 हड़तालें कोयले की खानों में, 81 अन्य खानों में, 88 बैंकों में और 4 जीवन बीमा निगम के विभागों में हुईं। सन् 1961 में 41 हड़तालें बन्दरगाहों में, एक रेल विभाग में, 71 कोयले की खानों में, 53 अन्य खानों में, 438 बैंकों में तथा 5 जीवन बीमा निगम में हुईं। इस वर्ष केन्द्रीय सरकार के कर्मचारियों ने भी एक हड़ताल का आयोजन किया। यह हड़ताल पाँच दिन तक चली परन्तु पूर्ण रूप से सफल नहीं रही।

सन् 1961 में मुख्य रूप से तम्बाकू कम्पनियों में, जूट की मिलों में, गौहाटी के तेल शोधक कारखानों में, असम के चाय के बागानों में, जमशेदपुर के विभिन्न कारखानों में, मध्य प्रदेश की बीड़ी फैक्ट्रियों में, एटलस साइकिल कम्पनी में, हिन्दुस्तान स्टील रूरकेला में, देहरादून में चाय बागानों में तथा अन्य अनेक उद्योगों में बहुत अधिक संख्या में औद्योगिक झगड़े हुये। इसी प्रकार सन् 1962 में भी हड़तालें और तालाबन्दी की क्रियायें हुईं।

सन् 1963 में बम्बई, कलकत्ता और मद्रास के बन्दरगाहों में, बरौनी के तेल शोधक कारखानों में, डनलप रबड़ कम्पनी में, पंजाब क्लॉथ मिल्स में, तथा जूट के अनेक कारखानों में, बीड़ी फैक्ट्रियों में तथा अन्य अनेक उद्योगों में 1,471 औद्योगिक झगड़े हुए। सन् 1964 में भी देश के विभिन्न उद्योगों में 2,151 औद्योगिक झगड़े हुए जिनमें 10,02,954 लोग शामिल थे। इसके बाद सन् 1965 में भी देश में 1,835 औद्योगिक झगड़ों ने औद्योगिक शान्ति को भंग किया। इन झगड़ों में 9,91,158 व्यक्तियों ने भाग लिया। सन् 1967 में 2,851 औद्योगिक झगड़े हुए। इन झगड़ों में 14,90,346 व्यक्तियों ने भाग लिया। इन झगड़ों से 17,147,951 श्रम-दिवसों का नुकसान हुआ। सन् 1968 में औद्योगिक झगड़ों की संख्या 2,776 थी तथा इनमें 1,669,294 श्रमिकों ने भाग लिया जिससे 17,343,679 श्रम-दिनों का नुकसान हुआ।

निम्नलिखित तालिका से भारत में स्वतन्त्रता के बाद से औद्योगिक झगड़ों का आभास होगा—

वर्ष	औद्योगिक झगड़े	श्रम दिवसों की हानि (दस लाख में)
1951	1071	1.8
1961	1357	4.9
1971	2752	16.6
1973	3370	20.6

आपात् स्थिति की घोषणा के बाद से औद्योगिक झगड़े कम हो गये हैं।

औद्योगिक विवाद के कारण
(Causes of Industrial Disputes)

अधिकांश औद्योगिक झगड़े श्रमिकों के असन्तुष्ट होने पर होते हैं। श्रमिक वर्ग अपने आपको मालिकों से अलग मानता है। प्रायः वह मालिकों को अपना शत्रु समझता है। अधिकांश औद्योगिक झगड़े इस धारणा के परिणामस्वरूप होते हैं। पूँजीवादी अर्थ-व्यवस्था में उद्योगपतियों का मुख्य उद्देश्य अधिक से अधिक लाभ प्राप्त करना होता है। अधिक लाभ प्राप्त करने के लिए आवश्यक है कि तैयार माल अच्छे से अच्छे प्रकार का एवं सस्ता हो। इस कारण से औद्योगिक सामग्री पर खर्च होने वाले धन में कटौती नहीं की जा सकती। इस दशा में अधिक लाभ प्राप्त करने के लिये केवल श्रमिकों पर खर्च होने वाले धन में ही कटौती करनी सम्भव होती है। इसीलिए अधिकांश उद्योगों के मालिक श्रमिकों के वेतन, सुविधाओं एवं बोनस या महँगाई-भत्ते में प्रायः कटौती किया करते हैं। आज का श्रमिक वर्ग पर्याप्त जागरूक है, अतः मालिकों की इस प्रकार की शोषक नीतियों को वह सफल नहीं होने देता। मालिकों की शोषक-नीतियों के कारण ही अधिकांश औद्योगिक झगड़े होते हैं। ज्यों-ज्यों श्रमिक वर्ग में जागरूकता बढ़ती है त्यों-त्यों औद्योगिक झगड़े भी बढ़ते हैं। औद्योगिक झगड़ों के मुख्य कारण निम्न विवरण से स्पष्ट हो जायेंगे—

(1) मालिक वर्ग की शोषक नीतियाँ—भारतीय औद्योगिक क्षेत्र में अधिकांश झगड़े मालिकों की शोषक नीतियों के ही कारण उठ खड़े होते हैं। इस दिशा में अब तक आयोजित विभिन्न सर्वेक्षणों से ज्ञात होता है कि कुल औद्योगिक झगड़ों में से 66% झगड़े मालिकों की वेतन, बोनस एवं महँगाई के विषय में अपनायी गई शोषक नीतियों के कारण ही होते हैं।

(2) कार्य करने की बुरी दशायें—औद्योगिक मालिकों का यह सामान्य नीति रहा करती है कि श्रमिकों को कम से कम सुविधाएँ दी जायें, क्योंकि सुविधाएँ उपलब्ध कराने में भी धन का व्यय करना पड़ता है। श्रमिकों के कार्य करने के स्थान पर सफाई, रोशनी एवं हवा का उचित प्रबन्ध नहीं हुआ करता। श्रमिकों को छुट्टी नहीं दी जाती। बीमारी अथवा दुर्घटना के कारण श्रमिकों द्वारा छुट्टी करने पर उनका वेतन काट लिया जाता है। श्रमिकों के

स्वास्थ्य, मनोरंजन एवं उनके बच्चों की पढ़ाई-लिखाई का कोई प्रबन्ध नहीं होता। इन सब कारणों से भी समय-समय पर औद्योगिक श्रमिक अपने मालिकों से झगड़ा किया करते हैं।

(3) राजनीतिक कारण—औद्योगिक झगड़ों के कारणों में आर्थिक कारणों के अतिरिक्त राजनीतिक कारणों का भी विशेष स्थान है। भारतीय श्रमिकों ने समय-समय पर राजनीतिक कारणों से प्रभावित होकर अनेक हड़तालें एवं प्रदर्शन किये हैं। सन् 1908 में राजनीतिक कारण से ही एक सामूहिक हड़ताल का आयोजन किया गया था। इस हड़ताल का कारण लोकमान्य तिलक को 6 वर्ष का कारावास दिया जाना था। गांधी जी के असहयोग-आन्दोलन के अन्तर्गत भी श्रमिकों ने अनेक औद्योगिक झगड़े खड़े किये थे। स्वतन्त्रता संग्राम के दौरान विदेशी वस्तुओं के बहिष्कार के लिये भी समय-समय पर श्रमिकों ने औद्योगिक कार्य बन्द किया था। इसके अतिरिक्त आये दिन होने वाले सम्मेलनों, जुलूसों एवं प्रदर्शनों में भाग लेने के लिये भी श्रमिकों ने कई बार सामूहिक रूप से छुट्टी की थी। परतन्त्र भारत में यूरोपियन प्रबन्धकों एवं उच्च अधिकारियों से घृणा से फलस्वरूप भी समय-समय पर औद्योगिक झगड़े हुए थे।

(4) मध्यस्थों की कूटनीति—भारतीय उद्योगों में एक बड़ी संख्या में श्रमिकों की भर्ती मध्यस्थों के द्वारा होती है। ये मध्यस्थ लोग बहुत ही कुटिल होते हैं। ये श्रमिकों से इनके वेतन में से कुछ अंश ले लिया करते हैं और दूसरी ओर मालिकों से भी समय-समय पर कमीशन तथा इनाम लिया करते हैं। अपने इनाम एवं कमीशन को बनाये रखने के लिये ये मध्यस्थ प्राय: श्रमिकों के और मालिकों के साथ अच्छे सम्बन्ध स्थापित नहीं होने देते। इसके लिये वे समय-समय पर श्रमिकों को मालिकों के विरुद्ध भड़काया करते हैं और मालिकों के सामने श्रमिकों की तरह-तरह की बुराई तथा झूठे षड्यन्त्रों की बातें किया करते हैं। मध्यस्थों की इन कूटनीतियों के फलस्वरूप श्रमिकों और मालिकों के मध्य तनाव बढ़ जाता है और औद्योगिक झगड़ों की नौबत आ जाती है।

(5) श्रमिक-संघों की गलत नीतियाँ—कभी-कभी श्रमिक-संघों की कुछ नीतियाँ भी औद्योगिक झगड़ों की कारण बन जाया करती हैं। श्रमिक-संघों के नेता अपनी लोक-प्रियता को बढ़ाने के लिये कभी-कभी बिना किसी उचित कारण के ही श्रमिकों को मालिकों के विरुद्ध भड़का दिया करते हैं। श्रमिक नेताओं के अव्यावहारिक दृष्टिकोण के कारण भी औद्योगिक झगड़े बढ़ जाते हैं। इसके अतिरिक्त मालिक वर्ग सदा ही श्रमिक-संघों को अपना शत्रु समझा करता है। वह श्रमिक-संघों को दबाने एवं समाप्त करने का प्रयास करता है। इस शत्रुता एवं तनाव के कारण समय-समय पर औद्योगिक झगड़े हुआ करते हैं।

(6) साम्यवादी विचारधारा—भारतीय औद्योगिक झगड़ों को बढ़ाने में साम्यवादी विचारधारा का भी विशेष हाथ रहा है। साम्यवादी विचारधारा के अनुसार पूरे उद्योग में श्रमिकों का महत्त्वपूर्ण स्थान होना आवश्यक है। श्रमिकों को उद्योग के प्रबन्ध में भागीदार बनाना आवश्यक है तथा उद्योग से प्राप्त होने वाले लाभ में भी उनका हिस्सा होना चाहिये। इस प्रकार की विचाारधारा उद्योग के मालिकों के हितों के विरुद्ध है। अत: इनके पनपने पर औद्योगिक झगड़े स्वाभाविक रूप से बढ़ जाते हैं।

(7) घनिष्ठ सम्पर्क का अभाव—भारतीय औद्योगिक संस्थानों में श्रमिकों एवं मालिकों एवं उच्च प्रबन्धकों के मध्य कोई प्रत्यक्ष सम्बन्ध नहीं होता। इस प्रकार के सम्बन्धों के अभाव में मालिकों द्वारा निर्धारित की गयी नीतियों के श्रमिकों के लिये स्पष्टीकरण की कोई सही व्यवस्था नहीं हो पाती। इसके विपरीत श्रमिकों की माँगों एवं परेशानियों को सही प्रकार से जानने के लिये मालिकों के पास कोई अच्छा साधन नहीं होता। ऐसी स्थिति में श्रमिक वर्ग एवं मालिक वर्ग के मध्य दूरी बढ़ जाती है और इस दूरी का परिणाम औद्योगिक झगड़े होते हैं।

(8) वर्ग चेतना—आधुनिक व्यवस्था में औद्योगिक विकास के अन्तर्गत वर्ग चेतना अत्यधिक पनप रही है। आधुनिक श्रमिक अपने वर्ग के प्रति अत्यधिक चेतन हैं। इनमें वर्गवाद बढ़ रहा है। प्रबन्धक वर्ग भी अपने वर्ग के प्रति अधिक जागरूक है। इस वर्ग चेतना अथवा वर्ग जागरूकता के कारण वर्ग दूरी भी क्रमशः विकसित हो रही है। इस वर्ग दूरी के बढ़ने के फलस्वरूप औद्योगिक झगड़े भी बढ़ रहे हैं।

औद्योगिक विवादों के उपचार
(Remedies of Industrial Disputes)

औद्योगिक झगड़ों से श्रमिकों को, उद्योग के मालिकों को तथा पूरे समाज एवं राष्ट्र को विभिन्न प्रकार के नुकसान होते हैं। इसलिये औद्योगिक झगड़ों को समाप्त करने का प्रयास करना चाहिये। औद्योगिक झगड़ों को समाप्त करने के लिये यह आवश्यक है कि उनके मुख्य कारणों को समाप्त कर दिया जाये। भारतीय औद्योगिक झगड़ों को समाप्त करने के लिये निम्नलिखित पद्धतियों को उपयोग में लाया जा सकता है—

(1) श्रमिक संघ (Trade Unions)—औद्योगिक झगड़ों को समाप्त करने के लिये श्रमिक-संघों को साधन बनाया जा सकता है। किसी भी उद्योग के मालिक अपने उद्योग के सभी श्रमिकों से प्रत्यक्ष सम्पर्क स्थापित नहीं कर सकते। ऐसी स्थिति में इन्हें श्रमिकों की वास्तविक दशा का ज्ञान नहीं होता। श्रमिक-संघों में श्रमिकों के प्रतिनिधि हुआ करते हैं। ये श्रमिक प्रतिनिधि श्रमिकों की परेशानियों की सही सूचना उद्योग के मालिकों तक ले जाते हैं। श्रमिक-प्रतिनिधियों और उद्योग के मालिकों के मध्य होने वाली बातचीत के द्वारा समस्याओं का हल निकाल लिया जाता है। इसके अतिरिक्त श्रमिक-संघों के संगठित होने पर उद्योगपतियों की नीतियों में भी अन्तर आ जाता है। इन्हें संगठित श्रम-संघ की शक्ति का भय होता है। ऐसे मालिकों द्वारा शोषण के अवसर कम आते हैं और इसीलिये औद्योगिक विवाद की नौबत भी कम आती है। औद्योगिक झगड़े श्रमिक-संघ के माध्यम से प्रायः सुलह-समझौते से ही समाप्त हो जाते हैं। भारत में समय-समय पर श्रमिक-संघों द्वारा औद्योगिक झगड़ों को निपटाया गया है। कुछ उद्योगों में मालिकों और श्रमिक-संघों के मध्य समझौते हो गये हैं और इन्हीं समझौतों के आधार पर औद्योगिक झगड़ों को समाप्त किया जाता है। अहमदाबाद की सूती-वस्त्र मिलों के मालिकों और श्रम-संघ के मध्य सन् 1955 में दो मुख्य समझौते हुए थे। इन समझौतों के अनुसार उद्योग के सभी झगड़ों को पारस्परिक बातचीत द्वारा सुलझाने का प्रयास करना आवश्यक है तथा श्रमिकों को आय का 4.8 प्रतिशत बोनस भी देना अनिवार्य

है। इसी प्रकार के औद्योगिक समझौते अन्य अनेक औद्योगिक संस्थानों में भी हो चुके हैं। इन समझौतों के फलस्वरूप औद्योगिक झगड़ों के अवसर कम हो जाते हैं।

(2) कार्य समितियाँ (Works Committee)—औद्योगिक झगड़ों पर रोक लगाने के लिये तथा झगड़ों को निपटाने के लिये उद्योगों में कार्य-समितियों (Works Committees) का गठन किया जाता है। इन समितियों उद्योग के मालिकों एवं श्रमिकों दोनों के प्रतिनिधि होते हैं। आजकल विश्व के अनेक देशों जैसे ब्रिटेन, अमेरिका, डेनमार्क, फ्रांस, इटली, जर्मनी, आस्ट्रेलिया तथा पोलैण्ड आदि देशों में इन कार्य-समितियों का विशेष प्रचलन है। इन समितियों के निम्नलिखित कार्य होते हैं—

(1) औद्योगिक श्रमिकों को अपने कार्य के प्रति गम्भीर एवं जिम्मेदार बनाना।

(2) मालिकों एवं श्रमिकों के मध्य सुलह-समझौते का वातावरण बनाना। ऐसी परिस्थितियों को टालने का प्रयास करना जिनसे हड़ताल या तालाबन्दी के अवसर आने की आशंका हो।

(3) छोटे-छोटे झगड़ों को सुलझाकर सहयोग एवं मित्रतापूर्ण सम्बन्धों को बनाये रखना।

(4) श्रमिकों के तथा उनके परिवारों के लिये स्वस्थ मनोरंजन की व्यवस्था करना। इसके अतिरिक्त चिकित्सा, सुरक्षा तथा अन्य कल्याणाकारी प्रश्नों पर समुचित ध्यान देना।

(5) उद्योग के उत्पादन की मात्रा में वृद्धि के प्रयास करना।

(6) श्रमिकों के सामान्य जीवन स्तर एवं कार्य करने की क्षमता को बढ़ाने का प्रयत्न करना।

(7) श्रमिकों के आपसी झगड़ों को सुलझाना तथा सहयोग एवं मित्रतापूर्ण सम्बन्ध स्थापित करना।

औद्योगिक कार्य-समितियों के कार्यों के उपरोक्त विवरण से स्पष्ट है कि इन समितियों के सुचारु रूप से कार्य करने पर सामान्य रूप से औद्योगिक झगड़ों की नौबत ही नहीं आती। आजकल भारत के विभिन्न औद्योगिक संस्थानों में इस प्रकार की कार्य-समितियाँ स्थापित हो चुकी हैं। जमशेदपुर के इस्पात कारखानों में ऐसी समितियाँ कल्याणकारी कार्य कर रही है। सन् 1947 में एक औद्योगिक विवाद अधिनियम (Industrial Dispute Act 1947) पास हुआ था। इस अधिनियम के अनुसार प्रत्येक औद्योगिक कार्य-समिति में श्रमिकों एवं मालिकों के प्रतिनिधियों की संख्या बराबर-बराबर होनी आवश्यक कर दी गयी थी। इसी अधिनियम के अन्तर्गत इन सब औद्योगिक संस्थानों के लिये ऐसी कार्य-समितियों की स्थापना अनिवार्य घोषित की गयी थी जिन उद्योगों में 100 या 100 से अधिक श्रमिक कार्य करते हों। ये कार्य-समितियाँ श्रमिकों और मालिकों के बीच मध्यस्थता का तथा सामूहिक सौदेबाजी का कार्य भी करती हैं। अब भारत में इस प्रकार की औद्योगिक कार्य-समितियों की संख्या बहुत ही अधिक हो गयी है और ये समितियाँ औद्योगिक शान्ति बनाये रखने में सहायक सिद्ध हो रही है।

(3) स्थायी आदेश (Standing Orders)—औद्योगिक झगड़ों को रोकने के लिये सरकार भी प्रयत्नशील रहती है। सरकार समय-समय पर स्थायी आदेश जारी किया करती है। इन आदेशें में श्रमिकों के कार्य के घण्टों, न्यूनतम वेतन, वेतन मिलने की तारीख, छँटनी के नियम, छुट्टियों आदि के स्पष्ट विवरण होते हैं। इन आदेशों को प्रत्येक उद्योग के मालिकों को मानना पड़ता है। इन आदेशों की शर्तों के विषय में समय-समय पर सरकार द्वारा सर्वेक्षणों का आयोजन करवाया जाता है।

औद्योगिक शन्ति बनाये रखने के उद्देश्य से औद्योगिक रोजगार (स्थायी आदेश) अधिनियम, 1946 पारित हुआ जिसके अन्तर्गत केन्द्रीय सरकार ने उन औद्योगिक संस्थानों के लिये आदर्श नियम तैयार किये। जहाँ 100 या उससे अधिक श्रमिक काम करते हैं। यह अधिनियम 1961 में संशोधित किया गया। यह उपयुक्त सरकार को इस बात का अधिकार देता है कि वह अधिनियम को उन संस्थानों पर भी लागू करे जहाँ 100 से कम कामगर काम करते हैं। 1963 में किये गये एक और संशोधन के अन्तर्गत उपयुक्त सरकार द्वारा तैयार किये गए आदर्श स्थायी आदेश उनके अन्तर्गत आने वाले तमाम औद्योगिक संस्थानों पर तब तक लागू रहेंगे जब तक कि औद्योगिक संस्थानों द्वारा बनाये गए स्थायी आदेश प्रमाणित नहीं किये जाते।

यह अधिनियम अब आन्ध्र प्रदेश, गुजरात, महाराष्ट्र तथा पश्चिम बंगाल के उन सब संस्थानों पर लागू होता है जहाँ 50 या उससे ज्यादा श्रमिक काम करते हैं। असम में यह उन संस्थानों पर भी (खानों, पत्थर की खानों, तेल के क्षेत्रों और रेलों को छोड़कर) लागू होता है जहाँ 10 या उससे ज्यादा श्रमिक काम करते हैं। तमिलनाडु में, वे सब कारखाने जो फैक्टरीज एक्ट 1948 के अन्तर्गत पंजीकृत हैं, इसके अन्तर्गत आ जाते हैं। उत्तर प्रदेश में यह अधिनियम उत्तर भारत मालिक संघ तथा उत्तर प्रदेश तेल मिल मालिक संघ के तमाम सदस्य संस्थानों, जल एंव विद्युत प्रदाय प्रतिष्ठानों, और काँच उद्योग तथा तेल मिलों (कारखानों के नाते पंजीकृत) से सम्बद्ध औद्योगिक संस्थानों, वस्त्र, इन्जीनियरी, छापाखानों, ओटाई, दाब, आटा, दाल तथा चावल मिलों और लाख उद्योगों से सम्बद्ध उन संस्थानों में जहाँ 50 से अधिक श्रमिक काम करते हैं एवं उन तमाम औद्योगिक संस्थानों पर, जिन्होंने स्वयं ही स्थायी आदेशों के लागू करने के लिये आवदेन-पत्र दिये हैं, लागू होता है।

अनुशासन संहिता

1958 में हुए भारतीय श्रम सम्मेलन में विकसित की गई अनुशासन संहिता को मालिकों और मजदूरों के सब केन्द्रीय संगठनों ने अपनाया है। इसके अलावा इसे उन 180 स्वतन्त्र मालिकों और 166 मजदूर संघों ने भी अपनाया जो किसी केन्द्रीय मालिक या मजदूर संगठन के सदस्य नहीं हैं। रक्षा मन्त्रालय, रेलों, गोदियों तथा बन्दरगाहों को छोड़कर यह संहिता उन सार्वजनिक प्रतिष्ठानों पर भी लागू होती है जो कम्पनियों तथा निगमों के रूप में काम कर रहे हैं। रक्षा उत्पादन विभाग ने भी अपने सार्वजनिक क्षेत्र के प्रतिष्ठानों में, जो कम्पनी और निगमों की तरह चलाये जाते हैं, परिवर्तनों के साथ लागू कर दिया गया है। कुछ संशोधनों के साथ वह संहिता बीमा उद्योग, स्टेट बैंक आफ इण्डिया तथा रिजर्व बैंक आफ इण्डिया पर

भी लागू कर दी गई है। भारतीय बैंक संघ तथा अखिल भारतीय बैंक कर्मचारी महासंघ भी संहिता का पालन करने के लिए सहमत हो गये हैं, यद्यपि इनकी यूनियनों की मान्यता की दिशा में अभी उन्हें समझौता करना बाकी है।

अनुशासन संहिता यह अपेक्षा करती है कि मालिक और मजदूर विवादों का निपटारा करने के लिये सीधी कार्यवाही का सहारा न लेकर वर्तमान व्यवस्था का उपयोग करेंगे। केन्द्र तथा राज्यों में स्थापित अमल संगठन, झगड़े निपटाने में मदद करते हैं। संहिता की भावना बनाये रखने के लिए मालिकों और मजदूरों के केन्द्रीय संगठनों ने (अखिल भारतीय ट्रेड यूनियन काँग्रेस को छोड़कर) और सार्वजनिक प्रतिष्ठानों ने अपने से सम्बद्ध सदस्यों को औद्योगिक ट्रिब्यूनलों या श्रम न्यायालयों के फैसले के खिलाफ उच्चतर न्यायालयों में अपील दायर करने से रोकने के लिए कमेटियाँ भी कायम की हैं जो मामलों की छानबीन करेंगी।

औद्योगिक विवाद अधिनियम 1947 ऐसा प्रमुख कानून है जिसमें औद्योगिक विवादों को हल करने की व्यवस्था है। इसके अतिरिक्त अनुशासन संहिता (1958) और औद्योगिक शांति प्रस्ताव (1962) से भी सुचारु औद्योगिक सम्बन्ध बनाये रखने में मदद मिलती है। 1974 में हड़तालों और तालाबन्दी के कारण 3,12,70,000 (अस्थायी) कार्य दिवसों की क्षति हुई, जबकि 1973 में यह संख्या 2,06,30,000 थी।

स्थायी आदेशों के उपरोक्त विवेचन से स्पष्ट है कि औद्योगिक शान्ति बनाने में इन आदेशों से पर्याप्त सहायता मिल सकती है। परन्तु इसमें एक कमी यह है कि बहुत से औद्योगिक संस्थान इन आदेशों का सही-सही पालन नहीं करते तथा अपने उद्योग के अनिवार्य विवरण सरकार तक नहीं पहुंचाते। परन्तु इस दिशा में सरकार दिन पर दिन सुधार करने के लिए नये-नये अध्यादेश जारी कर रही है।

औद्योगिक झगड़ों का निपटारा
(Settlement of Industrial Disputes)

औद्योगिक झगड़ों को रोकने के लिए सभी सम्भव पद्धतियाँ इस्तेमाल करने पर भी कहीं न कहीं औद्योगिक झगड़े उठ ही खड़े होते हैं। ऐसी स्थिति में झगड़ों को समाप्त करने के लिए तथा औद्योगिक शान्ति को बनाये रखने के लिए आवश्यक है कि औद्योगिक झगड़ों के शीघ्र निपटारे की समुचित व्यवस्था हो। औद्योगिक झगड़ों को शीघ्र समाप्त करने के लिए प्रायः निम्नलिखित पद्धतियों को लाभदायक पाया जाता है—

(1) जाँच-पड़ताल (Investigation)

(2) ऐच्छिक समझौता व पंच-निर्णय
(Voluntary Conciliation and Arbitration)

(3) अनिवार्य समझौता व पंच-निर्णय
(Compulsory Conciliation and Arbitration)

(4) मध्यस्थता (Mediation)

(1) जाँच-पड़ताल—औद्योगिक झगड़ों को समाप्त करने के लिए झगड़ों की पूरी जाँच पड़ताल करनी आवश्यक होती है। इस प्रकार की जाँच पड़ताल से समस्या की वास्तविकता

का पता चल जाता है और ज्ञात हो जाता है कि किस वर्ग का कितना दोष है। आमतौर पर औद्योगिक झगड़ों की जाँच-पड़ताल किसी विशेष बोर्ड द्वारा या सरकारी न्यायालय द्वारा होती है। ऐसी जाँच-पड़ताल या तो उस दशा में होती है जब उद्योग के किसी वर्ग द्वारा या दोनों वर्गों द्वारा इस जाँच-पड़ताल की माँग की जाती है या झगड़े की गम्भीरता एवं उससे होने वाली हानि को ध्यान में रखकर सरकार स्वयं ही ऐसी जाँच-पड़ताल का आयोजन कर देती है। इस प्रकार की जाँच-पड़ताल का मुख्य उद्देश्य औद्योगिक झगड़े के कारण ढूँढना तथा उन्हें सुलह-समझौते द्वारा समाप्त करना होता है। परन्तु व्यवहार में ऐसी जाँच-पड़ताल का प्रायः अधिक लाभ नहीं होता, क्योंकि इन जाँच-पड़तालों के निर्णय को कभी एक पक्ष स्वीकार नहीं करता और कभी दूसरा पक्ष अस्वीकार कर देता है।

(2) ऐच्छिक समझौता व पंच-निर्णय—औद्योगिक झगड़ों से प्रायः दोनों वर्गों को अर्थात् श्रमिक वर्ग तथा मालिक वर्ग को विभिन्न प्रकार के नुकसान उठाने पड़ते हैं। इसलिए वास्तव में ये दोनों वर्ग झगड़ों से बचना एवं उन्हें समाप्त करना चाहते हैं। औद्योगिक झगड़ों के निपटारे की विभिन्न पद्धतियों में से ऐच्छिक समझौता एवं पंच निर्णय भी एक मुख्य पद्धति है। ऐच्छिक समझौता एवं पंच निर्णय की पद्धति का चलन विश्व के सभी देशों में है।

ऐच्छिक समझौता झगड़ों को निपटाने वाली उस पद्धति को कहते हैं जिसके अन्तर्गत झगड़ा करने वाले दोनों पक्ष अपनी मर्जी से किसी तीसरे पक्ष या व्यक्ति के पास झगड़े के निपटारे के लिए जाते हैं। ऐसी स्थिति में झगड़े का निपटारा करवाने वाला तीसरा पक्ष झगड़ा करने वाले दोनों पक्षों की झगड़े से सम्बन्धित सब बातें सुनता-पूछता है। इसके बाद वह पूरी समस्या पर ध्यान से विचार करता है और झगड़े के समझौते के लिए विभिन्न विकल्प उपस्थित करता है। इन विकल्पों पर मिलकर विवाद किया जाता है और किसी अन्तिम निर्णय पर पहुंचने का प्रयास किया जाता है। यहाँ एक बात विशेष उल्लेखनीय है, वह यह कि ऐच्छिक समझौता पद्धति के अन्तर्गत यह आवश्यक नहीं होता कि झगड़ा करने वाले दोनों पक्षों को तीसरे पक्ष द्वारा प्रस्तुत किये गये निर्णय बाध्य होकर मानने पड़ें। यहाँ पर निर्णय को मानने की बात झगड़ा करने वालों की इच्छा एवं पसन्द पर निर्भर करती है। ऐच्छिक समझौता पद्धति के अन्तर्गत कानून अथवा सरकार द्वारा कोई बाध्यता नहीं होती।

ऐच्छिक समझौता पद्धति से भिन्न पंच-निर्णय पद्धति द्वारा भी औद्योगिक झगड़ों को निपटाने का प्रयास किया जाता है। पंच-निर्णय पद्धति के अन्तर्गत झगड़ा करने वालों की इच्छा से ही एक बाहरी व्यक्ति या पंच-पंचायत निर्धारित की जाती है। इस पंच-पंचायत का कार्य झगड़े का निष्पक्ष रूप से निपटारा करना होता है। परन्तु ऐच्छिक पंच निर्णय पद्धति ऐच्छिक समझौता पद्धति से थोड़ी भिन्न है। पंच-निर्णय पद्धति के अन्तर्गत समस्या को पंचों के सम्मुख प्रस्तुत करने के बाद दोनों वर्गों के लिए यह अनिवार्य होता है कि वे पंचों के निर्णय को अवश्य मानें। पंचों के निर्णय में बाध्यता होती है। इस पद्धति के अन्तर्गत सामान्य रूप से यह माना जाता है कि पंच-पंचायत के निर्णय निष्पक्ष एवं दोनों पक्षों के के लिए हितकर एवं लाभदायक होते हैं।

(3) अनिवार्य समझौता एवं पंच-निर्णय—औद्योगिक झगड़ों को समाप्त करने के लिए ऐच्छिक समझौता एवं पंच-निर्णय की पद्धति प्रायः अधिक लाभदायक सिद्ध नहीं हुआ

करती। इस पद्धति के अन्तर्गत किसी भी समय किसी भी पक्ष द्वारा किसी निर्णय को अस्वीकार कर देने की सम्भावना होती है। निर्णयों की इस अवहेलना की सम्भावना को समाप्त करने के लिए आजकल अनिवार्य समझौता एवं पंच-निर्णय की पद्धति को अधिक महत्त्व दिया जाता है। इस पद्धति के अन्तर्गत प्रत्येक औद्योगिक झगड़े की सूचना सरकार या सरकार द्वारा स्थापित बोर्ड की अनिवार्य रूप से देनी होती है। इस पद्धति का उद्देश्य यह है कि औद्योगिक झगड़ों के गम्भीर रूप धारण करने से पहले ही सरकार को हस्तक्षेप करने का अवसर मिल जाता है और स्थिति को अधिक बिगड़ने से बचा लिया जाता है। इस पद्धति के अन्तर्गत झगड़े का निर्णय सरकार द्वारा निश्चित बोर्ड द्वारा होता है और उस निर्णय को झगड़ा करने वाले दोनों पक्षों को ही मानना आवश्यक होता है।

औद्योगिक झगड़ों को निपटाने के लिये अनिवार्य समझौता एवं पंच-निर्णय पद्धति के विभिन्न लाभ हैं। सर्वप्रथम इस पद्धति के लागू होने पर औद्योगिक झगड़ों के अधिक बढ़ने एवं उग्र रूप धारण करने के अवसर कम हो जाते हैं। झगड़े के प्रारम्भ में ही सरकार द्वारा हस्तक्षेप किया जाता है। इस पद्धति का दूसरा लाभ यह है कि सरकारी बोर्ड द्वारा किये गये निर्णय को दोनों पक्षों को अनिवार्य रूप से मानने के लिए बाध्य होना पड़ता है। ऐच्छिक समझौता पद्धति के अन्तर्गत ऐसा नहीं होता। अनिवार्य समझौता पद्धति अपेक्षाकृत एक सरल पद्धति है। इस पद्धति के अन्तर्गत औद्योगिक झगड़ों के खड़े होने के बाद किसी पंच-पंचायत की नियुक्ति की आवश्यकता नहीं होती। सरकार द्वारा ऐसे न्यायकारी बोर्डों की स्थायी रूप से व्यवस्था रहती है। इससे झगड़ों का निर्णय कुछ शीघ्र हो जाने की भी आशा होती है।

उपरोक्त विवरण से अनिवार्य समझौता एवं पंच-निर्णय पद्धति के लाभ स्पष्ट होते हैं। परन्तु इन लाभों के अतिरिक्त इस पद्धति की विभिन्न हानियाँ भी हैं। सबसे मुख्य हानि तो यह है कि इस पद्धति से दोनों पक्षों की स्वतन्त्रता समाप्त हो जाती है। इसीलिए अमेरिकन श्रमिक संघ ने इस पद्धति की निन्दा की है, ''अमेरिका के श्रमिक कभी भी दासता को स्वीकार न करेंगे, न वे अपनी इच्छा के विरुद्ध किसी प्रकार का कार्य करेंगे। यह इनका स्पष्ट मत है कि अनिवार्य निणय व्यवस्था औद्योगिक शान्ति की स्थापना में सहायक नहीं हो सकती। यह औद्योगिक झगड़ों को और भी दीर्घकालीन बना देती है। यह सामूहिक सौदेबाजी का अन्त करके उसे मुकदमेबाजी में परिवर्तन कर देती है।''[1]

अनिवार्य समझौता एवं पंच-निर्णय पद्धति को नापसन्द करने के मुख्य कारण निम्नलिखित हैं–

(अ) सामान्यतया अनिवार्य समझौता पद्धति औद्योगिक झगड़ों को आवश्यकता से अधिक जटिल बना देती है और झगड़ों का समझौता होने में समय भी अधिक लगता है।

---

1. "The workers of America will never submit to slavery nor will they work against their will under conditions which are obnoxious to them. It is their considered opinion that compulsory arbitration does not promote industrial peace. It simply prolongs industrial disputes, it kills. collective bargain and replaces it with litigation."

—American Labour Organization

(ब) इस पद्धति के फलस्वरूप औद्योगिक संगठन को अनावश्यक रूप से सरकार पर निर्भर रहना पड़ता है। इससे इनके स्वशासन की व्यवस्था को ठेस पहुंचती है।

(स) इस पद्धति के द्वारा मालिकों और श्रमिक संघों को अपने झगड़ों को सुलझाने एवं अपने अधिकारों को प्राप्त करने के लिए सामूहिक प्रयास करने के अवसरों से वंचित कर दिया जाता है। इस पद्धति में मुकदमेबाजी का महत्त्व अधिक होता है।

(द) अनिवार्य समझौता पद्धति के अन्तर्गत श्रमिकों एवं मालिकों की व्यक्तिगत स्वतन्त्रता समाप्त हो जाती है।

(4) मध्यस्थता—यह पद्धति भी औद्योगिक झगड़ों को निपटाने में काफी हद तक सफल होती है। इस पद्धति के अन्तर्गत झगड़े से सम्बन्धित दोनों पक्ष पारस्परिक सहमति से एक बाहरी व्यक्ति या बोर्ड को मध्यस्थ के रूप में नियुक्त कर लेते हैं। ये मध्यस्थ प्रायः तीन प्रकार के हुआ करते हैं। आमतौर पर मध्यस्थ का पद किसी ऐसे व्यक्ति को सौंपा जाता है जो औद्योगिक झगड़ों के नियमों एवं समस्याओं से भली-भाँति परिचित हो। इस प्रकार के विशेषज्ञ व्यक्तियों के अतिरिक्त सरकारी और गैर-सरकारी बोर्ड भी मध्यस्थ की भूमिका निभा सकते हैं। ये मध्यस्थ औद्योगिक झगड़ों को बीच-बचाव की प्रणाली से निपटाने का प्रयास करते हैं। मध्यस्थ लोग स्वयं अपनी तरफ से न तो कोई निर्णय ही देते हैं और न ही कोई शर्त प्रस्तुत करते हैं। इसका मुख्य कार्य केवल विरोधी पक्षों की आपसी बातचीत करवाना होता है। मध्यस्थों के द्वारा विरोधी एवं झगड़ा करने वाले पक्षों को आपस में शान्ति से वाद-विवाद करने का अवसर प्राप्त होता है। इस पद्धति के अन्तर्गत झगड़ों का वास्तविक हल झगड़ा करने वालों के द्वारा ही खोजा जाता है। मध्यस्थ लोग केवल इस कार्य में सहायक की भूमिका निभाया करते हैं।

सरकारी प्रयास

राष्ट्रीय मध्यस्थता प्रोत्साहन बोर्ड

1967 में भारत सरकार ने औद्योगिक झगड़ों का स्वैच्छिक मध्यस्थता द्वारा फैसला करने को प्रोत्साहन देने की दृष्टि से एक राष्ट्रीय मध्यस्थता प्रोत्साहन बोर्ड स्थापित किया। इस बोर्ड में मालिकों और कर्मचारियों के संगठनों, सार्वजनिक प्रतिष्ठानों और केन्द्रीय तथा राज्य सरकारों के प्रतिनिधि होते हैं। 1972 में बोर्ड ने यह निश्चित किया कि जहाँ आपसी बातचीत और समझौते की कोशिशें असफल रही हों, वहाँ स्वैच्छिक मध्यस्थता से काम लिया जाये। बोर्ड ने मध्यस्थों का एक पेनल बनाया है। स्वैच्छिक मध्यस्थता से विवादों को हल करने के संशोधित आदर्श सिद्धान्त बनाये गये हैं तथा मध्यस्थों का मार्ग निर्दिष्ट करने के लिये सहायक नियम निर्धारित किये हैं। ऐसे बोर्ड उड़ीसा, पंजाब, उत्तर प्रदेश, पश्चिम बंगाल और पांडिचेरी को छोड़कर सभी राज्य सरकारों और संघ राज्यों के क्षेत्रों के प्रशासनों द्वारा स्थापित किये गए हैं।

अनुशासन संहिता के आधीन कर्मचारियों की दिन प्रतिदिन की शिकायतों को दूर करने के लिये कार्यवाही तय की गई है। इस संहिता में जो कार्यवाही बताई गई है, उसका हर उद्योग को पालन करना होता है। केन्द्रीय औद्योगिक सम्बन्ध तन्त्र प्रबन्धकों को केन्द्रीय प्रतिष्ठानों

में शिकायतें दूर करने की व्यवस्था स्थापित करने पर राजी कर रहा है। इस दिशा में हुई प्रगति की समीक्षा करने के लिए समय-समय पर ऐसे अध्ययन किये जाते हैं।

उन औद्योगिक संस्थानों में, जिनमें 100 या उससे अधिक श्रमिक काम करते हैं, मालिक मजदूर समितियाँ स्थापित की गई हैं। इन समितियों में मालिकों और कर्मचारियों के प्रतिनिधि होते हैं और कारखानों के स्तर पर ही बातचीत करने की व्यवस्था रहती है। 1974 के अन्त में केन्द्रीय क्षेत्र के 752 औद्योगिक संस्थानों में मालिक-मजदूर समितियाँ काम कर रही थीं।

संयुक्त प्रबन्ध परिषदें

संयुक्त प्रबन्ध परिषदें बनाने की योजना 1958 में स्वैच्छिक आधार पर शुरू की गई थी। इनका उद्देश्य प्रबन्ध में कर्मचारियों के निकट सहयोग को सुनिश्चित वैधानिक आधार देना था। 1974 के अन्त में सरकारी और निजी संस्थानों में ऐसी 80 परिषदें काम कर रही थीं। इन परिषदों का उद्देश्य यह है कि विभिन्न पक्षों में सद्भाव स्थापित किया जाए तथा एक दूसरे को बेहतर ढंग से समझाने, उत्पादन बढ़ाने और कर्मचारियों के लिये बेहतर कल्याण सुविधाएँ प्राप्त करने और उन्हें प्रबन्ध व्यवस्था में हाथ बँटाने का प्रशिक्षण देने की व्यवस्था की जाये। सारे राष्ट्रीयकृत बैंकों के बोर्डों में कुछ कर्मचारी निदेशकों का काम भी कर रहे हैं। दुकान तथा कारखाने के स्तर पर कर्मचारियों को भागीदार बनाने के कार्यक्रम का आरम्भ सरकार ने 31 अक्तूबर 1975 को एक प्रस्ताव से किया।

उद्योगों के प्रबन्ध में कर्मचारियों का प्रतिनिधित्व

केन्द्रीय सरकार ने कुछ सार्वजनिक प्रतिष्ठानों के प्रबन्धक बोर्डों में श्रमिकों के प्रतिनिधियों की नियुक्ति करने का निश्चय किया है। इससे इस योजना की सफलता परखी जायेगी। हिन्दुस्तान एंटीबायोटिक्स लि०, पिंपरी और राष्ट्रीयकृत बैंकों में एक श्रमिक निदेशक नियुक्त किया गया है।

समझौता और न्याय निर्णय

केन्द्रीय औद्योगिक सम्बन्ध संगठन, जिसे मुख्य श्रम आयुक्त का संगठन भी कहा जाता है, का काम औद्योगिक विवाद अधिनियम 1947 के अन्तर्गत औद्योगिक झगड़ों को रोकना, उनके बारे में जाँच-पड़ताल करना और उनको निपटाना है। यही संगठन केन्द्रीय सरकार के उद्योगों में भी कुछ श्रम कानूनों को लागू करने के लिये जिम्मेदार है।

जब औद्योगिक विवाद आपसी बातचीत के द्वारा तय नहीं होते तो समझौता करने वाला संगठन झगड़ा निपटाने की कोशिश करता है। जब सार्वजनिक उपयोग की सेवा में कोई औद्योगिक विवाद हो या होने की आशंका हो तो समझौता अधिकारी को समझौते की कार्यवाही करना अनिवार्य है। दूसरे औद्योगिक संस्थानों में यह कार्यवाही ऐच्छिक है।

औद्योगिक विवाद अधिनियम में औद्योगिक झगड़ों में ऐच्छिक या अनिवार्य रूप से समझौता कराने की व्यवस्था है। केन्द्रीय उद्योग क्षेत्र के विवादों को निपटाने के लिए 7 औद्योगिक न्यायाधिकरण एवं श्रम न्यायालय स्थापित किये गये हैं। इनमें से 3 धनबाद में, 2

बम्बई में एक-एक कलकत्ता और जबलपुर में है। राज्यों के अपने अलग न्यायाधिकरण और श्रम न्यायालय हैं। दिल्ली का औद्योगिक न्यायाधिकरण एवं श्रम न्यायालय, जो दिल्ली प्रशासन के अधीन हैं, केन्द्रीय क्षेत्र के भी कुछ मामलों को निबटाता है। जब कभी आवश्यकता होती है तो केन्द्रीय सरकार राष्ट्रीय न्यायाधिकरण भी नियुक्त करती है।

देश में औद्योगिक सम्बन्धों को सुधारने की दृष्टि से भारत सरकार ने 1966 में डा॰ पी॰ बी॰ गजेन्द्रगडकर की अध्यक्षता में एक राष्ट्रीय श्रम आयोग की नियुक्ति की। आयोग की रिपोर्ट 1969 में सरकार को पेश की गई। सरकार ने आयोग द्वारा दिये गये बहुत से सुझावों को मान लिया और उन पर आवश्यक कार्यवाही भी की है।

कामगारों की जबरी छुट्टी और छंटनी

आपातस्थिति की घोषणा के पश्चात् कर्मचारियों की परिहार्य कठिनाइयों को दूर करने के लिये और अधिक उत्पादन तथा उत्पादकता की गति को कायम रखने के लिये सरकार ने औद्योगिक विवाद अधिनियम, 1947 के अन्तर्गत संशोधन किये जिससे कर्मचारियों की जबरन छुट्टी और छंटनी को रोका जा सके। नये अधिनियम (जिसे औद्योगिक विवाद (संशोधन) अधिनियम 1976 कहा जाता है) के अन्तर्गत मालिकों के जबरी छुट्टी, छंटनी और बन्दी के अधिकार पर समुचित पाबन्दी लगा दी गई है। अब मालिक को बन्दी करने से पहले उपयुक्त सरकार से कम से कम तीन महीने का नोटिस देकर ऐसा करने की पूर्व अनुमति लेनी पड़ेगी और उस नोटिस में जबरी छुट्टी, छंटनी और उस औद्योगिक संस्थान को, जिसमें 300 या उससे अधिक कामगार नियुक्त हैं, बन्द करने के कारणों को साफ-साफ लिखना पड़ेगा। कामगारों के पुनर्वास को ध्यान में रखते हुए और आपूर्ति तथा समाज के जीवन के लिये आवश्यक सेवाओं को समुचित बनाये रखने के लिये अधिनियम में इस बात की भी व्यवस्था है कि उन उपक्रमों को फिर से चालू किया जाये जो बन्द हो चुके हैं, पर ये कारण मालिक की सामर्थ्य के बाहर अपरिहार्य परिस्थितियों के अतिरिक्त दूसरे कारण होने चाहियें। नये अधिनियम के अन्तर्गत किसी भी औद्योगिक संस्थान में नियुक्त किसी भी कामगार की, जिसकी, वहाँ पर अनवरत सेवा एक साल से कम न हो, तीन महीने के लिखित नोटिस (जिसमें उसकी छंटनी किये जाने के कारणों का उल्लेख होगा) के अभाव में छंटनी नहीं की जा सकती। वह छः महीने के अलावा अनवरत सेवा के प्रत्येक वर्ष के 15 दिनों के बराबर मुआवजे का भी हकदार होगा।

राष्ट्रीय श्रम संस्थान

राष्ट्रीय श्रम संस्थान की स्थापना 1 जुलाई 1974 को नई दिल्ली में हुई। यह संस्थान केन्द्र और राज्य स्तर पर श्रम सम्बन्धों का कार्य करने वालों को अपेक्षित तकनीकी जानकारी का आदान-प्रदान करेगा जो त्रिपक्षीय आधार पर होगा। इस संस्थान का ढाँचा ऐसा बनाया गया है जिससे श्रमिक मामलों से सम्बन्धित प्रमुख दलों का पूरा सहयोग प्राप्त हो सके। संस्थान शैक्षणिक, प्रशिक्षण, अनुसन्धान, परामर्श सेवाओं और प्रकाशनों से सम्बन्धित सभी गतिविधियों में सामंजस्य स्थापित करेगा।

अभ्यास के लिये प्रश्न

1. औद्योगिक झगड़ों के सुलझाने के विभिन्न तरीकों की विवेचना कीजिए। सामूहिक सौदेबाजी का इसमें क्या हाथ हो सकता है?
2. उद्योग के संचालन में भागीदारी का औद्योगिक शान्ति के लिये क्या महत्त्व है? वह समझाइये।
3. विवेचना कीजिये कि हड़तालें श्रमिकों का अन्तिम हथियार होना चाहिये।
4. औद्योगिक झगड़ों के सुलझाने के विभिन्न तरीकों की विवेचना कीजिये।
5. भारत में औद्योगिक झगड़ों के निपटारे के सरकारी प्रयासों का विवरण दीजिये।

27

उद्योग में श्रमिकों की भागीदारी
(Worker's Participation in Industry)

औद्योगिक क्षेत्र में श्रमिकों को महत्त्व देने का प्रचलन अभी अधिक पुराना नहीं है। प्रबन्ध में श्रमिकों की भागीदारी का इतिहास बहुत लम्बा नहीं है। प्रारम्भ में श्रमिकों को पूर्व-निश्चित एवं सीमित वेतन के अतिरिक्त कुछ भी नहीं दिया जाता था। तत्पश्चात् कहीं-कहीं अनियमित रूप से श्रमिकों को समय-समय पर थोड़ा बहुत धन इनाम के तौर पर देने का रिवाज हुआ। व्यवस्थित एवं नियमित रूप से उद्योग के लाभ का हिस्सा श्रमिकों को देने का रिवाज सर्वप्रथम सन् 1829 में इंगलैंड में प्रचलित हुआ। इसके बाद सन् 1842 में फ्रांस, तथा सन् 1870 में अमेरिका ने भी इस रिवाज को अपना लिया। इस परम्परा का फ्रांस के एक प्रसिद्ध अर्थशास्त्री श्री चार्ल्स गीड (Charles Gide) ने भारी समर्थन किया। उसके मतानुसार श्रमिकों को प्रत्येक उद्योग के लाभ, हानि, प्रशासन एवं नीति-निर्धारण में भी भागीदार बनाना चाहिए। इसके अतिरिक्त श्री फ्रीज नेफतली (Fritz Naphtali) ने भी सन् 1928 में श्रमिकों की भागीदारी का समर्थन किया। उसका कहना था कि राजनैतिक प्रजातन्त्र को सुदृढ़ एवं लाभदायक बनाने के लिए आर्थिक क्षेत्र में भी अपनाना आवश्यक है। इस प्रकार के विभिन्न विद्वानों के मतों से प्रभावित होकर विभिन्न पाश्चात्य देशों ने इस दिशा में कदम बढ़ाये और महायुद्धों के बाद इस दिशा में काफी प्रगति हुई। आज विभिन्न देशों में उद्योगों के प्रबन्ध में श्रमिकों को स्थान दिया जाता है।

प्रत्येक उद्योग को चलाने के लिए पूँजी एवं श्रम की आवश्यकता होती है। सामान्य रूप से किसी भी औद्योगिक संस्थान में पूँजी के मालिक और श्रम के मालिक भिन्न-भिन्न व्यक्ति होते हैं। प्राय: पूँजी के मालिक को उद्योग का मालिक माना जाता है और श्रम के मालिक को श्रमिक, तथा उद्योग के मालिक का नौकर माना जाता है। श्रम के मालिक पूँजी के मालिक के इशारों पर उसका बताया हुआ कार्य करते हैं। इस कार्य के बदले अर्थात् श्रम के बदले श्रमिकों को धन के रूप में पारिश्रमिक मिलता है। यह पारिश्रमिक श्रमिकों के श्रम की कीमत होता है। श्रमिकों के पास अपनी जीविका कमाने के लिए केवल श्रम ही एक मात्र साधन होता है। श्रमिकों की इस मजबूरी से पूँजी का मालिक सदैव लाभ उठाना चाहता

है। पूँजीपति समझता है कि वह जिस प्रकार उद्योग के लिए कच्चा माल, यन्त्र, मशीनें आदि खरीदता है उसी प्रकार श्रमिकों का श्रम भी खरीद सकता है। उद्योग का मालिक ऐसी स्थिति में कम से कम दामों में श्रमिकों का श्रम खरीदता है। उनके श्रम से वह स्वयं अधिक से अधिक लाभ कमाता है। जब पूँजीपति की यह शोषण की प्रवृत्ति उग्र रूप धारण कर लेती है तब औद्योगिक संघर्षों, हड़तालों और तालेबन्दी आदि के अवसर आने लगते हैं। इस प्रकार के औद्योगिक संघर्षों को समाप्त करने के लिए एक सुझाव यह रखा जात: है कि श्रमिकों को पूरे उद्योग के प्रबन्ध में भागीदार के रूप में स्वीकार किया जाये।

आधुनिक युग में औद्योगिक झगड़ों को कम करने के लिए तथा राष्ट्रीय औद्योगिक उत्पादन बढ़ाने के लिए औद्योगिक प्रबन्ध में श्रमिकों के स्थान की मांग बड़े जोर-शोर से की जा रही है।

श्रमिकों की भागीदारी का अर्थ

सामान्य रूप से किसी भी उद्योग में श्रमिकों का कार्य केवल निर्धारित कार्य करना होता है और उस कार्य के बदले में उन्हें निश्चित एवं सीमित धन मिल जाता है। इसके अतिरिक्त पूरी औद्योगिक व्यवस्था से श्रमिकों का कोई सम्बन्ध नहीं होता। उदाहरण के लिए यदि किसी श्रमिक का कार्य साइकिल का एक पेंच बनाना है तो उस दशा में उस श्रमिक को न तो साइकिल के अन्य हिस्से-पुर्जों के निर्माण से कोई सरोकार होता है और न ही साइकिलों की बिक्री, लाभ या किसी अन्य बात से ही कोई सम्बन्ध होता है। उद्योग से सम्बन्धित विभिन्न नीतियों का निर्धारण प्राय: उद्योग के मालिकों एवं उच्च अधिकारियों जैसे डायरेक्टर या मैनेजर द्वारा होता है। ऐसी दशा में कार्य करने से श्रमिकों में क्रमश: हीन भावना घर कर जाती है। इन्हें लगता है कि इनका शोषण हो रहा है। इनके खून पसीने पर उद्योग का मालिक ऐश कर रहा है। श्रमिकों की ऐसी मनोवृत्ति हो जाने पर क्रमश: उनका कार्य करने का उत्साह समाप्त होने लगता है और उद्योग का उत्पादन कम होने लगता है।

इस स्थिति से बचने के लिए सोचा गया है कि उद्योग के प्रबन्ध में श्रमिकों को भी भागीदार बनाया जाये। श्रमिकों की भागीदारी का अर्थ यह है कि पूरे उद्योग में उनका निश्चित हिस्सा हो। उद्योग की व्यवस्था एवं प्रबन्ध में उनका हाथ हो। श्रमिकों की राय से ही औद्योगिक नीतियों का निधारण हो। भागीदारी की दशा में उत्पादन के प्रकार के विषय में भी श्रमिकों की राय लेनी आवयक होती है। इस प्रकार से सहयोग के अतिरिक्त भागीदारी के अन्तर्गत श्रमिकों को उद्योग से प्राप्त होने वाले लाभ को प्राप्त करने का हकदार माना जाता है। इस प्रकार की व्यवस्था में यह माना जाता है कि उद्योग की स्थापना में मालिक धन के रूप में पूँजी लगाता है और श्रमिक अपने श्रम की पूँजी उद्योग में लगाता है। अत: दोनों ही प्राप्त होने वाले लाभ के हकदार हैं। जब श्रमिकों को लाभ में से एक भाग मिलने की आशा होती है तो वे साहस एवं लगन से कार्य करते हैं। इससे उत्पादन की मात्रा एवं प्रकार में प्रगति होती है। कम समय में अधिक कार्य होने लगता है।

श्रमिकों की भागीदारी का उद्देश्य
(Aims of Worker's Participation)

उपरोक्त विवेचन से प्रबन्ध में श्रमिकों की भागीदारी का अर्थ स्पष्ट हो जाता है। अब प्रश्न उठता है कि औद्योगिक प्रबन्ध में श्रमिकों की भागीदारी क्यों आवश्यक है? अर्थात् श्रमिकों की भागीदारी का उद्देश्य क्या है? श्रमिकों की भागीदारी के कई उद्देश्य हैं। इन उद्देश्यों को मुख्य रूप से आर्थिक और सामाजिक उद्देश्य के वर्गों में बांटा जाता है। इन उद्देश्यों का संक्षिप्त विवरण निम्नलिखित हैं—

(1) आर्थिक उद्देश्य (Economic Aim)—औद्योगिक सफलता के लिए आवश्यक है कि कम से कम समय में, कम से कम श्रमिकों द्वारा अधिक से अधिक उत्पादन किया जाये। दूसरी आवश्यक बात है औद्योगिक शान्ति एवं व्यवस्था। ये दोनों बातें श्रमिकों पर निर्भर करती हैं। यदि श्रमिक वर्ग पूर्णरूप से सन्तुष्ट हो तो अनिवार्य रूप से उद्योग का उत्पादन भी बढ़ता है और उद्योग की शान्ति एवं व्यवस्था भी बनी रहती है। श्रमिकों को सन्तुष्ट करने के लिए आवश्यक है कि उन्हें पूरे उद्योग में महत्त्वपूर्ण स्थान दिया जाये। जब तक श्रमिकों को गिरी हुई नजरों से देखा जाता है और उन्हें प्रबन्धकों की अपेक्षा हीन एवं निम्न समझा जाता है तब तक वे सन्तुष्ट नहीं हो सकते। मनोवैज्ञानिक दृष्टि से यह सिद्ध हो चुका है कि यदि किसी व्यक्ति से अतिरिक्त कार्य करवाना हो तो उसे उस कार्य का दायित्व सौंपना आवश्यक है। यही तथ्य उद्योगों के श्रमिकों के विषय में लागू होता है। श्रमिकों से उत्पादन बढ़वाने के लिए उन्हें उद्योग के प्रबन्ध में भागीदार बनाना आवश्यक है।

(2) सामाजिक उद्देश्य (Social Aim)—यह सत्य है कि औद्योगिक संगठन का उद्देश्य अधिक से अधिक उत्पादन द्वारा अधिक से अधिक लाभ कमाना है, परन्तु इसके साथ-साथ यह भी सत्य है कि औद्योगिक संगठन भी एक सामाजिक संगठन है। यह सामाजिक संगठन भी मनुष्यों की सदस्यता द्वारा ही संगठित होता है। उद्योग के श्रमिक भी इस संगठन के सदस्य होते हैं श्रमिक भी सामाजिक प्राणी हैं। सामाजिक प्राणी होने के नाते उन्हें भी सामाजिक सम्मान की आवश्यकता है। औद्योगिक संगठन में भी इन सामाजिक सदस्यों के लिए सम्मान का स्थान होना आवश्यक है। प्रत्येक मनुष्य की यह स्वाभाविक इच्छा होती है कि उसके आत्म सम्मान की कद्र की जाये। औद्योगिक संगठन में भी श्रमिकों की इस इच्छा को पूरा करना आवश्यक है। इस इच्छा की पूर्ति के लिए आवश्यक है कि श्रमिकों को उद्योग के प्रबन्ध में भागीदार बनाया जाये। सामाजिक न्याय भी श्रमिकों को उद्योग के प्रबन्ध में भागीदार बनाने की प्रेरणा देता है। यह तथ्य प्रजातान्त्रिक दृष्टिकोण से भी आवश्यक प्रतीत होता है। मनुष्य-मनुष्य में समानता के आधार पर भी उद्योगों में श्रमिकों की भागीदारी आवश्यक प्रतीत होती है।

श्रमिकों की भागीदारी से लाभ
(Advantages of Worker's Participation)

उपरोक्त विवरण से स्पष्ट है कि उद्योग के प्रबन्ध में श्रमिकों की भागीदारी से अनेक लाभ हैं। श्रमिकों की भागीदारी से वास्तव में श्रमिकों को, उद्योग के मालिकों को और पूरे राष्ट्र को लाभ होता है। मुख्य लाभ अग्रलिखित हैं—

(1) उत्पादन में वृद्धि (Increase in Production)—उद्योग के प्रबन्ध में श्रमिकों को भागीदार बनाने से उद्योग का उत्पादन बढ़ जाता है। इसका मुख्य कारण यह है कि इस दशा में सभी श्रमिक उद्योग के सब कार्यों को अपना निजी कार्य समझकर करते हैं। इस प्रकार की लगन से एक तो कार्य अच्छा होता है दूसरे कार्य अधिक भी होता है। इस प्रकार उद्योगों में उत्पादन के बढ़ने से पूरे राष्ट्र को लाभ होता है। तैयार वस्तुओं के निर्यात से देश को विदेशी मुद्रा प्राप्त होती है और देश समृद्ध होता है।

(2) वर्ग-संघर्षों का अन्त (End of Class Struggles)—प्रायः साधारणतया प्रत्येक औद्योगिक समाज में विभिन्न वर्ग बन जाते हैं। इन वर्गों का आधार उद्योगों में सम्बन्धित व्यक्तियों का स्थान या पद होता है। आमतौर पर श्रमिक वर्ग और प्रबन्धक वर्ग सदा अलग-अलग होते हैं। इन वर्गों में बहुत अधिक सामाजिक दूरी होती है। इस सामाजिक दूरी के कारण प्रायः समाज में वर्ग-संघर्ष चला करते हैं। विभिन्न वर्ग अन्य वर्गों के विरुद्ध रहा करते हैं। इस सब से सामाजिक ढांचा खराब हो जाता है और कभी-कभी सामाजिक विघटन के अवसर भी आ जाया करते हैं। इस समस्या के समाधान के लिए आवश्यक है कि सामाजिक वर्गों को या तो समाप्त ही कर दिया जाये अथवा विभिन्न वर्गों के बीच की सामाजिक दूरी को कम किया जाये। सामाजिक दूरी को कम करने के लिए आवश्यक है कि श्रमिकों एवं प्रबन्धकों के मध्य के अन्तर को कम किया जाये। इस अन्तर को कम करने के लिये श्रमिकों को औद्योगिक प्रबन्ध में भागीदार बनाना आवश्यक है। इस प्रकार स्पष्ट है कि वर्ग संघर्षों को समाप्त करने के लिए औद्योगिक श्रमिकों को उद्योग के प्रबन्ध में स्थान देना होगा।

(3) औद्योगिक झगड़ों का अन्त (End of Industrial Disputes)—साधारण दशाओं में औद्योगिक संस्थानों में श्रमिकों और मालिकों तथा प्रबन्धकों के अलग-अलग वर्ग हुआ करते हैं। इस दशा में प्रत्येक वर्ग के लोग अपना हित ढूँढते हैं। वे अन्य वर्ग के प्रति घृणा का दृष्टिकोण रखते हैं। मालिक वर्ग श्रमिकों को निकम्मा कहते हैं और कम से कम वेतन देते हैं। श्रमिक वर्ग मालिकों को शोषक वर्ग कहकर बदनाम करता है। इस प्रकार की घृणा के फलस्वरूप विभिन्न वर्गों में समय-समय पर तरह-तरह के झगड़े होते रहते हैं। श्रमिक वर्ग वेतन बढ़ाने के लिए तथा कार्य दशायें सुधारने के लिए हड़ताल करता है। इसके विपरीत मालिक वर्ग समय-समय पर श्रमिकों को परेशान करने के लिये तालाबन्दी कर दिया करता है। इस प्रकार की संघर्षात्मक घटनाओं से श्रमिकों, मालिकों तथा पूरे राष्ट्र को बहुत ही हानि होती है। इस राष्ट्रीय नुकसान से बचने के लिए आवश्यक है कि औद्योगिक झगड़ों को समाप्त किया जाये और यह झगड़े केवल तभी समाप्त हो सकते हैं जबकि श्रमिकों की औद्योगिक प्रबन्ध में भागीदारी हो। यदि श्रमिकों की भी उद्योग में भागीदारी होगी तब न तो उनका शोषण होगा और न ही वे कामचोर तथा निकम्मे ही होंगे।

(4) समाज कल्याण (Social Welfare)—भारतीय जनता का एक बहुत बड़ा भाग औद्योगिक श्रमिक है। इस श्रमिक वर्ग की आर्थिक एवं सामाजिक दशा बहुत ही गिरी हुई है। आज के युग में सब कहीं निम्न वर्गों के सुधार एवं जनकल्याण की योजना बनायी जा रही है तथा तरह-तरह के अभियान चलाये जा रहे हैं। इस प्रकार की योजनाओं को सफल

बनाने के लिए आवश्यक है कि श्रमिकों को उद्योग के प्रबन्ध में भागीदार बनाया जाये। इस प्रकार की भागीदारी से श्रमिकों के आर्थिक एवं सामाजिक दोनों स्तर उठते हैं, और समाज का कल्याण होता है।

भारत में श्रमिकों की भागीदारी
(Worker's Participation in India)

औद्योगिक प्रबन्ध में श्रमिकों की भागीदारी का भारत में प्रचलन महात्मा गाँधी के प्रयास से हुआ है। महात्मा गांधी का कहना था कि समाज में जो धनी लोग हैं, उनके पास जो अतिरिक्त धन है, उस धन के वे यथार्थ में मालिक नहीं हैं, बल्कि वास्तव में वह धन उनके पास समाज की धरोहर के रूप में रखा हुआ है। धनी लोगों का कर्त्तव्य है कि वे इस धन को समाज के कल्याण में खर्च करें। गाँधी जी का कहना था कि, "हिंसात्मक ढंगों के द्वारा न तो हम पूँजीपतियों को नष्ट करना चाहते हैं और न ही पूंजीवाद को। हम पूँजीपतियों को निमन्त्रण देते हैं कि वे अपने को उन लोगों का संरक्षक मानें जिसके परिश्रम पर वे अपनी पूँजी को बनाने, कायम रखने तथा उसे बढ़ाने के लिए आश्रित हैं।" गाँधी जी ने तरह-तरह के तर्कों के आधार पर श्रमिकों के प्रबन्ध में महत्त्व का प्रतिपादन किया था।

भारत में औद्योगिक प्रबन्ध में श्रमिकों को सबसे पहले सन् 1938 में दिल्ली क्लाथ एण्ड जनरल मिल्स (D.C.M.) ने स्थान दिया था। डी० सी० एम० के मालिकों ने अपने उद्योग के बोर्ड आफ डायरेक्टर्स में श्रमिकों के एक-आध प्रतिनिधि को स्थान देना प्रारम्भ किया था। इसके बाद बहुत दिन तक इस दिशा में कोई प्रगति नहीं हुई। सन् 1947 में भारतीय सरकार ने औद्योगिक विवाद अधिनियम पास किया। इस नियम के अन्तर्गत सभी औद्योगिक झगड़ों को निबटाने के लिए प्रत्येक समिति में मालिकों के साथ-साथ श्रमिकों के प्रतिनिधियों की सदस्यता भी होनी अनिवार्य थी। परन्तु इस बात को कोई विशेष महत्त्वपूर्ण बात नहीं माना जा सकता।

औद्योगिक प्रबन्ध में श्रमिकों की भागीदारी के विषय पर व्यवस्थित रूप से द्वितीय पंचवर्षीय योजना के दौरान ध्यान दिया गया। इसके अन्तर्गत समाजवादी समाज की स्थापना के लिए पूरे समाज के प्रति समता का दृष्टिकोण एवं निम्न वर्गों के कल्याण की बात कही गई। इसी लक्ष्य की पूर्ति के लिये औद्योगिक संस्थानों में प्रबन्ध-परिषदों की स्थापना का सुझाव दिया गया। इन परिषदों में अन्य विशेषज्ञों, मालिकों तथा मैनेजरों के अतिरिक्त श्रमिकों के प्रतिनिधि भी होने आवश्यक थे। इस योजना को सफल बनाने के लिये विदेशी औद्योगिक व्यवस्था का अध्ययन करना आवश्यक था। अत: कुछ भारतीय विशेषज्ञों को इस कार्य के लिये स्वीडन, फ्रांस, जर्मनी तथा बेलजियम आदि देशों में भेजा गया। इन विशेषज्ञों ने वहाँ की औद्योगिक व्यवस्था के अध्ययन के फलस्वरूप जो निष्कर्ष निकाले वे इस प्रकार थे–प्रत्येक उद्योग में श्रमिकों को महत्त्वपूर्ण स्थान देना चाहिए। उद्योग के प्रबन्ध में श्रमिकों की भी भागीदारी होनी चाहिए। श्रमिकों के चुने हुए प्रतिनिधियों को औद्योगिक प्रबन्ध का प्रशिक्षण भी देना आवश्यक है। इसी विशेषज्ञ दल ने साथ ही साथ उद्योगों, कार्यदशाओं आदि को भी सुधारने का सुझाव दिया जिससे कि औद्योगिक झगड़े एवं संघर्ष कम हो जायें।

इन सब सुझावों पर व्यवस्थित रूप से विचार करने के लिए भारत की सरकार ने सन् 1958 में नई दिल्ली में एक विचार-गोष्ठी का आयोजन किया था। इसी गोष्ठी ने निम्नलिखित निष्कर्ष प्रकाशित किये थे—(अ) उद्योग के प्रबन्ध के लिये जो समितियां बनायी जायें उनमें मालिकों और श्रमिकों दोनों के प्रतिनिधि होने आवश्यक हैं और साधारणतया दोनों वर्गों के प्रतिनिधियों की संख्या बराबर होनी चाहिये। समिति के सदस्यों की कुल संख्या 6 से लेकर 12 तक हो सकती है। (ब) औद्योगिक समस्याओं के विषय में सब निर्णय सर्वसम्मति से होने चाहियें। (स) औद्योगिक संस्थानों में श्रमिक-संघ होने चाहियें। श्रमिक संघों के कार्यकर्त्ता वास्तविक श्रमिक ही होने चाहियें। आवश्यकता पड़ने पर संघ में हद से हद 25 प्रतिशत गैर-श्रमिक सदस्य भी हो सकते हैं। इसी विषय पर पुनः 8 व 9 मार्च सन् 1960 को नई-दिल्ली ही में एक अन्य विचार-गोष्ठी का आयोजन किया गया। इस गोष्ठी के सुझावों से प्रभावित होकर सरकार ने श्रम एवं रोजगार मन्त्रालय में एक नये विभाग की स्थापना कर दी। तृतीय पंचवर्षीय योजना में औद्योगिक प्रबन्ध में श्रमिकों की अनिवार्य भागीदारी को और भी प्रोत्साहित किया गया।

सरकारी प्रोत्साहन एवं श्रमिकों तथा मालिकों के प्रयास से अब भारत में विभिन्न औद्योगिक संस्थानों के प्रबन्ध में श्रमिकों को स्थान मिलने लगा है। इस प्रकार के मुख्य औद्योगिक संस्थानों के नाम इस प्रकार हैं—हिन्दुस्तान मशीन टूल्स प्राइवेट लिमिटेड, जल्लाहल्ली (बंगलौर), केरल स्टेट ट्रान्सपोर्ट डिपार्टमेन्ट, त्रिवेन्द्रम पंजाब राजकीय प्रेस चण्डीगढ़, हिन्दुस्तान इण्सेक्टीसाइड्स प्राइवेट लिमिटेड नई दिल्ली, ग्वालियर लेदर, टेनरी तथा टेण्ट फैक्ट्री मोरार (ग्वालियर), नहान फाउण्ड्री, राजकीय सीमेंट फैक्ट्री चुर्क (उतर-प्रदेश) आदि। इन सब औद्योगिक संस्थानों के औद्योगिक प्रबन्ध में श्रमिकों का निश्चित स्थान है।

न्यूनतम मजदूरी अधिनियम

न्यूनतम मजदूरी अधिनियम, 1948 के अन्तर्गत सरकार विशिष्ट धन्धों में कार्य कर रहे कर्मचारियों की न्यूनतम मजदूरी निश्चित कर सकती है। इस अधिनियम में उपयुक्त समय-अंतरों के बाद जो 5 वर्ष से अधिक नहीं होना चाहिये, पूर्वनिर्धारित न्यूनतम मजदूरी की समीक्षा एवं संशोधन का प्रावधान है। जुलाई, 1980 में हुए श्रम मंत्रियों के सम्मेलन ने यह सिफारिश की थी कि अधिकाधिक दो वर्ष के अन्तराल पर या उपभोक्ता मूल्य सूचकांक के 50 अंक बढ़ने पर, दोनों में से जो भी पूर्व हो, न्यूनतम वेतन में संशोधन किया जाए।

श्रमजीवी पत्रकार अधिनियम

समाचार पत्रों के संगठनों में काम कर रहे व्यक्तियों तथा श्रमजीवी पत्रकारों की सेवा शर्तों को नियमित करने के लिये 1955 में श्रमजीवी पत्रकार तथा अन्य कर्मचारी (सेवा पूर्ति का नियमन) तथा अन्य सुविधाएं अधिनियम बनाया गया। इस अधिनियम को एक विशिष्ट धारा द्वारा औद्योगिक विवाद अधिनियम की धाराओं को कुछ संशोधित करके श्रमजीवी पत्रकारों पर लागू किया गया। 26 जुलाई, 1981 को अधिनियम में अध्यादेश द्वारा संशोधन करके "श्रमजीवी पत्रकार" शब्द की परिभाषा में प्रवर्द्धन करके अंशकालिक संवाददाताओं

को शामिल करना और समाचार पत्र संस्थानों द्वारा समाचार पत्र कर्मचारियों (अंशकालिक संवाददाताओं सहित) की बर्खास्तगी/सेवामुक्ति/छंटनी की रोकथाम करना है।

13 अगस्त, 1980 अर्थात् जिस दिन ट्रिब्यूनल ने अपनी सिफारिशें प्रस्तुत कीं, से संशोधन को पूर्व व्याप्ति दी गई। अध्यादेश को तदन्तर अधिनियम में परिवर्तित किया जिसे 18 सितम्बर, 1981 को राष्ट्रपति की सहमति प्राप्त हुई।

पालेकर न्यायाधिकरण

सरकार ने श्रमजीवी पत्रकारों के समाचारपत्रों के संगठनों में काम कर रहे अन्य कर्मचारियों के वेतन भत्तों को निर्धारित करने के लिये श्रमजीवी पत्रकार व अन्य कर्मचारी (सेवा-पूर्ति का नियमन) तथा अन्य सुविधाएं अधिनियम, 1955 के अन्तर्गत सर्वोच्च न्यायालय के अवकाश-प्राप्त न्यायाधीश श्री डी० वी० पालेकर की अध्यक्षता में फरवरी, 1979 में एक न्यायाधिकरण की स्थापना की थी। न्यायाधिकरण ने 13 अगस्त, 1980 को अपनी सिफारिशें सरकार को दे दी थीं।

सरकार ने मंहगाई भत्ता संबंधी सिफारिश को छोड़ अन्य सभी सिफारिशों को मान लिया है। इसमें कुछ संशोधन करके आदेश जारी कर दिए गए हैं जो प्रकाशित हो चुके हैं। न्यायाधिकरण द्वारा निर्दिष्ट फार्मूले के अनुसार सरकार ने मंहगाई भत्ते में सभी संबंद्ध व्यक्तियों के विचार जानने के पश्चात् संशोधन किया है। संशोधित महंगाई भत्ते की दरों सम्बन्धी आदेश 20 जुलाई, 1981 को प्रकाशित हो चुके हैं।

सिफारिशों के लागू करने से सम्बन्धित समस्याओं को देखने के लिए मंत्रियों की कमेटी नियुक्त की गई है। कमेटी ने कई बैठकें कीं तथा संबन्धित संस्थाओं को आवश्यक निर्देश दिए। अब इस कमेटी का स्थान एक त्रिपक्षीय कमेटी ने लिया है। राज्य स्तर पर ऐसी ही त्रिपक्षीय कमेटी स्थापित करने के लिये राज्य सरकारों से अनुरोध किया है।

ठेका मजदूरी

ठेका मजदूर (नियमन तथा उन्मूलन) अधिनियम, 1970 जो फरवरी, 1971 से समूचे भारत में लागू किया गया, कुछ संस्थानों में ठेका मजदूर व्यवस्था का नियमन करता है तथा कुछ परिस्थितियों में उसका उन्मूलन मजदूरी की अदायगी न होने पर उसके लिए मुख्य मालिक को जिम्मेदार भी ठहराया जाता है।

समान पारिश्रमिक

सवैधानिक प्रावधानों को क्रियान्वित करने के उद्देश्य के अतिरिक्त अन्तर्राष्ट्रीय श्रम संगठन के अभिसमय सं० 100 के प्रवर्तन को सुनिश्चित करने के लिये 1975 का समान पारिश्रमिक अध्यादेश 26 सितम्बर, 1975 को प्रख्यापित हुआ था। यह अध्यादेश समान पारिश्रमिक अधिनियम, 1976 में परिवर्तित हुआ। इस अधिनियम के अन्तर्गत एक ही या एक जैसे कार्य के लिये स्त्री और पुरुष कर्मचारियों को समान वेतन या पारिश्रमिक के भुगतान की व्यवस्था है। इससे नौकरियों में या तत्संबद्ध मामलों में औरतों के खिलाफ लिंग के आधार पर किए जाने वाले भेदभाव पर अंकुश लगा है।

यह अधिनियम अब तक कई क्षेत्रों में, जैसे बागानों (1951 के बागान मजदूर अधिनियम के अन्तर्गत आने वाले) स्थानीय स्वायत्त संस्थाओं, केन्द्रीय और राज्य सरकारों, बैकों, शिक्षण-संस्थाओं, खानों, अस्पतालों, होटलों तथा रेस्तराओं, वस्त्र निर्माण तथा वस्त्र उत्पाद उद्योगों, थोक तथा खुदरा व्यापार, निर्माण, कृषि तथा वायु-यातायात उद्योग पर लागू किया जा चुका है। इसके अन्तर्गत सामुदायिक, सामाजिक और वैयक्तिक सेवायें भी आ गयी हैं।

बन्धुआ मजदूर

बन्धुआ मजदूरी प्रथा उन्मूलन कानून, 1976 के अन्तर्गत 25 अक्टूबर, 1975 से सारे देश में बन्धुआ मजदूरी की प्रथा समाप्त की दी गई। यह कानून लागू होने पर सभी बन्धुआ मजदूर हर तरह की बन्धुआ मजदूरी के दायित्व से मुक्त हो गये और उनके कर्जों को माफ कर दिया गया। मुक्त कराये गये बन्धुआ मजदूरों का पुनर्वास बीस सूत्री कार्यक्रम का अंग है।

इस कानून को सम्बद्ध राज्य सरकारें लागू कर रही है। ग्यारह राज्यों में बन्धुआ मजदूरी की प्रथा के प्रचलन की सूचना मिली है। ये राज्य हैं : आन्ध्र प्रदेश, बिहार, गुजरात, कर्नाटक, केरल, मध्य प्रदेश, महाराष्ट्र, उड़ीसा, राजस्थान, तलिमनाडु और उत्तर प्रदेश। फरवरी 1984 तक 1,62,637 बन्धुआ मजदूरों का पता लगाकर उन्हें मुक्त करा दिया गया था। इनमें से 1,23,194 बन्धुआ मजदूरों को या तो केन्द्र समर्पित योजना या राज्य सरकारों की योजनाओं के अन्तर्गत फिर से बसा दिया गया था।

श्रम मंत्रालय द्वारा योजनाओं का क्रियान्वयन लगातार संचालित और पुनरावलोकित किया जा रहा है।

बोनस

कर्मचारियों से सम्बन्धित लाभ में बंटवारे का अधिकार बोनस का भुगतान अधिनियम, 1965 में निश्चित किया गया है। बोनस का भुगतान (द्वितीय संशोधन) अधिनियम 1980 के अनुसार अधिनियम में कम से कम बोनस 8.33 प्रतिशत या 100 रुपये, जो अधिक हो देने की व्यवस्था है। चाहे इसके लिये विनिहित की बचत की व्यवस्था उपलब्ध हो या नहीं। वार्षिक मजदूरी का अधिकतम बोनस 20 प्रतिशत एक निश्चित फार्मूले के अनुसार ही भुगतान योग्य है। बोनस का भुगतान विनिहित बचत के स्थान पर उत्पादन/उत्पादकता से जुड़े हुए एक अन्य फार्मूले के अनुसार नियोजन एवं मजदूरों के बीच आपसी समझौते के द्वारा किया जा सकता है। भुगतान में अपनाई जाने वाली कोई भी अन्य पद्धति नियम के विरुद्ध होगी। यह अधिनियम सार्वजनिक क्षेत्र के उपक्रमों पर लागू नहीं होता सिवाय उनके जो निजी क्षेत्र के उपक्रमों के साथ प्रतियोगिता कर रहे हों। यह अधिनियम लाभ के लिये काम न करने वाले संस्थानों जैसे—भारतीय रिजर्व बैंक, भारतीय जीवन बीमा निगम और विभागीय उपक्रम आदि पर भी लागू नहीं होता यद्यपि यह सभी बैंकों पर लागू होता है।

बोनस भुगतान अधिनियम, 1965 की धारा 32 (iv) के अनुसार केन्द्रीय सरकार या राज्य सरकारों के किसी विभाग तथा स्थानीय प्राधिकरण द्वारा प्रबंधित उद्योगों में लगे हुए कर्मचारी इस भुगतान के अन्तर्गत नहीं आते। यद्यपि रेल, डाकतार और कुछ रक्षा संस्थानों तथा इसी प्रकार के अन्य संस्थानों के कर्मचारियों को उत्पादन सम्बन्धी बोनस देने का फैसला किया गया। रेल, डाक और तार विभाग के कर्मचारियों को भुगतान किया जा चुका है परन्तु अन्य विभागों के कर्मचारियों के लिये एक योजना विचाराधीन है।

व्यावसायिक मजदूरी सर्वेक्षण

देश में तैयार माल बनाने वाले, खनन तथा बागान उद्योगों में मजदूरी की दरों से संबन्धित आंकड़ों के संकलन के लिए श्रम ब्यूरो समय-समय पर व्यावसायिक मजदूरी सर्वेक्षण करता है। इस प्रकार का पहला और दूसरा सर्वेक्षण (दोनों में 44 उद्योग शामिल किये गये हैं) क्रमशः 1958-59 और 1963-65 में किये गये तीसरे सर्वेक्षण में 81 उद्योग शामिल किये गये जिनमें वे 44 उद्योग भी शामिल थे जिनका पहले सर्वेक्षण हो चुका था। इसका काम 1974 से 1979 के बीच चार चरणों में पूरा हुआ। 81 उद्योगों में महंगाई भत्ते तथा बोनस पर प्राथमिकता के आधार पर पुस्तिका (ब्रोशर) जारी की गई। जहाँ तक व्यवसाय व मजदूरी तथा आय का प्रश्न है, पहले दो चरणों में (1974-75) 3 बागान उद्योग, 9 खान उद्योग, अभ्रक फैक्टरी, 4 कपड़ा उद्योग तथा चाय फैक्टरी पर रिपोर्ट प्रकाशित हो चुकी है। सर्वेक्षण के दूसरे, तीसरे तथा चौथे चरण के दौरान सीमित कार्यालय प्रयोग के लिये 67 उत्पादन उद्योगों में मजदूरों की आय की विश्लेणात्मक टिप्पणी तैयार की गई है।

औद्योगिक सम्बन्ध

औद्योगिक विवाद अधिनियम, 1947, ऐसा प्रमुख केन्द्रीय कानून है, जिसमें औद्योगिक विवादों को हल करने की व्यवस्था है। इसके अतिरिक्त अनुशासन संहिता (1958) और औद्योगिक शांति प्रस्ताव (1962) से भी सुचारू औद्योगिक सम्बन्ध बनाये रखने में मदद मिलती है।

औद्योगिक रोजगार स्थायी आदेश

औद्योगिक शांति बनाये रखने के उद्देश्य से औद्योगिक रोजगार (स्थाई आदेश) अधिनियम, 1946 पारित हुआ, जिसके अन्तर्गत केन्द्रीय सरकार ने उन औद्योगिक संस्थानों के लिये, जहाँ 100 या उससे अधिक श्रमिक काम करते हैं, आदर्श नियम तैयार किये। इस अधिनियम का 1961 में संशोधन किया गया। यह सम्बन्धित सरकार को इस बात का अधिकार देता है कि वह इसे उन संस्थानों पर भी लागू करे, जहाँ 100 से कम कामगार काम करते हैं।

1963 में किये गये एक और संशोधन के अन्तर्गत सम्बन्धित सरकार द्वारा तैयार किये गये आदर्श स्थाई आदेश उनके अन्तर्गत आने वाले तमाम औद्योगिक संस्थानों पर तब तक लागू रहेंगे जब तक कि औद्योगिक संस्थानों द्वारा बनाये गये अधिसूचना के द्वारा केन्द्रीय सरकार के नियन्त्रण की सभी औद्योगिक स्थापनाओं में औद्योगिक रोजगार (स्थाई आदेश) अधिनियम

को सरकार एवं खानों में जहाँ 50 से अधिक लेकिन 100 से कम कर्मचारी नियुक्त हों, विस्तार पर दिया है।

यह अधिनियम अब आंध्र प्रदेश, गुजरात, महाराष्ट्र तथा पश्चिम बंगाल के उन सब संस्थानों पर लागू होता है, जहाँ 50 या उससे ज्यादा श्रमिक काम करते हैं। असम में यह उन संस्थानों पर भी (खानों, पत्थर की खानों, तेल के क्षेत्रों और रेलों को छोड़कर) लागू होता है जहाँ 10 या उससे ज्यादा श्रमिक काम करते हैं। तमिलनाडु में वे सब कारखाने, जो फैक्टरी अधिनियम, 1948, के अन्तर्गत पंजीकृत हैं, इसके अन्तर्गत आ जाते हैं।

कार्य समितियाँ

उन औद्योगिक संस्थानों में जिनमें 100 या उससे अधिक श्रमिक काम करते हैं, कार्य समितियाँ स्थापित की गई हैं। इसमें मालिकों और कर्मचारियों का समान प्रतिनिधित्व रहता है और इसका उद्देश्य दोनों के बीच शांति की भावना को बनाये रखने के लिए अधिक कारगर कदम उठाना तथा सौहार्द एवं अच्छे सम्बन्ध स्थापित करना है। 31 दिसम्बर, 1983 तक 583 संस्थानों में कार्य समितियाँ कार्य कर रही थीं।

प्रबन्ध में कार्मिकों की भागीदारी

इस देश में पिछले तीस वर्षों से प्रबन्धन में कार्मिकों की भागीदारी का किसी न किसी रूप में प्रचलन रहा है। औद्योगिक विवाद अधिनियम में प्रारम्भ से ही वैधानिक द्विपक्षीय कामगार समितियों का प्रावधान है। प्रारम्भिक स्तर पर स्वैच्छिक संयुक्त प्रबन्धन कौंसिलों की स्थापना की योजना की कुछ वर्षों तक कोशिश की गई परन्तु इसमें कुछ विशेष सफलता नहीं मिली। राष्ट्रीयकृत बैंकों में कार्मिक निदेशकों की नियुक्तियों का प्रावधान है तथा एक स्वैच्छिक योजना के अन्तर्गत ऐसे सार्वजनिक क्षेत्रों, में जहाँ पर एक वैध मान्यता प्राप्त श्रमिक संघ और कार्मिकों तथा प्रबन्धकों के सम्बन्ध मधुर हैं, कार्मिक निदेशकों की नियुक्ति का प्रावधान है।

अक्तूबर 1975 में सरकार ने ऐसे उत्पादन और खान उद्योगों जिनमें कि 500 या अधिक श्रमिक कार्य करते हैं, के प्रबन्धन में श्रमिकों की भागीदारी की स्वैच्छिक योजना प्रारम्भ की है। इस योजना के पश्चात् जनवरी 1977 में, ऐसे वाणिज्यिक और सेवा संगठनों में जिनमें कम से कम 100 व्यक्ति नियोजित थे, कार्मिकों की भागीदारी की एक दूसरी योजना प्रारम्भ की गई परन्तु बाद वाली योजना केवल सार्वजनिक क्षेत्रों तक ही सीमित रही। योजना में विक्रय केन्द्र परिषदों और संयंत्र परिषदों को कुछ विशेष कार्यों के साथ स्थापित करने का प्रावधान था।

सरकार ने श्रमिकों की भागीदारी पर प्रारम्भिक योजनाओं के कार्य का पुनरावलोकन किया है। पुनरावलोकन को ध्यान में रखते हुए तथा पूर्व प्राप्त अनुभव के आधार पर 30 दिसम्बर, 1983 को केन्द्रीय सार्वजनिक संस्था उपक्रमों में श्रमिकों की भागीदारी के लिए एक नई योजना प्रारम्भ की है।

अनुशासन संहिता

1958 में हुए भारतीय श्रम सम्मेलन में तैयार की गई अनुशासन संहिता यह अपेक्षा करती है कि मालिक और मजदूरों के झगड़ों का निपटारा करने के लिए सीधी कार्यवाही का सहारा न लेकर वर्तमान व्यवस्था का उपयोग करें। कर्मचारियों व श्रमिकों के सभी केन्द्रीय संगठनों ने तथा कई अन्य संगठनों ने भी इसे स्वीकार किया है।

केन्द्र और राज्यों के कार्यान्वित संगठन विवादों को तय करने में सहायता करते हैं। अखिल भारतीय ट्रेड यूनियन कांग्रेस को छोड़कर, मालिकों और मजदूरों के केन्द्रीय संगठनों तथा सार्वजनिक क्षेत्र के प्रतिष्ठानों ने भी विवादों की छानबीन के लिए ऐसी समितियां या कक्ष गठित किए हैं जो उनसे सम्बद्ध सदस्यों को औद्योगिक अधिकरणों और श्रम अदालतों जैसी निचली अदालतों के निर्णयों के खिलाफ उच्च न्यायालयों में अपील करने के प्रति हतोत्साहित करती हैं। केन्द्रीय प्रतिष्ठान जिन मामलों में अपील करना चाहते हैं, उनकी छानबीन के लिए भी एक ऐसी पद्धति 1964 से अपनाई जा रही है।

यह संहिता रक्षा मंत्रालय, रेलों, गोदामों और बन्दरगाहों को छोड़कर सार्वजनिक प्रतिष्ठानों पर भी लागू होती है, जो कम्पनियों तथा निगमों के रूप में काम कर रहे हैं। रक्षा उत्पादन विभाग ने भी अपने सार्वजनिक क्षेत्र के प्रतिष्ठानों में, जो कम्पनी और निगमों की तरह चलाये जाते हैं, इसे कुछ स्पष्टीकरणों के साथ लागू कर दिया है। कुछ संशोधनों के साथ यह संहिता बीमा उद्योग, स्टेट बैंक आफ इण्डिया तथा रिजर्व बैंक आफ इण्डिया पर भी लागू कर दी गई है।

औद्योगिक शांति समझौता

1962 में मालिकों और मजदूरों के केन्द्रीय संगठनों ने एक औद्योगिक प्रस्ताव स्वीकार किया। इस प्रस्ताव का आशय यह था कि देश में उत्पादन में किसी प्रकार का विघ्न न पड़े, न उत्पादन की रफ्तार कम हो, बल्कि उत्पादन की मात्रा अधिकतम बढ़ाई जाए और सुरक्षा प्रयासों को हर संभव ढंग से बढ़ावा दिया जाए। प्रस्ताव की प्रगति की समीक्षा करने के लिए अगस्त 1963 में एक स्थायी समिति का गठन किया गया। बाद में इस समिति को केन्द्रीय कार्यान्वयन तथा मूल्यांकन समिति में मिला दिया गया।

राष्ट्रीय मध्यस्थता प्रोत्साहन बोर्ड

अनुशासन संहिता तथा औद्योगिक शान्ति प्रस्ताव दोनों आपसी झगड़ों को स्वैच्छिक मध्यस्थता द्वारा फैसला करने पर जोर देते हैं। लगभग सभी राज्यों तथा केन्द्र शासित प्रदेशों के प्रशासन ने मध्यस्थता प्रोत्साहन बोर्ड की स्थापना कर दी है या इस उद्देश्य के लिए अन्य संस्थागत प्रबन्ध कर दिया है।

शिकायतों से सम्बन्धित प्रक्रिया

अनुशासन संहिता के अन्तर्गत कर्मचारियों की शिकायतों को दूर करने के लिए प्रबन्धकों को ऐसी प्रक्रिया स्थापित करनी होगी जिससे झगड़ों का पूरी जांच के बाद फैसला

हो सके। केन्द्रीय औद्योगिक सम्बन्ध तन्त्र इस बात पर जोर दे रहा है कि वे प्रबन्धकों को उनके द्वारा दिए गये आश्वासन के पालन न करने के लिये एक प्रक्रिया स्थापित करे ताकि इस सम्बन्ध में उत्पन्न शिकायतों को दूर किया जा सके।

कामगारों की जबरन छुट्टी और छंटनी

कर्मचारियों की परिहार्य कठिनाइयों को दूर करने के लिए और उत्पादन तथा उत्पादकता की गति को कायम रखने के लिए औद्योगिक विवाद अधिनियम, 1947 में संशोधन किया गया ताकि कर्मचारियों की जबरन छुट्टी और छंटनी को रोका जा सके। नये अधिनियम [औद्योगिक विवाद (संशोधन) अधिनियम, 1976] के अन्तर्गत मालिकों के जबरन छुट्टी, छंटनी और तालाबन्दी के अधिकार पर समुचित पाबन्दी लगा दी गई है। अब मालिक को तालाबन्दी करने से पहले विशिष्ट प्राधिकारी या उपयुक्त सरकार से ऐसा करने की पूर्व अनुमति लेनी पड़ेगी और उस नोटिस में जबरन छुट्टी, छंटनी और उस औद्योगिक संस्थान को, जिसमें 300 या उससे अधिक कामगार नियुक्त हैं, बन्द करने के कारणों को प्रार्थना-पत्र में साफ-साफ लिखना पड़ेगा। संशोधित अधिनियम में कारखाना बन्द करने से सम्बन्धित प्रावधान एक्सेल वीयर तथा भारतीय संघ के बीच 1978 के प्रकरण में उच्चतम न्यायालय के फैसले के कारण लागू नहीं हैं।

औद्योगिक विवाद (संशोधन) अधिनियम, 1982 के द्वारा स्थिति को अब ठीक कर दिया गया है जिसमें सम्बद्ध धाराओं को पुनः परिभाषित कर दिया गया है। संशोधित अधिनियम को अभी क्रियान्वित होना है।

समझौता और न्याय निर्णय

केन्द्रीय औद्योगिक सम्बन्ध संगठन, जिसे मुख्य श्रम आयुक्त का संगठन भी कहा जाता है, का काम औद्योगिक विवाद अधिनियम, 1947 के अन्तर्गत औद्योगिक झगड़ों को रोकना, उनके बारे में जांच-पड़ताल करना और उनको निपटाना है। यही संगठन केन्द्रीय सरकार के उद्योगों में भी कुछ श्रम कानूनों को लागू करने के लिए जिम्मेदार है।

जब औद्योगिक विवाद आपसी बातचीत के द्वारा तय नहीं होते तो समझौता कराने वाला संगठन झगड़ा निपटाने की कोशिश करता है। जब सार्वजनिक उपयोग की सेवा में कोई औद्योगिक विवाद हो या होने की आशंका हो और इसके लिए 1947 के औद्योगिक विवाद अधिनियम की 22वीं धारा के अन्तर्गत कोई सूचना प्राप्त हो तो समझौता अधिकारी के लिए समझौते की कार्यवाही करना अनिवार्य है। दूसरे, औद्योगिक संस्थानों में यह कार्यवाही ऐच्छिक है।

औद्योगिक विवाद अधिनियम में औद्योगिक झगड़ों में ऐच्छिक/अनिवार्य रूप से समझौता कराने की व्यवस्था है। केन्द्रीय उद्योग क्षेत्र के विवादों को निपटाने के लिए 9 औद्योगिक न्यायाधिकरण और श्रम न्यायालय स्थापित किए गये हैं। इनमें से 3 धनबाद में, 2 बम्बई में और एक-एक कलकत्ता, जबलपुर, चण्डीगढ़ और दिल्ली में है। राज्यों के अपने अलग न्यायाधिकरण और श्रम न्यायालय हैं। कलकत्ता का न्यायाधिकरण और श्रम न्यायालय और

बम्बई का औद्योगिक न्यायाधिकरण एवं श्रम न्यायालय राष्ट्रीयकरण के रूप में कार्य कर रहा है।

राष्ट्रीय श्रम संस्थान

केन्द्रीय सरकार द्वारा श्रमिक संस्थान की स्थापना 11 फरवरी, 1972 को सोसाइटी पंजीकरण अधिनियम के अन्तर्गत की गई। इसने 1 जुलाई, 1974 से एक स्वायत्त संस्थान के रूप में कार्य करना प्रारम्भ किया। संस्थान के शैक्षणिक और प्रशिक्षण कार्यक्रमों को मूलतः केन्द्रीय और राज्य सरकारों के ऐसे श्रमिक प्रशासकों के लिए बनाया गया है जो कि मेल-मिलाप, श्रमिक कल्याण, श्रमिक कानूनों को लागू करना इत्यादि, श्रमिक संघों के नेता और पदाधिकारीगण, ग्रामीण मजदूरों के संगठनकर्त्ता, खेतिहर मजदूरों के नेताओं तथा सार्वजनिक और निजी क्षेत्रों के उद्योगों के प्रबन्धकों और पर्यवेक्षकों के क्षेत्र में कार्यरत हैं।

अभ्यास के लिए प्रश्न

1. उद्योग में श्रमिकों की भागीदारी पर एक संक्षिप्त निबन्ध लिखो।
2. उद्योग में श्रमिकों की भागीदारी का क्या अर्थ है? इसके हानि लाभ की विवेचना कीजिए।

28

गन्दी बस्तियाँ और औद्योगिक आवास (Slums and Industrial Housing)

औद्योगिक नगरों में गन्दी बस्तियां

गन्दी बस्तियों को साफ करने पर नियुक्त परामर्शदाता समिति (The Advisory Committee on Slum Clearance) के अनुसार भारत में औद्योगिक नगरों में 7 प्रतिशत से 60 प्रतिशत तक लोग गन्दी बस्तियों में रहते हैं। अकेले कलकत्ता नगर में 6 लाख जनता गन्दी बस्तियों में रहती है। देश में लगभग 115 लाख श्रमिक गन्दी बस्तियों में रहते हैं। कानपुर में इन्हें अहाता (Ahata), कलकत्ता में बस्ती (Basti), बम्बई में चाल (Chawl), दिल्ली में बस्ती तथा मद्रास में चेरी (Cherry) कहते हैं। देश के विचारवान लोगों ने इन गन्दी बस्तियों की भारी आलोचना की है। परन्तु जैसा कि डॉ० वी० अग्निहोत्री ने सन् 1950 तथा 1954 में कानपुर के अपने सर्वेक्षण में पता लगाया है, इन बस्तियों की दशा में कोई विशेष परिवर्तन नहीं हुआ है।

गन्दी बस्तियों के कारण

औद्योगिक नगरों में गन्दी बस्तियों के होने के मुख्य कारण निम्नलिखित हैं–

(1) गरीबी–गन्दी बस्तियों के नरक कुण्ड में कोई भी मनुष्य जान-बूझ कर नहीं रहना चाहेगा। फिर लाखों श्रमिक इसमें क्यों रहते हैं? इसका कारण उनकी गरीबी है। श्रमिकों की दैनिक आय इतनी कम होती है कि वे अपने आवास पर अधिक पैसा खर्च नहीं कर सकते और मजबूर होकर गन्दी बस्तियों में रहते हैं।

(2) नगरों में मकानों की कमी–गन्दी बस्तियों के बसने का दूसरा कारण शहरों में मकानों की भारी कमी है। मकानों की पूर्ति से उनकी माँग बहुत अधिक होने के कारण मकानों के किराये बढ़ जाते है। इससे जहाँ एक ओर जमींदारों और श्रमिकों को एक-एक कोठरी वाले मकान बनाने की प्रेरणा मिलती है वहाँ श्रमिक भी इन मकानों में बसने को मजबूर हो जाते हैं क्योंकि उनसे अधिक किराये के मकानों में रहने के लिये उनके पास पर्याप्त पैसा नहीं होता।

(3) शोषण और हृदयहीनता—इस प्रकार श्रमिकों की गरीबी और जरूरत से लाभ उठाकर इन बस्तियों के मालिक उनको दयनीय दशाओं में रहने को बाध्य करते हैं। श्रमिकों से किराया लेकर भी इन बस्तियों की सफाई कराना, पुताई कराना, रोशनी का प्रबन्ध कराना आदि वे अपने कर्त्तव्य नहीं समझते। इस प्रकार वास्तव में गन्दी बस्तियों के बसने का आधार शोषण और हृदयहीनता है। बंगाल के गवर्नर श्री केसी ने 1945 में ठीक ही कहा था, "I have been horrified by what I have seen . Human beings cannot allow other human beings to continue to exist under these conditions." अर्थात् "मैंने जो कुछ देखा है उससे मैं भयभीत हो उठा हूं। मानव-प्राणी अन्य मानव-प्राणियों को ऐसी अवस्थाओं में रहने नहीं दे सकते।" इस प्रकार गन्दी बस्तियों का मूल कारण उनके मालिकों की आमनवीयता और हृदयहीनता तथा देशद्रोह है।

(4) नगर नियोजन की कमी—परन्तु गन्दी बस्तियों में विकास का उत्तरदायित्व नगर पालिकाओं पर भी है। यदि वे नगर का विकास सुआयोजित तौर पर होने के लिये कानून बनातीं और एक औसत स्तर से बुरे मकानों को जबर्दस्ती गिरवा देतीं तो औद्योगिक नगरों के काले दाग ये गन्दी बस्तियाँ आज कहीं दिखाई नहीं पड़ती।

(5) सरकार द्वारा आवश्यक सुधारों का अभाव—अन्त में औद्योगिक नगरों में गन्दगी बस्तियों के मौजूद होने की जिम्मेदारी सरकार पर भी कम नहीं है। यदि इन बस्तियों को साफ कराने के लिये उनके मालिकों को बाध्य किया जाये तो ये गन्दी ही क्यों रहें? यदि इस प्रकार शोषण के विरुद्ध कठोर कदम उठाये जायें और नवीन मकानों का तेजी से निर्माण किया जाये तो गन्दी बस्तियाँ साफ हो सकती हैं। हर्ष है कि भारत सरकार धीरे-धीरे इस विषय में समुचित कदम उठा रही है।

गन्दी बस्तियों को हटाने के लिये द्वितीय पंचवर्षीय योजना में 20 करोड़ रुपये की व्यवस्था की गई जिसको बाद में घटाकर 15 करोड़ कर दिया गया। यह निश्चय किया गया कि गंदी बस्तियों को हटाने के लिये मकान बनवाने में जो रुपया खर्च होगा उसमें केन्द्रीय सरकार सहायता के तौर पर 25% और कर्ज के तौर पर 60 प्रतिशत देगी। यह कर्ज 30 वर्ष में चुकाया जायेगा। इस प्रकार राज्य की सरकारों को केवल 15 प्रतिशत खर्च करना पड़ेगा। इस योजना में 31 दिसम्बर सन् 1959 तक 3,233 मकान बनाये गये हैं और 11,761 अभी बन रहे हैं। The Planning Commission's Working Group on Social Welfare के अनुसार यह गति इतनी मन्द है कि इससे गन्दी बस्तियों के हटाने में 110 वर्ष लग जायेंगे। इस कार्य समूह ने यह सिफारिश की है कि तीसरी योजना में गन्दी बस्तियों को हटाने के लिये 45 करोड़ रुपये की व्यवस्था होनी चाहिये। जिसमें से 32 करोड़ केन्द्रीय सरकार दे और 12 करोड़ राज्य सरकारें दें।

बड़े-बड़े नगरों में नगरपालिकओं ने भी निम्न आय वाले लोगों के लिये आवास बनवाये हैं।

लखनऊ और कानपुर नगरपालिका ने क्रमशः 550 और 200 क्वार्टर बनवाये हैं। कानपुर विकास बोर्ड ने 42,00 मकान बनवाये हैं। कानपुर के ब्रिटिश इण्डिया कारपोरेशन तथा एल्गिन मिल्स ने क्रमशः 1,660 तथा 156 मकान बनवाये हैं। जे० के० मिल्स ने भी एक बड़ी बस्ती

बनवाई है। अहमदाबाद में सूती वस्त्र उद्योग में श्रमिक सहकारी समितियों ने 500 मकान बनवाये। मद्रास की मदुरा मिल ने 600 मकान बनवाये।

केन्द्रीय न्यायमन्त्री श्री ए० के० सेन की अध्यक्षता में नियुक्त गन्दी बस्तियों को हटाने की परामर्शदाता समिति ने सुझाव दिया है कि गन्दी बस्तियों को हटाने के कार्यक्रम को नगर विकास कार्यक्रम का ही अंग मान लिया जाना चाहिये और सबसे पहले कलकत्ता, बम्बई, मद्रास, दिल्ली, कानपुर और अहमदाबाद की गन्दी बस्तियाँ हटाई जानी चाहियें।

औद्योगिक आवास
(Industrial Housing)

भारत के नगरों में आवास की समस्या अत्यन्त विकट है। सन् 1921 के बाद से ही नगरीय क्षेत्रों में मकानों की माँग बढ़ती रही है जबकि उसकी पूर्ति नहीं हो सकी है। नगरों में लगभग 46 प्रतिशत लोग अपने मकानों में रहते हैं। औद्योगिक श्रमिकों में से अधिकतर निम्न स्तर के आवासों में रहते हैं। चतुर्थ पंचवर्षीय योजना के आरम्भ में नगरीय क्षेत्रों में 1. 19 करोड़ आवासों की कमी थी। औसत रूप से प्रति वर्ष देश में लगभग 20 लाख आवासों की माँग उत्पन्न होती है। सन् 1950 तक केन्द्र सरकार केवल अपने कर्मचारियों के लिये आवास का प्रबन्ध करती रही है। पाकिस्तान से आये विस्थापितों को बसाने के लिये केन्द्र सरकार ने सबसे पहले बड़े पैमाने पर आवास योजनायें आरम्भ कीं। मई 1952 में संघ सरकार का आवास मंत्रालय स्थापित हुआ। इसके बाद से आवास निर्माण को प्रोत्साहित करने तथा उसके लिये आर्थिक सहायता देने की योजनायें संगठित रूप से चलती रही है। सरकार ने व्यक्तियों, सहयोगी संस्थाओं, औद्योगिक सेवायोजकों तथा स्थानीय समितियों आदि को आवास के लिये आर्थिक सहायता प्रदान की है।

आवास बोर्डों का संगठन

आंध्र प्रदेश, बिहार, गुजरात, हरियाणा, हिमाचल प्रदेश, केरल, मध्य प्रदेश, महाराष्ट्र, मैसूर, उड़ीसा, राजस्थान, तामिलनाडु, उत्तर प्रदेश, गोवा, डामन और ड्यू, आसाम, पंजाब और पांडेचेरी में आवास के विकास के लिये आवास बोर्ड (Housing Boards) स्थापित किये गये हैं। इसके अतिरिक्त सरकार मकानों के निर्माण पर खर्चे को नियन्त्रित और नीचा रखने के लिये बराबर प्रयत्नशील रही है। निर्माण में प्रयोग होने वाली वस्तुओं को उचित मूल्य पर उपलब्ध कराने का भी प्रयास किया गया है।

निजी क्षेत्र में प्रोत्साहन

सार्वजनिक क्षेत्र के अतिरिक्त निजी क्षेत्र में भी मिल मालिकों, बगीचे के मालिकों तथा अन्य सेवायोजकों ने अपने कर्मचारियों के लिये आवास की बेहतर दशायें उपलब्ध कराने का प्रयास किया है। किन्तु यह पर्याप्त नहीं सिद्ध हुआ है। आंध्र प्रदेश, मैसूर, तामिलनाडु, महाराष्ट्र और उत्तर प्रदेश में मध्यम और निम्न आय के समूहों के लिये सीमित रूप में आवास जुटाने के लिय सहकारी आवास समितियाँ बनायी गई हैं। भारत जीवन बीमा निगम की ओर से भी मकान बनाने वालों को कर्ज की सुविधा दी जाती है।

प्रथम पंचवर्षीय योजना

प्रथम पंचवर्षीय योजना में नगरीय क्षेत्र में दो प्रकार की आवास योजनायें चलायी गयी हैं। ये हैं—औद्योगिक आवास योजना (Industrial Housing Scheme) और निम्न आय समूह के लिये आवास योजना (Low Income Group Housing Scheme)। इन योजनाओं के अन्तर्गत 24.12 करोड़ रुपये के व्यय से 51,363 मकान बनाये गये। कुछ विशेष वर्ग के मनुष्यों जैसे विस्थापित लोग, सरकारी कर्मचारी आदि के लिये विशेष आवास योजनायें बनाई गईं।

द्वितीय पंचवर्षीय योजना

द्वितीय पंचवर्षीय योजना में इनके अतिरिक्त गन्दी बस्तियों को साफ करने की योजना, मध्यम आय के लिये आवास योजनायें तथा राज्य सरकार के कर्मचारियों के लिये किराये के मकानों की योजनायें आदि अनेक आवास योजनायें उठायी गयीं। संघ सरकार ने इसके लिये 72.62 करोड़ और जीवन बीमा निगम ने 17.14 करोड़ रुपया दिया। इस कुल लागत से 1,45,078 मकान बनाये गये। इस प्रयास के अतिरिक्त राज्य सरकारों और स्थानीय समितियों ने भी आवास निर्माण के प्रयास किये। अनुमान लगाया जाता है कि सार्वजनिक आवास योजनाओं में द्वितीय पंचवर्षीय योजना में लगभग 250 करोड़ रुपया खर्च हुआ और 5 लाख मकानों का निर्माण हुआ। निजी क्षेत्र में मकानों के निर्माण पर लगभग 1 हजार करोड़ रुपये के व्यय होने का अनुमान है।

तृतीय पंचवर्षीय योजना

तृतीय पंचवर्षीय योजना में योजना-कोष से 87.55 करोड़ और जीवन बीमा निगम से 60 करोड़ रुपये, इस प्रकार कुल मिलाकर 147.55 करोड़ रुपये खर्च किये गये। आवास विकास की 8 याजनायें बनायी गयीं और 1,87,081 मकान बनाये गये। दिल्ली में तृतीय पंचवर्षीय योजना में झुग्गी और झोंपड़ी हटाने की योजना में 22,678 छोटे आवासों का निर्माण किया गया। इस प्रकार प्रथम तीन पंचवर्षीय योजनाओं में विभिन्न सामाजिक आवास योजनाओं (Social Housing Scheme) में 261.42 करोड़ रुपये के खर्चे पर 4 लाख आवासों का निर्माण किया गया। 1966-69 के दौरान योजना कोष से 26.3 करोड़ और जीवन बीमा निगम से 33.55 करोड़ इस प्रकार कुल मिलाकर 62.85 करोड़ रुपये आवास योजना पर खर्च किये गये जिससे 74,776 मकानों का निर्माण हुआ। इनके अतिरिक्त दिल्ली में झुग्गी झोंपड़ी योजना के अन्तर्गत 32,802 इकाइयों का निर्माण किया गया।

चतुर्थ पंचवर्षीय योजना

चतुर्थ पंचवर्षीय योजना में नगरीय क्षेत्र में विकास और आवास पर 242.92 करोड़ रुपये के विनियोग का आयोजन है। इसमें 173.03 करोड़ रुपये आवास के लिए हैं और 69.89 करोड़ रुपये नगरीय विकास के लिये हैं। इनमें से 48.60 करोड़ रुपये केन्द्र के लिए, 172.99 करोड़ राज्यों के लिए और 21.33 करोड़ संघीय क्षेत्रों के लिए निर्धारित किये गये हैं। इनमें से 134.05 करोड़ रुपये चतुर्थ योजना के पहले 3 वर्षों में व्यय होने का अनुमान है।

1969-72 में आवास योजनाओं पर 97.82 करोड़ रुपये खर्च होने का अनुमान है। चतुर्थ पंचवर्षीय योजना में निजी क्षेत्र में, आवास निर्माण पर 2,140 करोड़ रुपये व्यय होने का अनुमान है जबकि तृतीय पंचवर्षीय योजना में यह विनियोग केवल 1400 करोड़ था। राज्य सरकारें बड़े नगरों में गंदी बस्तियों को साफ करने की ओर विशेष ध्यान दे रही हैं। कुल मिलाकर चतुर्थ योजना में राज्य के क्षेत्र में 114.86 करोड़ राज्यों के लिये और 9.67 करोड़ रुपये संघीय क्षेत्रों के लिये आवास योजनाओं में व्यय होने का अनुमान है। चतुर्थ योजना में 1,73,000 मकान बनाने का आयोजन है जिसमें से 1969-72 तक 66,430 आवासों का निर्माण हो चुका था। राज्य सरकारों की सहायता करने के लिए भारत जीवन बीमा निगम ने उन्हें आवास योजना के लिये रुपया उधार दिया है। 1959 से अब तक राज्य सरकारों को 156.15 करोड़ रुपया उधार दिया जा चुका है। इसके अतिरिक्त 1971-72 में राज्य आवास बोर्डों के लिए 10 करोड़ रुपये का कर्ज लिया गया था।

आवास और नगरीय विकास निगम

अप्रैल 1970 में एक सरकारी कम्पनी के रूप में आवास और नगरीय विकास निगम (Housing and Urban Development Corporation) का निर्माण किया गया। इसके लिये जीवन बीमा निगम, यूनिट ट्रस्ट ऑफ इण्डिया और बैंकों से उधार लिये धन के अतिरिक्त सरकार की ओर से 200 करोड़ रुपये की निधि का प्रबन्ध किया गया। यह निगम राज्य सरकारों, राज्य आवास बोर्डों तथा नगरीय प्रबन्ध समितियों को आवास निर्माण के लिए रुपया उधार देती है। 20 अप्रैल 1972 तक यह निगम विभिन्न राज्यों और संघीय क्षेत्रों में आवास निर्माण के लिए 37.59 करोड़ रुपये उधार दे चुकी थी।

आवास मंत्रियों का सम्मेलन

नवम्बर 1971 में नगरीय आवास की समस्या को सुलझाने के लिये राज्यों के आवास मन्त्रियों की नई दिल्ली में एक बैठक हुई। इसमें आवास समस्या को सुलझाने के लिये निम्नलिखित सुझाव उपस्थित किये गये—

1. राष्ट्रीय नियोजन में आवास और नगरीय विकास की ओर विशेष ध्यान दिया जाना चाहिए और उसके लिये पर्याप्त धन का प्रबन्ध किया जाना चाहिये।

2. राज्य सरकारों को नगरीय भूमि क्षेत्र के लिये उचित नीति अपनानी चाहिये और राज्य आवास बोर्डों को जनता से ऋण लेने के लिये अधिक से अधिक स्वतन्त्रता दी जानी चाहिये।

3. राज्य सरकारों को बड़े-बड़े नगरों में अनेक मंजिलों वाली इमारतों में फ्लैट खरीदने वाले लोगों को हितों की सुरक्षा के लिए महाराष्ट्र अपार्टमेंट ओनरशिप एक्ट 1970 (Maharashtra Apartment Ownership Act 1970) के समान अधिनियम बनाने चाहियें।

4. निम्न और मध्यम आय स्तर की आवास योजनाओं के लिये सीमा बढ़ाकर क्रमशः 14,500 और 27,500 कर दी जानी चाहिये।

इन चारों सुझावों में से पहले 3 पर राज्य सरकार की ओर से और चौथे पर भारत सरकार की ओर से अमल किया जाना था।

नगरीय सम्पत्ति पर सीमाबन्दी (Ceiling)

एक कांफ्रेंस ने नगरीय क्षेत्र में अचल सम्पत्ति पर सीमा लगाने के विषय में केन्द्रीय कानून बनाने का सुझाव दिया। 9 जनवरी, 1972 को केन्द्र सरकार ने आवास मन्त्रालय के सचिव श्री पी० सी० मैथ्यू की अध्यक्षता में 11 सदस्यों की समिति बनायी। इसका उद्देश्य नगरीय सम्पत्ति को सीमित करने के विधेयक के विषय में राज्य सरकारों के उत्तरों की जाँच करके उसमें संशोधन तथा परिवर्तन सम्बन्धी सुझाव देना था। 15 अप्रैल, 1972 को इस समिति ने सरकार को अपनी रिपोर्ट दे दी। इसके बाद से विभिन्न राज्य सरकारों ने अपने क्षेत्रों में नगरीय सम्पत्ति की सीमा निश्चित करने के विषय में अधिनियम बनाने की ओर कदम उठाये हैं।

सामाजिक आवास योजनायें

चतुर्थ पंचवर्षीय योजना के तृतीय वर्ष अर्थात् 1971-72 में राज्यों और संधीय क्षेत्रों में सामाजिक आवास की विभिन्न योजनाओं (Social Housing Scheme) के अन्तर्गत 5,80,208 आवासों का निर्माण हुआ। इस विकास में निम्नलिखित उल्लेखनीय योजनायें थीं—

(1) औद्योगिक श्रमिकों और अन्य निर्धन वर्गों के लिये योजनायें (Schemes for Industrial Workers and Weaker Sections)—इसके लिये संयुक्त योजना 1 अप्रैल 1966 से शुरू हुई। इसके अनुसार औद्योगिक मजदूरों और निम्न आर्थिक स्तर के लोगों में जिनकी मासिक आय 350 से अधिक नहीं है उन्हें इस योजना में बने मकान किराये पर दिये जा सकते हैं। जहाँ पर कोई सेवायोजक मकान नहीं बनाना चाहता वहाँ उसकी ओर से राज्य सरकार यह काम उठा सकती है किन्तु तभी जबकि वह निर्माण के कार्य के व्यय का चौथाई हिस्सा पहले ही जमा कर दे। इस योजना के अन्तर्गत 1971-72 के अन्त तक 1,76,275 मकानों का निर्माण किया गया।

(2) निम्न आय समूह आवास योजना (Low Income Group Housing Scheme)—यह योजना नवम्बर 1954 में आरम्भ हुई। यह उन लोगों को आवास निर्माण के लिये कर्ज देती है जिनकी वार्षिक आय 7200 से अधिक नहीं है। आवास निर्माण के व्यय का 80 प्रतिशत तक कर्ज के रूप में दिया जा सकता है। किन्तु यह रकम एक मकान के लिये 14,500 से अधिक नहीं होगी। 1971-72 के अन्त तक इस योजना में 1,43,450 मकानों का निर्माण हुआ।

(3) बगीचा श्रमिकों के लिये आवास योजना (Subsidised Housing Scheme for Plantation Workers)—इस योजना में आसाम, केरल, तमिलनाडु, मैसूर, पश्चिमी बंगाल और त्रिपुरा में बगीचा श्रमिकों अथवा उनकी सहयोगी समितियों को आवास निर्माण के लिये कर्ज देने की योजना थी। 1971-72 के अन्त तक इस योजना में 1,747 मकानों का निर्माण हो चुका था।

(4) गन्दी बस्तियों की सफाई और विकास की योजना (Slum Clearance and Improvement Scheme)—यह योजना मई 1956 में आरम्भ हुई। इसमें गन्दी बस्तियों

के क्षेत्रों के विकास के लिये और 350 प्रति माह तक आय वाले परिवारों के आवास के लिये केन्द्र की ओर से राज्य सरकारों को विभिन्न योजनाओं के खर्च का साढ़े 87 प्रतिशत तक दिया जा सकता है। शेष रुपये का प्रबन्ध राज्य सरकार को स्वयं करना पड़ता है। 31 मार्च, 1972 तक इस योजना में 83,804 आवासों का निर्माण किया जा चुका था।

(5) झुग्गी और झोंपड़ी हटाने की योजना (Jhuggi and Jhonpari Removal Scheme)—यह योजना 1960 में आरम्भ हुई। इसका उद्देश्य दिल्ली और नई दिल्ली के क्षेत्र में सरकारी और सार्वजनिक भूमि पर से अनुचित रूप से बसे हुए लोगों को हटाकर उनके लिए अन्य स्थान पर आवास प्रदान करना है। 1971-72 के अन्त तक इस योजना में 10. 4 करोड़ की लागत से 78,403 परिवारों के लिये आवास की व्यवस्था की गई थी।

(6) गन्दी बस्तियों का परिवेशगत विकास (Environment Improvement of Slums)—1970 में भारत सरकार ने पश्चिमी बंगाल सरकार को कलकत्ता मैट्रो-पौलिटन क्षेत्र में बस्तियों के लिये आवश्यक सुविधायें जुटाने के लिये 100 प्रतिशत सहायता देने का निश्चय किया। 1972-73 में केन्द्र सरकार ने 8 लाख से अधिक जनसंख्या वाले कलकत्ते को मिलाकर 11 नगरों में इस प्रकार की सुविधायें प्रदान करने के लिये 15 करोड़ रुपये के व्यय का प्रबन्ध किया है। इस योजना के पूरे होने पर इन नगरों में स्लम क्षेत्रों में पीने का पानी, सामूहिक शौचालय और स्नानागार, नालियाँ, पक्की गलियाँ, सड़कें तथा बिजली के प्रकाश की सुविधायें प्राप्त हो जायेंगी।

(7) मध्यम आय समूह आवास योजना (Middle Income Group Housing Scheme)—यह योजना 1959 में शुरू हुई। इसके लिये भारत जीवन बीमा निगम और राज्य सरकारों की ओर से कर्जे के रूप में धन दिया गया। संघीय क्षेत्रों में भारत सरकार ने आर्थिक सहायता दी। इस योजना के अन्तर्गत 7,201 रुपये से 18000 रुपये वार्षिक आय वाले व्यक्तियों को आवास निर्माण के लिये कर्ज दिया जा सकता है। मकान खरीदने के लिये भी कर्ज मिल सकता है। 1971-72 के अन्त तक इस योजना में 25,730 मकानों का निर्माण हो चुका था।

(8) राज्य सरकार के कर्मचारियों के लिये योजना (Scheme for State Government Employees)—राज्य सरकारों ने यह योजना अपने कर्मचारियों को किराये के मकान जुटाने के लिये सन् 1959 में आरम्भ की। इसके लिये राज्य सरकारों को भारत जीवन बीमा निगम की ओर से ऋण दिया गया। 1971-72 के अन्त तक 20,274 मकानों का इस योजना में निर्माण हो चुका था।

(9) भूमि प्राप्त करने और विकास की योजना (Land Acquisition and Development Scheme)—सन् 1959 में आरम्भ हुई इस योजना का उद्देश्य राज्य सरकारों का नगरीय क्षेत्रों में भूमि प्राप्त करने और उसका विकास करने में सहायता देना था ताकि मकान बनाने वालों को उचित मूल्य पर भूमि के प्लाट मिल सकें। इसके लिये भारत जीवन बीमा निगम ने आर्थिक सहायता दी। केन्द्र शासित प्रदेशों में केन्द्रीय सरकार ने आर्थिक सहायता दी। 1971-72 के अन्त तक इस योजना में लगभग 25,500 एकड़ भूमि प्राप्त की जा चुकी थी और 14,347 एकड़ भूमि विकसित की जा चुकी थी।

(10) केन्द्रीय कर्मचारियों को ऋण की व्यवस्था (Advance to Central Govt. Employees)—सन् 1956 में इस योजना के अन्तर्गत केन्द्रीय सरकार के कर्मचारियों को मकान बनाने के लिये कर्ज की व्यवस्था की गयी। 31 मई, 1972 तक इस योजना में 28.28 करोड़ रु० के कर्ज की 18,306 अर्जियाँ मन्जूर की जा चुकी थीं।

आवास समस्या और सुधार

भारत में मकानों की कमी के दो पहलू हैं—कम संख्या और असन्तोषजनक स्तर। आवास की यह समस्या कई वर्षों से लगातार जटिल होती रही है। इसके मुख्यत: तीन कारण रहे हैं—(1) जनसंख्या में तेजी से वृद्धि, (2) तीव्र गति से शहरीकरण और (3) मकानों की संख्या में अपेक्षाकृत कम वृद्धि। गाँवों और शहरों की आवास समस्या में भी बहुत बड़ा अन्तर है। शहरी इलाकों में भीड़-भाड़, तंग बस्तियों और अनाधिकृत बस्तियों की समस्या है और ग्रामीण क्षेत्रों में पर्यावरण की स्थिति सही नहीं है तथा आवश्यक सेवाओं का अभाव है। भारत में आवास समस्या का कोई भी व्यापक हल ढूँढते समय इन कठिनाइयों की अवहेलना नहीं की जा सकती।

स्वाधीनता के पश्चात् भारत में काफी परिवर्तन आये हैं। स्वाधीनता के बाद लोगों को ज्यादा से ज्यादा रोजगार के अवसर उपलब्ध कराने और स्वास्थ्य की बेहतर देखभाल की नीतियाँ अपनाई गई। इनसे अधिकांश लोगों की आयु बढ़ गई। दूसरी ओर जनसंख्या में वृद्धि के साथ-साथ लोगों की औसत आयु में भी बढ़ोत्तरी हुई। इन परिवर्तनों की स्पष्ट झलक इस बात से मिलती है कि मकानों की माँग करने वाले नये परिवारों की संख्या लगातार बढ़ रही है तथा वे और अच्छे मकानों में रहने की इच्छा करने लगे हैं। अत: भारत में आवास नीति में जहाँ एक ओर मकानों की संख्या बढ़ाने पर बल दिया जाता है वहीं लोगों को अपने निजी मकान बनाने के लिये भी प्रोत्साहित किया जाता है। हालांकि भारी संख्या में लोगों का जीवन स्तर बेहतर हुआ है लेकिन यह बात भी स्पष्ट रूप से सामने आई है कि मूलभूत असमानताओं में कोई परिवर्तन नहीं हुआ है।

आवास और आवश्यकतायें

संयुक्त राष्ट्र के एक अनुमान के अनुसार भारत जैसे विकासशील देशों में आवास की स्थिति को और बिगड़ने से रोकने के लिये अगले दो-तीन दशकों में प्रतिवर्ष एक हजार की आबादी के लिये आठ से दस मकान बनाये जाने चाहियें। यह अनुमान लगाया गया है कि 1971 तक प्रति हजार जनसंख्या के लिये केवल दो से तीन मकानों की वृद्धि हुई, जबकि जनसंख्या की वृद्धि को देखते हुए प्रति हजार आबादी के लिये पाँच मकानों की आवश्यकता थी। 1971 से 1981 के बीच यह वृद्धि दर बढ़कर प्रति वर्ष चार मकान प्रति हजार हो गई। मकानों के मौजूदा स्तर में सुधार तथा पुराने मकानों के स्थान पर नये मकानों के निर्माण की आवश्यकता के कारण मकानों की कमी की समस्या और गहरी हुई है।

छठी पंचवर्षीय योजनाओं के अन्तर्गत आवास योजनायें

छठी योजना में यह स्पष्ट कहा गया है कि आवास एक बुनियादी आवश्यकता है और इसे अवश्य ही पूरा किया जाना चाहिये। आवास के सन्दर्भ में योजना के लक्ष्य इस प्रकार

हैं—1. ग्रामीण भूमिहीन श्रमिकों को आवास स्थल प्रदान करना और निर्माण के लिये सहायता देना, 2. साधनों की अत्यधिक कमी को देखते हुए, सार्वजनिक क्षेत्र की सामाजिक आवास योजनाओं को इस प्रकार तैयार किया जायेगा कि इससे अधिकाधिक लोगों को लाभान्वित किया जा सके और 3. स्तरों की समीक्षा करते हुए सस्ती तथा वैकल्पिक निर्माण सामग्री का प्रयोग करके सार्वजनिक आवास योजनाओं में लागत को कम करने के विशेष प्रयास किये जायेंगे।

छठी योजना अवधि में सार्वजनिक और निजी क्षेत्र में संयुक्त रूप से लगभग 13,000 करोड़ रुपये पूँजी निवेश की सम्भावना है। सार्वजनिक क्षेत्र के उद्यमों और विभागीय प्रतिष्ठानों द्वारा होने वाले खर्च विभिन्न संस्थाओं को मिलने वाली अनुदान सहायता को मिलाकर आवास के लिये 250–300 करोड़ रुपये तक अतिरिक्त निवेश हो सकेगा।

सामाजिक आवास योजनायें

आवास समस्या केन्द्र तथा राज्य सरकारों के लिये चिन्ता का विषय रही है, क्योंकि लोगों की व्यक्तिगत तथा सामाजिक भलाई के लिये इसका बहुत महत्त्व है। स्वाधीनता के पश्चात् सरकार ने यह स्वीकार किया कि लोगों को आवास सुविधायें प्रदान करने के लिये राज्य की बहुत महत्त्वपूर्ण भूमिका है। परिणामस्वरूप, सरकार की यह भूमिका उत्तरोत्तर बढ़ती रही है और आवास के लिये सरकारी व्यय में बराबर वृद्धि की जाती रही है।

देश में चल रही सामाजिक आवास योजनाओं के सन्दर्भ में केन्द्र सरकार की भूमिका, इस विषय में, मोटे तौर पर सिद्धान्त निर्धारित करने, आवश्यक परामर्श देने, राज्य सरकारों तथा केन्द्र शासित प्रदेशों को ऋण और अनुदान के रूप में वित्तीय सहायता प्रदान करने और इन योजनाओं की प्रगति पर नजर रखने तक ही सीमित रही है। राज्य सरकारों और केन्द्र शासित प्रदेशों के प्रशासनों को, इन योजनाओं के अन्तर्गत परियोजनायें तैयार करने, स्वीकृति देने और इन्हें कार्यरूप देने तथा सम्बन्धित निर्माण एजेन्सियों को वित्तीय सहायता जारी करने के पूरे अधिकार दिये गए हैं। चतुर्थ पंचवर्षीय योजना के प्रारम्भ से राज्यों को, आवास सहित राज्य क्षेत्र की सभी योजनाओं के लिये "एक मुश्त अनुदान" और " एक मुश्त ऋण" के रूप में पूरी केन्द्रीय सहायता दी जाती रही है। परन्तु इस विषय में राज्यों के लिये यह कोई शर्त नहीं लगाई जाती कि वे विकास के किसी विशेष कार्यक्रम अथवा योजना पर कितना धन खर्च करें। आवास और निर्माण मन्त्रालय, इन योजनाओं के लिये धन देने के साथ-साथ इनकी प्रगति पर भी नजर रखता है।

जून 1982 तक देश में जो सामाजिक आवास योजनायें चल रही थीं उनका विवरण (योजना शुरू होने के वर्ष सहित) इस प्रकार है—

1. औद्योगिक श्रमिकों और समाज के आर्थिक रूप से कमजोर वर्गों के लिए समन्वित रियायती आवास योजना (1952), 2. कम आय वाले वर्ग के लिए आवास योजना (1954), 3. बागान मजदूरों के लिये रियायती आवास योजना (1956), 4. मध्यम आय वर्ग आवास योजना (1959), 5. राज्य सरकार के कर्मचारियों के लिए किराया आवास योजना (1959), 6. तंग बस्तियों की सफाई/सुधार योजना (1956), 7. ग्रामीण आवास परियोजना (1957), 8. भूमि अधिग्रहण तथा विकास योजना (1959) तथा ग्रामीण क्षेत्रों में भूमिहीन श्रमिकों के लिये आवासीय स्थलों का प्रावधान (1971)।

बागान मजदूरों के लिये रियायती आवास योजना को छोड़कर जो केन्द्रीय क्षेत्र में ही है, जुलाई 1982 से सामाजिक आवास योजनाओं और भूमिहीन मजदूरों के लिये आवासीय स्थलों के प्रावधान की योजना का आय के आधार पर पुनः वर्गीकरण करके इनकी चार श्रेणियां बना दी गई हैं। ये हैं: 1. आर्थिक रूप से कमजोर वर्गों के लिए आवास योजना, 2. कम आय वर्ग के लिये आवास योजना, 3. मध्यम आय वर्ग के लिए आवास योजना और 4. राज्य सरकारों के कर्मचारियों के लिये किराया आवास योजना।

आवास स्थल तथा निर्माण सहायता योजना

अनुमान है कि मार्च 1985 तक आवास सहायता पाने योग्य परिवारों की संख्या लगभग 145 लाख होगी। इनमें से लगभग 68 लाख परिवारों को छोड़कर शेष 77 लाख परिवारों को छठी योजना के आरम्भ होने से पहले ही आवासीय प्लाट प्राप्त हो गये हैं। छठी योजना में शेष सभी भूमिहीन परिवारों को आवासीय प्लाट प्रदान करने का प्रस्ताव है। मार्च 1983 तक 108.95 लाख परिवारों को आवास स्थल प्रदान कर दिये गये हैं। छठी योजना में सहायता पाने योग्य 25 प्रतिशत परिवारों अर्थात् 36 लाख परिवारों को निर्माण सहायता प्रदान करने का भी प्रस्ताव है। राज्य सरकारों और स्वयं लोगों द्वारा अपने प्रयासों से मकानों अथवा झोंपड़ों का निर्माण किया जा रहा है। इन सभी प्रयासों से मार्च 1983 तक 23.5 लाख मकान अथवा झोंपड़ें बनाये जा चुके हैं।

आवास वित्त

आवास तथा अन्य निर्माण गतिविधियों में, आवास के लिये धन जुटाना सर्वाधिक महत्त्वपूर्ण पहलू है। आवास के क्षेत्र में सार्वजनिक क्षेत्र की भूमिका उत्साहजनक होते हुए भी बहुत कम रही है। आवास के लिए अधिकतर पूँजी निजी क्षेत्र में ही लगने की आशा है।

हालांकि आवास वित्त के लिये, देश में हाल ही में अनेक विशेषज्ञ एजेंसियाँ बन गई हैं, लेकिन अब भी अधिकांश धन कुछ चुनी हुई वित्तीय संस्थाओं से ही प्राप्त होता है। इन संस्थाओं में भारतीय जीवन बीमा निगम, सामान्य बीमा निगम, आवास और शहरी विकास निगम (हुडको), कर्मचारी भविष्य निधि संगठन, इत्यादि शामिल हैं। राज्य आवास बोर्डों, आवास तथा शहरी विकास अधिकरणों, शीर्ष सहकारी आवास वित्त समितियों और राष्ट्रीयकृत व्यावसायिक बैंकों के ज़रिए भी धन प्राप्त होता है।

शहरी विकास

छठी योजना में छोटे और मझोले शहरों तथा कस्बों के विकास पर बल दिया गया है। शहरी विकास को ग्रामीण विकास का पूरक माना गया है ताकि शहरीकरण की प्रक्रिया को प्रभावित करने वाली नीतियों से नगरों और उनके आस-पास के इलाकों के बीच सम्बन्ध सुदृढ़ हो सकें। छठी योजना का उद्देश्य है कि छोटे और मझौले नगरों को इस प्रकार विकसित किया जाए कि आवास, जल आपूर्ति, संचार, शिक्षा, स्वास्थ्य और मनोरंजन आदि पर अधिक धन लगाया जा सके। इन शहरों में नए उद्योग स्थापित करने तथा अन्य गतिविधियों के लिए रचनात्मक प्रोत्साहन दिए जायंगे और बिजली की सप्लाई तथा दूर संचार सुविधाओं में सुधार

किया जायेगा। इन लक्ष्यों को ध्यान में रखते हुए, एक लाख से कम जनसंख्या वाले छोटे और मझौले नगरों के विकास के लिए दिसम्बर 1979 से एक केन्द्रीय योजना चलाई जा रही है।

शहरी भूमि का समाजीकरण

17 फरवरी, 1976 को शहरी भूमि (सीमा तथा नियमन) अधिनियम, 1976 लागू हुआ। इस बिल में इन बातों की व्यवस्था है—

(1) शहरीं क्षेत्रों में खाली भूमि की मिल्कीयत और कब्जे की हदबन्दी की जायेगी। यह हदबन्दी शहरी इलाके के वर्गीकरण के अनुसार अलग-अलग होगी।

(2) राज्य सरकार फालतू खाली जमीन का अधिग्रहण कर सकेगी। राज्य सरकार को खाली जमीन का इस्तेमाल आम लोगों की भलाई के लिये करने का अधिकार होगा।

(3) हदबन्दी के अतिरिक्त खाली जमीन के अधिग्रहण के लिये नकद और बाण्डों के रूप में धन का भुगतान किया जायेगा।

(4) खाली भूमि के लिये कुछ विशेष वर्गों के लिये छूट दी जा सकेगी, और

(5) भविष्य में बननें वाली रिहायशी इमारतों में निर्माण योग्य क्षेत्रों को भी निश्चित किया जायेगा।

अधिनियम के अन्तर्गत यह अनुमति दी गई है कि सीमा से अधिक भूमि को ले लिया जाये और उसका उपयोग समाज के कमजोर वर्गों के लिए आवास इकाइयाँ बनाने के लिये किया जाये।

यह अधिनियम जम्मू और कश्मीर, केरल, नागालैंड और सिक्किम को छोड़ कर सभी केन्द्र शासित प्रदेशों और राज्यों पर लागू है। उक्त चार राज्यों ने अभी तक इस अधिनियम को अपने यहाँ लागू नहीं किया है। यह अधिनियम तलिमनाडु में भी लागू नहीं है क्योंकि वहाँ राज्य सरकार ने 1978 में स्वयं इस आशय का कानून लागू कर लिया था।

तंग बस्तियों में पर्यावरण सुधार

तंग बस्तियों में पर्यावरण सुधार कार्यक्रम के अन्तर्गत, देश के विभिन्न नगरों की तंग बस्तियों में रह रहे लगभग एक करोड़ लोगों को मूल सुविधायें प्रदान करने के लिये, छठी योजना अवधि के दौरान, राज्य क्षेत्र में 151.45 करोड़ रुपये खर्च किये जाने की आशा है। यह योजना न्यूनतम आवश्यकता कार्यक्रम का एक अंग है। यह 1972 में शुरू की गई योजना की ही अगली कड़ी है, जिसके अन्तर्गत कुछ चुने हुए शहरी इलाकों में तंग बस्तियों में रहने वालों के लिये जल आपूर्ति, जल व मल निकास के प्रबन्ध, सफाई, फुटपाथों, सार्वजनिक शौचालयों और सड़कों तथा गलियों में प्रकाश की व्यवस्था की गई थी। अनुमान है कि 1985 तक तंग बस्तियों की जनसंख्या 3.3 करोड़ हो जायेगी। मार्च 1980 के अन्त तक 69 लाख लोगों को उक्त सुविधायें दे दी गई थी। सूचनानुसार छठी योजना के पहले तीन वर्षों में 41 लाख लोगों को यह सुविधायें दी जा चुकी थीं। 1983-84 के दौरान लगभग 27 लाख लोगों को ऐसी सुविधायें प्रदान करने का प्रस्ताव है। इन पर लगभग 48.82 करोड़ रुपये खर्च होंगे,

जिसमें केन्द्र की ओर से राज्यों को उनके अतिरिक्त कार्यों के लिये 10.97 करोड़ रुपये का प्रोत्साहन अनुदान भी शामिल है।

जल आपूर्ति और सफाई

जल आपूर्ति और सफाई राज्यों के विषय हैं और इनसे सम्बन्धित योजनायें राज्य सरकारों द्वारा ही बनाई और कार्यान्वित की जाती हैं। छठी योजना के अन्तर्गत इस क्षेत्र के लिये कुल 3,922.02 करोड़ रुपये के खर्च का प्रावधान रखा गया है।

पीने के पानी की समस्या वाले सभी गाँवों में पीने का पानी पहुंचाना नये बीस सूत्री कार्यक्रम के एक अंग के रूप में लिया गया है। इसका उद्देश्य पानी की चिरकालिक समस्या वाले गाँवो को या उन गाँवो को जो पानी के असुरक्षित स्रोतों का इस्तेमाल करते हैं। पूरे वर्ष पीने के साफ पानी का कम से कम एक और स्रोत उपलब्ध कराना है। छठी योजना के आरम्भ में लगभग 2.31 लाख गाँवों को समस्या ग्रस्त गाँवो के रूप में दर्शाया गया। मार्च 1983 के अन्त तक 1,01,659 गाँवों को सुरक्षित जल आपूर्ति उपलब्ध कराई गई।

राष्ट्रीय राजधानी क्षेत्र

राष्ट्रीय राजधानी क्षेत्र की विकास योजना को फिर से लागू करने का निर्णय किया गया है। इसलिये केन्द्रीय स्तर पर एक विधि सम्मत बोर्ड स्थापित किया जायेगा। इस आशय का एक समझौता, आवास और निर्माण मन्त्री, दिल्ली के मन्त्रियों के बीच हुआ है। इस उद्देश्य के लिये सम्बन्धित राज्यों के विधान मण्डलों उपराज्यपाल तथा उत्तर प्रदेश, हरियाणा और राजस्थान के मुख्य मंत्रियों द्वारा पारित प्रस्ताव मिल जाने के बाद उनके आधार पर एक केन्द्रीय विधेयक प्रस्तुत किये जाने की योजना है।

झुग्गी-झोपड़ी हटाने की योजना

झुग्गी झोपड़ी हटाने की योजना का उद्देश्य उन लोगों के लिये वैकल्पिक आवास की व्यवस्था करना है जिन्होंने दिल्ली तथा नई दिल्ली में सरकारी तथा सार्वजनिक भूमि पर अनाधिकृत कब्जा कर रखा है। योजना के अधीन अब तक लगभग दो लाख मकानों और प्लाटों का विकास निर्माण किया जा चुका है। दिल्ली के कुछ इलाकों में सरकारी जमीन पर अनाधिकृत रूप से रहने वाले परिवारों के पुनर्वास के लिये सरकार ने 25 हजार प्लाटों को विकसित करने की एक और योजना को मंजूरी दी है।

निर्माण एजेन्सियाँ

राष्ट्रीय भवन निर्माण निगम

राष्ट्रीय भवन निर्माण लिमिटेड की स्थापना 1960 में एक विशिष्ट उद्देश्य से की गई थी कि अच्छे स्तर के प्रति रुचि का विकास हो, निर्माण लागत को कम किया जाये और दुर्गम तथा कठिन इलाकों में निर्माण कार्य आरम्भ किया जा सके। राष्ट्रीय भवन निर्माण निगम विशेष तथा जटिल निर्माण कार्यों को हाथ में लेता है और उन्हें पूरी तरह तैयार करके देता है। निर्माण के साथ-साथ भवन की योजना और डिजाइन भी निगम ही बनाता है। निगम ने लीबिया तथा

इराक में विभिन्न निर्माण कार्य पूरे किये हैं, जिनमें हवाई अड्डे, रिहायशी बस्तियाँ, छात्रावास, होटल, विश्वविद्यालय तथा जल-मल निकास प्रणालियों का निर्माण शामिल है।

नगरों की भीड़-भाड़ की समस्या को सुलझाने के सुझाव (Suggestions to solve the Problem of Overcrowding)

सुझाव

अन्त में नगरों में भीड़-भाड़ की समस्याओं को सुलझाने के लिये सुझाव निम्नलिखित हैं–

(1) नगरों में नये बनने वाले मकान नगर नियोजन (Town Planning) की रूप-रेखा के अनुसार बनाये जाने चाहियें। पिछले बने मकानों में नगर नियोजन की रूप-रेखा के अनुसार परिवर्तन होने चाहियें।

(2) कारखाने नगर के बाहर बनाये जायें और श्रमिकों के मकान भी कारखानों के पास बनाये जायें। उनकी आवश्यकता की वस्तुयें सहकारी समितियां के द्वारा वहीं सुलभ होनी चाहियें। कारखानों से शहर तक पक्की सड़कें बनाई जायें।

(3) श्रमिकों के आवास का प्रबन्ध करना मिल मालिकों के लिये अनिवार्य कर दिया जाये और सरकार आवश्यक सहायता दे।

(4) नई-नई बस्तियाँ बसाकर नगरों को बढ़ाया जाय और मध्य वर्ग तथा निम्न आय के व्यक्तियों को सरकारी सहायता देकर निजी मकान बनाने को प्रोत्साहित किया जाये।

(5) नगरपालिकायें मकानों के बारे में नमूना निश्चित करें और उनमें नक्शा पास कराये बिना किसी को मकान न बनाने दिया जाय। नियम भंग करने पर मकान गिरा दिये जायें।

(6) मकानों की तकनीक (Technique) उन्नत की जाय और सुधार किये जायें।

अभ्यास के लिये प्रश्न

1. गन्दी बस्तियों पर एक निबन्ध लिखिए।
2. संक्षिप्त टिप्पणी लिखो–नगर नियोजन।

29

भारत में श्रमिक-संघवाद

(Trade Unionism in India)

औद्योगिक क्षेत्र में मुख्य रूप से दो वर्गों के लोग कार्य करते हैं, प्रथम वर्ग को पूँजीपति वर्ग कहा जाता है और दूसरे वर्ग को श्रमिक वर्ग। पूँजीपति वर्ग उद्योगों की स्थापना करता है। वह उद्योग की स्थापना के लिये भूमि खरीदता है, इमारतें बनवाता है तथा आवश्यक मशीनें भी जुटाता है। इसके बाद वह स्वयं ही उत्पादन की योजना तैयार करता है और कच्चा माल उपलब्ध कराता है। इतनी सब तैयारियाँ हो जाने के बाद वह आवश्यक श्रमिकों की भर्ती करता है। श्रमिकों से वही अपनी योजना के अनुसार कार्य करवाता है और इन्हें निश्चित वेतन देता है। इस प्रकार किसी भी उद्योग में पूँजीपति का अधिकर बहुत अधिक होता है। एक पूँजीपति अथवा उद्योग का मालिक सैकड़ों श्रमिकों को भर्ती करता है। श्रमिक संख्या में बहुत अधिक हैं, अतः साधारणतया उद्योगपतियों को श्रमिक प्राप्त करने में कोई कठिनाई नहीं होती। श्रमिक वर्ग गरीब होता है। श्रम के अतिरिक्त उनके पास कोई अन्य पूँजी नहीं होती। श्रम एक ऐसी पूँजी है जिसे संचित करके रखना सम्भव नहीं है। इसी कारण से अपनी जीविका उपार्जन के लिये श्रमिकों को लगातार अपना श्रम बेचना पड़ता है। उद्योगपति श्रमिकों की इस मजबूरी का फायदा उठाते हैं। वे श्रमिकों को अपनी मनमर्जी के अनुसार वेतन देते हैं और अपनी ही मर्जी के अनुसार उनसे अधिक से अधिक काम लेते हैं। आधुनिक मशीनीकरण के फलस्वरूप अमीर उद्योगपतियों के सामने गरीब श्रमिक और भी अधिक असहाय हो गया है। बीसियों श्रमिकों द्वारा किये जाने वाला कार्य एक ही मशीन द्वारा हो जाता है। ऐसे में गरीब श्रमिकों को सदैव ही छंटनी का शिकार बनने का डर लगा रहता है। आधुनिक औद्योगिक व्यवस्था बहुत ही अधिक जटिल हो गयी है। समय-समय पर दुर्घटना होने का डर बना रहता है। ऐसी परिस्थितियों में श्रमिकों का जीवन सुरक्षित नहीं है। उद्योग के मालिक बेचारे श्रमिकों का अधिक से अधिक शोषण करना चाहते हैं। श्रमिक इस शोषण से बचना चाहते हैं। अलग-अलग एक-एक श्रमिक बहुत ही निर्बल एवं असहाय होता है। श्रमिक अपनी इस असहाय दशा से मुक्त होने के लिये संगठित होते हैं। संगठन में बहुत शक्ति होती हैं इस प्रकार मालिकों द्वारा किये जाने वाले शोषण से बचने के लिये तथा अपने हितों को सुरक्षित रखने के

लिये श्रमिक वर्ग संगठित हो जाता है। श्रमिकों के इस प्रकार के संगठन को श्रमिक संघ कहा जाता है।

श्रमिक संघ की परिभाषा
(Definition of Trade Union)

उपरोक्त विवेचन से स्पष्ट होता है कि मालिकों द्वारा होने वाले शोषण से बचने के लिये तथा अपने हितों को सुरक्षित रखने के लिये श्रमिक वर्ग जो संगठन बनाते हैं उसे श्रमिक संघ (Trade Union) कहा जाता है। विभिन्न विद्वानों ने 'श्रमिक संघ' की विभिन्न परिभाषायें प्रस्तुत की हैं। ये परिभाषायें मूल रूप से समान अर्थ ही प्रकट करती हैं। श्री वी० वी० गिरी ने 'श्रमिक संघ' के प्रत्यय को इस प्रकार परिभाषित किया है, "श्रमिक संघों से हमारा अभिप्राय ऐसे संगठनों से है जिनका निर्माण ऐच्छिक रूप में सामूहिक शक्ति के आधार पर श्रमिकों के हितों की रक्षा के लिये किया जाता है।"[1] श्री लेस्टर (R.A. Lester) ने भी इन शब्दों में 'श्रमिक संघ' को स्पष्ट किया है, "श्रमिकों की वह समिति जिसका उद्देश्य मुख्य रूप से सदस्यों की वृत्ति में सुधार करना एवं उन्हें बनाये रखना है।"[2] "श्रमिक संघ" के प्रत्यय को और अधिक स्पष्ट करते हुये श्री कोल (G.D.H. Cole) का कहना है, "सामान्यतः "श्रमिक संघ" का अर्थ एक या अधिक व्यवसायों में श्रमिकों के एक ऐसे संघ से लगाया जाता है जो अपने सदस्यों के उनके दैनिक कार्यों से सम्बन्धित आर्थिक हितों की रक्षा एवं वृद्धि करने के उद्देश्य से संचालित किया जाता है।"[3]

उपरोक्त परिभाषाओं के विवेचन से स्पष्ट होता है कि श्रमिक संघ औद्योगिक श्रमिकों का अपना संगठन होता है। श्रमिक इस संघ का संगठन अपने हितों को सुरक्षित रखने के लिये करते हैं। इसके अतिरिक्त मालिकों द्वारा किये जाने वाले शोषण एवं अत्याचार से बचने के लिये भी श्रमिकों को श्रमिक संघ के रूप में संगठित होना पड़ता है। यहाँ एक बात और भी स्पष्ट करनी आवश्यक है वह यह कि श्रमिक संघ श्रमिकों का एक ऐच्छिक (Voluntary) संगठन है। सामान्यतया सभी श्रमिक इस संघ के सदस्य होते हैं परन्तु इन संघों की सदस्यता में कोई बाध्यता नहीं होती। यदि कोई श्रमिक चाहे तो इन संघों की सदस्यता के बिना भी रह सकता है।

---

1. "Trade Unions are voluntary organizations of workers formed to promote and protect their interests by collective action."
—V.V. Giri, *Labour Problems in Indian Industry,* Asia Publishing House, Bombay, 1958, p. 1.
2. "An association of employers designed primarily to maintain or improve the conditions of employment of its members."
—R.A. Lester, *Economics of Labour,* p. 539.
3. "In common parlance a trade union means an association of workers in one or more occupations, carried on mainly for the purpose of protecting and advancing the member's economic interest in connection with their daily work."
—G.D.H. Cole, *An Introduction to Trade Unionism,* p. 13.

श्रमिक-संघ के उद्देश्य तथा कार्य
(Purposes and Functions of Trade Unions)

उपरोक्त विवेचन से स्पष्ट है कि श्रमिक संघ औद्योगिक श्रमिकों के हितों की विभिन्न प्रकार से रक्षा करते हैं। श्रमिक संघों के मुख्य कार्य एवं उद्देश्य निम्नलिखित हैं—

(1) सहयोग की भावना में वृद्धि—आधुनिक बड़ी-बड़ी औद्योगिक संस्थाओं में सैंकड़ों श्रमिक कार्य करते हैं। आधुनिक औद्योगिक व्यवस्था बहुत ही जटिल प्रकार की है। हर ओर विशेषीकरण का बोल-बाला है। मिलों और कारखानों में व्यक्तिवादिता का दृष्टिकोण पनप रहा है। लोगों के पारस्परिक सम्बन्ध दिन पर दिन अधिक औपचारिक होते जा रहे हैं। श्रमिकों के बीच कोई ऐसा सूत्र नहीं होता जो उनमें मित्रता के सम्बन्ध स्थापित करे। प्रायः एक ही औद्योगिक संस्थान में विभिन्न प्रान्तों के भिन्न-भिन्न भाषा बोलने वाले, भिन्न-भिन्न धर्मों के अनुयायी श्रमिक हुआ करते हैं। ऐसी परिस्थितियों में श्रमिक संघों का एक मुख्य उद्देश्य विभिन्न श्रमिकों के मध्य सहयोग एवं मित्रतापूर्ण सम्बन्ध स्थापित करने के अवसर प्रदान करना है। श्रमिक संघ विभिन्न श्रमिकों को आपस में मिलने तथा बातचीत करने के अवसर प्रदान करते हैं। सभी की सामान्य समस्याओं पर मिलकर विचार किया जाता है। समस्याओं पर विचार करने के अतिरिक्त श्रमिक संघों के अन्तर्गत सभी श्रमिक मिलकर मनोरंजन भी किया करते हैं। इस प्रकार श्रमिक संघों के माध्यम से श्रमिकों के मध्य मधुर सम्बन्ध स्थापित होते हैं।

(2) श्रमिकों को सुविधायें उपलब्ध कराना—साधारण दशाओं में अधिकांश उद्योगों के मालिक श्रमिकों की सुख-सुविधाओं का कोई ध्यान नहीं रखते। प्रायः श्रमिकों से अधिक समय तक काम लिया जाता है। काम की दशाएँ भी कभी-कभी अच्छी नहीं होती। इसके अतिरिक्त अन्य अनेक प्रकार की अनिवार्य सुविधाओं से भी श्रमिकों को वंचित रखा जाता है। ऐसी परिस्थितियों में श्रमिक-संघ संगठित होकर अपनी मांगों को मालिकों के सम्मुख प्रस्तुत करते हैं और अनिवार्य सुविधाओं की व्यवस्था करवाते हैं।

(3) मालिकों और श्रमिकों के मध्य सम्पर्क स्थापित करना—आधुनिक औद्योगिक संस्थान बहुत ही विस्तृत होते हैं। एक-एक उद्योग में सैंकड़ों श्रमिक कार्य करते हैं। ऐसी परिस्थितियों में श्रमिकों का मालिकों या उच्च अधिकारियों से कोई सीधा सम्बन्ध स्थापित हो पाना सम्भव नहीं होता। कभी-कभी तो कई श्रमिक अपने उद्योग के मालिकों और उच्च प्रबन्धकों को पहचानते भी नहीं। ऐसी दशा में न तो श्रमिक अपनी परेशानियों एवं आवश्यकताओं को मालिकों तक पहुँचा पाते हैं और न ही मालिकों को अपने श्रमिकों के विषय में कुछ भी ज्ञात हो पाता है। ऐसी औपचारिक परिस्थितियों में श्रमिक-संघ के माध्यम से श्रमिकों और मालिकों के मध्य सम्पर्क स्थापित हो पाता है। श्रमिक-संघ समय-समय पर श्रमिकों की सामूहिक रूप से तथा व्यक्तिगत रूप से मालिकों से भेंट अथवा मुलाकातों का आयोजन किया करते हैं। इस प्रकार श्रमिक संघों के माध्यम से श्रमिकों के मालिकों के साथ घनिष्ठ एवं सहानुभूतिपूर्ण सम्बन्ध स्थापित होते हैं।

(4) श्रमिकों की आर्थिक प्रगति के कार्य करना—नगरीय जीवन ग्रामीण जीवन से भिन्न होता है। श्रमिकों को नगरों में ही रहना पड़ता है। ऐसे में सामान्य जीवन व्यतीत करने

के लिए भी काफी पैसे की आवश्यकता होती है। श्रमिक-संघ श्रमिकों की आर्थिक स्थिति सुधारने के लिए समय-समय पर यत्न करते रहते हैं। श्रमिकों के वेतन में वृद्धि करवाने के लिये श्रमिक-संघ मालिकों से बातचीत करते हैं। समय-समय पर बोनस की माँग की जाती है। निर्धारित समय से अधिक कार्य करने पर ओवरटाइम (overtime) के पैसे माँगे जाते हैं। इस प्रकार श्रमिक-संघ हर सम्भव ढंग से श्रमिकों की आर्थिक स्थिति सुधारने का प्रयास करते हैं।

(5) श्रमिकों के हितों की रक्षा करना—साधारण दशाओं में उद्योगों के मालिक मजदूर और श्रमिकों का अधिक से अधिक शोषण करते हैं। श्रमिकों के हितों का कोई ध्यान नहीं रखा जाता। श्रमिकों को छुट्टी नहीं दी जाती और श्रमिकों को छुट्टी लेने पर इनके वेतन में से कटौती कर दी जाती है। बीमारी, दुर्घटना आदि की हालत में श्रमिकों को कोई सहायता नहीं दी जाती। इसके अतिरिक्त श्रमिकों की पदोन्नति नहीं की जाती। लम्बे समय तक श्रमिकों को एक ही पद एवं वेतन पर कार्य करना पड़ता है। बहुत से उद्योगों में लम्बे समय तक कार्य करते रहने पर भी श्रमिकों को स्थायी नहीं बनाया जाता और किसी भी समय उन्हें इनकी सेवाओं से वंचित कर दिया जाता है। ऐसी परिस्थितियों में श्रमिक-संघ श्रमिकों के विभिन्न हितों की रक्षा करते हैं। श्रमिक-संघों के सदस्य श्रमिकों को आसानी से नौकरी से निकाला नहीं जा सकता। यदि कभी कोई उद्योगपति किसी श्रमिक के हितों को नुकसान पहुँचाता है तो श्रमिक संघ उसकी सहायता करते हैं। हितों की रक्षा के लिये समय-समय पर हड़ताल भी की जाती है।

(6) श्रमिक-कल्याण की व्यवस्था करना—भारत में औद्योगिक श्रमिकों की आर्थिक एवं सामाजिक स्थिति अच्छी नहीं है। श्रमिक वर्ग हर प्रकार से बहुत ही पिछड़ा हुआ है। श्रमिकों का जीवन स्तर बहुत ही निम्न है। अधिकांश श्रमिक अज्ञानी एवं अनपढ़ होते हैं। इसके अतिरिक्त श्रमिकों के परिवारों की दशा और भी बुरी होती है। ऐसी परिस्थितियों में श्रमिक संघों का एक मुख्य उद्देश्य श्रमिकों का सामाजिक एवं आर्थिक कल्याण भी है। श्रमिक संघों द्वारा श्रमिकों के स्वस्थ मनोरंजन की भी व्यवस्था की जाती है। श्रमिकों के बच्चों की पढ़ाई-लिखाई की भी व्यवस्था की जाती है। प्राय: श्रमिकों में अनेक प्रकार के दोष होते हैं, अधिकांश श्रमिक अनेक प्रकार के व्यवसनों के शिकार होते हैं। श्रमिक संघों के कल्याणकारी विभाग श्रमिकों को व्यवसनों से मुक्त कराने का भी प्रयास करते रहते हैं।

श्रमिक-संघों के लाभ
(Advantages of Trade Unions)

श्रमिक-संघों के कार्यों एवं उद्देश्यों के उपरोक्त विवेचन से स्पष्ट होता है कि श्रमिक-संघों द्वारा औद्योगिक श्रमिकों को विशेष लाभ होता है। श्रमिक संघों से श्रमिकों को मुख्य रूप से निम्नलिखित लाभ होते हैं—

(1) श्रमिक संघों के माध्यम से श्रमिकों में एकता बढ़ती है। इसके अतिरिक्त श्रमिक संघों के ही माध्यम से विभिन्न प्रकार के श्रमिकों में मित्रता एवं सहयोग पूर्ण सम्बन्ध स्थापित

होते हैं। एकता एवं मित्रतापूर्ण सम्बन्धों के विकास के फलस्वरूप श्रमिकों में वर्ग-चेतना जागृत होती है और वे अपने अधिकारों के प्रति जागरूक हो जाते हैं।

(2) श्रमिक संघों के ही माध्यम से श्रमिक वर्ग शोषण के चंगुल से बच पाता है। अधिकांश पूँजीपतियों की सदा यह कोशिश रहा करती है कि श्रमिकों को कम से कम वेतन एवं सुविधायें दी जायें और उनसे अधिक से अधिक काम लिया जाये। इस प्रकार संघ मालिकों द्वारा होने वाले विभिन्न प्रकार के शोषणों से बचने में श्रमिकों को विशेष सहायता प्रदान करता है।

(3) श्रमिक-संघों की कल्याणकारी योजनाओं द्वारा श्रमिकों को विशेष लाभ होता है। श्रमिक-संघ श्रमिकों के रहन-सहन, जीवन स्तर एवं स्वास्थ्य का भी ध्यान रखते हैं। कहीं-कहीं श्रमिक संघों द्वारा अप्रशिक्षित श्रमिकों के लिए प्रारम्भिक प्रशिक्षण की भी व्यवस्था की जाती है। इससे भी श्रमिकों को श्रमिक-संघों द्वारा विशेष लाभ प्राप्त होता है।

(4) किसी हद तक श्रमिक-संघों के माध्यम से औद्योगिक झगड़ों को सुलझाने में भी सहायता मिलती है। श्रमिक-संघ के नेता स्वयं उद्योग के मालिकों से मिल कर श्रमिकों की समस्याओं को शान्तिपूर्ण ढंग से सुलझा लिया करते हैं। कहीं-कहीं तो औद्योगिक प्रबन्ध में भी श्रमिक-संघों के प्रतिनिधियों को स्थान दिया जाता है।

(5) श्रमिक संघ औद्योगिक श्रमिकों को अनुशासित करने का भी कार्य करते हैं। यदि किसी औद्योगिक-संस्थान के श्रमिकों में आपस में ही कोई झगड़ा हो जाता है तो उस झगड़े का निबटारा भी श्रमिक-संघ ही कर दिया करते हैं।

(6) आपत्ति के समय भी श्रमिक संघ श्रमिकों की सहायता किया करते हैं। यदि किसी श्रमिक को कोई व्यक्तिगत परेशानी होती है तो उस परेशानी का समाधान भी श्रमिक-संघ किया करता है। किसी श्रमिक की मृत्यु हो जाने पर उसके परिवार की देख-रेख एवं सहायता का कार्य भी श्रमिक-संघ द्वारा किया जाता है।

उपरोक्त विवेचन से स्पष्ट है कि श्रमिकों को श्रमिक-संघों से विशेष लाभ प्राप्त होता है। यहाँ पर स्पष्ट कर देना आवश्यक है कि श्रमिक-संघों से केवल श्रमिकों को ही लाभ नहीं प्राप्त होता बल्कि उद्योग के मालिक एवं पूरे राष्ट्र को भी लाभ होता है। विभिन्न दशाओं में औद्योगिक शान्ति बनाये रखने के लिये श्रमिक संघ उद्योग के मालिकों की सहायता करते हैं। इसके अतिरिक्त श्रमिक संघ श्रमिकों को सन्तुष्ट रखने का प्रयास करते हैं। सन्तुष्ट होने पर श्रमिकों की कार्य-कुशलता एवं कार्य शक्ति में वृद्धि होती है। इससे उत्पादन में वृद्धि होती है। उत्पादन की वृद्धि होने से पूरे राष्ट्र को लाभ होता है। श्रमिक-संघ प्रायः श्रमिकों के सामाजिक कल्याण के कार्य भी करते हैं। भारतीय समाज का बहुत बड़ा भाग श्रमिक है। श्रमिकों के सामाजिक कल्याण के फलस्वरूप समाज का कल्याण होता है और समाज का स्तर उठता है। इस प्रकार स्पष्ट है कि श्रमिक संघों द्वारा श्रमिकों को, उद्योग के मालिकों को, पूरे समाज को तथा राष्ट्र को विभिन्न प्रकार के लाभ होते हैं।

श्रमिक-संघों को लाभदायक बनाने के लिए आवश्यक बातें

श्रमिक संघों के कार्यों एवं उद्देश्यों के विवेचन से स्पष्ट है कि श्रमिक संघ श्रमिकों के लिये बहुत ही लाभदायक सिद्ध हो सकते हैं। परन्तु यहाँ यह नहीं भूलना चाहिए कि किसी सामाजिक संस्था अथवा समिति की सफलता एवं लाभकारी होना विभिन्न परिस्थितियों तथा शर्तों पर निर्भर करता है। किसी भी सामाजिक समिति की सुचारू गतिविधियों के लिये कुछ आवश्यक बातें पूरी होना आवश्यक होता है। श्रमिक-संघ सामाजिक समिति है। अतः श्रमिक-संघ की सफलता भी कुछ आवश्यक बातों पर निर्भर रहती है। मुख्य आवश्यक बातें या शर्तें निम्नलिखित हैं—

(1) श्रमिकों की अनिवार्य सदस्यता—श्रमिक-संघ का मुख्य आधार संगठन शक्ति है। संगठन को सुदृढ़ एवं सबल बनाने के लिये आवश्यक है कि संगठन में अधिक से अधिक सदस्य हों। श्रमिक संघ औद्योगिक श्रमिकों का संगठन होता है। श्रमिक संघ को साफ एवं लाभदायक बनाने के लिये यह आवश्यक है कि सभी औद्योगिक श्रमिक इस संघ के अनिवार्य रूप से सदस्य बनें। यहाँ यह भी स्पष्ट कर देना आवश्यक है कि श्रमिक संघ में श्रमिकों की केवल नाम मात्र की सदस्यता से लक्ष्य की प्राप्ति नहीं हो पाती। श्रमिक संघ को लाभदायक बनाने के लिये सभी श्रमिकों की सक्रिय सदस्यता अनिवार्य है। प्रत्येक श्रमिक सदस्य को श्रमिक संघ को अपना संघ समझना चाहिये और संघ के लिये सभी आवश्यक कार्य करने चाहिएँ।

(2) सुदृढ़ आर्थिक स्थिति—श्रमिक-संघ की सफलता के लिए अधिक संख्या में श्रमिकों की सदस्यता के अतिरिक्त धन की भी आवश्यकता होती है। श्रमिक-संघ की आर्थिक स्थिति सुदृढ़ होनी चाहिये। श्रमिक-संघ को समय-समय पर धन की विशेष आवश्यकता होती है। बीमार एवं दुर्घटना ग्रस्त श्रमिकों की सहायता के लिये, मालिकों द्वारा नौकरी से वंचित किये गये श्रमिकों की सहायता के लिये तथा अन्य कल्याणकारी कार्यों पर खर्च करने के लिये पर्याप्त धन की आवश्यकता होती है। श्रमिक-संघों के पास धन एकत्रित करने का कोई विशेष साधन नहीं होता। अतः यह आवश्यक है कि श्रमिक-संघ के प्रत्येक सदस्य से नियमित रूप से सदस्यता शुल्क लिया जाये। सदस्यता-शुल्क की दर सुविधा एवं आवश्यकता के अनुसार निर्धारित की जा सकती है।

(3) बाहरी प्रभावों एवं दबावों से मुक्ति—श्रमिक-संघों को एक स्वतन्त्र सत्ता के रूप में कार्य करना चाहिये, किसी बाहरी सत्ता के आधीन नहीं होना चाहिये। कभी-कभी कुछ राजनीतिक संस्थायें अथवा पार्टियों श्रमिक संघों को विभिन्न प्रकार के झूठे प्रलोभन दिखाकर अपने आधीन कर लेती हैं। इन राजनीतिक पार्टियों के उद्देश्य अच्छे नहीं होते हैं। वास्तव में ये राजनीतिक पार्टियाँ अपने राजनीतिक उद्देश्यों को पूरा करने के लिए श्रमिक संघों को उनके अपने पथ एवं उद्देश्य से विचलित कर देते हैं। राजनीतिक पार्टियों के अतिरिक्त अन्य प्रकार के बाहरी प्रभावों एवं दबावों से श्रमिक संघों को बचना चाहिये।

(4) एकता एवं त्याग की भावना—श्रमिक संघों का मूल आधार ही श्रमिक एकता में निहित है। एकता के बल पर श्रमिक संघ के सारे कार्य होते हैं। सामान्य समस्याओं के

अतिरिक्त श्रमिकों की कुछ व्यक्तिगत समस्यायें होती हैं। इन व्यक्तिगत समस्याओं के लिये आवाज उठाने के लिए एकता होनी आवश्यक है। श्रमिक संघ को सफल बनाने के लिए एकता के अतिरिक्त त्याग की भावना भी बहुत आवश्यक है। श्रमिक संघों का उद्देश्य सार्वजनिक कल्याणकारी आदर्शों को प्राप्त करना होता है। इन आदर्शों को प्राप्त करने के लिये विभिन्न प्रकार के त्यागों की आवश्यकता होती है।

(5) योग्य नेतृत्व—श्रमिक संघों को सफल एवं लाभदायक बनाने के लिए योग्य नेतृत्व की विशेष आवश्यकता होती है। साधारण भारतीय श्रमिक अभी तक अनपढ़ एवं अज्ञानी ही हैं। वे नगरीय जीवन की जटिल बातों और उद्योगपतियों के दाव पेंचों से सही रूप में परिचित नहीं होते। अत: ऐसे भोले भाले श्रमिकों के सही दिशा निर्देशन के लिये अच्छे एवं योग्य नेताओं की आवश्यकता होती है। कुछ श्रमिक नेता बहुत ही स्वार्थी होते हैं। ये स्वार्थी नेता श्रमिक संघ के हितों का ध्यान न रखकर अपने स्वार्थों की पूर्ति करते हैं। ये श्रमिक संघ के धन एवं शक्ति का अपव्यय करते हैं। ऐसे श्रमिक नेता श्रमिकों को पथ-भ्रष्ट कर देते हैं। अत: यह आवश्यक है कि श्रमिक संघ के नेता का पद उसी व्यक्ति को सौंपा जाये जो स्वयं अपने स्वार्थों को भुलाकर श्रमिक संघ के हित के लिये हर सम्भव प्रयास करे। इसके अतिरिक्त यह भी आवश्यक है कि श्रमिक संघ का नेता कोई श्रमिक ही हो। एक श्रमिक ही श्रमिकों की वास्तविक दशाओं और कठिनाइयों को समझ सकता है। इसके अतिरिक्त श्रमिक नेता के लिये यह आवश्यक है कि उसे मुख्य श्रमिक अधिनियमों एवं आवश्यक कानूनों का भी ज्ञान हो।

(6) व्यावहारिक दृष्टिकोण—श्रमिक संघों का मुख्य कार्य श्रमिकों के हितों की रक्षा करना एवं उनकी आर्थिक, सामाजिक स्थिति में सुधार करना होता है। परन्तु इन कार्यों तथा उद्देश्यों को प्राप्त करने के साथ-साथ यह भी ध्यान रखना चाहिये कि देश एवं औद्योगिक व्यवस्था किन परिस्थितियों में से गुजर रहे हैं। श्रमिक संघों का दृष्टिकोण व्यावहारिक होना आवश्यक है। इसके द्वारा प्रस्तुत की गयी माँगें ऐसी होनी चाहियें जिन्हें सरलता से पूरा किया जा सके। उन्हें उद्योग के मालिकों के हितों का भी ध्यान रखना चाहिये। मालिक वर्ग को भी लाभ प्राप्त करने का अधिकार है। इसके अतिरिक्त यह भी ध्यान रखना आवश्यक है कि पूरा देश किस प्रकार की आर्थिक, सामाजिक एवं राजनीतिक परिस्थितियों से गुजर रहा है। उदाहरण के लिये युद्ध-काल में श्रमिकों को वेतन वृद्धि या कार्य के घण्टे कम करने की माँग कदापि नहीं करनी चाहिये। कभी-कभी अन्तर्राष्ट्रीय व्यापार एवं उद्योग की दशाएँ बिगड़ जाती हैं, ऐसी परिस्थितियों में भी श्रमिकों को धैर्य एवं सन्तोष से काम लेना चाहिये। इस प्रकार की माँगों के अतिरिक्त श्रमिक-संघों को अपनी श्रमिक-कल्याणकारी योजनाओं के निर्माण में भी व्यावहारिक दृष्टिकोण अपनाना चाहिये। उन्हें ऐसी योजनाओं का आयोजन नहीं करना चाहिये जिनके सफलतापूर्वक पूरा होने में सन्देह हो।

(7) प्रजातान्त्रिक दृष्टिकोण—श्रमिक-संघ को सफल एवं लाभकारी बनाने के लिये यह आवश्यक है कि उसके द्वारा अपनाई गयी नीति प्रजातान्त्रिक दृष्टिकोण पर आधारित हो। प्रजातान्त्रिक दृष्टिकोण से यहाँ आशय यह है कि संघ के कार्यों में सभी सदस्यों की राय ली

जाये। इसका एक अन्य प्रयोजन भी है। श्रमिक वर्ग प्रायः अपने आपको हीन एंव गिरा हुआ समझने लगता हैं। पूरी औद्योगिक व्यवस्था में उसका कोई स्पष्ट महत्त्व नहीं होता, अतः यदि श्रमिक-संघ के कार्यों में प्रत्येक श्रमिक को महत्त्व दिया जाये तो उसका विशेष लाभ होता है। इससे सामान्य श्रमिकों में आत्म-सम्मान की भावना पैदा होती है। इस प्रकार यह आवश्यक है कि श्रमिक-संघ के सब कार्य श्रमिकों द्वारा ही सामूहिक रूप से प्रजातान्त्रिक नियमों पर आधारित होने चाहियें। श्रमिक संघ के नेताओं का चुनाव भी श्रमिकों द्वारा ही होना चाहिये।

(8) **रचनात्मक दृष्टिकोण**—श्रमिक-संघ श्रमिकों की मांगों को पूरा करवाने का प्रयास करते हैं और यही इनका वास्तविक उद्देश्य है। परन्तु इस उद्देश्य की पूर्ति के लिये रचनात्मक दृष्टिकोण अपनाना आवश्यक है। वास्तव में श्रमिकों को उद्योग के मालिकों को अपना शत्रु नहीं मानना चाहिये और अपनी माँगों को मनवाने के लिये सुलह-समझौते की नीति अपनानी चाहिये। प्रायः कुछ श्रमिक-नेता श्रमिकों को उद्योगों के मालिकों के विरुद्ध भड़काकर हिंसा और तोड़-फोड़ के लिये प्रेरित किया करते हैं। यह विध्वसंक दृष्टिकोण ठीक नहीं है। वास्तव में उन्हें ऐसी नीति अपनानी चाहिये जो श्रमिकों एवं मालिकों दोनों के हितों की रक्षा कर सके। विध्वंसक दृष्टिकोण से केवल उद्योग के मालिकों को ही हानि नहीं होती बल्कि राष्ट्र, समाज एवं स्वयं श्रमिकों को भी नुकसान उठाना पड़ता है। तोड़-फोड़ आदि की क्रियाओं से तंग आकर प्रायः उद्योगपति तालेबन्दी की प्रतिक्रिया करते हैं। इससे श्रमिकों का नुकसान होता है और राष्ट्र की उत्पादकता घटती है।

(9) **राजनीति से मुक्त होना चाहिये**—श्रमिक-संघों को सफल एवं लाभदायक बनाने के लिये यह आवश्यक है कि श्रमिक-संघ हर प्रकार की राजनीति से मुक्त रहें। कभी-कभी श्रमिक-संघ अपना मुख्य कार्य छोड़कर देश की राजनीति में भाग लेने लगते हैं। ऐसी परिस्थितियों में श्रमिक-संघ वास्तव में श्रमिकों का अहित ही करते हैं। श्रमिक-संघों के पास सीमित आर्थिक साधन होते हैं, अतः यदि वे अपना संचित धन राजनीतिक कार्यों में खर्च करना प्रारम्भ कर देंगे तो अपने निजी उद्देश्यों को पूरा नहीं कर पायेंगे।

(10) **कल्याणकारी दृष्टिकोण**—श्रमिक-नेताओं एवं श्रमिक-संघ का मुख्य उद्देश्य सदैव ही श्रमिक-कल्याण होना चाहिये। श्रमिक-संघ को कभी भी कोई ऐसा कार्य नहीं करना चाहिये जो कि श्रमिकों के कल्याण के लिये बाधक हो। श्रमिक-संघों को अधिक से अधिक धन श्रमिकों के जीवन-स्तर को ऊँचा उठाने वाली योजनाओं पर खर्च करना चाहिये। यदि पर्याप्त धन हो तो श्रमिकों के लिये मकानों की व्यवस्था करनी चाहिये। इसके अतिरिक्त श्रमिक-संघ श्रमिकों के कल्याण के लिये शिक्षा, मनोरंजन तथा चिकित्सा की व्यवस्था भी कर सकते हैं।

श्रमिक-संघ का इतिहास
(History of Trade Unionism in India)

भारत में औद्योगीकरण का इतिहास बहुत लम्बा नहीं हैं औद्योगिक दृष्टि से पाश्चात्य देशों से पिछड़े होने के कारण भारत में श्रमिक-संघों की स्थापना भी अपेक्षाकृत देर से हुई

है। वास्तव में औद्योगिक विकास के साथ ही साथ औद्योगिक संगठनों की भी स्थापना होती है। भारत में पिछली शताब्दी के मध्य से उद्योग का व्यवस्थित विकास हुआ है। उद्योगों के विकास के बाद इस क्षेत्र में सर्वप्रथम उद्योगों के मालिकों के संगठनों की स्थापना हुई। उद्योगों के मालिकों ने ये संगठन अपने हितों को सुरक्षित रखने के लिये स्थापित किये थे। परन्तु श्रमिकों के संगठनों की कोई व्यवस्था नहीं थी। धीरे-धीरे जब औद्योगिक विकास हुआ और उद्योगों के मालिकों ने औद्योगिक श्रमिकों के हितों को नुकसान पहुंचाना शुरू किया तब श्रमिक वर्ग को भी संगठित होने की आवश्यकता महसूस हुई श्रमिकों को संगठित करने में कुछ समाज-सुधारकों का भी हाथ था। भारत में श्रमिक वर्ग को संगठित हुए अभी ज्यादा समय नहीं हुआ। भारतीय-श्रमिक-संघों का इतिहास सौ वर्ष से अधिक पुराना नहीं है। भारतीय श्रमिक-संघों के इतिहास के व्यवस्थित अध्ययन के लिये उसे दो भागों में विभाजित किया जा सकता है। प्रथम भाग में श्रमिक-संघ के प्रारम्भिक इतिहास का अध्ययन किया जायेगा और दूसरे भाग में श्रमिक-संघ के आधुनिक युग के इतिहास का विवरण दिया जायेगा।

भारतवर्ष में श्रमिक-संघ के व्यवस्थित संगठन का श्रेय श्री सोराबजी शापुर्जी बंगाली को है। श्री बंगाली ने सन् 1985 में भारतीय औद्योगिक श्रमिकों की दीनदशा को सुधारने का प्रयास किया था। उन्होंने इस कार्य के लिये तत्कालीन सरकार का ध्यान भी इस ओर आकर्षित किया था। परन्तु श्री बंगाली के एकाकी प्रयास का श्रमिकों को कोई विशेष लाभ नहीं मिला।

भारत में सन् 1881 में सरकार द्वारा प्रथम कारखाना अधिनियम पास किया गया। इसके बाद सन् 1884 में पुनः श्री नारायण-मेघ जी लोखाण्डे ने भारतीय श्रमिकों की दशा सुधारने के लिये व्यवस्थित योजना बनायी। श्री लोखाण्डे ने अपनी योजना के अन्तर्गत बम्बई के कारखानों के श्रमिकों का एक शिखर सम्मेलन बुलाया। इस सम्मेलन के अर्न्तगत औद्योगिक श्रमिकों की विभिन्न अनिवार्य माँगों पर विचार किया गया और कुछ प्रस्ताव पास किये गये। इस सम्मेलन में मुख्य रूप से श्रमिकों के लिये एक साप्ताहिक छुट्टी और दिन में आधे घण्टे के लिये आराम की छुट्टी की माँग की गई। इसके अतिरिक्त औद्योगिक कार्य करते समय दुर्घटना का शिकार होने वाले श्रमिकों के लिये क्षति-पूर्ति की मांग पर भी जोर दिया गया। इस सम्मेलन के कुछ अच्छे ही परिणााम प्राप्त हुये। कुछ उद्योगपतियों ने उपरोक्त मांगों में से कुछ मांगों को पूरा करना स्वीकार किया। इस सफलता के फलस्वरूप श्री लोखाण्डे का साहस बढ़ा और उन्होंने बम्बई में श्रमिक-संघ की स्थापना की। उन्होंने इस श्रमिक-संघ का नाम 'बम्बई मिल मजदूर संघ' (Bombay Mills Hands Association) रखा। इन्हीं दिनों श्री लोखाण्डे के प्रयासों से एक श्रमिक पत्रिका का प्रकाशन भी आरम्भ हुआ। इस श्रमिक पत्रिका का नाम 'दीनबन्धु' रखा गया था। इस प्रकार श्री लोखाण्डे ने काफी दिनों तक श्रमिकों का नेतृत्व एवं इनके कल्याण का कार्य किया। परन्तु श्री लोखाण्डे की मृत्यु के बाद इनके द्वारा चलाये गये अभियान की गति कुछ धीमी पड़ गयी। इसके बाद रेलवे कर्मचारियों ने एक व्यवस्थित संयुक्त संगठन स्थापित किया।

सन् 1905 में भारत की तत्कालीन ब्रिटिश सरकार ने अपनी कूटनीति के अनुसार बंगाल को दो भागों में विभाजित कर दिया था। बंगाल के इस विभाजन का औद्योगिक श्रमिकों ने तथा समाज सुधारकों ने कड़ा विरोध किया। इसके बाद श्रमिकों में जागरूकता की एक लहर सी आ गई और उन्होंने अपना कार्य एक व्यवस्थित आन्दोलन के रूप में प्रारम्भ कर दिया। बंगाल के विभाजन के बाद सन् 1909 तक भारत में विभिन्न माँगों को लेकर अनेक हड़तालों का आयोजन हुआ। सन् 1908 में प्रमुख भारतीय नेता लोकमान्य तिलक को ब्रिटिश सरकार ने 6 वर्ष का कारावास घोषित किया। सरकार के इस अन्याय के फलस्वरूप भारतीय श्रमिकों एवं नागरिकों ने उस काल की सबसे बड़ी हड़ताल का आयोजन किया। इसी काल में भारत के विभिन्न भागों में अनेक श्रमिक संगठन स्थापित हुए। कलकत्ते में सभी प्रेस कर्मचारियों ने सन् 1905 में एक संघ की स्थापना की। बम्बई के डाक-कर्मचारियों ने भी सन् 1907 में एक व्यवस्थित कर्मचारी संगठन की नींव रखी। इन्हीं दिनों श्रमिकों की आर्थिक-सामाजिक स्थिति में सुधार करने के लिए तथा अन्य कल्याणकारी कार्य करने के लिए बम्बई में सन् 1910 में एक 'श्रमिक-कल्याण सभा' की भी स्थापना की गयी। इस सभा ने श्रमिकों के लिए विभिन्न प्रकार के कल्याणकारी कार्य किये।

भारतीय श्रमिक-संघों के इतिहास का आधुनिक युग प्रथम महायुद्ध से प्रारम्भ होता है। महायुद्ध के दौरान भारत के श्रमिकों में भी चेतना की एक लहर सी आ गई थी। इस नई चेतना अथवा जागृति के विभिन्न कारण थे। एक तो युद्ध के फलस्वरूप औद्योगिक व्यवस्था एवं सामान्य आर्थिक स्थिति में विशेष परिवर्तन हुये। दूसरे इन्हीं दिनों अनेक भारतीय नेताओं ने भी श्रमिकों एवं निम्न वर्गों के लोगों के उत्थान की ओर ध्यान दिया। भारतीय राजनीतिक नेता लोकमान्य तिलक, ऐनी बेसेण्ट और गाँधी जी के प्रयासों ने श्रमिकों को संगठित होने के लिये विशेष प्रोत्साहन दिया। इस दिशा में गाँधी जी का असहयोग आन्दोलन विशेष उल्लेखनीय है। गाँधी जी के ही प्रोत्साहन से अहमदाबाद में 'अहमदाबाद कपड़ा मिल मजदूर समिति' (Ahmedabad Textile Labour Association) संगठित हुई। इन्हीं दिनों में अन्तर्राष्ट्रीय श्रम संगठन (I.L.O.) की एक शाखा स्थापित हुयी। इसके बाद नियमित रूप से इस अन्तर्राष्ट्रीय संगठन की सभायें भारत में भी होने लगीं।

सन् 1920 में भारत में 'अखिल भारतीय ट्रेड यूनियन काँग्रेस' के रूप में श्रमिकों का व्यवस्थित संगठन हुआ। श्रमिकों की इस संस्था के संगठन से भारतीय श्रमिकों को विशेष बल एवं प्रोत्साहन मिला। जिसके फलस्वरूप भारत में शीघ्र ही अनेक श्रमिक-संघों की स्थापना होने लगी। इस दिशा में सन् 1923 में विशेष प्रगति हुई। इसी वर्ष तत्कालीन भारतीय सरकार ने भारतीय ट्रेड यूनियन अधिनियम पास किया। इस अधिनियम के पास होने से श्रमिक-संघों को विशेष लाभ हुआ। इस अधिनियम के अन्तर्गत सभी पंजीकृत श्रमिक-संघों को वैधानिक दृष्टि से मान्यता दे दी गयी। श्रमिक-संघों की व्यवस्था एवं संगठन के प्रकार में सन् 1926 में विशेष परिवर्तन आया। सन् 1926 में भारतीय श्रमिक-संघों की बागडोर कुछ साम्यवादी नेताओं ने सम्भाल ली थी। इन साम्यवादी नेताओं ने श्रमिक-संघों की नीतियों में

एवं कार्य पद्धतियों में पर्याप्त परिवर्तन किये जिसके फलस्वरूप सन् 1927 में भारतीय श्रमिक-संघ दो भिन्न दलों में विभजित हो गये। पुराने नेताओं को मानने वाले श्रमिक-संघों का दृष्टिकोण शांत एवं सुधारवादी था। साम्यवादी नेताओं का नेतृत्व स्वीकार करने वाले श्रमिक-संघों का दृष्टिकोण उग्र एवं साम्यवादी था। दृष्टिकोण में अन्तर होने के कारण इन दो प्रकार के श्रमिकों के श्रमिक-संघों में निरन्तर संघर्ष होने लगे। श्रमिकों के इस आपसी संघर्ष का उद्योगपतियों ने पर्याप्त फायदा उठाया।

श्रमिक-सघों के विभिन्न दलों में आपसी संघर्ष क्रमशः बढ़ते ही गये। सन् 1929 में अखिल भारतीय ट्रेड यूनियन कांग्रेस का नागपुर में दसवां अधिवेशन हुआ। इस अधिवेशन की अध्यक्षता पंडित जवाहर लाल नेहरू ने की थी। इसी अधिवेशन के बाद कुछ श्रमिक-संघों ने अखिल भरतीय ट्रेड यूनियन कांग्रेस से नाता तोड़ लिया। अलग हुये इन श्रमिक-संघों ने अलग से अखिल भारतीय ट्रेड यूनियन फेडरेशन की स्थापना कर ली। श्रमिक-संघों की आपसी फूट यहीं तक सीमित नहीं रही। आपसी फूट के फलस्वरूप सन् 1931 में एक अन्य नये श्रमिक संगठन की भी स्थापना हो गयी। इस नये श्रमिक संगठन का नाम रैड ट्रेड यूनियन कांग्रेस (All India Red Trade Union Congress) रखा गया।

श्रमिक-संघों की आपसी फूट से उद्योपतियों ने काफी लाभ उठाया और श्रमिकों को इससे काफी नुकसान हुआ। अंत में सन् 1934 में इस आपसी फूट का अंत हुआ। इसी वर्ष ट्रेड यूनियन कांग्रेस का विशाल अधिवेशन हुआ। इस अधिवेशन की अध्यक्षता पंडित हरिहरनाथ शास्त्री ने की थी। इस अधिवेशन के फलस्वरूप रैड ट्रेड यूनियन कांग्रेस तथा ट्रेड यूनियन कांग्रेस के मध्य समझौता हो गया। इस समझौते के फलस्वरूप रैड ट्रेड यूनियन कांग्रेस को समाप्त कर दिया गया। इसके बाद सन् 1938 में ट्रेड यूनियन फेडरेशन का भी अखिल भारतीय ट्रेड यूनियन कांग्रेस में विलय हो गया। इस समझौते का श्रेय श्री वी॰ वी॰ गिरि को मिला। इस प्रकार एक बार पुनः 1940 में अखण्ड श्रमिक संगठन की स्थापना हुयी। इसके बाद दूसरे महायुद्ध ने पुनः भारतीय श्रमिक-संघों के मध्य मतभेद का वातावरण तैयार कर दिया। अखिल भारतीय ट्रेड यूनियन कांग्रेस ने महायुद्ध का विरोध किया एवं सरकार की निन्दा की। इस रवैये से श्री एम॰ एन॰ राय जैसे कुछ नेता सहमत नहीं थे, अतः अखिल भारतीय ट्रेड यूनियन कांग्रेस में एक बार पुनः फूट पड़ गयी। इस फूट के फलस्वरूप 'भारतीय श्रम फेडरेशन' की स्थापना हुयी। इस श्रम संगठन के नेता श्री एम॰ एन॰ राय थे। काफी समय तक भारत में ये दो श्रमिक-संघ कार्य करते रहे। परन्तु कांग्रेस के अनुयायियों और साम्यवादियों में निरन्तर संघर्ष होता रहा, और अन्त में सरदार पटेल तथा गुलजारी लाल नन्दा के प्रयास से भारतीय राष्ट्रीय ट्रेड यूनियन कांग्रेस की स्थापना हुयी। इसके बाद सन् 1948 में एक सरकारी सर्वेक्षण हुआ। इस सर्वेक्षण से ज्ञात हुआ कि भारतीय राष्ट्रीय ट्रेड यूनियन के सदस्यों की संख्या 9,73,179 थी तथा अखिल भारतीय ट्रेड यूनियन के सदस्यों की संख्या 8,15,011 थी। इस परिणाम के फलस्वरूप 'भारतीय राष्ट्रीय ट्रेड यूनियन' को भारतीय श्रमिकों का प्रतिनिधि संघ घोषित किया गया। इसके बाद साम्यवादियों ने भी राष्ट्रीय स्तर पर एक श्रमिक-संघ की

स्थापना की। इस साम्यवादियों के श्रमिक-संघ का नाम था 'हिन्द मजदूर सभा'। साम्यवादियों की यह श्रमिक सभा भी पूर्ण रूप से फूट एवं असहयोग से बच नहीं पायी और सन् 1949 में इसका भी विभाजन हो गया। इस विभाजन के परिणामस्वरूप एक नये श्रमिक-संघ 'यूनाइटेड ट्रेड यूनियन कांग्रेस' की नींव रखी गयी। इस श्रमिक-संघ का नेतृत्व प्रोफेसर के० टी० शाह तथा श्री मृणाल-कान्ति बोस ने किया। इसके बाद सन् 1955 में जनसंघ द्वारा भी एक श्रमिक-संघ की स्थापना की गयी। जनसंघ द्वारा स्थापित श्रमिक-संघ का नाम है—'भारतीय मजदूर संघ'। इसका मुख्य कार्यालय भोपाल में है। भारतीय मजदूर संघ को अधिक लोकप्रियता नहीं मिल पाई। सोशलिस्ट पार्टी ने एक अन्य श्रमिक-संघ की स्थापना की है। इस श्रमिक-संघ का नाम है—'हिन्द मजदूर पंचायत'।

इस प्रकार स्पष्ट है कि भारत में चार केन्द्रीय श्रमिक-संघ कार्य कर रहे हैं। इनमें से अखिल भारतीय ट्रेड यूनियन कांग्रेस शुद्ध रूप से साम्यवादी विचारों को मानने वाली है। इनका विचार है कि राष्ट्रीय उत्पादन, वितरण, आदि का सामाजीकरण एवं राष्ट्रीयकरण होना चाहिये। ये श्रमिकों की हर प्रकार की स्वतन्त्रता के हिमायती हैं। दूसरा मुख्य श्रमिक-संघ भारतीय राष्ट्रीय ट्रेड यूनियन कांग्रेस है। इस श्रमिक-संघ पर भारतीय कांग्रेस का प्रभाव है। यह श्रमिक-संघ शान्तिमय सुलह-समझौतों में विश्वास रखता है। यह संघ सरकार को पूरा सहयोग देने को तैयार है। इस श्रमिक-संघ को भारतीय सरकार की पंचवर्षीय योजनाओं में विश्वास है। इसके विचारानुसार श्रमिकों को उद्योग के प्रबन्ध में भागीदारी का अवसर मिलना चाहिये। यह श्रमिक-संघ श्रमिकों के आर्थिक-सामाजिक जीवन-स्तरों को उठाने का पक्षपाती है। तीसरा मुख्य श्रमिक-संघ 'हिन्द मजदूर सभा' है। यह संघ सोशलिस्ट पार्टी की नीतियों से प्रभावित है। यह श्रमिक-संघ भी उद्योगों के राष्ट्रीयकरण का पक्षपाती है। चौथा मुख्य श्रमिक-संघ यूनाइटेड ट्रेड यूनियन कांग्रेस है। यह श्रमिक-संघ स्पष्ट रूप से किसी राजनीतिक पार्टी से सम्बद्ध नहीं है। परन्तु यह क्रान्तिकारी एवं उग्र विचारों का अनुयायी है। इस संघ का उद्देश्य है श्रमिकों एवं किसानों का राज्य स्थापित करना। यह सब प्रकार के उत्पादक संस्थानों एवं वितरक संस्थानों के राष्ट्रीयकरण का हिमायती है।

मजदूर संघों की सदस्यता

मजदूर संघों को अन्तर्राष्ट्रीय श्रम संगठन सहित राष्ट्रीय और अन्तर्राष्ट्रीय स्तर पर त्रिपक्षीय सलाहकार समितियों, विकास परिषदों और बोर्ड आदि में प्रतिनिधित्व देने के लिये मुख्य श्रम आयुक्त का कार्यालय केन्द्रीय मजदूर संघ संगठनों की सदस्यता की जाँच पड़ताल करता है। 31 दिसम्बर, 1968 तक चार केन्द्रीय मजदूर संघ संगठनों से सम्बद्ध संघों की सदस्यता की आम जाँच पड़ताल 1969 के दौरान की गई थी। यह संगठन है—भारतीय राष्ट्रीय मजदूर संघ कांग्रेस, अखिल भारतीय मजदूर संघ कांग्रेस, हिन्द मजदूर सभा और संयुक्त मजदूर संघ कांग्रेस।

सारणी 29.1—केन्द्रीय मजदूर संघ संगठनों की सदस्यता (अस्थाई)

क्रम संख्या	केन्द्रीय संगठन	अध्यार्थित		प्रमाणित	
		संघों की संख्या	सदस्यता	संघों की संख्या	सदस्यता
1.	इंटक	3,457	35,09,326	1,604[1]	22,36,128[1]
2.	सीटू	1,737[2]	10,33,432[2]	1,474	3,31,031
3.	बी॰ एम॰ एस॰	1,725	18,79,728	1,333[1]	12,11,345
4.	एटक	1,366[2]	10,64,330[2]	1,080	3,44,746
5.	एच॰ एम॰ एस॰	1,122	18,48,147	409	7,35,027
6.	एन॰ एल॰ ओ॰	249	4,05,189	172	2,46-540
7.	यूटक	618	6,08,052	158	35,384
8.	यूटक (एस॰)	154	12,388,91	134	6,21,359
9.	एन॰ एफ॰ आई॰ टी॰ यू॰	166	5,27,375	80	84,123
10.	टी॰ यू॰ सी॰ सी॰	182	2,72,229	63	14,570
	योग	10,776	1,23,86,699	6,507	58,60,253

हाल में ऐसे अनेक नए मजदूर संघ संगठन बने हैं जो अखिल भारतीय स्वरूप और सदस्यता का दावा करते हैं। अतः दस केन्द्रीय मजदूर संघ संगठनों से सम्बद्ध संघों की 31 दिसम्बर, 1977 और 31 दिसम्बर, 1979 तक की सदस्यता की जाँच पड़ताल करने का फैसला किया गया। यह संगठन है—

(1) भारतीय राष्ट्रीय मजदूर संघ कांग्रेस (इंटक),

(2) अखिल भारतीय मजदूर संघ कांग्रेस (एटक),

(3) हिन्द मजदूर सभा (एच॰ एम॰ एस॰),

(4) यूनाइटेड ट्रेड यूनियन कांग्रेस (यूटक),

(5) सेण्टर आफ इण्डियन ट्रेड यूनियन (सीटू),

---

1. इन आंकड़ों में भारतीय मजदूर संघ के 13 संघों तथा इंटक के सम्बद्ध डाक तार विभाग के मजदूर संघ की सदस्यता के आंकड़े शामिल नहीं है क्योंकि इस बारे में आपत्तियाँ की गई थीं। मामले की जाँच पड़ताल के बाद अन्तिम फैसला किया जायेगा।

2. एटक और सीटू की अध्यार्थित सदस्यता के आंकड़े मजदूर संघों से सम्बद्ध पंजीयकों के रिकार्ड से प्राप्त किये गये हैं, क्योंकि इन संगठनों ने अपने आंकड़े पेश नहीं किये थे।

(6) भारतीय मजदूर संघ (बी० एम० एस०),

(7) यूनाइटेड ट्रेड यूनियन कांग्रेस (यूटक),

(8) नेशनल फ्रण्ट आफ इण्डियन ट्रेड यूनियन (एन० एफ० आई० टी० यू०),

(9) ट्रेड यूनियन कोर्डीनेशन सेन्टर (टी० यू० सी० सी०) और

(10) राष्ट्रीय श्रम संगठन (एन० एल० ओ०)

श्रमिकों के केन्द्रीय संगठनों के बीच आम सहमति न होने के कारण जाँच का काम शुरू नहीं हो सका। उनमें तीव्र मतभेद होने के कारण सरकार ने एक उपाय निकाला। इसके अनुसार दस केन्द्रीय संगठनों से कहा गया है कि वे 31 दिसम्बर, 1980 तक सदस्यता की जाँच के लिये अपने दावे पेश करें। एटक और सीटू को छोड़कर सभी केन्द्रीय संगठनों ने अपने दावे पेश किये।

एटक और सीटू से सम्बद्ध मजदूर सदस्यों की सूची मजदूर संघों के पंजीयक के कार्यालय से प्राप्त की गई। जाँच पड़ताल का काम नवम्बर 1981 में शुरू किया गया। अब यह काम पूरा हो गया है और अस्थाई परिणामों की घोषणा कर दी गई है। (देखें पृष्ठ 420 की तालिका)।

भारत के श्रमिक-संघों के विकास में बाधायें

भारत में श्रमिक-संघों की स्थापना हुए काफी समय बीत गया है। परन्तु अन्य पाश्चात्य देशों की अपेक्षा भारतीय श्रमिक-संघों ने अभी पर्याप्त प्रगति नहीं की है। उनमें अभी विभिन्न प्रकार की कमियाँ हैं। उनका विकास ठीक ढंग से नहीं हुआ। इसके विभिन्न कारण हैं। श्रमिक-संघों के सुचारू विकास के लिये कुछ आवश्यक शर्तें होती हैं। भारतीय उद्योग-धन्धों में वे सब शर्तें पूरी नहीं है। भारतीय श्रमिक-संघों के विकास में विभिन्न प्रकार की बाधायें हैं। मुख्य रूप से ये बाधायें दो प्रकार की हैं—प्रथम हैं आन्तरिक बाधायें और दूसरी प्रकार की बाधायें हैं बाहरी बाधायें। आन्तरिक बाधाओं का सम्बन्ध श्रमिकों से है, बाहरी बाधाओं का सम्बन्ध उद्योगपतियों, मध्यस्थों एवं सरकारी कानूनों से है। निम्न विवेचना से सभी बाधाओं की प्रकृति स्पष्ट हो जायेंगी—

(अ) आन्तरिक बाधायें

भारतीय औद्योगिक श्रमिकों की कुछ अपनी विशेषतायें हैं। इन विशेषताओं में से कुछ श्रमिक-संघों के विकास में बाधक सिद्ध होती हैं। मुख्य रूप से निम्नलिखित श्रमिक-विशेषतायें श्रमिक-संघों के विकास में बाधक होती हैं—

(1) अधिकांश भारतीय श्रमिक अशिक्षित हैं—किसी भी प्रकार के संघ अथवा संगठन के लिये उसके सदस्यों का शिक्षित होना सदैव लाभदायक होता है। शिक्षा से लोगों का दृष्टिकोण विस्तृत हो जाता है। शिक्षित व्यक्ति अपने हित एवं अहित को जान सकता है। परन्तु अधिकतर भारतीय श्रमिक अशिक्षित एवं अज्ञानी हैं। श्रमिकों का यह अज्ञान श्रमिक-संघों के विकास में बाधक है। अशिक्षित श्रमिकों को अनुशासन में रखना कठिन होता है। इसके

अतिरिक्त अशिक्षित श्रमिक अपने कर्त्तव्यों को भी ठीक प्रकार से नहीं समझ सकते। अज्ञानी श्रमिक शीघ्रता से अन्य विरोधी लोगों के बहकावे में आ जाते हैं। बिना समुचित कारण के ही हड़ताल एवं हिंसक क्रियाओं में भाग लेने का मुख्य कारण अशिक्षा एवं अज्ञान है। इसके अतिरिक्त अशिक्षित श्रमिक श्रमिक-संघों के वास्तविक महत्त्व को भी नहीं समझ पाते और कभी-कभी श्रमिक-संघों को लूटने की संस्था मानकर उसकी सदस्यता भी स्वीकार नहीं करते।

(2) भारतीय श्रमिकों की प्रवासी प्रवृत्ति—अधिकांश भारतीय औद्योगिक श्रमिक मूल रूप से ग्राम निवासी होते हैं। उनमें से अनेकों के परिवार भी गाँव में ही रहा करते हैं। ऐसी परिस्थितियों में ये श्रमिक स्थायी रूप से नगर में नहीं रहा करते। छुट्टी मिलते ही ये श्रमिक अपने बाल-बच्चों को मिलने गाँव चले जाया करते हैं। इसी कारण ये प्रवासी श्रमिक नगरों में संगठित श्रमिक-संघों के क्रिया-कलापों में सक्रिय रूप से भाग नहीं ले पाते। प्रायः बहुत से श्रमिक तो इसी कारण से श्रमिक-संघों के सदस्य नहीं बनते। उनका विचार है कि यदि वे श्रमिक-संघ के स्थायी सदस्य बन जायेंगे तो वे आसानी से गाँव नहीं जा पायेंगे। ऐसे श्रमिक श्रमिक-संघों के सदस्य तो बन जाते हैं परन्तु तालाबन्दी आदि कार्य स्थगित करने वाली घटनाओं के होते ही तुरन्त अपने गाँव को चले जाते हैं। श्रमिकों की ऐसी आदत के फलस्वरूप श्रमिक-संघों का कार्य सुचारु रूप से नहीं चल पाता और उनके विकास एवं प्रगति में बाधा आ जाती है।

(3) भारतीय श्रमिकों की विभिन्नता—उपरोक्त विवरण से स्पष्ट है कि भारतीय श्रमिकों में प्रवासी प्रवृत्ति अधिक पायी जाती है। प्रायः प्रत्येक बड़े औद्योगिक नगर में पूरे देश भर से आये हुए श्रमिक देखे जा सकते हैं। इन औद्योगिक श्रमिकों के धर्म, भाषा, रहन-सहन एवं रीति रिवाज भिन्न-भिन्न होते हैं। अर्थात् इन श्रमिकों में अनेक विभिन्नतायें होती हैं। इन विभिन्नताओं के फलस्वरूप औद्योगिक श्रमिकों में एकता की भावना विकसित नहीं हो पाती। श्रमिक-संघों के संगठन के लिये एकता बहुत ही आवश्यक है। बहुत से औद्योगिक श्रमिक तो आज भी छूत-छात एवं जात-पांत का बहुत विचार करते हैं। इस प्रकार स्पष्ट है कि श्रमिकों की विभिन्नता भी श्रमिक-संघों के विकास में बाधक सिद्ध होती है।

(4) श्रमिकों का निम्न आर्थिक स्तर—भारतीय औद्योगिक श्रमिकों की आर्थिक स्थिति अच्छी नहीं है। साधारण श्रमिक का वेतन इतना कम होता है कि वह आसानी से अपना और अपने बच्चों का पेट भी नहीं भर पाता। कम वेतन के ही कारण प्रायः सभी श्रमिक सदैव ही कर्ज के बोझ से दबे रहते हैं। इस गरीबी के कारण भारतीय श्रमिक श्रमिक-संघों में सक्रिय भाग नहीं ले पाते। कुछ श्रमिक तो संघ का सदस्यता-शुल्क भी नहीं दे पाते। इसके अतिरिक्त श्रमिक-संघों के अन्तर्गत हड़ताल या तालाबन्दी के भी अवसर आ जाते हैं। ऐसे में गरीब श्रमिक बेमौत मारे जाते हैं। इस प्रकार स्पष्ट है कि श्रमिकों की गरीबी भी श्रमिक-संघों के विकास में बाधक होती है।

(5) विभिन्न श्रमिक-संघों की आपसी फूट—भारत में विभिन्न श्रमिक-संघों के अलग-अलग संगठन है। इन संघों का किसी न किसी प्रकार से विभिन्न राजनीतिक पार्टियों से सम्बन्ध है। राजनीतिक पार्टियाँ सदैव एक दूसरे के खिलाफ रहा करती हैं। ये पार्टियाँ अपने राजनीतिक उद्देश्यों को पूरा करने के लिये श्रमिक-संघों को साधन के रूप में इस्तेमाल करती

है। और आमतौर पर विभिन्न श्रमिक-संघों में आपसी संघर्ष को बढ़ावा देती हैं। श्रमिक-संघों के ये आपसी झगड़े उसमें संगठन को कमजोर करते हैं। यदि पूरे भारत के सभी श्रमिक-संघों में एकता और हितों की समानता हो तब वे अपना कार्य सुचारु रूप से कर सकते हैं। श्रमिक-संघों की आपसी फूट की दशा में होता यह है कि जब कोई एक श्रमिक-संघ कोई आन्दोलन करता है तब अन्य श्रमिक-संघ न तो आन्दोलन में भाग ही लेते हैं और न ही उस श्रमिक-संघ को सहयोग ही देते हैं। ऐसी स्थिति में श्रमिक-आन्दोलन व्यर्थ सिद्ध होता है और कोई लाभ नहीं होता।

(6) योग्य नेतृत्व का अभाव—अधिकांश भारतीय औद्योगिक श्रमिक अनपढ़ एवं अज्ञानी हैं। इन अनपढ़ एवं अज्ञानी श्रमिकों में श्रमिक-संघ का नेता बनने का साहस नहीं होता। साहस के अतिरिक्त ये श्रमिक नेता बनने के योग्य भी नहीं होते। ऐसी स्थिति में प्राय: श्रमिक-संघों के नेता कोई गैर-श्रमिक ही बना करते हैं। सामान्य रूप से कोई समाज सुधारक, वकील या कोई अन्य राजनीतिक नेता श्रमिक-संघों का नेतृत्व किया करते हैं। ये गैर-श्रमिक नेता पढ़े-लिखे एवं चालाक हुआ करते हैं। इन्हें कानून का भी पर्याप्त ज्ञान होता है। परन्तु ये नेता आमतौर पर स्वार्थी होते हैं। इन्हें न तो श्रमिकों की समस्याओं का वास्तविक ज्ञान ही होता है और न ही ये उनके हितों का विशेष ध्यान रखते हैं। कभी-कभी तो ऐसा भी देखने में आता है कि ये श्रमिक नेता गुप्त रूप से उद्योग के मालिकों से मिले रहते हैं और उनसे पैसा लेते हैं। ऐसे में ये श्रमिक नेता उद्योग के मालिकों के विरुद्ध कोई ठोस आन्दोलन पनपने ही नहीं देते। इन नेताओं का यह विश्वासघात श्रमिक-संघों के विकास में बहुत बड़ी बाधा का कार्य करता है।

(7) बेरोजगारी की समस्या—भारत में दिन पर दिन बेरोजगारी की समस्या बढ़ती ही जा रही है। श्रमिकों एवं अन्य कर्मचारियों को रोजगार ढूँढ़ने में काफी परेशानी होती है। एक बार रोजगार मिल जाने पर कोई साधारण व्यक्ति किसी कीमत पर उसे छोड़ना नहीं चाहता। साधारण श्रमिकों की यह सामान्य धारणा है कि श्रमिक-संघ में अधिक सक्रिय भाग लेने से उनकी नौकरी को खतरा हो सकता है। उन्हें डर रहता है कि कहीं उन्हें नौकरी से निकाल न दिया जाये या उनकी उन्नति न रोक दी जाये। इस प्रकार के भय से प्रभावित होकर बहुत से श्रमिक श्रमिक-संघों में अधिक सक्रिय भाग नहीं लेते। श्रमिक-संघों के प्रति श्रमिकों का यह उदासीन दृष्टिकोण संघों के विकास में बाधक होता है।

(ब) बाहरी बाधायें

श्रमिक-संघों के विकास को आन्तरिक बाधाओं के अतिरिक्त कुछ बाहरी बाधायें भी रोकती हैं। मुख्य बाहरी बाधाओं का सम्बन्ध श्रमिकों की भर्ती करवाने वाले मध्यस्थों, उद्योग के मालिकों तथा सरकारी कानूनों से है। इन तीनों के सक्रिय सहयोग के बिना कोई भी श्रमिक-संघ प्रगति नहीं कर सकता।

(1) मध्यस्थों का विरोध एवं असहयोग—भारतीय उद्योगों में आज भी श्रमिकों की भर्ती मध्यस्थों द्वारा होती है। ये मध्यस्थ उद्योगपतियों के प्रतिनिधि एवं जासूस होते हैं। इन मध्यस्थों को मालिकों द्वारा पैसा मिलता है। ये मध्यस्थ सदैव ही श्रमिक-संघों का विरोध करते

हैं। श्रमिक-संघों के शक्तिशाली हो जाने पर इन मध्यस्थों का महत्त्व समाप्त हो जाता है। इसी डर से समय-समय पर ये मध्यस्थ श्रमिकों के विरुद्ध उद्योग के मालिकों के कान भरते हैं। ये श्रमिकों की हड़ताल आदि की योजनाओं की सूचना मालिकों तक पहले ही पहुँचा देते हैं। इस प्रकार स्पष्ट है कि औद्योगिक मध्यस्थ श्रमिक-संघों की सफलता एवं विकास में बाधक होते हैं।

(2) औद्योगिक मालिकों का विरोध एवं असहयोग—भारतीय उद्योगों के मालिक श्रमिक-संघों को सदैव ही अपना विरोधी एवं शत्रु मानते हैं। उनका विचार है कि श्रमिक-संघों का विकास उनके हितों को नुकसान पहुँचायेगा। इसीलिये वे सदा ही श्रमिक-संघों के विकास में बाधा खड़ी करते हैं। श्रमिक-संघों में सक्रिय रूप से भाग लेने वालों को वे डरा-धमका कर या पदोन्नति का लालच देकर अपने पक्ष में कर लेते हैं। कभी-कभी तो ये उद्योगपति बड़े-बड़े श्रमिक-नेताओं को नकद रुपया देकर भी अपने पक्ष में कर लिया करते हैं।

(3) कानूनी सहायता की कमी—भारतीय सरकार द्वारा श्रमिक-संघों के पक्ष में अभी पर्याप्त कानून निर्धारित नहीं हुए। उद्योगपतियों से अपने अधिकारों को प्राप्त करने में श्रमिक-संघों को कानून से अधिक सहायता नहीं मिल पाती। हड़ताल आदि की स्थिति में कानून श्रमिकों की कोई विशेष सहायता नहीं करता। इस कारण से भी श्रमिक-संघों के विकास की गति धीमी हो जाती है।

श्रमिक-संघों की प्रगति एवं विकास के लिए सुझाव

उपरोक्त विवरण से स्पष्ट है कि वर्तमान भारतीय श्रमिक-संघ अभी पर्याप्त विकसित नहीं है। इसी कारण उनकी आर्थिक एवं सामाजिक स्थिति भी अच्छी नहीं है। श्रमिकों की दशा सुधारने के लिये तथा औद्योगिक शान्ति एवं व्यवस्था बनाये रखने के लिये यह आवश्यक है कि भारतीय श्रमिक-संघों का भरपूर विकास हो। श्रमिक-संघों के विकास के लिये यह आवश्यक है कि श्रमिकों, मालिकों एवं सरकार की नीतियों में सामंजस्य हो। मालिकों को अपना वर्तमान दृष्टिकोण बदलना होगा। सरकार को भी दोनों वर्गों के हितों को सुरक्षित रखने की व्यवस्था करनी होगी। इन सब शर्तों के पूरा होने पर निस्सन्देह श्रमिक-संघ सफल एवं लाभदायक सिद्ध होंगे। श्रमिक-संघों के विकास के लिये निम्नलिखित सुझाव लाभदायक सिद्ध हो सकते हैं—

(1) श्रमिकों की शिक्षा का प्रबन्ध—भारतीय श्रमिक-संघों की प्रगति के लिये भारतीय श्रमिकों को विभिन्न प्रकार की शिक्षा एवं ज्ञान की आवश्यकता है। अधिकांश श्रमिक अपना नाम भी नहीं लिख सकते। ऐसे श्रमिकों के लिये सामान्य प्रारम्भिक शिक्षा की व्यवस्था होनी चाहिये। इसके अतिरिक्त भारतीय श्रमिक औद्योगिक कार्यों में भी कुशल एवं दक्ष नहीं है। अतः अप्रशिक्षित श्रमिकों के तकनीकी प्रशिक्षण की भी व्यवस्था होनी चाहिये। इस प्रकार की शिक्षा के अतिरिक्त कुछ श्रमिकों अथवा श्रमिक नेताओं को औद्योगिक कानूनों एवं अधिनियमों के विषय में भी ज्ञान प्रदान करना आवश्यक है। सामान्य श्रमिकों के शिक्षित हो जाने पर श्रमिक-संघों की स्वतः ही प्रगति हो जायेगी। शिक्षा से अन्धविश्वास नष्ट होंगे और सहयोग एवं मित्रता की भावना बढ़ेगी।

(2) श्रमिक-नेताओं के सही चुनाव—किसी भी संघ अथवा समिति की सफलता उसके नेताओं पर भी निर्भर करती है। संघों के सदस्य प्रायः अपने नेताओंका अन्धानुकरण किया करते हैं। ऐसी स्थिति में जितना अधिक योग्य एवं हितैषी नेता होगा, संघ को उतना ही लाभ होगा। श्रमिक-संघों की सफलता के लिए यह भी आवश्यक है कि श्रमिक-संघों के नेता ऐसे हों जो वास्तव में श्रमिकों की समस्याओं से परिचित हों। इसके लिये यह आवश्यक है कि श्रमिक-नेताओं का चुनाव वास्तविक श्रमिकों द्वारा ही हो। श्रमिक नेताओं को ढोंगी एवं स्वार्थी नहीं होना चाहिये।

(3) विभिन्न श्रमिक-संघों का आपसी सहयोग—सभी श्रमिक-संघों के समान उद्देश्य होते हुए भी उनमें आपसी सहयोग नहीं होता। श्रमिक-संघों के विस्तृत विकास के लिये आवश्यक है कि सभी श्रमिक-संघ आपसी भेद-भाव एवं संघर्ष को भुला कर पारस्परिक सहयोग से कार्य करें। विभिन्न श्रमिक-संघों के आपसी सहयोग से कार्य करने पर श्रमिक-आन्दोलन का महत्त्व बढ़ेगा तथा उद्योगपतियों को श्रमिकों की माँगों पर ध्यान देना पड़ेगा। वास्तव में संगठन एवं एकता में बहुत शक्ति होती है और इस शक्ति के सामने अन्याय एवं अत्याचार को झुकना ही पड़ता है।

(4) श्रमिकों का आन्तरिक सहयोग—श्रमिक-संघों के सहयोग के अतिरिक्त विभिन्न श्रमिकों में भी सहयोग होना आवश्यक है। भारतीय श्रमिकों में अनेक प्रकार की विभिन्नता पायी जाती है। परन्तु श्रमिक-संघ के विकास एंव सफलता के लिये इस विभिन्नता को भूलना आवश्यक है। जाति, धर्म, भाषा एवं प्रान्त को श्रमिक-संघ का आधार नहीं बनाना चाहिये। श्रमिकों में एक वर्ग चेतना होनी आवश्यक है। इन्हें समझना चाहिये कि वे सबसे पहले औद्योगिक श्रमिक हैं और बाद में हिन्दू, मुसलमान, पंजाबी या बंगाली हैं। इस वर्ग-चेतना के विकसित हो जाने पर श्रमिक-संघों की सफलता निश्चित है। इस वर्ग-चेतना को विकसित करने के लिये वर्तमान श्रमिक-संघों एवं श्रमिक नेताओं द्वारा प्रचार करना होगा। इस दिशा में सरकारी एवं सामाजिक श्रमिक-कल्याणकारी संस्थायें भी कार्य कर सकती हैं।

(5) श्रमिकों के स्थायी निवास का प्रबन्ध—श्रमिक-संघों के विकास एंव सफलता के लिये यह आवश्यक है कि अधिकांश श्रमिक स्थायी रूप से वहीं रहें जहाँ इनकी नौकरी हो। स्थायी रूप से औद्योगिक नगर में रहने पर श्रमिकों में श्रमिक-संघ के प्रति रुचि पैदा होती है। श्रमिकों को स्थायी रूप से नगर में बसाने के लिये यह आवश्यक है कि नगरों में श्रमिकों के रहने के लिये मकानों की व्यवस्था की जाये। यदि श्रमिकों को नगर में ही मकान मिल जाये तो वे अपने परिवारों को भी अपने साथ रख सकते हैं। ऐसे में एक तो श्रमिकों की प्रवासी प्रवृत्ति समाप्त होगी, दूसरे वे अपने परिवारों के साथ रह कर उत्तम जीवन व्यतीत करेंगे और अपने खाली समय में श्रमिक-संघ की प्रगति के लिये कार्य करेंगे।

(6) श्रमिकों का आर्थिक-सामाजिक उत्थान—श्रमिक-संघों के विकास के लिये यह आवश्यक है कि श्रमिकों की आर्थिक एवं सामाजिक स्थिति को सुधारा जाये। सामान्य श्रमिक सदा ही रोटी-कपड़े की चिन्ता में रहता है और साथ ही कर्ज की समस्या उसे सताती रहती है। ऐसी परिस्थितियों में वह श्रमिक-संघ एवं श्रमिक आन्दोलन की बात कैसे सोच

सकता है? सामाजिक दृष्टि से भी साधारण औद्योगिक श्रमिकों की दशा अच्छी नहीं है। उन्हें हीन एवं गिरा हुआ माना जाता है। इसीलिये श्रमिकों में आत्म-सम्मान एवं आत्म-गौरव का अभाव है। श्रमिक-संघों के विकास के लिये तथा कल्याण के लिये यह आवश्यक है कि इन्हें समाज में उचित सम्मान की दृष्टि से देखा जाये।

(7) वैतनिक कर्मचारियों की नियुक्ति—प्राय: अधिकांश श्रमिक-संघों एवं कल्याणकारी संस्थाओं के कर्मचारियों को वेतन नहीं दिया जाता। ऐसी परिस्थितियों में नियुक्त किये गये कर्मचारी सुचारु रूप से कार्य नहीं करते। ये अवैतनिक कर्मचारी प्राय: संघ के कोष में से धन का गबन कर लेते हैं। अत: सभी प्रकार के भ्रष्टाचार को समाप्त करने के लिये तथा संघ के कार्यों को विधिवत् करवाने के लिये प्रत्येक श्रमिक-संघ को कुछ वैतनिक कर्मचारियों की नियुक्ति अवश्य ही करनी चाहिये। वैतनिक कर्मचारियों के अतिरिक्त कुछ ऐसे अवैतनिक अधिकारियों की भी नियुक्ति की जा सकती है जो केवल सेवाभाव से श्रमिक-संघ के कार्यों की देख-भाल करें। परन्तु ऐसे अधिकारियों का ईमानदार एवं स्वार्थ रहित रहना आवश्यक है।

(8) विशेषज्ञों की नियुक्ति—श्रमिक-संघों के बड़े पैमाने पर सफलतापूर्वक कार्य करने के लिये यह आवश्यक है कि कुछ विशेषज्ञों की भी नियुक्ति की जाये। कभी-कभी श्रमिक-संघों में बहुत ही जटिल प्रकार के झगड़े खड़े हो जाते हैं। ऐसे में श्रम अधिनियमों के विशेषज्ञ वकीलों की आवश्यकता होती है। इसके अतिरिक्त श्रमिक-संघों को श्रमिकों की भर्ती के लिये तथा छुट्टी और बोनस आदि के नियम जानने के लिये विशेषज्ञ परामर्शदाताओं की आवश्यकता होती है। कभी-कभी औद्योगिक प्रशिक्षण के लिये भी तकनीकी विशेषज्ञों की आवश्यकता होती है।

(9) मालिकों एवं सरकार का सहयोग—श्रमिक-संघों को प्रगति एवं विकास के लिये उद्योगों के मालिकों के सहयोगपूर्ण व्यवहार की आवश्यकता होती है। मालिकों को श्रमिक-संघों को अपना सहयोगी मानना चाहिये और उनके प्रति सहानुभूतिपूर्ण रवैया अपनाना चाहिये। प्राय: उद्योगों के मालिक श्रमिक-संघों को दबाने एवं समाप्त करने का यत्न करते हैं। यह दृष्टिकोण अच्छा नहीं है। मालिकों को चाहिये कि अपने औद्योगिक श्रमिकों को उद्योग का अंग माने और उनकी उचित माँगों को पूरा करने का प्रयास करें। उद्योग के मालिकों के अतिरिक्त सरकार का सहयोगपूर्ण दृष्टिकोण भी आवश्यक है।

(10) राजनीति से मुक्ति—श्रमिक-संघों के सफल विकास के लिये यह आवश्यक है कि श्रमिक-संघ सब प्रकार के राजनीतिक प्रभावों एवं दबावों से मुक्त हों। प्राय: विभिन्न श्रमिक-संघों को कुछ राजनीतिक पार्टियाँ अपने कब्जे में कर लेती हैं। ऐसे में श्रमिक-संघों का विकास रुक जाता है। विभिन्न राजनीतिक पार्टियों से सम्बन्ध स्थापित करने के फलस्वरूप प्राय: विभिन्न श्रमिक संघों के मध्य तनाव पैदा हो जाया करता है। इस तनाव से श्रमिक-संघों को ही नुकसान होता है। इस प्रकार स्पष्ट है कि श्रमिक-संघों को राजनीति के चंगुल से मुक्त होना चाहिये।

(11) जनता का विश्वास प्राप्त करना—उपरोक्त शर्तों के अतिरिक्त श्रमिक-संघों के विकास के लिये जनता का विश्वास प्राप्त करना भी आवश्यक है। जनता के सहयोग में बहुत बड़ी शक्ति होती है। एक बार जनमत को श्रमिक-संघ के पक्ष में कर लेने के बाद उद्योगपतियों से कोई भी माँग पूरी करवाना कठिन नहीं रह जाता।

अभ्यास के लिए प्रश्न

1. आधुनिक श्रमिक-संघ के उद्देश्य और कार्यों का विवेचन कीजिये।
2. भारतीय श्रम-संघ आन्दोलन के मुख्य दोष क्या हैं? इन्हें किस प्रकार दूर किया जा सकता है?
3. श्रम-संघ का क्या अर्थ है? भारत में श्रम-संघ के कार्य करने में दोष बताइये।
4. भारत में औद्योगिक विवाद निपटाने में सरकार का योगदान बतलाइये।
5. श्रमिक संघ की स्पष्ट परिभाषा दीजिये तथा उद्देश्यों और कार्यों का उल्लेख कीजिये। श्रमिक संघों के लाभ और हानियाँ क्या हैं?
6. श्रमिक-संघ से क्या लाभ हैं? उसे लाभदायक बनाने के लिये किन बातों का ध्यान रखना चाहिये।
7. भारत में स्वतन्त्रता के बाद के समय में श्रमिक-संघ आन्दोलन के विकास का वर्णन कीजिये।
8. भारतीय श्रम संघ आन्दोलन के मुख्य दोष क्या हैं। इन्हें किस प्रकार दूर किया जा सकता है।

30

भारत में श्रम विधान
(Labour Legislation in India)

सन् 1860 के बाद भारत में बड़े पैमाने पर उद्योग बढ़ने लगे। इससे श्रमिकों की समस्याओं का महत्त्व बढ़ने लगा और श्रम अधिनियमों की आवश्यकता बढ़ने लगी। 1874 में मैनचैस्टर के चैम्बर ऑफ कॉमर्स ने भारतीय उद्योगपतियों को मजदूरों से मनमाना काम लेते देखकर भारत सचिव के पास अपना प्रतिनिधि मंडल भेजकर यह प्रार्थना की कि भारत के श्रमिकों को इंगलैंड के श्रमिकों के समान सुविधायें दी जायें और भारत में भी वे ही श्रम अधिनियम लागू किये जायें जो इंगलैंड में लागू हैं। यद्यपि इस कार्य के पीछे अंग्रेज उद्योपतियों की ईर्ष्या ही थी परन्तु इससे भारतीय श्रमिकों को लाभ ही हुआ। 1875 में श्रम आयोग ने श्रमिक कानूनों की आवश्यक जाँच की और श्रमिकों की दयनीय दशा पर प्रकाश डाला। आयोग ने श्रम अधिनियम बनाने की सिफारिश की और जनता ने भी आन्दोलन करना आरम्भ किया।

1881 का कारखाना अधिनियम
(Factory Act 1881)

अतः भारत सरकार ने 1881 में पहला कारखाना अधिनियम (Factory Act) बनाया। यहीं से भारत के कारखाना अधिनियमों का इतिहास प्रारम्भ हुआ। इस अधिनियम से निम्नलिखित नियम लागू किये गये—

(1) यह अधिनियम 100 से अधिक श्रमिकों वाले सभी कारखानों में लागू था।

(2) यह उन सब कारखानों पर लागू हुआ जो वर्ष में चार महीने से अधिक काम करते थे।

(3) इससे बाल श्रमिकों की आयु कम से कम 7 वर्ष और 7 से 12 वर्ष के बाल श्रमिकों के काम के अधिक से अधिक 9 घण्टे निश्चित कर दिये गये।

(4) बाल श्रमिकों को दिन में एक घण्टे का विश्राम और महीने में चार दिन की छुट्टी अनिवार्य कर दी गई।

(5) कारखानों में खतरनाक मशीनों को ढका रखना अनिवार्य हो गया।

(6) दुर्घटनाओं की रिपोर्ट देना और फैक्टरी इन्सपेक्टरों को नियुक्त करना जरूरी हो गया।

यह अधिनियम केवल बालकों के लिए था। अतः इससे विशेष सुधार नहीं हुआ।

1891 का कारखाना अधिनियम
(Factory Act 1891)

1890 के कारखाना आयोग की सिफारिशों पर 1891 का कारखाना अधिनियम पास हुआ। इसकी मुख्य व्यवस्थायें निम्नलिखित थीं—

(1) यह बिजली का प्रयोग करने वाले उन सभी कारखानों में लागू हुआ जिनमें 50 से अधिक श्रमिक काम करते थे। स्थानीय सरकारें 20 से अधिक श्रमिकों पर भी इसको लागू कर सकती हैं।

(2) बाल श्रमिकों में 9 वर्ष से कम आयु के बालक नहीं भर्ती किये जा सकते थे और बालकों के काम के घण्टे 9 से घटाकर 7 कर दिये गये।

(3) रात के आठ बजे से प्रातः 5 बजे तक स्त्रियों और बालकों को काम पर लगाने का निषेध कर दिया गया।

(4) स्त्रियों के लिये काम के घण्टे अधिकतम 11 निश्चित कर दिये गये जिनमें 1 घण्टा विश्राम भी आवश्यक था।

(5) पुरुष श्रमिकों के लिये आधा घण्टा विश्राम तथा साप्ताहिक अवकाश की व्यवस्था की गई।

(6) निरीक्षण, प्रकाश, वायु और सफाई की व्यवस्था बढ़ाने का आदेश दिया गया।

1911 का कारखाना अधिनियम
(Factory Act 1911)

एक अन्य आयोग के सुझावों पर 1911 में तीसरा कारखाना अधिनियम भी बनाया गया। इस अधिनियम की मुख्य विशेषतायें निम्नलिखित थीं—

(1) श्रमिकों से 12 घण्टे से अधिक काम नहीं लिया जा सकता जिसमें उन्हें एक घण्टे का विश्राम देना आवश्यक है।

(2) सूती वस्त्र मिलों में बालकों के कार्य करने के अधिकतम घण्टे 6 कर दिये गये।

(3) स्त्रियों के काम के घण्टे 11 ही रहे परन्तु उनके विश्राम का समय घटाकर 1 घण्टा कर दिया गया।

(4) मौसमी (Seasonal) कारखाने भी इस अधिनियम के अन्तर्गत ले लिये गये।

(5) बाल श्रमिकों के लिये अपनी आयु का प्रमाण पत्र देना आवश्यक हो गया।

(6) श्रमिकों के स्वास्थ्य और सुरक्षा के बारे में व्यवस्था कर दी गई।

1922 का कारखाना अधिनियम
(Factory Act 1922)

युद्ध के बाद देश का औद्योगिक वातावरण अशान्त और अव्यवस्थित हो गया। अत: 1922 में एक कारखाना अधिनियम बनाया गया जिसमें निम्नलिखित व्यवस्थायें की गयीं–

(1) यह अधिनियम बिजली का प्रयोग करने वाले और 20 श्रमिकों से अधिक श्रमिकों वाले कारखानों में लागू किया गया। स्थानीय सरकारें दस से अधिक श्रमिकों वाले कारखानों में भी इस अधिनियम को लागू कर सकती थीं।

(2) वयस्क श्रमिकों के लिये काम के अधिकतम घण्टे दिन में 11 तथा सप्ताह में 60 कर दिये गये।

(3) बालकों को काम पर लगाने की कम से कम आयु 12 वर्ष कर दी गई।

(4) शाम के 7 बजे से सुबह 5 1/2 बजे तक बाल और महिला श्रमिकों से काम लेने का निषेध हो गया।

(5) बाल श्रमिकों को हर चार घण्टे बाद आधे घण्टे का विश्राम देना अनिवार्य कर दिया गया।

(6) इस अधिनियम से वेतन सहित साप्ताहिक अवकाश की भी व्यवस्था कर दी गई।

(7) वयस्क श्रमिकों के लिये हर 6 घण्टे के काम के बाद एक घण्टे का विश्राम आवश्यक कर दिया गया।

(8) श्रमिकों की सुरक्षा और स्वास्थ्य की व्यवस्थाओं का भी विस्तार किया गया।

1934 का कारखाना अधिनियम
(Factory Act 1934)

1929 में नियुक्त रॉयल कमीशन की सिफारिशों पर 1934 में कारखाना अधिनियम बनाया गया। इस अधिनियम की मुख्य विशेषतायें निम्नलिखित थीं–

(1) इसमें कारखानों को दो वर्गों में बाँट दिया गया–बारहमासी (Perennial) और मौसमी (Seasonal)।

(2) वर्षीय या बारहमासी कारखानों में वयस्क श्रमिकों के अधिकतम दैनिक काम के घण्टे 10 प्रतिदिन और सप्ताह में 54 कर दिये गये। मौसमी कारखानों में काम के घण्टे दैनिक 11 और साप्ताहिक 60 कर दिये गये।

(3) बाल श्रमिकों के लिये काम के अधिकतम घण्टे 5 कर दिये गये।

(4) इस अधिनियम से काम करने के घण्टों में फैलाव (Spread over) के सिद्धान्त को सबसे पहले लागू किया गया और किसी भी हालत में निरन्तर काम करने की अवधि वयस्कों के लिये 12 घण्टे तथा बालकों के लिये 6½ घण्टे निश्चित कर दी गई।

(5) अतिरिक्त काम (Over time) के लिये सामान्य वेतन से ड्योढ़ा वेतन देने की व्यवस्था की गयी।

(6) 15 से 17 वर्ष की आयु वाले किशोर (Adolescent) श्रमिकों का एक नया वर्ग बनाया गया।

(7) श्रमिकों के कल्याण, सुरक्षा आदि के बारे में विस्तृत व्यवस्थायें की गईं।

इस अधिनियम में लगभग सात बार संशोधन किया गया जिनमें सन् 1947 का संशोधन उल्लेखनीय है। इस संशोधन से इस अधिनियम में निम्नलिखित परिवर्तन किये गये—(अ) बारहमासी कारखानों के श्रमिकों के काम के घण्टे प्रतिदिन 9 घण्टे और प्रति सप्ताह 58 घण्टे कर दिये गये। मौसमी कारखानों में काम करने के घण्टे 54 प्रति सप्ताह और 10 प्रतिदिन कर दिये गये। (ब) बारहमासी कारखानों में काम के घण्टों का फैलाव 10 1/2 घण्टे और मौसमी कारखानों में 11 1/2 घण्टे निश्चित कर दिया गया। (स) अतिरिक्त कार्य के लिये दोनों प्रकार के कारखानों में दुगुनी मजदूरी की व्यवस्था की गई।

1948 का कारखाना अधिनियम
(Factory Act 1948)

1948 के कारखाना अधिनियम का विवरण इस प्रकार है—

(1) क्षेत्र (Scope)—(i) 1 अप्रैल 1949 से यह अधिनियम जम्मू काश्मीर को छोड़कर समस्त भारत पर लागू होता है। (ii) यह अधिनियम शक्ति प्रयोग करने वाले उन सभी कारखानों पर लागू होता है जिनमें 10 या 10 से अधिक श्रमिक काम करते हों। शक्ति का प्रयोग न करने वाले कारखानों में 20 या उससे अधिक श्रमिक होने पर यह अधिनियम उन पर लागू होता है। (iii) इस अधिनियम ने बारहमासी तथा मौसमी कारखानों का अन्तर समाप्त कर दिया। (iv) राज्य सरकारें इस अधिनियम के क्षेत्र को अपनी इच्छानुसार बढ़ा सकती हैं।

(2) काम करने के घण्टे (Hours of Work)—(i) वयस्क श्रमिकों के काम के अधिकतम घण्टे प्रतिदिन 9 और सप्ताह में 48 निश्चित कर दिये गये। (ii) हर पाँच घण्टे के काम के बाद आधे घण्टे का विश्राम आवश्यक कर दिया गया। (iii) विश्राम की अवधि को मिलाकर काम के घण्टों का फैलाव प्रतिदिन 10 1/2 घण्टों से अधिक नहीं होगा। (iv) राज्य सरकारें इस अधिनियम में कुछ छूट दे सकती हैं परन्तु इन नियमों में कोई परिवर्तन नहीं होगा। (अ) काम करने के घण्टे 10 प्रतिदिन से अधिक न हों। (ब) अतिरिक्त कार्य की अवधि तीन माह में 50 घण्टे से अधिक न हो। (स) घण्टों का फैलाव प्रतिदिन 12 घण्टों से अधिक न हो। (द) अतिरिक्त कार्य के लिए दूनी दर से वेतन और सप्ताह में एक दिन की छुट्टी दी जाये।

(3) सवेतन छुट्टी (Leave with Wages)—12 महीने बराबर काम करने के बाद साप्ताहिक छुट्टियों के अलावा श्रमिक को निम्न छुट्टियों का भी अधिकार होगा—(i) बीस दिन काम करने के बाद वयस्क श्रमिक को 1 दिन की सवेतन छुट्टी। वर्ष में कम से कम 10 दिन की सवेतन छुट्टी। (ii) बाल श्रमिक को 15 दिन काम करने के बाद एक दिन की छुट्टी तथा साल में कम से कम 14 दिन की सवेतन छुट्टी। (iii) अर्जित छुट्टी लेने से पहले काम छोड़ देने या काम से हटा दिये जाने पर अर्जित छुट्टी का वेतन दिया जायेगा।

(4) स्वास्थ्य (Health)—(i) कारखाने में कूड़ा कर्कट आदि गन्दगी साफ करने की पूरी व्यवस्था होनी चाहिये। (ii) शुद्ध वायु के लिये रोशनदानों की व्यवस्था होनी चाहिये। (iii) धूल, बुकनी आदि उड़ने की दशा में उनकी पर्याप्त सफाई की जाये। (iv) कारखानों में 14 माह में एक बार सफेदी अवश्य हो और काम करने के कमरे का फर्श सप्ताह में एक बार अवश्य धोया जाये। (v) उद्योग विशेष में आवश्यक तापक्रम श्रमिकों के लिये हानिकारक नहीं होना चाहिये। (vi) कारखाने में हर एक श्रमिक के लिये नये कारखानों में 500 घन फीट जगह होनी चाहिये। (vii) कारखाने में रोशनी अत्यधिक तेज या कम नहीं होनी चाहिये। अधिनियम से पहले बने कारखानों में कम से कम 350 घन फीट स्थान होना चाहिये। (viii) पीने के लिये स्वच्छ जल का प्रबन्ध होना चाहिये। 150 से अधिक श्रमिकों वाले कारखानों में गर्मियों में पानी को ठण्डा करने की व्यवस्था होनी चाहिये। (ix) स्त्री और पुरुषों के लिये मूत्रालय और शौचालय अलग-अलग होने चाहिये। (x) थूकने के लिये पीकदानों की व्यवस्था हो और उनकी सफाई का प्रबन्ध हो।

(5) सुरक्षा (Security)—(i) खतरनाक मशीनों के चारों और आड़ (Fencing) की व्यवस्था होनी चाहिये। (ii) खतरनाक मशीनों पर बाल और स्त्री श्रमिकों को न लगाया जाये। (iii) बिजली से चलने वाली मशीनों को अच्छी तरह फिट करने के बाद उनसे काम आरम्भ किया जाये जिससे दुर्घटना की आशंका न रहे। (iv) किसी श्रमिक से इतना बोझ न उठवाया जाये कि उसके स्वास्थ्य पर बुरा प्रभाव पड़े। (v) आँखों पर बुरा प्रभाव पड़ने की सम्भावना होने पर विशेष प्रकार के चश्मों का प्रबन्ध किया जाये।

(6) कल्याण (Welfare)—(i) जलपानगृहों, विश्रामालगों, शिशुगृहों, बैठने के लिए उचित स्थान, प्राथमिक चिकित्सा तथा वस्त्र धोने आदि के स्थानों की हर एक कारखाने में व्यवस्था होनी चाहिये। (ii) जिस कारखाने में 500 से अधिक श्रमिक हों उसमें राज्य सरकार की सहायता से कल्याण अधिकारियों (Welfare Officers) की नियुक्ति की जाये। (iii) व्यावसायिक रोगों (Occupational Diseases) की सूचना कारखाने के चिकित्सक को दी जाये और चिकित्सक उनकी सूचना प्रधान कारखाना निरीक्षक (Chief Inspector of Factories) को भेज दें।

भारतीय कारखाना अधिनियम के इस ऐतिहासिक वर्णन से स्पष्ट मालूम पड़ता है कि सरकार ने इनमें बराबर संशोधन किये हैं। परन्तु 1948 के अधिनियम में भी बहुत से दोष रह गये हैं। कुछ मुख्य दोष निम्नलिखित हैं—

(1) कारखाना अधिनियम की व्यवस्थाओं का कारखानों में पूरी तरह से पालन नहीं हो रहा है।

(2) अधिनियम के पालन की जाँच करने के लिये निरीक्षकों की भारी कमी है।

(3) अधिनियम की शर्तों का उल्लंघन करने पर मालिकों के लिये दण्ड की व्यवस्था नहीं है।

(4) 20 से कम श्रमिक वाले या शक्ति का प्रयोग न करने वाले कारखाने में यह अधिनियम लागू नहीं होता।

भारतीय खान अधिनियम
(Indian Mines Act 1923)

भारतीय खान श्रमिकों की समस्याओं को सुलझाने के लिये भारत सरकार ने 1923 में भारतीय खान अधिनियम पास किया। इस अधिनियम की मुख्य व्यवस्थायें निम्नलिखित थीं–

(1) खानों में काम करने के अधिकतम घण्टे ऊपर काम करने वालों के लिये 10 घण्टा प्रतिदिन व 60 घण्टा साप्ताहिक तथा खान के भीतर काम करने वालों के लिये सप्ताह में 54 घण्टे निश्चित कर दिये गये। (2) श्रमिकों के लिये 6 घण्टे के काम के बाद 1 घण्टे का अवकाश और सप्ताह में एक दिन की सवेतन छुट्टी का प्रबन्ध किया गया। (3) बाल श्रमिकों की कम से कम आयु 13 वर्ष निश्चित की गई और 17 वर्ष से कम आयु के श्रमिकों के लिये योग्यता का डाक्टरी प्रमाण-पत्र जरूरी हो गया है। (4) पीने के पानी की पूर्ति, चिकित्सा तथा सफाई के सम्बन्ध में भी नियम बनाये गये।

1952 का खान अधिनियम
(Mines Act 1952)

उक्त अधिनियम में बाद में बहुत से संशोधन किये गये परन्तु फिर भी वांछित सुधार न हुये। अत: 1952 में दूसरा भारतीय खान अधिनियम पास किया गया। इस अधिनियम की मुख्य व्यवस्थायें निम्नलिखित थीं–

(1) यह अधिनियम जम्मू काश्मीर को छोड़कर समस्त भारत पर लागू होता है। (2) वयस्क श्रमिकों के साप्ताहिक घण्टे 48 निश्चित कर दिये गये। अधिकतम समय की सीमा खान के बाहर काम करने वालों के लिये प्रतिदिन 9 घण्टे और अन्दर काम करने वालों के लिए 8 घण्टे प्रतिदिन निश्चित कर दी गई। (3) काम के घण्टों का अधिकतम फैलाव खान के बाहर काम करने वालों के लिये 12 घण्टे तथा खाने के अन्दर काम करने वालों के लिये 8 घण्टे निश्चित कर दिया गया। (4) अतिरिक्त काम करने के लिए खान के अन्दर काम करने वालों के लिए 1 1/2 गुना वेतन और बाहर काम करने वालों के लिए दो गुना वेतन निश्चित किया गया। (5) प्रत्येक पाँच घण्टे के काम के बाद श्रमिकों को आधे घण्टे का विश्राम देना आवश्यक हो गया। (6) खान के अन्दर काम करने वाले श्रमिकों की आयु कम से कम 18 वर्ष निश्चित कर दी गयी। 15 से 18 वर्ष तक की अवस्था के बाल श्रमिकों के लिये डाक्टरी प्रमाण पत्र अनिवार्य कर दिया गया और अधिकतम काम की सीमा 4 1/2 घण्टे निश्चित कर दी गई। (7) स्त्री श्रमिकों के लिये खान के भीतर काम करने का निषेध कर दिया गया। संध्या के 7 बजे से प्रात: 6 बजे तक स्त्री श्रमिकों से काम नहीं लिया जा सकता। (8) बारह मास काम करने के बाद मासिक वेतन पाने वाला साल में 14 दिन की और साप्ताहिक वेतन पाने वाला साल में सात दिन की सवेतन छुट्टी ले सकता है। (9) मासिक वेतन पाने वाले श्रमिकों की छुट्टियाँ 28 दिन तक जमा हो सकती है। (10) कल्याण अधिकारियों की नियुक्ति प्राथमिक सहायता के उपकरण, शिशुगृह (Creches), विश्राम स्थान, स्नानागार, कैन्टीन, एम्बुलेन्स गाडियों तथा स्ट्रेचर आदि की विशेष व्यवस्था की गई। (11)

इस अधिनियम का उल्लंघन करने वालों के लिए विशेष दण्ड की व्यवस्था की गई। (12) अधिनियम के प्रशासन का उत्तरदायित्व प्रधान खान निरीक्षक (Chief Inspector of Mines) पर निर्भर है।

चाय जिलों का प्रवासी श्रमिक अधिनियम 1932
(The Tea District Emigrant of Labour Act 1932)

चाय बगीचों के श्रमिकों की समस्याओं को हल करने के लिए 1932 में चाय जिलों का प्रवासी श्रमिक अधिनियम बनाया गया। इस अधिनियम की मुख्य व्यवस्थायें निम्नलिखित थीं—(1) यह अधिनियम अन्य प्रान्तों से असम के चाय बागीचों में आने वाले श्रमिकों की भर्ती के सम्बन्ध में था। (2) केन्द्रीय सरकार से लाइसेन्स प्राप्त एजेन्ट ही असम के बागीचों में दूसरे प्रान्तों से श्रमिकों को ला सकते हैं। (3) माँ बाप या संरक्षक के साथ समझौते बिना 16 वर्ष से कम आयु के किसी भी बालक को बाहर के प्रान्तों से असम के चाय के बगीचों में काम करने के लिये नहीं लाया जा सकता। (4) असम में तीन वर्ष रहने के बाद और विशेष परिस्थितियों में उससे पहले भी श्रमिक मालिक के खर्च से घर लौट सकेगा। (5) प्रशासन सम्बन्धी कार्यों के लिये एक प्रवासी श्रमिक नियन्त्रक (Controller of Emigrant Labour) नियुक्त किया गया जो कि श्रमिकों की भर्ती आदि को नियमित करेगा और अपने क्षेत्र में काम करने वाले श्रमिकों की दशा की रिपोर्ट सरकार को देगा।

बागीचा श्रमिक अधिनियम 1951
(Plantation Labour Act 1951)

1946 की जाँच समिति की रिपोर्ट के अनुसार 1951 में एक और बागीचा श्रमिक अधिनियम बनाया गया। इस अधिनियम की मुख्य व्यवस्थायें निम्नलिखित थीं—(1) यह अधिनियम जम्मू व काश्मीर को छोड़कर भारत के चाय, रबड़, कहवा और सिनकोना के उन सब बागीचों में लागू होता है जिनका क्षेत्रफल कम से कम 25 एकड़ हो और जहाँ कम से कम 30 श्रमिक काम करते हों। (2) स्थानीय प्रशासन का उत्तरदायित्व प्रधान बागीचा निरीक्षक (Chief Inspector of Plantation) पर होगा। बागीचों के निरीक्षण के लिये राज्य सरकारों को निरीक्षक नियुक्त करने का अधिकार होगा। (3) बागीचों के मालिकों को श्रमिकों के लिये पीने के शुद्ध जल, चिकित्सा सम्बन्धी सुविधायें तथा स्त्री पुरुषों के लिये अलग-अलग मूत्रालयों और शौचालयों का प्रबन्ध करना पड़ेगा। (4) श्रम कल्याण में श्रमिकों के लिए स्वस्थ मनोरंजन के साधन जुटाना, 150 से अधिक श्रमिकों वाले बागीचे में कैन्टीन की व्यवस्था करना और समुचित मकानों की व्यवस्था करना आवश्यक होगा। राज्य सरकारें ऐसे नियम बना सकती हैं जिनसे मालिक श्रमिकों के लिये छाता, कम्बल, बरसाती आदि की व्यवस्था करें। 300 श्रमिकों वाले बागीचों में कल्याण अधिकारियों की नियुक्ति अनिवार्य कर दी गई। इन कल्याण व्यवस्थाओं का मालिक द्वारा प्रबन्ध न होने पर प्रधान निरीक्षक स्वयं इनका प्रबन्ध करके व्यय मालिक से वसूल कर सकता है। (5) बाल श्रमिकों की आयु न्यूनतम 12 वर्ष निश्चित की गई। 15 से अट्ठारह वर्ष के किशारों को आयु का डाक्टरी प्रमाण-पत्र देना होगा।

(6) काम के अधिकतम घण्टे बाल व किशोर श्रमिक के लिये सप्ताह में 40 और वयस्कों के लिये 54 निश्चित किये गये। सप्ताह में एक दिन की छुट्टी दी जायेगी। (7) बाल तथा स्त्री श्रमिकों का संध्या के 7 बजे से प्रात: 6 बजे तक काम पर लगाना निषिद्ध हो गया। (8) वयस्कों को 20 दिन काम करने पर 1 दिन और बालकों तथा किशोरों को पन्द्रह दिन काम करने पर एक दिन की सवेतन छुट्टी मिलेगी। छुट्टियाँ 30 दिन तक इकट्ठी हो सकती हैं। (9) अधिनियम के नियमों को भंग करने पर दण्ड दिया जायेगा।

भारतीय रेलवे अधिनियम 1890
(The Indian Railway Act 1890)

1890 के भारतीय रेलवे अधिनियम से भारत की परिवहन सेवाओं में लगे श्रमिकों को वैधानिक सुविधायें देने का सूत्रपात हुआ। इस अधिनियम की मुख्य व्यवस्थायें निम्नलिखित थीं:—(1) रेलवे कर्मचारियों को दो वर्गों में बाँटा गया—निरन्तर कर्मचारी (Continuous Workers) और मूलत: अनिरन्तर कर्मचारी (Essentially Intermittent Workers)। (2) काम के अधिकतम घण्टे पहली श्रेणी के कर्मचारियों के लिये 60 प्रति सप्ताह और द्वितीय श्रेणी के लिये 80 प्रति सप्ताह निश्चित किये गये। (3) सप्ताह में चौबीस घण्टे लगातार विश्राम देना अनिवार्य हो गया है। (4) अतिरिक्त समय (Over time) तक काम के लिये सामान्य दर से 1–½ गुना मजदूरी निश्चित की गई है। (5) 1946 से इस अधिनियम के प्रशासन का उत्तरदायित्व केन्द्रीय मुख्य श्रमिक कमिश्नर (Central Chief Labour Commissioner) पर रख दिया गया।

भारतीय व्यापारिक जहाज अधिनियम 1923
(The Indian Merchants Shipping Act 1923)

31 मार्च 1951 से भारत सरकार ने श्री राजाध्यक्ष की सिफारिश के आधार पर काम के घण्टों, विश्राम के समय, काम की दशा आदि के विषय में महत्त्वपूर्ण परिवर्तन किये। जहाजों (Ships) पर काम करने वाले श्रमिकों के हित की रक्षा करने के लिए सन् 1923 में भारतीय व्यापारिक जहाज अधिनियम पास किया गया। इसमें 1949 तथा 1951 में संशोधन किये गये। संशोधित अधिनियम के अनुसार अधिनियम की मुख्य व्यवस्थायें निम्नलिखित थीं—(1) किसी भी जहाज पर श्रमिकों की नियुक्ति के लिए निर्धारित नियमों का पालन आवश्यक है। (2) श्रमिकों की डाक्टरी परीक्षा अनिवार्य होगी। (3) सरकार बन्दरगाहों पर रोजगार दफ्तर खोल सकती है। (4) कुछ अपवादों को छोड़कर साधारणतया 14 वर्ष से कम आयु के बालकों को काम पर नहीं लगाया जा सकता। (5) नाविक को जहाज पर काम करने के समय से ही वेतन का अधिकार होगा और समय पर वेतन का भुगतान न होने पर अतिरिक्त रुपये मिलेंगे। (6) किसी नाविक को अनुचित रूप से नौकरी से निकाल दिये जाने पर उचित मुआवजा दिया जायेगा। (7) नाविकों के लिये स्वच्छ जल, औषधि तथा अन्य आवश्यक वस्तुओं की व्यवस्था होगी तथा उनकी चिकित्सा मुक्त की जायेगी। (8) अधिनियम के नियमों का उल्लंघन करने पर दण्ड दिया जायेगा।

डॉक कर्मचारी अधिनियम 1948
(The Dock Workers Regulation of Employment Act 1948)

डॉक कर्मचारियों की दशा में सुधार के लिये सन् 1948 में डॉक कर्मचारी (रोजगार नियम) अधिनियम बनाया गया। इस अधिनियम की मुख्य विशेषताएँ निम्नलिखित हैं–(1) डॉक पर काम करने वाले श्रमिकों की जहाजों पर माल चढ़ाने और उतारने के खतरों से रक्षा करने के लिये नियम बनाये गये। (2) श्रमिकों के रोजगार में स्थिरता लाने तथा उनकी भर्ती का नियमन करने के लिये केन्द्रीय सरकार को मुख्य बन्दरगाहों तथा राज्य सरकार को छोटे बन्दरगाहों पर काम करने वाले श्रमिकों के रजिस्ट्रेशन की योजना बनाने तथा उनकी मजदूरी की दर, काम के घण्टे, छुट्टी, कल्याण, स्वास्थ्य रक्षा तथा न्यूनतम मजदूरी आदि के सम्बन्ध में नियम बनाने का अधिकार दे दिया गया। (3) सरकार, मालिकों और श्रमिकों के एक सलाहकार बोर्ड की स्थापना करने की व्यवस्था की गई।

कोयला खान (संरक्षण और विकास) अधिनियम, 1974

यह अधिनियम कोयला खान (संरक्षण, सुरक्षा और विकास) अधिनियम, 1952 को निरस्त करता है और कोयले के संरक्षण और विकास और कोयला खानों में सुरक्षा सुनिश्चित करने की व्यवस्था करता है।

कम्पनी (लाभांश पर अस्थाई रोक) अधिनियम, 1974

इस संशोधन द्वारा यह व्यवस्था की गई है कि विनिर्दिष्ट अवधि के लिए कुछ विशेष कम्पनियों द्वारा घोषित लाभांश उनके करोत्तर शुद्ध लाभ के एक तिहाई या साधारण शेयरों के अंकित मूल्य के 12 प्रतिशत लाभांश तथा प्राथमिकता वाले शयरों पर देय लाभांश की रकम से ज्यादा नहीं होना चाहिए। कम्पनी द्वारा लाभांश के वितरण पर अस्थाई रोक लगाने का उद्देश्य है, उपभोक्ताओं द्वारा किये जाने वाले व्यय में कमी करना और बचत को बढ़ावा देना।

अतिरिक्त परिलब्धियां (अनिवार्य जमा) अधिनियम, 1974

मुद्रास्फीति रोकने के उद्देश्य से समाज के विभिन्न वर्गों के लोगों को निम्नलिखित रूप से अनिवार्य पैसा जमा करना पड़ता है : (क) एक साल के लिए अतिरिक्त मजदूरी का सारा, और (ख) अतिरिक्त महँगाई भत्ते का आधा दो साल के लिए। जमा राशि पर बैंक जमा की दर से 2½ प्रतिशत से अधिक का साधारण ब्याज मिलेगा और कुल रकम ब्याज सहित पाँच बराबर सालाना किस्तों में वापस ली जा सकेगी (सम्बन्धित जमा राशि की आवश्यक अवधि बीतने के बाद)।

तेल उद्योग (विकास) अधिनियम, 1974

यह अधिनियम तेल उद्योग के विकास के लिये तेल उद्योग विकास बोर्ड की स्थापना करने तथा इसके लिए कच्चे तेल और प्राकृतिक गैस पर कर लगाने की व्यवस्था करता है।

बीमार कपड़ा कारखाने (राष्ट्रीयकरण) अधिनियम, 1974

यह अधिनियम 103 बीमार कपड़ा मिलों के राष्ट्रीयकरण की व्यवस्था करता है जिससे उचित दर पर भिन्न-भिन्न तरह के कपड़ों और सूत के उत्पादन और वितरण में वृद्धि हो और इन कारखानों में ज्यादा लोगों को रोजगार मिल सके।

बैंक सेवा आयोग अधिनियम, 1975

यह अधिनियम राष्ट्रीयकृत बैंकों तथा स्टेट बैंक आफ इण्डिया और उससे सम्बन्धित बैंकों में कुछ सेवाओं एवं पदों पर नियुक्ति के लिए कर्मचारियों के चुनाव के लिए एक आयोग की स्थापना की व्यवस्था करता है।

भारत में श्रमिकों की असन्तोषजनक दशा
(Unsatisfactory lot of Workers in India)

भारत में श्रम सम्बन्धी अधिनियमों पर एक दृष्टि डालने से स्पष्ट होता है कि देश में श्रम के सम्बन्ध में आधुनिकतम अधिनियम उपस्थित हैं। परन्तु फिर भी श्रमिकों की दशा प्रगतिशील देशों की तुलना में बड़ी असन्तोषजनक है। श्रमिकों की इस दयनीय दशा का उत्तरदायित्व सरकार, मालिकों, श्रम संघों और कुछ न कुछ स्वयं श्रमिकों पर है।

(1) अशिक्षा—भारत में श्रमिकों की दयनीय दशा का मुख्य कारण अशिक्षा है। अशिक्षा के कारण मजदूरों को श्रम सम्बन्धी कानूनों का ज्ञान नहीं हो पाता और यदि उनको वे कानून बतलाये भी जायें तो भी वे उनको समझ नहीं पाते। अतः देश में आधुनिकतम श्रम अधिनियम होते हुए भी श्रमिकों की दशा में आवश्यक सुधार नहीं हो पाता। एक उदाहरण लीजिए—भारत में कारखानों में काम करते समय मजदूरों को लगी चोटों, व्यावसायिक बीमारियों (Occupational Diseases) तथा दुर्घटनाओं से उनके असमर्थ हो जाने या उनकी मृत्यु हो जाने पर मजदूरों को या उनके परिवार को मुआवजा देने की व्यवस्था के लिए 1923 से कर्मचारी मुआवजा अधिनियम (The Workman's Compensation Act) बना हुआ है। परन्तु अभी तक अधिकांश भारतीय श्रमिक इसका कोई लाभ नहीं उठा पाये। श्रम जाँच समिति (The Labour Investigation Committee) ने पता लगाया है कि अशिक्षा के कारण श्रमिक चोट लगने पर क्षतिपूर्ति का दावा नहीं करता और अपने गाँव को वापस चला जाता है। इसके विरुद्ध पश्चिमी देशों से मजदूर शिक्षित होने के कारण कानूनों का पूरा लाभ उठाते हैं।

(2) निर्धनता—अशिक्षा के साथ-साथ निर्धनता भी श्रमिकों के श्रम अधिनियमों से लाभ न उठा सकने का एक कारण है। अत्यधिक निर्धनता के कारण भारतीय श्रमिक अपने अधिकारों के लिए लड़ नहीं सकते और न मालिक पर किसी क्षतिपूर्ति का मुकदमा ही चला सकते हैं। अत्यधिक निर्धनता के कारण वे मालिकों के सब प्रकार के अत्याचार सहन करते हुए भी उनसे बनाये रखने की चेष्टा करते हैं।

(3) मिल मालिकों की उपेक्षा—भारतवर्ष में आधुनिकतम श्रम अधिनियम उपस्थित होते हुए भी श्रमिकों को उनसे इसलिए लाभ नहीं हो पाता क्योंकि मिल मालिक तथा सेवायोजक इन कानूनों की नितान्त उपेक्षा करते हैं। श्रम कल्याण कार्यों को वे व्यर्थ का बोझ समझते हैं

और उनकी उपेक्षा करते हैं। जहाँ-जहाँ सरकार ने इस अव्यवस्था की जाँच करने के लिए निरीक्षकों की व्यवस्था की है वहाँ भी पर्याप्त सुधार नहीं हो सका है क्योंकि मिल मालिक श्रम कल्याण में रुपया खर्च करने की जगह उसके बहुत थोड़े अंश से निरीक्षक की मुट्ठी गर्म करने में अधिक लाभ देखते हैं। मुआवजा कानून की दशा के विषय में Page Committee ने अपनी रिपोर्ट में लिखा है कि "छोटे कारखानों में तथा बड़े नगरों से दूर के (Mofussil) क्षेत्रों में इसका पूरा पालन नहीं होता, मिल मालिक किसी न किसी बहाने से क्षतिपूर्ति की राशि की अदायगी से बचते रहते हैं।"

(4) मिल-मालिकों का विरोध—मिल मालिक सरकारी कानूनों की उपेक्षा ही नहीं करते बल्कि उसका विरोध भी करते हैं। पहले तो वे मुआवजे की ओर ध्यान ही नहीं देते परन्तु यदि श्रमिक उनको उसकी याद दिलाता है अथवा दावा करने का साहस करता है तो मालिक उसको नौकरी से निकाल देने की धमकी देते हैं या थोड़ा बहुत धन देकर उस गरीब का मुंह बन्द कर देते हैं। ऐसे भी उदाहरण कम नहीं हैं जबकि अपने अधिकारों का दावा करने वाले श्रमिक को पिटवाया जाता है और पुलिस को रिश्वत देकर उस पर अत्याचार कराये जाते हैं। इस प्रकार अच्छे बुरे सभी उपायों से मिल मालिक सरकारी कानूनों का विरोध करते हैं। कहीं-कहीं ऐसा भी देखा गया है कि कारखाने में शिशुगृह (Creches) न बनवाने के लिए मालिक ने यह बहाना उपस्थित किया है कि उसके कारखाने की अधिकांश स्त्री श्रमिक अविवाहित, विधवा या बड़ी आयु की हैं, अतः उनके बच्चों का प्रश्न ही नहीं उठता। जिन कारखानों में नाममात्र के शिशुगृह बनाये भी गये हैं वहाँ उनका होना न होने के बराबर है क्योंकि न तो उनमें बालकों के लिए पालने और खिलौने हैं न उनकी देखभाल करने के लिये आयायें हैं। कहीं-कहीं तो आयाओं को सिखा पढ़ाकर बच्चों के प्रति दुर्व्यवहार कराया जाता है जिसे श्रमिक स्त्रियाँ स्वयं ही शिशुगृहों का प्रयोग नही करती। इस प्रकार मिल मालिक कानून की पकड़ में आये बिना श्रम अधिनियमों की अवहेलना करने के कोई न कोई उपाय निकाल ही लेते हैं।

(5) श्रम संघों की दुर्बलता—श्रम अधिनियमों से श्रमिकों को लाभ न होने का कारण केवल श्रमिक और मिल मालिक ही नहीं हैं बल्कि इस विषय में श्रमिक संघ भी उत्तरदायी हैं। भारत में श्रम आन्दोलन बड़ा अविकसित है। श्रम संघों का दायरा बड़ा सीमित है और जहाँ कहीं वे हैं भी वहाँ निहित स्वार्थों तथा राजनीतिक दल-बन्दियों का जोर है। ये श्रम संघ पश्चिमी देशों के श्रम संघों के समान श्रमिकों के लाभ की चिन्ता न करके अपना ही उल्लू सीधा करने में लगे रहते हैं। भारत में श्रमिक संगठित नहीं है और योग्य नेताओं का सर्वथा अभाव है। मालिक नेताओं को अपनी ओर मिलाते हैं। इसमें श्रम आन्दोलन बड़ा अशक्त रहता है और श्रमिकों की दशा में सुधार नहीं हो पाता।

(6) सरकारी नियन्त्रण की कमी—मजदूर संघों के साथ-साथ सरकार भी भारत में श्रम अधिनियमों का पालन न होने के लिए उत्तरदायी है। भारत में श्रम अधिनियमों के पालन की देख-रेख के लिए पर्याप्त संख्या में निरीक्षक नहीं हैं। जो कुछ निरीक्षक हैं भी उनमें रिश्वत और भ्रष्टाचार का बाजार गर्म है। अधिनियमों का उल्लंघन करने पर मिल मालिकों पर मुकदमा नहीं चलाया जाता और चलाये जाने पर भी वे रुपये की सहायता से छूट

जाते हैं और उनको दण्ड नहीं मिलता। सरकारी कर्मचारियों में निष्पक्षता और चरित्र की भारी कमी है।

उपरोक्त विवेचन से स्पष्ट है कि "भारत में आधुनिकतम श्रम अधिनियमों के होते हुए भी श्रमिकों की दशा अन्य औद्योगिक देशों की तुलना में दयनीय है।" इसके लिए सरकार, श्रमिक संघ तथा प्रगतिशील सेवायोजक सभी को भरसक प्रयत्न करना पड़ेगा। तभी श्रमिकों की दशा में वास्तविक सुधार हो सकता है, तभी वे संगठित होकर अपने अधिकारों की मांग कर सकते हैं।

अभ्यास के लिये प्रश्न

1. श्रम विधान से आप क्या समझते हैं? आपके द्वारा पठित किसी भी श्रम विधान के महत्त्वपूर्ण उपबन्धों तथा उनके व्यावहारिक स्वरूप पर प्रकाश डालिये।
2. भारतवर्ष में श्रमिक कानूनों की संक्षिप्त विवेचना कीजिये तथा इस क्षेत्र में अन्तर्राष्ट्रीय श्रम संगठन ने जो प्रभाव डाला है उसे उदाहरण देकर प्रस्तुत कीजिये।

31

भारत में श्रम कल्याण और श्रम नीति
(Labour Policy and Labour Welfare in India)

श्रम कल्याण की परिभाषा

श्रम कल्याण का तात्पर्य उन कार्यों से है जिनसे श्रमिकों को किसी प्रकार का लाभ होता हो परन्तु यह सामान्य अर्थ समाजशास्त्र के काम का नहीं है। समाजशास्त्र में श्रम कल्याण का अनेक प्रकार से अर्थ किया जाता है। देश, काल तथा परिस्थितियों के अनुसार श्रम कल्याण का अर्थ भी बदलता रहता है। शाही श्रम आयोग (Royal Commission on Labour) की रिपोर्ट के अनुसार, ''कल्याण शब्द, जैसा कि वह औद्योगिक कार्यकर्त्ता के लिये लागू किया जाता है, ऐसा है जो कि आवश्यक रूप से लचीला होना चाहिए, विभिन्न सामाजिक प्रथाओं, औद्योगीकरण की मात्रा और श्रमिकों के शैक्षिक विकास के अनुसार उसकी एक देश से दूसरे देश में कुछ न कुछ भिन्न व्याख्यायें होनी चाहियें।''[1] इस प्रकार श्रम-कल्याण शब्द का तात्पर्य किस देश में क्या होगा यह उस देश के श्रमिकों की दशा पर निर्भर है। उदाहरण के लिये भारत में श्रमिक अधिकतर अशिक्षित हैं। अतः यहाँ पर श्रम कल्याण में श्रमिकों की शिक्षा की व्यवस्था भी सम्मिलित हो जायेगी। सामाजिक विज्ञानों के विश्वकोष (Encyclopaedia of social sciences) के अनुसार, ''श्रम कल्याण में कानून, उद्योग की प्रथा तथा बाजार की दशा के लिए आवश्यक कामों के परे, वर्तमान औद्योगिक व्यवस्था में मालिकों द्वारा श्रमिकों के काम करने की ओर कभी-कभी रहने की अवस्थाओं को स्थापित करने के ऐच्छिक प्रयत्न निहित हैं।''[2] इस प्रकार श्रम कल्याण में वे काम सम्मिलित नहीं होते जो कि देश के कानूनों,

1. "The term welfare, as applied to the industrial worker, is one which must necessarily be elastic, bearing a somewhat different interpretation in one country from another, according to the different social customs, the degree of industrialisation and the educational development of the workers."

—Report of the Royal Commission on Labour

2. "Labour welfare implies the voluntary efforts of the employers to establish, within the existing industrial system, working and sometimes living conditions of the employees beyond what is required by law, the custom of the industry and the condition of the market."

—Encyclopaedia of Social Sciences

उद्योगों की प्रथाओं अथवा बाजार की दशाओं के कारण अनिवार्य रूप में किये जाते हैं। अत: श्रम कल्याण में ऐच्छिक कार्य आते हैं जिनसे मालिक श्रमिकों की दशा उन्नत बनाने या काम की दशायें बेहतर बनाने का प्रयास करते हैं। अन्तर्राष्ट्रीय श्रम संगठन (International Labour Organisation) की एक रिपोर्ट में श्रम कल्याण की परिभाषा इस प्रकार की गई है, "श्रमिकों के कल्याण का अर्थ ऐसी सेवाओं, सुविधाओं और आरामों से समझना चाहिए जो कि कारखानों में या उनके निकट स्थापित की जायें ताकि उनमें काम करने वाले व्यक्ति अपना काम स्वस्थ और अनुकूल पर्यावरण में कर सकें और उनको अच्छे स्वास्थ्य तथा उच्च नीतिमत्ता में सहायक सुविधायें मिल सकें।"[1] इस प्रकार श्रम कल्याण के कार्यों में श्रमिकों के स्वास्थ्य को उन्नत करने की दशायें उत्पन्न करने वाले और नैतिक स्तर को ऊँचा करने की परिस्थितियाँ उत्पन्न करने वाले काम आते हैं। भारत सरकार द्वारा नियुक्त श्रम जांच समिति (Labour Investigation Committee) ने श्रम कल्याण के क्षेत्र का विस्तृत विवेचन करते हुये लिखा है "हमें कल्याण के कार्यों के अन्तर्गत जो कुछ कानून द्वारा निश्चित कर दिया गया है अथवा जिसका साधारणतया समझौते के लाभों के भाग के रूप में आशा की जा सकती है जिसके लिए श्रमिकों ने सौदेबाजी की हो, उन सबके अतिरिक्त सरकार अथवा किसी अन्य संस्था द्वारा किए उन सब कामों को सम्मिलित करना उचित समझते हैं जो कि श्रमिकों बौद्धिक, भौतिक, नैतिक अथवा आर्थिक लाभ के लिये किये गये हों।" इस प्रकार इस परिभाषा के अन्तर्गत, हम श्रम कल्याण में मकानों की व्यवस्था, चिकित्सा एवं शिक्षा सम्बन्धी सुविधाएँ, उत्तम भोजन (कैन्टीन की सुविधाओं सहित), आराम और मनोरंजन की सुविधाएँ, सहयोगी समितियाँ, धाय गृह और शिशु गृह, स्वच्छ आवास का प्रबन्ध, वेतन सहित अवकाश, सामाजिक बीमे की व्यवस्थायें आदि सम्मिलित कर सकते हैं जो कि मालिकों द्वारा स्वेच्छा से अकेले या श्रमिकों के साथ मिलकर किए गए हों तथा जिनमें बीमारी एवं मातृत्व लाभ योजनायें, प्राविधिक कोष, उपहार (Gratuity) तथा पेंशन इत्यादि भी सम्मिलित हैं।"[2] इस प्रकार श्रम कल्याण में मालिकों द्वारा ऐच्छिक रूप से किए गए वे सब कार्य सम्मिलित हैं जिनसे श्रमिकों को किसी प्रकार का लाभ होता है। श्रम कल्याण कार्य में ऐसे कोई काम नहीं आते जिन्हें मालिक को बाध्य होकर करना

---

1. "Workers welfare should be understood as meaning such services, facilities and amenities which may be established in, or in vicinity of undertakings to enable the persons employed in them to perform their work in healthy, congenial surroundings and provided with amenities conductive to good health and high morale."

   —*Report of I.L.O.*

2. "We prefer to include under welfare activities any thing done for intellectual, physical, moral and economic betterment of the workers, whether by employees, by Government or by other agencies, over and above what is laid down by law or what is normally expected as part of the contractual benefits for which the workers have bargained. Thus, under this definition we may include housing, medical and educational facilities, nutrition, (including provision of canteens) facilities for rest and recreation, co-operative societies day nurseries and creches, provision of sanitary accommodation, holiday with pay, social insurance measures undertaken voluntarily by employers alone or jointly with workers, including sickness and maternity benefit, provident funds, gratuities and pensions etc."

   —*Report of Labour Investigation Committee.*

पड़ता हो चाहे श्रमिकों को कितना भी लाभ क्यों न हो। श्रम कल्याण के कार्यों द्वारा मिल मालिक और कारखानेदार श्रमिकों के सर्वांगीण विकास का प्रयास करते हैं।

अब प्रश्न यह उठता है कि श्रम कल्याण का उत्तरदायित्व किस पर है ? सबसे अधिक प्रचलित मत तो यह है कि श्रम कल्याण का उत्तरदायित्व मालिकों पर है। यह मत ठीक भी है क्योंकि श्रम कल्याण के कार्यों में मालिकों को पैसा अवश्य खर्च करना पड़ता है। परन्तु उनसे श्रमिकों की कार्य-कुशलता तथा सहयोग बढ़ने के कारण उनको लाभ भी होता है। यदि कारखाने में काम करते समय गजदूर किसी दुर्घटना का शिकार हो जाय तो उसके परिवार के भरण-पोषण का प्रबन्ध करना मालिक का नैतिक कर्त्तव्य हैं। इसी प्रकार अपने श्रमिकों को चिकित्सा, प्राविधिक कोष (Provident Fund), पेंशन, इनाम, प्रशिक्षण आदि की सुविधायें देना मालिक का परम कर्त्तव्य है। परन्तु अकेले कारखानेदार पर ही श्रम कल्याण की सारी जिम्मेदारी नहीं है। कल्याणकारी राज्य में श्रम कल्याण भी राज्य का कर्त्तव्य है। श्रमिकों के काम करने की दशाओं को उन्नत करने, बालकों तथा स्त्रियों के हितों की रक्षा करने तथा दुर्घटनाओं की रोकथाम आदि ऐसे अनेक काम हैं जिनको राज्य अधिक अन्छी तरह कर सकता है। परन्तु प्रगतिशील राज्यों में श्रमिक संघ भी श्रम-कल्याण के काम करते हैं। अत: श्रम-कल्याण का उत्तरदायित्व न तो अकेले मालिकों पर है न सरकार पर और न श्रमिक-संघों पर। वास्तव में वह इन तीनों की सम्मिलित जिम्मेदारी है। अत: श्रम-कल्याण की योजनाओं को इन तीनों में बांट कर तीनों के परस्पर सहयोग और विचार विमर्श से चलाया जाना चाहिये।

श्रम-कल्याण कार्य
(Activities of Labour Welfare)

श्रम-कल्याण कार्य तीन प्रकार के माने जाते हैं:–

(1) **वैधानिक**–श्रमिकों की सुविधा, सुरक्षा, काम करने की दशाओं आदि के विषय में सरकारी कानून।

(2) **ऐच्छिक**–वे कार्य जिनको उद्योगपति अपनी इच्छा से श्रमिकों के लिये करते हैं।

(3) **पारस्परिक** (Mutual)–इनमें श्रमिक-संघों द्वारा किये जाने वाले कल्याण कार्य आते हैं।

डॉ० ब्राउटन का मत

डॉ० ब्राउटन (Dr. Broughton) ने श्रमिक-कल्याण के कार्यों को दो भागों में विभाजित किया है–(1) कारखाने के अन्दर (Intra mural) और (2) कारखाने के बारह (Extra mural)! कारखाने के अन्दर किए जाने वाले कल्याण कार्यों में मुख्य निम्नलिखित हैं–

(1) **वैज्ञानिक भर्ती**–श्रमिकों की भर्ती वैज्ञानिक ढंग से करना।

(2) **औद्योगिक प्रशिक्षण**–विभिन्न कारखानों में विशिष्ट कामों का प्रशिक्षण।

(3) **स्वच्छता, प्रकाश तथा वायु का प्रबन्ध**–इसमें कारखानों में सफाई, पुताई, रोशनदानों का प्रबन्ध, पीने के पानी का प्रबन्ध, स्नानगृह, संडास, मूत्रालय आदि की व्यवस्था, रोशनी का प्रबन्ध तथा सर्दी को कम करने की व्यवस्थायें आती हैं।

(4) दुर्घटनाओं की रोकथाम—इसमें खतरनाक यन्त्रों, अत्यधिक ताप आदि से बचाव तथा आग बुझाने का प्रबन्ध आदि सम्मिलित हैं।

(5) अन्य कार्य—जैसे कैन्टीन, थकावट दूर करने की व्यवस्था, आराम की व्यवस्था आदि।

कारखाने के बाहर के मुख्य कल्याण कार्य निम्नलिखित हैं—

(1) शिक्षा का प्रबन्ध—इसमें प्रौढ़ शिक्षा, सामाजिक शिक्षा, प्राथमिक शिक्षा, स्त्री, पुरुष, बालकों की शिक्षा आदि आती हैं।

(2) उत्तम आवासों की व्यवस्था।

(3) चिकित्सा व्यवस्था—इनमें आराम, संवेतन अवकाश, मुफ्त उपचार आदि आते हैं।

(4) सस्ते और पोषणयुक्त भोजन की व्यवस्था।

(5) मनोरंजन की सुविधायें—क्लब, अखाड़े, सिनेमा, रेडियो, वाचनालय, पुस्तकालय आदि।

उपरोक्त कामों के अलावा श्रम-कल्याण में निम्नलिखित काम भी शामिल हैं—

(1) सामाजिक बीमा व्यवस्था।

(2) प्रोविडेन्ट फण्ड की व्यवस्था।

(3) पेन्शन की व्यवस्था।

(4) बीमारी और मातृत्व लाभ सुविधायें।

(5) धाय गृहों और शिशु गृहों की व्यवस्था।

(6) सहकारी समितियो की व्यवस्था।

(7) सांस्कृतिक कार्यक्रमों की व्यवस्था।

(8) बालक-बालिकाओं के स्कूलों की व्यवस्था।

श्रम कल्याण से मालिकों को लाभ
(Benefits of Labour Welfare to Employers)

कारखाने के अन्दर कल्याण कार्यों से मालिकों को लाभ

आधुनिक देशों में सब कहीं प्रगतिशील सेवायोजक (Employers) श्रमिकों के लिए विभिन्न प्रकार के कल्याण कार्यों की व्यवस्था करते हैं क्योंकि उन्हें यह भली प्रकार विदित हो गया है कि श्रम कल्याण कार्यों में लगाया गया धन खर्च (Expenditure) न होकर विनियोग (Investment) है। अर्थात् श्रम-कल्याण कार्यों में जितना खर्च किया जाता है उससे अन्त में केवल श्रमिकों को ही नहीं बल्कि मालिकों को भी लाभ पहुँचता है। कारखाने के अन्दर कल्याण कार्यों से मजदूरों की कुशलता बढ़ती है जिससे उत्पादन बढ़ता है और कच्चा माल

(Raw Material) कम खराब होता है, श्रमिकों की भर्ती वैज्ञानिक ढंग से करने से मध्यस्थों का अनुचित शोषण समाप्त हो जाता है जिससे श्रमिकों में सन्तोष और उत्साह रहता है जिससे वे अधिक काम करते हैं और मालिक को लाभ होता है। मध्यस्थों के हट जाने से मालिक मजदूर के संघर्ष कम होते हैं जिससे तालेबन्दी और हड़तालों से होने वाली भारी हानि से बचत होती है। वैज्ञानिक भर्ती के अलावा कारखाने के अन्दर दूसरा कल्याण कार्य औद्योगिक प्रशिक्षण है। औद्योगिक प्रशिक्षण के लिये शुरू में तो मालिकों को ही रुपया खर्च करना पड़ता है परन्तु इससे खर्च की अपेक्षा उनका लाभ कहीं अधिक बढ़ जाता है क्योंकि अप्रशिक्षित श्रमिकों की अपेक्षा वे कच्ची सामग्री कम खराब करते हैं और अधिक कुशलता से काम करते हैं। प्रशिक्षित श्रमिकों के उत्पादन की मात्रा तथा गुण (Quality) दोनों ही बढ़ जाते हैं जिससे मालिकों को लाभ होता है। कारखाने में स्वच्छता, प्रकाश तथा वायु के प्रबन्ध में कारखानेदार को कुछ अधिक व्यय नहीं करना पड़ता परन्तु उससे श्रमिकों के स्वास्थ्य तथा कुशलता पर बड़ा अनुकूल प्रभाव पड़ता है जिससे उत्पादन की मात्रा तथा गुण दोनों ही बढ़ते हैं, कारखाने में अनुपस्थिति कम रहती है, श्रमिकों को थकान कम आती है और बीमारियाँ भी कम होती हैं। काम करने की दशाओं के स्वास्थ्यप्रद होने से मजदूर सन्तुष्ट रहते हैं और यह अनुभव करते हैं कि मालिक को उनका ख्याल है। इससे मालिक मजदूर के सम्बन्ध अच्छे बनते हैं और मजदूरों में प्रवासी प्रवृत्ति कम होती है। दुर्घटनाओं से रोकथाम के कल्याण कार्य से तो मालिक को सीधा लाभ है। उसको दुर्घटना के कारण श्रमिक के परिवार को कुछ न कुछ मुआवजा अवश्य देना पड़ता है और साथ ही कारखाने के अन्य श्रमिकों में असन्तोष भी फैलता है। कभी-कभी यदि कोई प्रशिक्षित श्रमिक दुर्घटना का शिकार हो जाता है तो मालिक की प्रत्यक्ष हानि होती है। कारखाने में आग लगने आदि के खतरे से रोकथाम तो मालिक के अपने ही फायदे की बात है यद्यपि उससे श्रमिकों का भी कल्याण होता है। कारखाने में थकान मिटाने की व्यवस्था या आराम की व्यवस्था से मजदूरों की कार्यकुशलता बनी रहती है। कैन्टीन आदि की व्यवस्था से उनको समय पर नाश्ता आदि मिल जाता है और वे फिर काम पर जुट सकते हैं। इस प्रकार कारखाने के अन्दर के कल्याण कार्यों से तो मालिकों को सीधा लाभ होता है।

कारखाने के बाहर के कल्याण कार्यों से मालिकों को लाभ

कारखाने के बाहर के कल्याण कार्यों से भी अन्त में मालिकों को ही लाभ होता है। मुख्य लाभ निम्नलिखित हैं—

(1) श्रमिकों के स्वास्थ्य में वृद्धि—उत्तम आवासों का प्रबन्ध, सस्ते तथा पोषक भोजन की व्यवस्था तथा समुचित अवकाश आदि के प्रबन्ध से श्रमिकों का स्वास्थ्य अच्छा रहता है। इससे कारखाने में अनुपस्थिति कम रहती है। प्रति मजदूर उत्पादन की दर बढ़ती है और मजदूरों में असन्तोष नहीं फैलता तथा मजदूरों में मालिक के प्रति श्रद्धा और विश्वास बना रहता है।

(2) श्रमिकों में कार्यकुशलता की वृद्धि—शिक्षा के प्रबन्ध से मजदूरों की कार्य-कुशलता बढ़ती है और वे अधिक मात्रा में अच्छा काम कर सकते हैं। उनमें समझदारी बढ़ती है तथा वे निहित स्वार्थ वाले व्यक्तियों के भड़काने में नहीं आ सकते।

(3) कारखाने में अनुपस्थिति में कमी—चिकित्सा की व्यवस्था तथा बीमारियों की रोक-थाम से श्रमिक कम बीमार पड़ते हैं और यदि पड़ते भी हैं तो जल्द अच्छे हो सकते हैं जिससे कारखाने में अनुपस्थिति कम होती है क्योंकि श्रमिकों में अनुपस्थिति का सबसे बड़ा कारण बीमारी है। सामाजिक कल्याण के कार्यों से श्रमिकों का चरित्र ठीक रहता है और वे ईमानदारी से मेहनत करके काम करते हैं।

(4) मालिक मजदूरों के सम्बन्धों का अच्छा होना—सामाजिक बीमा प्रोवीडेण्ट फण्ड, पेन्शन, ग्रेच्यूटी आदि की व्यवस्था से मजदूरों में असुरक्षा की भावना कम होती है, कल की चिन्ता मिट जाती है और मालिक पर विश्वास होता है। इससे मालिक और मजदूरों में सम्बन्ध अच्छे रहते हैं।

(5) मजदूरों में असन्तोष का शमन—स्वस्थ्य मनोरंजन की व्यवस्था तथा सांस्कृतिक कार्यों से मजदूरों में हिंसात्मक प्रवृत्तियों का शोधीकरण (Sublimation) होता है। स्त्री श्रमिकों के कल्याण कार्यों, धाय गृहों और शिशु गृहों आदि की व्यवस्था तथा मातृत्व लाभ आदि की सुविधाओं से श्रमिकों में असन्तोष नहीं उत्पन्न होता जिससे हड़तालें नहीं होतीं और फलत: मिल मालिकों को लाभ होता है।

(6) उत्पादन की मात्रा और किस्म में उन्नति—उपरोक्त लाभों से कारखाने में उत्पादन की मात्रा बढ़ती है तथा अच्छी किस्म का माल बनता है। इससे मालिक को प्रत्यक्ष लाभ होता है।

(7) मालिक को नैतिक सन्तोष—परन्तु श्रम-कल्याण के कार्यों से सबसे बड़ा लाभ मालिक को नैतिक सन्तोष (Moral Contentment) के रूप में मिलता है। भूखे, नंगे, रोगी, अशिक्षित तथा दु:खी श्रमिकों के श्रम से किसी भी सहृदय मालिक को सन्तोष नहीं मिलेगा। श्रम कल्याण के कार्यों का आधार केवल आर्थिक लाभ ही नहीं है, यद्यपि उनसे आर्थिक लाभ होता आवश्यक है। श्रम कल्याण के पीछे मानवता की भावना है, सहृदयता और नैतिक चेतना है। इनके अभाव में शोषण होता है और वर्ग संघर्ष बढ़ता है।

उपरोक्त विवेचन से स्पष्ट है कि कल्याण कार्यों से श्रमिकों के साथ-साथ मालिकों को भी लाभ होता है। परन्तु कल्याण कार्य वुद्धि पूर्वक सोचे हुए (Intelligently conceived) तथा उदारतापूर्वक प्रशासित (Generously administered) होने चाहियें। योजना तो सभी कामों में आवश्यक है परन्तु कल्याण कार्यों का प्रशासन उदार होने की भी आवश्यकता है क्योंकि वे केवल भौतिक दृष्टिकोण पर ही आधारित नहीं होते बल्कि मानवतावादी (Humanitarian) विचारों से भी निर्देशित होते हैं। अत: अन्त में यह कहा जा सकता है कि ''बुद्धिमत्तापूर्वक आयोजित तथा उदारतापूर्वक प्रशासित कल्याण कार्य अन्त में मालिकों के लिये लाभप्रद होगा।''

भारत में श्रम-कल्याण के महत्त्व के कारण

अन्य देशों की तुलना में भारतवर्ष में श्रम-कल्याण के कार्यों का महत्त्व तथा आवश्यकता कहीं अधिक है। इसका कारण भारतीय श्रमिकों की कुछ कमियाँ हैं जो कि अन्य देशों के

श्रमिकों में उसी अनुपात में नहीं पाई जातीं। ये दोष ही देश में श्रम-कल्याण की आवश्यकता को बढ़ाते हैं। संक्षेप में, अन्य देशों की तुलना में भारतवर्ष में श्रम-कल्याण के कार्यों का महत्त्व तथा आवश्यकता अधिक होने के कारण निम्नलिखित हैं—

(1) श्रम संगठन की न्यूनता—भारतवर्ष में श्रमिक लोग अभी एक वर्ग के रूप में संगठित नहीं हो पाये हैं। मजदूरों की संख्या को देखते हुए श्रम-संगठन का आन्दोलन अभी बहुत अविकसित है। जो कुछ श्रमिक-संघ हैं भी उनमें से अधिकतर में योग्य नेताओं का अभाव है तथा विभिन्न श्रम-संगठनों में आपस में एकता नहीं है। दलगत तथा निहित स्वार्थों के सामने श्रमिकों के कल्याण का कोई ध्यान नहीं रखा जाता। सुसंगठित श्रमिक-संघों के अभाव में श्रमिक न तो अपनी मांगों को मालिकों के सामने रख सकते हैं और न व्यवस्थित रूप से अपने हितों पर विचार ही कर सकते हैं। अन्य प्रगतिशील देशों में श्रमिक संगठन दृढ़ और सुसंगठित होते हैं। अतः भारतवर्ष में मालिकों तथा सरकार द्वारा कल्याण कार्यों का महत्त्व तथा आवश्यकता अधिक है। इससे मजदूर अपने पैरों पर खड़े हो सकेंगे, सुदृढ़ संघ बना सकेंगे, अपने हितों को समझ सकेंगे तथा मिलकर आगे बढ़ सकेंगे और देश के विकास में सुसंगठित रूप से भाग ले सकेंगे।

(2) अशिक्षा—अन्य देशों के श्रमिकों की तुलना में भारत में श्रमिकों मे शिक्षितों की संख्या बहुत ही कम है। अधिकांश श्रमिक अशिक्षित है। इससे न तो वे औद्योगिक कुशलता प्राप्त कर सकते हैं, न उद्योगों की समस्याओं को समझ सकते हैं और न अपने तथा राष्ट्र के हित को समझ सकते हैं। इससे केवल श्रमिकों को ही नहीं बल्कि मालिकों और देश को भी हानि होती है। अतः भारतवर्ष में श्रम-कल्याण की आवश्यकता अधिक है। श्रम-कल्याण के कार्यों से श्रमिक सुशिक्षित होंगे, औद्योगिक प्रशिक्षण प्राप्त कर सकेंगे और देश के योग्य नागरिक बन सकेंगे।

(3) प्रवासी प्रवृत्ति तथा अनुपस्थिति की समस्यायें—अन्य देशों की तुलना में भारतीय श्रमिकों में प्रवासी प्रवृत्ति अधिक हैं, क्योंकि नगरों में उनके रहने आदि की आवश्यक सुविधायें नहीं हैं और न वहाँ का वातावरण उनके अनुकूल है। मजदूरी की दर बहुत कम है और चीजों के दाम अधिक हैं। अतः श्रमिक जमकर किसी एक स्थान पर नहीं रह पाते। श्रम-कल्याण के कार्यों से, आवास आदि की व्यवस्था तथा काम करने की दशाओं में उन्नति से श्रमिकों की प्रवासी प्रवृत्ति कम होगी। इससे श्रमिकों को बार-बार,भाग-भाग कर गाँवों में अपने घर न जाना पड़ेगा क्योंकि वे नगरों में सपरिवार रह सकेंगे। अतः कारखानों में अनुपस्थिति कम होगी। मनोरंजन तथा सांस्कृतिक कार्यक्रमों से नशे, अपराध तथा वेश्यागमन की प्रवृतियाँ और दुराचरण कम होगा। इससे भी कारखानों में अनुपस्थिति की संख्या कम होगी।

(4) स्वास्थ्य तथा पोषण का निम्न स्तर—अन्य देशों की तुलना में भारतीय श्रमिकों के स्वास्थ्य का स्तर नीचा है। इससे उनकी उत्पादन क्षमता प्रगतिशील देशों के श्रमिकों की अपेक्षा कम हो गई है। अतः उनको पोषणयुक्त सस्ते भोजन तथा चिकित्सा आदि की बड़ी आवश्यकता है।

(5) अत्यधिक निर्धनता—भारतीय श्रमिक अन्य देशों के श्रमिकों की अपेक्षा अत्यधिक निर्धन है। निर्धनता के कारण न तो वह अपने बाल-बच्चों के भरण-पोषण का प्रबन्ध कर सकता है और न उन्हें समुचित शिक्षा ही दिला सकता है। स्त्री श्रमिकों का स्वास्थ्य अन्य देशों की स्त्रियां की तुलना में बहुत खराब है और निर्धनता के कारण वे प्रसूति आदि के समय आवश्यक संरक्षण नहीं पातीं। अतः भारतवर्ष में कल्याण कार्यों की भारी आवश्यकता है। मातृत्व कल्याण की सुविधाओं, धाय घरों और शिशु गृहों से भारतीय स्त्री श्रमिक भी अन्य देशों की स्त्री श्रमिकों के समान स्वस्थ, सुखी और कार्यकुशल हो सकेंगी। बालक-बालिकाओं की शिक्षा की व्यवस्था बड़ी आवश्यक है। निर्धनता के कारण भारतीय श्रमिक बुढ़ापे के लिये कुछ नहीं बचा पाता। अतः इसके लिये प्रोविडेन्ट फण्ड या पेन्शन आदि की सुविधाओं की आवश्यकता और भी अधिक है।

(6) प्रशिक्षण की कमी—भारतीय श्रमिकों में प्रशिक्षितों (Trained) की संख्या बहुत कम है। अन्य देशों की तुलना में श्रमिकों में प्रशिक्षण की भारी कमी है। अतः प्रशिक्षण की सुविधाओं की बड़ी आवश्यकता है। अप्रशिक्षित होने के कारण दुर्घटनाओं की सम्भावना बढ़ जाती है। अतः दुर्घटनाओं से बचाव का समुचित प्रबन्ध होना चाहिये।

(7) स्वस्थ मनोरंजन की कमी—भारतवर्ष में स्वस्थ मनोरंजन का बड़ा अभाव है। इससे श्रमिकों में अपराध और दुराचार फैलता है तथा उनकी कार्य-कुशलता घटती है। अतः देश में स्वस्थ मनोरंजन की सुविधाओं का होना बड़ा आवश्यक है।

(8) भारत का औद्योगिक पिछड़ापन—औद्योगिक दृष्टि से अन्य देशों के मुकाबले में भारतवर्ष बहुत पिछड़ा हुआ है। देश में पंचवर्षीय योजनाओं द्वारा औद्योगिक विकास का प्रयत्न किया जा रहा है। औद्योगिक प्रगति श्रमिकों पर निर्भर है और श्रमिकों की दशा अन्य देशों के श्रमिकों की तुलना में बड़ी दयनीय है। अतः श्रमिकों में सब प्रकार के कल्याण-कार्यों की आवश्यकता है।

उपरोक्त विवेचन से स्पष्ट हो गया होगा कि अन्य देशों की तुलना में भारतवर्ष में श्रम-कल्याण के कार्यों का महत्त्व और आवश्यकता क्यों अधिक है। श्रम-कल्याण के कार्यों से श्रमिक नैतिक पतन से बचेंगे, उद्योगों के क्षेत्रों में हड़ताल और तालेबन्दियों की घटनायें कम होंगी जिससे देश की योजनायें सफल हो सकेंगी।

भारत में श्रम कल्याण
(Labour Welfare in India)

देश के संविधान में उल्लिखित राज्य के नीति निर्देशक तत्त्वों से भारत में श्रम-नीति इसके दर्शन एवं सन्तुष्टि को प्रदर्शित करती है। नीति निर्देशक तत्त्व समान कार्य के लिये समान वेतन, विधि एवं काम की मानवीय स्थिति और सभी मजदूरों के लिये एक आजीविका मजदूरी का आदेश देते हैं। सरकार देश में मजदूरों के संगठित क्षेत्रों के कल्याण को महत्त्व देती है, विशेष तौर पर स्वतन्त्रता के बाद से। यह इस तथ्य से भी प्रमाणित होता है कि 1947 के बाद सामाजिक सुरक्षा, सुरक्षा एवं कल्याण आदि के क्षेत्र में एक बड़ी संख्या में अधिनियम पारित हुये हैं। जबकि औद्योगीकरण के प्रारम्भिक वर्षों से श्रम-नीति मुख्यतः श्रम दलों के

संगठित क्षेत्रों के साथ जुड़ी हुई थी। संगठित क्षेत्रों के श्रमिकों की वास्तविक आय और कार्य स्थिति के सुधार को ध्यान में रखते हुए, आजकल असंगठित क्षेत्रों के श्रमिकों के हितों की ओर ध्यान दिया जा रहा है। असंगठित क्षेत्रों के लिये भी कुछ अधिनियम और नियम तैयार किये गये हैं। न्यूनतम मजदूरी अधिनियम 1948 को इस क्षेत्र के बहुत से श्रमिक वर्गों पर लागू किया गया है।

कार्यशील जनसंख्या

भारत में श्रमिकों की संख्या 1981 में लगभग 24.46 करोड़ या देश की कुल जनसंख्या का 36.77 प्रतिशत थी। भारतीय अर्थव्यवस्था के संगठित क्षेत्र में काम करते हैं।[1] 1980 में, चालू फैक्टरियों में, जिसके आंकड़े उपलब्ध हैं, प्रतिदिन का अनुमानित औसत रोजगार 70.17 लाख[2] था।

महाराष्ट्र में फैक्टरी कर्मचारियों की संख्या सबसे अधिक थी (12,34,823)। इसके पश्चात् पश्चिम बंगाल (9,94,686), गुजरात (6,35,671), तमिलनाडु (6,43,264) तथा उत्तर प्रदेश (5,33,952) आते हैं।

श्रम नीति

भारत की श्रम नीति का आधार संविधान के नीति निर्देशक सिद्धांत है और नियोजित आर्थिक विकास तथा सामाजिक न्याय की विशिष्ट आवश्यकताओं के अनुसार इसका विकास होता रहा है। भारत की श्रम नीति में इस बात की व्यवस्था गयी गई है कि अर्थव्यवस्था के विकास से न सिर्फ उत्पादन में वृद्धि हो बल्कि बेरोजगारों और अर्ध बेरोजगारों को रोजगार मिले तथा श्रम शक्ति में जो बढ़ोतरी हो रही है उसमें से अधिकतर को भी खपाया जा सके। भारत में श्रम नीति के विषय में नीति निर्देशन सिद्धान्तों में कहा गया है, ''सरकार ऐसी सामाजिक व्यवस्था की प्रभावी रूप से स्थापना और संरक्षक करके लोक कल्याण को प्रोत्साहन देने का प्रयास करेगी जिससे राष्ट्रीय जीवन के सभी क्षेत्रों में सामाजिक, आर्थिक और राजनीतिक न्याय का पालन हो। सरकार ऐसी नीति का निर्देश करेगी जो सभी स्त्री पुरुषों को जीवन यापन के लिये यथेष्ठ तथा समान अवसर दे, समान कार्य के लिये समान भुगतान की व्यवस्था करें। अपनी आर्थिक क्षमता तथा विकास की सीमाओं के अनुसार सबको काम और शिक्षा पाने का समान अधिकार दिलाये और बेरोजगारी, बुढ़ापे, बीमारी तथा अपाहिजपन तथा

---

1. फैक्टरी अधिनियम, 1948 के अन्तर्गत फैक्टरी की परिभाषा इस प्रकार की गई है— कोई भी ऐसा स्थान, प्रांगण सहित, जहाँ पर 10 या 10 से अधिक श्रमिक कार्य कर रहे हों, या पिछले 12 महीनों में किसी दिन भी कार्य करते रहे हों, और उसके किसी भी भाग में निर्माण कार्य के लिये बिजली का उपयोग किया जा रहा हो। जहाँ बिजली का प्रयोग न किया जाता हो वहाँ श्रमिकों की संख्या 20 या उससे अधिक होनी चाहिये।

   अधिनियम में श्रमिक उस व्यक्ति को कहा गया है जिसका किसी निर्माण प्रक्रिया में या किसी मशीनरी या उसके हिस्से अथवा स्थान की सफाई में उपयोग किया जाता हो, या किसी अन्य प्रकार के काम में जिसका सम्बन्ध निर्माण प्रक्रिया के विषय से सम्बन्धित हो और जिसकी सीधे या किसी एजेन्सी के द्वारा नियुक्ति की जाती हो, चाहे उसे मजदूरी दी जाती हो या नहीं।

2. अस्थायी।

अनाधिकार अभाव के अन्य मामलों में सबको वित्तीय सहायता दे। सरकार श्रमिकों के लिये निर्वाह वेतन, कार्य की मानवोचित दशाओं, रहन-सहन के अच्छे स्तर तथा उद्योगों के प्रबन्ध में उनकी पूर्ण भागीदारी के लिये प्रयत्न करेगी।

आर्थिक क्षेत्र में सरकार को अपनी नीति ऐसे कारगर ढंग से लागू करनी चाहिये जिससे कि समाज के भौतिक संसाधनों पर अधिकार और उन पर नियन्त्रण का लोगों के बीच इस प्रकार का वितरण हो कि वह सब लोगों के कल्याण के लिये उपयोगी सिद्ध हो और जिससे सुनिश्चित होता हो कि आर्थिक व्यवस्था को लागू करने के परिणाम स्वरूप सर्व साधारण के हितों के विरुद्ध धन और उत्पादन के साधन कुछ ही लोगों के पास केन्द्रित नहीं होंगे।

भारत सरकार का श्रम नीति का आधार और विषयवस्तु संविधान के उपरोक्त निदेशक सिद्धान्तों से प्राप्त हुआ है और इसी परिस्थितियों की विशेष आवश्यकताओं को ध्यान में रखते हुए नियोजित आर्थिक विकास और सामाजिक न्याय की जरूरत के अनुरूप दाबा जाता रहा है। यह परिकल्पना की गई है कि आर्थिक विकास से न केवल उत्पादन में वृद्धि होगी बल्कि पहले से चली आ रही बेरोजगारी और अल्परोजगारी समाप्त होगी और श्रमिक शक्ति में हुई अतिरिक्त वृद्धि के काफी बड़े भाग को रोजगार मिलेगा। पंचवर्षीय योजनाओं विशेषतया सातवीं और आठवीं योजना में देश के प्रचुर मानव संसाधनों का उपयोग करने और विकास के लिए उनकी क्षमताओं को बढ़ाने पर जोर दिया गया है। जनशक्ति नियोजन का लक्ष्य आर्थिक आयोजना और जनशक्ति तथा बौद्धिक योजना के बीच एक समुचित समन्वय को सुनिश्चित करना है ताकि आवश्यक परिवर्तन जनशक्ति के अभाव में किसी भी योजना कार्यक्रम में रुकावट न आये। राज्य की श्रम नीति के अनुरूप सरकार ने श्रम कल्याण एवं सुरक्षा विषयक अधिनियम पारित किए हैं, आयोग बैठाये हैं और देश के सरकारी एवं गैर-सरकारी उद्योगों के प्रति सरकारी नियन्त्रण निर्धारित किया है।

वेतन संबंधी नियम

1. वेतन का नियमन—वेतन का भुगतान समय-समय पर संशोधित वेतन भुगतान अधिनियम 1936 तथा न्यूनतम वेतन अधिनियम 1948 से नियंत्रित होता है। वेतन भुगतान अधिनियम सारे देश में लागू होता है। वेतन भुगतान अधिनियम, 1936, कारखाना अधिनियम, 1948 के अंतर्गत कारखाना घोषित किए गए प्रतिष्ठानों सहित किसी भी कारखाने, रेलवे या औद्योगिक प्रतिष्ठान जैसे ट्रामवे या मोटर परिवहन सेवा, विमान परिवहन सेवा, बंदरगाह, अंतर्देशीय पोतों, खानों खदानों या तेल क्षेत्रों, बागानों, वस्तुओं के उत्पादन निर्माण करने वाले वर्कशापों और सड़कों, पुलों या नहरों आदि के निर्माण, विकास या रख- रखाव से संबंधित काम करने वाले प्रतिष्ठानों में नियुक्त व्यक्तियों पर लागू होता है। यह प्रावधान केवल उन व्यक्तियों पर लागू होता है जिनकी औसत मासिक आय 1600 रुपये से कम है।

नियोक्ता श्रमिकों द्वारा अर्जित वेतन को रोक नहीं सकते और न ही वे इसमें अनाधिकृत कटौतियां कर सकते हैं। वेतन का भुगतान वेतन अवधि के अंतिम दिन के बाद किसी पूर्व निर्धारित अवधि के पहले कर दिया जाना चाहिए। वेतन भुगतान में सिर्फ ऐसी भूल चूक के

लिए जुर्माने किए जा सकते हैं जो सक्षम अधिकारी द्वारा मान्य हों। ये जुर्माने देय वेतन की तीन प्रतिशत से अधिक नहीं हो सकते। यदि वेतन के भुगतान में विलंब किया जाता है या गलत कटौतियाँ की जाती हैं तो श्रमिक या उनके मजदूर संघ अपना दावा प्रस्तुत कर सकते हैं। अनुसूचित रोजगारों में ओवर टाइम का भुगतान 1948 के न्यूनतम वेतन अधिनियम से नियंत्रित होता है।

2. न्यूनतम वेतन अधिनियम—न्यूनतम वेतन अधिनियम 1948 के अनुसार सरकार को कुछ विशेष रोजगारों में कार्य कर रहे कर्मचारियों का न्यूनतम वेतन निर्धारित करने का अधिकार है। इस अधिनियम में एक उचित अंतराल के बाद जो पांच वर्ष से अधिक नहीं होना चाहिए, पूर्व निर्धारित न्यूनतम वेतन की समीक्षा और संशोधन की व्यवस्था की गई है। लेकिन जुलाई 1980 में श्रम मंत्रियों के सम्मेलन ने यह सिफारिश की थी कि न्यूनतम वेतन में दो वर्ष के अन्तराल पर या उपभोक्ता मूल्य से सूचकांक में 50 अंक की वृद्धि होने पर (जो भी पहले हो) संशोधन किया जाना चाहिए।

केन्द्रीय सरकार या इसके अधीन या रेलवे प्रशासन के तहत संचालित किसी भी रोजगार के संबंध में या खानों, तेल क्षेत्र या प्रमुख बंदरगाह या केन्द्रीय अधिनियम द्वारा स्थापित किसी निगम के सम्बन्ध में केन्द्रीय सरकार सक्षम एजेंसी है। अन्य अनुसूचित रोजगारों के संबंध में राज्य सरकारें सक्षम एजेंसी होती हैं। केन्द्रीय निर्माण विभाग, रक्षा मंत्रालय आदि की भवन निर्माण तथा अन्य निर्माण गतिविधियों से तथा रक्षा और कृषि मंत्रालयों के कृषि फार्मों के बारे में केन्द्र सरकार का सीमित दायित्व होता है। इन क्षेत्रों में रोजगार का बड़ा हिस्सा राज्य सरकारों का होता है। इसके लिए वेतन का निर्धारण संशोधन राज्य सरकारों द्वारा ही किया जाता है और वे ही अपने अधिकार क्षेत्रों में अनुसूचित रोजगारों में उनके कार्यान्वयन को सुनिश्चित करती है। न्यूनतम वेतन अधिनियम का कार्यान्वयन केन्द्र सरकार द्वारा केन्द्रीय औद्योगिक संबंध तंत्र के माध्यम से किया जाता है।

3. श्रमजीवी पत्रकार अधिनियम—श्रमजीवी पत्रकारों और समाचारपत्र संगठनों में काम करने वाले अन्य लोगों की सेवा शर्तों का नियमन 1955 के श्रमजीवी पत्रकार तथा अन्य समाचारपत्र कर्मचारी (सेवाशर्त) एवं अन्य संबद्ध प्रावधान अधिनियम से होता है। 1985 में सरकार ने न्यायमूर्ति श्री यू. एन. बछावत की अध्यक्षता में दो वेतन बोर्ड गठित किए जिनमें से एक श्रमजीवी पत्रकारों और दूसरे गैर पत्रकार कर्मचारियों के लिए था। दोनों वेतन बोर्डों ने अपनी संयुक्त अंतिम रिपोर्ट 30 मई 1989 को प्रस्तुत की। सरकार ने वेतनमानों के बारे में बछावत बोर्ड की सिफारिशें स्वीकार किए जाने संबंधी अधिसूचना 31 अगस्त 1989 को जारी की। 22 जनवरी 1990 को मकान किराया भत्ता और अनुपूरक नगर भत्ते के बारे में एक और अधिसूचना जारी की गई। केन्द्र सरकार अन्य सरकारों/केन्द्र शासित प्रदेशों के प्रशासनों से बछावत वेतन बोर्ड की सिफारिशें शीघ्रता से लागू करने और इस बारे में राज्य स्तर पर त्रिपक्षीय समिति/विशेष सैल गठित करने के लिए समय-समय पर जोर देती रहती है। 1 जनवरी 1993 को समाचारपत्र प्रतिष्ठानों द्वारा वेतन बोर्ड की सिफारिशें लागू किए जाने संबंधी स्थिति सारणी 31.1 में दी गई है।

सारणी 31.1—बछावत वेतन बोर्ड की सिफारिशों का कार्यान्वयन

(30 मार्च, 1993 की स्थिति)

क्र. स.	राज्य/केन्द्र शासित प्रदेश	समाचारपत्र प्रकाशन संस्थानों की कुल संख्या	जिन्होंने लागू किया पूर्णत:	जिन्होंने लागू किया आंशिक	जिन्होंने लागू नहीं किया	त्रिपक्षीय समिति का गठन	कार्यान्वयन सैल का गठन
1	2	3	4	5	6	7	8
1.	मध्यप्रदेश	81	53	11	17	1	—
2.	केरल	56	43	—	113	1	—
3.	बिहार	144	9	2	133	1	—
4.	अरुणाचल प्रदेश	2	1	—	1	—	—
5.	तमिलनाडु	104	80	1	23	—	—
6.	राजस्थान	35	35	—	—	—	1
7.	मणिपुर	78	—	5	73	—	—
8.	गुजरात	22	20	1	1	—	—
9.	गोवा	8	7	—	1	—	—
10.	हरियाणा	7	7	—	—	—	—
11.	आंध्र प्रदेश	31	15	5	11	1	—
12.	असम	77	11	—	66	1	—
13.	कर्नाटक	7	6	—	1	—	—
14.	महाराष्ट्र	165	109	1	55	—	1
15.	पंजाब	13	9	—	4	—	1
16.	उत्तर प्रदेश	169	121	—	48	1	—
17.	पश्चिम बंगाल	420	9	6	405	1	—
18.	उड़ीसा	27	11	—	16	1	—
19.	त्रिपुरा	7	—	—	7	1	—
20.	सिक्किम	6	—	—	6	—	—
21.	दिल्ली	92	49	3	40	—	1
22.	चंडीगढ	2	2	—	—	—	—
23.	पांडिचेरी	2	2	—	—	—	—
24.	हिमाचल प्रदेश	9	9	—	—	—	—
25.	मेघालय	1	—	—	1	—	—
	कुल	1565	608	35	922	9	4

टिप्पणी: 1. निम्नलिखित केन्द्र शासित प्रदेशों में एक भी समाचार-पत्र संस्थान नहीं है– अंडमान और निकोबार, दादरा और नागर हवेली, लक्षद्वीप, दमन और दीव।

2. जम्मू-कश्मीर, नगालैंड और मिजोरम से सूचना प्राप्त नहीं हुई है।

केन्द्र सरकार ने नवम्बर 1989 में समाचारपत्र कर्मचारियों के लिए एक विशेषज्ञ समिति गठित की थी जिसे चिकित्सा अवकाश भत्ते और अवकाश यात्रा भत्ते सहित स्वास्थ्य और चिकित्सा संबंधी मुद्दों पर जांच की सिफारिशें देने को कहा गया था। विशेषज्ञ समिति ने 15 जनवरी 1991 को अपनी रिपोर्ट प्रस्तुत की। फरवरी 1991 में एक अधिकार प्राप्त अंतर्विभागीय समिति गठित की गई जिसे समाचारपत्र कर्मचारियों के लिए विशेषज्ञ समिति की सिफारिशों पर आगे कार्रवाई करने और सिफारिशें देने की जिम्मेदारी सौंपी गई थी। अधिकार प्राप्त समिति के फैसलों के सारांश को अंतिम रूप दे दिया गया है।

4. बोनस भुगतान अधिनियम—1965 के बोनस भुगतान अधिनियम में न्यूनतम 8.33 प्रतिशत बोनस के भुगतान की व्यवस्था है। इसके अनुसार 2,500 रुपये प्रतिमाह तक वेतन पाने वाले इसके हकदार हैं। बोनस भुगतान के लिए शर्त यह है कि 1600 रुपये से 2500 रुपये प्रतिमाह तक वेतन या मजदूरी पाने वाले कर्मचारियों के बोनस की गणना 1600 रुपये वेतन मान कर की जाएगी। इस वेतन सीमा को बढ़ाने के लिए कई प्रतिवेदन मिले हैं। लेकिन इस विषय में अभी कोई अंतिम फैसला नहीं किया गया है।

5. ठेका मजदूर—फरवरी 1971 में समूचे भारत में लागू ठेका मजदूर (नियमन तथा उन्मूलन) अधिनियम, 1971 में कुछ प्रतिष्ठानों में ठेका मजदूर व्यवस्था का नियमन करने और कुछ परिस्थितियों में उसके उन्मूलन की व्यवस्था है। वेतन की अदायगी न किए जाने की स्थिति में प्रमुख नियोक्ता को जिम्मेदार ठहराया जाता है। सरकार ने कुछ रोजगारों में ठेका मजदूर के उन्मूलन पर परामर्श देने के लिए आठ त्रिपक्षीय समितियां गठित की हैं।

6. बाल श्रमिक—मजदूरी करने वाले बच्चों को शोषण से बचाने और उनकी कार्य करने की स्थितियों में सुधार लाने के लिए विभिन्न कानूनों में वैधानिक प्रावधान रखे गए। इसके अलावा बाल श्रम (निषेध और नियमन) अधिनियम, 1986 में जोखिम वाले व्यवसायों में बच्चों की मनाही है और कुछ अन्य क्षेत्रों में उनको काम देने संबंधी नियम बनाए गए हैं।

1987 में बाल श्रम पर एक राष्ट्रीय नीति बनाई गई जिसमें कानूनी प्रावधानों को लागू किए जाने के अलावा बाल श्रमिकों के लाभ के लिए सामान्य विकास कार्यक्रमों और बाल अधिकता वाले क्षेत्रों में परियोजना आधारित कार्य योजना पर धन देने जैसी बातें शामिल की गई। इस तरह के नौ क्षेत्रों में राष्ट्रीय बाल श्रम परियोजना का गठन किया गया। कार्योन्मुख परियोजनाएं शुरू करने के लिए स्वयंसेवी संस्थाओं को वित्तीय सहायता दी जाती है। इसके अलावा अंतर्राष्ट्रीय नीति के ढांचे के अंतर्गत बाल श्रम समस्या से निपटने के लिए दो परियोजनाएं शुरू की गई। इनके नाम हैं बाल श्रम की समाप्ति के लिए अंतर्राष्ट्रीय कार्यक्रम (आई. पी. ई. सी.) और बाल श्रम कार्य तथा सहयोग कार्यक्रम (सी. एल. ए. एस. पी.)।

7. महिला और पुरुष श्रमिकों के लिए एक समान मजदूरी—1976 में बने समान मजदूरी अधिनियम में महिला तथा पुरुष श्रमिकों को समान कार्य या समान प्रकृति के कार्य के लिए एकसमान मजदूरी देने का प्रावधान किया गया है। इसमें न सिर्फ नौकरी में भर्ती के समय बल्कि नौकरी मिल जाने के बाद पदोन्नति, प्रशिक्षण और स्थानांतरण संबंधी सेवाशर्तों में महिलाओं के साथ भेदभाव रोकने की व्यवस्था की गई है। इस अधिनियम के प्रावधान सभी तरह के रोजगार पर लागू होते हैं। अधिनियम में महिलाओं के लिए रोजगार के अवसर बढ़ाने के लिए सक्षम सरकार द्वारा सलाहकार समितियों के गठन की व्यवस्था है। केन्द्र सरकार तथा अधिकांश राज्य सरकारों और केन्द्र शासित प्रदेशों ने इस तरह की समितियां बना ली हैं। अधिनियम के अंतर्गत केन्द्र तथा राज्यस्तर पर क्रियान्वयन तंत्र कायम किया जा चुका है। नियोक्ताओं द्वारा अधिनियम की व्यवस्थाओं का उल्लंघन किए जाने संबंधी शिकायतें अदालतों में दायर करने के लिए 1976 के समान मजदूरी अधिनियम के अंतर्गत निम्न चार समाज कल्याण संगठनों की पहचान की गई है—महिला विकास अध्ययन केन्द्र, नई दिल्ली, (2) स्वरोजगार प्राप्त महिला संघ, अहमदाबाद, (3) कामकाजी महिला फोरम (भारत), मद्रास और (4) सामाजिक अध्ययन न्यास संस्थान, नई दिल्ली। कुछ राज्य सरकारों ने इसी अधिनियम के अंतर्गत इसी उद्देश्य से स्वयं सेवी संगठनों की पहचान की है। अधिनियम के अनुसार कोई भी पीड़ित व्यक्ति अदालत में भी शिकायत दर्ज करा सकता है।

श्रमिक अनुसंधान और प्रशिक्षण

1. राष्ट्रीय श्रम संस्थान—राष्ट्रीय श्रम संस्थान भारत सरकार के श्रम मंत्रालय के अधीन एक स्वायत्त संस्था हैं यह श्रमिक और श्रम प्रशासकों के प्रशिक्षण, ट्रेड यूनियनों, सार्वजनिक क्षेत्र के प्रबंधकों और श्रमिकों से संबंधित अन्य सरकारी कर्मचारियों के बारे में अनुसंधान के काम में लगा है।

संस्थान की 54 सदस्यों वाली एक समान्य परिषद है। इसमें केन्द्र और राज्य सरकारों तथा नियोक्ता और मजदूर संगठन के प्रतिनिधि संसद सदस्य और श्रम के क्षेत्र में बहुमूल्य योगदान करने वाले व्यक्ति शामिल होते हैं। केन्द्रीय श्रम मंत्री संस्थान के अध्यक्ष हैं। सामान्य परिषद कार्यकारिणी का चुनाव करती है, जो संस्थान के मामलों के प्रबंध के लिए उत्तरदायी है। कार्यकारिणी के अध्यक्ष की नियुक्ति केन्द्र सरकार द्वारा की जाती है। भारत सरकार के वर्तमान श्रम सचिव इस समय इसके अध्यक्ष हैं। निदेशक संस्थान का मुख्य कार्यकारी अधिकारी होता है।

संस्थान अर्थव्यवस्था के संगठित असंगठित और ग्रामीण क्षेत्रों में श्रम-समस्याओं का पता लगाने तथा उनके बारे में बेहतर समझ पैदा करने के प्रयास करता है। इसके लिए अध्ययन, अनुसंधान, प्रशिक्षण कार्यक्रमों सलाहकार सेवा के साथ सारा प्रकाशनों का भी सहारा लिया जाता है। संस्थान ग्रामीण मजदूरों, मजदूर संघ के नेताओं, श्रमिक-प्रशासकों और प्रबंधकों के लिए शिक्षण और प्रशिक्षण कार्यक्रम चलाता है। अपने ग्रामीण श्रम शिविरों के जरिए यह संस्थान ग्रामीण श्रमिकों, विशेष रूप से कृषि मजदूरों के संगठनों के निर्माण में सहायता करता हैं और उन्हें विकास की प्रक्रिया में भागीदार बनने को प्रेरित करता है। जनवरी

1992 से मार्च 1993 तक 29 प्रशिक्षण कार्यक्रम आयोजित किए गए। इनमें 687 लोगों ने भाग लिया।

श्रमिकों से संबंधित विषयों पर उपयुक्त नीति तैयार करने में मदद देने के लिए संस्थान प्राथमिकता वाले विभिन्न क्षेत्रों में दीर्घकालीन और अल्पकालीन अनुसंधान अध्ययन करता है। संस्थान सार्वजनिक तथा निजी उपक्रमों को सलाहकार सेवा भी उपलब्ध कराता है। समय-समय पर प्रकाशित होने वाले शोधपत्रों और अध्ययन रिपोर्टों के साथ साथ संस्थान अंग्रेजी में एवार्ड डाइजेस्ट और हिंदी में श्रम विधान नाम की दो मासिक पत्रिकाएं भी प्रकाशित करता है। जिनमें श्रमिकों से संबंधित विषयों पर उच्चतम न्यायालय, उच्च न्यायालय और श्रम न्यायालयों के फैसलों का सार संकलित रहता है।

2. बाल श्रमिक प्रकोष्ठ—सितंबर 1990 में राष्ट्रीय श्रमिक संस्थान में श्रम मंत्रालय तथा यूनीसेफ के सहयोग से बाल श्रमिक सैल की स्थापना की गई। इसके लिए पहले तीन वर्ष तक यूनीसेफ द्वारा धन दिया जाएगा और उसके बाद यह सैल राष्ट्रीय श्रगिक संस्थान का एक हिस्सा बन जाएगा।

बाल श्रमिक प्रकोष्ठ की स्थापना निम्न उद्देश्यों से की गई : (क) भारत में विभिन्न उद्योगों तथा क्षेत्रों में कार्यरत बाल श्रमिकों की स्थिति और दशा के बारे में प्रकाशित तथा अप्रकाशित अनुसंधान कार्य का विवरण लिपिबद्ध और प्रकाशित करना (ख) बाल श्रमिकों से संबंधित विभिन्न कर्मियों के शिक्षण और प्रशिक्षण के लिए दृश्य-श्रव्य वीडियो, मुद्रित इत्यादि संचार सामग्री का विकास करना (ब) बाल श्रमिकों से संबंधित मौजूदा कानूनों तथा उनको लागू करने में जागरुकता तथा जानकारी बढ़ाना। (च) बाल श्रम से संबंधित विभिन्न स्वयंसेवी संस्थानों, विश्वविद्यालयों के विभागों तथा मंत्रालयों के बीच राष्ट्रीय और अंतर्राष्ट्रीय नेटवर्क विकसित करना, (छ) बाल श्रम के क्षेत्र में कार्यरत प्रशासकीय कर्मचारियों तथा गैर शासकीय संगठनों को प्रशिक्षण प्रदान करना (ज) अनुसंधान प्रशिक्षण सुविधाएं, अल्पावधि फैलोशिप, कार्य अनुसंधान परियोजनाओं आदि के जरिए अनुसंधान, प्रशिक्षण सुविधाएं प्रदान करना ताकि इस विषय की बेहतर समझ पैदा हो।

बाल श्रमिक प्रकोष्ठ ने कुछ चुने हुए नगरों में बेसहारा बच्चों के बारे में अध्ययन/रिपोर्ट के प्रकाशन कार्य हाथ में लिया है। इसके अंतर्गत विभिन्न उद्योगों में बाल श्रमिकों के संबंध में रिपोर्ट सार रूप में प्रकाशित की गई है। इस विषय से संबंधित सामग्री पुस्तकों की ग्रंथ-सूची भी प्रकाशित की है और बाल श्रम से संबंधित सामग्री के डाक्यूमेंटेशन (प्रलेखन) का कार्य प्रारंभ किया है। इसके अलावा शिवकाशी के माचिस उद्योग में बालिकाओं के बारे में एक अनुसंधान परियोजना शुरू की है। बाल श्रमिक प्रकोष्ठ एक अध्ययन कर रहा है। जिसके अंतर्गत श्रम मंत्रालय की आर्थिक सहायता से बाल महिला श्रमिकों के लिए गैर सरकारी संगठनों द्वारा चलाई जा रही परियोजनाओं का मूल्यांकन किया जा रहा है। बाल श्रम के विभिन्न पहलुओं पर विचार गोष्ठियों का भी आयोजन किया गया। प्रकोष्ठ ने बाल श्रम पर दो कार्यशालाएं आयोजित कीं जिनमें से एक तमिलनाडु में और दूसरी उत्तर प्रदेश में आयोजित की गई। इनका उद्देश्य संबंधित राज्यों में बालश्रमिकों की समस्याओं पर ध्यान केन्द्रित करना और इन्हें कारगर तरीके से सुलझाने के लिए कार्य योजना को अंतिम रूप देना था।

3. श्रमिक शिक्षा—सरकार के श्रम मंत्रालय के अधीन केन्द्रीय श्रमिक शिक्षा बोर्ड एक त्रिपक्षीय संस्था है। इसका गठन 1958 में श्रमिक शिक्षा संबंधित गतिविधियों के संचालन के लिए किया गया था। बोर्ड में श्रमिकों के केन्द्रीय संगठनों, नियोक्ताओं के केन्द्रीय संगठनों, केन्द्र और राज्य सरकार, विश्व विद्यालय अनुदान आयोग और भारतीय प्रौढ़ शिक्षा संघ के प्रतिनिधि शामिल रहते हैं।

बोर्ड का मुख्यालय नागपुर में है। बोर्ड ने राष्ट्रीय स्तर के प्रशिक्षण कार्यक्रमों के संचालन के लिए बम्बई में भारतीय श्रमिक शिक्षा संस्थान नाम की शीर्ष संस्था की स्थापना की। 31 मार्च 1993 तक बोर्ड के दिल्ली, कलकत्ता, बंबई और मद्रास में चार आंचलिक निदेशालय थे। जो क्षेत्रीय केन्द्रों की गतिविधियों की निगरानी तथा देखरेख कर रहे थे। केन्द्रीय श्रमिक शिक्षा बोर्ड के उद्देश्य ये हैं—

1. ग्रामीण मजदूरों सहित कामगार तबके के सभी लोगों के मन में देशभक्ति, राष्ट्रीय एकता, अखंडता भाईचारे, सांप्रदायिक सदभाव, धर्मनिरपेक्षता और भारतीय होने पर गर्व की भावना को मजबूत करना।

2. ग्रामीण श्रमिकों सहित सभी वर्गों के मजदूरों को राष्ट्रीय आर्थिक विकास के घोषित लक्ष्यों को पूरा करने में भागीदार बनाना।

3. सामाजिक आर्थिक वातावरण की समस्याओं के प्रति श्रमिकों को अधिक जागरूक बनाना उन्हें परिवार के सदस्यों के प्रति दायित्वों का ज्ञान कराना और एक नागरिक उद्योग के कर्मचारी तथा मजदूर संघ के सदस्य और पदाधिकारी के रूप में उन्हें अधिकारी और कर्तव्यों से अवगत कराना।

4. सामान्य श्रमिकों में से ही नेतृत्व का विकास करना।

5. बेहतर प्रशिक्षित कर्मचारियों और प्रबुद्ध सदस्यों के जरिए अधिक उत्तरदायित्वपूर्ण, सुदृढ़ और एकजुट मजदूर संघों का विकास।

6. मजदूर संघ आंदोलनों में लोकतांत्रिक प्रक्रियाओं तथा परंपराओं को मजबूत बनाना और

7. मजदूर संघों को इस योग्य बनाना कि वे अंततः श्रमिक शिक्षा के कार्य स्वयं कर सकें।

श्रमिक शिक्षा योजना तीन स्तरों के माध्यम से संचालित की जाती है, ये हैं—(क) राष्ट्रीय (ख) क्षेत्रीय और (ग) उद्योग/गांव स्तर। इसमें संगठित और असंगठित क्षेत्र ग्रामीण श्रमिक तथा समाज के कमजोर वर्गों से संबद्ध श्रमिकों को शामिल किया जाता है। बोर्ड के अधिकारियों और केन्द्रीय ट्रेड यूनियन संगठनों तथा औद्योगिक परिसंघों द्वारा नामित सदस्यों के लिए राष्ट्रीय स्तर के प्रशिक्षण पाठ्यक्रम बंबई स्थित भारतीय श्रमिक शिक्षा संस्थान में आयोजित किए जाते हैं। देश भर में फैले 48 क्षेत्रीय और 14 उप क्षेत्रीय केन्द्रों के जरिए क्षेत्रीय/औद्योगिक इकाई स्तरीय शिक्षण कार्यक्रम क्षेत्रीय भाषाओं के माध्यम से आयोजित किए जाते हैं। मजदूर संघों द्वारा प्रायोजित चुने हुए श्रमिकों को क्षेत्रीय केन्द्रों में श्रमिक शिक्षक के रूप में प्रशिक्षित किया जाता है, जो वाद में औद्योगिक इकाई स्तर पर सामान्य श्रमिकों

को शिक्षा देते हैं। संगठित क्षेत्र के श्रमिकों के लिए क्षेत्रीय स्तर पर आयोजित होने वाले अन्य कार्यक्रमों में प्रबंध समिति और श्रमिकों के प्रतिनिधियों के वास्ते एक महीने के नेतृत्व विकास पाठयक्रम, 2/3 दिन की अवधि के संयुक्त शिक्षा कार्यक्रम, और आवश्यकता पर आधारित विचार गोष्ठियां शामिल हैं।

ग्रामीण क्षेत्र कमजोर वर्ग, महिला और बाल श्रमिक तथा लघु उद्योग व असंगठित क्षेत्र के श्रमिकों की शिक्षा संबंधी आवश्यकताएं पूरी करने के लिए उनके अनुकूल कार्यक्रम तैयार किए जाते हैं। ग्रामीण श्रमिक शिक्षा कार्यक्रम का बुनियादी उद्देश्य उन्हें इस योग्य बनाना है कि वे स्वयं समस्याओं को समझें और उन्हें हल करने में अपनी मदद आप करें तथा अपने संगठन का विकास करें। कल्याणकारी उपायों, ऋण और सबसिडी योजनाओं के तहत उपलब्ध विभिन्न प्रकार की सुविधाओं की जानकारी ग्रामीण श्रमिकों तक पहुंचाने के लिए बोर्ड ने एक अभियान शुरू किया है। इसके लिए विभिन्न भाषाओं में पुस्तिकाओं के रूप में आसान, सुबोध और संक्षिप्त सामग्री प्रकाशित की जाती है। बोर्ड ने लघु उद्योगों/असंगठित क्षेत्रों के श्रमिकों को प्रशिक्षण देना भी शुरू किया है। श्रगिकों, विशेषकर खदानों और बागान में काम करने वाले प्रौढ़ों को कार्यसाधक साक्षर बनाने को प्रोत्साहन दिया जा रहा है। बोर्ड अंग्रेजी में त्रैमासिक पत्रिका ''वर्कर्स एज्यूकेश'' प्रकाशित करता है, जिसमें मजदूर संघवाद, औद्योगिक संबंध, श्रम कानून और अर्थ व्यवस्था, उपकरण और प्रविधियां, श्रमिक शिक्षा की पद्धतियों आदि विषयों पर स्तरीय आलेख छपते हैं। क्षेत्रीय केन्द्रों से क्षेत्रीय भाषाओं में प्रतिष्ठान पत्रिकाएं प्रकाशित की जाती हैं। बोर्ड ने प्रशिक्षण पाठ्यक्रमों में इस्तेमाल के लिए पाठय पुस्तिकाएं और दृश्य सामग्री भी प्रकाशित की हैं। बोर्ड मजदूर संघों, शैक्षिक संस्थाओं आदि को सहायता अनुदान भी देता है ताकि वे खुद के श्रमिक शिक्षा कार्यक्रमों का विकास कर सकें।

श्रमिक सुरक्षा

1. कारखानों में मजदूरों की सुरक्षा, स्वास्थ्य तथा कल्याण—कारखानों में काम करने वाले श्रमिकों के कल्याण, उनकी सुरक्षा तथा स्वास्थ्य संबंधी विभिन्न पहलुओं को नियमित करने के लिए कारखाना अधिनियम, 1948 प्रमुख कानून है। यह एक केन्द्रीय अधिनियम है, जिसका उद्देश्य कारखानों में काम करने वाले श्रमिकों को औद्योगिक और व्यावसायिक खतरों से सुरक्षा प्रदान करना है। केन्द्र शासित प्रदेशों के प्रकाशन और राज्य सरकारें इस अधिनियम के तहत अपने नियम तैयार करती हैं तथा इस अधिनियम के प्रावधानों और नियमों को अपने कारखानों के निरीक्षणालयों की मदद से कार्यान्वित करती हैं। बंबई स्थित कारखाना सलाहकार सेवा और श्रम संस्थान महानिदेशालय श्रम मंत्रालय का एक संबद्ध कार्यालय है, जो कारखाना अधिनियम के प्रशासन और उसे लागू करने के बारे में राज्यों/केन्द्र शासित प्रदेशों को तकनीकी सलाह देता है। महानिदेशालय अधिनियम के कार्यान्वयन की स्थिति की समीक्षा के लिए राज्यों/केन्द्र शासित प्रदेशों के मुख्य निरीक्षकों का वार्षिक सम्मेलन भी आयोजित करता है।

इस अधिनियम में श्रमिकों के लिए 48 घंटे प्रति सप्ताह कार्य करने का प्रावधान है। तथा किसी भी कारखाने में 14 वर्ष की आयु से कम के बाल श्रमिकों की भर्ती करना कानूनी

जुर्म है। इसमें कारखानों के मालिकों को हिदायत दी गई है कि वे समुचित मात्रा में प्रकाश, स्वच्छता, हवा, सुरक्षा तथा अन्य कल्याणकारी सेवाएं प्रदान करें। जिन कारखानों में महिला श्रमिकों की संख्या 30 से ऊपर है, वहां उनके बच्चों के लिए शिशुसदन (क्रेच) का होना आवश्यक है। जिन कारखानों में 150 से अधिक श्रमिक काम करते हैं उनके लिए आश्रय-घर, आरामघर तथा भोजन कक्ष आदि का प्रावधान भी किया गया है। जिन कारखानों में 250 श्रमिक कार्य करते हैं वहां उनके लिए कारखाने मालिकों द्वारा कैन्टीन बनवाने का प्रावधान है और जिस कारखाने में 500 अथवा उससे अधिक श्रमिक कार्य करते हों वहां कल्याण अधिकारी की नियुक्ति आवश्यक होगी। श्रमिकों की सुरक्षा तथा उनके स्वास्थ्य की देखभाल की आम जिम्मेदारी तय करने के लिए 1987 में कारखाना अधिनियम में संशोधन किया गया। इसके तहत डिजाइनर, निर्माता, निर्माणकर्ता और आपूर्तिकर्ता के लिए यह अनिवार्य कर दिया गया कि वे इस बात की पक्की व्यवस्था करें कि जिस समान का उत्पादन हो रहा है वह श्रमिकों के स्वास्थ्य और सुरक्षा की दृष्टि से खतरनाक न हो। जोखिम वाले उद्योगों में सुरक्षा और स्वास्थ्य के पक्षों को लागू कराने के लिए अधिनियम में एक नया अध्याय जोड़ा गया।

श्रम मंत्रालय द्वारा डी जी एफ ए एस एल आई, बंबई के जरिए संचालित और अंतर्राष्ट्रीय श्रम संगठन से वित्तीय सहायता प्राप्त एक परियोजना 31 दिसंबर 1990 को पूरी हुई। यह परियोजना भारी दुर्घटना के खतरों पर नियंत्रण करने की प्रणाली की स्थापना और उसके प्रारंभिक परिचालन से संबद्ध थी। इस परियोजना के तहत तीन क्षेत्रीय श्रम संस्थानों में बहुविषयक जोखिम भरी दुर्घटनाओं के नियंत्रण के लिए सलाहकार कक्ष स्थापित किए गए।

उपर्युक्त प्रभाग या कक्षों के लोग अपनी विशेषज्ञ भूमिका प्रभावी तरीके से निभा सकें, इसके लिए विभिन्न साधनों से उनकी क्षमताएं विकसित की गई। इन साधनों में देश में ही प्रशिक्षण विचार-गोष्ठियों/कार्यक्रमों, विदेशों में फैलोशिप, विशेषज्ञों के साथ संलग्नता और खतरनाक रसायनों से संबंधित दुर्घटनाओं की मौके पर जांच के अनुभव तथा कारखाना निरीक्षण, सर्वेक्षण, जोखिम भरी दुर्घटना प्रतिष्ठानों और जिला आपात अधिकारियों आदि के प्रबंधकों द्वारा मौके पर और बाद में तैयार किए गए आपात योजना दस्तावेजों का अध्ययन और उसकी समीक्षा आते हैं। प्रभाग और कक्ष पूरी तरह कार्यरत हैं और जोखिम भरी दुर्घटना के नियंत्रण पर राष्ट्रीय और क्षेत्रीय स्रोत केन्द्र के रूप में कार्य करते हैं। इस क्षेत्र की ताजा जानकारी और विकास के ज्ञान से अवगत रहने के लिए कर्मचारियों को सतत प्रयास जारी हैं।

डी. जी. एफ. ए. एस. एल. आई की संचार-प्रक्रियाओं को मजबूत करने की दृष्टि से औद्योगिक सुरक्षा और स्वास्थ्य विकास पर यू. एस. ए. आई. डी. परियोजना भी लागू की जा रही है। इसमें व्यावसायिक सुरक्षा और स्वास्थ्य तथा सुरक्षा की जांच-पड़ताल संचालित करना शामिल है।

2. बंदरगाहों और गोदियों में सुरक्षा—गोदी कर्मचारी (सुरक्षा, स्वास्थ्य और कल्याण) अधिनियम, 1986 और उसके अंतर्गत निर्मित नियमों तथा विनियमों में गोदियों में

कार्यरत कर्मचारियों की सुरक्षा, स्वास्थ्य और कल्याण से संबंधित प्रावधान रखे गए हैं, यह अधिनियम 15 अप्रैल, 1987 से लागू हो गया है। सभी प्रमुख बंदरगाहों में इस अधिनियम को लागू करने की जिम्मेदारी श्रम मंत्रालय की है और वह यह काम कारखाना परामर्श सेवा और श्रम संस्थान महानिदेशालय, बंबई के द्वारा करवाता है। पर्यावरण (सुरक्षा) अधिनियम, 1986 के तहत निर्मित खतरनाक रसायनों के निर्माण, संचयन और आयात संबंधी नियम, 1989 को प्रमुख बंदरगाहों में लागू करने की जिम्मेदारी भी गोदियों के मुख्य निरीक्षक होने के नाते कारखाना परामर्श सेवा और श्रम संस्थान को सौंपी गई है।

3. खानों में सुरक्षा—खान अधिनियम, 1952 तथा इसके तहत निर्मित नियमों और विनियमों में खानों में काम करने वाले श्रमिकों की सुरक्षा, स्वास्थ्य और कल्याण का प्रावधान रखा गया है। इन प्रावधानों को श्रम मंत्रालय खान सुरक्षा महानिदेशालय के द्वारा लागू करता है। महानिदेशालय के मुख्य कार्य हैं—खानों का निरीक्षण, स्थिति की गंभीरता के अनुरूप सभी घातक दुर्घटनाओं की जांच पड़ताल, विभिन्न खानों के परिचालन के संबंध में कानूनी स्वीकृति, छूट और ढील देना, खान सुरक्षा उपकरणों, यंत्रों और सामग्रियों को मंजूरी प्रदान करना तथा संवैधानिक क्षमता प्रमाण-पत्र प्रदान करने के लिए परीक्षण की व्यवस्था करना, सुरक्षा को प्रोत्साहन देने के लिए राष्ट्रीय पुरस्कारों और राष्ट्रीय सम्मेलनों आदि का आयोजन करना।

4. राष्ट्रीय सुरक्षा परिषद—दुर्घटनाओं को रोकने, खतरों को कम करने तथा मानव कष्टों को कम करने के लिए श्रमिकों में सुरक्षा के प्रति जागरूकता को बढ़ावा देने के उद्देश्य से 1966 में राष्ट्रीय सुरक्षा परिषद की स्थापना की गई। सुरक्षा के बारे में कार्यक्रम चलाना, व्याख्यान और सम्मेलन आयोजित करना, नियोक्ताओं और श्रमिकों में जागरूकता पैदा करने के लिए शैक्षिक अभियान चलाना और शैक्षिक व सूचना संबंधी आंकड़े इकट्ठे करना-परिषद की गतिविधियों के प्रमुख अंग हैं। 31 अक्तूबर, 1992 में परिषद के कुल सदस्यों की संख्या 3,400 थी। राष्ट्रीय सुरक्षा परिषद के स्थापना दिवस के उपलक्ष्य में सारे देश में प्रत्येक वर्ष 4 मार्च को राष्ट्रीय सुरक्षा दिवस मनाया जाता है।

5. प्रधानमंत्री के श्रम पुरस्कार—सरकार ने 'प्रधानमंत्री के श्रम पुरस्कार' नाम से एक नई योजना शुरू की है। ये पुरस्कार उन श्रमिकों को दिए जाते हैं, जिनका उत्पादन बढ़ाने में उल्लेखनीय योगदान रहा है और जिन्होंने असाधारण लगन और उत्साह के साथ अपना कर्तव्य पालन किया है। वरीयता के अनुसार ये पुरस्कार इस प्रकार हैं—'श्रम रत्न', 'श्रम भूषण', 'श्रम वीर' और 'श्रम देवी'। ये पुरस्कार प्रति वर्ष स्वतंत्रता दिवस की पूर्व संध्या पर दिए जाते हैं। इन पुरस्कारों में सनद और क्रमशः एक लाख रुपये, 50 हजार रुपये, 30 हजार रुपये और 20 हजार रुपये के नकद पुरस्कार दिए जाते हैं।

6. राष्ट्रीय सुरक्षा पुरस्कार (खानें)—खानों के लिए राष्ट्रीय सुरक्षा पुरस्कार 1983 में शुरू किए गए थे। इन पुरस्कारों का उद्देश्य खान अधिनियम, 1952 के अधीन खानों में सुरक्षा के लिए हुए श्रेष्ठ कार्य को राष्ट्रीय स्तर पर मान्यता देना है। इनमें कुल 28 पुरस्कार हैं—14 प्रथम और 14 द्वितीय, जो प्रबंधकों को दिए जाते हैं।

7. राष्ट्रीय सुरक्षा पुरस्कार—औद्योगिक प्रतिष्ठानों में अच्छे सुरक्षा उपायों को मान्यता देने तथा दुर्घटना रोक-थाम कार्यक्रमों में श्रमिकों और प्रबन्धकों दोनों को प्रोत्साहन देने और उनकी दिलचस्पी बनाए रखने के लिए सरकार ने 1965 में राष्ट्रीय सुरक्षा पुरस्कारों की स्थापना की। यह पुरस्कार योजनाएं कारखानों और बन्दरगाहों पर लागू होती हैं।

8. विश्वकर्मा पुरस्कार—कारखाना, खान, बगान और गोदी श्रमिकों के लिए विश्वकर्मा पुरस्कार जिन्हें पहले श्रम वीर पुरस्कार के नाम से जाना जाता था, 1965 में शुरू किए गए। ये पुरस्कार अधिक उत्पादकता, किफायत या कुशलता को बढ़ाने में सराहनीय योगदान के लिए दिए जाते हैं।

9. उत्प्रवास—उत्प्रवास अधिनियम, 1983, 30 दिसंबर 1983 से लागू किया गया। इसके जरिए अनुबंध के आधार पर रोजगार के लिए विदेश जाने वाले भारतीय नागरिकों के उत्प्रवास और उनके कल्याण तथा सुरक्षा संबंधी पहलुओं के बारे में नियमबद्ध व्यवस्था की जाती है। 1992 में, उत्प्रवास अधिनियम 1983 के प्रावधानों के तहत रोजगार के लिए विदेश जाने वाले भारतीयों की संख्या 4.17 लाख थी, जो उससे पिछले वर्ष 1991 में मात्र 1.95 लाख थी।

अधिनियम के प्रावधानों के तहत कोई भी नियोक्ता भारत के किसी भी नागरिक को विदेश में किसी भी देश या स्थान के लिए भर्ती कर सकता है। इस प्रकार की भर्ती, अधिनियम के तहत सक्षम माने गए किसी भर्ती एजेंट के माध्यम से अथवा इसके तहत केन्द्र सरकार द्वारा जारी वैध परमिट के अनुरूप प्रत्यक्ष रूप से की जा सकती है। विदेशों में भारतीयों की भर्ती के लिए अनुमति प्रदान करने का अधिकार उत्प्रवास महासंरक्षक और विभिन्न देशों में स्थित भारतीय दूतावासों के प्रमुखों को प्राप्त है। अधिनियम में यह प्रावधान भी है कि विदेश में भारतीयों को नियुक्त करने की इच्छुक संस्थाएं उत्प्रवास महासंरक्षक से पंजीकरण प्रमाणी पत्र हासिल करके ऐसा कर सकती हैं। 31 मार्च 1993 तक श्रम मंत्रालय ने कुल 1942 भर्ती एजेंटों को पंजीकृत किया। केरल, मध्य प्रदेश, पंजाब, तमिलनाडु, आंध्र प्रदेश, उत्तर प्रदेश और संघ शासित प्रदेश दिल्ली में राज्य जनशक्ति निगम भी कार्यरत हैं। किसी व्यक्ति को रोजगार के लिए बाहर भेजने के बदले सेवा शुल्क के रूप में दो हजार रुपये से अधिक वसूल करने की अनुमति एजेंटों को नहीं है।

बेइमानी करने वाले एजेंटों के खिलाफ अधिनियम में कानूनी और दंडात्मक कार्यवाई करने की व्यवस्था हैं। विदेश जाने वालों के साथ, धोखाधड़ी करने सहित विभिन्न अपराधों को अधिनियम में संज्ञेय (जानबूझकर किया गया) अपराध बताया गया है। अधिनियम के विभिन्न प्रावधानो की अवहेलना करने पर श्रम मंत्रालय ने अनेक एजेंटों के खिलाफ कार्रवाई की है।

उत्प्रवास संबंधी महासंरक्षक के मुख्यालय और बंबई, कोचीन, मद्रास, तिरूवनंतपुरम, कलकत्ता और चंडीगढ़ स्थित इसके दस अन्य कार्यालयों में सार्वजनिक सुनवायी की व्यवस्था शुरू की गई है। लोगों की शिकायतें दूर करने के लिए उत्प्रवास महासंरक्षक सहित वरिष्ठ अधिकारी सप्ताह में दो दिन—मंगलवार और शुक्रवार को उपलब्ध होते हैं। इसके लिए पहले से मिलने का समय लेने की आवश्यकता नहीं होती।

लोगों की 17 ऐसी श्रेणियाँ हैं, जिन्हें विदेश में रोजगार के लिए उत्प्रवास संबंधी मंजूरी लेने की आवश्यकता नहीं है। ऐसे व्यक्ति पासपोर्ट कार्यालय में अपनी योग्यता के प्रमाणपत्र दिखाकर अपने पासपोर्ट पर ''उत्प्रवास जाचं की आवश्यकता नहीं'' की मुहर लगवा सकते हैं। ये श्रेणियां इस प्रकार हैं—(i) होटलों, रेस्तरां, चायघरों अथवा जनता के मन-बहलाव के स्थलों आदि में प्रबन्धक की हैसियत से नौकरी करने के लिए विदेश जाने वाले व्यक्ति; (ii) सभी राजपत्रित सरकारी कर्मचारी; (iii) आयकर अदा करने वाले सभी निजी हैसियत वाले व्यक्ति (जिनमें कृषि आयकर देने वाले भी शामिल हैं) आयकर निर्धारण का प्रमाण और पिछले तीन वर्षों में अदा किये गए वास्तविक आयकर (केवल अग्रिम कर का भुगतान नहीं) का प्रमाण होना चाहिए; (iv) सभी व्यावसायिक डिग्री प्राप्त जैसे एम. बी. बी. एस. डाक्टर अथवा आयुर्वेद या होम्योपैथी में डिग्री धारी, मान्यता प्राप्त पत्रकार, इंजीनियर्स, चार्टर्ड एकाउटेंट्स, कास्ट एकाउटेंट्स, प्राध्यापक, शिक्षक, वैज्ञानिक, वकील आदि; (v) उपरोक्त (ii) - (iv) तक की सूची में दिये गये वर्गों के व्यक्तियों के आश्रित बच्चे और पति या पत्नियां; (vi) तीन साल से अधिक समय तक विदेशों में रहने वाले व्यक्ति (तीन साल की यह अवधि एक साथ या अलग-अलग समय की मिलाकर भी हो सकती है) और उनके पति/पत्नी तथा बच्चे; (vii) समुद्री नाविक जिनके पास सी. डी. सी. और समुद्री नौसैनिक का अनुभव प्रमाण-पत्र हैं; (viii) सभी राजनयिक/सरकारी पासपोर्ट धारी; (ix) उन अभिभावकों के 24 वर्ष की आयु से कम के आश्रित बच्चे जिनका पासपोर्ट इ. सी. एन. आर. के अंतर्गत वर्गीकृत है; (x) जिन व्यक्तियों को ब्रिटेन, अमेरिका और आस्ट्रेलिया जैसे देशों में स्थायी प्रवास का वीसा मिला हुआ है; (xi) स्नातक अथवा उससे उच्च शिक्षा प्राप्त व्यक्ति; (xii) पालिटैक्निक जैसे मान्यताप्राप्त संस्थानों में डिप्लोमा धारी व्यक्ति; (xiii) भारतीय नर्सिंग परिषद अधिनियम, 1947 के तहत योग्यता प्राप्त नर्सें; (xiv) 60 वर्ष से अधिक आयु के सभी व्यक्ति; (xv) बंगला देश और पाकिस्तान जाने वाले सभी यात्री; (xvi) यूरोप या उत्तरी अमेरिका के किसी भी देश में जाने वाले यात्री; (xvii) सरकारी/सरकार द्वारा मान्यता प्राप्त संस्थानों से व्यावसायिक प्रशिक्षण का प्रमाण-पत्र लेने वाले व्यक्ति।

संऊदी अरब में 'हज' और 'उमरा' के लिए जाने वाले तीर्थ-यात्रियों और सऊदी अरब, सीरिया, ईरान, इराक तथा जार्डन में 'जियारत' के लिए घोषणा करके जाने वालों पर से 12 मई, 1992 और 8 जनवरी, 1993 से क्रमशः उत्प्रवास संरक्षक/पासपोर्ट अधिकारी की तरफ से उत्प्रवास जांच की आवश्यकता हटा ली गई है।

औद्योगिक संबंध

1. प्रबंध में श्रमिकों की भागीदारी—सरकार ने प्रबंध में श्रमिकों की भागीदारी के लिए अक्तूबर, 1975 और जनवरी, 1977 में लागू की गई पिछली योजनाओं की समीक्षा की। इस समीक्षा और योजना को लागू करने में अब तक प्राप्त अनुभव के आधार पर सरकार ने 30 दिसम्बर, 1983 के एक प्रस्ताव द्वारा केन्द्रीय सार्वजनिक क्षेत्र के प्रतिष्ठानों में श्रमिकों की भागीदारी की एक नई और व्यापक योजना लागू की।

इस योजना के तहत एक त्रिपक्षीय समिति का गठन किया गया है। इस समिति में कुछ केन्द्रीय मंत्रालयों, राज्य सरकारों, सार्वजनिक क्षेत्र के प्रमुख प्रतिष्ठानों और केन्द्रीय मजदूर

यूनियन संगठनों के प्रतिनिधि शामिल हैं। यह समिति समय-समय पर इस योजना में हुई प्रगति की समीक्षा करती और सुधार लाने के लिए सुझाव देती है। समिति की सहायता के लिए श्रम मंत्रालय में एक निगरानी (मानिटरिंग) सैल भी बनाया गया है।

प्रबन्ध में श्रमिकों की भागीदारी का उद्देश्य यह है कि इससे श्रमिकों के मन में लगाव की भावना पैदा करके उद्योग के कार्य में अपनी भूमिका को अच्छी तरह समझने तथा क्षमता और उत्पादन को बढ़ाने की आवश्यकता का अनुभव कराना है। इससे पहले प्रबन्ध में श्रमिकों की भागीदारी की योजनाएं स्वैच्छिक थीं और प्रबन्ध में श्रमिकों की सार्थक भागीदारी को प्रभावशाली रूप प्रदान करने में असमर्थ थीं। अत: 8-9 जनवरी, 1990 को नई दिल्ली में एक राष्ट्रीय सम्मेलन आयोजित किया गया था, जिसमें इस विषय पर विस्तृत विचार-विमर्श किया गया। इसके बाद कानपुर, तिरुवनंतपुरम, मद्रास, इंदौर और बम्बई में भी क्षेत्रीय सम्मेलन आयोजित किये गये। इस विषय पर 20 अप्रैल, 1990 को राज्यों के श्रम मंत्रियों के सम्मेलन में तथा 21-22 अप्रैल, 1990 को भारतीय श्रम सम्मेलन में भी विचार-विमर्श किया गया। इन सम्मेलनों में व्यक्त आम राय के आधार पर प्रबन्ध में श्रमिकों की भागीदारी विधेयक, 1990 तैयार किया गया और 30 मई, 1990 को राज्य सभा में प्रस्तुत किया गया। इस विधेयक में औद्योगिक अधिनियम 1947 के अन्तर्गत आने वाले संस्थान, दुकानें तथा प्रबन्धक बोर्ड स्तर तक प्रबन्ध में श्रमिकों की भागीदारी की व्यवस्था है।

2. अनुशासन संहिता—1958 में हुए भारतीय श्रम सम्मेलन में तैयार की गई अनुशासन संहिता में यह अपेक्षा की गई है कि नियोक्ता व श्रमिक विवादों को हल करने के लिए सीधी कार्यवाई का सहारा न लेकर वर्तमान व्यवस्था का उपयोग करेंगे। नियोक्ताओं और श्रमिकों के सभी केन्द्रीय संगठनों और अन्य अनेक संगठनों ने इस संहिता को स्वीकार किया है।

केन्द्र और राज्यों के मामले में कार्यान्वयन संगठन विवादों का निपटारा करने में सहायता करते हैं। अखिल भारतीय ट्रेड यूनियन कांग्रेस को छोड़कर नियोक्ताओं और श्रमिकों के केन्द्रीय संगठनों और सार्वजनिक क्षेत्र के प्रतिष्ठानों ने भी विवादों की छान-बीन के लिए ऐसी समितियों या सैलों का गठन किया है।

3. शिकायत संबंधी प्रक्रिया—अनुशासन संहिता के अंतर्गत प्रबन्धकों को एक ऐसी प्रक्रिया स्थापित करनी होगी, जो झगड़ों की पूरी जांच के बाद उनका फैसला करने में सहायक हो सके। केन्द्रीय औद्योगिक संबंध तंत्र प्रबंधकों को केन्द्रीय क्षेत्र में आने वाले प्रतिष्ठानों में शिकायत जांच प्रक्रिया को अपनाने के लिए प्रेरित करता है।

4. दीर्घकालीन मुकदमेबाजी रोकने की प्रक्रिया—ऐसे औद्योगिक विवाद के मुकदमे जिन पर औद्योगिक न्यायाधिकरण अथवा न्यायालय द्वारा फैसला दे दिया गया हो, जब सार्वजनिक क्षेत्र के उपक्रमों द्वारा अपील दायर करने के योग्य नहीं होंगे। ऐसा दीर्घकालीन मुकदमेबाजी को रोकने के लिए किया गया है। इस नियम के अंतर्गत मामले को श्रम मंत्रालय के सुपुर्द कर दिया जाता है, जिसमें सार्वजनिक-क्षेत्र के उपक्रमों को श्रम न्यायालय/न्यायाधिकरण/उच्च-न्यायालय इत्यादि के फैसले पर अपील दायर करने की आवश्यकता की

सहमति सम्बद्ध प्रशासनिक मंत्रालय और श्रम मंत्रालय द्वारा लेनी अनिवार्य होगी। संबद्ध प्रशासनिक मंत्रालय और श्रम मंत्रालय के सहमत न होने पर मामला आर्थिक सचिवों की समिति के समक्ष रखा जाता है।

5. जबरन छुट्टी, छटनी और तालाबंदी—औद्योगिक विवाद अधिनियम, 1947 के तहत प्रावधानों द्वारा जबरन छुट्टी, छटनी और तालाबंदी का नियमन किया जाता है। सरकार द्वारा 1982 तथा 1984 में इस अधिनियम में संशोधन के द्वारा इन कानूनों को और अधिक न्यायसंगत बनाया गया है। इन संशोधनों के पश्चात जो श्रमिक कम-से-कम एक वर्ष की नियमित सेवा पूरा करते हों, उन्हें छटनी और तालाबंदी के समय मुजावजे के रूप में न्यूनतम निर्धारित राशि देय होगी।

6. बंधुआ मजदूर—बंधुआ मजदूर प्रथा (उन्मूलन) अधिनियम, 1976 के तहत सारे देश में 1975 से बंधुआ मजदूर प्रथा समाप्त कर दी गई। इस अधिनियम में सभी बंधुआ मजदूरों को मुक्त कराने और उनके कर्जों को समाप्त करने की बात की गई है। 12 राज्यों से बंधुआ मजदूरी प्रथा के मामले पाये जाने की रिपोर्ट मिली है। ये राज्य हैं—आंध्र प्रदेश, बिहार, गुजरात, हरियाणा, कर्नाटक, केरल, मध्य प्रदेश, महाराष्ट्र, उड़ीसा, राजस्थान, तमिलनाडु और उत्तर प्रदेश।

इस अधिनियम के तहत बंधुआ मजदूरों का पता लगाने, उन्हें मुक्त कराने तथा उनका पुनर्वास करने की पूरी जिम्मेदारी राज्य सरकारों की है। अधिनियम के प्रावधानों को लागू करने के उद्देश्य से राज्य सरकारें जिला मजिस्ट्रेट को आवश्यक अधिकार दे सकती है।

राज्य सरकारों के प्रयासों में सहायता के लिए 1978-79 से केन्द्र द्वारा प्रायोजित एक योजना चलाई जा रही है। इस योजना के तहत बंधुआ मजदूरों का पुनर्वास करने के लिए राज्य सरकारों को केन्द्र की तरफ से वित्तीय सहायता दी जाती है। इस योजना के तहत प्रत्येक बंधुवा मजदूर के पुनर्वास के लिए अधिकतम 6,250 रुपये के अनुदान का प्रावधान किया गया है। इस अनुदान की राशि केन्द्र को हिस्से के रूप में दी जाती है। इस योजना के अंतर्गत सहायता की पद्धति भूमि-आधारित या गैर-भूमि अथवा कौशल-शिल्प-आधारित हो सकती है। 1978-79 से इस योजना के अंतर्गत 31 मार्च, 1993 तक 3,561.86 लाख रुपये की राशि जारी की जा चुकी है।

प्रशिक्षण

युवाओं को उनकी किशोरावस्था में ही आजीविका के लिए तैयार करने के उद्देश्य से रोजगार और प्रशिक्षण महानिदेशालय ने विभिन्न प्रशिक्षण कार्यक्रम तैयार किए हैं। जहां तक संभव होता है ये कार्यक्रम राष्ट्रीय ढांचे के भीतर तैयार किए जाते हैं परन्तु विदेशी सहयोग से भी ये कार्यक्रम तैयार किए जाते हैं।

1. दस्तकारों का प्रशिक्षण—15 से 25 वर्ष की आयु वाले युवक-युवतियों को 41 इंजीनियरी और 22 गैर इंजीनियरी कार्यों में प्रशिक्षण देने के लिए देशभर में औद्योगिक

प्रशिक्षण संस्थान खोले गए हैं। जुलाई 1993 तक 3.90 लाख कुल क्षमता वाले ऐसे 2651 प्रशिक्षण संस्थानों में दस्तकारों को प्रशिक्षण दिया जा रहा है। इंजीनियरी ट्रेड के पाठयक्रम की अवधि एक वर्ष या दो वर्ष की होती है। जबकि सभी गैर इंजीनियरी ट्रेडों के पाठयक्रमों की अवधि एक वर्ष की है। ट्रेड के अनुसार विभिन्न पाठयक्रमों में प्रवेश के लिए शैक्षिक योग्यता आठवीं कक्षा से 12 वीं कक्षा तक या इसके समकक्ष रखी गई है। इन 63 ट्रेडों के अलावा राज्य सरकारों और केन्द्रशासित प्रदेशों ने अपने क्षेत्रों में स्थापित उद्योगों की मांगें पूरी करने के लिए अन्य ट्रेडों में भी प्रशिक्षण देना शुरू किया है।

2. शिल्प प्रशिक्षकों का प्रशिक्षण—कलकत्ता, बंबई, कानपुर, लुधियाना और हैदराबाद स्थित उच्च प्रशिक्षण संस्थान तथा मद्रास स्थित केन्द्रीय शिल्प प्रशिक्षक प्रशिक्षण संस्थान, शिल्प प्रशिक्षकों को औद्योगिक कौशल अर्जित करने का प्रशिक्षण देते हैं। बदले में ये शिल्प प्रशिक्षक उद्योग जगत के लिए प्रशिक्षित जन शक्ति उपलब्ध कराते हैं। इन संस्थानों की क्षमता 1114 शिल्प प्रशिक्षकों को प्रशिक्षण देने की है। और ये शिक्षण के सिद्धांतों के ज्ञान और कौशल को आधुनिक तथा तरोताजा बनाए रखने और उन्हें उद्योग जगत के प्रौद्योगिक विकास की जानकारी देने के लिए सेवा कालीन पाठयक्रम भी आयोजित किए जाते हैं। शिल्प प्रशिक्षकों के लिए चुने हुए विशेष व्यवसायों में प्रशिक्षण की सुविधाएं भी उपलब्ध हैं। इसके अंतर्गत कानपुर प्रशिक्षण संस्थान में छपाई, लुधियाना संस्थान में खेती बाड़ी के यंत्र और कानपुर, कलकत्ता तथा लुधियाना संस्थानों में मिल राइट ट्रेड संबंधी प्रशिक्षण की सुविधाएं जुटाई गई हैं।

3. फोरमैन सुपरवाइजर का प्रशिक्षण—उद्योगों के फोरमैन-सुपरवाइजरों के लिए प्रशिक्षण कार्यक्रम बंगलौर और जमशेदपुर स्थित दो फोरमैन प्रशिक्षण संस्थानों में आयोजित किए जाते हैं। बंगलौर स्थित संस्थान की स्थापना संघीय जर्मन गणराज्य के बादेन यूर्टमबर्ग प्रांत की सहायता से की गई है। यह संस्थान वर्तमान और संभावित फोरमैन तथा सुपरवाइजरों के लिए पूर्णकालिक पाठ्यक्रमों के जरिए तकनीकी और प्रबंधकीय कुशलताओं के बारे में प्रशिक्षण कार्यक्रमों का आयोजन करता है। फोरमैन और सुपरवाइजरों को प्रशिक्षण की बढ़ती आवश्यताओं को पूरा करने के लिए अक्तूबर 1982 में जमशेदपुर में दूसरे प्रशिक्षण संस्थान की स्थापना की गई।

4. औद्योगिक श्रमिकों को अंशकालिक प्रशिक्षण—औद्योगिक श्रमिकों को अंशकालिक प्रशिक्षण देने की योजना 1958 में शुरू की गई थी। इस योजना का उद्देश्य ऐसे औद्योगिक श्रमिकों के ज्ञान और क्षमता को बेहतर बनाना था जिन्हें संस्थानों में योजनाबद्ध प्रशिक्षण का लाभ नहीं मिला। इस योजना के तहत उन औद्योगिक श्रमिकों को प्रवेश दिया जा सकता है जिन्हें वर्कशाप का दो वर्ष का अनुभव हो, चाहे उनकी आयु कुछ भी हो लेकिन उनके मालिकों ने उनका नाम प्रशिक्षण में प्रवेश पाने के लिए प्रायोजित किया हो।

5. केन्द्रीय कर्मचारी प्रशिक्षण और अनुसंधान संस्थान, कलकत्ता—भारत सरकार ने संघीय जर्मन गणराज्य के सहयोग से 1968 में केन्द्रीय कर्मचारी प्रशिक्षण और अनुसंधान संस्थान, कलकत्ता की स्थापना की थी। संस्थान के तीन प्रभाग हैं—प्रशिक्षण,

अनुसंधान और विकास। प्रशिक्षण प्रभाग देश में व्यावसायिक और औद्योगिक प्रशिक्षण से संबद्ध कार्यपालकों और प्रशासकों को प्रशिक्षण देता है। अनुसंधान अनुभाग व्यावसायिक प्रशिक्षण के विभिन्न पहलुओं से संबद्ध समस्या मूलक अध्ययन की व्यवस्था करता है। विकास प्रभाग कारगर ढंग से संचालित कराने के लिए निर्देशात्मक सामग्री और सहायक माडलों का विकास और वितरण करता है।

6. अप्रेंटिसशिप प्रशिक्षण योजना—अप्रेंटिसशिप अधिनियम 1961 के तहत विशेष उद्योगों के मालिकों के लिए अपने यहां अप्रेंटिस (प्रशिक्षु) रखना अनिवार्य बना दिया गया। इन पाठ्यक्रमों की अवधि एक से चार वर्ष की होती है। इस प्रशिक्षण के दौरान एक आधारभूत प्रशिक्षण दिया जाता है। जिसके बाद या नौकरी के दौरान शाप फलोर प्रशिक्षण दिया जाता है। अब तक इस अधिनियम के तहत 218 वर्गों के उद्योगों और 132 व्यवसायों को शामिल किया गया है।

1961 के अप्रेंटिसशिप अधिनियम में 1973 के दौरान संशोधन किया गया और स्नातक तथा तकनीशियन प्रशिक्षुओं, इंजीनियरी और टेक्नोलाजी में स्नातक और डिप्लोमा धारियों के प्रशिक्षण को भी इसके अधिकार क्षेत्र में लाया गया। इस अधिनियम में 1986 में फिर से संशोधन किया गया और व्यावसायिक शिक्षा पाठ्यक्रम के साथ 10+2 की परीक्षा उत्तीर्ण करने वाले विद्यार्थियों को तकनीशियन (व्यावसायिक) अप्रेंटिसशिप का लाभ पहुंचाया गया। अधिनियम में अनुसूचित जातियों और अनुसूचित जनजातियों के उम्मीदवारों के लिए भारत सरकार के नियमों के मुताबिक सीट आरक्षित करने का प्रावधान है।

7. उच्च व्यावसायिक प्रशिक्षण प्रणाली—विभिन्न प्रकार के उच्च तथा परिष्कृत कौशलों को, जिनका प्रशिक्षण अन्य व्यावसायिक पाठ्यक्रमों में उपलब्ध नहीं होता, प्रशिक्षण देने के लिए अक्तूबर 1977 से एक उच्च व्यावसायिक प्रशिक्षण प्रणाली शुरू की गई। इस योजना के तहत प्रशिक्षण कार्यक्रमों को माडयुलर आधार पर तैयार किया गया है ताकि एक शृंखला में एक या अधिक माडयूल चुनने के बाद कर्मचारी अपने कौशल क्षेत्र में विशेषज्ञता हासिल कर सके। योजना के तहत विविध प्रकार के उच्च कुशलता क्षेत्रों में इसे दो से बारह सप्ताह तक की अवधि के पूर्णकालिक नियमित पाठ्यक्रम आयोजित किए जाते हैं। यह प्रणाली बंबई, कलकत्ता, हैदराबाद, कानपुर मद्रास और लुधियाना स्थित छह: उच्च प्रशिक्षण संस्थानों तथा 15 राज्यों के 16 चुने हुए औद्योगिक प्रशिक्षण संस्थानों में शुरू की गई। इस प्रणाली के तहत विभिन्न उच्च पाठ्यक्रम चलाने के लिए इन संस्थानों का आधुनिकीकरण किया गया। इस योजना के तहत हर साल लगभग दस हजार औद्योगिक कर्मचारियों को प्रशिक्षित किया जाता है।

8. महिलाओं के लिए व्यावसायिक प्रशिक्षण—इस समय महिलाओं को व्यावसायिक प्रशिक्षण देने के लिए 337 भारतीय प्रशिक्षण संस्थान हैं जो विशेषकर लड़कियों के लिए हैं और जिनमें लगभग 24,830 लड़कियां प्रशिक्षण ले सकती हैं। आठवीं योजना में विश्व बैंक की सहायता से राज्य क्षेत्र में 100 नये महिला औद्योगिक प्रशिक्षण संस्थानों की स्थापना और वर्तमान 64 औद्योगिक प्रशिक्षण संस्थानों में नए विषयों की शुरुआत की जा रही

है। महिलाओं के लिए व्यावसायिक प्रशिक्षण कार्यक्रम के तहत निम्नांकित संस्थान पहले से ही प्रशिक्षण दे रहे हैं—नोएडा स्थित महिला राष्ट्रीय व्यावसायिक प्रशिक्षण संस्थान, बंबई, बंगलौर, तिरुवनंतपुरम, कलकत्ता, हिसार और तूरा स्थित राष्ट्रीय व्यावसायिक प्रशिक्षण संस्थान। आठवीं पंचवर्षीय योजना के दौरान महिलाओं के लिए विश्व बैंक की सहायता से जिन चार क्षेत्रीय व्यावसायिक प्रशिक्षण संस्थानों की स्थापना का प्रस्ताव था, उनमें से एक संस्थान इंदौर में स्थापित की गई है, जिसने काम करना शुरू कर दिया है तथा दो ऐसे अन्य संस्थान इलाहाबाद और बडोदरा में भी स्थापित किए जा रहे हैं। अप्रैल 1993 में ऐसा ही एक संस्थान जयपुर में खोलने की मंजूरी दी गई।

9. **केन्द्रीय शैक्षणिक मीडिया संस्थान**—केन्द्रीय शैक्षणिक मीडिया संस्थान की स्थापना मद्रास में की गई है। इसका उद्देश्य औद्योगिक प्रशिक्षण संस्थानों और अप्रेंटिसशिप प्रशिक्षण योजना के तहत प्रशिक्षण पाने वालों तथा प्रशिक्षकों के इस्तेमाल के लिए मीडिया पैकेज के रूप में निर्देशात्मक सामग्री उपलब्ध कराना है।

रोजगार दफ्तर
(Employment Exchanges)

आधुनिक युग में औद्योगिक व्यवस्था पर्याप्त विस्तृत एवं जटिल प्रकार से की गयी है। श्रम का विशेषीकरण हो गया है। औद्योगिक उत्पादन एवं लाभ अब अनेक कारकों से प्रभावित होता है। इन कारकों में से एक मुख्य कारक उद्योग में कार्य करने वाले श्रमिकों की योग्यता एवं कुशलता भी है। विभिन्न प्रकार के उद्योगों में भिन्न-भिन्न प्रकार के श्रमिकों की आवश्कता होती है। कार्य के लिए उपयुक्त श्रमिकों की नियुक्ति हो जाने पर औद्योगिक उत्पादन में भी वृद्धि होती है और औद्योगिक संघर्ष भी कम होते हैं। कुशल एवं योग्य श्रमिकों की प्राप्ति सदा इनकी भर्ती की प्रणालियों पर निर्भर करती है। जितनी ही वैज्ञानिक पद्धति द्वारा श्रमिकों की भर्ती होगी उतनी ही अच्छी प्रकार के श्रमिक उपलब्ध होंगे। भारत में अब तक विभिन्न परम्परा रूप से प्रचलित प्रणालियों द्वारा ही औद्योगिक श्रमिकों की भर्ती की जाती थी। ये प्रणालियाँ मुख्य रूप से ये हैं—मध्यस्थों द्वारा भर्ती, ठेकेदारों द्वारा भर्ती, प्रत्यक्ष भर्ती आदि। श्रमिक भर्ती की इन प्रणालियों में अपने-अपने दोष हैं। इनमें से कोई भी प्रणाली न तो वैज्ञानिक है और न ही पूर्ण रूप से दोष-मुक्त। श्रमिकों की भर्ती की उपयुक्त प्रणाली आवश्यकता की पूर्ति के लिए रोजगार दफ्तरों (Employment Exchnage) की स्थापना की गई है।

श्रमिकों की भर्ती की समस्या समाप्त करने के लिए तथा श्रमिकों की नौकरी तलाश करने की परेशानी को कम करने के लिए सरकार ने रोजगार दफ्तरों की स्थापना की है। ये रोजगार-दफ्तर श्रमिकों और उद्योग के मालिकों के बीच मध्यस्थ का कार्य करते हैं। ये इन दोनों वर्गों की आवश्यकताओं की पूर्ति करते हैं। इन दफ्तरों में बेरोजगार व्यक्तियों या श्रमिकों का भी रिकार्ड रहता है और श्रमिकों की माँग करने वाले उद्योगपतियों की माँग का विवरण भी रहता है। ये दफ्तर उद्योगों के नाम अपने पूर्व निर्मित रिकार्ड में से छांटकर उन उद्योगों के प्रबन्धकों के पास भेज देते हैं। अन्तिम चुनाव उद्योगों के मालिक या प्रबन्धक ही करते हैं।

रोजगार-दफ्तरों के कार्य तथा उद्देश्य

रोजगार-दफ्तरों का औद्योगिक विकास में विशेष हाथ होता है। श्रमिकों और उद्योगों के मालिकों दोनों को ही सुविधाएँ प्रदान करना इनका मुख्य कार्य है। देश में रोजगार से सम्बन्धित समस्याओं का समाधान करना इनका उद्देश्य है। रोजगार दफ्तरों के मुख्य कार्य निम्नलिखित हैं–

(1) ये दफ्तर नौकरी की तलाश करने वाले श्रमिकों और श्रमिकों की आवश्यकता अनुभव करने वाले उद्योगपतियों के बीच मध्यस्थता का कार्य करते हैं। इनकी मध्यस्थता स्वार्थ-रहित एवं वैज्ञानिक होती है।

(2) ये दफ्तर श्रम-माँग और श्रम-पूर्ति के मध्य सामंजस्य स्थापित करते हैं। वे बेकार लोगों का रिकार्ड तैयार रखते हैं और रिक्त स्थानों का भी विवरण तैयार करते हैं।

(3) श्रमिकों को उत्तम रोजगार दिला कर गतिशील बनाना। अर्थात् यदि किसी श्रमिक के लिए किसी अन्य क्षेत्र में कोई अच्छा स्थान होता है तो उसे वहाँ जाने की प्रेरणा देना भी इन्हीं दफ्तरों का कार्य है।

(4) रोजगार दफ्तर अप्रशिक्षित श्रमिकों के लिए प्रारम्भिक प्रशिक्षण की भी व्यवस्था करते हैं। इस प्रकार इनका उद्देश्य श्रमिकों की कार्य-क्षमता एवं कार्य-कुशलता को बढ़ाना भी है।

(5) यदि किसी श्रमिक या अन्य नौकरी की तलाश वाले व्यक्ति को व्यवसाय या नौकरी के विषय में किसी परामर्श की आवश्यकता होती है तो ये दफ्तर उसे उचित परामर्श देने का कार्य भी करते हैं।

(6) साधारण तथा अवैज्ञानिक भर्ती की प्रणालियों में जो भ्रष्टाचार फैला हुआ है, उसे समाप्त करना भी इन दफ्तरों का मुख्य उद्देश्य है।

(7) ये दफ्तर श्रमिकों, उद्योगों के मालिकों तथा सरकार के मध्य सहयोग एवं सद्भावना पूर्ण सम्बन्धों की स्थापना एवं वृद्धि के लिए भी कार्य करते हैं।

(8) देश भर में रोजगार के अवसरों को बढ़ाने की योजनाओं का निर्माण तथा समय-समय पर रोजगार की दशाओं के सर्वेक्षण का कार्य भी ये दफ्तर करते हैं।

रोजगार-दफ्तरों का महत्त्व

रोजगार-दफ्तरों के कार्यों एवं उद्देश्यों के उपरोक्त विवरण से स्पष्ट होता है कि इन दफ्तरों का समाज एवं राष्ट्र के लिए विशेष महत्त्व है। इन दफ्तरों से श्रमिक वर्ग, उद्योगपति वर्ग तथा पूरे देश को लाभ होता है। निम्नलिखित विवेचन से रोजगार-दफ्तरों का महत्व स्पष्ट हो जायेगा–

(1) ये दफ्तर श्रमिकों को रोजगार दिलाते हैं–बेरोजगार श्रमिक नौकरी की तलाश में स्थान-स्थान पर मारे-मारे फिरते हैं। कहीं स्थान खाली नहीं होता और कहीं इनके उपयुक्त स्थान नहीं होता। इस प्रकार इन्हें बहुत कठिनाइयों का सामना करना पड़ता है।

कदम-कदम पर उनका मध्यस्थों, दलालों और ठेकेदारों द्वारा शोत्रण होता है। रोजगार-दफ्तर इन बेचारे श्रमिकों की सहायता करता है। रोजगार-दफ्तर ऐसे बेरोजगार श्रमिकों को सही रिक्त स्थान पर भेजता है और उन्हें शोषण से बचा लेता है।

(2) ये दफ्तर उद्योगपतियों को श्रमिक दिलाते हैं—औद्योगिक क्षेत्र में केवल श्रमिकों को नौकरी प्राप्त करने में कठिनाई नहीं होती। बल्कि कई बार उद्योगपतियों को भी योग्य व्यक्ति ढूँढने में काफी कठिनाई होती है। भारत में पारस्परिक रूप से श्रमिकों की भर्ती मध्यस्थों द्वारा होती है। ये मध्यस्थ लोग मालिकों से कमीशन लेते हैं और इस पर भी अयोग्य एवं अकुशल श्रमिकों को रिश्वत लेकर भर्ती करा देते हैं। इससे उद्योग के उत्पादन एवं व्यवस्था को नुकसान होता है। रोजगार-दफ्तर इस क्षेत्र में उद्योग के मालिकों की सहायता करते हैं। मालिकों की माँग के अनुकूल योग्य एवं कुशल श्रमिकों के नाम ये दफ्तर उनके पास भेज देते हैं। इस प्रकार उद्योगों के प्रबन्धकों को बिना पैसा खर्चें और बिना किसी परेशानी के अच्छे श्रमिक मिल जाते हैं।

(3) ये दफ्तर श्रमिकों की गतिशीलता को निर्देशित करते हैं—बेरोजगार श्रमिक को नौकरी की तलाश के लिए और नौकरी प्राप्त श्रमिकों को पद की उन्नति के लिए गतिशीलता की बहुत आवश्यकता होती है। एक ही स्थान पर जमकर रहने से प्रायः उन्नति के अवसर कम मिलते हैं। परन्तु श्रमिकों में विशेषकर भारतीय श्रमिकों में गतिशीलता कम है। गतिशीलता की इस कमी का मुख्य कारण श्रमिकों का औद्योगिक माँगों के प्रति अज्ञान है। अधिकतर श्रमिक अनपढ होते हैं, उन्हें देश के विभिन्न भागों के उद्योगों के विषय में तथा रिक्त स्थानों के विषय में कुछ भी पता नहीं होता। इसी तथ्य को श्री पीगू (Pigou) ने इस प्रकार स्पष्ट किया है, "किसी विशेष स्थान पर अथवा एक समय विशेष में किसी उद्योग में श्रम बेचने वालों का बेरोजगार रहना स्वाभाविक ही है जबकि किसी दूसरे स्थान पर अथवा किसी दूसरे उद्योग में अच्छी मजदूरी पर उनके लिए काम रहता है। किन्तु ये श्रमिक इन कार्यों एवं बेरोजगारों को इसलिए नहीं प्राप्त कर पाते कि उन स्थानों तक पहुंचने के लिए उनके पास पर्याप्त धन नहीं है बल्कि इसलिए कि इनको इन रिक्त स्थानों के विषय में कुछ भी ज्ञान नहीं होता।"[1] उपरोक्त विवरण से जो आवश्यकता स्पष्ट होती है उसे पूरा करने का कार्य ये रोजगार दफ्तर करते हैं। ये दफ्तर श्रमिकों का सही दिशा-निर्देशन करते हैं। उनकी आवश्यकता और गतिशीलता को व्यवस्थित एंव सही रूप देते हैं जिससे कि उन्हें भी लाभ होता है तथा उद्योगों के मालिकों को भी लाभ होता है।

(4) दोषयुक्त प्रणालियों को समाप्त करने में सहायता करते हैं—रोजगार दफ्तर श्रमिकों की भर्ती की एक वैज्ञानिक एवं निष्पक्ष प्रणाली को अपनाते हैं। इस कारण

---

1. "The work-people are liable to find themselves unemployed at one place or in one occupation at the time when in other places or occupations work is an offer at the rate of wages which they demand and they are held back from these works and places or occupations not by cost of movement but by the ignorance of the facts."

—Prof. Pigou.

से अन्य प्रचलित प्रणालियाँ जो कि अनेक प्रकार के दोषों से युक्त होती हैं, उनको समाप्त करने में सहायता मिलती है। यदि श्रमिकों को बिना रिश्वत के अच्छा स्थान मिल जाये तो वे भला क्यों मध्यस्थों के चक्कर में फसेंगे? इसी प्रकार उद्योगपतियों को यदि बिना किसी कमीशन और बिना किसी परेशानी के कुशल एवं योग्य श्रमिक उपलब्ध हो जायें तो उन्हें क्या आवश्यकता है कि बेकार के दलाल नियुक्त करते रहें? इस प्रकार रोजगार-दफ्तरों के सुचारु रूप से कार्य करने से देश में प्रचलित भर्ती की दोषयुक्त प्रणालियाँ स्वयं ही क्रमशः समाप्त हो जायेंगी।

(5) ये दफ्तर औद्योगिक प्रगति में सहायक होते हैं—औद्योगिक प्रगति के लिए दो बातें आवश्यक होती हैं—प्रथम तो उद्योगपतियों को अच्छे एवं योग्य श्रमिक प्राप्त हो जायें, दूसरी आवश्यक बात यह है कि औद्योगिक श्रमिक अपने श्रम अर्थात् नौकरी से सन्तुष्ट हों। कहने का आशय यह है कि श्रमिकों की नियुक्ति बिना किसी प्रकार के शोषण के उपयुक्त स्थान पर हो जाये। रोजगार-दफ्तर यही कार्य करते हैं। उनका कार्य-श्रमिकों को अच्छे से अच्छा स्थान दिलवाना है और मालिकों को कुशल एवं योग्य श्रमिक उपलब्ध कराना है। इस प्रकार जब किसी औद्योगिक संस्थान में रोजगार-दफ्तर के माध्यम से वैज्ञानिक ढंग से श्रमिकों की भर्ती होती है, तब उस उद्योग की उत्पादन शक्ति स्वतः ही बढ़ जाती है और वह औद्योगिक संस्थान निरन्तर प्रगति करने लगता है।

रोजगार दफ्तरों का इतिहास
(History of Employment Exchanges)

पश्चिमी देशों में होने वाली औद्योगिक क्रान्ति के पूर्व औद्योगिक व्यवस्था अधिक जटिल नहीं थी। उस समय नौकरी के इच्छुक श्रमिकों को सरलता से नौकरी मिल जाती थी और उद्योग के मालिकों को भी बिना किसी परेशानी के योग्य श्रमिक उपलब्ध हो जाते थे। परन्तु औद्योगिक क्रान्ति के बाद श्रमिकों की भर्ती के लिये किसी वैज्ञानिक प्रणाली की आवश्यकता महसूस की गयी। इसी आवश्यकता की पूर्ति के लिये रोजगार-दफ्तरों की स्थापना की गयी। पहले इस प्रकार के दफ्तरों की स्थापना कुछ गैर सरकारी संस्थाओं द्वारा की गयी थी। सरकारी क्षेत्र में इन दफ्तरों की स्थापना सबसे पहले न्यूजीलैंड में सन् 1891 में की गयी। जर्मनी में इस प्रकार के सरकारी दफ्तर सन् 1918 में स्थापित हुए। रूस में भी सन् 1931 में कुछ ऐसे दफ्तरों की स्थापना की गयी जो व्यवहार में वही कार्य करते थे जो कि रोजगार-दफ्तर करते हैं। इन दफ्तरों को स्टॉफ कार्यालय (Staff offices) के नाम से जाना जाता था। अमरीका में भी पहले रोजगार-दफ्तर गैर-सरकारी क्षेत्र में स्थापित हुए थे। ये गैर-सरकारी रोजगार-दफ्तर नौकरी के इच्छुक व्यक्तियों से नौकरी दिलाने के बदले फीस लिया करते थे। वैसे इन संस्थाओं को सरकार से लाइसेंस लेना पड़ता था। इंगलैंड में भी काफी समय पहले से रोजगार दिलाने वाले कार्यालय गैर-सरकारी क्षेत्र में कार्य कर रहे थे। परन्तु सरकारी स्तर पर इनका संगठन सन् 1910 में हुआ। अब इंगलैंड में ये बहुत बड़े पैमाने पर कार्य कर रहे हैं और श्रमिकों तथा उद्योगों के मालिकों को लाभ पहुँचा रहे हैं।

भारत में रोजगार-दफ्तरों की आवश्यकता अत्यधिक है। इसके विभिन्न कारण हैं। सर्वप्रथम तो भारतीय श्रमिक अज्ञानी है। उसमें गतिशीलता कम है। साथ ही भारत में अभी औद्योगिक विकास भी पर्याप्त नहीं हुआ और रोजगार के अवसर अपेक्षाकृत कम हैं। भारत क्षेत्रीय दृष्टि से अति विस्तृत देश है। एक प्रान्त के श्रमिकों को अन्य प्रान्तों के रोजगार के विषय में कुछ ज्ञान अथवा सूचना नहीं होती। इन सब कारणों से भारतीय श्रमिकों के कल्याण एवं औद्योगिक विकास के लिए रोजगार-दफ्तरों की आवश्यकता और भी बढ़ जाती है।

भारत में रोजगार-दफ्तरों की आवश्यकता अत्यधिक है। इसके विभिन्न कारण हैं। सर्वप्रथम तो भारतीय श्रमिक अज्ञानी है। उसमें गतिशीलता कम है। साथ ही भारत में अभी औद्योगिक विकास भी पर्याप्त नहीं हुआ और रोजगार के अवसर अपेक्षाकृत कम हैं। भारत क्षेत्रीय दृष्टि से अति विस्तृत देश है। एक प्रान्त के श्रमिकों को अन्य प्रान्तों के रोजगार के विषय में कुछ ज्ञान अथवा सूचना नहीं होती। इन सब कारणों से भारतीय श्रमिकों के कल्याण एवं औद्योगिक विकास के लिए रोजगार-दफ्तरों की आवश्यकता और भी बढ़ जाती है।

भारत में रोजगार-दफ्तरों की स्थापना सन् 1921 में हुई। यह कार्य अन्तर्राष्ट्रीय श्रम संगठन (I.L.O.) की प्रेरणा से हुआ। परन्तु सन् 1929 में औद्योगिक मन्दी का काल आ गया। इस मन्दी के कारण सन् 1938 में रोजगार-दफ्तरों को समाप्त कर दिया गया। इस काल में उद्योगपतियों को बिना किसी परेशानी अथवा कमीशन के ही पर्याप्त संख्या में श्रमिक एवं कारीगर मिल जाते थे। यह स्थिति द्वितीय महायुद्ध तक यूँ ही चलती रही।

महायुद्ध के समय कुछ विशिष्ट प्रकार के श्रमिकों एवं कुशल कारीगरों की आवश्यकता अनुभव की गयी जिसके फलस्वरूप सन् 1943-44 में पुनः भारत में रोजगार-दफ्तरों की स्थापना की गयी। प्रारम्भ में केवल 9 रोजगार-दफ्तर स्थापित किये गए। युद्ध के समाप्त होने पर पुनः रोजगार-दफ्तरों की अधिक आवश्यकता अनुभव की गयी। इसका मुख्य कारण यह था कि फौज में से बहुत से लोगों की छंटनी हो गयी थी। इस छंटनी के फलस्वरूप देश भर में बेरोजगार लोगों की संख्या काफी बढ़ गयी थीं। इसी कारण से सन् 1945 में भारत में 70 रोजगार-दफ्तर स्थान-स्थान पर स्थापित किए गए। इसके बाद देश भर में लगातार नये-नये रोजगार-दफ्तर खुलने लगे। पहले ये दफ्तर केन्द्रीय सरकार के द्वारा नियन्त्रित होते थे। परन्तु 1 नवम्बर, सन् 1956 से इन दफ्तरों का नियन्त्रण राज्यों की सरकारों को सौंप दिया गया। अब इन रोजगार-दफ्तरों के साथ-साथ प्रशिक्षण केन्द्र भी स्थापित किये गये। परन्तु अभी भी इन रोजगार-दफ्तरों की कार्य-नीति को केन्द्रीय सरकार ही निर्धारित करती है। इसके अतिरिक्त इन कार्यालयों के कुल व्यय का 60% खर्चा भी केन्द्रीय सरकार करती है।

पूरे भारत में फैले हुए अनेक रोजगार दफ्तरों की व्यवस्था का कार्य चार डाइरेक्टर करते हैं। इनमें एक डाइरेक्टर जनरल होता है तथा तीन साधारण डाइरेक्टर होते हैं जिनके भिन्न-भिन्न विभाग होते हैं। ये विभाग इस प्रकार हैं—

(i) डाइरेक्टोरेट ऑफ एम्पलायमेंट एक्सचेंज, (ii) डाइरेक्टोरेट ऑफ टैनिंग, (iii) डाइरेक्टोरेट ऑफ पब्लिसिटी। इस प्रकार इन तीनों डाइरेक्टरेटों द्वारा पूरे भारत की रोजगार सम्बन्धी समस्याओं का व्यवस्थित एवं वैज्ञानिक ढंग से समाधान किया जाता है। अब भारत

में कुछ चल रोजगार-दफ्तरों (Mobile Exchanges) की भी स्थापना की जा चुकी है। वर्तमान भारत में रोजगार-दफ्तर देश एवं समाज की विभिन्न दृष्टिकोणों से सेवा कर रहे हैं।

1959 के रोजगार कार्यालय (रिक्त स्थानों का अनिवार्य ज्ञापन) अधिनियम के अन्तर्गत सभी सरकारी और निजी क्षेत्र में ऐसे गैर कृषि प्रतिष्ठानों का, जिनमें 25 या 25 से अधिक आदमी काम करते हों, यह दायित्व है कि अपने यहाँ रिक्त स्थानों की सूचना (कुछ अपवादों के साथ) अधिनियम के अन्तर्गत व नियमों के अनुसार रोजगार कार्यालयों को दें और समय-समय पर सूचित करें।

भारत में रोजगार

संगठित क्षेत्र यानी सार्वजनिक क्षेत्र के सभी उपक्रमों और निजी क्षेत्र के ऐसे गैर कृषि प्रतिष्ठानों में जहां दस या अधिक व्यक्ति काम करते हैं, मार्च 1991 में रोजगार बढ़कर 267.33 लाख पर पहुंच गया जो मार्च 1990 में 263.54 लाख था। इस प्रकार रोजगार दर में 1.44 प्रतिशत की वृद्धि हुई। सार्वजनिक और निजी क्षेत्र में 1990-91 के दौरान रोजगार में क्रमशः 1.52 और 1.24 प्रतिशत की बढ़ोतरी हुई। आठवीं पंचवर्षीय योजना (1992-97) में रोजगार पर विशेष जोर दिया गया है। योजना के दस्तावेज में इस शताब्दी के अन्त तक लगभग पूर्ण रोजगार का लक्ष्य हासिल करने के लिए रोजगार के अवसर बढ़ाने को प्राथमिकता दी गई है। आठवीं योजना के दौरान सकल घरेलू उत्पाद की विकास दर का लक्ष्य 5.6 प्रतिशत रखा गया है जिससे प्रतिवर्ष रोजगार में लगभग 2.6 से 2.8 प्रतिशत वृद्धि होगी या प्रतिवर्ष औसतन 80 से 90 लाख रोजगार के अवसर पैदा होंगे।

इस योजना में रोजगार के अवसर पैदा करने की गति को तेज करने के लिए क्षेत्रों, उपक्षेत्रों और उच्च रोजगार क्षमता रखने वाले क्षेत्रों के तेज विकास के साथ ही आर्थिक विकास की उच्च दर की आवश्यकता पर जोर दिया गया है। भौगोलिक और फसल के आधार पर कृषि, ग्रामीण क्षेत्रों और ग्रामीण ढांचे का विकास, लघु उद्योगों का तीव्र विकास और विकेन्द्रीकृत उत्पादन तथा आवास क्षेत्र का विस्तार आदि कुल ऐसे बुनियादी पहलू हैं जिन्हें योजना की रोजगार उन्मुख विकास नीति का हिस्सा बनाया गया है।

1. राष्ट्रीय रोजगार सेवा—राष्ट्रीय रोजगार सेवा के अधीन 31 दिसम्बर 1993 तक 783 रोजगार कार्यालय तथा 83 विश्वविद्यालय रोजगार सूचना और मार्गदर्शन ब्यूरो हैं। ये रोजगार कार्यालय विकलांगों, भूतपूर्व सैनिकों, अनुसूचित जातियों और अनुसूचित जन जातियों, महिलाओं जैसे विशेष वर्ग सहित रोजगार चाहने वाले सभी व्यक्तियों की सहायता करते हैं। रोजगार केन्द्र नियोक्ता द्वारा सूचित किए गए रिक्त स्थानों की जानकारी रोजगार चाहने वाले व्यक्तियों को भेजते हैं। राष्ट्रीय रोजगार बाजार के बारे में सूचना एकत्र करके लोगों तक पहुंचाना, रोजगार और जनशक्ति के बारे में नीतियां निर्धारित करने के उद्देश्य से वांछित जानकारी देने के लिए रोजगार और व्यावसायिक अनुसंधान के बारे में अध्ययन करने जैसे कार्य किए जाते हैं। कार्यप्रणाली में सुधार के लिए रोजगार कार्यालयों के कम्प्यूटरीकरण का कार्यक्रम जारी है।

1959 के रोजगार कार्यालय (रिक्त स्थानों का अनिवार्य ज्ञापन) अधिनियम के अन्तर्गत सभी सरकारी और निजी क्षेत्रों के गैर-कृषि प्रतिष्ठानों के लिए, जिनमें 25 या इससे अधिक व्यक्ति काम करते हैं, अपने यहां रिक्त स्थानों की समय-समय पर सूचना, (कुछ अपवादों को छोड़कर) अधिनियम और इसके अन्तर्गत बनाए गए नियमों के अनुसार देना अनिवार्य है। सारणी 31.2 में रोजगार कार्यालयों की गतिविधियों की जानकारी दी गई है।

सारणी 31.2—रोजगार कार्यालयों की गतिविधियां

वर्ष	रोजगार कार्यालयों की संख्या (मार्गदर्शक ब्यूरो को छोड़कर)	पंजीकृत व्यक्ति (हजारों में)	रोजगार पाने वालों की संख्या (हजारों में)	चालू रजिस्टर में आवेदकों की संख्या	विज्ञापित की संख्या (हजारों में)
1956	143	1,670.0	189.9	758.5	296.6
1971	437	5,129.9	507.0	5,099.9	813.6
1976	517	5,619.4	496.8	9,784.3	815.6
1981	663	6,276.9	504.1	17,838.1	896.8
1982	692	5,862.9	473.4	19,753.0	819.0
1983	726	6,755.8	485.9	21,953.3	826.0
1984	745	6,219.0	407.3	23,546.8	707.8
1985	800	5,821.5	388.5	26,269.9	674.7
1986	821	5,535.4	351.3	30,131.2	623.4
1987	835	6,011.7	334.4	30,247.3	600.9
1988	840	5,963.2	328.5	30,050.2	543.3
1989	849	6.575.8	289.2	32,776.2	600.2
1990	851	6,540.6	264.5	34,631.8	490.9
1991	854	6,235.9	253.0	36,299.7	458.6
1992	860	5,300.6	238.7	36,758.4	419.6
1993 (जन.-सित.)	887	4,243.7	176.9	36,499.8	294.4

2. प्रशासन—रोजगार कार्यालयों के दिन-प्रतिदिन के प्रशासनिक नियंत्रण का काम नवम्बर, 1956 से राज्य सरकारों को सौंप दिया गया है। अप्रैल, 1969 से राज्य सरकारों को जनशक्ति और रोजगार योजनाओं से सम्बद्ध वित्तीय उत्तरदायित्व भी दे दिया गया है। केन्द्रीय सरकार की भूमिका अखिल भारतीय स्तर पर नीति निर्धारण, प्रक्रियाओं और मानकों में समन्वय और विभिन्न कार्यक्रमों के विकास और प्रशिक्षण तक सीमित है।

3. व्यावसायिक मार्गदर्शन—उन युवक-युवतियों को जिन्हें काम का कोई अनुभव नहीं है और विशेष काम का अनुभव रखने वाले प्रौढ़ व्यक्तियों को व्यावसायिक मार्गदर्शन और रोजगार संबंधी परामर्श दिया जाता है। 1993 में 314 रोजगार कार्यालयों में ऐसी इकाइयां कार्य कर रही थीं। इसके अतिरिक्त 83 विश्वविद्यालयों में रोजगार सूचना और परामर्श ब्यूरो भी कार्यरत थे। इन इकाइयों में आवेदकों और युवक-युवतियों को अपने कैरियर के बारे में योजना बनाने में मदद की जाती है। रोजगार की तलाश करने वाले लोगों को स्वरोजगार शुरू करने के लिए प्रेरित करने और इस बारे में उनका मार्गदर्शन करने के लिए 26 चुने हुए जिलों में प्रायोगिक आधार पर एक विशेष योजना चलाई जा रही है।

4. विकलांगों के लिए विशेष रोजगार कार्यालय—शारीरिक रूप से विकलांगों के लिए 23 विशेष रोजगार कार्यालय हैं। ये कार्यालय, बम्बई, दिल्ली, मद्रास, हैदराबाद, कलकत्ता, अहमदाबाद, बंगलूर, लुधियाना, कानपुर, तिरुवनंतपुरम, जबलपुर, पटना, चंडीगढ़, जयपुर, भुवनेश्वर, शिमला, गुवाहाटी, अगरतल्ला, राजकोट, सूरत, बड़ोदरा, इम्फाल और विशाखापत्तनम में हैं। विकलांगों के लिए 17 व्यावसायिक पुनर्वास केन्द्र अहमदाबाद, अगरतल्ला, बंगलूर, बम्बई, कलकत्ता, दिल्ली, हैदराबाद, कानपुर, लुधियाना, मद्रास, तिरुवनंतपुरम, जयपुर, बड़ोदरा, पटना, गुवाहाटी और भुवनेश्वर में कार्य कर रहे हैं। ये केन्द्र विकलांगों को उनके पुनर्वास के लिए एकमुश्त सेवाएं प्रदान करते हैं।

5. अनुसूचित जाति/अनुसूचित जनजाति के बेरोजगार युवक—अनुसूचित जातियों तथा अनुसूचित जनजातियों के बेरोजगार युवकों में आत्मविश्वास बढ़ाने के उद्देश्य से प्रशिक्षण देने के लिए दिल्ली, मद्रास, कानपुर, जयपुर, हैदराबाद, तिरुवनंतपुरम, सूरत, जबलपुर, रांची, कलकत्ता, आइजोल, बंगलूर, हिसार, राउरकेला, इम्फाल, नागपुर, मंडी, गुवाहाटी, जम्मू, कोहिमा और जोवाई में 21 प्रशिक्षण व मार्गदर्शन केन्द्र कार्य कर रहे हैं।

इनमें जम्मू और जोवाई के दो केन्दों की स्थापना संबंधी प्रक्रिया जारी है।

सेवा शर्तें और कल्याण

अनेक उद्योगों में योजनाबद्ध आधार पर आवास, चिकित्सा, मनोरंजन, शिक्षा, परिवार-कल्याण तथा अन्य कल्याणकारी सुविधाएं प्रदान करने के लिए अनिवार्य कल्याण कोष स्थापित किये गये हैं।

कल्याण कोष निम्नलिखित अधिनियमों के तहत बनाए गए हैं— (i) अभ्रक खान श्रम कल्याण कोष अधिनियम, 1946 (ii) चूना पत्थर और डोलोमाइट खान श्रम कल्याण कोष अधिनियम, 1992; (iii) लौह अयस्क खान, मैंगनीज अयस्क खान और क्रोम अयस्क खान, श्रम कल्याण कोष अधिनियम, 1976, और (iv) बीड़ी कर्मचारी कल्याण कोष अधिनियम, 1976; (v) सिनेमा कर्मचारी कल्याण कोष अधिनियम, 1981।

निधियों के लिए धनराशि अभ्रक निर्यात पर लगे सीमा शुल्क पर मूल्यानुसार उपकर, लौह अयस्क और मैंगनीज अयस्क के निर्यात शुल्क पर लगे उपकर और आंतरिक खपत पर लगे उत्पाद शुल्क तथा लौह अयस्क व इस्पात संयंत्रों और सीमेंट संयंत्रों व अन्य कारखानों

में इस्तेमाल होने वाले चूना पत्थर और डोलोमाइट पर उपकर लगाकर प्राप्त की जाती है। बीड़ी श्रमिकों के कल्याण निधि के लिए धनराशि, तैयार बीड़ी पर लगे शुल्क पर उपकर लगाकर प्राप्त की जाती है।

बीड़ी कर्मचारियों के लिए कल्याण कोष की उगाही, बीड़ी निर्माण पर उपकर लगाकर और सिनेमा कर्मचारियों के लिए फीचर फिल्मों पर उपकर लगाकर की जाती है।

वैसे बीड़ी कर्मचारियों के लिए, जिन्हें कर्मचारी भविष्य निधि और सामाजिक सुरक्षा लाभों में शामिल नहीं किया गया है, एक अप्रैल, 1992 से एक समूह बीमा योजना शुरू की गई है।

संसद ने 1981 में सिनेमा कर्मचारियों की उन्नति के लिए तीन अधिनियम पारित किए। ये हैं—(1) सिनेमा कर्मचारी उपकर अधिनियम; (2) सिनेमा कर्मचारी और सिनेमा थियेटर कर्मचारी (रोजगार नियंत्रण) अधिनियम और (3) सिनेमा कर्मचारी कल्याण कोष अधिनियम। सम्बद्ध अधिनियमों के तहत नियमों को अंतिम रूप देने उनके अधिसूचित होने के बाद ये सभी अधिनियम 1984 में लागू हो गये।

सामाजिक सुरक्षा

1. श्रमिक मुआवजा अधिनियम, 1923—सन् 1923 में श्रमिक मुआवजा अधिनियम पारित होने के साथ ही भारत में सामाजिक सुरक्षा की शुरुआत हुई। इसके अंतर्गत ऐसे कर्मचारियों और उनके आश्रितों को अपने सेवाकाल के दौरान किसी दुर्घटना (कुछ व्यवसाय जन्य रोगों सहित) में मृत्यु या अपंग होने की स्थिति में मुआवजा देने का प्रावधान है। यह अधिनियम रेलवे कर्मचारियों और अधिनियम की अनुसूची-2 में निर्दिष्ट ऐसे किसी पद पर कार्यरत व्यक्तियों पर लागू होता है। अनुसूची-2 में कारखानों, खानों, बागानों, मशीन से चलने वाले वाहनों के संचालन, निर्माण कार्यों और खतरे वाले अन्य कुछ व्यवसायों में काम करने वाले व्यक्तियों को शामिल किया गया है। मुआवजे की न्यूनतम दर स्थायी विकलांगता की स्थिति में 24 हजार रुपये और मृत्यु होने पर 20 हजार रुपये निर्धारित की गई है। श्रमिकों के वेतन के हिसाब से मृत्यु होने की स्थिति में अधिकतम मुआवजा 90 हजार रुपये और स्थायी पूर्ण विकलांगता की स्थिति में 1,14,000 रुपये तक हो सकता है।

2. प्रसूति लाभ—प्रसूति लाभ अधिनियम, 1961 प्रतिष्ठानों में प्रसव काल से कुछ समय पहले और कुछ समय बाद के लिए महिलाओं के रोजगार का नियमन करता है और उन्हें प्रसूति व दूसरे लाभ उपलब्ध कराता है। यह अधिनियम कर्मचारी राज्य बीमा अधिनियम, 1948 के अंतर्गत आने वाले कर्मचारियों को छोड़कर खानों, कारखानों, सर्कस-उद्योग और बागानों तथा सरकार के इसी तरह के सभी संस्थानों में लागू होता है। यह अधिनियम राज्य सरकारों द्वारा अन्य संस्थानों पर भी लागू किया जा सकता है। इस अधिनियम के अन्तर्गत आने के लिए वेतन सीमा निर्धारित नहीं है।

3. ग्रेच्युटी योजना—ग्रेच्युटी भुगतान अधिनियम, 1972 के अंतर्गत कारखानों, खानों, तेल क्षेत्रों, बागानों, बंदरगाहों, रेलों, मोटर परिवहन प्रतिष्ठानों, कम्पनियों, दुकानों और अन्य

प्रतिष्ठानों में काम करने वाले कर्मचारी ग्रेच्युटी पाने के अधिकारी हैं। इस अधिनियम के अंतर्गत वे कर्मचारी आते हैं, जिनका वेतन 3,500 रुपये प्रति माह से अधिक नहीं है। अधिनियम के अंतर्गत हर वर्ष के सेवाकाल पर 15 दिन का वेतन ग्रेच्युटी के रूप में दिया जाता है, बशर्ते कि 50,000 रुपये से अधिक न हो। विशेष मौसम में चलने वाले प्रतिष्ठानों में प्रति मौसम सात दिन के वेतन के बराबर ग्रेच्युटी दी जाती है। अगर किसी कर्मचारी को मालिक के साथ किए गए फैसले या समझौते या अनुबंध के तहत शर्तों पर ग्रेच्युटी मिलती है, तो अधिनियम उसे उससे वंचित नहीं करता।

4. कर्मचारी राज्य बीमा योजना—विद्युत शक्ति का प्रयोग करने वाले ऐसे कारखाने जहां 10 या उससे अधिक कर्मचारी काम करते हैं, इस अधिनियम के तहत आते हैं। इस अधिनियम के तहत ऐसे कारखाने भी आते हैं जहां विद्युत शक्ति का प्रयोग नहीं होता, किन्तु वहां बीस या उससे अधिक कर्मचारी हैं। अधिनियम में राज्य सरकारों को यह अधिकार दिया गया है कि वे 20 या उससे अधिक कर्मचारी वाले प्रतिष्ठानों में यह योजना लागू कर सकते हैं। इन प्रतिष्ठानों में दुकानें, होटल, रेस्तरां, सिनेमाघरों, थियेटरों, राज्य परिवहन उपक्रम और समाचारपत्र संस्थान शामिल हैं। एक अप्रैल, 1992 से 3,000 रुपये तक की मासिक आय पाने वाले कर्मचारी इस बीमा योजना का लाभ उठाने के अधिकारी हैं।

इस अधिनियम के अंतर्गत कर्मचारियों को आकस्मिक बीमारी, प्रसूति, रोजगार में चोट की अवस्था में उनके इलाज का प्रबंध करने और नकद भत्ता देने तथा चोट से मृत्यु होने पर उनके आश्रितों को पेंशन देने की व्यवस्था है। इस अधिनियम के अन्तर्गत आने वाले बीमाशुदा व्यक्ति के परिवार को उत्तरोत्तर अस्पताल से इलाज सहित पूरी चिकित्सा सुविधाएं उपलब्ध कराई जा रही हैं। 31 जनवरी, 1993 तक इस योजना के तहत कुल 115 कर्मचारी राज्य बीमा अस्पताल और 42 उप-अस्पताल थे, जिनमें 20,767 बिस्तरों की व्यवस्था थी। इस योजना के अन्तर्गत औषधालयों की संख्या 1,384 है। इस योजना से लगभग 69/51 हजार कर्मचारियों को लाभ पहुंच रहा है।

5. कर्मचारी भविष्य—कर्मचारी भविष्य निधि तथा विविध उपबंध अधिनियम, 1952 के तहत औद्योगिक कर्मचारियों को अवकाश प्राप्ति पर कई प्रकार के लाभ उपलब्ध हैं। इनमें भविष्य निधि, पारिवारिक पेंशन, जमा राशि से जुड़ा बीमा शामिल है। 31 दिसम्बर 1992 को इस अधिनियम के तहत 177 उद्योग/विभिन्न श्रेणी के प्रतिष्ठान थे, जिनमें लगभग एक करोड़ 67 लाख कर्मचारी आते हैं। इस कानून के दायरे में फिलहाल वही संस्थान आते हैं जिनमें 20 या इससे अधिक लोग काम करते हैं। इस कानून के अंतर्गत अंशदान की न्यूनतम दर 8.33 प्रतिशत है। फिर भी जून 1989 से 98 उद्योगों तथा उन विभिन्न संस्थानों में यह सीमा बढ़ाकर 10 प्रतिशत कर दी गई है जिनमें 50 या उससे अधिक व्यक्ति काम करते हैं। इस कानून के अंतर्गत मालिकों को भी कर्मचारियों के अंशदान के बराबर का हिस्सा देना पड़ता है।

6. जमा राशि से जुड़ी कर्मचारी बीमा योजना—सामाजिक सुरक्षा की एक अन्य महत्त्वपूर्ण योजना जमा राशि से जुड़ी कर्मचारी बीमा योजना, 1976 है। यह योजना

कर्मचारी भविष्य निधि और छूट प्राप्त भविष्य निधियों के सदस्यों के लिए एक अगस्त, 1976 से लागू की गई। इसके अनुसार कर्मचारी की मृत्यु होने पर उसके उत्तराधिकारी को भविष्य निधि में जमा धनराशि के अतिरिक्त धनराशि भी मिलेगी जो पिछले तीन वर्षों में निधि में जमा औसत धनराशि के बराबर होगी, बशर्तें कि निधि में औसत धनराशि 500 रुपये से कम न हो। इस योजना के अंतर्गत भुगतान 25,000 रुपये होगा और इसके लिए कर्मचारी को कोई अंशदान नहीं करना होगा। यह मार्च 1990 से लागू है।

7. पारिवारिक पेंशन—औद्योगिक मजदूरों की असामयिक मृत्यु होने पर उसके परिवार को लम्बी अवधि के लिए आर्थिक सुरक्षा प्रदान करने के उद्देश्यों से एक मार्च, 1971 से कर्मचारी पारिवारिक पेंशन योजना शुरू की गई। कर्मचारी भविष्य निधियों में मालिकों और कर्मचारियों के अंशदान के एक भाग को अलग करके इस योजना के लिए धन प्राप्त किया जाता है। इसमें केन्द्र सरकार भी कुछ हिस्सा देती है। निधि को सदस्यता की अवधि के आधार पर पारिवारिक पेंशन की राशि एक अप्रैल, 1992 से न्यूनतम 250 रुपये से लेकर अधिकतम 1,050 रुपये प्रतिमाह है। इसके अतिरिक्त पारिवारिक पेंशनर, 5,000 रुपये का तात्कालिक बीमा लाभ पाने के भी हकदार हैं।

8. मजदूर संघ अधिनियम—मजदूर संघ अधिनियम, 1926 के अंतर्गत मजदूर संघों के पंजीकरण का प्रावधान है। कोई भी सात या उससे अधिक कामगारों का समूह मजदूर संघ के नियमों के तहत अधिनियम के प्रावधानों के अनुसार पंजीकरण के नियमों को मानते हुए पंजीकरण करा सकता है। अधिनियम में पंजीकृत मजदूर संघों को कुछ मामलों में दीवानी और फौजदारी कार्रवाही में सुरक्षा दिए जाने का प्रावधान है।

अभ्यास के लिये प्रश्न

1. भारत में श्रम विधान का महत्त्व बतलाइये।
2. भारत में स्वतन्त्रता प्राप्त होने के पश्चात कौन से श्रम विधान पारित किये गये हैं?
3. श्रम-कल्याण कार्य की परिभाषा देते हुए इसकी विशेषताओं का विवेचन कीजिए।
4. विवेक एवं सोच-विचार के लिये किया हुआ तथा उदारतापूर्वक किया हुआ श्रम कल्याण कार्य अन्तिम रूप से नियोजक को फल देता है। विवेचना कीजिये।
5. ''श्रम कल्याण का महत्त्व पश्चिम की अपेक्षा भारत में अधिक है।'' इस कथन की विवेचना करिये।

32

बाल और स्त्री श्रमिकों का कल्याण
(Welfare of Child and Women Labourers)

श्रम-कल्याण में बाल और स्त्री श्रमिकों के कल्याण का विशेष महत्व है। अत: इसका वर्णन इस पृथक् अध्याय में किया जायेगा।

भारत में बाल श्रमिक-कल्याण
(Welfare of Child Labour in India)

भारत में बाल श्रमिकों की संख्या

भारत में चाय बगीचों तथा अन्य उद्योगों में पर्याप्त संख्या में बालकों को काम पर लगाया जाता है। इसका मुख्य कारण यह है कि बालकों को कम वेतन देना पड़ता है। उनके झगड़ा करने का प्रश्न ही नहीं उठता इसलिए उनसे कितना भी काम लिया जा सकता है। दूसरी ओर निर्धन माता-पिता बाध्य होकर अपने बालकों को उद्योगों में काम करने भेजते हैं।

बाल श्रमिकों को हानियाँ

उद्योगों में बाल श्रमिकों को लगाने से माता-पिता को कुछ आर्थिक लाभ अवश्य हो जाता है परन्तु इससे स्वयं बालकों को बड़ी हानि होती है। न उनकी शिक्षा-दीक्षा हो पाती है और न उनका स्वास्थ्य बन पाता है। शुरू से ही पैसा कमाने की चिन्ता में पड़कर उनको व्यक्तित्व के विकास करने का अवसर नहीं मिल पाता। इससे देश की भारी हानि होती है। जाँच करने से मालूम हुआ है कि बचपन से ही काम पर लगने वाले बालक बालिकाओं में चोरी आदि तथा यौन अपराधों की संख्या अन्य बालकों के अनुपात से अधिक पाई जाती है। इस प्रकार कारखानों में काम करना बालकों के लिए किसी प्रकार से भी उपयुक्त नहीं कहा जा सकता।

बाल श्रमिकों की समस्यायें

कारखानों तथा उद्योगों में काम करने वाले बालकों की मुख्य समस्याएँ निम्नलिखित हैं—

(1) स्वास्थ्य पर बुरा प्रभाव—उद्योगों में कठिन काम अधिक घण्टों तक करने से कोमल बालकों का स्वास्थ्य असमय में ही कुम्हलाने लगता है और उन्हें वृद्धि का अवसर नहीं मिल पाता। उद्योगों में काम की दशायें स्वास्थ्यप्रद न होने से भी बालकों के स्वास्थ्य पर बुरा प्रभाव पड़ता है।

(2) शिक्षा में बाधा—कारखानों में काफी समय काम करने के बाद बालकों के पास इतना समय और शक्ति नहीं बचती कि वे शिक्षा प्राप्त कर सकें। अतः या तो उनकी शिक्षा अधूरी रह जाती है अथवा अधिकतर वे अशिक्षित रह जाते हैं।

(3) व्यक्तित्व के विकास में बाधा—स्वास्थ्य गिरने, शिक्षा न मिलने, अर्थ की चिन्ता में पड़ जाने और बुरे परिवेश में रहने के कारण बाल श्रमिकों का व्यक्तित्व अविकसित रह जाता है। बहुत से तो अपराधों में पड़ जाते हैं।

(4) सरकारी नियमों का लाभ न मिलना—जब तक सरकार बाल श्रमिकों के लिए अलग से कानून बनाये तब तक उनको वेतन, अवकाश, काम करने के घण्टे आदि के बारे में श्रम अधिनियमों का लाभ नहीं मिलता और मालिक कानून की गिरफ्त में आये बिना उसका शोषण करते रहते हैं।

(5) काम करने की असन्तोषजनक अवस्थायें—इस प्रकार श्रमिक बालकों की काम करने की दशायें वयस्क श्रमिक से भी अधिक असन्तोषजनक रहती है। इससे उनकी बड़ी दुर्दशा रहती है। उनको मजदूरी भी वयस्क श्रमिकों की मजदूरी का 30 से 50 प्रतिशत तक दी जाती है।

(6) उत्पादन की मात्रा और गुण का ह्रास—बालकों को काम पर लगाने से केवल बालकों और देश की हानि नहीं होती, उत्पादन की मात्रा भी घट जाती है और उत्पादित वस्तुयें भी उतनी अच्छी नहीं होती जितनी कि वयस्क श्रमिक बना सकते हैं।

बालकों की रक्षा के उपाय

श्रमिक बालकों की समस्याओं को सुलझाने, उनका शोषण रोकने तथा उनकी रक्षा करने के लिए भारत सरकार ने अनेक अधिनियम बनाये हैं। मुख्य अधिनियम निम्नलिखित हैं—

(1) 1881 का कारखाना अधिनियम (Factory Act 1881)—इस अधिनियम से 7 से 12 वर्ष की आयु के बालकों से एक घण्टा विश्राम को मिलाकर 9 घण्टे से अधिक काम लेना अवैध घोषित कर दिया गया।

(2) 1891 का कारखाना अधिनियम (Factory Act 1991)—इससे 9 से 14 वर्ष के बालकों के काम के घण्टों को कम करके 7 घण्टे प्रतिदिन कर दिया गया। 9 वर्ष से कम आयु के बालकों को काम पर लगाने का बिल्कुल निषेध कर दिया गया।

(3) 1911 का कारखाना अधिनियम (Factory Act 1911)—इससे सूती वस्त्र मिलों में बाल-श्रमिकों के काम करने का समय और भी घटाकर 6 घण्टे कर दिया गया और उनका रात में काम करना बिल्कुल बन्द कर दिया गया।

(4) 1922 का कारखाना अधिनियम (Factory Act 1922)—इससे बाल श्रमिकों की कम से कम आयु बढ़ाकर 12 साल कर दी गई और उनके काम के घण्टे भी सभी उद्योगों में 6 निश्चित कर दिये गये। इस अधिनियम से संध्या के 7 बजे से सुबह साढ़े पाँच बजे तक बालकों से काम नहीं लिया जा सकता था तथा चार घण्टे काम करने के बाद बालकों को आधे घण्टे का विश्राम देना आवश्यक हो गया।

(5) 1934 का कारखाना अधिनियम (Factory Act 1934)—इससे काम करने के घण्टे घटकर 5 रह गये और काम पर लगते समय शारीरिक योग्यता का प्रमाण देना उनके लिए जरूरी हो गया।

(6) 1948 का कारखाना अधिनियम (Factory Act 1948)—इससे बालकों की कम से कम आयु बढ़ाकर 14 साल कर दी गई। काम के घण्टे घटाकर 40 कर दिये गये। भर्ती से पहले डाक्टरी प्रमाण-पत्र देना अनिवार्य हो गया। प्रति 15 दिन में 1 दिन की छुट्टी तथा साल में कम से कम 14 दिन की छुट्टी स्वीकृत हो गई और 7 बजे शाम से 6 बजे सुबह तक बालकों से काम लेने का निषेध कर दिया गया।

(7) 1952 का भारतीय खान अधिनियम (Indian Mines Act 1952)—इसके अनुसार 18 वर्ष से कम आयु के बालकों को खान में नीचे काम पर नहीं लगाया जा सकता। खानों में भर्ती की कम से कम आयु बढ़ाकर 15 साल कर दी गई। काम के घण्टे 40 निश्चित कर दिये गये।

(8) बाल (श्रम को गिरवी रखना) अधिनियम [Children (Pleading of Labour) Act 1933]—भारतीय बाल-श्रमिकों की एक समस्या और थी। बहुधा उनके माता-पिता किसी छोटे कारखाने के मालिक या दुकानदार से कुछ कर्ज ले लिया करते थे और उसके बदले में अपने बालकों को उसके पास मुफ्त काम करने के लिए गिरवी रख दिया करते थे। इस अमानुषिक कार्य को रोकने के लिए भारत सरकार ने 1933 में एक अधिनियम बनाया जिसमें 15 वर्ष से कम आयु के बालकों को इस प्रकार गिरवी रखने का निषेध कर दिया गया।

स्त्री श्रमिकों की समस्यायें

इन स्त्री श्रमिकों की मुख्य समस्यायें निम्नलिखित हैं—

(1) पुरुषों से कम मजदूरी—साधारणतया स्त्रियों को पुरुष श्रमिकों से कम मजदूरी दी जाती है। यह भेदभाव सर्वथा अनुचित है।

(2) कठोर काम का स्वास्थ्य पर बुरा प्रभाव—मालिक स्त्री पुरुष में किसी प्रकार का भेद न करके स्त्रियों से भी कठोर काम लेते हैं जिससे उनके स्वास्थ्य पर बुरा प्रभाव पड़ता है।

(3) काम करने की असन्तोषजनक दशायें—स्त्रियों के काम करने की दशायें बड़ी असन्तोषजनक हैं। उनको अवकाश, विश्राम आदि की सुविधायें नहीं मिली हुई हैं। उनको मातृत्व सम्बन्धी कामों के लिए भी अवकाश नहीं दिया जाता।

(4) दुर्व्यवहार—भारतीय कारखानों में स्त्री श्रमिकों के साथ आदर या सम्मान से नहीं बल्कि बड़ी बुरी तरह डाँट-फटकार से काम लिया जाता है। मध्यस्थों द्वारा उनको तरह-तरह से बाध्य करके कुमार्ग पर ले जाया जाता है। उनकी लाचारी से लाभ उठाकर उनसे अधिक काम कराकर उन्हें कम मजदूरी दी जाती है।

स्त्री श्रमिकों की रक्षा के उपाय

स्त्री श्रमिकों के शोषण को रोकने और उनकी रक्षा करने के लिए भारत सरकार ने निम्नलिखित अधिनियम बनाये हैं—

(1) 1891 का कारखाना अधिनियम (Factory Act 1891)—इस कानून के अनुसार स्त्रियों को रात के 8 बजे से सुबह 5 बजे तक काम पर नहीं लगाया जा सकता। उनके काम के अधिकतम घण्टे 11 कर दिये गए हैं जिनमें 1-1/2 घण्टे का अवकाश देना भी आवश्यक है।

(2) 1948 का कारखाना अधिनियम (Factory Act 1948)—इस अधिनियम से स्त्री श्रमिकों के विषय में निम्नलिखित नियम बनाये गये—(i) किसी भी स्त्री श्रमिक से 7 घण्टे प्रतिदिन या सप्ताह में 48 घण्टे से अधिक काम नहीं लिया जा सकता। (ii) स्त्री श्रमिकों को संध्या के 7 बजे से लेकर प्रात: 6 बजे तक काम पर नहीं लगाया जा सकता। (iii) मशीन चालू रहने पर स्त्री श्रमिक से उसको साफ करने या उसमें तेल डालने को नहीं कहा जा सकता। (iv) कपास दबाने के लिए स्त्री श्रमिकों को नहीं रखा जा सकता। (v) एक कारखाने में 50 से अधिक स्त्रियाँ होने पर उसमें एक शिशु गृह होगा और दोपहर के आराम के अलावा माताओं को दूध पिलाने के लिए भी समय मिलेगा। (vi) यदि राज्य सरकार किसी कारखाने के काम को खतरनाक समझती है तो उसमें स्त्रियों को भर्ती नहीं किया जा सकेगा। बोझ उठाने वाली स्त्रियों से 65 पौंड से अधिक बोझ एक बार में नही उठवाया जायेगा। खानों में स्त्रियों से जमीन के नीचे काम नहीं लिया जायेगा। चाय बगीचों में प्रति सप्ताह 54 घण्टों से अधिक काम नहीं लिया जायेगा। हरएक कारखाने में स्त्री श्रमिकों के लिए अलग पेशाबघर तथा शौचालय होंगे। उनके बैठने के लिए स्थान, प्राथमिक चिकित्सा तथा कपड़े धोने आदि का भी प्रबन्ध किया जायेगा।

उपरोक्त विधान के अतिरिक्त राज्य सरकारों ने स्त्री श्रमिकों के लिये मातृत्व लाभ अधिनियम (Maternity Benefit Act) बनाये हैं। 1941 में केन्द्रीय सरकार ने खानों में काम करने वाली स्त्रियों के लिए इस प्रकार का अधिनियम बनाया। इस अधिनियम से स्त्री श्रमिकों को विश्राम की सुविधा, मातृत्व लाभ के रूप में नकद रुपया, बोनस, डाक्टरी सहायता तथा गर्भपात आदि के समय सवेतन अवकाश का प्रबन्ध किया गया। 1948 के कर्मचारी राज्य बीमा अधिनियम (Employees State Insurance Act) से केन्द्रीय सरकार ने स्त्री श्रमिकों को मातृत्व देने की व्यवस्था की।

बाल तथा स्त्री श्रमिकों की रक्षा के उपरोक्त उपायों से स्त्री श्रमिकों की दशा में सुधार हुआ है और बालक श्रमिकों की संख्या काफी कम हो गई है। 1948 में कारखानों में बाल श्रमिकों की संख्या 11, 444 थी। 1955 में यह घटकर केवल 4, 975 रह गई। बाल श्रमिकों की दशा में भी सुधार हुआ। परन्तु बाल तथा स्त्री श्रमिकों की रक्षा केवल कानूनों से नहीं की जा सकती। इसके लिये स्वयं सेवायोजकों और मिल मालिकों में जागृति फैलाने की आवश्यकता है। हर्ष है कि नई पीढ़ी के सेवायोजकों में इस विषय में अन्तर दिखाई पड़ रहा है।

अभ्यास के लिए प्रश्न

1. भारत सरकार ने भारतीय कारखानों में काम करने वाले बाल और स्त्री श्रमिकों की रक्षा के लिए क्या उपाय किये हैं ?

33

सामाजिक सुरक्षा और सामाजिक बीमा
(Social Security and Social Insurance)

समाज में प्रत्येक व्यक्ति इतना समर्थ नहीं होता कि वह अपनी आवश्यकताओं की स्वयं पूर्ति कर सके। बूढ़े, असहाय, कठिन रोग से पीड़ित अथवा बेकार व्यक्ति को दूसरों की सहायता की आवश्यकता पड़ती है। इसी प्रकार आमतौर से प्रसूतावस्था में स्त्रियों को दूसरों की सहायता पर निर्भर रहना पड़ता है। यदि इनकी सहायता न की जाये तो समाज की व्यवस्था बिगड़ जाये। फिर जब उन्होंने अपनी समर्थ हालत में समाज की सेवा की है तो उनका यह अधिकार भी है कि उनकी असहाय अवस्था में समाज उनकी देखभाल करे। अतः प्रत्येक प्रगतिशील क्षेत्र में स्त्री, बच्चों, बूढ़ों, बेकार, अपाहिजों और रोगियों आदि की सुरक्षा की कुछ व्यवस्था की जाती है। यह व्यवस्था ही सामाजिक सुरक्षा है। सामाजिक सुरक्षा का उद्देश्य बीमारी, दुर्घटना, गरीबी, वृद्धावस्था आदि से व्यक्तियों की रक्षा करना है।

सामाजिक सुरक्षा का अर्थ
(Definition of Social Security)

सामाजिक सुरक्षा के अर्थ को और भी भली प्रकार समझने के लिये उसकी परिभाषाओं को देखने से भी सहायता मिलेगी। कुछ परिभाषायें निम्नलिखित हैं—

(1) सर विलियम बैवरिज—"सामाजिक सुरक्षा पाँच दैत्यों अर्थात् अभाव, रोग, अज्ञान, गन्दगी और बेकारी पर एक आक्रमण है।"[1] जैसा कि इस परिभाषा से स्पष्ट है सामाजिक सुरक्षा में अभाव, बीमारियों, अज्ञान, गन्दगी और बेकारी से व्यक्ति की रक्षा की जाती है और उनको दूर करने की कोशिश की जाती है। इस प्रकार सामाजिक सुरक्षा व्यक्ति के स्वास्थ्य और रहन-सहन का स्तर बनाये रहती है, उसकी शिक्षा का प्रबन्ध करती है और

1. "Social Security is an attack on five giants, Want, Disease, Ignorance, Squalor and Idleness." —Sir William Beveridge, *The Beveridge Plan* (1942)

आपत्तियों से उसकी रक्षा करती है। सर विलियम बैवरिज ने अपनी बैवरिज योजना (The Beveridge Plan 1942) प्रस्तुत करते हुए सामाजिक तथा आर्थिक पुनर्निर्माण की राह में इन पाँचों दानवों को दूर करने पर जोर दिया। इस प्रकार सामाजिक सुरक्षा एक सुआयोजित और संगठित प्रयास है।

(2) अन्तर्राष्ट्रीय श्रम संगठन द्वारा प्रकाशित Approaches to Social Security **के अनुसार**–"सामाजिक सुरक्षा वह सुरक्षा है जो समाज उपयुक्त संगठन के द्वारा उन खतरों के विरुद्ध उपस्थित करता है जो उसके सदस्य पर आ सकते हैं।" इसी पुस्तक में सामाजिक सुरक्षा को इस प्रकार समझाया गया है–"अपने जीवन में दो अवस्थाओं, बाल्यवस्था और वृद्धावस्था में मनुष्य दूसरों पर आश्रित रहता है। इसके अतिरिक्त इन दोनों अवस्थाओं के बीच में भी ऐसे अवसर आ सकते हैं (जैसे रोग अथवा दुर्घटना आदि) जबकि वह अपनी रोजी कमाने में असमर्थ हो जाये। मनुष्य की सहज वृत्ति उसे बाल-बच्चों के पालन-पोषण को प्रेरित करती है परन्तु मनुष्य के संकटों में प्रकृति ने उसके पालन-पोषण की कोई व्यवस्था नहीं की। इन सब संकटों से मनुष्य के परावलम्बी हो जाने पर उसकी सहायता करना ही सामाजिक सुरक्षा का लक्ष्य है।[1]

(3) सामाजिक सुरक्षा पर प्रथम अन्तः अमरीकन सम्मेलन–"प्रत्येक देश को अपनी सक्रिय पीढ़ी की बौद्धिक, नैतिक तथा शारीरिक शक्ति की उत्पत्ति, संरक्षण और संगठन करना चाहिये, आगे आने वाली पीढ़ी के लिये मार्ग तैयार करना चाहिये, और उत्पादक जीवन से निकाली गई पीढ़ी को सहायता देनी चाहिये। यही सामाजिक सुरक्षा–मानवीय साधनों की और मूल्यों की एक वास्तविक और विवेकपूर्ण मितव्ययिता है।"[2] इस प्रकार सामाजिक सुरक्षा वह व्यवस्था है जिसके द्वारा देश की वर्तमान और भावी पीढ़ी की इस प्रकार रक्षा तथा विकास किया जाता है कि देश के साधनों का सर्वोत्तम उपयोग हो।

भारत में सामाजिक सुरक्षा की आवश्यकता
(Need of Social Security in India)

भारत में सामाजिक सुरक्षा का महत्त्व अन्य देशों की अपेक्षा कहीं अधिक है क्योंकि भारत में बेकारी, बीमारी, अभाव, अज्ञानता, तथा गन्दगी अन्य देशों से अधिक है। सामाजिक सुरक्षा से इन पाँचों दानवों के पंजे से छुटकारा मिलेगा। भारत में सामाजिक सुरक्षा के विषय में मुख्य बातें अग्रलिखित हैं–

1. "Social Security is the Security that society furnishes through appropriate organisation against certain risks to which its members are exposed."
—*Approaches to Social Security,* I. L. O. Publication (1959), p. 83

2. "Each country must create, converse and build up the intellectual, moral and physial vigour of its active generation, prepare the way for its future generation and support the generation that has been discharged from productive life. This is social security—a genuine and rational economy of human resources and values."
—First Inter American Conference on Social Security (1942).

(1) बुढ़ापे में सहारे की व्यवस्था—बुढ़ापे में सभी को सहारे की आवश्यकता पड़ती है। भारतवर्ष में अधिकतर लोग इतने निर्धन है कि वे जवानी भर काम करके भी बुढ़ापे के लिए पर्याप्त धन नहीं बचा सकते। मध्यम वर्ग के लोगों तक को अपनी मासिक आय में से कुछ बचाकर रखना कठिन हो जाता है। ऐसी परिस्थिति में बुढ़ापे में बड़ी बुरी हालत हो सकती है। सामाजिक सुरक्षा योजना बुढ़ापे में सहारे की व्यवस्था करती है। सामाजिक बीमा योजना सामाजिक सुरक्षा का एक अंग है। भारत में सामाजिक बीमा योजना सब के लिए उपलब्ध हो जाने से बूढ़े अपने परिवारों पर भार बनकर नहीं रहेंगे और न पैसे की चिन्ता में घुलेंगे। इससे उनके बुढ़ापे का प्रबन्ध अपने आप होता रहेगा।

(2) भावी पीढ़ी का उत्तम पालन-पोषण—भारतवर्ष में श्रमिकों तथा अन्य निम्न वर्गीय लोगों के पास इतना पैसा नहीं होता कि वे अपने बाल-बच्चों को भली प्रकार पालन-पोषण कर सकें। सामाजिक सुरक्षा योजना में प्रत्येक बालक पर माता-पिता को राज्य अथवा मालिकों की ओर से कुछ सहायता मिलती है जिससे उनका पालन-पोषण और शिक्षा-दीक्षा आसान हो जाती है। भारतवर्ष में अभी सामाजिक सुरक्षा के साधनों से वह सुविधा नहीं मिल पाई है। इससे निर्धन परिवारों में बाल-बच्चों की बड़ी दुर्दशा है।

(3) आश्रितों का सामाजिक बीमा—भारतवर्ष में बहुधा पूरे परिवार में एक ही व्यक्ति कमाने वाला होता है। यदि दुर्भाग्यवश कमाने वाले की मृत्यु हो जाती है तो स्त्री, बच्चों तथा अन्य आश्रितों की बड़ी दुर्दशा होती है और वे बिल्कुल असहाय हो जाते हैं। सामाजिक बीमा योजना में कमाने वाले की असमय मृत्यु हो जाने पर बीमे की पूरी रकम उसके आश्रितों को मिल जाती है। श्रमिकों की स्त्री व बच्चों को पेंशन के रूप में कुछ निश्चित धन प्रति माह मिलता रहता है। इस प्रकार भारत में लाखों परिवार दुर्दशा से बच जायेंगे।

(4) बेकारी में सहायता—भारत में बहुत थोड़े लोगों को वर्ष में पूरे दिन काम मिल पाता है। बहुत से लोग वर्ष में महीनों बेकार रहते हैं। इसके अलावा जो लोग काम पर लगे भी हैं उनके बेकार होने के भी अवसर आ जाते हैं। सामाजिक सुरक्षा योजनाओं से बेकारों को सहारा मिलेगा और वे स्वस्थ रहकर काम की खोज कर सकेंगे तथा बेकारी से घबरा कर कोई गलत काम करने के अवसर नहीं आयेंगे।

(5) दुर्घटनाओं आदि में सहायता—भारतवर्ष में उद्योगों और यातायात के साधनों में इतने नवीनतम यन्त्र इस्तेमाल नहीं किये जाते कि दुर्घटनायें बहुत कम हों। कारखानों का प्रबन्ध भी पाश्चात्य कारखानों की अपेक्षा बड़े पुराने ढंग का और अव्यवस्थित है। अधिकतर श्रमिक भी इतने प्रशिक्षित नहीं होते कि खतरनाक मशीनों से बचाव कर सकें। कोयले की खानों जैसे उद्योगों में तो सब प्रकार की सावधानी रखते हुए भी दुर्घटनाओं के अवसर आ ही जाते हैं। दुघर्टना से व्यक्ति अस्थायी या स्थायी रूप से असमर्थ हो जाते हैं जिससे उनकी तथा उनके परिवार की बड़ी दुर्दशा होती है। दुर्घटनाओं का शिकार होने पर आमदनी का रास्ता ही बन्द नहीं होता बल्कि उल्टे इलाज, पथ्य आदि के लिए खर्च की आवश्यकता और बढ़ जाती है। ऐसे समय सामाजिक सुरक्षा योजना वरदान की तरह व्यक्ति के काम आती है और भगवान की तरह उसकी रक्षा करती हैं।

(6) माताओं और शिशुओं की रक्षा—भारत में माताओं और शिशुओं की बड़ी दुर्दशा है। उनकी मृत्यु की संख्या भारत में संसार के सब देशों से अधिक है। भारत की कुल मृत्यु संख्या में से 42 प्रतिशत 10 वर्ष से कम आयु के बालकों की है। देश में प्रसूति के समय प्रतिवर्ष ढाई लाख माताओं की मृत्यु होती है। स्त्री श्रमिकों की तो और भी दुर्दशा है। उनको प्रसूति के समय तथा उसके पहले और बाद में अवकाश और पैसे की आवश्यकता रहती है जिसके अभाव में उनका स्वास्थ्य खराब हो जाता है। काम के घण्टों में उनके बाल-बच्चों की देखभाल कठिन हो जाती है। अतः बहुत सी श्रमिक स्त्रियाँ काम पर जाते समय अपने बालकों को अफीम खिलाकर सुला जाती हैं। इससे बालकों के स्वास्थ्य पर बुरा प्रभाव पड़ता है। सामाजिक सुरक्षा योजनाओं में स्त्रियों को मातृत्व सहायता मिलती है और प्रसूति के पहले तथा बाद में सवेतन अवकाश दिया जाता है। बालकों के लिए शिशु गृहों की व्यवस्था की जाती है।

(7) रोगों की रोकथाम और चिकित्सा—भारत में जनता के स्वास्थ्य का स्तर अन्य देशों के लोगों की तुलना में नीचा है। इसका एक बड़ा कारण देश में रोगों का अधिक होना है। उदाहरण के लिए देश में टी॰ बी॰ के रोगियों की संख्या 25 लाख है जिनमें से 50 हजार प्रतिवर्ष मर जाते हैं। कैन्सर जैसे भयंकर रोग से प्रतिवर्ष दो लाख लोग मरते हैं। कोढ़ जैसे घृणित रोग से 10 लाख लोग पीड़ित हैं। सामाजिक सुरक्षा योजनाओं में रोगों की चिकित्सा का प्रबन्ध किया जाता है और उनकी रोकथाम के उपाय किये जाते हैं।

(8) गन्दगी से छुटकारा—रोगों को दूर रखने तथा काम करने की दशाओं को स्वास्थ्यप्रद बनाने के लिए सामाजिक सुरक्षा योजनाओं में गन्दगी को दूर करने की भी व्यवस्था की जाती है। भारत में कारखानों, दफ्तरों तथा काम करने की जगहों में पश्चिमी देशों की अपेक्षा बहुत कम सफाई रहती है। सामाजिक सुरक्षा योजनाओं से इस गन्दगी के दानव से छुटकारा मिलेगा।

(9) अभाव से छुटकारा—सामाजिक सुरक्षा योजनाओं के महत्त्व के उपरोक्त विवेचन से स्पष्ट है कि उनसे भारत की भूखी, नंगी और अभाव से त्रस्त जनता को छुटकारा मिलेगा। अभाव से छुटकारे के बिना व्यक्ति सफल नागरिक नहीं बन सकता और न उसका व्यक्तित्व ही सन्तुलित रह सकता है। सामाजिक बीमा योजना वेतन की सुरक्षा करती है तथा आर्थिक अभाव से छुटकारा दिलाती है। सामाजिक सुरक्षा की अन्य योजनाओं से अन्य प्रकार के अभावों से भी छुटकारा मिलेगा।

(10) चरित्र और व्यक्तित्व का विकास—अन्त में सामाजिक सुरक्षा योजनायें अप्रत्यक्ष रूप से भारतीय श्रमिक और किसान के चरित्र और व्यक्तित्व के विकास में सहायक होंगी। उनसे उसकी निराशा, दब्बूपन, पलायनवाद तथा दैन्य आदि मिट जायेंगे और वह आत्म-निर्भर हो जायेगा। उसको आगे बढ़ाने की प्रेरणा मिलेगी तथा उद्यमी बनने का उत्साह मिलेगा। डॉ॰ वी॰ जगन्नाथ के शब्दों में, "सामाजिक सुरक्षा जिन न्यूनतम अवस्थाओं का प्रबन्ध करती है उनके ऊपर और उनसे परे सामाजिक सीढ़ी चढ़ने और वैयक्तिक आकांक्षाओं का

क्षेत्र रहेगा। इस प्रकार की व्यवस्था आत्म-निर्भरता को कम न करेगी, न ही सुरक्षा का अर्थ आन्तरिक गतिशील शक्ति से हीन आराम ही होगा। अभाव से स्वतन्त्रता आत्माभिव्यक्ति की स्वतन्त्रता के लिये सीढ़ी का काम करेगी।''[1]

(11) सामाजिक और आर्थिक अन्तर में कमी—अन्य प्रगतिशील देशों की अपेक्षा भारत में व्यक्ति-व्यक्ति में सामाजिक और आर्थिक दृष्टि से भारी अन्तर दिखलाई पड़ता है। जहाँ मिल मालिक कारों में घूमते हैं और विशाल भवनों में रहते हैं। वहाँ उनके कारखानों के श्रमिक की काम करते हुए मृत्यु हो जाने पर कभी-कभी उसे कफन भी नहीं मिल पाता। श्रमिकों को मानव सुलभ सुविधायें भी प्राप्त नहीं हैं। इस भयंकर भेद के रहते हुए समाज का संगठन कितने दिन टिकेगा ? सामाजिक सुरक्षा की योजनाओं से व्यक्ति-व्यक्ति में यह भयंकर भेद कम होगा और निम्न वर्गीय लोगों को भी मानव सुलभ सुविधायें मिल सकेंगी। इससे पूर्ण समाजवादी व्यवस्था की स्थापना तक समाज का संगठन और प्रगति बनी रहेगी। भारतवर्ष क्रमशः समाजवादी व्यवस्था की ओर जा रहा है। इस प्रगति में सामाजिक सुरक्षा का बड़ा महत्त्व है क्योंकि ''सामाजिक सुरक्षा समान अवसर प्रदान करती है, सामाजिक विषमताओं को कम करती है और व्यक्ति-व्यक्ति के बीच आन्तरिक तथा अनुल्लंघनीय भेदों को उन्मुक्त क्रीड़ा के लिए प्रोत्साहित करती है।''[2]

भारत जैसे निम्न विकसित देशों में निर्धनता, गन्दगी, बीमारी, बेकारी तथा अभाव का विकसित देशों से बहुत अधिक प्रकोप होता है। इन्हीं के कारण वे अविकसित कहलाते हैं और इन्हीं के उन्मूलन से उनका विकास हो सकता है। सामाजिक सुरक्षा योजना इन सबको दूर नहीं कर सकती परन्तु वह व्यक्ति की इन दानवों से रक्षा अवश्य करती है। अतः देश के भली प्रकार विकसित होने तक अर्थात् अविकसित देश में सामाजिक सुरक्षा योजनाओं का महत्त्व और भी अधिक होता है। निम्न विकसित देश की सामाजिक सुरक्षा योजना की रूपरेखा स्थूल रूप से निम्नलिखित होगी—

सरकार श्रमिकों, श्रम संघों तथा मिल मालिकों से परामर्श करके और भली प्रकार से जाँच करके सामाजिक सुरक्षा सम्बन्धी विविध व्यवस्थाओं के लिए अधिनियम बनायेगी। इन अधिनियमों का पालन देश के सभी सेवायोजकों (Employers) के लिए अनिवार्य होगा। कानून का उल्लंघन करने पर उनको कर्मचारियों को हर्जाना देना पड़ेगा तथा दण्ड भोगना

---

1. "Over and above the minimum conditions which social security provides there would still be immense scope for individual initiative and voluntary effort to climb the social ladder and to satisfy individual aspirations. Such a system would not undermine self-reliance nor would security mean comfort devoid of inner dynamic force. Freedom from want would serve as a springing board towards freedom for self expression."
—V. Jagnnatham
Social Insurance in India, International Educational Publishing House Ltd., Amsterdum (1954), p. 96.

2. "Social security offers equitable opportunities, reduces social inequalities and encourages the free play of inherent and ineradicable differences which exist between one individual and another."
—V. Jagannatham, ***Ibid.***

पड़ेगा। राजकीय निरीक्षक सभी सेवायोजकों के काम की कठोरतापूर्वक जाँच करेंगे। देश में प्राथमिक शिक्षा सभी के लिए अनिवार्य और मुफ्त होगी जिससे कर्मचारी अपना हित समझ सकें, सामाजिक सुरक्षा सम्बन्धी योजनाओं का रेडियो, पोस्टरों, समाचारपत्रों, व्याख्यानों तथा पैम्फलैट द्वारा व्यापक प्रचार किया जायेगा। कर्मचारियों की शिकायतों को सुनने के लिए एक अलग विभाग बनाया जायेगा जो उनकी शिकायतों की फौरन जाँच करे। और सरकार को खबर दे ताकि सरकारी कार्यवाही तत्काल की जा सके।

(1) उपरोक्त व्यवस्था के साथ सामाजिक सुरक्षा की निम्न व्यवस्थाओं के लिए भी कानून बनाये जायेंगे–

सब श्रमिकों के लिए–(i) सामाजिक बीमा की व्यवस्था, (ii) निर्वाह निधि की व्यवस्था, (iii) काम करने में दुघर्टना के शिकार हो जाने या मर जाने पर कर्मचारियों या उसके परिवार को पेंशन की व्यवस्था, (iv) रोग की अवस्था में मुफ्त और पर्याप्त चिकित्सा तथा सवेतन अवकाश की व्यवस्था, (v) क्षतिपूर्ति की रकम के पर्याप्त होने की व्यवस्था, (vi) शिक्षा की व्यवस्था, (vii) काम करने की स्वास्थ्यप्रद दशाओं की व्यवस्था,.(vii) बेकारी हित लाभ की व्यवस्था।

(2) स्त्री श्रमिकों के लिए–(i) मातृत्व लाभ आर्थिक सहायता व्यवस्था, (ii) प्रसूति के पहले और बाद में कुछ हफ्ते के लिए सवेतन अवकाश की व्यवस्था, (iii) शिशु गृहों की व्यवस्था, (iv) काम करने की स्वास्थ्यप्रद दशाओं की व्यवस्था।

इन सब व्यवस्थाओं की विस्तृत रूपरेखा देशकाल की परिस्थिति के अनुसार अलग-अलग होगी। क्रमशः इन सुविधाओं को बढ़ाया जा सकता है।

सामाजिक बीमा (Social Insurance)

सामाजिक सुरक्षा अभाव, गन्दगी, बेकारी, बीमारी और अज्ञानता से व्यक्ति की रक्षा करती है। सामाजिक बीमा अभाव को दूर करता है। इस प्रकार सामाजिक बीमा (Social Insurance) सामाजिक सुरक्षा का एक महत्त्वपूर्ण अंग है। सामाजिक सुरक्षा में सामाजिक बीमा की धारणा से कहीं अधिक व्यापकता है। उसमें सामाजिक बीमे के अतिरिक्त सामाजिक सहायता (Social Assistance) की योजनायें भी आती हैं। सर विलियम बैवरिज ने सामाजिक सुरक्षा की परिभाषा इस प्रकार की है। ''सामाजिक सुरक्षा पाँच दैत्यों अर्थात् अभाव, रोग, अज्ञान, गंदगी और बेकारी पर एक आक्रमण है।'' इसी विद्वान् ने सामाजिक बीमा की परिभाषा करते हुए लिखा है। ''सामाजिक बीमा, अंशदान के बदले में निर्वाह स्तर तक के हित लाभ साधनों को परीक्षा के बिना अधिकार के रूप में देना है ताकि व्यक्ति स्वतन्त्रतापूर्वक उस पर निर्भर हो सकें।''[1] इस प्रकार सामाजिक बीमा में बेकारी, बीमारी, प्रसूति, असमर्थता, दुघर्टना

---

1. "Social insurance is giving, in return for contribution, benefits upto subsistence level, as of right and without means test, so that the individuals may freely build upon it."
—Sir Wm. Beveridge, '*The Beveridge Plan.*'

आदि की दशाओं में व्यक्ति को अथवा उसकी मृत्यु की दशा में उसके परिवार को राज्य तथा मालिकों की ओर से जीवन का न्यूनतम स्तर बनाये रखने के योग्य आर्थिक सहायता तथा चिकित्सा आदि की सुविधायें दी जाती हैं। इस प्रकार सामाजिक बीमा अभाव दूर करता है जबकि सामाजिक सुरक्षा अभाव के अलावा गन्दगी, अज्ञानता, बीमारी, बेकारी आदि में भी सहायक है। सामाजिक बीमे से उन्हीं अच्छे व्यक्तियों को लाभ होता है या हितलाभ (Benefit) मिलता है जो बीमा करा चुके हों अर्थात् सामाजिक बीमे में कुछ अंशदान देते हैं। दूसरी ओर सामाजिक सुरक्षा का लाभ उनको भी मिलता है जिन्होंने उसके लिये कुछ भी खर्च नहीं किया है। सामाजिक बीमा, श्रमिकों, मालिकों और राज्य की सरकारी संस्था है। सामाजिक सुरक्षा में सामाजिक सहायता भी है जो पूरी तरह सरकारी व्यवस्था है। सामाजिक बीमें में हितलाभ पाने की आवश्यकता या हैसियत से कोई अन्तर नहीं आता। परन्तु सामाजिक सुरक्षा में सामाजिक सहायता उन्हीं को दी जाती है जिनको वास्तव में उसकी आवश्यकता होती है। इस प्रकार सामाजिक सुरक्षा की व्यवस्था से उन्हीं व्यक्तियों को सहायता दी जाती है जो कुछ शर्तें पूरी करते हों। सामाजिक बीमें में इस प्रकार की कोई शर्त नहीं है। उसमें उन सबको हितलाभ मिलता है जो अंशदान देते हैं। सामाजिक सुरक्षा और सामाजिक बीमा का उपरोक्त अन्तर निम्नलिखित तालिका से और स्पष्ट हो जायेगा।

प्रत्येक प्रगतिशील राज्य में सामाजिक बीमे की व्यवस्था होना नितान्त आवश्यक है। यदि किसी परिवार में कमाने वाले की असमय ही मृत्यु हो जाती है तो उससे पूरा परिवार घोर दरिद्र हो जाता है। सामाजिक बीमे की व्यवस्था से कमाने वाले के मरने पर उसके परिवार के भरण-पोषण के लिए आर्थिक सहायता मिल जाती है। वृद्धावस्था में सभी को सहारे की आवश्यकता पड़ती है क्योंकि व्यक्ति की कमाने की सामर्थ्य समाप्त नहीं तो बहुत अधिक कम हो जाती है। जिसके पुत्र होते हैं उसको बुढ़ापे में कुछ सहारा अवश्य मिलता है, परन्तु एक तो सबके पुत्र होते भी नहीं, दूसरे उन पर बोझ बनकर रहना भी कोई सुखद बात नहीं है। सामाजिक बीमा व्यवस्था बुढ़ापे में पुत्र से भी अधिक सहायक सिद्ध होती है। कभी-कभी काम करते समय, विशेषतया भारी खतरनाक मशीनों से काम लेते समय श्रमिक किसी दुर्घटना का शिकार होकर अस्थायी या स्थायी रूप से असमर्थ हो जाता है और उसको आर्थिक सहायता तथा चिकित्सा की आवश्यकता होती है। ऐसे कठिन अवसर पर सामाजिक बीमा ही उसके काम आता है और उसकी कठिनाइयों को दूर करता है। केवल इतना ही नहीं बल्कि सामाजिक बीमा बीमारियों में आर्थिक सहायता दिलाता है। स्त्री श्रमिकों को प्रसूति की अवस्था में आर्थिक सहायता की बड़ी आवश्यकता होती है। सामाजिक बीमे से यह कमी भी पूरी होती है।

सामाजिक सुरक्षा और सामाजिक बीमा में अन्तर

सामाजिक सुरक्षा	सामाजिक बीमा
(1) अभाव, अज्ञान, बीमारी, बेकारी और गन्दगी से रक्षा करती है।	अभाव से रक्षा करता है।
(2) सभी व्यक्तियों को लाभ पहुँचाती है।	केवल अंशदान देने वालों को लाभ पहुँचता है।
(3) व्यक्तियों की आवश्यकता के अनुसार लाभ पहुँचाती है।	आवश्यकता का विचार किए बिना सदस्यों को समान लाभ पहुँचाता है।
(4) अंशदान न देने पर भी सहायता मिलती है।	केवल अंशदान देने पर ही सहायता मिलती है।
(5) सामाजिक सुरक्षा का एक भाग (सामाजिक सहायता) पूर्णत: सरकारी व्यवस्था है।	सामाजिक बीमा पूरी तरह सहकारी व्यवस्था है।
(6) हितलाभ पाने वालों के साधनों और हैसियत का विचार किया जाता है।	हितलाभ पाने वालों के साधनों और हैसियत का विचार नहीं किया जाता।
(7) एक सम्पूर्ण व्यवस्था है।	सामाजिक सुरक्षा की प्राप्ति का एक मात्र साधन है।

सामाजिक सुरक्षा के अन्य अंग

परन्तु सामाजिक प्रगति के लिए सामाजिक बीमा ही एक मात्र अथवा पर्याप्त उपाय नहीं है। "सामाजिक बीमा का संगठन विस्तृत सामाजिक प्रगति की नीति के ही एक अंग के रूप में स्वीकार करना चाहिये। पूर्ण रूप से विकसित सामाजिक बीमा वेतन सुरक्षा प्रदान करता है, यह अभाव पर आक्रमण है। परन्तु "अभाव" तो पुनर्निर्माण के पथ पर पाँच दानवों में केवल एक है और इस पर आक्रमण करना सरल भी है। अन्य दानव हैं बीमारी, अज्ञानता, गन्दगी और बेकारी।" अत: सामाजिक पुनर्निर्माण के लिए केवल सामाजिक बीमे की व्यवस्था ही पर्याप्त नहीं है। सामाजिक बीमा सामाजिक सुरक्षा का केवल एक अंग है। वह वेतन की सुरक्षा का प्रबन्ध करता है परन्तु वेतन की सुरक्षा ही तो एक मात्र सुरक्षा नहीं है। यह ठीक है कि सामाजिक बीमे में बीमारी की हालत में हितलाभ के रूप में आर्थिक सहायता मिलती है परन्तु यह भी जरूरी है कि बीमारी होने से पहले ही उसको रोकने का प्रबन्ध किया जाये। बीमारी को रोकने के उपायों के समान ही शिक्षा का भी उपाय होना चाहिए। अज्ञानता की अवस्था में सुरक्षा के सारे उपाय अधूरे हैं। बीमारियों को रोकने के लिए गन्दगी को दूर करना जरूरी है। सामाजिक सुरक्षा के लिए बेकारी को दूर करना भी अनिवार्य है। इसके बिना अभाव को दूर करना कठिन है।

भारत में सामाजिक सुरक्षा अधिनियम
(Social Security Acts in India)

(1) कर्मचारी निर्वाह निधि अधिनियम 1952 (Employees Provident Fund Act 1952)—यह अधिनियम जम्मू काश्मीर को छोड़कर सभी राज्यों में 50 या उससे अधिक कर्मचारियों वाले उन सब कारखानों में लागू होगा जिनको स्थापित हुए तीन या उससे अधिक वर्ष हो चुके हैं। इस अधिनियम की मुख्य विशेषतायें निम्नलिखित हैं—(अ) 300 रु० मासिक या उससे कम पाने वाले कर्मचारियों को नौकरी के एक वर्ष के बाद प्रोविडेण्ट फण्ड की सुविधा दी जायेगी। (ब) निर्वाह निधि में क्रर्मचारी के वेतन और महगाँई भत्ते का 6·25 प्रतिशत लिया जाता है तथा इतना ही मालिक देता है। ब्याज की रकम भी इसी में जुड़ती जाती है। (स) पांच वर्ष की नौकरी के बाद कर्मचारी मालिक द्वारा जमा किये गये भाग का आधा और 20 वर्ष बाद पूरा ले सकता है। (द) 55 वर्ष की आयु होने पर स्थायी असमर्थता या शारीरिक अथवा मानसिक दोष से नौकरी से अवकाश प्राप्त करने के बाद नौकरी छोड़ने के एक वर्ष बाद तथा विदेश में जाकर बस जाने के बाद कर्मचारी अपनी निर्वाह निधि ले सकता हैं। (इ) निर्वाह निधि की योजना की देखभाल स्थानीय स्तर पर योजना समिति के ट्रस्टी अथवा राज्यों के केन्द्रीय बोर्ड करते हैं। केन्द्रीय स्तर पर ट्रस्टी का केन्द्रीय बोर्ड (Central Board of Trustees) इस योजना का प्रशासन करता है।

(2) कोयला खान निर्वाह निधि एवं बोनस योजना अधिनियम 1948 (Coal Mines Provident Fund and Bonus Scheme Act, 1948)—इस अधिनियम में असम, पश्चिमी बंगाल, बिहार, मध्य प्रदेश, हैदराबाद, विन्ध्य प्रदेश, रीवाँ, सिलचर और उड़ीसा की कोयला की खानों के वे श्रमिक आते हैं जिनकी मूल मजदूरी (Essential Wages) 300 रु० मासिक से कम हो। इस अधिनियम की मुख्य विशेषतायें निम्नलिखित हैं—(अ) बिहार और पश्चिमी बंगाल में योग्यता काल (Qualifying Period) क्रमशः 54 और 66 दिन होगा। अन्य राज्यों में योग्यता काल जमीन के ऊपर काम करने वालों के लिए 65 दिन और नीचे काम करने वालों के लिए 60 दिन होगा। (ब) श्रमिकों की मजदूरी का 6·25 प्रतिशत निर्वाह निधि के अंशदान (Contribution) के रूप में काट लिया जायेगा और उतनी ही रकम मालिक की ओर से जमा की जाती है। (स) 50 वर्ष की आयु होने पर नौकरी से स्थायी रूप से अवकाश ग्रहण (Retire) करने, 50 वर्ष की आयु के पहले विदेश में जाकर स्थायी रूप से से बस जाने या नौकरी छोड़ देने की अवस्था में श्रमिक निर्वाह निधि की पूर्ण रकम ले सकता है। (द) इस अधिनियम के अन्तर्गत योजना का प्रशासन निर्वाह निधि कमिशनर करेगा जिसका केन्द्रीय कार्यालय धनबाद में है।

(3) कर्मचारी राज्य बीमा अधिनियम 1948 (Employees State Insurance Act 1948)—यह अधिनियम जम्मू काश्मीर को छोड़कर सारे भारत के बिजली से चलने वाले उन बाहरमासी कारखानों में लागू है जिनमें 20 या अधिक श्रमिक काम करते हैं। इस अधिनियम में 400 रु० मासिक से कम पाने वाले सभी कर्मचारी आ जाते हैं। अधिनियम की मुख्य विशेषताएँ निम्नलिखित हैं— (1) इस योजना का खर्चा कर्मचारी राज्य बीमा कोष

(Employees State Insurance Fund) से चलता है जिसमें श्रमिकों और मालिकों के अंशदान, संस्थाओं तथा व्यक्तियों द्वारा दिये गये दान या उपहार और केन्द्रीय तथा राज्य सरकारों के अनुदान शामिल होते हैं। (2) योजना का प्रशासन कर्मचारी राज्य बीमा कारपोरेशन (Employees State Insurance Corporation) के अधीन है। एक स्थायी समिति (Standing Committee) कार्यकारिणी का काम करती है। (3) बीमा कोष में अंशदान के लिए कर्मचारियों को आठ श्रेणी में बाँटा गया है। पहली श्रेणी में 1 रु० से कम वेतन वाले कर्मचारी आते हैं। इन्हें कुछ भी अंशदान नहीं देना पड़ता। 1.50 रु० से लेकर 8 रु० रोज पाने वाले बाकी श्रेणियों के श्रमिक विभिन्न दर से अंशदान देते हैं। (4) जहाँ यह योजना कार्यान्वित हो चुकी है वहाँ मालिकों को कुल वेतन बिल (Pay Bill) का 1.25 प्रतिशत देना पड़ता है और जहाँ यह योजना कार्यान्वित नहीं की गई है वहाँ 0.75 प्रतिशत बीमा कोष में देना पड़ता है। (5) अधिनियम के अन्तर्गत बीमा कराये हुए कर्मचारियों को निम्नलिखित पांच प्रकार के हित लाभ दिये गये हैं—(i) **चिकित्सा हितलाभ** (Medical Benefit)—सभी कर्मचारियों को मुफ्त चिकित्सा तथा विशेषज्ञों की सहायता का लाभ मिलेगा। (ii) **बीमारी हितलाभ** (Sickness Benefit)—6 माह तक बीमा कोष में अंशदान देने के बाद बीमारी की दशा में श्रमिक को 365 दिनों में 56 दिन की बीमारी का हितलाभ नकद रुपयों में दिया जाता है। (iii) **मातृत्व हितलाभ** (Maternity Benefit)—बीमा कराये स्त्री श्रमिक को प्रसव से 6 सप्ताह पूर्व से 6 सप्ताह बाद तक औसत दैनिक मजदूरी के बराबर मातृत्व हितलाभ दिया जायेगा। (vi) **असमर्थता हितलाभ** (Disability Benefit)—अस्थायी असमर्थता में बीमा कराये श्रमिकों को पहले 7 दिन के बाद से औसत गजदूरी का आधा असमर्थता हितलाभ के रूप में मिलने लगता है। स्थायी असमर्थता में यही हितलाभ आजीवन पेंशन के रूप में मिलेगा। (v) **आश्रित हितलाभ** (Dependent Benefit)—काम करते हुये दुर्घटना से श्रमिक की मृत्यु हो जाने पर उसकी आश्रित विधवा को पुनर्निर्वाह न करने तक औसत मजदूरी की आधी रकम (पूर्ण दर) का 3/5 भाग पेंशन के रूप में मिलेगा। 15 वर्ष की आयु प्राप्त करने तक प्रत्येक पुत्र को पूर्ण दर का 2/5 भाग मिलेगा। 15 वर्ष की आयु तक प्रत्येक पुत्री को भी पूर्ण दर का 2/5 भाग मिलेगा। स्त्री, पुत्र, पुत्री न होने पर यह हितलाभ मृत श्रमिक के माता-पिता या अन्य किसी रिश्तेदार को आजीवन दिया जा सकता है।

कर्मचारी भविष्य निधि

1952 के कर्मचारी भविष्य निधि तथा अन्य प्रावधान अधिनियम द्वारा औद्योगिक कर्मचारियों को अवकाश-प्राप्ति पर कई प्रकार के लाभ उपलब्ध हैं। 30 सितम्बर, 1983 तक जम्मू कश्मीर को छोड़कर सारे भारत में 173 उद्योग/प्रतिष्ठान थे, जिनमें 20 या उससे अधिक व्यक्ति काम करते हैं। यह कानून उन संस्थाओं पर लागू नहीं होता तो 1912 के सहकारी सोसायटी अधिनियम के अधीन रजिस्टर्ड हैं। या कोई अन्य कानून जो सहकारी समितियों से सम्बन्ध रखता है और जिनमें 50 से कम लोग काम करते हैं तथा जिनकी मशीनें बिजली या भाप से नहीं चलतीं। इस समय यह योजना 1,600 रुपये तक मासिक वेतन पाने वालों पर लागू होती है।

इस निधि के लिये मालिकों को, कर्मचारियों को दी जाने वाली मजदूरी व महंगाई भत्ते की कुल राशि के सवा छः प्रतिशत के बराबर अपना हिस्सा देना होता है। (कुल राशि में कर्मचारियों को दी गई खास रियायतों का नकदी मूल्य और अनुरक्षण भत्ता भी शामिल है)। इतना ही हिस्सा कर्मचारियों को भी देना होता है। 108 उद्योगों के लिये, जिनमें 50 से अधिक व्यक्ति काम करते हैं, यह हिस्सा बढ़ाकर 8 प्रतिशत कर दिया गया है।

जनवरी 1964 में कर्मचारी भविष्य निधि योजना के अन्तर्गत मृत्योपरान्त सहायता निधि स्थापित की गई जिसका उद्देश्य गैर-छूट-प्राप्त संस्थाओं के मृतक के उत्तराधिकारियों या नामजद व्यक्तियों को वित्तीय सहायता प्रदान करना है। उसका लाभ मृतक के उत्तराधिकारियों या नामजद व्यक्तियों को मिलता है जिनका मासिक वेतन (मूल वेतन, महंगाई भत्ता आदि को मिलाकर) मृत्यु के समय 1,000 रुपये से अधिक नहीं है। सहायता की राशि 1,250 रुपये निश्चित कर दी गई है।

एम्प्लाईज डिपाजिट लिंक्ड इन्श्योरेन्स स्कीम

सामाजिक सुरक्षा की एक और योजना है एम्प्लाईज डिपाजिट लिंक्ड इन्श्योरेन्स स्कीम, 1976 अर्थात् भविष्य निधि में जमा धनराशि से जुड़ा बीमा। यह योजना 1 अगस्त, 1976 से लागू हुई। इसके अनुसार, कर्मचारी की मृत्यु होने पर उसके वारिस को भविष्य निधि की धनराशि के अतिरिक्त एक और धनराशि मिलेगी जो पिछले तीन वर्षों में निधि में मौजूद औसत धनराशि के बराबर होगी, बशर्ते कि निधि में औसत धनराशि 1,000 रुपये से कम न रही हो। इस योजना के अन्तर्गत अधिकतम भुगतान 10,000 रुपये होगा जिसके लिये कर्मचारी को कोई अंशदान नहीं करना पड़ेगा।

पारिवारिक पेन्शन

औद्योगिक मजदूरों की असामयिक मृत्यु होने पर उनके परिवारों के लिये लम्बी अवधि तक धन सम्बन्धी सुरक्षा देने की दृष्टि से 1 मार्च, 1971 से कर्मचारी परिवार पेन्शन योजना शुरू की गई। कर्मचारी भविष्य निधि योजनाओं में मालिकों और कर्मचारियों के अंशदान के एक भाग को अलग करके इसके लिये धन प्राप्त किया जाता है। इसमें केन्द्र सरकार भी कुछ भाग जमा करती है। निधि की सदस्यता की अवधि के आधार पर परिवार पेन्शन की राशि न्यूनतम 60 रुपये से लेकर अधिकतम 320 रुपये प्रतिमाह है।

आनुतोषिक योजना

1972 के आनुतोषिक (ग्रेच्युटी) अदायगी अधिनियम के अन्तर्गत कारखानों, खानों, तेल क्षेत्रों, बागवानों, गोदियों, रेलवे, मोटर परिवहन प्रतिष्ठानों, कम्पनियों, दुकानों तथा अन्य संस्थानों में काम करने वाले कर्मचारी आनुतोषिक के हकदार हैं। 1,000 रुपये तक की मजदूरी प्राप्त करने वाले कर्मचारी हर पूरे किये गये सेवा वर्ष के पीछे 15 दिनों की मजदूरी के हिसाब से इसके अधिकारी हैं और कुल राशि 20 महीनों की मजदूरी से ज्यादा नहीं हो सकती। परन्तु ऐसे कारखानों में, जहाँ सारा वर्ष कार्य नहीं होता, आनुतोषिक की दर प्रति ऋतु में 7 दिन के वेतन के बराबर होगी। अगर किसी कर्मचारी को मालिक के साथ किये किसी अन्य निर्णय.

अनुबन्ध या इकरार के अधीन इससे अच्छी शर्तें मिलें, तो उन पर अधिनियम का असर नहीं पड़ता।

काम की शर्तें और कल्याण

कारखानों में काम की शर्तें फैक्टरी अधिनियम, 1948 के द्वारा अनियमित की जाती हैं। इस अधिनियम के अनुसार प्रौढ़ श्रमिकों के लिये सप्ताह में 48 घण्टे काम के लिये निश्चित हैं एवं किसी भी कारखाने में 14 साल से कम उम्र के बच्चों को काम पर लगाने की मनाही है। अधिनियम के अन्तर्गत रोशनी, साफ हवा, सुरक्षा, स्वास्थ्य तथा कल्याण सेवा के न्यूनतम मानक भी निश्चित हैं, जिनका पालन मालिकों को अपने कारखानों में करना पड़ता है। जिन कारखानों में 30 से अधिक महिला श्रमिक काम करती हैं, वहाँ उनके बच्चों के लिये बाल-गृहों की व्यवस्था करनी पड़ती है। जिन कारखानों में 150 से अधिक व्यक्ति काम करते हैं, वहाँ कारखाने के मालिकों को उनके लिये आश्रय-स्थल, विश्राम-गृह तथा भोजन के लिये कमरों की भी व्यवस्था करनी पड़ती है। जिन कारखानों में 250 से अधिक व्यक्ति काम करते हैं, वहाँ श्रमिकों के लिये आवश्यक सुविधाओं से युक्त कैन्टीनों की भी व्यवस्था उन्हें करनी पड़ती है। जिन कारखानों में 500 या इससे अधिक कर्मचारी काम करते हैं उनमें कल्याण अधिकारी की नियुक्ति करना आवश्यक है। खान अधिनियम, 1952, बागान मजदूर अधिनियम, 1951, बीड़ी और सिगार कर्मचारी (रोजगार की शर्तें) अधिनियम, 1966, ठेका मजदूर नियमन और उन्मूलन अधिनियम, 1970, मोटर परिवहन कर्मचारी अधिनियम, 1961 आदि के अर्न्तगत खानों और बागानों के कर्मचारियों के लिये भी सुविधायें प्रदान की गई हैं।

कोयला, अभ्रक, लौह अयस्क, मैंगनीज अयस्क, चूर्ण प्रस्तर और डोलामाइट खानों और बीड़ी उद्योग में कार्य करने वाले श्रमिकों हेतु आवास, चिकित्सा, मनोरंजन और अन्य कल्याण सुविधाएँ नियोजित आधार पर प्रदान करने के लिये सांविधिक कल्याण निधि का सृजन किया गया है।

निधि के लिये धनराशि अभ्रक निर्यात पर लगे सीमा शुल्क पर उपकर, लोहा और मैंगनीज अयस्क निर्यात के सीमा शुल्क पर उपकर, आन्तरिक खपत पर लगे उत्पादन शुल्क और लोहा, अभ्रक, इस्पात संयन्त्र और सीमेंट तथा अन्य कारखानों में इस्तेमाल होने वाले चूना, पत्थर और डोलोमाइट के उत्पादन पर उपकर लगाकर प्राप्त की जाती है। बीड़ी श्रमिकों के कल्याण निधि के लिये धनराशि तैयार बीड़ी पर लगे शुल्क पर उपकर लगाकर प्राप्त की जा रही है।

वे अधिनियम जिसमें निधि स्थापित की गई हैं इस प्रकार हैं—लौह अयस्क खान और मैंगनीज अयस्क खान श्रमिक कल्याण उपकर अधिनियम 1976, लौह अयस्क, खान और मैंगनीज अयस्क, खान कल्याण निधि अधिनियम, 1976, चूर्ण प्रस्तर और डोलोमाइट खान श्रम कल्याण निधि अधिनियम, 1972, कोयला खान श्रम कल्याण निधि अधिनियम, अभ्रक खान श्रम कल्याण निधि अधिनियम 1946 और बीड़ी कर्मचारी कल्याण उपकर (संशोधन) अधिनियम, 1981।

बागान मजदूर

बागान मजदूर अधिनियम, 1951 में बागान मजदूरों के कल्याण तथा बागानों में कार्य करने की शर्तों को नियमित करने का प्रावधान है। अधिनियम राज्य सरकारों द्वारा लागू किया जाता है। यद्यपि अधिनियम को 1951 में पारित किया गया था परन्तु यह 1 अप्रैल, 1954 में लागू किया गया, परन्तु इस दिन से भी केवल वही अनुच्छेद लागू किये गये जो कि बगैर किसी नियम निर्धारण के लागू किये जा सकते थे। सम्बन्धित राज्य सरकारों ने श्रम मन्त्रालय के निर्देशों का अनुसरण करते हुए अपने-अपने कानूनों का निर्माण सितम्बर 1955 से अप्रैल 1959 तक की अवधि के दौरान किया।

बागान मजदूर अधिनियम, 1951 के कार्यान्वयन के दौरान अनुभव की गई कुछ कठिनाइयों को दूर करने के लिये तथा अधिनियम का क्षेत्र बढ़ाने के लिये बागान मजदूर (संशोधन) विधेयक 1981 संसद द्वारा पारित किया गया और 26 जनवरी, 1982 से लागू कर दिया गया।

यह अधिनियम जम्मू कश्मीर को छोड़कर पूरे भारत में लागू है तथा इसके अन्तर्गत ऐसे समस्त चाय, कहवा, रबड़, सिनकोना, इलायची बागान आते हैं जो 5 हेक्टेयर या अधिक क्षेत्रफल के हैं और जिनमें 15 या अधिक श्रमिक नियोजित हैं। अधिनियम के अन्तर्गत अब ऐसे श्रमिक, जिनका मासिक वेतन 750 रुपये प्रतिमाह तक है, आते हैं। अधिनियम में अब बागानों के अनिवार्य पंजीकरण का प्रावधान है।

अधिनियम के अन्तर्गत, समस्त बागानों में आवासीय, मजदूरों और उनके परिवारों तथा ऐसे समस्त व्यक्तियों के लिये, जो कि बाहर निवास करते हैं, परन्तु बागान में रहने की अपनी इच्छा लिखित में प्रकट कर चुके हैं बशर्ते कि वह 6 महीने की नौकरी कर चुके हों, के लिये निवास स्थान की व्यवस्था करने का प्रावधान है। बागानों में मजदूरों के लिये अस्पताल और औषधालय की व्यवस्था करना जरूरी है। कुछ बागानों में मजदूरों के बच्चों की शिक्षा के लिये प्राथमिक स्कूलों की भी व्यवस्था है। चाय बोर्ड की सहायता से कुछ बागानों में लाभदायक हस्तकला जैसे—दर्जीगिरी, बुनाई कढ़ाई और टोकरी बनाने का भी प्रशिक्षण दिया जाता है। यहाँ पर मनोरंजन की सुविधाएँ भी प्रदान की जाती हैं।

सुरक्षा प्रयत्नों की असफलता के कारण

भारत सरकार ने सामाजिक सुरक्षा की दिशा में महत्त्वपूर्ण कदम उठाये हैं और योजनाओं से श्रमिकों को लाभ भी हुआ है। परन्तु यह सफलता सन्तोषजनक नहीं कही जा सकती। कुछ विशेष कारण निम्नलिखित हैं—

(1) अधिनियमों के दोष—भारत सरकार द्वारा बनाये गये सुरक्षा अधिनियमों से श्रमिकों को लाभ हुआ है परन्तु इन अधिनियमों में बहुत से दोष ऐसे हैं जिनके कारण श्रमिकों को इनसे पर्याप्त लाभ नहीं मिल पाता। (क) श्रमिक क्षतिपूर्ति अधिनियम—इस अधिनियम में निम्न दोष हैं—(i) चिकित्सा सम्बन्धी सुविधाओं का अभाव, (ii) क्षतिपूर्ति की रकम एक साथ दिये जाने से वह शीघ्र खर्च हो जाती है। अच्छा हो, यदि वह मासिक पेन्शन के रूप

में दी जाये। (ख) मातृत्व हितलाभ अधिनियम–(i) सीमित क्षेत्र, (ii) हितलाभ की राशि बहुत कम है, (iii) चिकित्सा की सुविधाएँ नहीं के बराबर हैं। (स) सरकारी राज्य बीमा अधिनियम–(i) सीमित क्षेत्र, (ii) धन की कमी, (iii) बीमारी हितलाभ का अभाव है, (iv) प्रशासन अत्यधिक केन्द्रित है।

(2) मालिकों की उपेक्षा और विरोध–भारत में सुरक्षा अधिनियमों की पर्याप्त सफलता न होने का मुख्य कारण मालिकों की उपेक्षा और विरोध है। वे अभिनियमों की शर्तों का पालन नहीं करते और मजदूरों को डरा धमकाकर तथा निरीक्षकों को घूस देकर चुप रखते हैं। उदाहरण के लिये मातृत्व हितलाभ से बचने के लिऐ कारखानों में विवाहित स्त्रियों को भर्ती नहीं किया जाता, कुमारी स्त्रियों का विवाह होते ही उन्हें निकाल दिया जाता है या धमकी दी जाती है कि मातृत्व हितलाभ की माँग करते ही उनको नौकरी से हाथ धोना पड़ेगा।

(3) श्रमिकों की अशिक्षा और निर्धनता–अशिक्षा और निर्धनता के कारण श्रमिक अपने अधिकारों को नहीं समझते और न उनकी माँग कर पाते हैं।

(4) श्रम संघों तथा नेताओं का अभाव–नेताओं के अभाव तथा श्रम संघों की कमी और दुर्बलता से भारतीय श्रमिक अपने अधिकारों के लिये लड़ नहीं पाते।

(5) पर्याप्त निरीक्षण का अभाव–भारत में सुरक्षा के आयोजनों के भली प्रकार सफल न होने का एक कारण यह भी है कि कारखानों की वास्तविक व्यवस्था की देख-रेख करने वाले निरीक्षकों की बड़ी कमी है और जो हैं भी उनमें घूसखोरी और भ्रष्टाचार का बोलबाला है।

श्रमिक संघों, मालिकों तथा सरकार के सम्मिलित प्रयत्नों से ही भारतवर्ष में सामाजिक सुरक्षा की योजनाओं को पर्याप्त सफलता मिल सकती है।

अभ्यास के लिए प्रश्न

1. सामाजिक सुरक्षा की परिभाषा दीजिए। भारत में सुरक्षा की आवश्यकता पर प्रकाश डालिए।
2. सामाजिक सुरक्षा की अवधारणा स्पष्ट कीजिए। भारत में सामाजिक सुरक्षा योजना की रूपरेखा प्रस्तुत कीजिए।
3. संक्षिप्त टिप्पणी लिखिए–सामाजिक सुरक्षा।
4. सामाजिक सुरक्षा की परिभाषा दीजिए। भारत में सामाजिक सुरक्षा योजना की विवेचना कीजिए।

34

अन्य देशों में सामाजिक सुरक्षा
(Social Security in other Countries)

ग्रेट ब्रिटेन में सामाजिक सुरक्षा
(Social Security in Great Britain)

इंगलैंड में निर्धनों की सहायता मध्य काल में आरम्भ हुई। महारानी एलिजाबेथ के शासन काल में यह मान लिया गया था कि राज्य का एक कर्त्तव्य नागरिकों को आवश्यकताओं के विरुद्ध सुरक्षा प्रदान करना है। ईसाई मठ निर्धनों को सहायता प्रदान करते थे। उनके उन्मूलन के बाद से राज्य के लिए निर्धनों को सहायता देना आवश्यक हो गया। इसके परिणाम स्वरूप निर्धनों के विषय में कंगाली कानून (Poor Law) बने। इसको सार्वजनिक सहायता (Public Assistance) कहा गया जिस रूप में वह आज मौजूद है। इस प्रकार इंगलैंड में वर्तमान सामाजिक सुरक्षा अधिनियम कंगाली कानून के संशोधित रूप हैं। किन्तु इन दोनों के आधार भिन्न हैं। आधुनिक काल में सामाजिक सेवायें रोकथाम कम करती हैं, भिन्न प्रकार से अर्थव्यवस्था रखती हैं तथा निर्धनों की सहायता से लगे हुए आरोप से मुक्त हैं।

बीसवीं शताब्दी में सामाजिक सेवायें

सामाजिक सेवायें ब्रिटिश सामाजिक जीवन का एक महत्त्वपूर्ण लक्षण हैं। उन्होंने उद्योगों पर व्यापक प्रभाव डाला है। सन् 1890 में ग्रेट ब्रिटेन में सामाजिक सेवाओं से सम्बन्धित प्रशासन पर 23 मिलियन पौंड खर्च आया था। सन् 1900 में यह बढ़कर 26 मिलियन पौंड हो गया। सन् 1920 में वह 80 मिलियन से अधिक था और सन् 1936 में उसका अनुमान 463 मिलियन था सन् 1955-56 में यह बढ़कर 1795 मिलियन पौंड हो गया। इसी समय जन अधिकारी सामाजिक सेवाओं पर प्रत्येक वर्ष 2000 मिलियन पौंड खर्च कर रहे थे। सन् 1935 में इंगलैण्ड में सामाजिक सेवाओं पर किया गया व्यय पार्लियामेंट के द्वारा स्वीकृत समस्त खर्च का 53 प्रतिशत था। इस प्रकार यह स्पष्ट है कि बीसवीं शताब्दी में इंगलैण्ड में सामाजिक सेवाओं पर खर्च बहुत बढ़ गया था। यह अन्य देशों विशेषतया भारतवर्ष के लिए एक मिसाल था। जिसका ब्रिटेन के जीवन पर व्यापक प्रभाव पड़ा था।

बेवरिज पूर्व निर्धनता सहायता

जैसा कि पहले बतलाया जा चुका है, इंगलैण्ड में निर्धनता सहायता लम्बे समय तक रही। सन् 1601 से पहले साधारणतया यह माना जाता था कि निर्धनता काहिली का सबूत है क्योंकि स्वस्थ व्यक्ति यदि चाहे तो उन्हें काम मिल सकता है। अस्तु, जो स्वस्थ व्यक्ति काम नहीं करते थे उन्हें दण्ड दिगा जाता था। उदाहरण के लिए सन् 1530 में यह रिवाज था कि यदि स्वस्थ स्त्री अथवा पुरुष भीख माँगते पाये जायें तो उन्हें एक गाड़ी से बाँधकर कोड़ों से मारते हुए तब तक घसीटा जाता था जब तक कि उनके शरीरों से खून न बहने लगे। सन् 1547 में एक अधिनियम पास हुआ जिससे स्वस्थ आवारा व्यक्ति को अंग्रेजी के 'V' अक्षर से दाग दिया जाता था ताकि यह मालूम पड़ सके कि वे आवारा है। इन लोगों की सम्पत्ति को कोई भी व्यक्ति उन्हें भोजन और वस्त्र प्रदान करने के बदले ले सकता था। यदि वे दो साल से पहले अपने मालिक को छोड़कर भागने का प्रयास करते तो उन पर अंग्रेजी का अक्षर 'S' छाप दिया जाता और उन्हें आजीवन दासता का दण्ड भुगतना होता। यदि वे फिर भी भागने का प्रयास करते तो उन्हें मृत्यु दण्ड दिया जाता।

जैसा कि पहले बतलाया जा चुका है कि महारानी एलिजाबेथ के शासन काल में निर्धनता सहायता में प्रगति हुई। शांति के न्यायाधीशों (Justices of Peace) को कर्मचारियों का वेतन निर्धारित करने और उसका मूल्यांकन करने का अधिकार दिया गया। इस प्रयोजन के लिये कई अधिनियम पारित किए गए। सन् 1601 में एक अधिनियम पारित हुआ जो कि निर्धनों के लिये अनिवार्य रूप से सहायता का मूल्यांकन प्रदान करता था। प्रत्येक नगर में निर्धनों की जांच के लिए ओवरसियर नियुक्त किए गये जो कि उनकी सहायता हेतु कर वसूल करते थे और जो व्यक्ति बुढ़ापा या विकलांगता के कारण नौकरी नहीं पा सकता था उसकी सहायता करते थे। दूसरी ओर जो स्वस्थ होने के बावजूद काम नहीं करते थे उन्हें दण्डित किया जाता था। अनेक परिवर्तनों के साथ यह अधिनियम सन् 1834 तक निर्धन सहायता को चलाता रहा। सन् 1834 में एक अधिनियम पास हुआ जिसके अनुसार निर्धनता कानूनन को निर्धनता कानून आयुक्तों के केन्द्रीय बोर्ड (Central Board of Poor Law Commissioners) के निर्देशन में रख दिया गया। इस अधिनियम में स्वस्थ व्यक्तियों की परीक्षा का विधान था। इसके अनुसार संघ में पेरिश (Parish) बना दिये गये। प्रत्येक पैरिश में संरक्षकों का एक बोर्ड चुना जाता था जो कि सभी स्वस्थ निर्धनों के लिये कार्य की व्यवस्था तथा 60 वर्ष से ऊपर के बूढ़े तथा बीमार लोगों के लिये सहायता की व्यवस्था करता था। सन् 1847 में एक निर्धन बोर्ड बनाया गया। यह सन् 1871 का सार्वजनिक सहायता प्रशासन की देखभाल करता रहा। इसके बाद इसके स्थान पर स्थानीय सरकार बोर्ड (Local Government Board) बनाया गया। सन् 1919 में स्वास्थ्य मंत्रालय बना और उसने सार्वजनिक सहायता का प्रशासन ले लिया। सन् 1834 में एक अधिनियम पारित हुआ था जिसके अनुसार प्रत्येक व्यक्ति को अपने परिश्रम से आजीविका कमानी आवश्यक थी। सन् 1895 में मित्र समितियाँ (Friendly Societies) बनीं जो कि बेरोजगार व्यक्तियों को सहायता देती थीं। सन् 1905 में निर्धन कानून पर एक शाही कमीशन (Royal Commission on Poor Law) की स्थापना हुई। इस कमीशन ने सन् 1909 में अपनी रिपोर्ट में यह बतलाया कि देश में निर्धनता व्यापक रूप से व्याप्त है और बड़ी संख्या

में लोग कंगाल हैं। इसमें कार्यशालाओं में बालकों को रोके जाने की आलोचना की। इसने यह बतलाया कि केवल बाहरी रूप से सहायता देना पर्याप्त नहीं है। सन् 1929 में एक स्थानीय सरकार अधिनियम (Local Government Act) पारित हुआ जिसमें निर्धनता कानून की एक नई व्यवस्था स्थापित की। अब निर्धनता कानून प्रशासन कंट्री काउँसिल (Country Councils) और कंट्री बरो काउँसिल (Country Borough Councils) को सौंप दिया गया जो कि सार्वजनिक सहायता समितियों के माध्यम से काम करती थीं। अब निर्धनता कानून का प्रशासन स्थानीय समितियों का उत्तरदायित्व था। यह आशा की गई कि इससे सामाजिक सेवाओं में मितव्ययिता और कुशलता बढ़ेगी।

बेरोजगार बीमा

बीसवीं शताब्दी में इंगलैण्ड में बेरोजगार बीमे की ओर जनता का ध्यान आकर्षित किया गया। भूतकाल में बेरोजगारी को मान्यता नहीं दी जाती थी और स्वस्थ काहिल लोगों को दण्ड दिया जाता था। अब यह स्वीकार किया गया कि राज्य का प्रमुख कार्य प्रत्येक नागरिक को काम देना है। सन् 1919 में अनिवार्य राज्य बीमा (Compulsory State Insurance) नाम से एक योजना बनाई गई। इसे उन कारखानों में लागू किया गया जिनमें कर्मचारियों की संख्या 25 लाख से अधिक होती थी। इस योजना में मालिक का योगदान ढाई प्रतिशत, कर्मचारी का इतना ही और राज्य का 1.2/3 प्रतिशत होता था। वयस्क व्यक्तियों के लिये 15 सप्ताह तक वार्षिक सहायता 7 शिलिंग होती थी। 18 वर्ष की आयु से कम के श्रमिकों को इससे आधा लाभ मिलता था। सन् 1916 में यह योजना अनेक अन्य कर्मचारियों पर लागू कर दी गई। पूर्व सेना कर्मचारियों के लिए एक कार्य के बाहर सहायता योजना स्थापित की गई जो कि नौकरी पाने में असमर्थ व्यक्तियों के साथ-साथ कभी बेरोजगार कर्मचारियों को दी जाती थी।

अनिवार्य राज्य बीमा

सन् 1920 में अनिवार्य राज्य बीमा उन सभी कर्मचारियों पर लागू कर दिया गया जो कि वर्ष में 250 पौंड से अधिक नहीं कमाते थे। किन्तु इसमें कृषि मजदूर और घरेलू नौकर शामिल नहीं किये गये। इसके लिये सेवायोजकों, कर्मचारियों और राज्य के सम्मिलित योगदान से एक कोष बनाया गया जिससे बेरोजगार व्यक्तियों को सहायता प्राप्त होती थी। समय-समय पर इस कोष में योगदान और इससे मिलने वाली सहायता में वृद्धि की गई। इससे सहायता प्राप्त करने के लिये प्रमुख शर्त यह थी कि कर्मचारी पिछले दो वर्ष में कम से कम 30 बार बीमा योगदान दे चुका हो। यदि पिछले दो वर्षों में 8 या उससे अधिक बार योगदान हुआ हो अथवा कभी भी 30 बार योगदान हुआ हो तो स्थाई रूप से सहायता दी जाती थी। परिवार की आय और साधनों का ध्यान रखते हुए उसे भी सार्वजनिक सहायता प्रदान की जाती थी। सन् 1931 में राष्ट्रीय मितव्ययिता अधिनियम (National Economy Act) पारित हुआ जिसमें बेरोजगार बीमा योगदानों की राशि बढ़ा दी गई और उससे लाभों को कम किया गया। 21 वर्ष से कम आयु के लोगों और आश्रितों के लाभ कम हो गए। अस्थाई सहायता की एक नई व्यवस्था बनी किंतु यह व्यवस्था सन् 1934 में बन्द कर दी गई और सन् 1931 के पहले की सुविधाओं को फिर से लागू किया गया। सन् 1936 में कृषि श्रमिकों के लिये बेरोजगार

बीमा योजना लागू की गई किन्तु कालान्तर में इसे बहुत अधिक खर्चीली पाये जाने के कारण युद्ध के पश्चात् इसके स्थान पर सामाजिक सुरक्षा योजना की स्थापना हुई।

अनिवार्य स्वास्थ्य बीमा

सन् 1911 में ब्रिटिश सरकार ने अनिवार्य स्वास्थ्य बीमा (Compulsory Health Insurance) व्यवस्था लागू की। इस व्यवस्था में योगदान की यह शर्त थी और इसमें कमाने वाले सदस्य 16 से 65 वर्ष आयु के बीच में सम्मिलित हो सकते थे यदि उनकी आय 250 पौंड वार्षिक से अधिक न हो। इससे प्राप्त होने वाले हितलाभ चिकित्सा सुविधाओं और आर्थिक सहायता के रूप में दिये जाते थे।

पेंशन की व्यवस्था

सन् 1908 में ब्रिटेन में वृद्धावस्था पेंशन की योजना लागू की गई। इसके लिये सामान्य कर से योगदान के अतिरिक्त सेवायोजकों और कर्मचारियों से योगदान लिया गया। सन् 1914 में 70 वर्ष की आयु से अधिक के ऐसे प्रत्येक ब्रिटिश नागरिक को पेंशन पाने का अधिकार होता था जो 12 वर्ष तक ब्रिटिश नागरिक और 20 वर्ष तक ब्रिटिश राज्य के आधीन रह चुका हो और जिसकी आय 31 पौंड 10 शिलिंग से अधिक न हो तथा जिसे कोई निर्धनता सहायता न मिलती हो। इस अधिनियम के अन्तर्गत सन् 1925 और 1929 के दौरान स्वास्थ्य बीमा व्यवस्था इंगलैण्ड के उन सभी लोगों पर लागू होती थी जो वृद्धावस्था पेंशन योजना में आते थे। सन् 1925 में विधवा माताओं और अनाथों के योगदान पर आधारित पेंशन योजना प्रारम्भ की गई। इस योजना के अन्तर्गत कोई भी विधवा 70 वर्ष की आयु के बाद पेंशन की अधिकारी होती थी। पुनर्विवाह करने से बालकों के भत्ते में किसी प्रकार की कमी नहीं आती थी किन्तु महिला का अपना भत्ता बन्द हो जाता था।

कर्मचारी मुआवजा अधिनियम

सन् 1906 में इंगलैण्ड में कर्मचारियों की सहायता के लिये इस प्रकार का पहला अधिनियम पास हुआ। इस अधिनियम के अनुसार सेवायोजकों को आयु तथा लिंग के भेद के बिना उन सभी कर्मचारियों को मुआवजा देना पड़ता था जो कि किसी दुर्घटना में अथवा औद्योगिक बीमारी के कारण बेरोजगार हो जाते थे। स्थाई और अस्थाई विकलांगता के मामलों में प्रति सप्ताह मुआवजा दिया जाता था और मृत्यु होने पर एक साथ राशि का भुगतान किया जाता था। सन् 1923 में इस अधिनियम में संशोधन किया गया और मुआवजा की राशि तथा अधिनियम का क्षेत्र बढ़ा दिया गया। मुआवजे के मामलें में इस अधिनियम में अनिवार्य बीमा की व्यवस्था नहीं की गईं किन्तु अनेक कर्मचारी बीमा कम्पनियों से बीमा कराकर सुरक्षा प्राप्त करते थे।

सेवायोजकों की सहायता योजना

राज्य के द्वारा पारित अधिनियमों के अलावा ब्रिटिश सेवायोजकों ने कर्मचारियों के लाभ के लिए अनेक योजनायें चलाईं, जैसे पेंशन योजना, बचत योजना, बेरोजगारी सहायता योजना इत्यादि।

विभिन्न कम्पनियों में इन योजनाओं के अन्तर्गत दी गई राशि भिन्न-भिन्न होती थी। इनमें से अधिकतर योजनायें औद्योगिक कल्याण योजनाओं में गिनी जाती थीं जिनको बाद में सार्वजनिक स्वास्थ्य अधिनियम (Public Health Act) दुकान अधिनियम (Shop Act), कारखाना अधिनियम (Factories Act) आदि के द्वारा निर्धारित किया गया। ये योजनायें सेवायोजकों और व्यापार संघों अथवा श्रमिक संघों के मध्य स्वास्थ्य कल्याण और काम के घण्टों के विषय में समझौते से बनाई जाती थीं।

ग्रेट ब्रिटेन में उपरोक्त सामाजिक बीमा व्यवस्था में अनेक दोष थे जिनमें से अधिक महत्त्वपूर्ण दोष निम्नलिखित हैं–

(1) जरूरतमन्द कर्मचारियों की बड़ी संख्या को इन सामाजिक बीमा योजनाओं के क्षेत्र से बाहर ही छोड़ दिया जाता था।

(2) सामाजिक बीमा हितलाभ प्राप्त करने की योग्यता के परीक्षणों में सब कहीं समानता नहीं दी गई थीं।

(3) बिना किसी पर्याप्त औचित्य के हितलाभ की दरें कम या ज्यादा होती रहती थीं। बेवरिज योजना में इन सब दोषों को दूर किया।

बेवरिज योजना (Beveridge Plan)

जून, 1941 में ब्रिटिश सरकार ने सर विलियम बेवरिज (Sir. Wm. Beveridge) को सामाजिक बीमा और उनके साथ की सेवाओं के लिए एक राष्ट्रीय सर्वेक्षण करने और इस सम्बन्ध में सुझाव देने के लिये नियुक्त किया। उनकी रिपोर्ट बेवरिज योजना के नाम से जानी जाती है। यह दिसम्बर सन् 1942 में ब्रिटिश पार्लियामेंट में पेश की गई और उसके बाद पार्लियामेंट द्वारा पारित विभिन्न अधिनियमों के द्वारा लागू की गई।

बेवरिज योजना के सामान्य लक्षण

बेवरिज योजना का लक्ष्य विभिन्न प्रकार के कारणों से उत्पन्न होने वाली सभी प्रकार की आवश्यकताओं को पूरा करने के लिए आय के विषय में एक सामान्य व्यवस्था लागू करना था। यह एक सामान्य सिद्धान्त पर आधारित थी जो कि विशेष अवस्थाओं में संशोधित किया जा सकता था। बालकों और आश्रितों के प्रश्नों को इस योजना में अलग से उठाया गया था किन्तु पुरुष और उसकी पत्नी के विषय में तलाक (Descation), प्रथकता और विधवा अवस्था को लेकर विशेष व्यवस्थायें की गई थीं। विभिन्न वेतनों से बँधे हुए योगदान और हितलाभ समाप्त कर दिये गये। यह योजना राष्ट्रीय स्तर पर न्यूनतम आवश्यकता की अवधारणा पर आधारित थी जो कि यह थी कि राज्य को प्रत्येक व्यक्ति के लिए जहाँ तक सम्भव हो सके जीवन की सभी आवश्यकताओं को जुटाना अनिवार्य होना चाहिए।

बेवरिज योजना की मान्यतायें

बेवरिज योजना ने अग्रलिखित तीन मान्यताओं को सफलता के लिए अनिवार्य मान रखा था–

(1) बालकों के भत्ते (Children Allowances)—वर्तमान औद्योगिक व्यवस्था में कर्मचारी के परिवार और उसके वेतन में कोई सम्बन्ध नहीं माना गया था। बेवरिज योजना के अनुसार आयु बढ़ने के साथ-साथ कर्मिक के बालकों के लिये भत्ते दिये जाने की व्यवस्था की गई। ये भत्ते बालकों को ही प्राप्त होते थे और इनके लिये कोई शर्त नहीं लगाई गई थी। बालक अथवा उनके माता-पिता इन भत्तों को चाहे जिस प्रकार प्रयोग कर सकते थे और इनके दिये जाने से पहले कर्मचारी के साधनों की जाँच आवश्यक नहीं थी। इन भत्तों का समस्त भार राज्य कर के द्वारा वहन करता था। इनमें बालकों अथवा उनके माता-पिता को किसी प्रकार का योगदान नहीं देना होता था।

(2) व्यापक स्वास्थ्य सेवा (Comprehensive Health Service)—इंगलैण्ड में स्वास्थ्य सेवायें सरकार, चिकित्सकों और निजी संस्थाओं के द्वारा दी जाती थीं। सन् 1941 में राष्ट्रीय स्वास्थ्य बीमा योजना (National Health Insurance Scheme) आरम्भ हुई जिसमें आधी से अधिक ब्रिटिश जनसंख्या सम्मिलित की गई। इसके साथ-साथ मातृत्व और बाल कल्याण के लिए भी अनेक योजनायें बनाई गई। निर्धन कानून विद्यालय चिकित्सा सेवा (Poor Law School Medical Service) भी दी जाती थी। बेवरिज योजना से पूर्व इन सब योजनाओं में कोई तालमेल नहीं था। बेवरिज योजना में आर्थिक स्थिति का कोई अन्तर न करते हुए प्रत्येक नागरिक को बीमारी और विकलांगता की अवस्था में व्यापक स्वास्थ्य सेवा का आयोजन किया गया। इस योजना ने इस सिद्धान्त पर जोर दिया कि राज्य को बीमारी और विकलांगता की दशा में नागरिक को अधिक हितलाभ देने चाहियें। राज्य को उन परिस्थितियों को दूर करने का प्रयास करना चाहिये जो बीमारी और विकलांगता उत्पन्न करती हों। चिकित्सा की व्यवस्था किसी भी नागरिक की आर्थिक स्थिति पर आधारित नहीं होनी चाहिये। इसका खर्च समुदाय को उठाना चाहिये। यह इसलिए था क्योंकि विकलांगता और बीमारी से मनुष्य की उत्पादक शक्ति कम हो जाती है और उसे रोजगार नहीं मिलता। बेवरिज योजना के अनुसार सामाजिक सुरक्षा योजना में प्रत्येक नागरिक को अनिवार्य रूप से योगदान देना चाहिये। यह पूर्व-मान्यता सरकार के द्वारा स्वीकार कर ली गई।

(3) पूर्ण सेवा योजन (Full Employment)—बेवरिज योजना अपनी सफलता के लिये पूर्ण सेवा योजन को एक अनिवार्य शर्त मानती है। किन्तु वह यह भी संकेत करती है कि ब्रिटिश जनसंख्या में साधारण अवस्था में 8.5 प्रतिशत अथवा 15 लाख व्यक्ति बेरोजगार रहते ही हैं। अस्तु, यह सुझाव दिया गया है कि बिना शर्त बेरोजगार हितलाभ थोड़े समय के लिए ही दिया जाना चाहिये क्योंकि जब तक पूर्ण रोजगार की गारन्टी नहीं दी जाती तब तक सामाजिक सुरक्षा योजनायें सफल नहीं हो सकतीं।

योजना का क्षेत्र

बेवरिज योजना हर किसी पर लागू होती है। यह सभी प्रकार की प्राथमिक आवश्यकताओं को ध्यान में रखती है। वह किसी भी प्रकार का खतरा उठाना नहीं चाहती। उसमें समस्त जनसंख्या को रोजगार के साधनों के आधार पर 6 वर्गों में बांटा गया। प्रत्येक नागरिक इनमें से किसी न किसी वर्ग में आता था और इसलिये हर किसी को योजना का हितलाभ मिलना

था। योजना की व्यवस्था के अनुसार सेवायोजकों (Employers) और धनी व्यक्तियों को अपना योगदान देना ही था चाहे इससे उन्हें कोई लाभ हो या न हो। बालकों, अवकाश प्राप्त व्यक्तियों और घरेलू स्त्रियों को किसी भी प्रकार का योगदान नहीं देना था। योजना के द्वारा बनाये गये 6 वर्ग इस प्रकार थे—(1) सेवायोजक चाहे उनकी आय कुछ भी क्यों न हो, (2) सेवायोजक तथा अन्य व्यक्ति जो लाभ के लिए काम कर रहे हों, (3) काम करने की आयु की घरेलू स्त्रियाँ जो पूरी तरह काम नहीं पा सकी हैं। और पेंशन की आयु से कम आयु की हैं, (4) अन्य व्यक्ति जो काम करने की आयु के हैं परन्तु जिन्हें पर्याप्त काम नहीं मिल सका है, (5) काम करने की आयु से नीचे के व्यक्ति जैसे 16 वर्ष से कम के बालक तथा (6) काम करने की आयु के व्यक्ति जिनमें अवकाश प्राप्त स्त्री-पुरुष सम्मिलित किये जाते हैं।

योगदान की दर

सभी तरह के बीमा शुदा व्यक्ति, चाहे उनका साधन कुछ भी क्यों न हो, बीमे के लिए समान दर से योगदान देंगे। योजना के अनुसार यह योगदान पुरुष के लिये 4 शिलिंग 3 पेंस और स्त्री के लिये 3 शिलिंग 6 पेंस था। सेवायोजक का योगदान पुरुष के लिये 3 शिलिंग 3 पेंस और स्त्री के लिए 2 शिलिंग और 6 पेंस था। विभिन्न आयु समूहों के अनुसार भी योगदान की दर बदल दी जाती थी।

योजना के अन्तर्गत हितलाभ

जैसा कि पहले ही बताया जा चुका है, बेवरिज योजना के अन्तर्गत घरेलू स्त्रियों, बालकों, बेरोजगारों, बीमार व्यक्तियों, विकलांग कर्मचारियों तथा काम करने में अयोग्य बूढ़े व्यक्तियों के लिये हितलाभ का विधान था। ये हितलाभ योगदान पर आधारित नहीं थे। उदाहरण के लिए घरेलू स्त्रियाँ, बालक, बेरोजगार, बीमार, विकलांग और वृद्ध व्यक्ति बिना किसी योगदान के इस योजना में हितलाभ प्राप्त कर सकते थे। विभिन्न वर्ग के व्यक्तियों के लिये बेवरिज योजना में निम्नलिखित हितलाभों की व्यवस्था की थी—

(1) घरेलू स्त्रियों के लिए हितलाभ (Benefits for Housewives)—(1) 10 पौंड तक की विवाह राशि (2) बालक का जन्म होने पर 4 पौंड का मातृत्व अनुदान। यदि वह काम कर रही है तो उसे 13 सप्ताहों तक बिना किसी योगदान के 36 शिलिंग प्रति सप्ताह की दर से अतिरिक्त मातृत्व हितलाभ दिया जाएगा। (3) 13 सप्ताह तक प्रत्येक सप्ताह 36 शिलिंग की दर से विधवा हितलाभ। (4) 13 सप्ताह के बाद जब तक उसके पास आश्रित बच्चे हैं तब तक उसे 24 शिलिंग प्रति सप्ताह के अतिरिक्त बालकों का भत्ता भी दिया जाएगा। यदि उसके आश्रित बालक नहीं हैं तो उसे कार्य के लिये प्रशिक्षण योजना में जाना होगा जहाँ पर वह प्रशिक्षण हितलाभ प्राप्त करेगी। (5) यदि वह किसी अपनी गलती के न होने पर तलाक प्राप्त कर चुकी है तो उसे विधवा के ही समान हितलाभ मिलेगा। (6) यदि वह बीमार है तो उसे बीमारी हितलाभ के रूप में सहायता दी जाएगी।

(2) बालकों के हितलाभ (Children Allowances)—इस योजना के अनुसार माता-पिता की आयु का विचार किये बिना प्रत्येक परिवार में पहले आश्रित बालक के बाद प्रत्येक बालक के लिए 8 शिलिंग प्रति सप्ताह हितलाभ देने की व्यवस्था की गई।

यदि माता-पिता काम करने के अयोग्य हों तो पहले बालक के लिए ही हितलाभ दिया जाएगा।

(3) बेरोजगारी और बीमारी हितलाभ—किसी भी बेरोजगार व्यक्ति को अकेले व्यक्ति को 24 शिलिंग और विवाहित जोड़े को प्रत्येक व्यक्ति 20 शिलिंग प्रति सप्ताह की दर से हितलाभ दिया जायेगा। बेरोजगार पुरुष, स्त्री और बच्चे होने पर प्रति सप्ताह 50 शिलिंग प्राप्त करेगा। जो लोग 6 माह तक बेरोजगार रहेंगे उन्हें ही इस योजना के अन्तर्गत प्रशिक्षण योजना का हितलाभ दिया जाएगा। इसके अन्तर्गत वे एक प्रशिक्षण केन्द्र में दाखिल किये जायेंगे जहाँ उन्हें कुछ निश्चित अवधि तक प्रशिक्षण दिया जाएगा जिसके दौरान वे बेरोजगार हितलाभ के बराबर प्रशिक्षण हितलाभ प्राप्त करेंगे।

(4) कर्मचारियों का मुआवजा (Workmen's Compensation)—बेवरिज योजना के अन्तर्गत यदि कोई व्यक्ति 13 सप्ताह तक काम करने के अयोग्य है तो उसे बीमार व्यक्ति मानकर हितलाभ दिया जाएगा इसके पश्चात साप्ताहिक हितलाभ बढ़ाकर पहली आय का दो तिहाई कर दिया जाएगा किन्तु किसी भी अवस्था में वह मानक दर से कम नहीं होगा। योजना के अन्तर्गत मुआवजे से सम्बन्धित गामलों को निपटाने के लिये सामान्यं कानूनी न्यायालयों के स्थान पर विशेष प्रबन्ध किया जायेगा। यदि कोई कर्मचारी दुर्घटना का शिकार हो जाता है तो उसकी मृत्यु के बाद उसके आश्रितों को 300 पौंड की एक मुश्त राशि दी जाएगी। वयस्क की मृत्यु पर उसके अन्तिम संस्कार के लिये 20 पौंड देने की व्यवस्था थी। 3 वर्ष की आयु में यह राशि 6 पौंड, 3 और 10 वर्ष की आयु में 10 पौंड, 10 और 21 वर्ष की आयु में 15 पौंड देने की व्यवस्था थी।

(5) वृद्धावस्था पेंशन (Old Age Pensions)—65 वर्ष की आयु पर पुरुष और 65 वर्ष की आयु पर स्त्री को पेंशन का हितलाभ दिया जाएगा। अन्य किसी शर्त को माने बगैर पेंशन की दर अकेले व्यक्ति के लिये 24 शिलिंग और विवाहित जोड़े के लिये 40 शिलिंग प्रति सप्ताह थी।

योजना का खर्च

सन् 1945 में इस योजना का खर्च 697 मिलियन पौंड आंका गया। सन् 1965 में इसका अनुमान 858 मिलियन पौंड अर्थात् 1100 करोड़ रुपये था। यह अनुमान सन् 1938 के आर्थिक स्तर से 25 प्रतिशत ऊँचा दाम रखकर लगाया गया था।

प्रशासन और कार्यान्वयन

सर विलियम बेवरिज ने उपरोक्त योजना का प्रशासनिक उत्तरदायित्व एक सामाजिक सुरक्षा मंत्रालय और सामाजिक बीमा कोष को सौंपने का सुझाव दिया। ब्रिटिश सरकार ने यह सुझाव तुरन्त स्वीकार नहीं किया। फिर भी बाद में एक राष्ट्रीय बीमा मंत्रालय बनाया गया। इस योजना ने व्यापक रूप से लोगों को प्रभावित किया। सरकार ने देश में सामाजिक सुरक्षा संरचना स्थापित करने के आधार के रूप में इस योजना को स्वीकार किया। युद्ध के उपरान्त देश में सामाजिक सुरक्षा की एक व्यापक व्यवस्था स्थापित करने के लिए अनेक अधिनियम

पारित किये गये। 6 जुलाई, सन् 1948 को इंगलैण्ड में बेवरिज योजना लागू की गई। इसके बाद विभिन्न अधिनियम पारित किए गए। वर्तमान काल में इंगलैण्ड की सामाजिक सुरक्षा व्यवस्था में पारिवारिक भत्ते (Family Allowances), राष्ट्रीय बीमा (National Insurance), औद्योगिक आघात बीमा (Industrial Injuries Insurance), राष्ट्रीय सहायता (National Assistance) और राष्ट्रीय स्वास्थ्य सेवा (National Health Service) सम्मिलित हैं। इस व्यवस्था के द्वारा यह गारन्टी की जाती है कि देश में किसी भी समय कोई भी व्यक्ति जीवन के एक न्यूनतम स्तर से नीचे नहीं गिरेगा। परिवार को सहायता राज्य की ओर से दी जाती है। यह प्रत्येक बालक के लिए पहले बालक के बाद 8 शिलिंग है जब तक कि वह 15 वर्ष की आयु का न हो जाए। यह योजना सबसे पहले 6 अगस्त सन् 1946 को लागू की गई। सन् 1952 में परिवार भत्ते और राष्ट्रीय बीमा अधिनियम (Family Allowance and National Insurance Act 1952) के अन्तर्गत भत्तों की सीमा लगभग 50 प्रतिशत बढ़ा दी गई।

राष्ट्रीय बीमा

5 जुलाई, सन् 1948 को इंगलैण्ड में राष्ट्रीय बीमा अधिनियम 1946 लागू किया गया। तब से इसमें 6 बार अर्थात् सन् 1949, 1951, 1952, 1953, 1954 और 1955 में संशोधन किया गया। यह अधिनियम ग्रेट ब्रिटेन में रहने वाले स्कूल छोड़ने की आयु के ऊपर के प्रत्येक व्यक्ति पर लागू होता है। प्रत्येक व्यक्ति को राष्ट्रीय बीमा में निश्चित साप्ताहिक दर से योगदान देना होता है। बूढ़े व्यक्ति, बालक, विवाहित स्त्रियाँ और निर्धन व्यक्ति पर यह उत्तरदायित्व नहीं है। योगदान देने वालों को तीन वर्गों में विभाजित किया गया है—(1) रोजगार (Employed) व्यक्ति, (2) स्व-रोजगार (Self Employed) व्यक्ति तथा (3) बेरोजगार (Unemployed) व्यक्ति। इस योजना के अन्तर्गत कर्मचारियों को बीमारी, बेरोजगारी, मातृत्व तथा विधवा हितलाभ के अतिरिक्त संरक्षण भत्ते, अवकाश प्राप्त पेंशन और मृत्यु अनुदान की व्यवस्था की गई। पहले वर्ग के व्यक्तियों को ये सभी हितलाभ प्राप्त थे। दूसरे वर्ग के व्यक्तियों को औद्योगिक दुर्घटनाओं के हितलाभों को छोड़कर अन्य हितलाभ प्राप्त थे। तीसरे वर्ग के व्यक्तियों को बीमारी, बेराजगारी, औद्योगिक आघात तथा मातृत्व हितलाभों को छोड़कर अन्य हितलाभ प्राप्त थे। इस योजना में हितलाभ प्राप्त करने के लिये एक विशिष्ट काल तक न्यूनतम संख्या में योगदान देना अवश्यक है। संरक्षक भत्तों और औद्योगिक आघातों के विषय में इस प्रकार की कोई योग्यता की शर्त नहीं है।

औद्योगिक आघात बीमा योजना

यह योजना जुलाई, 1948 में कर्मचारी मुआवजा योजना के स्थान पर लागू की गई। इसे लागू करने के लिए सन् 1946 से 1954 तक राष्ट्रीय बीमा (औद्योगिक) अधिनियम पारित किये गये। दुर्घटनाओं से उत्पन्न होने वाली व्यक्तिगत चोटों के मामलों में और औद्योगिक परिस्थितियों से उत्पन्न होने वाली बीमारियों के मामलों में हितलाभ की व्यवस्था की गई।

राष्ट्रीय सहायता

राष्ट्रीय सहायता अधिनियम (National Assistance) 1948 के अनुसार सहायता के योग्य व्यक्तियों को राज्य के खजाने से आर्थिक सहायता दी जाएगी। इसके अन्तर्गत बूढ़े,

असहाय, आवास विहीन और विकलांग व्यक्तियों के लिए कल्याण योजनाओं की व्यवस्था की गई। जो लोग अपना पालन-पोषण नहीं कर सकते और जिन्हें किसी भी सामाजिक सुरक्षा सेवा से सहायता नहीं मिलती उनके लिए राष्ट्रीय सहायता योजना के अन्तर्गत अनुदान अथवा भत्तें की व्यवस्था की गई। राष्ट्रीय स्वास्थ्य सेवा राज्य के खर्च पर ब्रिटेन के सभी नागरिकों के लिए पूर्ण चिकित्सा सुविधा की व्यवस्था करती है। इसके लिए सन् 1946, 1949, 1951, 1952 में राष्ट्रीय स्वास्थ सेवा अधिनियम (National Health Service Acts) बनाये गये। राष्ट्रीय योजना को कार्यान्वित करने के लिये लन्दन में हैड क्वार्टर तथा 500 कर्मचारियों के स्टाफ के साथ राष्ट्रीय बीमा मंत्रालय की स्थापना की गई। न्यूकैसिल में इसके केन्द्रीय रिकार्ड दफ्तर में 7000 लोग काम करते हैं। इसके अतिरिक्त क्षेत्रीय दफ्तर और स्थानीय दफ्तर भी बनाये गये। इस प्रकार सम्पूर्ण देश में राष्ट्रीय बीमा योजना को कार्यान्वित करने के लिए 35000 से 43000 तक कर्मचारी लगे हुए हैं। इस प्रकार ग्रेट ब्रिटेन में एक व्यापक सामाजिक सुरक्षा व्यवस्था है।

उपरोक्त योजनाओं के अतिरिक्त अनेक दातव्य संस्थाओं और समितियों के द्वारा भी ब्रिटेन में सामाजिक सुरक्षा योजनायें बनाई गई हैं। इनमें उल्लेखनीय हैं—सामाजिक सेवा की राष्ट्रीय कोंसिल (National Council of Social Service), परिवार कल्याण समिति (Family Welfare Association), राष्ट्रीय वृद्धजन कल्याण समिति (National old Peoples Welfare Committee), राष्ट्रीय स्वैच्छिक युवा संगठन (National Volunteers help Organisation), संयुक्त बालक गृह की राष्ट्रीय काउंसिल (National Council of Associated Children Home), मातृत्व और बाल कल्याण की राष्ट्रीय काउंसिल (National Council of Maternity and Child Welfare) तथा माताओं, बालकों और विकलांगों की सहायता के लिए अनेक स्वैच्छिक समितियाँ और संस्थायें, सामाजिक सुरक्षा की दिशा में महत्त्वपूर्ण कार्य करने वाली संस्थाओं में उल्लेखनीय हैं—ब्रिटिश रेड क्रास सोसाइटी (British Red Cross Society), मैरिज गाइडेंस कोंसिल (Marriage Guidance Council) तथा ब्रिटिश फैडरेशन ऑफ सोशल वर्क्स (British Federation of Social Works)। इस प्रकार ब्रिटेन में राज्य ने जनता के प्रति सामाजिक सुरक्षा को अधिकतम मात्रा में उपलब्ध कराने के कर्त्तव्य को पूर्णतया स्वीकार किया है। फिर भी बैवरिज योजना के द्वारा उपस्थित किया गया सामाजिक सुरक्षा का उच्च स्तर प्राप्त नहीं किया जा सका। सच तो यह है कि बेवरिज योजना को व्यवहारिक रूप देने से साम्यवादी समाज की स्थापना होती है। वह पूर्ण सेवायोजन का लक्ष्य लेकर चलती है जो कि साम्यवादी राज्य के अलावा किसी भी राज्य में प्राप्त नहीं किया जा सकता। कुछ विचारकों ने बेवरिज योजना की आलोचना करते हुए यह कहा है कि उससे कुशलता नहीं बढ़ेगी और जनसंख्या वृद्धि पर रोक नहीं लगती। पिछले दिनों ब्रिटेन में नई पीढ़ी में सामाजिक सुरक्षा योजनाओं के गलत इस्तेमाल की एक प्रवृत्ति यह भी देखी गई है कि कुछ युवा पुरुष और स्त्रियाँ जीवन भर कोई काम नहीं करते और बेरोजगारी भत्तों को ही अपनी आजीविका का एक मात्र साधन मान लेते हैं। इस प्रकार सामाजिक सुरक्षा की समस्या बनी रहती है। फिर भी इसमें कोई सन्देह नहीं कि गैर साम्यवादी जगत में ग्रेट ब्रिटेन सामाजिक सुरक्षा के क्षेत्र में सबसे आगे की कतार में देखा जा सकता है।

रूस में सामाजिक सुरक्षा
(Social Security in U. S. S. R.)

14 नवम्बर सन् 1917 को सोवियत सरकार ने देश में सामाजिक बीमे के विषय में पहला आदेश प्रसारित किया। यह साम्यवादी सरकार की स्थापना के कुछ ही दिन बाद की घटना थी। इस आदेश का उद्देश्य भूतपूर्व सरकार के आधीन सामाजिक बीमा की अपर्याप्त व्यवस्था में बेहतरी करना था। इस नवीन योजना के अन्तर्गत निम्नलिखित विशेषतायें स्थापित की गईं—

(1) बीमा हितलाभ गाँवों और नगरों में सभी कर्मचारियों पर लागू किया गया।

(2) इसमें कमाने की शक्ति में किसी भी कारण से हुई हानि को शामिल नहीं किया गया चाहे वह बेरोजगारी ही क्यों न हो।

(3) बीमे का योगदान सेवायोजक द्वारा देना निश्चित किया गया।

(4) विकलांगता की स्थिति में पूर्ण वेतन भुगतान की व्यवस्था।

(5) सभी बीमा संगठनों को बीमा शुदा व्यक्तियों द्वारा चलाये जाने के लिये पूर्णतया आत्म प्रशासित बनाने की व्यवस्था की गई।

कुछ कठिनाइयों के कारण रूस में सामाज़िक बीमा योजना वास्तव में सन् 1922 में नई आर्थिक नीति के अन्तर्गत स्थापित हुई। इस प्रयोजन के लिये सरकार ने एक श्रम न्यायालय की स्थापना की जो कि कमाने वाले के लिए चिकित्सा सहायता, विकलांगता हितलाभ, बालकों का पालन पोषण, निराश्रितों को सहायता, अन्तिम संस्कार के लिये भत्ते, अवकाश प्राप्त पेंशन तथा रोजी कमाने वाले की मृत्यु की दशा में परिवार को पेंशन की व्यवस्था करता था। रूस में बीमे का योगदान सेवायोजकों को देना होता है। वे उसे श्रम संघों के बीमा कोषों में जमा करते हैं। चिकित्सा सहायता सामाजिक बीमा का नहीं बल्कि सामाजिक सेवा का क्षेत्र है। सामाजिक बीमा व्यवस्था केवल औद्योगिक कर्मचारियों पर ही लागू होती है। कृषि क्षेत्र के कर्मचारियों की सुरक्षा किसानों के समष्टिगत संगठनों के द्वारा की जाती है। रूस में सामाजिक बीमा के प्रमुख सिद्धान्त तथा इसकी विशेषतायें निम्नलिखित हैं—

(1) सन् 1933 से यह श्रम संघों द्वारा आयोजित की जाती है।

(2) इसमें केवल काम पर लगे व्यक्ति ही शामिल किये जाते हैं।

(3) बीमे के प्रीमियम सेवायोजकों के द्वारा दिये जाते हैं।

(4) पूर्ण बीमा हितलाभ प्राप्त करने के लिए श्रमिक संघ की सदस्यता एक अनिवार्य शर्त है यद्यपि जो सदस्य नहीं हैं उन्हें बीमा योजना का आधा लाभ मिलता है।

(5) सामाजिक बीमा सरकार की श्रम और उत्पादन सम्बन्धी नीति से सम्बन्धित है। जिन लोगों ने एक ही कारखाने में सबसे अधिक लम्बे समय तक काम किया है उन्हें सामाजिक बीमे का अधिकतम हितलाभ प्राप्त होता है। दूसरी ओर जो व्यक्ति नौकरी से बर्खास्त किये गये हैं उनको कम लाभ प्राप्त होते हैं।

(6) सन् 1930 में बेरोजगारी के विरुद्ध बीमा समाप्त कर दिया गया क्योंकि रूस में पहली पंचवर्षीय योजना में ही लगभग पूर्ण रोजगार का लक्ष्य प्राप्त कर लिया गया।

इस प्रकार रूस में सामाजिक बीमा योजना स्थायी रूप से बेरोजगार कर्मचारियों तथा विकलांग और बूढ़े कर्मचारियों के लिए व्यवस्था करती है। अस्थायी रूप से काम के अयोग्य कर्मचारियों को औसत आय का 100 प्रतिशत भत्ता दिया जाता है। बशर्ते कि उनकी अयोग्यता रोजगार के कारण ही हुई हो। अन्य मामलों में यह सहायता काम की अवधि के आधार पर दी जाती है। उदाहरण के लिये 6 वर्ष या उससे अधिक तक काम करने वाले कर्मचारियों में इसकी दर 100 प्रतिशत, 3 से 6 नर्ष में 80 प्रतिशत, 2-3 वर्ष तक 60 प्रतिशत और 2 वर्ष से कम की सेवा में 50 प्रतिशत सहायता दी जाती है। जो कर्मचारी व्यापार संघ के सदस्य नहीं हैं उन्हें भी 50 प्रतिशत हितलाभ दिया जाता है। जो किसी नौकरी से बर्खास्त किये गये हैं अथवा जिन्होंने अपनी इच्छा से नौकरी छोड़ दी है उन्हें सामाजिक बीमा हितलाभ केवल तभी प्राप्त होता है जब वे किसी नये स्थान पर कम से कम 6 महीने काम कर चुके हों। पेंशन केवल स्थायी रूप से अयोग्यता अथवा वृद्धावस्था होने पर ही दी जाती है। आयोग्यता सेवा से ही सम्बन्धित होनी चाहिए। दूसरे मामलों में आयु और काम की अवधि के अनुसार सहायता की राशि घटती बढ़ती रहती है। पेंशन की राशि कर्मचारी द्वारा प्राप्त किये गये अन्तिम वेतन पर निर्भर करती है। अधिकतम पेंशन राशि पिछले वेतन का 66 प्रतिशत होती है।

अन्य सामाजिक सुरक्षा योजनायें

उपरोक्त सामाजिक योजना व्यवस्था के अतिरिक्त रूरा में सामाजिक सुरक्षा के लिये निम्नलिखित योजनायें हैं—

(1) पीपुल्स कमीसरीयट ऑफ हैल्थ (Peoples Commisariat of Health) के अन्तर्गत काम करने वाले अस्पतालों में किसी भी व्यक्ति को निःशुल्क चिकित्सा सेवा प्राप्त हो सकती है।

(2) एक ही कारखाने में लगातार कम से कम 11 महीने काम करने के बाद दो हफ्ते की छुट्टी का अधिकार प्रत्येक श्रमिक को प्राप्त होता है।

(3) औद्योगिक संस्थानों अथवा श्रम संघों द्वारा आयोजित विश्राम गृहों और सैनेटोरिया का लाभ उनमें काम करने वाले कर्मचारियों को होता है किन्तु यह लाभ सेवा की अवधि से निर्धारित किया जाता है और इसके लिए वेतन के अनुसार शुल्क लिया जाता है।

(4) नगरों और उनके पास के क्षेत्रों में बने पार्कों में इतवार तथा अन्य सार्वजनिक छुट्टियों पर जाने की प्रत्येक व्यक्ति को स्वतन्त्रता है।

(5) प्राइमरी शिक्षा सभी व्यक्तियों को निःशुल्क प्राप्त होती है।

(6) प्रत्येक माता तथा गर्भवती स्त्री को मातृत्व लाभ प्राप्त कराना प्रत्येक सेवायोजक का कानूनी कर्त्तव्य माना जाता है।

स्त्रियों और बालकों की सामाजिक सुरक्षा

रूस में स्त्रियों और बालकों की सामाजिक सुरक्षा राज्य का एक प्रमुख कार्य है। श्रम कानून प्रत्येक स्त्री को कार्य की गारन्टी देते हैं। गर्भावस्था के आधार पर किसी भी स्त्री को कार्य देने से मना करना राज्य की ओर से दण्डनीय अपराध है। इसके लिए 6 माह जेल अथवा एक हजार रुपये तक जुर्माना किया जा सकता है। इस अपराध की पुनरावृत्ति करने पर यह दण्ड दो साल की जेल तक दिया जा सकता है। अस्तु, प्रत्येक स्त्री को कार्य मिलता है और वेतन दिया जाता है, चाहे वह गर्भवती हो अथवा नहीं। गर्भ के चौथे माह के पश्चात माताओं से अधिक काम लेने का निषेध है। बालक को जन्म देने से 35 दिन पूर्व स्त्री कार्य से अवकाश ले सकती है। उसे राज्य से वित्तीय अनुदान लेने का भी अधिकार है। जुलाई 1944 में छुट्टी की यह अवधि पूर्ण वेतन के साथ 42 दिन कर दी गई जो कि आगे बढ़ाकर 91 दिन तक की जा सकती है। युद्ध के दौरान गर्भवती स्त्रियों को राशन की पूर्ति अनिवार्य रूप से की जाती है। उन्हें ट्रामों, बसों और रेलों में विशेष सीटें दी जाती हैं। वे लाइन में लगे बिना किसी भी स्थान पर दाखिल हो सकती है। रूस में बालकों और स्त्रियों के कल्याण के लिये हजारों केन्द्र हैं। प्रत्येक कारखाने में स्त्रियों के लिये अलग कमरों में आराम की व्यवस्था है। बालक को जन्म देने के बाद फिर से कार्य पर लगने पर स्त्रियों को विशेष परिस्थितियाँ दी जाती है। कार्य की अवधि में बालकों को भोजन देने के लिए उन्हें अतिरिक्त समय दिया जाता है। यदि दो वर्ष से कम का कोई बालक बीमार हो जाता है तो उसकी माता को कारखाने से विशेष छुट्टी दी जाती है। बालक के लिये वस्त्र आदि खरीदने के लिये स्त्रियों को विशेष आर्थिक भत्ते दिये जाते हैं। राज्य अविवाहित माताओं और उनके बालकों की भी सुरक्षा करता है। उपरोक्त सभी कानून उन पर भी लागू होते हैं उन्हें देश के नागरिक के रूप में सभी अधिकार प्राप्त होते हैं। उनका अपमान करने वाले को राज्य की ओर से दण्ड दिया जाता है। अधिक संख्या में बालक उत्पन्न करने वाली माताओं को रूस में विशेष भत्ते दिये जाते हैं।

उपरोक्त विवेचन से स्पष्ट है कि विश्व में जैसी सामाजिक व्यवस्था रूस में है वैसी शायद ही किसी देश में पाई जाती हो।

आस्ट्रेलिया में सामाजिक सुरक्षा
(Social Security in Australia)

बीसवीं शताब्दी के प्रारम्भ में आस्ट्रेलिया में सामाजिक सुरक्षा की दिशा में जो कदम उठाये गये उनसे वह विश्व की सामाजिक प्रयोगशाला (Social laboratry of the world) कहलाने लगा। सन् 1901 में संघीय संविधान के पूर्व भी सामाजिक सुरक्षा के प्रावधान राज्य का उत्तरदायित्व माने जाते थे किन्तु संघ की स्थापना के बाद कामन वैल्थ सरकार सामाजिक सुरक्षा प्रावधानों में अधिक से अधिक रुचि ले रही है। सन् 1909 में आस्ट्रेलिया में वृद्धावस्था पेंशन के लिए पहली संघीय सामाजिक सेवा आरम्भ की गई। सन् 1910 में विकलांग पेंशन की व्यवस्था की गई। सन् 1912 में मातृत्व हितलाभों का आयोजन किया गया। सन् 1939 में सामाजिक सेवाओं का विस्तार किया गया है। सन् 1941 में बालकों के लिए विशेष कोष बनाया गया। सन् 1942 में विधवाओं की पेंशन व्यवस्था चालू की गई। सन् 1943 में मातृत्व हितलाभ (Maternity Benefits) और अन्तिम संस्कार हितलाभ (Funeral Benefits) आरम्भ

किये गये। सन् 1944 में एक रोजगार और बीमार हितलाभ अधिनियम (Employment and Sickness Benefit Act) पारित किया गया। सन् 1946 में सामाजिक सेवाओं का उत्तरदायित्व केन्द्र सरकार के साथ-साथ विभिन्न राज्यों का भी माना गया और संघीय संसद को सामाजिक सेवायोजानाओं के विधान के विषय में विधान बनाने का अधिकार दिया गया।

मातृत्व भत्ते

आस्ट्रेलिया के कानूनी प्रावधानों के अनुसार मातृत्व भत्ते (Maternity Allowances) का अर्थ सरकार के द्वारा माताओं को संतानोत्पत्ति से सम्बन्धित व्यय के लिये वित्तीय अनुदान देना है। यह अनुदान अन्य देखभाल, उपचार तथा सरकारी अस्पतालों में सहायता एवं भर्ती की सुविधाओं के अतिरिक्त है। यदि कोई महिला निजी वार्ड में रहती है तो उसे 8 शिलिंग प्रतिदिन की सहायता दी जाती है। इन सब मातृत्व हितलाभों को प्राप्त करने के लिए किसी विशेष योग्यता की आवश्यकता नहीं है और न इनमें साधनों का विचार किया जाता है। जिन स्त्रियों के अन्य कोई बालक नहीं हैं उन्हें एक बालक पर 15 पौंड दिये जाते हैं। बालकों की संख्या बढ़ने के साथ यह राशि भी बढ़ती जाती है। जुड़वाँ बालक उत्पन्न होने की स्थिति में प्रत्येक बालक को उपरोक्त राशि के अलावा 5 पौंड अलग से दिये जाते हैं। प्रार्थना पत्र देने पर बालक का जन्म होने के 4 सप्ताह पूर्व 5 पौंड सहायता मिल सकती है।

बालकों के हितलाभ

आस्ट्रेलिया में कोई भी व्यक्ति जिसके संरक्षण में एक से अधिक बालक हैं वह बाल सहायता प्राप्त कर सकता है। एक बालक के बाद प्रत्येक बालक पर यह सहायता 10 शिलिंग प्रति सप्ताह की दर से की जाती है। 4 सप्ताह के व्यवधान से सहायता दी जाती है और उसके लिए साधनों की कोई परीक्षा नहीं दी जाती। किसी भी दावेदार की आर्थिक स्थिति का कोई विचार न करते हुए सभी उपयुक्त दावेदारों को बाल सहायता दी जाती है।

विधवाओं की पेंशन

विधवाओं की पेंशन की दरें अलग-अलग हैं। विधवा वर्ग में ऐसी स्त्री सम्मिलित की जाती है जिसके पति की मृत्यु हो चुकी है किन्तु साथ ही इसमें पति द्वारा छोड़ी हुई पत्नी, तलाक शुदा पत्नी अथवा ऐसी स्त्रियाँ भी शामिल की जाती हैं जिनके पति जेल में अथवा अस्पताल में हैं। एक विधवा जिसकी संरक्षकता में 16 वर्ष से कम आयु का कोई बालक नहीं है और जो सहायता की परिस्थितियों में है उसे पति की मृत्यु के 26 सप्ताह बाद से दो पौंड शिलिंग 6 पेंस प्रति सप्ताह की दर से पेंशन दी जाती है। एक स्त्री जिसका पति कम से कम 6 माह से जेल काट रहा हो और जिसके संरक्षण में 16 वर्ष से कम आयु का एक या अधिक बालक हो तथा वह 50 वर्ष से कम आयु की न हो तो उसे प्रति सप्ताह एक पौंड 15 शिलिंग की दर से पेंशन दी जाती है।

बेरोजगारी, बीमारी और दुर्घटना के विरुद्ध हितलाभ

ये हितलाभ आस्ट्रेलिया के प्रत्येक नागरिक को उपलब्ध हैं जिनमें 16 और 65 वर्ष की आयु के मध्य के पुरुष और 16 तथा 60 वर्ष की आयु के मध्य की स्त्रियाँ गिनी जाती हैं। इन सहायताओं में साधनों का परीक्षण किया जाता है किन्तु सम्पत्ति पर ध्यान नहीं दिया जाता

है। विवाहित दावेदार को अधिकतम 25 शिलिंग प्रति सप्ताह की सहायता दी जाती है और इसके अतिरिक्त पत्नी के लिए 30 शिलिंग और एक बालक के लिए 5 शिलिंग की सहायता दी जाती है। इस प्रकार एक परिवार को 50 शिलिंग प्रति सप्ताह की सहायता मिल जाती है। अविवाहित दावेदार को अधिक से अधिक 25 शिलिंग प्रति सप्ताह दिये जाते हैं और वह प्रति सप्ताह 20 शिलिंग की अन्य आय प्राप्त कर सकता है। कोई भी दावेदार जिसके संरक्षण में 16 वर्ष से कम आयु का कोई बालक हो वह अतिरिक्त शिलिंग की सहायता का हकदार है। बीमारी हितलाभ उस तारीख के सातवें दिन के बाद से दिया जाता है जिस पर कोई दावेदार असमर्थ हो गया हो बशर्ते कि सहायता का दावा उस दिन के 6 सप्ताह के अन्दर कर दिया गया हो। इसी तरह बेरोजगारी हितलाभ उस तिथि के सातवें दिन से दिया जाता है जिस पर दावेदार बेरोजगार हुआ हो अथवा जिस पर उसने बेरोजगार भत्ते का दावा किया हो, इनमें से जो भी बाद में हो। बेरोजगारी भत्ता तब तक दिया जाता है जब तक कि कोई व्यक्ति उपयुक्त कार्य करने के योग्य नहीं हो जाता।

वृद्धावस्था पेंशन तथा अन्य हितलाभ

आय और सम्पत्ति दोनों के परीक्षण करने के पश्चात् पुरुषों को 65 वर्ष की आयु में स्त्रियों को 60 वर्ष की आयु में ही पेंशन दी जाती है। वृद्धावस्था पेंशन की अधिकतम दर वर्ष में 110 पौंड 10 शिलिंग और एक सप्ताह में 2 पौंड 2 शिलिंग तथा 6 पेंस है।

भारत में सामाजिक सुरक्षा प्रावधानों से तुलना

ग्रेट ब्रिटेन, रूस और आस्ट्रेलिया में सामाजिक सुरक्षा प्रावधानों से भारत के सामाजिक सुरक्षा प्रावधानों की तुलना करने पर भारी अन्तर दिखलाई पड़ता है। यह स्पष्ट है कि भारत में सरकार की ओर से सामाजिक सुरक्षा का प्रावधान नहीं के बराबर है। इस सम्बन्ध में निम्नलिखित बातें उल्लेखनीय हैं—

(1) भारतवर्ष में बालकों के लिए किसी भी प्रकार की सहायता अथवा भत्ते की कोई भी व्यवस्था नहीं है चाहे संरक्षक कितने ही कंगाल क्यों न हो।

(2) भारतवर्ष में विधवाओं के लिए पेंशन की व्यवस्था केवल सरकारी नौकरों तक ही सीमित है।

(3) भारतवर्ष में वृद्धावस्था पेंशन की व्यवस्था भी केवल सरकारी कर्मचारियों को ही उपलब्ध है। अन्य कर्मचारियों को यह सुविधा उपलब्ध नहीं है।

(4) भारतवर्ष में कर्मचारियों के लिये मातृत्व हितलाभ सम्बन्धी प्रावधान होने के बावजूद सेवायोजक उनका शायद ही कभी पालन करते हों।

(5) भारतवर्ष में दुर्घटनाओं का शिकार होने पर मुआवजे के प्रावधान होने के बावजूद वे आसानी से नहीं मिलते।

(6) भारतवर्ष में बीमारी की अवस्था में सरकार द्वारा वित्तीय सहायता की योजना लगभग नहीं है। उपचार की सुविधा भी केवल सरकारी कर्मचारियों को ही प्राप्त होती है।

(7) भारतवर्ष में बेरोजगारों को किसी भी तरह का भत्ता उपलब्ध नहीं है।

अभ्यास के लिए प्रश्न

1. ग्रेट ब्रिटेन में सामाजिक सुरक्षा की व्यवस्था बतलाइये।
2. सामाजिक सुरक्षा क्या है ? बेवरिज की योजना की विवेचना कीजिये।
3. ग्रेट ब्रिटेन में सामाजिक सुरक्षा पर एक लेख लिखिए।
4. सोवियत सोसलिस्ट रिपब्लिक रूस में सामाजिक सुरक्षा की क्या व्यवस्था है ?
5. आस्ट्रेलिया में सामाजिक सुरक्षा व्यवस्था का वर्णन कीजिए। अन्य देशों की तुलना में भारतवर्ष में इस दिशा में क्या कमी है ?

35

सामाजिक न्याय और औद्योगिक वैचारिकी

(Social Justice and Industrial Ideologies)

समाज सामाजिक सम्बन्धों की व्यवस्था है। ये सामाजिक सम्बन्ध अत्यन्त परिवर्तनशील हैं। इस परिवर्तन से बहुधा सामाजिक ढांचे में अव्यवस्था फैल जाती है। इस अव्यवस्था को दूर करके सामाजिक ढांचे को फिर से सुदृढ़ और व्यवस्थित करना ही सामाजिक पुनर्निर्माण है। इस विषय में उपस्थित किये गये सिद्धान्त सामाजिक पुनर्निर्माण के सिद्धान्त कहलाते हैं। ये ही औद्योगिक वैचारिकी के सिद्धान्त हैं। इनसे सामाजिक न्याय का सैद्धान्तिक आधार स्पष्ट होता है।

सामाजिक पुनर्निर्माण के सिद्धान्त

सामाजिक पुनर्निर्माण एक गत्यात्मक प्रक्रिया है क्योंकि समाज भी गत्यात्मक है। भिन्न-भिन्न देशकाल में सामाजिक अव्यवस्था के रूपों में अन्तर होता है और उन्हीं रूपों के अनुसार विभिन्न देशकाल में उपस्थित किये गये सामाजिक पुनर्निर्माण के सिद्धान्तों में भी अन्तर होता है क्योंकि प्रत्येक सिद्धान्त का प्रेरक विचारक अपने देशकाल की विशेष परिस्थितियों से प्रभावित होता है। इस प्रकार सामाजिक पुनर्निर्माण के विषय में अनेक सिद्धान्त उपस्थित किये गये हैं। इनमें मुख्य हैं उपयोगितावाद (Utilitarianism), अराजकतावाद (Anarchism), गांधीवाद और समाजवाद (Socialism)। इनमें उपयोगिता तो पुराना सिद्धान्त है। अराजकतावाद को यथार्थ स्थिति में व्यावहारिक रूप से लागू नहीं किया जा सकता। अतः समाजवाद को ही सामाजिक पुनर्निर्माण का आधुनिक सिद्धान्त माना जा सकता है। इस सिद्धान्त के मूल तत्त्वों को साम्यवादी देशों ने ही नहीं बल्कि प्रगतिशील असाम्यवादी (Non-Communist) देशों ने भी स्वीकार किया है।

(1) उपयोगितावाद
(Utilitarianism)

उपयोगितावाद का संस्थापक बैंथम था। बैंथम के अनुसार जीवन का परम लक्ष्य सुख है। मनुष्य स्वभावतः सुख ही खोजता है। सामाजिक पुनर्निर्माण का लक्ष्य अधिकतम जनसंख्या का अधिकतम हित होना चाहिये। यह हित सुख है। इसके लिये कानून, न्याय-प्रणाली और दंड-व्यवस्था में सुधार होना चाहिये। सामाजिक पुनर्निर्माण के लिये आर्थिक, राजनैतिक तथा शिक्षा सम्बन्धी सुधार अत्यन्त आवश्यक है। बैंथम ने कानून, न्याय तथा दण्ड व्यवस्था में महत्त्वपूर्ण सुधारों के सुझाव दिये। बैंथम के बाद मिल ने उपयोगितावाद को और भी सुसंस्कृत रूप दिया।

उपयोगितावाद सामाजिक पुनर्निमाण का प्राचीन तथा प्रारम्भिक सिद्धान्त है। उसका मूल सिद्धान्त अधिकतम जनसंख्या का अधिकतम सुख आधुनिक विचारकों ने माना है। यही जनतन्त्र का मूल आधार है। परन्तु उपयोगितावाद सामाजिक पुनर्निर्माण के सभी अंगों को समझने के लिये पर्याप्त नहीं है। मिल व्यक्ति की स्वतन्त्रता का जबर्दस्त हिमायती था। परन्तु कभी-कभी उसका सिद्धान्त यद्‌भाव्यम नीति बन जाता है।

(2) अराजकतावाद
(Anarchism)

सामाजिक पुनर्निर्माण का एक सिद्धान्त अराजकतावाद कहलाता है। इसकी व्याख्या करते हुए प्रिंन्स ने लिखा है, ''अराजकतावादी समाज में सब पर प्रत्येक का अधिकार है बशर्ते कि प्रत्येक उत्पादन में अपना पूरा भाग ले, प्रत्येक को उस सब में भाग लेने का अधिकार है जो प्रत्येक द्वारा उत्पादित किया गया है।'' इस प्रकार अराजकतावाद पूंजीवाद का विरोधी है और साम्यवादी ढाँचे पर आर्थिक संगठन करना चाहता है। अराजक समाज में वितरण काम अथवा योग्यता के आधार पर नहीं बल्कि प्रत्येक की आवश्यकता के आधार पर किया जायेगा। जीवन की आवश्यकताओं की समस्त वस्तुओं का निःशुल्क वितरण किया जायेगा। यह वितरण अराजकता समितियों द्वारा किया जायेगा। अराजक समाज में किसी को काम करने के लिये बाध्य नहीं किया जायेगा। परन्तु सभी कामों को विज्ञान की सहायता से इनका आर्कषक बना दिया जायेगा कि लोग स्वेच्छापूर्वक काम करना चाहें। लोग वेतन के लिये नहीं बल्कि समाज सेवा की भावना से प्रेरित होकर काम करेंगे। अराजकतावादी समाज में धर्म का कोई स्थान न होगा। उसके स्थान पर ज्ञान और विज्ञान की प्रतिष्ठा की जायेगी। असामाजिक कार्य का दण्ड सामाजिक बहिष्कार होगा अराजकतावादी समाज में, जैसा कि उसके नाम से प्रकट है, राज्य न होगा और उसके स्थान पर कम्यून नामक ऐच्छिक समितियाँ काम करेंगी। जिले भर की स्थानीय कम्यूनों को मिलाकर जिला कम्यून और कम्यूनों के प्रतिनिधियों से प्रान्तीय कम्यून तथा प्रान्तीय कम्यूनों के प्रतिनिधियों से राष्ट्रीय कम्यून बनेंगी। इस प्रकार अराजकतावाद व्यक्तियों को राज्य, धर्म और पूँजी की पराधीनता से मुक्त करना चाहता है।

अराजकतावादियों का समाजिक पुनर्निर्माण का आदर्श अत्यन्त आकर्षक मालूम पड़ता है परन्तु वर्तमान स्थिति में अभी मानव समाज इस हालत में नहीं है कि उसमें इस प्रकार के

प्रयोग किये जायें। धर्म और राज्य का उन्मूलन करने के बाद समाज में व्यक्ति स्वयं अपनी व्यवस्था कर लेंगे इसमें सन्देह है क्योंकि वर्तमान समय में मनुष्यों का नैतिक स्तर इतना ऊँचा नहीं दिखाई पड़ता है।

(3) गाँधीवाद और सर्वोदय
(Gandhism and Sarvodaya)

गाँधी जी का सामाजिक पुनर्निर्माण का सिद्धान्त राम राज्य के लक्ष्य से प्रेरित है। इसमें सामाजिक पुनर्निर्माण की इकाई ग्राम है। ग्राम स्वावलम्बी व्यक्तियों के संघ होंगे और राज्य स्वावलम्बी ग्रामों का संघ होगा। गाँधी जी अहिंसात्मक लोकतन्त्रीय राज्य की स्थापना करना चाहते थे। उनकी व्यवस्था धार्मिक और आध्यात्मिक है। उसमें प्रत्येक व्यक्ति को केवल भौतिक आवश्यकताओं की पूर्ति के लिये ही नहीं बल्कि आध्यात्मिक आवश्यकताओं की पूर्ति के लिये भी समान अवसर मिलेगा। सर्वोदय तत्वदर्शन में गाँधी जी लिखते हैं, ''अहिंसक राज्य विकेन्द्रित, जनतन्त्रवादी, ग्रामीण सत्याग्रही समूहों का संघ होगा।'' राज्य कम से कम काम करेगा। अधिकतर काम जनता स्वयं करेगी। राजनैतिक और आर्थिक शक्ति का विकेन्द्रीकरण किया जायेगा। धनवानों से उनकी सम्पत्ति छीनी नहीं जायेगी बल्कि वे उस सम्पत्ति के ट्रस्टी (Trustee) के समान उसका सार्वजनिक हित में उपयोग करेंगे। न्याय शीघ्र, पूर्ण और सस्ता होगा। सामाजिक पुनर्निर्माण में गाँधी जी ने ग्रामोद्योग, कुटीर उद्योग और हस्तकलाओं पर बड़ा जोर दिया है। शिक्षा सर्वसुलभ, मुफ्त और अनिवार्य होगी। गाँधी जी की सामाजिक पुनर्निर्माण की योजना निम्नलिखित शब्दों से स्पष्ट प्रकट होती है, ''मेरा ग्राम राज्य का आदर्श यह है कि प्रत्येक गाँव एक पूर्ण गणराज्य हो। अपनी आवश्यकताओं की वस्तुओं के लिये वह अपने पड़ौसियों पर निर्भर न रहे, यद्यपि अनेक अन्य बातों पर परस्पर निर्भरता अनिवार्य है। इस प्रकार प्रत्येक गाँव का पहला काम खाने के लिये अन्न और कपड़ों के लिये रूई की फसलों को उत्पन्न करना होगा। पशुओं के लिये वहाँ चरागाह होने चाहियें और लोगों के खेल-कूद व मनोरंजन के लिये खेल के मैदान। यदि और भूमि हो तो रुपया कमाने वाली लाभप्रद फसलें भी उत्पन्न की जायें परन्तु उनमें गांजा, अफीम, तम्बाकू आदि सम्मिलित न समझी जानी चाहियें। गाँव की अपनी नाट्यशाला, सार्वजनिक भवन व पाठशाला भी होनी चाहिये। स्वच्छ जल के लिये जलाशयों का प्रबन्ध भी अत्यावश्यक है, चाहे वे सुरक्षित कुएँ हों या तालाब। बेसिक शिक्षा अनिवार्य होगी। यथासम्भव प्रत्येक कार्य सहकारिता पर आधारित किया जायेगा। आजकल की सी अस्पृश्यतामूलक जाति-पाँति न होगी। दण्ड के स्थान पर ग्राम समाज अहिंसामूलक सत्याग्रह व असहयोग से काम लेगा। ग्राम रक्षकों का एक दल रहेगा जो ग्राम निवासियों में से बारी-बारी से चुना जायेगा। गाँव का शासन पाँच व्यक्तियों की पंचायत द्वारा संचालित होगा। इन पंचों में निर्धारित निम्नतम योग्यता होनी आवश्यक होगी इनका प्रतिवर्ष सभी ग्रामवासी वयस्क स्त्री-पुरुषों द्वारा चुनाव होगा। सभी आवश्यक अधिकार इन्हीं के हाथ में होंगे। आजकल की तरह दण्ड-व्यवस्था होगी ही नहीं और पंचायत ही गाँव की व्यवस्थापिका सभा, कार्यकारिणी सरकार व न्यायपालिका सब कुछ होगी। गाँव में व्यक्तिगत स्वतन्त्रता के आधार पर बना पूर्ण लोकतन्त्र होगा। व्यक्ति स्वयं ही अपनी सरकार का निर्माता होगा। अहिंसा का नियम ही उस पर और उसकी सरकार पर शासन करेगा। वह और उसका गाँव सारे संसार

की शक्ति को चुनौती दे सकेगा क्योंकि प्रत्येक ग्रामवासी का यह सिद्धान्त होगा कि वह अपने गाँव की प्रतिष्ठा की रक्षा के लिये अपना जीवन तक बलिदान कर देने को सदा तैयार रहेगा।''

सामाजिक पुनर्निर्माण की गाँधी जी की योजना की अधिकांश भारतीय विचारकों ने बड़ी प्रशंसा की है। जहाँ तक आदर्श का प्रश्न है भारत के लिये इससे उत्तम दूसरी योजना नहीं हो सकती और इस विषय में विचारकों में दो मत नहीं हैं परन्तु वर्तमान स्थिति में गाँधी जी के बतलाये साधनों से इस राध्य को कहाँ तक प्राप्त किया जा सकता है, इस विषय में सभी एक मत नहीं हैं। ट्रस्टीशिप तथा अन्य सिद्धान्तों में अनेक व्यावहारिक कठिनाइयाँ हैं। इसीलिये वर्तमान भारतीय सरकार ने गाँधी जी के आदर्शों को मानते हुए भी भिन्न साधनों को अपनाया है। समाजवादी समाज की स्थापना वर्तमान सरकार का उद्देश्य है।

सर्वोदय

शाब्दिक रूप से सर्वोदय का अर्थ है सब का उदय। इस प्रकार सर्वोदय वह आन्दोलन है जिसमें सभी के विकास का प्रयास किया जाता है। इसमें केवल बहुमत के लाभ की ओर ध्यान न देकर प्रत्येक व्यक्ति के लाभ की ओर ध्यान दिया जाता है। इसमें एक ऐसे समाज के निर्माण की कल्पना की गई है जिसमें सभी सदस्यों को पूर्ण स्वतन्त्रता और समानता प्राप्त होगी। यह वर्ग, जाति तथा अन्य दलबन्दी विहीन समाज का आदर्श उपस्थित करता है। सर्वोदय आन्दोलन का लक्ष्य समाज में से हर प्रकार के शोषण और अन्याय को दूर करके प्रत्येक व्यक्ति को अपने सम्पूर्ण विकास के लिये पूर्ण अवसर प्रदान करना है। सर्वोदय समाज में शोषण की कोई गुन्जाइश नहीं है। इसमें अहिंसा के सिद्धान्त का पूरी तरह पालन होता है। सर्वोदय के आदर्श के कारण ही गाँधी जी पूँजीपतियों से बलपूर्वक पूँजी छीन लेने के विरुद्ध थे। वे हृदय परिवर्तन की बात करते थे। यदि किसी व्यक्ति में सुधार करना हो तो उसके हृदय परिवर्तन का प्रयास किया जाना चाहिये, बलपूर्वक उससे कोई भी बात नहीं मनवाई जा सकती भले ही वह बात कितनी भी अच्छी क्यों न हो।

सर्वोदय समाज के लक्षण

सर्वोदय की उपरोक्त परिभाषा से सर्वोदय समाज के लक्षण स्पष्ट होते हैं। आचार्य विनोबा भावे ने सर्वोदय समाज के निम्नलिखित तीन लक्षण माने हैं—

(1) समाज में किसी भी शक्ति को एकाधिकार नहीं दिया जाना चाहिये। इसके विपरीत समाज में नैतिक विचारों का शासन होना चाहिये।

(2) व्यक्ति की समस्त शक्ति समाज के कल्याण में लगनी चाहिये जिसके बदले में समाज को व्यक्ति के विकास और प्रगति के लिये कार्य करना चाहिये।

(3) ईमानदारी से किये गये कार्यों का नैतिक, सामाजिक तथा आर्थिक दृष्टि से समान महत्त्व होना चाहिये।

राजनैतिक दृष्टि से सर्वोदय विचारधारा राजनैतिक शक्ति के विकेन्द्रीकरण का पक्षपात करती है। वह राज्य के विरुद्ध है, क्योंकि राज्य शक्ति और हिंसा पर आधारित एक अनैतिक

संस्था है। अस्तु, सर्वोदय विचारधारा से प्रजातन्त्र अथवा कल्याणकारी राज्य भी समाज की सर्वोच्च स्थिति नहीं है। यह ठीक है कि राज्य को समाप्त करने से पूरे बुरे राज्य के स्थान पर अच्छे राज्य की स्थापना की जायेगी किन्तु अन्तिम लक्ष्य राज्यविहीन समाज की स्थापना करना है। जैसा कि पहले बतलाया जा चुका है, सर्वोदय विचारधारा में किसी भी अल्पमत पर किसी भी प्रकार का अत्याचार सहन नहीं किया जा सकता। अस्तु, इस विचारधारा को मानने वाले विचारक प्रजातन्त्र के विरुद्ध हैं क्योंकि प्रजातन्त्र बहुमत का शासन होता है और अल्पमत के अधिकारों का कोई विचार नहीं किया जाता। प्रजातन्त्र में राजनैतिक दलों को सबसे अधिक महत्त्व दिया जाता है और ये दल हर प्रकार के उचित अनुचित उपायों से सत्ता प्राप्त करने में लगे रहते हैं। इसका परिणाम यह होता है कि प्रत्येक व्यक्ति अपने दल को सत्तारूढ़ बनाने का प्रयास करता है और एक बार सत्ता प्राप्त हो जाने पर फिर येन केन प्रकारेण सत्ता बनाये रखने का प्रयास रखता है भले ही इससे औरों की हानि क्यों न हो। इसीलिए श्री जयप्रकाश नारायण ने लिखा है, ''यदि सौ में इक्यावन लोग किसी बात को किसी विशेष प्रकार से करने का निश्चय करते हैं तो उन्नचास व्यक्ति जो उससे सहमत नहीं हैं उस निर्णय को मानने के लिये क्यों बाध्य किये जाने चाहिये? यह किस प्रकार का जनतन्त्र है?'' इस प्रकार सर्वोदय विचारधारा के अनुसार कोई भी बहुमत किसी भी अल्पमत को अपने निर्णय को मानने के लिये बाध्य नहीं कर सकता और ऐसा करना नैतिक दृष्टि से सर्वथा अनुचित है।

इस प्रकार सर्वोदय विचारधारा के अनुसार समाज में शक्ति का विकेन्द्रीकरण किया जाना चाहिये। गांधी जी राजनैतिक, आर्थिक, सामाजिक सभी क्षेत्रों में शक्ति के विकेन्द्रीकरण के पक्षपाती थे। उनका राज्य का विरोध करना भी शक्ति के विकेन्द्रीकरण का ही एक रूप था। राजनैतिक दृष्टि से विकेन्द्रीकरण का अर्थ यह है कि राजनैतिक सत्ता गांव की पंचायत में सीमित होनी चाहिये। प्रत्येक गाँव गणतन्त्र के समान हो और उसकी पंचायत ही उस पर शासन करे। पंचायतों को सब प्रकार के अधिकार हों। इनके ऊपर किसी राज्य की आवश्यकता नहीं है। इस प्रकार सर्वोदय विचारधारा के अनुसार सम्पूर्ण समाज गांवों में विभाजित होना चाहिये। इन गांवों में भी पंचायत व्यक्ति के अधिकारों में हस्तक्षेप नहीं करेगी और उसे पूर्ण विकसित होने का पूर्ण अवसर दिया जायेगा। राज्य शक्ति के केन्द्रीकरण का प्रतीक है इसीलिये सर्वोदयवादी राज्य के विरुद्ध है। गांधी जी के आदर्श को जो राम राज्य का नाम दिया जाता है वह वास्तव में राज्य न होकर अराजक समाज है। रामराज्य के आदर्श में ऐसे समाज की कल्पना की गई है जो न्याय और सत्य के सिद्धान्त पर आधारित है और जिसमें अधिकारों से अधिक कर्त्तव्यों पर बल दिया जाता है। सामाजिक क्षेत्र में विकेन्द्रीकरण का सिद्धान्त सब प्रकार की दलबन्दी, ऊँच-नीच, छुआ-छूत के विचारों के विरुद्ध है। आर्थिक क्षेत्र में विकेन्द्रीकरण से तात्पर्य यह है कि धन शक्ति कुछ व्यक्तियों अथवा संस्थाओं अथवा राज्य के हाथ में केन्द्रित न होकर व्यक्तियों में बंटी हुई हो। सर्वोदय विचारधारा के अनुसार जहाँ कहीं शक्ति का केन्द्रीकरण होता है वहीं शोषण भी होता है, अस्तु जैसा कि विनोबा भावे ने कहा है, ''स्वराज्य शब्द के अर्थ में ही सत्ता का विकेन्द्रीकरण निहित है। अस्तु, यह सिद्धान्त जीवन के प्रत्येक क्षेत्र सामाजिक, आर्थिक और राजनैतिक में प्रत्येक व्यावहारिक सीमा तक लागू किया जाना चाहिये।''

सर्वोदय आन्दोलन का इतिहास

जैसा कि पीछे बतलाया जा चुका है, सर्वोदय आन्दोलन का इतिहास गांधीजी के विचारों से प्रारम्भ होता है। देश को स्वतन्त्रता मिलने के पश्चात् जो समस्यायें उपस्थित हुईं उनको देखकर गांधी जी ने समझ लिया था कि राजनैतिक, आर्थिक और सामाजिक सब क्षेत्रों में सर्वोदय का प्रयास किये बिना देश का उत्थान नहीं हो सकता, इसके लिये उन्होंने फरवरी 1948 में एक कान्फ्रेन्स बुलाने का आयोजन किया था किन्तु उसके पूर्व ही उनकी हत्या कर दी गई। गांधी जी की मृत्यु के पश्चात् सर्वोदय आन्दोलन चलाने का बीड़ा आचार्य विनोबा भावे ने उठाया। वास्तव में इस आन्दोलन को जन्म देने और बड़ा करने का श्रेय उन्हीं को दिया जाना चाहिये। दिसम्बर सन् 1949 में काका कालेलकर के सभापतित्व में एक सर्वोदय आर्थिक सम्मेलन का आयोजन किया गया। इस सम्मेलन में यह प्रस्ताव पास किया गया कि देश में गांधी जी के विचारों के अनुरूप सामाजिक, आर्थिक और राजनैतिक स्वतन्त्रता प्राप्त किये जाने का प्रयास किया जाना चाहिये। जनवरी सन् 1950 में यह योजना प्रकाशित की गयी और आचार्य विनोबा भावे को सर्वोदय समाज आन्दोलन का अध्यक्ष निर्वाचित किगा गया। बाद में श्री जयप्रकाश नारायण भी इरा आन्दोलन में साम्मिलित हो गये। वर्तमान समय में काका कालेलकर, आचार्य विनोबा भावे और श्री जयप्रकाश नारायण के अतिरिक्त कितने ही महान् व्यक्ति इस आन्दोलन को आगे बढ़ाने में लगे हुये हैं।

सर्वोदयवादियों के अनुसार सर्वोदय समाज की स्थापना करने में अनेक सोपानों से गुजरना पड़ेगा। सर्वोदय समाज की स्थापना की दिशा में पहला चरण समाज को गांवों की इकाइयों में बाँटकर ग्राम राज्य की स्थापना करना है जिसमें कि गांव पंचायत को समस्त शक्ति दी जायेगी। प्रत्येक गांव छोटे गणतन्त्र के समान होगा। और प्रत्येक दृष्टि से स्वावलम्बी होगा। इससे राज्य की आवश्यकता नहीं रह जायेगी और एक वर्गविहीन समाज की स्थापना होगी। सर्वोदय समाज में शारीरिक और मानसिक श्रम में किसी प्रकार का अन्तर नहीं किया जायेगा और श्रम को उचित महत्त्व दिया जायेगा।

सर्वोदय विचारधारा कहाँ तक व्यावहारिक है इस सम्बन्ध में अनेक शंकाएँ उठायी गयी हैं और सर्वोदयवादियों ने इन शंकाओं के निवारण का प्रयास भी किया है। वास्तव में आज देश में नगरीयकरण और औद्योगीकरण बढ़ते जाने से यह आशा करना कठिन हो गया है कि देश में विकेन्द्रीकरण सम्भव हो सकता है क्योंकि विभिन्न नगरों के परस्पर सम्बन्ध की ही नहीं किन्तु विभिन्न राज्यों के सम्बन्ध की भी समस्यायें ऐसी हैं जिनको केन्द्रीय राज्य सत्ता के बिना हल नहीं किया जा सकता। सामाजिक, आर्थिक और राजनैतिक दृष्टि से गांधीजी की मृत्यु के बाद से आज तक देश में जो विकास है इनको देखकर यह नहीं लगता कि यहाँ पर अगले सैंकड़ों वर्षों में भी सर्वोदय समाज की स्थापना हो सकेगी किन्तु जब तक देश में सर्वोदयवादी कार्यकर्त्ता आन्दोलन चला रहे हैं तब तक वह विचारधारा जीवित रहेगी और इस आदर्श की दिशा में कुछ न कुछ प्रगति भी अवश्य ही होगी।

(4) समाजवाद
(Socialism)

मार्क्स का मत

समाजवाद का सबसे बड़ा समर्थक और व्याख्याता कार्ल मार्क्स माना जाता है। कार्ल मार्क्स ने मानव इतिहास की आर्थिक व्यवस्था (Economic Interpretation) उपस्थित की है। इस व्यवस्था के विकास में वर्ग-संघर्ष (Class struggle) पर जोर दिया गया है। मार्क्स का मत वैज्ञानिक समाजवाद (Scientific Socialism) कहलाता है। वैज्ञानिक समाजवाद का मूलतत्व मार्क्स और इन्गेल्स की सम्मिलित घोषणा Communist Manifesto में मिलता है। सामाजिक पुनर्निर्माण के लिये मार्क्स ने वर्ग-संघर्ष को अनिवार्य माना है। इस वर्ग-संघर्ष से वर्तमान पूँजीपति वर्ग की सत्ता समाप्त होकर उनके स्थान पर सर्वहारा (Proletariate) वर्ग की सत्ता स्थापित होगी। सर्वहारा वर्ग के राज्य में निजी सम्पत्ति की संस्था नहीं रहेगी और सबकी समृद्धि का ध्यान रखा जायेगा। Communist Manifesto में मार्क्स ने अपने मत को इन शब्दों में उपस्थित किया है, ''मानव समाज भिन्न-भिन्न वर्गों में विभाजित है। इन वर्गों में लगातार संघर्ष होता रहता है। मध्ययुग में सम्पत्ति और सत्ता पर जमींदारों और जागीरदारों का अधिकार था। औद्योगिक क्रान्ति के फलस्वरूप इनका स्थान बड़े कारखानों के मालिक पूँजीपतियों ने लिया और राजनैतिक सत्ता उनके हाथ में आ गई। ये पूंजीपति श्रमिकों का शोषण कर रहे हैं। मजदूर अधिक श्रम करते हैं। उनके परिश्रम के अनुपात में मिल मालिक उनको बहुत थोड़ा देता है और वस्तु को बाजार में महँगे दामों पर बेचता है। किसी वस्तु की उत्पत्ति में लागत के मूल्य तथा बिक्री के मूल्य में अन्तर अतिरिक्त मूल्य (Surplus Value) कहलाता है। वास्तव में यह अतिरिक्त मूल्य श्रमिक की असली मजदूरी है जिसको पूँजीपति हड़प लेता है। श्रमिक को यह मजदूरी न देना उसके साथ घोर अन्याय करना है। मजदूरों के इस शोषण को समाप्त करने के लिये पूंजीवाद का विनाश जरूरी है। पूंजीवाद व्यवस्था आत्मविरोधों पर आधारित है, अतः उसका अन्त अनिवार्य है परन्तु यह तभी होगा जब मजदूर वर्ग पूंजीपतियों से उत्पादन के साधनों—कारखानों, खानों आदि तथा राजनैतिक सत्ता छीन लेगा।''

समाज का ऐसा पुनर्निर्माण तभी होगा जब कि बिना श्रम किये पिता से पुत्र को सम्पत्ति मिलने की परम्परा नष्ट हो जायेगी। सम्पत्ति को उत्तराधिकार के रूप में प्राप्त न किया जा सकेगा, देश की समस्त भूमि, कारखाने, यातायात के साधन तथा आर्थिक उत्पत्ति के सब साधनों पर राज्य का अधिकार हो जायेगा, इन पर व्यक्ति का स्वामित्व नहीं रहेगा, हर एक व्यक्ति को अनिवार्य रूप से कोई श्रम करना पड़ेगा और श्रम किये बिना कोई व्यक्ति आय प्राप्त नहीं कर सकेगा, हर एक व्यक्ति को अपनी सामर्थ्य के अनुसार काम करना होगा। कारखाने तथा भूमि राज्य की सम्पत्ति बन जायेंगे, वैयक्तिक सम्पत्ति समाप्त हो जायेगी।

साम्यवाद और समाजवाद

परन्तु समाजवाद की मार्क्सवादी व्यवस्था सभी समाजवादियों को मान्य नहीं है। मार्क्स का मत साम्यवाद है। इसको सभी समाजवादी नहीं मानते। सी० ई० एम० जोड के अनुसार

साम्यवाद और समाजवाद में महत्त्वपूर्ण अन्तर कार्यप्रणाली का अन्तर है यद्यपि दोनों का ही उद्देश्य पूंजीवादी व्यवस्था को बदल कर सुनियंत्रित आर्थिक व्यवस्था स्थापित करना है। साम्यवाद हिंसात्मक क्रान्ति सर्वहारा वर्ग की क्रान्ति द्वारा सामाजिक परिवर्तन करना चाहता है। मार्क्स ने लिखा है, ''बुर्जुआ लोगों के प्रतिरोध को तोड़ने के लिये कामगर राज्य को क्रान्तिकारी और अस्थायी रूप देते हैं।''[1] साम्यवादी अपने उद्देश्य को पूरा करने के लिये युद्ध और हिंसा का मार्ग अपनाने में नहीं हिचकिचाते। लेनिन के अनुसार, ''शोषक शोषित बहुमत के निर्णय के सामने कभी समर्पण नहीं करेंगे जब तक कि वे अपने पक्ष के साधनों को अन्तिम निराश युद्ध में अथवा युद्धों की शृंखला में प्रयोग न कर लें।''[2] साम्यवाद पूँजीपतियों के विरुद्ध घृणा फैलाता है। Communist Manifesto में कार्ल मार्क्स ने लिखा है, ''साम्यवादी अपने विचारों और लक्ष्यों को छिपाने से घृणा करते हैं, वे खुलेआम घोषणा करते हैं कि उनका उद्देश्य समस्त सामाजिक व्यवस्था को बल-पूर्वक उखाड़ फैकने से प्राप्त होगा। साम्यवादी क्रान्ति की आशंका से शासकवर्ग को कांपने दो। सर्वहारा वर्ग के पास खोने के लिये अपनी बेड़ियों के अतिरिक्त और कुछ नहीं है, जीतने के लिये उनके सामने एक संसार है। विश्व के सर्वहारा जन एक हो जाओ''[3] साम्यवाद के विरुद्ध समाजवादी वैधानिक, प्रजातन्त्रीय और शान्तिपूर्ण उपायों से पूंजीवादी व्यवस्था को बदलना चाहते हैं। साम्यवाद और समाजवाद में दूसरा अन्तर यह है जबकि साम्यवाद उत्पादन, उपभोग और वितरण पर पूरा नियन्त्रण रखता है, समाजवाद व्यक्तिगत स्वतन्त्रता को अधिक महत्त्व देता है। साम्यवाद सामूहिक उपभोग की चर्चा करता है। समाजवाद न्यायपूर्ण वितरण और राज्य के आधिपत्य की बात करता है। साम्यवाद व्यक्ति को उसकी आवश्यकता के अनुकूल देना चाहता है। उसका सिद्धान्त यह है Each according to his capacity, each according to his needs. समाजवाद का सिद्धान्त है Each according to his capacity, each according to his ability. व्यक्तिगत सम्पत्ति के साथ-साथ साम्यवाद विवाह आदि व्यक्तिगत मामलों तक पर नियन्त्रण रखता है। समाजवाद इस दिशा में उदार दृष्टिकोण रखता है। साम्यवाद क्रान्तिकारी है, समाजवाद वैधानिक है।

समाजवाद की परिभाषा

समाजवाद और साम्यवाद के अन्तर के उपरोक्त विवरण से समाजवाद की प्रकृति के बारे में बहुत कुछ स्पष्ट होता है। समाजवाद की परिभाषाओं से समाजवाद की प्रकृति पर और भी प्रकाश पड़ेगा। कुछ मुख्य परिभाषायें अग्रलिखित हैं–

---

1. "In order to breakdown the resistance to bourgeoise, the workers entrust the state with the revolutionary and temporary form."

   —Karl Marx

2. "Never will the exploiters submit to the decision of the exploited majority without making use of their advantages in the last desparate battle or in a series of battles."

   —Lenin

3. "Communist scorn to hide their views and aims, they openly declare that their purpose can only be achieved by forcible overthrow of the whole social order. Let the ruling class tremble at the prospect of a communist revolution. Proletarians have nothing to lose but their chains, they have a world to win, proletarians of the world unite."

   —Communist Manifesto

(1) **जी॰ डी॰ एच॰ कोल**—"समाजवाद एक वर्ग विहीन समाज का परिचायक है जिसमें आर्थिक क्रियायें सार्वजनिक नियन्त्रण में उत्पादन के साधनों पर सार्वजनिक स्वामित्व और श्रम तथा सम्पत्ति के प्रयोग पर जनतन्त्रीय नियन्त्रण के आधार पर सीधे सम्बन्धित हैं।"[1]

(2) **ह्यूगन**—"समाजवाद श्रमिक वर्ग का राजनैतिक आन्दोलन है जिसका लक्ष्य उत्पादन और वितरण के मौलिक साधनों के सामूहिक स्वामित्व तथा जनतन्त्रीय प्रबन्ध द्वारा शोषण का उन्मूलन है।"[2]

(3) **सैलर्स**—"समाजवाद एक जनतन्त्रीय सरकार है जिसका प्रयोजन समाज का एक ऐसा आर्थिक संगठन प्राप्त करना है जो कि किसी भी समय अधिकतम सम्भव न्याय और स्वतन्त्रता देगा।"[3]

समाजवाद के प्रमुख तत्त्व

समाजवाद की उपरोक्त परिभाषाओं से समाजवाद के प्रमुख तत्त्वों का भी आभास होता है। स्थूल रूप से समाजवाद के प्रमुख तत्त्व निम्नलिखित हैं—

(1) **व्यक्ति की अपेक्षा समाज पर अधिक जोर**—समाजवाद व्यक्ति की अपेक्षा समाज पर अधिक जोर देता है। रोशर के शब्दों में, "समाजवाद उस विचारधारा का समर्थक है जो व्यक्तिगत प्रगति की अपेक्षा सामाजिक प्रगति पर अधिक जोर देती है।"

(2) **समाज का अवयवीय एकता** (Organic Unity) **में विश्वास**— समाजवाद के मूल में यह विचार निहित है कि समाज एक अवयवीय एकता है। अतः समाज की प्रगति के लिये व्यक्ति की प्रगति और व्यक्ति की प्रगति के लिये समाज की प्रगति आवश्यक है।

(3) **पूंजीवाद का नाश**—समाजवाद पूंजीवाद को समूल उखाड़ फेंकना चाहता है। पूँजीवाद के नाश के हिंसात्मक और अहिंसात्मक, क्रान्तिकारी और वैधानिक अन्तर के आधार पर साम्यवाद और समाजवाद में अन्तर किया जाता है।

(4) **भूमि के स्वामित्व का नाश**—पूँजीवाद के नाश के साथ-साथ समाजवाद भूमि के स्वामित्व का भी नाश कर देना चाहता है। ब्लैकफोर्ड के शब्दों में, "समाजवाद राज्य के द्वारा चलाई जाने वाली सहयोग की एक स्वाभाविक योजना है, उसकी योजना में मूलरूप से एक मांग है अर्थात् भूमि उत्पादन के अन्य साधन सामान्य सम्पत्ति होंगे और जनता द्वारा जनता के लिये प्रयोग किये जायेंगे और शासित किये जायेंगे।"[4]

---

1. "Socialism denotes a classless society in which economic activities are directly connected under public auspices on a basis of public ownership of the means of production and democratic control of the uses to which capital and labour are to be applied." —G. D. H. Cole
2. "Socialism is a political movement of working class which aims to abolish exploitation by means of collective ownership and democratic management of the basic instruments of production and distribution." —Hughan
3. "Socialism is a democratic government whose purpose is to secure an economic organisation of society which will give the maximum possible, at any time, of justice and liberty". —Communist Manifesto
4. "Socialism is a kind of natural scheme of co-operation, managed by the state, its programme consists essentially of one demand, that is land and other instruments of production shall be common property and shall be used and governed by the people for the people." —Blatchford

(5) सामाजिक व आर्थिक विषमता को दूर करना—लैवली (Leveleye) लिखता है, "प्रत्येक समाजवादी सिद्धान्त सामाजिक अवस्थाओं में अधिक समानता स्थापित करने का लक्ष्य रखता है। समाजवाद समानीकरण करने वाला और एक स्तर पर लाने वाला है।"[1] समाजवाद सामाजिक और आर्थिक वैषम्य दूर करके वर्गहीन समाज की स्थापना करना चाहता है। यह न्याय, स्वतन्त्रता और समाज कल्याण की भावना पर आधारित है। वह सामाजिक नियन्त्रण का समर्थन करता है परन्तु साथ ही साथ वह व्यक्ति के विकास का भी समुचित ध्यान रखता है।

समाजवाद के विभिन्न रूप

समाजवाद एक प्रगतिशील विचारधारा है। अतः भिन्न-भिन्न देशकाल में उसके अनेक रूप हो गये हैं। मार्क्स के समाजवाद का तो पीछे वर्णन किया जा चुका है। अन्य मुख्य रूप निम्नलिखित हैं—

(1) सर्वसत्तावाद समाजवाद (Totalitarian Socialism)—इसमें साम्यवाद आता है जिनका वर्णन किया जा चुका है।

(2) राष्ट्रीय समाजवाद (National Socialism)—राष्ट्रीय समाजवाद, समाजवाद का एक विकृत रूप है। यह फासिस्ट विचारधारा का समर्थन करता है।

(3) राजकीय समाजवाद (Trade Union)—यह व्यवस्था सम्पत्ति का समान वितरण करना चाहती है और प्रजातन्त्रीय राज्य द्वारा सामाजिक जीवन का अधिक से अधिक नियन्त्रण करना चाहती है। यह वैधानिक उपायों से पूँजीवाद का अन्त करना चाहती है। राष्ट्रीय पुनर्निमाण की योजना में उत्पादन के साधनों पर व्यक्तिगत स्वामित्व समाप्त कर दिया जायेगा और राज्य देश की समस्त महत्त्वपूर्ण सेवाओं और उद्योगों का संचालन करेगा। राष्ट्रीय सम्पत्ति का न्यायसंगत वितरण किया जायेगा। भूमि, उद्योगों, कारखानों का राष्ट्रीयकरण किया जायेगा। परन्तु सब सुधार जनमत की स्वीकृति से होंगे। इस प्रकार यह जनतन्त्रीय समाजवाद स्थापित करने की योजना है। राष्ट्रीयकरण करने पर उद्योग और भूमि आदि के मालिकों को मुआवजा दिया जायेगा। राष्ट्रीयकरण में सबसे पहले आधारभूत उद्योगों का राष्ट्रीयकरण किया जायेगा। आमतौर से छोटे और कुटीर उद्योगों को निजी हाथों में ही छोड़ दिया जायेगा। केन्द्रीय सरकार के साथ स्थानीय, नगर की और जिले तथा राज्य की सरकारें भी शासन प्रबन्ध में भाग लेंगी। श्रमिकों के अधिकार सुरक्षित होंगे। बेकारी को समाप्त कर दिया जायेगा। सबको निःशुल्क और अनिवार्य शिक्षा दी जायेगी। उत्पादन लाभ के लिये नहीं बल्कि उपयोगिता के दृष्टिकोण से किया जायेगा। राज्य सामाजिक कल्याण और सुरक्षा के कार्यक्रमों को अधिक से अधिक व्यापक बनायेगा। समाजवाद का यह रूप आजकल साम्यवाद के समान ही प्रचलित है। गैर साम्यवादी देशों में अधिकतर देश बहुत थोड़े अन्तर से इसी व्यवस्था को मानते हैं। भारत में भी थोड़े बहुत अन्तर से इसी प्रकार का समाजवाद माना गया है।

---

1. "Every socialist doctrine aims at introducing greater equality into social conditions. Socialism is equaliser and leveller."

—Leveleye

(4) संघवाद (Syndicalism)—संघवाद में श्रमिक संघ ही सामाजिक व्यवस्था के आधार हैं। इस व्यवस्था में प्रत्येक उद्योग, कला, व्यापार आदि के, अपने संघ होंगे। इस प्रकार डाक्टरों, वकीलों, अध्यापकों, मोचियों, किसानों आदि के अलग-अलग संघ होंगे। प्रत्येक नगर और गाँव में इस प्रकार के स्थानीय संघ होंगे। इन स्थानीय संघों के प्रतिनिधि मिलकर अलग-अलग क्षेत्रीय संघ बनायेंगे। क्षेत्रीय संघों के प्रतिनिधियों का एक राष्ट्रीय संघ होगा। प्रत्येक राष्ट्रीय संघ को अपने क्षेत्र में पूरी स्वतन्त्रता होगी। संघ का प्रबन्ध उसमें काम करने वालों के ही हाथ में होगा। इस प्रकार सत्ता श्रमजीविकों के हक में होगी और काम न करने वालों को कोई अधिकार भी न होगा। आर्थिक असमानता, शोषण आदि का अन्त कर दिया जायेगा।

(5) श्रेणी समाजवाद (Guild Socialism)—इस सम्बन्ध में दो योजनायें प्रसिद्ध हैं—हाब्सन की योजना और जी० डी० एच० कोल की योजना। श्रेणी समाजवाद, संघवाद और राजकीय समाजवाद के मध्य की कड़ी है। संघवाद के समान यह राज्य के स्थान पर स्थानीय, क्षेत्रीय और राष्ट्रीय संघों के द्वारा समाज की व्यवस्था करना चाहता है। परन्तु संघवाद के विरुद्ध समष्टिवाद (Collectivism) के समान यह जनतन्त्रीय उपायों में विश्वास करता है।

समाजवाद की आलोचना

कुछ आलोचकों ने भिन्न-भिन्न दृष्टिकोण से समाजवादी सिद्धान्त की आलोचना की है। समाजवाद सम्पत्ति पर से व्यक्तिगत अधिकार समाप्त कर देना चाहता है। इससे कुछ लोगों का कहना यह है कि सम्पत्ति के समाप्त हो जाने पर विवाह की संस्था भी समाप्त हो जायेगी क्योंकि विवाह की संस्था व्यक्तिगत सम्पत्ति की संस्था पर आधारित है। जी० डैविल ने लिखा है, ''विवाह सम्पत्ति का एक नियम है, व्यक्तियों का मिलन न होकर एक व्यावसायिक समझौता है और उसकी उपयोगिता एक समाज के आर्थिक ढाँचे से निकलती है जो कि व्यक्तिगत स्वामित्व पर आधारित है ..... जब सम्पत्ति रूपान्तरित कर दी जायेगी तो विवाह का तर्क भी खत्म हो जायेगा, उदाहरण के लिये, तब लड़के और लड़कियाँ किसी रोक-टोक के भय के बिना मुक्त रूप से स्वभाव की इच्छाओं और उत्तेजनाओं को सुनेंगे।''[1] कुछ लोग समाजवादी व्यवस्था को परिवार की संस्था का उन्मूलन करने वाला समझते हैं। ये मत भ्रमपूर्ण हैं। परिवार का उन्मूलन समाजवाद का सिद्धान्त नहीं है और न उसमें विवाह का ही उन्मूलन होगा। यदि विवाह को एक व्यावसायिक समझौता समझा जाय तो उसमें अस्थिरता अवश्य आ सकती है परन्तु समझौते तो सभी अस्थायी होते हैं और विशेषकर व्यावसायिक समझौता तो अपनी उपयोगिता तक ही सीमित है तब फिर यदि वह न टिक सके तो उसके लिये सम्पत्ति की संस्था बनाये रखने की दलील सार्थक नहीं मालूम पड़ती। विवाह की संस्था तभी टिक सकती है जबकि उसको केवल व्यावसायिक समझौता मात्र न समझकर व्यक्तियों का मिलन माना जाये।

---

1. "Marriage is a regulation of property, a business contract rather than a union of persons and its utility grows out of the economic structure of society which is based on individual appropriation.... When property is transformed marriage will lose its reason, for example, boys and girls may then freely and without fear of censure listen to the desires and promptings of nature."

—G. Deville

कुछ आलोचकों ने समाजवाद को अवसरवादी, उपयोगितावादी और भौतिकवादी कहकर उसकी आलोचना की है। वास्तव में, समाजवाद मूल रूप से न तो उपयोगितावादी है और न भौतिकवादी है। समाजवाद के जिन मूल तत्त्वों का पीछे उल्लेख किया गया है अर्थात् निजी सम्पत्ति, आर्थिक विषमता, पूँजीवाद और व्यक्तिवाद तथा भूमि पर निजी स्वामित्व का उन्मूलन करके वर्गविहीन समाज की स्थापना आदि ऐसी बातें हैं जिनके सत्य से आज कोई भी गम्भीर और चिन्तनशील विचारक इन्कार नहीं कर सकता है।

वास्तव में समाजवाद के विरुद्ध समस्त तर्क विशेष रूपों के प्रति लागू होते हैं। समाजवाद सामाजिक पुनर्निर्माण का सर्वश्रेष्ठ उपाय है परन्तु असली प्रश्न यह है कि उसके लिये कौन से साधन अपनाये जायें। इस विषय में विभिन्न समाजवादी मतों में भारी मतभेद है। मूलरूप से गाँधीवाद और सर्वोदयवाद में भी समाजवादी सिद्धान्तों को स्वीकार किया गया है परन्तु उसके साधन सत्य और अहिंसा पर आधारित हैं। समाजवाद को स्थापित करने के लिये किस देश में किस समय कौन से साधन अपनाये जाने चाहियें इसके लिये कोई सामान्य नियम नहीं बनाया जा सकता। सच्चा समाजवाद समस्त समाज का अर्थात् समाज के सभी अंगों का कल्याण करेगा। अत: ऐसे उपाय नहीं अपनाये जाने चाहियें जिनसे रागाज के किसी अंग को दूसरे अंग के लाभ के लिये साधन मात्र बना दिया जाये।

समाजवाद में समाज को एक अवयवीय एकता माना गया है। यदि इस बात को शाब्दिक अर्थ में लिया जाये तो इससे व्यक्तित्व के समुचित विकास में बाधा पहुँचने की सम्भावना है। व्यक्ति और समाज का कल्याण अन्योन्याश्रित अवश्य है।

अभ्यास के लिए प्रश्न

1. सामाजिक न्याय के प्रमुख सिद्धान्तों का संक्षिप्त वर्णन कीजिये।
2. संक्षेप में साम्यवाद के सिद्धान्त बताते हुये साम्यवाद एवं समाजवाद में सैद्धान्तिक भेदों को समझाइये।

36

अन्तर्राष्ट्रीय श्रम संगठन और भारत

(International Labour Organization and India)

अन्तर्राष्ट्रीय श्रम संगठन वर्तमान काल में सबसे बड़े अन्तर्राष्ट्रीय संगठनों में से एक है। यह सामाजिक, आर्थिक और राजनैतिक न्याय को विशेषतया विश्व के श्रमिकों में प्राप्त करने के लिए स्थापित किया गया। इसकी स्थापना प्रथम विश्व युद्ध के पश्चात् वर्साय की सन्धि के परिणामस्वरूप हुई थी। इस सन्धि पत्र पर 32 राष्ट्रों ने हस्ताक्षर किये थे। इसके अधिवेशन में श्रम विवादों के कारणों पर तथा श्रमिकों की समस्याओं और उनके उपचारों पर चिन्तन किया गया। 31 जनवरी 1919 में एक अन्तर्राष्ट्रीय श्रम अधिनियम आयोग (International Labour Enactment Commission) की स्थापना की गई। ब्रिटेन, संयुक्त राष्ट्र अमेरिका, फ्रांस, इटली और जापान इसके सदस्य थे। इस आयोग को श्रम कल्याण की समस्यायें सुलझाने के लिये एक संगठन स्थापित करने का कार्य सौंपा गया। इस संगठन को कामनवैल्थ का सहयोग प्राप्त हुआ। एक फरवरी सन् 1919 से 23 मार्च सन् 1919 तक इस आयोग की 35 बैठकें हुईं। 35 वीं बैठक में 23 मार्च सन् 1919 को यह निश्चित किया गया कि एक अन्तर्राष्ट्रीय श्रम संगठन की व्यापक रूपरेखा बनाई जाये। इसके बाद वाशिंगटन में 29 अक्टूबर तक इस दिशा में क्रियायें होती रहीं। इस प्रकार अन्तर्राष्ट्रीय श्रम संगठन का जन्म वाशिंगटन में हुए अन्तर्राष्ट्रीय अधिवेशन में हुआ।

मौलिक सिद्धात

(Fundamental Principles)

अन्तर्राष्ट्रीय श्रम संगठन के मौलिक सिद्धान्त श्रम चार्टर (Labour Charter) अथवा श्रमिकों की स्वतन्त्रता के चार्टर में दिए हुए हैं। संयुक्त राष्ट्र संघ के सभी सदस्यों ने इस चार्टर को स्वीकार किया है। इस चार्टर के मूल सिद्धान्त हैं—श्रम के घण्टों का नियमन जिनमें एक दिन अथवा एक सप्ताह में अधिकतम कार्य सम्मिलित हैं, श्रम नीति का नियमन, बेरोजगारी की रोकथाम, उपयुक्त वेतन की व्यवस्था, श्रमिकों की रोग तथा आघात से सुरक्षा

जो कि रोजगार के द्वारा उत्पन्न हुए हैं, बालकों, युवाओं और स्त्रियों की सुरक्षा, वृद्धावस्था के लिये और दुर्घटना की स्थिति में सुरक्षा, कर्मचारियों के विदेशों में काम करने के दौरान उनके हितों की सुरक्षा, श्रमिकों के समिति बनाने तथा व्यावसायिक और प्राविधिक शिक्षा प्राप्त करने के संगठनों को तथा अन्य प्रावधानों के सिद्धान्तों को मान्यता प्रदान करना।

उपरोक्त के अतिरिक्त कुछ मौलिक सिद्धान्त श्रम समस्याओं और उनके उपचारों पर आधारित हैं। चार्टर में सम्मिलित ये सिद्धान्त निम्नलिखित हैं–

(1) निर्देशक सिद्धान्त यह होगा कि श्रम को वस्तु अथवा विनिमय की सामग्री नहीं माना जाना चाहिये।

(2) सभी कानूनी प्रयोजनों के लिए सेवायोजकों तथा कर्मचारियों के समिति बनाने के अधिकारों को मान्यता दी गई।

(3) कर्मचारियों को भुगतान एक उचित जीवन स्तर बनाये रखने के लिये उपयुक्त होना चाहिये जैसा कि इनके काल में और देशों में माना जाता रहा हो।

(4) दिन में 8 घण्टे अथवा सप्ताह में 48 घण्टे को मानक स्थापित करना जहाँ पर कि वे पहले से ही न माने जाते हों।

(5) सप्ताह में कम से कम 24 घण्टे के आराम की व्यवस्था जिसमें जहाँ कहीं सम्भव हो रविवार को सम्मिलित किया जाना चाहिए।

(6) युवा व्यक्तियों में बाल श्रम का उन्मूलन तथा उनकी शिक्षा चलाये रखने और उनके उपयुक्त शारीरिक विकास की व्यवस्था।

(7) यह सिद्धान्त कि स्त्रियों और पुरुषों को समान वेतन दिया जाना चाहिए।

(8) प्रत्येक देश में श्रम की दशाओं से सम्बन्धित बने हुए कानूनों द्वारा स्थापित मानदण्ड में राष्ट्रीय और विदेशी सभी कर्मचारियों को आर्थिक दृष्टि से समान माने जाने की व्यवस्था होनी चाहिये।

(9) प्रत्येक राज्य को निरीक्षण की व्यवस्था स्थापित करनी चाहिए जिसमें कि स्त्रियाँ भी भाग लें ताकि कर्मचारियों को सुरक्षा से सम्बन्धित नियमों और अधिनियमों को लागू किये जाने की गारन्टी दी जा सके।

अन्तर्राष्ट्रीय श्रम संगठन के कार्य
(Functions of International Labour Organization)

अन्तर्राष्ट्रीय श्रम संगठन द्वारा किये जाने वाले महत्त्वपूर्ण कार्य निम्नलिखित हैं–

(1) अन्तर्राष्ट्रीय श्रम समस्याओं और आर्थिक व्यवस्था तथा शोध का गहन अध्ययन करने के साथ-साथ राष्ट्रों को इन समस्याओं के उपचार के लिये उत्प्रेरक देने की व्यवस्था करना।

(2) गहन अनुसन्धान एवं अध्ययन के आधार पर समस्याओं के उन्मूलन का प्रयास करना।

(3) कुछ राष्ट्र श्रम समस्याओं के विषय में विधान बनाने को उत्सुक हैं और उस प्रकार के संगठनों को प्रोत्साहित करना चाहते हैं। अन्तर्राष्ट्रीय श्रम संगठन ऐसे राष्ट्रों को विशेषज्ञों द्वारा सलाह प्रदान करता है।

(4) श्रम समस्याओं से सम्बन्धित विभिन्न विषयों पर प्रकाशन और उनसे सम्बन्धित सामग्री का एकत्रीकरण तथा साथ-साथ श्रम शक्ति को प्रोत्साहित करना अन्तर्राष्ट्रीय श्रम संगठन के कुछ कार्य हैं। प्रकाशन और सामग्री के एकत्रीकरण के विषयों में बेरोजगारी, सामाजिक सुरक्षा, सामाजिक कल्याण और श्रम संगठन सम्मिलित हैं।

(5) समय-समय पर सदस्य राष्ट्रों को श्रम कल्याण और औद्योगिक विकास के सम्बन्ध में सुझाव प्रदान करना।

(6) अन्तर्राष्ट्रीय श्रम संगठन की सहायता से विभिन्न देशों में श्रम समस्याओं के विषय में जानकारी प्राप्त की जा सकती है। वह इन समस्यओं के उपचार के विषय में भी आवश्यक जानकारी प्रदान करता है। वह इस दिशा में अस्पतालों और सफलता के कारणों के विषय में जानकारी टेता है।

(7) जिन देशों को सहायता की आवश्यकता होती है वे अन्तर्राष्ट्रीय श्रम संगठन को सहायता का प्रार्थना पत्र भेजते हैं। अन्तर्राष्ट्रीय श्रम संगठन इसके प्रत्युत्तर में इन समस्याओं का अध्ययन करने और उपयुक्त सलाह देने के लिये प्रतिनिधि भेजता है।

अन्तर्राष्ट्रीय श्रम संगठन के उद्देश्य
(Objectives of I. L. O.)

अन्तर्राष्ट्रीय श्रम संगठन का श्रम चार्टर उसके उद्देश्यों को स्पष्ट करता है। संक्षेप में उसके प्रमुख उद्देश्य अथवा लक्ष्य निम्नलिखित हैं—

(1) प्रत्येक श्रमिक जो कि शारीरिक और मानसिक रूप से योग्य है और जिसे रोजगार की इच्छा है तथा जो उसके लिए प्रयास करता है उसके लिये रोजगार की व्यवस्था करना।

(2) रोजगार जुटाते समय दो बातों पर गौर किया जाना चाहिए, एक तो योग्यता के अनुरूप कार्य दिलाना और दूसरे कार्य का इच्छा और रुचि के अनुरूप होना।

(3) श्रमिक की आय में वृद्धि करना।

(4) श्रमिकों के जीवन स्तर को ऊँचा उठाना।

(5) श्रमिकों के स्थानान्तरण के लिए उत्प्रेरक प्रदान करना और इस स्थानान्तरण के विषय में साधनों के सम्बन्ध में निर्देशन देना।

(6) श्रमिकों के लिये पर्याप्त सामाजिक सुरक्षा प्रदान करना।

(7) श्रमिकों के लिए जीवन बीमा की व्यवस्थायें जुटाना।

(8) श्रमिक कल्याण के लिये सामूहिक सौदेबाजी की व्यवस्था और इस दिशा में श्रमिकों के अधिकारों के प्रति सम्मान और सुरक्षा प्रदान करना।

(9) श्रमिकों और उनके आश्रितों को शिक्षा सम्बन्धी सुविधायें प्रदान करना।

(10) श्रमिकों की निपुणता बढ़ाने के लिये प्रशिक्षण की पर्याप्त सुविधायें जुटाना।

(11) श्रमिकों और सेवायोजकों में सहयोग बढ़ाना।

(12) उद्योग में उत्पादन की सामर्थ्य बढ़ाना।

(13) उपयुक्त नीतियों की व्यवस्था करना ताकि श्रमिकों को आर्थिक विकास में पर्याप्त भाग प्रदान हो सके।

(14) गन्दी बस्तियों का उन्मूलन, औद्योगिक श्रमिकों के लिये उपयुक्त आवास की व्यवस्था करना।

(15) कार्य करने की सामर्थ्य बढ़ाने के लिये श्रमिकों को स्वस्थ मनोरंजन प्रदान करना।

(16) समान कार्य के लिये समान वेतन की व्यवस्था करना।

(17) श्रमिकों की कार्य दशाओं में आवश्यक सुधार करना।

(18) ऐसी व्यवस्थायें जिनसे बाल श्रमिकों के श्रम पर रोकथाम लग सके।

(19) युवा श्रमिकों के स्वास्थ्य की रक्षा और उन्हें शिक्षा सम्बन्धी सहायता प्रदान करना।

(20) बाल कल्याण की पर्याप्त व्यवस्था।

(21) मातृत्व सुरक्षा और हितलाभ की पर्याप्त व्यवस्था।

अन्तर्राष्ट्रीय श्रम संगठन का संविधान
(Constitution of I. L. O.)

सन् 1967 में अन्तर्राष्ट्रीय श्रम संगठन में 118 राष्ट्र सम्मिलित थे। तब से यह संख्या बढ़ती ही गयी है और वर्तमान काल में कदाचित ही कोई राष्ट्र इसका सदस्य न हो। अन्तर्राष्ट्रीय श्रम संगठन की गतिविधियाँ उसके संगठन के निम्नलिखित संविधान पर आधारित हैं—

(1) अन्तर्राष्ट्रीय श्रम दफ्तर (International Labour Office)—यह इटली में जिनेवा नामक स्थान पर स्थित है। यहाँ अन्तर्राष्ट्रीय श्रम संगठन का सचिवालय है। इसके प्रमुख विभाग हैं—सचिवालय, विश्व सूचना सेवा और प्रकाशन। इसका सबसे प्रमुख कार्य श्रम समस्याओं के विषय में अध्ययन और अनुसंधान करना है। विभिन्न देशों के विशेषज्ञ अपने ज्ञान और अनुभव के आधार पर इस कार्य में योगदान देते हैं। विश्व के अनेक देशों में इसकी शाखायें हैं। भारत में नई दिल्ली में इसकी शाखा सन् 1928 में स्थापित हुई। यह शाखा अन्तर्राष्ट्रीय श्रम संगठन तथा भारत सरकार, सेवायोजकों और श्रमिकों में घनिष्ट सम्बन्ध स्थापित करती है। इस दफ्तर में डायरेक्टर जनरल प्रमुख अधिकारी होता है। इसके आधीन अन्तर्राष्ट्रीय श्रम दफ्तर में विभिन्न देशों से आये हुए कर्मचारी काम करते हैं। सन् 1966 में अन्तर्राष्ट्रीय श्रम दफ्तर के 1145 कर्मचारियों में 16 भारतीय थे। ये भारतीय विभिन्न क्षेत्रों

के विशेषज्ञ थे। अन्तर्राष्ट्रीय श्रम दफ्तर 2 पत्रिकाओं का प्रकाशन करता है जिनमें से एक मासिक पत्रिका (अन्तर्राष्ट्रीय श्रम रिव्यू) (International Labour Review) तथा दूसरी पाक्षिक पत्रिका (Industry and Labour) (उद्योग और श्रम) है।

(2) अन्तर्राष्ट्रीय श्रम संगठन के प्रशासक (Governing Body of I. L.O.)– इस वर्ग में अन्तराष्ट्रीय श्रम संगठन के अधिकारीगण सम्मिलित हैं। इनके द्वारा किये जाने वाले कार्यों में प्रमुख हैं–अन्तर्राष्ट्रीय श्रम संगठन के दफ्तर का सामान्य सर्वेक्षण, बजट बनाना, संगठन के कार्यों के लिये नीति निर्धारत करना, औद्योगिक विशेषज्ञ समिति की स्थापना, डायरेक्टर जनरल पद के चुनाव तथा सामान्य समय में अन्य महत्त्वपूर्ण निर्णय लेना। प्रशासक संगठन के एक वर्ष में 3 सत्र होते हैं। अध्यक्ष और उपाध्यक्ष का चुनाव प्रत्येक वर्ष किया जाता है। आरम्भ में प्रशासक समिति में 32 सदस्य थे। सन् 1663 में उनकी संख्या 48 हो गई जिनमें से 24 सरकारों के प्रतिनिधि, 12 सेवायोजकों के प्रतिनिधि और 12 श्रमिकों के प्रतिनिधि थे। प्रशासक समिति में 10 महत्त्वपूर्ण राष्ट्र स्थायी सदस्य माने जाते हैं। इनके नाम हैं कनाडा, चीन फ्रांस, भारत, इटली, जापान, रूस, इंगलैण्ड, संयुक्त राष्ट्र अमेरिका और पश्चिमी जर्मनी। इन 10 स्थायी सदस्यों के साथ-साथ अन्तरंग दल में 24 प्रतिनिधि होते हैं जिनमें से 14 प्रत्येक तीन वर्ष के लिये चुने जाते हैं। प्रशासक दल का पहला अधिवेशन भारत में मैसूर में सन् 1950 में हुआ था। सन् 1961-62 में भारतीय प्रतिनिधि डॉ॰ एस॰ टी॰ मायरने (S. T. Mairany) इसके सभापति रहे।

(3) अन्तर्राष्ट्रीय श्रम सम्मेलन (International Labour Conference)– अन्तर्राष्ट्रीय श्रम सम्मेलन प्रत्येक वर्ष होता है। इसका लक्ष्य श्रमिकों की समस्याओं पर विचार करना है। इसमें प्रत्येक सदस्य राष्ट्र से चार प्रतिनिधि शामिल होते हैं। इन चार प्रतिनिधियों में दो सरकार के, एक सेवायोजक का और एक श्रमिकों का नामित (Nominee) होता है। इसके अतिरिक्त अन्तर्राष्ट्रीय श्रम सम्मेलन के विचार विनिमय में अनेक विशेषज्ञ और सलाहाकार भाग लेते हैं। यह दो महत्त्वपूर्ण कार्य सम्पादित करता है। एक तो एजेन्डा तैयार करना और दूसरे संस्तुतियाँ उपस्थित करना। ये सम्मेलन जो संस्तुतियाँ प्रदान करते हैं उन्हें अन्तर्राष्ट्रीय श्रम कोड (International Labour Code) के नाम से जाना जाता है। सन् 1966 तक अन्तर्राष्ट्रीय श्रम सम्मेलन के 50 अधिवेशन हो चुके थे और उनके द्वारा 127 संस्तुतियाँ मान्यता प्रदान की गई थीं। इन संस्तुतियों के प्रमुख विषय थे–कार्य के घण्टे, सवेतन छुट्टी, स्त्रियों के लिए नौकरियाँ, बालकों की सुरक्षा, औद्योगिक दुर्घटनाओं की रोकथाम और उनके होने पर मुआवजा, बेरोजगारों का जीवन बीमा, वृद्धावस्था और रोग के विरुद्ध जीवन बीमा, न्यूनतम वेतन का निर्धारण, उपनिवेशों की श्रम समस्यायें और समुद्र कर्मचारियों तथा मछुवारों की समस्यायें इत्यादि।

अन्तर्राष्ट्रीय श्रम संगठन के संविधान के उपरोक्त घटक तीन भागों के अतिरिक्त इसमें विभिन्न समितियाँ भी सम्मिलित होती हैं जिनके द्वारा विभिन्न महत्त्वपूर्ण कार्य सम्पादित किये जाते हैं। इनमें से अधिक महत्त्वपूर्ण समितियाँ हैं–औद्योगिक समिति, विशेषज्ञ समिति, अखबारी प्रतिनिधि समिति, क्षेत्रीय और परम्परागत समिति तथा दण्डात्मक समिति और क्षेत्रीय समितियाँ इत्यादि।

अन्तर्राष्ट्रीय श्रम संगठन और भारत
(I. L. O. and India)

अन्तर्राष्ट्रीय श्रम संगठन के विकास में भारत ने महत्त्वपूर्ण योगदान दिया है क्योंकि यह विश्व में सबसे अधिक बहुसंख्यक राष्ट्रों में से एक है। इस दिशा में महत्त्वपूर्ण उल्लेखनीय बातें निम्नलिखित हैं–

(1) भारत अन्तर्राष्ट्रीय श्रम संगठन का आरम्भ से ही सदस्य रहा है।

(2) भारत अन्तर्राष्ट्रीय श्रम संगठन की प्रशासक समिति के 10 स्थायी सदस्यों में से एक है। अस्तु, वह अन्तर्राष्ट्रीय श्रम संगठन की नीतियों को निर्धारित करने में महत्त्वपूर्ण कार्यभाग अदा करता रहा है।

(3) अन्तर्राष्ट्रीय श्रम संगठन की विभिन्न समितियों के सदस्य के रूप में भारत उसके कार्य में महत्त्वपूर्ण भाग लेता रहा है।

(4) नियमित वैत्तियक योगदान से भारत ने अन्तर्राष्ट्रीय श्रम संगठन की वित्तीय आवश्यकताओं को पूरा करने में महत्त्वपूर्ण सहायता दी है।

(5) भारत सरकार ने भारतवर्ष में श्रमिकों के उत्थान और कल्याण के विषय में अन्तर्राष्ट्रीय श्रम संगठन की सिफारिशों पर चलने के लिये कदम उठाये हैं।

(6) भारतीय सरकार ने अन्तर्राष्ट्रीय श्रम संगठन की सामाजिक प्रगति में सदैव रुचि दिखलाई है।

(7) भारत सरकार द्वारा प्रकाशित वार्षिक प्रकाशनों में अन्तर्राष्ट्रीय श्रम संगठन द्वारा विश्व में सामाजिक सुरक्षा की प्रगति के विषय में उल्लेख मिलता है।

(8) अन्तर्राष्ट्रीय श्रम संगठन की सिफारिश पर भारत सरकार ने रोजगार ब्यूरो, रोजगार नीति, औद्योगिक प्रशिक्षण, सामाजिक सुरक्षा विधान, कार्य करने के घण्टे निर्धारित करना, सवेतन छुट्टी, स्त्रियों और बाल श्रमिकों की सुरक्षा तथा न्यूनतम वेतन निर्धारण, औद्योगिक सुरक्षा, कल्याण और सहयोग के विषय में महत्त्वपूर्ण कदम उठाये हैं।

अभ्यास के लिये प्रश्न

1. अन्तर्राष्ट्रीय श्रम संगठन के संविधान, संगठन एवं कार्यों का वर्णन कीजिए।
2. अन्तर्राष्ट्रीय श्रम संगठन के उद्‌गम तथा मूल सिद्धान्तों पर आलोचनात्मक टिप्पणी लिखिए।

BIBLIOGRAPHY

Anderson, N., *Work and Leisure.* New York : Free Press, 1960.

Arensberg, C.M., et al., eds. *Research in industrial Human Relations,* New York. Harper & Row, 1957.

Abrams, M., and Rose, R., *Must Labour Lose*?, Baltimore Penguin, 1961.

Baritz, L., *The Servants of Power : A History of the Use of Social Science in American Industry,* Middletown Conn : Wesleyan University Press, 1960.

Baldwin, G., *Industrial Growth in South India,* New York : Free Press, 1959.

Bakke, E.W., *The Unemployed Worker,* New Haven, Conn. : Yale University Press, 1940.

Barbash, J., *The Practice of Unionism,* New York : Harper & Row, 1956.

Barbash, J., ed., *Unions and Union Leadership,* New York : Harper & Row. 1959.

Baker, H., and Frances, R.R., *Centralization and Decentralization in Industrial Relations,* Princeton : University Press, 1954.

Banks., J.A., *Industrial Participation : Theory and Practice,* Liverpool, England : Liverpool University Press, 1963.

Bell, D., *Work and Authority in Industry,* New York : Wiley, 1956.

Bendix, R., *Work and Authority in Industry,* New York : Wiley, 1956.

Bellows, B., Gilson T., and Odiorne G., *Executive Skills : Their Dynamics and Development,* Englewood Oliffs, N.J. : Prentice Hall, 1962.

Blauner, R., *Alienation and Freedom : The Factory Worker and His Industry,* Chicago, III : The University of Chicago Press, 1964.

Braun, K., *Labour Disputes and the Settlement,* Baltimore : Johns Hopkins Press, 1955.

Caplow, T., *The Sociology of Work,* Minneapolis : University of Minnesota Press, 1954.

Chamberlain, N.W., *Social Responsibility and Strikes,* New York : Harper and Row, 1953.

Chamberlain, N.W., and Schilling, J.M., *The Impact of Strikes; the Social and Economic Costs,* New York : Harper & Row, 1954.

Ching, C.S. *Review and Reflection; a Half Century of Labour Relations,* New York : B.D. Forbes and Sons, Inc., 1953.

Cook. A., *Union Democracy : Practice and Ideal,* Ithaca, New York : New York State School of Industrial and Labour Relations, Cornell University, 1963.

Dalton, M., *Men Who Manage,* New York : Wiley, 1959.

Dubin, R., *The World of Work,* Englewood Cliffs, N.J. : Prentice-Hall, 1958.

Durkheim, E., *The Division of Labour in Society,* New York : Macmillan, 1933.

Drucker, P.F., *The Practice of Management,* New York : Harper & Row, 1954.

Dunlop, J.T., and Myers, C.A., "The Industrial Relation Function in Management—Some Views on its Organizational Status", *Personnel,* Journal, 32 (March, 1955, 406—413).

Etzioni, A., *A Comparative Analysis of Complex Organizations,* New York: Free Press, 1961.

Etzioni, A., *Complex Organizations : A Sociological Reader,* New York : Holt, Rinehart and Winston, 1961.

Fisher, W.E., *Bases of Industrial Relations,* Bulletin No. 24 (Pasadena : California Institute of Technology, Industrial Relations Section) 1954.

Flanders, A., and Clegg, H.A., eds., *The System of Industrial Relations in Great Britain; its History, Law and Institutions,* Oxford : Blackwell, 1954.

Form, W., and Miller, D.C., *Industry, Labour and Community,* New York: Harper & Row, 1960.

Friedmann, G., *The Anatomy of Work : Labour, Leisure and the Implications of Automation,* New York : Free Press, 1961.

Friedmann, G., *Industrial Society,* New York : Free Press 1956.

Florence, S., *Economics and Sociology of Industry : A Realistic Analysis of Development,* London : Watts, 1964.

Finley, W.W., et al., *Human Behaviour in Industry,* New York : McGraw-Hill, 1954.

Fogarty, M.P., *Personality and Group Relations in Industry,* London : Longmans, 1956.

France, R.R., *Union Decisions in Collective Bargaining,* Research Report No. 90, Princeton : Industrial Relations Section, Princeton University, 1955.

Galenson, H., *Trade Union Democracy in Western Europe,* Berkeley : University of California Press, 1961.

Galenson, H., and Lipset, M.S., *Labour and Trade Unionism : An Interdisciplinary Reader,* New York : Wiley, 1960.

Gitlow, A.L., *Labour Economics and Industrial Relations,* Homewood, III.: Irwin, 1957.

Ginzberg, E., ed., *What Makes an Executive,* New York : Columbia University Press, 1955.

Gordon, R.A., *Business Leadership in the Large Corporation,* Berkeley : University of California Press, 1961.

Gouldner, A.W., *Patterns of Industrial Bureaucracy,* New York : Free Press, 1954.

Gray, R.D., *The Scope of Collective Bargaining,* Pasadena : Industrial Relations Section, California Institute of Technology, 1954.

Grazia, S., *Of Time, Work, and Leisure,* New York : Twentieth Century Fund, 1962.

Gross, E., *Industry and Social Life,* Minneapolis : *Industrial Relations Center,* University of Minnesota, 1965.

Gross, E., *Work and Society,* New York : Crowell, 1958.

Guest, R.H., *Organizational Change : The Effect of Successful Leadership,* Homewood Ill, : Irwin, 1961.

Gulick, C.A., Ockert, R.A. and Wallace, R.J., *History and Theories of Working-Class Movements : A Selected Bibliography,* Berkeley : University of California Press, 1955.

Haire, M., ed., *Organization Theory in Industrial Practice : A Symposium of the Foundation for Research on Human Behaviour,* New York: Wiley, 1962.

Hughes, E.C., *Men and Their Work,* New York : Free Press, 1958.

Jennings, E.F., *The Executive : Autocrate, Bureaucrat, Democrat,* New York : Harper & Row, 1962.

Jones, D., *Labour Arbitration : Principles, Practice, Issues,* New York : Simons Boardman, 1961.

Knox, J., *The Sociology of Industrial Relations : An Introduction to Industrial Sociology,* New York : Random House, 1956.

Kornhauser, W., *Scientists in Industry : Conflict and Accommodation,* Berkeley : University of California Press, 1962.

Kornhauser, A.W., et al., eds., *Industrial Conflict,* New York : McGraw-Hill, 1954.

Landsberger, H.A., *Hawthorne Revisited : Management and the Worker, its Critics and Developments in Human Relations in Industry,* Ithaca, New York : New York State School of Industrial and Labour Relations, 1958.

Magoun, F.A., *Cooperation and Conflict in Industry,* New York : Harper & Row, 1960.

Meadows, P., *The Culture of Industrial Man,* Lincoln : University of Nebraska Press, 1950.

Miller, D. and Form, W., *Industrial Sociology,* New York : Harper & Row, 1964.

Moonman, E., *The Manager and the Organization,* London : Tavistock, 1961.

Moore, W.E., *Industrial Relations and the Social Order,* New York : Macmillan, 1951.

Moore, W.E., *Th Impact of Industry,* Englewood Cliffs, N.J. Prentice-Hall, 1965.

Moore, W.E., *Industrialization and Labour,* Ithaca, N.Y., : Cornell University Press, 1951.

Mumford, L., *Technics and Civilization,* New York : Harcourt Brace & World, 1934.

Parsons, T., and Smelser, N.J., *Economy and Society,* New York : Free Press, 1956.

Pestridge, V., and Wray, D.E., *Industrial Sociology : An Annotated Bibliography,* Urbana : Institute of Labour and Industrial Relations, University of Illinois 1953.

Presthus, R., *The Organizational Society : An Analysis and Theory,* New York : Knopf, 1962.

Roethlisberger, F.J., and Dickson, W.J., *Management and the Worker,* Cambridge, Mass. : Harvard University Press, 1939.

Roethilisberger, F.J., *Management and Morale,* Cambridge Mass : Harvard University Press, 1941.

Schneider, E.V., *Industrial Sociology : The Social Relations of Industry and the Community,* New York : McGraw-Hill, 1957.

Simon, H.A., *Administrative Behaviour,* 2nd ed., New York : Macmillan, 1957.

Smelser, N., *The Sociology of Economy Life,* Englewood Cliffs, N.J. : Prentice-Hall, 1963.

Smigel, E.O., *Work and Leisure : A Contemporary Social Problem,* New Haven, Conn. : College and University Press Services, 1963.

Spaulding, C.B., *An Introduction to Industrial Sociology,* San Francisco : Chandler Publishing Co., 1961.

Stepanek, J.E. *Managers for Small Industry : An International Study,* New York, Free Press, 1960.

Toft, P., *The Structure and Government of Labour Unions,* Cambridge, Mass : Harvard University Press, 1954.

Thompson, V.A. *Modern Organization,* New York : Knopf, 1961.

Vincent, M.J. and Mayers, J., *New Foundations for Industrial Sociology,* Princeton : Van Nostrand, 1959.

Whyte, W.F., *Men At Work,* Homewood, III : Irwin, 1961.

Wilensky, H.W., *Syllabus of Industrial Relations : A Guide to Reading and Research,* Chicago : University of Chicago Press, 1954.

Wilensky, H.L., and Lebeaux, C.N., *Industrial Society and Social Welfare,* New York : Russell Sage, 1958.

Wilensky, H.L., *Intellectuals in Labour Unions,* New York : Free Press, 1956.

Whyte, W.F., *Pattern for Industrial Peace,* New York : Harper & Row, 1951.